刑法修正案
适用指引与疑难解析

周其华　著

图书在版编目(CIP)数据

刑法修正案适用指引与疑难解析／周其华著.－－北京：法律出版社，2024
ISBN 978－7－5197－8755－4

Ⅰ.①刑… Ⅱ.①周… Ⅲ.①刑法－法律解释－中国 ②刑法－法律适用－中国 Ⅳ.①D924.05

中国国家版本馆 CIP 数据核字（2024）第 022687 号

刑法修正案适用指引与疑难解析 XINGFA XIUZHENG'AN SHIYONG ZHIYIN YU YINAN JIEXI	周其华 著	责任编辑 赵明霞 装帧设计 汪奇峰 臧晓飞

出版发行 法律出版社	开本 787 毫米×1092 毫米 1/16
编辑统筹 法商出版分社	印张 52.5 字数 1275 千
责任校对 王 丰 晁明慧	版本 2024 年 6 月第 1 版
责任印制 胡晓雅	印次 2024 年 6 月第 1 次印刷
经 销 新华书店	印刷 三河市兴达印务有限公司

地址:北京市丰台区莲花池西里 7 号(100073)

网址:www.lawpress.com.cn　　　　　　销售电话:010－83938349
投稿邮箱:info@lawpress.com.cn　　　　　客服电话:010－83938350
举报盗版邮箱:jbwq@lawpress.com.cn　　　咨询电话:010－63939796

版权所有·侵权必究

书号:ISBN 978－7－5197－8755－4　　　　　定价:238.00 元

凡购买本社图书,如有印装错误,我社负责退换。电话:010－83938349

作者简介

周其华

男，1941年10月26日生，山东省文登人；1967年毕业于北京政法学院法律系。曾任国家检察官学院法学教授、业务教研室主任，兼任最高人民检察院《反贪污与贿赂法研究起草小组》副组长，北京市高级职称学科评审小组成员，中国法学会刑法研究会干事，吉林省刑法学会副总干事，吉林省律师协会常务理事、吉林省监察学会常务理事、北京市法学会干事、中国军事法学会干事、北京市法学会理事。《法学杂志》编委，北京市石景山区人民检察院咨询委员会委员等职。

1988年被评为吉林省司法系统先进工作者，1992年被评为中国法学会系统先进个人，1995年被授予国务院突出贡献特殊津贴。1999年获中国法学会优秀论文奖，2001年获最高人民检察院《金鼎奖》二等奖，2001年被评为最高人民检察院系统优秀教师，2002年被评为最高人民检察机关优秀共产党员。2003年被评为最高人民检察院系统特级优秀教师。

主要著作有：《刑法适用教程》《刑法读本》《严重经济犯罪与严重刑事犯罪的认定和处理》《刑法补充规定适用》《刑法案例析解》《刑事诉讼法修改专论》《中国检察学》《检察学概论》《检察机关侦查职务犯罪》《新刑法各罪适用研究》《中国刑法罪名释考》《中国刑法总则原理释考》《刑法问题全景揭示》《刑事错案评析》《刑事责任解读》《刑法修正与适用》《职务犯罪热点问题研究》《刑事错案与纠正》《刑法修正与适用》《刑法的修正与解释》《法学研究的前瞻》《刑法修正案与配套规定罪名精解》《刑法修正案适用指引与疑难解析》《刑事适用疑难案例指引》等近百部，撰写论文300多篇，其著述理论联系实际，深入浅出，视角新颖，有许多独创观点，深受司法工作者和院校师生的欢迎。

序　言

　　周其华教授在教学科研岗位上默默工作五十多年了,其学生有六七千人,遍布全国,其著述观点在法学界广泛流传,可谓著作等身,桃李遍天下。综观周其华教授的文章和著作,其中一部分是讲义、教材性的教科书,另一部分是个人的学术专著,无论是在教学领域还是科研中都有创新观点和实用价值,都是紧密结合教学活动和司法实践需要而撰写和创作的。

　　周其华教授编著的教科书深入浅出,理论联系实际,深受学员的欢迎。他于1983年出版的《实用刑法教程》一版再版,在全国发行十几万册,收到读者的求购信有三四千封,该教材获吉林省首届社会科学优秀作品奖。其担任常务副主编的《中华人民共和国法律全书》风行全国,先后出版三十多卷,获吉林省1988年优秀出版作品二等奖。周其华教授1998年出版的《中国检察学》填补了中国检察学理论研究的空白,同样一版再版;其主编的于1995年出版、1998年再版的《检察机关侦查教程》填补了检察侦查学方面的空白,开拓了检察侦查理论研究的先河。周其华教授从1984年开始创立的成人司法干部刑法培训使用的"案例分析教学法"取得良好效果,受到司法部的肯定,并于1987年向全国成人司法干部培训部门和院校推荐。

　　周其华教授撰写的学术著作中有许多创新观点,有的甚至具有划时代意义,主要创新观点有:

　　1.犯罪嫌疑论观点。一个人从被举报、报案、控告开始到人民法院作出生效判决止,对其称为什么人,不同的刑事司法制度有不同的观点。封建主义司法制度实行有罪推定,推定这个人是罪犯,在刑事诉讼中把这个人看成犯罪分子,可以对其进行刑讯逼供专门收集其有罪的证据,只要其本人供述了自己有罪就是犯罪分子,这在理论上称为"有罪推定论"。现代西方一些资本主义刑事司法制度在反对封建有罪推定的斗争中提出无罪推定,推定被举报、报告、控告人是无罪的人,在诉讼中其有权保持沉默可以不回答有关司法人员的讯问,其作虚假的陈述不负刑事责任,其可以自己为自己辩护,也可以委托他人为自己辩护,这在理论上称为"无罪推定论"。我国是社会主义国家,社会主义的司法制度坚持马克思主义实事求是的原则,认为被举报、报告、控告人既可能是犯罪的人,也可能是无罪的人,其是一种犯罪嫌疑人,既不作有罪推定也不作无罪推定,而是实事求是地称其为犯罪嫌疑人。在刑事诉讼过程中,既收集其有罪的证据,也收集其无罪的证据,在人民法院作出生效判决后,再确定其有罪或者无罪,这在理论上称为"犯罪嫌疑论"。

　　2.犯罪构成三要件论的观点。周其华教授认为,古今中外刑法对具体犯罪构成要件的规定是:什么人,实施了什么行为,造成了什么结果,构成什么罪,给予什么刑事处罚。根据《刑法》对犯罪的规定,可抽象归纳出一般犯罪的构成要件是:犯罪主体、犯罪行为、犯罪结果三个必要要件,缺少其中任何一个要件都不构成犯罪。例如,我国《刑法》第 129 条规定的丢失枪支不报罪的条文规定是:"依法配备公务用枪的人员,丢失枪支不及时报告,造成严重后果的,处三年以下有期徒刑或者拘役。"按照该条文规定分析,丢失枪支不报罪的必要构成要件是:犯罪主体是依法配备公务用枪的人员;犯罪行为是丢失枪支不及时报告的行为;犯罪结果是造成严重后果。可见,丢失枪支不报罪的构成要件可以抽象为:犯罪主体、犯罪行为、犯罪结果等三个必要要件。进一步认真分析《刑法》分则条文规定的其他犯罪构成要件,也都是如此。因此,按《刑法》分则条文规定分析具体犯罪的构成要件可以抽象为:犯罪主体、犯罪行为、犯罪结果等三个要件,即一般犯罪的构成要件就是:犯罪主体、犯罪行为、犯罪结果三个要件。犯罪主体是实施了犯罪的自然人或者单位。自然人除包括达到法定年龄、具有刑事责任能力、实施了犯罪行为等客观因素外,还应当包括犯罪人的犯罪主观罪过,犯罪动机、目的等主观罪过因素。犯罪行为是犯罪主体通过一定的犯罪活动,作用于犯罪对象,侵犯《刑法》所保护的社会关系,造成危害社会结果的行为。犯罪行为是犯罪主体主观犯罪意图见之于客观上的一种犯罪活动,犯罪行为包括故意犯罪行为和过失犯罪行为。除此之外,犯罪行为还包括犯罪的方法、手段,犯罪的时间、地点等因素。犯罪结果是犯罪行为对《刑法》所保护的社会关系的侵犯,造成了具有一定社会危害性的结果。这里的犯罪结果应从广义上理解,是犯罪行为作用于犯罪对象,使《刑法》所保护的社会关系被侵犯及其侵犯的程度。犯罪结果的表现形式是多种多样的,有的是物质结果,也有的是非物质结果;有的是侵犯财产数额和侵犯人身权利的结果,也有的是侵犯各种安全、各种秩序的情节结果;它们有的既是侵犯了人和物的结果,也是侵犯社会安全和社会秩序的综合的结果等。

3. 犯罪两个基本特征的观点。周其华教授认为,犯罪只有两个基本特征,只要是具备了严重社会危害性和违反刑法规定性两个基本特征的行为就能成立犯罪。犯罪的严重社会危害性和违反刑法规定性两个基本特征是有机的统一整体,各自从不同的角度共同反映了犯罪的社会本质特征和法律特征,缺少其中任何一个基本特征都不能成立犯罪。首先,犯罪的两个基本特征不能互相代替。犯罪的严重社会危害性是指行为人的行为对法律所保护的社会关系的侵犯,并且为刑法所规定构成犯罪的严重社会危害性。不是所有具有社会危害性的行为都是犯罪,只有刑法规定为严重社会危害性的才是犯罪。这种严重社会危害性不只具有客观属性,也具有法律属性,因为只有刑法将其规定为"严重社会危害性"才有可能成立犯罪。凡是在刑法中规定为犯罪的,都是具有严重社会危害性,刑法中未规定为犯罪的,则不具有严重社会危害性。犯罪的违反刑法规定性,是指行为违反了刑法规定的具有严重社会危害性的犯罪行为,只有违反了刑法规定的具有严重社会危害性的行为,才成立犯罪;刑法没有规定的,即使立法者或者司法者认为其具有严重社会危害性,也不是刑法规定的符合犯罪基本特征的严重社会危害性,不成立犯罪。如果只有犯罪的危害社会本质属性,就反映不出犯罪的法律根据;如果只有犯罪的法律属性,既反映不出犯罪危害社会的本质属性根据,也反映不出立法者为什么在刑法中将这种行为规定为犯罪。因此,不能用违反刑法规定性代替严重社会危害性,也不能以严重社会危害性的特征代替违反刑法规定性的特征,两个基本特征有机统一才能准确反映犯罪的全部基本特征。其次,犯罪的严重社会危害性与违反刑法规定性不是处于同等地位。严重社会危害性是犯罪的社会本质属性,是第一位的属性;犯罪的违反刑法规定性是犯罪的法律属性,是第二位的属性。这是因为,立法者必须首先确定某种行为是否具有严重的社会危害性,然后再判断在刑法中是否被规定为犯罪,不具有严重社会危害性的,不能在刑法中规定为犯罪;相反,刑法中规定的犯罪都是具有严重社会危害性的。因此,犯罪的严重社会危害性和违反刑法规定性是犯罪的两个最基本的特征,缺少其中任何一个特征的,都不能成立为犯罪。

4. 刑事责任的新观点。周其华教授对刑事责任问题作了全面、系统研究,并创作了《刑事责任解读》的专著。在这本专著中,周其华教授提出许多有价值的新观点:

(1) 对刑事责任的概念作出新的定义。人们通常认为,刑事责任就是犯罪人应承担的刑罚处罚。而周其华教授经多方面考察将刑事责任的概念更新为"犯罪者由于犯罪而应承担的刑事法律规定的法律责任"。这个定义明确了以下内容:第一,刑事责任的主体是犯罪者。只有实施了犯罪行为,产生了犯罪结果,依照法律规定构成了犯罪的,才负刑事责任。犯罪者包括犯罪的自然人和犯罪的单位,没有犯罪者就不具有刑事责任的主体,也就没有负刑事责任者。第二,刑事责任的根据是犯罪。第三,刑事责任的内容是刑事法律规定的法律责任。刑事责任不同于道义责任,也不同于民事责任、行政责任、经济责任等法律责任。周其华教授对刑事责任定义的新界定,能全面、简练、准确地表述刑事责任的本质特征。

(2) 对应负刑事责任根据提出了新的意见。负刑事责任的根据是什么,在刑法理论界有不同见解:第一种意见认为,犯罪构成是刑事责任的唯一根据。第二种意见认为,犯罪行为是行为人负刑事责任的根据。第三种意见认为,犯罪构成事实是刑事责任的根据。周其华教授经过研究认为,刑事责任的根据是犯罪。犯罪是客观危害社会事实与法律规定的犯罪构成相统一的产物,它既反映了客观事实,也反映了法律规定的犯罪构成的内容。因此,犯罪是负刑事责任的前提,负刑事责任是犯罪的法律后果。刑事责任离不开犯罪,只有犯罪才负刑事责任。这里的犯罪是危害社会行为的客观行为事实与违反刑法规定的犯罪构成内容相统一的产物,如果单有法律规定的犯罪构成,没有客观存在的犯罪事实,尽管法律规定构成犯罪,应当负刑事责任,但实际上不能追究任何人的刑事责任;如果单有危害社会的行为事实,没有法律规定构成犯罪的构成内容作为标准,也不能追究行为人的刑事责任。所以,单纯的犯罪构成(法律形式)和单纯的犯罪行为(犯罪的客观事实)都不应是负刑事责任的根据,只有二者相结合的产物——犯罪,才是负刑事责任的根据。

(3) 对刑事责任的内容作了宽泛的理解。很多人认为刑事责任就是刑罚处罚,但周其华教授认为根据我国当前刑事法律规定,刑事责任的内容不单指刑罚处罚,还有其他内容,主要有以下几个方面:①承受刑事立案侦查的责任。犯罪人实施了犯罪行为产生了犯罪结果,在构成犯罪后,刑事法律责任关系就开始存在,被害人、公民和单位就有控告、举报、报告犯罪人犯罪,要求追究犯罪人刑事责任的权利。公安机关、检察机关、审判机关就有权对犯罪人进行刑事调查、询问、立案侦查,包括采用传唤、拘传、讯问、拘留、逮捕、取保候审、监视居住、搜查、调查取证等侦查措施,犯罪者必须承受这种被举报、报告、调查、立案侦查的刑事责任。②承受指控犯罪的刑事责任。犯罪人受刑事立案侦查以后,检察机关认为构成犯罪的,以国家的名义指控犯罪人触犯了国家哪些刑事法律以及罪名,要求法院依法追究犯罪人的刑事责任。任何公民也可以将正在作案的犯罪嫌疑人扭送至司法机关或者向司法机关控告、举报、报案,对于这种依法控告、检举、报案、起诉,也是犯罪人应当承担的刑事责任。③承受刑事审判的责任。法院依法对被指控的犯罪嫌疑人进行审判,确定行为人是否构成犯罪,如果构成犯罪,将构成什么罪,应给予何种刑事处罚。犯罪人有责任承受国家审判机关的审判,犯罪人必须按时到庭,在法庭上必须如实交代罪行、回答审判人员的提问,依法执行国家审判机关的终审判决。④承受刑罚惩罚的刑事责任。承受刑罚惩罚是刑事责任的主要内容包括:限制人身自由的管制,剥夺人身自由的拘役、有期徒刑、无期徒刑,剥夺犯罪人生命的死刑,强迫劳动改造,没收财产,强制缴纳一定数量的罚金,剥夺犯罪人参加国家管理和各种政治活动的权利,驱逐犯罪的外国人出境等。由于犯罪人给社会造成了一定的危害,国家依法给予一定的刑罚处罚,是其应负的刑事责任。⑤承受非刑罚处罚的刑事责任。刑事法律规定,犯罪者由于其犯罪除了应承受刑罚处罚外,还应受到非刑罚处罚,如刑事附带民事赔偿、接受训诫、具结悔过、赔礼道歉、赔偿经济损失等。⑥承受其他刑事责任。有些虽不是惩罚,但也是犯罪人应承担的法律责任,如报告前科,不能任职检察官、法官等剥夺从事某些职业的权利,或者承担某种特定的义务,如接受社区矫正等刑事责任。上述刑事责任是从犯罪人实施犯罪行为,产生犯罪结果,构成犯罪时开始,无论司法机关是否追究,其刑事责任都是客观存在的,直到犯罪前科消失为止。在这期间,犯罪人都应承受其犯罪的刑事责任。司法机关追究犯罪人刑事责任的过程,也就是刑事责任实现的过程。

(4)明确了刑事责任在刑法中的地位和作用。周其华教授认为,刑事责任在刑法中处于重要地位,是刑法规定的犯罪、刑事责任、刑事处罚三大组成部分之一。构成犯罪应当负刑事责任的,负刑事责任的犯罪人应当受到刑事处罚,刑事责任在犯罪与刑罚中间起桥梁和纽带的作用。因此,犯罪、刑事责任、刑事处罚是三个既有联系又有区别的不同概念,它们在刑法体系中处于不同的地位,包含着不同的内容,起着不同的作用。犯罪→刑事责任→刑事处罚的思维过程,反映了刑法三大基本内容的递进逻辑关系;认定犯罪→确定犯罪人应负的刑事责任→决定给予犯罪人刑事处罚的过程,反映了刑事办案的程序。我国刑法规定追究犯罪人刑事责任的目的是在厘清犯罪事实的基础上,将各种犯罪的社会危害性用刑事责任统一起来,再用统一的刑事责任标准适用统一的刑事处罚,以便公正地惩罚犯罪,达到改造犯罪者、预防犯罪、减少犯罪、消灭犯罪,最终达到保护人权的目的。

5. 故意犯罪与过失犯罪区分标准的新观点。我国刑法分则中有些条文没有明确规定是过失犯罪还是故意犯罪,无论在刑法理论研究中还是在司法适用上都出现了对这些条款中规定的犯罪是过失犯罪还是故意犯罪的不同意见,严重影响了对案件的准确定性和正确量刑。周其华教授对这些刑法条文规定的犯罪性质的认定进行了认真研究论证,认为这些规定认定过失犯罪与故意犯罪的根本区分标准是犯罪主体对犯罪结果所持的心理态度不同。若犯罪主体对犯罪结果是故意的心理态度,可以构成故意犯罪;若犯罪主体对犯罪结果是过失的心理态度,则将构成过失犯罪。因此,区分过失犯罪与故意犯罪的标准是犯罪主体对犯罪结果是过失还是故意的心理态度。这里"对犯罪结果的心理态度",是犯罪主体对其实施的犯罪行为所侵犯的刑法所保护的社会关系及其程度的心理态度,这里的犯罪结果是犯罪行为直接的犯罪结果和法律条文所重点惩治的犯罪结果。所谓直接犯罪结果,是指犯罪行为与犯罪结果之间存在直接的因果关系的犯罪结果,而不是犯罪行为的间接结果。例如,《刑法》第234条第2款规定的故意伤害致人死亡,犯罪主体对伤害结果是故意的,对致人死亡的结果是过失的,应以犯罪主体对他人造成伤害的直接结果的故意心理态度,认定为故意伤害犯罪,而过失致人死亡的结果是故意伤害犯罪行为的间接结果,不能依该间接结果的心理态度认定为过失犯罪。所谓刑法条文规定重点惩治的犯罪结果,是指犯罪行为侵犯了刑法所保护的主要社会关系。例如,《刑法》第133条规定的交通肇事罪,犯罪主体实施的犯罪行为既侵犯了交通运输管理秩序,又侵犯了公共安全,犯罪主体对破坏交通管理秩序的结果所持的是故意的心理态度,对发生交通公共安全事故的犯罪结果所持的是过失的心理态度。刑法规定惩治交通肇事罪主要是保护社会公共安全的社会关系,因此,应以犯罪主体对侵犯公共安全的过失心理态度为标准认定交通肇事罪为过失犯罪,不能以侵犯交通管理秩序的故意心理态度为标准认定交通肇事罪为故意犯罪。

周其华教授特别指出,犯罪主体对其所实施犯罪行为的心理态度无论是故意的还过失的都不是区别故意犯罪还是过失犯罪的标准。如滥用职权罪的犯罪主体对其实施的滥用职权犯罪的行为所持的是故意的心理态度,但对滥用职权行为产生"致使公共财产、国家和人民利益遭受重大损失的"结果所持的是一种不希望也不放任发生的过失心理态度,因此,滥用职权罪是一种过失犯罪。如果犯罪主体对滥用职权的行为所持的是故意的心理态度,对发生严重危害社会的结果所持的也是故意的心理态度,就不成立滥用职权罪,而是成立刑法规定的其他故意犯罪,如贪污罪、受贿罪、非法拘禁罪等。

6. 法律监督是法制的重要组成部分的观点。检察法律监督理论在我国是一种新的理论学科,也是法学研究领域中较弱的环节,周其华教授从20世纪90年代开始在该领域进行开拓性的研究,其创作的专著《中国检察学》填补了检察学研究的空白,是我国第一部检察学教材。有很多人认为,社会主义法制包括三个组成部分,即立法、守法、执法;而周其华教授经研究认为,法律监督是法制的产物,社会主义法律监督是社会主义法制的重要组成部分,社会主义国家的法制应当包括立法、执法、守法和法律监督四个组成部分,只有将法律监督作为法制的重要组成部分才是完备的法制。周其华教授的这种认识符合党的十一届三中全会要求建设"有法可依,有法必依,执法必严,违法必究"的社会主义法制观念。立法是社会主义法制的前提,守法是目的,执法是关键,法律监督是保障。因此,周其华教授认为完备的社会主义法制除有立法、执法、守法的重要内容外,还应有法律监督,没有法律监督作保障的法制是不完备的法制。只有建立起完备的法制,才能有效地依法治国。

本书《刑法修正案适用指引与疑难解析》是周其华教授从事法学研究、法学教学、司法干部培训、参与立法和律师办案等法律实践活动五十多年的知识、经验的集结与具体运用,是法律专家型人才法律知识的辛劳储备。本书是我国刑法规定与刑事司法实践紧密结合的适用教材,是关于刑法规定与立法解释、刑法修正案、司法解释规定比较及时的一部工具书,是增加专家型警官、检察官、法官刑法知识储量的一部著作。希望大家阅读,努力普及刑法知识,为中国特色社会主义法治建设作出更大的贡献。

武延平
中国政法大学教授
2024年3月

前　　言

　　修订的《刑法》自1997年10月1日正式实施二十五年来，全国人民代表大会常务委员会根据我国政治、经济和社会治安秩序形势发展的需要，先后对刑法规定的内容含义和适用问题进行了多次补充、修正和立法解释。最高人民法院、最高人民检察院对刑法规定的具体应用问题作了大量司法解释，其所补充、修改和解释的犯罪都是当前社会危害性严重，社会影响大，亟须给予准确刑事处罚的犯罪和刑罚执行。无论是刑法理论研究者，还是教师、学生及司法工作者都需要准确理解、掌握有关补充规定、修正案和立法解释的原意，以便准确适用，正确、公平、公正地处理当前亟待处理的有关刑事案件。

　　本书将全国人民代表大会常务委员会制定的刑法的补充规定、修正案和对刑法规定含义所作的立法解释进行了全面的分析、研究，指出刑法规定内容修改演变的历史过程、补充修正的原因，并结合司法实践中遇到的问题和最高司法机关的司法解释，全面介绍、分析了所有增补的新罪和补充、修改的具体犯罪适用时应注意的问题，并对全国人大常委会对刑法作的四个补充规定、十二个修正案和九个立法解释进行全面适用释解，供读者学习、研究，在适用时全面掌握和理解刑法的有关补充规定、修正案和立法解释的颁布背景以及修改的原因、过程，以便了解法律规定的真实意图进而准确适用。特别是根据多年的司法实践经验对所修改的犯罪作了详细释解，可供读者参考。

　　本书是全国人大常委会制定的2023年12月29日通过的《刑法修正案（十二）》以及最高人民法院、最高人民检察院作出的《关于执行〈中华人民共和国刑法〉确定罪名的补充规定（七）》公布以后，最全最新刑法教科书，作者根据当前司法实践的需要和有关刑法最新修改、司法解释、补充规定进行综合介绍和释解，便于查询、理解和适用。

　　本书既可以作为司法干部培训辅助教材，也可作为学历教育的补充教材，是当前学习、研究刑事法律必读的法律读物和工具书，具有新颖性、准确性、适用性，希望读者喜欢！作者水平有限，本书如有不当之处，欢迎广大读者批评指正。

周其华
2024年3月于北京

目 录

第一编　刑法的补充规定

第一章　关于惩治骗购外汇、逃汇和非法买卖外汇犯罪的决定　3
一、骗购外汇罪　3
（一）刑法规定内容的修改　3
（二）刑法规定修改的原因　5
（三）骗购外汇罪的适用　6
二、逃汇罪　9
（一）刑法规定内容的修改　9
（二）刑法规定修改的原因　11
（三）逃汇罪的适用　12
三、非法经营罪　13
（一）刑法规定内容的修改　13
（二）刑法规定修改的原因　15
（三）非法经营罪的适用　16

第二章　关于取缔邪教组织、防范和惩治邪教活动的决定　22
一、组织、利用会道门、邪教组织、利用迷信破坏法律实施罪　22
二、组织、利用会道门、邪教组织、利用迷信致人重伤、死亡罪　23

第三章　关于维护互联网安全的决定　24
一、危害互联网运行安全的犯罪　25
（一）《互联网安全决定》规定的内容　25
（二）《刑法》对危害互联网运行安全犯罪的规定　25
（三）危害互联网运行安全犯罪的适用　25
二、利用互联网危害国家安全和危害社会安全犯罪　26
（一）《互联网安全决定》规定的内容　26
（二）《刑法》对利用互联网危害国家安全和危害社会安全犯罪的规定　26
（三）利用互联网危害国家安全和危害社会安全犯罪的适用　27
三、利用互联网破坏经济秩序和破坏社会秩序犯罪　30
（一）《互联网安全决定》规定的内容　30
（二）《刑法》对利用互联网破坏经济秩序和破坏社会秩序犯罪的规定　30

（三）利用互联网破坏经济秩序和破坏社会秩序犯罪的适用　　32
　四、利用互联网侵犯人身权利和财产权利犯罪　　35
　　（一）《互联网安全决定》规定的内容　　35
　　（二）《刑法》对利用互联网侵犯人身权利和财产权利犯罪的规定　　35
　　（三）利用互联网侵犯人身权利和财产权利犯罪的适用　　36

第四章　关于修改部分法律的决定　　39
　一、《修改法律决定》规定的内容　　39
　二、《修改法律决定》对刑法、刑法补充规定、刑法解释中内容的修改与适用　　39
　　（一）《修改法律决定》第2部分对刑法、刑法解释内容的修改　　39
　　（二）《修改法律决定》第4部分对刑法、刑法补充规定内容的修改　　40

第二编　刑法修正案

第五章　中华人民共和国刑法修正案　　43
　一、隐匿、故意销毁会计凭证、会计账簿、财务会计报告罪　　44
　　（一）刑法规定内容的修改　　45
　　（二）刑法规定修改的原因　　46
　　（三）隐匿、故意销毁会计凭证、会计账簿、财务会计报告罪的适用　　46
　二、国有公司、企业、事业单位人员失职罪　　48
　　（一）刑法规定内容的修改　　48
　　（二）刑法规定修改的原因　　49
　　（三）国有公司、企业、事业单位人员失职罪的适用　　50
　三、国有公司、企业、事业单位人员滥用职权罪　　52
　　（一）刑法规定内容的修改　　52
　　（二）刑法规定修改的原因　　54
　　（三）国有公司、企业、事业单位人员滥用职权罪的适用　　54
　四、伪造、变造、转让金融机构经营许可证、批准文件罪　　56
　　（一）刑法规定内容的修改　　56
　　（二）刑法规定修改的原因　　57
　　（三）伪造、变造、转让金融机构经营许可证、批准文件罪的适用　　58
　五、内幕交易、泄露内幕信息罪　　61
　　（一）刑法规定内容的修改　　61
　　（二）刑法规定修改的原因　　62
　　（三）内幕交易、泄露内幕信息罪的适用　　63
　六、编造并传播证券、期货交易虚假信息罪　　67
　　（一）刑法规定内容的修改　　67
　　（二）刑法规定修改的原因　　68

（三）编造并传播证券、期货交易虚假信息罪的适用	69
七、诱骗投资者买卖证券、期货合约罪	71
（一）刑法规定内容的修改	71
（二）刑法规定修改的原因	72
（三）诱骗投资者买卖证券、期货合约罪的适用	73
八、操纵证券、期货交易价格罪	76
九、挪用资金罪	77
十、挪用公款罪	77
（一）刑法规定内容的修改	77
（二）刑法规定修改的原因	79
（三）挪用公款罪的适用	80

第六章　中华人民共和国刑法修正案（二） 89

一、刑法对非法占用农用地罪的补充修改	91
二、刑法补充修改非法占用农用地罪的原因	92
三、非法占用农用地罪的适用	92

第七章　中华人民共和国刑法修正案（三） 95

一、投放危险物质罪、过失投放危险物质罪	95
（一）刑法规定内容的修改	96
（二）刑法规定修改的原因	97
（三）投放危险物质罪、过失投放危险物质罪的适用	98
二、组织、领导、参加恐怖组织罪	100
三、帮助恐怖活动罪	100
四、非法制造、买卖、运输、储存危险物质罪	100
（一）刑法规定内容的修改	101
（二）刑法规定修改的原因	102
（三）非法制造、买卖、运输、储存危险物质罪的适用	102
五、盗窃、抢夺枪支、弹药、爆炸物、危险物质罪，抢劫枪支、弹药、爆炸物、危险物质罪	105
（一）刑法规定内容的修改	105
（二）刑法规定修改的原因	106
（三）盗窃、抢夺枪支、弹药、爆炸物、危险物质罪和抢劫枪支、弹药、爆炸物、危险物质罪的适用	107
六、洗钱罪	110
七、投放虚假危险物质罪，编造、故意传播虚假恐怖信息罪	111
（一）刑法规定内容的修改	111
（二）刑法规定修改的原因	112
（三）投放虚假危险物质罪和编造、故意传播虚假恐怖信息罪的适用	112

第八章 中华人民共和国刑法修正案(四) ... 116
一、生产、销售不符合标准的医用器材罪 ... 116
(一)刑法规定内容的修改 ... 116
(二)刑法规定修改的原因 ... 118
(三)生产、销售不符合标准的医用器材罪的适用 ... 119
二、走私废物罪 ... 122
(一)刑法规定内容的修改 ... 122
(二)刑法规定修改的原因 ... 125
(三)走私废物罪的适用 ... 127
三、雇用童工从事危重劳动罪 ... 129
(一)刑法规定内容的修改 ... 129
(二)刑法规定修改的原因 ... 130
(三)雇用童工从事危重劳动罪的适用 ... 131
四、非法采伐、毁坏国家重点保护植物罪,非法收购、运输、加工、出售国家重点保护植物、国家重点保护植物制品罪 ... 134
五、非法收购、运输盗伐、滥伐的林木罪 ... 134
(一)刑法规定内容的修改 ... 135
(二)刑法规定修改的原因 ... 136
(三)非法收购、运输盗伐、滥伐的林木罪的适用 ... 136
六、执行判决、裁定失职罪,执行判决、裁定滥用职权罪 ... 139
(一)刑法规定内容的修改 ... 139
(二)刑法规定修改的原因 ... 140
(三)执行判决、裁定失职罪和执行判决、裁定滥用职权罪的适用 ... 141

第九章 中华人民共和国刑法修正案(五) ... 146
一、妨害信用卡管理罪 ... 148
(一)刑法规定内容的修改 ... 148
(二)刑法规定修改的原因 ... 149
(三)妨害信用卡管理罪的适用 ... 149
二、窃取、收买、非法提供信用卡信息罪 ... 153
(一)刑法规定内容的修改 ... 153
(二)刑法规定修改的原因 ... 154
(三)窃取、收买、非法提供信用卡信息罪的适用 ... 154
三、信用卡诈骗罪 ... 156
(一)刑法规定内容的修改 ... 156
(二)刑法规定修改的原因 ... 157
(三)信用卡诈骗罪的适用 ... 157
四、过失损坏武器装备、军事设施、军事通信罪 ... 161
(一)刑法规定内容的修改 ... 161

（二）刑法规定修改的原因 ... 161
　　（三）过失损坏武器装备、军事设施、军事通信罪的适用 ... 162

第十章　中华人民共和国刑法修正案（六） ... 164

一、重大责任事故罪 ... 165
　　（一）刑法规定内容的修改 ... 165
　　（二）刑法规定修改的原因 ... 165
　　（三）重大责任事故罪的适用 ... 166

二、强令违章冒险作业罪 ... 168

三、重大劳动安全事故罪 ... 169
　　（一）刑法规定内容的修改 ... 169
　　（二）刑法规定修改的原因 ... 169
　　（三）重大劳动安全事故罪的适用 ... 169

四、大型群众性活动重大安全事故罪 ... 171
　　（一）刑法规定内容的修改 ... 172
　　（二）刑法规定修改的原因 ... 172
　　（三）大型群众性活动重大安全事故罪的适用 ... 172

五、不报、谎报安全事故罪 ... 174
　　（一）刑法规定内容的修改 ... 174
　　（二）刑法规定修改的原因 ... 175
　　（三）不报、谎报安全事故罪的适用 ... 175

六、违规披露、不披露重要信息罪 ... 177
　　（一）刑法规定内容的修改 ... 177
　　（二）刑法规定修改的原因 ... 178
　　（三）违规披露、不披露重要信息罪的适用 ... 178

七、虚假破产罪 ... 179
　　（一）刑法规定内容的修改 ... 179
　　（二）刑法规定修改的原因 ... 180
　　（三）虚假破产罪的适用 ... 180

八、非国家工作人员受贿罪 ... 181

九、对非国家工作人员行贿罪 ... 181

十、背信损害上市公司利益罪 ... 182
　　（一）刑法规定内容的修改 ... 182
　　（二）刑法规定修改的原因 ... 183
　　（三）背信损害上市公司利益罪的适用 ... 183

十一、骗取贷款、票据承兑、金融票证罪 ... 185
　　（一）刑法规定内容的修改 ... 185
　　（二）刑法规定修改的原因 ... 186
　　（三）骗取贷款、票据承兑、金融票证罪的适用 ... 186

十二、操纵证券、期货市场罪 … 188
十三、背信运用受托财产罪 … 188
    （一）刑法规定内容的修改 … 189
    （二）刑法规定修改的原因 … 189
    （三）背信运用受托财产罪的适用 … 190
十四、违法运用资金罪 … 191
    （一）刑法规定内容的修改 … 191
    （二）刑法规定修改的原因 … 192
    （三）违法运用资金罪的适用 … 192
十五、违法发放贷款罪 … 194
    （一）刑法规定内容的修改 … 194
    （二）刑法规定修改的原因 … 195
    （三）违法发放贷款罪的适用 … 195
十六、吸收客户资金不入账罪 … 198
    （一）刑法规定内容的修改 … 198
    （二）刑法规定修改的原因 … 199
    （三）吸收客户资金不入账罪的适用 … 199
十七、违规出具金融票证罪 … 200
    （一）刑法规定内容的修改 … 201
    （二）刑法规定修改的原因 … 201
    （三）违规出具金融票证罪的适用 … 201
十八、洗钱罪 … 203
十九、组织残疾人、儿童乞讨罪 … 203
    （一）刑法规定内容的修改 … 203
    （二）刑法规定修改的原因 … 204
    （三）组织残疾人、儿童乞讨罪的适用 … 204
二十、赌博罪 … 206
    （一）刑法规定内容的修改 … 206
    （二）刑法规定修改的原因 … 206
    （三）赌博罪的适用 … 206
二十一、开设赌场罪 … 208
二十二、掩饰、隐瞒犯罪所得、犯罪所得收益罪 … 209
    （一）刑法规定内容的修改 … 209
    （二）刑法规定修改的原因 … 209
    （三）掩饰、隐瞒犯罪所得、犯罪所得收益罪的适用 … 209
二十三、枉法仲裁罪 … 213
    （一）刑法规定内容的修改 … 213
    （二）刑法规定修改的原因 … 213

（三）枉法仲裁罪的适用　　215

第十一章　中华人民共和国刑法修正案（七）　　218

一、《刑法修正案（七）》概述　　218
　　（一）《刑法修正案（七）（草案）》的主要内容　　218
　　（二）《刑法修正案（七）》修改的犯罪　　220
　　（三）《刑法修正案（七）》的时间效力　　222

二、走私国家禁止进出口的货物、物品罪　　224
　　（一）刑法规定内容的修改　　224
　　（二）刑法规定修改的原因　　225
　　（三）走私国家禁止进出口的货物、物品罪的适用　　225

三、利用未公开信息交易罪　　228
　　（一）刑法规定内容的修改　　228
　　（二）刑法规定修改的原因　　229
　　（三）利用未公开信息交易罪的适用　　229

四、逃税罪　　233
　　（一）刑法规定内容的修改　　233
　　（二）刑法规定修改的原因　　235
　　（三）逃税罪的适用　　235

五、组织、领导传销活动罪　　238
　　（一）刑法规定内容的修改　　238
　　（二）刑法规定修改的原因　　239
　　（三）组织、领导传销活动罪的适用　　239

六、侵犯公民个人信息罪　　243

七、非法获取公民个人信息罪　　243

八、组织未成年人进行违反治安管理活动罪　　244
　　（一）刑法规定内容的修改　　244
　　（二）刑法规定修改的原因　　244
　　（三）组织未成年人进行违反治安管理活动罪的适用　　244

九、非法获取计算机信息系统数据、非法控制计算机信息系统罪　　246

十、提供侵入、非法控制计算机信息系统程序、工具罪　　246

十一、妨害动植物防疫、检疫罪　　246
　　（一）刑法规定内容的修改　　246
　　（二）刑法规定修改的原因　　247
　　（三）妨害动植物防疫、检疫罪的适用　　247

十二、非法生产、买卖武装部队制式服装罪　　249
　　（一）刑法规定内容的修改　　249
　　（二）刑法规定修改的原因　　250
　　（三）非法生产、买卖武装部队制式服装罪的适用　　250

十三、伪造、盗窃、买卖、非法提供、非法使用武装部队专用标志罪　252
　　(一)刑法规定内容的修改　252
　　(二)刑法规定修改的原因　252
　　(三)伪造、盗窃、买卖、非法提供、非法使用武装部队专用标志罪的适用　253

十四、利用影响力受贿罪　255
　　(一)刑法规定内容的修改　255
　　(二)刑法规定修改的原因　257
　　(三)利用影响力受贿罪的适用　258

第十二章　中华人民共和国刑法修正案(八)　263

一、《刑法修正案(八)》概述　263
　　(一)《刑法修正案(八)》的修改特点和期待　263
　　(二)如何准确理解《刑法修正案(八)》的修改和补充规定　266

二、《刑法修正案(八)》对《刑法》总则的修改和补充　267
　　(一)犯罪和刑事责任　267
　　(二)管制　267
　　(三)死刑　268
　　(四)量刑　270
　　(五)累犯　270
　　(六)自首和立功　271
　　(七)数罪并罚　272
　　(八)缓刑　272
　　(九)减刑　274
　　(十)假释　274
　　(十一)其他规定　276

三、《刑法修正案(八)》对刑法分则的补充——增加七个新的犯罪　276
　　(一)危险驾驶罪　276
　　(二)对外国公职人员、国际公共组织官员行贿罪　277
　　(三)虚开发票罪　278
　　(四)持有伪造的发票罪　280
　　(五)组织出卖人体器官罪　282
　　(六)拒不支付劳动报酬罪　283
　　(七)食品监管渎职罪(2021年2月26日取消该罪名,改为食品、药品监管
　　　　渎职罪罪名)　285

四、《刑法修正案(八)》对《刑法》分则原规定犯罪的修改和补充　285
　　(一)资助危害国家安全犯罪活动罪　286
　　(二)叛逃罪　288
　　(三)生产、销售假药罪(《刑法修正案(十一)》改为生产、销售、提供假药罪罪名)　290
　　(四)生产、销售不符合安全标准的食品罪　290

（五）生产、销售有毒、有害食品罪	294
（六）走私武器、弹药罪，走私核材料罪，走私假币罪	298
（七）走私文物罪，走私贵重金属罪，走私珍贵动物、珍贵动物制品罪	299
（八）走私国家禁止进出口的货物、物品罪	302
（九）走私普通货物、物品罪	306
（十）强迫交易罪	310
（十一）强迫劳动罪	312
（十二）盗窃罪	314
（十三）敲诈勒索罪	321
（十四）寻衅滋事罪	324
（十五）组织、领导、参加黑社会性质组织罪	327
（十六）包庇、纵容黑社会性质组织罪	330
（十七）污染环境罪	332
（十八）非法采矿罪	333
（十九）协助组织卖淫罪	335

第十三章　中华人民共和国刑法修正案（九） 338

一、《刑法修正案（九）》概述 338
（一）《刑法修正案（九）》修改的主要内容　338
（二）《刑法修正案（九）》的修改特点　340

二、《刑法修正案（九）》对《刑法》总则的修改和补充 341
（一）禁止从事相关职业　341
（二）死缓期间故意犯罪的处理　343
（三）罚金的缴纳　344
（四）有期徒刑、拘役、管制的数罪并罚　345

三、《刑法修正案（九）》对《刑法》分则的补充——增加20种新的犯罪 346
（一）准备实施恐怖活动罪　346
（二）宣扬恐怖主义、极端主义、煽动实施恐怖活动罪　348
（三）利用极端主义破坏法律实施罪　351
（四）强制穿戴宣扬恐怖主义、极端主义服饰、标志罪　353
（五）非法持有宣扬恐怖主义、极端主义物品罪　355
（六）虐待被监护、看护人罪　356
（七）使用虚假身份证件、盗用身份证件罪　358
（八）组织考试作弊罪　360
（九）非法出售、提供试题、答案罪　363
（十）代替考试罪　366
（十一）拒不履行信息网络安全管理义务罪　367
（十二）非法利用信息网络罪　369
（十三）帮助信息网络犯罪活动罪　372

（十四）扰乱国家机关工作秩序罪　　373
　　（十五）组织、资助非法聚集罪　　375
　　（十六）编造、故意传播虚假信息罪　　376
　　（十七）虚假诉讼罪　　378
　　（十八）泄露不应公开的案件信息罪　　382
　　（十九）披露、报道不应公开的案件信息罪　　383
　　（二十）对有影响力的人行贿罪　　385
四、《刑法修正案（九）》对《刑法》分则的修改——修改和补充原有的犯罪　　388
　　（一）组织、领导、参加恐怖组织罪　　388
　　（二）帮助恐怖活动罪　　392
　　（三）危险驾驶罪　　397
　　（四）走私武器、弹药罪，走私核材料罪，走私假币罪　　400
　　（五）对非国家工作人员行贿罪　　405
　　（六）伪造货币罪　　407
　　（七）强制猥亵、侮辱罪　　410
　　（八）绑架罪　　413
　　（九）收买被拐卖的妇女、儿童罪　　415
　　（十）侮辱罪、诽谤罪　　418
　　（十一）侵犯公民个人信息罪　　421
　　（十二）非法获取公民个人信息罪　　426
　　（十三）虐待罪　　426
　　（十四）抢夺罪　　429
　　（十五）妨害公务罪　　432
　　（十六）伪造、变造、买卖国家机关公文、证件、印章罪　　435
　　（十七）盗窃、抢夺、毁灭国家机关公文、证件、印章罪　　438
　　（十八）伪造公司、企业、事业单位、人民团体印章罪　　440
　　（十九）伪造、变造、买卖身份证件罪　　442
　　（二十）非法生产、销售专用间谍器材、窃听、窃照专用器材罪　　445
　　（二十一）非法侵入计算机信息系统罪　　447
　　（二十二）非法获取计算机信息系统数据、非法控制计算机信息系统罪　　449
　　（二十三）提供侵入、非法控制计算机信息系统程序、工具罪　　453
　　（二十四）破坏计算机信息系统罪　　457
　　（二十五）扰乱无线电通讯管理秩序罪　　460
　　（二十六）聚众扰乱社会秩序罪　　463
　　（二十七）组织、利用会道门、邪教组织、利用迷信破坏法律实施罪　　465
　　（二十八）组织、利用会道门、邪教组织、利用迷信致人重伤、死亡罪　　471
　　（二十九）盗窃、侮辱、故意毁坏尸体、尸骨、骨灰罪　　475
　　（三十）扰乱法庭秩序罪　　477

（三十一）拒绝提供间谍犯罪、恐怖主义犯罪、极端主义犯罪证据罪 479
（三十二）拒不执行判决、裁定罪 482
（三十三）偷越国（边）境罪 484
（三十四）非法生产、买卖、运输制毒物品、走私制毒物品罪 487
（三十五）组织卖淫罪 492
（三十六）强迫卖淫罪 494
（三十七）贪污罪 496
（三十八）受贿罪 503
（三十九）行贿罪 514
（四十）对单位行贿罪 514
（四十一）介绍贿赂罪 514
（四十二）单位行贿罪 516
（四十三）阻碍执行军事职务罪 517
（四十四）战时造谣惑众罪 519

第十四章　中华人民共和国刑法修正案（十） 521
一、《刑法修正案（十）》概述 521
（一）《刑法修正案（十）》修改的主要内容 521
（二）《刑法修正案（十）》的修改特点 521
二、侮辱国旗、国徽、国歌罪（取消侮辱国旗、国徽罪罪名） 522
（一）刑法规定内容的修改 523
（二）刑法规定修改的原因 523
（三）侮辱国旗、国徽、国歌罪的适用 523

第十五章　中华人民共和国刑法修正案（十一） 530
一、《刑法修正案（十一）》概述 530
（一）《刑法修正案（十一）》修改的主要内容 530
（二）《刑法修正案（十一）》的修改特点 530
二、《刑法修正案（十一）》对《刑法》总则、分则第十章的修改和补充 531
（一）年满12周岁应负的刑事责任 531
（二）对《刑法》分则第十章适用文职军人的补充规定 533
三、《刑法修正案（十一）》对《刑法》分则补充的新罪 533
（一）妨害安全驾驶罪 533
（二）危险作业罪 537
（三）妨害药品管理罪 540
（四）为境外窃取、刺探、收买、非法提供商业秘密罪 543
（五）负有照护职责人员性侵罪 546
（六）袭警罪 550
（七）冒名顶替罪 555
（八）高空抛物罪 559

（九）催收非法债务罪　　562
　　（十）侵害英雄烈士名誉、荣誉罪　　566
　　（十一）组织参与国（境）外赌博罪　　569
　　（十二）非法采集人类遗传资源、走私人类遗传资源材料罪　　573
　　（十三）非法植入基因编辑、克隆胚胎罪　　577
　　（十四）非法猎捕、收购、运输、出售陆生野生动物罪　　582
　　（十五）破坏自然保护地罪　　586
　　（十六）非法引进、释放、丢弃外来入侵物种罪　　590
　　（十七）妨害兴奋剂管理罪　　592
四、《刑法修正案（十一）》对《刑法》分则中修改的犯罪　　596
　　（一）强令、组织他人违章冒险作业罪（取消强令冒险作业罪罪名）　　596
　　（二）生产、销售、提供假药罪（取消生产、销售假药罪罪名）　　600
　　（三）生产、销售、提供劣药罪（取消生产、销售劣药罪罪名）　　605
　　（四）欺诈发行证券罪（取消欺诈发行股票、债券罪罪名）　　610
　　（五）违规披露、不披露重要信息罪　　615
　　（六）非国家工作人员受贿罪　　618
　　（七）骗取贷款、票据承兑、金融票证罪　　622
　　（八）非法吸收公众存款罪　　625
　　（九）操纵证券、期货市场罪　　631
　　（十）洗钱罪　　636
　　（十一）集资诈骗罪　　641
　　（十二）假冒注册商标罪　　647
　　（十三）销售假冒注册商标的商品罪　　652
　　（十四）非法制造、销售非法制造的注册商标标识罪　　655
　　（十五）侵犯著作权罪　　659
　　（十六）销售侵权复制品罪　　665
　　（十七）侵犯商业秘密罪　　669
　　（十八）提供虚假证明文件罪　　675
　　（十九）强奸罪　　679
　　（二十）猥亵儿童罪　　685
　　（二十一）职务侵占罪　　689
　　（二十二）挪用资金罪　　694
　　（二十三）开设赌场罪　　702
　　（二十四）妨害传染病防治罪　　705
　　（二十五）污染环境罪　　710
　　（二十六）危害珍贵、濒危野生动物罪　　715
　　（二十七）危害国家重点保护植物罪　　720
　　（二十八）食品、药品监管渎职罪　　725

（二十九）为境外窃取、刺探、收买、非法提供军事秘密罪　　729

第十六章　中华人民共和国刑法修正案（十二）　　734
　　一、《刑法修正案（十二）》概述　　734
　　二、《刑法修正案（十二）》的修改特点　　735
　　三、《刑法修正案（十二）》修改的主要内容　　735
　　四、《刑法修正案（十二）》对《刑法》分则的修改和补充　　736
　　　　（一）非法经营同类营业罪　　736
　　　　（二）为亲友非法牟利罪　　739
　　　　（三）徇私舞弊低价折股、出售公司、企业资产罪　　742
　　　　（四）单位受贿罪　　745
　　　　（五）行贿罪　　748
　　　　（六）对单位行贿罪　　754
　　　　（七）单位行贿罪　　757

第三编　刑法的立法解释

第十七章　关于《中华人民共和国刑法》第九十三条第二款的解释　　765
　　一、刑法规定及其法律解释的内容　　765
　　二、对刑法规定解释的原因　　767
　　三、本解释的适用　　768

第十八章　关于《中华人民共和国刑法》第二百二十八条、第三百四十二条、第四百一十条的解释　　771
　　一、刑法规定及其法律解释的内容　　772
　　二、对刑法规定解释的原因　　773
　　三、本解释的适用　　774

第十九章　关于《中华人民共和国刑法》第二百九十四条第一款的解释　　778
　　一、刑法规定及其法律解释的内容　　778
　　二、对刑法规定解释的原因　　779
　　三、本解释的适用　　781

第二十章　关于《中华人民共和国刑法》第三百八十四条第一款的解释　　784
　　一、刑法规定及其法律解释的内容　　784
　　二、对刑法规定解释的原因　　786
　　三、本解释的适用　　788

第二十一章　关于《中华人民共和国刑法》第三百一十三条的解释　　791
　　一、刑法规定及其法律解释的内容　　791
　　二、对刑法规定解释的原因　　792
　　三、本解释的适用　　794

第二十二章 关于《中华人民共和国刑法》第九章渎职罪主体适用问题的解释 796
  一、刑法规定及其法律解释的内容 796
  二、对刑法规定解释的原因 798
  三、本解释的适用 799

第二十三章 关于《中华人民共和国刑法》有关信用卡规定的解释 801
  一、刑法规定及其法律解释的内容 801
  二、对刑法规定解释的原因 802
  三、本解释的适用 803

第二十四章 关于《中华人民共和国刑法》有关文物的规定适用于具有科学价值的古脊椎动物化石、古人类化石的解释 806
  一、刑法规定及其法律解释的内容 806
  二、对刑法规定解释的原因 808
  三、本解释的适用 809

第二十五章 关于《中华人民共和国刑法》有关出口退税、抵扣税款的其他发票规定的解释 813
  一、刑法规定及其法律解释的内容 814
  二、对刑法规定解释的原因 815
  三、本解释的适用 816

第一编 刑法的补充规定

　　刑法的补充规定,是刑法典颁布实施以后,立法机关对刑法规定的内容所作的新的规定。刑法的补充规定从颁布之日起开始生效,其与刑法具有同等效力。刑法补充规定的内容应遵循《刑法》总则的一般原则规定,其内容应与《刑法》总则的规定一致,如果相矛盾则刑法补充规定无法律效力;刑法补充规定内容与《刑法》分则规定的法律条文竟合时,应遵照特别法规定优先于一般法规定的原则优先适用刑法补充规定。根据我国宪法规定,我国刑法由全国人民代表大会制定和修改。在全国人民代表大会闭会期间,全国人民代表大会常务委员会有权对刑法进行部分补充和修改,但是对刑法的补充和修改不得同刑法规定的基本原则相抵触。我国1979年《刑法》颁布实施后,全国人民代表大会根据社会治安形势发展的需要和刑事政策要求,先后对刑法制定颁布了23个补充规定,对当时在社会上多发的社会危害严重又亟须惩处的犯罪行为作了补充规定,它们对维护社会治安秩序,保障社会主义市场经济秩序起到了重要作用。

　　1997年修订刑法时,将有关的补充规定经过修改和补充纳入刑法中,成为刑法中重要内容。1997年10月1日,修订的刑法颁布实施以后,全国人大常委会根据我国政治、经济和社会治安形势发展的需要,对刑法又作了《关于惩治骗购外汇、逃汇和非法买卖外汇犯罪的决定》、《关于取缔邪教组织、防范和惩治邪教活动的决定》、《关于维护互联网安全的决定》(以下简称《互联网安全决定》)和《关于修改部分法律的决定》(以下简称《修改法律决定》)。上述四个刑法的补充规定对防止亚洲金融危机对我国经济的破坏、打击邪教组织对国家政权的侵犯、维护互联网安全和统一法律用语及引用法律名称等问题起到了极大的作用。从1995年12月25日起,我国全国人大常委会开始用刑法修正案的形式对刑法进行修改和补充,而不再用刑法补充规定的形式,应当说这是立法技术的进步,对保障刑法的整体性、连贯性和适用性具有十分重要的意义。到目前为止,全国人大常委会已颁布了12个刑法修正案,对刑法有关条文作了大量修改和补充。当然,也不排除今后在必要的时候,全国人大常委会还会继续以刑法补充规定的形式对刑法进行修改补充。

第一章 关于惩治骗购外汇、逃汇和非法买卖外汇犯罪的决定

全国人大常委会《关于惩治骗购外汇、逃汇和非法买卖外汇犯罪的决定》于1998年12月29日第九届全国人大常委会第六次会议通过。1997年以来,亚洲金融危机迅速发展,波及我国香港、澳门、台湾地区,我国境内一些不法分子也开始蠢蠢欲动,为了谋取巨额利润,他们千方百计地骗购外汇,非法截留、转移和买卖外汇,在一些地区发案数量急增,涉案金额巨大,活动十分猖獗。在这种状况下,如果不及时制止,将严重损害我国金融秩序的稳定和经济建设的安全。为了有力地打击那些骗汇、逃汇、非法买卖外汇的违法犯罪行为,确保人民币汇率的稳定,有效防范金融风险,1998年10月27日,在第九届全国人大常委会第五次会议上国务院提请全国人大常委会审议《关于惩治骗购外汇、逃汇和非法买卖外汇犯罪的决定(草案)》,要求对刑法予以补充并作出立法解释性的规定。会后,全国人民代表大会法律委员会和全国人大常委会法制工作委员会将国务院提请的草案印发至各省、自治区、直辖市和中央有关部门征求意见,法律委员会、财经委员会和法制工作委员会还联合邀请中央有关部门和法律专家进行座谈,听取意见。1998年12月4日、18日法律委员会根据常委会委员和各地方、部门的意见,对草案进行了审议。法律委员会认为,为了严厉打击骗购外汇、逃汇和非法买卖外汇的犯罪活动,有必要对刑法进行修改。同时,法律委员会对草案提出了修改意见,并报请第九届全国人大常委会第六次会议审议通过。① 具体如何适用全国人大常委会上述补充规定应依照最高人民法院、最高人民检察院司法解释执行。

一、骗购外汇罪

骗购外汇罪是刑法补充规定新增加的罪名,1979年《刑法》没有规定这种犯罪为独立的罪名,在司法实践中通常将骗购外汇犯罪行为包含在投机倒把犯罪行为之中。1982年全国人大常委会颁布的《关于严惩严重破坏经济的罪犯的决定》(已失效)中规定了套取国家外汇的犯罪行为,其与骗购外汇行为相似。在修订刑法时,取消了套汇犯罪行为。1998年8月28日,根据当时骗购外汇行为严重破坏我国金融秩序的紧急情况,最高人民法院将骗购外汇行为解释为构成走私罪、洗钱罪、逃汇罪、伪造变造国家公文证件印章罪、非法经营罪等的犯罪行为。1998年12月29日,刑法补充规定将骗购外汇犯罪行为规定为独立的罪名,并以此罪名代替了套汇罪的罪名。

(一)刑法规定内容的修改

刑法条文中规定的惩治骗购外汇犯罪行为,经过了以下修改和补充:

---

① 参见《全国人民代表大会常务委员会公报》1998年第6期,第688页。

1. 1979年《刑法》第117条规定:"违反金融、外汇、金银、工商管理法规,投机倒把,情节严重的,处三年以下有期徒刑或者拘役,可以并处、单处罚金或者没收财产。"

2. 1982年全国人大常委会《关于严惩严重破坏经济的罪犯的决定》(已失效)第1条第1项规定:"对刑法第一百一十八条规定走私、套汇、投机倒把牟取暴利罪……情节特别严重的,处十年以上有期徒刑、无期徒刑或者死刑,可以并处没收财产。"

3. 1988年全国人大常委会《关于惩治走私罪的补充规定》(已失效)第9条规定:"全民所有制、集体所有制企业事业单位、机关、团体违反外汇管理法规……或者把国家拨给的外汇非法出售牟利的,由外汇管理机关依照外汇管理法规强制收兑外汇、没收违法所得,可以并处罚款,并对其直接负责的主管人员和其他直接责任人员,由其所在单位或者上级主管机关酌情给予行政处分;情节严重的,除依照外汇管理法规强制收兑外汇、没收违法所得外,判处罚金,并对其直接负责的主管人员和其他直接责任人员,处五年以下有期徒刑或者拘役。企业事业单位、机关、团体或者个人非法倒买倒卖外汇牟利,情节严重的,按照投机倒把罪处罚。"

4. 1998年全国人大常委会《关于惩治骗购外汇、逃汇和非法买卖外汇犯罪的决定》第1条规定:有下列情形之一,骗购外汇,数额较大的,处5年以下有期徒刑或者拘役,并处骗购外汇数额5%以上30%以下罚金;数额巨大或者有其他严重情节的,处5年以上10年以下有期徒刑,并处骗购外汇数额5%以上30%以下罚金;数额特别巨大或者有其他特别严重情节的,处10年以上有期徒刑或者无期徒刑,并处骗购外汇数额5%以上30%以下罚金或者没收财产:(1)使用伪造、变造的海关签发的报关单、进口证明、外汇管理部门核准件等凭证和单据的;(2)重复使用海关签发的报关单、进口证明、外汇管理部门核准件等凭证和单据的;(3)以其他方式骗购外汇的。伪造、变造海关签发的报关单、进口证明、外汇管理部门核准件等凭证和单据,并用于骗购外汇的,依照前款的规定从重处罚。明知用于骗购外汇而提供人民币资金的,以共犯论处。单位犯前三款罪的,对单位依照第一款的规定判处罚金,并对其直接负责的主管人员和其他直接责任人员,处5年以下有期徒刑或者拘役;数额巨大或者有其他严重情节的,处5年以上10年以下有期徒刑;数额特别巨大或者有其他特别严重情节的,处10年以上有期徒刑或者无期徒刑。

从上述刑法及其补充规定对骗购外汇犯罪行为规定的发展过程可见,《关于惩治骗购外汇、逃汇和非法买卖外汇犯罪的决定》对刑法作了如下新的补充规定:

1. 明确增加规定了骗购外汇罪的新罪名。1979年《刑法》没有明确规定骗购外汇的犯罪行为,只笼统地规定了违反外汇管理法规的行为属于投机倒把罪犯罪行为。在司法实践中,将骗购外汇行为作为违反外汇管理法规的行为之一,情节严重的,依照投机倒把罪定罪处罚。全国人大常委会《关于严惩严重破坏经济的罪犯的决定》(已失效)和《关于惩治走私罪的补充规定》(已失效)进一步缩小范围,将骗购外汇行为作为套汇行为的一种,情节严重的,依照套汇罪定罪处罚。全国人大常委会《关于惩治骗购外汇、逃汇和非法买卖外汇犯罪的决定》中明确规定了骗购外汇罪,将骗购外汇行为从投机倒把罪、套汇罪中分离出来,成为一个独立的罪名。

2. 明确规定了骗购外汇犯罪行为的方式方法。具体有三种表现:一是使用伪造、变造的凭证和单据骗购外汇的行为;二是重复使用有关凭证和单据骗购外汇的行为;三是以其他方式、方法骗购外汇的行为。

3. 明确规定了骗购外汇罪的法定刑。犯骗购外汇罪的,最低处 5 年以下有期徒刑或者拘役,并处骗购外汇数额 5% 以上 30% 以下罚金;最高处 10 年以上有期徒刑或者无期徒刑,并处骗购外汇数额 5% 以上 30% 以下罚金或者没收财产。

4. 明确规定了骗购外汇罪的共犯和从重处罚的法定情节。明知用于骗购外汇而提供人民币资金的,以共犯论处。海关、外汇管理部门以及金融机构、从事对外贸易经营活动的公司、企业或者其他单位的工作人员与骗购外汇的行为人通谋,为其提供购买外汇的有关凭证或者其他便利的,或者明知是伪造、变造的凭证和单据而售汇、付汇的,以共犯论,从重处罚。伪造、变造海关签发的报关单等凭证和证据用于骗购外汇的,从重处罚。

5. 明确规定了单位犯骗购外汇罪的,对单位判处罚金,并对单位直接负责的主管人员和其他直接责任人员最低处 5 年以下有期徒刑或者拘役,最高处 10 年以上有期徒刑或者无期徒刑。

(二)刑法规定修改的原因

全国人大常委会在 1998 年补充规定骗购外汇罪的原因,主要有以下几个方面:

1. 我国刑法中原没有明确规定骗购外汇的犯罪行为。虽然在修订刑法以前,对于骗购外汇情节严重的行为可以按照投机倒把罪、套汇罪定罪处罚,但在修订刑法时,考虑到我国实行改革开放以来,有关单位或者个人外汇需求量不断增加,购买外汇的数量急增,特别是在国际上炒买炒卖外汇活动已进入金融市场,因此,在 1997 年《刑法》中只规定了逃汇罪,而没有规定套汇罪。我国现行《刑法》中既没有规定套汇罪,也没有规定骗购外汇罪,在《刑法》已明确规定实行罪刑法定原则的情况下,《刑法》对骗购外汇的行为没有作明确规定,就不能再类推定罪处罚。

2. 骗购外汇行为严重危害我国金融管理秩序。1997 年以来,在西方金融资本家的操纵下,亚洲出现了严重的金融风暴,人们疯狂地买卖外汇,对亚洲各国金融秩序造成了严重破坏。我国香港特别行政区、澳门特别行政区、台湾地区受到金融风暴的波及,一些不法分子开始把目光转向内地(大陆),他们趁修订刑法取消套汇罪之机,千方百计地骗购国家外汇,犯罪活动十分猖獗。当时在广州、浙江、江西等地区骗购国家外汇几百万美元、几千万美元的案件开始出现,并且发案数量急剧增多,严重影响了我国的外汇管理秩序,开始出现了金融危机的苗头。要有效防范金融风险,确保人民币汇率的稳定和人民币在国际市场中的威信,就必须严厉惩治骗购外汇的犯罪行为,以抑制猖獗的骗购外汇的犯罪活动。

3. 国家行政处罚不足以制止骗购外汇活动。在我国,对外汇实行集中管理和统一经营。外币在我国境内不得流通和自由倒卖,公司、企业的外汇收入,除按规定可以留一部分自用外,其他的均须按规定的汇率售给中国银行。当单位和个人需要外汇时,须经主管部门批准,到中国银行购买。违反外汇管理法规规定套取外汇的行为是危害我国外汇管理秩序的行为。当亚洲金融风暴即将席卷我国时,一些不法分子疯狂地骗购外汇,对此我国外汇管理机关开展了全国外汇大检查,对那些违反国家外汇管理规定以伪造、变造或者虚假的凭证和单据向银行骗购外汇等的违法行为,依法进行了严厉处罚,但是这种行政处罚力度不够大,不足以抑制猖獗的骗购外汇行为。

4. 最高人民法院司法解释缺乏法律依据。为加大力度严厉惩治骗购外汇的犯罪行为,最高人民法院于 1998 年 8 月 28 日发布了《关于审理骗购外汇、非法买卖外汇刑事案件具体应用法律若干问题的解释》,其中第1条对骗购外汇解释为"以进行走私、逃汇、洗钱、骗税等犯罪活动为目的,使用虚假、无效的凭证、商业单据或者采取其他手段向外汇指定银行骗购外汇的,应当分别按照刑法分则第三章第二节、第一百九十条、第一百九十一条和第二百零四条等规定定罪处罚。非国有公司、企业或者其他单位,与国有公司、企业或者其他国有单位勾结逃汇的,以逃汇罪的共犯处罚",即对于骗购外汇的犯罪行为以走私罪、逃汇罪、洗钱罪、骗取出口退税罪定罪处罚。这种司法解释是把骗取外汇行为作为走私罪、逃汇罪、洗钱罪、骗取出口退税罪的犯罪方法、手段,而没有作为独立的犯罪进行惩罚,而且这种解释是越权解释,其解释没有法律根据。另外,该解释还将一些骗购外汇的犯罪行为解释为应按伪造国家公文证件印章罪、非法经营罪处罚的行为,这将导致难以对使用假单据骗购外汇行为者给予应得的刑罚处罚,特别是这种解释与刑法规定的罪刑法定原则相悖,从理论上讲应属无效的解释。

鉴于上述原因,必须由立法机关进行立法,将骗购外汇行为通过立法程序规定为独立的骗购外汇罪,以便准确惩罚这种犯罪,防范金融风险。当务之急,最好的方法是由全国人大常委会制定刑法补充规定加以解决。

（三）骗购外汇罪的适用

骗购外汇罪是一种新罪名,其犯罪的概念、构成特征和适用中应注意的问题都需要进行研究和界定。

1. 骗购外汇罪的概念。骗购外汇罪,是指单位或者个人违反国家外汇管理法规,使用伪造、变造的凭证和单据等欺骗方法骗购外汇,数额较大的行为。

根据我国外汇管理相关法律的规定,国家对外汇实行集中管制和统一经营,不允许自由买卖和在国内市场上进行流通。公司、企业的外汇收入应按国家规定的汇率售给中国银行,当需要外汇时,按国家规定的汇率经主管部门批准到中国银行购买。如果以欺骗的手段购买外汇,是对国家外汇管理秩序的破坏,是对社会有危害的行为,骗购外汇数额较大的行为将构成犯罪,应追究刑事责任。

这里讲的外汇,根据我国1997年修改的《外汇管理条例》第3条的规定,是指下列以外币表示的可以用作国际清偿的支付手段和资产：(1)外国货币,包括纸币、铸币；(2)外币支付凭证,包括票据、银行存款凭证、邮政储蓄凭证等；(3)外币有价证券,包括政府债券、公司债券、股票等；(4)特别提款权、欧洲货币单位；(5)其他外汇资产。

2. 骗购外汇罪的构成特征。根据全国人大常委会《关于惩治骗购外汇、逃汇和非法买卖外汇犯罪的决定》对骗购外汇罪的规定,骗购外汇罪的构成特征主要有：

(1)犯罪主体是一般主体,单位和年满16周岁的具有刑事责任能力的自然人都可以构成。犯罪主体在主观上有犯罪的故意,一般都是出于谋取暴利的目的,过失行为不能构成本罪。例如,由于大意,错用已使用过的购买外汇核准件购买外汇的行为,不能构成骗购外汇罪。

(2)犯罪行为必须是故意骗购外汇的行为,即违反国家规定,以虚构事实和隐瞒事实真相的欺骗方法购买外汇的行为。违反国家规定,是指违反1997年1月14日《外汇管理条例》等国务院颁布的外汇管理规定和政策。具体行为表现有：

①使用伪造、变造的海关签发的报关单、进口证明、外汇管理部门核准件等凭证和单据的行为。

②重复使用海关签发的报关单、进口证明、外汇管理部门核准件等凭证和单据的行为。

③以其他方式骗购外汇的行为。如以人民币为他人支付在境内的费用,由对方付给外汇的行为;未经外汇管理机关批准,境外投资者以人民币或者境内所购物资在境内进行投资的行为等。

(3)犯罪结果是骗购外汇数额较大的结果。根据2022年5月15日最高人民检察院、公安部《关于公安机关管辖的刑事案件立案追诉标准的规定(二)》第42条的规定,骗购外汇数额在50万美元以上的,应予追诉,即骗购外汇50万美元以上的构成犯罪,属于骗购外汇数额较大的最低起点。另外,还可以参照1998年8月28日最高人民法院《关于审理骗购外汇、非法买卖外汇刑事案件具体应用法律若干问题的解释》第4条的规定,公司、企业或者其他单位,违反有关外贸代理业务的规定,采用非法手段,或者明知是伪造、变造的凭证、商业单据,为他人向外汇指定银行骗购外汇,数额在500万美元以上或者违法所得50万元人民币以上的,按照《刑法》第225条第3项的规定定罪处罚。居间介绍骗购外汇100万美元以上或者违法所得10万元人民币以上的,按照《刑法》第225条第3项的规定定罪处罚,确定骗购外汇数额较大的结果。这是因为最高人民法院的司法解释是在全国人大常委会补充规定作出以前的解释,不是对骗购外汇数额较大的解释,只能作为适用刑法补充规定的骗购外汇数额较大的一种参考。

3. 骗购外汇罪的法定刑。根据《关于惩治骗购外汇、逃汇和非法买卖外汇犯罪的决定》第1条的规定,骗购外汇罪的法定刑是:

(1)骗购外汇,数额较大的,构成本罪,处5年以下有期徒刑或者拘役,并处骗购外汇数额5%以上30%以下罚金。

(2)犯本罪,数额巨大或者有其他严重情节的,处5年以上10年以下有期徒刑,并处骗购外汇数额5%以上30%以下罚金。

(3)犯本罪,数额特别巨大或者有其他特别严重情节的,处10年以上有期徒刑或者无期徒刑,并处骗购外汇数额5%以上30%以下罚金或者没收财产。

(4)犯本罪,伪造、变造海关签发的报关单、进口证明、外汇管理部门核准件等凭证和单据,并用于骗购外汇的,依照前款的规定从重处罚。

(5)犯本罪,明知用于骗购外汇而提供人民币资金的,以共犯论处。

(6)单位犯本罪的,对单位依照上述第1、2、3项的规定判处罚金,并对其直接负责的主管人员和其他直接责任人员,处5年以下有期徒刑或者拘役;数额巨大或者有其他严重情节的,处5年以上10年以下有期徒刑;数额特别巨大或者有其他特别严重情节的,处10年以上有期徒刑或者无期徒刑。

4. 骗购外汇罪在适用时应注意以下问题:

(1)骗购外汇罪的时效问题。虽然1979年《刑法》和有关补充规定中都没有明确规定骗购外汇行为构成犯罪,但根据当时法律规定允许类推定罪处罚,在司法实践中,可以将情节严重的骗购外汇行为按投机倒把罪、套汇罪追究刑事责任。但是,在1997年《刑法》没有规定骗购外汇罪的情形下,依照1997年《刑法》规定的罪刑法定原则,在全国人大常委会《关于惩治骗购外汇、逃汇和非法买卖外汇犯罪的决定》颁布实施以前,即1998年12月29日以前实施的骗购外汇数额较大的行为不构成犯罪,但因其是违反国家外汇管理相关法律规定的行为,故可以依照相关法律规定给予行政处罚。实践中,有些骗购外汇行为是在1998年12月29日以前至1997年10月1日以后发生的,依照最高人民法院的司法解释以非法经营罪追究相关当事人的刑事责任,严格地讲这不符合罪刑法定原则要求,是错误刑事追究,应予以纠正。但是人民法院依照1979年《刑法》和补充规定将骗购外汇行为定为投机倒把罪、套汇罪的,则是合法的判决,应当有效。

(2)骗购外汇罪定罪处罚的数额问题。只有骗购外汇数额较大时,才可以构成犯罪,骗购数额较大、巨大、特别巨大分别适用不同的法定刑。最高人民检察院、最高人民法院的司法解释都以"美元"为单位计算数额。其实,外汇的种类很多,骗购其他外汇,如日元、加元、欧元、英镑等都需要折算为美元,这种计算数额单位既不方便,也不易于统一衡量骗购外汇数额的社会危害性大小。笔者认为,应以"人民币"为计算数额单位,以骗购外汇所需人民币的数额计算,既能反映出其社会危害性的大小,更便于适用。对骗购外汇数额较大、数额巨大、数额特别巨大,《关于惩治骗购外汇、逃汇和非法买卖外汇犯罪的决定》中没有具体规定,目前也没有明确的司法解释。根据最高人民检察院、公安部、最高人民法院有关司法解释,笔者认为,骗购外汇折算人民币500万元以上不满5000万元的,为数额较大;5000万元以上不满1亿元的,为数额巨大;1亿元以上的,为数额特别巨大。在计算骗购外汇数额时,不宜用违法所得数额计算,因为违法所得数额的多少不能反映出骗购外汇行为对金融秩序破坏程度的大小。

在讨论骗购外汇数额时,有一种意见认为,"数额较大"、"数额巨大"、"数额特别巨大"、"情节严重"和"情节特别严重"等过于笼统,应当作具体规定。但立法机关认为,"鉴于目前对这些犯罪行为的具体数额和情节尚难在本决定中作出规定,在实施中可以由最高人民法院、最高人民检察院根据本决定作司法解释,这样做比较灵活,能够适应打击犯罪的需要"。①

(3)骗购外汇情节严重的问题。骗购外汇"情节严重的""情节特别严重的"是适用加重法定刑的情节依据,何为"其他严重情节""其他特别严重情节",《关于惩治骗购外汇、逃汇和非法买卖外汇犯罪的决定》没有作具体规定。这里的"其他情节",是指骗购外汇数额以外的情节,司法实践中一般指以下情节:①伪造、变造海关签发的报关单、进口证明、外汇管理部门核准件等凭证和单据的;②海关、外汇管理部门以及金融机构、从事对外贸易经营活动的公司、企业或者其他单位的工作人员与骗购外汇的行为人通谋,为其提供购买外汇的有关凭证或者其他便利的,或者明知是伪造、变造的凭证和单据而售汇、付汇的;③多次骗购外汇,或者因为骗购外汇受过二次以上行政处罚的;④由于骗购外汇使国家外汇管理秩序严重混乱,对国民经济造成重大损害的;⑤国内外犯罪分子相互勾结,以危害我国国民经济秩序为目的进行骗购外汇的行为。具备上述情节之一的,应认定为"其他严重情节"的行为。同时具有上述几种情节或其中某一项情节特别严重的,应认定为骗购外汇"其他特别严重情节",适用最重的法定刑。

(4)犯骗购外汇罪罚金数额的问题。《关于惩治骗购外汇、逃汇和非法买卖外汇犯罪的决定》第1条规定,自然人犯骗购外汇罪的,除应判处自由刑罚以外,还应判处附加罚金或者没收财产;单位犯骗购外汇罪的,对单位只能判处罚金,对单位直接负责的主管人员和其他直

---

① 全国人大法律委员会关于《〈全国人民代表大会常务委员会关于惩治骗购外汇、逃汇和非法买卖外汇犯罪的决定(草案)〉审议结果的报告》,载《全国人民代表大会常务委员会公报》1998年第6期,第689页、第690页。

接责任人员只能判处自由刑罚。罚金的数额是按骗购外汇数额的比例确定的,最低处骗购外汇数额的5%,最高处骗购外汇数额的30%,在此幅度之间,根据案件的不同情况和犯罪人的实际执行能力,分别按不同比例判处不同的罚金数额。

在讨论《关于惩治骗购外汇、逃汇和非法买卖外汇犯罪的决定》时,有一种意见认为对犯骗购外汇罪的,应规定处定额罚金,如"处2万元以上20万元以下罚金"或者"5万元以上50万元以下罚金";也有一种意见认为,可以只规定"并处罚金",而不规定具体数额,由最高人民法院通过司法解释规定罚金的具体数额。① 最终立法机关采纳了按骗购外汇数额比例认定罚金数额的意见,将罚金数额与骗购外汇数额结合起来,这种立法比较科学。

(5)海关、外汇管理部门的工作人员严重不负责任,造成大量外汇被骗购,致使国家利益遭受重大损失的,依照《刑法》第397条的规定以玩忽职守罪定罪处罚。如果与骗购外汇犯罪分子通谋的,应以骗购外汇罪共犯从重处罚。

(6)金融机构、从事对外贸易经营活动的公司、企业的工作人员严重不负责任,造成大量外汇被骗购,致使国家利益遭受重大损失的,依照《刑法》第167条的规定以签订、履行合同失职被骗罪定罪处罚。这里的工作人员必须是国有金融机构和从事对外贸易经营活动的国有公司、企业的工作人员,非国有金融机构、从事对外贸易经营活动的非国有公司、企业的工作人员依照国家法律、法规规定从事外汇行政管理职权或者受国家机关委托代表国家机关从事外汇管理职权,严重不负责任,造成大量外汇被骗购的,根据全国人大常委会《关于〈中华人民共和国刑法〉第九章渎职罪主体适用问题的解释》,也可以按照国有公司、企业人员签订、履行合同失职被骗罪定罪处罚。当前,根据《刑法修正案》第2条的规定,国有公司、企业、事业单位人员实施上述行为的,可以国有公司、企业、事业单位人员签订、履行合同失职被骗罪追究刑事责任。

二、逃汇罪

逃汇罪是1982年全国人大常委会《关于严惩严重破坏经济的罪犯的决定》(已失效)中补充增加的犯罪。1979年《刑法》没有单独规定这种犯罪行为,而是在司法实践中将逃、套外汇犯罪行为包含在投机倒把犯罪之中。1982年全国人大常委会颁布的《关于严惩严重破坏经济的罪犯的决定》第1条规定了逃、套外汇的犯罪行为,当时的套汇犯罪行为包括逃汇和套汇两种犯罪行为,但在司法实践中,仍然按投机倒把罪定罪处罚。1988年全国人大常委会《关于惩治走私罪的补充规定》第9条规定了单位逃、套外汇犯罪行为,在司法实践中定为逃、套汇罪,对倒买倒卖外汇行为,仍按投机倒把罪处罚。但在修订刑法时,又删去了套汇犯罪行为,在1997年《刑法》第190条规定了逃汇犯罪行为,并在1997年最高人民法院《关于执行〈中华人民共和国刑法〉确定罪名的规定》(已被修改)中将该种犯罪行为规定为"逃汇罪"的罪名。1998年12月29日,全国人大常委会《关于惩治骗购外汇、逃汇和非法买卖外汇犯罪的决定》对逃汇罪作了补充规定。

(一)刑法规定内容的修改

刑法条文中规定的惩治逃汇犯罪行为,经历了以下修改和补充的过程:

---

① 参见全国人大法律委员会关于《〈全国人民代表大会常务委员会关于惩治骗购外汇、逃汇和非法买卖外汇犯罪的决定(草案)〉审议结果的报告》,载《全国人民代表大会常务委员会公报》1998年第6期,第688页、第689页。

1. 1979年《刑法》第117条规定："违反金融、外汇、金银、工商管理法规,投机倒把,情节严重的,处三年以下有期徒刑或者拘役,可以并处、单处罚金或者没收财产。"

2. 1982年全国人大常委会《关于严惩严重破坏经济的罪犯的决定》(已失效)第1条第1项规定："对刑法第一百一十八条规定走私、套汇、投机倒把牟取暴利罪……情节特别严重的,处十年以上有期徒刑、无期徒刑或者死刑,可以并处没收财产。"

3. 1998年全国人大常委会《关于惩治走私罪的补充规定》第9条规定："全民所有制、集体所有制企业事业单位、机关、团体违反外汇管理法规,在境外取得的外汇,应该调回境内而不调回,或者不存入国家指定的银行,或者把境内的外汇非法转移到境外,或者把国家拨给的外汇非法出售牟利的,由外汇管理机关依照外汇管理法规强制收兑外汇、没收违法所得,可以并处罚款,并对其直接负责的主管人员和其他直接责任人员,由其所在单位或者上级主管机关酌情给予行政处分;情节严重的,除依照外汇管理法规强制收兑外汇、没收违法所得外,判处罚金,并对其直接负责的主管人员和其他直接责任人员,处五年以下有期徒刑或者拘役。

"企业事业单位、机关、团体或者个人非法倒买倒卖外汇牟利,情节严重的,按照投机倒把罪处罚。"

4. 1997年《刑法》第190条规定："国有公司、企业或者其他国有单位,违反国家规定,擅自将外汇存放境外,或者将境内的外汇非法转移到境外,情节严重的,对单位判处罚金,并对其直接负责的主管人员和其他直接责任人员,处五年以下有期徒刑或者拘役。"

5. 1998年全国人大常委会《关于惩治骗购外汇、逃汇和非法买卖外汇犯罪的决定》第3条规定："将刑法第一百九十条修改为:公司、企业或者其他单位,违反国家规定,擅自将外汇存放境外,或者将境内的外汇非法转移到境外,数额较大的,对单位判处逃汇数额百分之五以上百分之三十以下罚金,并对其直接负责的主管人员和其他直接责任人员,处五年以下有期徒刑或者拘役;数额巨大或者有其他严重情节的,对单位判处逃汇数额百分之五以上百分之三十以下罚金,并对其直接负责的主管人员和其他直接责任人员,处五年以上有期徒刑。"

从上述刑法及其补充规定对逃汇犯罪行为相关规定的修改过程可见,《关于惩治骗购外汇、逃汇和非法买卖外汇犯罪的决定》对刑法作了如下修改和补充:

1. 明确增加规定了逃汇罪的新罪名。我国1979年《刑法》没有明确规定逃汇的犯罪行为,只笼统地将违反外汇管理法规的行为作为投机倒把的犯罪行为,在司法实践中将逃汇行为作为违反外汇管理法规的行为之一,情节严重的,依照投机倒把罪定罪处罚。全国人大常委会《关于严惩严重破坏经济的罪犯的决定》(已失效)和《关于惩治走私罪的补充规定》(已失效)进一步缩小范围,将逃汇行为作为逃、套汇行为,情节严重的,依照逃、套汇罪定罪处罚,但是《刑法》第190条只规定了逃汇罪,没有规定套汇罪。后全国人大常委会《关于惩治骗购外汇、逃汇和非法买卖外汇犯罪决定》对逃汇罪的罪状和法定刑进行了修改,将套汇行为作为骗购外汇行为的一种,构成骗购外汇罪。

2. 将逃汇罪的主体只能由国有单位构成修改为所有单位都可以构成。《刑法》第190条原规定,"国有公司、企业或者其他国有单位,违反国家规定,擅自将外汇存放境外,或者将境内的外汇非法转移到境外,情节严重的"行为构成逃汇罪。其将犯罪主体只限定为"国有公司、企业或者其他国有单位",而《关于惩治骗购外汇、逃汇和非法买卖外汇犯罪的决定》修改为"公司、企业或者其他单位",使逃汇罪的犯罪主体扩大到所有单位。

3. 修改了逃汇罪的法定刑,由单一的法定刑修改为具有两个档次的法定刑,即犯逃汇罪,数额较大的,对单位判处逃汇数额5%以上30%以下罚金,并对其直接负责的主管人员和其他直接责任人员,处5年以下有期徒刑或者拘役;数额巨大或者有其他严重情节的,对单位判处逃汇数额5%以上30%以下罚金,并对其直接负责的主管人员和其他直接责任人员,处5年以上有期徒刑。

4. 明确规定海关、外汇管理部门以及金融机构、从事对外贸易经营活动的公司、企业或者其他单位的工作人员与逃汇的行为人通谋的,以共犯论,从重处罚。

5. 明确规定海关、外汇管理部门的工作人员严重不负责任,造成大量外汇外逃,致使国家利益遭受重大损失的,依照《刑法》第397条规定的玩忽职守罪定罪处罚;金融机构、从事对外贸易经营活动的公司、企业的工作人员严重不负责任,造成大量外汇外逃,致使国家利益遭受重大损失的,依照《刑法》第167条规定的签订、履行合同失职被骗罪定罪处罚。

(二)刑法规定修改的原因

全国人大常委会1998年《关于惩治骗购外汇、逃汇和非法买卖外汇犯罪的决定》对《刑法》第190条规定的逃汇罪修改的主要原因有:

1. 《刑法》原对逃汇罪的规定不能适应形势发展的需要。逃汇是严重危害我国金融管理秩序的行为,我国1997年《刑法》规定,国有单位逃汇情节严重的行为才构成犯罪,对单位判处罚金,并对其直接负责的主管人员和其他直接责任人员,处5年以下有期徒刑或者拘役。但是,从1997年以来,在资本主义金融资本家的操纵下,亚洲出现了严重的金融风暴,人们疯狂地买卖外汇,对亚洲各国金融秩序造成了严重的破坏。我国香港特别行政区、澳门特别行政区、台湾地区受到金融风暴的严重波及,一些不法分子开始把目光转向中国内地(大陆),国内外的犯罪分子千方百计地逃汇,犯罪活动十分猖獗,并且发案数量急剧增多,严重地影响了我国的外汇管理秩序。为了有效防范金融风险,确保人民币汇率的稳定和人民币在国际市场上的威信,就必须严厉惩治逃汇等犯罪行为,确保我国外汇不流失。但是,《刑法》原规定的逃汇罪惩治的范围过窄,法定刑较轻,不足以防治严重的逃汇犯罪行为。

2. 《刑法》原规定的逃汇罪的犯罪主体范围太窄。我国《刑法》第190条规定,逃汇罪的主体是国有单位,非国有单位不能构成逃汇罪。随着改革开放形势的不断纵向深入发展,很多非国有公司、企业、事业单位在国内外也具有大量的外汇,其也可以进行逃汇行为,如果不予以惩处,必将严重扰乱我国的金融管理秩序。因此,《关于惩治骗购外汇、逃汇和非法买卖外汇犯罪的决定》将逃汇罪的主体由国有单位修改为所有的单位,扩大了逃汇罪的惩治范围。

3. 《刑法》原规定的逃汇罪的构成要件必须是"情节严重的",该规定太笼统,不便司法操作,在修订刑法时有些常委会委员提出:"应当作出具体规定。"[①]全国人大常委会接受了委员们的意见,将逃汇罪的构成要件"情节严重的"修改为"逃汇数额较大的",并且将具备逃汇"其他严重情节的"作为适用加重法定刑的条件。

4. 《刑法》原规定的逃汇罪的法定刑较轻。《刑法》原规定,逃汇"情节严重的,对单位判处罚金,并对其直接负责的主管人员和其他直接责任人员,处5年以下有期徒刑或者拘役"。

---

① 参见《全国人民代表大会常务委员会公报》1998年第6期,第689页。

该法定刑较轻,不足以惩治当时猖狂的逃汇犯罪行为的需要。全国人大常委会《关于惩治骗购外汇、逃汇和非法买卖外汇犯罪的决定》将逃汇罪的法定刑分为两个档次,并根据逃汇数额按比例判处罚金,即逃汇数额较大的,对单位判处逃汇数额5%以上30%以下罚金,并对其直接负责的主管人员和其他直接责任人员,处5年以下有期徒刑或者拘役;数额巨大或者有其他严重情节的,对单位判处逃汇数额5%以上30%以下罚金,并对其直接负责的主管人员和其他直接责任人员,处5年以上有期徒刑,增加了一个档次的法定刑,加重了对逃汇罪处罚的力度。

(三)逃汇罪的适用

逃汇罪是一种新修改的犯罪,对其概念、构成特征和适用中应注意的问题都需要进行重新研究和界定。

1.逃汇罪的概念。逃汇罪,是指公司、企业或者其他单位,违反国家外汇管理法规,擅自将外汇存放境外,或者将境内的外汇非法转移到境外,数额较大的行为。

根据我国外汇管理相关法律的规定,国家对外汇实行集中管制和统一经营,不允许自由买卖和在国内市场上进行流通。公司、企业的外汇收入应按国家规定的汇率售给中国银行,当需要外汇时,按国家规定的汇率经主管部门批准到中国银行购买,不允许任何单位擅自将外汇存放境外,也不允许将境内的外汇非法转移到境外。如果擅自将外汇存放在境外或者将境内外汇转移到境外的,是破坏国家外汇管理秩序的逃汇行为。逃汇数额较大的,构成犯罪,应追究刑事责任。

2.逃汇罪的构成特征。根据《刑法》第190条和全国人大常委会《关于惩治骗购外汇、逃汇和非法买卖外汇犯罪的决定》对逃汇罪的规定和修改,逃汇罪的构成特征主要有:

(1)犯罪主体是单位,公司、企业和其他单位都可以构成该罪。单位犯罪主体除由单位本身构成以外,单位直接负责的主管人员和其他直接责任人员也可以构成单位犯罪主体。犯罪主体在主观上是故意的,一般都是以谋取暴利为目的,过失行为不能构成本罪。

(2)犯罪行为必须是逃汇的行为。逃汇行为的具体表现有:

①违反国家规定,擅自将外汇存放在境外的行为。

②不按照国家规定将外汇卖给外汇指定银行的行为。

③违反国家规定,将境内的外汇非法转移到境外或者携带出境的行为。

④未经外汇管理机关批准,擅自将外币存款凭证、外币有价证券携带或者邮寄出境的行为。

⑤其他逃汇行为。

上述国家法律规定,是指违反国家外汇管理法规和国务院有关外汇管理法规,具体有:《外汇管理条例》、《结汇、售汇及付汇管理规定》、中国人民银行《关于对外商投资企业实行银行结售汇的公告》(已失效)、《外商投资企业境内外汇帐户管理暂行办法》(已失效)等。

上述外汇是指:①外国现行流通的货币,含纸币、铸币;②外币支付凭证,含票据、银行存款凭证、邮政储蓄凭证等;③外币有价证券,包含政府债券、公司债券、股票等;④特别提款权、欧洲货币单位;⑤其他外汇资产等。

(3)犯罪结果是逃汇数额较大的结果。根据2022年5月18日最高人民检察院、公安部《关于公安机关管辖的刑事案件立案追诉标准的规定(二)》第41条的规定,公司、企业或者其他单位,违反国家规定,擅自将外汇存放境外,或者将境内的外汇非法转移到境外,单笔在200万美元以上或者累计数额在500万美元以上的,应予以追诉。即单笔逃汇200万美元的,将构成犯罪。累计逃汇500万美元应属于逃汇数额较大的最低起点,如果逃汇数额不满上述数额的,应依照外汇管理法规给予行政处罚。

3. 逃汇罪适用时应注意以下问题:

(1)逃汇罪的时效问题。虽然1997年《刑法》和《关于惩治骗购外汇、逃汇和非法买卖外汇犯罪的决定》中都明确规定了逃汇罪,但《刑法》原规定只有国有单位可以构成该罪,而没有规定非国有单位可以构成逃汇罪。在1998年12月29日以前非国有单位逃汇数额较大的行为,依照《刑法》第12条有关刑法溯及力的从旧兼从轻原则,行为时法律规定非国有单位不构成犯罪的,不应追究刑事责任。

(2)《刑法》第190条规定,逃汇数额巨大的,适用加重法定刑,对直接责任人员最高处15年有期徒刑。何为数额巨大,刑法条文没有作具体规定,目前也没有司法解释。笔者认为,参照最高人民检察院、公安部《关于经济犯罪案件追诉标准的规定(二)》,单笔逃汇200万美元或者累计逃汇500万美元应为数额较大的起点;单笔逃汇500万美元或者累计逃汇数额1000万美元以上的,应为数额巨大。

(3)《刑法》第190条规定,对具有其他严重情节的,适用加重法定刑,对直接责任人员最高处15年有期徒刑。何为"其他严重情节",刑法没有具体规定,目前也没有司法解释。笔者认为,其他严重情节一般应指逃汇数额以外的情节,如①多次逃汇,经教育不悔改;②给国家外汇管理秩序造成严重混乱;③给国家外汇造成特别巨大数额的损失等情节。

三、非法经营罪

非法经营罪是我国1997年在取消投机倒把罪后在《刑法》第225条中规定的一种新罪名,我国《外汇管理条例》规定,金融机构经营外汇业务必须经外汇管理机关批准,领取经营外汇业务许可证;未经外汇管理机关批准,任何单位和个人不得经营外汇业务。经批准经营外汇业务的金融机构,经营外汇业务不得超出批准的范围。单位或者个人买卖外汇必须到外汇指定银行和中国外汇交易中心及其分中心买卖。如果私自买卖外汇、变相买卖外汇或者倒买倒卖外汇的,由外汇管理机关给予警告、强制收兑、没收违法所得,并处违法外汇金额30%以上3倍以下的罚款;构成犯罪的,依法追究刑事责任。1998年12月29日全国人大常委会《关于惩治骗购外汇、逃汇和非法买卖外汇犯罪的决定》中规定,在国家规定的交易场所以外非法买卖外汇,扰乱市场秩序,情节严重的,依照非法经营罪定罪处罚。2009年2月28日全国人大常委会在《刑法修正案(七)》第5条中进一步规定,将《刑法》第225条第3项修改为"未经国家有关主管部门批准非法经营证券、期货、保险业务的,或者非法从事资金支付结算业务的"行为构成非法经营罪,使非法经营罪的惩治范围扩大到一切非法进行资金支付结算业务活动的行为。

(一)刑法规定内容的修改

刑法条文中有关非法买卖外汇犯罪行为的规定,经过了以下修改完善的过程:

1. 1979年《刑法》第117条规定:"违反金融、外汇、金银、工商管理法规,投机倒把,情节严重的,处三年以下有期徒刑或者拘役,可以并处、单处罚金或者没收财产。"

2. 1982年全国人大常委会《关于严惩严重破坏经济的罪犯的决定》(已失效)第1条第1项规定:"对刑法第一百一十八条规定走私、套汇、投机倒把牟取暴利罪……其处刑分别补充或者修改为:情节特别严重的,处十年以上有期徒刑、无期徒刑或者死刑,可以并处没收财产。"

3. 1988年全国人大常委会《关于惩治走私罪的补充规定》(已失效)第9条规定:"全民所有制、集体所有制企业事业单位、机关、团体违反外汇管理法规,在境外取得的外汇,应该调回境内而不调回,或者不存入国家指定的银行,或者把境内的外汇非法转移到境外,或者把国家拨给的外汇非法出售牟利的,由外汇管理机关依照外汇管理法规强制收兑外汇、没收违法所得,可以并处罚款,并对其直接负责的主管人员和其他直接责任人员,由其所在单位或者上级主管机关酌情给予行政处分;情节严重的,除依照外汇管理法规强制收兑外汇、没收违法所得外,判处罚金,并对其直接负责的主管人员和其他直接责任人员,处5年以下有期徒刑或者拘役。企业事业单位、机关、团体或者个人非法倒买倒卖外汇牟利,情节严重的,按照投机倒把罪处罚。"

4. 1997年《刑法》第225条规定:"违反国家规定,有下列非法经营行为之一,扰乱市场秩序,情节严重的,处五年以下有期徒刑或者拘役,并处或者单处违法所得一倍以上五倍以下罚金;情节特别严重的,处五年以上有期徒刑,并处违法所得一倍以上五倍以下罚金或者没收财产:(一)未经许可经营法律、行政法规规定的专营、专卖物品或者其他限制买卖的物品的;(二)买卖进出口许可证、进出口原产地证明以及其他法律、行政法规规定的经营许可证或者批准文件的;(三)其他严重扰乱市场秩序的非法经营行为。"

1997年《刑法》第231条规定:"单位犯本节第二百二十一条至第二百三十条规定之罪的,对单位判处罚金,并对其直接负责的主管人员和其他直接责任人员,依照本节各该条的规定处罚。"

5. 1998年全国人大常委会《关于惩治骗购外汇、逃汇和非法买卖外汇犯罪的决定》第4条规定:"在国家规定的交易场所以外非法买卖外汇,扰乱市场秩序,情节严重的,依照刑法第二百二十五条的规定定罪处罚。单位犯前款罪的,依照刑法第二百三十一条的规定处罚。"

6. 1999年12月25日全国人大常委会《刑法修正案》第8条规定:"刑法第二百二十五条增加一项,作为第三项:'未经国家有关主管部门批准,非法经营证券、期货或者保险业务的。'原第三项改为第四项。"

7. 2009年2月28日全国人大常委会《刑法修正案(七)》第5条规定:"将刑法第二百二十五条第三项修改为'未经国家有关主管部门批准非法经营证券、期货、保险业务的,或者非法从事资金支付结算业务的'。"

从上述刑法及《关于惩治骗购外汇、逃汇和非法买卖外汇犯罪的决定》对非法经营犯罪行为的修改过程可见,《关于惩治骗购外汇、逃汇和非法买卖外汇犯罪的决定》对《刑法》作了如下修改和补充:

1.明确规定了非法买卖外汇的行为构成非法经营罪。我国1979年《刑法》没有明确规定非法买卖外汇的犯罪行为,只笼统地规定违反外汇管理法规的行为作为投机倒把的犯罪行为处理。司法实践中,将非法买卖外汇和倒买倒卖外汇的行为作为违反外汇管理法规行为之一,情节严重的,依照投机倒把罪定罪处罚。全国人大常委会《关于严惩严重破坏经济的罪犯的决定》(已失效)将非法买卖外汇和倒买倒卖外汇的行为作为套汇行为之一,按照套汇罪或者投机倒把罪定罪处罚。《关于惩治走私罪的补充规定》(已失效)将非法出售外汇行为作为逃、套汇行为之一,情节严重的,依照逃、套汇罪或者投机倒把罪定罪处罚,并且特别规定:"企业事业单位、机关、团体或者个人非法倒买倒卖外汇牟利,情节严重的,按照投机倒把罪处罚。"1997年《刑法》第190条只规定了逃汇犯罪行为,而没有将非法买卖外汇行为规定为犯罪行为。全国人大常委会《关于惩治骗购外汇、逃汇和非法买卖外汇犯罪的决定》中明确规定了非法买卖外汇情节严重的构成非法经营罪。

2. 将非法买卖外汇的犯罪行为定为非法经营罪,按非法经营罪定罪处罚。1979年《刑法》和《关于惩治走私罪的补充规定》将非法出售外汇行为作为投机倒把罪,逃、套汇罪定罪处罚,企业事业单位、机关、团体或者个人非法倒买倒卖外汇牟利,情节严重的行为,按照投机倒把罪处罚。1997年《刑法》取消了套汇犯罪行为和投机倒把罪,将违反国家工商管理法规,进行非法经营牟利活动,情节严重的行为规定为非法经营罪。因此,《关于惩治骗购外汇、逃汇和非法买卖外汇犯罪的决定》将非法买卖外汇或者倒买倒卖外汇情节严重的行为,规定以非法经营罪定罪处罚。

3. 明确规定单位非法买卖外汇的犯罪行为可以构成单位犯罪,按单位犯非法经营罪定罪处罚。

4. 根据全国人大常委会《刑法修正案》《刑法修正案(七)》的规定,对非法经营证券、期货、保险业务,或者非法从事资金支付结算业务的行为,以非法经营罪定罪处罚。

(二)刑法规定修改的原因

全国人大常委会在1998年《关于惩治骗购外汇、逃汇和非法买卖外汇犯罪的决定》重新规定惩治非法买卖外汇行为的主要原因有:

1. 非法买卖外汇行为严重危害我国的金融管理秩序。尽管在修订《刑法》以前我国刑事法律规定了惩治非法买卖外汇犯罪行为,但仍需依照投机倒把罪或者逃、套汇罪定罪处罚。1997年《刑法》取消了惩治非法买卖、倒买倒卖外汇为犯罪行为的规定,即在当时,非法买卖外汇的行为不构成犯罪。从1997年以来,在资本主义金融资本家的操纵下,亚洲出现了严重的金融风暴,人们疯狂地非法买卖外汇和骗购外汇,对亚洲各国金融秩序造成了严重破坏。我国香港特别行政区、澳门特别行政区、台湾地区受到金融风暴的严重波及,一些不法分子开始把目光转向中国内地(大陆),他们千方百计地非法买卖、倒买倒卖外汇,犯罪活动十分猖獗,并且发案数量急剧增多,严重影响了我国的外汇管理秩序。为了有效防范金融风险,确保人民币汇率的稳定和人民币在国际市场上的威信,就必须严厉惩治非法买卖外汇的犯罪行为,确保国家外汇不流失,国家金融秩序有条不紊地健康发展。

2. 1997年《刑法》没有将非法买卖外汇规定为犯罪。我国1997年《刑法》第190条只规定了逃汇犯罪行为,没有规定套汇和非法买卖外汇为犯罪行为。根据罪刑法定原则,刑法中没有规定为犯罪的行为不得定罪处罚的要求,1997年《刑法》实施以后非法买卖外汇的行为,不构成犯罪。为了维护我国金融秩序,防范金融危机对我国金融秩序的破坏,只有通过补充立法的方法,才能惩治非法买卖外汇的犯罪行为。

3. 为准确惩治非法买卖外汇的犯罪行为。在1997年《刑法》以前的刑事法律中,虽然包含惩治非法买卖、倒买倒卖外汇的犯罪行为,但都没有将其单独规定为独立的罪名,有的按投机倒把罪定罪处罚,有的按照逃、套汇罪定罪处罚。为保证司法机关准确惩罚非法买卖外汇的犯罪行为,必须通过立法明确规定非法买卖外汇犯罪行为如何定罪处罚,包括明确规定单位非法买卖外汇的,单位构成犯罪,以及单位和单位直接负责的主管人员和其他直接责任人员应承担的刑事责任。

4. 随着市场经济的深入发展,我国金融领域中又开展了证券、期货交易和保险等资金支付业务。有些单位或者个人未经国家有关主管部门批准非法经营上述证券、期货、保险业务,或者私开钱庄等资金支付结算业务,谋取非法利益,严重扰乱金融市场秩序,应当通过立法将上述行为规定为犯罪,给予刑事惩治。

鉴于上述原因,全国人大常委会通过立法补充规定了非法买卖外汇,非法经营证券、期货、保险、资金支付结算业务等犯罪行为,并以非法经营罪定罪处罚。

(三)非法经营罪的适用

对非法经营买卖外汇、证券、期货、保险和其他资金支付结算业务的犯罪行为按照非法经营罪定罪处罚,就必须先厘清非法经营罪的概念、特征,以及适用时应注意的问题。

1. 非法经营罪的概念

该罪是指违反国家规定,从事非法经营活动,扰乱市场秩序,情节严重的行为。

经营包括生产、销售、服务活动等。合法经营和依法经营受国家法律保护。非法经营是对社会生产经营秩序的扰乱和破坏,是对社会有危害的行为,情节严重的将构成犯罪,应负刑事责任。

2. 非法经营罪的构成特征

(1)犯罪主体,非法经营罪的主体是一般主体,单位和个人都可以构成。犯罪主体非法买卖、倒买倒卖外汇、非法经营证券、期货、保险和其他资金支付结算业务,在主观上是故意的并且以营利为目的。如果确实不知道买卖外汇必须依法到外汇指定的银行和外汇交易中心及其分支机构进行买卖,而在非外汇交易场所非法买卖了少量外汇的,不构成犯罪。

(2)犯罪行为,必须是违反国家规定,从事非法经营活动的行为。

这里的"违反国家规定",根据《刑法》第96条的规定,是指"违反全国人民代表大会及其常务委员会制定的法律和决定,国务院制定的行政法规规定的行政措施、发布的决定和命令"。如果不是违反国家规定的行为,不能构成犯罪。违反国家规定,一般是指违反国家工商管理法规和有关的国家法律规定的行为。例如,非法买卖外汇的犯罪行为就是违反国家工商管理法规和外汇管理法规的行为,依照《关于惩治骗购外汇、逃汇和非法买卖外汇犯罪的决定》可以构成非法经营罪。具体非法经营的犯罪行为,应包括以下情形:

①未经许可经营法律、行政法规规定的专营、专卖物品或者其他限制买卖的物品的。首先是没有工商营业执照,其次是没有专营、专卖经营许可证件而进行经营活动。在我国专营、专卖物品主要有:烟草、食盐、金银以及其他贵重金属、枪支、弹药、医药等。

②买卖进出口许可证、进出口原产地证明以及其他法律、行政法规规定的经营许可证或者批准文件的。主要是指国家限制进口或者出口物品的进出口许可证或者批准文件,如粮食等农牧产品进出口许可证件、先进技术进出口许可证件等。

③未经国家有关主管部门批准,非法经营证券、期货或者保险业务,或者非法从事资金支付结算业务的。根据2022年5月15日最高人民检察院、公安部《关于公安机关管辖的刑事

案件立案追诉标准的规定(二)》第71条第2项规定:"未经国家有关主管部门批准,非法经营证券、期货或者保险业务,或者非法从事资金支付结算业务,具有下列情形之一的:1.非法经营数额在100万元以上,或者违法所得数额在10万元以上的,应予追诉;2.从事支付业务数额在500万元以上,或者违法所得数额在5万元以上,应予追诉。"

④其他严重扰乱市场秩序的非法经营行为。主要是指上述三项以外的非法经营行为,这是一种兜底条款,以防止出现其他严重扰乱市场秩序的非法经营行为由于没有法律规定而放纵犯罪。但是在适用该条款时,必须严格依照法律规定,必须是严重扰乱市场秩序的非法经营行为,才能构成犯罪。在一般情况下,应根据全国人大常委会的立法解释和最高人民法院、最高人民检察院司法解释的规定适用本款定罪处罚的非法经营行为,才可以适用本款定罪处罚。例如,全国人大常委会《关于惩治骗购外汇、逃汇和非法买卖外汇犯罪的决定》中明确规定,非法买卖外汇,情节严重的,以非法经营罪定罪处罚。

(3)犯罪结果,必须是非法经营,情节严重的结果。包括非法经营数额巨大的情节结果和非法经营受过二次以上行政处罚的情节结果,以及非法买卖外汇社会影响极坏、社会危害严重等情节结果。

根据2022年5月15日最高人民检察院、公安部《关于公安机关管辖的刑事案件立案追诉标准的规定(二)》第71条规定:"[非法经营案(刑法第二百二十五条)]违反国家规定,进行非法经营活动,扰乱市场秩序,涉嫌下列情形之一的,应予立案追诉:

"(一)违反国家烟草专卖管理法律法规,未经烟草专卖行政主管部门许可,无烟草专卖生产企业许可证、烟草专卖批发企业许可证、特种烟草专卖经营企业许可证、烟草专卖零售许可证等许可证明,非法经营烟草专卖品,具有下列情形之一的:1.非法经营数额在五万元以上,或者违法所得数额在二万元以上的;2.非法经营卷烟二十万支以上的;3.三年内因非法经营烟草专卖品受过二次以上行政处罚,又非法经营烟草专卖品,且数额在三万元以上的。

"(二)未经国家有关主管部门批准,非法经营证券、期货、保险业务,或者非法从事资金支付结算业务,具有下列情形之一的:1.非法经营证券、期货、保险业务,数额在一百万元以上,或者违法所得数额在十万元以上的。2.非法从事资金支付结算业务,数额在五百万元以上,或者违法所得数额在十万元以上的。3.非法从事资金支付结算业务,数额在二百五十万元以上不满五百万元,或者违法所得数额在五万元以上不满十万元,且具有下列情形之一的:(1)因非法从事资金支付结算业务犯罪行为受过刑事追究的;(2)二年内因非法从事资金支付结算业务违法行为受过行政处罚的;(3)拒不交代涉案资金去向或者拒不配合追缴工作,致使赃款无法追缴的;(4)造成其他严重后果的。4.使用销售点终端机具(POS机)等方法,以虚构交易、虚开价格、现金退货等方式向信用卡持卡人直接支付现金,数额在一百万元以上的,或者造成金融机构资金二十万元以上逾期未还的,或者造成金融机构经济损失十万元以上的。

"(三)实施倒买倒卖外汇或者变相买卖外汇等非法买卖外汇行为,扰乱金融市场秩序,具有下列情形之一的:1.非法经营数额在五百万元以上的,或者违法所得数额在十万元以上的。2.非法经营数额在二百五十万元以上,或者违法所得数额在五万元以上,且具有下列情形之一的:(1)因非法买卖外汇犯罪行为受过刑事追究的;(2)二年内因非法买卖外汇违法行为受过行政处罚的;(3)拒不交代涉案资金去向或者拒不配合追缴工作,致使赃款无法追缴的;(4)造成其他严重后果的。3.公司、企业或者其他单位违反有关外贸代理业务的规定,采用非法手段,或者明知是伪造、变造的凭证、商业单据,为他人向外汇指定银行骗购外汇,数额在五百万美元以上或者违法所得数额在五十万元以上的。4.居间介绍骗购外汇,数额在一百万美元以上或者违法所得数额在十万元以上的。

"(四)出版、印刷、复制、发行严重危害社会秩序和扰乱市场秩序的非法出版物,具有下列情形之一的:1.个人非法经营数额在五万元以上的,单位非法经营数额在十五万元以上的。2.个人违法所得数额在二万元以上的,单位违法所得数额在五万元以上的。3.个人非法经营报纸五千份或者期刊五千本或者图书二千册或者音像制品、电子出版物五百张(盒)以上的,单位非法经营报纸一万五千份或者期刊一万五千本或者图书五千册或者音像制品、电子出版物一千五百张(盒)以上的。4.虽未达到上述数额标准,但具有下列情形之一的:(1)二年内因出版、印刷、复制、发行非法出版物受过二次以上行政处罚,又出版、印刷、复制、发行非法出版物的;(2)因出版、印刷、复制、发行非法出版物造成恶劣社会影响或者其他严重后果的。

"(五)非法从事出版物的出版、印刷、复制、发行业务,严重扰乱市场秩序,具有下列情形之一的:1.个人非法经营数额在十五万元以上的,单位非法经营数额在五十万元以上的;2.个人违法所得数额在五万元以上的,单位违法所得数额在十五万元以上的;3.个人非法经营报纸一万五千份或者期刊一万五千本或者图书五千册或者音像制品、电子出版物一千五百张(盒)以上的,单位非法经营报纸五万份或者期刊五万本或者图书一万五千册或者音像制品、电子出版物五千张(盒)以上的;4.虽未达到上述数额标准,二年内因非法从事出版物的出版、印刷、复制、发行业务受过二次以上行政处罚,又非法从事出版物的出版、印刷、复制、发行业务的。

"(六)采取租用国际专线、私设转接设备或者其他方法,擅自经营国际电信业务或者涉港澳台电信业务进行营利活动,扰乱电信市场管理秩序,具有下列情形之一的:1.经营去话业务数额在一百万元以上的。2.经营来话业务造成电信资费损失数额在一百万元以上的。3.虽未达到上述数额标准,但具有下列情形之一的:(1)二年内因非法经营国际电信业务或者涉港澳台电信业务行为受过二次以上行政处罚,又非法经营国际电信业务或者涉港澳台电信业务的;(2)因非法经营国际电信业务或者涉港澳台电信业务行为造成其他严重后果的。

"(七)以营利为目的,通过信息网络有偿提供删除信息服务,或者明知是虚假信息,通过信息网络有偿提供发布信息等服务,扰乱市场秩序,具有下列情形之一的:1.个人非法经营数额在五万元以上,或者违法所得数额在二万元以上的;2.单位非法经营数额在十五万元以上,或者违法所得数额在五万元以上的。

"(八)非法生产、销售'黑广播'、'伪基站'、无线电干扰器等无线电设备,具有下列情形之一的:1.非法生产、销售无线电设备三套以上的;2.非法经营数额在五万元以上的;3.虽未达到上述数额标准,但二年内因非法生产、销售无线电设备受过二次以上行政处罚,又非法生产、销售无线电设备的。

"(九)以提供给他人开设赌场为目的,违反国家规定,非法生产、销售具有退币、退分、退钢珠等赌博功能的电子游戏设施设备或者其专用软件,具有下列情形之一的:1.个人非法经营数额在五万元以上,或者违法所得数额在一万元以上的;2.单位非法经营数额在五十万元以上,或者违法所得数额在十万元以上的;3.虽未达到上述数额标准,但二年内因非法生产、销售赌博机行为受过二次以上行政处罚,又进行同种非法经营行为的;4.其他情节严重的情形。

"(十)实施下列危害食品安全行为,非法经营数额在十万元以上,或者违法所得数额在五万元以上的:1.以提供给他人生产、销售食品为目的,违反国家规定,生产、销售国家禁止用于食品生产、销售的非食品原料的;2.以提供给他人生产、销售食用农产品为目的,违反国家规定,生产、销售国家禁用农药、食品动物中禁止使用的药品及其他化合物等有毒、有害的非食品原料,或者生产、销售添加上述有毒、有害的非食品原料的农药、兽药、饲料、饲料添加剂、饲料原料的;3.违反国家规定,私设生猪屠宰厂(场),从事生猪屠宰、销售等经营活动的。

"(十一)未经监管部门批准,或者超越经营范围,以营利为目的,以超过百分之三十六的实际年利率经常性地向社会不特定对象发放贷款,具有下列情形之一:1.个人非法放贷数额累计在二百万元以上的,单位非法放贷数额累计在一千万元以上的。2.个人违法所得数额累计在八十万元以上的,单位违法所得数额累计在四百万元以上的。3.个人非法放贷对象累计在五十人以上的,单位非法放贷对象累计在一百五十人以上的。4.造成借款人或者其近亲属自杀、死亡或者精神失常等严重后果的。5.虽未达到上述数额标准,但具有下列情形之一的:(1)二年内因实施非法放贷行为受过二次以上行政处罚的;(2)以超过百分之七十二的实际年利率实施非法放贷行为十次以上的。黑恶势力非法放贷的,按照第1、2、3项规定的相应数额、数量标准的百分之五十确定。同时具有第5项规定情形的,按照相应数额、数量标准的百分之四十确定。

"(十二)从事其他非法经营活动,具有下列情形之一的:1.个人非法经营数额在五万元以上,或者违法所得数额在一万元以上的;2.单位非法经营数额在五十万元以上,或者违法所得数额在十万元以上的;3.虽未达到上述数额标准,但二年内因非法经营行为受过二次以上行政处罚,又从事同种非法经营行为的;4.其他情节严重的情形。

"法律、司法解释对非法经营罪的立案追诉标准另有规定的,依照其规定。"

根据2013年9月10日起施行的最高人民法院、最高人民检察院《关于办理利用信息网络诽谤等刑事案件适用法律若干问题的解释》第7条规定,"违反国家规定,以营利为目的,通过信息网络有偿提供删除信息服务,或者明知是虚假信息,通过信息网络有偿提供发布信息等服务,扰乱市场秩序,具有下列情形之一的,属于非法经营行为'情节严重',依照刑法第二百二十五条第(四)项的规定,以非法经营罪定罪处罚:(一)个人非法经营数额在五万元以上,或者违法所得数额在二万元以上的;(二)单位非法经营数额在十五万元以上,或者违法所得数额在五万元以上的。实施前款规定的行为,数额达到前款规定的数额五倍以上的,应认定为刑法第二百二十五条规定的'情节特别严重'"。

3.非法经营罪的法定刑

根据《刑法》第225条规定,非法经营罪的法定刑是:

(1)非法经营情节严重,构成犯罪的,处5年以下有期徒刑或者拘役,并处或者单处违法所得1倍以上5倍以下罚金。

(2)构成犯罪,情节特别严重的,处5年以上有期徒刑,并处违法所得1倍以上5倍以下罚金或者没收财产。

(3)根据《刑法》第231条规定,单位犯非法经营罪的,对单位判处罚金,并对其直接负责的主管人员和其他直接责任人员,依照自然人犯本罪的法定刑处罚。

4.适用时应注意的问题

(1)注意区分罪与非罪的界限。违反国家规定,非法经营,情节严重的,才构成犯罪;情节不严重的,是一般违法行为,不构成犯罪。情节严重作为定罪的条件,法律没有作具体规定,司法机关应根据当时当地的实际情况具体适用。必要时,应由最高司法机关作司法解释,以便在全国统一实施。当然,在修订刑法时,也可以采用规定生产、销售伪劣产品罪的立法模式,规定非法经营罪的最低数额标准,作为构成犯罪的必要要件,以便于司法适用,防止全国适用法律不统一现象的发生。

(2)注意区分本罪与生产、销售伪劣产品罪的界限。生产、销售伪劣产品的犯罪行为,也是非法经营的行为,它们都是从投机倒把罪中分离出来的新罪名。但法律已将这种犯罪行为单独规定为独立的犯罪,因此,对生产、销售伪劣产品的犯罪行为不能再认定为非法经营罪。生产、销售伪劣产品罪与非法经营罪的相同点是:都是妨害生产、经营管理秩序的犯罪行为;行为人在主观上都有营利的目的;在客观上都是情节严重的犯罪行为,非法生产、经营数额必须在5万元以上的行为才构成犯罪。二罪的不同点是:犯罪行为侵犯的具体客体不同,前者违反的是产品质量法的规定,侵犯的是国家对产品质量管理的秩序;后者违反的是工商管理法,侵犯的是商业管理秩序;前者一般是有营业执照的经营,只是没有严格按照产品质量法的规定进行生产、销售;后者是没有营业执照的非法经营或者是没有特别经营许可证件的非法经营,其经营的产品一般都是合格的产品,如果经营的是伪劣产品,则应以生产、销售伪劣产品罪定罪处罚。

(3)注意适用《刑法》第225条第4项必须是"其他严重扰乱市场秩序的非法经营行为"。这一款项是一种不确定的概括规定,适用时应特别注意必须是前三项行为以外的"严重扰乱市场秩序的非法经营行为",才能构成犯罪。不是"严重的扰乱市场秩序的非法经营行为"不能构成犯罪。在适用时,一般应当有立法解释或者司法解释专门规定某种非法经营行为适用该款项的规定,才能适用该项规定定罪处罚。1997年修订刑法实施以来,最高司法机关已作了对以下适用本款项规定的行为,以非法经营罪定罪处罚的司法解释,主要有:

①非法买卖外汇数额在20万美元以上的,以非法经营罪定罪处罚。

②非法出版、印刷、复制、发行淫秽刊物以外的其他非法出版物,情节严重的,以非法经营罪定罪处罚。

③擅自经营国际电信业务或者涉港澳台电信业务进行营利活动,情节严重的,以非法经营罪定罪处罚。

④非法生产、销售瘦肉精等药品,情节严重的,以非法经营罪追究刑事责任。2002年8月23日起施行的最高人民法院、最高人民检察院《关于办理非法生产、销售、使用禁止在饲料和动物饮用水中使用的药品等刑事案件具体应用法律若干问题的解释》第1条、第2条规定,未取得药品生产、经营许可证件和批准文号,非法生产、销售盐酸克仑特罗等禁止在饲料和动物饮用水中使用的药品,扰乱药品市场秩序,情节严重的,以非法经营罪追究刑事责任。在生产、销售的饲料中添加盐酸克仑特罗等禁止在饲料和动物饮用水中使用的药品,或者销售明知是添加有该类药品的饲料,情节严重的,以非法经营罪追究刑事责任。

⑤在预防、控制突发传染病疫情等灾害时期哄抬物价、牟取暴利,情节严重的,以非法经

营罪定罪处罚。2003年5月13日通过的最高人民法院、最高人民检察院《关于办理妨害预防、控制突发传染病疫情等灾害的刑事案件具体应用法律若干问题的解释》第6条规定,违反国家在预防、控制突发传染病疫情等灾害期间有关市场经营、价格管理等规定,哄抬物价、牟取暴利,严重扰乱市场秩序,违法所得数额较大或者有其他严重情节的,以非法经营罪定罪,依法从重处罚。

⑥以营利为目的,通过信息网络有偿提供发布信息的行为,构成非法经营罪。根据2013年9月10日起施行的最高人民法院、最高人民检察院《关于办理利用信息网络实施诽谤等刑事案件适用法律若干问题的解释》第7条规定,"违反国家规定,以营利为目的,通过信息网络有偿提供删除信息服务,或者明知是虚假信息,通过信息网络有偿提供发布信息等服务,扰乱市场秩序,具有下列情形之一的,属于非法经营行为'情节严重',依照刑法第二百二十五条第(四)项的规定,以非法经营罪定罪处罚:(一)个人非法经营数额在五万元以上,或者违法所得数额在二万元以上的;(二)单位非法经营数额在十五万元以上,或者违法所得数额在五万元以上的。实施前款规定行为,数额达到前款规定的数额五倍以上的,应认定为刑法第二百二十五条规定的'情节特别严重'"。

(4)注意非法经营罪共犯的认定。根据2013年9月10日起施行的最高人民法院、最高人民检察院《关于办理利用信息网络实施诽谤等刑事案件适用法律若干问题的解释》第8条规定,"明知他人利用信息网络实施诽谤、寻衅滋事、敲诈勒索、非法经营等犯罪,为其提供资金、场所、技术支持等帮助的,以共同犯罪论处"。

《关于办理利用信息网络实施诽谤等刑事案件适用法律若干问题的解释》第9条规定,利用信息网络诽谤、寻衅滋事、敲诈勒索、非法经营犯罪,同时又构成《刑法》第221条规定的损害商业信誉、商品声誉罪,第278条规定的煽动暴力抗拒法律实施罪,第291条之一规定的编造、故意传播虚假恐怖信息罪等犯罪的,依照处罚较重的规定处罚。

第二章 关于取缔邪教组织、防范和惩治邪教活动的决定

全国人大常委会《关于取缔邪教组织、防范和惩治邪教活动的决定》是在1999年10月30日第九届全国人大常委会第十二次会议通过的。近几年来，邪教组织在我国一些地方滋生蔓延，造成了十分严重的后果，特别是某些邪教组织涉及范围之广，参加人员之多，印刷违禁品数量之大，对社会危害之烈，是新中国成立以来前所未有的。这些邪教组织冒用宗教、气功或者其他的名义，歪曲宗教经典，制造、散布迷信邪说，混淆是非，蛊惑、蒙骗他人，发展成员，采取各种手段进行违法犯罪活动。他们动辄聚众围攻、冲击国家机关、企业事业单位，扰乱正常的工作、生产、经营、教学和科学研究秩序；非法举行集会、游行、示威，或者强占公园、运动场等公共场所，破坏社会公共秩序；聚众围攻、冲击、强占宗教活动场所，或者以其他方式妨碍正常的宗教活动；煽动、欺骗、组织其成员或者其他人破坏国家法律、行政法规的实施；非法出版、发行宣扬邪教内容的出版物和邪教组织的标识，毒化人们的思想；煽动、蒙骗其成员或者群众"寻主""升天"，自尽、自残，致人重伤或者死亡；以迷信邪说引诱、胁迫、欺骗等手段，奸淫妇女、诈骗财物等。因此，对邪教组织必须坚决依法取缔，对其犯罪活动必须坚决依法严厉打击。1999年10月25日，全国人大内务司法委员会在第九届全国人大常委会第十二次会议上作了《全国人民代表大会常务委员会关于防范和打击邪教组织的决定(草案)》(以下简称《打击邪教的决定(草案)》)说明，要求全国人大常委会审议《关于防范和打击邪教组织的决定》。10月26日下午，第九届全国人大常委会第十二次会议对《打击邪教的决定(草案)》进行了分组审议。委员们认为，制定关于防范和打击邪教组织的决定是十分必要的，同时也提出了一些修改意见。10月28日全国人大法律委员会召开会议进行了审议。法律委员会建议，将决定的名称修改为《关于取缔邪教组织、防范和惩治邪教活动的决定》，同时对有关内容作了一些修改[①]。为了严厉打击邪教组织的犯罪活动，最高人民法院、最高人民检察院于1999年10月30日实施的《关于办理组织和利用邪教组织犯罪案件具体应用法律若干问题的解释》(已失效)中，对什么是邪教组织和对邪教组织犯罪的定罪处罚进行了解释。全国人大常委会《关于取缔邪教组织、防范和惩治邪教活动的决定》和最高人民法院、最高人民检察院的司法解释为司法机关办理邪教组织犯罪案件提供了法律依据。

一、组织、利用会道门、邪教组织、利用迷信破坏法律实施罪

组织、利用会道门、邪教组织、利用迷信破坏法律实施罪，是1997年《刑法》第300条第1

[①] 参见《全国人民代表大会常务委员会公报》1999年第5期，第567页。

款规定的犯罪,1997年最高人民法院在《关于执行〈中华人民共和国刑法〉确定罪名的规定》(已被修改)中规定为该罪名。我国1979年《刑法》没有单独规定这种犯罪,而是将这种犯罪行为作为组织、利用封建迷信、会道门进行反革命活动定罪处罚。1997年《刑法》取消了反革命罪的类罪名,将组织、利用会道门、邪教组织、利用迷信破坏法律实施的行为规定为独立的罪名,并规定在妨害社会管理秩序罪之中。1999年全国人大常委会《关于取缔邪教组织、防范和惩治邪教活动罪的决定》第1条规定,对组织和利用邪教组织破坏国家法律、行政法规实施,聚众闹事,扰乱社会秩序等犯罪活动,依法予以严惩,即依照该罪的相关规定严厉惩处。2015年8月29日《刑法修正案(九)》第33条对《刑法》第300条第1款规定的法定刑作了修改,提高了法定刑最高刑,即"处七年以上有期徒刑或者无期徒刑,并处罚金或者没收财产";增加了"情节较轻的,处三年以下有期徒刑、拘役、管制或者剥夺政治权利,并处或者单处罚金"的规定。(详见《刑法修正案(九)》对《刑法》分则规定犯罪的修改)

二、组织、利用会道门、邪教组织、利用迷信致人重伤、死亡罪

组织、利用会道门、邪教组织、利用迷信致人重伤、死亡罪是1997年《刑法》规定的犯罪,1997年最高人民法院、最高人民检察院在《关于执行〈中华人民共和国刑法〉确定罪名的规定》中将上述犯罪行为规定为"组织、利用会道门、邪教组织、利用迷信致人死亡罪"的罪名。2015年《刑法修正案(九)》对《刑法》第300条作了修改,增加了"致人重伤"的罪状。最高人民法院、最高人民检察院在2015年10月30日发布的《关于执行〈中华人民共和国刑法〉确定罪名的补充规定(六)》中将罪名改为"组织、利用会道门、邪教组织、利用迷信致人重伤、死亡罪"。

1999年全国人大常委会《关于取缔邪教组织、防范和惩治邪教活动罪的决定》第1条对适用本罪作了原则规定。最高人民法院、最高人民检察院对其具体应用作了司法解释。2015年8月29日《刑法修正案(九)》第33条对《刑法》第300条第2款作了修改,增加了"致人重伤"犯罪结果,提高了法定刑最高刑,即"处七年以上有期徒刑或者无期徒刑,并处罚金或者没收财产"和增加了处罚较轻的法定刑,即"情节较轻的,处三年以下有期徒刑、拘役、管制或者剥夺政治权利,并处或者单处罚金",体现了宽严相济的刑事政策。(详见《刑法修正案(九)》对《刑法》分则规定犯罪的修改)

第三章 关于维护互联网安全的决定

全国人大常委会《互联网安全决定》是2000年12月28日在第九届全国人大常委会第十九次会议通过的。近几年来,我国的互联网系统包括计算机信息系统,在国家的大力倡导和积极推动下,在经济建设和各项事业中得到日益广泛的应用,使人们的生产、工作、学习和生活方式已经开始并将继续发生深刻的变化,对于加快我国国民经济、科学技术的发展和社会服务信息化进程具有重要作用。但同时也出现了严重危害互联网安全的犯罪行为,如制造、传播计算机病毒的犯罪行为,给国家和人民造成了巨大损失,如何保障互联网的运行安全和信息安全已经引起全社会的普遍关注。为兴利除害,促进我国互联网的健康发展,维护国家安全和社会公共利益,保护个人、法人和其他组织的合法权益,有关部门起草了《关于维护互联网安全的决定(草案)》于2000年12月22日提交全国人大常委会第二次分组审议。草案的主要内容是:(1)有关危害互联网运行安全犯罪;(2)有关利用互联网危害国家安全和危害社会安全犯罪;(3)有关利用互联网破坏经济秩序和破坏社会秩序犯罪;(4)有关利用互联网侵犯人身权利和侵犯财产权利犯罪;(5)有关利用互联网进行其他犯罪。在审议中,有的委员提出,对《互联网安全决定》规定的一些行为,应当划清罪与非罪的具体界限,对定罪量刑作出具体规定;还有的委员提出了一些文字修改意见。法律委员会研究了上述意见,考虑到刑法对什么行为在什么情况下才规定构成犯罪,以及如何定罪量刑都有了明确具体的规定,所以《互联网安全决定》只规定构成犯罪的依照刑法追究刑事责任是将《互联网安全决定》的规定与刑法规定相衔接,便于司法适用。在执行《互联网安全决定》时,应当严格依照《互联网安全决定》和刑法的规定定罪处罚,《互联网安全决定》可不再重复刑法的规定。关于侵犯互联网安全的一些新的行为是否被规定为犯罪,涉及对犯罪的界定和刑法修改的问题,还需要今后在司法实践中进一步研究和论证。因此,在《互联网安全决定》中,只规定构成犯罪依照刑法有关规定追究刑事责任。法律委员会又于2000年12月25日逐条研究了委员们提出的意见,作了进一步的修改,并建议提交第十九次全国人大常委会审议通过。2000年12月28日,《互联网安全决定》在第九届全国人大常委会第十九次会议通过,并于当日颁布施行。

全国人大常委会在《互联网安全决定》中要求有关主管部门要加强对互联网的运行安全和信息安全的宣传教育,依法实施有效的监督管理,防范和制止利用互联网进行的各种违法活动,为互联网的健康发展创造良好的社会环境。从事互联网业务的单位要依法开展活动,发现互联网上出现违法犯罪行为和有害信息时,要采取措施,停止传输有害信息,并及时向有关机关报告。任何单位和个人在利用互联网时,都要遵纪守法,抵制各种违法犯罪行为和有害信息。人民法院、人民检察院、公安机关、国家安全机关要各司其职,密切配合,依法严厉打击利用互联网实施的各种犯罪活动。要动员全社会的力量,依靠全社会的共同努力,保障互联网的运行安全与信息安全,促进社会主义精神文明和物质文明建设。

一、危害互联网运行安全的犯罪

全国人大常委会《互联网安全决定》第1条对危害互联网运行安全的犯罪作了具体规定。

(一)《互联网安全决定》规定的内容

全国人大常委会《互联网安全决定》第1条规定:"为了保障互联网的运行安全,对有下列行为之一,构成犯罪的,依照刑法有关规定追究刑事责任:(一)侵入国家事务、国防建设、尖端科学技术领域的计算机信息系统;(二)故意制作、传播计算机病毒等破坏性程序,攻击计算机系统及通信网络,致使计算机系统及通信网络遭受损害;(三)违反国家规定,擅自中断计算机网络或者通信服务,造成计算机网络或者通信系统不能正常运行。"

上述《互联网安全决定》对危害互联网运行安全的三种犯罪行为依照《刑法》规定的对非法侵入计算机信息系统罪,破坏计算机信息系统罪,破坏广播电视设施、公用电信设施罪追究刑事责任作了具体规定。

(二)《刑法》对危害互联网运行安全犯罪的规定

1997年《刑法》对惩治危害互联网运行安全的犯罪行为作了如下规定:

1. 1997年《刑法》第285条规定:"违反国家规定,侵入国家事务、国防建设、尖端科学技术领域的计算机信息系统的,处三年以下有期徒刑或者拘役。"

2. 1997年《刑法》第286条规定:"违反国家规定,对计算机信息系统功能进行删除、修改、增加、干扰,造成计算机信息系统不能正常运行,后果严重的,处五年以下有期徒刑或者拘役;后果特别严重的,处五年以上有期徒刑。违反国家规定,对计算机信息系统中存储、处理或者传输的数据和应用程序进行删除、修改、增加的操作,后果严重的,依照前款的规定处罚。故意制作、传播计算机病毒等破坏性程序,影响计算机系统正常运行,后果严重的,依照第一款的规定处罚。"

3. 1997年《刑法》第124条规定:"破坏广播电视设施、公用电信设施,危害公共安全的,处三年以上七年以下有期徒刑;造成严重后果的,处七年以上有期徒刑。过失犯前款罪的,处三年以上七年以下有期徒刑;情节较轻的,处三年以下有期徒刑或者拘役。"

上述刑法规定,涉及非法侵入计算机信息系统罪,破坏计算机信息系统罪,破坏广播电视设施、公用电信设施罪和过失损坏广播电视设施、公用电信设施罪。

(三)危害互联网运行安全犯罪的适用

依据《互联网安全决定》和《刑法》的规定,对危害互联网运行安全犯罪进行具体适用时,应明确以下问题:

1.非法侵入计算机信息系统罪。《互联网安全决定》第1条第1项规定的"侵入国家事务、国防建设、尖端科学技术领域的计算机信息系统"的行为,构成犯罪的,依照《刑法》第285条规定的非法侵入计算机信息系统罪追究刑事责任(详见《刑法修正案(九)》对《刑法》分则规定犯罪的修改)。

2.破坏计算机信息系统罪。《互联网安全决定》第1条第2项规定的"故意制作、传播计算机病毒等破坏性程序,攻击计算机系统及通信网络,致使计算机系统及通信网络遭受损害"的行为,构成犯罪的,应依照《刑法》第286条规定的破坏计算机信息系统罪追究刑事责任(详见《刑法修正案(九)》对《刑法》分则规定犯罪的修改)。

3.破坏广播电视设施、公用电信设施罪。《互联网安全决定》第1条第3项规定的"违反国家规定,擅自中断计算机网络或者通信服务,造成计算机网络或者通信系统不能正常运行"的行为,构成犯罪的,依照《刑法》第124条规定的破坏广播电视设施、公用电信设施罪追究刑事责任。

根据《刑法》第124条的规定,破坏广播电视设施、公用电信设施罪,是指故意破坏广播电视设施、公用电信设施,危害公共安全的行为。

该罪的犯罪主体是年满16周岁具有刑事责任能力的自然人,不满16周岁的自然人和单位不能构成本罪的犯罪主体。

该罪的犯罪行为必须是故意实施了破坏广播电视设施、公用电信设施的行为,如偷割电信光缆线、破坏公用电话、互联网网线设备等危害公共安全的行为。

该罪的犯罪结果必须是危害公共安全的结果,包括足以危害公共安全的结果和已经危害了公共安全的结果。

《刑法》根据犯罪的不同结果,规定了两个档次的法定刑:(1)构成本罪的,处3年以上7年以下有期徒刑;(2)犯本罪,后果严重的,处7年以上有期徒刑。

全国人大常委会《互联网安全决定》第1条第3项中规定的"违反国家规定,擅自中断计算机网络或者通信服务,造成计算机网络或者通信系统不能正常运行"的行为,是当前有关危害互联网运行安全的犯罪行为,是一种新的犯罪行为,从原则上讲可以将该行为归类于破坏公用电信设施行为之中,破坏计算机网络和通信系统也是危害公共安全的行为,因此可以认定为破坏公用电信设施犯罪,但这种破坏电信设施的犯罪与侵犯互联网系统运行安全的犯罪还是有一定区别的。如果在刑法中专门规定侵犯计算机网络传输安全罪,将更能准确惩罚这种犯罪行为,但在刑法没有作出新的规定以前,对侵犯互联网传输安全的犯罪行为,定为破坏广播电视设施、公用电信设施罪是比较适宜的。

二、利用互联网危害国家安全和危害社会安全犯罪

全国人大常委会《互联网安全决定》第2条对利用互联网危害国家安全和危害社会安全犯罪作了具体规定。

(一)《互联网安全决定》规定的内容

全国人大常委会《互联网安全决定》第2条规定:"为了维护国家安全和社会稳定,对有下列行为之一,构成犯罪的,依照刑法有关规定追究刑事责任:(一)利用互联网造谣、诽谤或者发表、传播其他有害信息,煽动颠覆国家政权、推翻社会主义制度,或者煽动分裂国家、破坏国家统一;(二)通过互联网窃取、泄露国家秘密、情报或者军事秘密;(三)利用互联网煽动民族仇恨、民族歧视,破坏民族团结;(四)利用互联网组织邪教组织、联络邪教组织成员,破坏国家法律、行政法规实施。"

上述《互联网安全决定》对利用互联网危害国家安全和危害社会安全的四类犯罪行为依照刑法规定的危害国家安全和危害社会安全的具体犯罪追究刑事责任作了具体规定。

(二)《刑法》对利用互联网危害国家安全和危害社会安全犯罪的规定

1997年《刑法》对惩治利用互联网危害国家安全和危害社会安全的犯罪行为有如下

规定：

1. 1997年《刑法》第103条第2款规定，煽动分裂国家、破坏国家统一的，处5年以下有期徒刑、拘役、管制或者剥夺政治权利；首要分子或者罪行重大的，处5年以上有期徒刑。

2. 1997年《刑法》第105条第2款规定，以造谣、诽谤或者其他方式煽动颠覆国家政权、推翻社会主义制度的，处5年以下有期徒刑、拘役、管制或者剥夺政治权利；首要分子或者罪行重大的，处5年以上有期徒刑。

3. 1997年《刑法》第111条规定，为境外的机构、组织、人员窃取、刺探、收买、非法提供国家秘密或者情报的，处5年以上10年以下有期徒刑；情节特别严重的，处10年以上有期徒刑或者无期徒刑；情节较轻的，处5年以下有期徒刑、拘役、管制或者剥夺政治权利。

4. 1997年《刑法》第398条规定，国家机关工作人员违反《保守国家秘密法》的规定，故意或者过失泄露国家秘密，情节严重的，处3年以下有期徒刑或者拘役；情节特别严重的，处3年以上7年以下有期徒刑。非国家机关工作人员犯前款罪的，依照前款的规定酌情处罚。

5. 1997年《刑法》第431条规定，以窃取、刺探、收买方法，非法获取军事秘密的，处5年以下有期徒刑；情节严重的，处5年以上10年以下有期徒刑；情节特别严重的，处10年以上有期徒刑。为境外的机构、组织、人员窃取、刺探、收买、非法提供军事秘密的，处10年以上有期徒刑、无期徒刑或者死刑。

6. 1997年《刑法》第432条规定，违反保守国家秘密法规，故意或者过失泄露军事秘密，情节严重的，处5年以下有期徒刑或者拘役；情节特别严重的，处5年以上10年以下有期徒刑。战时犯前款罪的，处5年以上10年以下有期徒刑；情节特别严重的，处10年以上有期徒刑或者无期徒刑。

7. 1997年《刑法》第249条规定，煽动民族仇恨、民族歧视，情节严重的，处3年以下有期徒刑、拘役、管制或者剥夺政治权利；情节特别严重的，处3年以上10年以下有期徒刑。

8. 1997年《刑法》第250条规定，在出版物中刊载歧视、侮辱少数民族的内容，情节恶劣，造成严重后果的，对直接责任人员，处3年以下有期徒刑、拘役或者管制。

9. 1997年《刑法》第300条规定，组织和利用会道门、邪教组织或者利用迷信破坏国家法律、行政法规实施的，处3年以上7年以下有期徒刑，并处罚金；情节特别严重的，处7年以上有期徒刑或者无期徒刑，并处罚金或者没收财产；情节较轻的，处3年以下有期徒刑、拘役、管制或者剥夺政治权利，并处或者单处罚金。组织和利用会道门、邪教组织或者利用迷信蒙骗他人，致人重伤、死亡的，依照前款的规定处罚。犯第1款罪又有奸淫妇女、诈骗财物等犯罪行为的，依照数罪并罚的规定处罚。

上述《刑法》规定涉及煽动分裂国家罪，煽动颠覆国家政权罪，为境外窃取、刺探、收买、非法提供国家秘密、情报罪，泄露国家秘密罪，非法获取军事秘密罪，为境外窃取、刺探、收买、非法提供军事秘密罪，故意泄露军事秘密罪，过失泄露军事秘密罪，煽动民族仇恨、民族歧视罪，出版歧视、侮辱少数民族作品罪，组织、利用会道门、邪教组织、利用迷信破坏国家法律、行政法规实施罪，故意伤害罪，过失致人重伤罪，强奸罪，故意杀人罪，过失致人死亡罪，诈骗罪等十几种犯罪。

(三)利用互联网危害国家安全和危害社会安全犯罪的适用

依据《互联网安全决定》和《刑法》的规定，利用互联网危害国家安全和危害社会安全的犯罪涉及的具体罪名有十几种,归纳起来有四类:煽动危害国家安全的犯罪;泄露国家秘密的犯罪;煽动民族仇恨、歧视的犯罪;组织、利用邪教组织的犯罪,按《互联网安全决定》认定这些犯罪时,应明确以下问题:

1.煽动危害国家安全的犯罪。《互联网安全决定》第2条第1项规定的"利用互联网造谣、诽谤或者发表、传播其他有害信息,煽动颠覆国家政权、推翻社会主义制度,或者煽动分裂国家、破坏国家统一"的行为,构成犯罪的,依照《刑法》第103条第2款和第105条第2款规定的煽动分裂国家罪,煽动颠覆国家政权罪追究刑事责任。

根据《刑法》第103条第2款的规定,煽动分裂国家罪,是指煽动分裂国家,破坏国家统一的行为。根据《刑法》第105条第2款的规定,煽动颠覆国家政权罪,是指以造谣、诽谤或者其他方法煽动颠覆国家政权、推翻社会主义制度的行为。煽动分裂国家罪、煽动颠覆国家政权罪都是宣传煽动性的犯罪。

该两种犯罪的犯罪主体是年满16周岁具有刑事责任能力的自然人,不满16周岁的自然人和单位不能构成本罪的犯罪主体。

该两罪的犯罪行为必须是故意进行煽动分裂国家、煽动颠覆国家政权的行为。该两种罪的犯罪结果必须危害国家的统一和国家政权的安全。

该两罪是行为犯,只要实施了煽动分裂国家、煽动颠覆国家政权的行为就可以构成犯罪。

我国《刑法》根据这两种犯罪分子在犯罪中所处的地位和起的作用分别规定了两个档次的法定刑:

(1)构成本罪的,处5年以下有期徒刑、拘役、管制或者剥夺政治权利;

(2)犯本罪,首要分子或者罪行重大的,处5年以上有期徒刑。

2.泄露国家秘密的犯罪。《互联网安全决定》第2条第2项规定的"通过互联网窃取、泄露国家秘密、情报或者军事秘密"的行为,构成犯罪的,分别依照《刑法》第111条、第398条、第431条、第432条规定的为境外窃取、刺探、收买、非法提供国家秘密、情报罪,故意泄露国家秘密罪,过失泄露国家秘密罪,非法获取军事秘密罪,为境外窃取、刺探、收买、非法提供军事秘密罪,故意泄露军事秘密罪,过失泄露军事秘密罪追究刑事责任。

上述犯罪都是涉及国家秘密的犯罪。这些犯罪主观上都是故意和过失都可以构成。分别以故意或者过失实施了窃取、刺探、收买、获取、泄露、非法提供国家秘密的行为。犯罪客体是根据国家秘密被危害的程度,有的危害国家安全,有的危害社会安全和国家军事利益的安全。犯罪对象是国家秘密和军事秘密。所谓国家秘密,根据我国1988年9月5日颁布的《保守国家秘密法》的规定,国家秘密是指关系国家安全和利益,依照法定程序确定,在一定时间内只限一定范围的人知悉的事项。

下列内容属于国家秘密:(1)国家事务的重大决策中的秘密事项;(2)国防建设和武装力量活动中的秘密事项;(3)外交和外事活动中的秘密事项以及对外承担保密义务的事项;(4)国民经济和社会发展中的秘密事项;(5)科学技术中的秘密事项;(6)维护国家安全活动和追查刑事犯罪中的秘密事项;(7)其他国家保密工作部门确定应当保守的国家保密事项。

另外,政党的秘密事项符合国家秘密性质的,也属于国家秘密。国家秘密分为三级,即绝密、机密、秘密。军事秘密,是指在一定的时间内只限一定范围的人知悉,不能对外公开,并直接关系国防和军队安全与利益的事项。主要包括:与国防、军事行动有关的战略方针、部署、军队建设规划及组织编制、番号、作战计划、方案、部队的调动、实力、装备、后勤保障能力等军事情况。

凡是属于全国人大常委会《互联网安全决定》规定的利用互联网侵犯国家秘密危害国家安全和危害社会安全的犯罪行为，都应分别依照《刑法》的上述有关规定定罪处罚。

3. 煽动民族仇恨、歧视的犯罪。《互联网安全决定》第2条第3项规定的"利用互联网煽动民族仇恨、民族歧视，破坏民族团结"的行为，构成犯罪的，分别依照《刑法》第249条、第250条规定的煽动民族仇恨、民族歧视罪，出版歧视、侮辱少数民族作品罪追究刑事责任。

根据《刑法》第249条的规定，煽动民族仇恨、民族歧视罪，是指故意煽动民族仇恨、民族歧视，情节严重的行为。

该罪的犯罪主体是一般主体，凡是年满16周岁具有刑事责任能力的自然人都可以构成，不满16周岁的自然人和单位不能构成本罪的犯罪主体。

该罪的犯罪行为必须是故意进行煽动民族仇恨、民族歧视的行为，过失行为不构成本罪。所谓煽动，就是用语言、文字或其他方式进行宣传煽动，使民众产生民族仇恨、民族歧视心理。所谓民族仇恨，是指因民族之间的风俗、心理、习惯和民族信仰上的差别而形成的一些矛盾，进而互不相融的心理状态。所谓民族歧视，是指一些民族的公民对另一些民族的公民的风俗、习惯进行嘲笑、侮辱等。只要具有上述煽动行为之一，情节严重的，就可以构成本罪。

该罪的犯罪结果是煽动民族仇恨、民族歧视，情节严重的结果。所谓情节严重，一般是指由于行为人的宣传煽动引起民族纠纷，严重损害民族感情和民族尊严，引发民族仇恨、民族歧视，甚至产生民族之间的暴力行动等情况。

我国《刑法》根据犯罪行为情节分别规定了两个档次的法定刑：(1)情节严重，构成本罪的，处3年以下有期徒刑、拘役、管制或者剥夺政治权利；(2)犯本罪，情节特别严重的，处3年以上10年以下有期徒刑。

根据《刑法》第250条规定，出版歧视、侮辱少数民族作品罪，是指故意在出版物中刊载歧视、侮辱少数民族的内容，情节恶劣，造成严重后果的行为。

该罪的犯罪主体是一般主体，即载有歧视、侮辱少数民族内容出版物的作者或出版单位的直接责任人员。

该罪的犯罪行为必须是故意在出版物中刊载歧视、侮辱少数民族内容的行为。所谓出版物，是指供人阅读、视听、观看、欣赏的作品，如书、报刊、录像带、录音带、图片、画册、挂历等。所谓歧视、侮辱少数民族的内容，是指损害民族名誉、丑化民族风俗习惯、宣扬民族压迫等使少数民族受耻辱的内容。凡是有故意创作或者出版歧视、侮辱少数民族作品两种行为之一，情节恶劣、后果严重的，就可以构成本罪。

该罪的犯罪结果，必须是"情节恶劣""造成严重后果"的结果。所谓情节恶劣，一般是指不止一次地刊载歧视、侮辱少数民族的内容；或者虽然只有一次故意刊载歧视、侮辱少数民族的内容，但其内容十分露骨，不堪容忍。所谓"造成严重后果"，是指由于在作品中刊载歧视、侮辱少数民族的内容，引起民族矛盾，影响民族团结，引起民族仇恨，民族之间的械斗，严重影响当地的生产和生活秩序。

我国《刑法》第250条规定，对直接责任人员，构成本罪的，处3年以下有期徒刑、拘役或者管制。

4. 组织、利用邪教组织的犯罪。《互联网安全决定》第2条第4项规定的"利用互联网组织邪教组织、联络邪教组织成员,破坏国家法律、行政法规实施"的行为,构成犯罪的,分别依照《刑法》第300条规定的组织、利用会道门、邪教组织、利用迷信破坏法律实施罪追究刑事责任。

根据《刑法》第300条第1款规定,组织、利用会道门、邪教组织、利用迷信破坏法律实施罪,是指组织、利用会道门、邪教组织、利用迷信破坏法律、行政法规实施的行为。

该罪的犯罪主体是一般主体,凡是年满16周岁具有刑事责任能力的自然人都可以构成,不满16周岁的自然人和单位不能构成本罪的犯罪主体。本罪在主观上是故意的,主观上过失的不能构成本罪。

该罪的犯罪行为,具体有:(1)组织和利用会道门、邪教组织破坏国家法律、行政法规实施的行为。(2)利用迷信破坏国家法律、行政法规实施的行为。

该罪的犯罪结果,必须是破坏国家法律、行政法规实施,情节较轻的结果,对情节一般和情节特别严重的适用加重法定刑处罚的情节。

我国《刑法》根据犯罪行为的情节不同,分别规定了三个档次的法定刑:(1)情节一般,构成本罪的,处3年以上7年以下有期徒刑,并处罚金;(2)犯本罪,情节特别严重的,处7年以上有期徒刑或者无期徒刑,并处罚金或者没收财产;(3)情节较轻的,处3年以下有期徒刑、拘役、管制或者剥夺政治权利,并处或者单处罚金。

三、利用互联网破坏经济秩序和破坏社会秩序犯罪

全国人大常委会《互联网安全决定》第3条对利用互联网破坏社会主义市场经济秩序和破坏社会管理秩序的犯罪,依照刑法有关规定追究刑事责任作了具体规定。

(一)《互联网安全决定》规定的内容

全国人大常委会《互联网安全决定》第3条规定:"为了维护社会主义市场经济秩序和社会管理秩序,对有下列行为之一,构成犯罪的,依照刑法有关规定追究刑事责任:(一)利用互联网销售伪劣产品或者对商品、服务作虚假宣传;(二)利用互联网损害他人商业信誉和商品声誉;(三)利用互联网侵犯他人知识产权;(四)利用互联网编造并传播影响证券、期货交易或者其他扰乱金融秩序的虚假信息;(五)在互联网上建立淫秽网站、网页,提供淫秽站点链接服务,或者传播淫秽书刊、影片、音像、图片。"

上述《互联网安全决定》对利用互联网破坏社会主义市场经济秩序和破坏社会管理秩序的五类犯罪行为,依照刑法规定的具体犯罪追究刑事责任作了具体规定。

(二)《刑法》对利用互联网破坏经济秩序和破坏社会秩序犯罪的规定

1997年《刑法》对惩治破坏社会主义市场经济秩序和破坏社会管理秩序的犯罪行为,有如下规定:

1. 1997年《刑法》第140条规定:"生产者、销售者在产品中掺杂、掺假,以假充真,以次充好或者以不合格产品冒充合格产品,销售金额五万元以上不满二十万元的,处二年以下有期徒刑或者拘役,并处或者单处销售金额百分之五十以上二倍以下罚金;销售金额二十万元以上不满五十万元的,处二年以上七年以下有期徒刑,并处销售金额百分之五十以上二倍以下罚金;销售金额五十万元以上不满二百万元的,处七年以上有期徒刑,并处销售金额百分之五十以上二倍以下罚金;销售金额二百万元以上的,处十五年有期徒刑或者无期徒刑,并处销售金额百分之五十以上二倍以下罚金或者没收财产。"

2. 1997年《刑法》第219条规定:"有下列侵犯商业秘密行为之一,给商业秘密的权利人造成重大损失的,处三年以下有期徒刑或者拘役,并处或者单处罚金;造成特别严重后果的,处三年以上七年以下有期徒刑,并处罚金:(一)以盗窃、利诱、胁迫或者其他不正当手段获取权利人的商业秘密的;(二)披露、使用或者允许他人使用以前项手段获取的权利人的商业秘密的;(三)违反约定或者违反权利人有关保守商业秘密的要求,披露、使用或者允许他人使用其所掌握的商业秘密的。明知或者应知前款所列行为,获取、使用或者披露他人的商业秘密的,以侵犯商业秘密论。本条所称商业秘密,是指不为公众所知悉,能为权利人带来经济利益,具有实用性并经权利人采取保密措施的技术信息和经营信息。本条所称权利人,是指商业秘密的所有人和经商业秘密所有人许可的商业秘密使用人。"

3. 1997年《刑法》第213条规定:"未经注册商标所有人许可,在同一种商品上使用与其注册商标相同的商标,情节严重的,处三年以下有期徒刑或者拘役,并处或者单处罚金;情节特别严重的,处三年以上七年以下有期徒刑,并处罚金。"

4. 1997年《刑法》第214条规定:"销售明知是假冒注册商标的商品,销售金额数额较大的,处三年以下有期徒刑或者拘役,并处或者单处罚金;销售金额数额巨大的,处三年以上七年以下有期徒刑,并处罚金。"

5. 1997年《刑法》第215条规定:"伪造、擅自制造他人注册商标标识或者销售伪造、擅自制造的注册商标标识,情节严重的,处三年以下有期徒刑、拘役或者管制,并处或者单处罚金;情节特别严重的,处三年以上七年以下有期徒刑,并处罚金。"

6. 1997年《刑法》第216条规定:"假冒他人专利,情节严重的,处三年以下有期徒刑或者拘役,并处或者单处罚金。"

7. 1997年《刑法》第217条规定:"以营利为目的,有下列侵犯著作权情形之一,违法所得数额较大或者有其他严重情节的,处三年以下有期徒刑或者拘役,并处或者单处罚金;违法所得数额巨大或者有其他特别严重情节的,处三年以上七年以下有期徒刑,并处罚金:(一)未经著作权人许可,复制发行其文字作品、音乐、电影、电视、录像作品、计算机软件及其他作品的;(二)出版他人享有专有出版权的图书的;(三)未经录音录像制作者许可,复制发行其制作的录音录像的;(四)制作、出售假冒他人署名的美术作品的。"

8. 1997年《刑法》第218条规定:"以营利为目的,销售明知是本法第二百一十七条规定的侵权复制品,违法所得数额巨大的,处三年以下有期徒刑或者拘役,并处或者单处罚金。"

9. 1997年《刑法》第181条规定:"编造并且传播影响证券、期货交易的虚假信息,扰乱证券、期货交易市场,造成严重后果的,处五年以下有期徒刑或者拘役,并处或者单处一万元以上十万元以下罚金。证券、期货交易所、证券、期货公司的经纪公司的从业人员,证券业协会、期货协会或者证券监督管理部门的工作人员,故意提供虚假信息或者伪造、变造、销毁交易记录,诱骗投资者买卖证券、期货合约,造成严重后果的,处五年以下有期徒刑或者拘役,并处或者单处一万元以上十万元以下罚金;情节特别恶劣的,处五年以上十年以下有期徒刑,并处二万元以上二十万元以下罚金。单位犯前两款罪的,对单位判处罚金,并对其直接负责的主管人员和其他直接责任人员,处五年以下有期徒刑或者拘役。"

10. 1997年《刑法》第364条规定："传播淫秽的书刊、影片、音像、图片或者其他淫秽物品,情节严重的,处二年以下有期徒刑、拘役或者管制。组织播放淫秽的电影、录像等音像制品的,处三年以下有期徒刑、拘役或者管制,并处罚金;情节严重的,处三年以上十年以下有期徒刑,并处罚金。制作、复制淫秽的电影、录像等音像制品组织播放的,依照第二款的规定从重处罚。向不满十八周岁的未成年人传播淫秽物品的,从重处罚。"

上述《刑法》规定涉及生产、销售伪劣商品罪,侵犯商业秘密罪,假冒注册商标罪,销售假冒注册商标的商品罪,非法制造、销售非法制造的注册商标标识罪,假冒专利罪,侵犯著作权罪,销售侵权复制品罪,编造并传播证券、期货交易虚假信息罪,传播淫秽物品罪,组织播放淫秽音像制品罪等十几种犯罪。

(三) 利用互联网破坏经济秩序和破坏社会秩序犯罪的适用

依据《互联网安全决定》规定的惩治利用互联网破坏经济秩序和破坏社会秩序的犯罪涉及《刑法》规定的具体犯罪有十几种,归纳起来有五类:生产、销售伪劣产品犯罪;侵犯商业秘密犯罪;侵犯知识产权犯罪;编造并传播证券、期货交易虚假信息罪;传播淫秽物品罪。按《互联网安全决定》认定这些犯罪时,应明确以下问题:

1. 生产、销售伪劣产品犯罪。《互联网安全决定》第3条第1项规定的"利用互联网销售伪劣产品或者对商品、服务作虚假宣传"的行为,构成犯罪的,依照《刑法》第140条规定的生产、销售伪劣产品罪追究刑事责任。

根据《刑法》第140条的规定,生产、销售伪劣产品罪,是指违反国家产品质量法的规定,生产、销售伪劣产品,严重扰乱市场经济秩序的行为。

该罪是一种概括性的犯罪,凡是《刑法》分则第三章第一节没有专门规定的生产、销售伪劣产品的犯罪行为都可认定为本罪。如果本节已有专门规定的,如生产、销售假药的行为,按《刑法》第141条的规定认定为生产、销售假药罪,不再认定为生产、销售伪劣产品罪。

该罪的主体是年满16周岁具有刑事责任能力的故意生产、销售伪劣商品犯罪行为的自然人和单位,不满16周岁的自然人,不能构成本罪的犯罪主体。

该罪的犯罪行为必须是故意生产、销售伪劣产品的行为。生产、销售伪劣产品的行为表现是在产品中掺杂、掺假,以假充真,以次充好或者以不合格的产品冒充合格的产品。所谓合格产品,是指符合国家《产品质量法》规定的产品质量标准的合格产品。不符合国家《产品质量法》规定的标准的产品是不合格产品,不合格产品就是伪劣产品。

根据国家《产品质量法》第26条第2款的规定,产品质量应当符合下列要求:(1)不存在危及人身、财产安全的不合理的危险,有保障人体健康和人身、财产安全的国家标准、行业标准的,应当符合该标准;(2)具备产品应当具备的使用性能,但是,对产品存在使用性能的瑕疵作出说明的除外;(3)符合在产品或者其包装上注明采用的产品标准,符合以产品说明、实物样品等方式表明的质量状况。生产、销售不符合上述标准的产品的行为就是生产、销售伪劣产品。

该罪的结果必须是故意生产、销售伪劣产品,销售金额在5万元以上的结果,才构成犯罪,达不到5万元的,不构成犯罪,按有关经济法规给予经济处罚。

我国《刑法》根据犯罪结果的程度不同,分别规定了四个档次的法定刑:(1)构成本罪的,销售金额在5万元以上不满20万元的,处2年以下有期徒刑或者拘役,并处或者单处销售金额50%以上2倍以下罚金;(2)构成本罪,销售金额在20万元以上不满50万元的,处2年以上7年下有期徒刑,并处销售金额50%以上2倍以下罚金;(3)构成本罪,销售金额在50万元以上不满200万元的,处7年以下有期徒刑,并处销售金额50%以上2倍以下罚金;(4)构成本罪,销售金额在200万元以上的,处15年有期徒刑或者无期徒刑,并处销售金额50%以上2倍以下罚金或者没收财产。

2. 侵犯商业秘密犯罪。《互联网安全决定》第3条第2项规定的"利用互联网损坏他人商业信誉和商品声誉"的行为,构成犯罪的,应依照《刑法》第219条规定的侵犯商业秘密罪追究刑事责任。

根据《刑法》第219条的规定,侵犯商业秘密罪,是指单位或者个人以营利为目的侵犯商业秘密,情节严重的行为。

该罪的主体是年满16周岁具有刑事责任能力的故意实施了侵犯他人商业秘密行为的自然人和单位,不满16周岁的自然人不构成本罪的犯罪主体。犯罪人在主观上应有营利的目的。

该罪的犯罪行为必须是故意实施了侵犯商业秘密的行为,具体表现有:(1)以窃取、贿赂、欺诈、胁迫、电子侵入或者其他不正当手段获取权利人的商业秘密的行为;(2)披露、使用或者允许他人使用以前项手段获取的权利人的商业秘密的行为;(3)违反保密义务或者违反权利人有关保守商业秘密的要求,披露、使用或者允许他人使用其所掌握的商业秘密的行为。具备上述故意行为之一的,就可以构成本罪。明知或者应知上述所列行为,获取、披露、使用或者允许他人使用其所掌握的商业秘密的,以侵犯商业秘密论。

该罪的犯罪结果必须是给商业秘密权利人造成重大损失的结果,否则不构成犯罪。这里所称"商业秘密权利人",是指商业秘密的所有人和经商业秘密所有人许可的商业秘密使用人。

我国《刑法》根据犯罪情节结果的轻重分别规定了两个档次的法定刑:(1)情节严重,构成本罪的,处3年以下有期徒刑,并处或者单处罚金;(2)构成本罪,情节特别严重的,处3年以上10年以下有期徒刑,并处罚金。

《互联网安全决定》第3条第2项规定的"利用互联网损坏他人商业信誉和商品声誉"的行为,多数可以构成侵犯商业秘密罪依照侵犯商业秘密罪定罪处罚,有的行为也可能构成其他罪的,应依照《互联网安全决定》的规定按照《刑法》规定的有关犯罪定罪处罚。

3. 侵犯知识产权犯罪。《互联网安全决定》第3条第3项规定的"利用互联网侵犯他人知识产权"的行为,构成犯罪的,依照《刑法》分则第三章第七节规定的侵犯知识产权犯罪的具体犯罪追究刑事责任。

根据《刑法》分则第三章第七节的规定,侵犯知识产权犯罪是一类犯罪,是指违反知识产权法的规定,未经知识产权人许可,非法使用他人知识产品谋取利益,数额较大或者具有其他严重情节的行为。

该类犯罪的同类客体是侵犯他人的知识产权。知识产权包括:商标权、专利权、著作权、商业秘密权等。知识产权是依法取得,又同时受法律保护的权利。知识产权人使用知识产品能够获得物质利益或者精神收获。他人使用知识产品必须经过知识产权人许可,未经知识产权人许可,非法使用他人知识产品谋取利益,是侵犯他人知识产权的行为,数额较大、情节严重的,构成犯罪,应负刑事责任。

该类犯罪的犯罪行为必须是违反知识产权法的规定,未经知识产权人许可非法使用他人知识产品的行为。具体行为表现有:(1)非法使用他人注册商标的行为;(2)非法使用他人专利的行为;(3)非法使用他人作品著作权的行为;(4)非法使用他人商业秘密的行为。上述违反知识产权法的规定,未经知识产权人同意而使用他人的知识产权的行为,只有违法所得数额较大或者有其他严重情节的结果,才构成犯罪。

该类犯罪的主体是一般主体,单位或者个人都可以构成。该类犯罪的主观方面是故意,过失不构成该类犯罪。不论是单位还是个人犯侵犯知识产权犯罪的目的一般都是谋取非法利益。当然也有个别犯罪人的目的是故意毁坏他人名誉,使他人遭受损失,如有的人假冒他人注册商标,是为了毁坏他人商品的名誉。

《互联网安全决定》第3条第3项规定的"利用互联网侵犯他人知识产权"的行为,可适用侵犯知识产权犯罪中有关具体犯罪的规定,具体构成何罪应根据侵犯知识产权的不同行为,分别依照《刑法》的具体规定认定具体罪名,按具体条文规定的法定刑处罚。

4.编造并传播证券、期货交易虚假信息罪。《互联网安全决定》第3条第4项规定的"利用互联网编造并传播影响证券、期货交易或者其他扰乱金融秩序的虚假信息"的行为,构成犯罪的,应依照现行《刑法》分则第181条规定的编造并传播证券、期货交易虚假信息罪追究刑事责任。

根据《刑法》第181条的规定,编造并传播证券、期货交易虚假信息罪,是指单位或者个人故意编造并且传播影响证券、期货交易的虚假信息,扰乱证券、期货交易市场秩序,造成严重后果的行为。

该罪的主体是年满16周岁具有刑事责任能力的故意实施了编造并且传播影响证券、期货交易的虚假信息行为的自然人和单位,不满16周岁的自然人不构成本罪的犯罪主体。

该罪的犯罪行为必须是故意实施了编造并且传播影响证券、期货交易的虚假信息的行为。所谓编造影响证券、期货交易的虚假信息,就是无中生有,全凭主观想象而故意编造出来的假信息。所谓传播,就是向外扩散,让公众知道。宣传、扩散的方式,有的可能是口头散布,有的是通过文字、传单、报刊等进行传播,让众多人都知道虚假证券、期货交易信息。本罪的行为是编造并且传播影响证券、期货交易的虚假信息行为,只是编造了虚假交易信息,没有传播出去,或者听到消息不知真假而以转传的行为,不构成犯罪。该罪的犯罪结果必须是扰乱了证券、期货交易市场秩序,造成严重后果的才构成犯罪。

我国《刑法》规定,造成严重后果,构成编造并传播证券、期货交易虚假信息罪的,处5年以下有期徒刑或者拘役,并处或者单处1万元以上10万元以下罚金。单位犯本罪的,对单位判处罚金,并对其直接负责的主管人员和其他直接责任人员,处5年以下有期徒刑或者拘役。

《互联网安全决定》第3条第4项规定的"利用互联网编造并传播影响证券、期货交易或者其他扰乱金融秩序的虚假信息"的行为,主要可构成编造并传播证券、期货交易虚假信息罪,但有些行为也可能构成其他罪,应依照有关规定定罪处罚。

5.传播淫秽物品罪。《互联网安全决定》第3条第5项规定的"在互联网上建立淫秽网站、网页,提供淫秽站点链接服务,或者传播淫秽书刊、影片、音像、图片"的行为,构成犯罪的,依照《刑法》第364条第1款规定的传播淫秽物品罪追究刑事责任。

根据《刑法》第 364 条第 1 款的规定,传播淫秽物品罪是指单位或者个人故意传播淫秽的书刊、影片、音像、图片,或者其他淫秽物品,情节严重的行为。

该罪的主体是年满 16 周岁具有刑事责任能力的故意实施了传播淫秽物品行为的自然人和单位。不满 16 周岁的自然人不构成本罪的犯罪主体。

该罪的犯罪行为必须是故意传播淫秽物品的行为。所谓传播,就是向外扩散,让公众知道。宣传、扩散的方式,有的可能是口头散布,有的则是通过文字、传单、报刊等进行传播,让众多人都知道淫秽物品。如果只是在个别亲友中私下借阅、传看淫秽物品的行为,没有在公众中传播,一般不以犯罪论处。

该罪的犯罪结果必须是情节严重,只有造成了情节严重的结果,才构成犯罪。一般是指经常传播淫秽物品,传播范围广泛,受害人多,屡教不改,向未成年人传播,造成严重后果或者造成恶劣影响。如果传播淫秽物品,情节不严重,没有造成严重后果的,不构成犯罪。

我国《刑法》规定,构成本罪的,处 2 年以下有期徒刑、拘役或者管制。组织播放淫秽的电影、录像等音像制品的,构成组织播放淫秽音像制品罪,处 3 年以下有期徒刑、拘役或者管制,并处罚金;情节严重的,处 3 年以上 10 年以下有期徒刑,并处罚金。向不满 18 周岁的未成年人传播淫秽物品的,从重处罚。

《互联网安全决定》第 3 条第 5 项规定的"在互联网上建立淫秽网站、网页,提供淫秽站点链接服务,或者传播淫秽书刊、影片、音像、图片"的行为,主要可构成传播淫秽物品罪,但有些行为也可能构成其他罪,应依照《刑法》有关犯罪的规定定罪处罚。

四、利用互联网侵犯人身权利和财产权利犯罪

全国人大常委会《互联网安全决定》第 4 条对利用互联网侵犯人身权利和财产权利的犯罪,依照《刑法》有关规定追究刑事责任作了具体规定。

(一)《互联网安全决定》规定的内容

全国人大常委会《互联网安全决定》第 4 条规定:"为了保护个人、法人和其他组织的人身、财产等合法权利,对有下列行为之一,构成犯罪的,依照刑法有关规定追究刑事责任:(一)利用互联网侮辱他人或者捏造事实诽谤他人;(二)非法截获、篡改、删除他人电子邮件或者其他数据资料,侵犯公民通信自由和通信秘密;(三)利用互联网进行盗窃、诈骗、敲诈勒索。"

上述《互联网安全决定》对利用互联网侵犯人身权利和财产权利的犯罪行为依照《刑法》规定的具体犯罪追究刑事责任作了具体规定。

(二)《刑法》对利用互联网侵犯人身权利和财产权利犯罪的规定

《刑法》对惩治侵犯人身权利和财产权利的犯罪行为有如下规定:

1.《刑法》第 246 条规定:"以暴力或者其他方法公然侮辱他人或者捏造事实诽谤他人,情节严重的,处三年以下有期徒刑、拘役、管制或者剥夺政治权利。前款罪,告诉的才处理,但是严重危害社会秩序和国家利益的除外。通过信息网络实施第一款规定的行为,被害人向人民法院告诉,但提供证据有困难的,人民法院可以要求公安机关提供协助。"

2.《刑法》第 252 条规定:"隐匿、毁弃或者非法开拆他人信件,侵犯公民通信自由权利,情节严重的,处一年以下有期徒刑或者拘役。"

3.《刑法》第 264 条规定:"盗窃公私财物,数额较大或者多次盗窃、入户盗窃、携带凶器盗窃、扒窃的,处三年以下有期徒刑、拘役或者管制,并处或者单处罚金;数额巨大或者有其他严重情节的,处三年以上十年以下有期徒刑,并处罚金;数额特别巨大或者有其他特别严重情节的,处十年以上有期徒刑或者无期徒刑,并处罚金或者没收财产。"

4.《刑法》第 266 条规定:"诈骗公私财物,数额较大的,处三年以下有期徒刑、拘役或者管制,并处或者单处罚金;数额巨大或者有其他严重情节的,处三年以上十年以下有期徒刑,并处罚金;数额特别巨大或者有其他特别严重情节的,处十年以上有期徒刑或者无期徒刑,并处罚金或者没收财产。本法另有规定的,依照规定。"

5.《刑法》第 274 条规定:"敲诈勒索公私财物,数额较大或者多次敲诈勒索的,处三年以下有期徒刑、拘役或者管制,并处或者单处罚金;数额巨大或者有其他严重情节的,处三年以上十年以下有期徒刑,并处罚金;数额特别巨大或者有其他特别严重情节的,处十年以上有期徒刑,并处罚金。"

上述《刑法》规定,涉及侮辱罪、诽谤罪、侵犯通信自由罪、盗窃罪、诈骗罪、敲诈勒索罪六种具体犯罪。

(三)利用互联网侵犯人身权利和财产权利犯罪的适用

依据《互联网安全决定》规定的利用互联网侵犯人身权利和财产权利的犯罪行为涉及《刑法》的具体犯罪有六种,归纳起来有三类:侮辱、诽谤罪;侵犯通信自由罪;盗窃、诈骗、敲诈勒索罪。在按《互联网安全决定》认定这些犯罪时,应明确以下问题:

1.侮辱罪、诽谤罪。《互联网安全决定》第 4 条第 1 项规定的"利用互联网侮辱他人或者捏造事实诽谤他人"的行为,构成犯罪的,依照《刑法》第 246 条规定的侮辱罪、诽谤罪追究刑事责任。

根据《刑法》第 246 条的规定,侮辱罪,是指以暴力或者其他方法公然侮辱他人,情节严重的行为。诽谤罪,是指捏造事实诽谤他人,情节严重的行为。

该两罪的犯罪主体是年满 16 周岁具有刑事责任能力的故意实施了侮辱、诽谤他人行为的自然人,本罪主体在主观上有侮辱、诽谤他人人格、名誉的故意,过失行为不构成本罪。

该两种罪的犯罪行为表现不同。侮辱行为有两种表现:一是使用暴力侮辱他人;二是使用其他方法侮辱他人。侮辱他人的行为都是公开进行的,无论被侮辱对象是否在场,只要公开实施了侮辱他人的行为,情节严重的,都可以构成犯罪。被侮辱的对象可以是一切自然人,包括妇女和儿童。一般来说,侮辱的对象是特定的人。诽谤他人的行为也有两种表现:一是捏造事实的行为;二是诽谤的行为,即散布捏造足以损害他人人格、名誉的事实。散布的方法有的是口头散布,也有的是以文字、图画、电视电讯、信息网络等形式散布。上述两种表现是紧密相联的,只有同时具备才可以构成诽谤他人的犯罪行为。

该两罪的结果必须是故意侮辱、诽谤他人,情节严重的结果。所谓情节严重,是指侮辱、诽谤手段恶劣,引起被害人精神失常、自杀或造成极坏的社会影响。

我国《刑法》规定,构成该两种罪的,处 3 年以下有期徒刑、拘役、管制或者剥夺政治权利。

2.侵犯通信自由罪。《互联网安全决定》第 4 条第 2 项规定的"非法截获、篡改、删除他人电子邮件或者其他数据资料,侵犯公民通信自由和通信秘密"的行为,构成犯罪的,依照《刑法》第 252 条规定的侵犯通信自由罪追究刑事责任。

根据《刑法》第252条的规定,侵犯通信自由罪,是指故意隐匿、毁坏或者非法开拆他人信件,侵犯公民通信自由权利,情节严重的行为。

该罪的主体是年满16周岁具有刑事责任能力的故意实施了侵犯公民通信自由行为的自然人。不满16周岁的自然人和单位不构成本罪的犯罪主体。犯罪人在主观上持故意的心理状态。

该罪的犯罪行为必须是故意实施了侵犯公民通信自由的行为,具体表现有:(1)隐匿他人邮件的行为,如将他人的邮件、信件扣留私藏,不交给收件人的行为。(2)毁弃邮件的行为,如将他人的信件撕毁、丢弃、焚烧等进行毁损的行为。(3)非法开拆他人邮件的行为,即未经收信人许可,又无法律依据,擅自将他人的信件打开阅读等行为。具备了上述故意行为之一的,就可以构成本罪。

该罪的犯罪结果必须是侵犯他人通信自由,情节严重的结果。所谓情节严重,一般是指:(1)既隐匿又毁弃、开拆他人信件的行为;(2)多次或者一次大量隐匿、毁弃、开拆他人信件的行为;(3)因隐匿、毁弃、开拆他人信件而贻误他人重要事项的;(4)因非法开拆他人信件,导致他人之间产生矛盾、精神失常、自杀等严重后果的。具备上述情况之一,可以视为侵犯公民通信自由的行为,导致了情节严重的结果,可以构成犯罪。

我国《刑法》规定,构成本罪的,处1年以下有期徒刑或者拘役。

3. 盗窃罪、诈骗罪、敲诈勒索罪。《互联网安全决定》第4条第3项规定的"利用互联网进行盗窃、诈骗、敲诈勒索"的行为,构成犯罪的,依照《刑法》第264条、第266条、第274条规定的盗窃罪、诈骗罪、敲诈勒索罪追究刑事责任。

根据《刑法》第264条的规定,盗窃罪,是指以非法占有为目的,秘密窃取公私财物,数额较大的,或者多次盗窃、入户盗窃、携带凶器盗窃、扒窃的行为。

根据《刑法》第266条的规定,诈骗罪,是指以非法占有为目的,用虚构的事实或者隐瞒事实真相的方法,骗取公私财物,数额较大的行为。

根据《刑法》第274条的规定,敲诈勒索罪,是指以非法占有为目的,以暴力威胁或者要挟的方法索取公私财物,数额较大或者多次敲诈勒索的行为。

上述三种罪的犯罪主体是年满16周岁具有刑事责任能力的故意分别实施了盗窃、诈骗、敲诈勒索行为的自然人,该三种罪的主体在主观上都是故意的,并均具有非法占有公私财物的目的。

三种犯罪行为具体表现不同:盗窃行为,是秘密窃取公私财物的行为。秘密窃取行为是指行为人认为其是在他人不知道的情况下,将他人的财物窃为己有的行为,至于他人是否知道并不影响盗窃罪的成立。盗窃数额较大的认定,根据司法解释是以500元至3000元为起点。由于各地情况不同,规定盗窃数额较大的数额亦不同,有的以500元为起点,有的以1000元为起点,还有的以2000元为起点。

诈骗行为,是以虚构的事实和隐瞒事实真相的方法骗取公私财物的行为。诈骗财物数额较大的认定,根据司法解释是以3000元为起点。

敲诈勒索行为的具体表现有:(1)使用暴力威胁方法敲诈勒索他人财物,以对被害人及其亲属进行殴打、伤害、杀害、剥夺人身自由相威胁,迫使被害人交出财物的行为;以损坏、破坏、剥夺财产相威胁,迫使被害人交出财物的行为。(2)使用公布、公开被害人及其亲属的隐私的方法进行要挟,迫使被害人交出财物的行为。(3)以揭发被害人及其亲属违法犯罪行为为条件,对被害人进行精神强制,使被害人产生恐惧心理,迫使被害人交出财物的行为。上述敲诈勒索行为都是故意行为,过失行为不构成犯罪。敲诈勒索数额较大的认定是以100元至3000元为起点。

根据我国《刑法》的规定,犯盗窃罪最低处管制,并处或者单处罚金;最高处无期徒刑,并处罚金或者没收财产。犯诈骗罪最低处管制,并处或者单处罚金;最高处无期徒刑,并处罚金或者没收财产。犯敲诈勒索罪,最低处管制,最高处10年以上有期徒刑,并处罚金。

另外,全国人大常委会在《互联网安全决定》中还规定利用互联网实施《互联网安全决定》第1条、第2条、第3条、第4条所列行为以外的其他行为,构成犯罪的,依照《刑法》有关规定追究刑事责任。全国人大常委会的《互联网安全决定》为惩治危害互联网安全和利用互联网犯罪提供了法律依据,司法实践中应依法适用,以准确惩罚有关涉互联网的各种犯罪。

第四章　关于修改部分法律的决定

全国人大常委会《修改法律决定》是在2009年8月27日第十一届全国人大常委会第十次会议通过的,并于当日公布施行。我国已初步建成社会主义法律体系,但由于立法的时间和社会情况不同,使用了不同的法律词语和法律名称,使有关法律表述出现了一些不完全相统一的问题。为形成统一的完整的法律体系,便于严格执法,全国人大常委会专门作了修改决定,对部分法律中的用词和法律名称作了统一规定。

一、《修改法律决定》规定的内容

《修改法律决定》共有5部分内容,涉及95部法律,法律解释、补充规定中有关内容的修改,具体是:

1. 对《民法通则》第7条等序号为1~5的法律中明显不适应社会主义市场经济和社会发展要求的规定作出修改。

2. 对《森林法》第18条等序号为6~21的法律和法律解释中关于"征用"的规定作出修改。

3. 对《计量法》第29条等序号为22~58的法律中关于刑事责任的规定作出修改。

4. 对《兵役法》第64条序号为59~91的法律和有关法律问题决定中关于"治安管理处罚"的规定作出修改。

5. 对《兵役法》第27条序号为92~95的法律和引用其他法律名称或者条文不对应的规定作出修改。

二、《修改法律决定》对刑法、刑法补充规定、刑法解释中内容的修改与适用

《修改法律决定》中涉及对刑事法律的修改主要是对第2部分关于"征用"的修改和第4部分关于"治安管理处罚"的修改。

(一)《修改法律决定》第2部分对刑法、刑法解释内容的修改

1.《修改法律决定》第12条,将《刑法》第381条的"征用",改为"征收、征用"。扩大了战时拒绝军事征用的犯罪行为范围。征收和征用是两种不同的行为。征收改变了所有权性质,可以是有偿征收,也可以是无偿征收。征收者取得征收物的所有权,被征收者失去征收物的所有权。征用是取得征用物的使用权,征用物的所有权没有被改变。2015年10月30日最高人民法院、最高人民检察院发布的《关于执行〈中华人民共和国刑法〉确定罪名的补充规定(六)》将"战时拒绝征用罪"的罪名改为"战时拒绝军事征收、征用罪"。

2.《修改法律决定》第13条,将全国人大常委会《关于〈中华人民共和国刑法〉第九十三条第二款的解释》中的"征用"改为"征收、征用"。扩大了农村基层组织人员协助政府发放征收、征用土地补偿款等时贪污、受贿的犯罪行为范围。

3.《修改法律决定》第14条,将全国人大常委会《关于〈中华人民共和国刑法〉第二百二十八条、第三百四十二条、第四百一十条的解释》中的"征用",改为"征收、征用"。扩大了国家机关工作人员滥用职权,非法批准征收、征用、占用土地的犯罪行为范围。使刑法解释规定的征收、征用与刑法规定的征收、征用相统一。

(二)《修改法律决定》第4部分对刑法、刑法补充规定内容的修改

1.《修改法律决定》第4部分第80条,将全国人大常委会《关于惩治走私、制作、贩卖、传播淫秽物品的犯罪分子的决定》第2条、第3条中引用的"治安管理处罚条例"修改为"治安管理处罚法"。因为"治安管理处罚条例"已经被全国人大常委会改为"治安管理处罚法"。

2.《修改法律决定》第4部分第81条,将全国人大常委会《关于严惩拐卖、绑架妇女、儿童的犯罪分子的决定》第4条中引用的"治安管理处罚条例"修改为"治安管理处罚法"。因为"治安管理处罚条例"已经被全国人大常委会改为"治安管理处罚法"。

3.《修改法律决定》第4部分第82条,将全国人大常委会《互联网安全决定》第6条中引用的"治安管理处罚条例"修改为"治安管理处罚法"。因为"治安管理处罚条例"已经被全国人大常委会改为"治安管理处罚法"。

4.《修改法律决定》第4部分第91条,将全国人大常委会《关于严禁卖淫嫖娼的决定》第3条、第4条中的"依照治安管理处罚条例第三十条的规定处罚"修改为"依照《中华人民共和国治安管理处罚法》的规定处罚"。一是因为"治安管理处罚条例"已经被全国人大常委会改为《治安管理处罚法》;二是将原规定适用具体法律条款,改为适用概括的全部法律规定,扩大了适用法律的条款范围。

第二编 刑法修正案

刑法修正案,是刑法典颁布实施以后,立法机关对刑法规定内容所作的修改和补充的新规定。刑法修正案从颁布之日起开始生效,其与刑法具有同等效力。根据我国《宪法》规定,我国《刑法》由全国人民代表大会制定和修改。在全国人民代表大会闭会期间,全国人民代表大会常务委员会有权对刑法进行部分补充和修改,但是对刑法的补充和修改不得同《刑法》规定的基本原则相抵触。我国1979年《刑法》颁布实施后,全国人民代表大会根据社会治安形势发展的需要,先后对《刑法》制定颁布了23个补充规定,对当时在社会上多发的社会危害严重的又亟须惩处的犯罪行为作了补充规定,但是没有用修正案的形式对刑法进行修改和补充。1997年10月1日修订《刑法》实施以后,全国人大常委会根据我国政治、经济和社会治安形势发展的需要,对刑法又作了《关于惩治骗购外汇、逃汇和非法买卖外汇犯罪的决定》、《关于取缔邪教组织、防范和惩治邪教活动的决定》、《互联网安全决定》和《修改法律决定》等补充规定。上述四个刑法的补充规定对防止亚洲金融危机对我国经济的破坏、打击邪教组织对国家政权的侵犯、维护互联网安全和统一法律用语及引用法律名称等问题起到了极大的作用。但是,刑法补充规定是一种单行刑法,是一种独立的法律文件,其在内容的规定和适用上有一定的独立性,如果刑法补充规定逐步增多,将使刑法规定显得零散,甚至有可能出现不统一的现象。因此,很多专家、教授提出采用修正案的形式,对刑法进行修改和补充,而对刑法条文直接补充或修改,可以使刑法永远保持整体性和统一性,避免重复立法,而且也便于司法适用。从1999年12月25日起,我国全国人大常委会开始用刑法修正案的形式对刑法进行修改和补充,而不再用刑法补充规定的形式。实践证明这是立法技术的进步,对修改和补充的内容直接在刑法条文中加以修改和补充,不再单独形成新的法律文件,这对保障刑法的整体性、关联性和适用性具有十分重要的作用。到目前为止,全国人大常委会根据刑事政策发展的需要,已先后对《刑法》作了12个刑法修正案,每个刑法修正案都对刑法规定作了重要的修改和补充,对指导刑事司法活动,及时惩处犯罪起到了重要的法律规范作用。

第五章　中华人民共和国刑法修正案

全国人大常委会《中华人民共和国刑法修正案》(以下简称《刑法修正案》),是1999年12月25日在第九届全国人大常委会第十三次会议通过,并于当日由国家主席公布施行的。我国1997年《刑法》颁布施行以后,国务院有关部门及司法部门结合工作的实际情况发现1997年《刑法》对下列严重破坏社会主义市场经济的行为没有规定为犯罪或者规定不明确,需要作修改和补充规定:

1. 1999年10月31日,第九届全国人大常委会第十二次会议修订通过的《会计法》第43条第1款规定,"伪造、变造会计凭证、会计帐簿、编制虚假财务会计报告,构成犯罪的,依法追究刑事责任"。第44条规定,"隐匿或者故意销毁依法应当保存的会计凭证、会计帐簿、财务会计报告,构成犯罪的,依法追究刑事责任"。但是,在1997年《刑法》中,并没有相应的犯罪的规定。在第九届全国人大常委会上,国务院提请全国人大常委会审议《关于惩治违反会计法犯罪的决定(草案)》。

2. 在修订刑法时,金融部门建议在修订刑法中增加期货犯罪的内容,但由于国家当时尚未制定有关期货交易管理的实体性法律、行政法规,期货犯罪难以准确界定,因此,1997年《刑法》没有规定惩治期货犯罪的内容。1999年5月25日,国务院通过了《期货交易管理暂行条例》,其第六章罚则中从第60条至第66条都规定了违反《期货交易管理暂行条例》有关规定,构成犯罪的,追究刑事责任。在第九届全国人大常委会上国务院提请全国人大常委会作《关于惩治期货犯罪的决定(草案)》,要求对刑法作补充规定。

3. 1997年《刑法》将渎职罪的主体由国家工作人员修改为国家机关工作人员,这样一来,国有公司、企业事业单位的工作人员在管理国有财产中严重不负责任,给国家和人民的利益造成严重损失的行为将不能构成玩忽职守罪,也不能构成其他犯罪,出现了立法上的空缺。对此,有些人大代表、最高人民检察院和一些部门、地方机关建议对刑法有关条款作修改或者补充规定。会后,全国人民代表大会法律委员会和全国人大常委会法制工作委员会将国务院提请的草案印发至中央有关部门和地方人大征求意见,法律委员会、财经委员会和法制工作委员会还联合邀请中央有关部门和法律专家进行座谈,听取意见。主要提出以下修改意见:
(1)关于制定单独的《关于惩治违反会计法犯罪的决定(草案)》问题,很多委员认为,《关于惩治违反会计法犯罪的决定(草案)》中提出需要规定为犯罪的行为,许多与《刑法》中已规定的有关犯罪如虚报注册资本罪,虚假出资罪,抽逃出资罪,提供虚假财务报告罪,妨害清算罪,吸收客户资金不入账罪,背信运用受托财产罪,违法运用资金罪,违法发放贷款罪,逃税罪,骗取出口退税罪,提供虚假证明文件罪,走私罪,贪污罪,挪用公款罪,私分国有资产罪,私分罚没财物罪和有关证券犯罪行为都相关或者相似。如果再作一个惩治违反会计法的犯罪决定,困难将会很多,可能会造成重复立法的现象。一些委员、部门和专家提出,考虑到刑法的统一和执行的方便,不宜再单独制定决定,认为采取修改刑法的方式比较适宜。① 由此,全国人大法律委员会建议将上述三项内容合并规定到刑法修正案中。1999 年 10 月 18 日委员会会议同意采用修正案方式修改刑法。(2)1997 年《刑法》没有将隐匿或者故意销毁依法应当保存的会计凭证、会计账簿、财务会计报告,情节严重的行为规定为犯罪,故法律委员会建议将上述行为补充到刑法中。(3)对擅自设立期货交易所、期货经纪公司的行为,期货交易中的内幕交易行为,编造并传播期货交易虚假信息以及诱骗投资者买卖期货的行为,操纵期货交易价格的行为和非法从事期货交易等行为《刑法》都没有规定为犯罪行为。考虑到上述行为与《刑法》中对与证券相关的犯罪行为的规定相类似,根据一些常委会委员、部门和专家的意见,法律委员会建议将这类犯罪与证券犯罪合并规定,对《刑法》第 174 条、第 180 条、第 181 条、第 182 条作修改、补充。(4)根据有些人大代表、最高人民检察院和一些部门、地方反映,在刑法执行过程中,对国有公司、企业、事业单位的工作人员由于严重不负责任或者滥用职权,致使国家利益遭受重大损失的行为,如擅自为他人提供担保,给本单位造成重大损失的;在仓储或者企业管理方面严重失职,造成重大损失等行为在刑法中没有规定,依据刑法现有规定难以追究其刑事责任。在征求中共中央政法委员会、最高人民法院、最高人民检察院、公安部和有关部门意见的基础上,全国人大法律委员会建议将《刑法》第 168 条规定的"国有公司、企业直接负责的主管人员,徇私舞弊,造成国有公司、企业破产或者严重亏损,致使国家利益遭受重大损失的,处三年以下有期徒刑或者拘役"修改为"国有公司、企业、事业单位的工作人员,由于严重不负责任或者滥用职权,造成国有公司、企业、事业单位破产或者给本单位造成严重损害,致使国家利益遭受重大损失的,处 3 年以下有期徒刑或者拘役;致使国家利益遭受特别重大损失的,处 3 年以上 7 年以下有期徒刑";"国有公司、企业、事业单位的工作人员,徇私舞弊,犯前款罪的,依照前款的规定从重处罚"。第九届全国人大常委会第十二次会议对《刑法修正案(草案)》进行了初次审议。法律委员会根据常委会组成人员的审议意见又进行了审议。法律委员会认为,"刑法修正案对于惩治破坏社会主义市场经济秩序的犯罪,保障社会主义现代化建设的顺利进行有重要意义,草案基本可行"。(5)有的委员提出,"《会计法》对违反会计法构成犯罪应当依法追究刑事责任的规定有 6 条,修正案应与会计法规定相对应。法律委员会认为,故意做假账的行为是违法的,应当追究法律责任。《刑法》对与《会计法》相对应的做假账的行为构成犯罪的已有许多具体规定,这次又在修正案中增加规定隐匿和故意销毁会计凭证、会计账簿、财务会计报告的犯罪,除了这些规定以外,还有哪些做假账的违法行为需要追究刑事责任,经与最高人民法院、最高人民检察院、国务院法制办、公安部研究,目前还未能提出其他的具体行为,可在以后根据实践需要,再进一步对刑法作补充规定"。② 最终,全国人大常委会于 1999 年 12 月 25 日通过了《中华人民共和国刑法修正案》,并于当日公布施行。

一、隐匿、故意销毁会计凭证、会计账簿、财务会计报告罪

隐匿、故意销毁会计凭证、会计账簿、财务会计报告罪,是《刑法修正案》第 1 条补充规定

---

① 参见《全国人民代表大会常务委员会公报》1999 年第 6 期,第 697 页、第 698 页、第 699 页。
② 参见《全国人民代表大会常务委员会公报》1999 年第 6 期,第 704 页。

的犯罪,作为《刑法》第162条之一。2002年3月15日最高人民法院、最高人民检察院发布的《关于执行〈中华人民共和国刑法〉确定罪名的补充规定》确定该罪名。

(一)刑法规定内容的修改

刑法条文中有关隐匿、故意销毁会计凭证、会计账簿、财务会计报告罪的规定有:

1. 1999年10月31日修订通过的《会计法》第44条规定:"隐匿或者故意销毁依法应当保存的会计凭证、会计帐簿、财务会计报告,构成犯罪的,依法追究刑事责任。有前款行为,尚不构成犯罪的,由县级以上人民政府财政部门予以通报,可以对单位并处五千元以上十万元以下的罚款;对其直接负责的主管人员和其他直接责任人员,可以处三千元以上五万元以下的罚款;属于国家工作人员的,还应当由其所在单位或者有关单位依法给予撤职直至开除的行政处分;对其中的会计人员,并由县级以上人民政府财政部门吊销会计从业资格证书。"

2. 1997年《刑法》第162条规定,公司、企业进行清算时,隐匿财产,对资产负债表或者财产清单作虚伪记载或者在未清偿债务前分配公司、企业财产,严重损害债权人或者其他人利益的,对其直接负责的主管人员和其他直接责任人员,处5年以下有期徒刑或者拘役,并处或者单处2万元以上20万元以下罚金。

3. 1999年12月25日,全国人大常委会《刑法修正案》第1条规定,在《刑法》第162条后增加一条,作为第162条之一:隐匿或者故意销毁依法应当保存的会计凭证、会计账簿、财务会计报告,情节严重的,处5年以下有期徒刑或者拘役,并处或者单处2万元以上20万元以下罚金。单位犯前款罪的,对单位判处罚金,并对其直接负责的主管人员和其他直接责任人员,依照前款的规定处罚。

上述《刑法修正案》对《刑法》作了如下修改和补充:

1. 增加新罪名。我国1979年《刑法》和1997年《刑法》都没有将隐匿、故意销毁会计凭证、会计账簿、财务会计报告的行为规定为独立罪名,1997年《刑法》颁布以后,1999年《会计法》将这种情节严重的行为规定为犯罪行为。1999年12月25日,全国人大常委会在《刑法修正案》第1条规定了这种独立的犯罪行为及其适用的法定刑,并规定单位可以构成这种犯罪,归类于破坏社会主义市场经济秩序罪中妨害对公司企业管理秩序罪的具体犯罪。2002年3月15日最高人民法院、最高人民检察院发布的《关于执行〈中华人民共和国刑法〉确定罪名的补充规定》将该种犯罪行为确定为"隐匿、故意销毁会计凭证、会计账簿、财务会计报告罪"。

2. 新规定了一个概括犯罪。1997年《刑法》将一些故意利用隐匿和故意销毁会计凭证、会计账簿、财务会计报告的手段进行犯罪活动的行为已明确规定构成其他罪,依照其他罪定罪处罚。例如,故意利用隐匿、销毁会计凭证、会计账簿、财务会计报告的手段欺诈发行股票、债券、妨害清算、提供虚假财务报告、贪污、私分国有资产、私分罚没财物等行为的,根据犯罪手段认定相应的犯罪,按照《刑法》规定定罪处罚。《刑法修正案》增加规定了隐匿、故意销毁会计凭证、会计账簿、财务会计报告罪后,又出现了一些法条竞合。相比较而言,《刑法修正案》规定的隐匿或者故意销毁会计凭证、会计账簿、财务会计报告犯罪行为是一般规定,而1997年《刑法》中规定的故意利用隐匿和故意销毁会计凭证、会计账簿、财务会计报告的手段进行犯罪活动的行为是特别规定,依照特别规定优先一般规定的原则,要依照《刑法》其他特别规定的犯罪定罪处罚。只有刑法条文中没有特别规定的隐匿或者故意销毁会计凭证、会计账簿、财务会计报告的行为,才能依照《刑法》第162条之一的规定定罪处罚。

(二)刑法规定修改的原因

全国人大常委会《刑法修正案》补充规定隐匿、故意销毁会计凭证、会计账簿、财务会计报告罪的主要原因有：

1. 我国《刑法》中原没有隐匿、故意销毁会计凭证、会计账簿、财务会计报告罪的规定。我国1979年《刑法》和1997年《刑法》都没有这种罪的规定。1997年《刑法》中规定了一些故意利用上述手段进行犯罪活动的行为，分别依照其他罪名定罪处罚。例如，故意利用隐匿、销毁会计凭证、会计账簿、财务会计报告的手段欺诈发行股票、债券、妨害清算、提供虚假财务报告、贪污、私分国有资产、私分罚没财物等犯罪行为的，应按上述相应的罪名定罪处罚。

2. 故意隐匿和故意销毁会计凭证、会计账簿、财务会计报告的行为严重破坏了社会主义市场经济秩序，社会危害后果严重。在市场经济条件下，一些违法犯罪分子为逃税、贪污、诈骗财物和其他非法利益，在经济往来中故意不记账、做假账、故意销毁应保留的会计凭证、会计账簿、财务会计报告，不但为其犯罪提供了条件，而且这些严重违法行为本身，不论出于什么目的、动机，都会造成会计信息失真，严重损害国家、公众的利益，对社会经济秩序构成严重威胁。这些严重违法行为仅靠行政手段是难以制止的，需要刑法规定为单独犯罪，追究其刑事责任，以便从源头上、基础上维护国家利益、公共利益和社会主义市场经济秩序。

另外，据考察，世界上有不少国家和地区对这些严重违法行为在法律上已规定单独定罪处罚，这些立法例可以作为借鉴。

3. 我国《会计法》已将隐匿或者故意销毁依法应当保存的会计凭证、会计账簿、财务会计报告的行为规定构成犯罪，应依法追究刑事责任，但在1997年《刑法》中确无相应规定，无法适用。为了使《会计法》规定的隐匿、故意销毁会计凭证、会计账簿、财务会计报告的犯罪行为受到相应的刑事处罚，必须在《刑法》中作补充规定，以便于司法适用。

鉴于上述原因，全国人大常委会在《刑法修正案》中补充规定隐匿、故意销毁会计凭证、会计账簿、财务会计报告罪，并规定了该罪的法定刑。

(三)隐匿、故意销毁会计凭证、会计账簿、财务会计报告罪的适用

隐匿、故意销毁会计凭证、会计账簿、财务会计报告罪，是《刑法修正案》新增加的犯罪，要准确适用就必须先厘清该罪的概念、构成特征，以及适用时应注意的问题：

1. 隐匿、故意销毁会计凭证、会计账簿、财务会计报告罪的概念。该罪是指隐匿或者故意销毁会计凭证、会计账簿、财务会计报告，情节严重的行为。

我国《会计法》第23条规定："各单位对会计凭证、会计帐簿、财务会计报告和会计资料应当建立档案，妥善保管。会计档案的保管期限和销毁办法，由国务院财政部门会同有关部门制定。"因此，所有单位都必须按照《会计法》和国务院有关规定保管或销毁有关的会计资料。如果不依法保管和销毁，而是故意隐匿、销毁应当保留的会计资料，情节严重的，是对社会有严重危害的犯罪行为，《刑法》应当规定为犯罪，追究其刑事责任。

2. 隐匿、故意销毁会计凭证、会计账簿、财务会计报告罪的构成特征。根据《刑法》第162条之一以及《刑法修正案》第1条的规定，该罪的构成特征有：

(1)犯罪主体。该罪的犯罪主体是一般主体，凡是年满16周岁具有刑事责任能力的自然人和依法成立的单位都可以构成。犯本罪的人，一般是财务会计人员、单位的直接负责的主

管人员和其他的直接责任人员。犯罪主体在主观上都是故意,一般具有谋取非法利益的目的。过失行为不构成本罪。

(2)犯罪行为。必须是故意实施了隐匿或者故意销毁会计凭证、会计账簿、财务会计报告的行为。所谓隐匿行为,是指把真实的会计凭证、会计账簿、财务会计报告隐藏起来,不交出的行为,如不做账目或者做假账目的行为。所谓故意销毁行为,是指违反国务院关于保管、销毁财务会计资料规定的保管时间和程序,将不应当销毁的财务会计资料而销毁的行为。只要是故意实施上述行为的,都可以构成犯罪。由于过失而丢失或者由于疏忽大意而过失销毁财务会计资料的行为不构成本罪。

(3)犯罪结果。本罪的犯罪结果必须是故意实施了隐匿或者故意销毁会计凭证、会计账簿、财务会计报告,造成了情节严重的结果。情节达不到严重程度的,不构成犯罪,但依照《会计法》第44条的规定,可由县级以上人民政府财政部门予以通报,可以对单位并处5000元以上10万元以下的罚款;对其直接负责的主管人员和其他直接责任人员,可以处3000元以上5万元以下的罚款;属于国家工作人员的,还应当由其所在单位或者有关单位依法给予撤职直至开除的行政处分;其中的会计人员,5年内不得从事会计工作。

3. 本罪适用时应注意以下问题:

(1)注意划清本罪与非罪的界限。我国《刑法》第162条之一规定,必须是隐匿或者故意销毁会计凭证、会计账簿、财务会计报告,情节严重的,才构成犯罪,应追究刑事责任;情节不严重的,不构成犯罪,不能追究刑事责任。何为"情节严重",刑法条文没有明确规定。根据最高人民检察院、公安部2022年5月15日发布的《关于公安机关管辖的刑事案件立案追诉标准的规定(二)》第8条规定:"隐匿或者故意销毁依法应当保存的会计凭证、会计账簿、财务会计报告,涉嫌下列情形之一的,应予立案追诉:(一)隐匿、故意销毁的会计凭证、会计账簿、财务会计报告涉及金额在五十万元以上的;(二)依法应当向监察机关、司法机关、行政机关、有关主管部门等提供而隐匿、故意销毁或者拒不交出会计凭证、会计账簿、财务会计报告的;(三)其他情节严重的情形。"具有上述情节之一的,应属情节严重,构成犯罪,应追究刑事责任。

(2)注意划清本罪与妨害清算罪的界限。我国《刑法》第162条规定的妨害清算罪的犯罪行为,是指在公司、企业清算时,隐匿财产,对资产负债表或者财产清单作虚假记载的行为,因为该行为将可能涉及隐匿或者故意销毁财务会计资料,与本罪犯罪行为相同或者相似,所以在定罪时容易混淆。本罪是对隐匿或者故意销毁依法应当保存的会计凭证、会计账簿、财务会计报告行为的概括规定或称为一般规定,而《刑法》中规定的妨害清算罪、提供虚假财会报告罪等利用隐匿或者故意销毁依法应当保存和提供的会计凭证、会计账簿、财务会计报告的手段进行犯罪的,属于特别规定,应按特别规定优于一般规定的原则,应定为妨害清算罪,不定为本罪。

(3)注意划清本罪与伪证罪的界限。我国《刑法》第305条规定的伪证罪中的隐匿罪证行为在犯罪行为上与本罪的犯罪行为有相似之处,容易混淆。二罪的主要区别是犯罪主体不同。本罪是一般主体,其犯罪动机和目的各种各样,但不影响定罪量刑。伪证罪的主体是特殊主体,即必须是在刑事诉讼中的证人、鉴定人、记录人、翻译人,其目的是帮助犯罪嫌疑人出罪。另外,二罪隐匿的对象也不完全相同。本罪隐匿的对象是依法应当保存的会计凭证、会计账簿、财务会计报告;伪证罪隐匿的对象是对案件有重要关系的证据材料,也包括会计凭证、会计账簿、财务会计报告等犯罪证据。如果在刑事诉讼中,证人、鉴定人、记录人、翻译人将对案件有重要关系的会计凭证、会计账簿、财务会计报告的犯罪证据故意隐匿的,应按照重罪吸收轻罪的原则,认定为伪证罪。

(4)注意划清本罪与帮助毁灭、伪造证据罪的界限。我国《刑法》第307条第2款规定的帮助毁灭、伪造证据罪与本罪在犯罪主体、销毁凭证犯罪行为方面相似,容易混淆。二罪的主要区别有:一是犯罪对象不同。本罪的对象是会计凭证、会计账簿、财务会计报告;而帮助毁灭、伪造证据罪的对象是所有涉及定罪处罚的证据,包括会计凭证、会计账簿、财务会计报告等犯罪证据。二是犯罪目的不同。本罪的目的是隐匿、销毁会计资料;而帮助毁灭、伪造证据罪的犯罪目的是通过隐匿、销毁有关犯罪证据为犯罪分子开脱罪责或者诬陷他人犯罪。如果行为人实施的是为帮助当事人毁灭作为证据的会计凭证、会计账簿、财务会计报告的犯罪行为,应按重罪吸收轻罪的原则,以帮助毁灭、伪造证据罪定罪处罚。

(5)注意厘清隐匿、故意销毁会计凭证、会计账簿、财务会计报告罪的适用时间。全国人大常委会《刑法修正案》规定"自公布之日起施行",即从1999年12月25日开始生效。其中规定的隐匿、故意销毁会计凭证、会计账簿、财务会计报告的行为也是从这一天开始即可以构成犯罪,追究刑事责任。对于1999年12月24日以前的隐匿、故意销毁会计凭证、会计账簿、财务会计报告的行为,由于当时的《刑法》没有定罪处罚的规定,不具有溯及力,不构成本罪。

二、国有公司、企业、事业单位人员失职罪

国有公司、企业、事业单位人员失职罪,由《刑法修正案》第2条规定,作为1997年《刑法》第168条规定的徇私舞弊造成破产、亏损罪的修改犯罪之一。2002年3月15日,最高人民法院、最高人民检察院发布的《关于执行〈中华人民共和国刑法〉确定罪名的补充规定》确定该罪名。

(一)刑法规定内容的修改

刑法条文中有关国有公司、企业、事业单位人员失职罪的修改是:

1. 1979年《刑法》第187条规定:"国家工作人员由于玩忽职守,致使公共财产、国家和人民利益遭受重大损失的,处五年以下有期徒刑或者拘役。"

2. 1997年《刑法》第397条规定:"国家机关工作人员滥用职权或者玩忽职守,致使公共财产、国家和人民利益遭受重大损失的,处三年以下有期徒刑或者拘役;情节特别严重的,处三年以上七年以下有期徒刑。本法另有规定的,依照规定。国家机关工作人员徇私舞弊,犯前款罪的,处五年以下有期徒刑或者拘役;情节特别严重的,处五年以上十年以下有期徒刑。本法另有规定的,依照规定。"

3. 1997年《刑法》第168条规定:"国有公司、企业直接负责的主管人员,徇私舞弊,造成国有公司、企业破产或者严重亏损,致使国家利益遭受重大损失的,处三年以下有期徒刑或者拘役。"

4. 1999年12月25日,《刑法修正案》第2条规定,将《刑法》第168条修改为:"国有公司、企业的工作人员,由于严重不负责任或者滥用职权,造成国有公司、企业破产或者严重损失,致使国家利益遭受重大损失的,处三年以下有期徒刑或者拘役;致使国家利益遭受特别重

大损失的,处三年以上七年以下有期徒刑。国有事业单位的工作人员有前款行为,致使国家利益遭受重大损失的,依照前款的规定处罚。国有公司、企业、事业单位的工作人员,徇私舞弊,犯前两款罪的,依照第一款的规定从重处罚。"

《刑法修正案》对1997年《刑法》作了如下修改和补充:

1. 增加了国有公司、企业、事业单位人员失职罪的新罪名。我国1979年《刑法》第187条规定的玩忽职守罪的主体是国家工作人员,按当时法律规定,国有公司、企业、事业单位的工作人员属于国家工作人员,可以构成玩忽职守罪;1997年《刑法》第397条规定的玩忽职守罪的主体是国家机关工作人员,按1997年《刑法》的规定,国有公司、企业、事业单位的工作人员不是国家机关工作人员,因此不能构成玩忽职守罪。而现实生活中,国有公司、企业、事业单位的工作人员在管理国有财产时,常有玩忽职守行为,给国家的利益造成严重损失不能依法惩治,故1999年12月25日,全国人大常委会在《刑法修正案》第2条将这种行为规定为独立的犯罪,归类于破坏社会主义市场经济秩序罪中妨害对公司企业管理秩序罪的具体犯罪。

2. 取消了徇私舞弊造成破产、亏损罪的罪名。1997年《刑法》第168条规定了国有公司、企业直接负责的主管人员,徇私舞弊,造成国有公司、企业破产或者严重亏损,致使国家利益遭受重大损失的犯罪行为,最高人民法院、最高人民检察院发布的司法解释将其确定为"徇私舞弊造成破产、亏损罪"。1999年12月25日,全国人大常委会《刑法修正案》第2条将1997年《刑法》第168条修改为国有公司、企业的工作人员,由于严重不负责任或者滥用职权,造成国有公司、企业破产或者严重损失,致使国家利益遭受重大损失的犯罪行为和国有事业单位的工作人员有前款行为,致使国家利益遭受重大损失的犯罪行为。2002年3月15日最高人民法院、最高人民检察院发布的《关于执行〈中华人民共和国刑法〉确定罪名的补充规定》将该条规定的犯罪行为确定为"国有公司、企业、事业单位人员失职罪"和"国有公司、企业、事业单位人员滥用职权罪",同时取消了"徇私舞弊造成破产、亏损罪"的原罪名。

3. 罪状作了重要修改。罪状的修改主要有:(1)扩大了犯罪主体。1997年《刑法》第168条规定的徇私舞弊造成破产、亏损罪的主体只是国有公司、企业直接负责的主管人员,而现行《刑法》第168条规定的国有公司、企业、事业单位人员失职罪将主体扩大到国有公司、企业、事业单位的工作人员。(2)扩大了犯罪行为的范围。1997年《刑法》第168条规定的徇私舞弊造成破产、亏损罪的犯罪行为中有造成国有公司、企业严重"亏损"。现行《刑法》第168条修改为造成国有公司、企业严重"损失"。虽然"损失"比"亏损"的范围更广泛些,但合情合理。因为公司、企业亏损的原因很多,有合理亏损、政策亏损和管理不善亏损以及其他原因造成的亏损,不能凡是造成严重亏损的,都追究刑事责任。因此,《刑法修正案》将"亏损"修改为"损失"。(3)提高了法定刑。1997年《刑法》原第168条规定的徇私舞弊造成破产、亏损罪的法定刑为单一的法定刑,即"处三年以下有期徒刑或者拘役";而现行《刑法》第168条规定的国有公司、企业、事业单位人员失职罪的法定刑,是在原有基础上又增加了一个档次,即"处三年以下有期徒刑或者拘役;致使国家利益遭受特别重大损失的,处三年以上七年以下有期徒刑"。

(二)刑法规定修改的原因

全国人大常委会《刑法修正案》补充规定国有公司、企业、事业单位人员失职罪的主要原因有以下几个方面:

1. 1997年《刑法》中没有国有公司、企业、事业单位人员失职罪的规定。我国1979年《刑法》将国有公司、企业、事业单位工作人员失职,给国家和人民的利益造成重大损失的行为规定为玩忽职守罪,而1997年《刑法》对上述行为没有规定为犯罪,出现了法律规定上的空缺。因此,《刑法修正案》第2条对《刑法》原第168条作了修改和补充,增加规定了"国有公司、企业、事业单位人员失职罪"和"国有公司、企业、事业单位人员滥用职权罪"的新罪名。

2. 国有公司、企业、事业单位人员失职行为具有严重的社会危害性。在市场经济条件下,国有公司、企业、事业单位的工作人员担负着管理大量国有资产的责任,如果国有公司、企业、事业单位工作人员严重不负责任,玩忽职守、滥用职权,将会给国家和人民的利益造成严重损失。根据一些人大代表、最高人民检察院和一些部门、地方反映,在刑法执行过程中,对国有公司、企业、事业单位的工作人员严重不负责任或者滥用职权,致使国家利益遭受重大损失的行为,如擅自为他人提供担保,给本单位造成重大损失的;违反国家规定,在国际外汇、期货市场上进行外汇、期货投机,给国家造成重大损失的;在仓储或者企业管理方面严重不负责任、失职造成重大损失等,根据1997年《刑法》当时的规定,不能追究刑事责任。因此,必须通过立法规定其构成犯罪,追究这种严重危害社会行为的刑事责任。

鉴于上述原因,全国人大常委会在《刑法修正案》中补充规定了"国有公司、企业、事业单位人员失职罪",并规定了独立适用的法定刑。

(三) 国有公司、企业、事业单位人员失职罪的适用

国有公司、企业、事业单位人员失职罪是《刑法修正案》第2条新增加的罪名,要准确适用,就必须先厘清该罪的概念、构成特征,以及适用时应注意的问题。

1. 犯罪的概念。该罪是指国有公司、企业、事业单位的工作人员,由于严重不负责任,造成国有公司、企业破产或者造成国有公司、企业、事业单位严重损失,致使国家利益遭受重大损失的行为。

我国1997年《刑法》第397条将国家机关工作人员严重不负责任,玩忽职守给公共财产、国家和人民的利益造成重大损失的行为规定为玩忽职守罪。但1997年《刑法》对国有公司、企业、事业单位的工作人员严重不负责任,致使国家利益遭受重大损失的行为没有规定为犯罪。我国实行以公有制为基础的社会主义市场经济,国有公司、企业、事业单位的工作人员负责管理、经营、使用大量国有财产,如果其严重不负责任,不履行或者不认真履行职责,将使国家利益遭受重大损失。因此,《刑法修正案》补充增加了国有公司、企业、事业单位人员失职罪。这里的"失职"与"玩忽职守"的含义基本相同,国家机关工作人员失职行为,构成犯罪的,最高人民法院、最高人民检察院《关于执行〈中华人民共和国刑法〉确定罪名的补充规定》规定为"玩忽职守罪";而国有公司、企业、事业单位的工作人员失职行为构成犯罪的,最高人民法院、最高人民检察院《关于执行〈中华人民共和国刑法〉确定罪名的补充规定》规定为"国有公司、企业、事业单位人员失职罪"。

2. 犯罪的构成特征。根据《刑法》第168条和《刑法修正案》第2条的规定,该罪的构成特征有:

(1) 犯罪主体,该罪的犯罪主体是特殊主体,必须是国有公司、企业、事业单位的工作人员,即在上述国有单位中从事公务的工作人员,单纯在国有单位中从事生产、劳务活动的工人、勤杂人员、服务人员等不能构成本罪的主体。对于非国有单位,包括集体企业、事业单位、

社会团体的工作人员不构成本罪的主体,其他单位也不能构成本罪的主体。这里的国有公司是指国有独资公司,不包括国有控股有限责任公司和股份有限公司。犯罪主体违反职责规定有可能是故意的,但对造成国家利益重大损失的结果主观上是过失的心理态度。

(2)犯罪行为,必须是严重不负责任,造成国有公司、企业破产或者国有公司、企业、事业单位严重损失的行为。所谓不负责任,是指不履行或者不认真履行职责的行为,如马虎从事、疏忽大意或者轻信能够避免而没有避免等行为。犯罪主体不负责任在主观上多数都是持过失心理态度,也有可能是故意的心理态度,但对造成国家重大损失的结果持有不希望发生的过失心理态度的过失行为。

(3)犯罪结果,本罪的犯罪结果必须造成了国有公司、企业破产或者国有公司、企业、事业单位严重损失,致使国家的利益遭受重大损失。对于何为重大损失刑法中没有具体规定,但参照2010年5月7日最高人民检察院、公安部《关于公安机关管辖的刑事案件立案追诉标准的规定(二)》(已失效)第15条规定:国有公司、企业、事业单位的工作人员,严重不负责任,涉嫌下列情形之一的,应予追诉:①造成国家直接经济损失数额在50万元以上的;②致使国有公司、企业停产或者破产,停业、停产一年以上,或者被吊销许可证和营业执照、责令关闭、撤销解散的;③其他使国家利益遭受重大损失的情形。具有上述结果之一的,可以认定为给国家造成了重大损失。

3. 法定刑。根据《刑法》第168条规定,本罪的法定刑是:

(1)造成国有公司、企业破产或者严重损失,致使国家利益遭受重大损失,构成犯罪的,处3年以下有期徒刑或者拘役。

(2)构成本罪,致使国家利益遭受特别重大损失的,处3年以上7年以下有期徒刑。对于何为"特别重大损失",刑法没有具体规定,目前也没有司法解释。笔者认为,"特别重大损失"是在严重损失的基础上,有一项或者几项更严重的危害结果,一般是指:①造成直接经济损失在100万元以上;②致使国有公司、企业破产;③在国际、国内造成特别恶劣影响等。

(3)国有事业单位的工作人员有上述行为,致使国家利益遭受重大损失的,依照上述的规定处罚。

(4)国有公司、企业、事业单位的工作人员,徇私舞弊,犯上述两款罪的,依照第(1)(2)的规定从重处罚。

4. 本罪适用时应注意以下问题。

(1)注意划清罪与非罪的界限。

首先,本罪的主体必须是国有公司、企业、事业单位的工作人员,非国有公司、企业、事业单位、机关、团体的工作人员不是本罪的犯罪主体,不能构成本罪。国家机关委派到国有公司、企业、事业单位从事公务的人员,严重失职,构成犯罪的,也应认定构成本罪,不能认定为玩忽职守罪。

其次,本罪是结果犯,必须致使国家利益遭受重大损失的结果,才构成犯罪。如果没有造成重大损失结果的,不构成本罪。

(2)注意划清本罪与玩忽职守罪的界限。我国《刑法》第397条规定的玩忽职守罪与本罪的犯罪行为、犯罪结果有相同或者相似之处,容易混淆。二罪的根本区别是犯罪主体不同。本罪的主体是国有公司、企业、事业单位的工作人员,而玩忽职守罪的主体必须是国家机关工作人员。

另外,二罪造成的损失结果不同。本罪造成的结果是国有公司、企业破产或者国有公司、企业、事业单位严重损失,致使国家利益遭受重大损失;而玩忽职守罪造成的结果是致使公共财产、国家和人民利益遭受重大损失。本罪只是造成经济损失的结果,没有造成人员伤亡的损失结果;而玩忽职守罪除造成经济损失的结果,还包括人员伤亡的结果。

(3)注意《刑法修正案》第2条第3款的适用问题。《刑法修正案》第2条第3款,也即《刑法》第168条第3款规定"国有公司、企业、事业单位的工作人员,徇私舞弊,犯前两款罪的,依照第一款的规定从重处罚",第1款规定了两种犯罪,即国有公司、企业、事业单位人员失职罪和国有公司、企业、事业单位人员滥用职权罪。在实践中,对于徇私舞弊滥用职权造成国有公司、企业破产或者国有公司、企业、事业单位严重损失的,依照《刑法》第168条第3款规定处罚没有异议。但是,对于国有公司、企业、事业单位人员失职罪能否因徇私舞弊从重处罚有不同意见。有一种意见认为,国有公司、企业、事业单位人员失职罪是过失犯罪,不可能存在故意徇私舞弊过失致使国家利益遭受严重损失的情况,因此,对国有公司、企业、事业单位人员失职罪不能适用《刑法》第168条第3款规定从重处罚。但笔者认为,对于国有公司、企业、事业单位人员徇私舞弊,故意严重不负责任的行为,构成国有公司、企业、事业单位人员失职罪的,应依照《刑法》第168条第3款规定从重处罚。因为其徇私舞弊是故意的,但对行为发生的结果是过失心态,所以是过失犯罪。如果对结果也是故意的,将不构成本罪,而构成《刑法》规定的相应的故意犯罪,如贪污罪、受贿罪、私放在押人员罪等。

三、国有公司、企业、事业单位人员滥用职权罪

国有公司、企业、事业单位人员滥用职权罪,是《刑法修正案》第2条补充规定的犯罪,作为1997年《刑法》第168条规定的徇私舞弊造成破产、亏损罪的修改犯罪之一。2002年3月15日,最高人民法院、最高人民检察院发布的《关于执行〈中华人民共和国刑法〉确定罪名的补充规定》确定为该罪名。

(一)刑法规定内容的修改

刑法条文中有关国有公司、企业、事业单位人员滥用职权罪的修改是:

1. 1979年《刑法》第187条规定:"国家工作人员由于玩忽职守,致使公共财产、国家和人民利益遭受重大损失的,处五年以下有期徒刑或者拘役。"

2. 1997年《刑法》第397条规定:"国家机关工作人员滥用职权或者玩忽职守,致使公共财产、国家和人民利益遭受重大损失的,处三年以下有期徒刑或者拘役;情节特别严重的,处三年以上七年以下有期徒刑。本法另有规定的,依照规定。国家机关工作人员徇私舞弊,犯前款罪的,处五年以下有期徒刑或者拘役;情节特别严重的,处五年以上十年以下有期徒刑。本法另有规定的,依照规定。"

3. 1997年《刑法》第168条规定:"国有公司、企业直接负责的主管人员,徇私舞弊,造成国有公司、企业破产或者严重亏损,致使国家利益遭受重大损失的,处三年以下有期徒刑或者拘役。"

4. 1999年12月25日,全国人大常委会《刑法修正案》第2条规定:"将《刑法》第168条修改为:'国有公司、企业的工作人员,由于严重不负责任或者滥用职权,造成国有公司、企业破产或者严重损失,致使国家利益遭受重大损失的,处三年以下有期徒刑或者拘役;致使国家利益遭受特别重大损失的,处三年以上七年以下有期徒刑。国有事业单位的工作人员有前款行为,致使国家利益遭受重大损失的,依照前款的规定处罚。国有公司、企业、事业单位的工作人员,徇私舞弊,犯前两款罪的,依照第一款的规定从重处罚。'"

《刑法修正案》对1997年《刑法》作了如下修改和补充:

1. 增加国有公司、企业、事业单位人员滥用职权罪的新罪名。我国1979年《刑法》第187条规定的玩忽职守罪的主体是国家工作人员,按当时《刑法》规定,国有公司、企业、事业单位的工作人员滥用职权,构成犯罪的,可以认定为玩忽职守罪;1997年《刑法》第397条将玩忽职守罪与滥用职权罪规定在一个条文中,其犯罪主体必须是国家机关工作人员。按《刑法》的规定,国有公司、企业、事业单位的工作人员不是国家机关工作人员,因此,不能构成1997年《刑法》第397条规定的滥用职权罪。而现实生活中,国有公司、企业、事业单位的工作人员在管理国有财产时,常有滥用职权行为,给国家的利益造成严重损失但不能依照当时的《刑法》规定惩治。1999年12月25日,全国人大常委会在《刑法修正案》第2条中将这种行为规定为独立的犯罪及其单独的法定刑,归类于破坏社会主义市场经济秩序罪中妨害对公司企业管理秩序罪的具体犯罪。

2. 取消了徇私舞弊造成破产、亏损罪的罪名。1997年《刑法》第168条规定了"国有公司、企业直接负责的主管人员,徇私舞弊,造成国有公司、企业破产或者严重亏损,致使国家利益遭受重大损失的"犯罪行为,最高人民法院《关于执行〈中华人民共和国刑法〉确定罪名的规定》将该条规定的犯罪行为确定为"徇私舞弊造成破产、亏损罪"。1999年12月25日,全国人大常委会《刑法修正案》第2条将1997年《刑法》第168条修改为"国有公司、企业的工作人员,由于严重不负责任或者滥用职权,造成国有公司、企业破产或者严重损失,致使国家利益遭受重大损失的"犯罪行为和"国有事业单位的工作人员有前款行为,致使国家利益遭受重大损失的"犯罪行为。2002年3月15日,最高人民法院、最高人民检察院发布的《关于执行〈中华人民共和国刑法〉确定罪名的补充规定》将该条规定的犯罪行为确定为"国有公司、企业、事业单位人员失职罪"和"国有公司、企业、事业单位人员滥用职权罪",同时取消了"徇私舞弊造成破产、亏损罪"的原罪名。

3. 对罪状作了重要修改。主要有:(1)扩大犯罪主体。1997年《刑法》第168条规定的徇私舞弊造成破产、亏损罪的主体只是国有公司、企业直接负责的主管人员,而现行《刑法》第168条规定的国有公司、企业、事业单位人员失职罪和国有公司、企业、事业单位人员滥用职权罪"将主体扩大到国有公司、企业、事业单位的工作人员。(2)犯罪行为有所扩大。1997年《刑法》第168条规定的徇私舞弊造成破产、亏损罪的犯罪行为有造成国有公司、企业严重"亏损"。现行《刑法》第168条修改为造成国有公司、企业严重"损失"。虽然"损失"比"亏损"的范围更广泛些,但合情合理。因为国有公司、企业亏损的原因有很多,有合理亏损、政策亏损和管理不善等其他原因造成的亏损,不能凡是造成严重亏损的,都追究刑事责任。因此,《刑法修正案》将"亏损"修改为"损失"。(3)提高了法定刑。1997年《刑法》第168条规定的徇私舞弊造成破产、亏损罪的法定刑,为单一法定刑,即"处三年以下有期徒刑或者拘役";而现行《刑法》第168条规定的国有公司、企业、事业单位人员失职罪和国有公司、企业、事业单位人员滥用职权罪的法定刑,是在原有法定刑的基础上又增加了一个档次的加重法定刑,即"处三年以下有期徒刑或者拘役;致使国家利益遭受特别重大损失的,处三年以上七年以下有期徒刑"。

(二)刑法规定修改的原因

全国人大常委会《刑法修正案》补充规定国有公司、企业、事业单位人员滥用职权罪的主要原因有:

1. 1997年《刑法》中没有国有公司、企业、事业单位人员滥用职权罪的规定。我国1979年《刑法》和有关的补充规定将国有公司、企业、事业单位工作人员滥用职权,使国家和人民的利益遭受重大损失的行为规定为玩忽职守罪,而1997年《刑法》对上述行为没有规定为犯罪,出现了刑法规定上的空缺。因此,《刑法修正案》第2条对1997年《刑法》第168条作了修改和补充,增加规定了"国有公司、企业、事业单位人员失职罪"和"国有公司、企业、事业单位人员滥用职权罪"两个新罪名。

2. 国有公司、企业、事业单位人员滥用职权行为具有严重的社会危害性。在市场经济条件下,国有公司、企业、事业单位的工作人员担负着管理大量国有资产的责任,如果滥用职权,将会给国家的利益造成严重损失。根据一些人大代表、最高人民检察院和一些部门、地方反映,在刑法执行过程中,对国有公司、企业、事业单位的工作人员由于滥用职权,致使国家利益遭受重大损失的一些行为,如擅自为他人提供担保,给本单位造成重大损失的;违反国家规定,在国际外汇、期货市场上进行外汇、期货投机,给国家造成重大损失的等,根据1997年《刑法》规定不能追究刑事责任。因此,必须通过立法规定追究这种严重危害社会行为的刑事责任。

鉴于上述原因,全国人大常委会在《刑法修正案》中补充规定了"国有公司、企业、事业单位人员滥用职权罪",并规定了单独的法定刑。

(三)国有公司、企业、事业单位人员滥用职权罪的适用

国有公司、企业、事业单位人员滥用职权罪,是《刑法修正案》第2条和《刑法》第168条新增加的犯罪,要准确适用,就必须先厘清本罪的概念、特征,以及适用时应注意的问题。

1. 国有公司、企业、事业单位人员滥用职权罪的概念。该罪是指国有公司、企业、事业单位的工作人员,由于滥用职权,造成国有公司、企业破产或者造成国有公司、企业、事业单位严重损失,致使国家利益遭受重大损失的行为。

我国1997年《刑法》第397条对国家机关工作人员滥用职权,致使公共财产、国家和人民的利益遭受重大损失的行为规定为滥用职权罪。但1997年《刑法》中对国有公司、企业、事业单位的工作人员滥用职权,致使国家利益遭受重大损失的行为没有规定为犯罪。我国实行以公有制为基础的社会主义市场经济,国有公司、企业、事业单位的工作人员负责管理、经营、使用大量国有财产,如果其滥用职权,将使国家利益遭受重大损失。因此,《刑法修正案》补充增加了国有公司、企业、事业单位人员滥用职权罪。这里的"滥用职权"是指国有公司、企业、事业单位的工作人员不依照法定程序行使职权和超越职权的行为。对于滥用职权,造成国有公司、企业破产或者造成国有公司、企业、事业单位严重损失,致使国家利益遭受重大损失的行为,最高人民法院、最高人民检察院《关于执行〈中华人民共和国刑法〉确定罪名的补充规定》规定为"国有公司、企业、事业单位人员滥用职权罪",最高处7年有期徒刑。

2. 犯罪的构成特征。根据《刑法》第168条和《刑法修正案》第2条的规定,该罪的构成特征有:

(1)犯罪主体,该罪的犯罪主体是特殊主体,必须是国有公司、企业、事业单位的工作人员,即在上述国有单位中从事公务的工作人员,单纯在国有单位中从事生产、劳务活动的工人、勤杂人员、服务人员等不能构成本罪的主体。对于非国有单位,包括集体企业、事业单位、社会团体的工作人员不构成本罪的主体,其他单位也不能构成本罪的主体。这里的国有公司是指国有独资公司,不包括国有控股有限责任公司和股份有限公司。犯罪主体违反职责规定滥用职权是故意的,但对造成国家利益重大损失的结果在主观上是过失的心理态度。

(2)犯罪行为,必须是滥用职权,造成国有公司、企业破产或者国有公司、企业、事业单位严重损失的行为。所谓滥用职权,造成国有公司、企业破产或者国有公司、企业、事业单位严重损失的行为,是指不依照法定程序在职权范围内滥用职权和在职权范围以外超越职权,造成国有公司、企业严重停产和破产或者国有公司、企业、事业单位严重经济损失,以及造成恶劣影响等行为。犯罪主体对滥用职权造成严重损失的行为在主观上持故意的心理态度,但对造成国家重大损失的结果是不希望发生的过失心理态度。

(3)犯罪结果,本罪的犯罪结果必须是造成国有公司、企业破产或者国有公司、企业、事业单位严重损失,致使国家的利益遭受重大损失的结果。对于何为重大损失刑法中没有具体规定,但参照2010年5月7日发布的最高人民检察院、公安部《关于公安机关管辖的刑事案件立案追诉标准的规定(二)》(已失效)第16条规定:国有公司、企业、事业单位的工作人员,滥用职权,涉嫌下列情形之一的,应予追诉:1.造成国家直接经济损失数额在30万元以上的;2.造成有关单位破产、停业、停产6个月以上,或者被吊销许可证和营业执照、责令关闭、撤销、解散的;3.其他致使国家利益遭受重大损失的情形。具有上述结果之一的,可以认定为给国家造成了重大损失。

3. 法定刑。根据《刑法》第168条规定,本罪的法定刑是:

(1)造成国有公司、企业破产或者严重损失,致使国家利益遭受重大损失,构成犯罪的,处3年以下有期徒刑或者拘役。

(2)构成本罪,致使国家利益遭受特别重大损失的,处3年以上7年以下有期徒刑。对于何为"特别重大损失",刑法没有具体规定,目前也没有司法解释。笔者认为,"特别重大损失"在严重损失的基础上,有一项或者几项更严重的危害结果。一般是指:①造成直接经济损失在100万元以上;②致使国有公司、企业破产;③在国际、国内造成特别恶劣影响等。

(3)国有事业单位的工作人员有上述行为,致使国家利益遭受重大损失的,依照上述的规定处罚。

(4)国有公司、企业、事业单位的工作人员,徇私舞弊,犯上述罪的,依照第(1)(2)的规定从重处罚。

4. 本罪适用时应注意以下问题。

(1)注意划清罪与非罪的界限。

首先,本罪的主体必须是国有公司、企业、事业单位的工作人员,非国有公司、企业、事业单位、机关、团体的工作人员不是本罪的犯罪主体,不能构成本罪。国家机关委派到国有公司、企业、事业单位从事公务的人员,严重失职,构成犯罪的,也应认定为本罪,不能认定为滥用职权罪。

其次,本罪是结果犯,必须致使国家利益遭受重大损失的结果,才构成本罪。如果没有造成重大损失结果,就不构成本罪。

(2)注意划清本罪与滥用职权罪的界限。我国《刑法》第397条规定的滥用职权罪与本罪在犯罪行为、犯罪结果方面有相同或者相似之处,容易混淆。二罪的根本区别是犯罪主体不同。本罪的主体是国有公司、企业、事业单位的工作人员,而滥用职权罪的主体必须是国家机关工作人员。另外,造成损失的结果不同。本罪是国有公司、企业、事业单位工作人员滥用职权,造成国有公司、企业破产或者国有公司、企业、事业单位严重损失,致使国家利益遭受重大损失;而滥用职权罪造成的结果是致使公共财产、国家和人民利益遭受重大损失。本罪只是造成经济损失的结果,没有造成人员伤亡的损失结果;而滥用职权罪的犯罪结果,除造成经济损失外,还包括造成死亡1人以上、重伤2人、轻伤5人以上等伤亡结果。

四、伪造、变造、转让金融机构经营许可证、批准文件罪

伪造、变造、转让金融机构经营许可证、批准文件罪,是《刑法修正案》第3条补充修改的犯罪,作为1997年《刑法》第174条第2款规定的伪造、变造、转让金融机构经营许可证罪的修改罪名。2002年3月15日,最高人民法院、最高人民检察院《关于执行〈中华人民共和国刑法〉确定罪名的补充规定》确定修改为该罪名。

(一)刑法规定内容的修改

刑法条文中有关伪造、变造、转让金融机构经营许可证、批准文件罪的修改是:

1. 1979年《刑法》第117条规定:"违反金融、外汇、金银、工商管理法规,投机倒把,情节严重的,处三年以下有期徒刑或者拘役,可以并处、单处罚金或者没收财产。"

1979年《刑法》第118条规定:"以走私、投机倒把为常业的,走私、投机倒把数额巨大的或者走私、投机倒把集团的首要分子,处三年以上十年以下有期徒刑,可以并处没收财产。"

2. 1982年3月8日全国人大常委会《关于严惩严重破坏经济的罪犯的决定》(已失效)第1部分第1条第1款规定:"对刑法第一百一十八条走私、套汇、投机倒把牟取暴利罪……其处刑分别补充或者修改为:情节特别严重的,处十年以上有期徒刑、无期徒刑或者死刑,可以并处没收财产。"

3. 1995年6月30日全国人大常委会《关于惩治破坏金融秩序犯罪的决定》第6条规定:"未经中国人民银行批准,擅自设立商业银行或者其他金融机构的,处三年以下有期徒刑或者拘役,并处或者单处二万元以上二十万元以下罚金;情节严重的,处三年以上十年以下有期徒刑,并处五万元以上五十万元以下罚金。伪造、变造、转让商业银行或者其他金融机构经营许可证的,依照前款的规定处罚。单位犯前两款罪的,对单位判处罚金,并对直接负责的主管人员和其他直接责任人员,依照第一款的规定处罚。"

4. 1997年《刑法》第174条规定:"未经中国人民银行批准,擅自设立商业银行或者其他金融机构的,处三年以下有期徒刑或者拘役,并处或者单处二万元以上二十万元以下罚金;情节严重的,处三年以上十年以下有期徒刑,并处五万元以上五十万元以下罚金。伪造、变造、转让商业银行或者其他金融机构经营许可证的,依照前款的规定处罚。单位犯前两款罪的,对单位判处罚金,并对其直接负责的主管人员和其他直接责任人员,依照第一款的规定

处罚。"

5. 1999年12月25日全国人大常委会《刑法修正案》第3条规定,"将《刑法》第一百七十四条修改为:'未经国家有关主管部门批准,擅自设立商业银行、证券交易所、期货交易所、证券公司、期货经纪公司、保险公司或者其他金融机构的,处三年以下有期徒刑或者拘役,并处或者单处二万元以上二十万元以下罚金;情节严重的,处三年以上十年以下有期徒刑,并处五万元以上五十万元以下罚金。伪造、变造、转让商业银行、证券交易所、期货交易所、证券公司、期货经纪公司、保险公司或者其他金融机构的经营许可证或者批准文件的,依照前款的规定处罚。单位犯前两款罪的,对单位判处罚金,并对其直接负责的主管人员和其他直接责任人员,依照第一款的规定处罚。'"

《刑法修正案》对1997年《刑法》规定的证券、期货、保险方面的犯罪作了如下修改和补充:

1. 修改了罪名。我国1979年《刑法》没有单独规定"伪造、变造、转让金融机构经营许可证、批准文件罪"的罪名,司法实践中对伪造、变造、转让金融机构经营许可证、批准文件的犯罪行为一般依照1979年《刑法》第117条、第118条规定的投机倒把罪定罪处罚。例如,对伪造批准文件设立钱庄放高利贷的行为,按投机倒把罪定罪处罚;1982年全国人大常委会《关于严惩严重破坏经济的罪犯的决定》(已失效)提高了投机倒把罪的法定刑,但罪名和罪状没有改变;1995年6月30日全国人大常委会《关于惩治破坏金融秩序犯罪的决定》中增加规定了本罪的原罪名和法定刑,即伪造、变造、转让金融机构经营许可证罪及其法定刑,并规定了单位可以构成本罪;1997年《刑法》第174条将补充规定原原本本地纳入《刑法》中,1997年最高人民法院《关于执行〈中华人民共和国刑法〉确定罪名的规定》(已被修改)将该条规定的犯罪行为确定为"伪造、变造、转让金融机构经营许可证罪";1999年12月25日全国人大常委会在《刑法修正案》第3条第2款中将这种犯罪行为增加规定为"伪造、变造、转让商业银行、证券交易所、期货交易所、证券公司、期货经纪公司、保险公司或者其他金融机构的经营许可证或者批准文件的"行为;2002年3月15日最高人民法院、最高人民检察院《关于执行〈中华人民共和国刑法〉确定罪名的补充规定》中将"伪造、变造、转让金融机构经营许可证罪"的罪名修改为"伪造、变造、转让金融机构经营许可证、批准文件罪"。

2. 修改了罪状。1997年《刑法》将第174条第2款规定的"伪造、变造、转让金融机构经营许可证罪"的犯罪行为笼统地规定为"伪造、变造、转让商业银行或者其他金融机构经营许可证的"行为;《刑法修正案》将1997年《刑法》第174条第2款的犯罪行为具体规定为"伪造、变造、转让商业银行、证券交易所、期货交易所、证券公司、期货经纪公司、保险公司或者其他金融机构的经营许可证或者批准文件的"行为,特别是增加了"证券交易所、期货交易所、证券公司、期货经纪公司、保险公司或者其他金融机构的经营许可证或者批准文件"的行为。由于犯罪行为和犯罪对象作了重要修改,因此,罪名也作了相应修改。另外,《刑法修正案》还将批准设立金融机构的机关由"中国人民银行批准"改为由"国家有关主管部门批准",这样范围更广,将有些金融机构规定由中国人民银行以外的国家机关批准。例如,设立期货交易所,按《期货交易管理暂行条例》规定,应由中国证监会审查批准等。

(二)刑法规定修改的原因

全国人大常委会《刑法修正案》补充规定伪造、变造、转让金融机构经营许可证、批准文件

罪的主要原因有:

1. 1997年《刑法》中没有规定"未经中国证监会批准,擅自设立期货交易所、期货经纪公司或者伪造、变造、转让期货经纪业务许可证的行为"是犯罪行为。我国从1990年开始试点进行期货经营交易活动,但由于没有专门的法律、法规规范期货交易行为,期货交易市场曾一度出现盲目发展的势头。虽然经过清理、整顿取得了一定的成效,但是仍然存在一些不容忽视的问题。其中较为突出的问题是违反国务院的规定,未经中国证监会批准,擅自设立期货交易所、期货经纪公司,或者伪造、变造、转让期货经纪业务许可证,进行期货经营活动;国有企业、国有资产占控股地位或主导地位的企业违反国家规定进行期货交易;一些单位或者个人使用信贷资金、财政资金进行期货交易;未经批准擅自从事境外期货交易。这些违法行为严重损害了投资者的利益,严重扰乱了金融秩序和市场经济秩序。1979年修改《刑法》时,中国证监会曾提出在《刑法》第174条中增加"未经批准,擅自设立期货交易所、期货经纪公司或者伪造、变造、转让期货经纪业务许可证和批准文件的行为是犯罪行为"的规定,但由于当时国家尚未制定有关期货交易管理的实体性法律、行政法规,期货犯罪难以准确界定,因此,1997年《刑法》中只规定了擅自设立银行或者其他金融机构,没有明确规定擅自设立期货机构和伪造、变造、转让期货经纪证件的行为是犯罪行为。司法实践中对上述严重违法行为不能依法追究刑事责任,故需通过修改刑法规定加以解决。

2. 我国《期货交易管理暂行条例》(已失效)规定的犯罪行为需要相应的刑法规定作保障。1999年5月25日国务院常务会议通过并于1999年9月1日起施行《期货交易管理暂行条例》(已失效),该条例第六章罚则中第65条规定:"任何单位或者个人违反本条例规定,擅自从事境外期货交易的,予以取缔,没收违法所得,并处违法所得1倍以上5倍以下的罚款;没有违法所得或者违法所得不满20万元的,处20万元以上100万元以上的罚款;对直接负责的主管人员和其他直接责任人员处1万元以上10万元以下的罚款,并给予降级直至开除的纪律处分;构成犯罪的,依法追究刑事责任。任何单位或者个人非法设立或者变相设立期货交易所、期货经纪公司,或者擅自从事期货经纪业务的,予以取缔,并依照前款的规定处罚;构成犯罪的,依法追究刑事责任。"该《期货交易管理暂行条例》(已失效)规定构成犯罪的,依法追究刑事责任,必须在《刑法》中有相应的规定,才能保障《期货交易管理暂行条例》(已失效)中该规定的实施。

3. 国务院要求全国人大常委会修改刑法规定。1999年6月22日,在第九届全国人大常委会第十次会议上,国务院向全国人大常委会提出了《关于惩治期货犯罪的决定(草案)》,其内容之一是提请全国人大常委会对1997年《刑法》第174条规定的擅自设立金融机构罪和伪造、变造、转让金融机构经营许可证罪进行修改,以适应同期货犯罪行为作斗争的需要。全国人大法律委员会进行了多次审议并提出了具体修改意见,后全国人大常委会在《刑法修正案》第3条对《刑法》第174条进行了修改和补充,其第2款修改后形成了本罪的罪名。

鉴于上述原因,全国人大常委会在《刑法修正案》第3条中补充规定了该犯罪行为。最高人民法院、最高人民检察院《关于执行〈中华人民共和国刑法〉确定罪名的补充规定》将罪名修改为"伪造、变造、转让金融机构经营许可证、批准文件罪"。

(三)伪造、变造、转让金融机构经营许可证、批准文件罪的适用

伪造、变造、转让金融机构经营许可证、批准文件罪,是《刑法修正案》第3条修改的新罪

名,要准确适用,就必须先厘清本罪的概念、构成特征,以及适用时应注意的问题。

1.本罪的概念。本罪是指单位或者个人伪造、变造、转让商业银行、证券交易所、期货交易所、证券公司、期货经纪公司、保险公司或者其他金融机构的经营许可证或者批准文件的行为。

在我国,设立金融机构必须经过国家有关主管部门批准,设立银行必须经中国人民银行批准,并发给经营许可证。中国人民银行是国家机关,其他专业银行,如工商银行、建设银行、农业银行、交通银行、华夏银行等是企业。成立证券交易所、期货交易所、证券公司、期货经纪公司、保险公司等其他金融机构由国家有关主管部门批准,如成立期货交易所、证券交易所由中国证监会批准,并发给经营许可证。有关金融机构必须在批准的范围内进行经营活动。有些不法单位或者个人,为了欺骗公众和有关部门,采取伪造、变造、转让金融机构经营许可证或者批准文件等手段进行非法金融经营活动,扰乱金融秩序,严重危害社会。1997年《刑法》第174条已将伪造、变造、转让商业银行或者其他金融机构经营许可证的行为规定为犯罪。《刑法修正案》对《刑法》第174条又增加了伪造、变造、转让期货经营许可证和批准文件的犯罪行为。最高人民法院、最高人民检察院《关于执行〈中华人民共和国刑法〉确定罪名的补充规定》将罪名也相应修改为伪造、变造、转让金融机构经营许可证、批准文件罪。

2.犯罪的构成特征。根据《刑法》第174条第2款或者《刑法修正案》第3条的规定,该罪的构成特征有:

(1)犯罪主体,该罪的犯罪主体是一般主体,年满16周岁具有刑事责任能力,实施了伪造、变造、转让金融机构经营许可证、批准文件行为的自然人或者依法成立的单位实施了伪造、变造、转让金融机构经营许可证、批准文件的行为都可以构成本罪的主体。犯罪主体在主观上是故意的心理态度,持过失心理态度的不能构成本罪。

(2)犯罪行为,该罪是行为犯,只要实施了伪造、变造、转让金融机构经营许可证、批准文件的行为,就可以构成本罪。

所谓伪造金融机构经营许可证、批准文件的行为,是指未经批准成立金融经营机构,没有取得金融经营许可证、批准文件,而是以私自伪造、变造或者转让经营许可证、批准文件为手段,擅自成立金融经营机构、进行金融经营活动的行为。

所谓变造金融机构经营许可证、批准文件的行为,是指在原有的金融机构经营许可证、批准文件的基础上,擅自改变其内容,如改换经营主体,改变经营项目、延长经营期限等。

所谓转让金融机构经营许可证、批准文件的行为,是指将自己的金融机构经营许可证、批准文件转归他人或单位,转让者和接受者都构成犯罪。

本罪中伪造、变造、转让金融机构经营许可证、批准文件的三种犯罪行为都是故意犯罪行为。

(3)犯罪结果,本罪是行为犯,只要实施了伪造、变造、转让金融机构经营许可证、批准文件行为的,就可以构成犯罪。

3.伪造、变造、转让金融机构经营许可证、批准文件罪的法定刑。根据《刑法》第174条规定,本罪的法定刑是:

(1)实施本罪犯罪行为,构成犯罪的,处3年以下有期徒刑或者拘役,并处或者单处2万元以上20万元以下罚金。

根据2022年5月15日发布的最高人民检察院、公安部《关于公安机关管辖的刑事案件立案追诉标准的规定（二）》第20条规定，"伪造、变造、转让商业银行、证券交易所、期货交易所、证券公司、期货经纪公司、保险公司或者其他金融机构的经营许可证或者批准文件的，应予追诉"，即凡是实施了上述行为就具备了犯罪结果，构成犯罪，应处3年以下有期徒刑或者拘役，并处或者单处2万元以上20万元以下罚金。

(2) 犯本罪，情节严重的，处3年以上10年以下有期徒刑，并处5万元以上50万元以下罚金。

对于何为情节严重刑法没有具体规定，目前也没有司法解释。笔者认为，情节严重一般是指以伪造、变造、转让的金融机构经营许可证或者批准文件成立金融经营机构，进行金融经营活动，非法牟利数额巨大；社会影响坏；经过给予行政处罚后仍不改正等情况。

(3) 伪造、变造、转让商业银行、证券交易所、期货交易所、证券公司、期货经纪公司、保险公司或者其他金融机构的经营许可证或者批准文件的，依照上述规定处罚。

(4) 单位犯本罪的，对单位判处罚金，并对其直接负责的主管人员和其他直接责任人员，依照个人犯本罪定罪处罚。

4. 本罪适用时，应注意以下问题：

(1) 划清罪与非罪的界限。

从犯罪主体上区分。该罪的犯罪主体是一般主体，达到法定条件的自然人和单位主观上是故意的就可以构成本罪的犯罪主体，但主观上是过失的，则不能构成本罪。

从犯罪行为上区分。本罪是行为犯，只要实施了伪造、变造、转让金融机构经营许可证、批准文件行为的，就可以构成犯罪。但犯罪行为情节显著轻微、危害不大的，依照《刑法》第13条规定，不认为是犯罪。例如，行为人在变造金融机构许可证的过程中被发现，没有产生实际的危害结果，属于情节显著轻微，危害不大的情形，可以不认为犯本罪。

从犯罪结果上区分。只要实施了本罪规定的犯罪行为就可以构成犯罪，如果实施了犯罪行为，产生了实际危害结果，一般应认定为犯罪；如果造成情节严重的结果，要适用加重法定刑，最高处10年有期徒刑。

(2) 注意划清自然人犯罪与单位犯罪的界限。本罪的犯罪主体是自然人和单位。如果以单位的名义，为单位的利益实施伪造、变造、转让商业银行、证券交易所、期货交易所、证券公司、期货经纪公司、保险公司或者其他金融机构的经营许可证或者批准文件行为的，构成单位犯罪。对单位犯本罪的，实行双罚，即对单位判处罚金；并对其直接负责的主管人员和其他直接责任人员依照自然人犯本罪的规定处罚。对单位判处罚金的多少，应根据案件的具体情况和单位负担能力决定，一般不能少于2万元。另外，对上述同一犯罪事实，如果已定为单位犯罪，且其直接负责的主管人员和其他直接责任人员已负刑事责任的，则不能再以自然人犯罪定罪处罚。否则，就是重复定罪处罚，不符合刑法规定。

(3) 注意划清本罪与擅自设立金融机构罪的界限。我国1997年《刑法》第174条第1款规定的擅自设立金融机构罪与本罪在犯罪主体、犯罪结果方面有相同或者相似之处，容易混淆。二罪的根本区别是犯罪行为不同。本罪的犯罪行为是实施伪造、变造、转让商业银行、证券交易所、期货交易所、证券公司、期货经纪公司、保险公司或者其他金融机构的经营许可证或者批准文件的行为，最终目的是擅自设立金融机构，非法进行金融经营活动，但其行为与直接设立金融机构的行为有所不同。只要实施了本罪的犯罪行为,无论是否设立金融机构都可以构成犯罪。例如,只要实施了伪造设立期货经纪公司的批准文件的行为,就构成本罪。如果以伪造、变造、转让的金融机构经营许可证、批准文件成立金融机构的,则应认定为"擅自设立金融机构罪"。

(4)注意认定本罪的共犯。本罪实施伪造、变造、转让金融机构经营许可证、批准文件人与使用人可能不是同一单位或者同一人的行为。只要是实施了伪造、变造、转让金融机构经营许可证、批准文件行为的人,不管其是否使用,都可以构成本罪。只要事先有共谋,事后又使用伪造、变造、转让的金融机构经营许可证、批准文件的,就构成本罪的共犯。如果确实不知道是伪造、变造、转让的金融机构经营许可证而使用的,不能构成本罪的共犯。

五、内幕交易、泄露内幕信息罪

内幕交易、泄露内幕信息罪,是《刑法修正案》第4条补充修改的犯罪,对于1997年《刑法》第180条规定的内幕交易、泄露内幕信息罪的犯罪内容补充增加了期货内幕交易和泄露期货内幕信息,对于该罪名未作修改。该罪名是1997年最高人民法院、最高人民检察院《关于执行〈中华人民共和国刑法〉确定罪名的规定》中确定的。

(一)刑法规定内容的修改

刑法条文中有关内幕交易、泄露内幕信息罪的修改规定有:

1. 1997年《刑法》第180条规定:"证券交易内幕信息的知情人员或者非法获取证券交易内幕信息的人员,在涉及证券的发行、交易或者其他对证券的价格有重大影响的信息尚未公开前,买入或者卖出该证券,或者泄露该信息,情节严重的,处五年以下有期徒刑或者拘役,并处或者单处违法所得一倍以上五倍以下罚金;情节特别严重的,处五年以上十年以下有期徒刑,并处违法所得一倍以上五倍以下罚金。单位犯前款罪的,对单位判处罚金,并对其直接负责的主管人员和其他直接责任人员,处五年以下有期徒刑或者拘役。内幕信息的范围,依照法律、行政法规的规定确定。知情人员的范围,依照法律、行政法规的规定确定。"

2. 1999年12月25日全国人大常委会《刑法修正案》第4条规定:"将刑法第一百八十条修改为:'证券、期货交易内幕信息的知情人员或者非法获取证券、期货交易内幕信息的人员,在涉及证券的发行,证券、期货交易或者其他对证券、期货交易价格有重大影响的信息尚未公开前,买入或者卖出该证券,或者从事与该内幕信息有关的期货交易,或者泄露该信息,情节严重的,处五年以下有期徒刑或者拘役,并处或者单处违法所得一倍以上五倍以下罚金;情节特别严重的,处五年以上十年以下有期徒刑,并处违法所得一倍以上五倍以下罚金。单位犯前款罪的,对单位判处罚金,并对其直接负责的主管人员和其他直接责任人员,处五年以下有期徒刑或者拘役。内幕信息、知情人员的范围,依照法律、行政法规的规定确定。'"

《刑法修正案》对1997年《刑法》作了如下修改和补充:

1.增设本罪并补充了相关规定。我国1979年《刑法》没有规定"内幕交易、泄露内幕信息罪",因为当时实行的是计划经济,不允许进行证券经营与股市交易,社会上不存在内幕交易和泄露内幕信息的行为,因此,在1979年《刑法》和有关的补充规定中没有这种犯罪的规定。我国从1990年以后开始试行证券发行和证券交易,1998年12月29日,全国人大常委会通过了《证券法》,自1999年7月1日起施行;1997年《刑法》第180条将证券内幕交易、泄露证内幕交易信息的行为规定为犯罪,1997年最高人民法院、最高人民检察院《关于执行〈中华人民共和国刑法〉确定罪名的规定》中将该条规定的犯罪行为确定为"内幕交易、泄露内幕信息罪";1999年12月25日,全国人大常委会在《刑法修正案》第4条对证券内幕交易、泄露证券交易信息犯罪行为补充增加了期货内幕交易、泄露期货内幕信息的犯罪行为,但罪名没有改变。

2. 修改了罪状。1997年《刑法》第180条规定的"内幕交易、泄露内幕信息罪"的犯罪主体只是证券交易内幕信息的知情人员或者非法获取证券交易内幕信息的人员;其犯罪行为是在涉及证券的发行、交易或者其他对证券的价格有重大影响的信息尚未公开前,买入或者卖出该证券,或者泄露该信息的行为;《刑法修正案》将1997年《刑法》第180条的犯罪行为修改为:犯罪主体是证券、期货交易内幕信息的知情人员或者非法获取证券、期货交易内幕信息的人员;其犯罪行为是在涉及证券的发行,证券、期货交易或者其他对证券、期货交易价格有重大影响的信息尚未公开前,买入或者卖出该证券,或者从事与该内幕信息有关的期货交易,或者泄露该信息的行为,补充增加了"期货内幕交易和泄露期货内幕信息"的犯罪主体和犯罪行为。

(二)刑法规定修改的原因

全国人大常委会《刑法修正案》补充规定增加内幕交易、泄露内幕信息罪的犯罪对象的主要原因,有以下几个方面:

1. 1997年《刑法》中没有规定有关惩治期货犯罪行为。我国从1990年开始试点进行期货经营交易活动,但由于没有专门的法律、法规规范期货交易行为,期货交易市场曾一度出现盲目发展的势头。1979年修改《刑法》时,中国证监会曾提出在《刑法》第180条中增加"期货内幕交易和泄露期货内幕信息犯罪行为"的规定,但由于当时国家尚未制定有关期货交易管理的实体性法律、行政法规,期货犯罪难以准确界定,因此,1997年《刑法》中只规定了证券内幕交易、泄露证券内幕信息犯罪行为,没有明确规定期货内幕交易、泄露期货内幕信息犯罪行为。实践中对上述严重违法行为不能依照刑法规定追究刑事责任,需通过修改刑法规定加以解决。

2. 我国《期货交易管理暂行条例》(已失效)规定的犯罪行为需要相应的刑法规定作保障。1999年5月25日,国务院常务会议通过并于1999年9月1日起施行《期货交易管理暂行条例》(已失效),该条例第六章罚则中第61条规定:"期货交易内幕信息的知情人员或者非法获取期货交易内幕信息的人员,在对期货交易价格有重大影响的信息尚未公开前,利用内幕信息从事期货交易,或者向他人泄露内幕信息,使他人利用内幕信息进行期货交易的,没收违法所得,并处违法所得1倍以上5倍以下的罚款;没有违法所得或者违法所得不满10万元的,处10万元以上50万元以上的罚款;构成犯罪的,依法追究刑事责任。"该《期货交易管理暂行条例》(已失效)"构成犯罪的,依法追究刑事责任"的规定,必须在《刑法》中有相应的规定,才能保障《期货交易管理暂行条例》(已失效)规定中该规定的实施。

3. 国务院要求全国人大常委会修改刑法规定。1999年6月22日,在第九届全国人大常委会第十次会议上,国务院向全国人大常委会提出了《关于惩治期货犯罪的决定(草案)》,其内容之一是提请全国人大常委会对1997年《刑法》第180条增加规定"期货内幕交易、泄露内幕信息犯罪"的内容。全国人大法律委员会进行了多次审议并提出了具体修改意见,建议全国人大常委会在《刑法修正案》第4条中对1997年《刑法》第180条进行修改和补充,但其罪名没有修改。

鉴于上述原因,全国人大常委会在《刑法修正案》中补充规定了期货内幕交易、泄露期货内幕信息的犯罪行为。

(三)内幕交易、泄露内幕信息罪的适用

内幕交易、泄露内幕信息罪,是1997年《刑法》和《刑法修正案》补充规定的罪名,要准确适用,就必须先厘清本罪的概念、构成特征,以及适用时应注意的问题。

1. 内幕交易、泄露内幕信息罪的概念。本罪是指证券、期货交易内幕信息的知情人员或非法获取证券、期货交易内幕信息的人员或者单位,在涉及证券的发行,证券、期货交易或者其他对证券、期货交易价格有重大影响的信息尚未公开前,买入或者卖出该证券,或者从事与该内幕信息有关的期货交易,或者泄露该信息,情节严重的行为。

我国1999年7月1日起施行的《证券法》第67条规定,"禁止证券交易内幕信息的知情人利用内幕信息进行证券交易活动";第70条第1款规定,"知悉证券交易内幕信息的知情人员或者非法获取内幕信息的其他人员,不得买入或者卖出所持有的该公司的证券,或者泄露该信息或者建议他人买卖该证券"。我国1999年5月25日通过的,自1999年9月1日起施行的《期货交易管理暂行条例》(已失效)第30条也规定:"下列单位和个人不得从事期货交易,期货经纪公司不得接受其委托为其进行期货交易:(一)金融机构、事业单位和国家机关;(二)中国证监会的工作人员;(三)期货市场禁止进入者;(四)未能提供开户证明文件的单位;(五)中国证监会规定不得从事期货交易的其他单位和个人。"可见,证券、期货交易的内幕知情人员不得进行证券、期货内幕交易,也不允许向他人泄露内幕交易信息。否则,将严重侵犯投资者的利益,扰乱金融秩序,严重危害社会。因此,1997年《刑法》第180条将证券内幕交易行为和泄露内幕信息行为规定为犯罪。《刑法修正案》对1997年《刑法》第180条又增加了期货内幕交易、泄露期货内幕信息的犯罪行为。

2. 本罪的构成特征。《刑法》第180条和《刑法修正案》第4条规定,该罪的构成特征有:

(1)犯罪主体,该罪的犯罪主体是特殊主体,必须是证券、期货交易内幕信息的知情人员或者非法获取证券、期货交易信息的人员和单位。所谓证券、期货交易内幕信息的知情人员,根据最高人民法院、最高人民检察院2012年6月1日起施行的《关于办理内幕交易、泄露内幕信息刑事案件具体应用法律若干问题的解释》第1条规定,"下列人员应当认定为刑法第一百八十条第一款规定的'证券、期货交易内幕信息的知情人员':(一)证券法第七十四条规定的人员;(二)期货交易管理条例第八十五条第十二项规定的人员"。我国1998年《证券法》第68条规定:"下列人员为知悉证券交易内幕信息的知情人员:(一)发行股票或者公司债券的公司董事、监事、经理、副经理及有关的高级管理人员;(二)持有公司百分之五以上股份的股东;(三)发行股票公司的控股公司的高级管理人员;(四)由于所任公司职务可以获取公司有关证券交易信息的人员;(五)证券监督管理机构工作人员以及由于法定的职责对证券交易进行管理的其他人员;(六)由于法定职责而参与证券交易的社会中介机构或者证券登记结算机构、证券交易服务机构的有关人员;(七)国务院证券监督管理机构规定的其他人员。"我国《期货交易管理条例》第81条第12项规定,内幕信息的知情人员,是指由于其管理地位、监督地位或者职业地位,或者作为雇员、专业顾问履行职务,能够接触或者获得内幕信息的人员,包括:期货交易所的理事长、副理事长、总经理、副总经理等高级管理人员以及其他由于任职可获取内幕信息的从业人员,国务院期货监督管理机构和其他有关部门的工作人员以及国务院期货监督管理机构规定的其他人员。

所谓非法获取证券、期货交易信息的人员,根据最高人民法院、最高人民检察院2012年6月1日起施行的《关于办理内幕交易、泄露内幕信息刑事案件具体应用法律若干问题的解释》第2条规定:"具有下列行为的人员应当认定为刑法第一百八十条第一款规定的'非法获取证券、期货交易内幕信息的人员':(一)利用窃取、骗取、套取、窃听、利诱、刺探或者私下交易等手段获取内幕信息的;(二)内幕信息知情人员的近亲属或者其他与内幕信息知情人员关系密切的人员,在内幕信息敏感期内,从事或者明示、暗示他人从事,或者泄露内幕信息导致他人从事与该内幕信息有关的证券、期货交易,相关交易行为明显异常,且无正当理由或者正当信息来源的;(三)在内幕信息敏感期内,与内幕信息知情人员联络、接触,从事或者明示、暗示他人从事,或者泄露内幕信息导致他人从事与该内幕信息有关的证券、期货交易,相关交易行为明显异常,且无正当理由或者正当信息来源的。"

根据最高人民法院、最高人民检察院2012年6月1日起施行的《关于办理内幕交易、泄露内幕信息刑事案件具体应用法律若干问题的解释》第3条规定,"本解释第二条第二项、第三项规定的'相关交易行为明显异常',要综合以下情形,从时间吻合程度、交易背离程度和利益关联程度等方面认定:(一)开户、销户、激活资金账户或者指定交易(托管)、撤销指定交易(转托管)的时间与该内幕信息形成、变化、公开时间基本一致的;(二)资金变化与该内幕信息形成、变化、公开时间基本一致的;(三)买入或者卖出与内幕信息有关的证券、期货合约时间与内幕信息的形成、变化和公开时间基本一致的;(四)买入或者卖出与内幕信息有关的证券、期货合约时间与获悉内幕信息的时间基本一致的;(五)买入或者卖出证券、期货合约行为明显与平时交易习惯不同的;(六)买入或者卖出证券、期货合约行为,或者集中持有证券、期货合约行为与该证券、期货公开信息反映的基本面明显背离的;(七)账户交易资金进出与该内幕信息知情人员或者非法获取人员有关联或者利害关系的;(八)其他交易行为明显异常情形"。

根据最高人民法院、最高人民检察院2012年6月1日起施行的《关于办理内幕交易、泄露内幕信息刑事案件具体应用法律若干问题的解释》第4条规定,具有下列情形之一的,不属于《刑法》第180条第1款规定的从事与内幕信息有关的证券、期货交易:①持有或者通过协议、其他安排与他人共同持有上市公司5%以上股份的自然人、法人或者其他组织收购该上市公司股份的;②按照事先订立的书面合同、指令、计划从事相关证券、期货交易的;③依据已被他人披露的信息而交易的;④交易具有其他正当理由或者正当信息来源的。

根据最高人民法院、最高人民检察院2012年6月1日起施行的《关于办理内幕交易、泄露内幕信息刑事案件具体应用法律若干问题的解释》第5条规定,本解释所称"内幕信息敏感期"是指内幕信息自形成至公开的期间。《证券法》第67条第2款所列"重大事件"的发生时间,第75条规定的"计划"、"方案"以及《期货交易管理条例》第85条第11项规定的"政策""决定"等的形成时间,应当认定为内幕信息的形成之时。影响内幕信息形成的动议、筹划、决策或者执行人员,其动议、筹划、决策或者执行初始时间,应当认定为内幕信息的形成之时。内幕信息的公开,是指内幕信息在国务院证券、期货监督管理机构指定的报刊、网站等媒体披露。

单位可以构成本罪的犯罪主体,一般是单位中从事证券、期货发行、交易及其相关活动的直接负责的主管人员和其他直接责任人员及单位本身。

犯罪主体在主观上是故意的心理态度,一般具有谋取非法利益的目的,持过失心理态度的不能构成本罪的犯罪主体。

(2)犯罪行为,必须是实施证券、期货内幕交易或者泄露证券、期货交易内幕信息的行为。

所谓证券、期货内幕交易的行为,是指证券交易内幕信息的知情人员或者非法获取证券交易内幕信息的人员,在涉及证券的发行、交易或者其他对证券的价格有重大影响的信息尚未公开前,买入或者卖出该证券的行为或者建议他人买卖该证券、期货的行为。

所谓泄露证券、期货交易内幕信息的行为,是指证券、期货交易内幕信息的知情人员或者非法获取证券、期货交易内幕信息的人员,在涉及证券的发行、期货交易或者其他对证券的价格有重大影响的信息尚未公开前,泄露该信息的行为。

所谓证券、期货交易内幕信息,是指可能对证券、期货市场交易价格产生重大影响的尚未公开的信息。

本罪上述犯罪行为都是故意犯罪行为,过失行为不能构成本罪的犯罪行为。

(3)犯罪结果,本罪是结果犯,必须进行证券、期货内幕交易或者泄露证券、期货内幕信息,造成情节严重的结果,才构成犯罪。

对于何为情节严重刑法没有规定,根据最高人民法院、最高人民检察院 2012 年 6 月 1 日起施行的《关于办理内幕交易、泄露内幕信息刑事案件具体应用法律若干问题的解释》第 6 条规定,在内幕信息敏感期内从事或者明示、暗示他人从事或者泄露内幕信息导致他人从事与该内幕信息有关的证券、期货交易,具有下列情形之一的,应当认定为《刑法》第 180 条第 1 款规定的"情节严重":①证券交易成交额在 50 万元以上的;②期货交易占用保证金数额在 30 万元以上的;③获利或者避免损失数额在 15 万元以上的;④三次以上的;⑤具有其他严重情节的。

3. 本罪的法定刑。根据《刑法》第 180 条规定,本罪的法定刑是:

(1)情节严重,构成本罪的,处 5 年以下有期徒刑或者拘役,并处或者单处违法所得 1 倍以上 5 倍以下罚金。

根据 2022 年 5 月 15 日最高人民检察院、公安部《关于公安机关管辖的刑事案件立案追诉标准的规定(二)》第 30 条规定:涉嫌下列情形之一的,应予以追诉:①获利或者避免损失数额在 50 万元以上的;②证券交易成交额在 200 万元以上的;③期货交易占用保证金数额在 100 万元以上的;④两年以内三次以上实施内幕交易、泄露内幕信息行为的;⑤明示、暗示三人以上从事与内幕交易信息相关的证券、期货交易活动的;⑥具有其他严重情节的。

(2)犯本罪,情节特别严重的,处 5 年以上 10 年以下有期徒刑,并处违法所得 1 倍以上 5 倍以下罚金。

最高人民法院、最高人民检察院 2012 年 6 月 1 日起施行的《关于办理内幕交易、泄露内幕信息刑事案件具体应用法律若干问题的解释》第 7 条规定,在内幕信息敏感期内从事或者明示、暗示他人从事或者泄露内幕信息导致他人从事与该内幕信息有关的证券、期货交易,具有下列情形之一的,应当认定为《刑法》第 180 条第 1 款规定的"情节特别严重":①证券交成交额在250万元以上的;②期货交易占用保证金数额在150万元以上的;③获利或者避免损失数额在75万元以上的;④二年以内三次以上实施内幕交易、泄露内幕信息行为的;⑤明示、暗示三人以上从事与内幕信息相关的证券、期货活动的;⑥具有其他特别严重情节的。

(3)单位实施《刑法》第180条第1款规定的行为,具有最高人民法院、最高人民检察院《关于办理内幕交易、泄露内幕信息刑事案件具体应用法律若干问题的解释》第6条规定情形之一的按照《刑法》第180条第2款的规定对单位判处罚金,并对其直接负责的主管人员和其他直接责任人员,处5年以下有期徒刑或者拘役。

4.适用本罪时应注意以下问题:

(1)注意划清自然人犯罪与单位犯罪的界限。本罪的犯罪主体是特殊的自然人和特殊单位,即证券、期货交易内幕信息的知情人,包括合法知情人和非法知情人。如果内幕知情人以单位的名义,为单位的利益实施内幕证券交易、期货交易或者故意泄露内幕信息,情节严重的,构成单位犯罪。对单位犯本罪的,实行双罚制,即对单位判处罚金,并对其直接负责的主管人员和其他直接责任人员依照单位犯本罪的法定刑规定处罚,即"处五年以下有期徒刑或者拘役"。对单位判处罚金的多少,应根据案件的具体情况和单位的负担能力决定。另外,对上述同一犯罪事实,如果已定为单位犯罪,并对其直接负责的主管人员和其他直接责任人员追究了刑事责任,就不能再以自然人犯罪定罪实行数罪并罚。否则,就是重复定罪处罚,不符合刑法规定。

(2)注意对本罪准确认定罪名。我国《刑法》第180条规定的内幕交易、泄露内幕信息罪是选择罪名。如果行为人只实行了内幕交易行为,则定为"内幕交易罪";若行为人只实行了泄露内幕信息行为,则仅定为"泄露内幕信息罪";如果行为人既实行了内幕交易行为,又实施了泄露内幕信息行为,应定为"内幕交易、泄露内幕信息罪"一个罪,按一罪从重处罚,不能认定为"内幕交易罪"和"泄露内幕信息罪"两种犯罪进行数罪并罚。

(3)注意认定本罪的共犯。内幕信息的知情人向他人泄露内幕信息后收取他人的好处费的,是内幕交易、泄露内幕信息罪的共同犯罪还是受贿罪应根据案件的不同情况分别认定。如果事先有共谋由其提供内幕信息,由他人进行证券、期货交易,在营利后进行分成的,是内幕交易、泄露内幕信息罪的共同犯罪。如果只是利用职务之便,索取他人财物或非法收受他人财物,为他人提供了内幕信息的,则可能构成受贿犯罪行为。最高人民法院、最高人民检察院《关于办理内幕交易、泄露内幕信息刑事案件具体应用法律若干问题的解释》第9条第2款规定,构成共同犯罪的,按照共同犯罪人的成交总额、占用保证金总额、获利或者避免损失总额定罪处罚,但判处各被告人罚金的总额应掌握在获利或者避免损失总额的1倍以上5倍以下。

(4)注意划清本罪与故意泄露国家秘密罪的界限。本罪泄露证券、期货交易内幕信息行为与故意泄露国家秘密犯罪行为很相似,容易混淆。二罪的区别有:一是犯罪主体不同。本罪的犯罪主体是证券、期货交易内幕信息的知情人员;而故意泄露国家秘密罪的主体主要是国家机关工作人员,非国家机关工作人员实施了故意泄露国家秘密犯罪行为的,依照故意泄露国家秘密罪的规定酌情处罚。二是犯罪对象不同。本罪的犯罪对象是证券、期货交易内幕信息;故意泄露国家秘密罪的犯罪对象是国家秘密。二罪的犯罪对象有可能重叠,即既是证券、期货交易内幕信息也是国家秘密,这种情况下应按重法优于轻法的原则,定为本罪。

(5)注意划清本罪与侵犯商业秘密罪的界限。我国《刑法》第219条规定的侵犯商业秘密罪的犯罪行为和犯罪对象与本罪有相同或者相似之处,即都是侵犯尚未公开的信息,容易混淆。二罪的根本区别是侵犯的客体不同。本罪侵犯的客体是金融管理秩序,而侵犯商业秘密罪侵犯的客体是企业、事业单位的经营活动。当泄露的内幕信息是商业秘密时,应依重法优于轻法的原则,按本罪定罪处罚。

(6)注意本罪数额的认定。最高人民法院、最高人民检察院《关于办理内幕交易、泄露内幕信息刑事案件具体应用法律若干问题的解释》第8条规定,二次以上实施内幕交易或者泄露内幕信息行为,未经行政处理或者刑事处理的,应当对相关交易数额依法累计计算。第9条第1款规定,同一案件中,成交额、占用保证金额、获利或者避免损失额分别构成情节严重、情节特别严重的,按照处罚较重的数额定罪处罚。

六、编造并传播证券、期货交易虚假信息罪

编造并传播证券、期货交易虚假信息罪,是《刑法修正案》第5条补充修改的犯罪,作为1997年《刑法》第181条第1款规定的编造并传播证券交易虚假信息罪的犯罪内容,又补充增加了期货交易信息的内容,罪名也相应地修改为"编造并传播证券、期货交易虚假信息罪"。1997年最高人民法院、最高人民检察院《关于执行〈中华人民共和国刑法〉确定罪名的规定》(已被修改)中确定了"编造并传播证券交易虚假信息罪",并于2002年3月26日施行的最高人民法院、最高人民检察院《关于执行〈中华人民共和国刑法〉确定罪名的补充规定》中修改为本罪名。

(一)刑法规定内容的修改

刑法条文中有关编造并传播证券、期货交易虚假信息罪的修改规定有:

1. 1997年《刑法》第181条规定:"编造并且传播影响证券交易的虚假信息,扰乱证券交易市场,造成严重后果的,处五年以下有期徒刑或者拘役,并处或者单处一万元以上十万元以下罚金。证券交易所、证券公司的从业人员,证券业协会或者证券管理部门的工作人员,故意提供虚假信息或者伪造、变造、销毁交易记录,诱骗投资者买卖证券,造成严重后果的,处五年以下有期徒刑或者拘役,并处或者单处一万元以上十万元以下罚金;情节特别恶劣的,处五年以上十年以下有期徒刑,并处二万元以上二十万元以下罚金。单位犯前两款罪的,对单位判处罚金,并对其直接负责的主管人员和其他直接责任人员,处五年以下有期徒刑或者拘役。"

2. 1999年12月25日全国人大常委会《刑法修正案》第5条规定:"将刑法第一百八十一条修改为:'编造并且传播影响证券、期货交易的虚假信息,扰乱证券、期货交易市场,造成严重后果的,处五年以下有期徒刑或者拘役,并处或者单处一万元以上十万元以下罚金。证券交易所、期货交易所、证券公司、期货经纪公司的从业人员,证券业协会、期货业协会或者证券期货监督管理部门的工作人员,故意提供虚假信息或者伪造、变造、销毁交易记录,诱骗投资者买卖证券、期货合约,造成严重后果的,处五年以下有期徒刑或者拘役,并处或者单处一万元以上十万元以下罚金;情节特别恶劣的,处五年以上十年以下有期徒刑,并处二万元以上二十万元以下罚金。单位犯前两款罪的,对单位判处罚金,并对其直接负责的主管人员和其他直接责任人员,处五年以下有期徒刑或者拘役。'"

《刑法修正案》对1997年《刑法》作了如下修改和补充:

1. 修改了罪名。我国1979年《刑法》没有规定"编造并传播证券、期货交易虚假信息罪",因为当时实行的是计划经济,不允许进行证券交易,社会上不存在编造并传播证券、期货交易虚假信息的行为,因此,在1979年《刑法》和有关的补充规定中没有这种犯罪的规定。我国从1990年以后开始试行证券发行和证券交易、期货交易,1998年12月29日全国人大常委会通过了《证券法》,自1999年7月1日起施行。我国1997年《刑法》第181条将编造并传播证券交易虚假信息的行为规定为犯罪,最高人民法院1997年《关于执行〈中华人民共和国刑法〉确定罪名的规定》(已被修改)将该条规定的犯罪行为确定为"编造并传播证券交易虚假信息罪";1999年12月25日,全国人大常委会在《刑法修正案》第5条对编造并传播证券交易虚假信息犯罪行为补充增加了期货交易虚假信息的犯罪行为。2002年3月26日,最高人民法院、最高人民检察院施行的《关于执行〈中华人民共和国刑法〉确定罪名的补充规定》将上述罪名修改为"编造并传播证券、期货交易虚假信息罪"。

2. 修改了罪状。1997年《刑法》第181条规定的"编造并传播证券交易虚假信息罪"的犯罪行为只是编造并且传播影响证券交易的虚假信息,扰乱证券交易市场秩序的行为,《刑法修正案》将1997年《刑法》第181条的犯罪行为修改为编造并传播影响证券、期货交易的虚假信息,扰乱证券、期货交易市场秩序的行为,补充增加了编造并传播期货交易虚假信息的犯罪行为。

(二)刑法规定修改的原因

全国人大常委会《刑法修正案》补充规定了编造并传播证券、期货交易虚假信息罪的犯罪内容,主要原因有:

1. 1997年《刑法》中没有规定有关惩治期货犯罪行为。我国从1990年开始试点进行期货经营交易活动,但由于没有专门的法律、法规规范期货交易行为,期货交易市场曾一度出现盲目发展的势头。虽然经过清理、整顿取得了一定的成效,但是仍然存在一些不容忽视的问题,其中突出的问题之一是故意编造并且传播影响期货交易的虚假信息,扰乱期货交易市场秩序,造成严重后果,损害投资者的利益,严重扰乱了社会主义金融市场秩序和市场经济秩序。1997年修改《刑法》时,中国证监会曾提出在《刑法》第181条中增加"编造并且传播影响期货交易的虚假信息,扰乱期货交易市场秩序的犯罪行为",但由于当时国家尚未制定有关期货交易管理的实体性法律、行政法规,期货犯罪难以准确界定,因此,1997年《刑法》中只规定了编造并传播影响证券交易的虚假信息犯罪行为,没有明确规定故意编造并且传播影响期货交易的虚假信息的犯罪行为。实践中对上述严重违法行为不能依照刑法追究刑事责任,需通过修改刑法规定加以解决。

2. 我国《期货交易管理暂行条例》(已失效)规定的犯罪行为需要相应的刑法规定作保障。1999年5月25日国务院常务会议通过并于1999年9月1日起施行《期货交易管理暂行条例》(已失效),该条例第六章罚则中第60条第3款规定:"任何单位或者个人编造并且传播影响期货交易的虚假信息,扰乱期货交易市场的,比照本条第一款、第二款的规定处罚;构成犯罪的,依法追究刑事责任。"该《期货交易管理暂行条例》(已失效)"构成犯罪的,依法追究刑事责任"的规定,必须在《刑法》中有相应的规定,才能保障《期货交易管理暂行条例》(已失效)该规定的实施。

3. 国务院要求全国人大常委会修改刑法规定。1999年6月22日,在第九届全国人大常委会第十次会议上,国务院向全国人大常委会提出了《关于惩治期货犯罪的决定(草案)》,其内容之一是提请全国人大常委会对1997年《刑法》第181条增加规定"编造并传播影响期货交易的虚假信息犯罪"的内容。全国人大法律委员会进行了多次审议并提出了具体修改意见,建议全国人大常委会在《刑法修正案》第5条中对1997年《刑法》第181条进行修改和补充。①

鉴于上述原因,全国人大常委会在《刑法修正案》中补充规定了编造并传播证券、期货交易虚假信息罪的犯罪行为。

(三)编造并传播证券、期货交易虚假信息罪的适用

编造并传播证券、期货交易虚假信息罪是1997年《刑法》规定的罪名的修改罪名,要准确适用,就必须先厘清本罪的概念、构成特征,以及适用时应注意的问题。

1. 本罪的概念。本罪是指单位或者个人编造并且传播影响证券、期货交易的虚假信息,扰乱证券、期货交易市场,造成严重后果的行为。

故意编造并且传播影响证券、期货交易的虚假信息的行为是严重扰乱证券、期货市场交易秩序的行为,是对社会有严重危害的行为。在市场经济条件下,必须掌握市场信息,谁掌握了市场信息,谁就有了市场经济利益的主动权,谁就能在市场经济活动中盈利。证券、期货交易市场是市场经济的重要组成部分,证券、期货交易市场管理部门经常发布有关证券、期货交易的信息,以供用户正确分析证券、期货交易市场发展趋势,更有把握地进行证券、期货交易活动。如果故意编造并且传播影响证券、期货交易的虚假信息,将必然扰乱证券、期货交易市场秩序,影响市场经济的发展,对于实施该行为情节严重或者造成严重后果的,我国法律规定为犯罪。

我国1999年7月1日起施行的《证券法》第72条第1款规定,"禁止国家工作人员、新闻传播媒介从业人员和有关人员编造并传播虚假信息,严重影响证券交易";第188条规定,"编造并且传播影响证券交易的虚假信息,扰乱证券交易市场的,处以三万元以上二十万元以下的罚款。构成犯罪的,依法追究刑事责任"。我国1999年5月25日通过的,自1999年9月1日起施行的《期货交易管理暂行条例》(已失效)第46条也规定:"任何单位或者个人不得编造、传播有关期货交易的谣言,不得恶意串通、联手买卖或者以其他方式操纵期货交易价格。"从上述法律规定可见,故意编造并且传播影响证券交易、期货交易的虚假信息行为是扰乱证券、期货交易市场秩序,严重侵犯投资者的利益,严重危害社会的行为。因此,1997年《刑法》第181条将编造并且故意传播影响证券交易的虚假信息,扰乱证券交易市场的行为规定为犯罪。《刑法修正案》对1997年《刑法》第181条又增加了故意编造并且传播影响期货交易的虚假信息的犯罪行为,罪名修改为"编造并传播证券、期货交易虚假信息罪",最高处5年有期徒刑,并处或者单处1万元以上10万元以下罚金。

2. 犯罪的构成特征。根据《刑法》第181条和《刑法修正案》第5条规定,该罪的构成特征有:

(1)犯罪主体。该罪的犯罪主体是一般主体,即达到法定年龄、具有刑事责任能力、实施了

---

① 参见《全国人民代表大会常务委员会公报》1999年第6期,第704页。

编造并且故意传播影响证券、期货交易虚假信息行为的自然人和单位。犯罪主体在主观上是故意的，即明知道自己编造的是虚假的证券、期货交易信息还故意进行传播，以影响证券、期货交易市场秩序。如果是道听途说的证券、期货交易信息并且传播的个人或者单位，不构成本罪的犯罪主体。

单位可以构成本罪的犯罪主体，一般是单位中从事证券、期货交易及其相关活动的直接负责的主管人员和其他直接责任人员。

（2）犯罪行为，必须是实施编造并且故意传播影响证券、期货交易的虚假信息行为。

所谓编造证券交易、期货交易虚假信息的行为，是指无中生有，虚构本来不存在的影响证券、期货交易的信息，即客观上根本不存在的证券、期货交易信息。

所谓传播证券、期货交易虚假信息，是指进行宣传、扩散虚假的证券、期货交易信息，让公众知道。

传播扩散的方式方法，有的可能是口头散布，有的可能是通过文字材料、传单、报刊、广告、电视、网络等进行传播，也有的可能是通过媒体进行传播，使众多的人都知道这些虚假证券、期货交易信息，以便影响证券、期货交易市场秩序。

本罪的犯罪行为要求必须是编造并且传播证券、期货交易虚假信息，如果只编造了虚假证券、期货交易信息，没有传播出去，或者是道听途说得到的不知真假的信息并且以言传言的行为，不构成本罪的犯罪行为。本罪的犯罪行为是故意犯罪行为，过失行为不能构成本罪的犯罪行为。

（3）犯罪结果，本罪是结果犯，必须是编造并且传播影响证券、期货交易的虚假信息，扰乱证券、期货交易市场，造成严重后果的才构成犯罪。

对于何为严重后果《刑法》没有规定，目前也没有明确的司法解释。依照最高人民检察院、公安部2022年5月15日发布的《关于公安机关管辖的刑事案件立案追诉标准的规定（二）》第32条的规定，编造并且传播影响证券、期货交易的虚假信息，扰乱证券、期货交易市场，涉嫌下列情形之一的，应予追诉：①获利或者避免损失数额在5万元以上的；②造成投资者直接经济损失数额在50万元以上的；③致使交易价格或者交易量异常波动的；④虽未达到上述数额标准，但多次编造并且传播影响证券、期货交易的虚假信息的；⑤造成其他严重后果的。

3. 本罪的法定刑。根据《刑法》第181条规定，本罪的法定刑是：

（1）造成严重后果，构成犯罪的，处5年以下有期徒刑或者拘役，并处或者单处1万元以上10万元以下罚金。

（2）单位犯本罪的，对单位判处罚金，并对其直接负责的主管人员和其他直接责任人员，处5年以下有期徒刑或者拘役。单位直接负责的主管人员和其他直接责任人员的处罚比个人犯本罪的处罚较轻，没有"并处罚金"的规定，因为对单位已判处了罚金。

4. 适用本罪时，应注意以下问题：

（1）注意划清罪与非罪的界限。

从犯罪行为上区分。本罪的犯罪行为是编造并且传播证券、期货交易的虚假信息的行为，只有在两种行为同时具备的条件下才构成犯罪。如果只是实施了编造虚假的证券、期货交易信息的行为，没有传播这种虚假证券、期货交易信息或者传播的是不知真假的证券、期货交易信息的行为不构成本罪。对于明知是他人编造的影响证券、期货交易的虚假信息而进行传播的行为是否构成犯罪,有构成或者不构成两种不同意见。笔者认为,对于明知是他人编造的影响证券、期货交易的虚假信息而进行传播的行为与自己编造并且传播的行为,在行为人的主观目的和客观行为、结果上都相同,应认定构成本罪,按本罪定罪处罚。

从犯罪结果上区分。本罪是结果犯,造成严重后果的才构成犯罪。对于没有造成严重后果的编造虚假的证券、期货交易信息的行为不构成本罪。

(2)注意区分本罪与提供虚假财务会计报告犯罪行为的界限。我国1997年《刑法》第161条规定违规披露、不披露重要信息罪中提供虚假财务报告的犯罪行为是指公司向股东和社会公众提供虚假的财务会计报告的行为。如果该公司是上市公司,其也是向公众提供虚假交易的证券信息,与本罪编造并传播虚假证券交易信息犯罪行为相同,在这种情况下,应按特别规定优于一般规定的原则,定为违规披露、不披露重要信息罪。

(3)注意划清本罪与损害商业信誉、商品声誉罪的界限。我国《刑法》第221条规定的损害商业信誉、商品声誉罪的犯罪行为也可能是以编造并且传播虚假的证券、期货交易信息的方法来损害他人的商业信誉、商品声誉,这与本罪的犯罪行为有部分重合之处,即都是影响证券、期货交易的虚假信息,故两种犯罪容易混淆。二罪的根本区别是侵犯的客体不同。本罪侵犯的客体是金融管理秩序,而损害商业信誉、商品声誉罪侵犯的客体是企业、事业单位的名誉权,是两种不同的犯罪。当两种犯罪行为发生竞合时,应按重法规定优于轻法规定的原则,对两种犯罪法律规定的法定刑相比较,本罪量刑较重,故应按本罪定罪处罚。

七、诱骗投资者买卖证券、期货合约罪

诱骗投资者买卖证券、期货合约罪,是《刑法修正案》第5条第2款补充修改的犯罪,作为1997年《刑法》第181条第2款规定的诱骗投资者买卖证券罪的犯罪内容,又补充增加了诱骗投资者买卖期货合约的内容,罪名也相应地修改为"诱骗投资者买卖证券、期货合约罪"。1997年最高人民法院《关于执行〈中华人民共和国刑法〉确定罪名的规定》(已被修改)将该条规定的犯罪行为确定为"诱骗投资者买卖证券罪",并于2002年3月26日施行的最高人民法院、最高人民检察院《关于执行〈中华人民共和国刑法〉确定罪名的补充规定》修改为本罪名。

(一)刑法规定内容的修改

刑法条文中有关诱骗投资者买卖证券、期货合约罪的修改规定有:

1. 1997年《刑法》第181条第2款规定:"证券交易所、证券公司的从业人员,证券业协会或者证券管理部门的工作人员,故意提供虚假信息或者伪造、变造、销毁交易记录,诱骗投资者买卖证券,造成严重后果的,处五年以下有期徒刑或者拘役,并处或者单处一万元以上十万元以下罚金;情节特别恶劣的,处五年以上十年以下有期徒刑,并处二万元以上二十万元以下罚金。"

2. 1999年12月25日全国人大常委会《刑法修正案》第5条规定:"将刑法第一百八十一条第二款修改为:'……证券交易所、期货交易所、证券公司、期货经纪公司的从业人员,证券业协会、期货业协会或者证券期货监督管理部门的工作人员,故意提供虚假信息或者伪造、变造、销毁交易记录,诱骗投资者买卖证券、期货合约,造成严重后果的,处五年以下有期徒刑或者拘役,并处或者单处一万元以上十万元以下罚金;情节特别恶劣的,处五年以上十年以下有期徒刑,并处二万元以上二十万元以下罚金……'"

《刑法修正案》对1997年《刑法》作了如下修改和补充:

1. 修改了罪名。我国1979年《刑法》没有规定"诱骗投资者买卖证券、期货合约罪",因为当时实行的是计划经济,不允许进行证券交易、期货交易,社会上不存在诱骗投资者买卖证券交易的行为,因此,在1979年《刑法》和有关补充规定中没有这种犯罪的规定。我国从1990年以后开始试行证券发行和证券交易,1998年12月29日全国人大常委会通过了《证券法》,自1999年7月1日起施行,根据我国《证券法》规定,我国1997年《刑法》第181条第2款将诱骗投资者买卖证券交易的行为规定为犯罪。1997年最高人民法院《关于执行〈中华人民共和国刑法〉确定罪名的规定》(已被修改)将该条规定的犯罪行为确定为"诱骗投资者买卖证券罪";1999年12月25日,全国人大常委会在《刑法修正案》第5条第2款将诱骗投资者买卖期货交易的行为补充增加为犯罪行为;2002年3月26日施行的最高人民法院、最高人民检察院《关于执行〈中华人民共和国刑法〉确定罪名的补充规定》将上述罪名修改为"诱骗投资者买卖证券、期货合约罪"。

2. 修改了罪状。1997年《刑法》第181条第2款规定的"诱骗投资者买卖证券罪"的犯罪行为只是诱骗投资者买卖证券,扰乱证券交易市场秩序的行为,《刑法修正案》将1997年《刑法》第181条第2款的犯罪行为修改为诱骗投资者买卖证券、期货合约,扰乱证券、期货交易市场秩序的行为,补充增加了期货交易所、期货经纪公司的从业人员,期货业协会管理部门的工作人员,故意提供虚假信息或者伪造、变造、销毁交易记录,诱骗投资者买卖证券、期货合约,造成严重后果的犯罪行为。

(二)刑法规定修改的原因

全国人大常委会《刑法修正案》补充规定"诱骗投资者买卖证券、期货合约"的犯罪内容,主要原因有:

1. 1997年《刑法》中没有规定有关惩治期货的犯罪行为。我国从1990年开始试点进行期货经营交易活动,但由于没有专门的法律、法规规范期货交易行为,期货交易市场曾一度出现盲目发展的势头。虽然经过清理、整顿取得了一定的成效,但是仍然存在一些不容忽视的问题,其中突出的问题之一是诱骗投资者买卖期货,严重扰乱期货交易市场秩序的行为,这种行为严重损害投资者的利益,严重扰乱了社会主义市场金融秩序和市场经济秩序。1997年修改《刑法》时,中国证监会曾提出在《刑法》第181条第2款中增加"诱骗投资者买卖期货的犯罪行为",但由于当时国家尚未制定有关期货交易管理的实体性法律、行政法规,期货犯罪难以准确界定,因此,1997年《刑法》中只规定了诱骗投资者买卖证券的犯罪行为,没有明确规定诱骗投资者买卖期货合约的犯罪行为。实践中,对上述严重违法行为不能依照刑法追究刑事责任,需通过修改刑法规定加以解决。

2. 我国《期货交易管理暂行条例》(已失效)规定的犯罪行为需要相应的刑法规定作保障。1999年5月25日国务院常务会议通过并于1999年9月1日起施行《期货交易管理暂行条例》(已失效),该条例第六章罚则中第60条第1款、第2款规定:"期货经纪公司有下列欺诈客户行为之一的,责令改正,给予警告,没收违法所得,并处违法所得1倍以上5倍以下的罚款;没有违法所得或者违法所得不满10万元的,处10万元以上50万元以下的罚款;情节严重的,责令停业整顿或者吊销期货经纪业务许可证:(一)不按照规定向客户出示风险说明书,向客户作获利保证或者与客户约定分享利益、共担风险的;(二)未经客户委托或者不按照客户委托范围擅自进行期货交易的;(三)提供虚假的期货市场行情、信息,或者使用其他不正当手段,诱骗客户发出交易指令的;(四)向客户提供虚假成交回报的;(五)未将客户交易指令下达到期货交易所内的;(六)挪用客户保证金的;(七)有中国证监会规定的其他欺诈客户的行为的。期货经纪公司有前款所列行为之一的,对直接负责的主管人员和其他直接责任人员给予纪律处分,并处1万元以上10万元以下的罚款;构成犯罪的,依法追究刑事责任。"该《期货交易管理暂行条例》(已失效)"构成犯罪的,依法追究刑事责任"的规定,必须在《刑法》中有相应的规定,才能保障《期货交易管理暂行条例》中该规定的实施。

3. 国务院要求全国人大常委会修改刑法规定。1999年6月22日,在第九届全国人大常委会第十次会议上,国务院向全国人大常委会提出了《关于惩治期货犯罪的决定(草案)》,其内容之一是提请全国人大常委会对1997年《刑法》第181条第2款增加规定"诱骗投资者买卖期货犯罪行为"的内容。全国人大法律委员会进行了多次审议并提出了具体修改意见,建议全国人大常委会在《刑法修正案》第5条中对1997年《刑法》第181条第2款进行修改和补充。[1]

鉴于上述原因,全国人大常委会在《刑法修正案》中补充规定了诱骗投资者买卖证券、期货合约罪的犯罪行为。

(三)诱骗投资者买卖证券、期货合约罪的适用

诱骗投资者买卖证券、期货合约罪是对1997年《刑法》规定的罪名修改的犯罪,要准确适用,就必须先厘清本罪的概念、构成特征、法定刑,以及适用时应注意的问题。

1. 本罪的概念。本罪是指证券交易所、期货交易所、证券公司、期货经纪公司的从业人员,证券业协会、期货业协会或者证券期货监督管理部门的工作人员,故意提供虚假信息或者伪造、变造、销毁交易记录,诱骗投资者买卖证券、期货合约,造成严重后果的行为。

我国1999年7月1日起施行的《证券法》(已被修改)第72条规定,"禁止国家工作人员、新闻传播媒介从业人员和有关人员编造并传播虚假信息,严重影响证券交易。禁止证券交易所、证券公司、证券登记结算机构、证券交易服务机构、社会中介机构及其从业人员,证券业协会、证券监督管理机构及其工作人员,在证券交易活动中作出虚假陈述或者信息误导。各传播媒介传播证券交易信息必须真实、客观,禁止误导";第73条规定,"在证券交易中,禁止证券公司及其从业人员从事下列损害客户利益的欺诈行为:(一)违背客户的委托为其买卖证券;(二)不在规定时间内向客户提供交易的书面确认文件;(三)挪用客户所委托买卖的证券或者客户帐户上的资金;(四)私自买卖客户帐户上的证券,或者假借客户的名义买卖证券;(五)为牟取佣金收入,诱使客户进行不必要的证券买卖;(六)其他违背客户真实意思表示,损害客户利益的行为";第181条规定,"证券交易所、证券公司,证券登记结算机构、证券交易服务机构的从业人员,证券业协会或者证券监督管理机构的工作人员,故意提供虚假资料,伪造、变造或者销毁交易记录,诱骗投资者买卖证券的,取消从业资格,并处以三万元以上五万

---

[1] 参见《全国人民代表大会常务委员会公报》1999年第6期,第704页。

元以下的罚款;属于国家工作人员的,还应当依法给予行政处分。构成犯罪的,依法追究刑事责任"。我国1999年5月25日通过的,自1999年9月1日起施行的《期货交易管理暂行条例》(已失效)第32条规定,"期货经纪公司根据客户的交易指令,为其进行期货交易。期货经纪公司不得未经客户委托或者不按照客户委托范围,擅自进行期货交易";第33条规定,"期货经纪公司向客户提供的期货市场行情应当真实、准确,不得隐瞒重要事项或者使用其他不正当手段诱骗客户发出交易指令";第34条规定,"期货交易所应当及时公布上市品种期货合约的成交量、成交价、持仓量、最高与最低价、开盘价与收盘价和其他应当公布的信息,并保证信息的真实、准确。期货交易所不得公布价格预测信息";第60条第2款也规定,期货经纪公司有前款所列行为(欺诈客户)之一的,对直接负责的主管人员和其他直接责任人员给予纪律处分,并处1万元以上10万元以下的罚款;构成犯罪的,依法追究刑事责任。

从上述法律规定可见,诱骗投资者买卖证券、期货合约罪的犯罪行为,是严重侵犯投资者的利益,严重危害社会的行为。因此,1997年《刑法》第181条第2款将诱骗投资者买卖证券,扰乱证券交易市场的行为规定为犯罪;《刑法修正案》对1997年《刑法》第181条又增加了诱骗投资者买卖期货合约罪的犯罪行为。

2. 本罪的构成特征。根据《刑法》第181条第2款和《刑法修正案》第5条第2款规定,该罪的构成特征有:

(1)犯罪主体,该罪的犯罪主体是特殊主体,即证券交易所、期货交易所、证券公司、期货经纪公司的从业人员,证券业协会、期货业协会或者证券期货监督管理部门的工作人员,不具有上述特殊身份的人员不能构成本罪的主体。犯罪主体在主观上是故意,即故意提供虚假信息或者伪造、变造、销毁交易记录,诱骗投资者买卖证券、期货合约。主观上持过失心理态度的,不能构成本罪的犯罪主体。

单位可以构成本罪的犯罪主体,但也必须是证券交易所、期货交易所、证券公司、期货经纪公司、证券业协会、期货业协会或者证券、期货监督管理部门。上述单位中从事证券、期货交易及其相关活动的直接负责的主管人员和其他直接责任人员也可以构成单位犯罪的主体。

(2)犯罪行为。必须是实施故意诱骗投资者买卖证券、期货合约的行为。具体表现有:

①故意提供虚假证券交易,期货交易市场信息的行为。这种虚假证券交易、期货交易市场信息可以是自己编造的,也可能是他人编造的,行为人明知是虚假的信息而提供给投资者的行为。

②伪造、变造、销毁交易记录的行为。伪造,是编造与事实不符的虚假证券交易、期货交易记录,以诱骗投资者买卖证券交易、期货合约的行为;变造,是用涂改、擦抹、拼接、剪贴等方法篡改证券、期货交易记录,以诱骗投资者买卖证券、期货合约的行为;销毁,是用毁灭性手段将真实的证券、期货交易记录销毁的行为。

上述犯罪行为都是故意犯罪行为,过失行为不能构成本罪的犯罪行为。

(3)犯罪结果,本罪是结果犯,必须造成严重后果的结果才构成犯罪。

对于何为严重后果刑法没有规定。依据最高人民检察院、公安部2022年5月15日发布的《关于公安机关管辖的刑事案件立案追诉标准的规定(二)》第33条的规定,诱骗投资者买卖证券、期货合约,涉嫌下列情形之一的,应予追诉:①获利或者避免损失数额在5万元以上的;②造成投资者直接经济损失数额在50万元以上的;③虽然未达到上述数额标准,但多次诱骗投资者买卖证券、期货合约的;④致使交易价格或者交易量异常波动的;⑤造成其他严重结果的,即凡是实施了上述行为之一的,就具备了本罪的犯罪结果。

3. 本罪的法定刑,根据《刑法》第181条第2款规定,本罪的法定刑是:

(1)造成严重后果,构成犯罪的,处5年以下有期徒刑或者拘役,并处或者单处1万元以上10万元以下罚金。

(2)犯本罪,情节特别恶劣的,处5年以上10年以下有期徒刑,并处2万元以上20万元以下罚金。

(3)单位犯本罪的,对单位判处罚金,并对其直接负责的主管人员和其他直接责任人员,处5年以下有期徒刑或者拘役。上述法律规定,对单位的直接责任人员的处罚比对个人犯本罪的处罚少一个加重法定刑,即"处5年以上10年以下有期徒刑,并处2万元以上20万元以下罚金",并且没有判处罚金的规定,因为对单位已判处罚金刑。

4. 在适用本罪时,应注意以下问题。

(1)注意划清罪与非罪的界限。

第一,本罪是结果犯,造成严重后果的才构成本罪。对于没有造成严重后果的诱骗投资者买卖证券、期货合约行为不构成本罪。

第二,本罪的主体是特殊主体,即证券交易所、期货交易所、证券公司、期货经纪公司、证券业协会、期货业协会或者证券、期货监督管理部门等单位及其从业人员或者工作人员实施了诱骗投资者买卖证券、期货合约的行为,不是上述特定单位和具有上述特定身份的人员不构成本罪。

第三,本罪是故意犯罪,上述单位及其从业人员的过失行为,尽管造成严重后果的,也不构成本罪。

(2)注意区分本罪造成严重后果与情节特别恶劣的认定。我国《刑法》第181条第2款规定,诱骗投资者买卖证券、期货合约,"造成严重后果"的,最高处5年有期徒刑;"情节特别恶劣"的,适用加重法定刑,最高处10年有期徒刑。对于何为"造成严重后果""情节特别恶劣",刑法没有具体规定。按照最高人民检察院、公安部2022年5月15日发布的《关于公安机关管辖的刑事案件立案追诉标准的规定(二)》第33条的规定,本罪的犯罪主体涉嫌下列情形之一的,应予追诉:①获利或者避免损失数额在5万元以上的;②造成投资者直接经济损失数额在50万元以上的;③虽然未达到上述数额标准,但多次诱骗投资者买卖证券、期货合约的;④致使交易价格和交易量异常波动的;⑤造成其他严重后果的,即具有上述情形之一的,就构成犯罪,应追究刑事责任。这说明具有上述情形之一的,属于"造成严重后果"。

笔者认为,在严重后果的基础之上,有一项或者几项更加严重的情形的,应属"情节特别恶劣",具体有以下几项可供参考:①获利或者避免损失数额在10万元以上,或者造成投资者直接经济损失数额在10万元以上的;②致使交易价格和交易量特别异常波动,致使证券、期货交易无法进行的;③造成特别恶劣影响,特别是在国际上造成特别恶劣影响的。划清"造成严重后果"与"情节特别恶劣"的区别,才能准确确定是适用《刑法》第181条第2款规定的第一个档次的法定刑,还是适用第二个档次的法定刑。

(3)注意划清本罪与编造并传播证券、期货交易虚假信息罪的界限。我国《刑法》第181条第1款规定的编造并且传播虚假的证券、期货交易信息的犯罪行为是编造并传播虚假证券、期货交易的信息,而本罪也有伪造、变造并向客户提供证券、期货交易的虚假信息的犯罪行为,两种犯罪行为有时会交叉,容易混淆。二罪的根本区别是犯罪的主体不同。本罪的主体是特殊主体,必须是证券交易所、期货交易所、证券公司、期货经纪公司、证券业协会、期货业协会或者证券、期货监督管理部门等单位及其从业人员或者工作人员;编造并传播证券、期货交易虚假信息罪的主体是一般主体。在出现法条竞合时,应按特别规定优于一般规定的原则处理,故应依照本罪规定定罪处罚。另外,两罪的犯罪目的不同,本罪的目的是诱骗投资者买卖证券、期货交易;编造并传播证券、期货交易虚假信息罪的目的是编造并传播证券、期货交易的虚假信息。根据上述不同点可将二罪区分开来。

(4)注意划清本罪与虚假广告罪的区别。我国《刑法》第222条规定了虚假广告罪,是指广告主、广告经营者、广告发布者违反国家规定,利用广告对商品或者服务作虚假宣传,情节严重的行为。其与本罪犯罪行为虽然都是捏造并散布虚假事实的行为,但侵犯的是两种不同的客体,刑法规定构成两种犯罪,二罪的立案标准和处罚轻重各不相同。根据最高人民检察院、公安部2022年5月15日发布的《关于公安机关管辖的刑事案件立案追诉标准的规定(二)》第67条规定:"[虚假广告案(刑法第二百二十二条)]广告主、广告经营者、广告发布者违反国家规定,利用广告对商品或者服务作虚假宣传,涉嫌下列情形之一的,应予立案追诉:(一)违法所得数额在十万元以上的;(二)假借预防、控制突发事件、传染病防治的名义,利用广告作虚假宣传,致使多人上当受骗,违法所得数额在三万元以上的;(三)利用广告对食品、药品作虚假宣传,违法所得数额在三万元以上的;(四)虽未达到上述数额标准,但二年内因利用广告作虚假宣传受过二次以上行政处罚,又利用广告作虚假宣传的;(五)造成严重危害后果或者恶劣社会影响的;(六)其他情节严重的情形。"

(5)注意划清本罪与串通投标罪的区别。我国《刑法》第223条规定了串通投标罪,该罪是指投标人互相串通投标报价,损害招标人或者其他投标人利益,情节严重的行为。该行为与本罪行为都是捏造并散布虚假事实的行为,但两者是侵犯了两种不同客体的犯罪行为,刑法规定构成两种犯罪,立案标准和处罚轻重各不相同。根据最高人民检察院、公安部2022年5月15日发布的《关于公安机关管辖的刑事案件立案追诉标准的规定(二)》第68条规定:"[串通投标案(刑法第二百二十三条)]投标人相互串通投标报价,或者投标人与招标人串通投标,涉嫌下列情形之一的,应予立案追诉:(一)损害招标人、投标人或者国家、集体、公民的合法利益,造成直接经济损失数额在五十万元以上的;(二)违法所得数额在二十万元以上的;(三)中标项目金额在四百万元以上的;(四)采取威胁、欺骗或者贿赂等非法手段的;(五)虽未达到上述数额标准,但二年内因串通投标受过二次以上行政处罚,又串通投标的;(六)其他情节严重的情形。"

八、操纵证券、期货交易价格罪

操纵证券、期货交易价格罪是《刑法修正案》第6条补充修改的犯罪,在1997年《刑法》第182条规定的操纵证券交易价格罪的犯罪内容的基础上又补充增加了操纵期货交易价格的内容,罪名也相应地修改为"操纵证券、期货交易价格罪"。1997年最高人民法院《关于执行〈中华人民共和国刑法〉确定罪名的规定》(已被修改)中确定了"操纵证券交易价格罪",又于2002年3月26日施行的最高人民法院、最高人民检察院《关于执行〈中华人民共和国刑法〉确定罪名的补充规定》修改为本罪名。2006年6月29日全国人大常委会《刑法修正案(六)》

第 11 条对该犯罪又作了修改,将罪状"操纵证券、期货价格"修改为"操纵证券、期货市场",并增加了一个档次的法定刑,其罪名也修改为"操纵证券、期货市场罪"。2020 年 12 月 26 日《刑法修正案(十一)》第 13 条对《刑法》第 182 条第 1 款规定的"操纵证券、期货市场罪"的罪状进行了补充规定,罪名和法定刑没有改变。[详见本书《刑法修正案(十一)》修改的犯罪"(九)操纵证券、期货市场罪"]

九、挪用资金罪

挪用资金罪,是《刑法修正案》第 7 条第 1 款补充的犯罪,作为 1997 年《刑法》第 185 条、第 272 条规定的挪用资金罪罪状的补充,该罪的罪名和法定刑没有改变,还是依照 1997 年《刑法》第 272 条规定的挪用资金罪定罪处罚。2020 年 12 月 26 日《刑法修正案(十一)》第 30 条对《刑法》第 272 条规定的挪用资金罪的法定刑作了修改和补充,同时对犯挪用资金罪从轻处罚作了专门规定。该罪的罪名是 1997 年最高人民法院《关于执行〈中华人民共和国刑法〉确定罪名的规定》(已被修改)对 1997 年《刑法》第 272 条规定的犯罪所确定的。[详见本书《刑法修正案(十一)》中修改犯罪"(二十二)挪用资金罪"]

十、挪用公款罪

挪用公款罪,是《刑法修正案》第 7 条第 2 款补充的犯罪,作为 1997 年《刑法》第 185 条第 2 款规定的挪用公款罪罪状的补充,该罪的罪名和法定刑没有改变,仍然依照 1997 年《刑法》第 384 条第 1 款规定的挪用公款罪定罪处罚。该罪名是 1997 年最高人民法院《关于执行〈中华人民共和国刑法〉确定罪名的规定》(已被修改)确定的。

(一)刑法规定内容的修改

刑法条文及有关规定中有关挪用公款罪的修改规定是:

1. 1979 年《刑法》第 155 条规定:"国家工作人员利用职务上的便利,贪污公共财物的,处五年以下有期徒刑或者拘役;数额巨大、情节严重的,处五年以上有期徒刑;情节特别严重的,处无期徒刑或者死刑。犯前款罪的,并处没收财产,或者判令退赔。受国家机关、企业、事业单位、人民团体委托从事公务的人员犯第一款罪的,依照前两款的规定处罚。"

2. 1988 年 1 月 21 日全国人大常委会《关于惩治贪污罪贿赂罪的补充规定》(已失效)第 3 条规定:"国家工作人员、集体经济组织工作人员或者其他经手、管理公共财物的人员,利用职务上的便利,挪用公款归个人使用,进行非法活动的,或者挪用公款数额较大、进行营利活动的,或者挪用公款数额较大、超过三个月未还的,是挪用公款罪,处五年以下有期徒刑或者拘役;情节严重的,处五年以上有期徒刑。挪用公款数额较大不退还的,以贪污论处。挪用救灾、抢险、防汛、优抚、救济款物归个人使用的,从重处罚。挪用公款进行非法活动构成其他罪的,依照数罪并罚的规定处罚。"

3. 1997 年《刑法》第 185 条第 2 款规定:"国有金融机构工作人员和国有金融机构委派到非国有金融机构从事公务的人员有前款行为的,依照本法第三百八十四条的规定定罪处罚。"

1997 年《刑法》第 272 条第 2 款规定:"国有公司、企业或者其他国有单位中从事公务的人员和国有公司、企业或者其他国有单位委派到非国有公司、企业以及其他单位从事公务的人员有前款行为的,依照本法第三百八十四条的规定定罪处罚。"

1997 年《刑法》第 384 条规定:"国家工作人员利用职务上的便利,挪用公款归个人使用,进行非法活动的,或者挪用公款数额较大、进行营利活动的,或者挪用公款数额较大、超过三个月未还的,是挪用公款罪,处五年以下有期徒刑或者拘役;情节严重的,处五年以上有期徒刑。挪用公款数额巨大不退还的,处十年以上有期徒刑或者无期徒刑。挪用用于救灾、抢险、防汛、优抚、扶贫、移民、救济款物归个人使用的,从重处罚。"

4. 1999年12月25日全国人大常委会《刑法修正案》第7条规定:"将刑法第一百八十五条修改为:'商业银行、证券交易所、期货交易所、证券公司、期货经纪公司、保险公司或者其他金融机构的工作人员利用职务上的便利,挪用本单位或者客户资金的,依照本法第二百七十二条的规定定罪处罚。国有商业银行、证券交易所、期货交易所、证券公司、期货经纪公司、保险公司或者其他国有金融机构的工作人员和国有商业银行、证券交易所、期货交易所、证券公司、期货经纪公司、保险公司或者其他国有金融机构委派到前款规定中的非国有机构从事公务的人员有前款行为的,依照本法第三百八十四条的规定定罪处罚。'"

《刑法修正案》对1997年《刑法》作了如下修改和补充:

1.增加了新罪名。我国1979年《刑法》没有规定"挪用公款罪",因为当时实行的是计划经济,当时国民经济以公有制为主,绝大多数财产都是全民所有和劳动群众集体所有的,只有极少数财产是个人财产,也不允许个人进行经营活动,很少有挪用公款的行为,所以,在1979年《刑法》中没有挪用公款罪的规定。个别国家工作人员利用职务之便挪用公款归个人使用,情节严重的,依照1979年《刑法》第155条规定的贪污罪定罪处罚。

我国自从改革开放以后,允许个体进行经营活动,一些个体经营户为筹集和扩大自己的经营资金,通过有关单位的直接负责的主管人员和其他直接责任人员利用职务之便挪用公款归个人使用,或者进行非法活动,或者进行营利活动和其他个人合理用途,侵害了有关单位对公款的使用权。为了保障单位对公共财产的使用权,防止公共财产的流失,全国人大常委会于1988年《关于惩治贪污罪贿赂罪的补充规定》(已失效)第3条中规定了"挪用公款罪",以惩治挪用公款的犯罪行为。我国《公司法》颁布实施以后,全国人大常委会于1995年2月28日颁布了《关于惩治违反公司法的犯罪的决定》(已失效),在该决定中规定了公司、企业职工挪用本单位资金的情形,将挪用本单位资金的犯罪行为从挪用公款罪中分离出来,挪用资金罪成为独立的罪名。1997年《刑法》第384条将《关于惩治贪污罪贿赂罪的补充规定》(已失效)中规定的"挪用公款罪"纳入刑法;第272条对《关于惩治违反公司法的犯罪的决定》规定的公司、企业职工挪用本单位资金的情形进行了补充修改,该条第2款规定,"国有公司、企业或者其他国有单位中从事公务的人员和国有公司、企业或者其他国有单位委派到非国有公司、企业以及其他单位从事公务的人员有前款行为的,依照本法第三百八十四条的规定定罪处罚";第185条第2款规定,"国有金融机构工作人员和国有金融机构委派到非国有金融机构从事公务的人员有前款行为的,依照本法第三百八十四条的规定定罪处罚"。1997年最高人民法院《关于执行〈中华人民共和国刑法〉确定罪名的规定》(已被修改)将该条规定的犯罪行为确定为"挪用公款罪"。1999年12月25日全国人大常委会在《刑法修正案》第7条第2款中补充规定:"国有商业银行、证券交易所、期货交易所、证券公司、期货经纪公司、保险公司或者其他国有金融机构的工作人员和国有商业银行、证券交易所、期货交易所、证券公司、期货经纪公司、保险公司或者其他国有金融机构委派到前款规定中的非国有机构从事公务的人员有前款行为的,依照本法第三百八十四条的规定定罪处罚。"可见,罪名并没有改变,仍然为

"挪用公款罪"。

2. 修改了罪状。1997年《刑法》第384条规定的"挪用公款罪"只是国家工作人员利用职务上的便利,挪用公款归个人使用的行为。第272条第2款补充规定了非国有单位从事公务的人员利用职务之便挪用本单位资金的行为构成犯罪的,依照挪用公款罪定罪处罚,该犯罪行为的犯罪对象有可能不是公款。1997年《刑法》第185条第2款规定,国有金融机构工作人员和国有金融机构委派到非国有金融机构从事公务的人员有前款行为的,依照《刑法》第384条规定的挪用公款罪定罪处罚,其犯罪对象是非国有金融机构的资金或者客户资金。1999年12月25日全国人大常委会《刑法修正案》第7条第2款规定,国有商业银行、证券交易所、期货交易所、证券公司、期货经纪公司、保险公司或者其他国有金融机构的工作人员和国有商业银行、证券交易所、期货交易所、证券公司、期货经纪公司、保险公司或者其他国有金融机构委派到上述规定中的非国有机构从事公务的人员有上述行为的,依照《刑法》第384条规定的挪用公款罪定罪处罚。《刑法修正案》在犯罪主体、犯罪行为和犯罪对象上都补充了新的具体规定。

(二)刑法规定修改的原因

全国人大常委会《刑法修正案》补充规定"挪用公款罪"的具体内容,主要原因有:

1. 1997年《刑法》中没有规定有关惩治挪用期货公款的犯罪行为。我国从1990年开始试点进行期货经营交易活动,但由于没有专门的法律、法规规范期货交易行为,期货交易市场曾一度出现盲目发展的势头。虽然经过清理、整顿取得了一定的成效,但是仍然存在一些不容忽视的问题,其中突出的问题之一是国有期货交易所、期货经纪公司或者其他国有金融机构的工作人员,即国家工作人员利用职务上的便利,挪用本单位或者客户期货资金,严重地扰乱了期货交易市场秩序。这种行为严重损害投资者的利益,严重地扰乱了社会主义市场金融秩序和市场经济秩序,是对社会有严重危害性的犯罪行为。1997年修改《刑法》时,中国证监会曾提出在《刑法》第185条第2款中增加"国有期货交易所、期货经纪公司或者其他国有金融机构的工作人员或者其委派到非国有机构中从事公务的人员利用职务上的便利,挪用本单位或者客户期货资金的犯罪行为",但由于当时国家尚未制定有关期货交易管理的实体性法律、行政法规,期货犯罪难以准确界定,因此,1997年《刑法》第185条第2款中只笼统地规定了"国有金融机构工作人员和国有金融机构委派到非国有金融机构从事公务的人员有前款行为的,依照本法第三百八十四条的规定定罪处罚",而没有具体规定哪些国有金融机构的工作人员挪用本单位资金的犯罪行为应依照挪用公款罪定罪处罚。实践中,对上述国有期货等国有金融机构中的工作人员挪用期货资金等严重违法行为不能依照刑法追究刑事责任,需通过修改刑法规定加以解决。

2. 我国《证券法》、《期货交易管理暂行条例》(已失效)规定的犯罪行为需要相应的刑法规定作保障。1998年12月29日全国人大常委会通过的《证券法》(已被修改)第193条规定:"证券公司、证券登记结算机构及其从业人员,未经客户的委托,买卖、挪用、出借客户帐户上的证券或者将客户的证券用于质押的,或者挪用客户帐户上的资金的,责令改正,没收违法所得,处以违法所得一倍以上五倍以下的罚款,并责令关闭或者吊销责任人员的从业资格证书。构成犯罪的,依法追究刑事责任。"1999年5月25日,国务院常务会议通过并于1999年9月1日起施行《期货交易管理暂行条例》(已失效),该条例第六章罚则第60条规定:"期货经纪公司有下列欺诈客户行为之一的,责令改正,给予警告,没收违法所得,并处违法所得1倍以上5倍以下的罚款;没有违法所得或者违法所得不满10万元的,处10万元以上50万元以下的罚款;情节严重的,责令停业整顿或者吊销期货经纪业务许可证:……(六)挪用客户保证金的……期货经纪公司有前款所列行为之一的,对直接负责的主管人员和其他直接责任人员给予纪律处分,并处1万元以上10万元以下的罚款;构成犯罪的,依法追究刑事责任。"上述《证券法》、《期货交易管理暂行条例》(已失效)有关"构成犯罪的,依法追究刑事责任"的规定,必须在《刑法》中有相应的规定,才能保障上述规定的实施。

3. 国务院要求全国人大常委会修改刑法规定。1999年6月22日,在第九届全国人大常委会第十次会议上,国务院向全国人大常委会提出了《关于惩治期货犯罪的决定(草案)》,其内容之一是提请全国人大常委会对《刑法》第185条增加规定"国有商业银行、证券交易所、期货交易所、证券公司、期货经纪公司、保险公司或者其他国有金融机构的工作人员或者受上述单位委派到非国有机构从事公务的人员,利用职务上的便利,挪用本单位或者客户资金的行为"为犯罪行为。全国人大法律委员会进行了多次审议并提出了具体修改意见,建议全国人大常委会在《刑法修正案》第7条中对1997年《刑法》第185条进行修改和补充。鉴于上述原因,全国人大常委会在《刑法修正案》第7条第2款中补充规定了挪用公款罪的具体犯罪主体、犯罪对象和犯罪行为。

(三)挪用公款罪的适用

挪用公款罪,是1997年《刑法》规定的犯罪,《刑法修正案》第7条对其犯罪内容作了具体补充规定。要准确适用,就必须先厘清本罪的概念、构成特征,以及适用时应注意的问题。

1. 挪用公款罪的概念。本罪是指国家工作人员利用职务上的便利,挪用公款归个人使用,进行非法活动,或者挪用公款数额较大、进行营利活动,或者挪用公款数额较大、超过3个月未还的行为。

挪用公款罪是挪用公款归个人使用,侵犯了公有制单位对公款的使用权利,影响公有制单位的生产、经营活动,使用公款为个人谋取利益。挪用公款行为是从计划经济向市场经济转化时期社会危害性较大的犯罪行为。因此,我国1997年《刑法》第384条专门将挪用公款归个人使用的行为规定为犯罪;第272条第2款又特别规定具有国家工作人员身份的工作人员犯挪用资金罪的,依照《刑法》第384条规定的挪用公款罪定罪处罚;第185条第2款也特别规定国有金融机构的工作人员和国有金融机构委派到非国有机构中从事公务的人员利用职务上的便利,挪用本单位或者客户资金的,依照《刑法》第384条规定的挪用公款罪定罪处罚。

1999年《刑法修正案》对1997年《刑法》第185条第2款又补充规定了"国有商业银行、证券交易所、期货交易所、证券公司、期货经纪公司、保险公司或者其他国有金融机构的工作人员和国有商业银行、证券交易所、期货交易所、证券公司、期货经纪公司、保险公司或者其他国有金融机构委派到前款规定中的非国有机构从事公务的人员有前款行为的,依照本法第三百八十四条的规定定罪处罚",即在犯罪主体、犯罪对象和犯罪行为上都增加了新的具体内容。

2. 挪用公款罪的构成特征。根据《刑法》第384条、第272条第2款、第185条第2款和《刑法修正案》第7条第2款规定,该罪的构成特征有:

(1)犯罪主体,本罪是特殊主体,即必须是国家工作人员才能构成本罪,单位本身不能构成本罪的主体。非国家工作人员一般情况下不能独立构成本罪的主体,只有在非国家工作人员与国家工作人员共谋、指使或者参与策划挪用公款归自己使用的情况下,才可以构成挪用公款罪的共犯。根据《刑法》第272条第2款规定,单位中具有国家工作人员身份的工作人员实施挪用本单位资金的犯罪行为的,不定为挪用资金罪,而构成挪用公款罪的犯罪主体。犯罪主体在主观上是故意,持过失心理态度的个人不能构成本罪的犯罪主体。根据《刑法》第185条第2款和1999年12月25日全国人大常委会《刑法修正案》第7条第2款规定,国有商业银行、证券交易所、期货交易所、证券公司、期货经纪公司、保险公司或者其他国有金融机构的工作人员,以及其他国有金融机构委派到非国有机构从事公务的人员,也可以构成挪用公款罪的犯罪主体。这里的国有金融机构的工作人员必须是国有独资公司、国有企业等金融机构的工作人员,才能构成挪用公款罪的主体,有限责任公司或者股份有限责任公司,以及个人独资企业、合伙、合作企业等的工作人员,都不能构成挪用公款罪的主体。

本罪的犯罪主体在主观上必须具有挪用公款归个人使用的目的,或者归自己使用,或者归他人使用。如果挪用人确实不知道使用公款人是个人,不构成挪用公款罪。例如,使用公款人欺骗挪用人,以单位使用公款的名义借款,而实际上是将公款归个人使用,对挪用公款人不构成挪用公款罪,但使用公款的人构成挪用公款罪或者挪用资金罪。

(2)犯罪行为,必须是实施了挪用公款归个人使用的行为。具体表现有:

①故意利用职务上的便利。所谓故意利用职务,就是利用自己主管、经管或者经手使用公款的职权或者工作之便,擅自挪用公款归个人使用的行为。

②故意挪用公款归个人使用的行为。挪用的目的是将公款归个人使用,包括自己或亲友等自然人使用,但不具有占有公款的故意。如果确实不知道是公款,或者确实不知道是归个人使用的,都不构成本罪。这里的公款是指国有公款和集体所有的公款或者在国有、集体单位管理、使用的私人的钱款。挪用公款归单位使用在一般情况下不构成挪用公款罪,只有以个人的名义将公款供单位使用或者个人决定将公款供单位使用,由个人谋取利益的,才构成挪用公款的行为。

③归个人使用有三种不同的使用行为:第一,挪用公款归个人使用,数额较大、超过3个月未还的行为。必须是数额较大和超过3个月未还,如果达不到数额较大或者达到数额较大,但在3个月内归还的,不构成挪用公款罪,应按违反财经纪律进行处分。第二,挪用公款归个人使用,数额较大、进行营利活动的行为。这种行为不受归还时间限制,但必须是数额较大,达不到数额较大的也不构成本罪。第三,挪用公款归个人进行非法活动的行为。进行非法活动既不受时间限制,也不受数额限制,只要挪用公款归个人进行非法活动就可以构成本罪。上述犯罪行为都是故意犯罪行为,过失行为不能构成本罪的犯罪行为。

(3)犯罪结果,本罪既是结果犯也是行为犯。挪用公款归个人进行营利活动或者其他合法活动的行为,必须达到公款数额较大的结果才构成犯罪,是结果犯;挪用公款归个人进行非法活动的行为是行为犯,只要实施了挪用公款行为,就具备了犯罪结果,无论挪用公款数额多少都可以构成本罪。

1998年5月9日起施行的最高人民法院《关于审理挪用公款案件具体应用法律若干问题的解释》第2条规定,"对挪用公款罪,应区分三种不同情况予以认定:(一)挪用公款归个人使用,数额较大、超过三个月未还的,构成挪用公款罪。挪用正在生息或者需要支付利息的公款归个人使用,数额较大,超过三个月但在案发前全部归还本金的,可以从轻处罚或者免除处罚。给国家、集体造成的利息损失应予追缴。挪用公款数额巨大,超过三个月,案发前全部归还的,可以酌情从轻处罚。(二)挪用公款数额较大,归个人进行营利活动的,构成挪用公款罪,不受挪用时间和是否归还的限制。在案发前部分或者全部归还本息的,可以从轻处罚;情节轻微的,可以免除处罚。挪用公款存入银行、用于集资、购买股票、国债等,属于挪用公款进行营利活动。所获取的利息、收益等违法所得,应当追缴,但不计入挪用公款的数额。(三)挪用公款归个人使用,进行赌博、走私等非法活动的,构成挪用公款罪,不受'数额较大'和挪用时间的限制。挪用公款给他人使用,不知道使用人用公款进行营利活动或者用于非法活动,数额较大、超过三个月未还的,构成挪用公款罪;明知使用人用于营利活动或者非法活动的,应当认定为挪用人挪用公款进行营利活动或者非法活动"。第3条规定,"挪用公款归个人使用,'数额较大、进行营利活动的',或者'数额较大、超过三个月未还的',以挪用公款一万元至三万元为'数额较大'的起点,以挪用公款十五万元至二十万元为'数额巨大'的起点。挪用公款'情节严重',是指挪用公款数额巨大,或者数额虽未达到巨大,但挪用公款手段恶劣;多次挪用公款;因挪用公款严重影响生产、经营,造成严重损失等情形。'挪用公款归个人使用,进行非法活动的',以挪用公款五千元至一万元为追究刑事责任的数额起点。挪用公款五万元至十万元以上的,属于挪用公款归个人使用,进行非法活动'情节严重'的情形之一。挪用公款归个人使用,进行非法活动,情节严重的其他情形,按照本条第一款的规定执行。各高级人民法院可以根据本地实际情况,按照本解释规定的数额幅度,确定本地区执行的具体数额标准,并报最高人民法院备案。挪用救灾、抢险、防汛、优抚、扶贫、移民、救济款物归个人使用的数额标准,参照挪用公款归个人使用进行非法活动的数额标准"。第4条规定,"多次挪用公款不还,挪用公款数额累计计算;多次挪用公款,并以后次挪用的公款归还前次挪用的公款,挪用公款数额以案发时未还的实际数额认定"。第5条规定,"'挪用公款数额巨大不退还的',是指挪用公款数额巨大,因客观原因在一审宣判前不能退还的"。

(4)挪用公款罪的法定刑。根据《刑法》第384条规定,挪用公款罪的法定刑是:

①构成挪用公款罪进行非法活动或者挪用公款数额较大、进行营利活动或者超过3个月未还的,处5年以下有期徒刑或者拘役。

根据2016年4月18日最高人民法院、最高人民检察院《关于办理贪污贿赂刑事案件适用法律若干问题的解释》第5条规定,挪用公款归个人使用,进行非法活动,数额在3万元以上的,应当依照《刑法》第384条的规定以挪用公款罪追究刑事责任。

该解释第6条规定,挪用公款归个人使用,进行营利活动或者超过3个月未还,数额在5万元以上的,应当认定为《刑法》第384条第1款规定的"数额较大"。

②犯挪用公款罪,情节严重的,处5年以上有期徒刑,最高可处15年有期徒刑。

根据2016年4月18日最高人民法院、最高人民检察院《关于办理贪污贿赂刑事案件适用法律若干问题的解释》第5条规定,挪用公款归个人使用,进行非法活动,数额在300万元以上的,应当依照《刑法》第384条的规定以挪用公款"数额巨大"追究刑事责任。

该解释第6条规定,挪用公款归个人使用,进行营利活动或者超过3个月未还,数额在500万元以上的,应当认定为《刑法》第384条第1款规定的"数额巨大"。具有下列情形之一的,应当认定为《刑法》第384条第1款规定的"情节严重":第一,挪用公款数额在200万元以上的;第二,挪用救灾、抢险、防汛、优抚、扶贫、移民、救济特定款物,数额在100万元以上不满200万元的;第三,挪用公款不退还,数额在100万元以上不满200万元的;第四,其他严重的情节。

③挪用公款数额巨大不退还的,处10年以上有期徒刑或者无期徒刑。

根据2016年4月18日最高人民法院、最高人民检察院《关于办理贪污贿赂刑事案件适用法律若干问题的解释》第5条规定,挪用公款归个人使用,进行非法活动,数额在300万元以上的,应当认定为《刑法》第384条第1款规定的"数额巨大"。具有下列情形之一的,应当认定为《刑法》第384条第1款规定的"情节严重":第一,挪用公款数额在100万元以上的;第二,挪用救灾、抢险、防汛、优抚、扶贫、移民、救济特定款物,数额在50万元以上不满100万元的;第三,挪用公款不退还,数额在50万元以上不满100万元的;第四,其他严重的情节。

该解释第6条规定,挪用公款归个人使用,进行营利活动或者超过3个月未还,数额在500万元以上的,应当认定为《刑法》第384条第1款规定的"数额巨大"。具有下列情形之一的,应当认定为《刑法》第384条第1款规定的"情节严重":第一,挪用公款数额在200万元以上的;第二,挪用救灾、抢险、防汛、优抚、扶贫、移民、救济特定款物,数额在100万元以上不满200万元的;第三,挪用公款不退还,数额在100万元以上不满200万元的;第四,其他严重的情节。

④挪用用于救灾、抢险、防汛、优抚、扶贫、移民、救济特定款物归个人使用的,构成挪用公款罪从重处罚。

根据2016年4月18日最高人民法院、最高人民检察院《关于办理贪污贿赂刑事案件适用法律若干问题的解释》第5条第2项规定,挪用救灾、抢险、防汛、优抚、扶贫、移民、救济特定款物归个人使用,进行非法活动,数额在50万元以上不满100万元的,应当认定为"情节严重"。

该解释第6条第2项规定,挪用救灾、抢险、防汛、优抚、扶贫、移民、救济特定款物,归个人使用,进行营利活动或者超过3个月未还,数额在100万元以上不满200万元的,应当认定为《刑法》第384条规定的"情节严重"。

3. 本罪适用时,应注意以下问题:

(1)注意划清罪与非罪的界限。

第一,本罪的犯罪主体是特殊主体,必须是国家工作人员,即主管、经管或者经手使用公款的从事国家公务的人员才可以构成本罪;单纯从事劳务、服务、勤杂的人员,由于没有从事公务的职务,不可能实施利用其职务之便挪用公款的行为,因此,其不是从事公务的人员,不能构成本罪。

第二,必须是挪用公款归个人使用才构成本罪,挪用的不是公款而是挪用个人或者单位资金的不构成本罪。《刑法修正案》第7条中规定的挪用"客户资金",是指在国有金融机构中保管的客户资金,国有金融机构的工作人员挪用该客户资金,与挪用本单位的公款的性质相同,因此,也构成挪用公款罪。根据最高人民法院2003年11月13日印发的《全国法院审理经济犯罪案件工作座谈会纪要》第4条第1项中的规定,经单位领导集体研究决定将公款给个人使用,或者单位负责人为了单位的利益,决定将公款给个人使用的,不以挪用公款罪定罪处罚。上述行为致使单位遭受重大损失，构成其他犯罪的，依照《刑法》的有关规定对责任人员定罪处罚。

第三，本罪是故意犯罪，并且必须具有挪用公款归个人使用的目的，过失行为不构成犯罪。

第四，挪用公款归个人进行非法活动是行为犯，一般来说，只要实施了上述行为就具备了本罪的犯罪结果，就可以构成犯罪。但是还应根据《刑法》第 13 条犯罪定义规定的"情节显著轻微危害不大的，不认为是犯罪"进行考量。根据 1998 年 5 月 9 日施行的最高人民法院《关于审理挪用公款案件具体应用法律若干问题的解释》第 3 条第 2 款的规定，挪用公款归个人使用，进行非法活动的，以挪用公款 5000 元至 1 万元为追究刑事责任的数额起点。达不到上述数额标准的，一般属于情节显著轻微，危害不大，不构成本罪。

对于挪用公款数额巨大，3 个月内退还了的，是否追究行为人的刑事责任。我国 1997 年《刑法》第 384 条规定，挪用公款数额巨大不退还的，处 10 年以上有期徒刑或者无期徒刑，没有规定挪用公款数额巨大，3 个月以内退还的，应如何处理。对此，应严格按照罪刑法定原则，刑法条文没有明确规定为犯罪的，不得定罪处罚。1998 年 5 月 9 日施行的《关于审理挪用公款案件具体应用法律若干问题的解释》第 2 条第 1 款规定，挪用公款数额巨大，超过 3 个月，案发前全部归还的，可以酌情从轻处罚。也就是说，挪用公款数额巨大，在案发前全部归还的，构成犯罪，但可以酌情从轻处罚。但是这里也没有明确规定"挪用公款数额巨大，3 个月以内归还的"是否构成犯罪。司法实践中，"将挪用公款数额巨大，3 个月以内归还的，作为挪用公款情节严重的，处 5 年以上有期徒刑，但酌情从轻处罚"。[①]

(2) 注意准确认定本罪的挪用公款归个人使用。我国《刑法》第 384 条规定"挪用公款归个人使用的"构成挪用公款罪。对于理解"归个人使用"，曾有不同意见。最高人民法院于 1998 年 5 月 9 日施行的《关于审理挪用公款案件具体应用法律若干问题的解释》第 1 条第 2 款规定："挪用公款给私有公司、私有企业使用的，属于挪用公款归个人使用。"2000 年 3 月 14 日最高人民检察院《关于挪用公款给私有公司、私有企业使用行为的法律适用问题的批复》(已失效)中也指出，挪用公款给私有公司、私有企业使用的行为，无论发生在《刑法》修订前后，均可构成挪用公款罪。至于具体行为的法律适用问题，应根据行为发生的时间，依照《刑法》及 1989 年 11 月 6 日最高人民法院、最高人民检察院《关于执行〈关于惩治贪污罪贿赂罪的补充规定〉若干问题的解答》(已失效)和 1998 年 5 月 9 日最高人民法院《关于审理挪用公款案件具体应用法律若干问题的解释》的有关规定办理。根据最高人民法院《关于如何认定挪用公款归个人使用有关问题的解释》(已失效)的规定，国家工作人员利用职务上的便利，以个人名义将公款借给其他自然人或者不具有法人资格的个人独资企业、个人合伙企业等使用的，属于挪用公款归个人使用。国家工作人员利用职务上的便利，为谋取个人利益，以个人名义将公款借给其他单位使用的，属于挪用公款归个人使用。笔者认为，上述司法解释与法律规定不相一致。挪用公款归私有公司、私有企业使用也是给单位使用，按照我国《刑法》第 30 条关于单位犯罪的规定，私有公司、私有企业也是单位，也可以构成单位犯罪，因此，将私有

[①] 参见《全国法院审理经济犯罪案件工作座谈会纪要》，载《中华人民共和国最高人民法院公报》2003 年第 6 期，第 5 页。

公司、私有企业解释为"个人"不符合法律规定。最高人民法院《关于如何认定挪用公款归个人使用有关问题的解释》中规定"不具有法人资格的私营独资企业、私营合伙企业等使用的，属于挪用公款归个人使用"，也是不确切的。不具有法人资格的单位也是单位，挪用公款归单位使用应属于单位与单位之间的资金拆借行为，不应构成挪用公款罪。2002年4月28日全国人大常委会《关于〈中华人民共和国刑法〉第三百八十四条第一款的解释》对"挪用公款归个人使用"作了立法解释。有下列情形之一的，属于挪用公款"归个人使用"：①将公款供本人、亲友或者其他自然人使用的；②以个人名义将公款供其他单位使用的；③个人决定以单位名义将公款供其他单位使用，谋取个人利益的。根据上述规定，挪用公款归个人使用并不包括单位。挪用公款归私有公司、私有企业使用，也不构成挪用公款罪，除非是以个人的名义将公款供其他单位使用，或者个人决定以单位的名义将公款供其他单位使用，以谋取个人利益的行为，才能构成挪用公款罪，因为上述情况实质上是挪用公款归个人使用。

在司法实践中，对于将公款供其他单位使用的，认定是否属于"以个人名义"，不能只看形式，要从实质上把握。对于行为人逃避财务监管，或者与使用人约定以个人名义进行，或者借款、还款都以个人名义进行，将公款给其他单位使用的，应认定为"以个人名义"。"个人决定"既包括行为人在职权范围内决定，也包括超越职权范围决定。"谋取个人利益"既包括行为人与使用人事先约定谋取个人利益实际尚未获取的情况，也包括虽未事先约定但实际已获取了个人利益的情况。其中的"个人利益"，既包括不正当利益，也包括正当利益；既包括财产性利益，也包括非财产性利益，但是这种非财产性利益，应当是具体的实际利益，如升学、就业等。挪用金融凭证、有价证券用于质押，使公款处于风险之中，与挪用公款为他人提供担保没有实质的区别，符合《刑法》关于挪用公款罪规定的，以挪用公款罪定罪处罚，挪用公款数额以实际或者可能承担的风险数额认定。①

实践中，对挪用公款尚未投入实际使用的，只要同时具备"数额较大"和"超过三个月未还"的构成要件，就应当认定为挪用公款罪，但可以从轻认定为挪用公款归个人正当生活使用，酌情从轻处罚。

（3）注意划清挪用公款罪与借款的界限。本罪的挪用公款行为，是利用职务上的便利，擅自挪用公款归个人使用的行为。所谓挪用公款，就是擅自利用自己主管、经手管理公款职务上的便利条件，私自将公款归个人使用，在公款所有单位不知道的情况下使用公款，侵犯公款所有单位对公款的使用权，是一种违法行为，应当构成挪用公款罪。借用公款，是按借款规定以及一定的借款程序，履行借款手续，经有权批准人批准借款的行为，借用公款是经过公款管理人同意，不存在侵犯公款使用权，是合法行为，不构成挪用公款罪。司法实践中，常把合法的借款行为误认定为挪用公款行为，酿成错案。当然，以借款为掩护，实际上利用职务之便进行挪用公款行为，是违法行为，也可以构成挪用公款罪。有一种意见认为，"国有单位领导利用职务上的便利，指令具有法人资格的下级单位借公款供个人使用的，属于挪用公款行为，构

---

① 参见《全国法院审理经济犯罪案件工作座谈会纪要》，载《中华人民共和国最高人民法院公报》2003年第6期，第5页。

成犯罪的,应以挪用公款罪定罪处罚"。① 笔者认为,对上述国有单位领导的行为应具体分析,如果国有单位领导利用职务的便利,擅自挪用下级单位的公款归个人使用的,可以构成挪用公款罪;如果国有单位的领导,向下级法人单位借款归个人使用,下级单位经单位集体研究同意借给上级单位领导个人使用的行为,不是挪用公款行为,而是借款行为,不构成挪用公款罪。

(4)注意划清挪用公款行为与挪用公物行为的界限。我国《刑法》第384条规定的挪用公款的犯罪行为挪用的对象是"公款",不包括"公物"。但是《刑法》第384条第2款规定,"挪用用于救灾、抢险、防汛、优抚、扶贫、移民、救济款物归个人使用的,从重处罚",也就是说,挪用上述特定公款、公物的行为可以构成挪公款罪。在定罪量刑时,应将特定公物转为公款数额,按公款数额定罪处罚。根据2000年3月6日最高人民检察院《关于国家工作人员挪用非特定公物能否定罪的请示的批复》中的解释,《刑法》第384条规定的挪用公款罪中未包括挪用非特定公物归个人使用的行为,对该行为不以挪用公款罪论处。因此,国家工作人员挪用非特定公物归个人使用的行为,不以挪用公款罪论处。有学者认为,刑法规定的挪用公款罪中包括挪用特定款物的行为,与挪用公款罪名不符;挪用公物归个人使用的社会危害也很严重,应对刑法进行补充规定。

(5)划清挪用公款进行违法活动的一罪与数罪的认定。挪用公款归个人进行违法活动,如进行赌博、走私违法活动的行为,可能构成挪用公款罪,还可能构成其他犯罪,如赌博罪、走私罪等。上述情况下是定一罪还是数罪,刑法没有具体规定,一般应按处理牵连犯的原则,从一重罪处罚,即只以较重的罪定罪处罚。例如,某单位领导以挪用的本单位的公款向上级领导行贿的行为,一般认定为单位行贿罪。但是1998年5月9日施行的最高人民法院《关于审理挪用公款案件具体应用法律若干问题的解释》第7条规定,"因挪用公款索取、收受贿赂构成犯罪的,依照数罪并罚的规定处罚。挪用公款进行非法活动构成其他犯罪的,依照数罪并罚的规定处罚",即挪用公款进行违法活动又构成其他犯罪的应定为数罪,按数罪并罚处理。

(6)注意挪用公款罪共犯的认定。挪用公款罪也有共犯,国家工作人员与其他使用公款人共谋利用职务上便利,挪用公款归个人使用的,构成共犯。一般来说,使用公款的个人不构成挪用公款罪,但使用公款人与挪用人通谋的,可以构成挪用公款罪的共犯。1998年5月9日施行的最高人民法院《关于审理挪用公款案件具体应用法律若干问题的解释》第8条规定:"挪用公款给他人使用,使用人与挪用人共谋,指使或者参与策划取得挪用款的,以挪用公款罪的共犯定罪处罚。"

(7)注意受委托管理国有财产人员挪用公款的定罪问题。我国《刑法》第382条第2款规定,"受国家机关、国有公司、企业、事业单位、人民团体委托管理、经营国有财产的人员,利用职务上的便利,侵吞、窃取、骗取或者以其他手段非法占有国有财物的,以贪污论",即受委托管理国有财产的人员可以构成贪污罪。但是受委托管理国有财产的工作人员利用职务上的便利挪用公款归个人使用是定为挪用公款罪,还是定为挪用资金罪应视情况而论。笔者认为,我国《刑法》第384条没有单独规定受委托管理国有财物的人可以构成挪用公款罪,但是

---

① 参见《全国法院审理经济犯罪案件工作座谈会纪要》,载《中华人民共和国最高人民法院公报》2003年第6期,第5页。

委托管理国有财物的人员,如果是受国有单位委托的人员,可以构成挪用公款罪;如果不是受国有单位委托而是受非国有单位委托的人员,不构成挪用公款罪,但可以构成挪用资金罪。根据 2000 年 2 月 24 日施行的最高人民法院《关于对受委托管理、经营国有财产人员挪用国有资金行为如何定罪问题的批复》中的解释,对于受国家机关、国有公司、企业、事业单位、人民团体委托,管理、经营国有财产的非国家工作人员,利用职务上的便利,挪用国有资金归个人使用构成犯罪的,应当依照《刑法》第 272 条第 1 款的规定定罪处罚,即以挪用资金罪定罪处罚。根据 2002 年 12 月 28 日全国人大常委会《关于〈中华人民共和国刑法〉第九章渎职罪主体适用问题的解释》,如果是受国家机关委托代表国家机关行使经营、管理国有财物职权,从事公务的人员,可以构成挪用公款罪。

(8)划清挪用公款罪与贪污罪的界限。挪用公款罪是从贪污罪中分离出来的犯罪,贪污罪是国家工作人员利用职务上的便利侵占公共财物的犯罪行为,与本罪的犯罪主体相同,犯罪行为相似,特别是 1998 年 5 月 9 日施行的最高人民法院《关于审理挪用公款案件具体应用法律若干问题的解释》第 6 条规定的,携带挪用的公款潜逃的,依照《刑法》第 382 条、第 383 条的规定定罪处罚。因此,在定罪时,容易混淆。二罪的根本区别是:

①犯罪行为不同。本罪是利用职务上的便利挪用公款的行为;而贪污罪是利用职务的便利非法占有公共财物的行为。

②犯罪对象和客体不同。本罪侵犯的对象是公款,侵犯的客体是公款的使用权利;而贪污罪侵犯的对象是公共财物,包括公款和公物,侵犯的客体是公共财物的所有权利。

③犯罪目的不同。本罪的目的是使用公款的目的,使用后是要归还的,没有占有公款的目的;而贪污罪的目的是非法占有公共财物。

基于上述的不同点可将两种犯罪区分开来。

挪用公款行为在一定条件下会转化为贪污。在司法实践中,具有下列情形之一的,可以认定行为人具有非法占有公款的目的:①行为人携带挪用的公款潜逃的,对携带挪用的公款部分,以贪污罪定罪处罚;②行为人挪用公款后,采取虚假发票平账、销毁有关账目等手段,使所挪用的公款难以在单位财务账目上反映出来,且没有归还行为的,应当以贪污罪定罪处罚;③行为人截取单位收入不入账,非法占有,使所占有的公款难以在单位财务账目上反映出来,且没有归还行为的,应当以贪污罪定罪处罚;④有证据证明行为人有能力归还所挪用的公款而拒不归还,并隐瞒挪用的公款去向的,应当以贪污罪定罪处罚。[①]

(9)划清本罪与挪用资金罪的界限。我国《刑法》第 384 条规定的挪用公款罪是国家工作人员利用职务上的便利挪用公款归个人使用的犯罪行为,与《刑法》第 272 条规定的挪用资金罪的犯罪行为相似。特别是国家工作人员犯挪用资金罪的,依照挪用公款罪定罪处罚,因此,两种犯罪容易混淆。二罪的主要区别是:

①犯罪主体不同。挪用公款罪的主体是国家工作人员;而挪用资金罪的主体是单位的工作人员,即不具有国家工作人员身份的单位工作人员。

②犯罪对象不同。挪用公款罪的对象是公款,而挪用资金罪的对象是本单位的资金。

---

① 参见《全国法院审理经济犯罪案件工作座谈会纪要》,载《中华人民共和国最高人民法院公报》2003 年第 6 期,第 5 页。

基于上述不同点可将两种犯罪区分开来。

(10) 划清本罪与挪用特定款物罪的界限。挪用公款罪与挪用特定款物罪是既有联系也有区别的两种不同的犯罪。

二罪的联系是：①犯罪手段都是利用职务便利或者工作的便利，挪用钱款的行为。②国家工作人员利用职务上的便利挪用特定款物归个人使用的，构成挪用公款罪，且从重处罚。③犯罪主体在主观上都是故意挪用公款、公物归个人使用。基于上述二罪的共同点，会使这两种犯罪容易混淆。

二罪的主要区别有：①犯罪主体不同。挪用公款罪的主体是国家工作人员，非国家工作人员不能构成挪用公款罪；挪用特定款物罪的主体是单位的工作人员，即经手、管理、主管特定款物的人都可以构成。②犯罪对象不同。挪用公款罪的对象一般是公款；而挪用特定款物罪挪用的对象是用于救灾、抢险、防汛、优抚、扶贫、移民、救济的款和物。③挪用款物的用途不同。挪用公款罪挪用公款归个人使用；而挪用特定款物罪挪用的对象是特定款物归单位使用。如果挪用特定款物归个人使用，则构成挪用公款罪。④犯罪结果不同。挪用公款罪的结果必须是挪用公款数额和情节两种结果，在挪用公款数额的基础上，考虑情节结果；而挪用特定款物罪的犯罪结果只是情节结果，只要是使国家和人民群众的利益遭受重大损害结果的，就可以构成犯罪。⑤法定刑不同。挪用公款罪的法定刑，最高为无期徒刑；而挪用特定款物罪的法定刑最高为7年以上有期徒刑。基于上述不同点，可将两种犯罪区分开来。

第六章　中华人民共和国刑法修正案(二)

全国人大常委会《中华人民共和国刑法修正案(二)》(以下简称《刑法修正案(二)》)是2001年8月31日第九届全国人大常委会第二十三次会议通过,并于当日由国家主席公布施行的。我国1997年《刑法》对盗伐、滥伐森林或者其他林木等破坏森林资源的犯罪行为作了明确规定,对保护森林资源、震慑犯罪,发挥了重要的作用,但随着形势的发展,又出现了一些新的情况和问题,突出的表现是:一些地方、单位和个人以各种名义毁林开垦、非法占用林地并改作他用,对森林资源和林地造成了极大的破坏。对这种毁林开垦和非法占用林地改作他用的违法行为,1997年《刑法》没有具体规定,无法准确追究毁林开垦和非法占用林地并改作他用的违法行为的刑事责任。为了有效地制止毁林开垦和乱占、滥用林地的违法行为,切实保护森林资源,1998年8月5日,国务院发出了《关于保护森林资源制止毁林开垦的紧急通知》,其中要求"对毁林开垦数量巨大、情节严重,构成犯罪的,要依法追究有关人员的刑事责任"。[①] 由于1997年《刑法》对此未作明确规定,国务院的上述规定司法机关无法落实,因此,国务院法制办(已撤销)、国家林业局在调查研究、广泛征求意见的基础上,拟订了《刑法修正案(二)(草案)》,就毁林开垦和非法占有林地改作他用的违法行为应负的刑事责任问题对《刑法》第342条、第410条作了相应修改和补充。该刑法修正案草案经国务常务会议讨论通过,并于2001年6月26日向第九届全国人大常委会提出并审议。会后,全国人民代表大会法律委员会和全国人大常委会法制工作委员会将国务院提请的草案印发中央有关部门和地方人大征求意见,法律委员会和法制工作委员会还联合邀请中央有关部门和法律专家进行座谈,听取意见。法律委员会经多次开会审议认为,为了惩治破坏森林资源的犯罪保护生态环境,对刑法有关条文作相应修改和明确法律的含义是必要的。同时,对国务院提请的修改草案提出以下修改意见:

(1)关于《刑法》第342条规定的修改。1997年《刑法》第342条规定:"违反土地管理法规,非法占用耕地改作他用,数量较大,造成耕地大量毁坏的,处五年以下有期徒刑或者拘役,并处或者单处罚金。"《刑法修正案(二)(草案)》第1条规定,在《刑法》第342条后增加一款作为第2款,规定:"违反土地管理法规,开垦林地、非法占用林地并改作他用,数量较大,造成森林或者其他林木严重毁坏的,处五年以下有期徒刑或者拘役,并处或者单处罚金。"一些委员和最高人民法院等部门提出,"草案规定的造成森林或者其他林木严重毁坏的"行为,根据《刑法》第344条、第345条和有关司法解释的规定,是能够追究刑事责任的。国务院法制办(已撤销)、国家林业局提出,修改第342条的目的是保护林地,包括宜林地。为了保护森林资

---

① 参见《全国人民代表大会常务委员会公报》2001年第6期,第468页。

源,对于非法占用林地,造成林地大量毁坏的行为,应当规定为犯罪。此外,还有委员提出,非法占用草地改作他用,造成草地大量毁坏的行为,危害也很严重,这次修改应一并考虑解决。因此,全国人大法律委员会建议将《刑法修正案(二)(草案)》第1条修改为:"违反土地管理法规,非法占用耕地、林地等农用地,改变被占用土地用途,数量较大,造成耕地、林地等农用地大量毁坏的,处五年以下有期徒刑或者拘役,并处或者单处罚金。"根据《土地管理法》的规定,农用地包括耕地、林地、草地、养殖水面等。这样的修改,既可以对大量毁坏森林的行为追究刑事责任,而且对实践中出现的非法占用并大量毁坏草地、养殖水面等其他农用地严重破坏生态环境构成犯罪的行为,也能予以追究。至于非法占用林地,造成林木严重毁坏的,应当适用1997年《刑法》第344条非法采伐、毁坏珍贵树木罪和第345条盗伐林木罪、滥伐林木罪的规定追究刑事责任,可不再另行规定。

(2)《刑法》第410条是否修改问题。1997年《刑法》第410条规定:"国家机关工作人员徇私舞弊,违反土地管理法规,滥用职权,非法批准征用、占用土地,或者非法低价出让国有土地使用权,情节严重的,处三年以下有期徒刑或者拘役;致使国家或者集体利益遭受特别重大损失的,处三年以上七年以下有期徒刑。"《刑法第三百四十二条、第四百一十条修正案(草案)》第2条在《刑法》第410条中增加了违反"森林管理法规"和"非法审核批准开垦林地、占用林地并改作他用"的规定。一些委员和部门提出,根据《土地管理法》的规定,《刑法》第410条规定的土地已经包括林地、草地等土地在内,可以不作修改。国务院法制办(已撤销)、国家林业局提出,由于对《刑法》第410条规定的"土地管理法规"和"非法批准征用、占用土地"的含义理解不一致,实践中对一些非法批准征用、占用林地构成犯罪的行为没有适用《刑法》第410条追究刑事责任。为了解决实践中存在的问题,建议全国人大常委会通过法律解释,对《刑法》第410条相关规定的含义进一步明确。根据一些常委会委员、部门和专家的意见,法律委员会认为,《刑法》第410条的规定已包括了非法批准征用、占用林地的情形,可以根据《立法法》的有关规定,采用法律解释的方式对该条的含义进一步予以明确,以利于对这类犯罪的打击。同时,考虑到除《刑法》第410条外,《刑法》第228条、第342条也规定了"违反土地管理法规",其含义与《刑法》第410条是相同的,也应一并明确。因此,法律委员会建议对刑法的上述规定作如下解释:《刑法》第228条、第342条、第410条规定的"违反土地管理法规",是指违反土地管理法、森林法、草原法等法律以及有关行政法规中关于土地管理的规定。《刑法》第410条规定的"非法批准征用、占用土地"是指非法批准征用、占用耕地、林地等农用地以及其他土地。

(3)法定刑是否修改问题。有些常委会委员和地方建议加重对破坏森林资源犯罪的处罚,提高刑法对有关犯罪的刑期。考虑到这个问题涉及与刑法规定的其他犯罪在处罚上的平衡,需要通盘研究。因此,法律委员会建议这次不作修改。①

(4)有关"数量较大"等具体量化规定问题。有的委员建议将草案中"数量较大"和"造成耕地、林地大量毁坏的"规定具体量化,以利于执法。法律委员会认为,草案关于数量的规定涉及罪与非罪的界限,能够具体规定的应当尽量作出规定。鉴于这类案件情况比较复杂,破坏耕地、林地等农用地的情况不同,各地的情况也不同,而且情况还会不断变化,由最高人民

---

① 参见《全国人民代表大会常务委员会公报》2001年第6期,第469~470页。

法院根据司法实践作出司法解释,更能够适应打击犯罪的需要。①

第九届全国人大常委会第二十三次会议上对《刑法修正案(二)(草案)》进行了再次审议。全国人大常委会于2001年8月31日通过了《刑法修正案(二)》,并于当日公布施行。②

一、刑法对非法占用农用地罪的补充修改

非法占用农用地罪,是《刑法修正案(二)》补充修改的犯罪,作为1997年《刑法》第342条规定的"非法占用耕地罪"的修改罪名。1997年最高人民法院《关于执行〈中华人民共和国刑法〉确定罪名的规定》(已被修改)将《刑法》第342条规定的犯罪定为"非法占用耕地罪",2002年3月15日发布的最高人民法院、最高人民检察院《关于执行〈中华人民共和国刑法〉确定罪名的补充规定》根据《刑法修正案(二)》改为"非法占用农用地罪"。

刑法及《刑法修正案(二)》对有关非法占用农用地罪的规定有:

1. 1998年8月29日发布的《土地管理法》(已被修改)第74条规定:"违反本法规定,占用耕地建窑、建坟或者擅自在耕地上建房、挖砂、采石、取土等,破坏种植条件的,或者因开发土地造成土地荒漠化、盐渍化的,由县级以上人民政府土地行政主管部门责令限期改正或者治理,可以并处罚款;构成犯罪的,依法追究刑事责任。"

2. 1997年《刑法》第342条规定:"违反土地管理法规,非法占用耕地改作他用,数量较大,造成耕地大量毁坏的,处五年以下有期徒刑或者拘役,并处或者单处罚金。"

3. 1997年《刑法》第346条规定:"单位犯本节第三百三十八条至第三百四十五条规定之罪的,对单位判处罚金,并对其直接负责的主管人员和其他直接责任人员,依照本节各该条的规定处罚。"

4. 2001年8月31日全国人大常委会《刑法修正案(二)》规定,"违反土地管理法规,非法占用耕地、林地等农用地,改变被占用土地用途,数量较大,造成耕地、林地等农用地大量毁坏的,处五年以下有期徒刑或者拘役,并处或者单处罚金"。

《刑法修正案(二)》对1997年《刑法》作了如下修改和补充:

1. 修改了罪名。我国1979年《刑法》没有规定"非法占用农用地罪",因为当时我国实行计划经济,土地全部归国家和集体所有,对土地的使用完全按国家计划批准,无偿划拨,非法占用土地的行为并不突出。我国1986年6月25日颁布了《土地管理法》,1988年12月29日进行了修订。在修订刑法时,根据修订的《土地管理法》的规定,在《刑法》第342条规定了非法占有耕地改作他用的犯罪行为,1997年最高人民法院《关于执行〈中华人民共和国刑法〉确定罪名的规定》(已被修改)规定为"非法占用耕地罪"。2001年8月31日,全国人大常委会在《刑法修正案(二)》中补充规定了犯罪的对象和犯罪行为,2002年3月15日发布的最高人民法院、最高人民检察院《关于执行〈中华人民共和国刑法〉确定罪名的补充规定》根据《刑法修正案(二)》的规定,改为非法占用农用地罪。

2. 补充规定了具体犯罪对象和犯罪行为。1997年《刑法》第342条规定的"非法占用耕地罪"的犯罪对象只是"耕地",其犯罪行为是"非法占用耕地改作他用"。《刑法修正案(二)》将非法占用耕地罪的犯罪对象补充增加为"耕地、林地等农用地",包括耕地、林地、草

---

① 参见《全国人民代表大会常务委员会公报》2001年第6期,第466页。
② 参见《全国人民代表大会常务委员会公报》2001年第6期,第467页。

地、农田水利用地、养殖水面等农用地;犯罪行为也扩大为"非法占用耕地、林地等农用地,改变被占用土地用途"。

二、刑法补充修改非法占用农用地罪的原因

全国人大常委会《刑法修正案(二)》补充规定"非法占用农用地罪"的内容,主要原因有:

1. 1997年《刑法》中没有明确规定非法占用林地、草地、养殖水面等农用地的犯罪行为。我国1997年《刑法》对盗伐、滥伐森林或者其他林木等破坏森林资源的犯罪行为作了明确规定,对保护森林资源、震慑犯罪,发挥了重要作用,但随着形势的发展,又出现了一些新的情况和问题,突出的表现是:一些地方、单位和个人以各种名义毁林开垦、非法占用林地并改作他用,对森林资源和林地造成了极大的破坏。对这种毁林开垦和非法占用林地改作他用的违法行为,修改后的刑法没有明确具体规定,无法准确依照刑法追究毁林开垦和非法占用林地等农用地并改作他用的违法行为的刑事责任。

2. 我国《土地管理法》规定的犯罪行为需要相应的刑法规定作保障。我国1998年《土地管理法》第74条规定:"违反本法规定,占用耕地建窑、建坟或者擅自在耕地上建房、挖砂、采石、取土等,破坏种植条件的,或者因开发土地造成土地荒漠化、盐渍化的,由县级以上人民政府土地行政主管部门责令限期改正或者治理,可以并处罚款;构成犯罪的,依法追究刑事责任。"1998年8月5日,国务院发出了《关于保护森林资源制止毁林开垦的紧急通知》,其中要求:"对毁林开垦,数量巨大,情节严重,构成犯罪的,要依法追究有关人员的刑事责任。"①上述《土地管理法》《关于保护森林资源制止毁林开垦的紧急通知》中"构成犯罪的,要依法追究有关人员的刑事责任"的规定,必须在刑法中有相应的规定,才能保障上述规定的实施。

3. 国务院请求全国人大常委会修改刑法规定。2001年6月26日,在第九届全国人大常委会第二十三次会议上,国务院向全国人大常委会提出了《刑法第三百四十二条、第四百一十条修正案(草案)》,其内容之一是提请全国人大常委会对《刑法》第342条增加规定"违反森林管理法规,开垦林地,非法占用林地并改作他用"的犯罪行为。全国人大法律委员会进行了多次审议并提出了具体修改意见,建议全国人大委务会在《刑法修正案(二)》中进行修改和补充。

鉴于上述原因,全国人大常委会在《刑法修正案(二)》中补充规定了"非法占用农用地罪"的具体犯罪对象和犯罪行为。

三、非法占用农用地罪的适用

非法占用农用地罪,是根据1997年《刑法》规定的罪名修改的,《刑法修正案(二)》对其犯罪内容作了补充规定。要准确适用,就必须先厘清本罪的概念、构成特征、法定刑,以及适用时应注意的问题。

1. 非法占用农用地罪的概念。本罪是指违反土地管理法规,非法占用耕地、林地等农用地,改变被占用土地的用途,数量较大,造成耕地、林地等农用地大量毁坏的行为。

我国是一个古老的农业国家,土地是人们生存的基础。然而,随着社会主义各项建设事业的发展,农用地面积逐年减少,现在我国人均耕地面积只有1.3亩,是世界上人均耕地面积

---

① 参见《全国人民代表大会常务委员会公报》2001年第6期,第468页。

的1/3。保护农用地,使农用地不再减少已成为摆在我国各级政府和全体国民面前的迫切任务。我国1988年修正的《土地管理法》第3条规定:"各级人民政府必须贯彻执行十分珍惜和合理利用土地的方针,全面规划,加强管理,保护、开发土地资源,制止乱占耕地和滥用土地的行为。"但是,当前非法占用农用地并将农用地改作其他用途,造成农用地毁坏的问题还很严重,这是对社会有严重危害的行为。因此,我国1997年《刑法》第342条专门将非法占用耕地的行为规定为犯罪;2001年《刑法修正案(二)》又将非法占用耕地、林地、草地、养殖水面等农用地,改作其他用途数量较大、造成耕地、林地等农用地大量毁坏的行为,规定为犯罪,依法追究刑事责任。

2. 犯罪的构成特征。根据《刑法》第342条和《刑法修正案(二)》的规定,该罪的构成特征有:

(1)犯罪主体,本罪的犯罪主体是一般主体,单位也可以构成本罪的犯罪主体。犯罪主体在主观上是故意的,即故意违反土地管理法规,非法占用农用地改作其他用途。持过失心理态度的,不能构成本罪的犯罪主体。单位犯本罪,除了单位本身是犯罪主体外,单位的直接负责的主管人员和其他直接责任人员也是本罪的犯罪主体。

(2)犯罪行为,必须是实施了非法占用农用地并改作他用的犯罪行为。具体表现有:

①故意违反土地管理法规的行为。所谓"违反土地管理法规",根据2001年8月31日全国人大常委会《关于〈中华人民共和国刑法〉第二百二十八条、第三百四十二条、第四百一十条的解释》(已被修改),是指违反土地管理法、森林法、草原法等法律以及有关行政法规中关于土地管理的规定。

②故意非法占用农用地的行为,根据《土地管理法》第4条第3款规定:所称农用地,是指直接用于农业生产的土地,包括耕地、林地、草地、农田水利用地、养殖水面等。

③故意改变被占用土地的用途的行为。农用土地是用于农业生产用途,如果不用于农业生产,而用于诸如建窑、建坟或者擅自在耕地上建房、挖砂、采石、取土等用途的行为是犯罪行为。

上述犯罪行为都是故意犯罪行为,过失行为不能构成本罪的犯罪行为。

(3)犯罪结果,本罪是结果犯。非法占用农用地必须是"数量较大,造成耕地、林地等农用地大量毁坏的"的结果。

根据2022年5月15日发布的最高人民检察院、公安部《关于公安机关管辖的刑事案件立案追诉标准的规定(二)》第72条规定:"[非法转让、倒卖土地使用权案(刑法第二百二十八条)]以牟利为目的,违反土地管理法规,非法转让、倒卖土地使用权,涉嫌下列情形之一的,应予立案追诉:(一)非法转让、倒卖永久基本农田五亩以上的;(二)非法转让、倒卖永久基本农田以外的耕地十亩以上的;(三)非法转让、倒卖其他土地二十亩以上的;(四)违法所得数额在五十万元以上的;(五)虽未达到上述数额标准,但因非法转让、倒卖土地使用权受过行政处罚,又非法转让、倒卖土地的;(六)其他情节严重的情形。"

根据2000年6月22日施行的最高人民法院《关于审理破坏土地资源刑事案件具体应用法律若干问题的解释》第3条的规定,违反土地管理法规,非法占用耕地改作他用,数量较大,造成耕地大量毁坏的,依照《刑法》第342条的规定,以非法占用耕地罪定罪处罚:①非法占用耕地"数量较大",是指非法占用基本农田5亩以上或者非法占用基本农田以外的耕地10

以上。②非法占用耕地"造成耕地大量毁坏",是指行为人非法占用耕地建窑、建坟、建房、挖沙、采石、采矿、取土、堆放固体废弃物或者进行其他非农业建设,造成基本农田5亩以上或者基本农田以外的耕地10亩以上种植条件严重毁坏或者严重污染。

具备上述情形之一的,即具备本罪的犯罪结果。

3. 本罪的法定刑。根据《刑法》第342条规定,本罪的法定刑是:

(1)构成犯罪,处5年以下有期徒刑或者拘役,并处或者单处罚金。

(2)单位犯本罪的,根据《刑法》第346条规定,对单位判处罚金,并对其直接负责的主管人员和其他直接责任人员,依照个人犯本罪的法定刑处罚。

4. 本罪适用时,应注意以下问题:

(1)注意划清罪与非罪的界限。

第一,本罪的犯罪对象是特殊对象,必须是非法占用耕地、林地等农用地才能构成本罪;非法占用的是非农用地的不构成本罪。

第二,本罪必须是违反土地管理法规的行为才构成本罪;如果是没有违反土地管理法规的行为,不构成本罪。

第三,本罪是故意犯罪,即必须具有故意违反土地管理法规,故意非法占用农用地,故意改变被占用土地的用途的行为才构成犯罪;过失行为不构成本罪。

第四,本罪是结果犯,必须是非法占用农用地数量较大,造成耕地、林地等农用地大量毁坏的犯罪结果,才可以构成本罪;达不到上述犯罪结果的,不能构成本罪。根据2000年6月22日最高人民法院《关于审理破坏土地资源刑事案件具体应用法律若干问题的解释》,所谓非法占用农用地"数量较大"的犯罪结果,是指非法占用基本农田5亩以上或者非法占用基本农田以外的耕地10亩以上的。所谓"造成耕地大量毁坏"的犯罪结果,是指行为人非法占用耕地建窑、建坟、建房、挖沙、采石、采矿、取土、堆放固体废弃物或者进行其他非农业建设,造成农用地大面积毁坏的结果。

(2)注意准确认定本罪的犯罪结果。我国《刑法》第342条规定"非法占用耕地、林地等农用地,改变被占用土地用途,数量较大,造成耕地、林地等农用地大量毁坏的"才构成犯罪。本罪的犯罪结果必须是非法占用农用地数量较大,同时造成大量农用地毁坏两种结果的,才构成本罪。如果只是非法占用农用地数量较大,但没有造成农用地大量毁坏的,如冬季在数量较大的农用地上开设临时游乐场,春季可以继续耕种,对农用地没有造成大量毁坏的,不构成本罪。同样,非法占用农用地数量不够较大,但造成农用地严重毁坏的,如在农用地里修建了一座大坟,非法占用农用地0.1亩的行为,也不构成本罪,应由行政管理部门给予行政处罚。

(3)注意准确认定一罪与数罪的界限。行为人如果把进口废物在农用地上倾倒、堆放,或者在农用地上排放、倾倒、放置有放射性、含有传染病病原体、有毒有害物质或者其他废物,造成农用地大量毁坏的,虽然可以同时构成本罪和其他犯罪,但根据特别法律规定优于一般法律规定原则,应依照《刑法》第339条第1款、第338条的规定,分别以非法处置进口的固体废物罪或者污染环境罪定罪从重处罚。

第七章 中华人民共和国刑法修正案(三)

全国人大常委会《中华人民共和国刑法修正案(三)》(以下简称《刑法修正案(三)》)是2001年12月29日第九届全国人大常委会第二十五次会议通过,并于当日由国家主席公布施行的。一个时期以来,尤其是20世纪90年代以来,在国际国内,恐怖犯罪活动开始猖獗,恐怖分子有组织地实施了一系列爆炸、暗杀、纵火、投放危险物质等恐怖暴力活动。例如,国际上美国的"9·11"事件、印尼的"巴厘岛爆炸"等事件,国内上海"炭疽病芽孢菌"、新疆的"东突恐怖组织"等事件,严重地威胁人类和平与安全及社会的稳定和国家的安全。世界各国人民和政府非常重视同恐怖犯罪活动作斗争。联合国通过了《制止恐怖主义爆炸的国际公约》、《制止向恐怖主义提供资助的国际公约》以及联合国安理会通过了第1267、1372、1333、1456号等反对恐怖主义的决议,要求联合国成员方依法同恐怖犯罪活动作斗争。我国政府和人民一贯重视同恐怖犯罪作斗争,我国1997年《刑法》对惩治恐怖活动犯罪已作了规定。例如,1997年《刑法》第120条明确规定了"组织、领导、参加恐怖组织罪",最高处10年有期徒刑,具有上述行为并实施杀人、爆炸、绑架等犯罪的,依照数罪并罚的规定处罚。但随着形势的发展,又出现了一些新的情况和问题,突出的表现是:一些地方恐怖活动不断猖獗,刑法规定的有关犯罪处罚较轻,不足以制止恐怖犯罪的需要。特别是在中国境内外的"东突"势力,为实现破坏国家统一的目的,在我国新疆等地和有关国家策划、组织、实施了一系列爆炸、暗杀、纵火、投毒、袭击等恐怖暴力活动,罪行累累。据2003年12月15日公安部公布的首批"东突"恐怖组织有4个,恐怖分子11人。根据恐怖活动的新情况,如何适用刑法需要进一步明确,刑法的有关条款也需进一步完善。经全国人大常委会委员长会议同意,全国人大常委会法制工作委员会在与有关部门和专家多次研究的基础上,拟订了《刑法修正案(三)(草案)》,并提请第九届全国人大常委会审议。全国人大法律委员会根据常委会组成人员的审议意见进行了审议。法律委员会认为,为了严厉打击恐怖活动犯罪,有必要对刑法进行修改补充。草案基本上是可行的。同时,他们也对草案提出了修改意见。[①] 2001年12月29日第九届全国人大常委会第二十五次会议通过了《刑法修正案(三)》,并于当日由国家主席公布施行。

一、投放危险物质罪、过失投放危险物质罪

投放危险物质罪、过失投放危险物质罪,是《刑法修正案(三)》补充修改的两个罪名,作为1997年《刑法》第114条、第115条第2款规定的投毒罪、过失投毒罪的修改罪名。1997年最高人民法院《关于执行〈中华人民共和国刑法〉确定罪名的规定》(已被修改)将《刑法》第114条、第115条规定的犯罪定为投毒罪、过失投毒罪,2002年3月15日发布的最高人民法

[①] 参见《全国人民代表大会常务委员会公报》2002年第1期,第20页。

院、最高人民检察院《关于执行〈中华人民共和国刑法〉确定罪名的补充规定》根据《刑法修正案(三)》确定为该两种罪名,取消了投毒罪和过失投毒罪两个罪名。

(一)刑法规定内容的修改

刑法条文中有关投放危险物质罪、过失投放危险物质罪的规定有:

1. 1979年《刑法》第101条规定:"以反革命为目的,投放毒物、散布病菌或者以其他方法杀人、伤人的,处无期徒刑或者十年以上有期徒刑;情节较轻的,处三年以上十年以下有期徒刑。"

1979年《刑法》第105条规定:"放火、决水、爆炸或者以其他危险方法破坏工厂、矿场、油田、港口、河流、水源、仓库、住宅、森林、农场、谷场、牧场、重要管道、公共建筑物或者其他公私财产、危害公共安全,尚未造成严重后果的,处三年以上十年以下有期徒刑。"

1979年《刑法》第106条规定:"放火、决水、爆炸、投毒或者以其他危险方法致人重伤、死亡或者使公私财产遭受重大损失的,处十年以上有期徒刑、无期徒刑或者死刑。过失犯前款罪的,处七年以下有期徒刑或者拘役。"

2. 1997年《刑法》第114条规定:"放火、决水、爆炸、投毒或者以其他危险方法破坏工厂、矿场、油田、港口、河流、水源、仓库、住宅、森林、农场、谷场、牧场、重要管道、公共建筑物或者其他公私财产,危害公共安全,尚未造成严重后果的,处三年以上十年以下有期徒刑。"

1997年《刑法》第115条规定:"放火、决水、爆炸、投毒或者以其他危险方法致人重伤、死亡或者使公私财产遭受重大损失的,处十年以上有期徒刑、无期徒刑或者死刑。过失犯前款罪的,处三年以上七年以下有期徒刑;情节较轻的,处三年以下有期徒刑或者拘役。"

3. 2001年12月29日全国人大常委会《刑法修正案(三)》第1条规定:"将刑法第一百一十四条修改为:'放火、决水、爆炸以及投放毒害性、放射性、传染病病原体等物质或者以其他危险方法危害公共安全,尚未造成严重后果的,处三年以上十年以下有期徒刑。'"

2001年12月29日全国人大常委会《刑法修正案(三)》第2条规定:"将刑法第一百一十五条第一款修改为:'放火、决水、爆炸以及投放毒害性、放射性、传染病病原体等物质或者以其他危险方法致人重伤、死亡或者使公私财产遭受重大损失的,处十年以上有期徒刑、无期徒刑或者死刑。'"

上述刑法及其《刑法修正案(三)》对刑法规定作了如下修改和补充:

1. 修改了罪名。我国1979年《刑法》第101条规定,对以反革命为目的,投放毒物、散布病菌或者以其他方法杀人、伤人的行为在司法实践中分别定为"反革命杀人罪"或者"反革命伤人罪"。第105条没有规定投毒的犯罪行为,第106条中增加规定了投毒犯罪行为,即投毒犯罪没有轻罪,投放毒物尚未造成严重后果的,不构成本罪,只有投毒致人重伤、死亡或者造成重大财产损失的,才构成本罪,应适用《刑法》第106条第1款规定的加重法定刑。1997年《刑法》第114条增加了投毒犯罪行为,这样1997年《刑法》第114条、第115条第1款都规定了投毒犯罪行为,也就是说投毒行为既可以适用《刑法》第114条规定较轻的法定刑,也可以适用《刑法》第115条规定的加重处罚的法定刑。1997年最高人民法院《关于执行〈中华人民共和国刑法〉确定罪名的规定》(已被修改)将《刑法》第114条、第115条第1款规定的投毒犯罪行为规定为"投毒罪";将第115条第2款规定的过失投毒行为规定为"过失投毒罪"。2001年12月29日,全国人大常委会在《刑法修正案(三)》第1条、第2条将《刑法》第114

条、第 115 条第 1 款中规定的"投毒"修改补充规定为"投放毒害性、放射性、传染病病原体等物质"。2002 年 3 月 15 日发布的最高人民法院、最高人民检察院《关于执行〈中华人民共和国刑法〉确定罪名的补充规定》,根据《刑法修正案(三)》将上述犯罪行为确定为"投放危险物质罪",取消"投毒罪",同时,将《刑法》第 115 条第 2 款的"过失投毒罪"的罪名修改为"过失投放危险物质罪"的罪名。

2. 补充规定了具体的犯罪对象和犯罪行为。1997 年《刑法》第 114 条、第 115 条规定的"投毒罪"的犯罪对象只是笼统地被称为"毒",其犯罪行为是"投毒"的行为。《刑法修正案(三)》将投放的对象"毒"补充增加为"投放毒害性、放射性、传染病病原体等危险物质",不再单是"毒",还增加了放射性物质和传染病病原体等危险物质;犯罪行为的范围也扩大为投放"毒害性、放射性、传染病病原体等物质"。

(二)刑法规定修改的原因

全国人大常委会《刑法修正案(三)》补充规定"投放危险物质罪"的内容,主要原因有:

1. 1997 年《刑法》中没有明确规定投放危险物质的具体犯罪行为。我国 1979 年《刑法》第 105 条没有规定较轻的投毒行为构成犯罪,第 106 条规定了较重的投毒行为构成犯罪,这对惩治严重投毒犯罪行为虽发挥了重要的作用,但随着形势的发展,投放毒物的社会危害性越来越大,特别是随着社会经济的发展,使用有剧毒的化学品、剧毒农药、毒鼠强等越来越多,过失投毒行为造成的社会危害性将越来越大。1997 年《刑法》除将投毒"尚未造成严重结果"的行为也规定为犯罪外,还对过失投毒罪的法定刑由"处七年以下有期徒刑或者拘役"的单一法定刑,改为"处三年以上七年以下有期徒刑;情节较轻的,处三年以下有期徒刑或者拘役"两个法定刑。

当前除投放毒物危害公共安全外,投放放射性、传染病病原体等危险物质行为,也严重危害公共安全。特别是一些地方的恐怖组织和恐怖分子用投放毒害性、放射性、传染病病原体等危险物质的方法进行恐怖犯罪活动较为猖狂。例如,患有艾滋病的病人故意在公共场所向不特定的人身上打含有艾滋病菌的血液针;患有非典型肺炎的病人故意在公共场所传播"非典"病毒;恐怖分子到处投寄炭疽病芽孢菌等行为严重危害公共安全。然而,1997 年《刑法》没有明确规定上述投放危险物质的犯罪具体行为,适用法律时常常产生分歧意见,无法准确追究投放危险物质犯罪行为人的刑事责任,因此,需要刑法作明确规定。

2. 我国《监控化学品管理条例》、《放射性物品运输安全管理条例》、《危险物品管理条例》和《传染病防治法》等法律、法规都规定,违反本规定,造成严重后果的行为,构成犯罪的,依法追究刑事责任。这些法律、法规有关惩治犯罪的规定必须在刑法中有相应的规定,才能保障其准确实施。

3. 全国人大常委会法制工作委员会提请全国人大常委会修改刑法规定。2001 年 12 月 24 日,在第九届全国人大常委会第二十五次会议上,全国人大常委会法制工作委员向全国人大常委会提出了《刑法修正案(三)(草案)》,建议全国人大常委会对《刑法》第 114 条、第 115 条进行修改和补充。

鉴于上述原因,全国人大常委会在《刑法修正案(三)》中补充规定了"投放危险物质罪""过失投放危险物质罪"的具体犯罪对象和犯罪行为。

（三）投放危险物质罪、过失投放危险物质罪的适用

投放危险物质罪、过失投放危险物质罪，是根据1997年《刑法》规定的罪名修改的，《刑法修正案（三）》对其犯罪内容作了补充规定。要准确适用，就必须先厘清本罪的概念、构成特征、法定刑，以及适用时应注意的问题。

1.本罪的概念。投放危险物质罪，是指故意投放毒害性、放射性、传染病病原体等物质，危害不特定多数人生命和大批牲畜等重大财产安全的行为。

过失投放危险物质罪，是指过失投放毒害性、放射性、传染病病原体等危险物质，严重危害公共安全，致人重伤、死亡或者使公私财产遭受重大损失的行为。

投放危险物质罪和过失投放危险物质罪是两个非常古老的罪名。我国《唐律》贼盗律中就有"造畜虫毒，及教令者，绞"，释曰：虫毒，如蛇可以毒害牲畜，也可以毒害人，对于制造虫毒和教令者要处严厉的绞刑。《唐律》中还规定"以毒药药人及卖者，绞"，释曰：以鸩毒、冶葛、乌头、附子之类毒药杀人的，要处绞刑。《唐律》投毒犯罪的规定，一直延续至明清。1935年《中华民国刑法》第11章"公共危险罪"中规定有投放危险物质的犯罪行为，该法第190条规定，投放毒物或者混入妨害卫生物品、供公众所饮之水源、水道或者自来水池者，处1年以上7年以下有期徒刑；因而致人于死者，处无期徒刑或7年以上有期徒刑；致人重伤者，处3年以上10年以下有期徒刑。

我国刑法中，根据投放危险物质的严重社会危害性，不但规定了故意投放危险物质的犯罪，而且还规定了过失投放危险物质的犯罪。同时还规定了轻重不同的刑罚，最低处拘役，最高处死刑，能适用于各种投放危险物质的犯罪行为。当前，恐怖分子又以投放危险物质的方法进行恐怖犯罪活动，严重危害公共安全，因此，《刑法修正案（三）》及时对我国1997年《刑法》第114条、第115条规定的投毒罪作了修改补充，以便于司法机关更准确地依法追究这两种犯罪者的刑事责任。

2.本罪的构成特征。根据1997年《刑法》第114条、第115条和《刑法修正案（三）》的规定，该两种罪的构成特征有：

（1）犯罪主体，该两种罪的犯罪主体是一般主体，年满14周岁的人可以构成投放危险物质罪；年满16周岁的人可以构成过失投放危险物质罪。犯罪主体在主观上故意和过失都可以构成。单位不能构成这两种犯罪。

（2）犯罪行为，必须是实施了故意或者过失投放危险物质的犯罪行为。投放的危险物质可分为三大类：毒害性、放射性、传染病病原体等物质。毒害性物质，是指能够致人、牲畜、家禽兽伤亡的物质。常见的化学毒物有：敌敌畏、敌百虫、"1059农药"、砒霜、氰化钾、"毒鼠强"等化学剧毒物品，以及雷公藤、乌头、夹竹桃等植物也有剧毒，也能致人畜伤亡。放射性物质，是指能放射出X射线，伤亡人畜及其他生物的性命，具有大规模杀伤力，管理不当将可能危害公共安全。常见的有：金属镭、铀、钼、钡、锑等物质及其制品、半制品。传染病病原体，是指具有流行性的传染病病毒、菌种，造成人畜大范围内感染的传染源，致使不特定多数人、牲畜伤亡或者大面积植物毁灭，严重危害公共安全。常见的有：鼠疫、霍乱、病毒性肝炎、艾滋病、淋病、梅毒、非典型肺炎、禽流感、新冠病毒等。投毒行为的具体表现：

①在水井、水库、自来水池等公共水源中投放毒物；

②向食物、饮料、食品添加剂等公共食物中投放毒物；

③向集中饲养牲畜的饲料、饮水池中投放毒物；

④故意或者过失将放射性物质投放在公共场所，危害公共安全的行为；

⑤故意或者过失将传染病病原体传染给不特定多数人或者大批牲畜禽兽的行为。

上述犯罪行为，主观上是故意的就是故意犯罪行为，主观上是过失的就是过失犯罪行为。

(3)犯罪结果，故意投放危险物质罪是行为犯，只要实施了投放危险物质的行为就危害公共安全，具备了该种犯罪的犯罪结果。过失投放危险物质罪是结果犯，必须是致人重伤、死亡或者使公私财产遭受重大损失的结果才构成本罪。

3. 本罪的法定刑。根据1997年《刑法》第114条、第115条和《刑法修正案(三)》的规定，本罪的法定刑是：

(1)构成投放危险物质罪，尚未造成严重后果的，处3年以上10年以下有期徒刑。

(2)犯投放危险物质罪，致人重伤、死亡或者使公私财产遭受重大损失的，处10年以上有期徒刑、无期徒刑或者死刑。

(3)犯过失投放危险物质罪，处3年以上7年以下有期徒刑。

(4)犯过失投放危险物质罪，情节较轻的，处3年以下有期徒刑或者拘役。

4. 本罪适用时，应注意以下问题。

(1)注意划清罪与非罪的界限。

第一，本罪的犯罪对象是特殊对象，必须是投放毒害性、放射性、传染病病原体等危险物质的才构成本罪；如果投放的不是上述危险物质，如投放炸弹、火种等危险物质的不构成本罪。

第二，必须是危害公共安全的行为，才构成本罪；如果投放某种危险物质不可能危害公共安全的行为，不构成本罪。

第三，本罪是故意和过失行为都可以构成的犯罪，但故意投放危险物质行为中，只要实施了危害公共安全的行为就可以构成犯罪；过失投放危害物质的行为必须发生致人重伤、死亡或者使公私财产遭受重大损失的结果，才构成本罪。

(2)注意准确认定本罪的犯罪结果。根据我国《刑法》第114条的规定，危害公共安全，尚未造成严重后果的，处3年以上10年以下有期徒刑。这里的"危害公共安全"就是投放危险物质罪的犯罪结果，具备了这种结果，就可以构成犯罪既遂。从"危害公共安全"到"尚未造成严重后果"，处较轻的法定刑。这里的"尚未造成严重后果"，不是没有造成任何结果，而是造成人员轻伤、轻微伤和较轻的财产损失的结果。何为"较轻的财产损失"，法律没有具体规定，目前也没有司法解释，笔者认为，根据一般公共安全灾害事故损毁财物标准为1万元以下，属于一般事故。因此，这里的"较轻财产损失"应以财产损失不满1万元为宜。

我国《刑法》第115条第1款规定的投放危险物质罪适用加重法定刑的结果为：致人重伤、死亡或者使公私财产遭受重大损失的，处10年以上有期徒刑、无期徒刑或者死刑，对于上述结果目前没有司法解释，但从刑法条文规定的本意理解，只要致1人以上重伤、1人以上死亡的结果，就应适用《刑法》第115条第1款的规定定罪量刑。至于何为"公私财产遭受重大损失"，根据前述"较轻财产损失"的数额标准，重大财产损失应以财产损失10万元以上为宜。

(3)注意准确认定一罪与数罪的界限。行为人如果在农用地上排放、倾倒、放置有放射性、含有传染病病原体、有毒害物质的废物，造成农用地大量毁坏的，在没有危害公共安全的情况下,虽然可以同时构成非法占用农用地罪和其他犯罪,但根据特别法律规定优于一般法律规定原则,应依照《刑法》第338条、第339条第1款的规定,分别以污染环境罪或者非法处置进口的固体废物罪定罪处罚,不能分别定为非占用农用地罪、污染环境罪、非法处置进口的固体废物罪,进行数罪并罚。如果达到危害公共安全的程度,应分别认定为投放危险物质罪或者过失投放危险物质罪一种罪,而不能以非法处置进口的固体废物罪和本罪进行数罪并罚。

(4)注意准确区分投放危险物质罪、过失投放危险物质罪与故意杀人罪、过失致人死亡罪、故意毁坏财物罪的界限。采用投放危险物质或者过失投放危险物质的方法进行故意杀人、过失致人死亡、故意毁坏财物犯罪,如果不可能危害公共安全的,应分别定为故意杀人罪、过失致人死亡罪、故意毁坏财物罪;如果采用上述犯罪方法危害了公共安全的,则应定为投放危险物质罪或者过失投放危险物质罪,而不能定为污染环境罪等数罪进行数罪并罚。

(5)注意厘清以危害国家安全为目的,以投放危险物质的方法进行杀人、伤人的行为的定罪量刑问题。我国1979年《刑法》将以反革命为目的,投放毒物、散布病菌或者以其他方法杀人、伤人的行为司法实践中单独规定为"反革命杀人罪"和"反革命伤人罪"。1997年《刑法》取消了反革命罪的类罪名,也取消了"反革命杀人罪""反革命伤人罪"两个罪名,因此,在1997年10月1日后,以危害国家安全为目的,采用投放毒物、散布病菌的方法杀人、伤人的,应依照《刑法》第232条或者第234条规定的故意杀人罪或者故意伤害罪定罪处罚。

二、组织、领导、参加恐怖组织罪

组织、领导、参加恐怖组织罪,是《刑法修正案(三)》补充修改的犯罪,作为1997年《刑法》第120条第1款规定的"组织、领导、参加恐怖组织罪"的修改犯罪。1997年最高人民法院《关于执行〈中华人民共和国刑法〉确定罪名的规定》(已被修改)将《刑法》第120条第1款规定的犯罪定为"组织、领导、参加恐怖组织罪"。2001年12月29日全国人大常委会《刑法修正案(三)》第3条对本罪补充增加了一个加重档次的法定刑,最高可处无期徒刑,但罪名没有改变。2015年11月1日施行的《刑法修正案(九)》第5条补充修改了本罪的法定刑,补充增加了"并处没收财产""并处罚金""可以并处罚金"的规定。(详见《刑法修正案(九)》补充修改的犯罪)

三、帮助恐怖活动罪

帮助恐怖活动罪,是《刑法修正案(三)》第4条补充增加的犯罪,作为1997年《刑法》第120条增加的补充犯罪。2001年12月29日全国人大常委会《刑法修正案(三)》第4条补充增加了这种犯罪,并且规定单位可以构成本罪。2002年3月15日最高人民法院、最高人民检察院《关于执行〈中华人民共和国刑法〉确定罪名的补充规定》中将《刑法》第120条之一规定的犯罪规定为"资助恐怖活动罪"。2015年11月1日生效的《刑法修正案(九)》第6条补充修改了本罪的罪状,增加了"资助恐怖活动培训"和"为恐怖活动组织、实施恐怖活动或者恐怖活动培训招募、运送人员"的行为。2015年10月30日发布的最高人民法院、最高人民检察院《关于执行〈中华人民共和国刑法〉确定罪名的补充规定(六)》中将"资助恐怖活动罪"的罪名改为"帮助恐怖活动罪"的罪名。(详见《刑法修正案(九)》对刑法分则修改的犯罪)

四、非法制造、买卖、运输、储存危险物质罪

非法制造、买卖、运输、储存危险物质罪是《刑法修正案(三)》第5条补充修改的犯罪,作

为1997年《刑法》第125条第2款规定"非法买卖、运输核材料的"犯罪行为的修改犯罪。1997年最高人民法院《关于执行〈中华人民共和国刑法〉确定罪名的规定》将该条规定的犯罪行为确定为"非法买卖、运输核材料罪"。2001年12月29日全国人大常委会《刑法修正案（三）》第5条补充修改为"非法制造、买卖、运输、储存毒害性、放射性、传染病病原体等物质，危害公共安全"的犯罪行为。2002年3月15日发布的最高人民法院、最高人民检察院《关于执行〈中华人民共和国刑法〉确定罪名的补充规定》将《刑法》第125条第2款规定的非法买卖、运输核材料罪修改为"非法制造、买卖、运输、储存危险物质罪"。

（一）刑法规定内容的修改

刑法条文中有关非法制造、买卖、运输、储存危险物质罪的规定有：

1. 1979年《刑法》第112条规定："非法制造、买卖、运输枪支、弹药的，或者盗窃、抢夺国家机关、军警人员、民兵的枪支、弹药的，处七年以下有期徒刑；情节严重的，处七年以上有期徒刑或者无期徒刑。"

2. 1997年《刑法》第125条规定："非法制造、买卖、运输、邮寄、储存枪支、弹药、爆炸物的，处三年以上十年以下有期徒刑；情节严重的，处十年以上有期徒刑、无期徒刑或者死刑。非法买卖、运输核材料的，依照前款的规定处罚。单位犯前两款罪的，对单位判处罚金，并对其直接负责的主管人员和其他直接责任人员，依照第一款的规定处罚。"

3. 2001年12月29日全国人大常委会《刑法修正案（三）》第5条规定："将刑法第一百二十五条第二款修改为：'非法制造、买卖、运输、储存毒害性、放射性、传染病病原体等物质，危害公共安全的，依照前款的规定处罚。'"

《刑法修正案（三）》对1997年《刑法》作了如下修改和补充：

1. 补充修改了罪名。我国1979年《刑法》中只规定了非法制造、买卖、运输枪支、弹药的犯罪行为，没有规定"非法制造、买卖、运输、储存危险物质罪"；1997年《刑法》第125条第2款增加规定了"非法买卖、运输核材料的"犯罪行为，1997年最高人民法院《关于执行〈中华人民共和国刑法〉确定罪名的规定》（已被修改）将《刑法》第125条第2款规定的犯罪规定为"非法买卖、运输核材料罪"；2001年12月29日全国人大常委会《刑法修正案（三）》第5条将《刑法》第125条第2款修改为"非法制造、买卖、运输、储存毒害性、放射性、传染病病原体等物质，危害公共安全的"犯罪行为；2002年3月15日发布的最高人民法院、最高人民检察院《关于执行〈中华人民共和国刑法〉确定罪名的补充规定》将该犯罪的罪名修改为"非法制造、买卖、运输、储存危险物质罪"，取消了"非法买卖、运输核材料罪"的罪名。

2. 补充规定了"非法制造、买卖、运输、储存危险物质罪"的罪状和法定刑。1997年《刑法》第125条第2款规定的罪状是"非法买卖、运输核材料的"行为，而《刑法修正案（三）》对"非法买卖、运输核材料罪"的罪状补充修改为"非法制造、买卖、运输、储存毒害性、放射性、传染病病原体等物质，危害公共安全的"行为，对犯罪对象和犯罪行为都作了新的补充。

3. 增加规定了单位犯非法制造、买卖、运输、储存危险物质罪。2001年12月29日全国人大常委会《刑法修正案（三）》第5条对1997年《刑法》第125条第2款规定的罪名、罪状进行了修改，《刑法》第125条第3款规定的"单位犯前两款罪的，对单位判处罚金，并对其直接负责的主管人员和其他直接责任人员，依照第1款的规定处罚"的规定也相应地修改为单位犯非法制造、买卖、运输、储存危险物质罪的规定。

(二)刑法规定修改的原因

全国人大常委会《刑法修正案(三)》补充规定"非法制造、买卖、运输、储存危险物质罪"的主要原因有：

1. 非法制造、买卖、运输、储存危险物质犯罪行为猖獗，严重危害人类和平与安全。修订刑法时，就已出现非法买卖、运输核材料等危害社会的行为，故1997年《刑法》将其补充规定为犯罪。修订刑法后，一些恐怖组织和实施恐怖活动的个人以投放毒害性、放射性、传染病病原体的方式进行恐怖活动，严重危害公共安全。例如，非法生产、买卖、运输、储存"毒鼠强"等剧毒物质，造成了大批人员伤亡；患有艾滋病的病人故意在公共场所向不特定的人身上打含有艾滋病菌的血液针；患有非典型肺炎的病人故意在公共场所传播"非典"病毒；恐怖分子到处投寄炭疽病芽孢菌等行为，严重危害公共安全。为了更有力地惩治恐怖活动，必须严厉打击非法制造、买卖、运输、储存危险物质的犯罪行为，使恐怖组织和恐怖分子的阴谋不能得逞。

2. 我国刑法没有明确规定惩治非法制造、买卖、运输、储存危险物质的犯罪行为。虽然我国1997年《刑法》规定了惩治"非法买卖、运输核材料的"犯罪行为，但其范围很窄，只限定在放射性危害性物质中的核材料部分，而对非法制造、买卖、运输、储存毒害性、其他放射性、传染病病原体等危险物质的犯罪行为都没有规定为犯罪行为，特别是对那些为进行恐怖犯罪活动非法制造、买卖、运输、储存毒害性、放射性、传染病病原体的行为法律没有规定，对其进行惩治时没有明确的刑法规定。因此，必须通过立法机关修改补充刑法的方法才能解决。

3. 全国人大常委会法制工作委员会提请全国人大常委会修改刑法的有关规定。2001年12月24日，在第九届全国人大常委会第二十五次会议上，全国人大常委会法制工作委员会认为为了惩治非法制造、买卖、运输、储存以及盗窃、抢夺、抢劫毒害性、放射性、传染病病原体等物质的恐怖性犯罪，在向全国人大常委会提出的《刑法修正案(三)(草案)》中，建议全国人大常委会将《刑法》第125条第2款修改为：非法制造、买卖、运输、储存毒害性、放射性、传染病病原体等物质，危害公共安全的，依照前款规定处3年以上10年以下有期徒刑；情节严重的，处10年以上有期徒刑、无期徒刑或者死刑。① 全国人大法律委员会根据常委会组成人员的审议意见进行了审议。法律委员会认为，"为了严厉打击恐怖活动犯罪，有必要对刑法进行修改补充"。② 并对《刑法修正案(三)(草案)》提出了一些修改意见。

鉴于上述原因，全国人大常委会在《刑法修正案(三)》中补充规定了非法制造、买卖、运输、储存危险物质罪和单位可以构成该罪。

(三)非法制造、买卖、运输、储存危险物质罪的适用

非法制造、买卖、运输、储存危险物质罪是《刑法修正案(三)》第5条1997年对《刑法》第125条第2款修改补充规定的犯罪，要准确适用，就必须先厘清本罪的概念、构成特征、法定刑，以及适用时应注意的问题。

1. 本罪的概念。本罪是指单位或者个人非法制造、买卖、运输、储存毒害性、放射性、传染病病原体等危险物质，危害公共安全的行为。

该罪是一种有关危险物质的犯罪，危险物质本身具有毒害性、放射性和传染病的传染性，

---

① 参见《全国人民代表大会常务委员会公报》2002年第1期，第19页。
② 参见《全国人民代表大会常务委员会公报》2002年第1期，第20页。

非法制造、买卖、运输、储存危险物质将会危害公共安全,是对社会有危害的行为。我国1997年《刑法》只将非法买卖、运输核材料的行为规定为犯罪行为,所以全国人大常委会在《刑法修正案(三)》第5条中又补充增加了非法制造、买卖、运输、储存毒害性、放射性、传染病病原体等危险物质的犯罪行为。

2.本罪的构成特征。根据1997年《刑法》第125条第2款和《刑法修正案(三)》第5条的规定,该罪的构成特征有:

(1)犯罪主体,该罪的犯罪主体是一般主体,年满16周岁具有刑事责任能力的自然人和依法成立的单位都可以构成本罪。犯罪主体在主观上必须是故意,即明知是毒害性、放射性、传染病病原体等危险物质,而故意非法制造、买卖、运输、储存。持过失心理态度的不能构成本罪。

(2)犯罪行为,必须是实施了非法制造、买卖、运输、储存危险物质的犯罪行为。具体犯罪行为表现有:①非法制造危险物质的行为。②非法买卖危险物质的行为。买和卖的行为都可以构成本罪的犯罪行为。③非法运输危险物质的行为。④非法储存危险物质的行为。

具备上述行为之一的,即可以构成本罪。

本罪的对象是危险物质,具体包括:毒害性物质、放射性物质、传染病病原体等危险物质。毒害性物质,是指能够致人、牲畜、家禽兽伤亡的物质。常见的化学毒物有:敌敌畏、敌百虫、"1059农药"、砒霜、氰化钾、"毒鼠强"等化学剧毒物品,以及雷公藤、乌头、夹竹桃等植物剧毒品。放射性物质,是指能放射出X射线,伤亡人畜及其他生物的性命,具有大规模杀伤力,管理不当可能危害公共安全。常见的有:金属镭、铀、钼、钡、锑、钚、钍等物质及其制品、半制品。传染病病原体,是指具有流行性的传染病病毒、菌种,造成人畜大范围内感染的传染源,致使不特定多数人、牲畜伤亡或者大面积植物毁灭,严重危害公共安全,常见有:鼠疫、霍乱、病毒性肝炎、艾滋病、淋病、梅毒、非典型肺炎、禽流感、新冠肺炎等,但不包括具有麻醉、兴奋作用能使人、畜成瘾的毒品。非法制造、买卖、运输、储存上述危险物质,危害公共安全的行为,构成本罪。

(3)犯罪结果,本罪是行为犯,只要实施了上述非法制造、买卖、运输、储存危险物质的犯罪行为,危害公共安全,就具备了本罪的犯罪结果。

3.本罪的法定刑。根据《刑法》第125条第2款规定,本罪的法定刑:

(1)构成本罪,情节一般的,处3年以上10年以下有期徒刑。

(2)犯本罪,情节严重的,处10年以上有期徒刑、无期徒刑或者死刑。

(3)单位犯本罪的,对单位判处罚金,并对其直接负责的主管人员和其他直接责任人员,依照个人犯本罪的处罚规定处罚。

4.本罪适用时应注意以下问题:

(1)注意划清罪与非罪的界限。

第一,必须是"非法"制造、买卖、运输、储存危险物质的行为才构成犯罪,如果是"依法"进行制造、买卖、运输、储存危险物质的行为则不构成犯罪;只是违反危险物品管理规定,造成了管理事故,危害公共安全的,不构成本罪,但依照《刑法》第136条规定可构成危险物品管理肇事罪。

第二,本罪是行为犯,只要实施了非法制造、买卖、运输、储存危险物质的行为就构成本罪;如果其实施的非法制造、买卖、运输、储存危险物质的行为不可能危害公共安全的,不构成本罪。特别对一些情节显著轻微、危害不大的非法制造、买卖、运输、储存危险物质的行为,应依照《刑法》第13条犯罪定义的规定不认为是犯罪。

第三,本罪是故意犯罪,过失行为不构成本罪。例如,确实不知道是危险物质,而把危险物质当作一般货物非法制造、买卖、运输、储存的,只要没有造成严重后果的,一般不构成犯罪;如果造成了危害公共安全的结果,可根据案件的具体情况认定为其他过失犯罪,如过失投放危险物质罪等。

第四,本罪的对象是危险物质,必须是非法制造、买卖、运输、储存危险物质的行为才构成犯罪;如果非法制造、买卖、运输、储存的不是危险物质,不可能危害公共安全,也不构成本罪。

(2)注意准确划清一罪与数罪的界限。我国《刑法》第125条第2款规定的非法制造、买卖、运输、储存危险物质罪是一种选择罪名,行为人只要实施了非法制造、买卖、运输、储存危险物质行为之一的,就可以构成犯罪,应按犯罪行为选择确定罪名,如行为人只是实施了非法制造危险物质行为的,应认定为非法制造危险物质罪;如果行为人分别实施了非法制造、买卖、运输、储存危险物质的犯罪行为,也只定为"非法制造、买卖、运输、储存危险物质罪"一罪,按一罪从重处罚,不能定为数罪进行数罪并罚。但行为人在非法制造枪支、弹药、爆炸物的同时,又非法制造危险物质的,则应分别定罪,实行数罪并罚,因为其行为具备数个犯罪构成,构成数罪,在法律没有特别规定的情况下,应当按数罪并罚的原则处罚。

(3)注意准确认定本罪"情节严重"的结果。我国《刑法》第125条第2款规定,只要实施了非法制造、买卖、运输、储存危险物质,危害公共安全的行为就构成犯罪,应处3年以上10年以下有期徒刑,如果"情节严重",要适用加重法定刑,最低处10年有期徒刑,最高处死刑。对于何为"情节严重"刑法没有作具体规定,目前也没有立法解释和司法解释。笔者认为,参照《刑法》分则第二章中投放危险物质罪的规定,"尚未造成严重后果的,处三年以上十年以下有期徒刑","致人重伤、死亡或者使公私财产遭受重大损失的,处十年以上有期徒刑、无期徒刑或者死刑",本罪的"情节严重",应包括致人重伤、死亡或者使公私财产遭受1万元以上损失的情形。

(4)注意划清本罪与走私、贩卖、运输、制造毒品罪的界限。我国《刑法》分则第六章第七节规定的走私、贩卖、运输、制造毒品罪的犯罪对象是毒品,毒品也是对人身有严重危害性的物质,与本罪的对象毒害性物质相似,并且犯罪行为都属于非法制造、买卖、运输、储存的行为,因此,容易与本罪相混淆。二罪的根本区别是犯罪对象不同。本罪的犯罪对象是危险物质,包括:毒害性、放射性、传染病病原体等危险物质,如氰化钾、毒鼠强、艾滋病毒等。危险物质管理不当的,可能危害公共安全。走私、贩卖、运输、制造毒品罪的对象是能使人成瘾的麻醉物质、兴奋物质,如鸦片、海洛因、甲基苯丙胺等毒品。上述毒品管理不当,将危害吸食者的身体健康。由于两种犯罪的对象不同和侵犯的客体不同,故应将两种犯罪区分开来。

(5)注意划清本罪与非法制造、买卖、运输、邮寄、储存枪支、弹药、爆炸物罪的界限。我国《刑法》第125条第1款、第3款规定的非法制造、买卖、运输、邮寄、储存枪支、弹药、爆炸物罪与本罪在犯罪行为、手段、犯罪客体、犯罪结果上都相同,容易与本罪相混淆。二罪的根本区别是犯罪对象不同。本罪的犯罪对象是危险物质,包括毒害性、放射性、传染病病原体等危险物质。非法制造、买卖、运输、邮寄、储存枪支、弹药、爆炸物罪的对象则是枪支、弹药、爆炸物,虽然枪支、弹药、爆炸物也是危险物质,管理不当也可以危害公共安全,但法律已作了特别规定,只能按特别规定定罪处罚。因此,对于非法制造、买卖、运输、邮寄、储存枪支、弹药、爆炸物的行为不能认定为非法制造、买卖、运输、储存危险物质罪。

五、盗窃、抢夺枪支、弹药、爆炸物、危险物质罪,抢劫枪支、弹药、爆炸物、危险物质罪

盗窃、抢夺枪支、弹药、爆炸物、危险物质罪,抢劫枪支、弹药、爆炸物、危险物质罪是《刑法修正案(三)》第6条补充修改的两种犯罪。1997年《刑法》第127条规定了"盗窃、抢夺枪支、弹药、爆炸物"和"抢劫枪支、弹药、爆炸物或者盗窃、抢夺国家机关、军警人员、民兵的枪支、弹药、爆炸物的"两种犯罪行为。1997年最高人民法院《关于执行〈中华人民共和国刑法〉确定罪名的规定》(已被修改)将该条规定的犯罪行为确定为"盗窃、抢夺枪支、弹药、爆炸物罪"和"抢劫枪支、弹药、爆炸物罪"。2001年12月29日全国人大常委会《刑法修正案(三)》第6条补充修改了这种犯罪行为,在枪支、弹药、爆炸物后增加了"危险物质"。2002年3月15日发布的最高人民法院、最高人民检察院《关于执行〈中华人民共和国刑法〉确定罪名的补充规定》将《刑法》第127条规定的犯罪规定为"盗窃、抢夺枪支、弹药、爆炸物、危险物质罪"和"抢劫枪支、弹药、爆炸物、危险物质罪"两种罪名。

(一)刑法规定内容的修改

刑法条文中有关盗窃、抢夺枪支、弹药、爆炸物、危险物质罪和抢劫枪支、弹药、爆炸物、危险物质罪的规定有:

1. 1979年《刑法》第112条规定:"非法制造、买卖、运输枪支、弹药的,或者盗窃、抢夺国家机关、军警人员、民兵的枪支、弹药的,处七年以下有期徒刑;情节严重的,处七年以上有期徒刑或者无期徒刑。"

2. 1983年9月2日全国人大常委会《关于严惩严重危害社会治安的犯罪分子的决定》(已失效)第1条规定:"对下列严重危害社会治安的犯罪分子,可以在刑法规定的最高刑以上处刑,直至判处死刑:……4.非法制造、买卖、运输或者盗窃、抢夺枪支、弹药、爆炸物,情节特别严重的,或者造成严重后果的……"

3. 1997年《刑法》第127条规定:"盗窃、抢夺枪支、弹药、爆炸物的,处三年以上十年以下有期徒刑;情节严重的,处十年以上有期徒刑、无期徒刑或者死刑。抢劫枪支、弹药、爆炸物或者盗窃、抢夺国家机关、军警人员、民兵的枪支、弹药、爆炸物的,处十年以上有期徒刑、无期徒刑或者死刑。"

4. 2001年12月29日全国人大常委会《刑法修正案(三)》第6条规定:"将刑法第一百二十七条修改为:'盗窃、抢夺枪支、弹药、爆炸物的,或者盗窃、抢夺毒害性、放射性、传染病病原体等物质,危害公共安全的,处三年以上十年以下有期徒刑;情节严重的,处十年以上有期徒刑、无期徒刑或者死刑。抢劫枪支、弹药、爆炸物的,或者抢劫毒害性、放射性、传染病病原体等物质,危害公共安全的,或者盗窃、抢夺国家机关、军警人员、民兵的枪支、弹药、爆炸物的,处十年以上有期徒刑、无期徒刑或者死刑。'"

《刑法修正案(三)》对1997年《刑法》作了如下修改和补充:

1.补充修改了罪名。我国1979年《刑法》中只规定了非法制造、买卖、运输枪支、弹药犯罪行为和盗窃、抢夺国家机关、军警人员、民兵的枪支、弹药的犯罪行为,没有规定"盗窃、抢夺爆炸物、危险物质和抢劫枪支、弹药、爆炸物、危险物质"的犯罪行为;1983年全国人大常委会《关于严惩严重危害社会治安的犯罪分子的决定》(已失效)中增加盗窃、抢夺爆炸物的犯罪行为,并将该罪的法定刑提高到最高可处无期徒刑或者死刑;1997年《刑法》第127条第2款增加规定了"抢劫枪支、弹药、爆炸物"的犯罪行为;1997年最高人民法院《关于执行〈中华人民共和国刑法〉确定罪名的规定》(已被修改)中将《刑法》第127条第1款规定的犯罪规定为"盗窃、抢夺枪支、弹药、爆炸物罪",将第127条第2款增加规定的犯罪规定"抢劫枪支、弹药、爆炸物罪";2001年12月29日全国人大常委会《刑法修正案(三)》第6条将《刑法》第127条第1款增加规定:"盗窃、抢劫枪支、弹药、爆炸物的,或者盗窃、抢夺毒害性、放射性、传染病病原体等物质,危害公共安全的"犯罪行为,对《刑法》第127条第2款增加规定了"抢劫枪支、弹药、爆炸物的,或者抢劫毒害性、放射性、传染病病原体等物质,危害公共安全的"犯罪行为;2002年3月15日发布的最高人民法院、最高人民检察院《关于执行〈中华人民共和国刑法〉确定罪名的补充规定》将上述两种犯罪的罪名修改为"盗窃、抢夺枪支、弹药、爆炸物、危险物质罪"和"抢劫枪支、弹药、爆炸物、危险物质罪"两种罪名,取消了"盗窃、抢夺枪支、弹药、爆炸物罪"和"抢劫枪支、弹药、爆炸物罪"的罪名。

2. 补充规定了罪状和法定刑。1997年《刑法》第127条规定的罪状只是"盗窃、抢夺、抢劫枪支、弹药、爆炸物"的行为,而现行《刑法》第127条又增加了"盗窃、抢夺毒害性、放射性、传染病病原体等物质,危害公共安全的"行为,补充增加了犯罪对象和犯罪行为。

另外,我国1979年《刑法》对盗窃、抢夺枪支、弹药罪的法定刑较轻,最低处6个月有期徒刑,最高处无期徒刑;1983年全国人大常委会《关于严惩严重危害社会治安的犯罪分子的决定》(已失效)中规定,盗窃、抢夺枪支、弹药、爆炸物,情节特别严重的,或者造成严重后果的,最高可处死刑;1997年《刑法》第127条规定了加重法定刑:盗窃、抢夺枪支、弹药、爆炸物的,处3年以上10年以下有期徒刑;情节严重的,处10年以上有期徒刑、无期徒刑或者死刑;抢劫枪支、弹药、爆炸物或者盗窃、抢夺国家机关、军警人员、民兵的枪支、弹药、爆炸物的,处10年以上有期徒刑、无期徒刑;情节严重的,处10年以上有期徒刑、无期徒刑或者死刑。适用条件看似由"情节特别严重的,或者造成严重后果的",放宽为"情节严重的",但实质上加重了该两种犯罪的法定刑。2001年12月29日《刑法修正案(三)》只是对《刑法》第127条规定两种犯罪的罪状作了补充修改,法定刑没有再变化。

(二)刑法规定修改的原因

全国人大常委会《刑法修正案(三)》补充规定"盗窃、抢夺枪支、弹药、爆炸物、危险物质罪"和"抢劫枪支、弹药、爆炸物、危险物质罪"的主要原因有:

1. 盗窃、抢夺、抢劫枪支、弹药、爆炸物、危险物质行为,严重危害人类和平与安全。修订刑法时,就已出现盗窃、抢夺、抢劫枪支、弹药、爆炸物等危害社会的行为,故1997年《刑法》将其规定为犯罪。修订刑法后,一些恐怖组织和实施恐怖活动的人又以投放、邮寄、散布毒害性、放射性、传染病病原体的方式进行恐怖活动,严重危害公共安全。例如,非法生产、买卖、运输、储存"毒鼠强"等剧毒物质,造成了大批人员伤亡;患有艾滋病的病人故意在公共场所向不特定的人身上打含有艾滋病菌的血液针;患有非典型肺炎的病人故意在公共场所传播"非典"病毒;恐怖分子到处投寄炭疽病芽孢菌等行为,严重危害公共安全。毒害性、放射性、传染病病原体等危险物质本身具有严重的危险性,如果用盗窃、抢夺、抢劫的方法获取,很容易危害公共安全,社会危害性更大。虽然这类犯罪目前发案不多,但为了更有力地惩治恐怖活动,必须依法严厉打击。因此,刑法应当作出具有前瞻性的规定,以便依法严厉惩处实施这类犯罪行为的犯罪分子。

2. 我国刑法没有明确规定惩治盗窃、抢夺、抢劫危险物质的犯罪行为。虽然我国1997年《刑法》规定了惩治"盗窃、抢夺、抢劫枪支、弹药、爆炸物"的犯罪行为,但没有明确规定惩治盗窃、抢夺、抢劫毒害性、放射性、传染病病原体等危险物质的犯罪行为,特别是对那些为进行恐怖犯罪活动而盗窃、抢夺、抢劫毒害性、放射性、传染病病原体的行为没有规定,对其进行惩罚时也没有明确的刑法规定。因此,必须通过立法机关修改补充刑法才能解决。

3. 全国人大常委会法制工作委员会提请全国人大常委会修改刑法有关规定。2001年12月24日,在第九届全国人大常委会第二十五次会议上,全国人大常委会法制工作委员会认为为了惩治盗窃、抢夺、抢劫毒害性、放射性、传染病病原体等物质的恐怖性犯罪,在向全国人大常委会提出的《刑法修正案(三)(草案)》中,建议全国人大常委会将《刑法》第127条修改为:"盗窃、抢夺枪支、弹药、爆炸物、毒害性、放射性、传染病病原体等物质的,处三年以上十年以下有期徒刑;情节严重的,处十年以上有期徒刑、无期徒刑或者死刑。"[1]全国人大法律委员会根据常委会组成人员的审议意见进行了审议。法律委员会认为,"为了严厉打击恐怖活动犯罪,有必要对刑法进行修改补充。草案基本上是可行的"。[2] 并对《刑法修正案(三)(草案)》提出了一些修改意见。

鉴于上述原因,全国人大常委会在《刑法修正案(三)》中修改补充规定了上述两种犯罪。

(三)盗窃、抢夺枪支、弹药、爆炸物、危险物质罪和抢劫枪支、弹药、爆炸物、危险物质罪的适用

盗窃、抢夺枪支、弹药、爆炸物、危险物质罪和抢劫枪支、弹药、爆炸物、危险物质罪是《刑法修正案(三)》第6条补充修改的两种犯罪。要准确适用,就必须先厘清该两种罪的概念、构成特征、法定刑,以及适用时应注意的问题。

1. 该两罪的概念。盗窃、抢夺枪支、弹药、爆炸物、危险物质罪,是指盗窃、抢夺枪支、弹药、爆炸物,或盗窃、抢夺毒害性、放射性、传染病病原体等物质,危害公共安全的行为。

抢劫枪支、弹药、爆炸物、危险物质罪,是指抢劫枪支、弹药、爆炸物,或者抢劫毒害性、放射性、传染病病原体等物质,危害公共安全的行为。

该两种犯罪都是有关枪支、弹药、爆炸物和危险物质犯罪方面的犯罪,这些危险物质本身就具有爆炸性、毒害性、放射性和传染性,盗窃、抢夺或者抢劫这些危险物质有可能危害公共安全,这是对社会有严重危害性的行为。

我国1997年《刑法》只将盗窃、抢夺、抢劫枪支、弹药、爆炸物的行为规定为犯罪行为。全国人大常委会在《刑法修正案(三)》第6条中又补充增加了盗窃、抢夺、抢劫毒害性、放射性、传染病病原体等危险物质的犯罪行为,最低处3年有期徒刑,最高处死刑。

2. 二罪的构成特征。根据《刑法》第127条和《刑法修正案(三)》第6条规定,该二罪的构成特征有:

---

[1] 参见《全国人民代表大会常务委员会公报》2002年第1期,第19页。
[2] 参见《全国人民代表大会常务委员会公报》2002年第1期,第20页。

（1）犯罪主体，该两种犯罪的犯罪主体是一般主体，年满16周岁具有刑事责任能力的自然人可以构成该两种犯罪，单位不能构成这两种犯罪。犯罪主体在主观上必须持故意的心理态度，即明知是枪支、弹药、爆炸物、毒害性、放射性、传染病病原体等危险物质，而故意实施盗窃、抢夺、抢劫的行为。持过失心理态度的不能构成本罪。

（2）犯罪行为，必须是实施了盗窃、抢夺、抢劫枪支、弹药、爆炸物、危险物质等犯罪行为。具体犯罪行为表现有：

①以非法占有为目的，秘密窃取他人枪支、弹药、爆炸物、危险物质，危害公共安全的行为。

②以非法占有为目的，乘人不备公然夺取他人枪支、弹药、爆炸物、危险物质，危害公共安全的行为。

③以非法占有为目的，以暴力、胁迫或者其他方法劫取他人枪支、弹药、爆炸物、危险物质，危害公共安全的行为。

具备上述行为之一的，即可以构成本罪。本罪的对象是枪支、弹药、爆炸物、危险物质。这里的枪支、弹药、爆炸物，既包括军用的，也包括民用的；既包括正规工厂生产的军警用品，也包括土法制造的土枪、土爆炸物，只要是具有杀伤力的枪支、弹药、爆炸物都包括在内。1996年7月5日颁布的《枪支管理法》（已被修改）第46条规定："本法所称枪支，是指以火药或者压缩气体等为动力，利用管状器具发射金属弹丸或者其他物质，足以致人伤亡或者丧失知觉的各种枪支。"1984年1月6日国务院颁布的《民用爆炸物品管理条例》（已失效）第2条明确规定，下列物品为民用爆炸物品：①爆破器材，包括各类炸药、雷管、导火索、导爆索、非电导爆系统、起爆药和爆破剂；②黑火药、烟火剂、民用信号弹和烟花爆竹；③公安部认为需要管理的其他爆炸物品等。危险物质包括：毒害性物质、放射性物质、传染病病原体等危险物质。毒害性物质，是指能够致人、牲畜、家禽兽伤亡的物质。常见的化学毒物有：敌敌畏、敌百虫、"1059农药"、砒霜、氰化钾、"毒鼠强"等化学剧毒物品，以及雷公藤、乌头、夹竹桃等植物剧毒品。放射性物质，是指能放射出X射线，伤亡人畜及其他生物的性命，具有大规模杀伤力，管理不当能危害公共安全。常见的有：金属镭、铀、钼、钡、锑、铈、钍等物质及其制品、半制品。传染病病原体，是指具有流行性的传染病病毒、菌种，造成人畜大范围内感染的传染源，致使不特定多数人、牲畜伤亡或者大面积植物毁灭，严重危害公共安全，常见有：鼠疫、霍乱、病毒性肝炎、艾滋病、淋病、梅毒、非典型肺炎、禽流感、新冠肺炎等。盗窃、抢夺、抢劫上述枪支、弹药、爆炸物、危险物质，危害公共安全的行为，构成本罪。

（3）犯罪结果，本罪是行为犯，只要实施了上述盗窃、抢夺、抢劫枪支、弹药、爆炸物、危险物质等犯罪行为，危害公共安全的，就具备了本罪的犯罪结果。

3. 本罪的法定刑。《刑法》第127条根据犯罪情节严重程度不同，规定分别适用不同的法定刑：

（1）实施了盗窃、抢夺枪支、弹药、爆炸物、危险物质的犯罪行为构成犯罪的，应处3年以上10年以下有期徒刑。

（2）构成盗窃、抢夺枪支、弹药、爆炸物、危险物质罪，情节严重的，处10年以上有期徒刑、无期徒刑或者死刑。

（3）构成抢劫枪支、弹药、爆炸物、危险物质罪的，处10年以上有期徒刑、无期徒刑或者死刑。

4. 本罪适用时应注意以下问题:

(1)注意划清罪与非罪的界限。

第一,该两种犯罪的对象必须是枪支、弹药、爆炸物、毒害性、放射性、传染病病原体等危险物质,能危害公共安全的,才能构成本罪;如果盗窃、抢夺、抢劫的不是上述危险物质,不可能危害公共安全,则不构成本罪。例如,盗窃汽油的行为虽然也具有一定危险性,但不是刑法特别规定的对象,不能构成该两种犯罪,但可以构成盗窃罪等。

第二,该两种罪是行为犯,只要实施了盗窃、抢夺、抢劫枪支、弹药、爆炸物、危险物质的行为就危害了公共安全,可以构成本罪;如果其实施了上述行为,但不可能危害公共安全的,不构成本罪。特别对一些情节显著轻微、危害不大的盗窃、抢夺、抢劫枪支、弹药、爆炸物、危险物质行为,应依照《刑法》第13条犯罪定义的规定,不认为是犯罪。

第三,本罪是故意犯罪,过失行为不构成本罪。例如,确实不知道是枪支、弹药、爆炸物、危险物质,而把枪支、弹药、爆炸物等危险物质当作一般货物进行盗窃、抢夺、抢劫的,一般不构成本罪,但可以构成盗窃罪、抢夺罪、抢劫罪等。

(2)注意准确划清一罪与数罪的界限。我国《刑法》第127条规定的盗窃、抢夺枪支、弹药、爆炸物、危险物质罪和抢劫枪支、弹药、爆炸物、危险物质罪是一种选择罪名,行为人只要实施了盗窃、抢夺、抢劫行为之一或者侵犯枪支、弹药、爆炸物、危险物质之一的,就可以构成本罪,应按犯罪行为选择认定罪名,如行为人只是实施了抢劫枪支行为的,应认定为抢劫枪支罪;如果行为人分别实施了盗窃、抢夺枪支、弹药、爆炸物、危险物质的全部犯罪行为,也只定为"盗窃、抢夺枪支、弹药、爆炸物、危险物质罪"一种罪,按一罪从重处罚,而不能定为数罪进行数罪并罚。但行为人在犯本罪的同时,又盗窃、抢夺、抢劫一般财物的,则应分别定罪,实行数罪并罚,因为其行为具备数个犯罪构成,构成数罪,在法律没有特别规定的情况下,应当按数罪并罚原则处罚。如果行为人实施了盗窃放射性物质行为,又抢劫枪支行为,则应分别定为盗窃危险物质罪和抢劫枪支罪,数罪并罚;如果行为人分别实施了非盗窃、抢夺枪支、弹药、爆炸物、危险物质的行为,又实施了抢劫枪支、弹药、爆炸物、危险物质的犯罪行为,则应分别认定为两罪,数罪并罚。

(3)注意准确认定该两种犯罪"情节严重"的结果。我国《刑法》第127条规定,只要实施了盗窃、抢夺枪支、弹药、爆炸物、危险物质,危害公共安全的行为就构成犯罪,应处3年以上10年以下有期徒刑,如果"情节严重的",要适用加重法定刑,最低处10年有期徒刑,最高处无期徒刑或者死刑。

对于何为"情节严重"刑法没有作具体规定,目前也没有立法解释和司法解释。笔者认为,参照《刑法》分则第二章中投放危险物质罪的规定,"尚未造成严重后果的,处3年以上10年以下有期徒刑","致人重伤、死亡或者使公私财产遭受重大损失的,处10年以上有期徒刑、无期徒刑或者死刑"。本罪的"情节严重",应包括致人重伤、死亡,或者多次、大量盗窃、抢夺枪支、弹药、爆炸物、危险物质等情形。

我国《刑法》第127条第2款规定,只要实施了抢劫枪支、弹药、爆炸物、危险物质罪,就是情节严重的,就要处10年以上有期徒刑、无期徒刑或者死刑,该款没有处3年以上10年以下有期徒刑的规定。

(4)注意划清该两种犯罪与走私武器、弹药罪和走私核材料罪的界限。我国《刑法》分则第三章第二节第151条第1款规定的走私武器、弹药罪和走私核材料罪的犯罪对象与本罪相似,容易与本罪相混淆。二罪的根本区别是犯罪行为不同和侵犯的客体不同。本罪的犯罪行为是盗窃、抢夺、抢劫枪支、弹药、爆炸物、危险物质,危害公共安全;走私武器、弹药罪和走私核材料罪的犯罪行为是逃避海关监管,偷逃关税,危害的是国家对海关的监管秩序。由于两种犯罪行为和侵犯的客体不同,可将两种犯罪区分开来。根据2015年《刑法修正案(九)》对《刑法》第151条规定的走私武器、弹药罪,走私核材料罪,走私假币罪,取消了死刑,最高处无期徒刑,减轻了对其的处罚。

(5)注意划清该两种犯罪与盗窃罪、抢夺罪、抢劫罪的界限。我国《刑法》第264条、第267条、第263条规定的盗窃罪、抢夺罪、抢劫罪与本罪在犯罪行为、手段、犯罪结果上都相同,容易与本罪相混淆。上述犯罪的根本区别是犯罪对象不同。本罪的犯罪对象是枪支、弹药、爆炸物、危险物质,包括毒害性、放射性、传染病病原体等危险物质。盗窃罪、抢夺罪、抢劫罪的对象都是一般财物。由于犯罪对象不同,所以侵犯的客体也不相同,本罪危害的是公共安全,而盗窃罪、抢夺罪、抢劫罪侵犯的客体是公私财产权利和公民的人身权利。上述犯罪对象和犯罪客体不同可将上述犯罪区分开来。另外,上述犯罪属于法规竞合关系,法律对盗窃、抢夺、抢劫枪支、弹药、爆炸物、危险物质的犯罪行为已作了特别规定,适用较重的刑罚,因此,应按特别法规定优先一般法规定的原则,对上述行为只能认定为"盗窃、抢夺枪支、弹药、爆炸物、危险物质罪"和"抢劫枪支、弹药、危险物质罪",而不能认定为"盗窃罪""抢夺罪""抢劫罪"。

(6)注意划清该两种犯罪与诈骗罪、敲诈勒索罪的界限。我国《刑法》第266条、第274条规定的诈骗罪、敲诈勒索罪与本罪在犯罪对象上有可能都是枪支、弹药、爆炸物、危险物质,容易与本罪相混淆。上述犯罪的根本区别是犯罪行为手段不同和侵犯的客体不同。该两罪的犯罪手段是盗窃、抢夺、抢劫枪支、弹药、爆炸物、危险物质行为,侵犯的是公共安全,而诈骗罪、敲诈勒索罪的犯罪手段分别是以虚构的事实和隐瞒事实真相的方法手段骗取枪支、弹药、爆炸物、危险物质和以暴力相威胁的方法手段勒索枪支、弹药、爆炸物、危险物质,侵犯的客体是财产权利。虽然盗窃、抢夺、抢劫枪支、弹药、爆炸物、危险物质的行为也侵犯了财产权利,但刑法已专门规定认定为该两罪,不再认定为盗窃罪、抢夺罪、抢劫罪。对于诈骗、敲诈勒索枪支、弹药、爆炸物、危险物质的行为,刑法没有专门规定,虽然也可能间接产生危害公共安全的结果,但应分别认定为诈骗罪、敲诈勒索罪从重处罚。

六、洗钱罪

洗钱罪是《刑法修正案(三)》《刑法修正案(六)》《刑法修正案(十一)》对1997年《刑法》第191条修改补充的犯罪。我国1997年《刑法》第191条规定有洗钱犯罪行为,1997年最高人民法院《关于执行〈中华人民共和国刑法〉确定罪名的规定》(已被修改)将该条规定的犯罪行为确定为"洗钱罪"。2001年12月29日全国人大常委会《刑法修正案(三)》第7条将掩饰、隐瞒恐怖活动犯罪的违法所得及其产生的收益来源和性质的行为补充规定为洗钱罪的对象,根据该规定洗钱罪的对象增加为四类犯罪的违法所得及其产生的收益来源和性质;增加规定了单位犯洗钱罪的加重法定刑,但罪名没有改变。《刑法修正案(六)》第16条又对洗钱罪的上游犯罪作了补充规定。《刑法修正案(十一)》对《刑法》第191条规定的洗钱罪的罪状中"明知"毒品等犯罪,改为"为掩饰、隐瞒"毒品等犯罪;将"协助洗钱"犯罪行为,改为"自洗钱"犯罪行为和对"定额罚金"改为"概括罚金",但其罪名没有改变。[详见《刑法修正案(十一)》修改的犯罪(十四)洗钱罪]。

七、投放虚假危险物质罪,编造、故意传播虚假恐怖信息罪

投放虚假危险物质罪和编造、故意传播虚假恐怖信息罪是《刑法修正案(三)》第8条补充增加的两种犯罪。1997年《刑法》没有规定这两种犯罪。2001年12月29日全国人大常委会《刑法修正案(三)》第8条规定,在《刑法》第291条后增加一条,作为《刑法》第291条之一,将"投放虚假危险物质和编造、故意传播虚假恐怖信息的行为"补充规定为犯罪并分别规定了法定刑。2002年3月15日发布的最高人民法院、最高人民检察院《关于执行〈中华人民共和国刑法〉确定罪名的补充规定》将《刑法》第291条之一规定的犯罪行为确定为"投放虚假危险物质罪"和"编造、故意传播虚假恐怖信息罪"两个罪名。

(一)刑法规定内容的修改

刑法条文中有关投放虚假危险物质罪和编造、故意传播虚假恐怖信息罪的规定是:

1. 1979年《刑法》第159条规定:"聚众扰乱车站、码头、民用航空站、商场、公园、影剧院、展览会、运动场或者其他公共场所秩序,聚众堵塞交通或者破坏交通秩序,抗拒、阻碍国家治安管理工作人员依法执行职务,情节严重的,对首要分子,处五年以下有期徒刑、拘役、管制或者剥夺政治权利。"

2. 1997年《刑法》第291条规定:"聚众扰乱车站、码头、民用航空站、商场、公园、影剧院、展览会、运动场或者其他公共场所秩序,聚众堵塞交通或者破坏交通秩序,抗拒、阻碍国家治安管理工作人员依法执行职务,情节严重,对首要分子,处五年以下有期徒刑、拘役或者管制。"

3. 2001年12月29日全国人大常委会《刑法修正案(三)》第8条规定:"在刑法第二百九十一条后增加一条,作为第二百九十一条之一:'投放虚假的爆炸性、毒害性、放射性、传染病病原体等物质,或者编造爆炸威胁、生化威胁、放射威胁等恐怖信息,或者明知是编造的恐怖信息而故意传播,严重扰乱社会秩序的,处五年以下有期徒刑、拘役或者管制;造成严重后果的,处五年以上有期徒刑。'"

《刑法修正案(三)》对1997年《刑法》规定作了如下修改和补充:

1. 增加了新罪名。我国1979年《刑法》和1997年《刑法》中只规定了聚众扰乱公共场所秩序和交通秩序的犯罪行为,1997年最高人民法院《关于执行〈中华人民共和国刑法〉确定罪名的规定》(已被修改)将《刑法》第291条规定的犯罪行为定为"聚众扰乱公共场所秩序、交通秩序罪",没有将投放虚假危险物质和编造、故意传播虚假恐怖信息行为规定为犯罪。在司法实践中,对投放虚假危险物质和编造、故意传播虚假恐怖信息的行为不认为是犯罪,情节严重的给予治安处罚。为了惩治严重危害社会治安的恐怖活动,2001年12月29日,全国人大常委会《刑法修正案(三)》第8条在《刑法》第291条之后增加了第291条之一,增加规定了"投放虚假危险物质罪"和"编造、故意传播虚假恐怖信息罪"两种新罪名。

2. 补充规定了罪状和法定刑。《刑法修正(三)》增加规定的《刑法》第291条之一,是新增加的犯罪,罪名、罪状、法定刑都是新增加的。《刑法修正案(三)》将"投放虚假危险物质罪"和"编造、故意传播虚假恐怖信息罪"的罪状规定为"投放虚假的爆炸性、毒害性、放射性、传染病病原体等物质，或者编造爆炸威胁、生化威胁、放射威胁等恐怖信息，或者明知是编造的恐怖信息而故意传播，严重扰乱社会秩序的"的行为；规定该两种犯罪的法定刑为：只要构成该两种犯罪的，处5年以下有期徒刑、拘役或者管制；构成该两种犯罪，造成严重后果的，处5年以上有期徒刑。

（二）刑法规定修改的原因

全国人大常委会《刑法修正案（三）》补充规定"投放虚假危险物质罪"和"编造、故意传播虚假恐怖信息罪"的主要原因有：

1. 投放虚假危险物质和编造、故意传播虚假恐怖信息的行为使人惶恐不安，严重扰乱社会秩序。修订刑法时，就已出现恐怖活动行为，故1997年《刑法》将其规定为犯罪。修订刑法后，一些恐怖组织和实施恐怖活动的人又以投放虚假的爆炸性、毒害性、放射性、传染病病原体等危险物质，或者编造爆炸威胁、生化威胁、放射威胁等恐怖信息，或者明知是编造的恐怖信息而故意传播，制造恐怖气氛，使人们惶恐不安，严重扰乱社会秩序，具有严重的社会危害性。例如，犯罪分子假称自己患有非典型肺炎，对他人进行相威胁，当众抢劫公私财物等行为，社会危害性十分严重，应当依法给予惩治。

2. 我国《刑法》没有明确规定惩治投放虚假危险物质和编造、故意传播虚假恐怖信息的行为。虽然我国1997年《刑法》规定了惩治恐怖活动组织犯罪的行为，但没有明确规定惩罚投放虚假危险物质和编造、故意传播虚假恐怖信息的行为。因此，必须通过立法机关修改补充刑法才能解决。

3. 全国人大常委会法制工作委员会提请全国人大常委会修改刑法有关规定。2001年12月24日，在第九届全国人大常委会第二十五次会议上，全国人大常委会法制工作委员会认为为了惩治向机关、团体、企业、事业单位或者个人以及向公共场所或公共交通工具投放虚假的毒害性、放射性、传染病病原体等物质，或者以爆炸威胁、生化威胁，放射威胁，制造恐怖气氛，或者故意传播恐怖性谣言，扰乱社会秩序的行为，在向全国人大常委会提出的《刑法修正案（三）（草案）》中，建议全国人大常委会在《刑法》第291条后增加一条，作为第291条之一：投放虚假的爆炸性、毒害性、放射性、传染病病原体等物质，或者编造爆炸威胁、生化威胁、放射威胁等恐怖信息，或者明知是编造的恐怖信息而故意传播，严重扰乱社会秩序的，处5年以下有期徒刑、拘役或者管制；造成严重后果的，处5年以上有期徒刑。[①] 全国人大法律委员会根据常委会组成人员的审议意见进行了审议。法律委员会认为，"为了严厉打击恐怖活动犯罪，有必要对刑法进行修改补充。草案基本上是可行的"。[②] 并对《刑法修正案（三）（草案）》提出了一些其他具体修改意见。

鉴于上述原因，全国人大常委会在《刑法修正案（三）》中补充增加了这两种犯罪和应处的法定刑。

（三）投放虚假危险物质罪和编造、故意传播虚假恐怖信息罪的适用

投放虚假危险物质罪和编造、故意传播虚假恐怖信息罪，是《刑法修正案（三）》第8条补

[①] 参见《全国人民代表大会常务委员会公报》2002年第1期，第19页。
[②] 参见《全国人民代表大会常务委员会公报》2002年第1期，第20页。

充增加的犯罪。要准确适用,就必须先厘清该两种犯罪的概念、构成特征,以及适用时应注意的问题。

1. 该两罪的概念。投放虚假危险物质罪,是指行为人明知是虚假的爆炸性、毒害性、放射性、传染病病原体等物质,故意投放,扰乱社会秩序的行为。编造、故意传播虚假恐怖信息罪,是指行为人编造爆炸威胁、生化威胁、放射威胁等恐怖信息,或者明知是编造的恐怖信息而故意传播,严重扰乱社会秩序的行为。

上述两种犯罪都不是直接利用危险物质进行恐怖活动,而是利用危险物质的巨大杀伤力的威胁,制造恐怖气氛,扰乱社会秩序,是对社会有严重危害性的行为。这里的虚假危险物质,是指虚假的爆炸性、毒害性、放射性、传染病病原体等物质,这些虚假危险物质本身不会造成社会危害性,而是假借危险物质的杀伤危害的威力制造恐怖气氛,达到犯罪分子进行恐怖活动的目的。例如,向机关、团体、企业、事业单位投寄虚假的炭疽病芽孢菌等,进行恐怖活动。再如,某人并没有患"非典",在商场抢劫财物时,为逃避法律制裁,故意向群众和阻止其犯罪的工作人员假称自己是"非典"患者,严重扰乱了公共场所秩序。为了惩治上述严重危害社会的行为,2001年12月29日,全国人大常委会在《刑法修正案(三)》第8条将投放虚假危险物质和编造、故意传播虚假恐怖信息行为规定为犯罪,最高处15年有期徒刑。

2. 犯罪的构成特征。根据《刑法》第291条之一和《刑法修正案(三)》第8条规定,该两种犯罪的构成特征有:

(1) 犯罪主体。这两种犯罪的主体是一般主体,年满16周岁具有刑事责任能力的自然人可以构成,但单位不能构成这两种犯罪。犯罪主体在主观上必须持故意的心理态度,即明知是虚假的危险物质而故意以危险物质进行投放,制造恐怖气氛;或者编造、故意传播根本不存在的恐怖信息,制造恐怖气氛,扰乱社会秩序。持过失心理态度的不能构成本罪。

(2) 犯罪行为。投放虚假危险物质罪必须是实施了投放虚假危险物质的犯罪行为。投放行为是故意向公共场所或者重要建筑物以及居民家中投放虚假危险物质。行为人明知是虚假危险物质而称为真正的危险物质进行投放,使人误以为是真正的危险物质,进而造成恐慌。

编造、故意传播恐怖信息罪的犯罪行为有两种:①编造恐怖信息的行为。"编造",就是捏造根本不存在的恐怖信息,进行恐吓,扰乱社会秩序的行为。编造虚假恐怖信息,主要是编造爆炸威胁、生化威胁、放射威胁、传染病病原体等恐怖性威胁的行为。②故意传播虚假恐怖信息的行为。行为人明知是虚假的恐怖信息,还故意进行传播、宣传、扩散的行为。传播可以是口头传播,也可以是文字传播,包括邮寄、发表、张贴、散发或者在互联网上传播等。上述行为都是故意犯罪行为,过失行为不构成本罪。

(3) 犯罪结果。该两种犯罪都是行为犯,只要实施了上述投放虚假危险物质的行为和编造、故意传播恐怖信息的行为,就严重扰乱了社会秩序,具备了本罪的犯罪结果,可以构成犯罪。如果是不可能严重扰乱社会秩序的行为,则不构成上述两种犯罪。

3. 两罪的法定刑。我国《刑法》第291条之一,根据犯罪情节严重程度不同,规定了两罪的法定刑:

(1) 构成本罪,尚未造成严重后果的,处5年以下有期徒刑、拘役或者管制。

(2) 构成本罪,造成严重后果的,处5年以上有期徒刑。这里"造成严重后果的",法律没有作具体规定,目前也没有立法解释和司法解释。笔者认为,这里所谓"造成严重后果的",一般是指已严重扰乱了民心,引起众多的人恐惧、害怕,人群盲目流动,造成社会治安秩序的混乱;或者引起经济秩序混乱,抢购粮食、食品、药品、医疗器材、弃农弃商等严重破坏经济秩序的情形。只要具备上述情形之一的,即属于造成严重后果,适用加重法定刑。

4. 该两种犯罪适用时应注意以下问题:

(1)注意划清罪与非罪的界限。

第一,该两种犯罪的对象必须是虚假的危险物质和虚假的恐怖信息,才能构成犯罪。如果行为人投放的是真正的危险物质,不构成本罪,应构成投放危险物质罪;如果行为人传播的是真实的恐怖信息,尽管是故意传播的,也不构成本罪。

第二,该两种犯罪都是行为犯,只要行为人实施了明知是虚假的危险物质而故意投放或者编造、故意传播恐怖信息行为之一,严重扰乱社会秩序的,就构成犯罪,没有特别的情节结果和数额结果的限制要求。这里的"严重扰乱社会秩序",是犯罪的结果,但不是法律规定的构成该两种犯罪的特别结果。因为,根据我国刑法规定,成立犯罪的条件之一必须是严重危害社会的行为,所谓严重危害社会就是对社会关系的严重侵犯,包括对社会秩序的严重扰乱。对那些情节显著轻微、危害不大,对社会秩序有轻微扰乱的行为,应依照《刑法》第13条犯罪定义的规定,不认为是犯罪。

第三,本罪是故意犯罪,并且以明知是虚假危险物质而故意投放和编造、故意传播恐怖信息的行为,才构成犯罪。过失行为不构成这两种犯罪。例如,某爆炸物仓库的清扫女工王某(文盲),将一瓶香油装在曾经装过液体炸药的外包装盒内,又放在其手提袋中准备拿回家,路过某百货商场购物时,将该手提袋遗忘在柜台上,当王某离开商场后,售货员打开捡到的王某的手提袋时,发现包装盒上标明是液体炸药,该售货员下意识地惊叫起来,百货商场内一片恐慌,严重扰乱了公共场所秩序。在本案例中,王某的行为虽然严重扰乱了公共场所秩序,但由于其主观上没有投放虚假危险物质的故意,故不构成犯罪。

(2)注意准确认定一罪与数罪。我国《刑法》第291条之一规定投放虚假危险物质罪是单一犯罪,而编造、故意传播虚假恐怖信息罪是选择罪名,根据行为人所实施的行为表现特征,可以分别定为编造虚假恐怖信息罪和故意传播虚假恐怖信息罪。如果行为人既编造了虚假恐怖信息又进行传播该虚假恐怖信息行为的,也只构成"编造、故意传播虚假恐怖信息罪"一种罪,不能定为数罪。

如果行为人故意实施了投放虚假危险物质行为后,又实施了编造、故意传播虚假恐怖信息的行为,是定一罪还是定数罪应进行分析:如果行为人基于一个概括的故意,先故意投放虚假危险物质,然后又编造、故意传播上述投放的虚假危险物质的恐怖信息,则应按处理牵连犯的原则,从一重罪处断,定为一重罪;如果故意投放了虚假危险物质,构成了犯罪后,又编造、故意传播了另外的虚假恐怖信息,构成犯罪的,则应分别定为"投放虚假危险物质罪"和"编造、故意传播虚假恐怖信息罪",实行数罪并罚。

(3)注意准确认定该两种罪的预备、未遂和中止。我国《刑法》第291条之一规定的两种犯罪都是行为犯,只要实施了投放虚假危险物质或者编造、故意传播虚假恐怖信息的行为之一的,就严重扰乱了社会秩序,即构成犯罪,是犯罪的既遂。如果行为人为投放虚假危险物质或者编造、故意传播虚假恐怖信息准备工具、制造条件,是犯罪预备;如果行为人已经着手实施投放虚假危险物质或者编造、故意传播虚假恐怖信息的行为,但由于意志以外的原因使严重扰乱社会秩序的结果没有得逞的,是犯罪未遂;如果行为人在投放虚假危险物质或者编造、故意传播虚假恐怖信息的过程中,自动放弃犯罪或者自动有效地防止犯罪结果发生的,是犯罪中止。例如,行为人在投放虚假危险物质的途中,自我悔悟,将虚假危险物质自行销毁,自动放弃犯罪,就是投放虚假危险物质罪的中止犯。当然,对于较轻的投放虚假危险物质罪或者编造、故意传播虚假恐怖信息罪的犯罪预备、未遂和中止,可以不追究其刑事责任。

第八章　中华人民共和国刑法修正案(四)

全国人大常委会《中华人民共和国刑法修正案(四)》(以下简称《刑法修正案(四)》)是2002年12月28日第九届全国人大常委会第三十一次会议通过,并于当日由国家主席公布施行的。

1997年《刑法》颁布施行以后,我国的海关法、药品管理法、未成年人保护法等一些经济、行政法律都作了修改,《刑法》中有关犯罪的规定也需要作相应调整。另外,在1997年《刑法》施行实践中也遇到了一些新的情况和新的问题,如一些企业为谋取高额利润,雇用童工从事危重劳动;一些人民法院生效判决长期得不到执行等情况都需在《刑法》中增加相应的规定,以便准确适用,有力地惩罚有关犯罪行为。

2002年12月23日,全国人大常委会法制工作委员会在与有关部门和专家多次研究的基础上,拟订了《刑法修正案(四)(草案)》,并于2002年12月23日提请第九届全国人大常委会第三十一次会议审议。[①] 全国人大法律委员会根据常委会组成人员的审议意见又进行了审议。法律委员会认为,对刑法有关条文进行修改补充是必要的,草案也是可行的。同时提出了一些修改意见。[②] 2002年12月28日第九届全国人大常委会第三十一次会议通过了《刑法修正案(四)》,并于当日由国家主席公布施行。

一、生产、销售不符合标准的医用器材罪

生产、销售不符合标准的医用器材罪是《刑法修正案(四)》补充修改的犯罪,作为1997年《刑法》第145条规定的生产、销售不符合标准的医用器材犯罪的补充犯罪。1997年《刑法》第145条规定生产、销售不符合标准的医用器材,对人身健康造成严重危害的行为构成犯罪。1997年最高人民法院《关于执行〈中华人民共和国刑法〉确定罪名的规定》(已被修改)中将《刑法》第145条规定的犯罪行为规定为"生产、销售不符合标准的医用器材罪"。2002年12月28日全国人大常委会《刑法修正案(四)》只对生产、销售不符合标准的医用器材罪的构成标准和法定刑作了修改,没有改变罪名。

(一)刑法规定内容的修改

《刑法》条文中有关生产、销售不符合标准的医用器材罪的规定是:

1. 1979年《刑法》第117条规定,违反金融、外汇、金银、工商管理法规,投机倒把,情节严重的,处3年以下有期徒刑或者拘役,可以并处、单处罚金或者没收财产。

1979年《刑法》第118条规定,以走私、投机倒把为常业的,走私、投机倒把数额巨大的或

[①] 参见《全国人民代表大会常务委员会公报》2003年第1期,第64页。
[②] 参见《全国人民代表大会常务委员会公报》2003年第1期,第66页。

者走私、投机倒把集团的首要分子,处3年以上10年以下有期徒刑,可以并处没收财产。

2. 1982年全国人大常委会《关于严惩严重破坏经济的罪犯的决定》(已失效)第1部分第1条第1款规定:对《刑法》第118条规定的走私、套汇、投机倒把牟取暴利罪……其处刑分别补充或者修改为:情节特别严重的,处10年以上有期徒刑、无期徒刑或者死刑,可以并处没收财产。

3. 1993年全国人大常委会《关于惩治生产、销售伪劣商品犯罪的决定》(已失效)第4条规定,生产不符合保障人体健康的国家标准、行业标准的医疗器械、医用卫生材料,或者销售明知是不符合保障人体健康的国家标准、行业标准的医疗器械、医用卫生材料,对人体健康造成严重危害的,处5年以下有期徒刑,并处罚金;后果特别严重的,处5年以上10年以下有期徒刑,并处罚金,其中情节特别恶劣的,处10年以上有期徒刑或者无期徒刑,并处罚金或者没收财产。

4. 1997年《刑法》第145条规定,生产不符合保障人体健康的国家标准、行业标准的医疗器械、医用卫生材料,或者销售明知是不符合保障人体健康的国家标准、行业标准的医疗器械、医用卫生材料,对人体健康造成严重危害的,处5年以下有期徒刑,并处销售金额50%以上2倍以下罚金;后果特别严重的,处5年以上10年以下有期徒刑,并处销售金额50%以上2倍以下罚金,其中情节特别恶劣的,处10年以上有期徒刑或者无期徒刑,并处销售金额50%以上2倍以下罚金或者没收财产。

1997年《刑法》第149条规定:"生产、销售本节第一百四十一条至第一百四十八条所列产品,不构成各该条规定的犯罪,但是销售金额在五万元以上的,依照本节第一百四十条的规定定罪处罚。生产、销售本节第一百四十一条至第一百四十八条所列产品,构成各该条规定的犯罪,同时又构成本节第一百四十条规定之罪的,依照处罚较重的规定定罪处罚。"

1997年《刑法》第150条规定,单位犯本节第140条至第148条规定之罪的,对单位判处罚金,并对其直接负责的主管人员和其他直接责任人员,依照各该条的规定处罚。

5. 2002年12月28日全国人大常委会《刑法修正案(四)》第1条规定:"将刑法第一百四十五条修改为:'生产不符合保障人体健康的国家标准、行业标准的医疗器械、医用卫生材料,或者销售明知是不符合保障人体健康的国家标准、行业标准的医疗器械、医用卫生材料,足以严重危害人体健康的,处三年以下有期徒刑或者拘役,并处销售金额百分之五十以上二倍以下罚金;对人体健康造成严重危害的,处三年以上十年以下有期徒刑,并处销售金额百分之五十以上二倍以下罚金;后果特别严重的,处十年以上有期徒刑或者无期徒刑,并处销售金额百分之五十以上二倍以下罚金或者没收财产。'"

《刑法修正案(四)》对1997年《刑法》作了如下修改和补充:

1.增加了新罪名。我国1979年《刑法》没有规定生产、销售不符合标准的医用器材罪,实践中将上述犯罪行为依照1979年《刑法》第117条、第118条和《关于严惩严重破坏经济的罪犯的决定》(已失效)第1部分第1条第1款的规定,以投机倒把罪定罪处罚。1993年全国人大常委会《关于惩治生产、销售伪劣商品犯罪的决定》(已失效)第4条增加规定,生产不符合保障人体健康的国家标准、行业标准的医疗器械、医用卫生材料,或者销售明知是不符合保障人体健康的国家标准、行业标准的医疗器械、医用卫生材料,对人体健康造成严重危害的犯罪行为。1997年《刑法》第145条将《关于惩治生产、销售伪劣商品犯罪的决定》(已失效)中规定的生产、销售不符合标准的医用器材的犯罪行为纳入1997年《刑法》中,1997年最高人民法院《关于执行〈中华人民共和国刑法〉确定罪名的规定》(已被修改)将《刑法》第145条规定的生产、销售不符合标准的医用器材的犯罪行为规定为"生产、销售不符合标准的医用器材罪"。2002年12月28日全国人大常委会在《刑法修正案(四)》第1条中对生产、销售不符合标准的医用器材罪的构成标准和法定刑作了修改补充规定,但罪名并没有改变。

2. 补充修改了犯罪构成标准和法定刑。1997年《刑法》第145条规定的"生产、销售不符合标准的医用器材罪"构成的条件必须是"对人体健康造成严重危害的"结果,达不到上述"严重危害"结果条件的,不构成犯罪。《刑法修正案(四)》将构成犯罪的最低结果标准补充修改为"足以严重危害人体健康的"结果,构成犯罪。并将犯罪结果,由"对人体健康造成严重危害的""后果特别严重的""情节特别恶劣的"三级调整为"足以严重危害人体健康的""对人体健康造成严重危害的""后果特别严重的"三级,使《刑法》对这种犯罪的惩罚范围扩大,力度加强。

(二)刑法规定修改的原因

全国人大常委会《刑法修正案(四)》补充修改"生产、销售不符合标准的医用器材罪"的构成标准和法定刑,主要原因有:

1. 1997年《刑法》中规定构成"生产、销售不符合标准的医用器材罪"的构成标准过高。1997年《刑法》规定该犯罪的构成最低标准必须是"对人体健康造成严重危害的"结果,达不到上述"严重危害"结果标准的,不构成犯罪。在这一时期,有的地方生产、销售不符合国家标准、行业标准的医疗器械的情况较为严重,一些个人或者单位甚至大量回收废旧的一次性注射器、输液管等医用材料在重新包装后出售。这些伪劣医疗器械、医用卫生材料一旦在医疗中使用,必然会严重危害人民群众的生命健康。根据上述规定,如果等到使用后,危害结果发生了才追究刑事责任,将为时已晚。现实客观上存在的危害行为要求将刑法规定的这种犯罪的构成最低标准修改为,只要"足以严重危害人体健康的",就构成犯罪,以加大惩治该种犯罪的力度。

2. 我国《医疗器械监督管理条例》等法规要求刑法作相应修改。1999年12月28日国务院第24次常务会议通过,自2000年4月1日起实施的《医疗器械监督管理条例》(已被修改)第37条规定,违反本条例规定,生产不符合医疗器械国家标准或者行业标准的医疗器械的,由县级以上人民政府药品监督管理部门予以警告,责令停止生产,没收违法生产的产品和违法所得,违法所得5000元以上的,并处违法所得2倍以上5倍以下的罚款;没有违法所得或者违法所得不足5000元的,并处5000元以上2万元以下的罚款;情节严重的,由原发证部门吊销产品生产注册证书;构成犯罪的,依法追究刑事责任。第43条规定,违反本条例规定,医疗机构重复使用一次性的医疗器械的,或者对应当销毁未进行销毁的,由县级以上人民政府药品监督管理部门责令改正,给予警告,可以处5000元以上3万元以下的罚款;情节严重的,可以对医疗机构处3万元以上5万元以下的罚款,对主管人员和其他直接责任人员依法给予纪律处分;构成犯罪的,依法追究刑事责任。上述有关惩治生产、销售不符合标准的医用器材犯罪行为的规定必须在刑法中有相应的规定,才能保障其准确实施。

3. 全国人大常委会法制工作委员会提请全国人大常委会修改刑法规定。2002年12月23日,在第九届全国人大常委会第三十一次会议上,全国人大常委会法制工作委员向全国人大常委会提出了《刑法修正案（四）（草案）》，建议全国人大常务委员会将《刑法》第145条修改为："生产不符合保障人体健康的国家标准、行业标准的医疗器械、医用卫生材料，或者销售明知是不符合保障人体健康的国家标准、行业标准的医疗器械、医用卫生材料，足以严重危害人体健康的，处三年以下有期徒刑，并处销售金额百分之五十以上二倍以下罚金；对人体健康造成严重危害的，处三年以上十年以下有期徒刑，并处销售金额百分之五十以上二倍以下罚金，其中致人死亡或者对人体健康造成特别严重危害的，处十年以上有期徒刑或者无期徒刑，并处销售金额百分之五十以上二倍以下罚金或者没收财产。"[1]全国人大法律委员会根据委员的意见，建议将该条修改为："生产不符合保障人体健康的国家标准、行业标准的医疗器械、医用卫生材料，或者销售明知是不符合保障人体健康的国家标准、行业标准的医疗器械、医用卫生材料，足以严重危害人体健康的，处三年以下有期徒刑或者拘役，并处销售金额百分之五十以上二倍以下罚金；对人体健康造成严重危害的，处三年以上十年以下有期徒刑，并处销售金额百分之五十以上二倍以下罚金；后果特别严重的，处十年以上有期徒刑或者无期徒刑，并处销售金额百分之五十以上二倍以下罚金或者没收财产。"[2]

鉴于上述原因，全国人大常委会在《刑法修正案（四）》中修改补充了生产、销售不符合标准的医用器材罪的构成标准和补充规定加重法定刑。

（三）生产、销售不符合标准的医用器材罪的适用

生产、销售不符合标准的医用器材罪是对1997年《刑法》规定的犯罪修改的，《刑法修正案（四）》对其犯罪构成标准和法定刑作了修改补充规定。要准确适用，就必须先厘清本罪的概念、构成特征，以及适用时应注意的问题。

1.本罪的概念。生产、销售不符合标准的医用器材罪，是指生产不符合保障人体健康的国家标准、行业标准的医疗器械、医用卫生材料，或者销售明知是不符合保障人体健康的国家标准、行业标准的医疗器械、医用卫生材料，足以严重危害人体健康的行为。

医用器材是用来医疗疾病的，必须保证其绝对卫生和安全，确保病人和医护人员的人身安全，如果生产、销售了不符合标准的医用器材使患者又患上重病或者使医护人员身体健康遭受损害，其社会危害性更加严重。例如，某医院采购了不合格的不锈钢器材，使用于患者骨关节固定手术上，不到两天该不锈钢材料折断，致患者终身残废。再如，某医院重复使用被细菌感染的一次性注射器，大批患者被病菌感染致病。为了惩治生产、销售不符合标准的医用器材行为，1993年7月2日全国人大常委会在《关于惩治生产、销售伪劣商品犯罪的决定》（已失效）中第一次规定了生产、销售不符合标准的医用器材的犯罪行为，并规定给予严厉的刑罚处罚。1997年《刑法》将《关于惩治生产、销售伪劣商品犯罪的决定》（已失效）规定的该种犯罪行为在修改后纳入刑法中，轻者处5年以下有期徒刑，重者可处无期徒刑，并处销售金额50%以上2倍以下罚金或者没收财产。2002年12月28日全国人大常委会《刑法修正案（四）》第1条对《刑法》第145条规定进行修改和补充，降低了"生产、销售不符合标准的医用器材罪"的构成标准和加重了该罪的法定刑。

2.犯罪的构成特征。根据1997年《刑法》第145条和《刑法修正案（四）》第1条的规定，

---

[1] 参见《全国人民代表大会常务委员会公报》2003年第1期，第64页。
[2] 参见《全国人民代表大会常务委员会公报》2003年第1期，第67页。

该罪的构成特征有：

(1)犯罪主体。该罪的犯罪主体是一般主体,凡是年满16周岁具有刑事责任能力的自然人和依法成立的单位都可以构成本罪。犯罪主体在主观上是故意的心理态度,持过失心理态度的不能构成本罪。行为人在主观上一般有营利的目的,但不具有营利目的的,也可以构成本罪。

(2)犯罪行为。必须是实施了生产、销售不符合标准的医用器材的行为,具体行为表现有：

①生产不符合保障人体健康的国家标准、行业标准的医疗器械、医用卫生材料,足以严重危害人体健康的行为。

②销售明知是不符合保障人体健康的国家标准、行业标准的医疗器械、医用卫生材料,足以严重危害人体健康的行为。

医疗器械,是指用于诊断、治疗、预防人的疾病,调节人的生理机能或者替代人体器官的仪器、设备、装置、器具、植入物及相关物品,如手术刀、注射器、输血器等。

医用卫生材料,是指与治病、防病有关的各种物品,如酒精、药棉、纱布、卫生纸等。

上述医用器械、医用卫生材料的生产都有保障人体健康的国家标准或者行业标准,如果故意生产、销售不符合标准的医疗器械、医用卫生材料,足以危害人体健康的,即构成本罪。本罪的犯罪行为都是故意行为,即明知是生产、销售不符合标准的医用器材的行为还进行生产、销售,过失生产、销售不符合标准的医用器材的行为不构成本罪。2001年4月10日发布的最高人民法院、最高人民检察院《关于办理生产、销售伪劣商品刑事案件具体应用法律若干问题的解释》第6条第4款、第5款规定："医疗机构或者个人,知道或者应当知道是不符合保障人体健康的国家标准、行业标准的医疗器械、医用卫生材料而购买、使用,对人体健康造成严重危害的,以销售不符合标准的医用器材罪定罪处罚。没有国家标准、行业标准的医疗器械,注册产品标准可视为'保障人体健康的行业标准'。"

(3)犯罪结果。本罪是危险犯,只要实施了生产、销售不符合标准的医用器材的行为,造成足以严重危害人体健康的结果的,就可以构成犯罪。

3. 本罪的法定刑。我国《刑法》第145条根据犯罪行为造成的不同结果,分别规定了三个不同档次的法定刑：

(1)构成犯罪,尚未造成严重后果的,处3年以下有期徒刑或者拘役,并处销售金额50%以上2倍以下罚金。所谓尚未造成严重后果,应指造成人身轻微伤以下的结果或者违法所得不满5000元的情形。

(2)构成犯罪,对人体健康造成严重危害的,处3年以上10年以下有期徒刑,并处销售金额50%以上2倍以下罚金。根据2001年4月10日发布的最高人民法院、最高人民检察院《关于办理生产、销售伪劣商品刑事案件具体应用法律若干问题的解释》第6条的规定,生产、销售不符合标准的医疗器械、医用卫生材料,致人轻伤或者其他严重后果的,应认定为《刑法》第145条规定的"对人体健康造成严重危害"。

(3)构成犯罪,后果特别严重的,处10年以上有期徒刑或者无期徒刑,并处销售金额50%以上2倍以下罚金或者没收财产。根据2001年4月10日发布的最高人民法院、最高人民检察院《关于办理生产、销售伪劣商品刑事案件具体应用法律若干问题的解释》第6条第2

款、第3款的规定,生产、销售不符合标准的医疗器械、医用卫生材料,造成感染病毒性肝炎等难以治愈的疾病、1人以上重伤、3人以上轻伤或者其他严重后果的,应认定为"后果特别严重";生产、销售不符合标准的医疗器械、医用卫生材料,致人死亡、严重残疾、感染艾滋病、3人以上重伤、10人以上轻伤或者造成其他特别严重后果的,应认定为"情节特别恶劣"。

(4)单位犯本罪的,对单位判处罚金,并对其直接负责的主管人员和其他直接责任人员,依照各该条的规定处罚。

根据2001年4月10日发布的最高人民法院、最高人民检察院《关于办理生产、销售伪劣商品刑事案件具体应用法律若干问题的解释》第12条的规定,国家机关工作人员参与生产、销售伪劣商品犯罪的,从重处罚。

4. 本罪适用时应注意以下问题:

(1)注意划清罪与非罪的界限。

第一,本罪的犯罪对象是特殊对象,必须是不符合标准的医用器材,才构成本罪;如果生产、销售的不是不符合标准的医用器材的,不构成本罪。

第二,本罪的结果必须是足以严重危害人体健康的结果,才构成本罪;如果生产、销售不符合标准的医用器材不足以严重危害人体健康,不构成本罪。

第三,本罪是故意犯罪,过失生产、销售不符合标准的医用器材的行为不构成本罪。

(2)注意准确认定本罪的犯罪结果。《刑法修正案(四)》对我国《刑法》第145条规定的犯罪结果作了重要修改。1997年《刑法》第145条规定的结果有"对人体健康造成严重危害的""后果特别严重的""情节特别恶劣的"三级,《刑法修正案(四)》调整为"足以严重危害人体健康的""对人体健康造成严重危害的""后果特别严重的"三级。2001年4月10日发布的最高人民法院、最高人民检察院《关于办理生产、销售伪劣商品刑事案件具体应用法律若干问题的解释》第6条是根据《刑法修正案(四)》以前的刑法解释作出的,可以按其内容对照适用,但该文件未对"足以严重危害人体健康的"作出司法解释。笔者认为,本罪是一种危险犯,只要足以严重危害人体健康,就可以构成犯罪,可参照危害公共安全罪,尚未造成严重后果的情形进行处罚,一般以造成人轻微伤或者5000元以下较轻的财产损失的结果为宜。

(3)注意准确认定本罪与生产、销售伪劣产品罪的界限。《刑法》第145条规定的生产、销售不符合标准的医用器材罪与《刑法》第140条规定的生产、销售伪劣产品罪是法条竞合关系。《刑法》第140条是一般规定,第145条是特别规定,在一般情况下,根据特别法律规定优于一般法律规定原则,应依照《刑法》第145条的规定定为本罪。但是,根据《刑法》第149条的规定,生产、销售不符合标准的医用卫生器材,不构成各该条规定的犯罪,但是销售金额在5万元以上的,依照《刑法》第140条的规定定罪处罚。生产、销售不符合标准的医用器材,构成犯罪,同时又构成《刑法》第140条规定之罪的,依照处罚较重的规定定罪处罚,这是法律特别规定的"重法优先适用原则"。例如,生产、销售不符合标准的医用器材,数量在200万元以上,但还不足以危害人身健康,不能认定为生产、销售不符合标准的医用器材罪,而应根据《刑法》第140条认定为生产、销售伪劣产品罪。

(4)注意准确认定本罪的共同犯罪。根据2001年4月10日发布的最高人民法院、最高人民检察院《关于办理生产、销售伪劣商品刑事案件具体应用法律若干问题的解释》第9条的规定,知道或者应当知道他人实施生产、销售伪劣商品犯罪,而为其提供贷款、资金、账号、发票、证明、许可证件,或者提供生产、经营场所或者运输、仓储、保管、邮寄等便利条件,或者提供制假生产技术的,以生产、销售伪劣商品犯罪的共犯论处;第12条的规定,国家机关工作人员参与生产、销售伪劣商品犯罪的,从重处罚。这里的"应当知道",应理解为故意的心理态度,而不是过失的心理态度。

(5)注意准确认定本罪的一罪与数罪。根据2001年4月10日发布的最高人民法院、最高人民检察院《关于办理生产、销售伪劣商品刑事案件具体应用法律若干问题的解释》第10条的规定,实施生产、销售伪劣商品犯罪,同时构成侵犯知识产权、非法经营等其他犯罪的,依照处罚较重的规定定罪处罚。

上述情形只能认定为一种犯罪,不能定为数罪。《关于办理生产、销售伪劣商品刑事案件具体应用法律若干问题的解释》第11条规定,实施《刑法》第140条至第148条规定的犯罪,又以暴力、威胁方法抗拒查处,构成其他犯罪的,依照数罪并罚的规定处罚,即犯生产、销售不符合标准的医用器材罪,又以暴力、威胁方法抗拒查处,构成其他犯罪的,依照数罪并罚的规定定罪处罚。

(6)注意追究与本罪有关的国家机关工作人员渎职犯罪。根据2001年4月10日发布的最高人民法院、最高人民检察院《关于办理生产、销售伪劣商品刑事案件具体应用法律若干问题的解释》第8条的规定,国家机关工作人员徇私舞弊,对生产、销售伪劣商品犯罪不履行法律规定的查处职责,具有下列情形之一的,属于《刑法》第414条规定的"情节严重",应追究其放纵制售伪劣商品犯罪行为的刑事责任:

①放纵生产、销售假药或者有毒、有害食品犯罪行为的;
②放纵依法可能判处2年有期徒刑以上刑罚的生产、销售伪劣商品犯罪行为的;
③对3个以上有生产、销售伪劣商品犯罪行为的单位或者个人不履行追究职责的;
④致使国家和人民利益遭受重大损失或者造成恶劣影响的。

二、走私废物罪

走私废物罪,是《刑法修正案(四)》对《刑法》第152条第2款补充规定的犯罪,作为1997年《刑法》第155条第3项规定的走私固体废物罪的修改补充罪名。1997年《刑法》第155条第3项规定"逃避海关监管将境外固体废物运输进境的"行为构成犯罪。1997年最高人民法院《关于执行〈中华人民共和国刑法〉确定罪名的规定》(已被修改)将该犯罪规定为"走私固体废物罪"。2002年12月28日全国人大常委会《刑法修正案(四)》第2条规定,在《刑法》第152条中增加走私废物的犯罪行为;第3条取消了《刑法》第155条原第3款关于走私固体废物犯罪行为的规定。2003年8月15日发布的最高人民法院、最高人民检察院《关于执行〈中华人民共和国刑法〉确定罪名的补充规定(二)》将《刑法》第152条第2款和《刑法修正案(四)》第2条第1款规定的犯罪规定为"走私废物罪",取消了《刑法》第155条原第3项规定的"走私固体废物罪"的罪名。

(一)刑法规定内容的修改

刑法条文中有关走私废物罪的规定是:

1. 1979年《刑法》第116条规定:"违反海关法规,进行走私,情节严重的,除按照海关法规没收走私物品并且可以罚款外,处三年以下有期徒刑或者拘役,可以并处没收财产。"

1979年《刑法》第118条规定:"以走私、投机倒把为常业的,走私、投机倒把数额巨大的或者走私、投机倒把集团的首要分子,处三年以上十年以下有期徒刑,可以并处没收财产。"

2. 1982年全国人大常委会《关于严惩严重破坏经济的罪犯的决定》(已失效)第1部分第1条第1款规定:"对刑法第一百一十八条规定走私、套汇、投机倒把牟取暴利罪……其处刑分别补充或者修改为:情节特别严重的,处十年以上有期徒刑、无期徒刑或者死刑,可以并处没收财产。"

3. 1988年全国人大常委会《关于惩治走私罪的补充规定》(已失效)第4条规定:"走私本规定第一条至第三条规定以外的货物、物品的,根据情节轻重,分别依照下列规定处罚:(一)走私货物、物品价额在五十万元以上的,处十年以上有期徒刑或者无期徒刑,并处罚金或者没收财产;情节特别严重的,处死刑,并处没收财产。(二)走私货物、物品价额在十五万元以上不满五十万元的,处七年以上有期徒刑,并处罚金或者没收财产;情节特别严重的,处无期徒刑,并处没收财产。(三)走私货物、物品价额在五万元以上不满十五万元的,处三年以上十年以下有期徒刑,并处罚金。(四)走私货物、物品价额在二万元以上不满五万元的,处三年以下有期徒刑或者拘役,并处罚金;情节较轻的,或者价额不满二万元的,由海关没收走私货物、物品和违法所得,可以并处罚款。对多次走私未经处理的,按照累计走私货物、物品的价额处罚。"

4. 1988年全国人大常委会《关于惩治走私罪的补充规定》(已失效)第5条规定:"企业事业单位、机关、团体走私本规定第一条至第三条规定货物、物品的,判处罚金,并对其直接负责的主管人员和其他直接责任人员,依照本规定对个人犯走私罪的规定处罚。企业事业单位、机关、团体走私本规定第一条至第三条规定以外的货物、物品,价额在三十万元以上的,判处罚金,并对其直接负责的主管人员和其他直接责任人员,处五年以下有期徒刑或者拘役;情节特别严重,使国家利益遭受重大损失的,处五年以上十年以下有期徒刑;价额不满三十万元的,由海关没收走私货物、物品和违法所得,可以并处罚款,对其直接负责的主管人员和其他直接责任人员,由其所在单位或者上级主管机关酌情予以行政处分。企业事业单位、机关、团体走私,违法所得归私人所有的,或者以企业事业单位、机关、团体的名义进行走私,共同分取违法所得,依照本规定对个人犯走私罪的规定处罚。"

5. 1997年《刑法》第152条规定:"以牟利或者传播为目的,走私淫秽的影片、录像带、录音带、图片、书刊或者其他淫秽物品的,处三年以上十年以下有期徒刑,并处罚金;情节严重的,处十年以上有期徒刑或者无期徒刑,并处罚金或者没收财产;情节较轻的,处三年以下有期徒刑、拘役或者管制,并处罚金。单位犯前款罪的,对单位判处罚金,并对其直接负责的主管人员和其他直接责任人员,依照前款的规定处罚。"

1997年《刑法》第153条规定:"走私本法第一百五十一条、第一百五十二条、第三百四十七条规定以外的货物、物品的,根据情节轻重,分别依照下列规定处罚:(一)走私货物、物品偷逃应缴税额在五十万元以上的,处十年以上有期徒刑或者无期徒刑,并处偷逃应缴税额一倍以上五倍以下罚金或者没收财产;情节特别严重的,依照本法第一百五十一条第四款的规定处罚。(二)走私货物、物品偷逃应缴税额在十五万元以上不满五十万元的,处三年以上十年以下有期徒刑,并处偷逃应缴税额一倍以上五倍以下罚金;情节特别严重的,处十年以上有期徒刑或者无期徒刑,并处偷逃应缴税额一倍以上五倍以下罚金或者没收财产。(三)走私货物、物品偷逃应缴税额在五万元以上不满十五万元的,处三年以下有期徒刑或者拘役,并处偷逃应缴税额一倍以上五倍以下罚金。单位犯前款罪的,对单位判处罚金,并对其直接负责的主管人员和其他直接责任人员,处三年以下有期徒刑或者拘役;情节严重的,处三年以上十年以下有期徒刑;情节特别严重的,处十年以上有期徒刑。对多次走私未经处理的,按照累计走私货物、物品的偷逃应缴税额处罚。"

1997年《刑法》第154条规定:"下列走私行为,根据本节规定构成犯罪的,依照本法第一百五十三条的规定定罪处罚:(一)未经海关许可并且未补缴应缴税额,擅自将批准进口的来料加工、来件装配、补偿贸易的原材料、零件、制成品、设备等保税货物,在境内销售牟利的;(二)未经海关许可并且未补缴应缴税额,擅自将特定减税、免税进口的货物、物品,在境内销售牟利的。"

1997年《刑法》第155条规定:"下列行为,以走私罪论处,依照本节的有关规定处罚:(一)直接向走私人非法收购国家禁止进口物品的,或者直接向走私人非法收购走私进口的其他货物、物品,数额较大的;(二)在内海、领海运输、收购、贩卖国家禁止进出口物品的,或者运输、收购、贩卖国家限制进出口货物、物品,数额较大,没有合法证明的;(三)逃避海关监管将境外固体废物运输进境的。"

1997年《刑法》第156条规定:"与走私罪犯通谋,为其提供贷款、资金、帐号、发票、证明,或者为其提供运输、保管、邮寄或者其他方便的,以走私罪的共犯论处。"

1997年《刑法》第157条规定:"武装掩护走私的,依照本法第一百五十一条第一款、第四款的规定从重处罚。以暴力、威胁方法抗拒缉私的,以走私罪和本法第二百七十七条规定的阻碍国家机关工作人员依法执行职务罪,依照数罪并罚的规定处罚。"

1997年《刑法》第339条规定:"违反国家规定,将境外的固体废物进境倾倒、堆放、处置的,处五年以下有期徒刑或者拘役,并处罚金;造成重大环境污染事故,致使公私财产遭受重大损失或者严重危害人体健康的,处五年以上十年以下有期徒刑,并处罚金;后果特别严重的,处十年以上有期徒刑,并处罚金。未经国务院有关主管部门许可,擅自进口固体废物用作原料,造成重大环境污染事故,致使公私财产遭受重大损失或者严重危害人体健康的,处五年以下有期徒刑或者拘役,并处罚金;后果特别严重的,处五年以上十年以下有期徒刑,并处罚金。以原料利用为名,进口不能用作原料的固体废物的,依照本法第一百五十五条的规定定罪处罚。"

6. 2002年12月28日全国人大常委会《刑法修正案(四)》第2条规定:"在第一百五十二条中增加一款作为第二款:'逃避海关监管将境外固体废物、液态废物和气态废物运输进境,情节严重的,处五年以下有期徒刑,并处或者单处罚金;情节特别严重的,处五年以上有期徒刑,并处罚金。'原第二款作为第三款,修改为:'单位犯前两款罪的,对单位判处罚金,并对其直接负责的主管人员和其他直接责任人员,依照前两款的规定处罚。'"

2002年12月28日全国人大常委会《刑法修正案(四)》第5条规定:"将刑法第三百三十九条第三款修改为:'以原料利用为名,进口不能用作原料的固体废物、液态废物和气态废物的,依照本法第一百五十二条第二款、第三款的规定定罪处罚。'"

2002年12月28日全国人大常委会《刑法修正案(四)》第3条规定:"将刑法第一百五十五条修改为:'下列行为,以走私罪论处,依照本节的有关规定处罚:(一)直接向走私人非法收购国家禁止进口物品的,或者直接向走私人非法收购走私进口的其他货物、物品,数额较大的;(二)在内海、领海、界河、界湖运输、收购、贩卖国家禁止进出口物品的,或者运输、收购、贩卖国家限制进出口货物、物品,数额较大,没有合法证明的。'"

《刑法修正案(四)》对1997年《刑法》作了如下修改和补充:

1. 增加了新罪名。我国1979年《刑法》以走私行为为标准,只笼统规定了一种走私罪,没有具体规定走私废物罪,实践中将上述走私废物犯罪行为依照1979年《刑法》第116条、第118条和《关于严惩严重破坏经济的罪犯的决定》(已失效)第1部分第1条第1款的规定,以走私罪定罪处罚。1988年全国人大常委会《关于惩治走私罪的补充规定》(已失效)也没有具体规定走私废物罪,司法实践中依照《关于惩治走私罪的补充规定》(已失效)第4条、第5条的规定,以走私普通货物、物品罪定罪处罚。1997年《刑法》以走私对象为标准确定罪名,在第155条第3项中将走私固体废物的行为规定为犯罪。1997年最高人民法院《关于执行〈中华人民共和国刑法〉确定罪名的规定》(已被修改)将该条规定的犯罪行为确定为"走私固体废物罪"。2002年12月28日全国人大常委会对《刑法修正案(四)》第2条走私废物犯罪作了补充规定。2003年8月15日发布的最高人民法院、最高人民检察院《关于执行〈中华人民共和国刑法〉确定罪名的补充规定(二)》将《刑法》第152条第2款和《刑法修正案(四)》第2条第1款规定的犯罪规定为"走私废物罪",根据《刑法修正案(四)》第3条的规定,取消了《刑法》第155条原第3项规定的"走私固体废物罪"及其罪名。

2. 补充规定了犯罪对象和法定刑。1997年《刑法》第155条第3项规定的"走私固体废物罪"的犯罪对象只是"固体废物",不包括其他形态的废物。《刑法修正案(四)》第2条将走私固体废物扩大到液态废物和气态废物,使《刑法》扩大了对这种犯罪的惩罚范围。另外,1997年《刑法》第155条第3项规定,犯走私固体废物罪,"以走私罪论处,依照本节的有关规定处罚"。这种规定含混不清,《刑法》分则第三章第二节规定的走私罪按走私对象可分别定为10种具体走私犯罪,对于走私固体废物犯罪行为,应依照其中何种罪的法定刑处罚并未规定清楚。2000年10月8日施行的最高人民法院《关于审理走私刑事案件具体应用法律若干问题的解释》(已失效)第9条依照《刑法》第153条规定处罚,即依照走私普通货物、物品的法定刑处罚。《刑法修正案(四)》第2条对走私废物罪的法定刑作了明确规定,即处5年以下有期徒刑,并处或者单处罚金;情节特别严重的,处5年以上有期徒刑,并处罚金。同时规定单位可以构成走私废物罪,并规定"单位犯前两款罪的,对单位判处罚金,并对其直接负责的主管人员和其他直接责任人员,依照前两款的规定处罚",使走私废物罪的法定刑更加明确,便于司法适用。

(二)刑法规定修改的原因

全国人大常委会《刑法修正案(四)》补充规定"走私废物罪"的主要原因有:

1. 走私废物行为的社会危害性越来越严重。近些年来,一些工业发达的资本主义国家开始注意环境保护,不允许排放有毒有害的工业废物,要求以高价进行无害处理,有些资本家为谋取高额利润,非法向工业不发达的国家出口废物,对进口废物国家的环境造成严重污染,严重危及当地居民的身心健康。北京郊区曾发现非法进口洋垃圾,造成严重环境污染事故,青岛海关也曾查处进口被放射线严重污染的废钢铁。为了坚决制止洋垃圾非法进入我国,污染环境,危害人民群众的身心健康,我国1997年修订《刑法》时将走私固体废物的行为规定为犯罪,以追究相关行为人的刑事责任。1997 年《刑法》实施以后,走私液态废物和置于容器中的气态废物,严重污染环境、危害人身健康的行为也开始出现,对上述污染环境,危害人身健康的行为也应当依法严惩。

2. 我国 1997 年《刑法》对走私废物罪的对象规定得不全面、法定刑规定得不明确。1997 年《刑法》第 155 条第 3 项规定,逃避海关监管将境外固体废物运输进境的,以走私罪论处,依照《刑法》走私罪一节的有关规定处罚。上述规定,有以下缺陷:(1)只规定了走私固体废物,范围太窄,走私液态废物和置于容器中的气态废物,同样污染环境危害人身、财产安全,故也应规定为犯罪。(2)"以走私罪论处"的规定不明确。《刑法》分则第三章第二节走私罪中规定了十几种具体犯罪,其法定刑各不相同,对于走私废物罪应依照其中哪一种具体的走私罪的法定刑处罚规定得不明确。另外,除《刑法》第 151 条、第 152 条明确规定了走私几类违禁品的处罚以外,刑法仅对走私普通货物、物品按照行为人走私偷逃应缴税额的多少给予不同的刑罚处罚作出了明确规定,由于对走私废物无法计算应缴税额,司法机关对本罪在量刑上存在一定困难。为准确惩治走私废物行为,必须对刑法的有关规定进行修改和补充。

3. 《海关法》对有关规定进行了修改,刑法也应作相应修改。2000 年 7 月全国人大常委会通过修正后的《海关法》(已被修改)第 83 条第 2 项规定,"在内海、领海、界河、界湖,船舶及所载人员运输、收购、贩卖国家禁止或者限制进出境的货物、物品,或者运输、收购、贩卖依法应当缴纳税款的货物,没有合法证明的","按走私行为论处"。上述法律有关在"界河""界湖"实施上述走私行为的,也规定为走私犯罪行为,必须在刑法中有相应的规定,才能保障其准确实施。

4. 全国人大常委会法制工作委员会提请全国人大常委会修改刑法规定。2002 年 12 月 23 日,在第九届全国人大常委会第三十一次会议上,全国人大常委会法制工作委员向全国人大常委会提出了《刑法修正案(四)(草案)》,建议全国人大常委会在《刑法》第 152 条中增加一款,作为第 2 款:"逃避海关监管将境外固体废物、液态废物和置于容器中的气态废物运输进境,情节严重的,处五年以下有期徒刑,并处或者单处罚金;情节特别严重的,处五年以上有期徒刑,并处罚金。"相应删去《刑法》第 155 条第 3 项的规定。同时将《刑法》第 339 条第 3 款的规定修改为,以原料利用为名,进口不能用作原料的固体废物、液态废物和置于容器中的气态废物的,依照《刑法》第 152 条第 2 款、第 3 款的规定定罪处罚。建议将《刑法》第 155 条第 2 项修改为"在内海、领海、界河、界湖运输、收购、贩卖国家禁止进出口物品的,或者运输、收购、贩卖国家限制进出口货物、物品,数额较大,没有合法证明的",以走私罪论处。[①] 全国人大法律委员会对全国人大常委会法制工作委员会提出的《刑法修正案(四)(草案)》进行了审议,委员们认为对刑法有关条文进行修改补充是必要的,《刑法修正案(四)(草案)》也是可行的,同时提出了一些修改意见。[②]

鉴于上述原因,全国人大常委会在《刑法修正案(四)》中修改补充了"走私废物罪"的罪状和法定刑。

[①] 参见《全国人民代表大会常务委员会公报》2003 年第 1 期,第 65 页。
[②] 参见《全国人民代表大会常务委员会公报》2003 年第 1 期,第 66 页。

(三)走私废物罪的适用

走私废物罪,是根据1997年《刑法》规定的犯罪修改的新罪名,《刑法修正案(四)》对其犯罪构成条件和适用的法定刑都作了补充规定。要准确适用,就必须先厘清本罪的概念、构成特征,以及适用时应注意的问题。

1. 本罪的概念。走私废物罪,是指单位或者个人逃避海关监管将境外固体废物、液态废物和气态废物运输进境,情节严重的行为。

近些年来,一些工业发达的资本主义国家开始注意环境保护,不允许排放有毒有害的工业废物,要求花高价进行无害处理,有些资本家为谋取高额利润,非法向工业不发达的国家出口废物,对这些国家的环境造成严重污染,严重危及当地居民的身心健康,这是对社会有严重危害性的行为。我国1997年修订《刑法》时,将走私固体废物的行为规定为犯罪,追究相关犯罪行为人的刑事责任。2002年12月28日全国人大常委会《刑法修正案(四)》将走私液态废物和置于容器中的气态废物,严重污染环境、危害人身健康的行为也规定为犯罪。2003年8月15日发布的最高人民法院、最高人民检察院《关于执行〈中华人民共和国刑法〉确定罪名的补充规定(二)》中将《刑法》第152条第2款和《刑法修正案(四)》第2条规定的犯罪规定为"走私废物罪"。对犯本罪的行为人最低处6个月有期徒刑,最高处15年有期徒刑。

2. 犯罪的构成特征。根据1997年《刑法》第152条和《刑法修正案(四)》第2条的规定,该罪的构成特征有:

(1)犯罪主体。该罪的犯罪主体是一般主体,凡是年满16周岁具有刑事责任能力的自然人和依法成立的单位都可以构成本罪。犯罪主体在主观上持故意的心理态度,持过失心理态度的不能构成本罪。行为人在主观上一般有偷逃关税的目的,但不具有上述目的,也可以构成本罪,如1997年《刑法》第339条第3款规定,以原料利用为名,进口不能用作原料的固体废物的,依照《刑法》第152条第2款、第3款的规定定罪处罚。尽管不是以偷逃关税为目的,也可以构成本罪。本罪属于走私违禁品,不以偷逃关税为目的,也不以偷逃税额多少作为定罪量刑的依据。当然,以偷逃税款为目的走私废物的也构成本罪。

(2)犯罪行为。必须是实施了走私废物的行为,具体行为表现有:

①逃避海关监管将境外固体废物、液态废物和气态废物运输进境,情节严重的行为。

②以原料利用为名,进口不能用作原料的固体废物、液态废物和气态废物的行为。

③直接向走私人非法收购国家禁止进口的废物的行为。

④在内海、领海、界河、界湖运输、收购、贩卖国家禁止进出口废物的行为,或者运输、收购、贩卖国家限制进出口废物,数额较大,没有合法证明的行为。

本罪的犯罪行为都是故意行为,即明知是国家禁止或者限制进口的废物,还故意走私进口的行为,过失行为不构成本罪。

(3)犯罪结果。本罪是结果犯,《刑法》和《刑法修正案(四)》规定,走私废物,只有"情节严重的",才可以构成犯罪。所谓情节严重,根据2014年9月10日实施的最高人民法院、最高人民检察院《关于办理走私刑事案件适用法律若干问题的解释》第14条规定,走私国家禁止进口的废物或者国家限制进口的可用作原料的废物,具有下列情形之一的,应当认定为"情节严重":①走私国家禁止进口的危险性固体废物、液体废物分别或者合计达到1吨以上不满5吨的;②走私国家禁止进口的非危险性固体废物、液态废物分别或者合计达到5吨以上不满

25 吨的；③走私国家限制进口的可用作原料的固体废物、液体废物分别或者合计达到 20 吨以上不满 100 吨的；④未达到上述数量标准，但属于犯罪集团的首要分子，使用特种车辆从事走私活动，或者造成环境严重污染等情形的。

3. 本罪的法定刑。我国《刑法》第 152 条第 2 款规定是根据犯罪行为造成的不同结果，分别规定了不同档次的法定刑：

(1) 走私废物达到上述情节严重标准，构成本罪的，处 5 年以下有期徒刑，并处或者单处罚金。

(2) 构成本罪，情节特别严重的，处 5 年以上有期徒刑，并处罚金。所谓情节特别严重的结果，根据 2014 年 9 月 10 日实施的最高人民法院、最高人民检察院《关于办理走私刑事案件适用法律若干问题的解释》第 14 条规定，具有下列情形之一的，应当认定为"情节特别严重"：①走私数量超过上述情节严重的标准的；②达到上述规定的标准，且属于犯罪集团的首要分子，使用特种车辆从事走私活动，或者造成环境严重污染等情形的；③未达到上述规定标准，但造成环境严重污染且后果特别严重的。走私置于容器中的气态废物，构成犯罪的，参照上述规定的标准处罚。对国家限制进口的可用作原料的废物的具体种类，参照国家有关部门的规定确定。

(3) 单位犯本罪的，对单位判处罚金，并对其直接负责的主管人员和其他直接责任人员，依照上述规定处罚。

4. 本罪适用时应注意以下问题：

(1) 注意划清罪与非罪的界限。

第一，本罪的犯罪对象是特殊对象，必须是固体废物、液态废物和气态废物的，才构成本罪；如果走私的不是上述废物的，不构成本罪，可按走私普通货物、物品处理。

第二，本罪的结果必须是情节严重的结果，才构成本罪；如果走私废物达不到情节严重的结果，不构成犯罪，但可由海关给予行政处罚。

第三，本罪是故意犯罪，过失走私废物的行为不构成本罪，如果造成严重污染环境结果的，可以根据行为特征定为污染环境罪等。

(2) 注意划清本罪与走私普通货物、物品罪的界限。我国《刑法》第 153 条规定的走私普通货物、物品罪，在《刑法修正案(四)》对 1997 年《刑法》第 152 条、第 155 条第 3 项修改补充以前，走私固体废物罪，一般依照走私普通货物、物品罪的法定刑处罚。现行《刑法》专门规定了走私废物罪及其法定刑，故应按特别规定按走私废物罪定罪处罚。走私废物罪与走私普通货物、物品罪的根本区别是：

①犯罪对象不同。走私废物罪的对象是固体废物、液态废物和气态废物，属于国家禁止或者限制进出口的货物、物品；而走私普通货物、物品罪是一般物品，按《海关法》缴纳税款即可进出口，不受特别禁止或者批准的限制。

②构成犯罪的标准不同。走私废物罪是以"情节严重"为构成犯罪的最低标准；而走私普通货物、物品罪是以"偷逃税额 5 万元以上"为构成犯罪的最低标准。基于上述区别可将两种犯罪区分开来。

(3) 注意划清本罪与非法处置进口的固体废物罪的界限。《刑法》第 339 条第 1 款规定的"违反国家规定，将境外的固体废物进境倾倒、堆放、处置的"行为，最高人民法院《关于执行

〈中华人民共和国刑法〉确定罪名的规定》(已被修改)将该条规定的犯罪行为确定为"非法处置进口的固体废物罪"。它与本罪都是进口废物的犯罪,容易混淆。二罪的根本区别是:

①对象不同。本罪的犯罪对象是固体废物、液态废物和气态废物;而非法处置进口的固体废物罪的犯罪对象只有固体废物,不包括液态废物和气态废物。

②犯罪行为不同。本罪是逃避海关监管,走私废物的行为;非法处置进口的固体废物罪只是非法处置进境固体废物的行为。基于上述区别可将两种犯罪区分开来。

(4)注意划清本罪与擅自进口固体废物罪的界限。《刑法》第339条第2款规定的"未经国务院有关主管部门许可,擅自进口固体废物用作原料,造成重大环境污染事故,致使公私财产遭受重大损失或者严重危害人体健康的"行为,最高人民法院《关于执行〈中华人民共和国刑法〉确定罪名的规定》(已被修改)将该条规定的犯罪行为确定为"擅自进口固体废物罪"。它与本罪都是进口废物的犯罪,容易混淆。二罪的根本区别是:

①对象不同。本罪的犯罪对象是固体废物、液态废物和气态废物;而擅自进口固体废物罪的犯罪对象只有固体废物,不包括液态废物和气态废物。

②犯罪行为不同。本罪是逃避海关监管,走私废物的行为;擅自进口固体废物罪是未经国务院主管部门许可,擅自进口固体废物用作原料,造成重大环境污染事故,致使公私财产遭受重大损失或者严重危害人体健康的行为。基于上述区别可将两种犯罪区分开来。

三、雇用童工从事危重劳动罪

雇用童工从事危重劳动罪,是《刑法修正案(四)》第4条规定的在《刑法》第244条后增加一条,作为第244条之一中新补充规定的罪名。我国1979年《刑法》、1997年《刑法》都没有规定雇用童工从事危重体力劳动的犯罪行为,司法实践中也很少有这种危害社会的行为。近几年来,基于市场经济的发展,民营企业迅速发展,雇用童工从事危重劳动的现象开始出现。为了保护未成年人的合法权利,确保其身心健康成长,2002年12月28日全国人大常委会在《刑法修正案(四)》第4条增加规定了雇用童工从事危重劳动的犯罪行为。2003年8月15日发布的最高人民法院、最高人民检察院《关于执行〈中华人民共和国刑法〉确定罪名的补充规定(二)》将《刑法》第244条之一和《刑法修正案(四)》第4条规定的犯罪规定为"雇用童工从事危重劳动罪"。

(一)刑法规定内容的修改

刑法条文中有关雇用童工从事危重劳动罪的规定是:

1. 1997年《刑法》第244条规定:"用人单位违反劳动管理法规,以限制人身自由方法强迫职工劳动,情节严重的,对直接责任人员,处三年以下有期徒刑或者拘役,并处或者单处罚金。"

2. 2002年12月28日全国人大常委会《刑法修正案(四)》第4条规定:"刑法第二百四十四条后增加一条,作为第二百四十四条之一:'违反劳动管理法规,雇用未满十六周岁的未成年人从事超强度体力劳动的,或者从事高空、井下作业的,或者在爆炸性、易燃性、放射性、毒害性等危险环境下从事劳动,情节严重的,对直接责任人员,处三年以下有期徒刑或者拘役,并处罚金;情节特别严重的,处三年以上七年以下有期徒刑,并处罚金。有前款行为,造成事故,又构成其他犯罪的,依照数罪并罚的规定处罚。'"

《刑法修正案(四)》对1997年《刑法》作了如下修改和补充:

1.增加了新罪名。我国1979年《刑法》没有规定雇用童工从事危重劳动罪,实践中也很少发生这种危害社会的行为。1997年修订《刑法》时,一些工矿企业的直接负责的主管人员强迫职工从事体力劳动的现象比较突出,故在《刑法》第244条中将用人单位违反劳动管理规定,以限制人身自由方法强迫职工劳动,情节严重的行为规定为犯罪,1997年最高人民法院《关于执行〈中华人民共和国刑法〉确定罪名的规定》(已被修改)将该条规定的犯罪行为确定为"强迫职工劳动罪"。司法实践中,对于强迫童工从事危重体力劳动的行为,一般以强迫职工劳动罪定罪处罚。2002年12月28日全国人大常委会《刑法修正案(四)》第4条将雇用童工从事危重体力劳动的行为规定为犯罪。2003年8月15日发布的最高人民法院、最高人民检察院《关于执行〈中华人民共和国刑法〉确定罪名的补充规定(二)》中将这种犯罪行为规定为"雇用童工从事危重劳动罪"。

2.补充规定了罪状和法定刑。1997年《刑法》原没有规定"雇用童工从事危重劳动罪"。《刑法修正案(四)》第4条补充规定的《刑法》第244条之一中规定了该罪的罪状是,违反劳动管理法规,雇用未满16周岁的未成年人从事超强度体力劳动的,或者从事高空、井下作业的,或者在爆炸性、易燃性、放射性、毒害性等危险环境下从事劳动,情节严重的,最低处拘役;情节特别严重的,最高处7年有期徒刑,并处罚金。有上述行为,造成事故,又构成其他犯罪的,依照数罪并罚的规定处罚。

(二)刑法规定修改的原因

全国人大常委会《刑法修正案(四)》第4条补充规定"雇用童工从事危重劳动罪"的主要原因有:

1.雇用童工从事危重劳动行为的社会危害性越来越严重。近些年来,有些企业为谋取非法利益,雇用未成年人从事劳动的违法行为比较突出,有的企业甚至雇用童工从事超强度体力的劳动,或者从事高空、井下作业,或者在爆炸性、易燃性、放射性、毒害性等危险环境下从事劳动,严重危害童工的身心健康,有的甚至造成童工死亡,其社会危害性越来越严重。我国1997年修订《刑法》时,虽然将强迫职工从事劳动的行为规定为犯罪,追究相关犯罪行为人的刑事责任,但没有突出对童工的特别保护,只能部分保护,不能全面保护。因此,需要通过刑法规定惩治雇用童工从事危重劳动严重损害童工身心健康的犯罪行为。

2.我国1997年《刑法》没有规定雇用童工从事危重劳动罪。1997年《刑法》第244条虽然规定了"强迫职工劳动罪"能依照该条规定惩治一些侵犯童工权益的行为,但不能全面保护未成年人的合法权益,特别是在雇用童工从事危重劳动行为的社会危害性越来越严重的形势下,为准确惩治侵犯未成年人合法权利的行为,确保未成年人身心健康成长,必须通过立法的方法在刑法中增加规定"雇用童工从事危重劳动罪"。

3.我国《未成年人保护法》的有关规定需要刑法作保障。1992年1月1日起实施的《未成年人保护法》(已被修改)第49条规定,企业事业组织、个体工商户非法招用未满16周岁的未成年人,由劳动部门责令改正,处以罚款;情节严重的,由工商行政管理部门吊销营业执照。第52条第1款规定,侵犯未成年人的人身权利或者其他合法权利,构成犯罪的,依法追究刑事责任。上述法律规定必须在刑法中有相应的规定,才能保障其准确实施。

4.全国人大常委会法制工作委员会提请全国人大常委会修改刑法规定。2002年12月

23 日,在第九届全国人大常委会第三十一次会议上,全国人大常委会法制工作委员会向全国人大常委会提出的《刑法修正案(四)(草案)》中建议全国人大常委会在《刑法》第 244 条后增加一条,作为《刑法》第 244 条之一:违反劳动管理法规,雇用未满 16 周岁的未成年人从事超强度体力劳动的,或者从事高空、井下作业的,或者在爆炸性、易燃性、放射性、毒害性等危险环境下从事劳动,情节严重的,对直接责任人员,处 3 年以下有期徒刑或者拘役,并处罚金;情节特别严重的,处 3 年以上 7 年以下有期徒刑,并处罚金。有上述行为,造成事故,又构成其他犯罪的,依照数罪并罚的规定处罚。① 全国人大法律委员会对全国人大常委会法制工作委员会提出的《刑法修正案(四)(草案)》进行了审议,委员们认为,对刑法有关条文进行修改补充是必要的,《刑法修正案(四)(草案)》也是可行的。他们同时提出了一些修改意见。②

鉴于上述原因,全国人大常委会在《刑法修正案(四)》第 4 条中补充规定了"雇用童工从事危重劳动罪"的罪状和法定刑。

(三)雇用童工从事危重劳动罪的适用

雇用童工从事危重劳动罪是《刑法修正案(四)》第 4 条补充的《刑法》第 244 条之一中增加的犯罪。要准确适用,就必须先厘清本罪的概念、构成特征,以及适用时应注意的问题。

1. 雇用童工从事危重劳动罪的概念。雇用童工从事危重劳动罪是指违反劳动管理法规,雇用未满 16 周岁的未成年人从事超强度体力劳动的,或者从事高空、井下作业的,或者在爆炸性、易燃性、放射性、毒害性等危险环境下从事劳动,情节严重的行为。

近些年来,一些企业为谋取非法利益,雇用童工从事劳动的违法行为比较突出,有的企业甚至雇用童工从事超强度体力的劳动,或者从事高空、井下作业,或者在爆炸性、易燃性、放射性、毒害性等危险环境下从事劳动,严重危害未成年人的身心健康,有的甚至造成未成年人死亡,社会危害性严重。2002 年 12 月 28 日全国人大常委会《刑法修正案(四)》将雇用童工从事危重劳动,情节严重的行为规定为犯罪。2003 年 8 月 15 日发布的最高人民法院、最高人民检察院《关于执行〈中华人民共和国刑法〉确定罪名的补充规定(二)》将《刑法》第 244 条之一和《刑法修正案(四)》第 4 条规定的犯罪确定为"雇用童工从事危重劳动罪"。《刑法》规定,犯本罪的,最高处 7 年有期徒刑;有雇用童工从事危重劳动行为,造成生产、作业安全事故,又构成其他犯罪的,依照数罪并罚的规定处罚。

2. 本罪的构成特征。根据 1997 年《刑法》第 244 条之一和《刑法修正案(四)》第 4 条的规定,该罪的构成特征有:

(1)犯罪主体。该罪的犯罪主体是一般主体,凡年满 16 周岁具有刑事责任能力的负直接责任的自然人都可以构成本罪。犯罪主体在主观上持故意的心理态度,持过失心理态度的不能构成本罪。行为人在主观上明知是未满 16 周岁的未成年人,而故意雇用并安排其从事超强度体力劳动,或者从事高空、井下作业,或者在爆炸性、易燃性、放射性、毒害性等危险环境下从事劳动的才构成犯罪。持过失心理态度的不构成本罪。

(2)犯罪行为。构成本罪必须是实施了雇用童工从事危重劳动的行为,具体行为表现有:

①违反劳动管理法规规定,雇用童工的行为。劳动管理法规规定,主要指《劳动法》《未

---

① 参见《全国人民代表大会常务委员会公报》2003 年第 1 期,第 65 页。
② 参见《全国人民代表大会常务委员会公报》2003 年第 1 期,第 66 页。

成年人保护法》等法律法规的规定。例如,我国《劳动法》第 64 条规定,不得安排未成年工(已满 16 周岁不满 18 周岁的劳动者)从事矿山井下、有毒有害、国家规定的第四级体力劳动强度的劳动和其他禁忌从事的劳动;第 94 条规定:"用人单位非法招用未满十六周岁的未成年人的,由劳动行政部门责令改正,处以罚款;情节严重的,由市场监督管理部门吊销营业执照。"

②雇用未满 16 周岁的未成年人从事超强度体力劳动的行为。雇用不满 16 周岁的未成年人进行劳动本身就是违法的,再让其从事四级以上强度体力劳动的行为更是犯罪行为。

③雇用不满 16 周岁的未成年人从事高空、井下作业的行为。我国《劳动法》明确规定不得安排未成年工(已满 16 周岁不满 18 周岁的劳动者)从事矿山井下劳动,包括不得雇用不满 16 周岁的未成年人从事上述危重劳动的行为。

④雇用不满 16 周岁的未成年人从事在爆炸性、易燃性、放射性、毒害性等危险环境下劳动的行为。例如,从事烟花爆竹、打火机等易燃易爆物品生产安装工作。

本罪的犯罪行为都是故意行为,即明知是国家禁止雇用不满 16 周岁的未成年人,还故意雇用并安排其从事危重体力劳动的行为,过失行为不构成本罪。

(3)犯罪结果。本罪是结果犯,《刑法》第 244 条之一和《刑法修正案(四)》第 4 条规定,雇用不满 16 周岁的未成年人从事危重劳动造成"情节严重"结果的才构成犯罪。

所谓"情节严重"的结果,根据 2008 年 6 月 25 日最高人民检察院、公安部《关于公安机关管辖的刑事案件立案追诉标准的规定(一)》第 32 条中规定,涉嫌下列行为之一的,应予追诉:①造成未满 16 周岁的未成年人伤亡或者对其身体健康造成严重危害的;②雇用未满 16 周岁的未成年人 3 人以上的;③以强迫、欺骗等手段雇用未满 16 周岁的未成年人从事危重劳动的;④其他情节严重的情形。

3. 本罪的法定刑。我国《刑法》第 244 条之一根据犯罪行为造成的不同结果,分别规定了不同档次的法定刑:

(1)具备上述情节严重,构成犯罪的,对直接责任人,处 3 年以下有期徒刑或者拘役,并处罚金。

(2)构成犯罪,情节特别严重的,处 3 年以上 7 年以下有期徒刑,并处罚金。

所谓情节特别严重的结果,我国《刑法》没有具体规定,目前也没有司法解释。笔者认为,这里"情节特别严重的",应包括以下情节:①雇用不满 16 周岁的未成年人 10 人以上从事危重劳动的;②经过二次以上行政处罚,又雇用不满 16 周岁多名未成年人从事危重劳动的;③雇用不满 16 周岁的未成年人从事危重劳动,造成未成年人 1 人以上死亡、3 人以上重伤、10 人以上轻伤的;④雇用不满 16 周岁的未成年人从事危重劳动,造成重大事故,又构成其他严重犯罪的;⑤具有隐瞒事故真相、毁灭证据、阻碍解救、拒绝查处等情节的。具有上述情形之一的,应认定为"情节特别严重的"。

4. 本罪适用时应注意以下问题:

(1)注意划清罪与非罪的界限。

第一,本罪的犯罪对象是特殊对象,必须是雇用不满 16 周岁的未成年人从事危重劳动的才构成本罪;如果雇用的是已满 16 周岁不满 18 周岁的未成年人从事危重劳动的,也是违反劳动法的行为,但不构成本罪,可以由劳动行政管理部门给予行政处罚。另外,雇用不满 16

周岁的未成年人从事非危重劳动的行为也是一般违法行为,由劳动行政管理部门给予行政处罚,但不构成犯罪。

第二,必须造成了情节严重的结果才构成本罪。如果雇用不满16周岁的未成年人从事力所能及的轻体力劳动,虽然也是违法的,但未造成情节严重的结果,不构成犯罪。例如,雇用了失去父母亲的孤儿,在旅游景点协助为游客照相的行为,一般不构成犯罪,可由劳动行政管理部门给予行政处罚。

第三,本罪是故意犯罪,过失行为不构成本罪。例如,由于审查不严格,雇用了冒充已满18周岁的未成年人从事危重劳动的行为,一般也不构成犯罪。

(2)注意准确认定本罪的犯罪主体。我国《刑法》第244条之一规定的雇用童工从事危重劳动罪的主体是否包括单位,人们有不同意见。有的认为,该罪的犯罪主体单位和个人都可以构成,因为雇用童工从事危重劳动行为,一般都是代表企业单位实施的行为,特别是《刑法》第244条之一规定,只追究"直接责任人员"的刑事责任,因此,单位也可以构成该罪的犯罪主体。笔者认为,严格依照《刑法修正案(四)》第4条,《刑法》第244条之一和《刑法》第30条、第31条规定,单位不能构成本罪的犯罪主体。因为根据《刑法》第30条的规定,单位犯罪必须在《刑法》分则条文中被明确规定为"单位构成犯罪的"和"对单位判处刑罚",而我国《刑法》第244条之一中并没有这种规定,该条文中既没有规定单位构成犯罪,也没有规定对单位判处刑罚,因此,不应认定单位可以构成本罪的犯罪主体。但是,由于《刑法》第244条之一中规定了"对直接责任人员"追究刑事责任,本罪的犯罪主体可以是单位的直接责任人员,也可以是非单位的负直接责任的人,即本罪的犯罪主体是负直接责任的自然人,不是单位,不能追究单位的刑事责任。

(3)注意准确认定行为人主观上是否明知其雇用的是不满16周岁的未成年人。根据《刑法》第244条之一的规定,行为人必须明知是不满16周岁的未成年人而雇用其从事危重体力劳动的才构成犯罪。司法实践中,有些未成年人故意虚报自己的年龄,以假证件证明其是已满18周岁的成年人或者冒充其他成年人的名字去应招,结果被雇主招为工人从事危重劳动。笔者认为,对此种情况应对具体问题进行具体分析,如果雇主确实不知道是未成年人,从体貌特征和有关证件的审查上也无法分辨出被雇用的对象是未成年人的,由于行为人主观上没有犯罪的故意,不构成犯罪。如果行为人明知被雇用的对象虚报年龄,还安排其从事危重劳动的,应构成犯罪。

(4)注意划清本罪与强迫职工劳动罪的界限。1997年《刑法》第244条规定的"用人单位违反劳动管理法规,以限制人身自由方法强迫职工劳动,情节严重的,对直接责任人员"追究刑事责任。最高人民法院《关于执行〈中华人民共和国刑法〉确定罪名的规定》(已被修改)将该条规定的犯罪行为确定为"强迫职工劳动罪"。它与本罪都是侵犯职工人身权利的犯罪,容易混淆。二罪的根本区别是:

①对象不同。本罪的犯罪对象是雇用了不满16周岁的未成年人;而强迫职工劳动罪的对象是职工,包括已满16周岁不满18周岁的未成年职工。尽管二者有重合关系,但不满16周岁的未成年人是非法雇用的职工,其范围要小得多。

②犯罪行为不同。本罪是雇用不满16周岁未成年人从事危重劳动的行为;强迫职工劳动罪的行为是以限制人身自由方法强迫职工进行劳动的行为。本罪的行为中也可能包括非法雇

用不满16周岁的未成年人,并以限制人身自由的方法,强迫其从事危重劳动的情况,当上述两种行为发生法条竞合时,应以特别规定优先适用原则,依照雇用未成年人从事危重劳动罪定罪处罚。根据上述两罪的区别可将两种犯罪区分开来。

四、非法采伐、毁坏国家重点保护植物罪,非法收购、运输、加工、出售国家重点保护植物、国家重点保护植物制品罪

非法采伐、毁坏国家重点保护植物罪,非法收购、运输、加工、出售国家重点保护植物、国家重点保护植物制品罪,是《刑法修正案(四)》第6条对1997年《刑法》第344条规定的非法采伐、毁坏珍贵树木罪的修改补充罪名。1997年《刑法》第344条专门规定了非法采伐、毁坏珍贵树木的犯罪行为。1997年最高人民法院《关于执行〈中华人民共和国刑法〉确定罪名的规定》(已被修改)将1997年《刑法》第344条规定的犯罪行为规定为"非法采伐、毁坏珍贵树木罪"。2002年12月28日《刑法修正案(四)》第6条中规定,在《刑法》第344条规定的基础上增加规定非法采伐、毁坏国家重点保护的其他植物,或者非法收购、运输、加工、出售珍贵树木或国家重点保护的其他植物及其制品的犯罪行为。2003年8月15日发布的最高人民法院、最高人民检察院《关于执行〈中华人民共和国刑法〉确定罪名的补充规定(二)》中将《刑法》第344条规定的犯罪规定为"非法采伐、毁坏国家重点保护植物罪和非法收购、运输、加工、出售国家重点保护植物、国家重点保护植物制品罪",并取消了原规定的"非法采伐、毁坏珍贵树木罪"的罪名。2020年12月26日发布的《刑法修正案(十一)》在《刑法》第344条后增加一条作为第344条之一规定了新的"非法引进、释放、丢弃外来入侵物种"的犯罪行为。2021年2月26日发布的最高人民法院、最高人民检察院《关于执行〈中华人民共和国刑法〉确定罪名的补充规定(七)》取消了"非法采伐、毁坏国家重点保护植物罪和非法收购、运输、加工、出售国家重点保护植物、国家重点保护植物制品罪"罪名,改为"危害国家重点保护植物罪"的罪名。罪状和法定刑没有改变。[详见本书《刑法修正案(十一)》修改的犯罪(二十七)]

五、非法收购、运输盗伐、滥伐的林木罪

非法收购、运输盗伐、滥伐的林木罪是《刑法修正案(四)》第7条规定的对1997年《刑法》第345条规定的非法收购盗伐、滥伐的林木罪的修改补充罪名。我国1979年《刑法》第128条笼统地规定了盗伐、滥伐森林或者其他林木的犯罪行为,但没有具体规定非法收购、运输盗伐、滥伐的林木的犯罪行为。1997年《刑法》第345条第3款专门补充规定了非法收购盗伐、滥伐的林木的犯罪行为。1997年最高人民法院《关于执行〈中华人民共和国刑法〉确定罪名的规定》(已被修改)将《刑法》第345条第3款规定的犯罪行为规定为"非法收购盗伐、滥伐的林木罪"。近几年又出现了一些在非林区收购、运输盗伐、滥伐的林木,以及盗伐、滥伐林木者与收购、运输者相勾结盗伐、滥伐林木,有的运输者就是盗伐、滥伐和非法收购林木者,对这些行为司法机关认识不一致,很难及时处理,使国家的森林及其他林木得不到有效保护。2002年12月28日全国人大常委会《刑法修正案(四)》第7条在《刑法》第345条第3款中取消了"以牟利为目的,在林区"非法收购盗伐、滥伐的林木的限制,增加了"运输"盗伐、滥伐的林木等犯罪行为的规定。2003年8月15日发布的最高人民法院、最高人民检察院《关于执行〈中华人民共和国刑法〉确定罪名的补充规定(二)》将《刑法》第345条第3款和《刑法修正案

(四)》第7条规定的犯罪行为规定为"非法收购、运输盗伐、滥伐的林木罪",并取消了原规定的"非法收购盗伐、滥伐的林木罪"的罪名。

(一)刑法规定内容的修改

刑法条文中有关非法收购、运输盗伐、滥伐的林木罪的规定是:

1. 1979年《刑法》第128条规定:"违反保护森林法规,盗伐、滥伐森林或者其他林木,情节严重的,处三年以下有期徒刑或者拘役,可以并处或者单处罚金。"

2. 1997年《刑法》第345条规定:"盗伐森林或者其他林木,数量较大的,处三年以下有期徒刑、拘役或者管制,并处或者单处罚金;数量巨大的,处三年以上七年以下有期徒刑,并处罚金;数量特别巨大的,处七年以上有期徒刑,并处罚金。违反森林法的规定,滥伐森林或者其他林木,数量较大的,处三年以下有期徒刑、拘役或者管制,并处或者单处罚金;数量巨大的,处三年以上七年以下有期徒刑,并处罚金。以牟利为目的,在林区非法收购明知是盗伐、滥伐的林木,情节严重的,处三年以下有期徒刑、拘役或者管制,并处或者单处罚金;情节特别严重的,处三年以上七年以下有期徒刑,并处罚金。盗伐、滥伐国家级自然保护区内的森林或者其他林木的,从重处罚。"

1997年《刑法》第346条规定:"单位犯本节第三百三十八条至第三百四十五条规定之罪的,对单位判处罚金,并对其直接负责的主管人员和其他直接责任人员,依照本节各该条的规定处罚。"

3. 2002年12月28日,全国人大常委会《刑法修正案(四)》第7条规定:"将刑法第三百四十五条修改为:'盗伐森林或者其他林木,数量较大的,处三年以下有期徒刑、拘役或者管制,并处或者单处罚金;数量巨大的,处三年以上七年以下有期徒刑,并处罚金;数量特别巨大的,处七年以上有期徒刑,并处罚金。违反森林法的规定,滥伐森林或者其他林木,数量较大的,处三年以下有期徒刑、拘役或者管制,并处或者单处罚金;数量巨大的,处三年以上七年以下有期徒刑,并处罚金。非法收购、运输明知是盗伐、滥伐的林木,情节严重的,处三年以下有期徒刑、拘役或者管制,并处或者单处罚金;情节特别严重的,处三年以上七年以下有期徒刑,并处罚金。盗伐、滥伐国家级自然保护区内的森林或者其他林木的,从重处罚。'"

《刑法修正案(四)》对1997年《刑法》作了如下修改和补充:

1. 修改了罪名。我国1979年《刑法》没有专门规定"非法收购、运输盗伐、滥伐的林木罪",实践中对上述严重危害社会的行为,一般按盗伐林木、滥伐林木罪的共犯定罪处罚。1997年修订《刑法》时,专门在《刑法》第345条第3款中增加规定了"以牟利为目的,在林区非法收购盗伐、滥伐的林木"的犯罪行为。1997年最高人民法院《关于执行〈中华人民共和国刑法〉确定罪名的规定》(已被修改)将该条规定的犯罪行为确定为"非法收购盗伐、滥伐的林木罪"。2002年12月28日,全国人大常委会《刑法修正案(四)》第7条在《刑法》第345条第3款中删除了"以牟利为目的,在林区"的限制条件,增加了"运输"盗伐、滥伐的林木的犯罪行为。2003年8月15日发布的最高人民法院、最高人民检察院《关于执行〈中华人民共和国刑法〉确定罪名的补充规定(二)》将这种犯罪行为修改为"非法收购、运输盗伐、滥伐的林木罪"。

2. 修改了罪状,补充规定了新的犯罪行为。1997年《刑法》第345条第3款只规定了非法收购盗伐、滥伐的林木罪必须是"以牟利为目的",并且必须是"在林区"非法收购盗伐、滥伐的林木的才构成犯罪。《刑法修正案(四)》第7条取消了上述条件限制,现在只要非法收购、运输了明知是盗伐、滥伐的林木,情节严重的行为,无论出于何种目的,也无论在什么地区都可以构成犯罪。另外,《刑法修正案(四)》在《刑法》第345条第3款中增加规定了"运输明知是盗伐、滥伐的林木"的犯罪行为,这是新增加规定的犯罪行为。

(二)刑法规定修改的原因

全国人大常委会《刑法修正案(四)》第7条修改补充规定"非法收购、运输盗伐、滥伐的林木罪"的主要原因有:

1. 非法收购、运输盗伐、滥伐的林木行为的社会危害性越来越严重。林木,包括森林和其他林木是国家的重要自然资源,其不但能为人类提供木材和丰富的林产品,还能调节气候、涵养水分,改善自然环境,国家非常重视对林木资源的保护和合理开发利用,严厉惩治盗伐、滥伐森林或者其他林木的犯罪行为。

近几年来,在加大惩治破坏林木资源犯罪行为的同时,还加大了植树造林的力度,林区非林区的界限已不明显,非林区也存在成片的森林和林木,也需要保护。另外,在非林区收购、运输盗伐的林木的行为也很严重,不严厉打击盗伐、滥伐林木的下游犯罪,就很难制止源头犯罪。因此,只有通过刑法规定惩治在非林区非法收购、运输盗伐、滥伐的林木的犯罪行为,才能有效地制止盗伐、滥伐林木的犯罪行为。

2. 我国1997年《刑法》没有规定在非林区非法收购、运输盗伐、滥伐的林木是犯罪行为。1997年《刑法》第345条第3款虽然规定了非法收购盗伐、滥伐的林木罪,能惩治一些以牟利为目的,在林区非法收购盗伐、滥伐的林木的犯罪行为,但不能惩治在非林区非法收购、运输盗伐、滥伐的林木的行为。如果按1997年《刑法》第345条第3款规定,即使在林区,如果不是以牟利为目的,非法收购盗伐、滥伐的林木的行为也将不构成犯罪。要惩治在非林区非法收购、运输盗伐、滥伐的林木等严重危害社会的行为,就应当由立法机关在刑法中作明确的规定。

3. 全国人大常委会法制工作委员会提请全国人大常委会修改刑法规定。2002年12月23日,在第九届全国人大常委会第三十一次会议上,全国人大常委会法制工作委员会向全国人大常委会提出的《刑法修正案(四)(草案)》中建议全国人大常委会将《刑法》第345条第3款修改为:"非法收购、运输明知是盗伐、滥伐的林木,情节严重的,处三年以下有期徒刑、拘役或者管制,并处或者单处罚金;情节特别严重的,处三年以上七年以下有期徒刑,并处罚金。"[1]全国人大法律委员会对全国人大常委会法制工作委员会提出的《刑法修正案(四)(草案)》进行了审议,委员们认为对刑法有关条文进行修改补充是必要的,《刑法修正案(四)(草案)》也是可行的。同时他们也提出了一些修改意见。[2]

鉴于上述原因,全国人大常委会在《刑法修正案(四)》第7条中补充规定了"非法收购、运输盗伐、滥伐的林木罪"。

(三)非法收购、运输盗伐、滥伐的林木罪的适用

非法收购、运输盗伐、滥伐的林木罪是《刑法修正案(四)》第7条对1997年《刑法》第345

---

[1] 参见《全国人民代表大会常务委员会公报》2003年第1期,第65页。
[2] 参见《全国人民代表大会常务委员会公报》2003年第1期,第66页。

条第 3 款补充修改的犯罪。要准确适用,就必须先厘清本罪的概念、构成特征,以及适用时应注意的问题。

1. 本罪的概念。本罪是指单位或者个人非法收购、运输明知是盗伐、滥伐的林木,情节严重的行为。

林木是国家的重要自然资源,其不但能为人类提供木材和丰富的林产品,还能调节气候、涵养水分,改善自然环境,国家非常重视对林木资源的保护和合理开发利用,严厉惩治盗伐、滥伐森林或者其他林木等破坏国家林木资源的犯罪行为。1979 年《刑法》规定了惩治盗伐森林或者其他林木、滥伐森林或者其他林木的犯罪行为。1997 年修订《刑法》时除保留了惩治上述犯罪外,还增加了惩治非法收购盗伐、滥伐的林木的犯罪行为。近几年来,在加大惩治破坏林木资源犯罪行为的同时,还加大了植树造林的力度,林区与非林区的界限已不明显,非林区也存在成片的森林和林木需要保护。

另外,在非林区收购、运输盗伐、滥伐的林木的行为也很严重。2002 年 12 月 28 日全国人大常委会《刑法修正案(四)》第 7 条补充了惩治非法收购、运输盗伐、滥伐的林木的犯罪行为。2003 年 8 月 15 日发布的最高人民法院、最高人民检察院《关于执行〈中华人民共和国刑法〉确定罪名的补充规定(二)》中将《刑法》第 345 条第 3 款和《刑法修正案(四)》第 7 条第 3 款规定的犯罪行为规定为"非法收购、运输盗伐、滥伐的林木罪",最低处管制刑,最高处 7 年有期徒刑。

2. 犯罪的构成特征。根据 1997 年《刑法》第 345 条第 3 款和《刑法修正案(四)》第 7 条的规定,该罪的构成特征有:

(1)犯罪主体。本罪的主体是一般主体,凡年满 16 周岁具有刑事责任能力的自然人和依法成立的单位都可以构成本罪的犯罪主体。犯罪主体在主观上持故意的心理态度,即行为人在主观上明知是盗伐、滥伐的林木,而故意非法收购或者运输的,才构成犯罪。持过失心理态度的不构成本罪。例如,行为人不知道,也不可能知道是盗伐、滥伐的林木而收购或者运输的行为不构成本罪,可依照林业管理法规给予行政处罚。

(2)犯罪行为。必须是实施了非法收购、运输盗伐、滥伐的林木的行为。具体行为表现有:

①非法收购明知是盗伐、滥伐的林木的行为。

②非法运输明知是盗伐、滥伐的林木的行为。这里的林木,包括盗伐、滥伐林区的林木和非林区的林木,但不包括珍贵树木和国家重点保护的植物,不包括合法伐倒的林木和农村房前屋后的林木。

本罪的犯罪行为是故意行为,即明知是盗伐、滥伐的林木而非法收购或者运输的行为,过失行为不构成本罪。根据 2000 年 12 月 11 日实施的最高人民法院《关于审理破坏森林资源刑事案件具体应用法律若干问题的解释》第 10 条的规定,《刑法》第 345 条规定的非法收购明知是盗伐、滥伐的林木中的"明知",是指知道或者应当知道。具有下列情形之一的,可以视为应当知道,但是有证据证明确属于被蒙骗的除外:①在非法的木材交易场所或者销售单位收购木材的;②收购以明显低于市场价格出售的木材的;③收购违反规定出售的木材的。有上述情形之一的,应当认定行为人是"明知"的。

(3)犯罪结果。本罪是结果犯,《刑法》第 345 条第 3 款和《刑法修正案(四)》第 7 条都规定,只有"非法收购、运输明知是盗伐、滥伐的林木,情节严重的"结果,才构成犯罪;达不到情节严重程度的不构成犯罪。

3. 本罪的法定刑。我国《刑法》第345条第2款根据犯罪结果不同,分别规定了是否构成犯罪和应当适用的法定刑:

(1)情节严重,构成犯罪的,处3年以下有期徒刑、拘役或者管制,并处或者单处罚金。根据2000年12月11日实施的最高人民法院《关于审理破坏森林资源刑事案件具体应用法律若干问题的解释》第11条第1款的司法解释,具有下列情形之一的,属于在林区非法收购盗伐、滥伐的林木"情节严重":①非法收购盗伐、滥伐的林木20立方米以上或者幼树1000株以上的;②非法收购盗伐、滥伐的珍贵树木2立方米以上或者5株以上的;③其他情节严重的情形。

(2)构成犯罪,情节特别严重的,处3年以上7年以下有期徒刑,并处罚金。参照2000年12月11日实施的最高人民法院《关于审理破坏森林资源刑事案件具体应用法律若干问题的解释》第11条的规定,具有下列情形之一的,属于在林区非法收购盗伐、滥伐的林木"情节特别严重":①非法收购盗伐、滥伐的林木100立方米以上或者幼树5000株以上的;②非法收购盗伐、滥伐的珍贵树木5立方米以上或者10株以上的;③其他情节特别严重的情形。非法运输盗伐、滥伐的林木罪的"情节严重的""情节特别严重的",也应参照上述司法解释进行认定。

(3)单位犯本罪的,根据《刑法》第346条规定,对单位判处罚金,并对其直接负责的主管人员和其他直接责任人员,依照《刑法》第345条规定的上述法定刑处罚。

4. 本罪适用时应注意以下问题:

(1)注意划清罪与非罪的界限。

第一,本罪的犯罪对象是特殊对象,必须是非法收购、运输盗伐、滥伐的林木才构成本罪;如果非法收购、运输的不是盗伐、滥伐的林木的不构成本罪。例如,非法收购、运输的是珍贵树木或者是国家重点保护的其他植物的,不构成本罪,但可构成危害国家重点保护植物罪。

第二,《刑法修正案(四)》规定本罪是结果犯,必须达到"情节严重的"结果才构成犯罪;行为达不到"情节严重"结果的不构成犯罪。

第三,本罪是故意犯罪,过失行为不构成本罪。例如,行为人确实不知是盗伐、滥伐的林木的,而是受蒙骗,以为其运输购买的是合法采伐的林木的行为,一般也不构成犯罪。

(2)注意准确认定本罪的一罪与数罪。我国《刑法》第345条第3款规定的"非法收购、运输盗伐、滥伐的林木罪"是选择罪名。如果行为人只是实施了其中的行为之一的,应依照行为人实施的行为定罪。例如,行为人只实施了非法收购盗伐的林木的行为,就只定为"非法收购盗伐的林木罪";如果行为人将本罪规定的全部行为都实施了,也只定为"非法收购、运输盗伐、滥伐的林木罪"一罪,不能分别定罪实行数罪并罚。

(3)注意划清本罪与盗伐林木罪、滥伐林木罪的界限。《刑法》第345条第1款、第2款规定的"盗伐林木罪""滥伐林木罪"是本罪的上游犯罪,只有实施了上游犯罪才会出现下游的本罪,如果根本不存在盗伐林木罪、滥伐林木罪就不可能有本罪。如果行为人既实施了盗伐林木的行为,又非法运输该盗伐的林木,虽然行为触犯了两种犯罪的罪名,但应按重罪吸收轻罪的原则,依照盗伐林木罪定罪处罚,不能以盗伐林木罪和本罪数罪并罚。

(4)注意划清本罪与危害国家重点保护植物罪的界限。我国《刑法》第344条规定的危害国家重点保护植物罪与本罪在犯罪主体、犯罪主观方面、犯罪客体都相同,容易混淆。二罪的主要区别是:

①对象不同。危害国家重点保护植物罪的对象是珍贵树木或者国家重点保护的其他植物及其制品,而本罪的对象是盗伐、滥伐的普通林木,这是两罪最根本的区别。

②犯罪行为不同。危害国家重点保护植物罪的犯罪行为除有非法收购、运输非法采伐、毁坏珍贵树木或者国家重点保护的其他植物的行为外,还有非法加工、出售珍贵树木或者国家重点保护其他植物及其制品的行为。本罪只是非法收购、运输盗伐、滥伐的林木的行为,没有收购、运输盗伐、滥伐的林木制品的行为,当本罪的犯罪行为与非法收购、运输、加工、出售国家重点保护植物、国家重点保护植物制品的行为发生法条竞合时,应以特别规定优先适用原则,依照危害国家重点保护植物罪定罪处罚。例如,行为人故意非法收购盗伐、滥伐的珍贵树木,情节严重的,应依照危害国家重点保护植物罪定罪处罚,不能定为本罪。

六、执行判决、裁定失职罪,执行判决、裁定滥用职权罪

执行判决、裁定失职罪和执行判决、裁定滥用职权罪,是《刑法修正案(四)》第8条规定的对1997年《刑法》第399条第1款、第2款原规定的徇私枉法罪和枉法裁判罪补充增加的罪名。我国1979年《刑法》第188条笼统地规定了司法工作人员徇私舞弊,枉法裁判的犯罪行为,没有具体规定司法工作人员执行判决、裁定失职和执行判决、裁定滥用职权的犯罪行为。1997年《刑法》第399条专门规定了司法工作人员徇私枉法和民事、行政枉法裁判的犯罪行为。2002年3月15日发布的最高人民法院、最高人民检察院《关于执行〈中华人民共和国刑法〉确定罪名的补充规定》将1997年《刑法》第399条第1款、第2款规定的犯罪行为规定为"徇私枉法罪"和"民事、行政枉法裁判罪"两种罪名。

近几年来,又出现了刑事、民事、行政判决、裁定执行难的问题,究其原因,一方面是由于部分当事人法制观念不强,有能力执行但故意拖着不执行;另一方面是地方保护主义,使法院的判决裁定难以执行。另外,判决裁定执行难与司法执行人员的滥用职权、玩忽职守不执行或者认真执行有关。2002年12月28日全国人大常委会《刑法修正案(四)》第8条在《刑法》第399条中增加一款作为第3款,规定"在执行判决、裁定活动中,严重不负责任或者滥用职权"的行为为犯罪行为。2003年8月15日发布的最高人民法院、最高人民检察院《关于执行〈中华人民共和国刑法〉确定罪名的补充规定(二)》将《刑法》第399条第3款和《刑法修正案(四)》第8条第3款补充规定的犯罪行为规定为"执行判决、裁定失职罪"和"执行判决、裁定滥用职权罪"两种新罪名。

(一)刑法规定内容的修改

刑法条文中有关执行判决、裁定失职罪和执行判决、裁定滥用职权罪的规定是:

1. 1979年《刑法》第188条规定:"司法工作人员徇私舞弊,对明知是无罪的人而使他受追诉、对明知是有罪的人而故意包庇不使他受追诉,或者故意颠倒黑白做枉法裁判的,处五年以下有期徒刑、拘役或者剥夺政治权利;情节特别严重的,处五年以上有期徒刑。"

2. 1997年《刑法》第399条规定:"司法工作人员徇私枉法、徇情枉法,对明知是无罪的人而使他受追诉、对明知是有罪的人而故意包庇不使他受追诉,或者在刑事审判活动中故意违背事实和法律作枉法裁判的,处五年以下有期徒刑或者拘役;情节严重的,处五年以上十年以下有期徒刑;情节特别严重的,处十年以上有期徒刑。在民事、行政审判活动中故意违背事实和法律作枉法裁判,情节严重的,处五年以下有期徒刑或者拘役;情节特别严重的,处五年以上十年以下有期徒刑。司法工作人员贪赃枉法,有前两款行为的,同时又构成本法第三百八十五条规定之罪的,依照处罚较重的规定定罪处罚。"

3. 2002年12月28日全国人大常委会《刑法修正案(四)》第8条规定:"将刑法第三百九十九条修改为:'司法工作人员徇私枉法、徇情枉法,对明知是无罪的人而使他受追诉、对明知是有罪的人而故意包庇不使他受追诉,或者在刑事审判活动中故意违背事实和法律作枉法裁判的,处五年以下有期徒刑或者拘役;情节严重的,处五年以上十年以下有期徒刑;情节特别严重的,处十年以上有期徒刑。在民事、行政审判活动中故意违背事实和法律作枉法裁判,情节严重的,处五年以下有期徒刑或者拘役;情节特别严重的,处五年以上十年以下有期徒刑。在执行判决、裁定活动中,严重不负责任或者滥用职权,不依法采取诉讼保全措施、不履行法定执行职责,或者违法采取诉讼保全措施、强制执行措施,致使当事人或者其他人的利益遭受重大损失的,处五年以下有期徒刑或者拘役;致使当事人或者其他人的利益遭受特别重大损失的,处五年以上十年以下有期徒刑。司法工作人员收受贿赂,有前三款行为的,同时又构成本法第三百八十五条规定之罪的,依照处罚较重的规定定罪处罚。'"

《刑法修正案(四)》对1997年《刑法》作了如下修改和补充:

1. 增加了两种罪名。我国1979年《刑法》没有专门规定"执行判决、裁定失职罪"和"执行判决、裁定滥用职权罪",只是笼统地规定了徇私舞弊枉法裁判的犯罪行为,实践中将执行判决、裁定失职或者滥用职权,情节严重的行为,一般按玩忽职守罪定罪处罚。1997年修订《刑法》时,专门在《刑法》第399条中分别规定了刑事徇私枉法犯罪行为和民事、行政枉法裁判的犯罪行为。2002年3月15日发布的最高人民法院、最高人民检察院《关于执行〈中华人民共和国刑法〉确定罪名的补充规定》将该条规定的犯罪行为确定为"徇私枉法罪"和"民事、行政枉法裁判罪"两个罪名。2002年12月28日全国人大常委会《刑法修正案(四)》第8条在《刑法》第399条中增加了第3款规定,即在执行判决、裁定活动中滥用职权或者玩忽职守的犯罪行为。2003年8月15日发布的最高人民法院、最高人民检察院《关于执行〈中华人民共和国刑法〉确定罪名的补充规定(二)》中,将新增加的这两种犯罪行为规定为"执行判决、裁定失职罪"和"执行判决、裁定滥用职权罪"。

2. 修改了罪状,补充规定了新的犯罪行为。1997年《刑法》第399条第3款规定,"司法工作人员贪赃枉法,有前两款行为的,同时又构成本法第三百八十五条规定之罪的,依照处罚较重的规定定罪处罚"。《刑法修正案(四)》第8条第4款将该款修改为"司法工作人员收受贿赂,有前三款行为的,同时又构成本法第三百八十五条规定之罪的,依照处罚较重的规定定罪处罚",将"贪赃枉法"改为"收受贿赂",使罪状含义更加明确,便于司法适用。

另外,《刑法修正案(四)》在《刑法》第399条第3款中增加规定了"执行判决、裁定失职罪"和"执行判决、裁定滥用职权罪"的罪状和法定刑。

(二)刑法规定修改的原因

全国人大常委会《刑法修正案(四)》第8条修改补充规定"执行判决、裁定失职罪"和"执行判决、裁定滥用职权罪"的主要原因有:

1. 人民法院的判决、裁定执行难的社会危害较大。人民法院代表国家依法作出的判决、裁定具有法律效力，有关单位和个人必须严格依照执行，否则，就会危害人民法院判决的权威性，损害国家法律的威力，影响国家的法治建设，破坏依法治国方略的实现。近几年来，由于种种原因，出现了对人民法院已生效的判决、裁定不能执行的情形，形成了执行难的局面，其社会影响坏，社会危害较大。有的司法工作人员徇私舞弊，对能够按时执行的案件故意拖延不执行，或者违法采取诉讼保全措施、强制执行，给当事人或者他人的利益造成重大损失，对这种社会危害较大的不执行或者滥执行的行为，需要追究有关司法人员的刑事责任。因此，刑法中应有明确规定。

2. 我国1997年《刑法》没有明确规定惩治执行人民法院判决、裁定失职或者滥用职权犯罪。我国1997年《刑法》第399条中已规定司法工作人员徇私枉法、徇情枉法，对明知是无罪的人而使他受追诉、对明知是有罪的人而故意包庇不使他受追诉，或者在刑事审判活动中故意违背事实和法律作枉法裁判的，或者在民事、行政审判活动中故意违背事实和法律作枉法裁判，情节严重的行为，构成"徇私枉法罪"和"枉法裁判罪"。司法实践中，司法工作人员徇私舞弊的情况除在侦查、起诉、审判阶段存在外，在执行阶段也同样存在。虽然上述行为可以依照《刑法》第397条规定的滥用职权罪和玩忽职守罪追究刑事责任，但司法机关在适用上述法律时认识不明确，不能对这类犯罪及时追究，特别是这类犯罪与《刑法》第397条规定的一般国家机关工作人员滥用职权和玩忽职守行为相似，与《刑法》第399条规定的犯罪行为在性质和犯罪表现形式上更接近，但还是有区别，所以在《刑法》第399条中对这种行为作明确规定，更有利于惩处这类司法腐败犯罪行为。

3. 全国人大常委会法制工作委员会提请全国人大常委会修改刑法规定。2002年12月23日，在第九届全国人大常委会第三十一次会议上，全国人大常委会法制工作委员会向全国人大常委会提出了《刑法修正案（四）（草案）》，建议全国人大常委会在《刑法》第399条第2款后增加一款，作为第3款，"在执行判决、裁定活动中，严重不负责任或者滥用职权，不依法采取诉讼保全措施、不履行法定执行职责，或者违法采取诉讼保全措施、强制执行措施，致使当事人或者他人的利益遭受重大损失的，处五年以下有期徒刑或者拘役；致使当事人或者他人的利益遭受特别重大损失的，处五年以上十年以下有期徒刑"。将《刑法》第399条第3款相应修改为司法工作人员收受贿赂，有前三款行为的，同时又构成本法第385条规定之罪的，依照处罚较重的规定定罪处罚，作为第4款。① 全国人大法律委员会对全国人大常委会法制工作委员会提出的《刑法修正案（四）（草案）》进行了审议，委员们认为对刑法有关条文进行修改补充是必要的，《刑法修正案（四）（草案）》也是可行的。同时他们也提出了一些修改意见。②

鉴于上述原因，全国人大常委会在《刑法修正案（四）》第8条中补充规定了执行判决、裁定失职罪和执行判决、裁定滥用职权罪。

（三）执行判决、裁定失职罪和执行判决、裁定滥用职权罪的适用

执行判决、裁定失职罪和执行判决、裁定滥用职权罪是《刑法修正案（四）》第8条对《刑

---

① 参见《全国人民代表大会常务委员会公报》2003年第1期，第65页。
② 参见《全国人民代表大会常务委员会公报》2003年第1期，第66页。

法》第 399 条第 3 款补充修改的犯罪。要准确适用，就必须先厘清这两种犯罪的概念、构成特征，以及适用时应注意的问题。

1. 该两罪的概念。执行判决、裁定失职罪，是指司法工作人员在执行判决、裁定活动中，严重不负责任，不依法采取诉讼保全措施、不履行法定执行职责，致使当事人或者其他人的利益遭受重大损失的行为。执行判决、裁定滥用职权罪，是指司法工作人员在执行判决、裁定活动中，滥用职权，违法采取诉讼保全措施、强制执行措施，致使当事人或者其他人的利益遭受重大损失的行为。

我国 1979 年《刑法》第 187 条规定了惩治国家工作人员玩忽职守的犯罪行为，但没有规定滥用职权的犯罪行为。1997 年《刑法》第 397 条中规定了国家机关工作人员一般滥用职权罪和玩忽职守罪，在其他条款中规定了一些特殊的具体滥用职权罪和玩忽职守罪。2002 年 12 月 28 日全国人大常委会《刑法修正案（四）》第 8 条又补充了执行判决、裁定失职和执行判决、裁定滥用职权的犯罪行为。2003 年 8 月 15 日发布的最高人民法院、最高人民检察院《关于执行〈中华人民共和国刑法〉确定罪名的补充规定（二）》将《刑法》第 399 条第 3 款和《刑法修正案（四）》第 8 条第 3 款规定的犯罪行为规定为"执行判决、裁定失职罪"和"执行判决、裁定滥用职权罪"，最低处拘役，最高处 10 年有期徒刑。

2. 犯罪的构成特征。根据《刑法》第 399 条第 3 款和《刑法修正案（四）》第 8 条的规定，这两种犯罪的构成特征有：

（1）犯罪主体。这两种犯罪的主体是特殊主体，只有负有判决、裁定执行权的司法工作人员才可以构成本罪的犯罪主体。犯罪主体对犯罪结果的产生在主观上持过失的心理态度，行为人在主观上持故意的心理态度的，不构成这两种犯罪。这里的过失心理态度是指司法工作人员对其滥用职权或者玩忽职守行为所产生的结果的心理态度，其实施的滥用职权、玩忽职守行为既可能是故意的心理态度，也可能是过失的心理态度。

（2）犯罪行为。必须是实施了滥用职权或者严重不负责任，严重失职的行为。具体行为表现有：

①滥用职权的行为，包括滥用本职职权和超越本职职权的行为。滥用职权行为，是指在其职责范围内不依法定的程序行使职权，造成被执行人或者其他人利益重大损失的行为。超越职权的行为，是指超出其职权范围之外，违法采取诉讼保全措施、强制执行措施，致使当事人或者其他人的利益遭受重大损失的行为。

②不负责任的失职行为，即玩忽职守的行为，司法工作人员严重不负责任，不依法采取诉讼保全措施、不履行法定执行职责，致使当事人或者其他人的利益遭受重大损失的行为。这两种罪的犯罪行为有的是故意行为，如超越职权，不依法采取诉讼保全措施的行为；有的是过失行为，如在执行判决过程中，应当采取诉讼保全措施，由于疏忽大意而没有采取诉讼保全措施，致使判决无法执行的行为。但两种犯罪的行为人对犯罪结果的产生都持一种过失的心理态度，是过失犯罪。

这两种犯罪中执行的"判决、裁定"应是人民法院已生效的判决、裁定。具体应按 2002 年全国人大常委会《关于〈中华人民共和国刑法〉第三百一十三条的解释》的规定，"人民法院的判决、裁定"，是指人民法院依法作出的具有执行内容并已发生法律效力的判决、裁定。人民法院为依法执行支付令、生效的调解书、仲裁裁决、公证债权文书等所作的裁定属于法律规定的裁定。

（3）犯罪结果。本罪是结果犯，《刑法》第399条第3款和《刑法修正案（四）》第8条第3款都规定，"致使当事人或者其他人的利益遭受重大损失的"结果，才构成犯罪；未造成重大损失结果的，不构成犯罪。对于何为"重大损失"刑法没有具体规定，根据2006年7月26日最高人民检察院《关于渎职侵权犯罪案件立案标准的规定》第7条的解释，执行判决、裁定失职案（第399条第3款），涉嫌下列情形之一的，应予立案：①致使当事人或者其他近亲属自杀、自残造成重伤、死亡，或者精神失常的；②造成个人财产直接经济损失15万元以上，或者直接经济损失不满15万元，但间接经济损失75万元以上的；③造成法人或者其他组织财产直接经济损失30万元以上，或者直接经济损失不满30万元，但间接经济损失150万元以上的；④造成公司、企业等单位停业、停产1年以上，或者破产的；⑤其他致使当事人或者其他人的利益遭受重大损失的情形。《关于渎职侵权犯罪案件立案标准的规定》第8条规定，执行判决、裁定滥用职权案（第399条第3款）涉嫌下列情形之一的，应予立案：①致使当事人或者其近亲属自杀、自残造成重伤、死亡，或者精神失常的；②造成个人财产直接经济损失10万元以上，或者直接经济损失不满10万元，但间接经济损失50万元以上的；③造成法人或者其他组织财产直接经济损失20万元以上，或者直接经济损失不满20万元，但间接经济损失100万元以上的；④造成公司、企业等单位停业、停产6个月以上，或者破产的；⑤其他致使当事人或者其他人的利益遭受重大损失的情形。

3. 犯该两罪的法定刑。我国《刑法》第399条第3款对于不同的犯罪结果，分别规定了不同的法定刑：

（1）构成犯罪，造成重大损失的，处5年以下有期徒刑或者拘役。

（2）构成犯罪，情节特别严重的，处5年以上10年以下有期徒刑。

这里何为"情节特别严重"，笔者认为应包括以下内容：①犯罪动机特别恶劣，犯罪手段残忍；②造成多起案件的判决、裁定错误执行或者不予执行，社会影响极坏的；③造成当事人或者其他人50万元以上巨额财产损失、人员伤亡，后果严重的；④放纵重大犯罪分子以及放纵犯罪分子继续实施严重危害社会的犯罪行为等。具有上述情形之一的，应视为犯上述两种犯罪，情节特别严重的，适用加重法定刑。

司法工作人员收受贿赂，有上述行为的，同时又构成《刑法》第385条规定之罪的，依照处罚较重的规定定罪处罚。

4. 本罪适用时应注意以下问题：

（1）注意划清罪与非罪的界限。

第一，本罪的犯罪主体是特殊主体，必须是负有执行人民法院生效判决、裁定职责的司法工作人员，才能构成本罪的犯罪主体；不是司法工作人员或者不负有执行职责的司法工作人员不能构成本罪。例如，案件当事人滥用职权或者严重不负责任不执行人民法院已生效的判决、裁定的，不构成这两种犯罪，但可构成拒不执行判决、裁定罪。

第二，《刑法修正案（四）》规定犯该两种罪必须产生了"严重危害"的结果的，才构成这两种犯罪；行为未造成"严重危害"结果的不构成犯罪。

第三，这两种犯罪都是过失犯罪，对犯罪的结果持过失的心理态度；如果行为人对自己所实施的滥用职权或者玩忽职守行为造成的结果持故意的心理态度的，不能构成这两种犯罪。

例如,行为人明知滥用职权采取强制措施,将必然导致当事人单位倒闭,但为了徇私情、私利故意实施这种行为,结果使被害单位被迫倒闭,使该单位及其职工遭受重大经济损失的,不构成执行判决、裁定滥用职权罪,而可以构成破坏生产经营罪等。

(2)注意准确认定本罪的一罪与数罪。《刑法》第399条第3款规定的"执行判决、裁定失职罪"和"执行判决、裁定滥用职权罪"是两种独立的罪名,两种犯罪既有相同点,也有不同点。相同点是两种犯罪的主体、客体、对行为产生的结果的心理态度和法定刑等都相同,所以容易混淆。不同点是两种犯罪行为的表现形式不相同:执行判决、裁定滥用职权罪是积极地滥用职权的行为;而执行判决、裁定失职罪则是消极地不履行职责的行为。如果行为人只是实施了两种行为之一的,应依照行为人实施的行为定罪。例如,行为人只实行了执行判决、裁定失职的行为,就只定为"执行判决、裁定失职罪";如果行为人在执行判决、裁定活动中,既严重不负责任,不依法采取诉讼保全措施、不履行法定执行职责,又滥用职权,违法采取诉讼保全措施、强制执行措施,致使当事人或者其他人的利益遭受重大损失的,应分别按上述两罪定罪实行数罪并罚。当然,如果是在同一判决的不同时期里分别实施了两种犯罪行为,可按重罪吸收轻罪的原则,只定为"执行判决、裁定滥用职权罪"。

(3)注意划清这两种犯罪主观性质的认定。《刑法》第399条第3款规定的"执行判决、裁定失职罪"和"执行判决、裁定滥用职权罪"是故意犯罪还是过失犯罪,法学界认识不一致。一般认为,"执行判决、裁定失职罪"是过失犯罪,因为司法工作人员严重不负责任是玩忽职守行为,是一种过失行为,过失行为构成的犯罪是过失犯罪;而"执行判决、裁定滥用职权罪"是故意犯罪,因为司法工作人员实施滥用职权的行为是故意行为,故意行为构成的犯罪应是故意犯罪。还有人认为,"执行判决、裁定失职罪"和"执行判决、裁定滥用职权罪"是混合犯罪,两种犯罪都可以分别是故意犯罪和过失犯罪,因为严重失职行为和滥用职权行为都既可能是故意行为也可能是过失行为,按不同情形可以分别定为故意犯罪和过失犯罪。笔者认为,根据我国《刑法》对故意犯罪和过失犯罪的规定,故意犯罪与过失犯罪的根本区别不是行为人对犯罪行为认识的心理态度不同,而是对犯罪行为产生结果的心理态度不同。行为人对犯罪的行为和结果都是故意心理态度的是故意犯罪;行为人对犯罪的行为和结果都是过失心理态度的是过失犯罪,行为人对行为是故意心理态度,但对结果是过失心理态度的也是过失犯罪。因此,故意犯罪与过失犯罪的根本区别是对犯罪结果的心理态度不同,对犯罪结果持故意的心理态度则是故意犯罪;对犯罪结果持过失的心理态度则是过失犯罪。这两种犯罪在执行判决、裁定活动中无论是严重失职行为还是滥用职权行为,行为人对其产生的严重危害结果的心理态度都是不希望发生的过失心理态度,上述两种犯罪都是过失犯罪。如果司法工作人员对滥用职权或者严重不负责任行为产生的危害结果持故意的心理态度的,则不构成这两种犯罪,应构成其相应的其他章节条文规定的故意犯罪。

(4)注意划清该两种犯罪与玩忽职守罪、滥用职权罪的界限。我国《刑法》第397条规定的玩忽职守罪、滥用职权罪与该两种犯罪是特别规定与一般规定的关系,玩忽职守罪、滥用职权罪是一般国家机关工作人员的犯罪,而该两种犯罪是司法工作人员玩忽职守、滥用职权的犯罪。当发生法条竞合的情况下,依照特别规定优先适用原则,按执行判决、裁定失职罪或执行判决、裁定滥用职权罪定罪处罚。

(5)注意划清该两种犯罪与受贿罪的界限。我国《刑法》第385条、第386条规定的受贿罪与该两种犯罪有牵连关系。司法工作人员在执行判决、裁定活动中收受贿赂,严重不负责任或者滥用职权,不依法采取诉讼保全措施、不履行法定执行职责,或者违法采取诉讼保全措施、强制执行措施,致使当事人或者其他人的利益遭受重大损失的行为,是定受贿罪一罪还是既定受贿罪又定执行判决、裁定失职罪或者执行判决、裁定滥用职权罪等数罪呢?根据《刑法》第399条第4款的规定,司法工作人员收受贿赂,有上述行为的,同时又构成《刑法》第385条规定之罪的,依照处罚较重的规定定罪处罚,即受贿数额较大的,将本罪中的犯罪行为作为受贿罪中为行贿人谋取利益的手段行为,只定为受贿罪,按受贿罪的法定刑追究刑事责任;如果执行判决、裁定失职罪或执行判决、裁定滥用职权罪重,将收受的少量贿赂的行为作为该两种犯罪的徇私情私利的行为,只定为执行判决、裁定失职罪或执行判决、裁定滥用职权罪,按该两种罪的法定刑追究其刑事责任,不再从重处罚。

(6)注意划清该两种犯罪与私放在押人员罪、失职致使在押人员脱逃罪的界限。我国《刑法》第400条规定的私放在押人员罪、失职致使在押人员脱逃罪与该两种犯罪都是司法工作人员在执行判决、裁定活动中严重不负责任或者滥用职权,不依法采取安全措施、不履行法定执行职责,使判决、裁定不能执行的行为。私放在押人员罪、失职致使在押人员脱逃罪与执行判决、裁定失职罪或执行判决、裁定滥用职权罪是一般规定与特别规定的关系。执行判决、裁定失职罪或执行判决、裁定滥用职权罪的犯罪主体是负责所有判决、裁定执行的司法工作人员;而私放在押人员罪、失职致使在押人员脱逃罪的犯罪主体是负责执行被关押罪犯的判决、裁定执行的司法工作人员。两罪发生竞合时,应按特别规定优先适用原则,按私放在押人员罪、失职致使在押人员脱逃罪定罪处罚。如果受贿构成犯罪,又构成私放在押人员罪、失职致使在押人员脱逃罪的,应分别认定为数罪,理由是《刑法》第400条没有像《刑法》第399条第4款一样作特别规定,所以应按一罪与数罪理论定罪,具备了数个犯罪构成的,应定为数罪,进行数罪并罚。

第九章　中华人民共和国刑法修正案(五)

全国人大常委会《中华人民共和国刑法修正案(五)》(以下简称《刑法修正案(五)》)是2005年2月28日第十届全国人大常委会第十四次会议通过,并于当日由国家主席公布施行的。

我国1997年《刑法》对妨害公司、企业管理秩序的犯罪,破坏金融管理秩序的犯罪,金融诈骗犯罪以及侵犯公民人身权利、民主权利的犯罪,危害国防利益的犯罪等作了规定。近年来,在这些方面又出现了一些新的应当给予刑事制裁的严重违法行为。一些人大代表和司法机关、有关部门提出建议,要求根据新的情况适时对刑法作出修改补充。法制工作委员会在调查研究和征求了当时的全国人大财经委、最高人民法院、最高人民检察院、国务院法制办、中央军委法制局、中国人民银行、公安部、民政部等有关部门和部分专家意见的基础上,拟订了《刑法修正案(五)(草案)》。该草案主要提出以下修改建议:

(1)《刑法》第162条规定了妨害清算罪,对公司、企业在进行清算时,隐匿财产,对资产负债表或者财产清单作虚伪记载或者在未清偿债务前分配公司、企业财产,严重损害债权人或者其他人利益的行为,规定了刑事处罚。近年来,一些公司、企业以隐匿财产、承担虚构的债务、非法转移和分配财产等方式,造成不能清偿到期债务或者资不抵债的假象,申请进入破产程序,以达到假破产真逃债的目的。这些行为违背社会诚信,不仅严重侵害债权人和其他人的利益,妨害公司、企业管理,而且破坏经济秩序,影响社会稳定,社会危害性严重,应当予以惩治。全国人大常委会当时在审议的企业破产法草案对破产欺诈行为规定构成犯罪的,应当追究刑事责任。因此,拟在《刑法》第162条之一之后增加1条,作为第162条之二:"公司、企业隐匿财产、承担虚构的债务,或者以其他方法非法转移、分配财产,意图通过破产逃避债务,严重损害债权人或者其他人利益的,对其直接负责的主管人员和其他直接责任人员,处五年以下有期徒刑或者拘役,并处或者单处二万元以上二十万元以下罚金。"

(2)《刑法》第177条规定了伪造、变造金融票证的犯罪行为,其中对伪造信用卡的犯罪作了专门规定。近年来,随着信用卡应用的普及,伪造信用卡的犯罪活动也出现了一些新的情况。这类犯罪出现了境内外互相勾结、集团化、专业化的特点,从窃取、非法提供他人信用卡信息资料、制作假卡,到运输、销售、使用伪造的信用卡等各个环节,分工细密,犯罪活动猖獗。虽然这些具体的犯罪行为都属于伪造信用卡和使用伪造的信用卡进行诈骗的犯罪,但是由于在各个犯罪环节上表现的形式不同,在具体适用刑法时存在一定困难。司法机关和金融主管部门建议对这一犯罪作出进一步的具体规定。为了保护银行等金融机构和公众的合法利益,维护金融机构的信誉和金融秩序,拟在《刑法》第177条后增加1条,作为第177条之一:"有下列情形之一的,处三年以下有期徒刑或者拘役,并处或者单处一万元以上十万元以下罚金;数量巨大或者情节严重的,处三年以上十年以下有期徒刑,并处二万元以上二十万元以下罚金:(一)明知是伪造的信用卡而持有、运输的,或者明知是伪造的空白信用卡而持有、运输,数量较大的;(二)非法持有他人信用卡,数量较大的;(三)使用虚假的身份证明骗领信用卡的;(四)出售、购买、为他人提供伪造的信用卡或者以虚假的身份证明骗领信用卡的。窃取、收买或者非法提供他人信用卡信息资料的,依照前款规定处罚。银行或者其他金融机构的工作人员利用职务上的便利,犯第二款罪的,从重处罚。"同时,对《刑法》第196条信用卡诈骗罪的规定作出修改,增加"使用以虚假的身份证明骗领的信用卡"进行诈骗的情形。

(3)近年来,一些不法分子为了非法牟利,以欺骗、胁迫、利诱等手段专门组织残疾人、未成年人进行乞讨,严重侵犯了残疾人、未成年人的人身权利,危害了他们的身心健康,同时也破坏了社会的正常管理秩序,社会危害性严重,应当予以惩治。因此,拟在《刑法》第262条后增加1条作为第262条之一:"以欺骗、胁迫、利诱等手段组织残疾人或者不满十四周岁的未成年人乞讨,从中牟取利益的,处三年以下有期徒刑、拘役,并处罚金。"对于在这些犯罪活动中对残疾人、未成年人有非法拘禁、伤害等犯罪行为的,还应当依照刑法的规定数罪并罚。

(4)《刑法》第369条规定了故意破坏武器装备、军事设施、军事通信的犯罪。近年来,一些地方在生产建设过程中野蛮施工、违章作业,致使军事通信光缆等通信设施遭到破坏的情况比较突出,严重危及国家的军事设施和军事通信的安全。针对这种情况,一些全国人大代表提出议案,建议在刑法中增加过失破坏军事通信罪的规定,以打击此类犯罪,维护国防利益。法制工作委员会与中央军委法制局等部门共同调研,并听取了有关人大代表和部门的意见,拟在《刑法》第369条中增加1款作为第2款,将该条修改为:"破坏武器装备、军事设施、军事通信的,处三年以下有期徒刑、拘役或者管制;破坏重要武器装备、军事设施、军事通信的,处三年以上十年以下有期徒刑;情节特别严重的,处十年以上有期徒刑、无期徒刑或者死刑。过失犯前款罪,造成严重后果的,处三年以下有期徒刑或者拘役;造成特别严重后果的,处三年以上七年以下有期徒刑。战时犯前两款罪的,从重处罚。"

第十届全国人大常委会第十二次会议对《刑法修正案(五)(草案)》进行了审议。会后,法制工作委员会就草案有关问题进一步征求了有关部门和专家的意见。法律委员会于2005年2月6日召开会议,根据全国人大常委会组成人员的审议意见和各方面的意见,对草案进行了审议。原内务司法委员会、最高人民法院、最高人民检察院、原国务院法制办、中国人民银行、公安部和中央军委法制局的负责同志列席了会议。2月22日,法律委员会召开会议,再次进行了审议。法律委员会认为,针对实践中出现的一些新的应当给予刑事处罚的严重违法行为,对刑法作出修改补充是必要的;同时,就草案对刑法作出的5条补充修改提出以下意见:(1)草案中关于破产欺诈犯罪和利用残疾人或者儿童乞讨牟利犯罪的两条规定,需要与企业破产法、治安管理处罚法的规定相衔接。鉴于全国人大常委会对这两部法律草案还在审议,法律委员会建议上述两条规定作为另一刑法修正案的内容与这两部法律出台时间相衔接。(2)草案中3条关于信用卡犯罪和破坏军事设施犯罪的规定,有关部门提出,为适应惩治犯罪的需要,建议尽快出台。法律委员会经研究,赞成这个意见,认为这3条的内容是基本可行的,建议作为《刑法修正案(五)》先由全国人大常委会审议通过;同时,根据有些常委委员的意见,对草案作了个别文字修改。草案二次审议稿已按上述意见作了调整修改,法律委员会建议本次常委会会议审议通过。全国人大法律委员会于2005年2月26日召开会议,对

《刑法修正案(五)(草案)》第二稿进行审议,没有提出新的修改意见,建议提交全国人大常委会审议。全国人大常委会于2005年2月28日通过了《刑法修正案(五)》,并于当日公布施行。

一、妨害信用卡管理罪

妨害信用卡管理罪是《刑法修正案(五)》第1条补充规定的犯罪,作为《刑法》第177条之一规定之犯罪。2007年11月6日实施的最高人民法院、最高人民检察院《关于执行〈中华人民共和国刑法〉确定罪名的补充规定(三)》中规定为该罪名。最高人民法院、最高人民检察院于2009年12月3日作出的《关于办理妨害信用卡管理刑事案件具体应用法律若干问题的解释》(以下简称《办理妨害信用卡管理刑事案件解释》)中对妨害信用卡管理有关问题作了司法解释。

(一)刑法规定内容的修改

刑法条文中有关妨害信用卡管理罪的规定是:

1. 1997年《刑法》第177条规定:"有下列情形之一,伪造、变造金融票证的,处五年以下有期徒刑或者拘役,并处或者单处二万元以上二十万元以下罚金;情节严重的,处五年以上十年以下有期徒刑,并处五万元以上五十万元以下罚金;情节特别严重的,处十年以上有期徒刑或者无期徒刑,并处五万元以上五十万元以下罚金或者没收财产:(一)伪造、变造汇票、本票、支票的;(二)伪造、变造委托收款凭证、汇款凭证、银行存单等其他银行结算凭证的;(三)伪造、变造信用证或者附随的单据、文件的;(四)伪造信用卡的。单位犯前款罪的,对单位判处罚金,并对其直接负责的主管人员和其他直接责任人员,依照前款的规定处罚。"

2. 2005年2月28日全国人大常委会《刑法修正案(五)》第1条规定:"在刑法第一百七十七条后增加一条,作为第一百七十七条之一:'有下列情形之一,妨害信用卡管理的,处三年以下有期徒刑或者拘役,并处或者单处一万元以上十万元以下罚金;数量巨大或者有其他严重情节的,处三年以上十年以下有期徒刑,并处二万元以上二十万元以下罚金:(一)明知是伪造的信用卡而持有、运输的,或者明知是伪造的空白信用卡而持有、运输,数量较大的;(二)非法持有他人信用卡,数量较大的;(三)使用虚假的身份证明骗领信用卡的;(四)出售、购买、为他人提供伪造的信用卡或者以虚假的身份证明骗领的信用卡的。窃取、收买或者非法提供他人信用卡信息资料的,依照前款规定处罚。银行或者其他金融机构的工作人员利用职务上的便利,犯第二款罪的,从重处罚。'"

《刑法修正案(五)》对《刑法》第177条作了如下修改和补充:

1.增加新罪名。我国1979年《刑法》和1997年《刑法》都没有规定妨害信用卡管理罪,1997年《刑法》第177条规定的伪造、变造金融票证罪中包括了伪造信用卡的犯罪行为,但对伪造信用卡行为以外的其他妨害信用卡管理行为,没有规定为犯罪行为。2005年2月28日全国人大常委会在《刑法修正案(五)》第1条将妨害信用卡管理的行为规定为独立的犯罪和适用独立的法定刑,归类于破坏社会主义市场经济秩序罪中作为破坏金融管理秩序罪中的具体罪名。

2.规定了妨害信用卡管理罪的犯罪行为。妨害信用卡管理行为是多方面的,但《刑法修正案(五)》第1条专门规定了妨害信用卡管理的行为是:持有、运输空白信用卡,数量较大的;

非法持有他人信用卡,数量较大的;使用虚假的身份证明骗领信用卡的;出售、购买、为他人提供伪造的信用卡或者以虚假的身份证明骗领的信用卡等四种妨害信用卡管理的行为。有以上四种行为之一的,才构成犯罪,其他没有规定的妨害信用卡管理的行为,不构成犯罪,如故意毁坏他人信用卡的行为。

3. 特别规定银行或者其他金融机构的工作人员利用职务上的便利,犯"窃取、收买或者非法提供他人信用卡信息资料的",按本罪从重处罚的规定。

(二)刑法规定修改的原因

《刑法修正案(五)》补充规定了妨害信用卡管理罪的主要原因有:

1. 1997年《刑法》中没有妨害信用卡管理罪的规定。我国1979年《刑法》和1997年《刑法》都没有妨害信用卡管理罪的规定。1997年《刑法》中规定了伪造信用卡的犯罪行为,作为伪造、变造金融票证罪的犯罪行为之一,尽管实践中将一些妨害信用卡管理的行为作为伪造、变造金融票证罪的共犯或者销赃、包庇犯罪加以处理,但不能有效、准确地预防和惩治这些妨害信用卡管理的犯罪行为。

2. 妨害信用管理的行为越来越严重破坏社会主义市场经济秩序,社会危害后果严重。随着我国经济建设的发展,信用卡作为货币支付手段已经进入人们的生产、生活等各领域中,自1985年中国银行发放国内第一张银行卡至今,我国发卡机构发行的银行卡、银行卡联网通用的城市、银行卡特约商户的数量以及银行卡交易总额都迅猛增长。但伴随银行信用卡产业的高速增长,每年有关银行信用卡犯罪的总金额在1亿元左右,社会危害性相当严重。

3. 有境外相关规定为借鉴。日本、韩国、香港地区、我国台湾地区,都曾经因为法律对信用卡犯罪的规定相对周边地区和国家较为宽松,而发生信用卡犯罪高潮。1989年至1991年,香港地区信用卡犯罪涉案金额高居亚洲第一,成为国际信用卡犯罪中心,当时全球流通的假卡有65%源自香港地区。日本、韩国、我国台湾地区在20世纪90年代末继香港地区之后,成为亚洲信用卡犯罪中心。针对这种情况,香港地区于1992年,日本和我国台湾地区于2001年,韩国于2002年分别通过修改法律,加重信用卡犯罪的刑罚,并细化信用卡犯罪的构成,规定持有、运输、携带伪造的信用卡,窃取、提供他人信用卡磁条信息均为犯罪。与上述国家和地区相比,我国当时《刑法》对伪造信用卡和信用卡诈骗规定的法定刑并不轻,但是对妨害信用卡管理犯罪还没有作细化规定。[①]

鉴于上述原因,全国人大常委会在《刑法修正案(五)》中补充规定了妨害信用卡管理罪的规定。

(三)妨害信用卡管理罪的适用

妨害信用卡管理罪是刑法中新增加的罪名,要准确适用就必须先厘清该罪的概念、构成特征、法定刑以及适用时应注意的问题。

1. 妨害信用卡管理罪的概念。该罪是指违反国家关于信用卡管理规定,妨害信用卡管理的行为。

近年来,随着信用卡应用的普及,伪造信用卡的犯罪活动出现了一些新的情况。这类犯

---

① 参见韩耀元、张玉梅:《对刑法修正案(五)解读》,载《检察日报》2005年3月7日,第3版。

罪分子内外互相勾结,形成了集团化、专业化的特点,从窃取、非法提供他人信用卡信息资料、制作假卡,到运输、销售、使用伪造的信用卡等各个环节,分工细密,犯罪活动猖獗。根据刑法的原有规定无法定罪处罚。如果按照伪造、变造金融票证罪或者信用卡诈骗罪的共同犯罪追究刑事责任,不但行为人之间的共同犯罪故意很难查证,而且也很难查获伪造者或者使用者。而这些行为直接扰乱经济秩序,影响经济的发展,是对社会有严重危害的犯罪行为,刑法应当规定为犯罪,追究其刑事责任。

2. 犯罪的构成特征。根据《刑法》第177条之一和《刑法修正案(五)》第1条的规定,该罪的构成特征包括:

(1)犯罪主体,是一般主体,凡是年满16周岁的具有刑事责任能力的自然人都可以构成。犯罪主体在主观上都是故意,一般具有谋取非法利益的目的。主观上是过失的,不构成本罪。单位不能构成本罪犯罪主体。

(2)犯罪行为,必须是故意实施了妨害信用卡管理的行为。该行为有以下具体表现:

①非法持有、运输伪造的信用卡或者伪造的空白信用卡的行为。明知是伪造的信用卡而持有、运输的,或者明知是伪造的空白信用卡而持有、运输,数量较大的行为。从实践中发生的案件看,为了逃避打击,各个信用卡犯罪组织之间形成了细致的分工,从空白信用卡的印制、运输,到输入磁条信息完成假卡制作或者骗领到信用卡,到出售、购买或者为他人提供,再到使用伪造的信用卡取现金,或者骗取财物,各个环节往往由不同犯罪组织的人承担。行为人对持有、运输伪造的信用卡,或者持有、运输伪造的空白信用卡数量较大的行为是妨害信用卡管理行为之一,只要查明行为人在主观上明知自己持有、运输的是伪造的信用卡,或者是伪造的空白信用卡"数量较大"的,就可以构成妨害信用卡管理的行为。

何为"数量较大",根据最高人民法院、最高人民检察院2009年12月3日作出的《办理妨害信用卡管理刑事案件解释》的规定,明知是伪造的空白信用卡而持有、运输10张以上不满100张的,应当认定为《刑法》第177条之一第1款第1项规定的"数量较大"。

②非法持有他人信用卡,数量较大的行为。按照信用卡的管理规定,信用卡只能供本人使用。虽然在民事活动中,信用卡持卡人可将自己的信用卡交由他人使用,但必须是在信用卡主人同意情况下,他人才能持有或者使用。如果未经主人同意,非法持有他人信用卡,从数量大、高消费或者取现金的额度异常以及行为人与持卡人的关系等方面可以判断出其持他人信用卡行为很可能是非法持有他人信用卡进行犯罪活动。近年来,相关执法部门查获了多起持有大量他人信用卡的案件,大多是国际信用卡犯罪。国际信用卡犯罪集团在国外与资信不良者串通,收买在国外领取的信用卡,然后将大量信用卡带入我国境内消费或者兑现。当发卡银行向持卡人催收欠款时,持卡人以未曾出境为由拒付。如果一一查明行为人与持卡人串通进行诈骗是十分困难的,国际信用卡犯罪集团也正是利用跨国取证困难逃避打击,而进行犯罪。因此,将非法持有他人信用卡的行为规定为犯罪,追究其刑事责任是完全必要的。当然,在认定犯罪行为时,注意在客观上必须是非法持有他人信用卡"数量较大"的才能构成犯罪。如果没有达到"数量较大"的,不构成犯罪。何为"数量较大",根据最高人民法院、最高人民检察院2009年10月12日颁布的《关于办理妨害信用卡管理刑事案件具体应用法律若干问题的解释》的规定,非法持有他人信用卡5张以上不满50张的,应当认定为《刑法》第177条之一第1款第2项规定的"数量较大"。

③使用虚假的身份证明骗领信用卡的行为。申请人向信用卡发卡银行申请办理信用卡时,必须提交真实有效的个人身份证以及所需的其他资料。使用虚假的身份证明骗领信用卡则是实施信用卡诈骗犯罪的前提条件。由于使用虚假的身份证明骗领信用卡的行为是严重破坏经济秩序的行为,刑法将其规定为犯罪,追究行为人刑事责任是十分必要的。当然,在认定犯罪时应该注意:如果申请人不具有犯罪目的,而是为顺利取得信用卡或者获得较高的授信额度,在申请信用卡时对自己的收入状况等作了不实的陈述而领取了信用卡的,不能认定为是骗领信用卡的犯罪行为。根据最高人民法院、最高人民检察院2009年12月3日作出的《办理妨害信用卡管理刑事案件解释》的规定,违背他人意愿,使用其居民身份证、军官证、士兵证、港澳居民往来内地通行证、台湾居民来往大陆通行证、护照等身份证明申领信用卡的,或者使用伪造、变造的身份证明申领信用卡的,应当认定为《刑法》第177条之一第1款第3项规定的"使用虚假的身份证明骗领信用卡。"

④出售、购买、为他人提供伪造的信用卡或者以虚假的身份证明骗领信用卡的行为。伪造的信用卡或者以虚假的身份证明领取的信用卡都是违禁品,出售、购买、为他人提供这些违禁品的行为都是犯罪行为,应当受到刑事追究。使用伪造的信用卡和使用以虚假的身份证明骗领的信用卡也是妨害信用卡的犯罪行为,但是《刑法》和《刑法修正案(五)》已特别将上述行为规定为信用卡诈骗罪的犯罪行为。

(3)犯罪结果,本罪有的是结果犯,要求必须达到"数额较大的"才构成犯罪;也有的是行为犯,只要故意实施了妨害信用卡管理行为,原则上就可以构成犯罪,但情节显著轻微危害不大的,不认为是犯罪。例如,明知是伪造信用卡而持有、运输的行为和出售、购买、为他人提供伪造的信用卡或者以虚假的身份证明骗领信用卡的行为就是行为犯,不需要"数量较大的"结果。

3. 妨害信用卡管理罪的法定刑。根据《刑法》第177条之一和《刑法修正案(五)》第1条的规定,妨害信用卡管理罪的法定刑是:

(1)构成本罪的,处3年以下有期徒刑或者拘役,并处或者单处1万元以上10万元以下罚金。根据2022年5月15日生效的最高人民检察院、公安部《关于公安机关管辖的刑事案件立案标准的规定(二)》第25条规定:"妨害信用卡管理,涉嫌下列情形之一的,应予立案追诉:(一)明知是伪造的信用卡而持有、运输的;(二)明知是伪造的空白信用卡而持有、运输,数量累计在十张以上的;(三)非法持有他人信用卡,数量累计在五张以上的;(四)使用虚假的身份证明骗领信用卡的;(五)出售、购买,为他人提供伪造的信用卡或者以虚假的身份证明骗领的信用卡的。违反他人意愿,使用其居民身份证、军官证、士兵证、港澳居民往来内地通行证、台湾居民来往大陆通行证,护照等身份证明申领信用卡的,或者使用伪造、变造的身份证明申领信用卡的,应当认定'使用虚假的身份证明骗领信用卡'。"

(2)构成本罪,犯罪数量巨大或者有其他严重情节的,处3年以上10年以下有期徒刑,并处2万元以上20万元以下罚金。

何为"数量巨大或者其他严重情节",根据最高人民法院、最高人民检察院2009年10月12日颁布的《关于办理妨害信用卡管理刑事案件具体应用法律若干问题的解释》的规定,有下列情形之一的,应当认定为《刑法》第177条之一第1款规定的"数量巨大":①明知是伪造的信用卡而持有、运输10张以上的;②明知是伪造的空白信用卡而持有、运输100张以上的;

③非法持有他人信用卡50张以上的;④使用虚假的身份证明骗领信用卡10张以上的;⑤出售、购买、为他人提供伪造的信用卡或者以虚假的身份证明骗领的信用卡10张以上的。

4.本罪适用时,应注意以下问题:

(1)注意划清本罪与非罪的界限。我国《刑法》第177条之一规定妨害信用卡管理罪是根据实施行为不同,要求达到的程度也不同,对于非法持有、运输伪造的空白信用卡的行为和非法持有他人信用卡的行为必须是"数量较大的"才构成犯罪;而对持有、运输伪造的信用卡,使用虚假的身份证明骗领信用卡和出售、购买、为他人提供伪造的信用卡以及窃取、收买或者非法提供他人信用卡信息资料的行为等不需要"数量较大的",原则上只要实施了上述行为就可以构成犯罪,但仍然要依据《刑法》第13条规定,情节显著轻微危害不大的,不认为是犯罪。

(2)注意划清本罪与伪造、变造金融票证罪的界限。我国《刑法》第177条规定的伪造、变造金融票证罪的犯罪行为中包括伪造信用卡的犯罪行为,因此,伪造信用卡的行为应认定为伪造金融票证罪,以伪造金融票证罪定罪处罚,根据最高人民法院、最高人民检察院2009年12月3日作出的《办理妨害信用卡管理刑事案件的解释》第1条的规定,所谓伪造信用卡,是指复制他人信用卡、将他人信用卡信息资料写入磁条介质、芯片或者以其他方法伪造信用卡1张以上的行为。伪造信用卡1张以上的或者伪造空白信用卡10张以上的,应当认定为《刑法》第177条第1款第4项规定的"伪造信用卡",以伪造金融票证罪定罪处罚。

伪造信用卡情节严重的,是指有下列情形之一的:①伪造信用卡5张以上不满25张的;②伪造的信用卡内存款余额、透支额度单独或者合计数额在20万元以上不满100万元的;③伪造空白信用卡50张以上不满250张的;④其他情节严重的情形。伪造信用卡情节特别严重的,是指有下列情形之一的:①伪造信用卡25张以上的;②伪造的信用卡内存款余额、透支额度单独或者合计数额在100万元以上的;③伪造空白信用卡250张以上的;④其他情节特别严重的情形。这里的"信用卡内存款余额、透支额度",以信用卡被伪造后发卡行记录的最高存款余额、可透支额度计算。而《刑法》第177条之一规定的非法持有、运输伪造的信用卡等妨害信用卡管理的行为则单独定为妨害信用卡管理罪。由于刑法已有了专门规定,对非法持有、运输、销售伪造的信用卡行为不能再以伪造、变造金融票证的共犯或者销赃罪、包庇罪等定罪处罚了,只能认定为本罪。

(3)注意划清本罪与信用卡诈骗罪的界限。妨害信用卡管理罪与信用卡诈骗罪有着紧密的联系,行为人实施妨害信用卡管理行为的目的是实施信用卡诈骗犯罪或者为他人实施信用卡诈骗提供帮助。我国《刑法》第196条规定的信用卡诈骗罪的犯罪行为中包括使用伪造的信用卡的犯罪行为,《刑法修正案(五)》又增加了"使用以虚假的身份证明骗领的信用卡的"行为,也是信用卡诈骗罪的犯罪行为。使用以虚假的身份证明骗领信用卡,实际上也是使用伪造的信用卡。使用伪造的信用卡和骗领的信用卡,刑法已作了专门规定,应按刑法专门规定,定为信用卡诈骗罪,不再定为妨害信用卡管理罪。如果某个人实施了妨害信用卡管理行为,最终实施了信用卡诈骗的,应按处理牵连犯的原则,按处刑较重的信用卡诈骗罪定罪处罚。如果行为人只是实施了妨害信用卡管理犯罪行为,则以妨害信用卡管理罪定罪处罚,不再以信用卡诈骗罪定罪处罚。

二、窃取、收买、非法提供信用卡信息罪

窃取、收买、非法提供信用卡信息罪是《刑法修正案(五)》第1条第2款、第3款补充规定的犯罪。本罪是不是一个独立的犯罪,法学界有不同意见:一种意见认为,该种行为是妨害信用卡管理罪的犯罪行为之一,不是独立的罪名;另一种意见认为,根据过去确定罪的经验,应确定为一种独立的罪名。最高人民法院、最高人民检察院《关于执行〈中华人民共和国刑法〉确定罪名的补充规定(三)》将该罪罪名解释为独立的罪名。

(一)刑法规定内容的修改

刑法条文中有关窃取、收买、非法提供信用卡信息罪的规定是:

1. 1997年《刑法》第177条规定:"有下列情形之一,伪造、变造金融票证的,处五年以下有期徒刑或者拘役,并处或者单处二万元以上二十万元以下罚金;情节严重的,处五年以上十年以下有期徒刑,并处五万元以上五十万元以下罚金;情节特别严重的,处十年以上有期徒刑或者无期徒刑,并处五万元以上五十万元以下罚金或者没收财产:(一)伪造、变造汇票、本票、支票的;(二)伪造、变造委托收款凭证、汇款凭证、银行存单等其他银行结算凭证的;(三)伪造、变造信用证或者附随的单据、文件的;(四)伪造信用卡的。单位犯前款罪的,对单位判处罚金,并对其直接负责的主管人员和其他直接责任人员,依照前款的规定处罚。"

2. 2005年2月28日全国人大常委会《刑法修正案(五)》第1条规定:"在刑法第一百七十七条后增加一条,作为第一百七十七条之一:'有下列情形之一,妨害信用卡管理的,处三年以下有期徒刑或者拘役,并处或者单处一万元以上十万元以下罚金;数量巨大或者有其他严重情节的,处三年以上十年以下有期徒刑,并处二万元以上二十万元以下罚金:(一)明知是伪造的信用卡而持有、运输的,或者明知是伪造的空白信用卡而持有、运输,数量较大的;(二)非法持有他人信用卡,数量较大的;(三)使用虚假的身份证明骗领信用卡的;(四)出售、购买、为他人提供伪造的信用卡或者以虚假的身份证明骗领的信用卡的。窃取、收买或者非法提供他人信用卡信息资料的,依照前款规定处罚。银行或者其他金融机构的工作人员利用职务上的便利,犯第二款罪的,从重处罚。'"

《刑法修正案(五)》对1997年《刑法》作了如下修改和补充:

1. 增加新罪名。我国1979年《刑法》和1997年《刑法》都没有规定窃取、收买、非法提供信用卡信息罪。1997年《刑法》第177条规定的伪造、变造金融票证罪中包括了"伪造信用卡的"犯罪行为,但对伪造信用卡行为的预备行为,即盗窃、收买或者非法提供他人信用卡信息资料的行为没有单独规定为犯罪行为。2005年2月28日全国人大常委会《刑法修正案(五)》第1条第2款中规定:"窃取、收买或者非法提供他人信用卡信息资料的,依照前款规定处罚。"在第3款中,进一步规定:"银行或者其他金融机构的工作人员利用职务上的便利,犯第二款罪的,从重处罚。"将"窃取、收买或者非法提供他人信用卡信息资料的"行为规定为独立的犯罪,并规定适用妨害信用卡管理罪的法定刑,归类于破坏社会主义市场经济秩序罪中作为破坏金融管理秩序罪中的具体罪名。

2. 增加规定了窃取、收买或者非法提供他人信用卡信息资料的犯罪行为。1997年《刑法》第177条规定的伪造、变造金融票证罪的犯罪行为中没有窃取、收买或者非法提供他人信用卡信息资料的行为。这种行为是伪造、变造金融票证的预备行为。《刑法修正案(五)》第1

条第 2 款将这种行为专门规定为独立的犯罪行为。

3. 特别规定了银行或者其他金融机构的工作人员利用职务上的便利，犯窃取、收买、非法提供信用卡信息罪的，从重处罚的规定。

(二)刑法规定修改的原因

全国人大常委会《刑法修正案(五)》补充规定"窃取、收买、非法提供信用卡信息罪"的主要原因有：

1. 1997 年《刑法》中没有窃取、收买、非法提供信用卡信息罪的规定。我国 1979 年《刑法》和 1997 年《刑法》都没有规定窃取、收买、非法提供信用卡信息罪。1997 年《刑法》中规定了伪造、变造金融票证罪，尽管司法实践中将窃取、收买或者非法提供他人信用卡信息资料的行为作为伪造信用卡犯罪的预备行为或共犯处理，但不能有效、准确地惩治窃取、收买或者非法提供他人信用卡信息资料的行为。随着信用卡犯罪形势的发展，刑法应当补充规定这种犯罪行为。

2. 窃取、收买、非法提供信用卡信息资料的行为越来越严重破坏社会主义市场经济秩序，社会危害后果越来越严重。随着我国经济建设的发展，信用卡作为货币支付手段已经逐渐进入人们的生产、经营、生活各领域中，但是，近几年来，随着信用卡的发展而来的信用卡犯罪越来越多，社会危害性相当严重。犯罪分子为了伪造信用卡千方百计地窃取、收买或者非法提供他人信用卡信息资料，使社会主义市场经济秩序受到严重破坏。因此，刑法有必要将窃取、收买或者非法提供他人信用卡信息资料的行为规定为犯罪，追究行为人的刑事责任，以惩罚该种犯罪，保护金融秩序健康发展。

3. 有境外相关规定为借鉴。香港地区于 1992 年，日本和我国台湾地区于 2001 年，韩国于 2002 年分别通过修改法律，加重信用卡犯罪的刑罚，并细化信用卡犯罪的构成，规定窃取、持有、提供他人信用卡磁条信息资料的行为均为犯罪。为了保护我国金融秩序的稳定发展，刑法应当对伪造信用卡罪和信用卡诈骗罪作细化规定，以便更准确惩罚窃取、收买或者非法提供他人信用卡信息资料的犯罪。

鉴于上述原因，全国人大常委会在《刑法修正案(五)》中补充了"窃取、收买、非法提供信用卡信息罪"的规定。

(三)窃取、收买、非法提供信用卡信息罪的适用

窃取、收买、非法提供信用卡信息罪是新增加的罪名，要准确适用就必须弄清该罪的概念、构成特征、法定刑以及适用时应注意的问题：

1. 该罪的概念。该罪是指窃取、收买或者非法提供他人信用卡信息资料的行为。

近年来，随着信用卡应用的普及，伪造信用卡的犯罪活动出现了一些新的情况，犯罪分子内外互相勾结，形成集团化、专业化，从窃取、非法提供他人信用卡信息资料、制作假卡，到运输、销售、使用伪造的信用卡等各个环节，分工细密，犯罪活动猖獗。虽然这种犯罪行为属于伪造信用卡和使用伪造的信用卡进行诈骗的犯罪行为的一部分，但是由于在各个犯罪环节上表现的形式有所不同。窃取、收买或者非法提供他人信用卡信息资料的行为是伪造、变造信用卡必要的预备行为。如果没有这种行为伪造信用卡诈骗他人财产的目的就不能实现。因此，要用刑罚惩罚窃取、收买或者非法提供他人信用卡信息资料的行为，以保障社会主义金融

秩序的发展。

2.犯罪的构成特征。根据《刑法》第177条之一和《刑法修正案（五）》第1条第2款、第3款的规定,该罪的构成特征有:

(1)犯罪主体,是一般主体,凡是年满16周岁的具有刑事责任能力的自然人都可以构成。其中有一部分是银行或者其他金融机构的工作人员利用职务上的便利实施的犯罪行为,单位不能构成本罪的主体。犯罪主体在主观上都是故意的,一般具有伪造他人信用卡实行信用卡诈骗的目的。过失行为不构成本罪。

(2)犯罪行为,必须具有窃取、收买或者非法提供他人信用卡信息资料的行为。信用卡信息资料是办理信用卡的必要条件,它包括信用卡所有人的姓名、性别、年龄、身份证号码、工作单位、家庭住址、电话号码、信用卡内的存款余额、信用卡的编号、进入密码、发卡行代码、持卡人账户、密码等电子数据,上述信息资料由发卡行在发卡时使用专用设备输入信用卡的磁条中。这些信息资料除办卡银行和信用卡所有人知悉外,对其他人是保密的。窃取、收买或者非法提供他人信用卡信息资料的目的是伪造他人信用卡提供条件。没有这些信息资料,伪造的信用卡是无法使用的。因此,窃取、收买或者非法提供他人信用卡信息资料的行为是扰乱金融秩序的行为,是对社会有危害的行为。《刑法修正案（五）》将这些行为规定为犯罪行为是必要的,可以从关键环节上打击信用卡犯罪活动。具体行为有:

①窃取他人信用卡信息资料的行为。窃取,就是秘密盗窃他人的信用卡信息资料的行为,是在信用卡所有人不知道的情况下,将他人信用卡信息资料盗走。例如,偷窃他人信用卡的取款密码和银行存款数额等。不论盗窃的目的是什么,都可以构成本罪的犯罪行为。

②收买他人信用卡信息资料的行为。收买,是以金钱或者物品购买他人掌握的别人的信用卡信息资料。收买的目的一般是伪造他人的信用卡,但无论收买的目的是什么,只要实施了收买行为,就可以构成本罪的犯罪行为。

③非法提供他人信用卡信息资料的行为。非法提供是将自己知道的他人信用卡信息资料非法提供给第三者的行为。无论该信用卡信息资料是用何种方法得来的,也无论是有偿提供还是无偿提供和提供的目的是什么,只要是非法提供他人信用卡信息资料的行为,都可以构成本罪的犯罪行为。当然,依照法律规定合法提供他人信用卡信息资料的行为不构成犯罪行为。

(3)犯罪结果,必须是故意实施了窃取、收买或者非法提供他人信用卡信息资料行为的结果。本罪是行为犯,只要实施了犯罪行为就可以构成犯罪。

3.窃取、收买、非法提供信用卡信息罪的法定刑。根据《刑法》第177条之一和《刑法修正案（五）》第1条第2款的规定,犯窃取、收买、非法提供信用卡信息罪的,适用妨害信用卡管理罪的法定刑。根据最高人民法院、最高人民检察院2009年12月3日作出的《办理妨害信用卡管理刑事案件解释》第3条的规定:

(1)窃取、收买、非法提供他人信用卡信息资料,足以伪造可进行交易的信用卡,或者足以使他人以信用卡持卡人名义进行交易,涉及信用卡1张以上不满5张的,处3年以下有期徒刑或者拘役,并处或者单处1万元以上10万元以下罚金。

(2)构成本罪,犯罪数量巨大或者有其他严重情节的,处3年以上10年以下有期徒刑,并处2万元以上20万元以下罚金。窃取、收买、非法提供他人信用卡信息资料,足以伪造可进行交易的信用卡,或者足以使他人以信用卡持卡人名义进行交易,涉及信用卡5张以上的,应当认定为《刑法》第177条之一第1款规定的"数量巨大"。

根据《刑法》第177条之一第3款和《刑法修正案(五)》第1条第3款规定,银行或者其他金融机构的工作人员利用职务上的便利,犯窃取、收买或者非法提供他人信用卡信息罪的,从重处罚。

4. 本罪适用时应注意以下问题:

(1)注意划清本罪与非罪的界限。我国《刑法》第177条之一第2款规定的窃取、收买、非法提供信用卡信息罪,原则上只要实施了上述行为就可以构成犯罪,但仍然要依据《刑法》第13条关于"情节显著轻微危害不大的,不认为是犯罪"的规定,如果确实不具有犯罪目的,而非法提供他人信用卡信息资料的行为,没有造成严重后果的,应视为情节显著轻微危害不大的,不认为是犯罪。

(2)注意划清本罪与伪造、变造金融票证罪的界限。我国《刑法》第177条规定的伪造、变造金融票证罪的犯罪行为中必然包括窃取、收买或者非法提供他人信用卡信息资料的行为,否则就不能伪造他人信用卡。如果犯罪分子利用他人信用卡信息资料伪造了他人信用卡的,由于《刑法修正案(五)》中没有规定数罪并罚,应按处理牵连犯的原则,按重罪伪造信用卡罪定罪处罚。

(3)注意划清本罪与信用卡诈骗罪的界限。窃取、收买或者非法提供他人信用卡信息罪与信用卡诈骗罪有着紧密的联系,行为人实施窃取、收买或者非法提供他人信用卡信息资料行为的目的一般是实施信用卡诈骗犯罪。如果使用他人信用卡信息资料伪造了他人信用卡,又用该信用卡诈骗了他人钱款的,应按处理牵连犯的原则,以重罪信用卡诈骗罪定罪处罚,不再定为本罪和伪造金融票证罪。

(4)根据最高人民法院、最高人民检察院2009年12月3日作出的《办理妨害信用卡管理刑事案件解释》的规定,为信用卡申请人制作、提供虚假的财产状况、收入、职务等资信证明材料,涉及伪造、变造、买卖国家机关公文、证件、印章,或者涉及伪造公司、企业、事业单位、人民团体印章的,应当追究刑事责任的,依照《刑法》第280条的规定,分别以伪造、变造、买卖国家机关公文、证件、印章罪和伪造公司、企业、事业单位、人民团体印章罪定罪处罚。

承担资产评估、验资、验证、会计、审计、法律服务等职责的中介组织或其人员,为信用卡申请人提供虚假的财产状况、收入、财物等资信证明材料,应当追究刑事责任的,依照《刑法》第229条的规定,分别以提供虚假证明文件罪和出具证明文件重大失实罪定罪处罚。

三、信用卡诈骗罪

信用卡诈骗罪是1997年《刑法》第196条规定的犯罪,《刑法修正案(五)》第2条补充规定了信用诈骗罪的犯罪行为。1997年12月16日发布的最高人民法院《关于执行〈中华人民共和国刑法〉确定罪名的规定》确定为该罪名。2009年10月12日发布的最高人民法院、最高人民检察院《办理妨害信用卡管理刑事案件解释》中对信用卡诈骗犯罪的有关具体应用问题作了司法解释。

(一)刑法规定内容的修改

刑法条文中有关信用卡诈骗罪的规定是:

1. 1997年《刑法》第196条规定:"有下列情形之一,进行信用卡诈骗活动,数额较大的,处五年以下有期徒刑或者拘役,并处二万元以上二十万元以下罚金;数额巨大或者有其他严重情节的,处五年以上十年以下有期徒刑,并处五万元以上五十万元以下罚金;数额特别巨大或者有其他特别严重情节的,处十年以上有期徒刑或者无期徒刑,并处五万元以上五十万元以下罚金或者没收财产:(一)使用伪造的信用卡的;(二)使用作废的信用卡的;(三)冒用他人信用卡的;(四)恶意透支的。前款所称恶意透支,是指持卡人以非法占有为目的,超过规定限额或者规定期限透支,并且经发卡银行催收后仍不归还的行为。盗窃信用卡并使用的,依照本法第二百六十四条的规定定罪处罚。"

2. 2005年2月28日全国人大常委会《刑法修正案(五)》第2条规定:"将刑法第一百九十六条修改为:'有下列情形之一,进行信用卡诈骗活动,数额较大的,处五年以下有期徒刑或者拘役,并处二万元以上二十万元以下罚金;数额巨大或者有其他严重情节的,处五年以上十年以下有期徒刑,并处五万元以上五十万元以下罚金;数额特别巨大或者有其他特别严重情节的,处十年以上有期徒刑或者无期徒刑,并处五万元以上五十万元以下罚金或者没收财产:(一)使用伪造的信用卡,或者使用以虚假的身份证明骗领的信用卡的;(二)使用作废的信用卡的;(三)冒用他人信用卡的;(四)恶意透支的。前款所称恶意透支,是指持卡人以非法占有为目的,超过规定限额或者规定期限透支,并且经发卡银行催收后仍不归还的行为。盗窃信用卡并使用的,依照本法第二百六十四条的规定定罪处罚。'"

上述1997年《刑法》及其修正案对刑法作了如下补充:

我国1979年《刑法》没有规定信用卡诈骗罪,1997年《刑法》第196条规定了信用卡诈骗罪,其中规定信用卡诈骗犯罪行为是使用伪造的信用卡、使用作废的信用卡、冒用他人信用卡、恶意透支的行为。2005年2月28日全国人大常委会在《刑法修正案(五)》第2条中规定,在"使用伪造的信用卡"行为中增加了"或者使用以虚假的身份证明骗领的信用卡的"行为,使信用卡诈骗犯罪行为增加了新的内容。

(二)刑法规定修改的原因

1997年《刑法》第196条规定了信用卡诈骗罪,其犯罪行为有以下四种,即使用伪造的信用卡、使用作废的信用卡、冒用他人信用卡、恶意透支的行为。但近年来,出现了大量使用以虚假的身份证明骗领信用卡的行为,进行恶意透支诈骗银行钱款。对这种行为如何定罪有不同意见,有的主张法无明文规定不为罪;有的认为骗领信用卡后,又大量透支是一种信用卡犯罪活动,应依照《刑法》第196条规定,以信用卡诈骗罪追究刑事责任。《刑法修正案(五)》第2条在《刑法》第196条第1款第1项"使用伪造的信用卡的"情形中增加规定了"使用以虚假的身份证明骗领的信用卡的"行为,完善了刑法关于信用卡诈骗罪的规定。今后对使用以虚假的身份证明骗领的信用卡的行为,只要达到《刑法》第196条规定的"数额较大"标准的,就应以信用卡诈骗罪追究刑事责任。

(三)信用卡诈骗罪的适用

信用卡诈骗罪是刑法新增加的罪名,要准确适用就必须先厘清该罪的概念、构成特征、法定刑以及适用时应注意的问题。

1. 信用卡诈骗罪的概念。信用卡诈骗罪,是指以非法占有为目的,利用信用卡诈骗他人财物,数额较大的行为。

该罪是利用信用卡诈骗他人财物,破坏金融管理秩序的犯罪。信用卡是金融证券之一,是用户在银行存款后,银行发给的准予消费的电子证件,持信用卡可以到银行委托单位进行结算。2004年12月29日全国人大常委会《关于〈中华人民共和国刑法〉有关信用卡规定的解释》中规定:刑法规定的"信用卡",是指由商业银行或者其他金融机构发行的具有消费支付、信用贷款、转账结算、存取现金等全部功能或者部分功能的电子支付卡。近年来,我国金融机构发行了不同种类与功能的银行卡,有的称为信用卡,有的称为借记卡,有的称为贷记卡等,执法实践中对于刑法规定的信用卡的适用范围存在不同认识。这一立法解释从刑法角度解决了信用卡的含义,即只要具备消费支付、信用贷款、转账结算、存取现金等全部功能或者部分功能的电子支付卡,都属于刑法规定的"信用卡"。信用卡制度的设立方便了生产、经营,方便了生活,防止了携带大量现金的情况。但是随着信用卡的广泛使用,犯罪分子利用信用卡进行诈骗犯罪活动,严重扰乱市场金融秩序和侵犯公私财产所有权,是一种严重危害社会的行为。我国刑法将利用信用卡诈骗他人财物,数额较大的行为规定为犯罪,最高可处无期徒刑,并处5万元以上50万元以下罚金或者没收财产。2004年12月29日全国人大常委会对信用卡的含义进行了立法解释;2005年2月28日全国人大常委会又在《刑法修正案(五)》中对信用卡诈骗犯罪行为作了补充规定;2009年12月3日发布的最高人民法院、最高人民检察院《办理妨害信用卡管理刑事案件解释》中对信用卡诈骗罪的具体适用问题作了司法解释。

2.犯罪的构成特征。根据《刑法》第196条和《刑法修正案(五)》第2条的规定,该罪的构成特征有:

(1)犯罪主体,是一般主体,凡是年满16周岁的具有刑事责任能力的自然人都可以构成本罪。不满16周岁的自然人和单位不构成本罪。犯罪主体在主观上都是故意的,一般具有谋取非法利益的目的。过失行为不构成本罪。

(2)犯罪行为,必须是利用信用卡进行诈骗他人财物的行为。具体有以下四种表现形式:

①使用伪造的信用卡的行为或者使用以虚假的身份证明骗领的信用卡的行为。明知是伪造的信用卡而使用。例如,利用伪造的信用卡购买商品、在银行或者其他金融机构提取现金以及接受用信用卡进行支付结算的各种服务的行为。如果自己伪造信用卡,又使用伪造的信用卡进行诈骗行为,应定为本罪,将伪造信用卡的行为作为本罪的犯罪手段,不再单独定为伪造金融票证罪。使用虚假的身份证明骗领信用卡的行为,是行为人使用假的或者他人的身份证明文件,在银行或者其他金融机构骗领信用卡而使用的行为。这种骗领的信用卡从形式上看是真的信用卡,而实质上是假的信用卡,同使用伪造的信用卡或者冒用他人信用卡行为的社会危害是一样的,也是犯罪行为,应追究其刑事责任。

②使用作废信用卡的行为。信用卡由于种种原因失去效力,成为作废的信用卡。作废的信用卡不能再使用了。如果明知是作废的信用卡而继续使用,就是利用作废的信用卡诈骗他人财物的行为。信用卡失效的原因是多方面的,主要有:超过有效使用期限而自动失效的;持卡人在信用卡有效期限内中途停止使用信用卡,并将该卡交回发卡银行的;因挂失而使信用卡失效的。

③冒用他人信用卡的行为。信用卡是信用卡所有者的财产,只能信用卡所有者使用。未经信用卡所有者同意,冒用他人信用卡是侵犯他人财产的行为。根据《办理妨害信用卡管理

刑事案件解释》的规定,"冒用他人信用卡"包括以下情形:拾得他人信用卡并使用的;骗取他人信用卡并使用的;窃取、收买、骗取或者以其他非法方获取他人信用卡信息资料,并通过互联网、通信终端等使用的;其他冒用他人信用卡的情形。不包括盗窃他人信用卡而使用的行为,因为法律特别规定,盗窃他人信用卡并使用的,以盗窃罪论处。

④恶意透支的行为。根据《刑法》第 196 条第 2 款规定,恶意透支,是指持卡人以非法占有为目的,超过规定限额或者规定期限透支,并且经发卡银行催收后仍不归还的行为。信用卡持有者以非法占有银行钱款为目的,超过规定的限额或者规定的期限透支,并且经发卡银行催收后仍不归还的行为。根据《办理妨害信用卡管理刑事案件解释》的规定,《刑法》第 196 条规定的"恶意透支",是指持卡人以非法占有为目的,超过规定限额或者规定期限透支,并且经发卡银行两次催收后超过 3 个月仍不归还的。有下列情形之一的,应当认定是"以非法占有为目的":明知没有还款能力而大量透支,无法归还的;肆意挥霍透支的资金,无法归还的;透支后逃匿、改变联系方法,逃避银行催收的;抽逃、转移资金,隐匿财产,逃避还款的;使用透支的资金进行违法犯罪活动的;其他非法占有资金,拒不归还的行为。

(3)犯罪结果,必须是利用信用卡诈骗他人财物数额较大的结果;达不到数额较大结果的,不能构成本罪。根据《办理妨害信用卡管理刑事案件解释》的规定,使用伪造的信用卡、以虚假的身份证明骗领的信用卡、作废的信用卡或者冒用他人信用卡,进行信用卡诈骗活动,数额在 5000 元以上不满 5 万元的,应当认定为《刑法》第 196 条规定的"数额较大"。

3. 信用卡诈骗罪的法定刑。我国《刑法》第 196 条规定根据利用信用卡诈骗财物数额的多少和情节轻重,分别规定了三个档次的法定刑。

(1)数额较大的,即 5000 元以上不满 5 万元的,处 5 年以下有期徒刑或者拘役,并处 2 万元以上 20 万元以下罚金。

(2)数量巨大,即 5 万元以上不满 50 万元的或者有其他严重情节的,处 5 年以上 10 年以下有期徒刑,并处 5 万元以上 20 万元以下罚金。

(3)数额特别巨大,即 50 万元以上的或者其他特别严重情节的,处 10 年以上有期徒刑或者无期徒刑,并处 5 万元以上 50 万元以下罚金或者没收财产。

恶意透支,数额在 1 万元以上不满 10 万元的,应当认定为《刑法》第 196 条规定的"数额较大";数额在 10 万元以上不满 100 万元的,应当认定为《刑法》第 196 条规定的"数额巨大";数额在 100 万元以上的,应当认定为《刑法》第 196 条规定的"数额特别巨大"。这里恶意透支的数额,是指在第 1 款规定的条件下,持卡人拒不归还的数额或者尚未归还的数额,不包括复利、滞纳金、手续费等发卡银行收取的费用。

4. 本罪适用时应注意以下问题:

(1)注意划清本罪与非罪的界限。我国《刑法》第 196 条和《刑法修正案(五)》第 2 条规定构成信用卡诈骗罪必须是诈骗数额较大的行为,达不到数额较大结果的,不构成犯罪。何为"数额较大",根据《办理妨害信用卡管理刑事案件解释》的规定,使用伪造的信用卡、以虚假的身份证明骗领的信用卡、作废的信用卡或者冒用他人信用卡,进行信用卡诈骗活动,数额在 5000 元以上不满 5 万元的,应当认定为《刑法》第 196 条规定的"数额较大";恶意透支,数额在 1 万元以上不满 10 万元的,应当认定为《刑法》第 196 条规定的"数额较大"。达不到数额较大的结果的,是一般违法行为,不构成犯罪。必须注意的是,恶意透支的,根据《办理妨害信用卡管理刑事案件解释》的规定,恶意透支应当追究刑事责任,但在公安机关立案后人民法院判决宣告前已偿还全部透支款息的,可以从轻处罚,情节轻微的,可以免除处罚。恶意透支数额较大,在公安机关立案前已偿还全部透支款息,情节显著轻微的,可以依法不追究刑事责任。如果是善意透支,即使超过数额和时间的限制,凡是在发卡银行催还后如数归还的,不构成本罪。

(2)注意划清本罪与盗窃罪的界限。根据我国《刑法》第196条和《刑法修正案(五)》第2条第3款的规定,盗窃信用卡并使用的,依照本法第264条的规定定罪处罚。依据1998年3月17日最高人民法院《关于审理盗窃案件具体应用法律若干问题的解释》第10条的规定,"根据刑法第一百九十六条第三款的规定,盗窃信用卡并使用的,以盗窃罪定罪处罚。其盗窃数额应当根据行为人盗窃信用卡后使用的数额认定"。行为人盗窃他人信用卡后又自己使用盗取的信用卡,或者交给他人使用盗窃的信用卡的,按盗窃罪定罪处罚。如果盗窃信用卡后,交第三人使用,而第三人并不知道是盗窃的信用卡,对盗窃者按盗窃罪定罪处罚,而对第三人则按信用卡诈骗罪定罪处罚。

(3)注意划清本罪与妨害信用卡管理罪的界限。妨害信用卡管理罪与信用卡诈骗罪有着紧密的联系,行为人实施妨害信用卡管理行为的目的是实施信用卡诈骗犯罪。《刑法修正案(五)》规定的非法持有、运输、出售、购买、提供伪造的信用卡等妨害信用卡管理的行为,都是为信用卡诈骗行为做准备的行为,如果行为就此停止下来,可以构成信用卡诈骗的预备行为。但法律已作了特别规定,只能认定为妨害信用卡管理罪,不再以信用卡诈骗罪的预备犯定罪处罚。如果行为人实施了妨害信用卡管理行为后又继续使用伪造的信用卡进行信用卡诈骗行为,只以信用卡诈骗罪定罪处罚,妨害信用卡管理行为作为犯罪手段牵连被吸收,不单独定罪处罚,因为修正案中没有规定在这种情况下数罪并罚。我国《刑法》第196条规定的信用卡诈骗罪的犯罪行为中包括使用伪造的信用卡的犯罪行为,《刑法修正案(五)》又增加了"使用以虚假的身份证明骗领的信用卡的"行为,也是信用卡诈骗罪的犯罪行为。使用伪造的信用卡和骗领的信用卡实质上也是妨害信用卡管理的行为,但刑法已作了专门规定,应按刑法专门规定定为信用卡诈骗罪,不再定为妨害信用卡管理罪。

(4)注意划清本罪与伪造、变造金融票证罪的界限。伪造、变造信用卡的行为是伪造、变造金融票证罪的犯罪行为的一种,行为人只是实施了伪造、变造信用卡的行为,只定为伪造、变造金融票证罪。但是,行为人伪造、变造了信用卡后,又进行了信用卡诈骗犯罪,因为我国《刑法》第196条规定的信用卡诈骗罪的犯罪行为中包括使用伪造的信用卡的犯罪行为,因此,要认定为信用卡诈骗罪。行为人既实施了伪造、变造信用卡行为,又利用其实施诈骗行为,由于刑法没有规定数罪并罚,不能同时认定两种犯罪,一般以信用卡诈骗罪定罪处罚。

(5)使用信用卡在销售点终端机具直接支付现金的,以非法经营罪的定罪处罚。根据《办理妨害信用卡管理刑事案件解释》的规定,违反国家规定,使用销售点终端机具(POS机)等方法,以虚构交易、虚开价格、现金退货等方式向信用卡持卡人直接支付现金,情节严重的,应当依据《刑法》第225条规定追究刑事责任,以非法经营罪定罪处罚。

实施上述行为,数额在100万元以上的,或者造成金融机构资金20万元以上逾期未还的,或者造成金融机构经济损失10万元以上的,应当认定为《刑法》第225条规定的"情节严重";数额在500万元以上的,或者造成金融机构资金100万元以上逾期未还的,或者造成金融机构经济损失 50 万元以上的,应当认定为《刑法》第 225 条规定的"情节特别严重"的情形。

四、过失损坏武器装备、军事设施、军事通信罪

过失损坏武器装备、军事设施、军事通信罪是《刑法修正案(五)》第 3 条第 2 款补充规定的新罪名。我国 1997 年《刑法》第 369 条规定有破坏武器装备、军事设施、军事通信罪,《刑法修正案(五)》又补充规定了与其相应的过失犯罪。最高人民法院、最高人民检察院 2007 年 11 月 6 日实施的《关于执行〈中华人民共和国刑法〉确定罪名的补充规定(三)》确定为该罪名。

(一)刑法规定内容的修改

刑法条文中有关过失损坏武器装备、军事设施、军事通信罪的规定是:

1. 1997 年《刑法》第 369 条规定:"破坏武器装备、军事设施、军事通信的,处三年以下有期徒刑、拘役或者管制;破坏重要武器装备、军事设施、军事通信的,处三年以上十年以下有期徒刑;情节特别严重的,处十年以上有期徒刑、无期徒刑或者死刑。战时从重处罚。"

2. 2005 年 2 月 28 日,全国人大常委会《刑法修正案(五)》第 3 条规定:"在刑法第三百六十九条中增加一款作为第二款,将该条修改为:'破坏武器装备、军事设施、军事通信的,处三年以下有期徒刑、拘役或者管制;破坏重要武器装备、军事设施、军事通信的,处三年以上十年以下有期徒刑;情节特别严重的,处十年以上有期徒刑、无期徒刑或者死刑。过失犯前款罪,造成严重后果的,处三年以下有期徒刑或者拘役;造成特别严重后果的,处三年以上七年以下有期徒刑。战时犯前两款罪的,从重处罚。'"

《刑法修正案(五)》对刑法作了如下修改和补充:

1. 增加了过失损坏武器装备、军事设施、军事通信罪的新罪名。我国 1997 年修订《刑法》第 369 条规定了破坏武器装备、军事设施、军事通信罪是故意犯罪。2005 年 2 月 28 日全国人大常委会《刑法修正案(五)》第 3 条第 2 款在《刑法》第 369 条中增加规定了过失损坏武器装备、军事设施、军事通信罪。

2. 增加规定了过失损坏武器装备、军事设施、军事通信罪的法定刑。最低处拘役,最高处 7 年有期徒刑。

3. 特别规定了战时犯过失损坏武器装备、军事设施、军事通信罪的,从重处罚。

(二)刑法规定修改的原因

全国人大常委会《刑法修正案(五)》补充规定"过失损坏武器装备、军事设施、军事通信罪"的主要原因有:

1. 1997 年《刑法》中没有规定过失损坏武器装备、军事设施、军事通信罪。我国 1997 年《刑法》第 369 条中只规定有破坏武器装备、军事设施、军事通信罪,是故意犯罪,没有规定过失损坏武器装备、军事设施、军事通信罪。为了惩罚这种过失犯罪,《刑法修正案(五)》第 3 条第 2 款专门规定了过失损坏武器装备、军事设施、军事通信罪。

2. 过失损坏武器装备、军事设施、军事通信的行为的社会危害性越来越严重,需要用刑罚予以惩罚。近年来,一些地方在生产建设过程中野蛮施工、违章作业,致使军事通信光缆等通信设施遭到破坏的情况比较突出,严重危及国家的军事设施和军事通信的安全。针对这种情况,一些全国人大代表提出议案,建议在刑法中增加过失损坏武器装备、军事设施、军事通信罪的规定,以打击此类犯罪,维护国防利益。

(三)过失损坏武器装备、军事设施、军事通信罪的适用

过失损坏武器装备、军事设施、军事通信罪是新增加的犯罪,要准确适用就必须先厘清该罪的概念、构成特征、法定刑,以及适用时应注意的问题。

1. 该罪的概念。该罪是指过失损坏了武器装备、军事设施、军事通信,造成严重后果的行为。

武器装备、军事设施、军事通信是保证武装部队完成作战、训练、执勤任务的物质条件,也是国防建设的重要保障。我国《宪法》第54条规定,"中华人民共和国公民有维护祖国的安全、荣誉和利益的义务,不得有危害祖国的安全、荣誉和利益的行为"。我国《国防法》也规定,公民应当支持国防建设,保护国防建设,禁止任何组织或者个人破坏、损害和侵占包括武器装备、军事设施、军事通信在内的国防资产。任何对武器装备、军事设施、军事通信的破坏行为都是对国防利益的损害,都是对社会有危害的行为。我国《刑法修正案(五)》第3条第2款将过失损坏武器装备、军事设施、军事通信,造成严重后果的行为规定为犯罪,最低处拘役,最高处7年有期徒刑。

2. 犯罪的构成特征。根据《刑法》第369条第2款和《刑法修正案(五)》第3条第2款的规定,该罪的构成特征有:

(1)犯罪主体,是一般主体,凡是年满16周岁的具有刑事责任能力的自然人都可以构成本罪;单位不能构成本罪的主体。犯罪主体在主观上都是过失的心理态度。如果犯罪主体在主观上是故意的心理态度,则构成破坏武器装备、军事设施、军事通信罪,不构成本罪。

(2)犯罪行为,必须具有过失损坏武器装备、军事设施、军事通信,造成严重后果的行为。本罪的行为对象有三种:一是武器装备,是指武装部队用于实施和保障作战行动的武器、装备和军事技术器材等;二是军事设施,是指用于军事目的建筑、场地和设备等;三是军事通信,是指军用的各种通信设备等,是实施指挥、侦察、联络工作的信息传播设施、设备。本罪犯罪行为表现是由于行为人的过失行为使武器装备、军事设施、军事通信设施受到毁灭或者损坏,全部或者部分地丧失其正常功能,不能或者不完全能为军事所用。过失损坏的方法是多种多样的,如因失火、过失决水、过失爆炸、野蛮施工、交通肇事、过失投放危险物质、管理失职等行为。

(3)犯罪结果,必须是过失行为造成严重后果,才构成犯罪。

3. 本罪的法定刑。根据《刑法》第369条第2款、第3款和《刑法修正案(五)》第3条的规定,犯过失损坏武器装备、军事设施、军事通信罪的法定刑是:

(1)造成严重后果,构成犯罪的,处3年以下有期徒刑或者拘役。

(2)构成犯罪,造成特别严重后果的,处3年以上7年以下有期徒刑。

(3)战时犯前款罪的,从重处罚。

4. 本罪适用时应注意以下问题:

(1)注意划清本罪与非罪的界限。我国《刑法》第369条规定的过失损坏武器装备、军事设施、军事通信罪是过失犯罪,既可能是过于自信的过失犯罪,也可能是疏忽大意的过失犯罪,这种过失是指行为人对造成的严重损害结果是过失心理状态。如果行为人对产生的结果在主观上是故意的,不构成本罪。

另外,本罪必须是"造成严重后果的",才构成犯罪,达不到严重后果的,是一般违法行为,不构成犯罪,可以给予行政处罚。

何为"造成严重后果的",刑法没有具体规定,目前也没有司法解释。司法实践中,其一般是指过失损坏了重要武器装备、军事设施、军用通信设备、设施,使其失去部分功能或全部功能,或者造成巨大经济损失的。

重要武器装备,一般是指战略导弹以及其他导弹武器系统、飞机、直升机、作战船舰、登陆船舰、1000 吨以上辅助船舰、坦克、装甲车辆、85 毫米以上口径地面火炮、山炮、高炮、雷达、声呐、指挥仪器、15 瓦以上电台、电子对抗装备、舟桥、60 千瓦以上的工程机械、汽车、陆军船舰等。

重要军事设施,是指对作战具有重要作用的军事设施,如指挥中心、大型作战工程、各类通信、导航、观测枢纽、导弹营地、军用机场、军用港口、军用码头、大型仓库、输油管道、军用铁路等。

重要军事通信,是指军事首脑机关及重要指挥中心的通信、作战时的通信、军队抢险救灾中心的通信、飞行训练中心的通信等。

过失损坏了上述武器装备、军事设施、军事通信,使其失去功能的行为,即造成了严重后果,可以构成本罪。巨大经济损失,一般是指 20 万元以上的经济损失。

(2)注意划清本罪与破坏武器装备、军事设施、军事通信罪的界限。我国《刑法》第 369 条第 1 款规定的破坏武器装备、军事设施、军事通信罪是故意犯罪,其与本罪侵犯的客体、损坏的对象以及犯罪行为都相同或者相似,二者的不同点,主要表现在两个方面:一是犯罪的主观心理状态不同,本罪是过失犯罪的心理状态,而破坏武器装备、军事设施、军事通信罪的行为人主观上是故意的心理状态。二是犯罪结果不同,本罪必须是造成严重后果的,才构成犯罪,而破坏武器装备、军事设施、军事通信罪是行为犯,只要故意实施了破坏武器装备、军事设施、军事通信行为的,就可以构成犯罪。依照上述两个不同点,就可以将上述两罪区分开。

(3)注意划清本罪与过失损坏交通工具等非军事设施、通信犯罪的界限。本罪是过失损坏武器装备、军事设施、军事通信,危害的是国防利益;而过失损坏交通工具罪,过失损坏交通设备罪,过失损坏易燃、易爆设备罪,过失损坏广播电视、公用通信设施罪等,侵犯的是交通工具等民用设备、设施,危害的是公共安全。如果过失损坏武器装备、军事设施、军事通信设施既危害了国防利益又危害了公共安全的犯罪行为,应依法律条文竞合定罪处罚原则,以特别法条规定的过失损坏武器装备、军事设施、军事通信罪定罪处罚,不再定为过失破坏交通工具罪等过失犯罪。

第十章　中华人民共和国刑法修正案(六)

全国人大常务会《中华人民共和国刑法修正案(六)》(以下简称《刑法修正案(六)》)是2006年6月29日第十届全国人大常委会第二十二次会议通过,并于当日由国家主席公布施行的。我国1997年《刑法》对重大责任事故罪,对妨害公司、企业管理秩序罪,破坏金融管理秩序罪,金融诈骗罪以及侵犯公民人身权利、民主权利罪,妨害社会管理秩序罪,渎职罪等都作了规定。近年来,在这些方面又出现了一些新的应当追究刑事责任的违法犯罪行为。2005年8月,国务院办公厅提出刑法修改建议稿,一些人大代表和司法机关、有关部门也提出建议,要求根据新的情况适时对刑法作修改补充,以便依法惩治这些犯罪,建立稳定和谐的社会。全国人大法制工作委员会在调查研究和征求最高人民法院、最高人民检察院、原国务院法制办、中国人民银行、公安部、民政部等有关部门和部分专家意见的基础上,拟订出《刑法修正案(六)(草案)》,于2005年12月24日提交第十届全国人大常委会第十九次会议审议。该草案主要提出以下修改建议。

1. 关于破坏金融管理秩序的犯罪。包括:(1)增加贷款诈骗的犯罪行为;(2)为与证券法相衔接,将操纵证券、期货市场行为规定为犯罪行为;(3)增加规定金融机构违反国家规定运用客户信托资财的犯罪行为;(4)增加规定金融机构及其工作人员违反规定为他人出具票证数额巨大或情节严重的犯罪行为;(5)金融机构及其工作人员吸收客户资金不入账,数额巨大的犯罪行为;(6)增加贪污贿赂等犯罪为洗钱罪的上游犯罪。

2. 关于严重损害上市公司和公众投资者利益的犯罪。包括:(1)上市公司不披露应当披露的信息的犯罪行为;(2)上市公司的管理人员侵犯上市公司利益,造成重大损失的犯罪行为。

3. 关于商业贿赂行为的犯罪,主要是将商业贿赂犯罪的主体扩大到公司、企业以外的其他单位工作人员。

4. 关于其他犯罪,包括:破产欺诈犯罪行为,组织残疾人、未成年人乞讨犯罪行为,加重开设赌场犯罪行为的处罚,违反规定进行胎儿性别鉴定犯罪行为,仲裁枉法犯罪行为等。

《刑法修正案(六)(草案)》经全国人大常委会多次审议,在讨论中,根据有些全国人大代表和原国家安全生产监督管理总局及一些地方提出的建议,又补充了重大责任事故方面的犯罪。主要有:(1)对重大责任事故罪的主体的扩大修改。1997年《刑法》第134条规定的重大责任事故罪的主体范围太窄,对大量存在的个体开矿、无证开矿或者开矿的包工头难以适用刑法追究其刑事责任,建议将重大责任事故罪的主体扩大为一般主体。(2)安全生产责任事故罪罪状的修改。(3)增加大型群众性活动安全事故犯罪行为。(4)增加不报、谎报重大事故犯罪行为。同时,也对其他一些犯罪作了修改和补充。一些全国人大常委会组成人员还就违规进行胎儿性别鉴定是否定为犯罪进一步讨论,多数全国人大常委会组成人员同意继续对这个问题研究论证,《刑法修正案(六)》暂不规定。2006年6月21日全国人大常委会在审议时,全国人大常委会认为,草案吸收了前几次审议时提出的修改意见,已基本成熟,建议经这次审议后提交本次常委会会议表决通过。全国人大常委会于2006年6月29日通过了《刑法修正案(六)》,并于当日公布施行。最高人民法院、最高人民检察院于2007年10月25日作出的《关于执行〈中华人民共和国刑法〉确定罪名的补充规定(三)》对《刑法修正案(六)》修改、补充的犯罪的罪名作了新的规定,并于2007年11月6日公布施行。

一、重大责任事故罪

重大责任事故罪是《刑法》第134条规定的犯罪,《刑法修正案(六)》第1条对该罪的罪状作了重大修改和补充。

(一)刑法规定内容的修改

刑法条文中有关重大责任事故罪的规定是:

1. 1979年《刑法》第114条规定:"工厂、矿山、林场、建筑企业或者其他企业、事业单位的职工,由于不服管理、违反规章制度,或者强令工人违章冒险作业,因而发生重大伤亡事故,造成严重后果的,处三年以下有期徒刑或者拘役;情节特别恶劣的,处三年以上七年以下有期徒刑。"

2. 1997年《刑法》第134条规定:"工厂、矿山、林场、建筑企业或者其他企业、事业单位的职工,由于不服管理、违反规章制度,或者强令工人违章冒险作业,因而发生重大伤亡事故或者造成其他严重后果的,处三年以下有期徒刑或者拘役;情节特别恶劣的,处三年以上七年以下有期徒刑。"

3. 2006年6月29日全国人大常委会《刑法修正案(六)》第1条第1款规定:"将刑法第一百三十四条修改为:'在生产、作业中违反有关安全管理的规定,因而发生重大伤亡事故或者造成其他严重后果的,处三年以下有期徒刑或者拘役;情节特别恶劣的,处三年以上七年以下有期徒刑。'"

上述修正案对刑法规定的重大责任事故罪的主体由"工厂、矿山、林场、建筑企业或者其他企业、事业单位的职工"改为"生产、作业者",扩大了犯罪主体的范围,使犯罪主体由特殊主体扩大到一般主体。另外,将强令他人违章冒险作业犯罪行为从重大责任事故罪分离出去,成为独立的罪名,单独规定了较重的法定刑,加重了刑罚的惩罚力度。

我国1979年《刑法》第114条和1997年《刑法》第134条都规定了重大责任事故罪,其罪状和法定刑完全相同,2006年6月29日全国人大常委会在《刑法修正案(六)》第1条中对重大责任事故罪的罪状作了修改和补充,同时将强令他人违章冒险作业的犯罪行为作为独立犯罪加以规定,加大对其惩罚力度。

(二)刑法规定修改的原因

我国1979年《刑法》和1997年《刑法》都规定有重大责任事故罪,司法机关依照该条规定惩治了一大批犯罪分子。有些全国人大代表、原国家安全生产监督管理总局及一些地方执法单位提出刑法上述规定的重大责任事故犯罪的主体范围较窄,对大量存在的个体开矿、无证开矿或者开矿的包工头难以适用刑法追究刑事责任,有必要扩大重大责任事故罪的犯罪主体范围。另外,一个时期以来,煤炭、矿山等重大责任事故不断发生,造成人员伤亡和财产损失严重。很多事故之所以发生,是因为雇主或者企业法人无视安全生产规定,强令他人违章冒险作业,一旦发生恶性安全责任事故,依照刑法原规定对其处以与一般生产、作业者相同的刑罚,对其处罚较轻,不利于全面制止重大责任事故的发生。因此,全国人大常委会根据制止重大责任事故发生的需要,将重大责任事故罪的主体由特殊主体改为一般主体,扩大了惩治重大责任事故罪的范围;并对强令他人违章冒险作业,因而发生重大责任事故的行为规定为独立的犯罪,规定了加重处罚的法定刑,最高可处15年有期徒刑。

（三）重大责任事故罪的适用

重大责任事故罪是刑法修改的犯罪,要准确适用就必须先厘清该罪的概念、构成特征、法定刑,以及适用时应注意的问题。

1.重大责任事故罪的概念。重大责任事故罪,是指在生产、作业中违反有关安全管理规定,因而发生重大伤亡事故或者造成其他严重后果的行为。

我国刑法原规定的重大责任事故罪是发生在生产、经营活动中的重大责任事故方面的犯罪。根据《刑法修正案(六)》第1条规定,重大责任事故罪是发生在生产、作业过程中的重大责任事故方面的犯罪,生产、作业活动的范围大于生产、经营活动。例如,发生在科研实验中的重大责任事故既不是生产活动事故,也不是经营活动事故,而是科学实验的作业安全责任活动事故,根据《刑法修正案(六)》的规定,也可以构成重大责任事故罪。

近年来,一些中小企业、乡镇企业、私人企业,不按国家有关生产、作业安全管理的规定,不按操作程序进行生产、作业,常常发生重大安全责任事故,使这种犯罪成为发案多、伤亡严重、社会危害很大的一种犯罪。因此,全国人大常委会根据当前发案的情况对刑法原规定的重大责任事故罪的罪状和法定刑都作了修改和补充,取消了重大责任事故罪的特殊主体条件的限制,只要在生产、作业过程中违反有关安全生产、作业规定,造成重大责任事故的就可以构成犯罪,将职工这一特殊主体修改为一般主体,从工矿企业、事业单位的职工扩到从事生产、作业的一切人员,包括个体、包工头和无证从事生产、作业的人员。

2.犯罪的构成特征。根据《刑法》第134条第1款和《刑法修正案(六)》第1条第1款的规定,该罪的构成特征有:

（1）犯罪主体,是一般主体,凡是年满16周岁的具有刑事责任能力的自然人都可以构成本罪。不满16周岁的自然人和单位不构成本罪。根据2015年12月16日实施的最高人民法院、最高人民检察院《关于办理危害生产安全刑事案件适用法律若干问题的解释》第1条规定:"刑法第一百三十四条第一款规定的犯罪主体,包括对生产、作业负有组织、指挥或者管理职责的负责人、管理人员、实际控制人、投资人等人员,以及直接从事生产、作业的人员。"犯罪主体对违反有关安全管理规定在主观上有可能是过失的,也有可能是故意的,不管行为人对实施的行为是故意还是过失的,但对行为造成的结果必须是过失的心理态度。

（2）犯罪行为,必须是在生产、作业中违反有关安全管理规定的行为。在生产、作业中违反有关安全管理规定的行为,一般是指生产、作业的人员违反有关安全管理规定的行为。例如,不按安全操作规程生产、作业,不戴安全帽,不穿安全保护服,不遵守安全生产、作业制度的行为。

（3）犯罪结果,必须是发生了重大伤亡事故或者造成其他严重后果的。

根据2015年12月16日实施的最高人民法院、最高人民检察院《关于办理危害生产安全刑事案件适用法律若干问题的解释》第6条规定：①造成死亡1人以上，或者重伤3人以上的；②造成直接经济损失100万元以上的；③其他造成严重后果或者重大安全事故的情形。具有上述情形之一的，应当认定为，造成严重后果或者发生重大伤亡事故或者造成其他严重后果的，对相关责任人员追究刑事责任。

3. 重大责任事故罪的法定刑。根据《刑法》第134条第1款和《刑法修正案（六）》第1条第1款的规定，重大责任事故罪的法定刑是：

(1)具有上述结果之一，构成犯罪的，处3年以下有期徒刑或者拘役。

(2)构成犯罪，情节特别恶劣的，处3年以上7年以下有期徒刑。

根据2015年12月16日实施的最高人民法院、最高人民检察院《关于办理危害生产安全刑事案件适用法律若干问题的解释》第7条规定：①造成死亡3人以上或者重伤10人以上，负事故主要责任的；②造成直接经济损失500万元以上，负事故主要责任的；③其他造成特别严重后果、情节特别恶劣或者后果特别严重的情形。具有上述情形之一的，对相关责任人员适用上述法定刑。

根据2015年12月16日实施的最高人民法院、最高人民检察院《关于办理危害生产安全刑事案件适用法律若干问题的解释》第12条规定，犯本罪具有下列情形之一的，从重处罚：①未依法取得安全许可证件或者安全许可证件过期、被暂扣、吊销、注销后从事生产经营活动的；②关闭、破坏必要的安全监控和报警设备的；③已经发现事故隐患，经有关部门或者个人提出后，仍不采取措施的；④1年内曾因危害生产安全违法犯罪活动受过行政处罚或者刑事处罚的；⑤采取弄虚作假、行贿等手段，故意逃避、阻挠负有安全监督管理职责的部门实施监督检查的；⑥安全事故发生后转移财产意图逃避承担责任的；⑦其他从重处罚的情形。实施前款第⑤项规定的行为，同时构成《刑法》第389条规定的行贿罪，依照数罪并罚的规定处罚。

根据2015年12月16日实施的最高人民法院、最高人民检察院《关于办理危害生产安全刑事案件适用法律若干问题的解释》第13条规定："实施刑法第一百三十二条、第一百三十四条至第一百三十九条之一规定的犯罪行为，在安全事故发生后积极组织、参与事故抢救，或者积极配合调查、主动赔偿损失的，可以酌情从轻处罚。"

根据2015年12月16日实施的最高人民法院、最高人民检察院《关于办理危害生产安全刑事案件适用法律若干问题的解释》第16条规定："对于实施危害生产安全犯罪适用缓刑的犯罪分子，可以根据犯罪情况，禁止其在缓刑考验期限内从事与安全生产相关联的特定活动；对于被判处刑罚的犯罪分子，可以根据犯罪情况和预防再犯罪的需要，禁止其自刑罚执行完毕之日或者假释之日起三年至五年内从事与安全生产相关的职业。"

4. 本罪适用时应注意以下问题：

(1)注意划清本罪与非罪的界限。我国《刑法》第134条和《刑法修正案（六）》第1条规定构成重大责任事故罪必须是发生重大伤亡事故或者造成其他严重后果的才构成犯罪，如果没有发生上述结果或者虽然发生了重大责任事故，但没有达到上述结果程度的，不构成犯罪。

(2)注意划清本罪与重大安全事故罪、危险物品肇事罪、工程重大责任事故罪等其他责任事故罪的界限。重大安全事故罪、危险物品肇事罪、工程重大责任事故罪等其他责任事故罪都是重大责任事故方面的犯罪，我国《刑法》第134条和《刑法修正案（六）》第1条规定的重大责任事故罪是一种概括性的罪名,凡是另有法律具体规定的,按具体规定的罪名定罪,不再定为重大责任事故罪。如发生重大交通事故的,认定为交通肇事罪;如果发生了在《刑法》分则第2章或者其他章节中没有再具体规定的重大责任事故,要认定为本罪。

(3)注意划清本罪与玩忽职守罪,公司、企业人员失职罪的界限。发生重大责任事故的原因是多方面的,有行政管理方面的原因,有生产、作业组织、指挥的原因,也有生产、作业具体操作的原因。我国《刑法修正案(六)》第1条和《刑法》第134条规定在生产、作业中,操作者违反有关安全管理规定的行为和组织、指挥生产、作业者发生重大伤亡事故或者造成其他严重后果的行为都规定构成重大责任事故罪;但对国家机关工作人员的严重失职行为造成重大责任事故的,应认定为玩忽职守罪或者滥用职权罪;对国有公司、企业工作人员的严重失职行为造成重大责任事故的,应认定为公司、企业人员失职罪或者公司、企业人员滥用职权罪等职务犯罪。

根据2015年12月16日实施的最高人民法院、最高人民检察院《关于办理危害生产安全刑事案件适用法律若干问题的解释》第14条规定:"国家工作人员违反规定投资入股生产经营,构成本解释规定的有关犯罪的,或者国家工作人员的贪污、受贿犯罪行为与安全事故发生存在关联性的,从重处罚;同时构成贪污、受贿犯罪和危害生产安全犯罪的,依照数罪并罚的规定处罚。"

(4)注意区分本罪与强令违章冒险作业罪的界限。强令违章冒险作业罪是《刑法修正案(六)》从1997年《刑法》第134条规定的重大责任事故罪中分离出来的独立的犯罪,有独立的罪名和法定刑。今后,发生强令违章冒险作业犯罪行为不再认定为重大责任事故罪,而是按最高人民法院、最高人民检察院《关于执行〈中华人民共和国刑法〉确定罪名的补充规定(三)》的规定,认定为"强令违章冒险作业罪"(该罪名已取消,改为"强令、组织他人违章冒险作业罪"),依新改罪的法定刑量刑。

(5)注意划清本罪与故意杀人罪、故意伤害罪的区别。由于违反安全生产、作业管理规定发生重大伤亡事故直接造成人员伤亡的,定为本罪。如果发生重大伤亡事故后不抢救而造成人员伤亡的,根据2015年12月16日实施的最高人民法院、最高人民检察院《关于办理危害生产安全刑事案件适用法律若干问题的解释》第10条规定:"在安全事故发生后,直接负责的主管人员和其他直接责任人员故意阻挠开展抢救,导致人员死亡或者重伤,或者为了逃避法律追究,对被害人进行隐藏、遗弃,致使被害人因无法得到救助而死亡或者重度残疾的,分别依照刑法第二百三十二条、第二百三十四条的规定,以故意杀人罪或者故意伤害罪定罪处罚。"

二、强令违章冒险作业罪

该罪名已取消,改为"强令、组织他人违章冒险作业罪"。

强令违章冒险作业罪是《刑法》第134条第2款规定的犯罪,《刑法修正案(六)》第1条第2款补充规定的犯罪。最高人民法院、最高人民检察院《关于执行〈中华人民共和国刑法〉确定罪名的补充规定(三)》对《刑法》第134条第2款规定的犯罪确定为强令违章冒险作业罪的罪名。2020年12月26日《刑法修正案(十一)》第3条对《刑法》第134条第2款修改为:"强令他人违章冒险作业,或者明知存在重大事故隐患而不排除,仍冒险组织作业,因而发生重大伤亡事故或者造成其他严重后果的,处五年以下有期徒刑或者拘役;情节特别恶劣的,处五年以上有期徒刑。"2021年2月26日最高人民法院、最高人民检察院《关于执行〈中华人民共和国刑法〉确定罪名补充规定（七）》中取消了原强令违章冒险作业罪，改为"强令、组织他人违章冒险作业罪"的罪名。[详见《刑法修正案（十一）》修改的犯罪（一）]

三、重大劳动安全事故罪

重大劳动安全事故罪是1997年《刑法》第135条规定的犯罪，《刑法修正案（六）》第2条对该罪的罪状作了重大修改和补充。1997年12月16日实施的最高人民法院《关于执行〈中华人民共和国刑法〉确定罪名的规定》根据《刑法》原第135条规定的犯罪行为确定为"重大劳动安全事故罪"的罪名。

（一）刑法规定内容的修改

刑法条文中有关重大劳动安全事故罪的规定是：

1. 1997年《刑法》第135条规定："工厂、矿山、林场、建筑企业或者其他企业、事业单位的劳动安全设施不符合国家规定，经有关部门或者单位职工提出后，对事故隐患仍不采取措施，因而发生重大伤亡事故或者造成其他严重后果的，对直接责任人员，处三年以下有期徒刑或者拘役；情节特别恶劣的，处三年以上七年以下有期徒刑。"

2. 2006年6月29日全国人大常委会《刑法修正案（六）》第2条规定："将刑法第一百三十五条修改为：'安全生产设施或者安全生产条件不符合国家规定，因而发生重大伤亡事故或者造成其他严重后果的，对直接负责的主管人员和其他直接责任人员，处三年以下有期徒刑或者拘役；情节特别恶劣的，处三年以上七年以下有期徒刑。'"

《刑法修正案（六）》对刑法作了如下修改和补充：

一是将重大劳动安全事故罪的罪状作了重大修改，把犯罪主体由工厂、矿山、林场、建筑企业或者其他企业、事业单位的"直接责任人员"改为生产单位的"直接负责的主管人员和其他直接责任人员"，扩大了犯罪主体的范围，使犯罪主体由特定单位的直接责任人员扩大到一般单位的直接负责的主管人员和其他直接责任人员。

二是将"经有关部门或者单位职工提出后，对事故隐患仍不采取措施"的罪状删除，扩大了该犯罪的追诉范围，即没有经有关部门或职工提出的，只要发生了安全生产重大责任事故的，都可以构成犯罪。

（二）刑法规定修改的原因

我国1997年刑法规定有重大劳动安全事故罪，司法机关依照该条规定惩治了一大批犯罪分子。但是，1997年《刑法》第135条规定本身不合理，不完全符合现实情况，刑法颁布实施后，不少学者指出：安全生产设施和安全生产条件不符合国家规定，发生重大责任事故，其直接责任人员就应负刑事责任，非要用有关部门或者职工提出的条件限制是放纵一部分犯罪。近年来的司法实践证明，这种限制定罪条件不利于预防安全生产责任事故，相反应将这种条件作为从重处罚的情形。因此，全国人大常委会根据制止安全生产重大责任事故的需要，删除了"经有关部门或者单位职工提出后，对事故隐患仍不采取措施"的定罪限制条件，扩大了追究这种犯罪的范围。

（三）重大劳动安全事故罪的适用

重大劳动安全事故罪是《刑法修正案（六）》对1997年《刑法》第135条规定的重大劳动

安全事故罪修改的犯罪,要准确适用就必须先厘清该罪的概念、构成特征、法定刑,以及适用时应注意的问题。

1. 重大劳动安全事故罪的概念。重大劳动安全事故罪是指安全生产设施或者安全生产条件不符合国家规定,因而发生重大伤亡事故或者造成其他严重后果的行为。

我国《刑法》原规定的重大劳动安全事故罪是指工厂、矿山、林场、建筑企业或者其他企业、事业单位的劳动安全设施不符合国家规定,经有关部门或者单位职工提出后,对事故隐患仍不采取措施,因而发生重大伤亡事故或者造成其他严重后果的犯罪。近年来,不但一些中小企业、乡镇企业、私人企业的安全生产设施或者安全生产条件不符合国家有关安全生产的规定,而且有些国有公司、企业或事业单位的安全生产设施或者安全生产条件也不符合国家规定,因而经常发生重大劳动安全事故,使这种犯罪成为发案多的犯罪,社会危害性很严重。根据《刑法修正案(六)》第2条的规定,重大劳动安全事故罪是发生在安全生产设施或者安全生产条件不符合国家规定的单位,其应负刑事责任的是重大劳动安全事故罪的直接负责的主管人员和其他直接责任人员。本罪的最高法定刑为7年有期徒刑。

2. 犯罪的构成特征。根据《刑法》第135条和《刑法修正案(六)》第2条的规定,该罪的构成特征有:

(1) 犯罪主体,是一般主体,是生产单位的直接负责的主管人员和其他直接责任人员。根据2015年12月16日实施的最高人民法院、最高人民检察院《关于办理危害生产安全刑事案件适用法律若干问题的解释》第3条规定:"刑法第一百三十五条规定的'直接负责的主管人员和其他直接责任人员',是指对生产设施或者安全生产条件不符合国家规定负有直接责任的生产经营单位负责人、管理人员、实际控制人、投资人,以及其他对安全生产设施或者安全生产条件负有管理、维护职责的人员。"犯罪主体对违反国家安全生产规定在主观上既有可能是故意的,也有可能是过失的心理态度,但对行为造成的结果,则必须是过失的心理态度。

(2) 犯罪行为,必须是生产单位的劳动安全生产设施或者安全生产条件不符合国家规定,因而发生重大伤亡事故或者造成其他严重后果的行为。作为和不作为行为都可以构成本罪。

(3) 犯罪结果,必须是发生了重大伤亡事故或者造成其他严重后果的。根据2015年12月16日实施的最高人民法院、最高人民检察院《关于办理危害生产安全刑事案件适用法律若干问题的解释》第6条规定:①造成死亡1人以上,或者重伤3人以上的;②造成直接经济损失100万元以上的;③其他造成严重后果或者重大安全事故的情形。有些领域中,对造成的人员伤亡和经济损失标准有特别规定的,应按特别规定认定。

3. 重大劳动安全事故罪的法定刑。根据《刑法》第135条和《刑法修正案(六)》第2条的规定,重大劳动安全事故罪的法定刑是:

(1) 具备上述犯罪结果情形之一,构成犯罪的,处3年以下有期徒刑或者拘役。

(2) 犯本罪的,情节特别恶劣的,处3年以上7年以下有期徒刑。

根据2015年12月16日实施的最高人民法院、最高人民检察院《关于办理危害生产安全刑事案件适用法律若干问题的解释》第7条规定:①造成死亡3人以上或者重伤10人以上,负事故主要责任的;②造成直接经济损失500万元以上,负事故主要责任的;③其他造成特别严重后果、情节特别恶劣或者后果特别严重的情形。具有上述情形之一的,对相关责任人员,适用上述法定刑。

根据2015年12月16日实施的最高人民法院、最高人民检察院《关于办理危害生产安全刑事案件适用法律若干问题的解释》第16条规定:"对于实施危害生产安全犯罪适用缓刑的犯罪分子,可以根据犯罪情况,禁止其在缓刑考验期限内从事与安全生产相关联的特定活动;对于被判处刑罚的犯罪分子,可以根据犯罪情况和预防再犯罪的需要,禁止其自刑罚执行完毕之日或者假释之日起三年至五年内从事与安全生产相关的职业。"

根据2015年12月16日实施的最高人民法院、最高人民检察院《关于办理危害生产安全刑事案件适用法律若干问题的解释》第13条规定:"实施刑法第一百三十二条、第一百三十四条至第一百三十九条之规定的犯罪行为,在安全事故发生后积极组织、参与事故抢救,或者积极配合调查、主动赔偿损失的,可以酌情从轻处罚。"

4. 本罪适用时应注意以下问题:

(1)注意划清本罪与非罪的界限。我国《刑法》第135条和《刑法修正案(六)》第2条规定构成重大劳动安全事故罪必须是发生重大伤亡事故或者造成其他严重后果的,如果没有发生上述结果或者虽然发生了重大劳动安全事故,但达不到上述结果程度的,也不构成本罪。

(2)注意划清本罪与重大责任事故罪的界限。重大责任事故罪是一种概括的罪名,重大劳动安全事故罪是特别具体犯罪的规定,发生了重大劳动安全事故的只定为本罪,不再定为重大责任事故罪,也不能定两罪数罪并罚;如果发生在作业活动中的重大安全事故,构成犯罪的,可以定为重大责任事故罪,因为法律对作业活动中安全事故犯罪没有作特别具体规定,只能按一般规定认定为重大责任事故罪。

(3)注意划清本罪与玩忽职守罪,公司、企业人员失职罪的界限。发生重大劳动安全事故的原因是多方面的,有行政管理方面的原因,有生产、作业组织、指挥的原因,也有生产、作业具体操作的原因。我国《刑法修正案(六)》第2条和《刑法》第135条将劳动安全生产设施或者安全生产条件不符合国家规定作为定罪的先决条件。凡是由于国家机关工作人员在管理中的行为造成生产劳动安全重大事故的,应认定为玩忽职守罪或者滥用职权罪;对国有公司、企业、事业单位工作人员在行政管理过程中的行为造成重大责任事故的,应认定为公司、企业人员失职罪或者公司、企业人员滥用职权罪。

(4)本罪是由安全生产设施或者安全生产条件不符合国家规定,发生的重大事故的犯罪,虽然刑法规定是单位的"安全生产设施或者安全生产条件不符合国家规定",但仍是自然人犯罪不是单位犯罪,不追究单位的刑事责任,只追究造成生产安全事故的直接负责的主管人员和其他直接责任人员的刑事责任。因为《刑法》第135条中没有特别规定单位可以构成本罪,也没有规定对单位给予刑事处罚。

(5)根据2015年12月16日实施的最高人民法院、最高人民检察院《关于办理危害生产安全刑事案件适用法律若干问题的解释》第14条规定:"国家工作人员违反规定投资入股生产经营,构成本解释规定的有关犯罪的,或者国家工作人员的贪污、受贿犯罪行为与安全事故发生存在关联性的,从重处罚;同时构成贪污、受贿犯罪和危害生产安全犯罪的,依照数罪并罚的规定处罚。"

四、大型群众性活动重大安全事故罪

大型群众性活动重大安全事故罪是《刑法修正案(六)》第3条补充规定的犯罪,作为《刑法》第135条之一规定的新罪,最高人民法院、最高人民检察院《关于执行〈中华人民共和国刑

法〉确定罪名的补充规定(三)》规定为该罪名。

(一)刑法规定内容的修改

刑法条文中有关大型群众性活动重大安全事故罪的规定是：

1. 1997年《刑法》第134条规定："工厂、矿山、林场、建筑企业或者其他企业、事业单位的职工，由于不服管理、违反规章制度，或者强令工人违章冒险作业，因而发生重大伤亡事故或者造成其他严重后果的，处三年以下有期徒刑或者拘役；情节特别恶劣的，处三年以上七年以下有期徒刑。"

2. 2006年6月29日全国人大常委会《刑法修正案(六)》第3条规定："在刑法第一百三十五条后增加一条，作为第一百三十五条之一：'举办大型群众性活动违反安全管理规定，因而发生重大伤亡事故或者造成其他严重后果的，对直接负责的主管人员和其他直接责任人员，处三年以下有期徒刑或者拘役；情节特别恶劣的，处三年以上七年以下有期徒刑。'"

上述《刑法修正案(六)》对刑法作了如下补充：

一是补充规定了新罪名，在《刑法修正案(六)》实施以前将举办大型群众性活动安全重大责任事故的行为，认定为"重大责任事故罪"，《刑法修正案(六)》将这种犯罪行为单独规定为独立罪名；二是规定了大型群众性活动重大安全事故罪的罪状和法定刑，最高处7年有期徒刑；三是负刑事责任的主体由直接负责人员，增加规定为"直接负责的主管人员和其他直接责任人员"。

(二)刑法规定修改的原因

我国1979年《刑法》和1997年《刑法》都规定有重大责任事故罪，其条文规定完全相同，但没有单独规定大型群众性活动重大安全事故罪，司法机关一般将举办大型群众性活动重大安全事故的犯罪行为依照1997年《刑法》第134条规定的重大责任事故罪定罪处罚。但是，一个时期以来，举办大型群众性活动重大安全事故不断增多，如北京市密云区游园踩死多人的重大安全事故、浙江省某农村群发进行迷信活动的重大安全事故等，造成大批人员伤亡和重大财产损失，产生很坏的影响。《刑法修正案(六)》将重大责任事故罪的罪状修改为"在生产、作业中违反有关安全管理的规定，因而发生重大伤亡事故或者造成其他严重后果的"，其中不包括举办大型群众性活动重大安全事故的犯罪行为。因此，全国人大常委会根据制止大型群众性活动重大安全事故的需要，将举办大型群众性活动重大安全事故罪的犯罪行为从重大责任事故罪中分离出来，单独规定为独立的犯罪，最高处7年有期徒刑。《刑法修正案(六)》颁布实施以后发生举办大型群众性活动重大安全事故的，只定为本罪，不能再定为重大责任事故罪。

(三)大型群众性活动重大安全事故罪的适用

大型群众性活动重大安全事故罪是《刑法修正案(六)》补充规定的新罪名，要准确适用就必须先厘清该罪的概念、构成特征、法定刑，以及适用时应注意的问题。

1. 大型群众性活动重大安全事故罪的概念。该罪是指在举办大型群众性活动时，违反安全管理规定，因而发生重大安全伤亡事故或者造成其他严重后果的行为。

我国刑法原规定的重大责任事故罪中包括举办大型群众性活动重大伤亡事故的犯罪行为，司法实践中也是以重大责任事故罪追究刑事责任。但是根据《刑法修正案(六)》第1条的规定,重大责任事故罪修改为发生在生产、作业过程中的重大责任事故方面的犯罪,而大型群众性活动重大安全事故不是生产、作业中的安全事故。近年来,一些单位在举办大型群众性活动时,不按国家有关安全管理规定进行组织、指挥,常常发生重大安全事故,造成人员伤亡或者重大财产损失,成为社会危害性很大的一种犯罪行为。因此,全国人大常委会根据当前发案的情况和有关法律规定,将举办大型群众性活动重大安全事故的犯罪行为从重大责任事故罪中分离出来,单独规定为独立的犯罪。

2. 本罪的构成特征。根据《刑法》第135条之一和《刑法修正案(六)》第3条规定,该罪的构成特征有:

(1)犯罪主体,是一般主体,是举办大型群众性活动的直接负责的主管人员和其他直接责任人员。不满16周岁的自然人和单位不构成本罪。犯罪主体对违反国家有关安全管理规定的行为在主观上有的可能是故意的,但对发生造成大型群众性活动重大安全事故的结果则必须是过失的心理态度。

(2)犯罪行为,必须是在组织、指挥大型群众性活动时,违反安全管理规定,因而发生重大安全事故,造成人员伤亡或者重大财产损失的行为。如不按安全管理规定确定场所,不按安全规定进行组织、指挥、疏导,不设应急措施,因而发生大型群众性活动重大安全事故的行为。

(3)犯罪结果,必须是发生重大伤亡事故或者造成其他严重后果的。根据2015年12月16日实施的最高人民法院、最高人民检察院《关于办理危害生产安全刑事案件适用法律若干问题的解释》第6条规定:①造成死亡1人以上,或者重伤3人以上的;②造成直接经济损失100万元以上的;③其他严重后果或者重大安全事故的情形。

3. 大型群众性活动重大安全事故罪的法定刑。根据《刑法》第135条之一和《刑法修正案(六)》第3条的规定,大型群众性活动重大安全事故罪的法定刑是:

(1)具备上述犯罪结果情形之一,构成犯罪的,处3年以下有期徒刑或者拘役。

(2)犯本罪,情节特别恶劣的,处3年以上7年以下有期徒刑。

根据2015年12月16日实施的最高人民法院、最高人民检察院《关于办理危害生产安全刑事案件适用法律若干问题的解释》第7条规定:①造成死亡3人以上或者重伤10人以上,负事故主要责任的;②造成直接经济损失500万元以上,负事故主要责任的;③其他造成特别严重后果、情节特别恶劣或者后果特别严重的情形。具有上述情形之一的,对相关责任人员,适用上述法定刑。

根据2015年12月16日实施的最高人民法院、最高人民检察院《关于办理危害生产安全刑事案件适用法律若干问题的解释》第16条规定:"对于实施危害生产安全犯罪适用缓刑的犯罪分子,可以根据犯罪情况,禁止其在缓刑考验期限内从事与安全生产相关联的特定活动;对于被判处刑罚的犯罪分子,可以根据犯罪情况和预防再犯罪的需要,禁止其自刑罚执行完毕之日或者假释之日起三年至五年内从事与安全生产相关的职业。"

根据2015年12月16日实施的最高人民法院、最高人民检察院《关于办理危害生产安全刑事案件适用法律若干问题的解释》第13条规定:"实施刑法第一百三十二条、第一百三十四条至第一百三十九条之一规定的犯罪行为,在安全事故发生后积极组织、参与事故抢救,或者积极配合调查、主动赔偿损失的,可以酌情从轻处罚。"

4.本罪适用时应注意以下问题:

(1)注意划清本罪与非罪的界限。我国《刑法》第135条之一和《刑法修正案(六)》第3条规定,构成大型群众性活动重大安全事故罪的,必须是发生了重大伤亡事故或者造成其他严重后果,如果没有发生上述结果或者虽然发生了安全事故,但达不到上述结果程度的,不构成犯罪。

(2)注意划清本罪与重大责任事故罪的界限。根据我国《刑法》第134条和《刑法修正案(六)》第1条第1款的规定,重大责任事故罪是一种概括的罪名,是发生在生产、作业过程中的重大责任事故的犯罪。而本罪是发生在举办大型群众性活动中的重大安全事故的犯罪,因此,上述两种犯罪是分别发生在不同性质活动中的重大安全事故的犯罪。

(3)注意划清本罪与玩忽职守罪的界限。发生大型群众性活动重大安全事故罪的原因是多方面的,有行政管理方面的原因,有组织、指挥的原因。我国《刑法修正案(六)》第3条和《刑法》第135条之一将举办大型群众性活动,违反安全管理规定,因而发生重大伤亡事故或者造成其他严重后果的行为规定为大型群众性活动重大安全事故罪;而对国家机关工作人员在行政管理中严重失职,造成大型群众性活动重大安全事故的,应认定为玩忽职守罪。例如,国家机关工作人员严重不负责任,不按条件批准举办大型群众性活动,结果造成大型群众性活动重大安全事故的,不能定为大型群众性活动重大安全事故罪,而应认定为玩忽职守罪或者滥用职权罪。

(4)根据2015年12月16日实施的最高人民法院、最高人民检察院《关于办理危害生产安全刑事案件适用法律若干问题的解释》第15条规定:"国家机关工作人员在履行安全监督管理职责时滥用职权、玩忽职守,致使公共财产、国家和人民的利益遭受重大损失的,或者徇私舞弊,对发现的刑事案件依法应当移交司法机关追究刑事责任而不移交,情节严重的,分别依照刑法第三百九十七条、第四百零二条的规定,以滥用职权罪、玩忽职守罪或者徇私舞弊不移交刑事案件罪定罪处罚。公司、企业、事业单位的工作人员在依法或者受委托行使安全监督管理职责时滥用职权或者玩忽职守,构成犯罪的,应当依照《全国人民代表大会常务委员会关于〈中华人民共和国刑法〉第九章渎职罪主体适用问题的解释》的规定,适用渎职罪的规定追究刑事责任。"

五、不报、谎报安全事故罪

不报、谎报安全事故罪是《刑法》第139条之一和《刑法修正案(六)》第4条规定的犯罪,最高人民法院、最高人民检察院《关于执行〈中华人民共和国刑法〉确定罪名的补充规定(三)》规定为该罪名。

(一)刑法规定内容的修改

刑法条文中有关不报、谎报安全事故罪的规定是:

2006年6月29日全国人大常委会《刑法修正案(六)》第4条规定:"在刑法第一百三十九条后增加一条,作为第一百三十九条之一:'在安全事故发生后,负有报告职责的人员不报或者谎报事故情况,贻误事故抢救,情节严重的,处三年以下有期徒刑或者拘役;情节特别严重的,处三年以上七年以下有期徒刑。'"

上述《刑法修正案(六)》对刑法作了如下补充规定:

一是增加了新罪名。我国刑法原只规定有重大责任事故罪,没有规定"不报、谎报安全事故罪"。司法实践中,遇有上述情况的,一般按渎职罪中的玩忽职守罪追究刑事责任。二是对不报、谎报安全事故罪的罪状和法定刑作了具体规定。依法惩治上述犯罪对挽回重大安全事故所造成的损失有重要意义。

(二)刑法规定修改的原因

我国1979年《刑法》和1997年《刑法》都规定有重大责任事故罪,司法实践中将不报、谎报安全事故的行为多以重大责任事故罪或者玩忽职守罪追究刑事责任。但是,一个时期以来,煤炭、矿山等重大责任事故不断发生,造成人员伤亡和财产损失严重,很多事故发生后,负有报告职责的人员为逃避法律制裁不报或者谎报事故情况,贻误事故抢救,继续扩大事故造成的损害结果,造成极其恶劣影响,而其主体往往又不具有国家机关工作人员身份,无法追究其刑事责任。因此,全国人大常委会根据上述情况,将负有报告安全事故职责的人员不报或者谎报事故情况,贻误事故抢救,情节严重的行为规定为犯罪,最高处7年有期徒刑。

(三)不报、谎报安全事故罪的适用

不报、谎报安全事故罪是《刑法修正案(六)》增加在《刑法》第139条之一中规定的新犯罪,要准确适用就必须先厘清该罪的概念、构成特征、法定刑,以及适用时应注意的问题。

1.不报、谎报安全事故罪的概念。不报、谎报安全事故罪,是指在安全事故发生后,负有报告职责的人员不报或者谎报事故情况,贻误事故抢救,情节严重的行为。

我国刑法原规定有重大责任事故罪,司法实践中将国家机关工作人员在重大责任事故发生后,不报、谎报安全事故的行为认定为玩忽职守罪。近年来,在我国煤矿、矿山、工厂企业不断发生重大安全事故,使人民的生命财产造成重大损失,社会危害十分严重。然而,一些负有报告职责的人员,为了逃避法律制裁,故意不报或者谎报事故情况,贻误事故抢救,使事故损失继续扩大。例如,山西佐云煤矿矿难事故造成死亡矿工90多人,而负有事故报告职责的有关人员只向上级报告死亡几人。因此,全国人大常委会在《刑法修正案(六)》第4条增加规定《刑法》第139条之一,补充规定了"不报、谎报安全事故罪",最高处7年有期徒刑。

2.犯罪的构成特征。根据《刑法》第139条之一和《刑法修正案(六)》第4条的规定,该罪的构成特征有:

(1)犯罪主体,是特殊主体,是负有安全事故报告职责的人员,即《刑法》分则第2章规定的安全责任事故的犯罪者和有关的安全生产、作业及行政管理者。根据2015年12月16日实施的最高人民法院、最高人民检察院《关于办理危害生产安全刑事案件适用法律若干问题的解释》第4条规定:"刑法第一百三十九条之一规定的'负有报告职责的人员',是指负有组织、指挥或者管理职责的负责人、管理人员、实际控制人、投资人,以及其他负有报告职责的人员。"犯罪主体在主观上是故意的,即主观上是故意不报、谎报安全事故的真实情况,逃避负法律责任;如果犯罪主体在主观上是过失的心理态度,由于过失忘记报告或者报告了不真实的安全事故的实际情况,一般不构成本罪。

(2)犯罪行为,必须是在安全事故发生后,负有报告职责的人员不报或者谎报事故真实情况,贻误事故抢救的行为。不报安全事故行为,是指故意隐瞒安全事故,不向有关部门报告发生了安全事故的行为,这是一种不作为的犯罪行为。谎报安全事故行为,是指少报死伤人数,少报财产损失,少报事故次数,虚假报告善后处理结果等情况。

(3) 犯罪结果,必须是发生安全事故后,由于不报或者谎报事故情况,贻误事故抢救,情节严重的结果。一般是指由于不报或者谎报事故情况,事故结果继续扩大,以及造成恶劣政治影响等结果。

3. 不报、谎报安全事故罪的法定刑。根据《刑法》第139条之一和《刑法修正案(六)》第4条的规定,不报、谎报安全事故罪的法定刑是:

(1) 情节严重,构成犯罪的,处3年以下有期徒刑或者拘役。

根据2015年12月16日实施的最高人民法院、最高人民检察院《关于办理危害生产安全刑事案件适用法律若干问题的解释》第8条规定,具有下列情形之一的,应当认定为《刑法》第139条之一规定的"情节严重":第一,导致事故后果扩大,增加死亡1人以上,或者增加重伤3人以上的,或者增加经济损失100万元以上的。第二,实施下列行为之一,致使不能及时有效开展事故抢救的:①决定不报、迟报、谎报事故情况或者指使、串通有关人员不报、迟报、谎报事故情况的;②在事故抢救期间擅离职守或者逃匿的;③伪造、破坏事故现场,或者转移、藏匿、毁灭遇难人员尸体,或者转移、藏匿受伤人员的;④毁灭、伪造、隐匿与事故有关的图纸、记录、计算机数据等资料以及其他证据的。第三,其他情节严重的情形。

(2) 犯本罪,情节特别严重的,处3年以上7年以下有期徒刑。

根据2015年12月16日实施的最高人民法院、最高人民检察院《关于办理危害生产安全刑事案件适用法律若干问题的解释》第8条规定,具有下列情形之一的,应当认定为《刑法》第139条之一规定的"情节特别严重":①导致事故后果扩大,增加死亡3人以上,或者增加重伤10人以上,或者增加直接经济损失500万元以上的;②采用暴力、胁迫、命令等方式阻止他人报告事故情况,导致事故后果扩大的;③其他情节特别严重的情形。具有上述情形之一的,对相关责任人员,适用上述法定刑。

根据2015年12月16日实施的最高人民法院、最高人民检察院《关于办理危害生产安全刑事案件适用法律若干问题的解释》第16条规定:"对于实施危害生产安全犯罪适用缓刑的犯罪分子,可以根据犯罪情况,禁止其在缓刑考验期限内从事与安全生产相关联的特定活动;对于被判处刑罚的犯罪分子,可以根据犯罪情况和预防再犯罪的需要,禁止其自刑罚执行完毕之日或者假释之日起三年至五年内从事与安全生产相关的职业。"

根据2015年12月16日实施的最高人民法院、最高人民检察院《关于办理危害生产安全刑事案件适用法律若干问题的解释》第12条规定,犯本罪具有下列情形之一的,从重处罚:①未依法取得安全许可证件或者安全许可证件过期、被暂扣、吊销、注销后从事生产经营活动的;②关闭、破坏必要的安全监控和报警设备的;③已经发现事故隐患,经有关部门或者个人提出后,仍不采取措施的;④1年内曾因危害生产安全违法犯罪活动受过行政处罚或者刑事处罚的;⑤采取弄虚作假、行贿等手段,故意逃避、阻挠负有安全监督管理职责的部门实施监督检查的;⑥安全事故发生后转移财产意图逃避承担责任的;⑦其他从重处罚的情形。实施前款第⑤项规定的行为,同时构成《刑法》第389条规定的行贿罪,依照数罪并罚的规定处罚。

根据2015年12月16日实施的最高人民法院、最高人民检察院《关于办理危害生产安全刑事案件适用法律若干问题的解释》第13条规定:"实施刑法第一百三十二条、第一百三十四条至第一百三十九条之一规定的犯罪行为,在安全事故发生后积极组织、参与事故抢救,或者积极配合调查、主动赔偿损失的,可以酌情从轻处罚。"

根据2015年12月16日实施的最高人民法院、最高人民检察院《关于办理危害生产安全刑事案件适用法律若干问题的解释》第14条规定:"国家工作人员违反规定投资入股生产经营,构成本解释规定的有关犯罪的,或者国家工作人员的贪污、受贿犯罪行为与安全事故发生存在关联性的,从重处罚;同时构成贪污、受贿犯罪和危害生产安全犯罪的,依照数罪并罚的规定处罚。"

4. 本罪适用时应注意以下问题:

(1)注意划清本罪与非罪的界限。我国《刑法》第139条之一和《刑法修正案(六)》第4条规定构成不报、谎报安全事故罪必须是在发生伤亡事故或者造成其他严重后果的,负有报告职责者,不报告或者谎报事故情况,贻误事故抢救,使事故损失继续扩大等情节严重的,才构成犯罪。如果没有发生上述贻误事故抢救结果的,或者没有达到严重程度的,不构成犯罪。

(2)注意对本罪共犯的认定。根据2015年12月16日实施的最高人民法院、最高人民检察院《关于办理危害生产安全刑事案件适用法律若干问题的解释》第9条规定:"在安全事故发生后,与负有报告职责的人员串通,不报或者谎报事故情况,贻误事故抢救,情节严重的,依照刑法第一百三十九条之一的规定,以共犯论处。"

(3)注意对犯本罪后,可能构成故意杀人罪、故意伤害罪的认定。根据2015年12月16日实施的最高人民法院、最高人民检察院《关于办理危害生产安全刑事案件适用法律若干问题的解释》第10条规定:"在安全事故发生后,直接负责的主管人员和其他直接责任人员故意阻挠开展抢救,导致人员死亡或者重伤,或者为了逃避法律追究,对被害人进行隐藏、遗弃,致使被害人因无法得到救助而死亡或者重度残疾的,分别依照刑法第二百三十二条、第二百三十四条的规定,以故意杀人罪或者故意伤害罪定罪处罚。"

(4)注意划清本罪与重大责任事故罪、重大劳动安全事故罪、大型群众性活动重大安全事故罪、危险物品肇事罪、工程重大责任事故罪、教育教学设施重大责任事故罪、消防重大责任事故罪及其他重大责任事故罪的界限。重大责任事故罪等其他重大责任事故犯罪是本罪的上游犯罪,是本罪的前提条件,没有前述上游重大责任事故犯罪就不存在下游的"不报、谎报安全事故罪"。

(5)注意划清本罪与玩忽职守罪,公司、企业、事业单位人员失职罪的界限。发生重大责任事故后,负有报告职责的人员不报告或者谎报安全事故情形的,可以构成本罪。如果负有领导职责的国家机关工作人员不报、谎报安全重大责任事故,情节严重的,可以构成玩忽职守罪或者滥用职权罪;如果负有领导职责的是国有公司、企业、事业单位的工作人员,则可以构成公司、企业、事业单位人员失职罪或者公司、企业、事业单位人员滥用职权罪。

六、违规披露、不披露重要信息罪

违规披露、不披露重要信息罪是《刑法修正案(六)》第5条对1997年《刑法》第161条规定的提供虚假财会报告罪修改补充的犯罪。最高人民法院、最高人民检察院《关于执行〈中华人民共和国刑法〉确定罪名的补充规定(三)》取消原规定的提供虚假财会报告罪的罪名,改为本罪名。

(一)刑法规定内容的修改

刑法条文中有关违规披露、不披露重要信息罪的规定是:

1. 1997年《刑法》第161条规定："公司向股东和社会公众提供虚假的或者隐瞒重要事实的财务会计报告,严重损害股东或者其他人利益的,对其直接负责的主管人员和其他直接责任人员,处三年以下有期徒刑或者拘役,并处或者单处二万元以上二十万元以下罚金。"

2. 2006年6月29日全国人大常委会《刑法修正案(六)》第5条规定："将刑法第一百六十一条修改为:'依法负有信息披露义务的公司、企业向股东和社会公众提供虚假的或者隐瞒重要事实的财务会计报告,或者对依法应当披露的其他重要信息不按照规定披露,严重损害股东或者其他人利益,或者有其他严重情节的,对其直接负责的主管人员和其他直接责任人员,处三年以下有期徒刑或者拘役,并处或者单处二万元以上二十万元以下罚金。'"

上述《刑法修正案(六)》对《刑法》第161条作了如下补充:

一是增加了犯罪主体。我国《刑法》第161条原只规定的提供虚假财会报告罪的主体是"公司"的直接负责的主管人员和其他直接责任人员,而《刑法修正案(六)》第5条规定的主体是"依法负有信息披露义务的公司、企业"的直接负责的主管人员和其他直接责任人员,增加了"企业"的直接负责的主管人员和其他直接责任人员。

二是增加了该罪罪状的内容。将"依法应当披露的其他重要信息不按照规定披露"的不作为行为规定为犯罪行为。

三是罪名修改为"违规披露、不披露重要信息罪"。由于增加新的犯罪行为,刑法原规定提供虚假的或者隐瞒财务会计报告的内容不能完全包括不按规定披露或者不披露重要信息行为的内容。

(二)刑法规定修改的原因

我国1997年《刑法》第161条规定有"提供虚假财会报告罪",司法机关依照该条规定惩治了一大批犯罪分子。根据修订的公司法和证券法规定,公司、企业负有向股东或者社会公众披露有关信息的职责,股东和社会公众有一定的知情权,如公司的盈利和亏损情况等。但一些公司、企业对依法应当披露的重要信息不按照规定披露,欺骗股东和社会公众,使其盲目地认购股权和出售股权,盲目地与该公司进行经济活动,结果严重损害股东或者其他人利益,造成恶劣影响。因此,全国人大常委会根据上述情况,对依法应当披露的其他重要信息不按照规定披露,严重损害股东或者其他人利益,或者有其他严重情节的行为规定为犯罪,最高处3年有期徒刑,并处或者单处2万元以上20万元以下罚金。

(三)违规披露、不披露重要信息罪的适用

违规披露、不披露重要信息罪是《刑法修正案(六)》第5条对1997年《刑法》第161条规定修改的犯罪,要准确适用就必须先厘清该罪的概念、构成特征、法定刑,以及适用时应注意的问题。

1. 违规披露、不披露重要信息罪的概念。该罪是指依法负有信息披露义务的公司、企业向股东和社会公众提供虚假的或者隐瞒重要事实的财务会计报告,或者对依法应当披露的其他重要信息不按照规定披露,严重损害股东或者其他人利益,或者有其他严重情节的行为。

我国刑法原规定有提供虚假财会报告罪,近年来,我国公司法、证券法规定的依法应当披露的重要信息而故意不披露的现象普遍存在,严重损害股东或者其他人的利益,造成恶劣影响。因此,全国人大常委会在《刑法修正案(六)》第5条中补充规定了"对依法应当披露的其他重要信息不按照规定披露,严重损害股东或者其他人利益,或者有其他严重情节的"行为规定为犯罪,最高处3年有期徒刑。

2.犯罪的构成特征。根据《刑法》第161条和《刑法修正案(六)》第5条的规定,该罪的构成特征有:

(1)犯罪主体,是特殊主体,即负有信息披露义务的公司、企业的直接负责的主管人员和其他直接责任人员,单位不构成本罪。犯罪主体在主观上是故意的,故意不披露或者故意不按照规定披露应当披露的重要信息的行为。

(2)犯罪行为,必须是向股东和社会公众提供虚假的或者隐瞒重要事实的财务会计报告,或者对依法应当披露的其他重要信息不按照规定披露的行为。

(3)犯罪结果,必须是严重损害股东或者其他人的利益,或者有其他严重情节的结果。严重损害股东或者其他人的利益,一般是指损害利益在10万元以上的,或者造成股东闹事、群体上访等严重后果的。

3.违规披露、不披露重要信息罪的法定刑。根据《刑法》第161条和《刑法修正案(六)》第5条的规定,违规披露、不披露重要信息罪的法定刑是:构成本罪的,处3年以下有期徒刑或者拘役,并处或者单处2万元以上20万元以下罚金。

4.本罪适用时应注意以下问题:

(1)划清本罪与非罪的界限。我国《刑法》第161条和《刑法修正案(六)》第5条规定构成违规披露、不披露重要信息罪必须是发生了严重损害股东或者其他人利益,或者有其他严重情节的结果。如果没有发生上述结果的,或者没有达到情节严重程度的不构成犯罪。2005年10月27日修订的《证券法》第193条规定,发行人、上市公司或者其他信息披露义务人未按照规定披露信息,或者所披露的信息有虚假记载、误导性陈述或者重大遗漏的,责令改正,给予警告,并处30万元以上60万元以下的罚款。对直接负责的主管人员和其他直接责任人员给予警告,并处以3万元以上30万元以下的罚款。

(2)注意本罪是选择罪名。如果公司、企业的直接负责的主管人员和其他直接责任人员,既违规披露了虚假重要信息的犯罪行为,也有不按规定披露重要信息的犯罪行为,只定为"违规披露、不披露重要信息罪",不能认定为两罪数罪并罚;如果只是实施了其中一种行为的,可分别定为"违规披露重要信息罪"或者"违规不披露重要信息罪"。

七、虚假破产罪

虚假破产罪是《刑法》第162条之二和《刑法修正案(六)》第6条补充规定的犯罪。最高人民法院、最高人民检察院《关于执行〈中华人民共和国刑法〉确定罪名的补充规定(三)》规定为该罪名。

(一)刑法规定内容的修改

刑法条文中有关虚假破产罪的规定是:

1. 1997年《刑法》第162条规定:"公司、企业进行清算时,隐匿财产,对资产负债表或者财产清单作虚伪记载或者在未清偿债务前分配公司、企业财产,严重损害债权人或者其他人利益的,对其直接负责的主管人员和其他直接责任人员,处五年以下有期徒刑或者拘役,并处或者单处二万元以上二十万元以下罚金。"

2. 2006年6月29日全国人大常委会《刑法修正案(六)》第6条规定:"在刑法第一百六十二条之一后增加一条,作为第一百六十二条之二:'公司、企业通过隐匿财产、承担虚构的债务或者以其他方法转移、处分财产,实施虚假破产,严重损害债权人或者其他人利益的,对其直接负责的主管人员和其他直接责任人员,处五年以下有期徒刑或者拘役,并处或者单处二万元以上二十万元以下罚金。'"

上述《刑法修正案(六)》对刑法作了如下补充:

一是增加了新罪名。我国刑法原只规定有妨害清算罪,没有规定"虚假破产罪"。司法实践中,遇有上述情况的,一般按妨害清算罪追究刑事责任。二是对虚假破产罪的罪状和法定刑都作了规定。这对保护公司的合法财产免受损失,对维护债权人和其他人的利益免受损失有重要意义。

(二)刑法规定修改的原因

我国1997年《刑法》规定有妨害清算罪,其中包括妨害破产清算的犯罪行为。近年来,有些人利用虚假手段使公司、企业破产,侵犯债权人或者其他人的利益,从中骗取非法利益;有的人利用注册公司后制造资不抵债的假象,以虚假破产的方法骗取他人钱财。为保证公司、企业正常发展,保护债权人和其他人的合法利益,全国人大常委会在《刑法修正案(六)》第6条中规定,公司、企业通过隐匿财产、承担虚构的债务或者以其他方法转移、处分财产,实施虚假破产,严重损害债权人或者其他人利益的,对其直接负责的主管人员和其他直接责任人员,处5年以下有期徒刑或者拘役,并处或者单处2万元以上20万元以下罚金。以严厉惩罚进行虚假破产的犯罪行为。

(三)虚假破产罪的适用

虚假破产罪是《刑法修正案(六)》在《刑法》第162条之二中增加的新罪,要准确适用就必须先厘清该罪的概念、构成特征、法定刑,以及适用时应注意的问题。

1. 虚假破产罪的概念。虚假破产罪是指公司、企业通过隐匿财产、承担虚构的债务或以其他方法转移、处分财产,实施虚假破产,严重损害债权人或者其他人利益的行为。

我国刑法原规定有妨害清算罪,包括妨害破产清算犯罪行为和在未清偿债务前分配公司、企业财产,严重损害债权人或者其他人利益的行为。司法机关依此办理了一批妨害破产清算犯罪案件。近年来,有些人以虚假破产行为,损害债权人或者其他人的利益,社会影响很坏。例如,有的人通过不断地注册公司和虚假破产的方法,损害股东、债权人和其他人的利益,而骗取了巨额财产。为惩治这种虚假破产行为,全国人大常委会在《刑法修正案(六)》第6条中规定了虚假破产罪,最高处5年有期徒刑,并处或者单处2万元以上20万元以下罚金。

2. 犯罪的构成特征。根据《刑法》第162条之二和《刑法修正案(六)》第6条的规定,该罪的构成特征有:

(1)犯罪主体,为特殊主体,是公司、企业的直接负责的主管人员和其他直接责任人员,单位不构成本罪。犯罪主体在主观上是故意的,即具有骗取他人财产的目的。过失的心理态度不构成本罪。

(2)犯罪行为,必须具有虚假破产行为,即通过隐匿财产、承担虚构的债务或者以其他方法转移、处分财产,实施虚假破产的行为。例如,预先把公司的财产转移,另外通过不断注册公司,然后以资不抵债,宣布公司破产,使债权人、股东、其他人的财产受到损失,而公司、企业的直接负责的主管人员和其他直接责任人员用欺骗的方法占有了他人的财产。

(3)犯罪结果,必须是严重损害债权人或者其他人利益的结果。具体达到何种数额结果,一般是指隐匿财产、承担虚假债务、转移财产数额在50万元以上的和给债权人或者其他人造成10万元以上的财产损失的就可以构成犯罪。

3. 虚假破产罪的法定刑。根据《刑法》第162条之二和《刑法修正案(六)》第6条的规定,犯虚假破产罪的法定刑:构成本罪的,处5年以下有期徒刑或者拘役,并处或者单处2万元以上20万元以下罚金。根据2022年5月15日最高人民检察院、公安部《关于公安机关管辖的刑事案件立案追诉标准的规定(二)》第9条的规定,涉嫌下列情形之一的,应予立案追诉:(1)隐匿财产价值在50万元以上的;(2)承担虚构的债务涉及金额在50万元以上的;(3)以其他方法转移、处分财产价值在50万元以上的;(4)造成债权人或者其他人直接经济损失数额累计在10万元以上的;(5)虽未达到上述数额标准,但应清偿的职工的工资、社会保险费用和法定补偿金得不到及时清偿,造成恶劣社会影响的;(6)其他严重损害债权人或者其他人利益的情形。

4. 本罪适用时应注意以下问题:

(1)注意划清本罪与非罪的界限。我国《刑法》第162条之二和《刑法修正案(六)》第6条规定构成虚假破产罪必须是公司、企业的直接负责的主管人员和其他直接责任人员,不具有这种特定身份的人不能构成本罪。另外,进行虚假破产者给债权人或者其他人的利益造成严重损失结果的才构成犯罪,没有造成严重损失结果的不构成犯罪。根据2012年12月18日实施的最高人民法院《关于个人独资企业清算是否可以参照适用企业破产法规定的破产清算程序的批复》的解释:"根据《中华人民共和国个人独资企业法》第三十一条的规定,人民法院参照适用破产清算程序裁定终结个人独资企业的清算程序后,个人独资企业的债权人仍然可以就其未获清偿的部分向投资人主张权利。"

(2)注意划清本罪与妨害清算罪的界限。虚假破产罪是通过隐匿财产、承担虚构的债务或者以其他方法转移、处分财产,以虚假破产的方式损害他人财产的犯罪,不是真正的破产,而是在破产清算以前进行隐匿财产、承担虚构债务,造成资不抵债的破产假象。妨害清算罪是在破产清算过程中的犯罪。如果行为人在破产过程中隐匿、转移、处分财产的犯罪行为和虚假破产行为是属于法律条款竞合关系,应按特别法优于普通法的规定,应以"虚假破产罪"定罪处罚。

八、非国家工作人员受贿罪

非国家工作人员受贿罪是《刑法修正案(六)》第7条对1997年《刑法》第163条规定的公司、企业人员受贿罪修改补充的犯罪。最高人民法院、最高人民检察院《关于执行〈中华人民共和国刑法〉确定罪名的补充规定(三)》规定为该罪名,取消了原规定的"公司、企业人员受贿罪"的罪名。2020年12月26日《刑法修正案(十一)》第10条只是对《刑法》第163条规定的犯罪法定刑修改,罪名并没有再修改。[详见《刑法修正案(十一)》修改犯罪(六)]

九、对非国家工作人员行贿罪

对非国家工作人员行贿罪是《刑法修正案(六)》《刑法修正案(九)》对1997年《刑法》第

164条规定的对公司、企业人员行贿罪修改的犯罪,最高人民法院、最高人民检察院《关于执行〈中华人民共和国刑法〉确定罪名的补充规定(三)》规定为该罪名,取消了"对公司、企业人员行贿罪"的罪名。

我国1997年《刑法》规定有"对公司、企业人员行贿罪",司法机关依照该条规定惩治了一大批犯罪分子。但是,《刑法》原第164条没有规定对非国家工作人员行贿行为构成犯罪。例如,对非国有事业单位的工作人员行贿行为就没有规定为犯罪。近年来,我国商业贿赂犯罪突出,一些对非国家工作人员行贿行为严重,如给予非国有医院的医务人员回扣的行为;给予非国有体育组织的裁判员行贿的行为。上述行为影响很坏,社会危害性严重,但法律没有规定为犯罪。

全国人大常委会在《刑法修正案(六)》第8条中补充规定了"给予其他单位的工作人员以财物,数额较大的"为犯罪,即对非国家工作人员行贿也构成犯罪,最高处10年有期徒刑,并处罚金。但对该罪第一个档次的法定刑中没有罚金刑的规定,属于遗漏。为了从金钱上惩罚对非国家工作人员行贿的犯罪行为,《刑法修正案(九)》第10条规定在《刑法》第164条规定的第一个档次法定刑中增加了"并处罚金"的规定。[详见《刑法修正案(九)》对刑法分则修改的犯罪(六)]

十、背信损害上市公司利益罪

背信损害上市公司利益罪是《刑法修正案(六)》第9条在1997年《刑法》第169条之一中补充增加的犯罪。最高人民法院、最高人民检察院《关于执行〈中华人民共和国刑法〉确定罪名的补充规定(三)》规定为该罪名。

(一)刑法规定内容的修改

刑法条文中有关背信损害上市公司利益罪的规定是:

1. 1997年《刑法》第168条规定:"国有公司、企业直接负责的主管人员,徇私舞弊,造成国有公司、企业破产或者严重亏损,致使国家利益遭受重大损失的,处三年以下有期徒刑或者拘役。"

1997年《刑法》第169条规定:"国有公司、企业或者其上级主管部门直接负责的主管人员,徇私舞弊,将国有资产低价折股或者低价出售,致使国家利益遭受重大损失的,处三年以下有期徒刑或者拘役;致使国家利益遭受特别重大损失的,处三年以上七年以下有期徒刑。"

2. 2006年6月29日全国人大常委会《刑法修正案(六)》第9条规定:"在刑法第一百六十九条后增加一条,作为第一百六十九条之一:'上市公司的董事、监事、高级管理人员违背对公司的忠实义务,利用职务便利,操纵上市公司从事下列行为之一,致使上市公司利益遭受重大损失的,处三年以下有期徒刑或者拘役,并处或者单处罚金;致使上市公司利益遭受特别重大损失的,处三年以上七年以下有期徒刑,并处罚金:(一)无偿向其他单位或者个人提供资金、商品、服务或者其他资产的;(二)以明显不公平的条件,提供或者接受资金、商品、服务或者其他资产的;(三)向明显不具有清偿能力的单位或者个人提供资金、商品、服务或者其他资产的;(四)为明显不具有清偿能力的单位或者个人提供担保,或者无正当理由为其他单位或者个人提供担保的;(五)无正当理由放弃债权、承担债务的;(六)采用其他方式损害上市公司利益的。上市公司的控股股东或者实际控制人,指使上市公司董事、监事、高级管理人员实施前款行为的,依照前款的规定处罚。犯前款罪的上市公司的控股股东或者实际控制人是单位的,对单位判处罚金,并对其直接负责的主管人员和其他直接责任人员,依照第一款的规定处罚。'"

上述《刑法修正案(六)》是对1997年《刑法》第168条、第169条规定犯罪的补充。《刑法修正案(六)》补充规定的第169条之一中对上市公司的董事、监事、高级管理人员或者上市公司的控股股东、实际控制人利用职务之便背信损害上市公司的重大利益的行为规定为犯罪。

(二)刑法规定修改的原因

我国1997年《刑法》第168条、第169条规定了损害国有公司、企业利益的犯罪,而上市公司都是股份有限责任公司,不是国有公司,刑法原对损害上市公司利益的行为没有规定为犯罪。而司法实践中,有些上市公司的董事、监事、高级管理人员违背对公司的忠实义务,利用职务便利,操纵上市公司,无偿地占有上市公司的财产或者以明显不公平的交易损害上市公司的利益,致使上市公司利益遭受重大损失。我国2005年10月27日修订的《证券法》第193条至第195条分别规定了对上市公司的董事、监事、高级管理人员损害上市公司利益的行为应负的民事、经济责任。《证券法》第231条明确规定:"违反本法规定,构成犯罪的,依法追究刑事责任。"为了使刑法与证券法相衔接,保护上市公司的合法利益,全国人大常委会在《刑法修正案(六)》第9条补充增加《刑法》第169条之一中规定了上市公司的董事、监事、高级管理人员和上市公司的控股股东或者实际控制人或者单位损害上市公司利益的行为为犯罪,最高处7年有期徒刑,并处罚金。

(三)背信损害上市公司利益罪的适用

背信损害上市公司利益罪是《刑法修正案(六)》第9条对1997年《刑法》第169条之一中补充增加的犯罪,要准确适用就必须先厘清该罪的概念、构成特征、法定刑,以及适用时应注意的问题。

1.背信损害上市公司利益罪的概念。该罪是指上市公司的董事、监事、高级管理人员违背对公司的忠实义务,利用职务便利,操纵上市公司从事损害上市公司利益,致使上市公司利益遭受重大损失的行为。

上市公司是股份有限责任公司,股份有限责任公司的董事、监事和高级管理人员是根据股东认股数额决定其在公司的地位,有的是个人投资,也有的是单位投资,还有是由公司董事会聘任的。公司赋予高层管理人员一定职务是让其为公司的利益服务,然而有些上市公司的高层管理人员违背对公司的忠实义务,利用职务便利,操纵上市公司从事损害上市公司利益的行为,有的无偿地占有上市公司的财产,有的以明显的不公平的交易,损害上市公司利益,具有严重的社会危害性。刑法原对这种行为没有规定为犯罪。《刑法修正案(六)》第9条根据《证券法》的有关规定,在《刑法》第169条之一中将背信损害上市公司利益的行为规定为犯罪,最高处7年有期徒刑。

2.犯罪的构成特征。根据《刑法》第169条之一和《刑法修正案(六)》第9条的规定,该罪的构成特征有:

(1)犯罪主体是特殊主体,必须是上市公司的董事、监事、高级管理人员。上市公司的控股股东或者实际控制的自然人或者单位可以构成本罪的共犯,他们指使上市公司的董事、监事、高级管理人员实施背信损害公司利益行为的,依照背信损害上市公司利益罪的规定定罪处罚。犯罪主体主观上是故意的,其动机、目的是损害上市公司的利益,为个人或者他人谋取不正当的利益,包括为认股的公司、企业等单位谋取利益。

(2)犯罪行为,必须是利用职务上的便利背信损害上市公司利益的行为。具体行为表现有:

①无偿向其他单位或者个人提供资金、商品、服务或者其他资产的行为;

②以明显不公平的条件,提供或者接受资金、商品、服务或者其他资产的行为;

③向明显不具有清偿能力的单位或者个人提供资金、商品、服务或者其他资产的行为;

④为明显不具有清偿能力的单位或者个人提供担保,或者无正当理由为其他单位或者个人提供担保的行为;

⑤无正当理由放弃债权、承担债务的行为;

⑥采用其他方式损害上市公司利益的行为。这是兜底规定,包括所有故意背信损害上市公司利益的行为。

(3)犯罪结果,是结果犯,必须使上市公司利益遭受重大损失的才构成犯罪。

根据最高人民检察院、公安部2022年5月15日施行的《关于公安机关管辖的刑事案件立案追诉标准的规定(二)》第13条规定,涉嫌下列情形之一的,应予立案追诉:

①无偿向其他单位或者个人提供资金、商品、服务或者其他资产,致使上市公司直接经济损失数额在150万元以上的;

②以明显不公平的条件,提供或者接受资金、商品、服务或者其他资产,致使上市公司直接经济损失数额在150万元以上的;

③向明显不具有清偿能力的单位或者个人提供资金、商品、服务或者其他资产,致使上市公司直接经济损失数额在150万元以上的;

④为明显不具有清偿能力的单位或者个人提供担保,或者无正当理由为其他单位或者个人提供担保,致使上市公司直接经济损失数额在150万元以上的;

⑤无正当理由放弃债权、承担债务,致使上市公司直接经济损失数额在150万元以上的;

⑥致使公司发行的股票、公司债券或者国务院依法认定的其他证券被终止上市交易或者多次被暂停上市交易的;

⑦其他致使上市公司利益遭受重大损失的情形。

3.背信损害上市公司利益罪的法定刑。根据《刑法》第169条之一的规定,背信损害上市公司利益罪的法定刑是:

(1)致使上市公司利益遭受重大损失的,构成犯罪的,处3年以下有期徒刑或者拘役,并处或者单处罚金。

(2)犯本罪,致使上市公司利益遭受特别重大损失的,处3年以上7年以下有期徒刑,并处罚金。

(3)单位犯本罪的,对单位判处罚金,并对其直接负责的主管人员和其他直接责任人员依照自然人犯本罪的法定刑规定处罚。

4.背信损害上市公司利益罪在认定时,主要应注意以下问题:

(1)区分罪与非罪的界限。

第一,根据我国《刑法》第169条之一规定,构成背信损害上市公司利益罪的主体必须是上市公司的董事、监事、高级管理人员和上市公司的控股股东或者实际控制的自然人或者单位;不具有上述特殊主体身份的不构成背信损害上市公司利益罪。

第二,构成背信损害上市公司利益罪的结果必须使上市公司利益遭受重大损失,才构成犯罪,不具有上述结果的,也不构成背信损害上市公司利益罪。

(2)划清本罪与国有公司、企业、事业单位人员滥用职权罪的界限。本罪和国有公司、企业、事业单位人员滥用职权罪都是损害公司、企业利益的犯罪,容易混淆。二罪的根本区别是犯罪主体身份不同。本罪的主体是上市公司的董事、监事、高级管理人员;而国有公司、企业、事业单位人员滥用职权罪的主体是国有公司、企业、事业单位的工作人员。国有公司、企业不一定都是上市公司,因此,不是上市的国有公司、企业、事业单位的工作人员不能构成背信损害上市公司利益罪。如果国有公司、企业、事业单位人员是上市公司的控股人或者实际控制人可以构成本罪的共犯。

(3)划清本罪与挪用资金罪的界限。上市公司的董事、监事、高级管理人员,利用职务之便,无偿向个人提供资金或者提供担保的行为是认定为挪用资金罪,还是定为背信损害上市公司利益罪?笔者认为,挪用资金罪是刑法条文特别规定,凡发生上述法条竞合时,符合挪用资金罪的,应优先认定为挪用资金罪。不构成挪用资金罪的,但符合本罪构成条件,可认定为本罪。

十一、骗取贷款、票据承兑、金融票证罪

骗取贷款、票据承兑、金融票证罪是《刑法修正案(六)》第10条在1997年《刑法》第175条之一中补充规定的犯罪。最高人民法院、最高人民检察院《关于执行〈中华人民共和国刑法〉确定罪名的补充规定(三)》规定为该罪名。

(一)刑法规定内容的修改

刑法条文中有关骗取贷款、票据承兑、金融票证罪的规定有:

1. 1979年《刑法》第151条规定:"盗窃、诈骗、抢夺公私财物数额较大的,处五年以下有期徒刑、拘役或者管制。"

2. 1997年《刑法》第266条规定:"诈骗公私财物,数额较大的,处三年以下有期徒刑、拘役或者管制,并处或者单处罚金;数额巨大或者有其他严重情节的,处三年以上十年以下有期徒刑,并处罚金;数额特别巨大或者有其他特别严重情节的,处十年以上有期徒刑或者无期徒刑,并处罚金或者没收财产。本法另有规定的,依照规定。"

1997年《刑法》第175条规定:"以转贷牟利为目的,套取金融机构信贷资金高利转贷他人,违法所得数额较大的,处三年以下有期徒刑或者拘役,并处违法所得一倍以上五倍以下罚金;数额巨大的,处三年以上七年以下有期徒刑,并处违法所得一倍以上五倍以下罚金。单位犯前款罪的,对单位判处罚金,并对其直接负责的主管人员和其他直接责任人员,处三年以下有期徒刑或者拘役。"

1997年《刑法》第193条规定:"有下列情形之一,以非法占有为目的,诈骗银行或者其他金融机构的贷款,数额较大的,处五年以下有期徒刑或者拘役,并处二万元以上二十万元以下罚金;数额巨大或者有其他严重情节的,处五年以上十年以下有期徒刑,并处五万元以上五十万元以下罚金;数额特别巨大或者有其他特别严重情节的,处十年以上有期徒刑或者无期徒刑,并处五万元以上五十万元以下罚金或者没收财产:(一)编造引进资金、项目等虚假理由的;(二)使用虚假的经济合同的;(三)使用虚假的证明文件的;(四)使用虚假的产权证明作担保或者超出抵押物价值重复担保的;(五)以其他方法诈骗贷款的。"

3. 2006年6月29日全国人大常委会《刑法修正案(六)》第10条规定:"在刑法第一百七十五条后增加一条,作为第一百七十五条之一:'以欺骗手段取得银行或者其他金融机构贷款、票据承兑、信用证、保函等,给银行或者其他金融机构造成重大损失或者有其他严重情节的,处三年以下有期徒刑或者拘役,并处或者单处罚金;给银行或者其他金融机构造成特别重大损失或者有其他特别严重情节的,处三年以上七年以下有期徒刑,并处罚金。单位犯前款罪的,对单位判处罚金,并对其直接负责的主管人员和其他直接责任人员,依照前款的规定处罚。'"

上述《刑法修正案(六)》第10条对1997年《刑法》补充规定的第175条之一中增加规定了骗取贷款、票据承兑、金融票证罪的罪状和法定刑。

(二)刑法规定修改的原因

我国1979年《刑法》第151条规定有诈骗罪,凡是以非法占有为目的骗取公私财物数额较大的行为都构成诈骗罪。1997年《刑法》除在第266条规定上述一般"诈骗罪"外,在第175条中又规定了套取银行信贷资金"高利转贷罪",在第176条规定了"非法吸收公众存款罪",在第193条中规定了"贷款诈骗罪"等金融诈骗罪。近年来,一些单位和个人以虚构事实、隐瞒事实真相等欺骗手段,骗取银行或者其他金融机构的贷款、票据承兑、信用证、保函等,给银行或者其他金融机构造成重大损失或者有其他严重情节,严重危害了金融安全。因此,全国人大常委会《刑法修正案(六)》第10条中规定在《刑法》第175条之一中又增加规定了"骗取贷款、票据承兑、金融票证罪",以惩罚和震慑这些犯罪,维护金融信贷秩序正常发展。

(三)骗取贷款、票据承兑、金融票证罪的适用

骗取贷款、票据承兑、金融票证罪是《刑法修正案(六)》第10条在1997年《刑法》第175条之一中增加的犯罪,要准确适用就必须先厘清该罪的概念、构成特征、法定刑,以及适用时应注意的问题。

1. 骗取贷款、票据承兑、金融票证罪的概念。该罪是指以非法使用金融机构的信贷资金为目的,诈骗银行或者其他金融机构的贷款、票据承兑、信用证、保函等,给银行或者其他金融机构造成重大损失或者有其他严重情节的行为。

银行或者其他金融机构的贷款、票据承兑、信用证、保函等信贷资金是用于生产、经营和社会生活需要,有利于社会发展的有偿信贷资金,使用信贷资金是有条件的,符合国家规定贷款条件的,银行等金融机构给予贷款或出具信用证、保函等资信证明;不符合贷款条件的,银行等金融机构不给予贷款或不出具资信证明。一些不符合贷款条件的单位和个人为取得贷款采取以虚构的事实和隐瞒事实真相的方法欺骗金融机构而取得金融机构的信贷资金的使用权,这种诈骗信贷资金的行为往往给金融机构造成重大损失,或者严重影响其他单位的正常信贷活动,给有关单位造成重大损失,这是对社会有严重危害的行为。我国《刑法》第175

条之一将骗取贷款、票据承兑、金融票证的行为规定为犯罪,最低处拘役,并处或者单处罚金;最高处7年有期徒刑,并处罚金。

2.犯罪构成特征。根据《刑法》第175条之一和《刑法修正案(六)》第10条的规定,该罪的构成特征有:

(1)犯罪主体,是一般主体,只要年满16周岁的具有刑事责任能力,实施了骗取贷款、票据承兑、金融票证的自然人或者单位都可以构成本罪的犯罪主体。

犯罪主体在主观上是故意的,其目的是骗取信贷资金的使用权利。犯罪主体在主观上有归还信贷资金的目的,没有占有的目的。

(2)犯罪行为,必须是以欺骗手段取得银行或者其他金融机构贷款、票据承兑、信用证、保函等行为。具体犯罪行为表现是:

①以欺骗的手段骗取金融机构贷款的行为,即以虚构的事实和隐瞒事实真相的方法欺骗金融机构而骗取贷款的行为;

②以欺骗的手段骗取金融机构的票据承兑的行为;

③以欺骗的手段骗取金融机构的信用证、保函的行为。金融机构的票据承兑是金融机构依据票据期限承诺付款的行为;信用证、保函是金融机构为用户出具的资信保证文件。金融机构出具信用证、保函等资信证明文件是有条件的,如果用户以欺骗的手段,骗取金融机构出具信用证、保函等资信证明,到期用户不能支付款项的,应由金融机构付款,这就有可能给金融机构造成重大经济损失。因此,刑法规定骗取信用证、保函等资信证明的行为是犯罪行为。

(3)犯罪结果,是结果犯,必须给银行或者其他金融机构造成重大损失或者有其他严重情节的结果。

何为重大损失、严重情节,法律没有规定。根据最高人民检察院、公安部2022年5月15日施行的《关于公安机关管辖的刑事案件立案追诉标准的规定(二)》第22条规定,"给银行或者其他金融机构造成直接经济损失数额在五十万元以上的,应予立案追诉"。

3.骗取贷款、票据承兑、金融票证罪的法定刑。根据《刑法》第175条之一规定,骗取贷款、票据承兑、金融票证罪的法定刑是:

(1)构成本罪的,处3年以下有期徒刑或者拘役,并处或者单处罚金。

(2)犯本罪的,给银行或者其他金融机构造成特别重大损失或者有其他特别严重情节的,处3年以上7年以下有期徒刑,并处罚金。

(3)单位犯本罪的,对单位判处罚金,并对其直接负责的主管人员和其他直接责任人员,依照个人犯本罪的处罚规定处罚。

4.认定骗取贷款、票据承兑、金融票证罪,应注意划清以下界限:

(1)区分罪与非罪的界限。

第一,根据我国《刑法》第175条之一规定,骗取贷款、票据承兑、金融票证罪的主体在主观上必须是故意骗取信贷,其目的是取得信贷资金的使用权,但没有非法占有信贷资金的目的,如果不是以骗取信贷资金使用的目的,不构成本罪。另外,如果行为人在主观上是过失的,也不构成本罪。

第二,骗取贷款、票据承兑、金融票证罪必须是实施了骗取信贷资金而使用的行为,如果是骗取其他财物的行为,不构成本罪。

第三,骗取贷款、票据承兑、金融票证罪必须给银行或者其他金融机构造成50万元以上的重大损失或者有其他严重情节的结果,达不到上述结果的,也不构成本罪。

(2) 划清本罪与诈骗罪的界限。本罪与诈骗罪是法律条款竞合关系,诈骗罪是一般规定,是骗取他人财产所有权;本罪是特别规定,是骗取他人财产使用权,当犯罪行为同时触犯上述两个条文规定的,按特别法条规定优于一般法条规定,要定为本罪,不能再认定为诈骗罪。

(3) 划清本罪与贷款诈骗罪的界限。本罪是骗取信贷的行为,没有占有信贷资金的目的。而贷款诈骗罪是以贷款的虚假手段,达到非法占有信贷资金的目的。是否具有非法占有的目的是区分本罪与贷款诈骗罪的关键。

(4) 划清本罪与高利转贷罪的界限。本罪是骗取信贷的行为,有使用信贷资金的目,但没有占有信贷资金的目的。而高利转贷罪是用虚假的贷款的理由取得金融机构的贷款资金,然后高价转贷他人,从中谋取非法利润。二者虽然都是用虚假的手段骗取贷款,但犯罪目的不同。本罪的目的是取得信贷资金的使用权;而高利转贷罪是利用贷款所得信贷资金放高利贷,从中营利。如果用欺骗的手段骗取信贷资金,又转借给他人,没有牟取高额利润的应认定为本罪;如果高价转贷他人的,则应认为高利转贷罪。

(5) 划清本罪与非法吸收公众存款罪的界限。本罪是骗取金融机构信贷资金而使用的行为,没有占有信贷资金的目的。而非法吸收公众存款罪是非法吸收公众的存款,虽然二者都是骗取资金,但所欺骗的对象和资金性质完全不同。

十二、操纵证券、期货市场罪

操纵证券、期货市场罪是《刑法修正案(六)》第11条对1997年《刑法》第182条规定的操纵证券、期货交易价格罪修改的犯罪。最高人民法院、最高人民检察院《关于执行〈中华人民共和国刑法〉确定罪名的补充规定(三)》规定为该罪名,取消了原规定的操纵证券、期货交易价格罪罪名。

操纵证券、期货交易价格罪是1999年12月25日全国人大常委会《刑法修正案》第6条补充修改的犯罪,在1997年《刑法》第182条规定的操纵证券交易价格罪中增加了操纵期货交易价格的内容,罪名也相应地修改为"操纵证券、期货交易价格罪"。该罪名是1997年12月16日最高人民法院《关于执行〈中华人民共和国刑法〉确定罪名的规定》中确定的"操纵证券交易价格罪",于2002年3月26日最高人民法院、最高人民检察院《关于执行〈中华人民共和国刑法〉确定罪名的补充规定》修改为"操纵证券、期货交易价格罪"的罪名。2006年6月29日全国人大常委会《刑法修正案(六)》第11条对该犯罪又作了修改,将罪状"操纵证券、期货交易价格"修改为"操纵证券、期货市场",因此,2007年11月6日实施的最高人民法院、最高人民检察院《关于执行〈中华人民共和国刑法〉确定罪名的补充规定(三)》司法解释规定为操纵证券、期货市场罪罪名。2020年12月26日《刑法修正案(十一)》第13条对《刑法》第182条规定的操纵证券、期货市场罪的罪状作了修改和补充,罪名没有改变。详见《刑法修正案(十一)》修改的犯罪"(二十二)操纵证券、期货市场罪"。

十三、背信运用受托财产罪

背信运用受托财产罪是《刑法修正案(六)》第12条第1款在1997年《刑法》第185条之一中补充的犯罪。我国1997年《刑法》第185条规定有金融机构的工作人员挪用本单位或者客户资金的犯罪行为,1997年《刑法》第187条规定有金融机构的工作人员运用账外客户资金非法拆借、发放贷款犯罪(现改为"吸收客户资金不入账罪")的行为。《刑法修正案(六)》第12条又在《刑法》第185条之一中补充规定了"擅自运用客户信托资财"的犯罪行为。最高人民法院、最高人民检察院《关于执行〈中华人民共和国刑法〉确定罪名的补充规定(三)》规定为背信运用受托财产罪的罪名。

(一)刑法规定内容的修改

刑法条文中有关背信运用受托财产罪的修改规定是:

1. 1997年《刑法》第185条规定:"银行或者其他金融机构的工作人员利用职务上的便利,挪用本单位或者客户资金的,依照本法第二百七十二条的规定定罪处罚。国有金融机构工作人员和国有金融机构委派到非国有金融机构从事公务的人员有前款行为的,依照本法第三百八十四条的规定定罪处罚。"

1997年《刑法》第187条规定:"银行或者其他金融机构的工作人员以牟利为目的,采取吸收客户资金不入账的方式,将资金用于非法拆借、发放贷款,造成重大损失的,处五年以下有期徒刑或者拘役,并处二万元以上二十万元以下罚金;造成特别重大损失的,处五年以上有期徒刑,并处五万元以上五十万元以下罚金。单位犯前款罪的,对单位判处罚金,并对其直接负责的主管人员和其他直接责任人员,依照前款的规定处罚。"

2. 2006年6月29日全国人大常委会《刑法修正案(六)》第12条第1款规定:"在刑法第一百八十五条后增加一条,作为第一百八十五条之一:'商业银行、证券交易所、期货交易所、证券公司、期货经纪公司、保险公司或者其他金融机构,违背受托义务,擅自运用客户资金或者其他委托、信托的财产,情节严重的,对单位判处罚金,并对其直接负责的主管人员和其他直接责任人员,处三年以下有期徒刑或者拘役,并处三万元以上三十万元以下罚金;情节特别严重的,处三年以上十年以下有期徒刑,并处五万元以上五十万元以下罚金。'"

上述1997年《刑法》规定及《刑法修正案(六)》第12条第1款对刑法作了如下补充规定:

1. 增加了新罪名。我国1997年《刑法》没有规定"背信运用受托财产罪",但规定有挪用本单位资金或者客户资金的挪用资金罪,与本罪很相似,但其犯罪对象和犯罪行为方式有所不同。

2. 增加规定了背信运用受托财产罪的罪状和法定刑。《刑法修正案(六)》第12条第1款增加规定在《刑法》第185条之一第1款规定中,对"背信运用受托财产罪"的罪状和法定刑都作了明确规定。本罪是单位犯罪,不存在独立的自然人犯罪。犯本罪的,对单位判处罚金,并对其直接负责的主管人员和其他直接责任人最高处10年有期徒刑,并处5万元以上50万元以下罚金。

(二)刑法规定修改的原因

全国人大常委会《刑法修正案(六)》增加规定"背信运用受托财产罪"的主要原因是保护客户信托财产安全。随着社会主义市场经济的深入发展,国家金融机构开展为客户保管资金或者财产,这是对社会有益的举措。然而,有些金融机构违背受托义务,擅自运用客户资金或者其他委托、信托的财产,给客户造成重大经济损失,需要用刑罚追究金融单位及其直接负责

(三)背信运用受托财产罪的适用

背信运用受托财产罪是《刑法修正案(六)》补充在 1997 年《刑法》第 185 条之一规定的犯罪,要准确适用,就必须先厘清本罪的概念、构成特征、法定刑,以及适用时应注意的问题。

1. 背信运用受托财产罪的概念。该罪是指商业银行、证券交易所、期货交易所、证券公司、期货经纪公司、保险公司或者其他金融机构等单位,违背受托义务,擅自非法运用客户资金或者其他委托、信托的财产,情节严重的行为。

在市场经济条件下,银行等金融机构为经济实体提供资金保证,单位和个人等经济实体的经济往来都是通过金融管理部门提供资金和结算,用户和金融机构之间成为一种信托义务关系,客户将资金或者其他财产委托金融机构代为保管。但实践中,有些代为管理受托资财的单位未经客户同意,擅自非法运用,使受委托、信托的资财受到损失。我国 1997 年《刑法》第 185 条规定的"银行或者其他金融机构的工作人员利用职务上的便利,挪用本单位或者客户资金的"和 1997 年《刑法》第 187 条规定的"银行或者其他金融机构的工作人员以牟利为目的,采取吸收客户资金不入账的方式,将资金用于非法拆借、发放贷款,造成重大损失的"构成犯罪,要追究其刑事责任。但近年来,又出现了一些金融管理单位违背受托义务,擅自非法运用客户资金或者其他委托、信托的财产,给客户的资财造成严重损失。《刑法修正案(六)》第 12 条第 1 款将这种行为规定为犯罪。最高处 10 年有期徒刑。

2. 本罪的构成特征。根据《刑法》第 185 条之一和《刑法修正案(六)》第 12 条规定,该罪的构成特征有:

(1)犯罪主体,是单位犯罪,除单位本身以外,还包括单位的直接负责的主管人员和其他直接责任人员。犯罪主体在主观上都是故意的,过失心理态度的不能构成本罪。

(2)犯罪行为,必须是违背受托义务,违反规定擅自运用客户资金或者其他委托、信托的财产的行为。这里必须是违反管理规定,擅自运用,如果按规定运用客户信托资财的行为,不是犯罪行为。

(3)犯罪结果,本罪是结果犯,必须是擅自运用客户信托资财情节严重的结果,才构成犯罪;达不到情节严重结果的不构成本罪。

何为"情节严重",刑法没有规定,根据最高人民检察院、公安部 2022 年 5 月 15 日颁布的《关于公安机关管辖的刑事案件立案追诉标准的规定(二)》第 35 条规定,涉嫌下列情形之一的,应予立案追诉:

①擅自运用客户资金或者其他委托、信托的财产数额在 30 万元以上的;

②虽然未达到上述数额标准,但多次擅自运用客户资金或者其他委托、信托财产,或者擅自运用多个客户资金或者其他委托、信托的财产的(根据第 88 条规定,"虽未达到上述数额标准",是指接近上述数额标准且已达到该数额 80% 以上的);

③其他情节严重的情形。

3. 背信运用受托财产罪的法定刑。根据《刑法》第 185 条之一规定,本罪的法定刑是:

(1)单位犯本罪的,对单位判处罚金,并对单位直接负责的主管人员和其他直接责任人员处 3 年以下有期徒刑或者拘役,并处 3 万元以上 30 万元以下罚金;

(2)犯本罪,情节特别严重的,对单位判处罚金,并对单位直接负责的主管人员和其他直接责任人员处3年以上10年以下有期徒刑,并处5万元以上50万元以下罚金。

4. 本罪适用时应注意以下问题:

(1)注意划清罪与非罪的界限。

第一,本罪是结果犯,达到情节严重的结果才构成犯罪。对于情节较轻或者情节一般的行为都不构成本罪。

第二,本罪是故意犯罪,并且必须故意擅自运用客户信托资财的行为才构成犯罪。过失行为不构成犯罪。

第三,本罪是单位犯罪,自然人不能构成本罪。单纯自然人实施上述行为的,应依照《刑法》第272条或者第185条的规定,定为挪用资金罪或者挪用公款罪。

(2)注意准确适用构成犯罪"情节特别严重"的法定刑。我国《刑法修正案(六)》补充规定在1997年《刑法》第185条之一第1款规定的情节特别严重的法定刑中,没有特别规定"对单位判处罚金",并不是对单位不处刑罚,而是根据条文语法的理解,应对单位处更重的罚金,否则就不符合刑法规定的罪刑相适应原则。

(3)注意划清本罪与挪用资金罪、挪用公款罪的界限。我国《刑法》第185条规定,银行或者其他金融机构的工作人员利用职务上的便利,挪用本单位或者客户资金的,依照本法第272条的规定定罪处罚。国有金融机构工作人员和国有金融机构委派到非国有金融机构从事公务的人员有前款行为的,依照本法第384条的规定定罪处罚,即认定为挪用资金罪或者挪用公款罪。上述挪用资金罪和挪用公款罪的犯罪主体是银行或者其他金融机构的工作人员。另外,挪用的对象不包括物品,而本罪的主体是银行或者其他金融管理机构,即是金融管理单位,其运用的对象既可以是金钱也可以是财物。因此,从犯罪主体和犯罪对象的不同就可以将上述犯罪区分开。

(4)注意划清本罪与吸收客户资金不入账罪的界限。我国《刑法》第187条规定,银行或者其他金融机构的工作人员吸收客户资金不入账,数额巨大或者造成重大损失的行为构成吸收客户资金不入账罪,该罪与本罪有一定联系。该罪的犯罪行为只是吸收客户资金不入金融机构的正式账上的行为,并没有擅自运用客户资金的行为。如果某金融机构既不入账又擅自运用的,应认定为吸收客户资金不入账罪和本罪数罪并罚,因为上述犯罪行为人分别具有吸收客户资金不入账罪和背信运用受托财产罪的构成条件,应分别定罪,数罪并罚。

十四、违法运用资金罪

违法运用资金罪是《刑法修正案(六)》第12条第2款对1997年《刑法》第185条之一第2款补充的犯罪。我国1997年《刑法》第185条规定有金融机构的工作人员挪用本单位或者客户资金的犯罪行为,1997年《刑法》第187条规定有金融机构的工作人员运用账外客户资金非法拆借、发放贷款犯罪(后改为"吸收客户资金不入账罪")的行为。《刑法修正案(六)》第12条第2款又补充规定了"违法运用资金"的犯罪行为。最高人民法院、最高人民检察院《关于执行〈中华人民共和国刑法〉确定罪名的补充规定(三)》规定为该"违法运用资金罪"的罪名。

(一)刑法规定内容的修改

刑法条文中有关违法运用资金罪的修改规定是:

1. 1997年《刑法》第185条规定："银行或者其他金融机构的工作人员利用职务上的便利,挪用本单位或者客户资金的,依照本法第二百七十二条的规定定罪处罚。国有金融机构工作人员和国有金融机构委派到非国有金融机构从事公务的人员有前款行为的,依照本法第三百八十四条的规定定罪处罚。"

2. 1997年《刑法》第187条规定："银行或者其他金融机构的工作人员以牟利为目的,采取吸收客户资金不入账的方式,将资金用于非法拆借、发放贷款,造成重大损失的,处五年以下有期徒刑或者拘役,并处二万元以上二十万元以下罚金;造成特别重大损失的,处五年以上有期徒刑,并处五万元以上五十万元以下罚金。单位犯前款罪的,对单位判处罚金,并对其直接负责的主管人员和其他直接责任人员,依照前款的规定处罚。"

3. 2006年6月29日全国人大常委会《刑法修正案(六)》第12条第2款规定："社会保障基金管理机构、住房公积金管理机构等公众资金管理机构,以及保险公司、保险资产管理公司、证券投资基金管理公司,违反国家规定运用资金的,对其直接负责的主管人员和其他直接责任人员,依照前款的规定处罚。"

上述《刑法修正案(六)》第12条第2款对刑法作了如下补充规定:

1. 增加了新罪名。我国1997年《刑法》没有规定"违法运用资金罪",但规定有挪用本单位资金或者客户资金的犯罪行为和用账外客户资金非法拆借、发放贷款犯罪行为与本罪犯罪行为很相似,但其犯罪对象和犯罪行为方式有所不同。

2. 增加规定了违法运用资金罪的罪状和法定刑。《刑法修正案(六)》第12条第2款增加规定在《刑法》第185条之一第2款中,对"违法运用资金罪"的罪状和法定刑都作了明确规定。本罪是单位犯罪,不存在自然人犯罪。犯本罪对单位判处罚金,并对其直接负责的主管人员和其他直接责任人最高处10年有期徒刑,并处5万元以上50万元以下罚金。

(二)刑法规定修改的原因

全国人大常委会《刑法修正案(六)》增加"违法运用资金罪"规定的主要原因有:

保护公众资金安全的需要。为了加强社会保障,国家设立了社会保障基金、住房公积金、保险金等社会公众资金,由相应管理机关管理使用。而现实中,有些管理机关违反国家规定,非法运用受托资金,使公众的社保资金和保险金流失,具有严重的社会危害性,需追究有关基金管理单位及其直接负责的主管人员和其他直接责任人员的刑事责任,以保证这些公众资金的安全和正确运用。

(三)违法运用资金罪的适用

违法运用资金罪是《刑法修正案(六)》补充增加的犯罪,要准确适用,就必须先厘清本罪的概念、构成特征、法定刑,以及适用时应注意的问题。

1. 违法运用资金罪的概念。该罪是指社会保障基金管理机构、住房公积金管理机构等公众资金管理机构,以及保险公司、保险资产管理公司、证券投资基金管理公司,违反国家规定运用受托公众资金。

在市场经济条件下,一些社会公众资金管理机构违反国家规定,擅自运用公众资金的行为,严重危害社会公众资金的使用安全,《刑法修正案(六)》第12条第2款和《刑法》第185条之一第2款将这种行为规定为犯罪。最高处10年有期徒刑。

2.犯罪的构成特征。根据《刑法》第185条之一第2款和《刑法修正案(六)》第12条第2款规定,该罪的构成特征有:

(1)犯罪主体,是社保基金、住房公积金、保险公司、证券投资基金等公众资金管理单位犯罪和单位的直接负责的主管人员及其他直接责任人员。犯罪主体在主观上都是故意的,过失心理态度的不能构成本罪。

(2)犯罪行为,必须是违背受托义务,违反规定擅自运用公众信托资金的行为。

(3)犯罪结果,本罪是行为犯,只要是违反国家规定,实施了擅自运用公众信托资金的行为就可以构成犯罪,追究其刑事责任。

根据最高人民检察院、公安部2022年5月15日《关于公安机关管辖的刑事案件立案追诉标准的规定(二)》第36条规定,涉嫌下列情形之一的,应予立案追诉:

①违反规定运用资金数额在30万元以上的;

②虽然未达到上述数额标准,但多次违反国家规定运用资金的(根据上述规定第88条规定,"虽未达到上述数额标准",是指接近上述数额标准且已达到该数额的80%以上的);

③其他情节严重的情形。

3.违法运用资金罪的法定刑。根据《刑法》第185条之一第2款规定,该罪的法定刑是:

(1)犯本罪的,对单位判处罚金,对单位直接负责的主管人员和其他直接责任人员处3年以下有期徒刑或者拘役,并处3万元以上30万元以下罚金。

(2)犯本罪,情节特别严重的,对单位判处罚金,对单位直接负责的主管人员和其他直接责任人员处3年以上10年以下有期徒刑,并处5万元以上50万元以下罚金。

4.本罪适用时应注意以下问题:

(1)注意划清罪与非罪的界限。

第一,本罪是行为犯,只要实施了违法运用资金行为就可以构成本罪,但情节显著轻微,依照《刑法》第13条规定不认为是犯罪。

第二,本罪是故意犯罪,并且必须是故意违法运用资金的行为才构成犯罪,过失行为不构成犯罪。

第三,本罪是单位犯罪,依法应对单位判处罚金,并对单位的直接负责的主管人员和其他直接责任人员定罪处罚。这里应特别注意的是,《刑法》第185条之一第2款没有单独规定本罪的法定刑,而是规定"依照前款的规定处罚"。前款规定的是背信运用受托财产罪的法定刑,其对"情节严重的"单位犯罪规定的法定刑中规定了"对单位判处罚金",而对"情节特别严重的"却只规定了对单位的直接责任人的加重处罚。在适用时,应当全面、系统的理解上述法律规定,虽然在对"情节特别严重的"犯罪没有再单独规定"对单位判处罚金",但全面、系统理解刑法规定之后,对"情节特别严重的"单位犯罪也应当判处罚金,并且罚金数额应更多。否则不符合刑法规定的罪刑相适应的原则。

(2)注意划清本罪与挪用资金罪、挪用公款罪的界限。我国《刑法》第185条规定,银行或者其他金融机构的工作人员利用职务上的便利,挪用本单位或者客户资金的,依照本法第272条的规定以挪用资金罪定罪处罚。国有金融机构工作人员和国有金融机构委派到非国有金融机构从事公务的人员有前款行为的,依照本法第384条的规定以挪用公款罪定罪处罚。上述挪用资金罪和挪用公款罪的犯罪主体是银行或者其他金融机构的工作人员;挪用的对象不包括物品,而本罪的主体是社保基金、住房公积金、保险公司、证券投资基金公司等公众资金管理单位,其运用的对象是公众信托资金。因此,从犯罪主体和犯罪对象的不同就可以将上述犯罪区分开。如果上述单位的工作人员挪用公众信托资金的,可以构成挪用资金罪或者挪用公款罪。而上述单位违法运用公众信托资金的,只能认定为本罪。

十五、违法发放贷款罪

违法发放贷款罪是《刑法修正案(六)》第13条对1997年《刑法》第186条第1款、第2款修改补充的犯罪。我国1997年《刑法》第186条规定有违法向关系人发放贷款罪和违法发放贷款罪。《刑法修正案(六)》第13条对1997年《刑法》第186条的规定作了修改和调整,取消了违法向关系人发放贷款罪的罪名,而将违法向关系人发放贷款的犯罪行为作为违法发放贷款罪的加重处罚情节。最高人民法院、最高人民检察院《关于执行〈中华人民共和国刑法〉确定罪名的补充规定(三)》规定为该罪名,取消了违法向关系人发放贷款罪罪名。

(一)刑法规定内容的修改

刑法条文中有关违法发放贷款罪的修改规定是:

1. 1997年《刑法》第186条规定:"银行或者其他金融机构的工作人员违反法律、行政法规规定,向关系人发放信用贷款或者发放担保贷款的条件优于其他借款人同类贷款的条件,造成较大损失的,处五年以下有期徒刑或者拘役,并处一万元以上十万元以下罚金;造成重大损失的,处五年以上有期徒刑,并处二万元以上二十万元以下罚金。银行或者其他金融机构的工作人员违反法律、行政法规规定,向关系人以外的其他人发放贷款,造成重大损失的,处五年以下有期徒刑或者拘役,并处一万元以上十万元以下罚金;造成特别重大损失的,处五年以上有期徒刑,并处二万元以上二十万元以下罚金。单位犯前两款罪的,对单位判处罚金,并对其直接负责的主管人员和其他直接责任人员,依照前两款的规定处罚。关系人的范围,依照《中华人民共和国商业银行法》和有关金融法规确定。"

2. 2006年6月29日全国人大常委会《刑法修正案(六)》第13条规定:"将刑法第一百八十六条第一款、第二款修改为:'银行或者其他金融机构的工作人员违反国家规定发放贷款,数额巨大或者造成重大损失的,处五年以下有期徒刑或者拘役,并处一万元以上十万元以下罚金;数额特别巨大或者造成特别重大损失的,处五年以上有期徒刑,并处二万元以上二十万元以下罚金。银行或者其他金融机构的工作人员违反国家规定,向关系人发放贷款的,依照前款的规定从重处罚。'"

上述《刑法修正案(六)》对1997年《刑法》第186条的规定作了如下补充规定:

1. 取消了违法向关系人发放贷款罪的罪名。我国1997年《刑法》第186条第1款规定,银行或者其他金融机构的工作人员违反法律、行政法规规定,向关系人发放信用贷款或者发放担保贷款的条件优于其他借款人同类贷款的条件,造成较大损失的行为,司法解释为"违法向关系人发放贷款罪"。第2款规定的银行或者其他金融机构的工作人员违反法律、行政法规规定,向关系人以外的其他人发放贷款,造成重大损失的行为,司法解释为"违法发放贷款罪"。

《刑法修正案(六)》第13条对1997年《刑法》第186条规定作了调整和修改,取消了违法向关系人发放贷款罪的罪名,只保留了违法发放贷款罪的罪名,将违法向关系人发放贷款的犯罪行为作为违法发放贷款罪的从重处罚的法定情节。

2. 对违法发放贷款罪的罪状作了修改。1997年《刑法》第186条第2款原规定,"违反法律、行政法规规定,向关系人以外的其他人发放贷款,造成重大损失的"罪状,《刑法修正案(六)》第13条第1款修改为"违反国家规定发放贷款,数额巨大或者造成重大损失的"罪状。主要作了两项修改:(1)将"违反法律、行政法规规定"改为"违反国家规定",删去了地方法规和单位的规定;(2)将"造成重大损失的"犯罪结果改为"数额巨大或者造成重大损失的"犯罪结果,增加规定违法发放贷款"数额巨大"犯罪结果的规定,违法发放贷款数额巨大,即使没有造成重大损失的,也构成犯罪。

3. 将违法向关系人发放贷款的犯罪行为作为违法发放贷款罪的从重处罚情节。《刑法修正案(六)》第13条第2款规定"银行或者其他金融机构的工作人员违反国家规定,向关系人发放贷款的,依照前款的规定从重处罚"。这实际上是把违法向关系人发放贷款的犯罪行为作为违法发放贷款罪的从重处罚情节。

(二)刑法规定修改的原因

全国人大常委会《刑法修正案(六)》第13条修改1997年《刑法》第186条规定的主要原因有:

1. 保护银行等金融机构的信贷资金安全的需要。随着社会主义市场经济的深入发展,国家金融机构开展信贷业务为客户提供资金,这是十分必要的。然而,有些金融机构的单位及其工作人员违反国家规定发放贷款,结果贷款本息收不回来,给银行和其他金融机构造成经济损失。为了保护银行等金融机构的信贷资金的安全,必须通过用刑法规定的惩治金融机构及其工作人员违法发放贷款的行为,来确保金融机构信贷资金的安全运转,有效地为经济建设服务。

2. 刑法原规定的违法向关系人发放贷款,必须"造成较大损失的"才构成犯罪,司法实践证明:定罪条件过严,不利于严厉惩治这类犯罪行为。《刑法修正案(六)》第13条规定中,改变了将造成重大损失作为定罪的唯一结果条件,又增加了违反国家规定发放贷款数额巨大的定罪结果条件,只要违反国家规定发放贷款数额巨大,即使没有造成重大损失的,也可以构成犯罪。

3. 刑法原规定不符合逻辑规律。1997年《刑法》第186条第1款规定的是违法向关系人发放贷款,而第2款规定的是违法向关系人以外的其他人发放贷款,第1款是特别规定,第2款是一般规定,这种规定方式不符合一般思维逻辑规律。按理应该是第1款规定违法向一般人发放贷款,而第2款规定违法向特定的关系人发放贷款。因此,我国《刑法修正案(六)》第13条作了调整,将《刑法》第186条第1款中规定为"违法发放贷款罪",第2款中将违法向关系人发放贷款的行为作为违法发放贷款罪的从重处罚情节加以规定,符合一般人的思维逻辑规律。

(三)违法发放贷款罪的适用

违法发放贷款罪是刑法原规定的犯罪,《刑法修正案(六)》第13条对其罪状和法定刑作了调整和修改,要准确适用,就必须先厘清本罪的概念、构成特征、法定刑,以及适用时应注意的问题。

1.违法发放贷款罪的概念。该罪是指银行或者其他金融机构的工作人员,违反国家规定发放贷款,数额巨大或者造成重大损失的行为。

该罪是银行等金融机构及其信贷人员违反国家规定发放贷款,数额巨大或者造成重大经济损失的犯罪。在市场经济条件下,银行等金融机构发放贷款对公司、企业等经济实体提供资金是对生产经营起着至关重要的作用。公司、企业等经济实体的负责人千方百计地拉拢金融机构及其信贷人员,以便得到贷款;而金融机构及其信贷人员徇私情徇私利,违反国家规定发放贷款,结果贷款本息收不回来,给银行或者其他金融机构造成重大经济损失,这是一种严重危害社会的行为。我国1997年《刑法》第186条将这种行为规定为"违法向关系人发放贷款罪"和"违法发放贷款罪"。《刑法修正案(六)》第13条又将1997年《刑法》第186条规定的犯罪作了调整和修改,只规定了违法发放贷款罪一个罪名,而将"银行或者其他金融机构的工作人员违反国家规定,向关系人发放贷款的"行为作为违法发放贷款罪的从重处罚的情节。最高人民法院、最高人民检察院《关于执行〈中华人民共和国刑法〉确定罪名的补充规定(三)》取消了"违法向关系人发放贷款"的罪名。

2.犯罪的构成特征。根据1997年《刑法》第186条和《刑法修正案(六)》第13条规定,该罪的构成特征有:

(1)犯罪主体,是特殊主体,即必须是银行或者其他金融机构的单位及其工作人员。犯罪主体在主观上都是故意的,过失心理态度的不能构成本罪的犯罪主体。单位可以构成本罪。

(2)犯罪行为,必须是违反国家规定发放贷款的行为,或者违反国家规定,向关系人发放贷款的行为。

(3)犯罪结果,违反国家规定向一般人发放贷款,只有达到数额巨大或者造成重大损失的结果才构成犯罪,一般是指违法发放贷款,数额在200万元以上的或者造成直接经济损失数额在50万元以上的结果。但是,银行或者其他金融机构的工作人员违反国家规定向关系人发放贷款的行为,不需要达到上述结果的也可以构成犯罪,只要违反国家规定向关系人发放贷款的,就可以构成本罪,而且要从重处罚。

3.违法发放贷款罪的法定刑。根据《刑法》第186条规定,本罪的法定刑有:

(1)构成本罪的,处5年以下有期徒刑或者拘役,并处1万元以上10万元以下罚金。

(2)犯本罪,数额特别巨大或者造成特别重大损失的,处5年以上有期徒刑,并处2万元以上20万元以下罚金。

(3)银行或者其他金融机构的工作人员违反国家规定,向关系人发放贷款的,依照前款的规定从重处罚。

(4)单位犯前两款罪的,对单位判处罚金,并对其直接负责的主管人员和其他直接责任人员,依照前两款的规定处罚。

4.本罪适用时应注意以下问题:

(1)注意划清罪与非罪的界限。

第一,一般而言,违法发放贷款罪是结果犯,必须是"数额巨大或者造成重大损失的"才构成犯罪;达不到上述结果的不构成犯罪。而违法向关系人发放贷款的,刑法没有规定必须造成何种结果才构成犯罪,应是行为犯,原则上只要实施了违法向关系人发放贷款的,就可以构成犯罪,但根据《刑法》第13条规定,情节显著轻微危害不大的,不认为是犯罪。

第二，本罪是故意犯罪，并且必须故意违法发放贷款的行为才构成犯罪。过失行为不构成犯罪。

(2) 注意准确认定本罪的"数额巨大或者造成重大损失的"结果。我国《刑法》第 186 条第 1 款规定的违法发放贷款"数额巨大或者造成重大损失的"结果，才构成犯罪。这里只要有"数额巨大"或者"造成重大损失"情形之一的就可以构成犯罪。

何为"数额巨大"或者"造成重大损失"，刑法没有具体规定。根据 2022 年 5 月 15 日施行的最高人民检察院、公安部《关于公安机关管辖的刑事案件立案追诉标准的规定(二)》第 37 条规定，涉嫌下列情形之一的，应予立案追诉：①违法发放贷款，数额在 200 万元以上的。②违法发放贷款，造成直接经济损失数额在 50 万元以上的。

(3) 注意准确认定"数额特别巨大""特别重大损失"的结果。我国《刑法》第 186 条规定，银行或者其他金融机构的工作人员违反国家规定发放贷款，"数额特别巨大或者造成特别重大损失的"，处加重法定刑。

何为"数额特别巨大""特别重大损失"，刑法没有具体规定，笔者认为，"数额特别巨大""特别重大损失"应在"数额巨大""重大损失"的基础上，有一项或者几项更加严重的情形。参照最高人民检察院、公安部《关于经济犯罪案件追诉标准的规定(二)》第 37 条规定中关于"重大损失"的解释，加倍认定为宜。

(4) 注意研究违法发放贷款罪的罪过形式。《刑法》第 186 条规定违法发放贷款罪是故意犯罪还是过失犯罪有不同意见。第一种意见认为，《刑法》第 186 条规定的犯罪既可以是故意犯罪，也可以是过失犯罪，而故意犯罪只能是间接故意犯罪。第二种意见认为，《刑法》第 186 条规定的犯罪只能是过失犯罪，即行为人对违法发放贷款的行为是故意的，但对造成重大损失结果是过失的，因而是过失犯罪。笔者认为，对这类犯罪人在主观上是故意还是过失的心理状态应依照《刑法》总则第 14 条、第 15 条规定对犯罪行为和行为所造成的直接结果的心理状态是故意还是过失，不应根据行为人对行为所发生的间接结果的心理状态而认定。本条规定的犯罪行为是违法发放贷款的行为，违法发放贷款的行为所发生的直接结果是把贷款发放给不应得到贷款的人所使用，不应得到贷款人得到了违法发放的贷款就是本案违法发放贷款行为所发生的直接结果。违法发放贷款人对这种结果是希望还是放任的故意态度还是疏忽大意或者过于自信的过失态度，是区别本罪是故意犯罪还是过失犯罪的关键。本条规定的犯罪人对自己违法发放贷款行为会发生不应得到贷款人得到贷款结果是希望的心理态度。因此，违法发放贷款人主观上是故意的心理状态，应认定为是故意犯罪。至于行为人对违法贷款行为的本息能否收回来，是违法贷款行为的间接结果，行为人对这种间接结果的心理态度一般不影响对犯罪是故意犯罪还是过失犯罪性质的认定。当然，这种间接结果可能是构成犯罪的必要要件，对是否构成犯罪起着决定性的作用，但其不能影响犯罪是故意还是过失的性质的认定。

(5) 要注意厘清关系人和非关系人的界限。根据《刑法》第 186 条第 2 款规定，违反国家规定，向关系人发放贷款，是违法发放贷款罪的法定从重处罚情节，因此，要准确认定关系人的范围，划清关系人与非关系人的界限对定罪量刑有重要意义。根据《刑法》第 186 条第 4 款规定："关系人的范围，依照《中华人民共和国商业银行法》和有关金融法规确定。"根据《商业银行法》的规定，关系人是指：①商业银行的董事、监事、管理人员、信贷业务人员及其近亲属；

②前项所列人员投资或者担任高级管理职务的公司、企业和其他经济组织。有关金融法规都引用上述《商业银行法》对关系人范围的规定。司法实践中都严格按上述规定确定关系人的范围,准确定罪和量刑。

十六、吸收客户资金不入账罪

吸收客户资金不入账罪是《刑法修正案(六)》第14条对1997年《刑法》第187条修改的犯罪。我国1997年《刑法》第187条规定有"用账外客户资金非法拆借、发放贷款罪"。《刑法修正案(六)》第14条对1997年《刑法》第187条的规定作了修改和调整,取消了"以牟利为目的,用账外客户资金非法拆借、发放贷款的"行为,而改为"吸收客户资金不入账,数额巨大或者造成重大损失的"犯罪行为。最高人民法院、最高人民检察院《关于执行〈中华人民共和国刑法〉确定罪名的补充规定(三)》规定为该罪名,取消用账外客户资金非法拆借、发放贷款罪罪名。

(一)刑法规定内容的修改

刑法条文中有关吸收客户资金不入账罪的修改规定是:

1. 1997年《刑法》第187条规定:"银行或者其他金融机构的工作人员以牟利为目的,采取吸收客户资金不入账的方式,将资金用于非法拆借、发放贷款,造成重大损失的,处五年以下有期徒刑或者拘役,并处二万元以上二十万元以下罚金;造成特别重大损失的,处五年以上有期徒刑,并处五万元以上五十万元以下罚金。单位犯前款罪的,对单位判处罚金,并对其直接负责的主管人员和其他直接责任人员,依照前款的规定处罚。"

2. 2006年6月29日全国人大常委会《刑法修正案(六)》第14条规定:"将刑法第一百八十七条第一款修改为:'银行或者其他金融机构的工作人员吸收客户资金不入账,数额巨大或者造成重大损失的,处五年以下有期徒刑或者拘役,并处二万元以上二十万元以下罚金;数额特别巨大或者造成特别重大损失的,处五年以上有期徒刑,并处五万元以上五十万元以下罚金。'"

上述对1997年《刑法》第187条的规定作了如下补充规定。

1. 取消了"用账外客户资金非法拆借、发放贷款罪"的罪名。我国1997年《刑法》第187条第1款规定"银行或者其他金融机构的工作人员以牟利为目的,采取吸收客户资金不入账的方式,将资金用于非法拆借、发放贷款,造成重大损失的"行为。司法解释为"用账外客户资金非法拆借、发放贷款罪"的罪名。《刑法修正案(六)》第14条对1997年《刑法》第187条规定作了修改,取消了"用账外客户资金非法拆借、发放贷款罪"改为"吸收客户资金不入账罪"的新罪。

2. 补充规定了吸收客户资金不入账罪的罪状。1997年《刑法》第187条规定"银行或者其他金融机构的工作人员以牟利为目的,采取吸收客户资金不入账的方式,将资金用于非法拆借、发放贷款,造成重大损失的"罪状,《刑法修正案(六)》第14条修改为"银行或者其他金融机构的工作人员吸收客户资金不入账,数额巨大或者造成重大损失的"罪状。归纳起来,主要作了三项修改:(1)将"以牟利为目的,采取吸收客户资金不入账的方式,将资金用于非法拆借、发放贷款"改为"吸收客户资金不入账",删去了"以牟利为目的"的主观要件;(2)删去了"将资金用于非法拆借、发放贷款"的犯罪行为条件;(3)将"造成重大损失的"结果,改为

"数额巨大或者造成重大损失的"结果,增加规定了吸收客户资金不入账"数额巨大"的结果条件,将"数额特别巨大或者造成特别重大损失的"要适用加重法定刑,最高处15年有期徒刑,并处5万元以上50万元以下罚金。

(二)刑法规定修改的原因

《刑法修正案(六)》第14条修改1997年《刑法》第187条规定的主要原因有:

1. 吸收客户资金不入账本身就是违法犯罪行为,需要刑法加以规定。我国1997年《刑法》第187条规定"银行或者其他金融机构的工作人员以牟利为目的,采取吸收客户资金不入账的方式,将资金用于非法拆借、发放贷款,造成重大损失的"才构成犯罪,只是吸收客户资金不入账的行为不构成犯罪。而有关金融管理法规规定,吸收客户资金不入账就是违法行为,情节严重的构成犯罪。但刑法并没有作具体规定,这不利于惩治这类犯罪行为。《刑法修正案(六)》第14条规定中,取消了用账外客户资金非法拆借、发放贷款的限制定罪条件,只要实施了吸收客户资金不入账,数额巨大或者造成重大损失的,就可以构成犯罪。

2. 1997年《刑法》第185条规定了银行或其他金融机构的工作人员利用职务上的便利,挪用本单位或者客户资金的犯罪行为,《刑法修正案(六)》第12条中增加了1997年《刑法》第185条之一,其中规定了银行等金融机构擅自运用客户信托资财的犯罪行为,其中包括金融机构的单位及其工作人员"用账外客户资金非法拆借、发放贷款"的犯罪行为。因此《刑法修正案(六)》第14条对1997年《刑法》第187条规定也应作修改,取消了"用账外客户资金非法拆借、发放贷款"的犯罪行为,防止了重复规定。

(三)吸收客户资金不入账罪的适用

吸收客户资金不入账罪是《刑法修正案(六)》第14条对1997年《刑法》第187条修改的犯罪。要准确适用,就必须先厘清本罪的概念、构成特征、法定刑,以及适用时应注意的问题。

1. 吸收客户资金不入账罪的概念。该罪是指银行或者其他金融机构的工作人员吸收客户资金不入账,数额巨大或者造成重大损失的行为。

在市场经济条件下,银行等金融机构的单位吸收客户资金,将社会上的闲散资金集中起来,然后放贷给急需资金的公司、企业进行经济活动,为社会主义经济建设提供资金保障。而在现实中,有些金融机构的单位及其工作人员,吸收客户资金不入账,不但给客户资金造成损失,而且扰乱了社会主义金融秩序,这是对社会有严重危害的行为。我国1997年《刑法》第187条规定吸收客户资金不入账,并用账外客户资金非法拆借、发放贷款的行为才构成犯罪。《刑法修正案(六)》第14条又将1997年《刑法》第187条规定的犯罪行为作了修改,只要吸收客户资金不入账,数额巨大或者造成重大损失的,就可以构成犯罪。

2. 犯罪的构成特征。根据《刑法》第187条和《刑法修正案(六)》第14条规定,该罪的构成特征有:

(1)犯罪主体,是特殊主体,必须是银行或者其他金融机构的单位及其工作人员。犯罪主体在主观上是故意吸收客户资金不入账;由于过失,吸收了客户资金忘记入账的,不能构成本罪的犯罪主体。单位可以构成本罪。

(2)犯罪行为,必须吸收客户资金不入账的行为。所谓不入账是指不入金融机构单位的储蓄信贷的账户上。如果记入单位小金库或者其他另立的账户上,也属于不入账。

(3)犯罪结果。本罪是结果犯,必须是吸收客户资金不入账"数额巨大或者造成重大损失的结果"才构成犯罪;达不到上述结果,一般不构成本罪。

根据最高人民检察院、公安部2022年5月15日颁布的《关于公安机关管辖的刑事案件立案追诉标准的规定(二)》第38条规定,涉嫌下列情形之一的,应予立案追诉:①吸收客户资金不入账,数额在200万元以上的。②吸收客户资金不入账,造成直接经济损失数额在50万元以上的。具备上述情形之一的,就可以构成本罪的结果。

3. 吸收客户资金不入账罪的法定刑。根据1997年《刑法》第187条的规定,本罪的法定刑有:

(1)构成本罪的,处5年以下有期徒刑或者拘役,并处2万元以上20万元以下罚金。

(2)犯本罪,数额特别巨大或者造成特别重大损失的,处5年以上有期徒刑,并处5万元以上50万元以下罚金。

(3)单位犯本罪的,对单位判处罚金,并对其直接负责的主管人员和其他直接责任人员,依照前两款的规定处罚。

4. 本罪适用时应注意以下问题:

(1)注意划清罪与非罪的界限。

第一,吸收客户资金不入账罪的主体是特殊主体,必须是金融机构的单位及其工作人员,非金融机构的单位和工作人员不构成本罪。

第二,本罪是故意犯罪,吸收客户资金故意不入账的行为的才构成犯罪。过失行为,不构成本罪。

第三,吸收客户资金不入账罪是结果犯,必须是"数额巨大或者造成重大损失的"才构成犯罪;达不到上述结果的不构成犯罪。根据司法解释,数额巨大是指数额在200万元以上的;造成重大损失是指直接经济损失数额在50万元以上的。

(2)注意准确认定"数额特别巨大""特别重大损失"的结果。我国《刑法》第187条规定,银行或者其他金融机构的工作人员吸收客户资金不入账,"数额特别巨大或者造成特别重大损失的",处加重法定刑。

何为"数额特别巨大""特别重大损失",刑法没有具体规定,目前也没有司法解释。笔者认为,"数额特别巨大""特别重大损失"应在"数额巨大""重大损失"的基础上,有一项或者两项更加严重的情形。

(3)划清本罪与背信运用受托财产罪的界限。我国《刑法》第185条之一第1款规定了背信运用受托财产罪,只有单位才能构成犯罪,其中擅自运用客户信托资财,也包括擅自运用不入账的客户资金。如果金融机构及其工作人员吸收客户资金不入账,又擅自运用,应分别认定为本罪和挪用资金罪或者挪用公款罪、背信运用受托财产罪,实行数罪并罚。

十七、违规出具金融票证罪

违规出具金融票证罪是《刑法修正案(六)》第15条对1997年《刑法》第188条修改的犯罪。我国1997年《刑法》第188条规定有非法出具金融票证罪。《刑法修正案(六)》第15条对1997年《刑法》第188条规定的罪状作了修改。2007年11月6日实施的最高人民法院、最高人民检察院《关于执行〈中华人民共和国刑法〉确定罪名的补充规定(三)》规定为该罪名,取消了非法出具金融票证罪罪名。

（一）刑法规定内容的修改

刑法条文中有关违规出具金融票证罪的修改规定包括：

1. 1997年《刑法》第188条规定："银行或者其他金融机构的工作人员违反规定，为他人出具信用证或者其他保函、票据、存单、资信证明，造成较大损失的，处五年以下有期徒刑或者拘役；造成重大损失的，处五年以上有期徒刑。单位犯前款罪的，对单位判处罚金，并对其直接负责的主管人员和其他直接责任人员，依照前款的规定处罚。"

2. 2006年6月29日全国人大常委会《刑法修正案（六）》第15条规定："将刑法第一百八十八条第一款修改为：'银行或者其他金融机构的工作人员违反规定，为他人出具信用证或者其他保函、票据、存单、资信证明，情节严重的，处五年以下有期徒刑或者拘役；情节特别严重的，处五年以上有期徒刑。'"

上述《刑法修正案（六）》对1997年《刑法》第188条的规定主要是对犯罪结果作了修改：将原规定的"造成较大损失的"和"造成重大损失的"改为"情节严重的"和"情节特别严重的"，既包括数额情节，也包括其他情节，扩大了犯罪结果的范围。

（二）刑法规定修改的原因

全国人大常委会《刑法修正案（六）》第15条对1997年《刑法》第188条规定修改的主要原因是：

我国1997年《刑法》第188条规定银行或者其他金融机构及其工作人员为他人出具金融票证造成较大损失的，才构成犯罪，造成重大损失的，处加重法定刑，把构成犯罪的标准只限定在损失结果上，如果没有造成损失结果，即使其他情节严重的，也不构成犯罪。但是，在客观现实中，有许多金融机构的单位及其工作人员非法开具金融票证没有造成损失，但情节严重，造成很坏的影响，严重扰乱了金融秩序；也有的金融机构非法出具金融票证后，由于各方的努力挽回了经济损失，但造成了恶劣的政治影响，具有严重社会危害性，由于刑法规定必须是造成较大损失的才构成犯罪，而不能依法追究其刑事责任。《刑法修正案（六）》第15条规定，将非法出具金融票证罪的犯罪结果修改为"情节严重的"和"情节特别严重的"结果，既包括经济损失情节，也包括其他的情节，扩大了惩治犯罪的范围。2007年11月6日实施的最高人民法院、最高人民检察院《关于执行〈中华人民共和国刑法〉确定罪名的补充规定（三）》将"非法出具金融票证罪"罪名改为"违规出具金融票证罪"，使罪名更符合刑法条文规定。

（三）违规出具金融票证罪的适用

违规出具金融票证罪是1997年《刑法》第188条规定的犯罪，《刑法修正案（六）》第15条对1997年《刑法》第188条规定的罪状作了修改。要准确适用，就必须先厘清本罪的概念、构成特征、法定刑，以及适用时应注意的问题。

1. 违规出具金融票证罪的概念。该罪是指银行等金融机构的单位及其工作人员，违反规定为他人出具信用证或者其他保函、票据、存单、资信证明，情节严重的行为。

在市场经济条件下，增加了单位与单位、单位与个人之间频繁的经济往来活动，为了使受益双方的经济活动得以实现，防止上当受骗，一般通过银行等金融机构出具信用证明，由金融机构从中起保证作用。银行等金融机构应当如实出具信用证明，如果银行等金融机构出具虚假资信证明，银行等金融机构要承担保证的责任。

信用证,是银行为受益人双方按协议开具兑现款项的保证单。根据我国《商业银行法》规定,开具信用证必须严格依法如实开具。在我国经济活动中,有些金融机构单位或者金融机构的工作人员违反规定为他人出具虚假内容的金融票证,有的情节严重,有的还造成严重的损失,具有严重的社会危害性。我国1997年《刑法》第188条将非法出具金融票证,情节严重的行为规定为犯罪,情节特别严重的加重法定刑,最高可以处15年有期徒刑。

2.犯罪的构成特征。根据《刑法》第188条和《刑法修正案(六)》第15条规定,该罪的构成特征有:

(1)犯罪主体是特殊主体,即必须是银行或者其他金融机构的单位及其工作人员。犯罪主体在主观上是故意违反规定出具金融票证;主观上是过失的不能构成本罪的犯罪主体。

(2)犯罪行为,必须违反规定开具金融票证的行为。违反规定,包括违反国家规定,也包括违反金融系统和金融单位有关出具金融票证的程序规定和实体规定。

金融票证,是指《刑法》第188条规定的信用证或者其他保函、票据、存单、资信证明,范围不能扩大或者缩减。其中,信用证包括:信开信用证、电开信用证、环球银行金融电信协会信用证。

保函,是银行等金融机构以其自身的信用为他人承担责任的担保文件,是银行的重要资信文件。当前,我国法律规定只限于商业银行出具保函。

票据,是指我国票据法规定的汇票、本票、支票等。资信证明,是证明一个人或者一个单位的在银行的经济实力情况的文件。

所谓出具金融票证的行为,只要将金融票证开出交与他人,就是出具了金融票证行为,至于金融票证是真是假,持有金融票证的人是否使用,不影响本罪的成立。

(3)犯罪结果,本罪是结果犯,即非法出具金融票证"情节严重的结果"才构成犯罪;达不到上述结果,一般不构成犯罪。

《刑法》第188条没有具体规定何为"情节严重的"。根据2022年5月15日施行的最高人民检察院、公安部《关于公安机关管辖的刑事案件立案追诉标准的规定(二)》第39条规定,涉嫌下列情形之一的,应予立案追诉:①违反规定为他人出具信用证或者其他保函、票据、存单、资信证明,数额在200万元以上的;②违反规定为他人出具信用证或者其他保函、票据、存单、资信证明,造成直接经济损失数额在50万元以上的;③多次违规出具信用证或者其他保函、票据、存单、资信证明的;④接受贿赂违规出具信用证或者其他保函、票据、存单、资信证明的;⑤其他情节严重的情形。具备上述情形之一的,就可以构成本罪的结果。

3.违规出具金融票证罪的法定刑。根据《刑法》第188条规定,本罪的法定刑是:

(1)构成本罪的,处5年以下有期徒刑或者拘役。

(2)犯本罪,情节特别严重的,处5年以上有期徒刑。

(3)单位犯前两款罪的,对单位判处罚金,并对其直接负责的主管人员和其他直接责任人员,依照前两款的规定处罚。

4.本罪适用时应注意以下问题:

(1)注意划清罪与非罪的界限。

第一,违规出具金融票证罪的主体是特殊主体,必须是金融机构的单位及其工作人员,非金融机构的单位和工作人员不构成本罪。

第二,本罪是故意犯罪,故意违规出具金融票证的行为才构成犯罪。过失行为不构成本罪。

第三,违规出具金融票证罪是结果犯,必须是"情节严重的"才构成犯罪,达不到上述结果的不构成犯罪。情节严重的情形,依照最高人民检察院、公安部《关于公安机关管辖的刑事案件立案追诉标准的规定(二)》的解释确定。

(2)划清本罪与伪造、变造金融票证罪的界限。我国《刑法》第 177 条规定的伪造、变造金融票证罪中包括伪造票据、票据凭证、信用证、信用证凭据、信用卡等。金融机构的单位及其工作人员为他人出具虚假的金融票证的行为,如何定罪?笔者认为,金融机构的单位及其工作人员为他人出具虚假的金融票证,是为了起资信证明作用的,应定为本罪,即违规出具金融票证罪,属于犯罪手段牵连,不再认定为伪造、变造金融票证罪;如果不是起资信证明作用的,则应定为伪造、变造金融票证罪;如果为了诈骗财物,金融机构及其工作人员伪造、变造金融票证,应依照《刑法》第 177 条规定,认定伪造、变造金融票证罪;如果使用伪造、变造的金融票证或者违规出具的金融票证的行为,应依据《刑法》第 194 条、第 195 条、第 196 条、第 197 条规定的票据诈骗罪、金融凭证诈骗罪、信用证诈骗罪、信用卡诈骗罪、有价证券诈骗罪等分别追究刑事责任。

十八、洗钱罪

洗钱罪是《刑法修正案(三)》《刑法修正案(六)》《刑法修正案(十一)》对 1997 年《刑法》第 191 条修改补充的犯罪。我国 1997 年《刑法》第 191 条规定有洗钱罪,《刑法修正案(三)》对洗钱罪的上游犯罪作了补充规定,《刑法修正案(六)》第 16 条又对洗钱罪的上游犯罪作了补充规定,《刑法修正案(十一)》对 1997 年《刑法》第 191 条规定的洗钱罪的罪状中"明知"毒品等犯罪,改为"为掩饰"毒品等犯罪、将"协助洗钱"犯罪行为,改为"自洗钱"犯罪行为和对"定额罚金"改为"概括罚金",但其罪名没有改变。[详见《刑法修正案(十一)》修改的犯罪(十)洗钱罪]

十九、组织残疾人、儿童乞讨罪

组织残疾人、儿童乞讨罪是《刑法修正案(六)》第 17 条在 1997 年《刑法》第 262 条之一中补充规定的新犯罪。我国刑法原没有这种犯罪的规定,《刑法修正案(六)》第 17 条在 1997 年《刑法》第 262 条之后增加一条,作为 1997 年《刑法》第 262 条之一,在该条中规定了该种犯罪。2007 年 11 月 6 日实施的最高人民法院、最高人民检察院《关于执行〈中华人民共和国刑法〉确定罪名的补充规定(三)》规定为该罪名。

(一)刑法规定内容的修改

刑法中有关组织残疾人、儿童乞讨罪的规定是:

1. 1997 年《刑法》第 262 条规定:"拐骗不满十四周岁的未成年人,脱离家庭或者监护人的,处五年以下有期徒刑或者拘役。"

1997 年《刑法》第 244 条之一规定:"违反劳动管理法规,雇用未满十六周岁的未成年人从事超强度体力劳动的,或者从事高空、井下作业的,或者在爆炸性、易燃性、放射性、毒害性等危险环境下从事劳动,情节严重的,对直接责任人员,处三年以下有期徒刑或者拘役,并处罚金;情节特别严重的,处三年以上七年以下有期徒刑,并处罚金。有前款行为,造成事故,又构成其他犯罪的,依照数罪并罚的规定处罚。"

2. 2006年6月29日全国人大常委会《刑法修正案(六)》第17条规定:"在刑法第二百六十二条后增加一条,作为第二百六十二条之一:'以暴力、胁迫手段组织残疾人或者不满十四周岁的未成年人乞讨的,处三年以下有期徒刑或者拘役,并处罚金;情节严重的,处三年以上七年以下有期徒刑,并处罚金。'"

(二)刑法规定修改的原因

我国刑法中有一系列保护残疾人、儿童的合法权益的规定,例如《刑法》第17条规定,已满14周岁不满16周岁的人,犯故意杀人、故意伤害致人重伤或者死亡、强奸、抢劫、贩卖毒品、放火、爆炸、投放危险物质罪的,应当负刑事责任。已满14周岁不满16周岁的人有其他危害社会的行为不构成犯罪。因不满16周岁不予刑事处罚的,责令其父母或者其他监护人加以管教;在必要的时候,依法进行专门矫治教育。第18条规定,精神病人在不能辨认或者不能控制自己行为的时候造成危害结果,经法定程序鉴定确认的,不负刑事责任,尚未完全丧失辨认或者控制自己行为能力的精神病人犯罪的,应当负刑事责任,但是可以从轻或者减轻处罚。第19条规定,又聋又哑的人或者盲人犯罪,可以从轻、减轻或者免除处罚。第49条规定,犯罪的时候不满18周岁的人和审判的时候怀孕的妇女,不适用死刑。第261条规定,对于年老、年幼、患病或者其他没有独立生活能力的人,负有扶养义务而拒绝扶养,情节恶劣的,处5年以下有期徒刑、拘役或者管制。第244条之一规定,违反劳动管理法规,雇用未满16周岁的未成年人从事超强度体力劳动的,或者从事高空、井下作业的,或者在爆炸性、易燃性、放射性、毒害性等危险环境下从事劳动,情节严重的,对直接责任人员,处3年以下有期徒刑或者拘役,并处罚金;情节特别严重的,处3年以上7年以下有期徒刑,并处罚金。有前款行为,造成事故,又构成其他犯罪的,依照数罪并罚的规定处罚。该条依法惩治雇用未成年人从事危重体力劳动的犯罪行为。第262条规定,拐骗不满14周岁的未成年人,脱离家庭或者监护人的,处5年以下有期徒刑或者拘役。改革开放以后,有的人以谋利为目的,使用暴力、胁迫手段组织一些残疾人或者出家逃走的不满14周岁的未成年人进行乞讨,成为暴发户,而残疾人、未成年人的人格尊严受到了严重的侵犯;也有些人混进乞讨人群中进行违法犯罪活动,严重扰乱了社会治安秩序。我国《刑法修正案(六)》第17条规定以暴力、胁迫手段组织残疾人或者不满14周岁的未成年人乞讨的行为构成犯罪,最高处7年有期徒刑,并处罚金。

(三)组织残疾人、儿童乞讨罪的适用

组织残疾人、儿童乞讨罪是《刑法修正案(六)》第17条在1997年《刑法》第262条之一中增加规定的犯罪。要准确适用,就必须先厘清本罪的概念、构成特征、法定刑,以及适用时应注意的问题。

1.组织残疾人、儿童乞讨罪的概念。本罪是指以暴力、胁迫手段组织残疾人或者不满14周岁的未成年人乞讨的行为。

该罪是侵犯残疾人、未成年人人身权利的犯罪。在社会主义国家,公民的人身权利受国家法律保护,残疾人、未成年人是弱势群体,受国家法律的特别保护。以暴力、胁迫手段组织残疾人、未成年人进行乞讨,是对残疾人、未成年人人身权利的严重侵犯,是对社会有危害的行为。我国《刑法》第262条之一,将以暴力、胁迫手段组织残疾人或者不满14周岁的未成年人进行乞讨的行为规定为犯罪,最高处7年有期徒刑,并处罚金。

2.犯罪的构成特征。根据《刑法》第262条之一和《刑法修正案(六)》第17条规定,该罪的构成特征有：

(1)犯罪主体,是一般主体,凡是年满16周岁的具有刑事责任能力,实施了以暴力、胁迫手段组织残疾人、不满14周岁的未成年人,即儿童进行乞讨行为的自然人都可以构成本罪的犯罪主体。犯罪主体在主观上是故意的,过失的心理态度不构成本罪的主体。

(2)犯罪行为,必须是以暴力、胁迫手段组织残疾人或者不满14周岁的未成年人,即儿童进行乞讨的行为。犯罪手段是使用暴力、胁迫的手段。

所谓暴力,是指以殴打、捆绑、拘禁等武力限制人身自由的方法强迫残疾人、不满14周岁的未成年人为其进行乞讨活动。

所谓胁迫,是指以冻饿、加害等精神强制方法迫使残疾人、不满14周岁的未成年人不得不为其进行乞讨活动。

犯罪对象是残疾人,残疾人是指在心理、生理、人体结构上,某种组织、功能丧失或者不正常,全部或者部分丧失以正常方式从事某种活动能力的人,即根据国务院规定经有关机关评定为有伤残等级的人。残疾人包括视力残疾、听力残疾、语言残疾、肢体残疾、智力残疾、精神残疾、多重残疾和其他残疾的人。

所谓儿童,是指不满14周岁的自然人。犯罪行为是组织残疾人、不满14周岁的未成年人乞讨的行为。

所谓组织,是指收罗、聚集、联络、指挥、控制残疾人、不满14周岁的未成年人进行乞讨活动。

所谓乞讨,是指向他人要钱要物等活动。只要实施了以暴力、胁迫的手段组织残疾人、儿童进行乞讨活动的,就可以构成犯罪。

(3)犯罪结果,本罪是行为犯,只要故意实施了以暴力、胁迫的手段组织残疾人、儿童乞讨行为就可以构成犯罪,但是情节显著轻微危害不大的,不认为是犯罪。

3.组织残疾人、儿童乞讨罪的法定刑。根据《刑法》第262条之一的规定,本罪的法定刑有：

(1)构成本罪的,处3年以下有期徒刑或者拘役,并处罚金。

(2)犯本罪,情节严重的,处3年以上7年以下有期徒刑,并处罚金。

4.本罪适用时应注意以下问题：

(1)注意划清罪与非罪的界限。

第一,我国刑法规定的组织残疾人、儿童乞讨罪的主体是一般主体,单位和不满16周岁的自然人不构成本罪。进行乞讨的残疾人、不满14周岁的未成年人不构成本罪。

第二,本罪是故意犯罪,故意以暴力、胁迫的手段组织残疾人、儿童进行乞讨的行为才构成犯罪。过失行为不构成本罪。

第三,本罪是行为犯,只要实施了本罪的犯罪行为就可以构成犯罪,但是还应根据《刑法》第13条规定,情节显著轻微危害不大的,不认为是犯罪。

(2)划清本罪与雇用童工从事危重劳动罪的界限。我国《刑法》第244条之一规定的"违反劳动管理法规,雇用未满十六周岁的未成年人从事超强度体力劳动的,或者从事高空、井下作业的,或者在爆炸性、易燃性、放射性、毒害性等危险环境下从事劳动,情节严重的"犯罪行为和本条规定的"以暴力、胁迫手段组织残疾人或者不满十四周岁的未成年人乞讨的"犯罪行为都是侵犯未成年人合法权利的犯罪。二罪的根本区别是让儿童从事的活动的内容不同。《刑法》第244条之一规定的是让未成年人从事危重体力劳动活动,而本罪是从事乞讨活动。以此将二者区分开。

二十、赌博罪

赌博罪是《刑法修正案(六)》第18条第1款对1997年《刑法》第303条规定的赌博罪的罪状作了一些修改,其罪名没有改变。

(一)刑法规定内容的修改

刑法中有关赌博罪的规定是:

1. 1997年《刑法》第303条规定:"以营利为目的,聚众赌博、开设赌场或者以赌博为业的,处三年以下有期徒刑、拘役或者管制,并处罚金。"

2. 2006年6月29日全国人大常委会《刑法修正案(六)》第18条规定:"将刑法第三百零三条修改为:'以营利为目的,聚众赌博或者以赌博为业的,处三年以下有期徒刑、拘役或者管制,并处罚金。开设赌场的,处三年以下有期徒刑、拘役或者管制,并处罚金;情节严重的,处三年以上十年以下有期徒刑,并处罚金'。"

上述《刑法修正案(六)》第18条对1997年《刑法》第303条规定的赌博罪作了修改,主要是将开设赌场犯罪从赌博罪中分离出来,单独构成开设赌场罪,并增加了一档次的法定刑,最高处10年有期徒刑,并处罚金。

(二)刑法规定修改的原因

我国1997年《刑法》第303条规定的赌博罪的犯罪行为包括:聚众赌博的行为,开设赌场的行为和以赌博为业的行为。对上述三种赌博行为都构成赌博罪,处3年以下有期徒刑、拘役或者管制,并处罚金。我国当前赌博活动猖獗,赌博范围广、数额巨大,特别是开设赌场的犯罪行为是为赌博提供场所条件,甚至利用计算机网络建立赌博网站或者为赌博网站担任代理,接受投注的赌场使赌博的规模更大,社会危害更严重,而我国上述刑法规定的法定刑太轻,没有震慑力,不能有力地惩治赌博犯罪分子,请求修改刑法上述规定,加重对赌博罪的法定刑。我国《刑法修正案(六)》第18条将开设赌场的犯罪行为单独作为一款规定,并规定了加重法定刑,即只要开设赌场就构成犯罪。2007年11月6日实施的最高人民法院、最高人民检察院《关于执行〈中华人民共和国刑法〉确定罪名的补充规定(三)》将开设赌场的行为单独规定一个罪名,由此,刑法中赌博罪的罪状中不再包括开设赌场的行为。

(三)赌博罪的适用

赌博罪是《刑法修正案(六)》第18条第1款对1997年《刑法》第303条修改的犯罪。要准确适用,就必须先厘清本罪的概念、构成特征、法定刑,以及适用时应注意的问题。

1. 赌博罪的概念。赌博罪是指以营利为目的,聚众赌博或者以赌博为业的行为。

赌博,是一种不劳而获的投机诈骗犯罪活动。当前,赌博的形式繁多,有的用扑克、麻将、牌九等形式进行赌博;有的用赌球、赌马、六合彩的形式赌博;还有的用电话、网络、手机、赌博机等工具开设赌场进行赌博;有的在国内、国边界、出国赌博;也有的是进行贿赂赌博。赌博活动并不产生社会价值,参赌者最终都要输钱。由于赌博输钱常常造成家破人亡,甚至会引发抢劫、盗窃、杀人、伤害等犯罪活动,严重扰乱社会治安秩序,是一种对社会危害很大的犯罪行为。我国《刑法》第303条第1款将"以营利为目的,聚众赌博或者以赌博为业"的行为规定犯罪,最高处3年有期徒刑,并处罚金。

2. 犯罪的构成特征。根据《刑法》第303条第1款和《刑法修正案(六)》第18条第1款规定,该罪的构成特征有:

(1)犯罪主体,是一般主体,凡是年满16周岁的具有刑事责任能力,实施了赌博行为的自然人都可以构成赌博罪的犯罪主体,其包括聚赌者、惯赌者。犯罪主体在主观上是故意的,并且是以营利为目的;以娱乐为目的进行赌博的行为不构成犯罪。

(2)犯罪行为,必须具有赌博的行为。具体表现有:

①聚众赌博行为,是指收罗、聚集、联络、组织、指挥、控制他人进行赌博活动从中抽头盈利的行为。

②以赌博为业的行为,是指经常赌博,一贯赌博,有的没有职业以赌博为业,有的有职业而经常参与赌博活动,屡教不改。只要具备上述两种行为之一的,就可以构成赌博罪。

(3)犯罪结果,本罪是行为犯,只要以营利为目的,故意实施了聚众赌博或以赌博为常业的行为就可以构成犯罪。但是,以娱乐为目的或者情节显著轻微危害不大的赌博行为,不认为是犯罪。

3. 赌博罪的法定刑。根据《刑法》第303条第1款规定,本罪的法定刑为:构成赌博罪的,处3年以下有期徒刑、拘役或者管制,并处罚金。

4. 赌博罪适用时应注意以下问题:

(1)注意划清罪与非罪的界限。

第一,赌博罪的主体是一般主体,单位和不满16周岁的自然人不构成本罪。本罪主体有两类:一是赌头,即聚众赌博的抽头营利者;二是赌棍,以赌博为常业的惯犯。对于偶尔参与赌博者,一般不构成犯罪。

第二,本罪是故意犯罪,并且必须以营利为目的进行赌博,如果以娱乐为目的进行少量的赢输活动的赌博行为不构成犯罪。

第三,本罪是行为犯,只要实施了赌博犯罪行为的就可以构成犯罪,但是情节显著轻微危害不大的不认为是犯罪。根据2005年5月13日实施的最高人民法院、最高人民检察院《关于办理赌博刑事案件具体应用法律若干问题的解释》第9条规定:"不以营利为目的,进行带有少量财物输赢的娱乐活动,以及提供棋牌室等娱乐场所只收取正常的场所和服务费用的经营行为等,不以赌博论处。"

(2)如何准确认定聚众赌博犯罪行为。根据2005年5月13日实施的最高人民法院、最高人民检察院《关于办理赌博刑事案件具体应用法律若干问题的解释》第1条的规定,聚众赌博的行为有:

①组织3人以上赌博,抽头渔利数额累计达到5000元以上的;

②组织3人以上赌博,赌资数额累计达到5万元以上的;

③组织3人以上赌博,参赌人数累计达到20人以上的;

④组织中华人民共和国公民10人以上赴境外赌博,从中收取回扣、介绍费的。

凡具备上述情形之一的,就是聚众赌博犯罪行为。

(3)如何准确认定赌博罪的共犯。根据2005年5月13日实施的最高人民法院、最高人民检察院《关于办理赌博刑事案件具体应用法律若干问题的解释》第4条的规定,明知他人实施赌博犯罪活动,而为其提供资金、计算机网络、通信、费用结算等直接帮助的,以赌博罪的共犯论处。

(4)犯赌博罪从重处罚的情形。根据2005年5月13日实施的最高人民法院、最高人民检察院《关于办理赌博刑事案件具体应用法律若干问题的解释》第5条的规定,实施赌博犯罪,有下列情形之一的,依照《刑法》第303条的规定从重处罚:

①具有国家工作人员身份的;

②组织国家工作人员赴境外赌博的;

③组织未成年人参与赌博,或者开设赌场吸引未成年人参与赌博的。

(5)注意准确计算赌资。根据2005年5月13日实施的最高人民法院、最高人民检察院《关于办理赌博刑事案件具体应用法律若干问题的解释》第8条的规定,赌博犯罪中用作赌注的款物、换取筹码的款物和通过赌博赢取的款物属于赌资。通过计算机网络实施赌博犯罪的,赌资数额可以按照在计算机网络上投注或者赢取的点数乘以每一点实际代表的金额认定。赌资应当依法予以追缴;赌博用具、赌博违法所得以及赌博犯罪分子所有的专门用于赌博的资金、交通工具、通信工具等,应当依法予以没收。

(6)划清赌博罪与非法经营罪的界限。赌博是以营利为目的非法经营的行为,但法律已对赌博罪作了专门规定,所以赌博犯罪行为,应按特别规定认定为赌博罪。根据2005年5月13日实施的最高人民法院、最高人民检察院《关于办理赌博刑事案件具体应用法律若干问题的解释》第6条的规定,未经国家批准擅自发行、销售彩票,构成犯罪的,依照《刑法》第225条第4项的规定,以非法经营罪定罪处罚。

(7)划清赌博罪与行贿罪、受贿罪的界限。赌博罪与行贿罪、受贿罪是不同类犯罪,容易区分。但现实中,有些行贿、受贿人以赌博的方式,故意输给对方,以达到行贿、受贿的目的。2005年5月13日实施的最高人民法院、最高人民检察院《关于办理赌博刑事案件具体应用法律若干问题的解释》第7条的规定,通过赌博或者为国家工作人员赌博提供资金的形式实施行贿、受贿行为,构成犯罪的,依照刑法关于贿赂犯罪的规定定罪处罚。

二十一、开设赌场罪

开设赌场罪是《刑法修正案(六)》第18条第2款将1997年《刑法》第303条规定的赌博罪中的开设赌场行为规定为独立的犯罪。2007年11月6日实施的最高人民法院、最高人民检察院《关于执行〈中华人民共和国刑法〉确定罪名的补充规定(三)》将其确定为"开设赌场罪"。2020年12月26日发布的《刑法修正案(十一)》第36条对《刑法》第303条第2款规定的开设赌场罪的法定刑作了修改,将第一个法定刑最高处3年有期徒刑,改为5年有期徒刑;将第二个档次法定刑最低处3年有期徒刑改为最低处5年有期徒刑,加重了处罚力度。罪状、罪名没有改变。①

---

① 参见《刑法修正案(十一)》修改的犯罪"(二十三)开设赌场罪"。

二十二、掩饰、隐瞒犯罪所得、犯罪所得收益罪

掩饰、隐瞒犯罪所得、犯罪所得收益罪是《刑法修正案（六）》第19条对1997年《刑法》第312条规定的罪状和法定刑作了修改补充规定的犯罪。2007年11月6日实施的最高人民法院、最高人民检察院《关于执行〈中华人民共和国刑法〉确定罪名的补充规定（三）》确定为该罪名，取消原规定的窝藏、转移、收购、销售赃物罪罪名。

（一）刑法规定内容的修改

刑法中有关掩饰、隐瞒犯罪所得、犯罪所得收益罪的规定是：

1. 1997年《刑法》第312条规定："明知是犯罪所得的赃物而予以窝藏、转移、收购或者代为销售的，处三年以下有期徒刑、拘役或者管制，并处或者单处罚金。"

2. 2006年6月29日全国人大常委会《刑法修正案（六）》第19条规定："将刑法第三百一十二条修改为：'明知是犯罪所得及其产生的收益而予以窝藏、转移、收购、代为销售或者以其他方法掩饰、隐瞒的，处三年以下有期徒刑、拘役或者管制，并处或者单处罚金；情节严重的，处三年以上七年以下有期徒刑，并处罚金'。"

（二）刑法规定修改的原因

我国1997年《刑法》第312条规定的窝藏、转移、收购、销售赃物罪中的犯罪行为包括：窝藏、转移、收购、销售赃物的行为，而没有规定掩饰、隐瞒或者继续保留赃物及其产生收益的行为；犯罪对象只是赃物，司法实践中将赃物扩大理解为赃款赃物，没有规定犯罪所得的其他对象及其产生的收益。根据《联合国反腐败公约》第23条、第24条规定的洗钱罪、窝藏罪和我国1997年《刑法》第191条规定的洗钱罪中都规定有"掩饰、隐瞒犯罪所得及其产生的收益"的行为是犯罪行为，犯罪对象是"犯罪所得及其产生的收益"，犯罪行为还有"掩饰、隐瞒"行为。另外，1997年《刑法》第312条对窝藏、转移、收购、销售赃物罪的法定刑的规定与洗钱罪相差较大，失之过轻，不利于惩治这种犯罪。鉴于上述原因，《刑法修正案（六）》第19条扩大规定：明知是犯罪所得和犯罪所得产生的收益为窝藏、转移、收购、代为销售或者掩饰、隐瞒的对象。增加规定：掩饰、隐瞒犯罪所得及其产生收益的犯罪行为；增加规定了加重处罚的法定刑，最高处7年有期徒刑，使本罪与《联合国反腐败公约》和我国刑法规定的洗钱罪，相衔接相适应。

（三）掩饰、隐瞒犯罪所得、犯罪所得收益罪的适用

掩饰、隐瞒犯罪所得、犯罪所得收益罪是《刑法修正案（六）》第19条对1997年《刑法》第312条修改的犯罪。要准确适用，就必须先厘清本罪的概念、构成特征、法定刑，以及适用时应注意的问题。

1. 本罪的概念。本罪是指明知是犯罪所得及其产生的收益而予以窝藏、转移、收购、代为销售或者以其他方法掩饰、隐瞒的行为。

掩饰、隐瞒犯罪所得、犯罪所得收益罪是使犯罪结果继续扩大的犯罪。根据我国《刑事诉讼法》规定，犯罪所得及其产生的收益都应当追缴，如果有失主的应当返还失主，没有失主的上交国库。如果明知是犯罪所得及其产生的收益而予以窝藏、转移、收购、代为销售或者以其他方法掩饰、隐瞒的，使犯罪的社会危害性继续扩大，是一种严重危害社会的行为。我国《刑法》第312条将这种行为规定为犯罪，最高处7年有期徒刑，并处罚金。

2.犯罪的构成特征。根据《刑法》第312条和《刑法修正案（六）》第19条规定，该罪的构成特征有：

（1）犯罪主体是一般主体，凡是年满16周岁的具有刑事责任能力，实施了窝藏、转移、收购、销售、掩饰、隐瞒犯罪所得及其产生的收益犯罪行为的自然人都可以构成本罪的犯罪主体。犯罪主体在主观上是故意的，并且是明知犯罪所得及其产生的收益。

所谓明知，是指确确实实知道是他人犯罪所得及其产生的收益，而不是应当知道或者可能知道。根据2009年11月11日实施的最高人民法院《关于审理洗钱等刑事案件具体应用法律若干问题的解释》第1条规定，具有下列情形之一的，可以认定被告人明知系犯罪所得及其收益，但有证据证明确实不知道的除外：①知道他人从事犯罪活动，协助转换或者转移财物的；②没有正当理由，通过非法途径协助转换或者转移财物的；③没有正当理由，以明显低于市场的价格收购财物的；④没有正当理由，协助转换或者转移财物，收取明显高于市场的"手续费"的；⑤没有正当理由，协助他人将巨额现金散存于多个银行账户或者在不同银行账户之间频繁划转的；⑥协助近亲属或者其他关系密切的人转换或者转移与其职业或者财产状况明显不符的财物的；⑦其他可以认定行为人明知的情形。

这里的犯罪所得，主要是指犯罪所得的赃款赃物，但也包括其他非物质所得，如各种批件、指标、技术秘密、职位和荣誉等。《刑法修正案（六）》第19条将1997年《刑法》第312条规定的"赃物"扩大到"犯罪所得及其产生的收益"，使本罪的犯罪对象和犯罪行为都扩大了范围，适用面更广。

盗用单位名义实施掩饰、隐瞒犯罪所得及其产生的收益行为，违法所得由行为人私分的，依照刑法和司法解释有关自然人犯罪的规定定罪处罚。

（2）犯罪行为，必须是实施了窝藏、转移、收购、销售、掩饰、隐瞒犯罪所得及其产生收益的犯罪行为。具体有：

①窝藏犯罪所得及其产生收益的行为，简称窝赃行为，如为犯罪分子藏匿赃物提供场所，为犯罪分子提供存储赃款账号或者直接为犯罪分子藏匿犯罪所得赃款赃物的行为等；

②转移犯罪所得及其产生收益的行为，如将犯罪所得及其收益从甲地搬运到乙地，由一邮所邮寄到另一邮所，由这个人手中转到另一人手中的行为等；

③收购犯罪所得及其收入的行为，如以支付价款大量买入犯罪所得及其收益的行为，一般是低价买进高价卖出，从中谋利的行为等；

④代为销售犯罪所得及其收益的行为，简称销赃行为，如为他人销售犯罪所得及其收益的行为，即行为人不支付价款而是替犯罪分子出售犯罪所得及其收益的行为等；

⑤掩饰犯罪所得及其收益的行为，如将犯罪所得及其收益说成合法所得，提供虚假证据证明犯罪所得及其收益是自己或者他人合法所得的行为等；

⑥隐瞒犯罪所得及其收益的行为，不如实交出其持有的犯罪所得及其收益而采取窝藏、转移、收购、代为销售以外的方法，如居间介绍买卖，收受，持有，使用，加工，提供资金账户，协助将财物转换为现金、金融票据、有价证券，协助将资金转移、汇往境外等行为，应当认定为《刑法》第312条规定的"其他方法"。

凡是具有上述6种行为之一的，都可以构成本罪犯罪行为。

（3）犯罪结果，本罪是行为犯，只要犯罪主体实施了本犯罪行为，就可以构成犯罪，但是情节显著轻微危害不大的,不认为是犯罪。根据2015年6月1日实施的最高人民法院《关于审理掩饰、隐瞒犯罪所得、犯罪所得收益刑事案件适用法律若干问题的解释》第1条规定,具有下列情形之一的,应当依照《刑法》第312条第1款的规定,以掩饰、隐瞒犯罪所得、犯罪所得收益罪定罪处罚:

①掩饰、隐瞒犯罪所得及其产生的收益价值3000元至1万元以上的;

②1年内曾因掩饰、隐瞒犯罪所得及其产生的收益行为受过行政处罚,又实施掩饰、隐瞒犯罪所得及其产生的收益行为的;

③掩饰、隐瞒的犯罪所得系电力设备、交通设施、广播电视设施、公用电信设施、军事设施或者救灾、抢险、防汛、优抚、扶贫、移民、救济款物的;

④掩饰、隐瞒行为致使上游犯罪无法及时查处,并造成公私财物损失无法挽回的;

⑤实施其他掩饰、隐瞒犯罪所得及其产生的收益行为,妨害司法机关对上游犯罪进行追究的。

各省、自治区、直辖市高级人民法院可以确定本地区执行的具体数额标准,报最高人民法院备案。

对掩饰、隐瞒涉及计算机信息系统数据、计算机信息系统控制权的犯罪所得及其产生的收益行为构成犯罪已有规定的,审理此类案件依照该规定。根据全国人大常委会《关于〈中华人民共和国刑法〉第三百四十一条、第三百一十二条的解释》,明知非法狩猎的野生动物而收购,数量达到50只以上的,以掩饰、隐瞒犯罪所得罪定罪处罚。

3. 掩饰、隐瞒犯罪所得、犯罪所得收益罪的法定刑。根据《刑法》第312条规定,本罪的法定刑是:

(1)构成本罪的,处3年以下有期徒刑、拘役或者管制,并处或者单处罚金。

(2)犯本罪,情节严重的,处3年以上7年以下有期徒刑,并处罚金。该法定刑是加重法定刑,是《刑法修正案(六)》补充增加的,以使本罪与洗钱罪的法定刑相平衡。

根据2015年6月1日实施的最高人民法院《关于审理掩饰、隐瞒犯罪所得、犯罪所得收益刑事案件适用法律若干问题的解释》第2条规定,掩饰、隐瞒犯罪所得及其产生的收益行为符合本解释第1条的规定,认罪、悔罪并退赃、退赔,且具有下列情形之一的,可以认定为犯罪情节轻微,免予刑事处罚:

①具有法定从宽处罚情节的;

②为近亲属掩饰、隐瞒犯罪所得及其产生的收益,且系初犯、偶犯的;

③有其他情节轻微情形的。

行为人为自用而掩饰、隐瞒犯罪所得,财物价值刚达到本解释第1条第1款第1项规定的标准,认罪、悔罪并退赃、退赔的,一般可不认为是犯罪;依法追究刑事责任的,应当酌情从宽。

上述司法解释第3条规定,掩饰、隐瞒犯罪所得及其产生的收益,具有下列情形之一的,应当认定为《刑法》第312条第1款规定的"情节严重":

①掩饰、隐瞒犯罪所得及其产生的收益价值总额达到10万元以上的;

②掩饰、隐瞒犯罪所得及其产生的收益10次以上,或者3次以上且价值总额达到5万元以上的;

③掩饰、隐瞒的犯罪所得系电力设备、交通设施、广播电视设施、公用电信设施、军事设施或者救灾、抢险、防汛、优抚、扶贫、移民、救济款物,价值总额达到5万元以上的;

④掩饰、隐瞒行为致使上游犯罪无法及时查处,并造成公私财物重大损失无法挽回或其他严重后果的;

⑤实施其他掩饰、隐瞒犯罪所得及其产生的收益行为,严重妨害司法机关对上游犯罪予以追究的。

司法解释对掩饰、隐瞒涉及机动车、计算机信息系统数据、计算机信息系统控制权的犯罪所得及其产生的收益行为认定"情节严重",已有规定的,审理此类案件依照该规定。

该司法解释第4条规定,掩饰、隐瞒犯罪所得及其产生的收益的数额,应当以实施掩饰、隐瞒行为时为准。收购或者代为销售财物的价格高于其实际价值的,以收购或者代为销售的价格计算。多次实施掩饰、隐瞒犯罪所得及其产生的收益行为,未经行政处罚,依法应当追诉的,犯罪所得、犯罪所得收益的数额应当累计计算。

4.掩饰、隐瞒犯罪所得、犯罪所得收益罪适用时应注意以下问题:

(1)注意划清罪与非罪的界限。

第一,本罪的主体是一般主体,单位和不满16周岁的自然人不构成本罪。

第二,本罪是故意犯罪,并且必须明知是犯罪所得及其产生收益的心理状态的才构成犯罪;如果确实不知道是犯罪所得及其产生的收益而窝藏、转移、收购、销售、掩饰、隐瞒的行为,不构成犯罪。

第三,本罪是行为犯,原则上只要实施了窝藏、转移、收购、销售、掩饰、隐瞒犯罪所得及其产生的收益行为就可以构成犯罪,但是根据《刑法》第13条规定,情节显著轻微危害不大的,不认为是犯罪。

(2)行为人应当知道或者可能知道是犯罪所得及其产生的收益而窝藏、转移、收购、销售、掩饰、隐瞒的行为如何处理。根据《刑法》第312条规定,必须是"明知是犯罪所得及其产生的收益而予以窝藏、转移、收购、代为销售或者以其他方法掩饰、隐瞒的"行为才构成犯罪,只要不是"明知",就不能凭推定其知道或者可能知道而定罪。有些案件,即使已知道是犯罪所得及其产生的收益,但因贪图便宜而购买数额不大的财物供自己用的,一般也不构成犯罪,但应当无偿的退回,交给司法机关处理。如果确实不知道是犯罪所得及其收益而购买的,只要证明清楚,也可以不返还赃物,但应按犯罪所得及其收益的实际的价值付款,上缴国库。这是保护无过错的正当买卖关系的做法。

(3)划清犯本罪与原上游犯罪共犯的界限。根据我国刑法规定,如果事先与犯罪分子通谋,事后为犯罪分子窝藏、转移、收购、代为销售或者以其他方法掩饰、隐瞒犯罪所得及其收益的行为,不构成本罪而构成原上游犯罪的共犯,按原上游犯罪定罪处罚,不再定为本罪。上游犯罪事实经查证属实,但因行为人未达到刑事责任年龄等原因,依法不予追究刑事责任的,不影响掩饰、隐瞒犯罪所得、犯罪所得收益罪的认定。

(4)注意本罪一罪与数罪的认定。掩饰、隐瞒犯罪所得、犯罪所得收益罪是选择性罪名,审理此类案件,应当根据具体犯罪行为及其指向的对象,确定适用的罪名。犯掩饰、隐瞒犯罪所得、犯罪所得收益罪,同时构成其他犯罪的,依照处罚较重的规定定罪处罚。对犯罪所得及其产生的收益实施盗窃、抢劫、诈骗、抢夺等行为,构成犯罪的,分别以盗窃罪、抢劫罪、诈骗罪、抢夺罪等定罪处罚。

二十三、枉法仲裁罪

枉法仲裁罪是《刑法修正案（六）》第20条对1997年《刑法》第399条之一中补充规定的新犯罪。我国刑法原没有这种犯罪的规定，《刑法修正案（六）》第20条在1997年《刑法》第399条后增加一条作为《刑法》第399条之一中规定该罪的罪状和法定刑，成为独立的犯罪。2007年11月6日实施的最高人民法院、最高人民检察院《关于执行〈中华人民共和国刑法〉确定罪名的补充规定（三）》中确定为枉法仲裁罪。

（一）刑法规定内容的修改

刑法中有关枉法仲裁罪的规定是：

1. 1997年《刑法》第399条规定："司法工作人员徇私枉法、徇情枉法，对明知是无罪的人而使他受追诉、对明知是有罪的人而故意包庇不使他受追诉，或者在刑事审判活动中故意违背事实和法律作枉法裁判的，处五年以下有期徒刑或者拘役；情节严重的，处五年以上十年以下有期徒刑；情节特别严重的，处十年以上有期徒刑。在民事、行政审判活动中故意违背事实和法律作枉法裁判，情节严重的，处五年以下有期徒刑或者拘役；情节特别严重的，处五年以上十年以下有期徒刑。司法工作人员贪赃枉法，有前两款行为的，同时又构成本法第三百八十五条规定之罪的，依照处罚较重的规定定罪处罚。"

2. 2002年12月28日全国人大常委会《刑法修正案（四）》第8条规定："将刑法第三百九十九条修改为：'司法工作人员徇私枉法、徇情枉法，对明知是无罪的人而使他受追诉、对明知是有罪的人而故意包庇不使他受追诉，或者在刑事审判活动中故意违背事实和法律作枉法裁判的，处五年以下有期徒刑或者拘役；情节严重的，处五年以上十年以下有期徒刑；情节特别严重的，处十年以上有期徒刑。在民事、行政审判活动中故意违背事实和法律作枉法裁判，情节严重的，处五年以下有期徒刑或者拘役；情节特别严重的，处五年以上十年以下有期徒刑。在执行判决、裁定活动中，严重不负责任或者滥用职权，不依法采取诉讼保全措施、不履行法定执行职责，或者违法采取诉讼保全措施、强制执行措施，致使当事人或者其他人的利益遭受重大损失的，处五年以下有期徒刑或者拘役；致使当事人或者其他人的利益遭受特别重大损失的，处五年以上十年以下有期徒刑。司法工作人员收受贿赂，有前三款行为的，同时又构成本法第三百八十五条规定之罪的，依照处罚较重的规定定罪处罚'。"

3. 2006年6月29日全国人大常委会《刑法修正案（六）》第20条规定："在刑法第三百九十九条后增加一条，作为第三百九十九条之一：'依法承担仲裁职责的人员，在仲裁活动中故意违背事实和法律作枉法裁决，情节严重的，处三年以下有期徒刑或者拘役；情节特别严重的，处三年以上七年以下有期徒刑'。"

（二）刑法规定修改的原因

在我国刑法中补充规定枉法仲裁罪的原因有以下几点：

1. 我国刑法原没有规定枉法仲裁罪。我国1979年《刑法》和1997年《刑法》都没有规定枉法仲裁罪，但在刑法中规定有徇私枉法罪和民事、行政枉法裁判罪，是惩治司法工作人员枉法裁判的行为。1997年《刑法》第399条规定，司法工作人员徇私枉法、徇情枉法，对明知是无罪的人而使他受追诉、对明知是有罪的人而故意包庇不使他受追诉，或者在刑事审判活动中故意违背事实和法律作枉法裁判的,处5年以下有期徒刑或者拘役;情节严重的,处5年以上10年以下有期徒刑;情节特别严重的,处10年以上有期徒刑。在民事、行政审判活动中故意违背事实和法律作枉法裁判,情节严重的,处5年以下有期徒刑或者拘役;情节特别严重的,处5年以上10年以下有期徒刑。司法工作人员贪赃枉法,有前两款行为的,同时又构成本法第385条规定之罪(受贿罪)的,依照处罚较重的规定定罪处罚。由于刑法没有规定枉法仲裁罪,对枉法仲裁行为一般给予行政纪律处分,如果仲裁人员是国家工作人员,其收受贿赂的,一般按受贿罪追究刑事责任,非国家工作人员的仲裁人员枉法仲裁的,不构成犯罪。

2. 枉法仲裁具有严重的社会危害性。我国仲裁机构原是行政机关的事业单位,按1995年《仲裁法》的规定,仲裁委员会是社会组织,其独立于行政机关,与行政机关没有隶属关系,仲裁委员会之间也没有隶属关系。仲裁委员会是仲裁协会的会员,仲裁协会是仲裁委员会的自律性组织,根据仲裁协会章程对仲裁委员会及其组成人员、仲裁员的违纪行为进行监督。仲裁委员会的仲裁活动依法独立进行,不受行政机关、社会团体和个人的干涉。仲裁实行一裁终局制度,裁决已经作出,当事人就同一纠纷再申请仲裁或者向人民法院起诉的,仲裁委员会或者人民法院不予受理。因此,根据当事人的申请,人民法院可以作出裁定撤销仲裁委员会的裁决;也可以作出裁定不执行仲裁委员会的裁决。当仲裁裁决被人民法院依法裁定撤销或者不予执行的,当事人就该纠纷可以根据双方重新达成的仲裁协议再申请仲裁,也可以向人民法院起诉。但有很多仲裁裁定是具有法律效力的,如果仲裁人员枉法仲裁将给当事人造成严重后果,其社会危害性也是十分严重的。

3. 维护市场经济秩序,提高仲裁质量的需要。根据我国《仲裁法》第7条的规定:仲裁应当根据事实,符合法律规定,公平合理地解决纠纷。随着我国改革开放不断推进,社会主义市场经济迅速发展,公民和法人的财产和经济合同纠纷越来越多,仲裁活动也逐渐增加,这对迅速公平公正地解决纠纷,促进经济发展,减轻司法压力起了重要作用。但在仲裁实践中,也确实出现了一些仲裁人员在仲裁活动中,徇私枉法、贪赃枉法,故意违背事实和法律作枉法裁决,不但给当事人造成重大损失,也给司法机关执行仲裁裁定制造了障碍,在社会上也产生了很坏的影响。为了维护当事人的合法利益不受侵犯,提高仲裁质量,司法机关提出对枉法仲裁,情节严重的行为,应当追究刑事责任。

4. 有中外立法例为借鉴。当今世界上,不少国家刑法中对枉法仲裁行为规定为犯罪,并且同审判人员枉法裁判罪规定在一个法律条文中,适用相同的法定刑。例如,2002年8月22日修改的《德国刑法典》分则第30章"职务犯罪"中第331条规定的接受利益罪中规定,法官或仲裁员,以其已经实施或将要实施的裁判行为作回报,为自己或者他人索要、让他人允诺或接受他人利益的,处5年以下自由刑或罚金刑;第337条规定有酬报仲裁员罪,仲裁员背着一方当事人,向另一方索要、让其允诺或收受利益,或当事人一方背着他方向仲裁员提供、允诺或给予利益,此行为视为第333条至第335条所谓之利益;第339条规定有枉法罪,法官、公务员或仲裁员在领导或裁判案件时,为有利于一方当事人或不利于另一方当事人而枉法的,处1年以上5年以下自由刑。① 1935年7月1日《中华民国刑法》分则第4章"渎职罪"第122条规定:"公务员或仲裁人对於违背职务之行为,要求、期约或收受贿赂或其他不正利益者,处三

---

① 参见《外国法典新译系列——德国刑法典》,徐久生、庄敬华译,中国方正出版社2004年版,第167~169页。

年以上十年以下有期徒刑,得并科二百万元以下罚金……"第124条规定:"有审判职务之公务员或仲裁人,为枉法之裁判或仲裁者,处一年以上七年以下有期徒刑。"[①]

根据我国实际情况的需要,借鉴中外立法例,全国人大常委会在《刑法修正案(六)》第20条增加规定,在1997年《刑法》第399条后增加1条,作为第399条之一:依法承担仲裁职责的人员,在仲裁活动中故意违背事实和法律作枉法裁决,情节严重的,处3年以下有期徒刑或者拘役;情节特别严重的,处3年以上7年以下有期徒刑。

枉法仲裁罪是仲裁人员渎职犯罪,尽管其主体不是国家机关工作人员,但也是渎职罪的一种,而且其与司法人员枉法裁判罪相似,有内在联系。所以,我国立法机关参照中外法律规定将其规定在《刑法》分则第9章"渎职罪"第399条规定的司法人员枉法裁判罪后,作为该条之一。仲裁人员利用职务收受贿赂的,不具有国家工作人员身份的,可依《刑法》第163条规定,以非国家工作人员受贿罪定罪处罚。

(三)枉法仲裁罪的适用

枉法仲裁罪是《刑法修正案(六)》第20条对1997年《刑法》第399条之一中补充规定的新犯罪。要准确认定就必须先厘清本罪的概念、构成特征、法定刑及其适用时应注意的问题。

1. 枉法仲裁罪的概念。根据我国法律规定,枉法仲裁罪,是指依法承担仲裁职责的人员,在仲裁活动中故意违背事实和法律作枉法裁决,情节严重的行为。

枉法仲裁是枉法裁判的重要组成部分,是执法不公的重要表现之一。根据我国《仲裁法》第7条规定,"仲裁应当根据事实,符合法律规定,公平合理地解决纠纷"。但是,有些仲裁人员在对案件仲裁时有索贿、受贿、徇私舞弊、枉法裁决的行为,给当事人造成严重的经济损失,在群众中造成恶劣影响,具有严重的社会危害性。因此,我国《刑法修正案(六)》和《刑法》第399条之一将这种行为规定为犯罪,最高处7年有期徒刑。

2. 枉法仲裁犯罪的构成特征。根据《刑法》第399条之一和《刑法修正案(六)》第20条的规定,该罪的构成特征是:

(1)犯罪主体是特殊主体,即必须是依法承担仲裁职责的人员,仲裁人员包括:仲裁委员会的成员和聘任的仲裁员。根据我国《仲裁法》规定,担任仲裁员,应当符合下列条件:①通过国家统一法律职业资格考试取得法律职业资格,从事仲裁工作满8年的;②从事律师工作满8年的;③曾任法官满8年的;④从事法律研究、教学工作并具有高级职称的;⑤具有法律知识、从事经济贸易等专业工作并具有高级职称或者具有同等专业水平的。

犯罪主体在主观上是故意的,故意违背事实和法律进行枉法裁决,包括故意违反实体法律规定和仲裁程序法律规定。如果确实不知道法律规定,或者对法律和事实认识有错误,而过失作出错误裁决的,不能构成本罪的犯罪主体。

(2)犯罪行为,必须故意实施了枉法裁决行为。具体表现有:

①必须是在职务仲裁过程中,进行枉法仲裁的行为。有些仲裁员是被聘任的兼职人员,他们在履行仲裁职责的仲裁过程中,进行枉法裁决的,才构成犯罪。不是履行聘任仲裁职务的行为,不构成本罪的犯罪行为。

---

① 参见《各国刑法汇编》,台北,司法通讯社1969年版,第28页、第29页。

②故意违背事实和法律的行为,即编造事实,伪造证据,隐匿证据,销毁证据,制造假案,歪曲法律规定,支解法律规定的行为等。

③作枉法裁决的行为,即颠倒黑白裁决的行为,将合法行为裁决为违法行为,将违法行为裁决为合法行为。凡是具有上述行为的,都可以构成本罪的犯罪行为。

如果仲裁裁决有下列情形之一的,当事人可以向法院申请撤销裁决:

①没有仲裁协议的;

②裁决的事项不属于仲裁协议的范围或者仲裁委员会无权仲裁的;

③仲裁庭的组成或者仲裁的程序违反法定程序的;

④裁定根据的证据是伪造的;

⑤对方当事人隐瞒了足以影响公正裁决的证据的;

⑥仲裁员在仲裁该案时有索贿受贿、徇私舞弊,枉法裁决行为的。

人民法院合议庭审查仲裁裁决时,发现有上述情形之一或者人民法院认为仲裁裁决违背社会公共利益的,应当裁定撤销。

(3)犯罪结果,本罪是结果犯,法律规定必须是"情节严重的"结果,才可以构成本罪,但是情节显著轻微危害不大的,不认为是犯罪。

3. 枉法仲裁罪的法定刑。根据我国《刑法》第399条之一规定,本罪的法定刑:

(1)构成本罪的,处3年以下有期徒刑或者拘役。

(2)犯本罪,情节特别严重的,处3年以上7年以下有期徒刑。

4. 在适用枉法仲裁罪时,应注意划清以下几种界限。

(1)注意划清罪与非罪的界限。

第一,本罪的主体是特殊主体,即必须是履行仲裁职责的人员,才能构成犯罪;不具有上述特定身份的自然人和单位不构成本罪的主体。

第二,根据我国《仲裁法》规定,平等主体的公民、法人和其他组织之间发生的合同纠纷和其他财产权益纠纷,可以仲裁;婚姻、收养、监护、扶养、继承纠纷和依法应当由行政机关处理的行政争议不能仲裁,对无权仲裁的案件进行仲裁也是枉法仲裁的行为。

另外,本罪是故意犯罪,并且必须是故意违反事实和法律规定作枉法裁决的行为;如果是因为过失行为作枉法裁决的不构成本罪。

第三,本罪是结果犯,必须是枉法裁决情节严重的结果才可以构成本罪,达不到情节严重结果的不构成本罪。

(2)应当注意研究本罪"情节严重的"结果。我国《刑法》第399条之一规定,必须是故意枉法裁决,情节严重的结果才可以构成犯罪。

何为"情节严重的",刑法没有具体规定,目前也没有司法解释。笔者认为,可以参照2006年7月26日发布的最高人民检察院《关于渎职侵权犯罪案件立案标准的规定》第6条规定的民事、行政枉法裁判案立案标准,涉嫌下列情形之一的,属情节严重的,应予立案,追究刑事责任:①枉法裁决,致使当事人或者其近亲属自杀、自残造成重伤、死亡,或者精神失常的;②枉法裁决,造成个人财产直接经济损失10万元以上,或者直接经济损失不满10万元,但间接经济损失50万元以上的;③枉法裁决,造成法人或者其他组织财产直接经济损失20万元以上,或者直接经济损失不满20万元,但间接经济损失100万元以上的;④伪造、变造有关材料、证据,制造假案枉法裁决的;⑤串通当事人制造伪证,毁灭证据或者篡改庭审笔录而枉法裁决的;⑥徇私情、私利,明知是伪造、变造的证据予以采信,或者故意对应当采信的证据不予采信,或者故意违反法定程序,或者故意错误适用法律而枉法裁决的;⑦其他情节严重的情形。

凡是具有上述情形之一的,就可以认定是枉法仲裁情节严重的行为,这是因为人民法院的民事、行政枉法裁判与仲裁的枉法裁决有很多相似之处,因而参照民事、行政枉法裁判罪的立案标准作为枉法仲裁罪的立案标准是有可行性的。

(3)应当注意研究犯本罪"情节特别严重的"结果。我国《刑法》第399条之一规定,故意枉法裁决,情节特别严重的,要处加重法定刑,最高可处7年有期徒刑。

何为"情节特别严重的",刑法没有具体规定,目前也没有司法解释。笔者认为,"情节特别严重的"是在"情节严重"的基础上,有一项或者几项更加严重的情形。

(4)划清本罪与徇私枉法罪和民事、行政枉法裁判罪的界限。我国《刑法》第399条第1款规定徇私枉法罪,第2款规定民事、行政枉法裁判罪,《刑法》第399条之一规定枉法仲裁罪,三种犯罪有何不同?笔者认为,三种犯罪有以下三点不同:

第一,犯罪主体不同。枉法仲裁罪的主体是仲裁的工作人员,而徇私枉法罪和民事、行政枉法裁判罪的主体必须是司法工作人员,且徇私枉法罪的主体必须是刑事审判人员;民事、行政枉法裁判罪的主体必须是民事、行政审判人员。

第二,枉法裁决案件性质不同。枉法仲裁罪枉法裁决的是仲裁案件,是没有进入司法程序的,而按仲裁程序处理的仲裁案件;而徇私枉法罪是依照刑事程序法规定处理的刑事案件,民事、行政枉法裁判罪是依照民事、行政程序法规定处理的民事、行政案件。

第三,犯罪结果不同。枉法仲裁罪达到情节严重结果才构成犯罪,法律规定了两个档次的法定刑,最高处7年有期徒刑;而徇私枉法罪是行为犯,只要实施了徇私枉法行为的,原则上就可以构成犯罪,法律规定了三个档次的法定刑,最高可处15年有期徒刑;民事、行政枉法裁判罪的结果也必须是情节严重的结果才构成犯罪,法律规定了两个档次的法定刑,最高处10年有期徒刑。

从上述三个不同点就可以将枉法仲裁罪、徇私枉法罪和民事、行政枉法裁判罪区分开。

第十一章　中华人民共和国刑法修正案(七)

一、《刑法修正案(七)》概述

《中华人民共和国刑法修正案(七)》(以下简称《刑法修正案(七)》)于2009年2月28日第十一届全国人大常委会第七次会议通过,并于当日由国家主席公布施行。我国1997年《刑法》对走私,金融,证券,侵犯公民人身权利、民主权利,妨害社会管理秩序,贪污贿赂等方面的犯罪都作了规定。近年来,在这些方面又出现了一些新的应当追究刑事责任的违法犯罪行为,一些全国人大代表陆续提出了一些修改刑法的议案、建议,司法机关和一些部门也提出一些修改刑法的意见。按照全国人大常委会2008年立法工作计划,法制工作委员会根据全国人大代表的议案、建议,司法机关和一些部门的意见,经调查研究,多次征求最高人民法院、最高人民检察院和各有关部门、部分专家的意见,起草了《刑法修正案(七)(草案)》。

(一)《刑法修正案(七)(草案)》的主要内容

1.有些国家工作人员的配偶、子女等近亲属,以及其他与该国家工作人员关系密切的人,通过该国家工作人员职务上的行为,或者利用该国家工作人员职权或者地位形成的便利条件,通过其他国家工作人员职务上的行为,为请托人谋取不正当利益,自己从中索取或者收受财物。同时,一些已离职的国家工作人员,虽已不具有国家工作人员身份,但利用其在职时形成的影响力,通过其他国家工作人员的职务行为为请托人谋取不正当利益,自己从中索取或者收受财物。这类行为败坏党风、政风和社会风气,对情节较重的,也应作为犯罪追究刑事责任。

2.刑法中规定犯财产来源不明罪的,处5年以下有期徒刑或者拘役的刑罚偏轻,建议加重。

3.对走私国家明令禁止进出口的货物、物品的,应直接定为独立的犯罪,不应也无法同走私普通货物、物品一样,按其偷逃关税的数额定走私罪,按走私罪的法定刑量刑。

4.一些证券投资基金管理公司、证券公司等金融机构的从业人员,利用其因职务便利知悉的法定内幕信息以外的其他未公开的经营信息,如本单位受托管理资金的交易信息等,违反规定从事相关交易活动,牟取非法利益或者转嫁风险。这种被称为"老鼠仓"的行为,严重破坏金融管理秩序,损害公众投资者利益,应当作为犯罪追究刑事责任。

5.在经济生活中,偷逃税的情况十分复杂,同样的偷税数额在不同时期对社会的危害程度不同,建议在刑法中对偷税罪的具体数额标准不作规定,由司法机关根据实际情况作出司法解释并适时调整。同时提出,考虑到打击偷税犯罪的主要目的是维护税收征管秩序,保证国家税收收入,对属于初犯,经税务机关指出后积极补缴税款和滞纳金,履行了纳税义务,接受行政处罚的,可不再作为犯罪追究刑事责任,这样处理可以较好地体现宽严相济的刑事政策。

6.当前以"拉人头"、收取"入门费"等方式组织传销的违法犯罪活动,严重扰乱社会秩序,影响社会稳定,危害严重,应当在刑法中对组织、领导传销组织的犯罪作出专门规定。

7.一些国家机关和电信、金融等单位在履行公务或者提供服务活动中获得的公民个人信息被非法泄露的情况时有发生,对公民的人身、财产安全和个人隐私构成严重威胁。对这类侵害公民权益情节严重的行为,应当追究刑事责任。

8.一些不法分子组织未成年人从事扒窃、抢夺等违反治安管理活动的情况,在一些地方比较突出,严重危害社会治安秩序,损害未成年人的身心健康。对此应在刑法中作出专门规定予以惩治。

9.刑法对绑架罪设定的刑罚层次偏少,不能完全适应处理这类情况复杂的案件的需要,需要适当调整。

10.刑法规定的窝藏、转移、收购、代为销售或者其他方法掩饰、隐瞒犯罪所得及其收益的,有些是单位实施的,建议增加单位犯本罪的规定,以进一步完善刑法的反洗钱措施。

11.引发重大动植物疫情危险的,不仅有逃避进出境动植物检疫的行为,还有逃避依法实施的境内动植物防疫、检疫的行为。对后一类造成严重危害的违法行为,也应追究刑事责任。

12.盗窃、出租、非法使用军队车辆号牌的情况时有发生,扰乱社会管理秩序,损害军队形象和声誉,影响部队战备训练等工作的正常进行。对这类情节严重的行为,应当追究刑事责任。

此外,一些全国人大代表和有关部门还提出了其他一些修改刑法的意见,考虑到其中有些可以通过法律解释解决,有些有关方面还有不同意见,需要根据实际情况进一步研究论证,暂未列入本草案,继续进行研究。《刑法修正案(七)(草案)》,提交全国人大常委会审议。

全国人大常委会第六次会议对《刑法修正案(七)》(草案二次审议稿)进行了审议。会后,法律委员会、法制工作委员会对有关问题进一步作了调研,就草案的修改与有关部门交换了意见,并召开了有关部门、法律专家参加的座谈会,听取意见。法律委员会于2009年2月4日召开会议,根据常委会组成人员的审议意见和有关方面的意见,对草案进行了逐条审议。原内务司法委员会和原国务院法制办负责同志列席了会议。2009年2月18日,法律委员会召开会议,再次进行了审议。法律委员会认为,草案经过常委会两次审议修改,已经比较成熟;同时,提出以下主要修改意见:

1.草案二次审议稿第6条对1997年《刑法》第239条绑架罪的规定作了修改,增加了犯绑架罪"情节较轻的,处三年以上十年以下有期徒刑"的规定。有的常委委员提出,为防止司法实践中对这类严重犯罪量刑过轻,建议将起刑点由3年有期徒刑提高到5年有期徒刑。

2.草案二次审议稿第7条对国家机关或者金融、电信、交通、教育、医疗等单位的工作人员,违反国家规定,出售、非法提供公民个人信息的行为作了规定。一些常委委员和部门提出,单位从事上述行为的情况也比较严重,应增加单位犯罪的规定。法律委员会经同有关部门研究,建议采纳这一意见。

3.草案二次审议稿第13条在1997年《刑法》第388条国家工作人员斡旋贿赂犯罪的规定中增加了2款规定,对国家工作人员的近亲属或者其他关系密切的人,利用国家工作人员职务上的影响力索贿受贿的行为追究刑事责任;对离职的国家工作人员或者其近亲属以及其他关系密切的人的这类行为也作了相应规定。有的常委委员和部门、专家提出,1997年《刑法》第388条规定的犯罪主体是国家工作人员,草案增加规定的犯罪主体是非国家工作人员,建议将新增加的内容作为一条单独规定。法律委员会建议采纳这一意见。

另外,还有两个问题需要说明:(1)草案二次审议稿第3条关于不履行纳税义务定罪量刑的标准,规定为既要达到一定数额,又要达到一定偷税比例。有的常委委员在审议中对这一规定提出意见,建议规定只要达到一定数额或者一定比例的,就可以构成犯罪。法律委员会经研究,并听取了最高人民法院、最高人民检察院、国家税务总局等有关部门的意见,考虑到纳税人不履行纳税义务的情况比较复杂,不同的纳税企业,其规模、应纳税数额等情况差别很大,以偷税数额和偷税数额占应纳税额的比例作为定罪标准比较恰当。草案的规定是延续了1997年刑法的规定,多年来司法实践中也一直是这样做的,是否对此作出修改,如何修改,尚需认真研究论证,本修正案以不修改为宜。(2)有的常委委员建议对草案二次审议稿中"情节较轻的""关系密切的人"的含义作出界定,法律委员会经研究认为,实践中情况比较复杂,可由最高人民法院根据实际情况研究论证,通过制定司法解释解决为宜。

2009年2月26日上午全国人大常委会对《刑法修正案(七)》(草案三次审议稿)进行了分组审议。其普遍认为,草案经过全国人大常委会两次审议修改,已经比较成熟,建议提请本次会议表决通过。同时,有的常委委员又提出了一些修改意见。法律委员会于2月26日下午召开会议,逐条研究了常委委员的审议意见,对草案进行了审议,内务司法委员会和原国务院法制办的负责同志列席了会议。法律委员会认为,草案是可行的,建议本次常委会会议审议通过。全国人大常委委员提出的一些意见,有的可在司法解释中作出具体规定,有的可在以后修改刑法时一并研究。

2009年2月28日,第十一届全国人大常委会第七次会议通过了《刑法修正案(七)》,并于当日公布施行。最高人民法院、最高人民检察院于2009年10月14日作出的《关于执行〈中华人民共和国刑法〉确定罪名的补充规定(四)》对《刑法修正案(七)》修改、补充的犯罪的罪名作了新的规定,并于2009年10月16日起施行。

(二)《刑法修正案(七)》修改的犯罪

《刑法修正案(七)》共涉及1997年《刑法》15条,新增加9个条款,相应又增加了9种犯罪,修改和补充了9个条款,改变了4个罪名,可以继续适用原罪名有5个,共新增13种罪名。具体有:

1.《刑法修正案(七)》补充规定了9种新罪。具体有:

(1)利用未公开信息交易罪。将金融机构的从业人员以及有关监管部门或者行业协会的工作人员,利用因职务便利获取的内幕信息以外的其他未公开的信息,从事与该信息相关的证券、期货交易活动;或者明示、暗示他人从事相关交易活动的行为,规定构成新的犯罪,最高处10年有期徒刑并处违法所得5倍罚金。

(2)组织、领导传销活动罪。组织、领导以推销商品、提供服务等经营活动为名,要求参加者以缴纳费用或者购买商品、服务等方式获得加入资格,并按照一定顺序组成层级,直接或者间接以发展人员的数量作为计酬或者返利依据,引诱、胁迫参加者继续发展他人参加,骗取财物,扰乱经济社会秩序的传销活动的行为构成犯罪,最高处15年有期徒刑并处罚金。

(3)出售、非法提供公民个人信息罪。将国家机关或者金融、电信、交通、教育、医疗等单位的工作人员,违反国家规定,将本单位在履行职责或者提供服务过程中获得的公民个人信息,出售或者非法提供给他人,情节严重的行为规定为犯罪,最高处 3 年有期徒刑,并处或者单处罚金。

(4)非法提供公民个人信息罪。将窃取或者以其他方法非法获取上述信息,情节严重的行为规定为犯罪,最高处 3 年有期徒刑,并处或者单处罚金。

(5)组织未成年人进行违反治安管理活动罪。将组织未成年人进行盗窃、诈骗、抢夺、敲诈勒索等违反治安管理活动的行为规定为犯罪,最高处 7 年有期徒刑,并处罚金。

(6)非法获取计算机信息系统数据、非法控制计算机信息系统罪。违反国家规定,侵入前款规定以外的计算机信息系统或者采用其他技术手段,获取该计算机信息系统中存储、处理或者传输的数据,或者对该计算机信息系统实施非法控制,情节严重的行为构成犯罪,最高处 7 年有期徒刑,并处罚金。

(7)提供侵入、非法控制计算机信息系统的程序、工具罪。将提供专门用于侵入、非法控制计算机信息系统的程序、工具,或者明知他人实施侵入、非法控制计算机信息系统的违法犯罪行为而为其提供程序、工具,情节严重的行为规定为独立的犯罪,最高处 7 年有期徒刑,并处罚金。

(8)伪造、盗窃、买卖、非法提供、非法使用武装部队专用标志罪。将伪造、盗窃、买卖或者非法提供、使用武装部队车辆号牌等专用标志,情节严重的行为规定为犯罪,最高处 7 年有期徒刑,并处罚金。

(9)利用影响力受贿罪。国家工作人员的近亲属或者其他与该国家工作人员关系密切的人,通过该国家工作人员职务上的行为,或者利用该国家工作人员职权或者地位形成的便利条件,通过其他国家工作人员职务上的行为,为请托人谋取不正当利益,索取请托人财物或者收受请托人财物,数额较大或者有其他较重情节的行为和离职的国家工作人员或者其近亲属以及其他与其关系密切的人,利用该离职的国家工作人员原职权或者地位形成的便利条件实施前款行为的,规定为犯罪,最高处 15 年有期徒刑,并处罚金或者没收财产。

2.《刑法修正案(七)》修改了 4 种新罪。具体是:

(1)走私国家禁止进出口货物、物品罪。将走私珍稀植物及其制品等国家禁止进出口的其他货物、物品的与 1997 年《刑法》规定走私珍稀植物、珍稀植物制品的行为规定为犯罪,取消了走私珍稀植物、珍稀植物制品罪的罪名。

(2)逃税罪。将 1997 年《刑法》规定的偷税行为改为"纳税人采取欺骗、隐瞒手段进行虚假纳税申报或者不申报,逃避缴纳纳税款数数额较大并且占应纳税额百分之十以上的"行为规定为犯罪,并将偷税罪罪名改为"逃税罪"。

(3)妨害动植物防疫、检疫罪。将违反有关动植物防疫、检疫的国家规定,引起重大动植物疫情的,或者有引起重大动植物疫情危险,情节严重的行为规定为犯罪,取消逃避动植物检疫罪的罪名。

(4)非法生产、买卖武装部队制式服装罪。将非法生产、买卖武装部队制式服装的行为单独规定为犯罪,取消了非法生产、买卖军用标志罪。

3.《刑法修正案(七)》修改了 1997 年《刑法》规定的 5 种犯罪,罪名没有改变,可以继续使用。具体是:

(1)内幕交易、泄露内幕信息罪。《刑法修正案(七)》第2条第1款规定:"将刑法第一百八十条第一款修改为:'证券、期货交易内幕信息的知情人员或者非法获取证券、期货交易内幕信息的人员,在涉及证券的发行,证券、期货交易或者其他对证券、期货交易价格有重大影响的信息尚未公开前,买入或者卖出该证券,或者从事与该内幕信息有关的期货交易,或者泄露该信息,或者明示、暗示他人从事上述交易活动,情节严重的,处五年以下有期徒刑或者拘役,并处或者单处违法所得一倍以上五倍以下罚金;情节特别严重的,处五年以上十年以下有期徒刑,并处违法所得一倍以上五倍以下罚金'。"补充增加了"明示、暗示他人从事上述交易活动"的犯罪行为。

(2)非法经营罪。《刑法修正案(七)》第5条规定:"将刑法第二百二十五条第三项修改为:'未经国家有关主管部门批准非法经营证券、期货、保险业务的,或者非法从事资金支付结算业务的'。"增加"非法从事资金支付结算业务的"非法经营行为,扩大了非法经营金融业务行为,如开设地下钱庄的非法经营行为等。

(3)绑架罪。《刑法修正案(七)》第6条规定:"将刑法第二百三十九条修改为:'以勒索财物为目的绑架他人的,或者绑架他人作为人质的,处十年以上有期徒刑或者无期徒刑,并处罚金或者没收财产;情节较轻的,处五年以上十年以下有期徒刑,并处罚金。犯前款罪,致使被绑架人死亡或者杀害被绑架人的,处死刑,并处没收财产。以勒索财物为目的偷盗婴幼儿的,依照前两款的规定处罚'。"对绑架罪的法定刑增加了一个档次较轻的法定刑,以适用惩治情节较轻的绑架犯罪行为。

(4)掩饰、隐瞒犯罪所得、犯罪所得收益罪。《刑法修正案(七)》第10条规定:"在刑法第三百一十二条中增加一款作为第二款:'单位犯前款罪的,对单位判处罚金,并对其直接负责的主管人员和其他直接责任人员,依照前款的规定处罚'。"增加了单位犯本罪的规定。

(5)巨额财产来源不明罪。《刑法修正案(七)》第14条规定:"将刑法第三百九十五条第一款修改为:'国家工作人员的财产、支出明显超过合法收入,差额巨大的,可以责令该国家工作人员说明来源,不能说明来源的,差额部分以非法所得论,处五年以下有期徒刑或者拘役;差额特别巨大的,处五年以上十年以下有期徒刑。财产的差额部分予以追缴'。"主要是作了两项修改:一是对法律条文从文字上加以修改,使法律条文规定的内容更加明确。例如,国家工作人员的财产明确规定包括现有财产和支出财产两部分,而不是其中之一;责令说明财产来源的是该国家工作人员,而不是其他人。二是增加了一个加重处罚的法定刑,即差额特别巨大的,处5年以上10年以下有期徒刑,加大了对巨额财产来源不明罪的惩罚力度。

上述从1997年10月1日修订《刑法》实施后,国家立法机关先后颁布实施了3个补充规定和7个修正案,对1997年修订《刑法》作了修改和补充,使刑法的规定不断充实、完善。最高人民法院、最高人民检察院先后作出4个关于确定罪名的补充规定,截至目前,我国《刑法》分则共有445种犯罪的罪名,基本上能满足当前惩治犯罪的需要。

(三)《刑法修正案(七)》的时间效力

1.《刑法修正案(七)》的生效时间。《刑法修正案(七)》第15条规定:"本修正案自公布之日起施行。"该修正案公布之日是2009年2月28日,即本修正案从2009年2月28日起开始生效。从2009年2月28日起以后发生的《刑法修正案(七)》所规定的犯罪行为都要依照其规定定罪处罚。例如,在2009年2月28日(包括公布的当日)实施走私国家禁止进出口的其他货物、物品的犯罪行为的,要依照《刑法修正案(七)》第1条的规定,处5年以下有期徒刑或者拘役,并处或者单处罚金;情节严重的,处5年以上有期徒刑,并处罚金。

2.《刑法修正案(七)》的溯及力。2009年2月27日《刑法修正案(七)》生效以前(含当日)发生的《刑法修正案(七)》所规定的犯罪行为是否可以依照《刑法修正案(七)》的规定追究刑事责任呢? 这应依据我国刑法总则规定刑法溯及力的规定确定。因为《刑法修正案(七)》是对刑法分则条文的修正,是属于刑法分则条文规定的一部分,刑法总则的规定都适用刑法分则条文的规定。不过刑法的修正案部分修改的效力是从修改公布之日起开始生效,而不是从刑法生效之日起开始生效。根据我国《刑法》第12条规定,刑法的溯及力是从旧兼从轻的原则,即是说在《刑法修正案(七)》生效以前的行为,只要是在刑法规定的追诉期限内的犯罪行为,如果当时的法律没有规定为犯罪或者虽然规定为犯罪但与《刑法修正案(七)》规定处刑相比较轻的,适应当时的法律不构成犯罪或者适用处罚较轻的当时法律规定。例如,《刑法修正案(七)》生效以前刑法没有规定"出售或者非法提供给他人公民个人信息的行为"构成犯罪,而《刑法修正案(七)》将这种行为规定为犯罪,在《刑法修正案(七)》生效以前实施这种行为的,不构成犯罪,《刑法修正案(七)》对这种行为没有溯及力。再如,《刑法修正案(七)》公布以前,走私国家禁止进出口的其他货物、物品的行为按走私普通货物、物品罪定罪处罚,必须达到偷缴税款5万元以上的才构成犯罪,而《刑法修正案(七)》补充规定,只要实施了走私国家禁止进出口的其他货物、物品的,就可以构成犯罪,应追究其刑事责任。由于《刑法修正案(七)》规定的处罚比较重,对其生效以前的走私国家禁止进出口的其他货物、物品的行为不适用《刑法修正案(七)》,应适用《刑法》第153条规定的走私普通货物、物品罪的规定定罪处罚。

3.《刑法修正案(七)》司法解释的效力。《刑法修正案(七)》修改的条文,在其生效以前有的存在司法解释,这些司法解释的效力和法律条文的效力时间相同的,如果是解释1997年10月1日生效的刑法条文,不论刑法条文生效以后何时进行的司法解释,其效力都是从1997年10月1日生效;但刑法修正案是从公布之日起生效的,对其生效以后进行的司法解释则是从刑法修正案公布之日起生效。司法解释对刑法原条文规定进行的解释,如果原条文被刑法修正案修改了,该司法解释也就失去效力,需要重新解释。例如,2002年11月7日实施的最高人民法院《关于审理偷税抗税刑事案件具体应用法律若干问题的解释》第1条第2款规定:"扣缴义务人实施前款行为之一,不缴或者少缴已扣、已收税款,数额在一万元以上且占应缴税额百分之十以上的,依照刑法第二百零一条第一款的规定定罪处罚。扣缴义务人书面承诺代纳税人支付税款的,应当认定扣缴义务人'已扣、已收税款'。"该解释被《刑法修正案(七)》第3条第2款修改为"扣缴义务人采取前款所列手段,不缴或者少缴已扣、已收税款,数额较大的,依照前款的规定处罚",因而上述司法解释由于刑法条文的修改而失去效力,需要最高司法机关重作司法解释。

《刑法修正案(七)》中规定的犯罪,在其生效前是按司法解释的规定定罪处罚的,即对其生效以前的行为仍应依照司法解释的规定定罪处罚。例如,关于《刑法修正案(七)》第4条规定的组织、领导传销罪,在《刑法修正案(七)》生效前依照2001年4月18日实施的最高人民法院《关于情节严重的传销或者变相传销行为如何定性问题的批复》的司法解释规定"依照刑法第二百二十五条第(四)项的规定,以非法经营罪定罪处罚"。而刑法修正案已将该行为规定为新的独立的罪名,因此,依照刑法规定的从旧兼从轻的溯及力原则,在《刑法修正案(七)》生效前犯有组织、领导传销犯罪行为的,仍应依照司法解释规定以非法经营罪追究刑事责任。

二、走私国家禁止进出口的货物、物品罪

走私国家禁止进出口的货物、物品罪是《刑法》第151条第3款规定的犯罪,《刑法修正案(七)》第1条对1997年《刑法》第151条第3款规定的走私珍稀植物、珍稀植物制品罪的对象补充规定为所有的国家禁止进出口的货物、物品。因此2009年10月16日实施的最高人民法院、最高人民检察院《关于执行〈中华人民共和国刑法〉确定罪名的补充规定(四)》中取消了"走私珍稀植物、珍稀植物制品罪"罪名,增加规定了本罪罪名。

（一）刑法规定内容的修改

刑法条文中有关走私国家禁止进出口的货物、物品罪的规定是：

1. 1979年《刑法》第116条规定："违反海关法规,进行走私,情节严重的,除按照海关法规没收走私物品并且可以罚款外,处三年以下有期徒刑或者拘役,可以并处没收财产。"

第118条规定："以走私、投机倒把为常业的,走私、投机倒把数额巨大的或者走私、投机倒把集团的首要分子,处三年以上十年以下有期徒刑,可以并处没收财产。"

2. 1982年4月1日实施的全国人大常委会《关于严惩严重破坏经济的罪犯的决定》第1条第1项规定："对刑法第一百一十八条走私、套汇、投机倒把牟取暴利罪……其处刑分别补充或者修改为：情节特别严重的,处十年以上有期徒刑、无期徒刑或者死刑,可以并处没收财产。国家工作人员利用职务犯前款所列罪行,情节特别严重的,按前款规定从重处罚……"

3. 1988年1月21日实施的全国人大常委会《关于惩治走私罪的补充规定》第2条规定："走私国家禁止出口的文物、珍贵动物及其制品、黄金、白银或者其他贵重金属的,处五年以上有期徒刑,并处罚金或者没收财产；情节特别严重的,处无期徒刑或者死刑,并处没收财产；情节较轻的,处五年以下有期徒刑,并处罚金。"

第5条规定："企业事业单位、机关、团体走私本规定第一条至第三条规定的货物、物品的,判处罚金,并对其直接负责的主管人员和其他直接责任人员,依照本规定对个人犯走私罪的规定处罚……"

第7条规定："下列行为,以走私罪论处,依照本规定的有关规定处罚：(1)直接向走私人非法收购国家禁止进口物品的,或者直接向走私人非法收购走私进口的其他货物、物品,数额较大的。(2)在内海、领海运输、收购、贩卖国家禁止进出口物品的,或者运输、收购、贩卖国家限制进出口货物、物品,数额较大,没有合法证明的。前款所列走私行为,走私数额较小,不构成犯罪的,由海关没收走私货物、物品和违法所得,可以并处罚款。"

4. 1997年《刑法》第151条第2款规定："走私国家禁止出口的文物、黄金、白银和其他贵重金属或者国家禁止进出口的珍贵动物及其制品的,处五年以上有期徒刑,并处罚金；情节较轻的,处五年以下有期徒刑,并处罚金。"

第3款规定："走私国家禁止进出口的珍稀植物及其制品的,处五年以下有期徒刑,并处罚金或者单处罚金；情节严重的,处五年以上有期徒刑,并处罚金。"

第4款规定："犯第一款、第二款罪,情节特别严重的,处无期徒刑或者死刑,并处没收

财产。"

第5款规定："单位犯本条规定之罪的，对单位判处罚金，并对其直接负责的主管人员和其他直接责任人员，依照本条各款的规定处罚。"

5. 2009年2月28日，全国人大常委会《刑法修正案（七）》第1条规定："将刑法第一百五十一条第三款修改为：走私珍稀植物及其制品等国家禁止进出口的其他货物、物品的，处五年以下有期徒刑或者拘役，并处或者单处罚金；情节严重的，处五年以上有期徒刑，并处罚金。"

上述《刑法修正案（七）》对1997年《刑法》第151条第3款规定的走私国家禁止进出口的货物、物品罪的对象作了扩大补充规定。除了1997年《刑法》规定的走私国家禁止出口的文物、黄金、白银和其他贵重金属或者国家禁止进出口的珍贵动物及其制品的单独规定为独立的犯罪，处较重刑罚外，又在1997年《刑法》规定的走私国家禁止进出口的珍稀植物及其制品以外，又补充增加了"走私国家禁止进出口的其他货物、物品的"对象。由于走私对象已扩大到走私除刑法特别规定的禁止进出口的货物、物品以外的所有的国家禁止进出口的货物、物品，因此，最高人民法院、最高人民检察院《关于执行〈中华人民共和国刑法〉确定罪名的补充规定（四）》也将罪名也相应改为"走私国家禁止进出口的货物、物品罪"。

（二）刑法规定修改的原因

我国1979年《刑法》只笼统地规定了走私罪，不管走私对象是什么都以走私行为为标准定为走私罪。司法实践中，对走私不同对象作为不同情节酌定量刑。走私国家禁止或者限制进出口的货物、物品的作为情节严重的走私犯罪行为处罚。随着走私犯罪行为的不断变化，国家立法机关多次修改刑法，以适应变化了的走私犯罪。1988年全国人大常委会在《关于惩治走私罪的补充规定》中按走私货物、物品种类不同分别规定为独立的犯罪，特别是将走私毒品、武器、弹药、文物、珍贵动物及其制品、黄金、白银或者其他贵重金属等单独规定为独立的犯罪，处较重的刑罚，而将走私其他货物、物品的行为则定为走私普通货物、物品罪，处较轻的刑罚，并且将一些在沿边、沿海、领海、内河领域中买卖走私国家禁止、限制进口的货物、物品的行为也规定可以构成走私罪。

1997年《刑法》又将走私国家禁止进出口的珍稀植物及其制品的行为单独规定为犯罪。在以后的10年司法实践中，又出现了走私其他国家禁止进出口的货物、物品的行为。例如，进出国家禁止进出口的废物等。因此，司法机关提出修改刑法，对走私国家禁止进出口的其他货物、物品的行为也应单独规定为犯罪，给予较重的刑罚处罚。因此，全国人大常委会根据司法实践中打击走私犯罪的需要，采纳了司法机关的意见，于2009年2月28日在《刑法修正案（七）》第1条中补充规定了走私国家禁止进出口的货物、物品罪。不再按走私珍稀植物、珍稀植物制品罪或者走私普通货物、物品罪定罪处罚。

（三）走私国家禁止进出口的货物、物品罪的适用

走私国家禁止进出口的货物、物品罪是刑法修改补充的犯罪，要准确适用就必须弄清该罪的概念、构成特征、法定刑，以及适用时应注意的问题。

1. 走私国家禁止进出口的货物、物品罪的概念。该罪是指违反海关法规，走私国家禁止进出口的货物、物品的行为。

我国1997年《刑法》规定的走私珍稀植物、珍稀植物制品罪的对象只限于珍稀植物及其

制品。对于走私国家禁止进出口的其他货物、物品按走私普通货物、物品罪定罪处罚。根据2009年2月28日全国人大常委会《刑法修正案(七)》第1条的规定,将走私国家禁止进出口的货物、物品定为走私国家禁止进出口的货物、物品罪,取消了走私珍稀植物、珍稀植物制品罪的罪名。即使走私了国家禁止进出口的珍稀植物及其制品的行为,也要定为走私国家禁止进出口的货物、物品罪,不再定为走私珍稀植物、珍稀植物制品罪。

2.犯罪的构成特征。根据《刑法》第151条第3款和《刑法修正案(七)》第1条的规定,该罪的构成特征有:

(1)犯罪主体,是一般主体,凡是年满16周岁以上的具有刑事责任能力的自然人和单位。犯罪主体对违反海关法规是故意的,对走私的货物、物品是国家禁止进出口的货物、物品也是明知,即明知走私的是国家禁止进出口的货物、物品而故意走私;主观上是过失的,不构成犯罪。例如,确实不知道是国家禁止进出口的货物、物品,在报关时被查出,并改正的行为,不构成犯罪。单位可以构成本罪的犯罪主体。

(2)犯罪行为,必须是走私国家禁止进出口的货物、物品的行为,必须是违反海关法规规定,进行走私行为。例如,不报关、虚假报关、逃避关税等走私行为。走私的对象必须是国家禁止进出口名录中规定禁止进出口的货物、物品。

根据2014年9月10日实施的最高人民法院、最高人民检察院《关于办理走私刑事案件适用法律若干问题的解释》第12条规定:《刑法》第151条第3款规定的"珍稀植物",包括列入《国家重点保护野生植物名录》《国家重点保护野生药材物种名录》《国家珍贵树种名录》中的国家一、二级保护野生植物、国家重点保护的野生药材、珍贵树木,《濒危野生动植物种国际贸易公约》附录Ⅰ、附录Ⅱ中的野生植物,以及人工培育的上述植物。

(3)犯罪结果,本罪是行为犯,只要实施了走私国家禁止进出口的货物、物品的行为就可以构成犯罪。但是,根据《刑法》第13条的规定,情节显著轻微危害不大的,不认为是犯罪。

3.走私国家禁止进出口的货物、物品罪的法定刑。根据《刑法》第151条第3款和《刑法修正案(七)》第1条的规定,走私国家禁止进出口的货物、物品罪的法定刑是:

(1)构成犯罪的,处5年以下有期徒刑或者拘役,并处或者单处罚金。

根据2014年9月10日实施的最高人民法院、最高人民检察院《关于办理走私刑事案件适用法律若干问题的解释》第11条规定,走私国家禁止进出口的货物、物品,具有下列情形之一的,依照《刑法》第151条第3款的规定,处5年以下有期徒刑或者拘役,并处或者单处罚金:

①走私国家一级保护野生植物5株以上不满25株,国家二级保护野生植物10株以上不满50株,或者珍稀植物、珍稀植物制品数额在20万元以上不满100万元的;

②走私重点保护古生物化石或者未命名的古生物化石不满10件,或者一般保护古生物化石10件以上不满50件的;

③走私禁止进出口的有毒物质1吨以上不满5吨,或者数额在2万元以上不满10万元的;

④走私来自境外疫区的动植物及其产品5吨以上不满25吨,或者数额在5万元以上不满25万元的;

⑤走私木炭、硅砂等妨害环境、资源保护的货物、物品10吨以上不满50吨,或者数额在

10万元以上不满50万元的;

⑥走私旧机动车、切割车、旧机电产品或者其他禁止进出口的货物、物品20吨以上不满100吨,或者数额在20万元以上不满100万元的;

⑦数量或者数额未达到本款第1项至第6项规定的标准,但属于犯罪集团的首要分子,使用特种车辆从事走私活动,造成环境严重污染,或者引起甲类传染病传播、重大动植物疫情等情形的。

本解释规定的"古生物化石",按照《古生物化石保护条例》的规定予以认定。走私具有科学价值的古脊椎动物化石、古人类化石,构成犯罪的依照《刑法》第151条第2款的规定,以走私文物罪定罪处罚。

(2)构成犯罪,情节严重的,处5年以上有期徒刑,并处罚金。

根据2014年9月10日实施的最高人民法院、最高人民检察院《关于办理走私刑事案件适用法律若干问题的解释》第11条规定,走私国家禁止进出口的货物、物品,具有下列情形之一的,应当认定为《刑法》第151条第3款规定的"情节严重":

①走私数量或者数额超过前款第1项至第6项规定的标准的;

②达到前款第1项至第6项规定的标准,且属于犯罪集团的首要分子,使用特种车辆从事走私活动,造成环境严重污染,或者引起甲类传染病传播、重大动植物疫情等情形的。

(3)单位犯本罪的,对单位判处罚金,并对其直接负责的主管人员和其他直接责任人员,依照个人犯本罪定罪处罚。

根据2014年9月10日实施的最高人民法院、最高人民检察院《关于办理走私刑事案件适用法律若干问题的解释》第24条规定:单位犯走私普通货物、物品罪,偷逃应缴税额在20万元以上不满100万元的,应当依照《刑法》第153条第2款的规定,对单位判处罚金,并对其直接负责的主管人员和其他直接责任人员,处3年以下有期徒刑或者拘役;偷逃应缴税额在100万元以上不满500万元的,应当认定为"情节严重";偷逃应缴税额在500万元以上的,应当认定为"情节特别严重"。

4.本罪适用时应注意以下问题:

(1)注意划清本罪与非罪的界限。我国《刑法》第151条第3款和《刑法修正案(七)》第1条规定构成走私国家禁止进出口的货物、物品罪是行为犯,只要行为人实施了走私国家禁止进出口的货物、物品的行为就可以构成犯罪。但是,这种行为犯还必须根据《刑法》第13条规定的行为人的行为情节显著轻微危害不大的,不认为是犯罪的规定进行考察,如果确实是情节显著轻微危害不大的走私国家禁止进出口的货物、物品的行为不能定罪处罚。

(2)注意划清本罪与走私文物罪,走私贵重金属罪,走私珍贵动物、珍贵动物制品罪,走私淫秽物品罪等罪的界限。上述犯罪的对象都是走私国家法律规定禁止进出口的货物、物品。但由于走私对象的性质不同,对社会危害的程度不同,刑法规定为不同的罪名,处以轻重不同的刑事处罚。走私国家禁止出口的文物、贵重金属、珍贵动物及其制品,社会危害性相对较大些,《刑法》第151条规定的法定刑较重,最高可处无期徒刑,即使情节较轻的,也构成犯罪。而走私淫秽物品罪《刑法》第152条规定的法定刑幅度很大,最轻的犯罪判处管制,并处罚金;最重的犯罪可以处无期徒刑,并处罚金或者没收财产和附加剥夺政治权利终身。而走私国家禁止进出口的货物、物品罪的法定刑相对较轻些,最高处5年有期徒刑;最低处拘役,并处或者单处罚金。

(3)注意划清本罪与走私普通货物、物品罪的界限。我国《刑法》第153条规定的是走私普通货物、物品罪。第151条规定的是走私武器、弹药罪,走私核材料罪,走私假币罪,走私文物罪,走私贵重金属罪,走私珍贵动物、珍贵动物制品罪,走私国家禁止进出口的货物、物品罪。第152条规定的是走私淫秽物品罪、走私废物罪,第347条规定的是走私、贩卖、运输、制造毒品罪。走私普通货物、物品罪是根据犯罪情节和走私偷逃应缴税数额多少定罪处罚的。《刑法修正案(七)》实施以前,走私国家禁止进出口的货物、物品的(除特别规定的货物、物品外),以走私普通货物、物品罪的规定定罪处罚。《刑法修正案(七)》第1条规定,将走私国家禁止进出口的货物、物品(除特别规定的货物、物品以外)的犯罪行为,都依照《刑法》第151条第3款规定的走私国家禁止进出口的货物、物品罪定罪处罚。

三、利用未公开信息交易罪

利用未公开信息交易罪是《刑法》第180条第4款规定的犯罪,《刑法修正案(七)》第2条第2款在1997年《刑法》第180条中补充增加第4款规定为新犯罪行为,2009年10月16日施行的最高人民法院、最高人民检察院《关于执行〈中华人民共和国刑法〉确定罪名的补充规定(四)》中补充规定的新罪名。

(一)刑法规定内容的修改

刑法条文中有关利用未公开信息交易罪的规定是:

1.1997年《刑法》第180条规定:"证券交易内幕信息的知情人员或者非法获取证券交易内幕信息的人员,在涉及证券的发行、交易或者其他对证券的价格有重大影响的信息尚未公开前,买入或者卖出该证券,或者泄露该信息,情节严重的,处五年以下有期徒刑或者拘役,并处或者单处违法所得一倍以上五倍以下罚金;情节特别严重的,处五年以上十年以下有期徒刑,并处违法所得一倍以上五倍以下罚金。单位犯前款罪的,对单位判处罚金,并对其直接负责的主管人员和其他直接责任人员,处五年以下有期徒刑或者拘役。内幕信息的范围,依照法律、行政法规的规定确定。知情人员的范围,依照法律、行政法规的规定确定。"

2.1999年12月25日全国人大常委会《刑法修正案》第4条规定:"将刑法第一百八十条修改为:证券、期货交易内幕信息的知情人员或者非法获取证券、期货交易内幕信息的人员,在涉及证券的发行,证券、期货交易或者其他对证券、期货交易价格有重大影响的信息尚未公开前,买入或者卖出该证券,或者从事与该内幕信息有关的期货交易,或者泄露该信息,情节严重的,处五年以下有期徒刑或者拘役,并处或者单处违法所得一倍以上五倍以下罚金;情节特别严重的,处五年以上十年以下有期徒刑,并处违法所得一倍以上五倍以下罚金。单位犯前款罪的,对单位判处罚金,并对其直接负责的主管人员和其他直接责任人员,处五年以下有期徒刑或者拘役。内幕信息、知情人员的范围,依照法律、行政法规的规定确定。"

3.2009年2月28日全国人大常委会《刑法修正案(七)》第2条第1款规定:"将刑法第一百八十条第一款修改为:'证券、期货交易内幕信息的知情人员或者非法获取证券、期货交易内幕信息的人员,在涉及证券的发行,证券、期货交易或者其他对证券、期货交易价格有重大影响的信息尚未公开前,买入或者卖出该证券,或者从事与该内幕信息有关的期货交易,或者泄露该信息,或者明示、暗示他人从事上述交易活动,情节严重的,处五年以下有期徒刑或者拘役,并处或者单处违法所得一倍以上五倍以下罚金;情节特别严重的,处五年以上十年以下有期徒刑,并处违法所得一倍以上五倍以下罚金'。"

第2条规定,增加一款作为第4款:"证券交易所、期货交易所、证券公司、期货经纪公司、基金管理公司、商业银行、保险公司等金融机构的从业人员以及有关监管部门或者行业协会的工作人员,利用因职务便利获取的内幕信息以外的其他未公开的信息,违反规定,从事与该信息相关的证券、期货交易活动,或者明示、暗示他人从事相关交易活动,情节严重的,依照第一款的规定处罚。"

上述我国1997年《刑法》第180条规定了内幕交易、泄露内幕信息罪,但内容只限于证券交易及其交易内幕信息;《刑法修正案》又增加了期货交易及其交易内幕信息;《刑法修正案(七)》将1997年《刑法》第180条规定的内幕交易、泄露内幕信息的犯罪行为增加了明示、暗示他人从事证券、期货交易活动的行为,并且还增加规定了利用"内幕信息以外的其他未公开的信息",违反规定从事与该信息相关的证券、期货交易活动,或者明示、暗示他人从事相关交易活动的犯罪行为。因此,最高人民法院、最高人民检察院《关于执行〈中华人民共和国刑法〉确定罪名的补充规定(四)》对新增加的犯罪行为确定为"利用未公开信息交易罪"的罪名。

(二)刑法规定修改的原因

我国1979年《刑法》没有规定利用未公开信息交易罪,因为在当时我国还没有证券、期货交易活动。从1990年以后我国开始试行证券发行和证券交易活动,1997年《刑法》第180条将证券内幕交易、泄露证券内幕交易信息的行为规定为犯罪。1995年以后,我国又开始了期货交易活动,社会上又出现了利用期货交易的内部信息或者泄露期货内幕信息进行违法犯罪活动。1999年12月25日全国人大常委会在《刑法修正案》第4条中将期货内幕交易、泄露期货内幕信息的行为补充规定为犯罪。随着证券、期货交易活动的不断发展,在该领域中又出现了"利用因职务便利获取的内幕信息以外的其他未公开的信息,违反规定从事与该信息相关的证券、期货交易活动,或者明示、暗示他人从事相关交易活动的犯罪行为"。为了适应司法实践中惩治这种犯罪行为的需要,2009年2月28日全国人大常委会在《刑法修正案(七)》第2条第2款中,在1997年《刑法》第180条规定内幕交易、泄露内幕信息罪的基础上,又补充规定了"利用未公开信息交易罪"。

(三)利用未公开信息交易罪的适用

利用未公开信息交易罪是《刑法修正案(七)》对1997年《刑法》第180条补充规定的犯罪,要准确适用就必须弄清该罪的概念、构成特征、法定刑,以及适用时应注意的问题。

1.利用未公开信息交易罪的概念。该罪是指证券交易所、期货交易所、证券公司、期货经纪公司、基金管理公司、商业银行、保险公司等金融机构的从业人员以及有关监管部门或者行业协会的工作人员,利用因职务便利获取的内幕信息以外的其他未公开的信息,违反规定,从事与该信息相关的证券、期货交易活动,或者明示、暗示他人从事相关交易活动,情节严重的行为。

我国1997年《刑法》第180条规定的内幕交易、泄露内幕信息罪,其行为只是利用内幕信息进行内幕交易和泄露内幕信息的犯罪行为。而本罪是利内幕信息以外的其他未公开的信息自己从事或者明示、暗示他人进行证券、期货交易活动的行为。根据2009年2月28日《刑法修正案(七)》第2条的规定,既惩治利用内幕信息交易的犯罪行为,也惩治利用内幕信息以外的其他未公开信息进行证券、期货交易的犯罪行为。这些证券、期货管理机关内部进行证券、期货交易活动是从内部破坏证券、期货正常公平交易秩序,通常称为"老鼠仓",其社会危害性很大,刑法应当规定为犯罪,给予刑罚惩治。

2. 犯罪的构成特征。根据《刑法》第180条第4款和《刑法修正案(七)》第2条第2款的规定,该罪的构成特征有:

(1)犯罪主体,是特殊主体。根据《刑法》第180条第4款规定,该罪的犯罪主体必须是证券交易所、期货交易所、证券公司、期货经纪公司、基金管理公司、商业银行、保险公司等金融机构的从业人员以及有关监管部门或者行业协会的工作人员,即金融机构从业人员和监管部门和行业协会的工作人员。上述人员除了必须具备年满16周岁以上的具有刑事责任能力的自然人的条件外,还必须是金融机构中的从业人员及其监管部门的工作人员人或者行业协会的工作人员。不满16周岁的人和不是金融机构的从业人员以及有关监管部门或者行业协会的工作人员不能构成本罪的主体。

这里的从业人员,是指上述金融机构中从事证券、期货业务的人员,无论是选举任命的还是雇用聘任的,也无论是正式工还是临时工,只要是从事证券、期货工作,有一定工作职务的人员都可以构成本罪的犯罪主体。对于有关监管部门或行业协会的工作人员则必须是有一定职务的工作人员才能构成本罪的犯罪主体。

犯罪主体对违反规定进行证券、期货交易主观上是故意的,对利用的信息是未公开的内幕交易信息以外的其他信息也是明知。主观上是过失的不构成犯罪。例如,确实不知道该信息是未公开的信息,而明示他人从事该证券交易活动的行为,不构成犯罪。单位不能成为本罪的犯罪主体,因为《刑法》第180条第4款没有规定单位构成本罪的要件及法定刑。

参照2012年6月1日实施的最高人民法院、最高人民检察院《关于办理内幕交易、泄露内幕信息刑事案件具体应用法律若干问题的解释》第1条规定,"下列人员应当认定为刑法第一百八十条第一款规定的'证券、期货交易内幕信息的知情人员':(一)证券法第七十四条规定的人员;(二)期货交易管理条例第八十五条第十二项规定的人员"。

第2条规定,"具有下列行为的人员应当认定为刑法第一百八十条第一款规定的'非法获取证券、期货交易内幕信息的人员':(一)利用窃取、骗取、套取、窃听、利诱、刺探、或者私下交易等手段获取内幕信息的;(二)内幕信息知情人员的近亲属或者其他与内幕信息知情人员关系密切的人员,在内幕信息敏感期内,从事或者明示、暗示他人从事,或者泄露内幕信息导致他人从事与该内幕信息有关的证券、期货交易,相关交易行为明显异常,且无正当理由或者正当信息来源的;(三)在内幕信息敏感期内,与内幕信息知情人员联络、接独,从事或者明示、暗示他人从事,或者泄露内幕信息导致他人从事与该内幕信息有关的证券、期货交易,相关交易行为明显异常,且无正当理由或者正当信息来源的"。

第3条规定,"本解释第二条第二项、第三项规定的相关交易行为明显异常,要综合以下情形,从时间吻合程度、交易背离程度和利益关联程度等方面予以认定:(一)开户、销户、激活资金账户或者指定交易(托管)、撤销指定交易(转托管)的时间与该内幕信息形成、变化、公开时间基本一致的;(二)资金变化与该内幕信息形成、变化、公开时间基本一致的;(三)买入或者卖出与内幕信息有关的证券、期货合约时间与内幕信息的形成、变化和公开时间基本一致的;(四)买入或者卖出与内幕信息有关的证券、期货合约时间与获悉内幕信息的时间基本一致的;(五)买入或者卖出证券、期货合约行为明显与平时交易习惯不同的;(六)买入或者卖出证券、期货合约行为,或者集中持有证券、期货合约行为与该证券、期货公开信息反映的基本面明显背离的;(七)账户交易资金进出与该内幕信息知情人员或者非法获取人员有关联或者利害关系的;(八)其他交易行为明显异常情形"。

第5条规定,"内幕信息敏感期"是指内幕信息自形成至公开的期间。重大事件的发生时间、计划、方案、政策、决定等形成时间,应当认定为内幕信息的形成时间;内幕信息的公开,是指内幕信息在国务院证券、期货监督管理机构指定的报刊、网站等媒体披露。

(2)犯罪行为,必须是利用未公开信息交易的行为。这种行为表现有:

①违反规定,利用因职务便利获取的内幕信息以外的其他未公开的信息,从事与该信息相关的证券、期货交易活动。这种自己进行的证券、期货交易活动与利用职务获取的信息有着密切的联系。

②违反规定,利用因职务便利获取的内幕信息以外的其他未公开的信息,明示或者暗示他人从事相关交易活动,他人实施的证券、期货交易活动与明示、暗示他人交易活动有着密切关系。如果他人实施的交易活动与明示或暗示的行为没有关系,不能构成本罪的犯罪行为。

上述行为违反的规定,包括国家规定,也包括地方规定和单位内部的规章制度。例如,证券交易所规定,本所工作人员不得在本所进行证券交易活动等。

上述行为"利用的信息",必须是利用职务的便利获取的信息,必须是内幕信息以外的其他未公开的信息,即这种信息是未公开的而且是影响证券、期货交易的信息。如果是利用非职务便利获取的或者是已公开的信息或者对证券、期货交易无影响的信息,都不能构成本罪的犯罪行为。

参照2012年6月1日实施的最高人民法院、最高人民检察院《关于办理内幕交易、泄露内幕信息刑事案件具体应用法律若干问题的解释》第4条规定,"具有下列情形之一的,不属于刑法第一百八十条第一款规定的从事与内幕信息有关的证券、期货交易:(一)持有或者通过协议、其他安排与他人共同持有上市公司百分之五以上股份的自然人、法人或者其他组织收购该上市公司股份的;(二)按照事先订立的书面合同、指令、计划从事相关证券、期货交易的;(三)依据已被他人披露的信息而交易的;(四)交易具有其他正当理由或者正当信息来源的"。

(3)犯罪结果,本罪是结果犯,必须是达到情节严重的行为。达不到情节严重的结果,不能构成犯罪。所谓情节严重的,一般是指严重扰乱了证券、期货交易秩序,给有关单位或者部门造成巨大经济损失,在社会上造成恶劣的影响。

所谓情节严重的,根据2022年5月15日实施的最高人民检察院、公安部《关于公安机关管辖的刑事案件立案追诉标准的规定(二)》第31条规定:违反规定,涉嫌下列情形之一的,应予立案追诉:(一)获利或者避免损失数额在100万元以上的;(二)两年以内三次以上利用未公开信息交易的;(三)明示、暗示三人以上从事相关交易活动的;(四)具有其他严重情节的。利用未公开信息交易,获利或者避免损失数额在50万元以上的,或者证券交易成交额在500万元以上的,或者期货交易占用保证金数额在100万元以上的,同时涉嫌下列情形之一的,应予追诉:(一)以出售或变相出售未公开信息等方式,明示、暗示他人从事相关交易活动的;(二)因证券、期货犯罪行为受过刑事追究的;(三)二年内因证券、期货违法行为受过行政处罚的;(四)造成其他严重后果的。凡是具备了上述结果之一,就是情节严重的,可以构成犯罪,追究刑事责任。

3. 利用未公开信息交易罪的法定刑。本罪应是"情节严重"和"情节特别严重"两种情况的法定刑。根据《刑法》第180条第4款和《刑法修正案(七)》第2条第2款的规定,利用未公开信息交易罪的法定刑是"情节严重的,依照第一款的规定处罚"。由于第1款规定了"情节严重"和"情节特别严重"两种情况的法定刑,因此,对第4款规定的"情节严重"应理解为是第1款规定的"情节严重"和"情节特别严重"两种情况的法定刑。利用未公开信息交易罪的法定刑应广义解释为两个档次的法定刑,使两罪的法定刑相适应,不应仅适用"情节严重"一个档次的法定刑。

构成犯罪的,处5年以下有期徒刑或者拘役,并处或者单处违法所得1倍以上5倍以下罚金。

4. 本罪适用时应注意以下问题。

(1)注意划清本罪与非罪的界限。根据我国《刑法》第180条第4款和《刑法修正案(七)》第2条第2款的规定,利用未公开信息交易罪是结果犯,必须是达到情节严重的结果才能构成犯罪,达不到情节严重的,不能构成犯罪。因此,认定本罪时应注意分析行为人的行为是否达到情节严重的程度。另外,该罪的犯罪主体是特殊主体,必须是金融机构的从业人员及有关监管部门和行业协会的工作人员,不是上述人员的不能构成本罪。即使是上述人员也必须是利用职务的便利获取的内幕信息以外的其他未公开的信息进行交易的行为,才能构成犯罪,不具备上述条件行为的,不构成本罪。

(2)注意划清本罪与内幕交易、泄露内幕信息罪的界限。上述两种犯罪都是《刑法》第180条规定的涉及证券、期货交易信息方面的犯罪,且都是内幕交易行为容易混淆。两者之间的主要区别是利用信息的内容不同。本罪利用的信息是证券、期货交易内幕信息以外的其他未公开的信息;而内幕交易、泄露内幕信息罪的信息仅仅是内幕信息。由于信息的性质不同将两罪从原则上区别开来。当然,仔细分析两种犯罪在犯罪构成要件上也有所不同:

①犯罪主体不同。虽然两罪的主体都是特殊主体,但特殊主体的具体范围不同。本罪的主体只是金融机构从业人员及监管部门和行业协会的工作人员,单位不能构成本罪主体;而内幕交易、泄露内幕信息罪的主体是证券、期货交易信息的知情人员或者非法获取证券、期货交易信息人员和单位,其范围比利用未公开信息交易罪更广泛。

②犯罪行为不同。虽然两种犯罪行为都是利用证券、期货信息进行交易的行为,但具体行为表现方式不同,本罪是违反规定,利用职务便利获取的内幕信息以外的其他未公开的信息,从事与该信息相关的证券、期货交易活动或者明示、暗示他人从事相关交易活动的行为;而内幕交易、泄露内幕信息罪的犯罪行为是利用内幕信息进行证券、期货交易或者泄露证券、期货交易信息的行为,或者明示、暗示他人进行交易的行为。

③犯罪结果不同。尽管两罪都规定了必须情节严重的才构成犯罪,但情节严重的含义不完全相同。一般讲,利用内幕信息进行证券、期货交易的,情节严重的程度要重于利用其他未公开的信息情节严重的程度。《刑法》第180条第4款规定的利用未公开信息交易罪的"情节

严重",应理解是泛指,其中包括"情节严重"和"情节特别严重"两种情况。

(3)注意划清本罪与故意泄露国家秘密罪的界限。本罪是泄露未公开的证券、期货交易信息,明示或者暗示他人从事证券、期货交易活动的行为,这与《刑法》第398条规定的故意泄露国家秘密罪的行为很相似,有可能出现法条规定竞合的情况,例如,国家工作人员泄露的是国家秘密的内幕信息,在定罪时容易混淆。二者区别的根据是保守秘密的性质不同。未公开的证券、期货交易信息也是一种秘密,但不一定都是国家秘密,有的可能是国家秘密,有的可能是单位秘密不是国家秘密。另外,刑法已将泄露除内幕信息以外的其他未公开的证券、期货交易信息单独规定为独立的犯罪,根据特别规定优于普通规定的原则,对利用未公开的信息明示或者暗示他人进行证券、期货交易的行为,不再认定为普通的故意泄露国家秘密罪,而要认定为利用未公开信息交易罪。

(4)注意划清本罪与侵犯商业秘密罪的界限。我国《刑法》第219条规定的侵犯商业秘密罪的犯罪对象与本罪有相同或者相似之处,即侵犯的都是尚未公开的信息,定罪时容易混淆。二罪的根本区别是侵犯的对象和客体不同。本罪侵犯的是证券、期货交易秩序,而侵犯商业秘密犯罪行为侵犯的客体是企业事业单位的经营活动;侵犯商业秘密罪的行为对象是商业秘密,其比利用未公开信息交易罪的行为对象证券、期货交易信息的范围要宽泛一些。如果行为人泄露的既是未公开的证券、期货交易信息又是商业秘密时,应按特别法律规定优于普通法律规定的原则认定为本罪。

(5)注意内幕交易数额的计算。在计算利用未公开信息交易的数额时,可参照2012年6月1日实施的最高人民法院、最高人民检察院《关于办理内幕交易、泄露内幕信息刑事案件具体应用法律若干问题的解释》第8条规定,二次以上实施内幕交易或者泄露内幕信息行为,未经行政处理或者刑事处理的,应当对相关交易数额依法累计计算。第9条规定,同一案件中,成交额、占用保证金额、获利或者避免损失额分别构成情节严重、情节特别严重的,按照处罚较重的数额定罪处罚。构成共同犯罪的,按照共同犯罪行为人的成交总额、占用保证金总额、获利或者避免损失总额定罪处罚,但判处各被告人罚金的总额应当掌握在获利或者避免损失总额的1倍以上5倍以下。

四、逃税罪

逃税罪是《刑法》第201条规定的犯罪,《刑法修正案(七)》第3条对1997年《刑法》第201条规定的偷税罪的犯罪行为表述作了较大的修改。因此2009年10月16日实施的最高人民法院、最高人民检察院《关于执行〈中华人民共和国刑法〉确定罪名的补充规定(四)》中取消了偷税罪的罪名,修改为逃税罪的罪名。

(一)刑法规定内容的修改

刑法条文中有关逃税罪的规定是:

1. 1979年《刑法》第121条规定:"违反税收法规,偷税、抗税,情节严重的,除按照税收法规补税并且可以罚款外,对直接责任人员,处三年以下有期徒刑或者拘役。"

2. 1993年1月1日实施的全国人大常委会《关于惩治偷税、抗税犯罪的补充规定》第1条规定:"纳税人采取伪造、变造、隐匿、擅自销毁账簿、记账凭证,在账簿上多列支出或者不列、少列收入,或者进行虚假的纳税申报的手段,不缴或者少缴应纳税款的,是偷税。偷税数额占应纳税额的百分之十以上并且偷税数额在一万元以上的,或者因偷税被税务机关给予二次行政处罚又偷税的,处三年以下有期徒刑或者拘役,并处偷税数额五倍以下的罚金;偷税数额占应纳税额的百分之三十以上并且偷税数额在十万元以上的,处三年以上七年以下有期徒刑,并处偷税数额五倍以下的罚金。扣缴义务人采取前款所列手段,不缴或者少缴已扣、已收税款,数额占应缴税额的百分之十以上并且数额在一万元以上的,依照前款规定处罚。对多次犯有前两款规定的违法行为未经处理的,按照累计数额计算。"

第3条规定:"企业事业单位犯第一条、第二条罪的,依照第一条、第二条的规定,判处罚金,并对负有直接责任的主管人员和其他直接责任人员,处三年以下有期徒刑或者拘役。"

第7条规定:"对犯本规定之罪的,由税务机关追缴不缴、少缴、欠缴、拒缴或者骗取的税款。对依法免予刑事处罚的,除由税务机关追缴不缴、少缴、欠缴、拒缴或者骗取的税款外,处不缴、少缴、欠缴、拒缴或者骗取的税款五倍以下的罚款。"

3. 1997年《刑法》第201条规定:"纳税人采取伪造、变造、隐匿、擅自销毁帐簿、记账凭证,在帐簿上多列支出或者不列、少列收入,经税务机关通知申报而拒不申报或者进行虚假的纳税申报的手段,不缴或者少缴应纳税款,偷税数额占应纳税额的百分之十以上不满百分之三十并且偷税数额在一万元以上不满十万元的,或者因偷税被税务机关给予二次行政处罚又偷税的,处三年以下有期徒刑或者拘役,并处偷税数额一倍以上五倍以下罚金;偷税数额占应纳税额的百分之三十以上并且偷税数额在十万元以上的,处三年以上七年以下有期徒刑,并处偷税数额一倍以上五倍以下罚金。扣缴义务人采取前款所列手段,不缴或者少缴已扣、已收税款,数额占应缴税额的百分之十以上并且数额在一万元以上的,依照前款的规定处罚。对多次犯有前两款行为,未经处理的,按照累计数额计算。"

第211条规定:"单位犯本节第二百零一条、第二百零三条、第二百零四条、第二百零七条、第二百零八条、第二百零九条规定之罪的,对单位判处罚金,并对其直接负责的主管人员和其他直接责任人员,依照各该条的规定处罚。"

第212条规定:"犯本节第二百零一条至第二百零五条规定之罪,被判处罚金、没收财产的,在执行前,应当先由税务机关追缴税款和所骗取的出口退税款。"

4. 2009年2月28日全国人大常委会《刑法修正案(七)》第3条规定:"将刑法第二百零一条修改为:'纳税人采取欺骗、隐瞒手段进行虚假纳税申报或者不申报,逃避缴纳税款数额较大并且占应纳税额百分之十以上的,处三年以下有期徒刑或者拘役,并处罚金;数额巨大并且占应纳税额百分之三十以上的,处三年以上七年以下有期徒刑,并处罚金。扣缴义务人采取前款所列手段,不缴或者少缴已扣、已收税款,数额较大的,依照前款的规定处罚。对多次实施前两款行为,未经处理的,按照累计数额计算。有第一款行为,经税务机关依法下达追缴通知后,补缴应纳税款,缴纳滞纳金,已受行政处罚的,不予追究刑事责任;但是,五年内因逃避缴纳税款受过刑事处罚或者被税务机关给予二次以上行政处罚的除外'。"

上述刑法补充规定和刑法修正案根据逃税犯罪行为的变化,对1997年《刑法》规定的罪名、犯罪行为、犯罪结果、法定刑等都作了修改和补充。具体有:

(1)修改罪名,由偷税罪改为逃税罪。

(2)犯罪行为由偷税行为,改为逃避缴纳税款的行为。

(3)犯罪结果,由偷税数额占应纳税额的10%以上且偷税数额在1万元以上的,改为"逃避缴纳税款数额较大并且占应纳税额百分之十以上的";将偷税数额占应纳税额的30%以上并且偷税数额在10万元以上的,改为"逃税数额巨大并且占应纳税额百分之三十以上的"。

(4)还特别增加规定:经税务机关依法下达追缴通知后,补缴应纳税款,缴纳滞纳金,已受行政处罚的,不予追究刑事责任;但是,5年内因逃避缴纳税款受过刑事处罚或者被税务机关给予2次以上行政处罚的除外。体现了惩罚涉税犯罪实行宽严相济的刑事政策。

(二)刑法规定修改的原因

我国1979年《刑法》只笼统地规定了偷税罪,对偷税罪的罪状没有规定,而且规定的法定刑比较轻。随着国家利改税以后,偷税犯罪行为增多,偷税数额增大,1997年《刑法》规定明显不能适应同当时偷税犯罪行为作斗争的需要。1993年1月实施的全国人大常委会《关于惩治偷税、抗税犯罪的补充规定》中对偷税罪的罪状作了详细的规定,首次规定偷税数额在1万元以上并且占应纳税数额的10%以上的,或者因偷税被税务机关给予2次行政处罚又偷税的,作为构成偷税罪的必要条件,并且首次将偷税罪的法定最高刑由3年有期徒刑提高到可以处7年有期徒刑;同时还将扣缴义务人规定为偷税罪的主体。1997年《刑法》第201条基本采纳了1993年补充规定的内容,只是作了文字上的调整。

经过10多年的司法实践,对前款所列逃税数额1万元以上并且占应缴税额的10%以上的规定不能适应当前同逃税犯罪行为作斗争的需要。有关部门提出,在经济生活中,偷逃税的情况十分复杂,1997年《刑法》第201条从逃税的具体数额和所占应纳税款的比例两方面规定作为逃税罪的定罪量刑标准,规定得太死,同样的偷税数额在不同时期对社会的危害程度不同,定罪量刑的具体标准也应当不同,为更有力地惩治逃避缴纳税收的犯罪行为,建议在刑法中对偷税罪的具体数额标准不作规定,由司法机关根据实际情况作出司法解释并适时调整。同时还提出,考虑打击偷税犯罪的主要目的是维护税收征管秩序,保证国家税收收入到位,对属于初犯,经税务机关指出后积极补缴税款和滞纳金,履行了纳税义务,接受行政处罚的,可不再作为犯罪追究其刑事责任,这样的处理可以较好地体现宽严相济的刑事政策。全国人大常委会根据司法实践中打击逃税犯罪的需要,采纳了税务机关和司法机关的意见,于2009年2月28日全国人大常委会《刑法修正案(七)》第3条中补充规定了逃税犯罪行为,将逃税数额较大并且占应纳税数额10%以上的行为作为构成犯罪的必要条件;将"逃税数额巨大并且占应纳税额百分之三十以上的"作为适用加重法定刑的必要条件。

(三)逃税罪的适用

逃税罪是《刑法修正案(七)》第3条将1997年《刑法》第201条规定的偷税罪修改为逃税罪的一种新的犯罪,要准确适用就必须弄清该罪的概念、构成特征、法定刑以及适用时应注意的问题。

1.逃税罪的概念。逃税罪是指纳税人或者扣缴义务人违反税收法律规定,采取欺骗、隐瞒手段进行虚假纳税申报或者不申报,逃避缴纳税款数额较大并且占应纳税额10%以上的行为。

逃税罪是直接危害国家税收管理秩序的犯罪。纳税是公民和单位应尽的义务,任何国家的公民和单位都应纳税,以保证国家有充足的财力,以进行政权建设和经济建设,保卫国家的安全。我国是社会主义国家,公民和单位依法纳税是取之于民、用之于民,确保国家的经济建设有充足的财力。如果纳税人依法应纳税而不纳税,逃避应尽的纳税义务,既破坏了国家的税收制度,也使国家的税收遭受损失,国家的财力削弱,就不能有足够的财力进行社会的基本建设,这是对社会有危害的行为。我国刑法将逃避缴纳税款,情节严重的行为规定为犯罪,最高可处 7 年有期徒刑,并处罚金。

2. 犯罪的构成特征。根据《刑法》第 201 条和《刑法修正案(七)》第 3 条的规定,该罪的构成特征有:

(1)犯罪主体,是特殊主体,必须是纳税人或者扣缴义务人。纳税人是指依据法律、行政法规规定负有纳税义务的人,包括负有纳税义务的自然人和单位。扣缴义务人是指依据法律、行政法规规定负有代扣代缴、代收代缴税款义务的人员。逃税犯罪主体不论是自然人还是单位,在主观上都有逃避缴纳税款的故意和逃税的目的,不具有逃税目的行为或者主观上是过失的行为,都不构成逃税罪。

(2)犯罪行为,必须是逃税行为。逃税行为是指违反税收法律规定,采取欺骗、隐瞒手段进行虚假纳税申报或者不申报的行为。具体行为表现是:

①采取欺骗、隐瞒手段进行虚假纳税申报的行为。以虚假的事实进行欺骗申报,少纳税款和隐瞒事实真相的方法进行申报,少纳税款。例如弄假账、少报应纳税额或者假报减免纳税数额等行为。

②不申报纳税的行为,例如,用造假账或者不记账等手段不申报纳税。其虚假申报或者不申报的目的是少纳税款或者不纳税款。

(3)犯罪结果,本罪是结果犯,必须达到逃避缴纳税款数额较大并且占应纳税额 10% 以上的结果。从逃避缴税款的数额上必须达到数额较大。

何为数额较大,刑法没有具体规定,根据 2022 年 5 月 15 日实施的最高人民检察院、公安部《关于公安机关管辖的刑事案件立案追诉标准的规定(二)》第 52 条规定,逃避缴纳税款,涉嫌下列情形之一的,应予立案追诉:①纳税人采取欺骗、隐瞒手段进行虚假纳税申报或者不申报,逃避缴纳税款,数额在 10 万元以上并且占各税种应纳税总额 10% 以上,经税务机关依法下达追缴通知后,不补缴应纳税款、不缴纳滞纳金或者不接受行政处罚的;②纳税人 5 年内因逃避缴纳税款受过刑事处罚或者被税务机关给予二次以上行政处罚,又逃避缴纳税款,数额在 10 万元以上并且占各税种应纳税总额 10% 以上的;③扣缴义务人采取欺骗、隐瞒手段,不缴或者少缴已扣、已收税款,数额在 10 万元以上的。

纳税人在公安机关立案后再补缴应纳税款、缴纳滞纳金或者接受行政处罚的,不影响刑事责任的追究。

3. 逃税罪的法定刑。根据《刑法》第 201 条和《刑法修正案(七)》第 3 条的规定,逃税罪的法定刑是:

(1)构成犯罪的,处 3 年以下有期徒刑或拘役,并处罚金。

(2)构成犯罪,数额巨大并且占应纳税额 30% 以上的,处 3 年以上 7 年以下有期徒刑,并处罚金。何为数额巨大,有待司法解释,一般是指逃避税款 20 万元以上为宜。

(3)扣缴义务人犯本罪的,数额较大的,即逃税 5 万元以上的,依照前款规定处罚,不需达到逃税数额占应纳税额 10% 以上的结果条件。

(4)单位犯逃税罪的,对单位判处罚金,并对其直接负责的主管人员和其他直接责任人员,依照个人犯逃税罪的规定定罪处罚。

4. 本罪适用时应注意以下问题:

(1)注意划清本罪与非罪的界限。我国《刑法》第 201 条和《刑法修正案(七)》第 3 条规定构成逃税罪是结果犯,必须达到逃税数额较大的并且占应纳税额 10% 以上的结果才可以构成犯罪,达不到上述结果的不构成犯罪,视情节轻重由税务机关依照税收法规给予行政处罚。

我国《刑法》第 201 条还特别规定,有第 1 款行为(逃税犯罪行为),经税务机关依法下达追缴通知后,补缴应纳税款,缴纳滞纳金,已受行政处罚的,不予追究刑事责任;但是,5 年内因逃避缴纳税款受过刑事处罚或者被税务机关给予 2 次以上行政处罚的除外。这里应注意的是,我国 1997 年《刑法》第 201 条规定的是"因偷税被税务机关给予二次行政处罚又偷税的",既不受时间间隔的限制,也不受第三次再偷税数额和占应纳税额比例多少的限制,只要是第三次再实施了偷税行为的,都可以构成偷税罪。而 2009 年的《刑法修正案(七)》修改后对逃税罪的规定则是:5 年内因逃避缴纳税款受过刑事处罚或者被税务机关给予 2 次以上行政处罚的,再犯逃税数额较大且占应纳税额 10% 以上的,即使是经税务机关依法下达追缴通知后,补缴应纳税款,缴纳滞纳金,已受行政处罚的,也构成犯罪,应当追究刑事责任。如果在 5 年又逃税数额达不到数额较大或者达不到占应纳税额 10% 以上的,即使 5 年内因逃避税款受过刑事处罚或者被税务机关给予 2 次以上行政处罚的,也不构成逃税罪,因本次逃税行为没有达到第 1 款规定的逃税犯罪行为的程度。

(2)注意划清扣缴义务人犯本罪与单位犯本罪的区别。《刑法》第 201 条第 2 款规定的"扣缴义务人采取前款所列手段,不缴或者少缴已扣、已收税款,数额较大的,依照前款的规定处罚"是具有扣缴义务的自然人犯罪,应按自然人犯逃税罪定罪处罚,其不是单位犯罪,不能依照单位犯罪实行双罚。而我国《刑法》第 211 条规定的"单位犯本节第二百零一条……规定之罪的,对单位判处罚金,并对其直接负责的主管人员和其他直接责任人员,依照各该条的规定处罚"是单位犯逃税罪,实行双罚,既惩罚单位也惩罚直接责任人。即使是单位的直接负责的主管人员决定少缴、不缴已扣、已收税款并将该税款归单位使用,也是扣缴义务人犯逃税罪,而不是单位犯逃税罪。单位犯逃税罪必须以单位的名义,以欺骗或隐瞒的手段进行虚假申报或不申报本单位应缴纳的税款行为。

虽然扣缴义务人犯逃税罪是自然人犯罪,但其犯罪构成要件与逃税罪的构成要件不完全相同。主要特殊要件是:①犯罪主体是特定的扣缴义务人,不是一般纳税人;②逃税行为是不缴或者少缴已扣、已收税款的行为,不是虚假申报或者不申报应纳税款的行为;③犯罪结果是少缴或不缴纳税数额较大的结果,不需要占应纳税额的比例条件。这里应特别注意的是《刑法》第 201 条第 2 款只规定了扣缴义务人不缴、少缴已扣、已收税款,数额较大的构成犯罪,并没有规定"数额巨大"的定罪量刑,这是法律规定的漏洞,有待法律解释。在没有法律解释前,可参照一般纳税人逃税数额巨大(20 万元以上)的规定定罪处罚。

(3)注意应纳税款的执行优先原则。我国《刑法》第 212 条规定的"犯本节第二百零一条至第二百零五条规定之罪,被判处罚金、没收财产的,在执行前,应当先由税务机关追缴税款和所骗取的出口退税款",这是应纳税款的执行优先原则。无论对逃税人处以刑事处罚还是行政处罚,在执行前,应当先由税务机关追缴少缴、欠缴、不缴的应纳税款,然后再执行罚金、没收财产、罚款等刑事处罚和行政处罚。

(4)注意划清本罪与逃避追缴欠税罪的界限。我国《刑法》第203条规定的逃避追缴欠税罪与本罪的罪名相似,但本罪不是逃避追缴欠税罪的简称,两种犯罪虽然都是妨害税收方面的犯罪,其犯罪主体相同,但二罪是不同的独立犯罪,其主要的区别是犯罪行为不同。本罪的犯罪行为是采取欺骗、隐瞒的手段进行虚假纳税申报或者不申报的行为;而逃避追缴欠税罪的犯罪行为是纳税人欠缴应纳税款,有能力缴纳而不缴纳,采取转移或者隐匿财产的手段,致使税务机关无法追缴欠缴的税款,情节严重的行为。从两罪犯罪行为不同,将这两种犯罪区别开来。

(5)扣缴义务人逃税数额巨大是否构成犯罪问题。《刑法修正案(七)》第3条将1997年《刑法》第201条第2款规定的"扣缴义务人采取前款所列手段,不缴或者少缴已扣、已收税款,数额占应缴税额的百分之十以上并且数额在一万元以上的,依照前款的规定处罚"修改为"不缴或者少缴已扣、已收税款,数额较大的,依照前款的规定处罚"。相比较,扣缴义务人构成逃税罪只需要逃税数额较大的条件即可,不需要逃税数额占应缴纳税额10%以上的条件。这里逃税数额较大的,应同上述规定的逃税数额较大是一样的,即10万元以上的,不需要不缴或者少缴已扣、已收税款占应缴纳税额10%的条件,体现对扣缴义务人定罪处刑的严格要求。

五、组织、领导传销活动罪

组织、领导传销活动罪是《刑法》第224条之一规定的犯罪,《刑法修正案(七)》第4条对1997年《刑法》增加规定了组织、领导传销活动犯罪行为。在2009年10月16日实施的最高人民法院、最高人民检察院《关于执行〈中华人民共和国刑法〉确定罪名的补充规定(四)》中将这种犯罪确定为组织、领导传销活动罪的罪名。

(一)刑法规定内容的修改

刑法条文中有关组织、领导传销活动罪的规定是:

1. 1997年《刑法》第225条规定:"违反国家规定,有下列非法经营行为之一,扰乱市场秩序,情节严重的,处五年以下有期徒刑或者拘役,并处或者单处违法所得一倍以上五倍以下罚金;情节特别严重的,处五年以上有期徒刑,并处违法所得一倍以上五倍以下罚金或者没收财产:(一)未经许可经营法律、行政法规规定的专营、专卖物品或者其他限制买卖的物品的;(二)买卖进出口许可证、进出口原产地证明以及其他法律、行政法规规定的经营许可证或者批准文件的;(三)未经国家有关主管部门批准,非法经营证券、期货、保险业务的,或者非法从事资金支付结算业务的;(四)其他严重扰乱市场秩序的非法经营行为。"

1997年《刑法》第231条规定:"单位犯本节第二百二十一条至第二百三十条规定之罪的,对单位判处罚金,并对其直接负责的主管人员和其他直接责任人员,依照本节各该条的规定处罚。"

2. 2009年2月28日《刑法修正案(七)》第4条规定:"在刑法第二百二十四条后增加一条,作为第二百二十四条之一:组织、领导以推销商品、提供服务等经营活动为名,要求参加者以缴纳费用或者购买商品、服务等方式获得加入资格,并按照一定顺序组成层级,直接或者间接以发展人员的数量作为计酬或者返利依据,引诱、胁迫参加者继续发展他人参加,骗取财物,扰乱经济社会秩序的传销活动的,处五年以下有期徒刑或者拘役,并处罚金;情节严重的,处五年以上有期徒刑,并处罚金。"

上述《刑法修正案(七)》第4条规定的犯罪是根据当前社会上出现的传销犯罪行为,新增加的一种犯罪。将组织、领导扰乱经济社会秩序的传销行为规定为新的犯罪。

(二)刑法规定修改的原因

我国1979年《刑法》和1997年《刑法》都没有规定组织、领导传销活动罪,随着改革开放和市场经济的深入发展,西方的直销、传销经济方式也开始在我国市场经济中出现。很快,人们发现盛行的传销营业活动是一种诈骗行为,其严重扰乱了我国的市场经济秩序,是一种刺激人们不劳而获,梦想一夜之间成为百万富翁的"经济鸦片",使很多人因发财心切而上当受骗,严重扰乱了社会主义精神文明建设,其对社会有着严重的危害性。1998年4月18日,国务院发布了《关于禁止传销经营活动的通知》,明确指出,在我国禁止进行传销经营活动,从国务院通知下发之日起,再进行传销经营活动是违法犯罪行为。2001年4月18日,最高人民法院实施了《关于情节严重的传销或者变相传销行为如何定性问题的批复》,其中明确规定,对于1998年4月18日国务院《关于禁止传销经营活动的通知》发布以后,仍然从事传销或者变相传销活动,扰乱市场秩序,情节严重的,应当依照《刑法》第225条第4项的规定,以非法经营罪定罪处罚。实施上述犯罪,同时构成刑法规定的其他犯罪的,依照处罚较重的规定定罪处罚。经过10多年的司法实践,虽然依照上述规定惩罚了一些犯罪分子,但没有制止住传销活动,有些地方传销活动仍然很严重,特别是一些组织、领导者变换手法,直接或者间接地以发展人员的数量作为计酬或者返利为依据,引诱、胁迫参加者继续发展他人参加,进行骗取他人财物,严重扰乱了社会秩序。原国务院法制办、公安部、原国家工商总局提出,当前以"拉人头"、收取"入门费"等方式组织传销的违法犯罪活动,严重扰乱社会秩序,影响社会稳定,危害严重。而司法实践中,对这类案件主要是根据实施传销行为的不同情况,分别按照非法经营罪、诈骗罪、集资诈骗罪等犯罪追究刑事责任的方式已不能有效惩治这种危害社会的犯罪行为。为更有利于打击组织传销的犯罪活动,应当在刑法中对组织、领导传销犯罪活动作出专门规定。经同有关部门研究,全国人大法制工作委员建议在刑法中增加组织、领导实施传销活动犯罪;对实施这类犯罪,又有其他犯罪行为的,实行数罪并罚。全国人大常委会根据司法实践中打击组织、领导传销犯罪活动的需要,采纳了有关部门的意见,于2009年2月28日在《刑法修正案(七)》第4条中补充规定了组织、领导传销活动的犯罪行为,最高处15年有期徒刑,并处罚金。

(三)组织、领导传销活动罪的适用

组织、领导传销活动罪是《刑法修正案(七)》第4条和《刑法》第224条之一增加规定的一种新的犯罪,要准确适用就必须弄清楚该罪的概念、构成特征、法定刑以及适用时应注意的问题。

1.组织、领导传销活动罪的概念。该罪是指组织、领导以推销商品、提供服务等经营活动为名,要求参加者以缴纳费用或者购买商品、服务等方式获得加入资格,并按照一定顺序组成层级,直接或者间接以发展人员的数量作为计酬或者返利依据,引诱、胁迫参加者继续发展他人参加,骗取财物,扰乱社会经济秩序的传销活动的行为。

组织、领导传销活动罪是直接扰乱经济秩序和社会秩序的犯罪行为。传销活动是以经济活动为名,例如,以购买商品、提供服务等方式获得加入资格进行的,而实际上是一种不劳而获的诈骗钱财的活动。这种活动并没有创造社会财富,使多数人上当受骗,少数人骗取巨额财产,很多人被这种"经济鸦片"所毒害,梦想发大财,一夜成为百万富翁而参与,最后倾家荡产成为流浪街头的乞讨者,严重地扰乱社会秩序和经济秩序,具有严重的社会危害性。《刑法修正案(七)》将这种组织、领导传销活动行为补充规定为犯罪,最高处15年有期徒刑,并处罚金。

2.犯罪的构成特征。根据《刑法》第224条之一和《刑法修正案(七)》第4条的规定,该罪的构成特征有:

(1)犯罪主体,是特殊主体,必须是传销活动的组织、领导者。进行传销活动首先要有传销组织,成立传销组织,就要有组织者和领导者。

传销组织的名称是多种多样的,有的称为"公司",有的称为"中心""服务站";有的在国家工商部门注册有合法经营项目,以合法经营项目为掩护进行传销活动;有的没有在国家工商部门注册,纯粹是地下组织进行传销活动。

组织、领导传销活动罪的主体就是传销组织的组织者、领导者。组织者是指负责组织、策划、联络、宣传传销活动的人员。领导者是传销活动组织、指挥的牵头人。有的组织者也是领导者;但有的组织者不一定是领导者,有的领导者也不一定是组织者。传销组织中的中层、上层的组织、领导者,一般都可构成本罪的犯罪主体。基层的组织、领导者和单纯参加者,一般在传销组织中不起决定性作用,他们既是参与者也是受害者,一般不构成本罪的犯罪主体。不满16周岁的自然人不能构成本罪的犯罪主体。本罪的犯罪主体在主观上都是故意实施组织、领导传销组织的,并且有营利的目的。单位可以构成本罪的犯罪主体。

根据2013年11月14日最高人民法院、最高人民检察院、公安部《关于办理组织领导传销活动刑事案件适用法律若干问题的意见》第1条规定,其组织内部参与传销活动人员在30人以上且层级在3级以上的,应当对组织者、领导者追究刑事责任。组织、领导多个传销组织、单个或者多个组织中的层级已达三级以上的,可将在各个组织中发展的人数合并计算。组织者、领导者形式上脱离原传销组织后,继续从原传销组织获取报酬或者返利的,原传销组织在其脱离后发展人员的层级数和人数,应当计算为其发展的层级数和人数。办理组织、领导传销活动刑事案件中,确因客观条件的限制无法逐一收集参与传销活动人员的言词证据的,可以结合依法收集并查证属实的缴纳、支付费用及计酬、返利记录、视听资料,传销人员关系图、银行账户交易记录、互联网电子数据、鉴定意见等证据,综合认定参与传销的人数、层级数等犯罪事实。

上述意见第2条规定,"下列人员可以认定为传销活动的组织者、领导者:(一)在传销活动中起发起、策划、操纵作用的人员;(二)在传销活动中承担管理、协调等职责的人员;(三)在传销活动中承担宣传、培训等职责的人员;(四)曾因组织、领导传销活动受过刑事处罚,或者一年以内因组织、领导传销活动受过行政处罚,又直接或者间接发展参与传销活动人员在十五人以上且层级在三级以上的人员;(五)其他对传销活动的实施、传销组织的建立、扩大等起关键作用的人员。以单位名义实施组织、领导传销活动犯罪的,对于受单位指派,仅从事劳务工作的人员,一般不予追究刑事责任"。

(2)犯罪行为,必须具有组织传销活动的行为。刑法规定的传销活动行为具体表现是:

①组织、领导以推销商品、提供服务等经营活动为名,要求参加者以缴纳费用或者购买商品、服务等方式获得加入资格,并按照一定顺序组成层级,作为计酬或者返利依据的行为;

②直接或间接以发展人员的数量作为计酬或者返利依据的行为;

③以发放照相机、电脑、小汽车等方式或者赚回入门费等引诱、胁迫参加者继续发展他人参加,骗取财物的行为。

上述这些传销行为不仅扰乱了经济社会秩序,而且也破坏了社会主义精神文明。具备上述行为之一的,就是传销活动,组织、领导这种传销活动的行为,是本罪的犯罪行为。

(3)犯罪结果,本罪是行为犯,只要实施了组织、领导传销活动,扰乱了经济社会秩序的,就可以构成犯罪既遂。对于已经组织、领导了传销组织,但还没有进行传销活动的,可以构成犯罪未遂。对于在传销组织的领导下,又进行其他犯罪的,应数罪并罚。

根据2022年5月15日实施的最高人民检察院、公安部《关于公安机关管辖的刑事案件立案追诉标准的规定(二)》第70条规定:涉嫌组织、领导的传销活动人员在30人以上且层级在3级以上的,对组织者、领导者,应予立案追诉,达到上述标准的,可以构成犯罪,应当追究其刑事责任。

根据2022年4月29日发布的最高人民检察院、公安部《关于公安机关管辖的刑事案件立案追诉标准的规定(二)》第70条规定:"[组织、领导传销活动案(刑法第二百二十四条之一)]组织、领导以推销商品、提供服务等经营活动为名,要求参加者以缴纳费用或者购买商品、服务等方式获得加入资格,并按照一定顺序组成层级,直接或者间接以发展人员的数量作为计酬或者返利依据,引诱、胁迫参加者继续发展他人参加,骗取财物,扰乱经济社会秩序的传销活动,涉嫌组织、领导的传销活动人员在三十人以上且层级在三级以上的,对组织者、领导者,应予立案追诉。下列人员可以认定为传销活动的组织者、领导者:(一)在传销活动中起发起、策划、操纵作用的人员;(二)在传销活动中承担管理、协调等职责的人员;(三)在传销活动中承担宣传、培训等职责的人员;(四)因组织、领导传销活动受过刑事追究,或者一年内因组织、领导传销活动受过行政处罚,又直接或者间接发展参与传销活动人员在十五人以上且层级在三级以上的人员;(五)其他对传销活动的实施、传销组织的建立、扩大等起关键作用的人员。"

根据2013年11月14日最高人民法院、最高人民检察院、公安部《关于办理组织领导传销活动刑事案件适用法律若干问题的意见》第4条规定,"对符合本意见第一条第一款规定的传销组织的组织者、领导者,具有下列情形之一的,应当认定为刑法第二百二十四条之一规定的'情节严重':(一)组织、领导的参与传销活动人员累计达一百二十人以上的;(二)直接或者间接收取参与传销活动人员缴纳的传销资金数额累计达二百五十万元以上的;(三)曾因组织、领导传销活动受过刑事处罚,或者一年以内因组织、领导传销活动受过行政处罚,又直接或者间接发展参与传销活动人员累计达六十人以上的;(四)造成参与传销活动人员精神失常、自杀等严重后果的;(五)造成其他严重后果或者恶劣社会影响的"。

3. 组织、领导传销活动罪的法定刑。根据《刑法》第224条之一和《刑法修正案(七)》第4条的规定,组织、领导传销活动罪的法定刑是:

(1)构成犯罪的,处5年以下有期徒刑或拘役,并处罚金。

(2)构成犯罪,情节严重的,处5年以上有期徒刑,并处罚金。

(3)单位犯本罪,根据《刑法》第 231 条规定,对单位判处罚金,并对其直接负责的主管人员和其他直接责任人员,依照个人犯本罪的规定定罪处罚。

4. 本罪适用时应注意以下问题:

(1)注意划清本罪与非罪的界限。我国《刑法》第 224 条之一和《刑法修正案(七)》第 4 条规定的组织、领导传销活动罪是行为犯,只要实施了组织、领导传销活动,扰乱了经济社会秩序的就可以构成犯罪。但应根据《刑法》第 13 条规定的"情节显著轻微危害不大的,不认为是犯罪",对那些确实情节轻微的组织、领导者不以犯罪论处。另外,在 1998 年 4 月 18 日国务院发布的《关于禁止传销经营活动的通知》以前发生的组织、领导传销活动的行为不构成犯罪;在 2001 年 4 月 18 日至 2009 年 2 月 28 日全国人大常委会《刑法修正案(七)》以前发生的严重组织、领导传销活动行为还应依照最高人民法院的司法解释,以非法经营罪的规定定罪处罚。在 2009 年 2 月 28 日以后实施的组织、领导传销活动的要依照《刑法》第 224 条之一和《刑法修正案(七)》第 4 条规定的组织、领导传销活动罪定罪处罚。

(2)准确认定本罪犯罪主体。《刑法修正案(七)》第 4 条对组织、领导传销活动罪的主体规定为组织者、领导者。组织者比较好理解,是负责组织、策划、联络传销活动的人员。但传销的领导者,比较难以认定。传销活动是按一定顺序组成层级,每个层级都有领导者,这些领导者是否都构成组织、领导传销活动罪的主体,应具体分析。一般地说,传销组织的最低层次的领导者对传销活动不起决定性作用,情节显著轻微危害不大,不认为是犯罪,只有中层级和上层级的领导者才能构成组织、领导传销活动罪的主体,才可以构成组织、领导传销活动罪。

根据 2013 年 11 月 14 日最高人民法院、最高人民检察院、公安部《关于办理组织领导传销活动刑事案件适用法律若干问题的意见》第 7 条规定,本意见所称"层级"和"级",系指组织者、领导者与参与传销活动人员之间的上下线关系层次,而非组织者、领导者在传销组织中的身份等级。对传销组织内部人数和层级数的计算,以及对组织者、领导者直接或者间接发展参与传销活动人员人数和层级的计算,包括组织者、领导者本人及其本层级在内。

有些传销活动是由单位组织、领导进行的。根据《刑法》第 231 条规定单位可以构成这种犯罪。凡是以单位的名义组织、领导进行传销活动的,单位及其中的中层级和上层级的组织、领导者可以构成组织、领导传销活动罪的主体,对单位判处罚金,并对其直接负责的主管人员和其他直接责任人员依照个人犯本罪处罚。如果以合法单位为掩护而专门从事传销活动的,是个人犯罪,不是单位犯罪。对于单位构成组织、领导传销活动罪的,其最基础层级的领导或者参加传销者,一般不构成犯罪。

(3)准确认定本罪的结果。《刑法》第 224 条之一规定组织、领导传销活动罪的犯罪结果是发展人数、缴纳人头费等骗取财物,那么,发展多少人、缴纳多少人头费,骗取多少财物的,才构成犯罪,刑法没有规定,根据 2022 年 5 月 15 日实施的最高人民检察院、公安部《关于公安机关管辖的刑事案件立案追诉标准的规定(二)》第 70 条规定:涉嫌组织、领导传销活动人员在 30 人以上且层级在 3 级以上的,对组织者、领导者,应予立案追诉,即可以构成犯罪。但是也应注意,根据《刑法》第 13 条规定,组织、领导传销活动,情节显著轻微危害不大的,不认为是犯罪,其中包括发展人数少,骗取财物少的情形。

(4)组织、领导传销活动罪的数罪并罚。组织、领导传销活动罪的犯罪行为,是组织、领导传销活动的行为。在传销活动中,有些组织、领导者又进行销售货物,谋取财物,引诱、胁迫参加者等犯罪行为,犯罪行为和犯罪手段又可能触犯其他罪名,例如,销售伪劣产品、诈骗财物、非法集资、虚报注册资本、逃税、非法拘禁他人等罪名,如果这些行为和手段又构成其他犯罪的,应当依照刑法的相关规定定罪处罚,与组织、领导传销活动罪数罪并罚。

根据2013年11月14日最高人民法院、最高人民检察院、公安部《关于办理组织领导传销活动刑事案件适用法律若干问题的意见》第6条规定,"以非法占有为目的,组织、领导传销活动,同时构成组织、领导传销活动罪和集资诈骗罪的,依照处罚较重的规定定罪处罚。犯组织、领导传销活动罪,并实施故意伤害、非法拘禁、敲诈勒索、妨害公务、聚众扰乱社会秩序、聚众冲击国家机关、聚众扰乱公共场所秩序、交通秩序等行为,构成犯罪的,依照数罪并罚的规定处罚"。

(5)关于"团队计酬"行为的处理问题。根据2013年11月14日最高人民法院、最高人民检察院、公安部《关于办理组织领导传销活动刑事案件适用法律若干问题的意见》第5条规定,"传销活动的组织者或者领导者通过发展人员,要求传销活动的被发展人员发展其他人员加入,形成上下线关系,并以下线的销售业绩为依据计算和给付上线报酬,牟取非法利益的,是'团队计酬'式传销活动。以销售商品为目的,以销售业绩为计酬依据的单纯的'团队计酬'式传销活动,不作为犯罪处理。形式上采取'团队计酬'方式,但实质上属于'以发展人员的数量作为计酬或者返利依据'的传销活动,应当依照刑法第二百二十四条之一的规定,以组织、领导传销活动罪定罪处罚"。

六、侵犯公民个人信息罪

侵犯公民个人信息罪是由原出售、非法提供公民个人信息罪修改的罪名。我国1997年《刑法》第253条之一原规定的出售、非法提供公民个人信息犯罪行为。2009年10月16日最高人民法院、最高人民检察院《关于执行〈中华人民共和国刑法〉确定罪名的补充规定(四)》中将这种犯罪确定为出售、非法提供公民个人信息罪的新罪名。《刑法修正案(九)》第17条又将《刑法》第253条之一规定的罪状和法定刑及处罚作了修改,即将侵犯公民个人信息罪的主体由特殊主体改为一般主体,并规定履行职责和提供服务的人员犯出售、非法提供公民个人信息罪从重处罚,同时提高了一个档次的法定刑,即情节特别严重的,处3年以上7年以下有期徒刑,并处罚金。2015年10月30日发布的最高人民法院、最高人民检察院《关于执行〈中华人民共和国刑法〉确定罪名的补充规定(六)》中将该罪的罪名改为侵犯公民个人信息罪。[详见《刑法修正案(九)》对《刑法》分则修改的犯罪]

七、非法获取公民个人信息罪

非法获取公民个人信息罪是《刑法》第253条之一第2款规定的犯罪,《刑法修正案(七)》第7条第2款对刑法增加规定了窃取或者以其他方法非法获取公民个人信息的犯罪行为。2009年10月16日最高人民法院、最高人民检察院《关于执行〈中华人民共和国刑法〉确定罪名的补充规定(四)》中将这种犯罪确定为本新罪名。全国人大常委会2015年8月29日发布的《刑法修正案(九)》第17条对该罪由结果犯改为行为犯,取消了"情节严重的"犯罪构成要件,改为只要实施了非法获取公民个人信息的行为,就可以构成本罪,同时增加了一个加重档次的法定刑。[详见《刑法修正案(九)》对《刑法》分则修改的犯罪(十一)侵犯公民个人信息罪]

八、组织未成年人进行违反治安管理活动罪

组织未成年人进行违反治安管理活动罪是《刑法》第 262 条之二规定的犯罪,《刑法修正案(七)》第 8 条在刑法中增加规定了组织未成年人进行盗窃、诈骗、抢夺、敲诈勒索等违反治安管理活动的犯罪行为。2009 年 10 月 16 日最高人民法院、最高人民检察院《关于执行〈中华人民共和国刑法〉确定罪名的补充规定(四)》中将这种犯罪确定为该新罪名。

(一)刑法规定内容的修改

刑法条文中有关组织未成年人进行违反治安管理活动罪的规定是:

1. 2006 年 6 月 29 日《刑法修正案(六)》第 17 条规定:"在刑法第二百六十二条后增加一条作为第二百六十二条之一:'以暴力、胁迫手段组织残疾人或者不满十四周岁的未成年人乞讨的,处三年以下有期徒刑或者拘役,并处罚金;情节严重的,处三年以上七年以下有期徒刑,并处罚金。'"

2. 2009 年 2 月 28 日全国人大常委会《刑法修正案(七)》第 8 条规定:"在刑法第二百六十二条之一后增加一条,作为第二百六十二条之二:'组织未成年人进行盗窃、诈骗、抢夺、敲诈勒索等违反治安管理活动的,处三年以下有期徒刑或者拘役,并处罚金;情节严重的,处三年以上七年以下有期徒刑,并处罚金。'"

上述《刑法修正案(七)》根据我国保护未成年人的法律规定,严厉惩治社会上出现的组织未成年人进行违反治安管理活动的行为,以保护更多的未成年人健康成长,而新增加规定的犯罪。

(二)刑法规定修改的原因

我国 1979 年《刑法》和 1997 年《刑法》都没有规定组织未成年人进行违反治安管理活动罪,随着改革开放和市场经济的深入发展,特别是国家加强了保护未成年人健康成长,防止其被不法犯罪分子所利用或者被教坏。公安部提出,一些不法分子组织未成年人从事扒窃、抢夺等违反治安管理活动的情况在一些地方比较突出,严重危害社会治安秩序,损害未成年人的身心健康。对此,应在刑法中作出专门规定予以惩治。经同有关部门研究,全国人大法制委员会建议在刑法中增加规定:组织未成年人进行盗窃、诈骗、抢夺、敲诈勒索等违反治安管理活动的,追究其刑事责任。全国人大常委会根据司法实践中打击组织未成年人进行违反治安管理活动犯罪行为的需要,采纳了有关部门的意见,于 2009 年 2 月 28 日在《刑法修正案(七)》第 8 条中补充规定了组织未成年人进行违反治安管理活动罪。

(三)组织未成年人进行违反治安管理活动罪的适用

组织未成年人进行违反治安管理活动罪是《刑法修正案(七)》第 8 条对 1997 年《刑法》第 262 条之二中补充增加的新犯罪,要准确适用就必须弄清楚该罪的概念、构成特征、法定刑以及适用时应注意的问题。

1. 组织未成年人进行违反治安管理活动罪的概念。该罪是指组织未成年人进行盗窃、诈骗、抢夺、敲诈勒索等违反治安管理活动的行为。

组织未成年人进行违反治安管理活动罪是严重危害社会治安秩序,特别是危害未成年人的健康成长。《刑法修正案(七)》第 8 条将这种行为规定为犯罪,最高处 7 年有期徒刑,并处罚金。

2. 犯罪的构成特征。根据《刑法》第262条之二和《刑法修正案(七)》第8条的规定,该罪的构成特征有:

(1)犯罪主体,是一般主体。凡是年满16周岁以上的具有刑事责任能力的自然人都可以构成本罪的主体。单位不能构成本罪的主体。本罪的主体在主观上都是故意的。

(2)犯罪行为,必须是组织未成年人进行违反治安管理活动的行为。刑法规定的违反治安管理活动,是指违反我国《治安管理处罚法》规定的具体行为。刑法中规定的盗窃、诈骗、抢夺、敲诈勒索等行为是列举式的规定,还包括治安管理处罚法中规定的其他违反治安管理的行为。上述盗窃、诈骗、抢夺、敲诈勒索等行为都是没有达到犯罪的程度的一般违法行为,如果达到严重违法行为,构成犯罪行为的,则应按有关犯罪追究刑事责任,或者是组织者单独构成有关犯罪行为,或者是组织者与具有刑事责任能力的未成年人构成共同犯罪行为。这里组织的对象必须是未成年人。

未成年人,依据我国法律规定,是指不满18周岁的自然人。其中,绝大多数不满14周岁的未成年人是无刑事责任能力的未成年人;已满14周岁未满16周岁的人具有部分刑事责任能力的未成年人;已满16周岁不满18周岁的未成年人,大多数犯罪要负全部刑事责任,犯故意杀人、故意伤害致人重伤或者死亡、强奸、抢劫、贩卖毒品、放火、投毒罪的,应当负刑事责任。不满18周岁的人不负死刑的刑事责任。只有个别已满12周岁的未成年人犯故意杀人、故意伤害罪致人死亡或者以特别残忍手段致人重伤,造成严重残疾,情节恶劣,经最高人民检察院核准的应当负刑事责任。凡是组织了不满18周岁的未成年人进行违反治安管理活动的行为,都可以构成本罪的犯罪行为。

(3)犯罪结果,本罪是行为犯。只要实施了组织未成年人进行违反治安管理活动行为的就具有了本罪的犯罪结果,就可构成本罪。构成犯罪,又达到情节严重的结果,适用较重的法定刑。何为情节严重,法律没有具体规定,目前也没有司法解释。其一般是指组织多数未成年人、多次进行违反治安管理活动的结果,或者由于实施了违反治安管理活动造成恶劣影响,或者致多人伤害、大量财产损失,接近犯罪的程度以及轻微犯罪程度的结果。

3. 组织未成年人进行违反治安管理活动罪的法定刑。根据《刑法》第262条之二和《刑法修正案(七)》第8条的规定,该罪的法定刑是:

(1)构成犯罪的,处3年以下有期徒刑或拘役,并处罚金。

(2)构成犯罪,情节严重的,处3年以上7年以下有期徒刑,并处罚金。

4. 本罪适用时应注意以下问题。

(1)注意划清本罪与非罪的界限。我国《刑法》第262条之二和《刑法修正案(七)》第8条规定的组织未成年人进行违反治安管理活动罪是行为犯,只要实施了组织未成年人进行违反治安管理活动行为的,就具有本罪的犯罪结果,就可以构成犯罪。但是应注意根据《刑法》第13条规定的情节显著轻微危害不大的,不认为是犯罪。

(2)注意划清本罪与组织未成年人进行盗窃、诈骗、抢夺、敲诈勒索等罪的界限。本罪是组织未成年人进行违反治安管理活动的行为构成的犯罪。如果组织未成年人实施盗窃、诈骗、抢夺、敲诈勒索等犯罪行为,构成犯罪的,根据重罪吸收轻罪的原则,不认定为本罪而要认定为相应的盗窃罪、诈骗罪、抢夺罪、敲诈勒索罪等。当然组织未成年人实施违反治安管理活动,达到轻微的犯罪行为的程度,也可以定为本罪。因为我国《治安管理处罚法》中规定,有些轻微犯罪行为的也可以依照治安管理处罚法规定给予治安处罚。因此对这种轻微犯罪行为也是违反治安管理活动的情形，也可以定为本罪。

（3）注意划清本罪与组织残疾人、儿童乞讨罪的界限。《刑法修正案（六）》第17条和《刑法》第262条之一规定的组织残疾人、儿童乞讨罪与本罪有相似之处，两种犯罪都是组织残疾人，特别是组织未成年人进行违反治安管理活动。但两种犯罪是不同的犯罪，主要有以下的不同之处：

①组织的对象不同。本罪组织的对象是未成年人，而后罪的组织对象只是残疾人和儿童，其组织对象的范围要小得多。

②犯罪手段不同。本罪只是利用一般组织行为，而后一种犯罪则是以暴力、胁迫手段实行组织行为，两种犯罪手段的危害程度不同。

③犯罪的目的不同。本罪的目的是进行违反治安管理活动，而后一种犯罪则是进行乞讨。由于上述的不同构成条件，将上述两种犯罪区别开来。

九、非法获取计算机信息系统数据、非法控制计算机信息系统罪

非法获取计算机信息系统数据、非法控制计算机信息系统罪是《刑法》第285条第2款规定的犯罪，《刑法修正案（七）》第9条第1款在刑法中增加规定了非法获取计算机信息系统数据、非法控制计算机信息系统的犯罪行为。2009年10月16日最高人民法院、最高人民检察院在实施的《关于执行〈中华人民共和国刑法〉确定罪名的补充规定（四）》中将这种犯罪确定为新罪名。2015年8月29日发布的《刑法修正案（九）》在《刑法》第285条中增加第4款规定"单位犯前三款罪的，对单位判处罚金，并对其直接负责的主管人员和其他直接责任人员，依照各该款的规定处罚"。［详见《刑法修正案（九）》对刑法分则规定的犯罪的修改（二十一）非法侵入计算机信息系统罪］

十、提供侵入、非法控制计算机信息系统程序、工具罪

提供侵入、非法控制计算机信息系统程序、工具罪是《刑法修正案（七）》第9条在《刑法》第285条第3款中增加规定的犯罪，2009年10月16日最高人民法院、最高人民检察院在实施的《关于执行〈中华人民共和国刑法〉确定罪名的补充规定（四）》中将这种犯罪确定为该罪名。全国人大常委会于2015年8月29日发布的《刑法修正案（九）》在《刑法》第285条中增加第4款规定"单位犯前三款罪的，对单位判处罚金，并对其直接负责的主管人员和其他直接责任人员，依照各该款的规定处罚"。［详见《刑法修正案（九）》对刑法分则规定的犯罪的修改（二十三）提供侵入、非法控制计算机信息系统程序、工具罪］

十一、妨害动植物防疫、检疫罪

妨害动植物防疫、检疫罪是《刑法》第337条规定的犯罪，《刑法修正案（七）》第11条对1997年《刑法》第337条第1款规定的"逃避动植物检疫罪"补充规定为妨害动植物防疫、检疫的犯罪行为。最高人民法院、最高人民检察院于2009年10月16日实施的《关于执行〈中华人民共和国刑法〉确定罪名的补充规定（四）》中取消了逃避动植物检疫罪的罪名，修改为妨害动植物防疫、检疫罪的新罪名。

（一）刑法规定内容的修改

刑法条文中有关妨害动植物防疫、检疫罪的规定是：

1. 1997年《刑法》第337条规定:"违反进出境动植物检疫法的规定,逃避动植物检疫,引起重大动植物疫情的,处三年以下有期徒刑或者拘役,并处或单处罚金。单位犯前款罪的,对单位判处罚金,并对其直接负责的主管人员和其他直接责任人员,依照前款的规定处罚。"

2. 2009年2月28日《刑法修正案(七)》第11条规定:"将刑法第三百三十七条第一款修改为:'违反有关动植物防疫、检疫的国家规定,引起重大动植物疫情的,或者有引起重大动植物疫情危险,情节严重的,处三年以下有期徒刑或者拘役,并处或者单处罚金'。"

上述《刑法修正案(七)》的规定是根据当前国际国内保护环境,预防动植物传染病传播的需要,将1997年《刑法》第337条规定的惩治逃避动植物检疫的犯罪,补充规定为惩治妨害动植物防疫、检疫的犯罪。

(二)刑法规定修改的原因

我国1979年《刑法》没有规定妨害动植物防疫、检疫罪,1997年《刑法》第337条规定了逃避动植物检疫罪,随着改革开放和市场经济的深入发展,我国动植物进出口量不断增加,国际间动植物疫情频繁发生,为保护我国和世界各国人民和动植物的生命安全,必须加强对动植物疫情的预防和检疫。但有些单位和个人从局部利益出发,不按国家规定预防和检疫,甚至实施妨害预防、检疫行为,有可能引起重大动植物疫情的发生。最高人民检察院提出,从司法实践看,引发重大动植物疫情危险的,不仅有逃避进出境动植物检疫的行为,还有逃避依法实施的境内动植物防疫、检疫的行为。对后一类造成严重危害的违法行为,也应追究刑事责任。经同原农业部和原国家林业局等部门研究,全国人大原法律委员会建议将1997年《刑法》第337条修改为:违反有关动植物防疫、检疫的国家规定,引起重大动植物疫情的,或者有引起重大动植物疫情危险,情节严重的,处3年以下有期徒刑或者拘役,并处或者单处罚金。全国人大常委会根据司法实践中惩治妨害动植物防疫、检疫犯罪行为的需要,采纳了有关部门的意见,于2009年2月28日在《刑法修正案(七)》第11条中补充规定了妨害动植物防疫、检疫犯罪。

(三)妨害动植物防疫、检疫罪的适用

妨害动植物防疫、检疫罪是《刑法修正案(七)》第11条和《刑法》第337条修改补充的一种新的犯罪,要准确适用就必须弄清楚该罪的概念、构成特征、法定刑以及适用时应注意的问题。

1. 妨害动植物防疫、检疫罪的概念。该罪是指违反有关动植物防疫、检疫的国家规定,引起重大动植物疫情的,或者有引起重大动植物疫情危险,情节严重的行为。

妨害动植物防疫、检疫行为是扰乱社会秩序和经济秩序的犯罪行为。动植物同人类一样,也会生病,有些是传染病,例如,病虫害和病菌病毒等病疫流行传染,不但会造成动植物毁灭性的危害结果,还可能传染给人类,其社会危害性是十分严重的,为了防止动植物病疫的流传,国家专门制定动植物防疫法和检疫法,依法进行防疫和检疫。如果违反国家规定,妨害动植物的防疫、检疫,则是对社会有危害的行为,情节严重的,我国刑法规定为犯罪,最高处3年有期徒刑,并处或者单处罚金。

2. 犯罪的构成特征。根据《刑法》第337条和《刑法修正案(七)》第11条的规定,该罪的构成特征有:

(1)犯罪主体,是一般主体,达到法定年龄具有刑事责任能力的自然人或者单位都可以构成本罪的犯罪主体。本罪的犯罪主体在主观上对违反国家规定是故意,对实施妨害动植物防疫、检疫的结果,有的可能是故意的,但有的可能是过失的心理状态。

(2)犯罪行为,必须具有妨害对动植物防疫、检疫的行为。例如,根据我国《进出口动植物检疫法》第2条的规定,进出境动植物、动植物的产品和其他检疫物、装载动植物、动植物产品和其他检疫物的容器、包装物,以及来自动植物疫区的运输工具都应当进行检疫。如果不检疫或者逃避检疫的行为,都是本罪的犯罪行为。这里违反有关动植物防疫、检疫的国家规定,是指违反全国人大常委会1997年7月3日公布的《动物防疫法》,1992年4月1日起施行的《进出境动植物检疫法》及国务院颁布有关法规。其中主要规定了妨害动植物防疫和妨害动植物检疫两类犯罪行为。具备上述两类行为之一,情节严重的,就是本罪的犯罪行为。

(3)犯罪结果,本罪是结果犯,只有实施了妨害动植物防疫、检疫行为,引起重大动植物疫情的结果,或者达到了有引起重大动植物疫情危险,情节严重的结果,才可以构成本罪。犯罪行为没有达到上述结果的,不构成犯罪。

3. 妨害动植物防疫、检疫罪的法定刑。根据《刑法》第337条和《刑法修正案(七)》第11条的规定,该罪的法定刑:

(1)构成犯罪的,处3年以下有期徒刑或拘役,并处或者单处罚金。

(2)单位犯本罪的,对单位判处罚金,并对其直接负责的主管人员和其他直接责任人员,依照前款的规定处3年以下有期徒刑或者拘役,并处或者单处罚金。

4. 本罪适用时应注意以下问题:

(1)注意划清本罪与非罪的界限。我国《刑法》第337条和《刑法修正案(七)》第11条规定的妨害动植物防疫、检疫罪是结果犯,只有实施了妨害动植物防疫、检疫行为,引起重大动植物疫情结果的,或者有引起重大动植物疫情危险,情节严重的结果,才可以构成本罪。犯罪行为虽然引起了动植物疫情,但不是重大疫情,或有引起重大动植物疫情危险,但情节没有达到严重程度的,例如,情节一般、情节较轻、情节较重的结果都不构成犯罪。对于妨害动植物防疫、检疫的行为,不构成犯罪的,应由有关部门给予行政处罚。

(2)准确认定本罪的结果。《刑法》第337条规定的犯罪结果是"引起重大动植物疫情的,或者有引起重大动植物疫情危险,情节严重的"。这里只要引起重大动植物疫情的,就具有了本罪的犯罪结果,就可以构成犯罪;对于有引起重大动植物疫情危险的,必须是情节严重的,才可以构成犯罪。如果已引起动植物疫情的,但不是重大疫情,或者虽有引起重大动植物疫情危险的,但情节不严重的,不具备本罪的结果,不能构成犯罪。

何为情节严重,根据2008年6月25日最高人民检察院、公安部《关于公安机关管辖的刑事案件立案追诉标准的规定(一)》第59条规定:违反进出境动植物检疫法的规定,逃避动植物检疫,涉嫌下列情形之一的,应予立案追诉:(1)造成国家规定的《进境动物一、二类传染病、寄生虫病名录》中所列的动物疫病传入或者对农、牧、渔业生产以及人体健康、公共安全造成严重危害的其他动物疫病在国内暴发流行的;(2)造成国家规定的《进境植物检疫性有害生物名录》中所列的有害生物传入或者对农、林业生产、生态环境以及人体健康有严重危害的其他有害生物在国内传播扩散的。

(3)注意对逃避动植物检疫行为的定罪问题。我国1997年《刑法》第337条规定逃避动植物检疫的行为,认定为逃避动植物检疫罪。2009年2月28日《刑法修正案(七)》第11条将这种行为规定为妨害动植物防疫、检疫罪。凡是在2009年2月28日以后发生的逃避动植物检疫行为的,都要依照《刑法修正案(七)》第11条规定定为妨害动植物防疫、检疫罪,不能再认定为逃避动植物检疫罪;凡在1997年10月1日到2009年2月27日发生逃避动植物检疫行为的,则继续认定为逃避动植物检疫罪,这是因为《刑法修正案(七)》第11条规定的妨害动植物防疫、检疫的法律规定没有溯及力,不能溯及已往的行为。至于在1997年9月31日前发生的逃避动植物检疫行为不构成犯罪,因为行为时的法律没有将这种行为规定为犯罪。

(4)注意将本罪与逃避商检罪相区分。我国《刑法》第230条规定有逃避商检罪,是指违反进出口商品检验法的规定,逃避商品检验,将必须经商检机构检验的进口商品未报经检验而擅自销售、使用,或者将必须经商检机构检验的出口商品未报经检验合格而擅自出口的犯罪,其与妨害对动植物防疫、检疫的犯罪行为是法条竞合关系。本罪是特别规定,而逃避商检犯罪行为是一般规定,发生法条竞合时,应以特别规定定罪处罚。根据2022年5月15日发布的最高人民检察院、公安部《关于公安机关管辖的刑事案件立案追诉标准的规定(二)》第75条规定:"[逃避商检案(刑法第二百三十条)]违反进出口商品检验法的规定,逃避商品检验,将必须经商检机构检验的进口商品未报经检验而擅自销售、使用,或者将必须经商检机构检验的出口商品未报经检验合格而擅自出口,涉嫌下列情形之一的,应予立案追诉:(一)给国家、单位或者个人造成直接经济损失数额在五十万元以上的;(二)逃避商检的进出口货物货值金额在三百万元以上的;(三)导致病疫流行、灾害事故的;(四)多次逃避商检的;(五)引起国际经济贸易纠纷,严重影响国家对外贸易关系,或者严重损害国家声誉的;(六)其他情节严重的情形。"

十二、非法生产、买卖武装部队制式服装罪

非法生产、买卖武装部队制式服装罪是《刑法》第375条第2款规定的犯罪,《刑法修正案(七)》第12条对1997年《刑法》第375条第2款规定的非法生产、买卖武装部队制式服装、车辆号牌等专用标志的行为修改为非法生产、买卖武装部队制式服装的犯罪行为。最高人民法院、最高人民检察院于2009年10月16日实施的《关于执行〈中华人民共和国刑法〉确定罪名的补充规定(四)》中取消了非法生产、买卖军用标志罪罪名,将非法生产、买卖武装部队制式服装的犯罪行为,单独确定为新罪名。

(一)刑法规定内容的修改

刑法条文中有关非法生产、买卖武装部队制式服装罪的规定是:

1. 1997年《刑法》第375条规定:"伪造、变造、买卖或者盗窃、抢夺武装部队公文、证件、印章的,处三年以下有期徒刑、拘役、管制或者剥夺政治权利;情节严重的,处三年以上十年以下有期徒刑。非法生产、买卖武装部队制式服装、车辆号牌等专用标志,情节严重的,处三年以下有期徒刑、拘役或者管制,并处或者单处罚金。单位犯第二款罪的,对单位判处罚金,并对其直接负责的主管人员和其他直接责任人员,依照该款的规定处罚。"

2. 2009年2月28日全国人大常委会《刑法修正案(七)》第12条规定:"将刑法第三百七十五条第二款修改为:'非法生产、买卖武装部队制式服装,情节严重的,处三年以下有期徒刑、拘役或者管制,并处或者单处罚金'。增加一款作为第三款:'伪造、盗窃、买卖或者非法提

供、使用武装部队车辆号牌等专用标志,情节严重的,处三年以下有期徒刑、拘役或者管制,并处或者单处罚金;情节特别严重的,处三年以上七年以下有期徒刑,并处罚金'。原第三款作为第四款,修改为:'单位犯第二款、第三款罪的,对单位判处罚金,并对其直接负责的主管人员和其他直接责任人员,依照各该款的规定处罚'。"

上述《刑法修正案(七)》的规定是根据当前非法生产、买卖武装部队制式服装和伪造、盗窃、买卖武装部队车辆号牌等专用标志严重的情况,将1997年《刑法》第375条规定的惩治非法生产、买卖武装部队专用标志的行为分别作了规定,将非法生产、买卖武装部队制式服装的行为规定为一种独立的新罪名。

(二)刑法规定修改的原因

我国1979年《刑法》没有规定非法生产、买卖武装部队制式服装罪,1997年《刑法》第375条规定了非法生产、买卖武装部队制式服装的犯罪行为,但将这种犯罪行为作为非法生产、买卖军用标志行为之一,因此,最高人民法院、最高人民检察院将其确定在非法生产、买卖军用标志罪名之中。随着改革开放和市场经济的深入发展,伪造、盗窃、买卖或者非法提供、使用武装部队车辆号牌等专用标志的行为不断增多,社会危害性越来越严重。中央军委法制局提出,近年来,盗窃、出租、非法使用军队车辆号牌的情况时有发生,扰乱社会管理秩序,损害军队形象和声誉,影响部队战备训练等工作的正常进行。对这类情节严重的行为,应当追究刑事责任。经同有关部门研究,全国人大法律委员会建议在《刑法》第375条第2款规定的犯罪行为中,增加盗窃、非法提供或使用武装部队车辆号牌等专用标志的情形。

全国人大常委会根据司法实践中惩治非法生产、买卖武装部队制式服装犯罪行为的需要,采纳了有关部门的意见,于2009年2月28日在《刑法修正案(七)》第12条中单独规定了非法生产、买卖武装部队制式服装的犯罪。

(三)非法生产、买卖武装部队制式服装罪的适用

非法生产、买卖武装部队制式服装罪是《刑法修正案(七)》第12条和《刑法》第375条第2款单独规定的犯罪,要准确适用就必须弄清楚该罪的概念、构成特征、法定刑以及适用时应注意的问题。

1. 非法生产、买卖武装部队制式服装罪的概念。该罪是指非法生产、买卖武装部队制式服装,情节严重的行为。

非法生产、买卖武装部队制式服装罪是扰乱社会秩序,危害国防利益,影响武装部队形象的犯罪行为。武装部队的军人统一着武装部队制式服装,区别于其他人群,以便于完成武装部队的训练和作战任务。非法生产、买卖武装部队制式服装,使人分不清他人是军人还是非军人,必然扰乱社会管理秩序,影响军人的形象,危害军事训练和作战任务的完成,这是对社会有严重危害性的行为。我国刑法将非法生产、买卖武装部队制式服装的行为规定为犯罪,最高处3年有期徒刑,并处或者单处罚金。

2. 犯罪的构成特征。根据《刑法》第375条第2款和《刑法修正案(七)》第12条的规定,该罪的构成特征有:

(1)犯罪主体,是一般主体,达到法定年龄具有刑事责任能力的自然人或者单位都可以构成本罪的犯罪主体。本罪的犯罪主体在主观上是故意,一般都以营利为目的。

(2)犯罪行为,必须具有非法生产、买卖武装部队制式服装的行为。具体表现是:

①非法生产武装部队制式服装的行为。包括无照非法生产现行的武装部队制式服装,也包括有生产经营权的单位,在生产计划外多生产武装部队制式服装的行为。

②买卖武装部队制式服装的行为。一般是指批量买卖经营的行为。武装部队制式服装,是指武装部队依法订购、监制的仅供武装部队官兵使用的服装,包括解放军和武警部队的军官服、警官服、文职干部服、士兵服。这些服装根据用途可分为夏常服、冬常服、礼服、迷彩服和作训服等。具备上述行为,情节严重的,就是本罪的犯罪行为。

(3)犯罪结果,本罪是结果犯,只有实施了非法生产、买卖武装部队制式服装,达到情节严重的结果,才可以构成本罪。犯罪行为没有达到上述情节严重结果的,不构成犯罪。

何为情节严重,根据2011年8月1日实施的最高人民法院、最高人民检察院《关于办理妨害武装部队制式服装、车辆号牌管理秩序等刑事案件具体应用法律若干问题的解释》第2条规定,具有下列情形之一的,应当认定为《刑法》第375条第2款规定的"情节严重",以非法生产、买卖武装部队制式服装罪定罪处罚:

①非法生产、买卖成套制式服装30套以上,或者非成套制式服装100件以上的;

②非法生产、买卖帽徽、领花、臂章等标志服饰合计100件(副)以上的;

③非法经营数额2万元以上的;

④违法所得数额5000元以上的;

⑤具有其他严重情节的。

该解释第4条规定,买卖仿制的现行装备的武装部队制式服装情节严重的,应当追究刑事责任,定罪量刑标准适用本解释第1条至第3条的规定。

3.非法生产、买卖武装部队制式服装罪的法定刑。根据《刑法》第375条第2款和《刑法修正案(七)》第12条的规定,该罪的法定刑是:

(1)构成犯罪的,处3年以下有期徒刑、拘役或者管制,并处或者单处罚金。

(2)单位犯本罪的,对单位判处罚金,并对其直接负责的主管人员和其他直接责任人员,依照前款的规定处3年以下有期徒刑、拘役或者管制,并处或者单处罚金。

4.本罪适用时应注意以下问题:

(1)注意划清罪与非罪的界限。我国《刑法》第375条和《刑法修正案(七)》第12条规定的非法生产、买卖武装部队制式服装罪是结果犯,只有实施了非法生产、买卖武装部队制式服装的犯罪行为,达到情节严重的结果,才可以构成本罪。情节没有达到严重的结果,例如,情节一般、情节较轻、情节较重的都不构成犯罪。

(2)注意准确认定非法生产、买卖武装部队制式服装罪。我国1997年《刑法》第375条规定有非法生产、买卖武装部队制式服装的犯罪行为,但根据最高人民法院、最高人民检察院的司法解释认定为"非法生产、买卖军用标志罪"。2009年2月28日全国人大常委会《刑法修正案(七)》颁布以后将这种行为规定为非法生产、买卖武装部队制式服装罪,不能再认定为非法生产、买卖军用标志罪。但是,凡在1997年10月1日到2009年2月27日发生的非法生产、买卖武装部队制式服装的行为,则继续认定为非法生产、买卖军用标志罪,这是因为《刑法修正案(七)》第12条规定的非法生产、买卖武装部队制式服装罪的法律规定没有溯及力,不能溯及已往。至于在1997年9月31日前发生的非法生产、买卖武装部队制式服装行为的,不构成犯罪,因为行为时的法律没有将这种行为规定为犯罪。

(3)注意本罪共犯的认定。根据2011年8月1日实施的最高人民法院、最高人民检察院《关于办理妨害武装部队制式服装、车辆号牌管理秩序等刑事案件具体应用法律若干问题的解释》第5条规定:"明知他人实施刑法第三百七十五条规定的犯罪行为,而为其生产、提供专用材料或者提供资金、账号、技术、生产经营场所等帮助的,以共犯论处。"

(4)注意一罪与数罪的定罪处罚。根据2011年8月1日实施的最高人民法院、最高人民检察院《关于办理妨害武装部队制式服装、车辆号牌管理秩序等刑事案件具体应用法律若干问题的解释》第6条规定:"实施刑法第三百七十五条规定的犯罪行为,同时又构成逃税、诈骗、冒充军人招摇撞骗等犯罪的,依照处罚较重的规定定罪处罚。"

十三、伪造、盗窃、买卖、非法提供、非法使用武装部队专用标志罪

伪造、盗窃、买卖、非法提供、非法使用武装部队专用标志罪是《刑法》第375条第3款规定的犯罪,《刑法修正案(七)》第12条第2款对1997年《刑法》第375条第2款规定的"非法生产、买卖武装部队制式服装、车辆号牌等专用标志"的行为修改为第3款"伪造、盗窃、买卖或者非法提供、使用武装部队车辆号牌等专用标志"的犯罪行为。最高人民法院、最高人民检察院于2009年10月16日实施的《关于执行〈中华人民共和国刑法〉确定罪名的补充规定(四)》中取消了非法生产、买卖军用标志罪罪名,将伪造、盗窃、买卖、非法提供、非法使用武装部队专用标志的犯罪行为,单独确定为新罪名。

(一)刑法规定内容的修改

刑法条文中有关伪造、盗窃、买卖、非法提供、非法使用武装部队专用标志罪的规定是:

1. 1997年《刑法》第375条规定:"伪造、变造、买卖或者盗窃、抢夺武装部队公文、证件、印章的,处三年以下有期徒刑、拘役、管制或者剥夺政治权利;情节严重的,处三年以上十年以下有期徒刑。非法生产、买卖武装部队制式服装、车辆号牌等专用标志,情节严重的,处三年以下有期徒刑、拘役或者管制,并处或者单处罚金。单位犯第二款罪的,对单位判处罚金,并对其直接负责的主管人员和其他直接责任人员,依照该款的规定处罚。"

2. 2009年2月28日全国人大常委会《刑法修正案(七)》第12条规定:"将刑法第三百七十五条第二款修改为:'非法生产、买卖武装部队制式服装,情节严重的,处三年以下有期徒刑、拘役或者管制,并处或者单处罚金'。增加一款作为第三款:'伪造、盗窃、买卖或者非法提供、使用武装部队车辆号牌等专用标志,情节严重的,处三年以下有期徒刑、拘役或者管制,并处或者单处罚金;情节特别严重的,处三年以上七年以下有期徒刑,并处罚金'。原第三款作为第四款,修改为:'单位犯第二款、第三款罪的,对单位判处罚金,并对其直接负责的主管人员和其他直接责任人员,依照各该款的规定处罚'。"

上述《刑法修正案(七)》的规定是根据当前伪造、盗窃、买卖或者非法提供、使用武装部队车辆号牌等专用标志严重的情况,将1997年《刑法》第375条规定的惩治非法制造、买卖武装部队专用标志的行为分别作了规定,并补充修改规定伪造、盗窃、买卖、非法提供、非法使用武装部队专用标志为一种独立的新罪名。

(二)刑法规定修改的原因

我国1979年《刑法》没有规定伪造、盗窃、买卖、非法提供、非法使用武装部队专用标志

罪,1997 年《刑法》第 375 条第 2 款规定了非法生产、买卖武装部队车辆号牌等专用标志的犯罪行为,但将这种犯罪行为作为非法生产、买卖军用标志行为之一,因此,最高人民法院、最高人民检察院将其确定在非法生产、买卖军用标志罪名之中。随着改革开放和市场经济的深入发展,伪造、盗窃、买卖或者非法提供、使用武装部队车辆号牌等专用标志的行为不断增多,社会危害性越来越严重。中央军委法制局提出,近年来,盗窃、出租、非法使用军队车辆号牌的情况时有发生,扰乱社会管理秩序,损害军队形象和声誉,影响部队战备训练等工作的正常进行。对这类情节严重的行为,应当追究刑事责任。经同有关部门研究,全国人大法律委员会建议在《刑法》第 375 条第 3 款规定的犯罪行为中,增加伪造、盗窃、买卖、非法提供、非法使用武装部队专用标志等犯罪行为。

全国人大常委会根据司法实践中惩治伪造、盗窃、买卖或者非法提供、使用武装部队车辆号牌等专用标志的犯罪行为需要,采纳了有关部门的意见,于 2009 年 2 月 28 日在《刑法修正案(七)》第 12 条中单独规定了伪造、盗窃、买卖、非法提供、非法使用武装部队专用标志的犯罪。

(三)伪造、盗窃、买卖、非法提供、非法使用武装部队专用标志罪的适用

伪造、盗窃、买卖、非法提供、非法使用武装部队专用标志罪是《刑法修正案(七)》第 12 条和《刑法》第 375 条第 3 款单独规定的犯罪,要准确适用就必须弄清楚该罪的概念、构成特征、法定刑以及适用时应注意的问题。

1. 伪造、盗窃、买卖、非法提供、非法使用武装部队专用标志罪的概念。该罪是指伪造、盗窃、买卖或者非法提供、使用武装部队车辆号牌等专用标志,情节严重的行为。

伪造、盗窃、买卖、非法提供、非法使用武装部队专用标志罪是扰乱社会秩序,危害国防利益,影响武装部队形象的犯罪行为。武装部队的车辆号牌等专用标志是武装部队区分其他单位和个人的标志,以便于完成武装部队的训练和作战任务。伪造、盗窃、买卖或者非法提供、使用武装部队车辆号牌等专用标志,情节严重的必然扰乱社会管理秩序,影响武装部队的形象和部队的战斗力,危害军事训练和作战任务的完成,这是对社会有严重危害性的行为。我国刑法将伪造、盗窃、买卖、非法提供、非法使用武装部队专用标志的行为规定为犯罪,最高处 7 年有期徒刑,并处罚金。

2. 犯罪的构成特征。根据《刑法》第 375 条第 3 款和《刑法修正案(七)》第 12 条第 2 款的规定,该罪的构成特征有:

(1)犯罪主体,是一般主体,达到法定年龄具有刑事责任能力的自然人或者单位都可以构成本罪的犯罪主体。本罪的犯罪主体在主观上是故意的。

(2)犯罪行为,必须具有伪造、盗窃、买卖、非法提供、非法使用武装部队专用标志的行为。具体表现是:

①伪造、盗窃、买卖武装部队专用标志的行为。包括伪造、盗窃、买卖武装部队的车辆号牌和其他的专用标志,如帽徽、胸章、臂章、领章、肩章、军种符号、兵种符号、专业符号、缘饰、镶条、军旗、军徽等军队专用字母、图像、符号等。

②非法提供、非法使用武装部队专用标志的行为。无论是否为真伪武装部队军用标志,只要是提供给不应当使用的单位或者不应当使用的人使用了的行为,都是本罪的犯罪行为。具备上述两类行为之一,情节严重的,就是本罪的犯罪行为。

（3）犯罪结果。本罪是结果犯，只有实施了伪造、盗窃、买卖、非法提供、非法使用武装部队专用标志，达到情节严重的结果，才可以构成本罪。犯罪行为没有达到上述情节严重结果的，不构成犯罪。

何为情节严重，根据最高人民法院、最高人民检察院在2011年8月1日实施的《关于办理妨害武装部队制式服装、车辆号牌管理秩序等刑事案件具体应用法律若干问题的解释》第3条规定，具有下列情形之一的，应当认定为《刑法》第375条第3款规定的"情节严重"，以伪造、盗窃、买卖、非法提供、非法使用武装部队专用标志罪定罪处罚：

①伪造、盗窃、买卖或者非法提供、使用武装部队军以上领导机关车辆号牌1副以上或者其他车辆号牌3副以上的；

②非法提供、使用军以上领导机关车辆号牌之外的其他车辆号牌累计6个月以上的；

③伪造、盗窃、买卖或者非法提供、使用军徽、军旗、军种符号或者其他军用标志合计100件（副）以上的；

④造成严重后果或者恶劣影响的。

该解释第4条规定，盗窃、买卖、非法提供、使用伪造、变造的武装部队车辆号牌专用标志情节严重的，应当追究刑事责任，定罪量刑标准适用本解释第1条至第3条的规定。

3.伪造、盗窃、买卖、非法提供、非法使用武装部队专用标志罪的法定刑。根据《刑法》第375条第3款和《刑法修正案（七）》第12条的规定，该罪的法定刑是：

（1）构成犯罪的，处3年以下有期徒刑、拘役或者管制，并处或者单处罚金。

（2）犯本罪的，情节特别严重的，处3年以上7年以下有期徒刑，并处罚金。

根据2011年8月1日实施的最高人民法院、最高人民检察院《关于办理妨害武装部队制式服装、车辆号牌管理秩序等刑事案件具体应用法律若干问题的解释》第3条规定，具有下列情形之一的，应当认定为《刑法》第375条第3款规定的"情节特别严重"：

①数量达到前款第1项、第3项规定标准5倍以上的；

②非法提供、使用军以上领导机关车辆号牌累计6个月以上或者其他车辆号牌累计1年以上的；

③造成特别严重后果或者特别恶劣影响的。

（3）单位犯本罪的，对单位判处罚金，并对其直接负责的主管人员和其他直接责任人员，依照个人犯本罪处罚。

4.本罪适用时应注意以下问题：

（1）注意划清本罪与非罪的界限。我国《刑法》第375条第3款和《刑法修正案（七）》第12条第2款规定的伪造、盗窃、买卖、非法提供、非法使用武装部队专用标志罪是结果犯，只有实施了伪造、盗窃、买卖、非法提供、非法使用武装部队专用标志的犯罪行为，达到情节严重的结果，才可以构成本罪。情节没有达到严重的结果，例如，情节一般、情节较轻、情节较重的都不构成犯罪。

（2）注意准确认定伪造、盗窃、买卖、非法提供、非法使用武装部队专用标志罪。我国1997年《刑法》第375条规定有非法生产、买卖武装部队车辆号牌等专用标志的犯罪行为，但根据最高人民法院、最高人民检察院的司法解释认定为"非法生产、买卖军用标志罪"。2009年2月28日全国人大常委会《刑法修正案（七）》颁布以后将这种行为修改为伪造、盗窃、买卖、非法提供、非法使用武装部队专用标志的犯罪行为，其中增加规定了伪造、盗窃、非法提供、非法使用军用标志的行为，不能再认定为非法生产、买卖军用标志罪，而应认定为本罪。但是，凡在1997年10月1日到2009年2月27日发生的伪造、买卖武装部队专用标志的犯罪行为，则继续认定为非法生产、买卖军用标志罪，这是因为《刑法修正案（七）》第12条规定的伪造、盗窃、买卖、非法提供、非法使用武装部队专用标志罪的法律规定没有溯及力，不能溯及已往。至于在1997年9月30日前发生的伪造、盗窃、买卖、非法提供、非法使用武装部队专用标志行为的，不构成犯罪。因为行为时的法律没有将这种行为规定为犯罪。

（3）注意划清本罪与冒充军人招摇撞骗罪的界限。本罪伪造、盗窃、买卖、非法提供、非法使用武装部队专用标志，可能为冒充军人招摇撞骗的犯罪人提供军人专用标志的条件，但不一定都是用于冒充军人招摇撞骗犯罪。如果行为人伪造、盗窃、买卖、非法提供、非法使用武装部队专用标志，又用于冒充军人招摇撞骗的犯罪行为，情节严重的构成犯罪，应分别定罪，数罪并罚。如果行为人自己个人以冒充军人招摇撞骗为目的，而伪造、盗窃、买卖、非法提供、非法使用少量的武装部队专用标志的，则是手段牵连犯，只认定为冒充军人招摇撞骗罪，不再定为本罪。

（4）注意划清本罪与非法生产、买卖警用装备罪的界限。本罪伪造、盗窃、买卖、非法提供、非法使用武装部队专用标志，与我国《刑法》第281条规定的非法生产、买卖警用装备罪有相似之处，容易混淆。二罪的根本区别是犯罪的对象不同。本罪的对象是武装部队（包括武警部队）专用标志；而非法生产、买卖警用装备罪的对象是人民警察（不包括武装警察部队）的制式服装、车辆号牌等专用装备。由于两种犯罪的对象不同，将两罪区别开来。

（5）注意本罪共犯的认定。根据2011年8月1日实施的最高人民法院、最高人民检察院《关于办理妨害武装部队制式服装、车辆号牌管理秩序等刑事案件具体应用法律若干问题的解释》第5条规定："明知他人实施刑法第三百七十五条规定的犯罪行为，而为其生产、提供专用材料或者提供资金、账号、技术、生产经营场所等帮助的，以共犯论处。"

（6）注意一罪与数罪的定罪处罚。根据2011年8月1日实施的最高人民法院、最高人民检察院《关于办理妨害武装部队制式服装、车辆号牌管理秩序等刑事案件具体应用法律若干问题的解释》第6条规定："实施刑法第三百七十五条规定的犯罪行为，同时又构成逃税、诈骗、冒充军人招摇撞骗等犯罪的，依照处罚较重的规定定罪处罚。"

十四、利用影响力受贿罪

利用影响力受贿罪是《刑法》第388条之一规定的犯罪，《刑法修正案（七）》第13条在1997年《刑法》第388条之后增加1条为第388条之一，规定"国家工作人员的近亲属或者其他与该国家工作人员关系密切的人，通过该国家工作人员职务上的行为，或者利用该国家工作人员职权或者地位形成的便利条件，通过其他国家工作人员职务上的行为，为请托人谋取不正当利益，索取请托人财物或者收受请托人财物，数额较大或者有其他较重情节的"犯罪行为。2009年10月16日实施的最高人民法院、最高人民检察院《关于执行〈中华人民共和国刑法〉确定罪名的补充规定（四）》中将这种受贿犯罪行为，单独确定为利用影响力受贿罪。

（一）刑法规定内容的修改

刑法条文中有关利用影响力受贿罪的规定是：

1. 1979年《刑法》第185条规定："国家工作人员利用职务上的便利,收受贿赂的,处五年以下有期徒刑或者拘役。赃款、赃物没收,公款、公物追还。犯前款罪,致使国家或者公民利益遭受严重损失的,处五年以上有期徒刑。向国家工作人员行贿或者介绍贿赂的,处三年以下有期徒刑或者拘役。"

2. 1988年1月21日全国人大常委会颁布施行的《关于惩治贪污罪贿赂罪的补充规定》第4条规定："国家工作人员、集体经济组织工作人员或者其他从事公务的人员,利用职务上的便利,索取他人财物的,或者非法收受他人财物为他人谋取利益的,是受贿罪。与国家工作人员、集体经济组织工作人员或者其他从事公务的人员勾结,伙同受贿的,以共犯论处。国家工作人员、集体经济组织工作人员或者其他从事公务的人员,在经济往来中,违反国家规定收受各种名义的回扣、手续费,归个人所有的,以受贿论处。"

第5条规定："对犯受贿罪的,根据受贿所得数额及情节,依照本规定第二条的规定处罚;受贿数额不满一万元,使国家利益或者集体利益遭受重大损失的,处十年以上有期徒刑;受贿数额在一万元以上,使国家利益或者集体利益遭受重大损失的,处无期徒刑或者死刑,并处没收财产。索贿的从重处罚。因受贿而进行违法活动构成其他罪的,依照数罪并罚的规定处罚。"

第6条规定："全民所有制企业事业单位、机关、团体,索取、收受他人财物,为他人谋取利益,情节严重的,判处罚金,并对其直接负责的主管人员和其他直接责任人员,处五年以下有期徒刑或者拘役。"

3. 2006年6月29日全国人大常委会《刑法修正案(六)》第7条将《刑法》第163条修改为:"将刑法第一百六十三条修改为:'公司、企业或者其他单位的工作人员利用职务上的便利,索取他人财物或者非法收受他人财物,为他人谋取利益,数额较大的,处五年以下有期徒刑或者拘役;数额巨大的,处五年以上有期徒刑,可以并处没收财产。公司、企业或者其他单位的工作人员在经济往来中,利用职务上的便利,违反国家规定,收受各种名义的回扣、手续费,归个人所有的,依照前款的规定处罚。国有公司、企业或者其他国有单位中从事公务的人员和国有公司、企业或者其他国有单位委派到非国有公司、企业以及其他单位从事公务的人员有前两款行为的,依照本法第三百八十五条、第三百八十六条的规定定罪处罚'。"

1997年《刑法》第385条规定："国家工作人员利用职务上的便利,索取他人财物的,或者非法收受他人财物,为他人谋取利益的,是受贿罪。国家工作人员在经济往来中,违反国家规定,收受各种名义的回扣、手续费,归个人所有的,以受贿论处。"

第386条规定："对犯受贿罪的,根据受贿所得数额及情节,依照本法第三百八十三条的规定处罚。索贿的从重处罚。"

第387条规定："国家机关、国有公司、企业、事业单位、人民团体,索取、非法收受他人财物,为他人谋取利益,情节严重的,对单位判处罚金,并对其直接负责的主管人员和其他直接责任人员,处五年以下有期徒刑或者拘役。前款所列单位,在经济往来中,在账外暗中收受各种名义的回扣、手续费的,以受贿论,依照前款的规定处罚。"

第388条规定："国家工作人员利用本人职权或者地位形成的便利条件,通过其他国家工作人员职务上的行为,为请托人谋取不正当利益,索取请托人财物或者收受请托人财物的,以受贿论处。"

4. 2009年2月28日全国人大常委会《刑法修正案（七）》第13条规定："在刑法第三百八十八条后增加一条作为第三百八十八条之一：'国家工作人员的近亲属或者其他与该国家工作人员关系密切的人，通过该国家工作人员职务上的行为，或者利用该国家工作人员职权或者地位形成的便利条件，通过其他国家工作人员职务上的行为，为请托人谋取不正当利益，索取请托人财物或者收受请托人财物，数额较大或者有其他较重情节的，处三年以下有期徒刑或者拘役，并处罚金；数额巨大或者有其他严重情节的，处三年以上七年以下有期徒刑，并处罚金；数额特别巨大或者有其他特别严重情节的，处七年以上有期徒刑，并处罚金或者没收财产。离职的国家工作人员或者其近亲属以及其他与其关系密切的人，利用该离职的国家工作人员原职权或者地位形成的便利条件实施前款行为的，依照前款的规定定罪处罚'。"

上述《刑法修正案（七）》的规定是根据当前受贿犯罪出现的，国家工作人员的近亲属及其关系密切的人利用国家工作人员的职权或者地位的影响力索贿受贿严重的情况，在刑法中补充规定了利用影响力受贿的新罪名。

（二）刑法规定修改的原因

我国1979年《刑法》只规定了国家工作人员受贿罪，没有规定利用影响力受贿罪，1997年《刑法》第163条、第385条、第386条、第387条、第388条分别规定了国家工作人员受贿罪、国有单位受贿罪、国家工作人员斡旋受贿罪、非国家工作人员受贿罪（在《刑法修正案（六）》以前称为"公司、企业人员受贿罪"），也没有单独规定利用影响力受贿罪。司法实践中，将国家工作人员的近亲属或者其他与该国家工作人员关系密切的人利用国家工作人员职务上的便利，为他人谋取不正当利益，索取或者收受贿赂，只要国家工作人员知道的，都以国家工作人员受贿罪的共犯定罪量刑。2006年6月29日《刑法修正案（六）》颁布以后，将单位中除国家工作人员以外的工作人员受贿的都认定为非国家工作人员受贿罪。司法实践中，出现了国家工作人员的近亲属或者其他与该国家工作人员关系密切的人，他们既不是国家工作人员也不是单位的工作人员，他们利用国家工作人员的影响力，通过其他国家工作人员职务上的行为，为请托人谋取不正当利益，而他们从中索取或者收受请托人的财物的行为，也严重的败坏党风和社会风气，是国家工作人员腐败行为之一，在社会上造成恶劣的坏影响，但刑法中没有将这种危害社会的行为规定为犯罪。我国参加缔约的国际反腐败公约中，将利用影响力受贿行为规定为犯罪。有些学者建议在我国刑法中也规定利用影响力受贿罪，与国际反腐败法规定相接轨，以尽国际反腐败的义务。有些全国人大代表和有关部门提出，有些国家工作人员的配偶、子女等近亲属，以及其他与该国家工作人员关系密切的人，通过该国家工作人员职务上的行为，或者利用该国家工作人员职权或者地位形成的便利条件，通过其他国家工作人员职务上的行为，为请托人谋取不正当利益，自己从中索取或者收受请托人的财物。同时，一些已离职的国家工作人员，虽已不具有国家工作人员的身份，但利用其在职时形成的影响力，通过其他国家工作人员的职务行为，为请托人谋取不正当利益，自己从中索取或者收受请托人的财物。这类行为败坏党风、政风和社会风气，对情节较重的，也应作为犯罪追究刑事责任。

经同中央纪委、最高人民法院、最高人民检察院等部门研究，全国人大法律委员会建议在《刑法》第388条中增加2款，对这类情节严重的行为，应当追究刑事责任。全国人大常委会根据司法实践中惩治利用影响力受贿犯罪行为和与国际反腐败法相衔接的需要，采纳了有关部门的意见,于 2009 年 2 月 28 日在《刑法修正案(七)》第 13 条中规定在刑法中设单条规定利用影响力受贿罪。

(三)利用影响力受贿罪的适用

利用影响力受贿罪是《刑法修正案(七)》第 13 条和《刑法》第 388 条之一单独规定的新罪,要准确适用就必须弄清楚该罪的概念、构成特征、法定刑以及适用时应注意的问题。

1. 利用影响力受贿罪的概念。该罪是指国家工作人员、离职的国家工作人员的近亲属或者其他与该国家工作人员关系密切的人,通过该国家工作人员职务上的行为,或者利用该国家工作人员职权或者地位形成的便利条件,通过其他国家工作人员职务上的行为,为请托人谋取不正当利益,索取请托人财物或者收受请托人财物,数额较大或者有其他较重情节的行为。

利用影响力受贿罪是危害国家工作人员职责廉洁性和扰乱国家机关秩序的犯罪,是国家工作人员腐败犯罪的表现形式之一,虽然其受贿者不是国家工作人员本身,而是国家工作人员的近亲属或者其他与该国家工作人员关系密切的人,但他们是利用国家工作人员职务行为或者国家工作人员的职权或地位的影响力为请托人谋取不正当利益。这是败坏党风、政风和社会风气的腐败行为,是对社会有严重危害性的行为。我国刑法将利用影响力受贿行为规定为犯罪,最高处 15 年有期徒刑,并处罚金或者没收财产。

2. 犯罪的构成特征。根据《刑法》第 388 条之一和《刑法修正案(七)》第 13 条的规定,该罪的构成特征有:

(1)犯罪主体,是一般主体,即国家工作人员、离职的国家工作人员的近亲属或者其他与该国家工作人员关系密切的人和离职的国家工作人员,他们都是达到法定年龄具有刑事责任能力的自然人都可以构成本罪的犯罪主体。本罪的犯罪主体在主观上是故意的,并且有索取或者收受请托人财物的目的。

(2)犯罪行为,必须具有利用国家工作人员的影响,为请托人谋取不正当利益,索取或者收受请托人财物的行为。具体行为表现是:

①利用国家工作人员影响力的行为,包括通过国家工作人员职务上的行为,或者利用国家工作人员的职权或者地位形成的便利条件,通过其他国家工作人员职务上的行为。

②为请托人谋取不正当利益的行为。谋取的必须是不正当利益,包括利益本身不正当和谋取不正当利益的程序不正当。只要具有谋取不正当利益的主观条件就具备谋取不正当利益条件。

③索取、收受请托人财物的行为。索取是强要行为,收受是被动接受行为。索取或收受的都是财物,包括可以用金钱计算的利益。上述行为达到数额较大或者其他情节较重的,可以构成本罪的犯罪行为。

(3)犯罪结果,本罪是结果犯,只有实施了利用影响力索贿受贿达到数额较大或者其他情节较重的结果,才可以构成本罪。犯罪行为没有达到上述数额较大或者情节较重结果的,不构成犯罪。

何为数额较大、其他情节较重,刑法没有具体规定,也没有具体司法解释。2016 年 4 月 18 日最高人民法院、最高人民检察院《关于办理贪污贿赂刑事案件适用法律若干问题的解释》第 10 条规定,"刑法第三百八十八条之一规定的利用影响力受贿罪的定罪量刑适用标准,参照本解释关于受贿罪的规定执行。刑法第三百九十条之一规定的对有影响力的人行贿罪的定罪量刑适用标准,参照本解释关于行贿罪的规定执行。单位对有影响力的人行贿数额在二十万元以上的,应当依照刑法第三百九十条之一的规定以对有影响力的人行贿罪追究刑事责任"。

3. 利用影响力受贿罪的法定刑。根据《刑法》第388条之一和《刑法修正案(七)》第13条的规定,该罪的法定刑:

(1) 构成犯罪的,处3年以下有期徒刑或者拘役,并处罚金。

参照2016年4月18日最高人民法院、最高人民检察院《关于办理贪污贿赂刑事案件适用法律若干问题的解释》第10条第1款规定,"刑法第三百八十八条之一规定的利用影响力受贿罪的定罪量刑适用标准,参照本解释关于受贿罪的规定执行"。

该解释第1条第1款规定,"贪污或者受贿数额在三万元以上不满二十万元的,应当认定为刑法第三百八十三条第一款规定的数额较大,依法判处三年以下有期徒刑或者拘役,并处罚金"。第1条第3款规定,"受贿数额在一万元以上不满三万元,具有前款第二项至第六项规定的情形之一,或者具有下列情形之一的,应当认定为刑法第三百八十三条第一款规定的'其他较重情节',依法判处三年以下有期徒刑或者拘役,并处罚金:(一)多次索贿的;(二)为他人谋取不正当利益,致使公共财产、国家和人民利益遭受损失的;(三)为他人谋取职务提拔、调整的"。

(2) 犯本罪,数额巨大或者有其他严重情节的,处3年以上7年以下有期徒刑,并处罚金。

参照2016年4月18日最高人民法院、最高人民检察院《关于办理贪污贿赂刑事案件适用法律若干问题的解释》第2条第1款规定,"贪污或者受贿数额在二十万元以上不满三百万元的,应当认定为刑法第三百八十三条第一款规定的数额巨大,依法判处三年以上十年以下有期徒刑,并处罚金或者没收财产"。第2条第3款规定,"受贿数额在十万元以上不满二十万元,具有本解释第一条第三款规定的情形之一的,应当认定为刑法第三百八十三条第一款规定的'其他严重情节',依法判处三年以上十年以下有期徒刑,并处罚金或者没收财产"。

(3) 犯本罪,数额特别巨大或者有其他特别严重情节的,处7年以上有期徒刑,并处罚金或者没收财产。

参照2016年4月18日最高人民法院、最高人民检察院《关于办理贪污贿赂刑事案件适用法律若干问题的解释》第3条第1款规定,"贪污或者受贿数额在三百万元以上的,应当认定为刑法第三百八十三条第一款规定的数额特别巨大,依法判处十年以上有期徒刑、无期徒刑或者死刑,并处罚金或者没收财产"。第3条第3款规定,"受贿数额在一百五十万元以上不满三百万元,具有本解释第一条第三款规定的情形之一的,应当认定为刑法第三百八十三条第一款规定的'其他特别严重情节',依法判处十年以上有期徒刑、无期徒刑或者死刑,并处罚金或者没收财产"。

4. 本罪适用时应注意以下问题:

(1) 注意划清本罪与非罪的界限。我国《刑法》第388条之一和《刑法修正案(七)》第13条规定的利用影响力受贿罪是结果犯,只有实施了利用影响力索贿受贿达到数额较大或者其他较重情节的结果,才可以构成本罪。索贿受贿数额没有达到较大或者情节没有达到较重的结果的,例如,情节一般、情节较轻的都不构成犯罪。

(2)注意准确认定与国家工作人员关系密切的人的范围问题。《刑法》第388条之一规定的利用影响力受贿罪的主体是"国家工作人员、离职的国家工作人员的近亲属或者其他与该国家工作人员关系密切的人和离职的国家工作人员"。这里的近亲属也是关系密切的人,只是列举式单独列出。近亲属的范围,按照我国《刑事诉讼法》第82条第6项的规定,是指夫、妻、父、母、子、女、同胞兄弟姊妹;对关系密切的人,法律没有具体规定其范围,有待司法解释。在没有司法解释前,应进行认真研究,依法准确适用。所谓与国家工作人员关系密切的人,应是指与国家工作人员有亲情、友情、利害关系等关系密切的人。亲情关系,是指有血液和婚姻关系的亲戚关系及情人关系。亲戚包括近亲和远亲。近亲是指夫、妻、父、母、子、女、同胞兄弟姊妹等三代以内的近亲属关系。远亲包括祖父母、外祖父母、叔伯父母、姑父母、堂兄妹、舅父母、姨父母、表兄妹等第四代、第五代亲戚关系。情人是指虽未结婚,但有夫妻感情生活关系的人。友情关系,是指同乡、同学、同事、战友、朋友等关系的人。利害关系,是指与国家工作人员有财产、经济、名誉、地位、职权利害关系的人。上述这些与国家工作人员有亲情、友情、利害关系的人可以成为与国家工作人员关系密切的人。

虽然与国家工作人员有亲情、友情、利害关系,但不一定是与国家工作人员关系密切的人,还要看关系发展的程度,交往的深度和广度,只有达到关系密切的程度才能成为与国家工作人员关系密切的人。凡是能通过该国家工作人员职务上的行为,或者利用该国家工作人员职权或者地位形成的便利条件,通过其他国家工作人员职务上的行为,为请托人谋取不正当利益的人,一般都是与国家工作人员关系密切的人,不是与国家工作人员关系密切的人,国家工作人员不可能利用其职务、职权或者地位的便利为请托人谋取不正当利益。

《刑法》第388条之一规定的"与国家工作人员关系密切的人"(包括近亲属在内),都是非国家工作人员,不包括国家工作人员,因为《刑法》第388条已规定了国家工作人员利用其他国家工作人员职务上的行为,为请托人谋取不正当利益的行为构成间接受贿罪,按受贿罪定罪处罚。所以,《刑法》第388条之一规定的与国家工作人员关系密切的人就只能是非国家工作人员,非国家工作人员利用国家工作人员的职务、职权或者地位形成的便利条件间接受贿的行为才适用《刑法》第388条之一的规定,构成利用影响力受贿罪。关系密切的人与国家工作人员有共同受贿的故意和共同受贿索贿行为的,构成共同受贿犯罪,应定为受贿罪,不再定为利用影响力受贿罪。

(3)注意划清关系密切的人与特定关系人的界限。二者是既有联系也有区别的两种概念,不能混淆。2007年7月8日最高人民法院、最高人民检察院在《关于办理受贿刑事案件适用法律若干问题的意见》中规定了"特定关系人收受贿赂问题",即国家工作人员利用职务上的便利为请托人谋取利益,授意请托人以本意见所列形式,将有关财物给予特定关系人的,以受贿论处;特定关系人与国家工作人员通谋,共同实施前款行为的,对特定关系人以受贿罪的共犯论处;特定关系人以外的其他人与国家工作人员通谋,由国家工作人员利用职务上的便利为请托人谋利益、收受请托人财物后双方共同占有的,以受贿罪的共犯论处。这里规定的"特定关系人"可以构成国家工作人员受贿罪的共犯。何为"特定关系人",最高人民法院、最高人民检察院的司法解释为:特定关系人,是指与国家工作人员有近亲属、情妇(夫)以及其他共同利益关系的人。

关系密切的人与特定关系人的共同特点是:都是与国家工作人员有着特殊关系的人员,

或者与国家工作人员共同受贿,或者利用国家工作人员的职务、职权或者地位形成的便利条件,为请托人谋取不正当利益,收受请托人财物,可以构成间接受贿罪。特定关系人可以是关系密切的人,关系密切的人中的一些人也可能成为特定关系人;特定关系人以外的人也可以是关系密切的人。由于二者有联系或者共同点,容易混淆。但二者是有重要区别的,主要是:

①范围不同。特定关系人是指与国家工作人员有近亲属、情妇(夫)以及其他共同利益关系的人;而关系密切的人,是指与国家工作人员有亲情、友情、利害关系等关系密切的人,显然,关系密切的人的范围比特定关系人的范围要广泛得多,关系密切的人中包括了特定关系人。

②作用不同。特定关系人可以成为国家工作人员受贿罪的共犯,即可以构成受贿罪;而关系密切的人与国家工作人员没有共同受贿的故意,不能构成共同受贿罪,但可以独立构成利用影响力受贿罪。

③构成犯罪应受处罚不同。特定关系人与国家工作人员构成共同受贿的,只要收受了贿赂,不管受贿数额多少,情节较重的就可以构成受贿罪,依照国家工作人员受贿罪的法定刑,结合其在共同犯罪中的地位和作用处罚,最高可处死刑,剥夺政治权利终身、没收全部财产;关系密切的人构成利用影响力受贿罪必须以受贿数额较大或者有其他较重情节的,才可以构成利用影响力受贿罪,适用《刑法》第388条之一单独规定的法定刑,最高可处15年有期徒刑,并处罚金或者没收财产。二者由于上述的不同之处,使二者区别开来。

在对特定关系人定罪处罚时,应注意:当特定关系人又是关系密切的人,其与国家工作人员构成共同受贿罪已按受贿罪定罪处罚后,虽然其同时也触犯了利用影响力受贿罪的罪名,但不能再认定其还犯有利用影响力受贿罪,进行数罪并罚。这是因为两罪相比较而言,受贿罪是重罪,根据重罪吸收轻罪的定罪处罚原则,受贿罪吸收了利用影响力受贿罪,只定为受贿罪,按受贿罪的法定刑处罚,不能再认定为利用影响力受贿罪而进行数罪并罚。特定关系人有间接受贿犯罪行为,但与国家工作人员没有共同受贿的故意,不构成共同受贿罪的,对特定关系人应定为利用影响力受贿罪。

(4)注意对离职的国家工作人员利用影响力受贿罪的问题。《刑法》第388条之一第2款规定:"离职的国家工作人员或者其近亲属以及其他与其关系密切的人,利用该离职的国家工作人员原职权或者地位形成的便利条件实施前款行为的,依照前款的规定定罪处罚。"这里规定了离职的国家工作人员利用影响力受贿罪和离职的国家工作人员的近亲属及其他与其关系密切的人利用影响力受贿罪。离职的国家工作人员包括辞职、退职、留职、开除、退休的原国家工作人员,当其离开国家工作人员职务后,就没有实际职务了,不能构成利用现职务之便索贿受贿,即不能构成受贿罪。但离职的国家工作人员可以利用原职权或者地位形成的便利条件,通过其他国家工作人员职务上的行为,为请托人谋取不正当利益,索取请托人财物或者收受请托人财物的行为,可以构成利用影响力受贿罪。离职的国家工作人员的近亲属及其他与其关系密切的人,利用离职的国家工作人员原职权或者地位形成的便利条件,通过其他国家工作人员职务上的行为,为请托人谋取不正当利益,索取请托人财物或者收受请托人财物的行为,也可以构成利用影响力受贿罪。上述是两种不同犯罪主体利用影响力受贿的犯罪行为。

(5)注意划清本罪与受贿罪的界限。两种犯罪都是受贿方面的犯罪,但刑法规定的犯罪主体、犯罪行为、犯罪结果、法定刑等都有些差别。

①主体差别。本罪的主体是国家工作人员、离职的国家工作人员的近亲属或者其他与该国家工作人员关系密切的人和离职的国家工作人员,即都是非国家工作人员;而受贿罪的主体都是国家工作人员。

②犯罪行为差别。本罪是利用其他国家工作人员职务行为,为请托人谋取不正当利益,而利用者索贿受贿的行为;而受贿罪是国家工作人员利用本人职权或者地位形成的便利条件,通过其他国家工作人员职务上的行为,为他人谋取不正当利益,自己索贿受贿的行为。

③法定刑差别。本罪最高法定刑为15年有期刑,并处罚金或者没收财产;而受贿罪的法定最高刑是无期徒刑或者死刑,并处没收全部财产,附加剥夺政治权利终身。上述不同点将本罪与受贿罪区别开来。

(6)注意划清本罪与非国家工作人员受贿罪的界限。本罪与《刑法》第163条规定的非国家工作人员受贿罪很相似,容易混淆。两种犯罪都是非国家工作人员受贿方面的犯罪,但刑法规定的犯罪主体、犯罪行为、犯罪结果等都有些差别。

①主体差别。本罪的主体是国家工作人员、离职的国家工作人员的近亲属或者其他与该国家工作人员关系密切的人和离职的国家工作人员;而非国家工作人员受贿罪的主体都是单位的工作人员,但不是国家工作人员。

②犯罪行为差别。本罪是利用其他国家工作人员职务行为,为请托人谋取不正当利益,而索贿受贿的行为;而非国家工作人员受贿罪是单位的工作人员利用职务之便为他人谋利益,自己索贿受贿行为。

③犯罪结果差别。本罪犯罪结果是受贿数额较大或其他情节较重的结果;而非国家工作人员受贿罪的结果是受贿数额较大,没有情节较重的结果。由于两种犯罪的构成条件不完全相同,将两罪区别开来。

上述利用影响力受贿罪与非国家工作人员受贿罪可能出现交叉,例如,某离职的国家工作人员的近亲属是某单位的工作人员,其利用自己的职务之便和利用该离职的国家工作人员原职权,通过其他国家工作人员职务行为,为请托人谋取不正当利益,索取或者收受请托人财物数额较大的行为,既构成非国家工作人员受贿罪,也构成利用影响力受贿罪。比较上述两种犯罪的法定刑,非国家工作人员受贿罪最高处无期徒刑,较本罪法定刑重,应按重罪非国家工作人员受贿罪定罪处罚。

第十二章　中华人民共和国刑法修正案(八)

2011年2月25日,第十一届全国人大常委会经过三次会议讨论、修改,并于第十九次会议以139票赞成、7票反对、11票弃权,通过了《中华人民共和国刑法修正案(八)》(以下简称《刑法修正案(八)》),规定自2011年5月1日起施行。《刑法修正案(八)》是1997年修订刑法实施以来最重要的修改,其修改的内容之多,规模之大,影响之深。这是前所未有的,需要认真学习、深刻理解,才能正确适用。

一、《刑法修正案(八)》概述

(一)《刑法修正案(八)》的修改特点和期待

《刑法修正案(八)》与其他几次修改相比较,有以下几个特点。

1. 修改的内容广泛、意义深远。《刑法修正案(八)》共50条,占《刑法》452条的10%以上,涉及《刑法》总则和分则各方面内容的修改和补充,既有犯罪的修改也有刑罚的修改,刑罚既有重的改为轻,也有轻的改为重。有些修改内容非常重要,具有深远的意义和影响,例如,对13种犯罪取消判处死刑的修改,为将来全面废除死刑制度打下基础,还有像增加禁止令和社区矫正等都是在刑法中第一次出现,是刑事法律制度的发展,具有一定的前瞻性和创新性。

2. 首次对《刑法》总则进行了大量修改。过去的七次对《刑法》的修改都根据当时某种行为对社会有严重危害性而应急作出的修改《刑法》分则中的具体犯罪或者增加某种新的犯罪,其适用范围只是具体犯罪。而《刑法修正案(八)》对《刑法》总则的一些刑事责任和处罚原则作了19处修改,这些修改对《刑法》分则的所有条款规定都适用。可见,《刑法修正案(八)》对《刑法》的修改是比较全面的修改,是通过对刑罚原则的修改,对所有的具体犯罪都适用的修改。

3. 刑罚既有轻的改为重,也有重的改为轻,这体现了宽严相济的刑事政策。过去的修改都是加重处罚,使处死刑的犯罪越来越多,最多高达68种犯罪可以判处死刑。《刑法修正案(八)》共50条中,有1/3的条款是轻的改为重的,有2/3重的改为轻的,这充分体现了宽严相济的刑事政策。这主要是解决我国《刑法》原规定剥夺生命的死刑多和剥夺自由刑轻的不正常现象。

4. 首次对我国刑罚制度的修改。《刑法修正案(八)》对我国刑罚体系中的主刑和附加刑,以及非刑罚方法都作了修改。我国《刑法》规定的五种主刑除拘役外,对其他四种刑种都作了修改:

死刑的修改除取消13种犯罪处死刑的规定外,又增加规定了"审判的时候已满七十五周岁的人,不适用死刑,但以特别残忍手段致人死亡的除外";还将刑法原规定的被判处死刑缓期2年执行的犯罪分子,在死刑缓期2年执行期满后,如果确有重大立功表现,减为15年以上 20 年以下有期徒刑,修改为"减为二十五年有期徒刑",这是对被判处死刑缓期 2 年执行的犯罪分子加重处罚的修改。

无期徒刑的修改是将刑法原规定的被判处无期徒刑的犯罪分子,经过多次减刑以后的实际执行刑期,由不能少于 10 年,修改为"不能少于十三年";对被判处死刑缓期 2 年执行,又限制减刑的犯罪分子,缓刑期满后减为无期徒刑的,实际执行刑期不能少于 25 年。

有期徒刑的修改是将刑法原规定的数罪并罚不能超过 20 年,修改为"有期徒刑总和刑期不满三十五年的,最高不能超过二十年;总和刑期在三十五年以上的,最高不能超过二十五年"。

管制刑的修改,是增加规定:在判处管制时,可以同时判处禁止令,即"禁止犯罪分子在执行期间从事特定活动、进入特定区域、场所,接触特定的人";还规定对管制的执行将刑法原规定由公安机关执行修改为"依法实行社区矫正",同时增加规定"违反第二款规定的禁止令的,由公安机关依照《中华人民共和国治安管理处罚法》的规定处罚"。

对附加刑的数罪并罚方法作了补充规定,数罪判处附加刑仍须执行,增加规定"其中附加刑种类相同的,合并执行;种类不同的,分别执行"。

另外,《刑法修正案(八)》还对刑罚的具体运用中的:在法定刑期以下处罚、累犯、坦白、缓刑、减刑、假释等作了修改和补充。

5. 立法民主化程度提高。《刑法修正案(八)》的修改充分征求了各个方面的意见,除征求司法机关外,还征求有关机关的意见,特别是立法机关将刑法修正案(征求意见稿)登载在互联网上和有关报刊上,公开征求方方面面的意见。全国人大常委会三次上会讨论,在讨论中各委员提出了各种不同的意见,根据各方面的意见进行了反复修改。这充分体现了开门立法和民主立法的程度提高了。对于绝大多数人的意见才提交全国人大常委会讨论,对于那些争论很大的意见,继续研究,待基本成熟后,再提交全国人大常委会会议上讨论。

《刑法修正案(八)》中的修改意见是全国人大常委会采纳了有关部门和公民的意见后作出的修改、补充规定。还有一些很重要的意见,由于各方意见不一致,没有被采纳,需要进一步研究,为将来修改、补充刑法做理论和实践经验上的准备,具有很大的期待性。这些问题主要有。

1. 处死刑的犯罪还可以减少,加速向全面废除死刑目标前进。《刑法修正案(八)》取消了 13 种犯罪判处死刑的规定,具体是:走私文物罪,走私贵重金属罪,走私珍贵动物、珍贵动物制品罪,走私普通货物、物品罪,票据诈骗罪,金融凭证诈骗罪,信用证诈骗罪,虚开增值税专用发票罪,用于骗取出口退税、抵扣税款发票罪,伪造、出售伪造的增值税专用发票罪,盗窃罪,传授犯罪方法罪,盗掘古文化遗址、古墓葬罪,盗掘古人类化石、古脊椎动物化石罪等。上述犯罪都是经济犯罪,还有些经济犯罪和非暴力犯罪也可以取消死刑。例如,生产、销售假药罪,生产、销售有毒有害食品罪,走私武器、弹药罪,走私核材料罪,走私伪造的货币罪、集资诈骗罪等也可以取消死刑。这次修改中,也有人提出取消贪污罪、受贿罪死刑的规定,遭到很多人的反对,看来在我国当前的情况下,人们对贪污受贿等腐败行为深恶痛绝,取消这些犯罪的死刑,不能为人们所接受,全面废除死刑更是不可能的。但是,人们已经认识到死刑的威慑力也是有限的,人类社会最终是要废除死刑这种刑罚方法。

2.《刑法》第 50 条规定的被判处死缓的犯罪分子,在死缓 2 年执行期间,如果故意犯罪,查证属实的,由最高人民法院核准后执行死刑。最高人民法院提出,应将故意犯罪修改为"故意犯罪,情节恶劣的"报请最高人民法院核准后执行死刑,这种修改建议是合理的,实践中也是这样做的。例如,被判死缓的犯罪分子,由于受同号侮辱而打架将对方致轻伤,还有的死缓犯脱逃 60 米后,就被捉回等轻微刑事故意犯罪,最高人民法院根据案件的具体情况没有核准死刑。我们认为对此修改意见是正确的,应当采纳。但立法机关从全局出发,这次没有采纳这种意见,需要进一步研究。

3.《刑法》第 63 条第 2 款规定的"犯罪分子虽然不具有本法规定的减轻处罚情节,但是根据案件的特殊情况,经最高人民法院核准,也可以在法定刑以下判处刑罚"。最高人民法院提出,将"经最高人民法院核准"修改为"经省级高级人民法院核准"。主要理由是:最高人民法院主要是一般政策性指导,一般不处理具体案件,基层人民法院处理的具体案件逐级上报到最高人民法院,使办案时间拖长,对被告人不利,也增加了诉讼成本。司法实践中,由于程序复杂,案件拖延时间长,一些基层人民法院就不向上级法院报告,这有可能造成司法不公。然而,立法机关没有采纳这种修改意见,原因是原立法目的是要求人民法院严格依法量刑,防止滥用该条,随意在法定刑以下判处刑罚,造成重罪轻判,放纵犯罪的现象发生。

4.国家工作人员贪污贿赂犯罪的定罪量刑的数额修改意见,没有被采纳。最高人民法院、最高人民检察院都提出《刑法》第 383 条规定的贪污罪、受贿罪的定罪量刑数额规定不适应当前的经济发展和物价情况,特别是规定贪污受贿 10 万元以上最高处死刑,不合理,贪污受贿 10 万元可以判处死刑,而实践中贪污受贿几百万元甚至上千万元也不一定判处死刑,要求修改为数额较大、数额巨大、数额特别巨大,立法后由最高司法机关根据经济形势作出司法解释确定定罪量刑的具体数额。立法机关认为这是一个非常敏感的问题,应当慎重,暂时没有采纳这种意见。《刑法修正案(八)》对国家工作人员的职务犯罪和贪污贿赂犯罪基本没有修改。但其中涉及国家机关工作人员犯罪的修改和补充只有 3 条,主要是:

(1)对《刑法》第 109 条规定的国家机关工作人员犯"叛逃罪"的罪状进行了修改,将犯罪结果必须是"危害中华人民共和国国家安全"的结果删除,去掉这一限制条件,由结果犯改为行为犯,必然扩大了惩治范围,只要国家机关工作人员叛逃了,即使没有危害国家安全结果发生的,也可以构成犯罪。

(2)对《刑法》第 294 条第 4 款规定的国家机关工作人员犯"包庇黑社会性质的组织、或者纵容黑社会性质组织进行违法犯罪活动"的法定刑由"处三年以下有期徒刑、拘役或者剥夺政治权利;情节严重的,处三年以上十年以下有期徒刑"改为"处五年以下有期徒刑;情节严重的,处五年以上有期徒刑",加重了对国家工作人员犯此罪的处罚力度。

(3)在渎职罪中增加了"食品监管渎职罪",即在《刑法》第 408 条后增加 1 条,作为第 408 条之一规定,负有食品安全监督管理职责的国家机关工作人员,滥用职权或者玩忽职守,导致发生重大食品安全事故或者造成其他严重后果的,处 5 年以下有期徒刑或者拘役;造成特别严重后果的,处 5 年以上 10 年以下有期徒刑。徇私舞弊犯前款罪的,从重处罚。《刑法修正案(八)》的上述规定增加规定了一种新的渎职犯罪。最高人民法院、最高人民检察院于 2011 年 4 月 27 日发布的《关于执行〈中华人民共和国刑法〉确定罪名的补充规定(五)》中规定为"食品监管渎职罪"的罪名。

有的学者认为该罪名不确切,把渎职罪的类罪名作为具体犯罪的罪名,使犯罪事实与罪名不符合,容易造成混乱,特别是分不清楚本罪是故意犯罪还是过失犯罪。

(二) 如何准确理解《刑法修正案(八)》的修改和补充规定

《刑法修正案(八)》已颁布,并于 2011 年 5 月 1 日开始施行,对其规定内容如何准确理解,是正确实施的关键。在理解和解释时不仅应看文字表述,还应从社会背景、刑事政策、立法原因等方面弄清立法原意,弄清法律规定的价值取向。主要应从以下几个方面理解:

1. 适应我国当代惩治犯罪形势的需要。我国当前处于政治稳定,经济持续发展,社会治安秩序良好的形势下,犯罪情况也发生了变化,连续几年恶性重大刑事案件出现下降的趋势,处 5 年以上有期徒刑的重刑犯罪只占犯罪的 15%。在经济全球化的时代里,惩治国际间的犯罪也是大势所趋,我国已签订了多个共同惩治犯罪的国际公约,世界各国刑法界废除死刑已成为潮流。在这种国际国内背景下,我国刑法有些规定不能完全适应惩治当前犯罪的需要,对其修改和补充是时代的要求,和当前及今后一个时期惩治犯罪的需要。

2. 贯彻宽严相济的刑事政策的结果。党和国家根据我国当前惩治犯罪的实际情况,及时调整了刑事政策,由原来从重从快、严厉打击的刑事政策,调整为宽严相济的刑事政策,对未成年人犯罪从轻处罚,对轻微刑事犯罪进行和解,化解社会矛盾,构建和谐社会。在各级司法机关认真贯彻宽严相济的刑事政策下,恶性刑事案件数量下降,被判处管制、拘役的轻微刑事案件占全部刑事案件 30% 以上,社会治安秩序向良好方向发展。依照宽严相济的刑事政策的要求,对社会危害严重的行为依照刑法规定从重处罚,而对未成年人犯罪、老年人犯罪和一些经济犯罪的行为依刑法规定从轻或者免除死刑,体现了宽严相济的刑事政策的要求。

3. 行之有效的刑事法律解释上升为法律的需要。《刑法》自 1997 年实施以来,根据司法实践中遇到的问题进行了多项法律解释,有些法律解释是行之有效,且当前又急需,应当上升为法律。例如,《刑法修正案(八)》中,将全国人大常委会关于黑社会性质组织的特征的法律解释纳入刑法中;将司法解释中犯罪分子"坦白"交代自己罪行的酌定从轻处罚情节纳入刑法中,作为法定可以从轻处罚的情节等都是原法律解释内容纳入刑法中,上升为法律,充分发挥其作用。

4. 履行国际公约规定义务的需要。由于世界经济一体化,使国际间的犯罪不断增多。根据惩治跨国犯罪形势的需要,一些国际组织制定了一系列惩治国际犯罪公约,我国缔结、参加了一些国际公约。为履行这些国际公约的义务,加强同世界各国的联系,惩治国际间的犯罪,必须将国际公约规定的犯罪在国内法律中规定,以便依法惩治,保护国家和公民的权利和利益。因此,根据国际公约的要求,结合我国的实际情况在刑法中作了补充规定。例如,对外国公职人员和国际组织官员行贿犯罪,招募、运送人员或者协助强迫他人劳动犯罪,招募、运送或者其他协助组织他人卖淫犯罪等都是国际公约中要求在刑法中进行规定惩治的犯罪。

5. 刑法理论研究成果上升为法律的需要。我国刑法理论研究的许多成果被《刑法修正案(八)》所吸收。例如,对刑罚种类的研究,对废除死刑的研究,对缓刑、减刑、假释的研究等都为《刑法修正案(八)》的具体规定提供了理论依据。

6. 满足司法机关及人民群众要求的需要。《刑法修正案(八)》对刑法内容的修改和补充,首先,检察院、法院在司法实践中对出现危害社会的行为需要有法律规定作依据而提出的修改意见,特别是在贯彻宽严相济的刑事政策中,哪些情况要从宽,哪些情况要从严,宽和严的程度和范围需要有法律规范。实践中又出现危险驾驶、拒不支付劳动报酬等严重危害社会的行为须用刑法加以惩治,因而司法机关多次提出修改和补充意见。其次,人民群众提出需要用刑法保护公民的人身权利,强烈要求用刑罚制裁违法犯罪者。例如,制裁马路杀手,制裁欠薪的老板,制裁生产、销售伪劣食品者等,确保人民生命、财产安全的需要。

二、《刑法修正案(八)》对《刑法》总则的修改和补充

《刑法修正案(八)》对《刑法》总则作的19条修改,其中主要是对刑罚的种类及其运用作了修改。有的刑罚由重的改为轻,有的刑罚由轻的改为重。这些修改对刑法分则具体条文的规定都适用。主要修改内容是:

(一)犯罪和刑事责任

老年人犯罪从轻处罚。《刑法修正案(八)》第1条规定:"在刑法第十七条后增加一条,作为第十七条之一:'已满七十五周岁的人故意犯罪的,可以从轻或者减轻处罚;过失犯罪的,应当从轻或者减轻处罚'。"这里规定的老年人是指75周岁以上的人。不满75周岁的人不能从轻处罚。这里规定的是故意犯罪"可以"从轻或者减轻处罚;过失犯罪是"应当"从轻或者减轻处罚。是从轻还是减轻处罚,应根据案件的具体情况而定。

为什么对老年人犯罪规定为从轻或者减轻处罚?首先,是贯彻宽严相济的刑事政策的需要,未成年人犯罪和老年人犯罪,相对中年人犯罪较少、情节较轻、社会危害较小,依法从轻处罚符合刑法规定的罪刑相适应的原则。其次,符合我国民族习惯和世界各国刑法规定。我国历来有尊老爱幼,照顾老人和儿童的传统观念,对惩治犯罪时,也应当有这种慈悲心和道德观念,适当宽容老人和未成年人。

我国唐律中就有70周岁以上的老人犯罪免除刑罚的规定。国外许多国家刑法中也都有老年人犯罪从轻处罚的规定,不过对老年人的具体年龄规定不完全相同,有的规定65周岁,有的规定70周岁或者75周岁等。在《刑法修正案(八)》修改讨论时,有不少人提出应当以70周岁为老年人从轻处罚的年龄,因为我国人口平均年龄是72周岁,将70周岁认定为老年人的标准是符合我国的实际情况。立法机关反复考虑,根据我国人均寿命不断延长,防止有人钻法律空子,在君子报仇十年不晚的心理下,干出严重危害社会的犯罪行为,同时采纳了一些群众的意见,将刑法规定的老年人犯罪从轻处罚的年龄规定为75周岁。

有人担心刑法规定对老年人犯罪从轻处罚是否违反在法律面前人人平等的刑法原则。这是一种误解。刑法规定的在法律面前人人平等的原则,是指在适用法律时人人平等,而不是指在立法时人人平等。立法时根据不同的犯罪主体的主、客观情况和应负刑事责任的大小,综合评定社会危害性的大小,确定应负的刑事责任,决定给予的刑罚处罚的轻重,这充分体现罪刑相适应的原则。当然,在适用刑法规定的对老年人犯罪从轻处罚时,应当依照法律面前人人平等的原则,这与刑法规定对未成年人犯罪从轻处罚的道理是一样的。

(二)管制

我国1997年《刑法》第38条对管制作了规定,《刑法修正案(八)》第2条规定:"在刑法第三十八条增加一款作为第二款:'判处管制,可以根据犯罪情况,同时禁止犯罪分子在执行期间从事特定活动,进入特定区域、场所,接触特定的人'。原第二款作为第三款,修改为:'对判处管制的犯罪分子,依法实行社区矫正'。增加一款作为第四款:'违反第二款规定的禁止令的,由公安机关依照《中华人民共和国治安管理处罚法》的规定处罚'。"《刑法修正案(八)》

对管制刑主要修改和补充了以下三点：

1. 增加了判处管制的同时可以判处"禁止令"。禁止令是一种非刑罚方法。禁止令的内容是：禁止犯罪分子在执行期间从事特定活动，进入特定区域、场所，接触特定的人。三个特定的范围有待司法解释，但原则是必须是与其犯罪性质、行为特点相关；与《治安管理处罚法》规定的处罚行为相联系，不能无限制地禁止。禁止的时间应当与管制的期限相同。刑法规定是"可以"同时判决，也可以不判决，如果判决中没有同时判决禁止令的，不受禁止令的限制，但应遵守《刑法》第 39 条规定的被判处管制的犯罪分子应遵守 5 项规定。

2. 管制由公安机关执行，改为实行社区矫正。社区矫正是管制执行的一种方法。我国于 2020 年 7 月 1 日实施的《社区矫正法》第 2 条第 1 款规定，"对被判处管制、宣告缓刑、假释和暂予监外执行的罪犯，依法实行社区矫正"。《刑法修正案（八）》实施后，凡被判处管制的犯罪分子，不再由公安机关执行，而是由社区进行社区矫正。这是一项重大司法改革，由社区实行社区矫正是一种创新刑罚执行方法，克服过去犯罪分子被判处管制后没人管理的缺陷。

3. 增加规定了违反禁止令的行为，由公安机关给予治安管理处罚。禁止令是非刑罚处理方法，违反禁止令的行为，一般情况下都是违反社会治安管理处罚法的行为，情节较重的，应由社区矫正部门报公安机关，由公安机关决定给予治安处罚。社区无权给予违反禁止令的犯罪分子治安处罚。

最高人民法院《关于〈中华人民共和国刑法修正案（八）〉时间效力问题的解释》中规定，对于 2011 年 4 月 30 日以前犯罪，现依法应当判处管制的，如人民法院认为确有必要，可以适用修正后刑法之规定，禁止犯罪分子在管制期间从事特定活动，进入特定区域、场所，接触特定人。

（三）死刑

1. 年满 75 周岁以上的老年人犯罪不适用死刑。1997 年《刑法》第 49 条规定，犯罪的时候不满 18 周岁的人和审判的时候怀孕的妇女，不适用死刑。《刑法修正案（八）》第 3 条又补充规定，审判的时候已满 75 周岁的人，不适用死刑，但以特别残忍手段致人死亡的除外。《刑法修正案（八）》主要补充了 75 周岁以上的老年人犯罪基本上不适用死刑的规定。

年满 75 周岁的老年人不适用死刑的规定与不满 18 周岁的未成年人犯罪和审判时正在怀孕的妇女不适用死刑的规定的理由都是一致的，主要是因为他们对社会的危害性相对比其他成年人犯罪的危害性要小的多，按照宽严相济的刑事政策是属于从宽处罚的对象。我国历来有"矜老恤幼"的道德传统，照顾老年人和未成年人，即使是犯罪分子，对其处罚时也是如此。从司法实践中，近年来，司法机关判处 75 周岁以上的人死刑几乎没有。只有一名 73 周岁的人犯罪被判处死刑，立即执行。因此，不论从理论上还是社会需要上都没有必要规定 75 周岁以上的人犯罪适用死刑的规定。

年满 75 周岁以上的人基本不适用死刑的规定，在立法过程中有不同的意见。有一种意见担心有些身体好的 75 周岁以上的老年人进行报复性犯罪，造成恶性故意杀人等严重犯罪增多。因此，不同意这种补充规定。也有的认为，为防止恶性故意杀人犯罪案件发生，应特别规定以特别残忍手段致人死亡的除外。立法机关采纳了这种意见。但是，有些法学工作者认为，《刑法修正案（八）》对年满 75 周岁以上的人不适用死刑的规定没有实际意见，多年的司法实践中就没有判处 75 周岁以上的人死刑，应将老年人的年龄降为 70 周岁为宜。同时，《刑法修正案(八)》规定的"但以特别残忍手段致人死亡的除外"的表述不便于司法实践的运用。何为"特别残忍手段",需要法律解释。"致人死亡",一般是指过失犯罪,但这里应当指故意犯罪,不包括过失犯罪。所以,很多人认为,不应当有这种特别例外的规定。

2. 死刑缓期执行的修改。《刑法修正案(八)》第4条对1997年《刑法》第50条规定的对死刑缓期执行作了修改规定。《刑法修正案(八)》第4条规定:"将刑法第五十条修改为:'判处死刑缓期执行的,在死刑缓期执行期间,如果没有故意犯罪,二年期满以后,减为无期徒刑;如果确有重大立功表现,二年期满以后,减为二十五年有期徒刑;如果故意犯罪,查证属实的,由最高人民法院核准,执行死刑。对被判处死刑缓期执行的累犯以及因故意杀人、强奸、抢劫、绑架、放火、爆炸、投放危险物质或者有组织的暴力性犯罪被判处死刑缓期执行的犯罪分子,人民法院根据犯罪情节等情况可以同时决定对其限制减刑'。"《刑法修正案(八)》主要修改和补充了以下两点。

(1)将死刑缓期执行2年期满,没有故意犯罪由原规定减为15年以上20年以下有期徒刑,修改为"减为二十五年有期徒刑",即死缓可减为25年有期徒刑。

(2)增加规定了对累犯以及因故意杀人、强奸、抢劫、绑架、放火、爆炸、投放危险物质或者有组织的暴力性犯罪(上述犯罪简称"1+8"种犯罪)被判处死刑缓期执行的犯罪分子,人民法院根据犯罪情节等情况可以同时决定对其限制减刑的规定,即对"1+8"种犯罪,法院可以判处限制减刑。

根据最高人民法院《关于〈中华人民共和国刑法修正案(八)〉时间效力问题的解释》的规定,2011年4月30日以前犯罪,现依法判处死刑缓期执行的,如被告人具有累犯情节,或者所犯之罪是故意杀人、强奸、抢劫、绑架、放火、爆炸、投放危险物质或者有组织的暴力性犯罪,法院可以依据修正后刑法判处死刑缓期执行同时决定限制减刑。对于上述修改,有以下不同意见:

第一种意见认为,没有必要对一般死刑缓期执行的犯罪由原规定减为15年以上20年以下有期徒刑修改为减为25年有期徒刑,这样延长了犯罪分子的羁押时间,最高羁押27年有期徒刑,使国家的司法投入增加。司法实践中死刑缓期执行出狱后再犯罪的很少,只占3%左右。另外,从当前犯罪发展趋势来看重大恶性案件是下降的,判处死刑缓期执行的犯罪分子也逐步减少,延长死刑缓期执行的刑期没有实际意义,只会增加关押人数和费用。

第二种意见认为,如果要延长死刑缓期执行的年限,只应对故意杀人、强奸、抢劫、绑架、放火、爆炸、投放危险物质或者有组织的暴力性犯罪,即"1+8"种犯罪的犯罪分子,减为25年有期徒刑为宜。这种规定减少死刑的适用,有些犯罪分子被判处死刑缓期执行并限制减刑,使被害人家属心理上有所安慰。死刑缓期执行期满后不准减刑,2年期满后最少要关押25年,解除了被害人家属因犯罪分子很快出狱再进行报复犯罪的心理。

第三种意见认为,死刑缓期执行期间,故意犯罪,情节严重的,核准执行死刑,而轻微的故意犯罪,不宜核准执行死刑,因为故意犯罪的情节也是相差很大的。另外,从司法实践的经验来看,有些情节轻微的故意犯罪的死刑缓期执行的犯罪分子,也没有核准执行死刑。

第四种意见认为,法院规定限制减刑的原则,不便于执行。限制减刑是不准减刑还是限制减刑的时间或者限制减刑的实际执行刑期,这些都需要司法解释,否则,无法准确执行。

根据最高人民法院《关于死刑缓期执行限制减刑案件审理程序若干问题的规定》,高级人民法院审理或者复核判处死缓并限制减刑的案件,认为原判对被告人判处死刑缓期执行适当,但判决限制减刑不当的,应当改判,撤销限制减刑。反之,高级人民法院审理判处死刑缓期执行没有限制减刑的上诉案件,认为应当限制减刑的,不得直接改判,也不得发回重新审判;确有必要限制减刑的,应当在第二审判决、裁定生效后,按照审判监督程序重新审判。而高级人民法院复核判处死刑缓期执行没有限制减刑的案件,认为应当限制减刑的,不得以提高审级等方式对被告人限制减刑。高级人民法院审理判处死刑的第二审案件,对被告人改判死刑缓期执行的,如果被告人符合刑法中限制减刑的规定,可以同时决定对其限制减刑。高级人民法院复核判处死刑后没有上诉、抗诉的案件,认为应当改判死刑缓期执行并限制减刑的,可以提审或者发回重新审判。最高人民法院复核死刑案件,认为对被告人可以判处死刑缓期执刑并限制减刑的,应当裁定不予核准,并撤销原判,发回重新审判。被告人对第一审人民法院作出的限制减刑判决不服的,可以提出上诉。被告人的辩护人和近亲属,经被告人同意,也可以提出上诉。

(四)量刑

1997年《刑法》第63条对减轻处罚作了规定,《刑法修正案(八)》对在法定刑以下判处刑罚作了修改规定。《刑法修正案(八)》第5条规定:"将刑法第六十三条第一款修改为:'犯罪分子具有本法规定的减轻处罚情节的,应当在法定刑以下判处刑罚;本法规定有数个量刑幅度的,应当在法定量刑幅度的下一个量刑幅度内判处刑罚'。"《刑法修正案(八)》主要补充了"在法定量刑幅度的下一个量刑幅度内判处刑罚"。

《刑法修正案(八)》补充规定的有数个量刑幅度的,应当在法定量刑幅度的下一个量刑幅度内判处刑罚,仍然不明确,其含义是指凡有多个量刑幅度的,具有减轻处罚情节的,只能在最低的量刑幅度内判处刑罚呢,还是指如果法定量刑幅度是数个量刑幅度的最低的量刑幅度,可以在最低量刑幅度的最低刑以下判处刑罚呢。例如,故意杀人罪有两个量刑幅度:一个是处死刑、无期徒刑或者10年以上有期徒刑,另一个是处3年以上10年以下有期徒刑。犯罪分子故意杀人,情节较轻,且有法定减轻处罚情节,是只能在法定量刑幅度3年以上10年以下有期徒刑的幅度判处刑罚呢,还是可以在3年有期徒刑以下判处刑罚呢?对此问题有待司法解释。

(五)累犯

1. 对累犯的补充规定。《刑法修正案(八)》第6条对1997年《刑法》第65条规定的累犯作了补充规定。《刑法修正案(八)》第6条规定:"将刑法第六十五条第一款修改为:'被判处有期徒刑以上刑罚的犯罪分子,刑罚执行完毕或者赦免以后,在五年以内再犯应当判处有期徒刑以上刑罚之罪的,是累犯,应当从重处罚,但是过失犯罪和不满十八周岁的人犯罪的除外'。"《刑法修正案(八)》主要是补充增加了"不满十八周岁的人犯罪的除外"。主要有以下两层含义:

(1)不满18周岁的人,无论多少次犯罪和犯什么罪都不构成累犯,体现了对未成年人犯罪从宽处罚的刑事政策。根据宽严相济的刑事政策对未成年人犯罪从宽处罚,能不立案尽量不立案,能不逮捕的尽量不逮捕,能不起诉的尽量不起诉,能不判刑的尽量不判刑,进行和解处理。对未成年人犯罪从宽处理,不应加重处罚,同过失犯罪一样,不构成累犯。贯彻未成年人犯罪从轻处理的刑事政策以来,未成年人犯罪呈大量下降趋势。2010 年全国犯罪增加了 1.46%,而未成年人犯罪却下降了 25%,这是贯彻宽严相济刑事政策的结果。

(2)成年人犯罪,不因其不满 18 周岁时犯罪而构成累犯。由于不满 18 周岁的人犯罪不记入个人档案。因此,年满 18 周岁的人犯罪,不因其在不满 18 周岁时犯罪构成累犯。

上述观点,有人持相反的意见,认为 18 周岁以前犯了判处有期徒刑以上刑罚的罪,刑罚执行完毕或者赦免以后,5 年以内已年满 18 周岁了,不再是未成年人,其又犯应当判处有期徒刑以上刑罚的犯罪,符合刑法规定构成累犯的条件,应构成累犯。

2. 对特殊累犯的补充规定。《刑法修正案(八)》第 7 条对 1997 年《刑法》第 66 条规定的特殊累犯作了补充规定。《刑法修正案(八)》第 7 条规定:"将刑法第六十六条修改为:'危害国家安全犯罪、恐怖活动犯罪、黑社会性质的组织犯罪的犯罪分子,在刑罚执行完毕或者赦免以后,在任何时候再犯上述任一类罪的,都以累犯论处'。"《刑法修正案(八)》主要是补充增加了恐怖活动犯罪、黑社会性质的组织犯罪的犯罪分子,构成特殊累犯。主要有两层含义:

(1)恐怖活动犯罪、黑社会性质的组织犯罪的犯罪分子,在前罪刑罚执行完毕或者赦免以后,在任何时候再犯上述同类犯罪的,构成累犯,以累犯论处。

(2)危害国家安全犯罪、恐怖活动犯罪、黑社会性质的组织犯罪的犯罪分子,在刑罚执行完毕或者赦免以后,在任何时候再犯上述任何一类罪的,都以累犯论处。例如,犯危害国家安全的犯罪分子,在刑罚执行完毕或者赦免以后,在任何时候再犯黑社会性质的组织罪的,也可以构成特殊累犯。

根据最高人民法院《关于〈中华人民共和国刑法修正案(八)〉时间效力问题的解释》的规定,2011 年 4 月 30 日以前曾犯危害国家安全犯罪、恐怖活动犯罪、黑社会性质的组织犯罪,在 2011 年 5 月 1 日以后再犯上述任一类罪的,都以累犯论处。

(六)自首和立功

1. 增加坦白从宽处罚的规定。《刑法修正案(八)》第 8 条对 1997 年《刑法》第 67 条规定的自首作了补充规定。《刑法修正案(八)》第 8 条规定:"在刑法第六十七条中增加一款作为第三款:'对犯罪嫌疑人虽不具有前两款规定的自首情节,但是如实供述自己罪行的,可以从轻处罚;因其如实供述自己罪行,避免特别严重后果发生的,可以减轻处罚'。"《刑法修正案(八)》主要补充增加了"坦白从宽处罚"的法定可以从轻处罚情节。主要有两层含义:

(1)犯罪案发以后,被司法机关追究,能够如实供述自己的罪行,是坦白行为。只要如实供述自己罪行的,就是坦白行为,不一定认罪,如坦白又认罪是悔罪的行为。凡是有坦白行为就可以从轻处罚,这是坦白从宽政策在法律规定的兑现,纠正那种"坦白从宽,牢底坐穿"的说法。这里是可以从轻处罚,在一般情况下都可以从轻处罚,但不是必然从轻处罚,在某些情节严重的情形下,也可以不给予从轻处罚。

(2)因坦白如实供述自己罪行而避免了特别严重后果发生的,可以减轻处罚,即可以在法定最低刑以下判处刑罚。这主要是鼓励犯罪分子如实供述罪行,减少侦查阻力,以便自觉地接受改造。例如,犯罪分子预谋干什么,或者已经干了什么,但犯罪结果没有发生,但很有可能发生,因为犯罪的坦白交代,司法机关及时阻止了这种结果的发生,可以考虑对犯罪分子减轻处罚。

2. 删除自首又有立功的从轻处罚的规定。1997 年《刑法》第 68 条对立功从轻处罚作了规定。《刑法修正案(八)》第9条规定:"删去刑法第六十八条第二款。"主要是删除:"犯罪后自首又有重大立功表现的,应当减轻或者免除处罚"的规定。之所以这样修改有两个原因:

一是《刑法》第67条规定自首的犯罪分子可以从轻处罚,第68条规定立功的可以从轻处罚,既有自首又有立功的必然可以从轻处罚,没有必要特别规定可以从轻或者减轻处罚。

二是防止假立功,妨碍司法审判。依据《刑法》第68条第2款规定,只要有立功就应当从轻处罚,而犯罪分子在看守所内不断提供立功线索,而司法机关不断调查,使案件长期不能结案。司法实践中,多数犯罪分子提供的犯罪线索不真实,且有与外界通风报信之嫌,有的进行假立功,严重扰乱司法审判。因此将该规定删去。

根据最高人民法院《关于〈中华人民共和国刑法修正案(八)〉时间效力问题的解释》的规定,2011年4月30日以前犯罪,虽不具有自首情节,但是如实供述自己罪行的,适用修正后刑法规定,可以从轻处罚,由此避免特别严重后果发生的,可以减轻处罚。2011年4月30日以前犯罪,犯罪后自首又有立功表现的,适用修正前刑法规定,应当减轻或者免除处罚。

(七)数罪并罚

我国1997年《刑法》第69条对数罪并罚的原则作了规定,《刑法修正案(八)》第10条对《刑法》第69条规定的数罪并罚的原则作了修改规定。《刑法修正案(八)》第10条规定:"将刑法第六十九条修改为:'判决宣告以前一人犯数罪的,除判处死刑和无期徒刑的以外,应当在总和刑期以下、数刑中最高刑期以上,酌情决定执行的刑期,但是管制最高不能超过三年,拘役最高不能超过一年,有期徒刑总和刑期不满三十五年的,最高不能超过二十年,总和刑期在三十五年以上的,最高不能超过二十五年。数罪中有判处附加刑的,附加刑仍须执行,其中附加刑种类相同的,合并执行,种类不同的,分别执行'。"《刑法修正案(八)》主要修改和补充了以下两点:

(1)将有期徒刑数罪并罚,分为两种情况分别规定了最高刑为20年和25年,即数罪总和刑期不满35年的,最高不能超过20年;总和刑期在35年以上的,最高不能超过25年。改变了刑法规定的有期徒刑数罪并罚最高不能超过20年的规定,加重了对多次犯罪的处罚力度。

(2)将附加刑数罪并罚作了补充规定,即数罪中判处多个附加刑的,种类相同合并执行,不同种类分别执行。

有的学者认为,附加刑的数罪并罚的规定不科学,甚至无法执行。例如,数罪分别判处几个没收全部财产的附加刑,如何合并执行。犯罪分子触犯三种犯罪,分别判处附加剥夺政治权利5年,合并执行剥夺政治权利15年,这又违反了《刑法》第55条和第57条规定的剥夺政治权利的期限为1年以上5年以下和死刑缓期执行、无期徒刑减为有期徒刑时剥夺政治权利的期限改为3年以上10年以下的规定,所以这种修改规定不科学,也不便于执行。

(八)缓刑

1.对缓刑的修改和补充。我国1997年《刑法》第72条对缓刑作了规定,《刑法修正案(八)》第11条对《刑法》第72条规定的缓刑作了修改和补充。《刑法修正案(八)》第11条规定:"将刑法第七十二条修改为:'对于被判处拘役、三年以下有期徒刑的犯罪分子,同时符合下列条件的,可以宣告缓刑,对其中不满十八周岁的人、怀孕的妇女和已满七十五周岁的人,应当宣告缓刑:(一)犯罪情节较轻;(二)有悔罪表现;(三)没有再犯罪的危险;(四)宣告缓刑对所居住社区没有重大不良影响。宣告缓刑,可以根据犯罪情况,同时禁止犯罪分子在缓期考验期限内从事特定活动,进入特定区域、场所,接触特定的人。被宣告缓刑的犯罪分子,如果被判处附加刑,附加刑仍须执行'。"《刑法修正案(八)》主要修改和补充了以下三点:

(1)对适用缓刑的条件作了具体修改和补充。刑法对缓刑的条件作了原则规定,只规定"根据犯罪分子的犯罪情节和悔罪表现,适用缓刑确实不致再危害社会的,可以宣告缓刑"。《刑法修正案(八)》对缓刑的条件作了四项具体规定:①犯罪情节较轻;②有悔罪表现;③没有再犯罪的危险;④宣告缓刑对所居住社区没有重大不良影响。

很多学者认为,该条件规定的还是比较原则,不便于司法操作,特别是第4个条件,社区不同意判处缓刑的,就不能判处缓刑,有些不合理之处。但是考虑到缓刑是由社区矫正,如果犯罪分子被判处缓刑,社区群众没有安全感或者社区没有条件对他进行必要的监督、管理和矫正,使被判处缓刑的犯罪分子没有人管理,就失去了判处缓刑的意义,这样就不应适用缓刑。

(2)补充规定了不满18周岁的人、怀孕的妇女和已满75周岁的人,被判处拘役、3年以下有期徒刑的,应当宣告缓刑。这是贯彻宽严相济的刑事政策,对未成年人、正在怀孕的妇女和老年人犯罪从轻处罚的规定。

(3)对被判处缓刑的犯罪分子可以对其判处禁止令和附加刑仍须执行。

根据最高人民法院《关于〈中华人民共和国刑法修正案(八)〉时间效力问题的解释》的规定,2011年4月30日以前犯罪,依法宣告缓刑的,如人民法院认为确有必要,可以适用修正后刑法之规定,禁止犯罪分子在缓刑考验期内从事特定活动,进入特定区域、场所,接触特定人。

2. 补充规定对犯罪集团的首要分子不适用缓刑。《刑法修正案(八)》第12条对1997年《刑法》第74条对累犯不适用缓刑的规定作了修改规定。《刑法修正案(八)》第12条规定:"将刑法第七十四条修改为:'对于累犯和犯罪集团的首要分子,不适用缓刑'。"

《刑法修正案(八)》主要修改和补充了对"犯罪集团的首要分子,不适用缓刑"。这是因为犯罪集团的首要分子都是严重危害社会的犯罪分子,其主观恶性深,并有一定的组织能力和影响力,对其不实行关押,有可能出现再实施犯罪的危险,因此,《刑法修正案(八)》补充规定,其与累犯一样,对其必须关押,不适用缓刑。

3. 缓刑由公安机关考察改为实行社区矫正。1997年《刑法》第76条规定,被宣告缓刑的犯罪分子,在缓刑考验期限内,由公安机关考察,所在单位或者基层组织予以配合。《刑法修正案(八)》第13条规定,将《刑法》第76条上述规定修改为"对宣告缓刑的犯罪分子,在缓刑考验期限内,依法实行社区矫正"。

《刑法修正案(八)》主要修改和补充了对被宣告缓刑的犯罪分子由公安机关考察,改为由社区实行矫正的规定。社区矫正是司法改革的一项重要改革,是由社区执行刑罚的一种新方法。我国《社会矫正法》规定,司法部门在社区设立司法所,对被判处管制、缓刑、假释,以及监外执行的犯罪分子试行社区矫正,取得很好的效果,也在总结经验。这是一项很重要的任务,每年可能有30多万人被宣告缓刑,他们分散在城乡各个社区中,几乎所有的社区都要设立社区矫正机构,实行社区矫正。

现行试点社区矫正的对象,即管制、缓刑、假释、监外执行、剥夺政治权利的犯罪分子。《刑法修正案(八)》中只规定了管制、缓刑、假释三种犯罪分子。监外执行的犯罪分子应当由刑事诉讼法规定,将来修改刑事诉讼法时应予考虑。剥夺政治权利是否纳入社区矫正,有待研究,因为剥夺政治权利是剥夺犯罪分子担任国家职务和参加政治活动的权利,没有限制人身权利,而社区矫正是限制人身自由权利的。怎样规定,有待研究,这次修改刑法时没有规定。2019年12月28日第十三届全国人民代表大会常务委员会第十五次会议通过了《社区矫正法》,并于2020年7月1日起实施,该法第2条第1款明确规定,"对被判处管制、宣告缓刑、假释和暂予监外执行的罪犯,依法实行社区矫正"。不包括被判处剥夺政治权利的罪犯。

4. 增加不遵守禁止令的,要撤销缓刑。《刑法修正案(八)》第14条对1997年《刑法》第77条规定的缓刑撤销条件作了修改规定,《刑法修正案(八)》第14条规定:"将刑法第七十七条第二款修改为:'被宣告缓刑的犯罪分子,在缓刑考验期限内,违反法律、行政法规或者国务院有关部门关于缓刑的监督管理规定,或者违反人民法院判决中的禁止令,情节严重的,应当撤销缓刑,执行原判刑罚'。"

《刑法修正案(八)》主要修改和补充了被宣告缓刑的犯罪分子,在缓刑考验期内违反人民法院判决的禁止令,情节严重的,应当撤销缓刑,执行原判刑罚的规定,即把违反禁止令的行为也作为撤销缓刑的条件之一。

(九)减刑

减刑的修改。1997年《刑法》第78条对减刑的条件和刑期限制作了规定,《刑法修正案(八)》第15条规定:"将刑法第七十八条第二款修改为:'减刑以后实际执行的刑期不能少于下列期限:(一)判处管制、拘役、有期徒刑的,不能少于原判刑期的二分之一;(二)判处无期徒刑的,不能少于十三年;(三)人民法院依照本法第五十条第二款规定限制减刑的死刑缓期执行的犯罪分子,缓期执行期满后依法减为无期徒刑的,不能少于二十五年,缓期执行期满后依法减为二十五年有期徒刑的,不能少于二十年'。"

上述《刑法修正案(八)》主要是修改了对减刑后实际执行期限的规定。刑法原规定,被判处无期徒刑的犯罪分子经过几次减刑,实际执行期限不能少于10年,对于被判处死缓的犯罪分子,2年期满后,减为无期徒刑的,再实际执行刑期不能少于10年,被减15年以上20年以下有期徒刑的犯罪分子,再实际执行刑期不能少于所减为有期徒刑的1/2以上。现改为:

1. 被判处无期徒刑的犯罪分子,实际执行刑期不能少于13年。根据最高人民法院《关于〈中华人民共和国刑法修正案(八)〉时间效力问题的解释》的规定,2011年4月30日以前犯罪,被判处无期徒刑的罪犯,减刑以后实际执行的刑期,适用修正前刑法的规定。

2. 被判死缓的犯罪分子,如果法院没有判决限制减刑的,2年期满后减为无期徒刑的,实际再执行刑期不能少于13年,实际最少执行15年有期徒刑;被减为25年有期徒刑的,实际再执行不能少于12年半,实际最少执行14年半。

3. 被判死缓的犯罪分子,如果法院判决限制减刑的,2年期满后减为无期徒刑的,实际再执行刑期不能少于25年,实际最少执行27年;被减为25年有期徒刑的,实际再执行不能少于20年,实际最少执行22年。

上述修改规定增加被判无期徒刑、死缓的犯罪分子羁押期限,使一些犯罪取消死刑后,而加重了有期徒刑的刑期,这容易为群众和受害人所接受。

(十)假释

1. 假释条件的修改。1997年《刑法》第81条对假释的条件和执行刑期限制作了规定,

《刑法修正案（八）》第 16 条规定："将刑法第八十一条修改为：'被判处有期徒刑的犯罪分子，执行原判刑期二分之一以上，被判处无期徒刑的犯罪分子，实际执行十三年以上，如果认真遵守监规，接受教育改造，确有悔改表现，没有再犯罪的危险的，可以假释。如果有特殊情况，经最高人民法院核准，可以不受上述执行刑期的限制。对累犯以及因故意杀人、强奸、抢劫、绑架、放火、爆炸、投放危险物质或者有组织的暴力性犯罪被判处十年以上有期徒刑、无期徒刑的犯罪分子，不得假释。对犯罪分子决定假释时，应当考虑其假释后对所居住社区的影响'。"

上述《刑法修正案（八）》对刑法原规定假释条件作了以下四点修改：

（1）将被判处无期徒刑的犯罪分子假释执行刑期，由实际执行 10 年改为 13 年，延长了 3 年的实际执行刑期。

根据最高人民法院《关于〈中华人民共和国刑法修正案（八）〉时间效力问题的解释》的规定，2011 年 4 月 30 日以前犯罪，被判处无期徒刑的罪犯，在假释前实际执行的刑期，适用修正前刑法的规定。

（2）将刑法原规定的假释条件由"假释后不致再危害社会"改为"没有再犯罪的危险"，使假释的这一条件更具体，条件放宽了些。

（3）对刑法原规定的不适用假释犯罪分子的范围扩大。刑法原则只规定对累犯以及因杀人、爆炸、抢劫、强奸、绑架等暴力性犯罪被判处 10 年以上有期徒刑、无期徒刑的犯罪分子，不得假释。《刑法修正案（八）》修改为："对累犯以及因故意杀人、强奸、抢劫、绑架、放火、爆炸、投放危险物质或者有组织的暴力性犯罪被判处十年以上有期徒刑、无期徒刑的犯罪分子，不得假释。"把"杀人"改为"故意杀人"，又增加规定放火罪、投放危险物质或者有组织的暴力性犯罪，使不得假释的犯罪分子的范围扩大了。

根据最高人民法院《关于〈中华人民共和国刑法修正案（八）〉时间效力问题的解释》的规定，2011 年 4 月 30 日以前犯罪，因具有累犯情节或者系故意杀人、强奸、抢劫、绑架、放火、爆炸、投放危险物质或者有组织的暴力性犯罪并被判处 10 年以上有期徒刑、无期徒刑的犯罪分子，5 月 1 日以后仍在服刑的，能否假释应适用修正前刑法的规定。

（4）人民法院在决定对犯罪分子假释时，应考虑犯罪分子被假释后对社区的影响，即人民法院决定对犯罪分子假释时，还应考虑犯罪分子对所居住的社区的影响，对所居住社区有重大不良影响的犯罪分子，也不能假释。

2. 假释考验监督的修改。1997 年《刑法》第 85 条对假释由公安机关考验监督作了规定。《刑法修正案（八）》第 17 条规定："将刑法第八十五条修改为：'对假释的犯罪分子，在假释考验期限内，依法实行社区矫正，如果没有本法第八十六条规定的情形，假释考验期满，就认为原判刑罚已经执行完毕，并公开予以宣告'。"

《刑法修正案（八）》对刑法原规定假释由公安机关监督改为"依法实行社会矫正"。因此，人民法院在决定对犯罪分子是否假释时，还应考虑犯罪分子对社区的影响。如果犯罪分子对所居住社区的影响不良，就不适用对该犯罪分子假释或者选择能解决居住条件的其他社区实行社区矫正。

3. 撤销假释的修改。1997 年《刑法》第 86 条对假释的撤销作了规定。《刑法修正案（八）》第 18 条规定："将刑法第八十九条第三款修改为：'被假释的犯罪分子，在假释考验期限内，有违反法律、行政法规或者国务院有关部门关于假释的监督管理规定的行为，尚未构成新的犯罪的,应当依照法定程序撤销假释,收监执行未执行完毕的刑罚'"。

《刑法修正案(八)》将刑法原规定撤销假释中第三种情形(第一种情况是在假释考验期内又犯新罪的撤销假释;第二种情况是在假释考验期内发现还有旧罪的撤销假释;第三种情况是违反公安部门监督管理规定的撤销假释)的规定改为违反国务院有关部门关于假释的监督管理规定撤销假释。因为对假释的犯罪分子,实行社区矫正由公安部门主管改为司法行政部门主管,这两个部门都是国务院的主管部门,为使假释监管工作更好地交接,所以《刑法修正案正(八)》改为违反国务院有关部门关于假释的监督管理规定,这既包括公安部门也包括司法行政部门,使法律规定更科学。

(十一)其他规定

免除未成年人犯罪前科报告义务。1997 年《刑法》第 100 条对犯罪前科报告义务作了规定。《刑法修正案(八)》第 19 条规定:"在刑法第一百条中增加一款作为第二款:'犯罪的时候不满十八周岁被判处五年有期徒刑以下刑罚的人,免除前款规定的报告义务'"。

《刑法修正案(八)》对刑法原只规定依法受过刑事处罚的人,在入伍、就业的时候,应当如实向有关单位报告自己曾受过刑事处罚,不得隐瞒。《刑法修正案(八)》根据对未成年人犯罪从宽处罚的原则,对未成年人犯罪不记入个人档案,因此,又补充规定"犯罪的时候不满十八周岁被判处五年有期徒刑以下刑罚的人,免除前款规定的报告义务"。这里只规定在"入伍、就业"时,免除报告犯罪前科义务,即在入伍、就业时不受影响。但是否包括升学,提干等有待司法解释。这里应注意的是免除报告义务,不是他的以前犯罪记录就没有了,因为那是客观事实,无法消除,只是有关单位不能以此来歧视他入伍、就业。

三、《刑法修正案(八)》对刑法分则的补充——增加七个新的犯罪

《刑法修正案(八)》有 30 个条文是对刑法分则具体犯罪的修改,主要包括三个方面的内容:补充增加新的犯罪,修改原规定犯罪的罪状、法定刑和取消死刑规定。其中,增加新的犯罪有 7 种,修改的犯罪有 23 种,取消死刑的有 13 种。

《刑法修正案(八)》中,根据我国当前维护社会治安秩序、保护人权和惩治严重危害社会的犯罪分子的需要,补充增加了以下 7 种新的犯罪。

(一)危险驾驶罪

危险驾驶罪是《刑法修正案(八)》第 22 条和《刑法》第 133 条之一,补充增加的犯罪。2011 年 4 月 27 日最高人民法院、最高人民检察院发布的《关于执行〈中华人民共和国刑法〉确定罪名的补充规定(五)》中规定为"危险驾驶罪"的罪名。

我国 1979 年《刑法》和 1997 年《刑法》都没有这种犯罪的规定,只是规定了违反交通法规,发生了交通事故,可以构成交通肇事罪。我国经济迅速发展,人们生活水平迅速提高,不论是公车还是私家车的数量都在猛增,道路建设和交通管理跟不上机动车数量的上升,造成一些城市道路上车辆堵塞,交通秩序混乱,交通事故频繁发生,严重危害人们的生命、人身和财产安全和公共交通安全。一些醉酒驾车和驾车追逐竞驶等危险驾驶车辆行为成为马路杀手,严重危害公共交通安全。国家采取了措施,依照有关行政法规严肃查处违章驾驶行为,但仍不能有效制止危险驾驶行为。为了确保公共交通安全,维护交通秩序和人们的生命财产安全,《刑法修正案(八)》借鉴其他国家法律规定,在我国刑法中补充规定了危险驾驶罪。2015

年8月29日发布的《刑法修正案(九)》第8条将《刑法》第133条之一规定的危险驾驶罪的犯罪行为增加为从事校车业务或者旅客运输,严重超过额定乘员载客,或者严重超过规定时速行驶的和违反危险化学品安全管理规定运输危险化学品,危及公共安全的行为。还增加了危险驾驶罪的主体范围,将机动车所有人、管理人对从事校车业务或者旅客运输,严重超过额定乘员载客,或者严重超过规定时速行驶的和违反危险化学品安全管理规定运输危险化学品,危及公共安全行为负有直接责任的,依照危险驾驶罪的规定定罪处罚。[详见《刑法修正案(九)》对刑法分则修改的犯罪(三)危险驾驶罪]

(二)对外国公职人员、国际公共组织官员行贿罪

对外国公职人员、国际公共组织官员行贿罪是《刑法修正案(八)》第29条对1997年《刑法》第164条第2款补充增加的新罪。2011年4月27日最高人民法院、最高人民检察院发布的《关于执行〈中华人民共和国刑法〉确定罪名的补充规定(五)》中确定为"对外国公职人员、国际公共组织官员行贿罪"的罪名。

我国《刑法》第389条规定的行贿罪的行贿对象是对国家工作人员行贿的犯罪,第164条规定的对非国家工作人员行贿罪的行贿对象是公司、企业或者其他单位的工作人员,两种行贿罪的对象都是国内的工作人员,不包括对外国公职人员或者国际公共组织的官员。随着我国对外开放,对外经济、文化交往增多,跨国行贿、受贿等腐败犯罪行为越来越严重,特别在对外经济往来中,为了谋取不正当的商业利益而进行商业贿赂,这是一种国际间的腐败行为,在国际国内造成恶劣影响,也引起我国高度的重视。

2003年10月31日在第五十八届联合国大会会上通过的《联合国反腐败公约》,其中规定各缔约国和参加国都应将对外国公职人员、国际公共组织人员行贿的行为在国内法律中规定为犯罪,追究刑事责任。全国人民代表大会常务委员会于2005年10月27日通过和批准《联合国反腐败公约》。根据我国缔结和参加的《联合国反腐败公约》规定,2011年5月1日实施的《刑法修正案(八)》第29条增加规定了"对外国公职人员、国际公共组织官员行贿罪"。

对外国公职人员、国际公共组织官员行贿罪是《刑法修正案(八)》第29条新增加的犯罪,要准确适用就必须弄清该罪的概念、构成特征、法定刑以及适用时应注意的问题。

1. 对外国公职人员、国际公共组织官员行贿罪的概念。该罪是指为了谋取不正当商业利益,给予外国公职人员或者国际公共组织官员以财物,数额较大的行为。

2. 该罪的构成特征是:

(1)犯罪主体,是一般主体。达到法定年龄、具有刑事责任能力、实施了对外国公职人员、国际公共组织官员行贿犯罪行为的自然人和单位。本罪法定年龄是年满16周岁以上的自然人及单位和单位的直接负责的主管人员和其他直接责任人员。本罪犯罪主体在主观上是为谋取不正当商业利益而故意实施的行贿行为。不正当商业利益,包括谋取的利益本身不正当和谋取利益的程序不正当。不正当利益包括非法利益和不应当得的利益,本罪是为了谋取不正当的商业利益,而行贿。

(2)犯罪行为,必须是为谋取不正当商业利益,给予外国公职人员或者国际公共组织官员以财物的行为。行贿行为是主动的给予外国公职人员或者国际公共组织官员财物的行为。

(3)犯罪结果,本罪是结果犯。必须是行贿数额较大的结果,才构成犯罪。

何为数额较大,有待司法解释。可参照对非国家工作人员行贿罪的定罪数额,一般是指

个人行贿数额在3万元以上,单位行贿数额在20万元以上的,为行贿数额较大。只有对外国公职人员、国际公共组织官员行贿,数额较大的才能构成犯罪。

3. 该罪的法定刑。根据《刑法》第164条第2款的规定,该罪的法定刑是:

(1)自然人构成本罪,数额较大的,处3年以下有期徒刑或者拘役,并处罚金。

(2)犯本罪,数额巨大的,处3年以上10年以下有期徒刑,并处罚金。这里数额巨大,一般是指行贿数额在200万元以上的。

(3)单位犯本罪的,对单位判处罚金,并对单位直接负责的主管人员和其他直接责任人员,依照自然人犯本罪的规定处罚。

行贿人在被追诉前主动交代行贿行为的,可以减轻处罚或者免除处罚。追诉前,一般是指在检察机关起诉前,也可以扩大理解为在判决前。

4. 处理该罪时,要注意的问题:

(1)注意划清罪与非罪的界限。

首先,从犯罪主体上区分。不满16周岁的人和为了谋取正当商业利益或者其他利益的,而给予外国公职人员、国际公共组织官员以财物的行为不构成本罪。

其次,从犯罪行为和犯罪结果上区分。给予不是外国公职人员或者国际公共组织官员,以及外国单位以财物的行为,不构成本罪,或者对外国公职人员、国际公共组织官员行贿达不到数额较大结果的,依法律规定也不构成本罪。

(2)注意划清本罪与对非国家工作人员行贿罪的界限。我国《刑法》第164条第1款规定了对非国家工作人员行贿罪,该罪与本罪在犯罪主体、犯罪行为、犯罪结果,以及法定刑上都很相似,甚至相同,只是行贿的对象不同。本罪的行贿对象是外国公职人员和国际公共组织官员,而对非国家工作人员行贿罪的对象是在我国单位的工作人员。另外,犯罪主体为谋取的利益的范围也有所区别。本罪只是为谋取不正当"商业利益",而对非国家工作人员行贿罪犯罪主体谋取的是"不正当利益"。两种罪谋取的利益的范围不同。

(3)注意划清本罪与行贿罪的界限。我国《刑法》第389条规定了行贿罪,其与本罪在犯罪主体、犯罪行为、犯罪结果上都有相似之处,只是行贿的对象不同。本罪的行贿对象是外国公职人员和国际公共组织官员,包括对外国单位和国际公共组织。而行贿罪的对象只是我国国家工作人员,不包括单位。对国有单位行贿的,我国刑法规定单独构成对国有单位行贿罪。

另外,本罪的主体包括单位,而行贿罪的主体只是自然人不包括单位。单位对国家工作人员行贿的,刑法规定可以单独构成单位行贿罪。

(三)虚开发票罪

虚开发票罪是《刑法修正案(八)》第33条规定在1997年《刑法》第205条之一中补充增加的新犯罪。2011年4月27日最高人民法院、最高人民检察院发布的《关于执行〈中华人民共和国刑法〉确定罪名的补充规定(五)》中规定为"虚开发票罪"的罪名。

我国1997年《刑法》规定有虚开增值税专用发票和虚开用于骗取出口退税、抵扣税款的其他发票犯罪行为。最高人民法院1997年12月16日《关于执行〈中华人民共和国刑法〉确定罪名的补充规定》中规定为"虚开增值税专用发票、用于骗取出口退税、抵扣税款发票罪"的罪名。当时主要是从源头上防止利用虚开的这几种特定的发票进行出口退税和抵扣税款的偷税、逃税行为。而现实生活中,有些犯罪分子利用虚开的其他发票进行贪污公共财产或者侵占单位的财产等犯罪活动,例如利用虚开的发票进行合同诈骗犯罪行为。因此,全国人大常委会在《刑法修正案(八)》中,增加规定了虚开增值税专用发票和虚开用于骗取出口退税、抵扣税款的其他发票以外的其他发票犯罪行为,将所有虚开发票,情节严重的行为,都规定为犯罪。

虚开发票罪是《刑法修正案(八)》第33条在1997年《刑法》第205条之一中新增加的犯罪,要准确适用就必须弄清该罪的概念、构成特征、法定刑,以及适用时应注意的问题。

1. 虚开发票罪的概念。该罪是指虚开普通发票,情节严重的行为。一个时期以来,市场上没有实物交易而虚开发票的行为很猖獗,有的是为了贪污公共财物或者侵占单位财物而虚开发票;有的是为了进行诈骗财物,而虚开发票;也有的是为了牟取非法利益而虚开发票。虚开发票行为严重扰乱了市场经济秩序和公私财产的安全,这是对社会有害的行为。我国刑法补充规定了犯虚开发票罪的,最高处7年有期徒刑,并处罚金。

2. 虚开发票罪的构成特征是:

(1)犯罪主体,是一般主体,达到法定年龄、具有刑事责任能力、实施了虚开普通发票犯罪行为的自然人和单位。本罪的法定年龄是年满16周岁以上的自然人及单位的直接负责的主管人员和其他直接责任人员。本罪犯罪主体在主观上是故意的,一般都是为谋取非法利益为目的。

(2)犯罪行为,必须是实施了虚开普通发票的行为。包括为他人虚开发票、为自己虚开发票、让他人为自己虚开发票、介绍他人虚开发票的行为。

(3)犯罪结果,本罪是结果犯。虚开普通发票,情节严重的结果,才可以构成犯罪。何为情节严重的,根据最高人民检察院、公安部2022年5月15日实施的《关于公安机关管辖的刑事案件立案标准的规定(二)》第517条规定:涉嫌下列情形之一的,应予立案追诉:①虚开发票金额累计在50万元以上的;②虚开发票100份以上且票面金额在30万元以上的;③五年内因虚开发票受过刑事处罚或者二次以上的行政处罚,又虚开发票第一、二项标准60%以上的。

3. 虚开发票罪的法定刑。根据《刑法》第205条之一的规定,本罪的法定刑是:

(1)构成本罪的,处2年以下有期徒刑、拘役或者管制,并处罚金。

(2)犯本罪,情节特别严重的,处2年以上7年以下有期徒刑,并处罚金。所谓情节特别严重,有待司法解释,一般是指在虚开普通发票情节严重的基础上,有一项或者多项更严重的情形。

(3)单位犯本罪的,对单位判处罚金,并对直接负责的主管人员和其他直接责任人员,依照自然人犯本罪的规定处罚。

4. 认定虚开发票罪时,要注意的问题:

(1)注意划清罪与非罪的界限。

首先,从犯罪主体上区分,不满16周岁的人和主观上是过失的人不构成本罪。

其次,从犯罪行为和犯罪结果上区分,不是虚开普通发票的行为或者虚开普通发票的行为情节没有达到严重程度的,不构成本罪。

(2)注意划清本罪与虚开增值税专用发票、用于骗取出口退税、抵扣税款发票罪。我国《刑法》第205条规定了虚开增值税专用发票、用于骗取出口退税、抵扣税款发票罪,该罪与本罪在犯罪主体、犯罪行为、犯罪结果上很相似,只是虚开的对象不同。本罪虚开的是普通发票。而虚开增值税专用发票、用于骗取出口退税、抵扣税款发票罪虚开的对象是上述用于退税、抵扣税款的专用发票,且虚开税款在10万元以上,造成国家税款损失5万元以上的构成犯罪。由于虚开的发票性质不同,将两种犯罪区别开来。

(3) 注意划清本罪与逃税罪的界限。我国《刑法》第201条、第204条规定了逃税罪,这种犯罪的手段之一是用虚开普通发票的方法进行逃避缴纳税款,对于这种出于逃避缴纳税款而虚开普通发票的行为是牵连犯,应按牵连犯定罪处罚的原则,重罪吸收轻罪,一般应定为逃税罪,按逃税罪定罪处罚。

(4) 注意划清本罪与贪污罪、职务侵占罪的界限。我国《刑法》第382条规定了贪污罪,第271条规定了职务侵占罪,有的犯罪分子是利用职务之便,以虚开普通发票的方法进行贪污、侵占本单位的财产。对于这种出于非法占有本单位财产为目的,而采用虚开普通发票的方法进行侵占公共财物或者单位财物的犯罪行为,是犯罪行为的牵连犯,应按重罪吸收轻罪的原则,应分别以贪污罪、职务侵占罪定罪处罚。

(四) 持有伪造的发票罪

持有伪造的发票罪是《刑法修正案(八)》第35条规定在1997年《刑法》第210条之一中补充增加的犯罪。2011年4月27日最高人民法院、最高人民检察院发布的《关于执行〈中华人民共和国刑法〉确定罪名的补充规定(五)》中确定为"持有伪造的发票罪"的罪名。

我国1997年《刑法》没有规定持有伪造的发票罪,而是规定有虚开增值税专用发票、用于骗取出口退税、抵扣税款发票罪,伪造、出售伪造的增值税专用发票罪,非法出售增值税专用发票罪,非法购买增值税专用发票、购买伪造的增值税专用发票罪,非法制造、出售非法制造的用于骗取出口退税、抵扣税款发票罪,非法制造、出售非法制造的发票罪,非法出售用于骗取出口退税、抵扣税款发票罪,非法出售发票罪等8个有关发票方面的犯罪,就是这样还是不能有效制止有关发票方面的犯罪,特别是一些贪污、侵占的犯罪分子,利用职务之便,以购买的假发票报账,侵吞公共财产或者单位的财产,一些人就伪造、出售伪造的发票,为贪污、侵占公共财产和单位财产的犯罪分子提供条件。有些人持有大量伪造的假发票,当查明是其伪造的普通发票时,可以认定为伪造发票犯罪行为;当查明其是为出售伪造的发票而持有的行为,可以认定为出售伪造的发票的犯罪行为;当查不清持有大量伪造的发票的来源和去向时,就无法处理。而非法持有大量普通发票的行为也确实是对发票管理秩序的破坏。为了从源头上制止有关发票方面的犯罪和其他有关的犯罪,《刑法修正案(八)》中增加规定了惩治非法持有伪造的发票犯罪行为。

持有伪造的发票罪是《刑法修正案(八)》第29条新增加的犯罪,要准确适用就必须弄清该罪的概念、构成特征、法定刑以及适用时应注意的问题。

1. 持有伪造的发票罪的概念。该罪是指明知是伪造发票而持有,数量较大的行为。

发票,又称货票、发货票,是商品流通领域中的重要结算凭证,也是税务机关确定纳税的凭证。我国法律规定增值税专用发票和运输发票、农用发票和废品发票等一些发票可以用于出口退税、抵扣税款的凭证,其称为特殊用途发票,而其他的发票称为普通发票。普通发票的制造、发行也必须依法由国家税务机关进行。伪造、出售伪造的普通发票是犯罪行为。持有大量伪造发票,有的可能是自己伪造的,有的可能是出售他人伪造的发票。这种非法持有伪造的发票行为,是对社会有潜在危害的行为。我国刑法规定,犯持有伪造的发票罪的,最高处

7年有期徒刑,并处罚金。

2.持有伪造的发票罪的构成特征是:

(1)犯罪主体,是一般主体。达到法定年龄、具有刑事责任能力、持有伪造的发票犯罪行为的自然人和单位。本罪的法定年龄是年满16周岁以上的自然人及单位和单位的直接负责的主管人员和其他直接责任人员。本罪犯罪主体在主观上是故意的,即明知是伪造的发票而故意非法持有。

(2)犯罪行为,必须明知是伪造的假发票而持有的行为。如果查不清持有的假发票的来源和用途,只要是持有数量较大假发票的行为,也是持有伪造的发票的犯罪行为。

(3)犯罪结果,本罪是结果犯,必须达到持有数量较大伪造发票的结果才构成犯罪。何为数额较大,根据最高人民检察院、公安部2022年5月15日实施的《关于公安机关管辖的刑事案件立案标准(二)》第65条规定:涉嫌下列情形之一的,应予追诉:①持有伪造的增值税专用发票或者可以用于骗取出口退税、抵扣税款的其他发票50份以上且票面税额累计在20万元上的;②持有伪造的增值税专用发票或者可以用于骗取出口退税、抵扣税款的其他发票的税额累计在50万元以上的;③持有伪造的第一项规定以外的其他发票100份以上且票面金额在50万元以上的;④持有伪造的第一款项规定以外的其他发票的金额。

3.持有伪造的发票罪的法定刑。根据《刑法》第210条之一的规定,本罪的法定刑是:

(1)构成本罪的,处2年以下有期徒刑、拘役或者管制,并处罚金。

(2)犯本罪,数量巨大的,处2年以上7年以下有期徒刑,并处罚金。这里数额巨大,一般是指在持有假发票数额较大的基础之上,有一项或多项更多的情形。

(3)单位犯本罪的,对单位判处罚金,并对其直接负责的主管人员和其他直接责任人员,依照自然人犯本罪的规定处罚。

4.处理持有伪造的发票罪时,要注意的问题:

(1)注意划清罪与非罪的界限。

首先,从犯罪主体上区分,不满16周岁的人和主观上是过失的人不构成本罪。

其次,从犯罪行为和犯罪结果上区分,如果是非法制造、出售伪造普通发票而持有,或者非法持有假发票的数量没有达到数量较大结果的,都不构成本罪。

(2)注意划清本罪与非法制造、出售非法制造的发票罪的界限。我国《刑法》第209条第2款规定了非法制造、出售非法制造的发票罪,其与本罪在犯罪主体、犯罪对象以及法定刑上都很相似,只是犯罪行为不同。本罪的犯罪行为是非法持有伪造的发票。如果查明,非法持有伪造的普通发票是行为人自己伪造的,或者为出售他人伪造的普通发票,则应认定为非法制造、出售非法制造的发票罪,不再认定为本罪。

(3)注意划清本罪与非法制造、出售非法制造的用于骗取出口退税、抵扣税款发票罪的界限。我国《刑法》第209条第1款规定了非法制造、出售非法制造的用于骗取出口退税、抵扣税款发票罪,其与本罪在犯罪主体、犯罪结果上都有相似之处,只是犯罪行为和持有发票性质不同。本罪的犯罪行为是非法持有伪造的普通发票。而非法制造、出售非法制造的用于骗取出口退税、抵扣税款发票罪的犯罪行为是非法制造、出售非法制造的用于骗取出口退税、抵扣税款的专用发票。虽然非法制造也可能有非法持有的行为,但不能独立构成犯罪,只能认定为非法制造发票罪,持有伪造的发票行为被吸收。如果行为人非法持有大量非法制造的用于骗取出口退税、抵扣税款发票,但查不清来源和用途时,也只能认定为持有伪造的发票罪。

(五)组织出卖人体器官罪

组织出卖人体器官罪是《刑法修正案(八)》第37条规定在1997年《刑法》第234条之一中补充增加的犯罪。最高人民法院、最高人民检察院于2011年4月27日发布的《关于执行〈中华人民共和国刑法〉确定罪名的补充规定(五)》中确定为"组织出卖人体器官罪"的罪名。

我国1979年《刑法》和1997年《刑法》都没有规定组织出卖人体器官罪,但随着医疗技术的发展,人体器官可以移植,挽救一些人体器官受损或严重病变人的生命或生理功能。活人自愿捐献自己的器官或者死者家属同意捐献死者的器官以挽救他人生命和生理功能是对社会有益的行为,也是一种社会文明的表现。但不经本人同意或者死者家属的同意,盗窃、组织贩卖、欺骗他人捐献器官的行为是严重危害捐献者的人身权利和生命、健康安全,具有严重的社会危害性。《刑法修正案(八)》为保护公民的人身权利和生命、健康安全,补充规定了组织出卖人体器官罪,将组织贩卖人体器官的行为规定为犯罪,给予刑罚处罚。

组织出卖人体器官罪是《刑法修正案(八)》第37条和《刑法》第234条之一新增加规定的犯罪,要准确适用就必须弄清该罪的概念、构成特征、法定刑,以及适用时应注意的问题。

1. 组织出卖人体器官罪的概念。该罪是指组织他人出卖人体器官的行为。

组织出卖人体器官的行为既是侵犯人身权利的行为,也是有伤风化、扰乱社会秩序的行为,不经当事人的同意或者不经死者家属的同意,将他人器官出卖牟利,是对社会有严重危害的行为。我国刑法规定,犯组织出卖人体器官罪的,最高处15年有期徒刑,并处罚金或者没收财产。

2. 组织出卖人体器官罪的构成特征:

(1)犯罪主体,是一般主体。达到法定年龄、具有刑事责任能力、实施了组织他人出卖人体器官行为的自然人。本罪的法定年龄是年满16周岁以上的自然人。本罪犯罪主体在主观上是故意,组织他人出卖人体器官一般是为谋取非法利益。本罪主体是出卖人体器官的组织者而不是出卖自己身体器官的人。

(2)犯罪行为,必须是实施了组织他人出卖人体器官的行为。例如,弄虚作假,以捐赠器官为名,实质上是组织出卖他人人体器官或者贩卖他人人体器官的行为,例如,出卖心脏、肝、肾、眼球等人体器官的行为。

(3)犯罪结果,本罪是行为犯。只要实施了组织他人出卖人体器官的行为,不管是否出卖成功都可以构成犯罪。如果具有情节严重结果的,要加重处罚。

3. 组织出卖人体器官罪的法定刑。根据《刑法》第234条之一的规定,本罪的法定刑是:

(1)构成本罪的,处5年以下有期徒刑,并处罚金。

(2)犯本罪,情节严重的,处5年以上有期徒刑,并处罚金或者没收财产。所谓情节严重,有待司法解释,一般是指多次组织或者组织多人出卖人体器官的;以欺骗的手段组织他人出卖人体器官的;组织他人出卖人体器官给当事人身体或者其家属经济上造成重大损失的等情节。

4. 处理组织出卖人体器官罪时,要注意的问题:

(1)注意划清罪与非罪的界限。

首先,从犯罪主体上区分,不满16周岁的人,以及主观上过失的人和出卖自己身体器官的人,都不能构成本罪。

其次,从犯罪行为和犯罪结果上区分,只有实施了组织他人出卖人体器官行为的人,才能构成犯罪,单纯出卖自己身体器官的人不构成犯罪。犯罪主体在主观上一般都是以牟利为目的,但不是以牟利为目的,实施了组织他人出卖人体器官行为的,也可以构成犯罪。

(2)注意划清本罪与故意伤害罪、故意杀人罪的界限。我国《刑法》第234条规定了故意伤害罪,第232条规定了故意杀人罪。《刑法修正案(八)》第37条第2款规定,未经本人同意摘取其器官,或者摘取不满18周岁的人的器官,或者强迫、欺骗他人捐献器官的,依照本法第234条、第232条的规定定罪处罚。因此不定为本罪,而要定为故意伤害罪、故意杀人罪,分别依该两罪的处罚规定处罚。

(3)注意划清本罪与盗窃、侮辱、故意毁坏尸体、尸骨、骨灰罪的界限。我国《刑法》第302条规定了盗窃、侮辱、故意毁坏尸体、尸骨、骨灰罪。《刑法修正案(八)》第37条第3款规定,违背本人生前意愿摘取其尸体器官,或者本人生前未表示同意,违反国家规定,违背其近亲属意愿摘取其尸体器官的,依照本法第302条的规定定罪处罚。因此不定为本罪,而要定为盗窃、侮辱、故意毁坏尸体、尸骨、骨灰罪,依照该罪的处罚规定处罚。

(六)拒不支付劳动报酬罪

拒不支付劳动报酬罪是《刑法修正案(八)》第41条规定在1997年《刑法》第276条之一中补充增加的犯罪。2011年4月27日最高人民法院、最高人民检察院发布的《关于执行〈中华人民共和国刑法〉确定罪名的补充规定(五)》中确定为"拒不支付劳动报酬罪"的罪名。

我国1979年《刑法》和1997年《刑法》都没有规定拒不支付劳动报酬罪。不支付劳动报酬本来是一种劳动纠纷,是民事调整的范围。但是根据当前出现的一些企业事业单位拖欠农民工工资,靠行政法处罚不能制止这种损害劳动者利益的行为,特别是在出现生产不景气迹象时,一些老板不负责任,拖欠职工工资,自己携款逃匿,职工工资没有下落,不仅给职工的身心健康造成极大损害,而且对社会治安秩序也造成严重危害,具有严重社会危害性。社会各界强烈要求用刑罚惩治拒不支付劳动报酬者。《刑法修正案(八)》采纳了群众的意见,将拒不支付劳动报酬行为规定为犯罪,给予刑罚处罚。

拒不支付劳动报酬罪是《刑法修正案(八)》第41条和《刑法》第276条之一新增加的犯罪,要准确适用就必须弄清该罪的概念、构成特征、法定刑以及适用时应注意的问题。

1. 拒不支付劳动报酬罪的概念。该罪是指以转移财产、逃匿等方法逃避支付劳动者的劳动报酬或者有能力支付而不支付劳动者的劳动报酬,数额较大,经政府有关部门责令支付仍不支付的行为。

拒不支付劳动报酬行为入罪设定了三个条件限制:一是隐匿财产,二是转移财产,三是拒不支付劳动报酬。怎样才是拒不支付劳动报酬呢?一般是指经劳动监管部门责令支付,但仍不支付的行为。我国刑法规定犯拒不支付劳动报酬罪的,最高处7年有期徒刑,并处罚金。《刑法》中还特别规定,在提起公诉前支付劳动者的劳动报酬,并依法承担相应赔偿责任的,可以减轻或者免除处罚,其目的是尽早支付给劳动者的劳动报酬,保护劳动者的合法权利;同时,也是震慑拒不支付劳动报酬的犯罪者,诉前支付了的,可以减轻或免除处罚,但不是免除犯罪,该行为还是构成犯罪,只是可以减轻或者免除处罚。

2.拒不支付劳动报酬罪的构成特征：

(1)犯罪主体,是一般主体。达到法定年龄、具有刑事责任能力、实施了拒不支付劳动报酬犯罪行为的自然人和单位。本罪法定年龄是年满16周岁以上的自然人。本罪犯罪主体在主观上是故意不支付劳动者的劳动报酬。

所谓劳动者的劳动报酬,根据2013年1月23日最高人民法院实施的《关于审理拒不支付劳动报酬刑事案件适用法律若干问题的解释》第1条规定:"劳动者依照《中华人民共和国劳动法》和《中华人民共和国劳动合同法》等法律的规定应得的劳动报酬,包括工资、奖金、津贴、补贴、延长工作时间的工资报酬及特殊情况下支付的工资等,应当认定为刑法第二百七十六条之一第一款规定的'劳动者的劳动报酬'。"该解释第7条规定:"不具备用工主体资格的单位或者个人,违法用工且拒不支付劳动者的劳动报酬,数额较大,经政府有关部门责令支付仍不支付的,应当依照刑法第二百七十六条之一的规定,以拒不支付劳动报酬罪追究刑事责任。"该解释第8条规定,"用人单位的实际控制人实施拒不支付劳动报酬行为,构成犯罪的,应当依照刑法第二百七十六条之一的规定追究刑事责任。"

(2)犯罪行为,必须是实施了拒不支付劳动报酬犯罪的行为。具体表现为以下几个方面:

第一,以转移财产、逃匿等方法逃避支付劳动者的劳动报酬,数额较大的行为。具体表现为:①隐匿财产、恶意清偿、虚构债务、虚假破产、虚假倒闭或者以其他方法转移、处分财产的;②逃跑、藏匿的;③隐匿、销毁或者篡改账目、职工名册、工资支付记录、考勤记录等与劳动报酬相关的材料的;④以其他方法逃避支付劳动报酬的。

第二,有能力支付而不支付劳动者的劳动报酬,数额较大的行为。数额较大的表现有:①拒不支付1名劳动者3个月以上的劳动报酬且数额在5000元至2万元以上的;②拒不支付10名以上劳动者的劳动报酬且数额累计在3万元至10万元以上的。

第三,经政府有关部门责令支付仍不支付的行为。经人力资源和社会保障部或者政府其他有关部门依法以限期整改指令书、行政处理决定书等文书责令支付劳动者的劳动报酬后,在指定的期限内仍不支付的,应当认定为《刑法》第276条之一第1款规定的"经政府有关部门责令支付仍不支付的",但有证据证明行为人有正当理由未知悉责令支付文书或者未及时支付劳动报酬的除外。行为人逃匿,无法将责令支付文书送交其本人、同住成年家属或者所在单位负责收件的人的,如果有关部门已通过在行为人的住所、生产经营场所等地张贴责令支付文书方式责令支付,并采用拍照、录像等方式记录的,应当视为"经政府有关部门责令支付"。

(3)犯罪结果,本罪是结果犯。必须达到欠薪数额较大并经政府有关部门责令支付仍不支付的结果,才构成犯罪。对造成严重后果的,依法加重处罚。

3.拒不支付劳动报酬罪的法定刑。根据《刑法》第276条之一的规定,本罪的法定刑:

(1)拒不支付劳动报酬数额较大,构成本罪的,处3年以下有期徒刑或者拘役,并处或者单处罚金。

(2)犯本罪,造成严重后果的,处3年以上7年以下有期徒刑,并处罚金。所谓造成严重后果,根据2013年1月23日最高人民法院实施的《关于审理拒不支付劳动报酬刑事案件适用法律若干问题的解释》第5条规定:"拒不支付劳动者的劳动报酬,符合本解释第三条的规定,并具有下列情形之一的,应当认定为刑法第二百七十六条之一第一款规定的'造成严重后果':(一)造成劳动者或者其被赡养人、被扶养人、被抚养人的基本生活受到严重影响、重大疾病无法及时医治或者失学的;(二)对要求支付劳动报酬的劳动者使用暴力或者进行暴力威胁的;(三)造成其他严重后果的。"

(3)单位犯本罪的,对单位判处罚金,并对其直接负责的主管人员和其他直接责任人员,依照自然人犯本罪的规定处罚。

4.处理拒不支付劳动报酬罪时,要注意的问题:

(1)注意划清罪与非罪的界限。

首先,从犯罪主体上区分,不满16周岁的人以及主观上过失的人不构成本罪。

其次,从犯罪行为和犯罪结果上区分,行为人有拖欠职工工资行为,但经政府有关部门责令支付而及时支付了劳动者的劳动报酬的行为,不构成犯罪。欠薪数额没有达到数额较大的结果也不构成犯罪。

(2)注意划清本罪从轻处罚情节的特别规定。《刑法修正案(八)》第41条第3款规定:"有前两款行为,尚未造成严重后果,在提起公诉前支付劳动者的劳动报酬,并依法承担相应赔偿责任的,可以减轻或者免除处罚。"上述行为还是构成犯罪,只是减轻处罚或者免除处罚,不是免除犯罪。

根据2013年1月23日最高人民法院实施的《关于审理拒不支付劳动报酬刑事案件适用法律若干问题的解释》第6条规定,"拒不支付劳动者的劳动报酬,尚未造成严重后果,在刑事立案前支付劳动者的劳动报酬,并依法承担相应赔偿责任的,可以认定为情节显著轻微危害不大,不认为是犯罪;在提起公诉前支付劳动者的劳动报酬,并依法承担相应赔偿责任的,可以减轻或者免除刑事处罚;在一审宣判前支付劳动者的劳动报酬,并依法承担相应赔偿责任的,可以从轻处罚。对于免除刑事处罚的,可以根据案件的不同情况,予以训诫、责令具结悔过或者赔礼道歉。拒不支付劳动者的劳动报酬,造成严重后果,但在宣判前支付劳动者的劳动报酬,并依法承担相应赔偿责任的,可以酌情从宽处罚"。

(3)注意用刑事和解的方法解决劳资纠纷。欠薪没有达到数额较大的,不构成犯罪,但这不等于不对其处理,政府有关部门和法院应依据劳动法有关规定对劳资双方进行和解,这既保护劳动者合法利益,也保护资方的正当利益,其目的是发展生产经营,使用人单位盈利,使劳动者能及早获得合理的劳动报酬。

(七)食品监管渎职罪(2021年2月26日取消该罪名,改为食品、药品监管渎职罪罪名)

食品监管渎职罪是《刑法修正案(八)》第49条规定在1997年《刑法》第408条之一补充增加的犯罪。2011年4月27日最高人民法院、最高人民检察院发布的《关于执行〈中华人民共和国刑法〉确定罪名的补充规定(五)》中确定为"食品监管渎职罪"的罪名。2020年12月26日发布的《刑法修正案(十一)》第45条对《刑法》第408条规定的犯罪行为作了修改。2021年2月26日最高人民法院、最高人民检察院发布的《关于执行〈中华人民共和国刑法〉确定罪名的补充规定(七)》中取消了"食品监管渎职罪"的罪名,改为"食品、药品监管渎职罪"的罪名。[详见《刑法修正案(十一)》修改的犯罪(二十八)食品、药品监管渎职罪]

四、《刑法修正案(八)》对《刑法》分则原规定犯罪的修改和补充

《刑法修正案(八)》对《刑法》分则原规定的23种犯罪作了修改和补充。有的是修改了罪名和罪状,有的是修改了法定刑(单纯取消死刑的13种犯罪除外)。

(一)资助危害国家安全犯罪活动罪

资助危害国家安全犯罪活动罪是《刑法修正案(八)》第20条对1997年《刑法》第107条规定的资助危害国家安全犯罪活动罪补充修改的犯罪。最高人民法院1997年12月16日《关于执行〈中华人民共和国刑法〉确定罪名的规定》中确定为该罪名。

1.刑法规定内容的修改

刑法条文中有关资助危害国家安全犯罪活动罪的规定有:

(1)1979年《刑法》第97条规定:"进行下列间谍或者资敌行为之一的,处十年以上有期徒刑或者无期徒刑;情节较轻的,处三年以上十年以下有期徒刑:(一)为敌人窃取、刺探、提供情报的;(二)供给敌人武器军火或者其他军用物资的;(三)参加特务、间谍组织或者接受敌人派遣任务的。"

(2)1997年《刑法》第107条规定:"境内外机构、组织或者个人资助境内组织或者个人实施本章第一百零二条、第一百零三条、第一百零四条、第一百零五条规定之罪的,对直接责任人员,处五年以下有期徒刑、拘役、管制或者剥夺政治权利;情节严重的,处五年以上有期徒刑。"

(3)2011年《刑法修正案(八)》第20条规定:"将刑法第一百零七条修改为:'境内外机构、组织或者个人资助实施本章第一百零二条、第一百零三条、第一百零四条、第一百零五条规定之罪的,对直接责任人员,处五年以下有期徒刑、拘役、管制或者剥夺政治权利;情节严重的,处五年以上有期徒刑'。"

上述《刑法修正案(八)》第20条对1997年《刑法》第107条规定的"资助境内组织或者个人"删去,使该罪资助的对象包括境内外所有实施危害国家安全犯罪活动的组织和个人,扩大了惩治资助危害国家安全犯罪活动罪的范围。

2.刑法规定修改的原因

我国1979年《刑法》中没有具体规定资助危害国家安全犯罪活动罪,只是在"反革命罪"一章中规定有资敌罪,而只限于供给敌人武器军火或者其他军用物资的行为。司法实践中,对资助危害国家安全犯罪活动的行为,多数是以资助的犯罪共犯处理。1997年《刑法》在"危害国家安全罪"一章中第107条规定了资助危害国家安全犯罪活动罪。当时只是考虑我国刑法主要惩治国内的犯罪分子,因此,第107条只规定惩治"资助境内组织或者个人",即只对资助境内组织或个人实施危害国家安全犯罪活动的行为规定为犯罪,对资助境外组织和个人实施危害国家安全犯罪活动的行为没有规定为犯罪。但在刑法实施以来,我国实行改革开放,国际交往频繁,人员往来增多,国际间的犯罪大量增多,在国际公约中又规定了惩罚跨国犯罪和资助恐怖暴力犯罪,特别是国际恐怖犯罪严重危害了我国国家安全,我国境内外一些组织或者个人资助西藏达赖反动派和新疆的"东突"等分裂分子在境外实施危害我国国家安全犯罪活动相当严重。为了依法惩治这些犯罪分子,全国人大常委会在《刑法修正案(八)》中规定,将1997年《刑法》第107条规定的"资助境内组织或者个人"删去,实质上增加规定了境内外组织和个人资助境外组织或者个人实施危害国家安全犯罪活动的行为也构成犯罪,扩大了对这种犯罪的惩治的范围,将更有效地维护国家的安全。

3.资助危害国家安全犯罪活动罪的适用

资助危害国家安全犯罪活动罪是《刑法修正案(八)》第20条对1997年《刑法》第107条规定的犯罪罪状的修改,要准确适用就必须弄清该罪的概念、构成特征、法定刑以及适用时应注意的问题。

(1)资助危害国家安全犯罪活动罪的概念。该罪是指境内外机构、组织或者个人资助实施危害国家安全犯罪活动的行为。

资助境内外组织或者个人实施危害国家安全犯罪活动的是帮助犯,其助长了危害国家安全犯罪活动的危害性,具有严重的社会危害性。我国刑法将资助境内外组织或者个人实施危害国家安全犯罪活动的行为规定为犯罪,最高处15年有期徒刑,应当附加剥夺政治权利,可以并处没收财产。

(2)犯罪构成特征。根据《刑法》第107条和《刑法修正案(八)》第20条的规定,该罪的构成特征是:

①犯罪主体,是一般主体。只要年满16周岁以上的具有刑事责任能力,实施了资助危害国家安全犯罪活动行为的境内外的自然人或者组织都可以构成本罪的犯罪主体。惩罚外国组织和个人犯罪的法律是依据联合国《打击跨国有组织犯罪公约》中规定的。虽然资助是境内外机构、组织的名义,但不是单位犯罪,因为《刑法》第107条中并没有规定是单位犯罪和对单位判处刑罚,而只规定对直接责任人员给予刑事处罚。

本罪犯罪主体在主观上是故意的,其目的是资助实施危害国家安全犯罪活动。

②犯罪行为,必须是实施了资助危害国家安全犯罪活动的行为。具体表现有:资助实施危害国家主权、领土完整和安全的犯罪行为;资助分裂国家、破坏国家统一的犯罪行为;资助武装叛乱、暴乱的犯罪行为;资助颠覆国家政权、推翻社会主义制度的犯罪行为等。这种资助包括人、财、物等物质资助,也包括为危害国家安全的犯罪分子提供犯罪条件、隐蔽场所,提供账号、通信、信息等资助。如果为犯罪分子提供精神上的支持,一般不是本罪的犯罪行为。

③犯罪结果,本罪是结果犯。必须是进行了实际资助结果的,才构成犯罪。如果只是口头说资助,而实际上并没有实施物资和行为资助,一般不构成犯罪。

(3)资助危害国家安全犯罪活动罪的法定刑。根据《刑法》第107条、第113条的规定,本罪的法定刑是:

①构成本罪的,处5年以下有期徒刑、拘役、管制或者剥夺政治权利,可以并处没收财产。

②犯本罪,情节严重的,处5年以上有期徒刑,可以并处没收财产,应当附加剥夺政治权利。

(4)认定本罪时,应注意的问题:

①注意区分罪与非罪的界限。

第一,根据我国《刑法》第107条的规定,资助危害国家安全犯罪活动罪的主体是境内外机构、组织或者个人,尽管是以机构、组织的名义实施资助行为,但依刑法规定单位不构成犯罪,不惩罚单位,只惩罚单位的直接责任人员。因此,单位不构成本罪。另外,资助危害国家安全犯罪活动罪是故意犯罪,主观上有过失的,客观上是过失行为的,不构成本罪。

第二,资助危害国家安全犯罪活动罪资助实施的是下列四种危害国家安全的犯罪活动,包括背叛国家罪、分裂国家罪、武装叛乱暴乱罪、颠覆国家政权罪等犯罪行为。如果资助其他危害国家安全的犯罪活动的行为,如资助叛逃犯罪行为、资助间谍犯罪行为等危害国家安全犯罪活动的行为,不构成本罪,但可以构成其资助犯罪的共犯。

第三,资助危害国家安全犯罪活动罪是结果犯,必须是以实际物资进行了资助,只是口头说资助或者精神资助,而实际上并没有资助结果,也不构成本罪。

②注意划清本罪与资助犯罪共犯的关系。本罪实际上是背叛国家罪、分裂国家罪、武装叛乱暴乱罪、颠覆国家政权罪四种犯罪的帮助犯,但刑法已将这四种共同犯罪的帮助犯单独规定为独立的犯罪,就应依照法律的特别规定优先于一般法律规定,只认定为本罪,不再按被资助犯罪的帮助共犯定罪处罚。

③划清本罪与资敌罪的界限。本罪与《刑法》第112条规定的资敌罪都是以物资资助敌人的犯罪行为,两种犯罪行为相似,容易混淆。这两种犯罪的主要区别有两点:一是资助的对象不同。本罪资助的对象是实施背叛国家罪、分裂国家罪、武装叛乱暴乱罪、颠覆国家政权罪四种犯罪行为的组织或者个人,而资敌罪资助的对象是战时的敌人,被资助的对象范围不同。二是资助的物资不同。本罪资助的物资都是一般物质和有关犯罪的物质条件,而资敌罪资助给敌人的是武器装备、军用物资等。从上述两个方面就可以把两种犯罪区别开来。

(二)叛逃罪

叛逃罪是《刑法修正案(八)》第21条对1997年《刑法》第109条规定的叛逃罪补充修改的犯罪。最高人民法院1997年12月16日《关于执行〈中华人民共和国刑法〉确定罪名的规定》确定为该罪名。

1. 刑法规定内容的修改

刑法条文中有关叛逃罪的规定有:

(1)1997年《刑法》第109条规定:"国家机关工作人员在履行公务期间,擅离岗位,叛逃境外或者在境外叛逃,危害中华人民共和国国家安全的,处五年以下有期徒刑、拘役、管制或者剥夺政治权利;情节严重的,处五年以上十年以下有期徒刑。掌握国家秘密的国家工作人员犯前款罪的,依照前款的规定从重处罚。"

(2)2011年《刑法修正案(八)》第21条规定:"将刑法第一百零九条修改为:'国家机关工作人员在履行公务期间,擅离岗位,叛逃境外或者在境外叛逃的,处五年以下有期徒刑、拘役、管制或者剥夺政治权利;情节严重的,处五年以上十年以下有期徒刑。掌握国家秘密的国家工作人员叛逃境外或者在境外叛逃的,依照前款的规定从重处罚'。"

上述《刑法修正案(八)》第21条对1997年《刑法》第109条规定的"危害中华人民共和国国家安全的"删去,不论是否产生危害国家安全的结果都构成犯罪,扩大了惩治叛逃罪的范围。

2. 刑法规定修改的原因

我国1979年《刑法》中没有叛逃罪的规定,司法实践中,将叛逃行为认定为投敌叛变罪。1997年《刑法》在第109条中增加规定了叛逃罪。当时由于出国不归的人比较多,惩治的范围不能太广,只是规定惩治国家机关工作人员叛逃境外必须造成实际的危害国家安全结果的,才能构成犯罪。近几年来的司法实践证明,国家机关工作人员在履行职务期间,只要实施了叛逃行为,就必然产生严重危害国家安全的结果。为了严惩国家工作人员在履行职务期间叛逃的行为,全国人大常委会在《刑法修正案(八)》中规定,将1997年《刑法》第109条作了修改,由"结果犯"修改为"行为犯"。国家机关工作人员在履行职务期间,只要实施了叛逃行为的就可以构成叛逃罪的既遂,扩大了对这种犯罪的惩治范围。

3. 叛逃罪的适用

叛逃罪是《刑法修正案(八)》第21条对1997年《刑法》第109条规定的叛逃罪罪状的修改,要准确适用就必须弄清该罪的概念、构成特征、法定刑以及适用时应注意的问题。

(1)叛逃罪的概念。该罪是指国家机关工作人员在履行公务期间,擅离岗位,叛逃境外或者在境外叛逃的行为。

国家机关工作人员应当忠于职守,认真履行自己的职责,切实维护国家和人民的生命、财产安全。如果其在履行职务期间,擅离岗位,叛逃境外或者在境外叛逃的,必然危害国家和人民的生命、财产安全,是对社会有严重危害的行为。我国刑法将叛逃行为规定为犯罪,最高处10年有期徒刑,应当附加剥夺政治权利,可以并处没收财产。

(2)犯罪构成特征。根据《刑法》第109条和《刑法修正案(八)》第21条的规定,该罪的构成特征是:

①犯罪主体,是特殊主体,必须是具有国家机关工作人员身份的自然人才能构成。犯罪主体在主观上是故意的,其目的是叛逃境外。

②犯罪行为,必须是实施了叛逃行为。具体表现是在履行公务期间,擅离岗位,叛逃境外或者在境外叛逃的行为。在境外叛逃不是履行职务期间,如私人旅游期间叛逃的行为,也是叛逃的犯罪行为。

③犯罪结果,本罪是行为犯,只要实施了叛逃行为,就可以构成犯罪。

(3)叛逃罪的法定刑。根据《刑法》第109条、第113条规定,该罪的法定刑是:

①构成本罪的,处5年以下有期徒刑、拘役、管制或者剥夺政治权利,可以并处没收财产。

②犯本罪,情节严重的,处5年以上10年以下有期徒刑,可以并处没收财产,应当附加剥夺政治权利。

掌握国家秘密的国家工作人员叛逃境外或者在境外叛逃的,依照前款的规定从重处罚。

(4)认定本罪时,应注意的问题:

①注意区分罪与非罪的界限。

第一,根据我国《刑法》第109条的规定,叛逃罪的主体是国家机关工作人员,其在主观上是故意犯罪,非国家机关工作人员及主观上是过失的人,不构成本罪。

第二,叛逃罪是行为犯,只要实施了叛逃行为的就可以构成犯罪。但仍然依据《刑法》第13条规定,情节显著轻微危害不大的,不构成犯罪。

②注意划清本罪与投敌叛变罪的界限。本罪与《刑法》第108条规定的投敌叛变罪的犯罪行为相似,容易混淆。这两种犯罪的主要区别有两点:一是犯罪主体不同。本罪的犯罪主体是特殊主体,必须是国家机关工作人员,而投敌叛变罪的主体是一般主体,达到法定年龄,具有刑事责任能力,实施该罪行为的自然人都可以构成。二是犯罪行为不同。本罪是叛逃境外的行为,不一定是投奔敌人方面,而投敌叛变罪的犯罪行为是投奔敌人,改变立场和信念,或者带领武装部队人员、人民警察、民兵投敌叛变的行为。由于上述两种犯罪的构成要件不同,将两种犯罪区别开来。

(三)生产、销售假药罪(《刑法修正案(十一)》改为生产、销售、提供假药罪罪名)

生产、销售假药罪是《刑法修正案(八)》第23条规定对1997年《刑法》第141条规定的生产、销售假药罪罪状和量刑情节的修改。最高人民法院1997年12月9日、最高人民检察院1997年12月25日《关于执行〈中华人民共和国刑法〉确定罪名的规定》中确定为"生产、销售假药罪"的罪名。2020年12月26日发布的《刑法修正案(十一)》在1997年《刑法》第141条中增加了提供假药的犯罪行为。2021年2月26日最高人民法院、最高人民检察院发布的《关于执行〈中华人民共和国刑法〉确定罪名补充规定(七)》中取消了生产、销售假药罪,改为"生产、销售、提供假药罪"的罪名。[详见《刑法修正案(十一)》修改的犯罪(二)生产、销售、提供假药罪]

(四)生产、销售不符合安全标准的食品罪

生产、销售不符合安全标准的食品罪是《刑法修正案(八)》第24条对1997年《刑法》第143条规定的生产、销售不符合卫生标准的食品罪罪状和量刑情节的修改。最高人民法院1997年12月16日《关于执行〈中华人民共和国刑法〉确定罪名的规定》确定为"生产、销售不符合卫生标准食品罪"的罪名。最高人民法院、最高人民检察院于2011年4月27日根据《刑法修正案(八)》将该罪的罪状改为违反食品安全标准的规定,在《关于执行〈中华人民共和国刑法〉确定罪名的补充规定(五)》中,取消了"生产、销售不符合卫生标准的食品罪"的罪名,而改为"生产、销售不符合安全标准的食品罪"的罪名。

1. 刑法规定内容的修改

刑法条文中有关生产、销售不符合安全标准的食品罪的规定有:

(1)1997年《刑法》第143条规定:"生产、销售不符合卫生标准的食品,足以造成严重食物中毒事故或者其他严重食源性疾患的,处三年以下有期徒刑或者拘役,并处或者单处销售金额百分之五十以上二倍以下罚金;对人体健康造成严重危害的,处三年以上七年以下有期徒刑,并处销售金额百分之五十以上二倍以下罚金;后果特别严重的,处七年以上有期徒刑或者无期徒刑,并处销售金额百分之五十以上二倍以下罚金或者没收财产。"

(2)2011年《刑法修正案(八)》第24条规定:"将刑法第一百四十三条修改为:'生产、销售不符合食品安全标准的食品,足以造成严重食物中毒事故或者其他严重食源性疾病的,处三年以下有期徒刑或者拘役,并处罚金;对人体健康造成严重危害或者有其他严重情节的,处三年以上七年以下有期徒刑,并处罚金;后果特别严重的,处七年以上有期徒刑或者无期徒刑,并处罚金或者没收财产'。"

上述《刑法修正案(八)》第24条对1997年《刑法》第143条规定的"不符合卫生标准的食品"修改为"不符合食品安全标准的食品"的构成要件,增加规定"或者有其他严重情节的",将"并处或者单处销售金额百分之五十以上二倍以下罚金",改为"并处罚金"。这种修改使本罪原规定必须是违反了"卫生标准"改为"食品安全标准"足以造成严重食物中毒事故或者其他严重食源性疾病的行为构成犯罪,扩大了惩治生产、销售不符合安全标准的食品罪的范围,加重了惩罚力度。

2. 刑法规定修改的原因

我国1979年《刑法》中没有单独规定生产、销售不符合安全标准的食品罪的规定,实践中,对于少数生产、销售不符合安全标准的食品,造成严重后果的,一般按投机倒把罪或者重大责任事故罪等追究有关人员的刑事责任。1997年《刑法》第143条沿用了《关于惩治生产、销售伪劣商品犯罪的决定》中规定的生产、销售不符合卫生标准的食品罪的规定。但是,经过十几年执法实践,只惩治生产、销售不符合卫生标准的食品犯罪行为,还不能保证食品安全。例如,生产、销售有毒牛奶、有毒猪肉等行为,不仅是不符合卫生标准,而且是不符合食品安全标准。2009年6月1日全国人大常委会实施的《食品安全法》,对食品安全标准作了规定。全国人大常委会在《刑法修正案(八)》中,将1997年《刑法》第143条规定的"不符合卫生标准的食品"修改为"不符合食品安全标准的食品",扩大了惩治范围,确保人民群众的食品安全。

3. 生产、销售不符合安全标准的食品罪的适用

生产、销售不符合安全标准的食品罪是《刑法修正案(八)》第24条对1997年《刑法》第143条规定的生产、销售不符合卫生标准的食品罪罪状和量刑情节修改的犯罪,要准确适用就必须弄清楚该罪的概念、构成特征、法定刑以及适用时应注意的问题。

(1)生产、销售不符合安全标准的食品罪的概念。该罪是指生产、销售不符合食品安全标准的食品,足以造成严重食物中毒事故或者其他严重食源性疾病的行为。

依照《食品安全法》的规定,所谓食品安全,是指食品无毒、无害,符合应当有的营养要求,对人体健康不造成任何急性、亚急性或者慢性危害。食品安全标准应当包括下列内容:①食品、食品添加剂、食品相关产品的致病性微生物、农药残留、兽药残留、重金属等污染物质以及其他危害人体健康物质的限量规定;②食品添加剂的品种、使用范围、用量;③专供婴幼儿和其他特定人群的主辅食品的营养成分要求;④对与食品安全、营养有关的标签、标识、说明书的要求;⑤食品生产经营过程的卫生要求;⑥与食品安全有关的质量要求;⑦与食品检验方法与规程;⑧其他需要制定为食品安全标准的内容。上述食品安全标准由国务院卫生行政部门负责制定、公布,国务院标准化行政部门提供国家标准编号。全国人大常委会在《刑法修正案(八)》中,将1997年《刑法》规定的"卫生标准"修改为"食品安全标准",扩大了惩治该罪的范围。

(2)犯罪构成特征。根据1997年《刑法》第143条和《刑法修正案(八)》第24条的规定,该罪的构成特征是:

①犯罪主体,是一般主体。达到法定年龄、具有刑事责任能力,实施了生产、销售不符安全标准的食品犯罪行为的自然人和单位。单位犯本罪的主体是单位和单位的直接负责的主管人员和其他直接责任人员。犯罪主体主观上是故意的,多数是营利为目的。

②犯罪行为,必须是实施生产、销售不符合安全标准的食品行为。食品安全标准有国家食品安全标准和地方标准、企业标准。国家鼓励食品生产企业制定严于食品安全国家标准或者地方标准的企业标准。企业标准应当报省级卫生行政部门备案,在本企业内部适用。凡是故意生产、销售不符合食品安全国家标准的行为,足以造成严重食物中毒事故或者其他严重食源性疾病的行为都是犯罪行为。

③犯罪结果,本罪是危险犯。必须是实施行为足以造成严重食物中毒事故或者其他严重食源性疾病的结果。这里的食品安全事故,是指食物中毒、食源性疾病、食品污染等源于食品,对人体健康有危害或者可能有危害的事故。食物中毒,是指食用了被有毒有害物质污染的食品或者食用了含有毒有害物质的食品后出现的急性、亚急性疾病。食源性疾病,是指食

品中致病因素进入人身体引起的感染性、中毒性等疾病。

（3）生产、销售不符合安全标准的食品罪的法定刑。根据《刑法》第143条和《刑法》第150条的规定，该罪的法定刑是：

①构成本罪的，处3年以下有期徒刑或者拘役，并处罚金。

这里包括实施了生产、销售不符合安全标准食品的行为，足以造成严重食物中毒事故或者其他严重食源性疾病的危害结果和行为情节轻、情节一般、情节较重、情节重等情形。

根据最高人民法院、最高人民检察院2022年1月1日起施行的《关于办理危害食品安全刑事案件适用法律若干问题的解释》第1条规定，"生产、销售不符合食品安全标准的食品，具有下列情形之一的，应当认定为刑法第一百四十三条规定的'足以造成严重食物中毒事故或者其他严重食源性疾病'：（一）含有严重超出标准限量的致病性微生物、农药残留、兽药残留、生物毒素、重金属等污染物质以及其他严重危害人体健康的物质的；（二）属于病死、死因不明或者检验检疫不合格的畜、禽、兽、水产动物肉类及其制品的；（三）属于国家为防控疾病等特殊需要明令禁止生产、销售的；（四）特殊医学用途配方食品、专供婴幼儿的主辅食品营养成分严重不符合食品安全标准的；（五）其他足以造成严重食物中毒事故或者严重食源性疾病的情形"。

②犯本罪，对人体健康造成严重危害或者有其他严重情节的，处3年以上7年以下有期徒刑，并处罚金。

这里的"严重危害"和"其他严重情节"，根据2022年1月1日起最高人民法院、最高人民检察院施行的《关于办理危害食品安全刑事案件适用法律若干问题的解释》第2条规定，"生产、销售不符合食品安全标准的食品，具有下列情形之一的，应当认定为刑法第一百四十三条规定的'对人体健康造成严重危害'：（一）造成轻伤以上伤害的；（二）造成轻度残疾或者中度残疾的；（三）造成器官组织损伤导致一般功能障碍或者严重功能障碍的；（四）造成十人以上严重食物中毒或者其他严重食源性疾病的；（五）其他对人体健康造成严重危害的情形"。

上述司法解释第3条规定，"生产、销售不符合食品安全标准的食品，具有下列情形之一的，应当认定为刑法第一百四十三条规定的'其他严重情节'：（一）生产、销售金额二十万元以上的；（二）生产、销售金额十万元以上不满二十万元，不符合食品安全标准的食品数量较大或者生产、销售持续时间六个月以上的；（三）生产、销售金额十万元以上不满二十万元，属于特殊医学用途配方食品、专供婴幼儿的主辅食品的；（四）生产、销售金额十万元以上不满二十万元，且在中小学校园、托幼机构、养老机构及周边面向未成年人、老年人销售的；（五）生产、销售金额十万元以上不满二十万元，曾因危害食品安全犯罪受过刑事处罚或者二年内因危害食品安全违法行为受过行政处罚的；（六）其他情节严重的情形"。

③犯本罪，后果特别严重的，处7年以上有期徒刑或者无期徒刑，并处罚金或者没收财产。

这里的"后果特别严重"，根据2022年1月1日起最高人民法院、最高人民检察院施行的《关于办理危害食品安全刑事案件适用法律若干问题的解释》第4条规定，"生产、销售不符合食品安全标准的食品，具有下列情形之一的，应当认定为刑法第一百四十三条规定的'后果特别严重'：（一）致人死亡的；（二）造成重度残疾以上的；（三）造成三人以上重伤、中度残疾或者器官组织损伤导致严重功能障碍的；（四）造成十人以上轻伤、五人以上轻度残疾或者器官组织损伤导致一般功能障碍的;(五)造成三十人以上严重食物中毒或者其他严重食源性疾病的;(六)其他特别严重的后果"。

④单位犯本罪,对单位判处罚金,并对其直接负责的主管人员和其他直接责任人员,依自然人犯本罪处罚规定处罚。

根据2022年1月1日起最高人民法院、最高人民检察院施行的《关于办理危害食品安全刑事案件适用法律若干问题的解释》第21条规定,犯生产、销售不符合安全标准的食品罪,一般应当依法判处生产、销售金额2倍以上罚金。共同犯罪的,对各共同犯罪人合计判处的罚金一般应当在生产、销售金额的2倍以上。

根据上述司法解释第22条规定,对实施本解释规定之犯罪的犯罪分子,应当依照刑法规定的条件,严格适用缓刑、免予刑事处罚。对于依法适用缓刑的,可以根据犯罪情况,同时宣告禁止令,对于被不起诉或者免予刑事处罚的行为人,需要给予行政处罚、政务处分或者其他处分的,依法移送有关主管机关处理。

(4)认定本罪时,应注意的问题:

①注意区分罪与非罪的界限。

第一,根据我国《刑法》第143条的规定,生产、销售不符合安全标准的食品罪的犯罪主体在主观上是故意的,主观上是过失的人不构成本罪。

第二,生产、销售不符安全标准的食品罪是危险犯,只要实施了生产、销售不符合安全标准行为,达到足以造成严重食物中毒事故或者其他严重食源性疾病的结果的,就可以构成犯罪。

②注意划清本罪与生产、销售有毒、有害食品罪的界限。本罪与《刑法》第144条规定的生产、销售有毒、有害食品罪在犯罪主体、犯罪对象上都很相似,容易混淆。这两种犯罪的主要区别点是:一是犯罪行为不同。本罪是生产、销售不符合安全标准食品的行为,是危险犯,相比较其主观恶性相对轻些。而生产、销售有毒、有害食品罪的犯罪行为是在生产、销售的食品中掺入有毒、有害的非食品原料的行为或者明知是掺入有毒、有害食品而销售的行为,其明知故犯,主观恶性深。二是犯罪结果要件不同。本罪是危险犯,只有产生足以危害结果的才可以构成犯罪。而生产、销售有毒、有害食品罪是行为犯,只要实施了犯罪行为就可以构成犯罪。三是法定刑不同。本罪的法定最低刑是拘役,最高刑是无期徒刑,而生产、销售有毒、有害食品罪的法定刑的起刑点是有期徒刑,法定最高刑是死刑;由于上述两种犯罪的构成要件的三点不同,将两种犯罪区别开来。

根据2022年1月1日起最高人民法院、最高人民检察院施行的《关于办理危害食品安全刑事案件适用法律若干问题的解释》第5条规定,在食品生产、销售、运输、贮存等过程中,违反食品安全标准,超限量或者超范围滥用食品添加剂,足以造成严重食物中毒事故或者其他严重食源性疾病的,依照《刑法》第143条的规定以生产、销售不符合安全标准的食品罪定罪处罚。在食用农产品种植、养殖、销售、运输、贮存等过程中,违反食品安全标准,超限量或者超范围滥用添加剂、农药、兽药等,足以造成严重食物中毒事故或者其他严重食源性疾病的,适用前款规定定罪处罚。

上述司法解释第11条规定,在食品生产、销售、运输、贮存等过程中,掺入有毒、有害的非食品原料,或者使用有毒、有害的非食品原料生产食品的,依照《刑法》第144条的规定以生产、销售有毒、有害食品罪定罪处罚。在食用农产品种植、养殖、销售、运输、贮存等过程中,使用禁用农药、食品动物中等禁止使用的药品及其他化合物等有毒、有害的非食品原料,适用前款的规定以生产、销售有毒、有害食品罪定罪处罚。在保健食品或者其他食品中非法添加国家禁用药物等有毒、有害的非食品原料的,适用第1款的规定定罪处罚。

③注意划清本罪与生产、销售不符合安全标准的产品罪的界限。本罪与《刑法》第146条规定的生产、销售不符合安全标准的产品罪在犯罪主体、犯罪行为上都很相似,容易混淆。这两种犯罪的主要区别是:一是犯罪标的物不同。本罪生产、销售的标的物是不符合安全标准的食品。而生产、销售不符合安全标准的产品罪的标的物是除食品以外的其他产品,包括不符合保障人身、财产安全的国家标准的电器、压力容器、易燃易爆产品等。二是犯罪结果要件不同。本罪是危险犯,只要实施了生产、销售不符合安全标准食品的行为,足以产生危害的"危险结果",即使是没有造成严重后果的也构成犯罪。而生产、销售不符合安全标准产品罪是结果犯,必须是对人体健康造成严重危害的结果才构成犯罪。由于上述两种犯罪的构成要件的两点不同,将两种犯罪区别开来。

④注意生产、销售不符合安全标准的食品罪共犯的认定。根据2022年1月1日起最高人民法院、最高人民检察院施行的《关于办理危害食品安全刑事案件适用法律若干问题的解释》第14条规定,"明知他人生产、销售不符合食品安全标准的食品,有毒、有害食品,具有下列情形之一的,以生产、销售不符合安全标准的食品罪或者生产、销售有毒、有害食品罪的共犯论处:(一)提供资金、贷款、账号、发票、证明、许可证件的;(二)提供生产、经营场所或者运输、贮存、保管、邮寄、销售渠道等便利条件的;(三)提供生产技术或者食品原料、食品添加剂、食品相关产品或者有毒、有害的非食品原料的;(四)提供广告宣传的;(五)提供其他帮助行为的"。

⑤注意生产、销售不符合安全标准的食品行为的处罚。根据2022年1月1日起最高人民法院、最高人民检察院施行的《关于办理危害食品安全刑事案件适用法律若干问题的解释》第15条规定:"生产、销售不符合食品安全标准的食品添加剂,用于食品的包装材料、容器、洗涤剂、消毒剂,或者用于食品生产经营的工具、设备等,符合刑法第一百四十条规定的,以生产、销售伪劣产品罪定罪处罚。生产、销售用超过保质期的食品原料、超过保质期的食品、回收食品作为原料的食品,或者以更改生产日期、保质期、改换包装等方式销售超过保质期的食品、回收食品,适用前款的规定定罪处罚。实施前两款行为,同时构成生产、销售不符合安全标准的食品罪,生产、销售伪劣产品罪等其他犯罪的,依照处罚较重的规定定罪处罚。"

(五)生产、销售有毒、有害食品罪

生产、销售有毒、有害食品罪是《刑法修正案(八)》第25条对1997年《刑法》第144条规定的生产、销售有毒、有害食品罪量刑情节的修改。最高人民法院1997年12月16日《关于执行〈中华人民共和国刑法〉确定罪名的规定》中确定为"生产、销售有毒、有害食品罪"的罪名。

1. 刑法规定内容的修改

刑法条文中有关生产、销售有毒、有害食品罪的规定有:

(1)1997年《刑法》第144条规定,"在生产、销售的食品中掺入有毒、有害的非食品原料的,或者销售明知掺有有毒、有害的非食品原料的食品的,处五年以下有期徒刑或者拘役,并处或者单处销售金额百分之五十以上二倍以下罚金;造成严重食物中毒事故或者其他严重食源性疾患,对人体健康造成严重危害的,处五年以上十年以下有期徒刑,并处销售金额百分之五十以上二倍以下罚金;致人死亡或者对人体健康造成特别严重危害的,依照本法第一百四十一条的规定处罚"。

(2)2011年《刑法修正案(八)》第25条规定:"将刑法第一百四十四条修改为:'在生产、销售的食品中掺入有毒、有害的非食品原料的,或者销售明知掺有有毒、有害的非食品原料的食品的,处五年以下有期徒刑,并处罚金;对人体健康造成严重危害或者有其他严重情节的,处五年以上十年以下有期徒刑,并处罚金;致人死亡或者有其他特别严重情节的,依照本法第一百四十一条的规定处罚'。"

上述《刑法修正案(八)》第25条对1997年《刑法》第144条规定的法定刑"处五年以下有期徒刑或者拘役,并处或者单处销售金额百分之五十以上二倍以下罚金"修改为"处五年以下有期徒刑,并处罚金";将"造成严重食物中毒事故或者其他严重食源性疾患,对人体健康造成严重危害的"修改为"对人体健康造成严重危害或者有其他严重情节的";将"致人死亡或者对人体健康造成特别严重危害的"修改为"致人死亡或者有其他特别严重情节的"。这种修改使量刑情节更概括,更能灵活地惩治生产、销售有毒、有害食品罪的犯罪分子,取消最低拘役刑,加大了惩罚的力度。

2.刑法规定修改的原因

我国1979年《刑法》中没有单独规定生产、销售有毒、有害食品罪的规定,司法实践中,对于少数生产、销售有毒、有害食品,造成严重后果的行为,一般按投机倒把罪、重大责任事故罪、以危险方法危害公共安全罪等罪追究有关人员的刑事责任。1997年《刑法》第144条沿用了《关于惩治生产、销售伪劣商品犯罪的决定》中规定的生产、销售有毒、有害食品罪的规定。但是,经过十几年执法惩治,仍然出现了不少生产、销售有毒、有害食品犯罪行为,说明刑法原规定的法定刑偏轻,惩罚的力度不够。例如,生产、销售有毒牛奶、有毒猪肉等行为屡禁不止。全国人大常委会在《刑法修正案(八)》中,将1997年《刑法》第144条规定的生产、销售有毒、有害食品罪法定刑的最低刑和量刑情节作了补充修改,加大了惩治这种犯罪的力度。

3.生产、销售有毒、有害食品罪的适用

生产、销售有毒、有害食品罪是《刑法修正案(八)》第25条对1997年《刑法》第144条规定的生产、销售有毒、有害食品罪法定刑和量刑情节修改的犯罪,要准确适用就必须弄清该罪的概念、构成特征、法定刑以及适用时应注意的问题。

(1)生产、销售有毒、有害食品罪的概念。该罪是指在生产、销售的食品中掺入有毒、有害的非食品原料的,或者销售明知是掺有有毒、有害的非食品原料的食品的行为。

该罪是食品生产、销售者为了谋取非法利润,故意在生产、销售的食品中掺入有毒、有害的非食品原料,危害人体健康,或者明知是有毒、有害食品,不顾消费者的死活而加以销售的行为。这种犯罪的主体的主观恶性深,社会危害性严重,刑法规定起刑点为有期徒刑,最高法定刑为死刑。为了更严厉地惩罚这种犯罪分子,全国人大常委会在《刑法修正案(八)》中修改了法定刑,增加了"有其他特别严重情节的",也可以判处死刑。

(2)犯罪构成特征。根据《刑法》第144条和《刑法修正案(八)》第25条的规定,该罪的构成特征是:

①犯罪主体,是一般主体。达到法定年龄、具有刑事责任能力,实施了生产、销售有毒、有害食品犯罪行为的自然人和单位。单位犯本罪的主体是单位和单位的直接负责的主管人员和其他直接责任人员。犯罪主体在主观上是故意的,多数是以营利为目的。

②犯罪行为,必须是实施了生产、销售有毒、有害食品的行为。具体表现有:

一是故意在生产、销售的食品中掺入有毒、有害的非食品原料的行为。例如,向糕点中加入有毒的苏丹红,在牛奶中加入二噁英等行为。

二是明知是掺入有毒、有害食品而进行销售的行为。例如,销售明知是用甲醇代替乙醇勾兑的白酒,明知是含有瘦肉精的猪肉而进行销售的行为等。

所谓有毒、有害的非食品原料,根据2022年1月1日起最高人民法院、最高人民检察院施行的《关于办理危害食品安全刑事案件适用法律若干问题的解释》第9条规定,"下列物质应当认定为刑法第一百四十四条规定的'有毒、有害的非食品原料':(一)因危害人体健康,被法律、法规禁止在食品生产经营活动中添加、使用的物质;(二)因危害人体健康,被国务院有关部门列入《食品中可能违法添加的非食用物质名单》《保健食品中可能非法添加的物质名单》和国务院有关部门公告的禁用农药、《食品动物中禁止使用的药品及其他化合物清单》等名单上的物质;(三)其他有毒、有害物质"。

③犯罪结果,本罪是行为犯。只要实施了在生产、销售的食品中掺入有毒、有害食品的行为,或者明知是掺入有毒、有害的食品而进行销售的行为,就可以构成犯罪。如果造成人体健康严重危害或者有其他严重情节的、致人死亡或者有其他特别严重情节的,要加重处罚。

(3)生产、销售有毒、有害食品罪的法定刑。根据《刑法》第144条和第150条的规定,该罪的法定刑是:

①构成本罪的,处5年以下有期徒刑,并处罚金。

这里包括实施了生产、销售有毒、有害食品,足以造成食物中毒事故或者其他食源性疾病的危害行为的"情节轻、情节一般、情节较重、情节重"等情形。

根据最高人民法院、最高人民检察院2022年1月1日起施行的《关于办理危害食品安全刑事案件适用法律若干问题的解释》第24条规定:"足以造成严重食物中毒事故或者其他严重食源性疾病""有毒、有害的非食品原料"等专门性问题难以确定的,司法机关可以根据鉴定意见、检验报告、地市级以上相关行政主管部门组织出具的书面意见,结合其他证据作出认定。必要时,专门性问题由省级以上相关行政主管部门组织出具书面意见。

②犯本罪,对人体健康造成严重危害或者有其他严重情节的,处5年以上10年以下有期徒刑,并处罚金。

这里的"对人体健康造成严重危害或者有其他严重情节",根据最高人民法院、最高人民检察院2022年1月1日实施的《关于办理危害食品安全刑事案件适用法律若干问题的解释》第6条规定:"生产、销售有毒、有害食品,具有本解释第二条规定情形之一的,应当认定为刑法第一百四十四条规定的'对人体健康造成严重危害':(一)造成轻伤以上伤害的;(二)造成轻度残疾或者中度残疾的;(三)造成器官组织损伤导致一般功能障碍或者严重功能障碍的;(四)造成10人以上严重食物中毒或者其他严重食源性疾病的:(五)其他对人体健康造成严重危害的情形。"

上述司法解释第7条规定,"生产、销售有毒、有害食品,具有下列情形之一的,应当认定为刑法第一百四十四条规定的'其他严重情节':(一)生产、销售金额二十万元以上不满五十万元的;(二)生产、销售金额十万元以上不满二十万元,有毒、有害食品数量较大或者生产、销售持续时间六个月以上的;(三)生产、销售金额十万元以上不满二十万元,属于特殊医学用途配方食品、专供婴幼儿的主辅食品的;(四)生产、销售金额十万元以上不满二十万元,且在中小学校园、托幼机构、养老机构及周边面向未成年人、老年人销售的;(五)生产、销售金额十万元以上不满二十万元,曾因危害食品安全犯罪受过刑事处罚或者二年内因危害食品安全违法行为受过行政处罚的;(六)有毒、有害的非食品原料毒害性强或者含量高的;(七)其他情节严重的情形"。

③犯本罪,致人死亡或者有其他特别严重情节的,处10年以上有期徒刑、无期徒刑或者死刑,并处罚金或者没收财产。

这里的"其他特别严重情节",根据2022年1月1日实施的最高人民法院、最高人民检察院《关于办理危害食品安全刑事案件适用法律若干问题的解释》第8条规定:"生产、销售有毒、有害食品,生产、销售金额五十万元以上,或者具有本解释第四条第二项至第六项规定的情形之一的,应当认定为刑法第一百四十四条规定的'其他特别严重情节':(一)致人死亡或者重度残疾的;(二)造成3人以上重伤、中度残疾或者器官组织损伤导致严重功能障碍的;(三)造成10人以上轻伤、5人以上轻度残疾或者器官组织损伤导致一般功能障碍的;(四)造成30人以上严重食物中毒或者其他严重食源性疾病的;(五)其他特别严重的后果。"

根据2022年1月1日最高人民法院、最高人民检察院实施的《关于办理危害食品安全刑事案件适用法律若干问题的解释》第21条规定,"犯生产、销售不符合安全标准的食品罪,生产、销售有毒、有害食品罪,一般应当依法判处生产、销售金额二倍以上的罚金。共同犯罪的,对各共同犯罪人合计判处的罚金一般应当在生产、销售金额的二倍以上"。

④单位犯本罪,对单位判处罚金,并对其直接负责的主管人员和其他直接责任人员,依自然人犯本罪处罚规定处罚。

根据上述司法解释第22条规定:对犯本罪的犯罪分子应当依照刑法规定的条件严格适用缓刑、免予刑事处罚。对于符合刑法规定的缓刑适用条件的犯罪分子,可以适用缓刑,也可以根据犯罪情况,同时宣告禁止令。对于被不起诉或者免予刑事处罚的行为人,需要给予行政处罚、政务处分或者其他处分的,依法移送有关主管机关处理。

(4)认定本罪时,应注意的问题:

①注意区分罪与非罪的界限。

第一,根据我国《刑法》第144条的规定,生产、销售有毒、有害食品罪的主体在主观上是故意的,主观上是过失的人不构成本罪。

第二,生产、销售有毒、有害食品罪是行为犯,只要实施了生产、销售有毒、有害食品行为的,就可以构成犯罪。但是依照《刑法》第13条规定,情节显著轻微危害不大的,不认为是犯罪。

②注意划清本罪与生产、销售不符合安全标准的食品罪的界限。本罪与《刑法》第143条规定的生产、销售不符合安全标准的食品罪在犯罪主体、犯罪对象上都很相似,容易混淆。这两种犯罪的主要区别点是:一是犯罪行为不同。本罪是生产、销售有毒、有害食品的行为,是行为犯,相比较其主观恶性相对重些。而生产、销售不符合安全标准的食品罪的犯罪行为是

在生产、销售不符合安全标准的食品行为,其主观恶性相对轻些。二是犯罪结果要件不同。本罪是行为犯,只要生产、销售有毒、有害食品的行为就构成犯罪,而生产、销售不符合安全标准的食品罪是危险犯,必须足以造成严重食物中毒事故的结果才能构成犯罪。三是法定刑不同。本罪的法定起刑点是有期徒刑,法定最高刑是死刑,而生产、销售不符合安全标准的食品罪最低刑是拘役,最高刑是无期徒刑,由于上述两种犯罪的构成要件的三点不同,将两种犯罪区别开来。

根据 2022 年 1 月 1 日最高人民法院、最高人民检察院实施的《关于办理危害食品安全刑事案件适用法律若干问题的解释》第 11 条规定:在食品生产、销售、运输、贮存等过程中,掺入有毒、有害的非食品原料,或者使用有毒、有害的非食品原料生产食品的,依照《刑法》第 144 条的规定以生产、销售有毒、有害食品罪定罪处罚。在食用农产品种植、养殖、销售、运输、贮存等过程中,使用禁用农药、食品动物中禁止使用的药品及其他化合物等有毒、有害的非食品原料,适用前款的规定定罪处罚。在保健食品或者其他食品中非法添加国家禁用药物等有毒、有害的非食品原料的,适用第一款的规定定罪处罚。

上述司法解释第 12 条规定:在食品生产、销售、运输、贮存等过程中,使用不符合食品安全标准的食品包装材料、容器、洗涤剂、消毒剂,或者用于食品生产经营的工具、设备等,造成食品被污染,符合《刑法》第 143 条、第 144 条规定的,以生产、销售不符合安全标准的食品罪或者生产、销售有毒、有害食品罪定罪处罚。

③注意认定生产、销售有毒、有害食品罪共犯的认定。根据 2022 年 1 月 1 日实施的最高人民法院、最高人民检察院《关于办理危害食品安全刑事案件适用法律若干问题的解释》第 14 条规定:"明知他人生产、销售不符合食品安全标准的食品,有毒、有害食品,具有下列情形之一的,以生产、销售不符合安全标准的食品罪或者生产、销售有毒、有害食品罪的共犯论处:(一)提供资金、贷款、账号、发票、证明、许可证件的;(二)提供生产、经营场所或者运输、贮存、保管、邮寄、销售渠道等便利条件的;(三)提供生产技术或者食品原料、食品添加剂、食品相关产品或者有毒、有害的非食品原料的;(四)提供广告宣传的;(五)提供其他帮助行为的。"

④注意生产、销售有毒、有害食品行为的处罚。根据 2022 年 1 月 1 日实施的最高人民法院、最高人民检察院《关于办理危害食品安全刑事案件适用法律若干问题的解释》第 13 条规定,生产、销售不符合食品安全标准的食品,有毒、有害食品,构成犯罪的同时构成其他犯罪的,依照处罚较重的规定定罪处罚。

(六)走私武器、弹药罪,走私核材料罪,走私假币罪

走私武器、弹药罪,走私核材料罪,走私假币罪是《刑法修正案(八)》第 26 条对 1997 年《刑法》第 151 条第 1 款规定的走私武器、弹药罪,走私核材料罪,走私假币罪量刑情节的修改。最高人民法院 1997 年 12 月 16 日《关于执行〈中华人民共和国刑法〉确定罪名的规定》中确定为上述三种具体走私罪名。《刑法修正案(八)》第 26 条对上述三种走私罪的法定刑作了修改。2015 年 8 月 29 日发布的《刑法修正案(九)》对 1997 年《刑法》第 151 条第 1 款规定上述三罪的法定刑作了修改,取消了判处死刑的规定。本书对上述三种犯罪合并在一起进行分析。[详见《刑法修正案(九)》修改的犯罪(四)走私武器、弹药罪,走私核材料罪,走私假币罪]

（七）走私文物罪，走私贵重金属罪，走私珍贵动物、珍贵动物制品罪

走私文物罪，走私贵重金属罪，走私珍贵动物、珍贵动物制品罪是《刑法修正案（八）》第26条对1997年《刑法》第151条第2款规定的走私文物罪，走私贵重金属罪，走私珍贵动物、珍贵动物制品罪量刑情节和法定刑的修改，取消了该三种罪可以判处死刑的规定。最高人民法院1997年12月16日《关于执行〈中华人民共和国刑法〉确定罪名的规定》中确定为上述三种具体走私罪名。《刑法修正案（八）》第26条对走私上述三种罪的法定刑作了修改。本书对上述三种罪合并在一起进行分析。

1. 刑法规定内容的修改

刑法条文中有关走私文物罪，走私贵重金属罪，走私珍贵动物、珍贵动物制品罪的规定有：

（1）1979年《刑法》第116条规定："违反海关法规，进行走私，情节严重的，除按照海关法规没收走私物品并且可以罚款外，处三年以下有期徒刑或者拘役，可以并处没收财产。"

第118条规定："以走私、投机倒把为常业的，走私、投机倒把数额巨大的或者走私、投机倒把集团的首要分子，处三年以上十年以下有期徒刑，可以并处没收财产。"

（2）1997年《刑法》第151条第2款规定："走私国家禁止出口的文物、黄金、白银和其他贵重金属或者国家禁止进出口的珍贵动物及其制品的，处五年以上有期徒刑，并处罚金；情节较轻的，处五年以下有期徒刑，并处罚金。"

1997年《刑法》第151条第4款规定："犯第一款、第二款罪，情节特别严重的，处无期徒刑或者死刑，并处没收财产。"

1997年《刑法》第151条第5款规定："单位犯本条规定之罪的，对单位判处罚金，并对其直接负责的主管人员和其他直接责任人员，依照本条各款的规定处罚。"

（3）2011年《刑法修正案（八）》第26条对1997年《刑法》第151条第2款修改为："走私国家禁止出口的文物、黄金、白银和其他贵重金属或者国家禁止进出口的珍贵动物及其制品的，处五年以上十年以下有期徒刑，并处罚金；情节特别严重的，处十年以上有期徒刑或者无期徒刑，并处没收财产；情节较轻的，处五年以下有期徒刑，并处罚金。"

上述《刑法修正案（八）》第26条对1997年《刑法》第151条第2款规定的走私文物罪，走私贵重金属罪，走私珍贵动物、珍贵动物制品罪的法定刑调整为"处五年以上十年以下有期徒刑，并处罚金；情节特别严重的，处十年以上有期徒刑或者无期徒刑，并处没收财产"，取消判处死刑的规定。

2. 刑法规定修改的原因

我国1979年《刑法》第116条、第118条对走私罪作了规定，当时，我国走私行为不是很严重，所以规定的法定刑较轻，最低刑是拘役，最高刑为10年有期徒刑。1997年《刑法》沿用《关于惩治走私罪的补充规定》，将走私毒品行为规定在《刑法》分则第6章第7节走私、贩卖、运输、制造毒品罪中，将走私其他货物、物品按走私特殊货物、物品和普通货物、物品规定在走私一类罪名中。走私文物罪，走私贵重金属罪，走私珍贵动物、珍贵动物制品罪规定了较重的法定刑，最低法定刑为有期徒刑，最高法定刑为死刑。根据当前改革开放的不断推进和我国加入世贸组织，对有些走私犯罪，刑法规定的法定刑较重，有些犯罪可以不判处死刑。因此，需要对法定刑从轻调整。全国人大常委会在《刑法修正案（八）》中，将1997年《刑法》第151

条第2款中规定的走私文物罪,走私贵重金属罪,走私珍贵动物罪,走私珍贵动物制品罪的法定刑作了调整,并取消了上述三种罪可以判处死刑的规定。

3. 走私文物罪,走私贵重金属罪,走私珍贵动物、珍贵动物制品罪的适用

走私文物罪,走私贵重金属罪,走私珍贵动物、珍贵动物制品罪是《刑法修正案(八)》第26条对1997年《刑法》第151条第2款规定的走私文物罪,走私贵重金属罪,走私珍贵动物、珍贵动物制品罪修改的犯罪,要准确适用就必须弄清该罪的概念、构成特征、法定刑以及适用时应注意的问题。

(1)走私文物罪,走私贵重金属罪,走私珍贵动物、珍贵动物制品罪的概念。该三罪是指违反海关法规定,非法运输、携带、邮寄走私文物、贵重金属、珍贵动物、珍贵动物制品进出国(边)境,逃避海关、边关监督、检查的行为。

文物、贵重金属、珍贵动物、珍贵动物制品都是国家的宝贵财富,是国家禁止进出国(边)境。走私上述特殊物品,是一种严重危害社会管理秩序,具有严重社会危害性。我国刑法将走私文物、贵重金属、珍贵动物及珍贵动物制品的行为规定为独立的三种罪名,最低处有期徒刑,最高处无期徒刑,并处没收财产。

(2)犯罪构成特征。根据《刑法》第151条第2款和《刑法修正案(八)》第26条的规定,该罪的构成特征是:

①犯罪主体,是一般主体,达到法定年龄、具有刑事责任能力,实施了走私文物、贵重金属、珍贵动物及珍贵动物制品犯罪行为的自然人和单位。单位犯本罪的主体是单位和单位的直接负责的主管人员和其他直接责任人员。犯罪主体主观上是故意的,多数是以营利为目的。

根据2014年9月10日最高人民法院、最高人民检察院实施的《关于办理走私刑事案件适用法律若干问题的解释》第9条第3款规定,不以牟利为目的,为留作纪念而走私珍贵动物制品进境,数额不满10万元的,可以免予刑事处罚;情节显著轻微的,不作为犯罪处理。

②犯罪行为,必须是实施了走私文物、贵重金属、珍贵动物、珍贵动物制品的行为。具体表现有:

第一,故意不经过海关、边防检查站,非法运输、携带走私文物、贵重金属、珍贵动物、珍贵动物制品进出国(边)境的行为。

第二,通过海关、边防检查站,但采取伪装、藏匿、谎报等方法逃避海关监督、检查、检验而运输、携带文物、贵重金属、珍贵动物及珍贵动物制品进出国(边)境的行为。

根据2014年9月10日实施的最高人民法院、最高人民检察院《关于办理走私刑事案件适用法律若干问题的解释》第10条规定,《刑法》第151条第2款规定的"珍贵动物",包括列入《国家重点保护野生动物名录》中的国家一、二级保护野生动物,《濒危野生动植物种国际贸易公约》附录Ⅰ、附录Ⅱ中的野生动物,以及驯养繁殖的上述动物。走私本解释附表中未规定的珍贵动物的,参照附表中规定的同属或者同科动物的数量标准执行。走私本解释附表中未规定珍贵动物的制品的,按照《最高人民法院、最高人民检察院、国家林业局、公安部、海关总署关于破坏野生动物资源刑事案件中涉及的CITES附录Ⅰ和附录Ⅱ所列陆生野生动物制品价值核定问题的通知》(林濒发〔2012〕239号)的有关规定核定价值。

本解释规定的"古生物化石",按照《古生物化石保护条例》的规定予以认定。走私具有

科学价值的古脊椎动物化石、古人类化石,构成犯罪的,依照《刑法》第151条第2款的规定,以走私文物罪定罪处罚。

③犯罪结果,本罪是行为犯。只要实施了走私文物、贵重金属、珍贵动物及珍贵动物制品的行为就可以构成犯罪。走私上述特殊物品情节特别严重的,适用加重法定刑,最高可判处无期徒刑。

(3)走私文物罪,走私贵重金属罪,走私珍贵动物、珍贵动物制品罪的法定刑。根据《刑法》第151条第2款的规定,该罪的法定刑是:

①构成本罪的,处5年以上10年以下有期徒刑,并处罚金,即情节一般、情节严重的,首选处5年以上10年以下有期徒刑的法定刑。

根据2016年1月1日起最高人民法院、最高人民检察院施行的《关于办理妨害文物管理等刑事案件适用法律若干问题的解释》第1条规定:"刑法第一百五十一条规定的'国家禁止出口的文物',依照《中华人民共和国文物保护法》规定的'国家禁止出境的文物'的范围认定。走私国家禁止出口的二级文物的,应当依照《刑法》第一百五十一条第二款的规定,以走私文物罪处五年以上十年以下有期徒刑,并处罚金;走私国家禁止出口的一级文物的,应当认定为《刑法》第一百五十一条第二款规定的'情节特别严重';走私国家禁止出口的三级文物的,应当认定为《刑法》第一百五十一条第二款规定的'情节较轻'。走私国家禁止出口的文物,无法确定文物等级,或者按照文物等级定罪量刑明显过轻或者过重的,可以按照走私的文物价值定罪量刑。走私的文物价值在二十万元以上不满一百万元的,应当依照《刑法》第一百五十一条第二款的规定,以走私文物罪处五年以上十年以下有期徒刑,并处罚金;文物价值在一百万元以上的,应当认定为《刑法》第一百五十一条第二款规定的'情节特别严重';文物价值在五万元以上不满二十万元的,应当认定为《刑法》第一百五十一条第二款规定的'情节较轻'。"

根据2014年9月10日最高人民法院、最高人民检察院实施的《关于办理走私刑事案件适用法律若干问题的解释》第1条规定:"具有下列情形之一的,依照《刑法》第一百五十一条第二款规定的走私国家禁止进出口的珍贵动物及制品:(一)未经批准擅自进出口列入经国家濒危物种进出口管理机构公布的《濒危野生动植物种国际贸易公约》附录一、附录二的野生动物及其制品的;(二)未经批准擅自出口列入《国家重点保护野生动物名录》的野生动物及其制品。"

上述解释第2条规定:"走私国家禁止进出口的珍贵动物及制品价值20万元以上不满200万元的,应当依照《刑法》第151条第2款规定的规定,以走私珍贵动物、珍贵动物制品罪处5年以上10年以下有期徒刑,并处罚金。"

②犯本罪,情节特别严重的,处10年以上有期徒刑或者无期徒刑,并处没收财产。

根据2022年4月9日最高人民法院、最高人民检察院《关于办理走私刑事案件适用法律若干问题的解释》第2条规定:"走私国家禁止进出口的珍贵动物及制品价值200万元以上的,应当认定为'情节特别严重'处10年以下有期徒刑或者无期徒刑,并处没收财产。"

③情节较轻的,处5年以下有期徒刑,并处罚金。

根据2022年4月9日最高人民法院、最高人民检察院《关于办理破坏野生动物资源刑事案件适用法律若干问题的解释》第2条规定,走私国家禁止进出口的珍贵动物及制品价值20

万元以上不满200万元的,应当依照《刑法》第151条第2款的规定,以走私珍贵动物、珍贵动物制品罪处5年以上10年以下有期徒刑,并处罚金。价值在200万元以上的,应当认定为"情节特别严重"的,处10年以上有期徒刑或者无期徒刑,并处没收财产,价值在2万元以上不满20万元的,应当认定为"情节较轻",处5年以下有期徒刑,并处罚金。

④单位犯本罪的,对单位判处罚金,并对其直接负责的主管人员和其他直接责任人员依照自然人犯本罪处罚规定处罚。

根据2022年4月9日施行的最高人民法院、最高人民检察院《关于办理破坏野生动物资源刑事案件适用法律若干问题的解释》第2条第2款、第3款规定:实施前款规定的行为,具有下列情形之一的,从重处罚:(一)属于犯罪集团的首要分子的;(二)为逃避监管,使用特种交通工具实施的;(三)二年内曾因破坏野生动物资源受过行政处罚的。

实施第一款规定的行为,不具有第二款规定的情形,且未造成动物死亡或者动物、动物制品无法追回,行为人全部退赃退赔,确有悔罪表现的,按下列规定处理:(一)珍贵动物及其制品价值二百万元以上的,可处五年以上十年以下有期徒刑,并处罚金;(二)珍贵动物及其制品价值二十万元以上不满二百万元的,可以认定为情节较轻,处五年以下有期徒刑,并处罚金;(三)珍贵动物及其制品价值二万元以上的不满二十万元的,可以认定为犯罪情节轻微,不起诉或者免予刑事处罚,情节显著轻微危害不大的,不作为犯罪处理。

(4)认定本罪时,应注意的问题:

①注意区分罪与非罪的界限。

第一,根据我国《刑法》第151条第2款规定,走私文物罪,走私贵重金属罪,走私珍贵动物、珍贵动物制品罪的犯罪主体在主观上是故意的,主观上是过失的人不构成本罪。

第二,走私文物罪,走私贵重金属罪,走私珍贵动物、珍贵动物制品罪是行为犯,只要实施了走私上述物品行为的就可以构成犯罪。但是依照《刑法》第13条规定,情节显著轻微危害不大的,不认为是犯罪。

②注意正确认定走私文物罪,走私贵重金属罪,走私珍贵动物、珍贵动物制品罪的既遂。根据2014年9月10日实施的最高人民法院、最高人民检察院《关于办理走私刑事案件适用法律若干问题的解释》第23条规定,"实施走私犯罪,具有下列情形之一的,应当认定为犯罪既遂:(一)在海关监管现场被查获的;(二)以虚假申报方式走私,申报行为实施完毕的;(三)以保税货物或者特定减税、免税进口的货物、物品为对象走私,在境内销售的,或者申请核销行为实施完毕的"。

③注意走私罪的数罪并罚。《刑法》第151条第2款规定的走私文物罪,走私贵重金属罪,走私珍贵动物、珍贵动物制品罪是三种独立罪名,不是选择罪名。如果犯罪分子分别走私文物,又走私贵重金属和走私珍贵动物、珍贵动物制品的,应分别定为走私文物罪,走私贵重金属罪,走私珍贵动物、珍贵动物制品罪,进行数罪并罚。但犯罪分子既走私了珍贵动物,也走私了珍贵动物制品的行为,只定为走私珍贵动物、珍贵动物制品罪一罪,不能定为走私珍贵动物罪和走私珍贵动物制品罪而进行数罪并罚。如果犯罪分子只走私了珍贵动物或者只走私了珍贵动物制品的行为,则可选择只定为走私珍贵动物罪或者走私珍贵动物制品罪。

(八)走私国家禁止进出口的货物、物品罪

走私国家禁止进出口的货物、物品罪是《刑法修正案(八)》第26条对1997年《刑法》第

151条第3款规定的走私国家禁止进出口的货物、物品罪的量刑情节和法定刑的修改。最高人民法院1997年12月16日《关于执行〈中华人民共和国刑法〉确定罪名的规定》中确定为走私珍稀植物、珍稀植物制品罪的罪名,《刑法修正案(七)》增加规定走私国家禁止进出口的其他货物、物品的犯罪行为,2009年10月16日实施的最高人民法院、最高人民检察院《关于执行〈中华人民共和国刑法〉确定罪名的补充规定(四)》中取消了"走私珍稀植物、珍稀植物制品罪",修改为"走私国家禁止进出口的货物、物品罪"。《刑法修正案(八)》第26条对走私国家禁止进出口的货物、物品罪的法定刑作了修改。

1.刑法规定内容的修改

刑法条文中有关走私国家禁止进出口的货物、物品罪的规定有：

(1)1979年《刑法》第116条规定："违反海关法规,进行走私,情节严重的,除按照海关法规没收走私物品并且可以罚款外,处三年以下有期徒刑或者拘役,可以并处没收财产。"

1979年《刑法》第118条规定："以走私、投机倒把为常业的,走私、投机倒把数额巨大的或者走私、投机倒把集团的首要分子,处三年以上十年以下有期徒刑,可以并处没收财产。"

(2)1997年《刑法》第151条第3款规定："走私国家禁止进出口的珍稀植物及其制品的,处五年以下有期徒刑,并处或者单处罚金;情节严重的,处五年以上有期徒刑,并处罚金。"

1997年《刑法》第151条第5款规定："单位犯本条规定之罪的,对单位判处罚金,并对其直接负责的主管人员和其他直接责任人员,依照本条各款的规定处罚。"

(3)2011年《刑法修正案(八)》第26条对1997年《刑法》第151条第3款修改为："走私珍稀植物及其制品等国家禁止进出口的其他货物、物品的,处五年以下有期徒刑或者拘役,并处或者单处罚金;情节严重的,处五年以上有期徒刑,并处罚金。"

上述《刑法修正案(八)》第26条对1997年《刑法》第151条第3款规定的"处五年以下有期徒刑,并处或者单处罚金"修改为"处五年以下有期徒刑或者拘役",增加了最低处拘役刑的规定,减轻了对这种犯罪的处罚力度。

2.刑法规定修改的原因

我国1979年《刑法》第116条、第118条对走私罪作了规定,当时我国走私行为不是很严重,所以规定的法定刑较轻,最低刑是拘役,最高刑是10年有期徒刑。1997年《刑法》沿用《关于惩治走私罪的补充规定》,将走私毒品行为规定在《刑法》分则第6章第7节走私、贩卖、运输、制造毒品罪中,将走私其他货物、物品按走私特殊货物、物品和普通货物、物品规定在走私一类罪名中。走私珍稀植物、珍稀植物制品罪规定了较重的法定刑。《刑法修正案(七)》增加规定了走私国家禁止进出口的其他货物、物品的犯罪行为,最高人民法院、最高人民检察院《关于执行〈中华人民共和国刑法〉确定罪名的补充规定(四)》确定其为新罪名"走私国家禁止进出口的货物、物品罪"。当时规定该罪的最低法定刑仍为有期徒刑。全国人大常委会在《刑法修正案(八)》中,将1997年《刑法》第151条第3款中规定的走私国家禁止进出口的货物、物品罪的法定刑最低刑由有期徒刑改为拘役,减轻了对该罪的处罚力度。

3.走私国家禁止进出口的货物、物品罪的适用

走私国家禁止进出口的货物、物品罪是《刑法修正案(八)》第26条对1997年《刑法》第151条第3款规定的走私国家禁止进出口的货物、物品罪修改的犯罪,要准确适用就必须弄清

该罪的概念、构成特征、法定刑以及适用时应注意的问题。

（1）走私国家禁止进出口的货物、物品罪的概念。该罪是指违反海关法规定，非法运输、携带、邮寄走私珍稀植物、珍稀植物制品等国家禁止进出口的其他货物、物品进出国（边）境，逃避海关、边关监督、检查的行为。

珍稀植物、珍稀植物制品等国家禁止出口的其他货物、物品都是国家的宝贵财富，国家禁止进出国（边）境。走私上述国家禁止出口的货物、物品，是一种严重危害社会管理秩序的行为，具有严重社会危害性。我国刑法将走私珍稀植物、珍稀植物制品、国家禁止进出口的其他货物、物品的行为规定为独立的罪名，最低处拘役，最高处15年有期徒刑，并处罚金。

（2）犯罪构成特征。根据《刑法》第151条第3款和《刑法修正案（八）》第26条的规定，该罪的构成特征是：

①犯罪主体，是一般主体。达到法定年龄、具有刑事责任能力，实施了走私珍稀植物、珍稀植物制品、国家禁止进出口的其他货物、物品的犯罪行为的自然人和单位。单位犯本罪的主体是单位和单位的直接负责的主管人员和其他直接责任人员。犯罪主体在主观上是故意的，多数是以营利为目的。

②犯罪行为，必须是实施了走私珍稀植物、珍稀植物制品、国家禁止进出口的其他货物、物品的行为。具体表现有：

一是故意不经过海关、边防检查站，非法运输、携带走私珍稀植物、珍稀植物制品、国家禁止进出口的其他货物、物品进出国（边）境的行为。

二是通过海关、边防检查站，但采取伪装、藏匿、谎报等方法逃避海关监督、检查、检验而运输、携带珍稀植物、珍稀植物制品、国家禁止进出口的其他货物、物品进出国（边）境的行为。

根据2014年9月10日最高人民法院、最高人民检察院实施的《关于办理走私刑事案件适用法律若干问题的解释》第12条规定，《刑法》第151条第3款规定的"珍稀植物"，包括列入《国家重点保护野生植物名录》《国家重点保护野生药材物种名录》《国家珍贵树种名录》中的国家一、二级保护野生植物、国家重点保护的野生药材、珍贵树木，《濒危野生动植物种国际贸易公约》附录Ⅰ、附录Ⅱ中的野生植物，以及人工培育的上述植物。

③犯罪结果，本罪是行为犯，只要实施了走私珍稀植物、珍稀植物制品、国家禁止进出口的其他货物、物品的行为就可以构成犯罪。走私上述特殊物品情节严重的适用加重法定刑，最高可判处15年有期徒刑。

（3）走私国家禁止进出口的货物、物品罪的法定刑。根据《刑法》第151条第3款的规定，该罪的法定刑是：

①构成本罪的，处5年以下有期徒刑或者拘役，并处或者单处罚金。

根据2014年9月10日最高人民法院、最高人民检察院实施的《关于办理走私刑事案件适用法律若干问题的解释》第11条第1款规定，"走私国家禁止进出口的货物、物品，具有下列情形之一的，依照刑法第一百五十一条第三款的规定处五年以下有期徒刑或者拘役，并处或者单处罚金：（一）走私国家一级保护野生植物五株以上不满二十五株，国家二级保护野生植物十株以上不满五十株，或者珍稀植物、珍稀植物制品数额在二十万元以上不满一百万元的；（二）走私重点保护古生物化石或者未命名的古生物化石不满十件，或者一般保护古生物化石十件以上不满五十件的；（三）走私禁止进出口的有毒物质一吨以上不满五吨，或者数额在二万元以上不满十万元的;(四)走私来自境外疫区的动植物及其产品五吨以上不满二十五吨,或者数额在五万元以上不满二十五万元的;(五)走私木炭、硅砂等妨害环境、资源保护的货物、物品十吨以上不满五十吨,或者数额在十万元以上不满五十万元的;(六)走私旧机动车、切割车、旧机电产品或者其他禁止进出口的货物、物品二十吨以上不满一百吨,或者数额在二十万元以上不满一百万元的;(七)数量或者数额未达到本款第一项至第六项规定的标准,但属于犯罪集团的首要分子,使用特种车辆从事走私活动,造成环境严重污染,或者引起甲类传染病传播、重大动植物疫情等情形的"。

②犯本罪,情节严重的,处5年以上有期徒刑,并处罚金。

根据2014年9月10日最高人民法院、最高人民检察院实施的《关于办理走私刑事案件适用法律若干问题的解释》第11条第2款规定,"具有下列情形之一的,应当认定为刑法第一百五十一条第三款规定的'情节严重':(一)走私数量或者数额超过前款第一项至第六项规定的标准的;(二)达到前款第一项至第六项规定的标准,且属于犯罪集团的首要分子,使用特种车辆从事走私活动,造成环境严重污染,或者引起甲类传染病传播、重大动植物疫情等情形的"。

③单位犯本罪的,对单位判处罚金,并对其直接负责的主管人员和其他直接责任人员依自然人犯本罪处罚规定处罚。

(4)认定本罪时,应注意的问题:

①注意区分罪与非罪的界限。

第一,根据我国《刑法》第151条第3款规定走私国家禁止进出口的货物、物品罪的主体在主观上是故意的,主观上是过失的人不构成本罪。

第二,走私国家禁止进出口的货物、物品罪是行为犯,只要实施了走私上述国家禁止进出口的货物、物品行为的就可以构成犯罪。但是,依照《刑法》第13条规定,情节显著轻微危害不大的,不认为是犯罪。

②注意正确认定走私国家禁止进出口的货物、物品罪的既遂。根据2014年9月10日最高人民法院、最高人民检察院实施的《关于办理走私刑事案件适用法律若干问题的解释》第23条规定,"实施走私犯罪,具有下列情形之一的,应当认定为犯罪既遂:(一)在海关监管现场被查获的;(二)以虚假申报方式走私,申报行为实施完毕的;(三)以保税货物或者特定减税、免税进口的货物、物品为对象走私,在境内销售的,或者申请核销行为实施完毕的"。

③注意划清本罪与走私文物罪,走私贵重金属罪,走私珍贵动物、珍贵动物制品罪的界限。我国《刑法》第151条第2款规定有走私文物罪,走私贵重金属罪,走私珍贵动物、珍贵动物制品罪,该罪的走私对象是文物、贵重金属、珍贵动物、珍贵动物制品。而本罪走私的对象是国家禁止或限制进出口的货物、物品和珍贵、珍稀植物及其制品,二罪的犯罪主体、犯罪行为、犯罪结果相似,容易混淆。主要区别是走私的对象不同,刑法根据走私对象的不同,对社会的危害程度不同,分别规定为独立的罪名和法定刑。

根据2014年9月10日最高人民法院、最高人民检察院实施的《关于办理走私刑事案件适用法律若干问题的解释》第12条第2款规定,本解释规定的"古生物化石,按照《古生物化石保护条例》的规定予以认定"。如果走私一般古生物化石,认定为本罪,而走私具有科学价值的古脊椎动物化石、古人类化石,构成犯罪的,依照《刑法》第151条第2款的规定,以走私文物罪定罪处罚。

④注意划清本罪与走私淫秽物品罪、走私废物罪的界限。我国《刑法》第152条规定有走私淫秽物品罪、走私废物罪。这两种罪也是走私国家禁止或限制进出口的货物、物品，与本罪的犯罪主体、犯罪行为、犯罪结果相似，容易混淆。主要区别是走私的对象不同，刑法根据走私对象的不同，对社会的危害程度不同，分别规定为独立的罪名和法定刑。在适用时，应注意单独定罪和适用单独规定的法定刑。不能将其他走私国家禁止进出口的货物、物品而认定为本罪。

(九)走私普通货物、物品罪

走私普通货物、物品罪是《刑法修正案(八)》第27条对1997年《刑法》第153条第1款规定的走私普通货物、物品罪量刑情节和法定刑的修改。最高人民法院1997年12月16日《关于执行〈中华人民共和国刑法〉确定罪名的规定》中确定为"走私普通货物、物品罪"的罪名。

1.刑法规定内容的修改

刑法条文中有关走私普通货物、物品罪的规定有：

(1)1979年《刑法》第116条规定："违反海关法规，进行走私，情节严重的，除按照海关法规没收走私物品并且可以罚款外，处三年以下有期徒刑或者拘役，可以并处没收财产。"

1979年《刑法》第118条规定："以走私、投机倒把为常业的，走私、投机倒把数额巨大的或者走私、投机倒把集团的首要分子，处三年以上十年以下有期徒刑，可以并处没收财产。"

(2)1997年《刑法》第153条规定："走私本法第一百五十一条、第一百五十二条、第三百四十七条规定以外的货物、物品的，根据情节轻重，分别依照下列规定处罚：(一)走私货物、物品偷逃应缴税额在五十万元以上的，处十年以上有期徒刑或者无期徒刑，并处偷逃应缴税额一倍以上五倍以下罚金或者没收财产；情节特别严重的，依照本法第一百五十一条第四款的规定处罚。(二)走私货物、物品偷逃应缴税额在十五万元以上不满五十万元的，处三年以上十年以下有期徒刑，并处偷逃应缴税额一倍以上五倍以下罚金；情节特别严重的，处十年以上有期徒刑或者无期徒刑，并处偷逃应缴税额一倍以上五倍以下罚金或者没收财产。(三)走私货物、物品偷逃应缴税额在五万元以上不满十五万元的，处三年以下有期徒刑或者拘役，并处偷逃应缴税额一倍以上五倍以下罚金。单位犯前款罪的，对单位判处罚金，并对其直接负责的主管人员和其他直接责任人员，处三年以下有期徒刑或者拘役；情节严重的，处三年以上十年以下有期徒刑；情节特别严重的，处十年以上有期徒刑。对多次走私未经处理的，按照累计走私货物、物品的偷逃应缴税额处罚。"

(3)2011年《刑法修正案(八)》第27条规定："将刑法第一百五十三条第一款修改为：'走私本法第一百五十一条、第一百五十二条、第三百四十七条规定以外的货物、物品的，根据情节轻重，分别依照下列规定处罚：(一)走私货物、物品偷逃应缴税额较大或者一年内曾因走私被给予二次行政处罚后又走私的，处三年以下有期徒刑或者拘役，并处偷逃应缴税额一倍以上五倍以下罚金。(二)走私货物、物品偷逃应缴税额巨大或者有其他严重情节的，处三年以上十年以下有期徒刑，并处偷逃应缴税额一倍以上五倍以下罚金。(三)走私货物、物品偷逃应缴税额特别巨大或者有其他特别严重情节的，处十年以上有期徒刑或者无期徒刑，并处偷逃应缴税额一倍以上五倍以下罚金或者没收财产'。"

上述《刑法修正案(八)》第27条对1997年《刑法》第153条第1款规定的处罚具体偷逃

应税数额规定修改为抽象的"税额较大""税额巨大""税额特别巨大",增加了"一年内曾因走私被给予二次行政处罚后又走私的"构成犯罪条件;取消了走私普通货物、物品罪可以判处死刑的规定。

2. 刑法规定修改的原因

我国 1979 年《刑法》第 116 条、第 118 条对走私罪作了规定,当时我国走私行为不是很严重,所以规定的法定刑较轻,最低刑是拘役,最高刑是 10 年有期徒刑。1997 年《刑法》沿用《关于惩治走私罪的补充规定》,将走私毒品行为规定在《刑法》分则第 6 章第 7 节走私、贩卖、运输、制造毒品罪中,将走私普通货物、物品罪规定在走私一类罪名中。走私普通货物、物品罪的法定刑轻重主要是以偷逃应缴税款具体数额多少为依据。将偷逃应缴税额在 5 万元以上不满 15 万元的,为构成犯罪的数额,将偷逃应缴税额在 50 万元以上的,作为加重处无期徒刑或者死刑的数额基础。司法实践中,以偷逃应税具体数额为依据不灵活,不能及时适应走私犯罪形势的变化需要,特别是在我国加入世贸组织,国际贸易增多的情况下,走私数量减少,对走私普通货物、物品的犯罪应当处刑轻些。由此,全国人大常委会在《刑法修正案(八)》中,将 1997 年《刑法》第 153 条第 1 款中规定的走私普通货物、物品罪的定罪依据从偷逃税具体数额,改为抽象的数额较大、数额巨大、数额特别巨大,具体由司法机关根据走私犯罪的情况进行司法解释,并取消了走私普通货物、物品罪可以判处死刑的规定,减轻了对这种犯罪的处罚力度。

3. 走私普通货物、物品罪的适用

走私普通货物、物品罪是《刑法修正案(八)》第 27 条对 1997 年《刑法》第 153 条第 1 款规定的走私普通货物、物品罪修改的犯罪,要准确适用就必须弄清该罪的概念、构成特征、法定刑以及适用时应注意的问题。

(1)走私普通货物、物品罪的概念。该罪是指违反海关法规,非法运输、携带、邮寄走私普通货物、物品进出国(边)境,逃避海关、边关监督、检查,偷逃应缴税数额较大或者情节严重的行为。

我国实行海关管制,凡是进出货物、物品都必须报关,经海关监管、检查,缴纳应缴税款才能通过关口出入境。根据我国有关法律规定,有些货物、物品国家禁止进出口,如武器、弹药、核材料、伪造的货币等;有的限制进出口,如废品等;有的可以进出口,但必须交纳进出口关税。我国《刑法》在第 151 条、第 152 条、第 347 条、第 350 条中将走私特殊货物、物品犯罪行为作了专门规定。除走私特殊物品以外,走私其他货物、物品的犯罪行为,按照《刑法》第 153 条规定的走私普通货物、物品罪定罪处罚,最低处拘役,最高处无期徒刑。

(2)犯罪构成特征。根据《刑法》第 153 条第 1 款和《刑法修正案(八)》第 27 条的规定,该罪的构成特征是:

①犯罪主体,是一般主体,达到法定年龄、具有刑事责任能力,实施了走私普通货物、物品犯罪行为的自然人和单位。单位犯本罪的主体是单位和单位的直接负责的主管人员和其他直接责任人员。犯罪主体在主观上是故意的,故意偷逃应纳税款,多数是以营利为目的。

②犯罪行为,必须是实施了走私普通货物、物品犯罪的行为。具体表现有:

一是故意不经过海关、边防检查站,非法运输、携带走私普通货物、物品进出国(边)境,偷逃应缴税款的行为。

二是通过海关、边防检查站,但采取伪装、藏匿、谎报等方法逃避海关监督、检查、检验而运输、携带普通货物、物品进出国(边)境,偷逃应缴税款的行为。

③犯罪结果,本罪是结果犯。实施了走私普通货物、物品,偷逃应缴税款数额较大或者1年内曾因走私被给予2次行政处罚后又走私普通货物、物品的行为,才可以构成犯罪。走私普通货物、物品偷逃应缴税款数额巨大或者其他情节特别严重的适用加重法定刑,最高可判处无期徒刑。

根据2014年9月10日最高人民法院、最高人民检察院实施的《关于办理走私刑事案件适用法律若干问题的解释》第16条规定,走私普通货物、物品,偷逃应缴税额在10万元以上不满50万元的,应当认定为《刑法》第153条第1款规定的"偷逃应缴税额较大";偷逃应缴税额在50万元以上不满250万元的,应当认定为"偷逃应缴税额巨大";偷逃应缴税额在250万元以上的,应当认定为"偷逃应缴税额特别巨大"。

(3)走私普通货物、物品罪的法定刑。根据《刑法》第153条第1款的规定,该罪的法定刑是:

①构成本罪,偷逃应缴税款数额较大或者1年内曾因走私被给予2次行政处罚后又走私普通货物、物品的,处3年以下有期徒刑或者拘役,并处偷逃应缴税额1倍以上5倍以下罚金。

走私普通货物、物品偷逃应缴税额较大的或者1年内曾因走私被给予2次行政处罚后又走私普通货物、物品的行为,首选处3年以下有期徒刑或者拘役的法定刑。

根据2014年9月10日最高人民法院、最高人民检察院实施的《关于办理走私刑事案件适用法律若干问题的解释》第17条规定,《刑法》第153条第1款规定的"一年以内因走私给予二次行政处罚后又走私"中的"一年以内",以因走私第1次受到行政处罚的生效之日与"又走私"行为实施之日的时间间隔计算确定;"被给予二次行政处罚"的走私行为,包括走私普通货物、物品以及其他货物、物品;"又走私"行为仅指走私普通货物、物品。

上述解释第18条规定,《刑法》第153条规定的"应缴税额",包括进出口货物、物品应当缴纳的进出口关税和进出口环节海关代征税的税额。应缴税额以走私行为实施时的税则、税率、汇率和完税价格计算;多次走私的,以每次走私行为实施时的税则、税率、汇率和完税价格逐票计算;走私行为实施时间不能确定的,以案发时的税则、税率、汇率和完税价格计算。"多次走私未经处理",包括未经行政处理和刑事处理。

②犯本罪,偷逃应缴税额巨大或者有其他严重情节的,处3年以上10年以下有期徒刑,并处偷逃应缴税额1倍以上5倍以下罚金。

根据2014年9月10日最高人民法院、最高人民检察院实施的《关于办理走私刑事案件适用法律若干问题的解释》第16条第2款规定,"走私普通货物、物品,具有下列情形之一,偷逃应缴税额在三十万元以上不满五十万元的,应当认定为刑法第一百五十三条第一款规定的'其他严重情节':(一)犯罪集团的首要分子;(二)使用特种车辆从事走私活动的;(三)为实施走私犯罪,向国家机关工作人员行贿的;(四)教唆、利用未成年人、孕妇等特殊人群走私的;(五)聚众阻挠缉私的"。

③犯本罪,偷逃应缴税额特别巨大或者有其他特别严重情节的,处10年以上有期徒刑或者无期徒刑,并处偷逃应缴税额1倍以上5倍以下罚金或者没收财产。

根据2014年9月10日最高人民法院、最高人民检察院实施的《关于办理走私刑事案件适用法律若干问题的解释》第16条第2款规定,"走私普通货物、物品,具有下列情形之一……偷逃应缴税额在一百五十万元以上不满二百五十万元的,应当认定为'其他特别严重情节':(一)犯罪集团的首要分子;(二)使用特种车辆从事走私活动的;(三)为实施走私犯罪,向国家机关工作人员行贿的;(四)教唆、利用未成年人、孕妇等特殊人群走私的;(五)聚众阻挠缉私的"。

④单位犯本罪的,对单位判处罚金,并对其直接负责的主管人员和其他直接责任人员,处3年以下有期徒刑或者拘役;情节严重的,处3年以上10年以下有期徒刑;情节特别严重的,处10年以上有期徒刑。

根据2014年9月10日最高人民法院、最高人民检察院实施的《关于办理走私刑事案件适用法律若干问题的解释》第24条第2款规定,单位犯走私普通货物、物品罪,偷逃应缴税额在20万元以上不满100万元的,应当依照《刑法》第153条第2款的规定,对单位判处罚金,并对其直接负责的主管人员和其他直接责任人员,处3年以下有期徒刑或者拘役;偷逃应缴税额在100万元以上不满500万元的,应当认定为"情节严重";偷逃应缴税额在500万元以上的,应当认定为"情节特别严重"。

(4)认定本罪时,应注意的问题:

①注意区分罪与非罪的界限。

第一,根据我国《刑法》第153条第1款规定,走私普通货物、物品罪的主体在主观上是故意的,主观上是过失的人不构成本罪。

第二,走私普通货物、物品罪是结果犯,必须达到偷逃应缴税数额较大的或者1年内曾因走私被给予2次行政处罚后又走私普通货物、物品的行为,才可以构成犯罪,达不到上述结果的,不构成犯罪。

②注意正确认定走私普通货物、物品罪的既遂。根据2014年9月10日最高人民法院、最高人民检察院实施的《关于办理走私刑事案件适用法律若干问题的解释》第23条规定,"实施走私犯罪,具有下列情形之一的,应当认定为犯罪既遂:(一)在海关监管现场被查获的;(二)以虚假申报方式走私,申报行为实施完毕的;(三)以保税货物或者特定减税、免税进口的货物、物品为对象走私,在境内销售的,或者申请核销行为实施完毕的"。

③注意对犯走私普通货物、物品罪单位处罚的特别规定。《刑法》第153条第2款对单位犯走私普通货物、物品罪的法定刑作了特别规定,对单位的直接负责的主管人员和其他直接责任人员没有规定单处或者并处罚金,最高只能处15年有期徒刑,没有规定可以处无期徒刑,比自然人犯本罪处罚轻些。

④注意划清本罪与走私淫秽物品罪、走私废物罪的界限。我国《刑法》第152条规定有走私淫秽物品罪、走私废物罪,该罪规定了相对较轻的法定刑。这两种罪也是走私国家禁止或者限制进出口的货物、物品,与本罪的犯罪主体、犯罪行为、犯罪结果相似,容易混淆。他们的主要区别是走私的对象和法定刑不同,刑法根据走私对象不同,对社会危害程度不同,分别规定为独立的罪名和法定刑。在适用时,应注意单独定罪和适用单独规定的法定刑。

⑤注意未经许可进出口国家限制进出口的货物、物品的定罪问题。根据2014年9月10日最高人民法院、最高人民检察院实施的《关于办理走私刑事案件适用法律若干问题的解释》

第21条规定,未经许可进出口国家限制进出口的货物、物品,构成犯罪的,应当依照《刑法》第151条、第152条的规定,以走私国家禁止进出口的货物、物品罪等罪名定罪处罚;偷逃应缴税额,同时构成走私普通货物、物品罪的,依照处罚较重的规定定罪处罚。取得许可,但超过许可数量进出口国家限制进出口的货物、物品,构成犯罪的,依照《刑法》第153条的规定,以走私普通货物、物品罪定罪处罚。租用、借用或者使用购买的他人许可证,进出口国家限制进出口的货物、物品的,适用本条第1款规定定罪处罚。

⑥注意非法向走私人直接收购走私进口的货物、物品的定罪处罚问题。根据2014年9月10日最高人民法院、最高人民检察院实施的《关于办理走私刑事案件适用法律若干问题的解释》第20条规定,直接向走私人非法收购走私进口的货物、物品,在内海、领海、界河、界湖运输、收购、贩卖国家禁止进出口的物品,或者没有合法证明,在内海、领海、界河、界湖运输、收购、贩卖国家限制进出口的货物、物品,构成犯罪的,应当按照走私货物、物品的种类,分别依照《刑法》第151条、第152条、第153条、第347条、第350条的规定定罪处罚。《刑法》第155条第2项规定的"内海",包括内河的入海口水域。

(十) 强迫交易罪

强迫交易罪是《刑法修正案(八)》第36条对1997年《刑法》第226条规定的强迫交易罪量刑情节和法定刑的修改。最高人民法院1997年12月16日《关于执行〈中华人民共和国刑法〉确定罪名的规定》中确定为"强迫交易罪"的罪名。

1. 刑法规定内容的修改

刑法条文中有关强迫交易罪的规定有:

(1)1997年《刑法》第226条规定:"以暴力、威胁手段强买强卖商品、强迫他人提供服务或者强迫他人接受服务,情节严重的,处三年以下有期徒刑或者拘役,并处或者单处罚金。"

(2)2011年《刑法修正案(八)》第36条对《刑法》第226条修改为:"以暴力、威胁手段,实施下列行为之一,情节严重的,处三年以下有期徒刑或者拘役,并处或者单处罚金;情节特别严重的,处三年以上七年以下有期徒刑,并处罚金:(一)强买强卖商品的;(二)强迫他人提供或者接受服务的;(三)强迫他人参与或者退出投标、拍卖的;(四)强迫他人转让或者收购公司、企业的股份、债券或者其他资产的;(五)强迫他人参与或者退出特定的经营活动的。"

上述《刑法修正案(八)》第36条对《刑法》第226条规定的强迫交易罪的罪状和法定刑进行了补充规定,增加规定"强迫他人参与或者退出投标、拍卖的;强迫他人转让或者收购公司、企业的股份、债券或者其他资产的;强迫他人参与或者退出特定的经营活动的"三种强迫交易行为;增加规定了"情节特别严重的,处三年以上七年以下有期徒刑,并处罚金"的新的加重处罚幅度,加重了对强迫交易罪的惩罚力度。

2. 刑法规定修改的原因

我国1979年《刑法》没有规定强迫交易罪,司法实践中,对这种违法行为一般不认为是犯罪,而是由工商行政管理机关给予工商行政处罚,对于个别情节特别严重,社会影响恶劣的可以比照投机倒把罪或者流氓罪追究刑事责任。在社会主义市场经济的背景下,这种欺行霸市,强买强卖的行为不断出现,特别是在黑社会性质犯罪严重的区域内这种强迫交易的行为严重扰乱了社会主义市场经济秩序。我国1997年《刑法》第226条将强买强卖商品和强迫提供服务、强迫他人接受服务的行为规定为犯罪,最高处3年有期徒刑。随着社会主义市场经济的深入发展,一些犯罪分子为垄断市场,又出现了一些新的强迫交易行为。例如,在投标、拍卖时强迫他人参加或者强迫他人退出的行为,也严重扰乱了市场经济秩序,影响经济的发展,必须用刑罚加以惩罚。由此,全国人大常委会在《刑法修正案(八)》中,将《刑法》第226条中规定的强迫交易罪的犯罪行为又增加规定了在投标、拍卖、公司的转让与收购、特定市场经营等市场活动中强迫交易行为。

3. 强迫交易罪的适用

《刑法修正案(八)》第36条规定对《刑法》第226条原规定的强迫交易罪进行了修改,要准确适用就必须弄清该罪的概念、构成特征、法定刑,以及适用时应注意的问题。

(1)强迫交易罪的概念。该罪是指以暴力、威胁手段强迫他人进行市场交易,情节严重的行为。

社会主义市场经济是依法平等竞争的市场经济,市场经济主体应当遵循自愿、平等、公平交易原则,使平等市场主体依法竞争,这样才能使市场经济有序稳定发展。但是由于市场经济的副作用,有些人违反法律规定,使用暴力、威胁的手段强买强卖,欺行霸市,严重扰乱了社会主义市场经济秩序。我国《刑法》将强迫交易行为规定为犯罪,最低处拘役,最高处7年有期徒刑。

(2)强迫交易罪的犯罪构成特征。根据《刑法》第226条和《刑法修正案(八)》第36条的规定,该罪的构成特征是:

①犯罪主体,是一般主体。包括任何达到法定刑事责任年龄、具有刑事责任能力,实施了强迫交易犯罪行为的自然人。犯罪主体主观上是故意,并且多数是以营利为目的的。

②犯罪行为,必须是使用暴力、威胁的手段,进行强迫交易的行为。具体表现有:强买强卖商品的;强迫他人提供或者接受服务的;强迫他人参与或者退出投标、拍卖的;强迫他人转让或者收购公司、企业的股份、债券或者其他资产的;强迫他人参与或者退出特定的经营活动的行为。具备上述行为之一的,达到情节严重的程度,就可以构成犯罪。

③犯罪结果,本罪是结果犯。实施了强迫交易的行为达到情节严重的程度的才可以构成犯罪。

(3)强迫交易罪的法定刑。根据《刑法》第226条的规定,该罪的法定刑是:

①情节严重的,构成本罪的,处3年以下有期徒刑或者拘役,并处或者单处罚金;

②犯本罪,情节特别严重的,处3年以上7年以下有期徒刑,并处罚金。

(4)认定本罪时,应注意的问题:

①注意区分罪与非罪的界限。

第一,根据我国《刑法》第226条的规定,强迫交易罪的主体在主观上是故意,主观上是过失的人不构成本罪。

第二,强迫交易罪是结果犯,必须达到情节严重的程度,才构成犯罪,达不到情节严重程度的,不构成犯罪。情节严重,一般是指使用暴力、威胁手段,造成他人轻伤的结果,或者多次使用暴力、威胁手段进行强迫交易,造成恶劣影响的等。

②注意正确认定定罪量刑的情节。《刑法》第226条对强迫交易罪定罪的规定必须是"情节严重的",这是定罪情节,也是一种犯罪结果。对犯强迫交易罪适用加重法定刑,必须是"情节特别严重",这是量刑情节。在对强迫交易行为定罪量刑时,必须弄清"情节严重"和"情

特别严重"的内容和含义。

③注意划清强迫交易罪与故意伤害罪的界限。强迫交易罪的犯罪手段是使用暴力、威胁手段,在强迫交易过程中,往往造成人员伤亡的结果。如果致人轻微伤害或者轻伤害的,只认定为强迫交易罪,不再认定为故意伤害罪,因为强迫交易罪中使用暴力、威胁手段就包括造成轻微伤和轻伤的结果。如果造成重伤结果的,则应在认定构成强迫交易罪的同时,再认定为故意伤害罪,数罪并罚。

④注意本罪的适用的效力。我国《刑法》第226条原规定有强迫交易罪,其犯罪行为只包括强买强卖商品的行为和强迫他人提供或者接受服务的行为,该两种行为的效力应从1997年10月1日起生效;而其他3种强迫他人参与或者退出投标、拍卖的,强迫他人转让或者收购公司、企业的股份、债券或者其他资产的,强迫他人参与或者退出特定的经营活动的行为,则是《刑法修正案(八)》规定的犯罪行为,其生效的时间是2011年5月1日,在生效以后的行为才能认定为强迫交易罪,在生效前的上述两种行为不构成强迫交易罪。

(十一) 强迫劳动罪

《刑法修正案(八)》第38条对《刑法》第244条规定的强迫职工劳动罪的罪名、罪状、法定刑进行了修改。最高人民法院1997年12月16日《关于执行〈中华人民共和国刑法〉确定罪名的规定》中确定为"强迫职工劳动罪"的罪名。根据《刑法修正案(八)》对该罪罪状的修改,2011年4月27日发布的最高人民法院、最高人民检察院在《关于执行〈中华人民共和国刑法〉确定罪名的补充规定(五)》中,取消"强迫职工劳动罪"罪名,改为"强迫劳动罪"的罪名。

1. 刑法规定内容的修改

刑法条文中有关强迫劳动罪的规定有:

(1)1997年《刑法》第244条规定:"用人单位违反劳动管理法规,以限制人身自由方法强迫职工劳动,情节严重的,对直接责任人员,处三年以下有期徒刑或者拘役,并处或者单处罚金。"

(2)2011年《刑法修正案(八)》第38条对《刑法》第244条规定修改为"以暴力、威胁或者限制人身自由的方法强迫他人劳动的,处三年以下有期徒刑或者拘役,并处罚金;情节严重的,处三年以上十年以下有期徒刑,并处罚金。明知他人实施前款行为,为其招募、运送人员或者有其他协助强迫他人劳动行为的,依照前款的规定处罚。单位犯前两款罪的,对单位判处罚金,并对其直接负责的主管人员和其他直接责任人员,依照第一款的规定处罚"。

上述《刑法修正案(八)》第38条对《刑法》第244条原规定的强迫职工劳动罪罪状和法定刑进行补充规定,删去主体是"用人单位违反劳动管理法规"的规定和将强迫对象由"职工"改为"他人",该罪的犯罪主体由特殊主体改为一般主体,将犯罪对象由特殊对象改为一般对象;增加规定"以暴力、威胁"的犯罪手段;增加规定了"情节严重的,处三年以上十年以下有期徒刑,并处罚金"的新的加重处罚幅度;增加规定"明知他人实施前款行为,为其招募、运送人员或者有其他协助强迫他人劳动行为的,依照前款的规定处罚"和单位犯本罪的规定;加重了对强迫劳动罪的惩罚力度。

2. 刑法规定修改的原因

我国1979年《刑法》没有规定强迫劳动罪,司法实践中,对这种违法行为不认为是犯罪,情节严重的由上级单位给予批评教育或者纪律处分。我国1997年《刑法》第244条将用人单位违反劳动管理法规,以限制人身自由方法强迫职工劳动,情节严重的行为规定为犯罪,最高处3年有期徒刑。由于《刑法》规定是惩治用人单位,而且法定刑较轻,没有多大的威慑力,有的单位继续以限制他人人身权利的方法强迫职工劳动,有的雇用人以暴力、威胁的方法强迫职工劳动,严重危害他人的身心健康。特别是《刑法》原规定的犯罪主体是单位、犯罪对象是职工,现实中很多不是单位而是个人使用暴力、威胁的手段强迫他人劳动。全国人大常委会在《刑法修正案(八)》中,将《刑法》第244条中原规定的强迫职工劳动罪的犯罪主体和犯罪对象改为一般主体和对象,又增加规定了"明知他人实施前款行为,为其招募、运送人员或者有其他协助强迫他人劳动行为"为犯罪行为,扩大了惩治范围,并且增加了一个加重处罚的量刑幅度,即处3年以上10年以下有期徒刑。

3. 强迫劳动罪的适用

强迫劳动罪是《刑法修正案(八)》第38条对《刑法》第244条原规定的强迫职工劳动罪修改的罪名,要准确适用就必须弄清楚该罪的概念、构成特征、法定刑,以及适用时应注意的问题。

(1)强迫劳动罪的概念。该罪是指以暴力、威胁或者以其他方法限制人身自由的方法强迫他人劳动的行为。

在社会主义国家,劳动者的人身自由是受法律保护的,我国《劳动法》明确规定,职工有劳动、休息的权利。在社会主义市场经济的条件下,有些私营企业、合伙合作企业或者个人,为了谋取非法高额利润,违反劳动管理法规,以暴力、威胁或者以其他限制人身自由的方法强迫他人劳动。例如,上班时,把工厂的大门锁上,职工不能出入,有的连上厕所的时间都不给,强迫他人每天工作18个小时以上;有的对他人使用暴力、威胁的手段强迫他人劳动,使他人的人身自由和身心健康遭受严重的侵犯。我国《刑法》将强迫他人劳动的行为规定为犯罪,最低处拘役,最高处10年有期徒刑。

(2)犯罪构成特征。根据《刑法》第244条和《刑法修正案(八)》第38条的规定,该罪的构成特征是:

①犯罪主体,是一般主体。达到法定刑事责任年龄、具有刑事责任能力,实施了强迫他人劳动行为的自然人或者单位。犯罪主体主观上是故意,即故意强迫他人劳动。

②犯罪行为,必须是实施了使用暴力、威胁或者其他限制人身自由的方法,强迫他人劳动的行为。具体表现有:

以暴力、威胁的方法强迫他人劳动的行为;以其他限制人身自由的方法强迫他人劳动的行为;明知是强迫他人劳动,为其招募、运送人员的行为;其他协助强迫他人劳动行为的行为。具备上述行为之一,就可以构成犯罪。

③犯罪结果,本罪是行为犯。只要实施了强迫他人劳动的行为的,就可以构成犯罪。情节严重的,适用加重法定刑的量刑情节。

根据2008年6月25日最高人民检察院、公安部实施的《关于公安机关管辖的刑事案件立案追诉标准的规定(一)》第31条规定,涉嫌下列情形之一的,应予立案追诉:第一,强迫他人劳动,造成人员伤亡或者患职业病的;第二,采用殴打、胁迫、扣发工资、扣留身份证件等手段限制人身自由,强迫他人劳动的;第三,强迫妇女从事井下劳动、国家规定的第4级体力劳动强度的劳动或者其他禁忌从事的劳动,或者强迫处于经期、孕期和哺乳期妇女从事国家规定的第3级体力劳动强度以上的劳动或者其他禁忌从事的劳动的;第四,强迫已满16周岁不满18周岁的未成年人从事国家规定的第4级体力劳动强度的劳动,或者从事高空、井下劳动,或者在爆炸性、易燃性、放射性、毒害性等危险环境下从事劳动的;第五,其他情节严重的情形。

(3)强迫劳动罪的法定刑。根据《刑法》第244条的规定,该罪的法定刑是:

①构成本罪的,处3年以下有期徒刑或者拘役,并处罚金。

②犯本罪,情节严重的,处3年以上10年以下有期徒刑,并处罚金。

③单位犯本罪的,对单位判处罚金,并对其直接负责的主管人员和其他直接责任人员,依照自然人犯本罪的规定处罚。

(4)认定本罪时,应注意的问题:

①注意区分罪与非罪的界限。

第一,根据我国《刑法》第244条规定,强迫劳动罪的主体在主观上是故意,主观上是过失的,不构成本罪。

第二,强迫劳动罪是行为犯,只要实施了强迫劳动行为就可以构成本罪。但是,根据《刑法》第13条的规定,情节显著轻微危害不大的,不认为是犯罪。

②注意划清强迫劳动罪与故意伤害罪的界限。强迫劳动罪的犯罪手段是使用暴力、威胁手段,在强迫他人劳动的过程中,往往会造成他人伤亡结果。如果致人轻微伤害或者轻伤害的结果,只认定为强迫劳动罪,不再认定为故意伤害罪,因为强迫劳动罪中使用暴力、威胁的方法,就包括造成轻微伤害和轻伤害的结果。如果造成重伤害结果的,则应在认定构成强迫劳动罪的同时,再认定为故意伤害罪,数罪并罚。

③注意本罪的适用的效力。我国《刑法》第244条原规定有强迫劳动罪,其犯罪行为只包括以限制人身自由的方法强迫职工劳动的行为,这种行为的效力应从1997年10月1日起生效;而其他3种强迫劳动的行为,则是《刑法修正案(八)》规定的犯罪行为,其生效的时间是2011年5月1日,对其生效以后的行为才能认定为强迫劳动罪,在《刑法修正案(八)》生效前的行为不构成强迫劳动罪。

(十二)盗窃罪

《刑法修正案(八)》第39条对《刑法》第264条规定的盗窃罪的罪状和法定刑进行了修改。最高人民法院1997年12月16日《关于执行〈中华人民共和国刑法〉确定罪名的规定》确定为"盗窃罪"的罪名。

1. 刑法规定内容的修改

刑法条文中有关盗窃罪的规定有:

(1)1979年《刑法》第151条规定:"盗窃、诈骗、抢夺公私财物数额较大的,处五年以下有期徒刑、拘役或者管制。"第152条规定:"惯窃、惯骗或者盗窃、诈骗、抢夺公私财物数额巨大的,处五年以上十年以下有期徒刑;情节特别严重的,处十年以上有期徒刑或者无期徒刑,可以并处没收财产。"第153条规定:"犯盗窃、诈骗、抢夺罪,为窝藏赃物、抗拒逮捕或者毁灭证据而当场使用暴力或者以暴力相威胁的,依照本法第一百五十条抢劫罪处罚。"

(2)1982年全国人大常委会《关于严惩严重破坏经济的罪犯的决定》第1条第1项规定:"对刑法第一百一十八条走私、套汇、投机倒把牟取暴利罪,第一百五十二条盗窃罪,第一百七十一条贩毒罪,第一百七十三条盗运珍贵文物出口罪,其处刑分别补充或者修改为:情节特别严重的,处十年以上有期徒刑、无期徒刑或者死刑,可以并处没收财产。国家工作人员利用职务犯前款所列罪行,情节特别严重的,按前款规定从重处罚……"

(3)1997年《刑法》第264条规定:"盗窃公私财物,数额较大或者多次盗窃的,处三年以下有期徒刑、拘役或者管制,并处或者单处罚金;数额巨大或者有其他严重情节的,处三年以上十年以下有期徒刑,并处罚金;数额特别巨大或者有其他特别严重情节的,处十年以上有期徒刑或者无期徒刑,并处罚金或者没收财产;有下列情形之一的,处无期徒刑或者死刑,并处没收财产:(一)盗窃金融机构,数额特别巨大的;(二)盗窃珍贵文物,情节严重的。"第265条规定:"以牟利为目的,盗接他人通信线路、复制他人电信码号或者明知是盗接、复制的电信设备、设施而使用的,依照本法第二百六十四条的规定定罪处罚。"

(4)2011年《刑法修正案(八)》第39条对《刑法》第264条规定修改为:"盗窃公私财物,数额较大的,或者多次盗窃、入户盗窃、携带凶器盗窃、扒窃的,处三年以下有期徒刑、拘役或者管制,并处或者单处罚金;数额巨大或者有其他严重情节的,处三年以上十年以下有期徒刑,并处罚金;数额特别巨大或者有其他特别严重情节的,处十年以上有期徒刑或者无期徒刑,并处罚金或者没收财产。"

上述《刑法修正案(八)》第39条对《刑法》第264条原规定的盗窃罪的罪状和法定刑进行了以下修改和补充:一是彻底废除了犯盗窃罪处死刑的规定;二是增加了入户盗窃、携带凶器盗窃、扒窃的行为不受盗窃数额较大的犯罪结果的限制,只要实施了入户盗窃、携带凶器盗窃、扒窃的犯罪行为就可以构成犯罪。这次修改废除了盗窃罪处死刑的规定,减轻了对盗窃罪的处罚力度。但降低了一些盗窃行为入罪的门槛,扩大了对盗窃罪的处罚范围,这体现了宽严相济的刑事政策。

2. 刑法规定修改的原因

我国1979年《刑法》和1997年《刑法》对盗窃罪都作了规定,1982年全国人大常委会的补充决定对盗窃罪增加最高处死刑的规定,1997年《刑法》只保留了对盗窃金融机构和盗窃珍贵文物可以判处死刑,而对多数盗窃犯罪不适用死刑。《刑法修正案(八)》第39条规定彻底废除了盗窃罪处死刑的规定,这是减轻了对盗窃犯罪分子的处罚的力度。我国刑法规定对一般盗窃犯罪行为必须是盗窃公私财物数额较大的行为才构成犯罪。1997年《刑法》特别规定了"多次盗窃"的情形不受盗窃数额较大的限制也可以构成犯罪,《刑法修正案(八)》又增加了"入户盗窃、携带凶器盗窃、扒窃"的犯罪行为不受盗窃数额较大的限制,也可以构成犯罪。这样修改主要是根据刑法既要保护公民的财产安全,也要保护公民的人身安全,入户盗窃、携带凶器盗窃、扒窃的犯罪行为既危害公民的财产安全,也危害公民的人身安全。司法实践中,扒窃行为往往是多人共同作案,行为人盗得钱包中财产数额不确定,有的很少,有的很多,但其实施的犯罪行为是一样的,如果完全按照盗窃数额较大定罪,会出现司法不公平的现象,而且在公共场所扒窃,一旦被发觉,犯罪分子往往使用暴力,其社会危害性增大。因此,将多次盗窃、入户盗窃、携带凶器盗窃、扒窃等犯罪行为入罪门槛降低,是十分必要的。

3. 盗窃罪的适用

要准确适用盗窃罪就必须弄清该罪的概念、构成特征、法定刑,以及适用时应注意的问题。

(1)盗窃罪的概念。盗窃罪是指以非法占有为目的,秘密窃取公私财物,数额较大或者多次盗窃、入户盗窃、携带凶器盗窃、扒窃的行为。

盗窃罪是一个非常传统的罪名,古今中外各国刑法中都有这种犯罪的规定。这种犯罪是以秘密窃取的手段非法占有他人财物的犯罪,我国这种犯罪的犯罪率很高,其社会危害性较大,历来是我国刑法打击的重点。我国《刑法》规定犯盗窃罪的,最低处管制或者单处罚金,最高处无期徒刑。

(2)犯罪构成特征。根据《刑法》第264条和《刑法修正案(八)》第39条的规定,该罪的构成特征是:

①犯罪主体,是一般主体。达到法定刑事责任年龄、具有刑事责任能力,实施了盗窃行为的自然人。犯罪主体主观上是故意,并且具有非法占有他人财物的目的。单位不能构成本罪,单位组织职工盗窃的,惩罚单位的直接责任人员。

根据2013年4月4日最高人民法院、最高人民检察院实施的《关于办理盗窃刑事案件适用法律若干问题的解释》第13条规定,单位组织、指使盗窃,符合《刑法》第264条及该解释规定的,以盗窃罪追究组织者、指使者、直接实施者的刑事责任。

②犯罪行为,必须是实施秘密窃取他人财物的行为。具体表现有:

第一,必须是故意窃取他人财物的行为。他人财物是指不属自己所有或者应有的财物;盗窃的对象是财物。如果盗窃了非财物,如技术资料、文件、证章、枪支、弹药等不以钱财论价的东西,一般不构成盗窃罪。

第二,必须是秘密窃取他人财物的行为。所谓秘密窃取,是指盗窃行为人认为是在他人不知道的情况下将他人财物占为己有的行为。

第三,盗窃财物数额较大或者多次盗窃、入户盗窃、携带凶器盗窃、扒窃的行为。

2013年4月4日最高人民法院、最高人民检察院实施的《关于办理盗窃刑事案件适用法律若干问题的解释》第3条规定:2年以内盗窃3次以上的,应当认定"多次盗窃"。非法进入供他人家庭生活,与外界相对隔离的住所盗窃的,应当认定为"入户盗窃"。携带枪支、爆炸物、管制刀具等国家禁止个人携带的器械盗窃,或者为了实施违法犯罪携带其他足以危害他人人身安全的器械盗窃的,应认定为"携带凶器盗窃"。在公共场所或者公共交通工具上盗窃他人随身携带的财物的,应当认定为"扒窃"。

③犯罪结果,本罪既有结果犯,也有行为犯,多数犯罪行为是结果犯,有些犯罪行为是行为犯。多数盗窃行为必须达到盗窃数额较大的结果才构成犯罪。而对于多次盗窃、入户盗窃、携带凶器盗窃、扒窃的行为是行为犯,只要实施了上述盗窃行为的,就可以构成犯罪。数额巨大或者其他情节严重的,数额特别巨大或者有其他特别严重情节的,要适用加重法定刑处罚。

根据2013年4月4日最高人民法院、最高人民检察院实施的《关于办理盗窃刑事案件适用法律若干问题的解释》第1条规定,盗窃公私财物价值1000元至3000元以上、3万元至10万元以上、30万元至50万元以上,应当分别认定为"数额较大""数额巨大""数额特别巨大"。

各省、自治区、直辖市高级人民法院、人民检察院可以根据本地区经济发展状况,并考虑社会治安状况,在前款规定的数额幅度内,确定本地区执行的具体数额标准,报最高人民法院、最高人民检察院批准。在跨区运行的公共交通工具上盗窃、盗窃地点无法查证的,盗窃数额是否达到"数额较大""数额巨大""数额特别巨大"的标准,应当根据受理案件所在地省、自治区、直辖市高级人民法院、人民检察院确定的有关数额标准认定。盗窃毒品等违禁品,应当按照盗窃罪处理的,根据情节轻重量刑。

上述司法解释第2条规定,盗窃公私财物,具有下列情形之一的,"数额较大"的标准可以按照前条规定标准的50%确定:第一,曾因盗窃受过刑事处罚的;第二,1年以内曾因盗窃受过行政处罚的;第三,组织、控制未成年人盗窃的;第四,自然灾害、事故灾害、社会安全事件等突发事件期间,在事件发生地盗窃的;第五,盗窃残疾人、孤寡老人、丧失劳动能力人的财物的;第六,在医院盗窃病人或者其亲友财物的;第七,盗窃救灾、抢险、防汛、优抚、扶贫、移民、救济款物的;第八,因盗窃造成严重后果的。

上述司法解释第4条规定,盗窃的数额,按照下列方法认定:第一,被盗窃财物有有效价格证明的,根据有效价格证明认定;无有效价格证明,或者根据价格证明认定盗窃数额明显不合理的,应当按照有关规定委托估价机构估价。第二,盗窃外币的,按照盗窃时中国外汇交易中心或者中国人民银行授权的机构公布的人民币对该货币的中间价折合成人民币计算;中国外汇交易中心或者中国人民银行授权机构未公布汇率中间价的外币,按照盗窃时境内银行人民币对该货币的中间价折算成人民币,或者该货币在境内银行、国际外汇市场对美元汇率,与人民币对美元汇率中间价进行套算。第三,盗窃电力、燃气、自来水等财物,盗窃数量能够查实的,按照查实的数量计算盗窃数额;盗窃数量无法查实的,以盗窃前6个月均正常用量减去盗窃后计量仪表显示的月均用量推算盗窃数额;盗窃前正常使用不足6个月的,按照正常使用期间的月均用量减去盗窃后计量仪表显示的月均用量推算盗窃数额。第四,明知是盗接他人通信线路、复制他人电信码号的电信设备、设施而使用的,按照合法用户为其支付的费用认定盗窃数额;无法直接确认的,以合法用户的电信设备、设施被盗接、复制后的月缴费额减去被盗接、复制前6个月的平均电话费推算盗窃数额;合法用户使用设备、设施不足6个月的,按照实际使用的月均电话费推算盗窃数额。第五,盗接他人通信线路、复制他人电信码号出售的,按照销赃数额认定盗窃数额。盗窃行为给失主造成的损失大于盗窃数额的,损失数额可以作为量刑情节考虑。

上述司法解释第5条规定,盗窃有价支付凭证、有价证券、有价票证的,按照下列方法认定盗窃数额:第一,盗窃不记名、不挂失的前支付凭证、有价证券、有价票证的,应当按票面数额和盗窃时应得的孳息、奖金或者奖品等可得收益并计算盗窃数额。第二,盗窃记名的有价支付凭证、有价证券、有价票证,已经兑现的,按照对兑现部分的财物价值计算盗窃数额;没有兑现,但失主无法通过挂失、补领、补办手续等方式避免损失的,按照给失主造成的实际损失计算盗窃数额。

根据2016年1月1日起施行的最高人民法院、最高人民检察院《关于办理妨害文物管理等刑事案件适用法律若干问题的解释》第2条规定,盗窃一般文物、三级文物、二级以上文物的,应当分别认定为《刑法》第264条规定的"数额较大""数额巨大""数额特别巨大"。盗窃文物,无法确定文物等级,或者按照文物等级定罪量刑明显过轻或者过重的,按照盗窃的文物价值定罪量刑。该解释第8条规定,《刑法》第328条第1款规定的"古文化遗址、古墓葬"包括水下古文化遗址、古墓葬。"古文化遗址、古墓葬"不以公布为不可移动文物的古文化遗址、古墓葬为限。实施盗掘行为,已损害古文化遗址、古墓葬的历史、艺术、科学价值的,应当认定为盗掘古文化遗址、古墓葬罪的既遂。采用破坏性手段盗窃古文化遗址、古墓葬以外的古建筑、石窟寺、石刻、壁画、近代现代重要史迹和代表性建筑等其他不可移动文物的,依照《刑法》第264条的规定,以盗窃罪追究刑事责任。该解释第9条规定,明知是盗窃文物、盗掘古文化遗址、古墓葬等犯罪所获取的3级以上文物,而予以窝藏、转移、收购、加工、代为销售或者以其他方法掩饰、隐瞒的,依照《刑法》第312条的规定,以掩饰、隐瞒犯罪所得罪追究刑事责任。实施前款规定的行为,事先通谋的,以共同犯罪论处。该解释第10条规定,国家机关工作人员严重不负责任,造成珍贵文物损毁或者流失,具有下列情形之一的,应当认定为《刑法》第419条规定的"后果严重":第一,导致二级以上文物或者5件以上三级文物损毁或者流失的;第二,导致全国重点文物保护单位、省级文物保护单位的本体严重损毁或者灭失的;第三,其他后果严重的情形。该解释第11条规定,单位实施走私文物、倒卖文物等行为,构成犯罪的,依照本解释规定的相应自然人犯罪的定罪量刑标准,对直接负责的主管人员和其他直接责任人员定罪处罚,并对单位判处罚金。公司、企业、事业单位、机关、团体等单位实施盗窃文物、故意损毁文物、名胜古迹、过失损毁文物、盗掘古文化遗址、古墓葬等行为的,依照本解释规定的相应定罪量刑标准,追究组织者、策划者、实施者的刑事责任。该解释第12条规定,针对不可移动文物整体实施走私、盗窃、倒卖等行为的,根据所属不可移动文物的等级,依照该解释第1条、第2条、第3条的规定定罪量刑:第一,尚未被确定为文物保护单位的不可移动文物,适用一般文物的定罪量刑标准;第二,市、县级文物保护单位,适用三级文物的定罪量刑标准;第三,全国重点文物保护单位、省级文物保护单位,适用二级以上文物的定罪量刑标准。针对不可移动文物中的建筑构件、壁画、雕塑、石刻等实施走私、盗窃、倒卖等行为的,根据建筑构件、壁画、雕塑、石刻等文物本身的等级或者价值,依照该解释第1条、第2条、第6条的规定定罪量刑。建筑构件、壁画、雕塑、石刻等所属不可移动文物的等级,应当作为量刑情节予以考虑。该解释第13条规定,案件涉及不同等级的文物的,按照高级别文物的量刑幅度量刑;有多件同级文物的,5件同级文物视为1件高一级文物,但是价值明显不相当的除外。该解释第14条规定,依照文物价值定罪量刑的,根据涉案文物的有效价格证明认定文物价值;无有效价格证明,或者根据价格证明认定明显不合理的,根据销赃数额认定,或者结合该解释第15条规定的鉴定意见、报告认定。该解释第15条规定,在行为人实施有关行为前,文物行政部门已对涉案文物及其等级作出认定的,可以直接对有关案件事实作出认定。对案件涉及的有关文物鉴定、价值认定等专门性问题难以确定的,由司法鉴定机构出具鉴定意见,或者由国务院文物行政部门指定的机构出具报告。其中,对于文物价值,也可以由有关价格认证机构作出价格认证并出具报告。该解释第16条规定,实施该解释第1条、第2条、第6条至第9条规定的行为,虽已达到应当追究刑事责任的标准,但行为人系初犯,积极退回或者协助追回文物,未造成文物损毁,并确有悔罪表现的,可以认定为犯罪情节轻微,不起诉或者免予刑事处罚。实施该解释第3条至第5条规定的行为,虽已达到应当追究刑事责任的标准,但行为人系初犯,积极赔偿损失,并确有悔罪表现的,可以认定为犯罪情节轻微,不起诉或者免予刑事处罚。该解释第17条规定,走私、盗窃、损毁、倒卖、盗掘或者非法转让具有科学价值的古脊椎动物化石、古人类化石的,依照《刑法》和本解释的有关规定定罪量刑。

(3)盗窃罪的法定刑。根据《刑法》第264条的规定,该罪的法定刑是:

①构成本罪,窃取公私财物数额较大或者多次盗窃、入户盗窃、携带凶器盗窃、扒窃的,处

3年以下有期徒刑、拘役或者管制,并处或者单处罚金。

根据《关于办理盗窃刑事案件适用法律若干问题的解释》的规定,个人盗窃公私财物数额较大,一般以1000元至3000元为起点。对多次盗窃是指在2年以内盗窃3次以上。只要实施了1次入户盗窃、携带凶器盗窃、扒窃行为的就构成犯罪,适用该法定刑。

②犯本罪,数额巨大或者有其他严重情节的,处3年以上10年以下有期徒刑,并处罚金。

根据上述司法解释,个人盗窃公私财物数额巨大,一般以盗窃3万元至10万元为以上的。

③犯本罪,数额特别巨大或者有其他特别严重情节的,处10年以上有期徒刑或者无期徒刑,并处罚金或者没收财产。

根据上述司法解释,个人盗窃公私财物数额特别巨大,一般以30万元至50万元以上的。

上述司法解释第6条规定,盗窃公私财物,具有该解释第2条第3项至第8项规定情形之一,或者入户盗窃、携带凶器盗窃,数额达到该解释第1条规定的"数额巨大""数额特别巨大"50%的,可以分别认定为《刑法》第264条规定的"其他严重情节"或者"其他特别严重情节"。

上述司法解释第14条规定,因犯盗窃罪,依法判处罚金刑的,应当在1000元以上盗窃数额2倍以下判处罚金;没有盗窃数额或者盗窃数额无法计算的,应当在1000元以上10万元以下判处罚金。

(4)认定本罪时,应注意的问题:

①注意区分罪与非罪的界限。

第一,根据我国《刑法》第264条规定,盗罪的主体在主观上是故意,主观上是过失的不构成本罪。

第二,多数盗窃罪是结果犯,有些盗窃罪是行为犯,对结果犯的犯罪必须出现盗窃数额较大的结果才构成犯罪,达不到盗窃数额较大的结果的不构成犯罪;对于只要实施了多次盗窃、入户盗窃、携带凶器盗窃、扒窃行为的,就可以构成犯罪。但是,根据《刑法》第13条规定,情节显著轻微危害不大的,不认为是犯罪。

根据2013年4月4日起最高人民法院、最高人民检察院实施的《关于办理盗窃刑事案件适用法律若干问题的解释》第7条规定,盗窃公私财物数额较大,行为人认罪、悔罪、退赃、退赔,且具有下列情形之一的,情节轻微的,可以不起诉或者免予刑事处罚;必要时,由有关部门予以行政处罚:第一,具有法定从宽处罚情节的;第二,没有参与分赃或者获赃较少,且不是主犯;第三,被害人谅解的;第四,其他情节轻微、危害不大的。

上述司法解释第8条规定,偷拿家庭成员或者近亲属的财物,获得谅解的,一般可以不认为是犯罪;需要追究刑事责任的,应当酌情从宽。

②注意划清盗窃罪的既遂与未遂的界限。认定盗窃犯罪的既遂与未遂应以行为人对被盗窃财物是否实际控制为标准,行为人已经实际控制了被盗财物,财物所有人已对财物失去了控制的是盗窃罪既遂。否则,是盗窃罪未遂。例如,某人白天将工厂的一台电脑盗出,放在工厂墙外用草盖严,准备晚上再来取。后被值班人员看见所藏电脑,搬回工厂。某人的行为虽然没有实际得到该电脑,也是盗窃罪既遂。

根据2013年4月4日起最高人民法院、最高人民检察院实施的《关于办理盗窃刑事案件适用法律若干问题的解释》第12条规定,盗窃未遂,具有下列情形之一的,应当依法追究刑事责任:第一,以数额巨大的财物为盗窃目标的;第二,以珍贵文物为盗窃目标的;第三,其他情节严重的情形。盗窃行为中既有既遂的,也有未遂的,分别达到不同量刑幅度的,依照处罚较重的规定处罚;达到同一量刑幅度的,以盗窃既遂处罚。

③划清共同盗窃犯罪中各共犯应负的刑事责任。对共同盗窃的定罪,应根据每个参与人的共同盗窃的总数额定罪。但在量刑时,应根据每个共犯在共同犯罪中所处的地位(主犯、从犯、教唆犯)和起的作用(主要作用、次要作用、帮助作用、教唆作用)处罚。对共同盗窃集团的首要分子,按照盗窃集团所犯的全部盗窃数额处罚。对于共同盗窃的主犯应当按照其所参与的或者组织、指挥的全部盗窃犯罪数额处罚。对在共同犯罪中起次要或者辅助作用的从犯,按个人参与的盗窃数额定罪,并确定适用的量刑幅度,并依照《刑法》关于从犯负刑事责任的规定,可以对其从轻、减轻处罚或者免除处罚。教唆犯应当按照他在共同犯中所起的作用处罚。教唆不满18周岁的人犯罪的,应当从重处罚。如果被教唆的人没有犯被教唆的罪,对教唆犯可以从轻或者减轻处罚。

④注意对偷开他人机动车行为的认定。最高人民法院、最高人民检察院2013年4月4日起实施的《关于办理盗窃刑事案件适用法律若干问题的解释》第10条规定:偷开他人机动车的,按照下列规定处理:第一,偷开机动车、导致车辆丢失的,以盗窃罪定罪处罚;第二,为盗窃其他财物,偷开机动车作为犯罪工具使用后非法占有车辆,或者将车辆遗弃导致丢失的,被盗车辆的价值计入盗窃数额;第三,为实施其他犯罪,偷开机动车作为犯罪工具使用后非法占有车辆,或者将车辆遗弃导致丢失的,以盗窃罪和其他犯罪数罪并罚;将车辆送回,未造成丢失的,按照其所实施的其他犯罪从重处罚。

⑤划清盗窃罪与诈骗罪、抢夺罪、抢劫罪、敲诈勒索罪的界限。上述犯罪都是侵犯财产的犯罪,主观上都有非法占有财物的目的,客观上都实施了侵犯他人财物的行为。但上述具体犯罪的主要区别是犯罪行为不同,盗窃罪的行为是秘密窃取行为,诈骗罪的行为是用虚构事实和隐瞒事实真相的方法的骗取行为,抢夺罪的行为是趁人不备公然夺取的行为,抢劫罪的行为是以暴力、胁迫的方法劫取的行为,敲诈勒索罪的行为是使用威胁或者要挟的方法勒索的行为。由于犯罪行为方式的不同而将上述犯罪区别开来。当然,上述犯罪还有犯罪数额、犯罪对象等方面的不同。

⑥注意划清盗窃罪与危害公共安全罪中涉及盗窃财物具体犯罪的界限。盗窃罪是侵犯财产犯罪,其客体是侵犯公私财产所有权关系的犯罪。有些盗窃公私财物的行为不但侵犯财产所有权关系,而且危害了公共安全,例如:盗窃国家秘密、盗窃交通工具、交通设备、电力设备、煤气设备、易燃易爆设备、通信设备、盗窃枪支弹药、盗窃军用通信设施等,盗窃行为既侵犯了公私财产关系,也危害了公共安全,属于结果牵连犯,应按重罪吸收轻罪的原则,只定为危害国家安全罪中的具体犯罪,不再定为盗窃罪。

⑦注意盗窃罪的适用效力。我国《刑法》第264条原规定有盗窃罪,并有处死刑的规定,《刑法修正案(八)》规定的盗窃罪法定刑是从2011年5月1日起生效,对盗窃罪最高只能处无期徒刑,不适用死刑。对《刑法修正案(八)》生效以前的行为,如果依照生效前的法律规定对盗窃犯判处死刑,判决已经生效的,应当坚持原判决;对于未经审判或者判决没有确定的,应当依照《刑法修正案(八)》的规定定罪处罚,对其最高只能处无期徒刑,不能判处死刑。

⑧注意对盗窃公私财物的处理。根据2013年4月4日起最高人民法院、最高人民检察院实施的《关于办理盗窃刑事案件适用法律若干问题的解释》第11条规定,盗窃公私财物并造成财物损毁的,按照下列规定处理:第一,采用破坏性手段盗窃公私财物,造成其他财物损毁的,以盗窃罪从重处罚;同时构成盗窃罪和其他罪的,择一重罪从重处罚;第二,实施盗窃犯罪后,为掩盖罪行或者报复等,故意毁坏其他财物构成犯罪的,以盗窃罪和构成的其他犯罪数罪并罚;第三,盗窃行为未构成犯罪,但损毁财物构成其他犯罪的,以其他犯罪定罪处罚。

(十三)敲诈勒索罪

《刑法修正案(八)》第40条对《刑法》第274条规定的敲诈勒索罪的罪状和法定刑进行了修改。最高人民法院1997年12月16日实施的《关于执行〈中华人民共和国刑法〉确定罪名的规定》确定了"敲诈勒索罪"的罪名。

1.刑法规定内容的修改

刑法条文中有关敲诈勒索罪的规定有:

(1)1979年《刑法》第154条规定:"敲诈勒索公私财物的,处三年以下有期徒刑或者拘役;情节严重的,处三年以上七年以下有期徒刑。"

(2)1997年《刑法》第274条规定:"敲诈勒索公私财物,数额较大的,处三年以下有期徒刑、拘役或者管制;数额巨大或者有其他严重情节的,处三年以上十年以下有期徒刑。"

(3)2011年《刑法修正案(八)》第40条对《刑法》第274条规定修改为:"敲诈勒索公私财物,数额较大或者多次敲诈勒索的,处三年以下有期徒刑、拘役或者管制,并处或者单处罚金;数额巨大或者有其他严重情节的,处三年以上十年以下有期徒刑,并处罚金;数额特别巨大或者有其他特别严重情节的,处十年以上有期徒刑,并处罚金。"

上述《刑法修正案(八)》第40条对《刑法》第274条原规定的敲诈勒索罪的罪状和法定刑进行了以下修改和补充:一是修改了罪状,增加了"多次敲诈勒索的",不受敲诈勒财物数额较大的限制,只要多次实施敲诈勒索行为,就可以构成犯罪。二是修改了法定刑,最低刑中增加了"并处或者单处罚金"的规定,相对减轻了对犯较轻敲诈勒索罪的犯罪分子的处罚;在原规定的处3年以上10年以下有期徒刑量刑幅度内又增加了"并处罚金"和增加了一个最高量刑幅度,即"数额特别巨大或者有其他特别严重情节的,处十年以上有期徒刑,并处罚金";加重了对犯严重敲诈勒索罪的处罚力度,最高处15年有期徒刑,并处罚金。这样的修改体现了宽严相济的刑事政策。

2.刑法规定修改的原因

我国1979年《刑法》和1997年《刑法》对敲诈勒索罪都作了规定,1997年刑法特别规定了敲诈勒索数额较大的才构成犯罪。多年的司法实践经验表明,刑法原规定的处罚比较轻。近年来敲诈勒索罪发案逐年增多,且敲诈勒索的数额越来越大,有的敲诈勒索上百万元、上千万元;有些黑恶势力经常敲诈勒索、欺压弱势群体、尽管每次敲诈的数额不大,但多次实施敲诈勒索行为,严重扰乱社会秩序,使人民群众没有安全感。《刑法修正案(八)》增加的"多次敲诈勒索"的犯罪行为不受敲诈勒索数额较大限制,也可以构成犯罪,增加一档更重的法定刑。这样修改的主要原因是敲诈勒索的犯罪行为既危害公民的财产安全,也危害公民的人身安全。因此,降低对多次敲诈勒索犯罪行为入罪门槛和加重了数额特别巨大和情节特别严的敲诈勒索犯罪分子的处罚。

3. 敲诈勒索罪的适用

要准确适用敲诈勒索罪就必须弄清该罪的概念、构成特征、法定刑,以及适用时应注意的问题。

(1)敲诈勒索罪的概念。敲诈勒索罪是指以非法占有为目的,以威胁或者要挟的方法勒索公私财物,数额较大或者多次敲诈勒索的行为。

敲诈勒索罪是以威胁、要挟等手段逼迫财物所有人交出财物的犯罪,不仅侵犯公私财物所有权,同时侵犯被害人的人身权利或者其他权利,往往一个人被敲诈勒索,被害人亲属都受害,其社会危害性也很严重。我国《刑法》规定犯敲诈勒索罪的,最低处管制或者单处罚金,最高处15年有期徒刑,并处罚金。

(2)犯罪构成特征。根据《刑法》第274条和《刑法修正案(八)》第40条的规定,该罪的构成特征是:

①犯罪主体,是一般主体。达到法定刑事责任年龄、具有刑事责任能力,实施了敲诈勒索犯罪行为的自然人。犯罪主体主观上是故意,并且有非法占有他人财物的目的。不满16周岁的人和单位不能构成本罪。

②犯罪行为,必须是实施了以威胁、要挟的手段,敲诈勒索他人财物的行为。具体表现有:

第一,必须是故意以威胁或者要挟的手段逼迫他人交出财物的行为。如对被害人及其亲属进行殴打、伤害、杀害、剥夺人身自由相威胁,迫使被害人交出财物的行为。

第二,以损坏、破坏、剥夺财产相威胁,迫使被害人交出财物的行为。使用揭发、公布、公开被害人及其亲属的隐私的方法进行要挟,迫使被害人交出财物的行为。以是否揭发被害人及其亲属违法犯罪行为为条件,对被害人进行精神强制,使被害人产生恐惧心理,迫使被害人交出财物的行为。

③犯罪结果,敲诈勒索罪多数是结果犯,有些是行为犯。多数敲诈勒索行为必须达到敲诈勒索财物数额较大的程度才构成犯罪。而对于多次实施敲诈勒索行为的,即使敲诈勒索财物数额达不到较大的程度也可以构成犯罪。对于敲诈勒索情节严重或者情节特别严重的,要适用加重法定刑处罚。

2013年4月27日起最高人民法院、最高人民检察院实施的《关于办理敲诈勒索刑事案件适用法律若干问题的解释》第1条规定:敲诈勒索公私财物价值2000元至5000元以上、3万元至10万元以上、30万元至50万元以上,应当分别认定为"数额较大""数额巨大""数额特别巨大"。各省、自治区、直辖市高级人民法院、人民检察院可以根据本地区经济发展状况和社会治安状况,在前款规定的数额幅度内,共同研究确定本地区执行的具体数额标准,报最高人民法院、最高人民检察院批准。

上述司法解释第2条规定,敲诈勒索公私财物,具有下列情形之一的,"数额较大"的标准可以按照该解释第1条规定标准的50%确定:第一,曾因敲诈勒索受过刑事处罚的;第二,1年以内曾因敲诈勒索受过行政处罚的;第三,对未成年人、残疾人、老年人或者丧失劳动能力人敲诈勒索的;第四,以将要实施放火、爆炸等危害公共安全犯罪或者故意杀人、绑架等严重侵犯公民人身权利犯罪相威胁敲诈勒索的;第五,以黑恶势力名义敲诈勒索的;第六,利用或者冒充国家工作人员、军人、新闻工作者等特殊身份敲诈勒索的;第七,造成其他严重后果的。

(3)敲诈勒索罪的法定刑。根据《刑法》第 274 条的规定,该罪的法定刑是:

①构成本罪,敲诈勒索公私财物数额较大或者多次敲诈勒索的,处 3 年以下有期徒刑、拘役或者管制,并处或者单处罚金。

根据《关于办理敲诈勒索刑事案件适用法律若干问题的解释》的规定,个人敲诈勒索公私财物数额较大,一般以 2000 元至 5000 元以上。对多次敲诈勒索是指在 2 年以内敲诈勒索 3 次以上。

②犯本罪,数额巨大或者有其他严重情节的,处 3 年以上 10 年以下有期徒刑,并处罚金。

根据上述司法解释,敲诈勒索公私财物数额巨大,一般以敲诈勒索 3 万元至 10 万元为以上的。

③犯本罪,数额特别巨大或者有其他特别严重情节的,处 10 年以上有期徒刑,并处罚金。

根据上述司法解释,敲诈勒索公私财物数额特别巨大,一般以 30 万元至 50 万元以上的。

上述司法解释第 4 条规定,敲诈勒索公私财物,具有本解释第 2 条第 3 项至第 7 项规定情形之一,数额达到本解释第 1 条规定的"数额巨大""数额特别巨大"80% 的,可以分别认定为《刑法》第 274 条规定的"其他严重情节"或者"其他特别严重情节"。

上述司法解释第 8 条规定,对犯敲诈勒索罪的被告人,应当在 2000 元以上,敲诈勒索数额的 2 倍以下判处罚金;被告人没有获得财物的,应当在 2000 元以上 10 万元以下判处罚金。

(4)认定本罪时,应注意的问题:

①注意区分罪与非罪的界限。

第一,根据我国《刑法》第 274 条的规定,敲诈勒索罪的主体在主观上是故意,主观上是过失的或者不以牟利为目的的,不构成本罪。

第二,多数敲诈勒索罪是结果犯,要求必须达到数额较大的才构成犯罪,没有达到数额较大的敲诈勒索行为一般不构成犯罪;有些是行为犯,只要多次实施了敲诈勒索行为尽管数额达不到较大的标准,也可以构成犯罪。但是,应根据《刑法》第 13 条的规定,情节显著轻微危害不大的,不认为是犯罪。

根据 2013 年 4 月 27 日起最高人民法院、最高人民检察院实施的《关于办理敲诈勒索刑事案件适用法律若干问题的解释》第 5 条规定,敲诈勒索公私财物数额较大,行为人认罪、悔罪、退赃、退赔,且具有下列情形之一的,可以认定为犯罪情节轻微,不起诉或者免予刑事处罚,由有关部门予以行政处罚:第一,具有法定从宽处罚情节的;第二,没有参与分赃或者获赃较少且不是主犯的;第三,被害人谅解的;第四,其他情节轻微、危害不大的。

上述司法解释第 6 条规定,敲诈勒索近亲属的财物,获得谅解的,一般不认为是犯罪;认定为犯罪的,应当酌情从宽处理。被害人对敲诈勒索的发生存在过错的,根据被害人过错程度和案件其他情况,可以对行为人酌情从宽处理;情节显著轻微危害不大的,不认为是犯罪。

②注意划清敲诈勒索罪与索贿犯罪的界限。敲诈勒索罪是以威胁或者要挟的方法,敲诈勒索他人财物的行为。国家工作人员利用职务之便敲诈勒索他人财物的行为,也是一种敲诈勒索犯罪行为,但依照刑法规定重罪吸收轻罪的原则不能认定为敲诈勒索罪,应依照《刑法》第 385 条规定为索贿犯罪行为,按受贿罪定罪处罚。

③划清敲诈勒索罪与绑架罪的界限。我国《刑法》第 239 条规定的绑架罪中,有的是以绑架他人的方法勒索他人财物,其行为与本罪有些相似,敲诈勒索行为没有得逞的,有可能发展

到绑架行为或者非法拘禁的犯罪行为。二罪的区别是犯罪手段不同。敲诈勒索罪的犯罪手段是以威胁或要挟的方法勒索他人财物,一般还没有达到以暴力限制他人人身自由的程度,而绑架罪是实施了绑架他人的行为,使他人失去了人身自由。由于上述犯罪手段不同,可以将两种犯罪区别开来。

④注意对敲诈勒索罪共犯的认定。根据最高人民法院、最高人民检察院2013年4月27日实施的《关于办理敲诈勒索刑事案件适用法律若干问题的解释》第7条规定,明知他人实施敲诈勒索犯罪,为其提供信用卡、手机卡、通信工具、通信传输通道、网络技术支持等帮助的,以共同犯罪论处。

(十四)寻衅滋事罪

《刑法修正案(八)》第42条对《刑法》第293条规定的寻衅滋事罪的罪状和法定刑进行了修改。最高人民法院1997年12月16日《关于执行〈中华人民共和国刑法〉确定罪名的规定》中确定为"寻衅滋事罪"的罪名。

1. 刑法规定内容的修改

刑法条文中有关寻衅滋事罪的规定有:

(1)1979年《刑法》第160条规定:"聚众斗殴、寻衅滋事,侮辱妇女或者进行其他流氓活动,破坏公共秩序,情节恶劣的,处七年以下有期徒刑、拘役或者管制。流氓集团的首要分子,处七年以上有期徒刑。"

(2)1997年《刑法》第293条规定:"有下列寻衅滋事行为之一,破坏社会秩序的,处五年以下有期徒刑、拘役或者管制:(一)随意殴打他人,情节恶劣的;(二)追逐、拦截、辱骂他人,情节恶劣的;(三)强拿硬要或者任意损毁、占用公私财物,情节严重的;(四)在公共场所起哄闹事,造成公共场所秩序严重混乱的。"

(3)2011年《刑法修正案(八)》第42条对《刑法》第293条规定修改为:"有下列寻衅滋事行为之一,破坏社会秩序的,处五年以下有期徒刑、拘役或者管制:(一)随意殴打他人,情节恶劣的;(二)追逐、拦截、辱骂、恐吓他人,情节恶劣的;(三)强拿硬要或者任意损毁、占用公私财物,情节严重的;(四)在公共场所起哄闹事,造成公共场所秩序严重混乱的。纠集他人多次实施前款行为,严重破坏社会秩序的,处五年以上十年以下有期徒刑,可以并处罚金。"

上述《刑法修正案(八)》第42条对《刑法》第293条原规定的寻衅滋事罪的罪状和法定刑进行了以下修改和补充:一是修改了罪状,增加了"纠集他人多次实施前款行为,严重破坏社会秩序的"犯罪行为;二是增加一个加重处罚的法定刑,即"处五年以上十年以下有期徒刑,可以并处罚金"。加重了对纠集他人多次实施寻衅滋事犯罪行为的处罚力度,最高处10年有期徒刑,可以并处罚金。

2. 刑法规定修改的原因

我国1979年《刑法》没有单独规定寻衅滋事罪,而是将寻衅滋事犯罪行为作为流氓罪的犯罪行为之一,最低处管制,最高处7年有期徒刑。由于司法实践中将流氓罪作为口袋罪使用,使惩罚的对象不确定,造成惩罚不准确的混乱现象。1997年《刑法》取消了流氓罪的罪名,将流氓罪的犯罪行为分别规定独立的犯罪,其中将寻衅滋事犯罪行为单独规定为寻衅滋事罪,最低处管制,最高处5年有期徒刑。多年的司法实践经验表明,《刑法》原规定的处罚比较轻。特别是近些年来,黑社会性质组织纠集他人多次实施寻衅滋事的犯罪行为,严重扰乱了社会治安秩序,使人民群众没有安全感。《刑法修正案(八)》增加了纠集他人多次实施寻衅滋事犯罪行为的,适用加重的法定刑,最高处 10 年有期徒刑的规定,加重了纠集他人多次实施寻衅滋事犯罪行为的犯罪分子的处罚力度,确保公民能够安居乐业。

3. 寻衅滋事罪的适用

要准确适用寻衅滋事罪就必须弄清该罪的概念、构成特征、法定刑,以及适用时应注意的问题。

(1)寻衅滋事罪的概念。寻衅滋事罪是指无事生非,随意殴打、辱骂他人,强拿硬要或者任意损毁、占有公私财物,在公共场所起哄闹事,严重扰乱社会秩序的行为。

寻衅滋事罪是一种没事找事、惹是生非,严重扰乱公共场所秩序和社会秩序的犯罪。我国《刑法》规定,犯寻衅滋事罪的最低处管制,最高处 10 年有期徒刑,可以并处罚金。

(2)犯罪构成特征。根据《刑法》第 293 条和《刑法修正案(八)》第 42 条的规定,该罪的构成特征是:

①犯罪主体,是一般主体,达到法定年龄、具有刑事责任能力,实施了寻衅滋事犯罪行为的自然人。犯罪主体主观上是故意。不满 16 周岁的人和单位不能构成本罪。

②犯罪行为,必须是实施了寻衅滋事,严重破坏社会秩序的犯罪行为。具体表现有:

首先,随意殴打他人,情节恶劣的。根据 2013 年 7 月 22 日起最高人民法院、最高人民检察院实施的《关于办理寻衅滋事刑事案件适用法律若干问题的解释》第 2 条规定,随意殴打他人,破坏社会秩序,具有下列情形之一的,应当认定为《刑法》第 293 条第 1 款第 1 项规定的"情节恶劣":第一,致 1 人以上轻伤或者 2 人以上轻微伤的;第二,引起他人精神失常、自杀等严重后果的;第三,多次随意殴打他人的;第四,持凶器随意殴打他人的;第五,随意殴打精神病人、残疾人、流浪乞讨人员、老年人、孕妇、未成年人,造成恶劣社会影响的;第六,在公共场所随意殴打他人,造成公共场所秩序严重混乱的;第七,其他情节恶劣的情形。

其次,追逐、拦截、辱骂、恐吓他人,情节恶劣的。根据 2013 年 7 月 22 日起最高人民法院、最高人民检察院实施的《关于办理寻衅滋事刑事案件适用法律若干问题的解释》第 3 条规定,追逐、拦截、辱骂、恐吓他人,破坏社会秩序,具有下列情形之一的,应当认定为《刑法》第 293 条第 1 款第 2 项规定的"情节恶劣":第一,多次追逐、拦截、辱骂、恐吓他人,造成恶劣社会影响;第二,持凶器追逐、拦截、辱骂、恐吓他人的;第三,追逐、拦截、辱骂、恐吓精神病人、残疾人、流浪乞讨人员、老年人、孕妇、未成年人,造成恶劣社会影响的;第四,引起他人精神失常、自杀等严重后果的;第五,严重影响他人的工作、生活、生产、经营的;第六,其他情节恶劣的情形。

再次,强拿硬要或者任意损毁、占用公私财物,情节严重的。根据 2013 年 7 月 22 日起最高人民法院、最高人民检察院实施的《关于办理寻衅滋事刑事案件适用法律若干问题的解释》第 4 条规定,强拿硬要或者任意损毁、占用公私财物,破坏社会秩序,具有下列情形之一的,应当认定为《刑法》第 293 条第 1 款第 3 项规定的"情节严重":第一,强拿硬要公私财物价值 1000 元以上或者任意损毁、占用公私财物价值 2000 元以上的;第二,多次强拿硬要或者任意损毁、占用公私财物,造成恶劣社会影响的;第三,强拿硬要或者任意损毁、占用精神病人、残疾人、流浪乞讨人员、老年人、孕妇、未成年人的财物,造成恶劣社会影响的;第四,引起他人精神失常、自杀等严重后果的;第五,严重影响他人的工作、生活、生产、经营的;第六,其他情节恶劣的情形。

最后,在公共场所起哄闹事,造成公共场所秩序严重混乱的行为。根据2013年7月22日起最高人民法院、最高人民检察院实施的《关于办理寻衅滋事刑事案件适用法律若干问题的解释》第5条规定,在车站、码头、机场、医院、商场、公园、影剧院、展览会、运动场或者其他公共场所起哄闹事,应当根据公共场所的性质、公共活动的重要程度、公共场所人数、起哄闹事的时间、公共场所受影响的范围与程度等因素,综合判断是否"造成公共场所秩序严重混乱"。

具备上述行为之一的,就具备寻衅滋事犯罪行为的特征。上述行为必须产生破坏社会秩序"情节恶劣的"或者"造成公共场所秩序严重混乱的"结果,才能构成寻衅滋事犯罪行为。

③犯罪结果,本罪是结果犯。随意殴打他人、追逐、拦截、辱骂、恐吓他人等寻衅滋事行为,必须达到破坏社会秩序,情节恶劣的结果程度才构成寻衅滋事罪;强拿硬要或者任意损毁、占用公私财物的寻衅滋事行为必须达到破坏社会秩序,情节严重的结果程度才构成寻衅滋事罪;在公共场所起哄闹事寻衅滋事行为,必须造成公共场所秩序严重混乱破坏社会秩序的行为,才构成本罪;对于纠集他人多次实施寻衅滋事行为,必须达到严重破坏社会秩序结果程度的才可以构成本罪。

(3)寻衅滋事罪的法定刑。根据《刑法》第293条的规定,该罪的法定刑是:

①构成本罪的,处5年以下有期徒刑、拘役或者管制。

②犯本罪,纠集他人多次实施寻衅滋事行为,严重破坏社会秩序的,处5年以上10年以下有期徒刑,并处罚金。

根据2013年7月22日起最高人民法院、最高人民检察院实施的《关于办理寻衅滋事刑事案件适用法律若干问题的解释》第6条规定,纠集他人3次以上实施寻衅滋事犯罪,未经处理的,应依照《刑法》第293条第2款的规定处罚。

(4)认定本罪时,应注意的问题:

①注意区分罪与非罪的界限。

第一,根据我国《刑法》第293条的规定,寻衅滋事罪的主体在主观上是故意,主观上是过失的不构成本罪,单位也不构成本罪。

第二,寻衅滋事罪是破坏社会秩序的犯罪,随意殴打他人、追逐、拦截、辱骂、恐吓他人,或者强拿硬要或者任意损毁、占用公私财物等寻衅滋事行为一般都是发生在公共场所,破坏社会秩序的行为,但不发生在公共场所的,破坏社会秩序的也可以构成本罪。在公共场所起哄闹事的寻衅滋事行为,必须是发生在公共场所,并造成了公共场所秩序严重混乱,才构成犯罪;不是在公共场所的起哄闹事的行为不构成寻衅滋事犯罪。

第三,寻衅滋事罪是结果犯,必须情节恶劣或者情节严重的,才可以构成犯罪。没有达到上述结果的寻衅滋事行为,是情节显著轻微危害不大的行为,不认为是犯罪。

根据2013年7月22日起最高人民法院、最高人民检察院实施的《关于办理寻衅滋事刑事案件适用法律若干问题的解释》第1条规定,行为人寻求刺激、发泄情绪、逞强耍横等,无事生非实施《刑法》第293条规定的行为,应当认定为"寻衅滋事"。行为人因日常生活中的偶发矛盾纠纷,借故生非,实施《刑法》第293条规定的行为的,应当认定为"寻衅滋事",但矛盾系由被害人故意引发或者被害人对矛盾激化负有主要责任的除外。行为人因婚姻、家庭、邻里、债务等纠纷,实施殴打、辱骂、恐吓他人或者损毁、占用他人财物等行为的,一般不认定为"寻衅滋事",但经有关部门批评制止或者处理后,继续实施前列行为,没有破坏社会秩序的除外。

②注意划清寻衅滋事罪与聚众扰乱社会秩序罪的界限。寻衅滋事罪与聚众扰乱社会秩序罪都是扰乱社会秩序的犯罪,犯罪行为和犯罪结果都相同或者相似,容易相混淆。二罪的主要区别是:第一,犯罪主体不同。寻衅滋事罪的犯罪主体是自然人,即使有多人参加也是一般共同犯罪。而聚众扰乱社会秩序罪是聚众犯罪,其犯罪主体是聚众的首要分子和积极参加的人。第二,犯罪对象不同。寻衅滋事罪侵犯的对象是人和物或者公共场所秩序,而聚众扰乱社会秩序罪侵犯的对象是机关、团体、企事业单位的正常工作秩序。上述两点不同,将寻衅滋事罪与聚众扰乱社会秩序罪区别开来。

③注意寻衅滋事罪与有关犯罪的定罪处罚。根据2013年7月22日起最高人民法院、最高人民检察院实施的《关于办理寻衅滋事刑事案件适用法律若干问题的解释》第7条规定,实施寻衅滋事行为,同时符合寻衅滋事罪和故意杀人罪、故意伤害罪、故意毁坏财物罪、敲诈勒索罪、抢夺罪、抢劫罪等罪的构成要件的,依照处罚较重的犯罪定罪处罚。

上述司法解释第8条规定,行为人认罪、悔罪,积极赔偿被害人损失或者取得被害人谅解的,可以从轻处罚;犯罪情节轻微的,可以不起诉或者免予刑事处罚。

(十五)组织、领导、参加黑社会性质组织罪

《刑法修正案(八)》第43条对《刑法》原第294条第1款规定的组织、领导、参加黑社会性质组织罪的罪状和法定刑进行了修改。最高人民法院1997年12月16日《关于执行〈中华人民共和国刑法〉确定罪名的规定》中确定为"组织、领导、参加黑社会性质组织罪"的罪名。

1. 刑法规定内容的修改

刑法条文中有关组织、领导、参加黑社会性质组织罪的规定有:

(1)1979年《刑法》第98条规定:"组织、领导反革命集团的,处五年以上有期徒刑;其他积极参加反革命集团的,处五年以下有期徒刑、拘役、管制或者剥夺政治权利。"

(2)1997年《刑法》第294条规定:"组织、领导和积极参加以暴力、威胁或者其他手段,有组织地进行违法犯罪活动,称霸一方,为非作恶,欺压、残害群众,严重破坏经济、社会生活秩序的黑社会性质的组织的,处三年以上十年以下有期徒刑;其他参加的,处三年以下有期徒刑、拘役、管制或者剥夺政治权利。境外的黑社会组织的人员到中华人民共和国境内发展组织成员的,处三年以上十年以下有期徒刑。犯前两款罪又有其他犯罪行为的,依照数罪并罚的规定处罚。国家机关工作人员包庇黑社会性质的组织,或者纵容黑社会性质的组织进行违法犯罪活动的,处三年以下有期徒刑、拘役或者剥夺政治权利;情节严重的,处三年以上十年以下有期徒刑。"

(3)2011年《刑法修正案(八)》第43条对《刑法》第294条规定修改为:"组织、领导黑社会性质的组织的,处七年以上有期徒刑,并处没收财产;积极参加的,处三年以上七年以下有期徒刑,可以并处罚金或者没收财产;其他参加的,处三年以下有期徒刑、拘役、管制或者剥夺政治权利,可以并处罚金。境外的黑社会组织的人员到中华人民共和国境内发展组织成员的,处三年以上十年以下有期徒刑。国家机关工作人员包庇黑社会性质的组织,或者纵容黑社会性质的组织进行违法犯罪活动的,处五年以下有期徒刑;情节严重的,处五年以上有期徒刑。犯前三款罪又有其他犯罪行为的,依照数罪并罚的规定处罚。黑社会性质的组织应当同时具备以下特征:(一)形成较稳定的犯罪组织,人数较多,有明确的组织者、领导者,骨干成员

基本固定;(二)有组织地通过违法犯罪活动或者其他手段获取经济利益,具有一定的经济实力,以支持该组织的活动;(三)以暴力、威胁或者其他手段,有组织地多次进行违法犯罪活动,为非作恶,欺压、残害群众;(四)通过实施违法犯罪活动,或者利用国家工作人员的包庇或者纵容,称霸一方,在一定区域或者行业内,形成非法控制或者重大影响,严重破坏经济、社会生活秩序。"

上述《刑法修正案(八)》第43条对《刑法》第294条原规定的组织、领导、参加黑社会性质组织罪的罪状和法定刑进行了以下修改和补充:

一是删除原规定的罪状"以暴力、威胁或者其他手段,有组织地进行违法犯罪活动,称霸一方,为非作恶,欺压、残害群众,严重破坏经济、社会生活秩序的黑社会性质的组织的",并解释了黑社会性质的组织的具有的4个特征:第一,形成较稳定的犯罪组织,人数较多,有明确的组织者、领导者,骨干成员基本固定;第二,有组织地通过违法犯罪活动或者其他手段获取经济利益,具有一定的经济实力,以支持该组织的活动;第三,以暴力、威胁或者其他手段,有组织地多次进行违法犯罪活动,为非作恶,欺压、残害群众;第四,通过实施违法犯罪活动,或者利用国家工作人员的包庇或者纵容,称霸一方,在一定区域或者行业内,形成非法控制或者重大影响,严重破坏经济、社会生活秩序。

二是修改了法定刑,即"组织、领导黑社会性质组织的,处七年以上有期徒刑,并处没收财产;积极参加的,处三年以上七年以下有期徒刑,可以并处罚金或者没收财产;其他参加的,处三年以下有期徒刑、拘役、管制或者剥夺政治权利,可以并处罚金"。

三是将包庇、纵容黑社会性质组织犯罪行为的法定刑,由最高处10年有期徒刑修改为最高处15年有期徒刑。

2.刑法规定修改的原因

我国1979年《刑法》没有单独规定组织、领导、积极参加黑社会性质组织罪,而是将黑社会性质组织罪的犯罪行为作为组织、领导、参加反革命集团罪的犯罪行为之一,最低处拘役、管制或者剥夺政治权利,最高处15年有期徒刑。1997年《刑法》取消了组织、领导、积极参加反革命集团罪的罪名,将组织、领导、积极参加黑社会性质组织的犯罪行为规定为独立的犯罪,并规定犯组织、领导、参加黑社会性质组织罪的,最低处拘役、管制或者剥夺政治权利,最高处10年有期徒刑。多年的司法实践经验表明,《刑法》原规定的处罚比较轻。特别是近些年来,黑社会性质组织犯罪猖獗,给人民群众的生命财产造成了严重的危害。为了严惩黑社会性质组织犯罪,全国人大常委会于2002年4月28日在《关于中华人民共和国刑法第二百九十四条第一款的解释》中对黑社会性质的组织的含义问题作了相应解释。《刑法修正案(八)》对组织、领导、参加黑社会组织罪的罪状和法定刑进行了修改和补充,最高处15年有期徒刑,加重了对组织、领导、积极参加黑社会性质组织罪的处罚力度。

3.组织、领导、参加黑社会性质组织罪的适用

要准确适用组织、领导、参加黑社会性质组织罪就必须弄清该罪的概念、构成特征、法定刑,以及适用时应注意的问题。

(1)组织、领导、参加黑社会性质组织罪的概念。该罪是指组织、领导、参加黑社会性质的组织的行为。

黑社会组织是一种有组织、有领导、有计划地进行反社会活动的团体或者组织。我国现

在还没有真正意义上的黑社会组织。但是,近几年来,出现了一些带有黑社会性质的组织,其在首要分子的组织、领导和指挥下进行违法犯罪活动,称霸一方,为非作歹,欺压、残害人民群众,严重扰乱社会秩序。组织、领导、参加黑社会性质组织的行为是一种严重危害社会的行为,有的犯罪分子进行危害国家安全的犯罪活动,有的进行经济犯罪活动,有的进行扰乱社会治安秩序的犯罪活动。组织犯罪是把犯罪分子组织起来进行犯罪,其社会危害性严重。我国《刑法》规定,犯组织、领导、参加黑社会性质组织罪的,最高处15年有期徒刑,并处没收财产。

(2)犯罪构成特征。根据《刑法》第294条第1款和《刑法修正案(八)》第43条的规定,该罪的构成特征是:

①犯罪主体,是一般主体。达到法定年龄、具有刑事责任能力,实施了组织、领导、参加黑社会性质组织犯罪行为的自然人。犯罪主体有的是组织者、有的是领导者、有的是积极参加者和一般参加者。犯罪主体在主观上是故意的。不满16周岁的人和单位不能构成本罪。

②犯罪行为,必须是实施了组织、领导、参加黑社会性质组织罪的犯罪行为。具体表现有:

第一,组织黑社会性质组织的行为,是指为了进行犯罪而发起、组建黑社会性质犯罪组织的行为。

第二,领导黑社会性质组织罪的行为,是指在黑社会性质组织中处于领导地位,对黑社会性质组织的活动实施策划、决策、指挥、协调等活动。

第三,积极参加黑社会性质组织的行为,是指明知是黑社会性质组织,而积极主动地要求参加,在黑社会性质组织中起骨干作用。

第四,其他参加黑社会性质组织的行为,是指一般跟随参加黑社会性质组织及其违法犯罪活动的行为。犯罪主体在主观上知道是黑社会性质组织而自愿参加组织及其活动,在黑社会性质组织中是一般参加者。

本罪的上述行为都是故意犯罪行为,即明知是黑社会性质组织而组织、领导和参加的行为。只要故意实施了上述行为之一的,就可以构成犯罪。

③犯罪结果,本罪是行为犯。只要故意实施了组织、领导、参加黑社会性质组织罪行为的,就可以构成犯罪。只有同时具备了上述4个特征的行为,才能构成黑社会性质组织。

(3)组织、领导、参加黑社会性质组织罪的法定刑。根据《刑法》第294条第1款的规定,该罪的法定刑是:

①组织、领导黑社会性质的组织的,处7年以上有期徒刑,并处没收财产。

②积极参加黑社会组织的,处3年以上7年以下有期徒刑,可以并处罚金或者没收财产。

③其他参加黑社会性质组织的,处3年以下有期徒刑、拘役、管制或者剥夺政治权利,可以并处罚金。

(4)认定本罪时,应注意的问题:

①注意区分罪与非罪的界限。

第一,根据我国《刑法》第294条第1款的规定,组织、领导、参加黑社会性质组织罪的主体在主观上是故意,主观上是过失的不构成本罪,单位也不构成本罪。根据2000年12月10日起最高人民法院实施的《关于审理黑社会性质组织犯罪的案件具体应用法律若干问题的解释》第3条第2款规定,对于参加黑社会性质的组织,没有实施其他违法犯罪活动的,或者受蒙蔽、胁迫参加黑社会性质的组织,情节轻微的,可以不作为犯罪处理。第4条规定,国家机关工作人员组织、领导、参加黑社会性质组织的,从重处罚。

第二,行为人实施了组织、领导、参加黑社会性质组织的行为和接受黑社会性质组织的指挥、完成黑社会组织交办的任务行为,才构成犯罪。

第三,组织、领导黑社会性质的组织罪是行为犯,只要实施了组织、领导、参加黑社会性质的组织的行为就可以构成犯罪。但是,依照我国《刑法》第13条规定,情节显著轻微危害不大的行为不构成犯罪。

②注意划清组织、领导、参加黑社会性质组织罪的一罪与数罪的界限。组织、领导黑社会性质组织罪是行为犯,只要实施了上述犯罪行为就可以构成犯罪。如果在黑社会性组织的指挥下又进行了其他犯罪活动,如实施了故意杀人、故意伤害、赌博、贩毒等犯罪行为的,应另定罪,并与组织、领导、参加黑社会性质组织罪进行数罪并罚。

③注意划清组织、领导、参加黑社会性质组织罪与组织、领导、参加恐怖组织罪和组织、利用会道门、邪教组织、利用迷信破坏法律实施罪的界限。上述三种罪都是组织、领导、参加一定组织进行违法犯罪活动的犯罪。其犯罪行为和社会危害基本相同或相似,容易混淆。其区别是组织、领导、参加的组织性质不同。组织、领导、参加黑社会性质组织罪是危害国家对社会管理活动的犯罪,组织、领导、参加恐怖组织罪是危害公共安全的犯罪,组织、利用会道门、邪教组织、利用迷信破坏法律实施罪是破坏国家法律实施的犯罪。由于犯罪组织的性质不同,将上述三种罪区别开来。如果某犯罪组织三种性质相兼的,按重罪吸收轻罪的原则,按重罪定罪处罚。

(十六)包庇、纵容黑社会性质组织罪

包庇、纵容黑社会性质组织罪,是《刑法修正案(八)》第43条对《刑法》第294条第3款规定的包庇、纵容黑社会性质组织罪的法定刑进行了修改。最高人民法院1997年12月16日《关于执行〈中华人民共和国刑法〉确定罪名的规定》中确定为"包庇、纵容黑社会性质组织罪"的罪名。

1. 刑法规定内容的修改

刑法条文中有关包庇、纵容黑社会性质组织罪的规定有:

(1)1979年《刑法》第162条规定:"窝藏或者作假证明包庇反革命分子的,处三年以下有期徒刑、拘役或者管制;情节严重的,处三年以上十年以下有期徒刑。窝藏或者作假证明包庇其他犯罪分子的,处二年以下有期徒刑、拘役或者管制;情节严重的,处二年以上七年以下有期徒刑。犯前两款罪,事前通谋的,以共同犯罪论处。"

(2)1997年《刑法》第294条第4款规定:"国家机关工作人员包庇黑社会性质的组织,或者纵容黑社会性质的组织进行违法犯罪活动的,处三年以下有期徒刑、拘役或者剥夺政治权利;情节严重的,处三年以上十年以下有期徒刑。"

(3)2011年《刑法修正案(八)》第43条对《刑法》原第294条第4款的规定修改为:"国家机关工作人员包庇黑社会性质的组织,或者纵容黑社会性质的组织进行违法犯罪活动的,处五年以下有期徒刑;情节严重的,处五年以上有期徒刑。"

上述《刑法修正案(八)》第43条对《刑法》第294条原规定的包庇、纵容黑社会性质组织罪的法定刑进行了以下修改:

一是将法定刑第一个量刑幅度"处三年以下有期徒刑、拘役或者剥夺政治权利",修改为"处五年以下有期徒刑",提高起刑点,由3年有期徒刑改为5年有期徒刑。

二是将第二个量刑幅度由"处三年以上十年以下有期徒刑",修改为"处五年以上有期徒刑",最低刑由3年有期徒刑提高到5年有期徒刑;最高刑由10年有期徒刑提高到15年有期徒刑,加重了对包庇、纵容黑社会性质组织罪的处罚力度。

三是增加规定:又有其他犯罪行为的,依照数罪并罚的规定处罚。

2. 刑法规定修改的原因

我国1979年《刑法》没有单独规定包庇、纵容黑社会性质组织罪,而是将这种犯罪行为规定在包庇罪中,作为包庇罪的犯罪行为之一。1997年《刑法》将包庇、纵容黑社会性质组织的犯罪行为规定在《刑法》第294条第4款中,最低处拘役或者剥夺政治权利,最高处10年有期徒刑。多年的司法实践经验表明,刑法原规定的处罚比较轻,特别是近些年来黑社会性质组织犯罪猖獗,出现打击不力的情况。为了严惩国家机关工作人员包庇黑社会性质的组织,或者纵容黑社会性质的组织进行违法犯罪活动的行为,《刑法修正案(八)》对包庇、纵容黑社会性质组织罪的法定刑进行了修改和补充,提高最低起刑点,加重最高刑,最高由处10年有期徒刑提高到处15年有期徒刑,并且专门规定又有其他犯罪行为的进行数罪并罚。

3. 包庇、纵容黑社会性质组织罪的适用

要准确适用包庇、纵容黑社会性质组织罪就必须弄清该罪的概念、构成特征、法定刑,以及适用时应注意的问题。

(1)包庇、纵容黑社会性质组织罪的概念。该罪是指国家机关工作人员包庇黑社会性质的组织,或者纵容黑社会性质的组织进行违法犯罪活动的行为。

国家机关工作人员的职责就是依法对社会进行管理,维护社会公共秩序。国家机关工作人员包庇、纵容黑社会性质组织进行违法犯罪活动,黑社会性质组织有了"保护伞"和支持者,其社会危害性更加严重。很多黑社会性质组织都是在国家机关工作人员的包庇、纵容下发展起来的。国家机关工作人员认真履行职责,黑社会性质犯罪组织是很难存在和发展的。我国《刑法》规定,犯包庇、纵容黑社会性质组织罪的,最低处5年以下有期徒刑,最高处15年有期徒刑。

(2)犯罪构成特征。根据《刑法》第294条第3款和《刑法修正案(八)》第43条的规定,该罪的构成特征是:

①犯罪主体,是特殊主体。必须是国家机关工作人员。受委托在国家机关中从事公务的人员也可以构成本罪的主体。犯罪主体在主观上是故意。

②犯罪行为,必须是实施了包庇、纵容黑社会性质组织罪的犯罪行为。具体表现有:

第一,明知是黑社会性质组织,故意包庇,对黑社会性质组织的违法犯罪行为不进行处理或者故意大事化小、小事化了,或者为黑社会性质组织出谋划策等行为。

第二,明知是黑社会性质组织进行违法犯罪活动而进行纵容。有的直接参与,有的背后操纵、指挥等行为。

上述犯罪行为都是故意实施的,即明知是黑社会性质组织而进行包庇或者纵容的行为。

根据2000年12月10日最高人民法院实施的《关于审理黑社会性质组织犯罪的案件具体应用法律若干问题的解释》第5条规定,《刑法》第294条第4款规定的"包庇",是指国家机关工作人员为使黑社会性质组织及其成员逃避查禁,而通风报信,隐匿、毁灭、伪造证据,阻止他人作证、检举揭发,指使他人作伪证,帮助逃匿,或者阻挠其他国家机关工作人员依法查禁等行为。《刑法》第294条第4款规定的"纵容",是指国家机关工作人员不履行职责,放纵黑社会性质组织进行违法犯罪活动的行为。

③犯罪结果,本罪是行为犯。只要故意实施了包庇、纵容黑社会性质组织罪的行为就可以构成犯罪,情节严重的,处加重法定刑。

(3)包庇、纵容黑社会性质组织罪的法定刑。根据《刑法》第294条的规定,该罪的法定刑是:

①犯包庇、纵容黑社会性质的组织,构成犯罪的,处5年以下有期徒刑。

②犯本罪,包庇、纵容黑社会性质的组织,情节严重的,处5年以上有期徒刑。

根据2000年12月10日最高人民法院实施的《关于审理黑社会性质组织犯罪的案件具体应用法律若干问题的解释》第6规定,国家机关工作人员包庇、纵容黑社会性质的组织,有下列情形之一的,属于《刑法》第294条第4款规定的"情节严重":第一,包庇、纵容黑社会性质的组织跨境实施违法犯罪活动的;第二,包庇、纵容境外黑社会性质的组织在境内实施违法犯罪活动的;第三,多次包庇、纵容行为的;第四,致使某一区域或者行业的经济、社会生活秩序遭受黑社会性质的组织特别严重破坏的;第五,致使黑社会性质组织者、领导者逃匿,或者致使对黑社会性质组织的查禁工作严重受阻的;第六,具有其他严重情节的。

(4)认定本罪时,应注意的问题:

①注意区分罪与非罪的界限。

第一,根据我国《刑法》第294条第3款的规定包庇、纵容黑社会性质的组织罪的主体是特殊主体,必须是国家机关工作人员才构成犯罪,非国家机关工作人员不构成本罪。

第二,包庇、纵容黑社会性质组织罪的犯罪行为是故意犯罪行为,过失行为不构成包庇、纵容黑社会性质的组织罪。

第三,包庇、纵容黑社会性质的组织罪是行为犯,只要实施了包庇黑社会性质的组织,或者纵容黑社会组织进行违法犯罪行为的就可以构成犯罪。但是,依照我国《刑法》第13条规定,情节显著轻微危害不大的行为不构成犯罪。

②注意划清包庇、纵容黑社会性质组织罪的一罪与数罪的界限。包庇、纵容黑社会性质组织罪是行为犯,只要实施了上述犯罪行为就可以构成犯罪。如果在包庇、纵容黑社会性质组织的过程中又有其他犯罪行为的,依照数罪并罚的规定处罚。

③注意划清包庇、纵容黑社会性质组织罪与组织、领导、参加黑社会性质组织罪的界限。国家机关工作人员事先与黑社会性质组织的犯罪分子通谋的,事后包庇、纵容的行为是构成组织、领导、参加黑社会性质组织罪的共犯,还是认定为包庇、纵容黑社会性质组织罪呢? 笔者认为,依照特别规定优先普通规定的原则,《刑法》对包庇、纵容黑社会性组织罪已作了特别规定,应按特别规定将其认定为包庇、纵容黑社会性质组织罪。

(十七)污染环境罪

《刑法修正案(八)》第46条对《刑法》第338条原规定的重大环境污染事故罪的罪状进行了修改。最高人民法院1997年12月16日《关于执行〈中华人民共和国刑法〉确定罪名的规定》中确定为"重大环境污染事故罪"的罪名。2011年4月27日最高人民法院、最高人民检察院发布的《关于执行〈中华人民共和国刑法〉确定罪名的补充规定(五)》中取消了"重大环境污染事故罪"的罪名,改为"污染环境罪"的罪名。2020年12月26日发布的《刑法修正案(十一)》第40条对《刑法》第338条规定的污染环境罪的罪状和法定刑又作了补充规定,增加一个加重档次的法定刑,即规定对有4项情形之一的,处7年以上有期徒刑,并处罚金。《刑法修正案(十一)》加大了对污染环境犯罪的处罚力度,罪名没有改变。详见本书《刑法修正案(十一)》修改的犯罪中(二十五)污染环境罪。

(十八)非法采矿罪

非法采矿罪是《刑法修正案(八)》第47条对《刑法》第343条原规定的非法采矿罪的罪状进行了修改。最高人民法院1997年12月16日《关于执行〈中华人民共和国刑法〉确定罪名的规定》中确定为"非法采矿罪"的罪名。

1. 刑法规定内容的修改

刑法条文中有关非法采矿罪的规定有:

(1)1997年《刑法》第343条规定:"违反矿产资源法的规定,未取得采矿许可证擅自采矿的,擅自进入国家规划矿区、对国民经济具有重要价值的矿区和他人矿区范围采矿的,擅自开采国家规定实行保护性开采的特定矿种,经责令停止开采后拒不停止开采,造成矿产资源破坏的,处三年以下有期徒刑、拘役或者管制,并处或者单处罚金;造成矿产资源严重破坏的,处三年以上七年以下有期徒刑,并处罚金。违反矿产资源法的规定,采取破坏性的开采方法开采矿产资源,造成矿产资源严重破坏的,处五年以下有期徒刑或者拘役,并处罚金。"

(2)2011年《刑法修正案(八)》第47条对《刑法》第343条第1款的规定修改为:"违反矿产资源法的规定,未取得采矿许可证擅自采矿,擅自进入国家规划矿区、对国民经济具有重要价值的矿区和他人矿区范围采矿,或者擅自开采国家规定实行保护性开采的特定矿种,情节严重的,处三年以下有期徒刑、拘役或者管制,并处或者单处罚金;情节特别严重的,处三年以上七年以下有期徒刑,并处罚金。"

上述《刑法修正案(八)》第47条对《刑法》第343条第1款原规定的非法采矿罪的罪状进行了以下修改和补充:

一是将原规定的"经责令停止开采后拒不停止开采,造成矿产资源破坏的"结果改为"情节严重的"结果。

二是将"造成矿产资源严重破坏的"结果改为"情节特别严重的"结果。这样修改是将具体的犯罪结果改为抽象的犯罪结果,可以扩大非法采矿罪的适用范围。

2. 刑法规定修改的原因

我国1979年《刑法》没有单独规定非法采矿罪,因为在1979年很少有非法采矿行为。1986年3月19日,我国颁布了《矿产资源法》,在该法中规定,未取得采矿许可证,擅自采矿,造成矿产资源破坏的行为,依照《刑法》规定追究刑事责任。1997年《刑法》增加了非法采矿罪。近些年来,非法采矿行为增多,不但造成矿产资源破坏,而且经常发生矿难事故和产生大量采矿纠纷,给国家和人民的生命财产造成巨大损失。为了严惩非法采矿犯罪行为,《刑法修正案(八)》对非法采矿罪的犯罪结果由造成矿产资源破坏的结果改为情节严重的结果,不只是造成矿产资源破坏的结果,还有其他情节严重结果,扩大了惩治非法采矿罪的范围。

3. 非法采矿罪的适用

要准确适用非法采矿罪就必须弄清该罪的概念、构成特征、法定刑，以及适用时应注意的问题。

(1) 非法采矿罪的概念。非法采矿罪是指违反《矿产资源法》的规定，未取得采矿许可证，擅自采矿，擅自进入国家规划矿区、对国民经济具有重要价值的矿区和他人矿区范围采矿，或者擅自开采国家规定实行保护性开采的特定矿种，情节严重的行为。

矿产资源是国家的重要自然资源，国家对矿产资源实行有计划地合理开采，充分发挥有限矿产资源的作用。因此，国家实行矿产开采许可证制度，相关主体必须持开采许可证才能开矿。无证采矿，或者掠夺性、破坏性的采矿行为是对矿产资源的破坏，也是对社会有严重危害的行为。我国《刑法》规定构成非法采矿罪的，最高处7年有期徒刑，并处罚金。

(2) 犯罪构成特征。根据《刑法》第343条和《刑法修正案(八)》第47条的规定，该罪的构成特征是：

①犯罪主体，是一般主体。达到法定刑事责任年龄、具有刑事责任能力，实施了非法采矿犯罪行为的自然人和单位。单位犯本罪的主体除单位以外，还有单位的直接负责主管人员和其他直接责任人员。犯罪主体在主观上是故意。

②犯罪行为，必须是实施了非法采矿行为。具体表现有：

首先，违反《国家矿产资源法》规定，未取得采矿许可证，擅自采矿的行为。根据2008年6月25日最高人民检察院、公安部《关于公安机关管辖的刑事案件立案追诉标准的规定(一)》第68条第2款规定："具有下列情形之一的，属于本条规定的'未取得采矿许可证擅自采矿'：(一)无采矿许可证开采矿产资源的；(二)采矿许可证被注销、吊销后继续开采矿产资源的；(三)超越采矿许可证规定的矿区范围开采矿产资源的；(四)未按采矿许可证规定的矿种开采矿产资源的(共生、伴生矿种除外)；(五)其他未取得采矿许可证开采矿产资源的情形。"

其次，实施了以下3种非法采矿行为：一是擅自进入国家规划矿区非法采矿的行为；二是擅自对国民经济具有重要价值的矿区和他人矿区范围采矿的行为；三是擅自开采国家规定实行保护性开采的特定矿种的行为。

具备上述行为之一的，构成非法采矿的犯罪行为。

③犯罪结果，本罪是结果犯。必须达到非法采矿情节严重的程度，才能构成犯罪。情节特别严重的处加重法定刑。根据2008年6月25日最高人民检察院、公安部《关于公安机关管辖的刑事案件立案追诉标准的规定(一)》第68条规定，造成矿产资源破坏价值数额在5万元至10万元以上的，应予立案追诉。

(3) 非法采矿罪的法定刑。根据《刑法》第343条的规定，该罪的法定刑是：

①非法采矿情节严重，构成本罪的，处3年以下有期徒刑、拘役或者管制，并处或者单处罚金。

②犯本罪，情节特别严重的，处3年以上7年以下有期徒刑，并处罚金。

③根据《刑法》第346条规定，单位犯本罪的，对单位判处罚金，并对其直接负责的主管人员和其他直接责任人员按照单个人犯本罪的处罚的规定处罚。

(4)认定本罪时,应注意的问题:

①注意区分罪与非罪的界限。

第一,根据我国《刑法》第 343 条的规定,非法采矿罪的主体在主观上是故意,主观上是过失的不构成本罪。

第二,非法采矿罪的犯罪行为是未取得采矿许可证,擅自进行非法采矿的行为才构成犯罪。如果办理了采矿许可证,但不依照采矿许可证的规定,进行破坏性的采矿的,不构成本罪,但可认定为破坏性采矿罪。

第三,非法采矿罪是结果犯,必须是情节严重的才构成犯罪,达不到情节严重程度的,不构成本罪。根据 2003 年 6 月 3 日最高人民法院实施的《关于审理非法采矿、破坏性采矿刑事案件具体应用法律若干问题的解释》第 3 条规定,非法采矿造成矿产资源破坏的价值,数额在 5 万元以上的,属于《刑法》第 343 条第 1 款规定的"造成矿产资源破坏";数额在 50 万元以上的,属于《刑法》第 343 条第 1 款规定的"造成矿产资源严重破坏的"。

②注意划清非法采矿罪与破坏性采矿罪的界限。非法采矿罪是无采矿许可证,擅自采矿情节严重的犯罪行为。我国《刑法》第 343 条第 2 款规定的破坏性采矿罪是指违反《矿产资源法》的规定,采取破坏性的开采方法开采矿产资源,造成矿产资源严重破坏的行为。不论犯罪人是否有采矿许可证,只要采用破坏性的开采方法,造成矿产资源严重破坏的,就要认定为破坏性采矿罪,处 5 年以下有期徒刑或者拘役,并处罚金。

③注意处理本罪的牵连犯。非法采矿行为有可能造成严重污染环境、非法侵占农用地、林地等,构成其他犯罪,应按牵连犯的处理原则,按处罚较重的罪定罪处罚。如果处罚轻重相同,由于其主观目的是非法采矿,应认定为非法采矿罪,并从重处罚。

(十九)协助组织卖淫罪

《刑法修正案(八)》第 48 条对原《刑法》第 358 条第 3 款规定的协助组织卖淫罪的罪状进行了修改。最高人民法院 1997 年 12 月 16 日《关于执行〈中华人民共和国刑法〉确定罪名的规定》确定为"协助组织卖淫罪"的罪名。

1.刑法规定内容的修改

刑法条文中有关协助组织卖淫罪的规定有:

(1)1997 年《刑法》第 358 条第 3 款规定:"协助组织他人卖淫的,处五年以下有期徒刑,并处罚金;情节严重的,处五年以上十年以下有期徒刑,并处罚金。"

(2)2011 年《刑法修正案(八)》第 48 条对《刑法》原第 358 条第 3 款规定修改为:"为组织卖淫的人招募、运送人员或者有其他协助组织他人卖淫行为的,处五年以下有期徒刑,并处罚金;情节严重的,处五年以上十年以下有期徒刑,并处罚金。"

上述《刑法修正案(八)》第 48 条对《刑法》第 358 条第 3 款规定的协助组织卖淫罪的罪状中补充增加了"为组织卖淫的人招募、运送人员"的协助卖淫行为。

2.刑法规定修改的原因

我国 1979 年《刑法》没有单独规定协助组织卖淫罪,因为在 1979 年当时很少有为组织卖淫的人招募、运送人员或者有其他协助组织他人卖淫行为。1991 年 9 月 4 日,我国全国人大常委会颁布《关于严禁卖淫嫖娼的决定》,其中第 1 条第 2 款规定:协助组织他人卖淫的,处 3 年以上 10 年以下有期徒刑,并处 1 万元以下罚金;情节严重的,处 10 年以上有期徒刑,并处 1

万元以下罚金或者没收财产。在1997年修订刑法时,将上述规定修改后纳入《刑法》中,并确定为独立的"协助组织淫罪",最高处10年有期徒刑,并处罚金。2011年5月1日起实施的我国《刑法修正案(八)》中补充规定了"为组织卖淫的人招募、运送人员"的协助组织卖淫的犯罪行为,扩大了惩治协助组织卖淫罪的范围。

3.协助组织卖淫罪的适用

要准确适用协助组织卖淫罪就必须弄清该罪的概念、构成特征、法定刑,以及适用时应注意的问题。

(1)协助组织卖淫罪的概念。协助组织卖淫罪是指为组织卖淫的人招募、运送人员或者有其他协助组织他人卖淫的行为。

协助组织卖淫行为是协助组织他人卖淫的行为,是对组织卖淫犯罪的帮助,本应按组织卖淫罪共同犯罪的从犯追究刑事责任,但考虑协助组织卖淫的行为的社会危害性较大,有些协助组织卖淫的犯罪分子的协助手段恶劣,严重侵犯了被害人的尊严,后果特别严重;再加上《刑法》规定组织卖淫罪的法定刑很重,最高处无期徒刑,并处罚金或者没收财产。为了准确惩罚协助组织卖淫行为,我国《刑法》将协助组织卖淫的犯罪行为单独规定为两个独立的罪名,不再按共同犯罪中的从犯追究刑事责任,而是构成独立的协助组织卖淫罪,最高处10年有期徒刑,并处罚金。

(2)犯罪构成特征。根据《刑法》第358条和《刑法修正案(八)》第48条的规定,该罪的构成特征是:

①犯罪主体,是一般主体,达到法定刑事责任年龄、具有刑事责任能力,实施了协助组织他人卖淫行为的自然人。犯罪主体在主观上是故意,即明知是组织卖淫的人而进行协助的行为。

②犯罪行为,必须是实施了协助组织卖淫行为。具体表现有:

第一,为组织卖淫的人招募、运送人员的行为,引诱不满14周岁的幼女卖淫的行为等。

第二,实施了其他协助组织他人卖淫行为,如为组织他人卖淫行为充当保镖,为其看门护院、把门放风,以及逃避司法机关的查办和惩处的行为。

第三,为组织卖淫者收钱管账的行为。

第四,为组织卖淫者充当打手、逼良为娼的行为等。

上述行为都是故意行为,即明知是协助他人组织卖淫的而故意实施的行为。

③犯罪结果,本罪是行为犯。只要故意实施了为组织卖淫的人招募、运送人员或者有其他协助组织他人卖淫行为的,就可以构成犯罪。情节严重的,适用加重法定刑。

(3)协助组织卖淫罪的法定刑。根据《刑法》第358条的规定,该罪的法定刑是:

①构成协助组织卖淫罪,情节一般的,处5年以下有期徒刑,并处罚金。

②犯本罪,情节严重的,处5年以上10年以下有期徒刑,并处罚金。

(4)认定本罪时,应注意的问题:

①注意区分罪与非罪的界限。

第一,根据我国《刑法》第358条的规定,协助组织卖淫罪的主体在主观上是故意,主观上是过失的不构成本罪。如果只是受雇为组织他人卖淫者做杂役,没有直接参与组织他人卖淫活动的人,不构成协助组织卖淫罪。

第二,协助组织卖淫罪是行为犯,只要实施了协助组织卖淫行为的就可以构成犯罪。但是,根据我国《刑法》第 13 条规定,情节显著轻微危害不大的,不认为是犯罪。

②注意划清协助组织卖淫罪与组织卖淫罪和引诱、容留、介绍卖淫罪的界限。上述 3 种犯罪都是有关卖淫方面的犯罪,特别是协助组织卖淫罪本来就是组织卖淫罪的帮助犯,容易混淆。上述 3 种犯罪的根本区别是犯罪行为的不同。组织卖淫罪的犯罪行为是组织、策划、指挥他人进行卖淫的行为,是组织卖淫罪的主犯;协助组织卖淫罪的犯罪行为是组织卖淫犯罪行为的帮助行为,是从犯;引诱、容留、介绍他人卖淫罪的行为是为他卖淫提供条件的行为。如果在实施协助组织卖淫行为的过程中,又实施了引诱、容留、介绍他人卖淫行为的,属于牵连犯,按重罪吸收轻罪的原则,应以协助组织卖淫罪定罪处罚。

③注意本罪中为组织卖淫的人招募、运送人员犯罪行为的适用。协助组织卖淫罪中为组织卖淫的人招募、运送人员的犯罪行为是根据国际公约规定的犯罪行为,主要适用于为组织卖淫者进行跨国招募、运输人员进行卖淫的犯罪行为。凡实施了为组织卖淫的人招募、运送人员的行为,不论其是中国人还是外国人都可以按照《刑法》第 358 条第 4 款的规定,以协助组织卖淫罪定罪处罚。

第十三章　中华人民共和国刑法修正案(九)

2015年8月29日,第十二届全国人大常委会第十六次会议通过了《刑法修正案(九)》,自2015年11月1日起施行。《刑法修正案(九)》是1997年修订的《刑法》实施以来,全国人大常委会为解决当前司法实践中出现的一些新情况、新问题,为了更好地适应预防和惩治犯罪的需要进行的内容最多的一次修改,其规模之大,影响之深是前所未有的,必须认真学习、深刻理解,才能正确适用。

一、《刑法修正案(九)》概述

(一)《刑法修正案(九)》修改的主要内容

《刑法修正案(九)》根据维护社会秩序和保护人权的需要,坚持民主立法,坚持宽严相济的刑事政策和便于司法操作的原则,结合我国当前犯罪的新情况、新特点,对我国现行刑法作了重要的修改和补充。《刑法修正案(九)》共52条,占《刑法》452条文的11%以上,其修改的主要内容有:

1. 刑法总则中增加了禁止从事相关职业和罚金缓交及有关数罪并罚的补充规定,使其更便于执行。《刑法修正案(九)》中设专条在刑法总则中增加了禁止从事相关职业的新刑种,如果被禁止从事相关职业的犯罪人违反人民法院作出的决定的,情节轻微的由公安机关给予治安处罚,情节严重的以拒不执行判决、裁定罪追究刑事责任。《刑法修正案(九)》还对刑法总则中原规定的罚金的执行方式和数罪并罚的方法也作了补充规定,使其更便于执行。

2. 取消了9种犯罪处死刑的规定,逐步减少死刑。《刑法修正案(九)》根据我国严格控制死刑适用,逐步减少死刑的刑事政策,取消了9种犯罪处死刑的规定,分别是:走私武器、弹药罪,走私核材料罪,走私假币罪,伪造货币罪,集资诈骗罪,组织卖淫罪,强迫卖淫罪,阻碍执行军事职务罪,战时造谣惑众罪。我国《刑法》原规定有68种犯罪可以判处死刑,2011年5月1日起实施的《刑法修正案(八)》中取消了13种经济犯罪处死刑的规定,这次《刑法修正案(九)》又取消了9种,现在我国《刑法》中还有46种犯罪规定最高可以判处死刑,这表明我国刑法有逐步废除死刑的趋向。

3. 增加规定了惩治恐怖方面的新犯罪和对恐怖犯罪处罚金或者没收财产附加刑,维护公共安全。《刑法修正案(九)》中增加了5种新的恐怖犯罪,即准备实施恐怖活动罪,宣扬恐怖主义、极端主义,煽动实施恐怖活动罪,利用极端主义破坏法律实施罪,强制穿戴宣扬恐怖主义、极端主义服饰、标志罪,非法持有宣扬恐怖主义、极端主义物品罪。对《刑法》原规定的组织、领导参加恐怖组织罪中增加了处罚金或者没收财产的规定,将拒不提供间谍罪证罪修改为拒绝提供间谍犯罪、恐怖主义犯罪、极端主义犯罪证据罪。同时将校车、客车严重超过额定乘员载客、超速的,非法运输危险物品的行为纳入危险驾驶罪中,处以严厉刑罚处罚,以保障社会公共安全。

4.增加规定了网络方面的新犯罪行为和对网络犯罪处罚金或者没收财产,以及规定单位可以构成网络犯罪,以维护公共安全。《刑法修正案(九)》中增加4种新的网络犯罪,即拒不履行信息网络安全管理义务罪,非法利用信息网络罪,帮助信息网络犯罪活动罪,编造、故意传播虚假信息罪。对《刑法》原规定的非法侵入计算机信息系统罪,非法获取计算机信息系统数据、非法控制计算机信息系统罪,提供侵入、非法控制计算机信息系统程序、工具罪,破坏计算机信息系统罪都增加规定了单位犯罪主体。同时,加重了对扰乱无线电通信管理秩序罪的处罚力度,以全面维护国家网络信息安全。

5.增加规定了侵犯公民权利方面的新犯罪和加大了对侵犯妇女、未成年的人身权利犯罪的处罚力度,以加强人权保护。《刑法修正案(九)》中增加2种新的侵犯公民权利犯罪,即虐待被监护人、看护人罪和使用虚假身份证件、盗用身份证件罪。对《刑法》原规定的出售、非法提供公民个人信息罪、非法获取公民个人信息罪修改为侵犯公民个人信息罪;将强制猥亵、侮辱罪的犯罪对象扩大到男性,增加强制猥亵、侮辱罪,猥亵儿童罪的加重处罚的严重情节,其相应罪名由强制猥亵、侮辱妇女罪改为强制猥亵、侮辱罪;对收买被拐卖的妇女、儿童的,一律构成犯罪并追究刑事责任;取消嫖宿幼女罪,将嫖宿幼女行为规定为以强奸罪从重处罚;并将多次抢夺财物的行为,不论数额多少都规定为犯罪。总之是加大了人身权利的保护,特别是加大保护妇女、未成年人的人身权利。

6.修改了对贪污贿赂犯罪的惩罚规定,加大了惩治腐败的力度。《刑法修正案(九)》中增加了1种新的受贿方面的犯罪,即对有影响力的人行贿罪;修改了《刑法》原规定的对贪污贿赂犯罪的定罪量刑标准,对行贿方面犯罪的处罚增加罚金或者没收财产的规定,加重了对贪污受贿腐败犯罪的惩罚力度。

7.增加规定了扰乱公共管理秩序的新犯罪和加大了对伪造证件方面犯罪罚金的规定,维护社会公共管理秩序。《刑法修正案(九)》中增加3种新扰乱公共秩序的犯罪,即组织考试作弊罪,非法出售、提供试题、答案罪,代替考试罪。对《刑法》原规定的伪造证件方面的犯罪的处罚中都增加了并处罚金的规定。

8.增加规定了扰乱司法秩序方面的新犯罪和加大了对扰乱法庭秩序、袭击警察妨害公务犯罪和拒不执行判决、裁定罪的处罚力度,维护司法权威。《刑法修正案(九)》中增加3种新的扰乱司法秩序方面的犯罪,即虚假诉讼罪,泄露不应公开的案件信息罪,披露、报道不应公开的案件信息罪。对扰乱法庭秩序罪的犯罪行为进行了细化规定,将暴力袭击正在执行职务的人民警察的行为补充规定为妨害公务罪并规定从重处罚。

9.增加规定了扰乱社会管理秩序方面的新犯罪和完善了《刑法》原规定的扰乱社会秩序具体犯罪的罪状和法定刑,维护正常的社会管理秩序。《刑法修正案(九)》中增加2种新的扰乱社会管理秩序方面的犯罪,即扰乱国家机关工作秩序罪,组织、资助非法聚集罪。补充完善了编造、传播虚假信息罪,盗窃、侮辱、故意毁坏尸体、尸骨、骨灰罪的罪状和法定刑。

10.修改了非法生产、买卖、运输制毒物品、走私制毒物品罪的罪状和法定刑,加大了惩罚制造毒品的力度。《刑法修正案(九)》中将违反国家规定生产、买卖或者携带制毒物品进出境的行为补充规定为犯罪,并规定最高可处7年以上有期徒刑,并处罚金或者没收财产,加重了对有关非法生产、买卖、运输制毒物品、走私制毒物品罪的处罚力度。

(二)《刑法修正案(九)》的修改特点

综观《刑法修正案(九)》的全部内容及其修改的过程,可以归纳其有以下4个特点:

1. 为维护社会秩序,惩治违法犯罪的需要,适时对刑法规定进行修改和补充。刑法是维护社会秩序,惩治违法犯罪的最后一道防线,其规定具有严厉性和稳定性的特点,一般不轻易改变其规定,但为了维护社会秩序的正常进行,对那些严重危害社会、危害公民的人身财产安全的违法犯罪行为,亟需进行惩治,给予犯罪的行为人刑罚惩罚时,立法机关必须适时地对《刑法》规定进行补充和修改,为司法机关惩处这些严重危害社会的犯罪分子提供法律根据。《刑法修正案(九)》正是根据我国当前恐怖主义、极端主义犯罪,网络犯罪,侵犯妇女、儿童人身权利犯罪和扰乱社会公共秩犯罪严重形势,人民群众反映强烈的情况下适时进行修改和补充的。同时,《刑法修正案(九)》也是根据当前国际上多数国家废除死刑以及我国当前重视人权保护及新形势,国家实行严格控制死刑适用,逐步减少死刑适用的刑事政策,在刑法修正案(八)取消13种犯罪处死刑规定的基础上,又取消了9种犯罪处死刑的规定,减轻了对一些犯罪处剥夺人身自由的处罚而是处以较轻的罚金处罚。这次《刑法修正案(九)》修改和补充的内容虽然很多,但都是当前我国社会治理亟需解决的问题,是司法实践中迫切需要相关法律依据的问题。因此,《刑法修正案(九)》具有适应时代要求的适时性。

2. 发动群众参与民主立法。立法是法治的先决条件,只有充分发扬民主的立法才有利于依法治国,依法治理社会,充分发挥法律规范行为的社会作用。我国《刑法修正案(九)》在修改、补充过程中充分发扬社会主义民主,修正案中所涉及的修改和补充的全部问题都是来自社会实践,立法机关除征求了司法机关的意见外,还征求了其他各机关的意见和人大代表、政协委员及律师的意见,特别是立法机关将《刑法修正案(征求意见稿)》登载在互联网上和有关报刊上,公开征求方方面面的意见。全国人大常委会三次上会讨论,在讨论中各委员提出了各种不同的意见,根据各方面的意见进行了反复修改。这充分体现了开门立法和民主立法的立法过程。

3. 贯彻宽严相济的刑事政策,该宽的则宽,该严的则严。犯罪是复杂的,其社会危害程度不同,每个犯罪人应负的刑事责任的种类和大小也不同,对其应处刑罚的种类和轻重也应不同,因此,刑法的规定也应当科学化、精细化,该宽的则宽,该严的则严,做到宽严相济。《刑法修正案(九)》不论在补充新犯罪还是修改《刑法》原规定的犯罪时,都贯彻了宽严相济的刑事政策。由于当前我国乃至国际上恐怖主义、极端主义犯罪社会危害性严重,《刑法修正案(九)》增加了5种新犯罪,每种犯罪都规定了严厉的刑罚处罚,甚至将有关的犯罪预备行为也规定为独立的犯罪予以严厉的惩处。对嫖宿幼女和收买拐卖的妇女儿童的犯罪,人民群众反映强烈,《刑法修正案(九)》中加重了处罚力度。这些都体现了从严处罚的情形。另外,《刑法修正案(九)》中取消了9种犯罪处死刑的规定,对一些扰乱社会秩序的轻罪增加单处罚金的规定和对收卖被拐卖的妇女儿童没有按有些群众要求一律判处死刑,而是从严规定一律构成犯罪,对不阻碍对被拐卖儿童没有虐待行为,不阻碍对其进行解救的,可以从轻处罚,又体现了从宽的规定。因此,《刑法修正案(九)》的规定体现了宽严相济的特点。

4. 刑法条文规定详细,便于司法适用。刑法规定是要由司法机关遵照执行的,其有关规定必须清楚明确,不能含糊,也不能模棱两可。否则,若司法机关不能准确执行,就失去了其应有法律规范的作用。过去在立法技术不高的情况下,对有的刑法条文的规定采用易粗不易细的立法方法,常出现刑法条文的概括性规定,给司法机关的适用带来很大的困难。《刑法修正案(九)》采用精细化的立法方法,在对刑法条文规定上尽量采用叙明罪状的方式,将罪状规定的明确、齐全,对法定刑规定的清楚,便于司法适用。例如,《刑法》第309条原对扰乱法庭秩序罪的罪状笼统规定为"聚众哄闹、冲击法庭,或者殴打司法工作人员,严重扰乱法庭秩序的",《刑法修正案(九)》修改为列举式的方式,将扰乱法庭秩序的行为列举为4类行为,具体明确,便于司法适用。对于"毒驾"行为,由于毒品种类众多,毒性差别大,"毒驾"标准难于确定,不便于司法认定,而暂时没有将其规定为犯罪。再如,将原《刑法》规定的贪污贿赂犯罪的定罪量刑由具体贪污受贿数额修改为数额较大、数额巨大、数额特别巨大,由相关司法解释根据不同时期的经济发展水平及犯罪情节的严重程度确定。由此可见,《刑法修正案(九)》的规定具有可适用性和便于司法操作性。

二、《刑法修正案(九)》对《刑法》总则的修改和补充

《刑法修正案(九)》在《刑法》总则中增加规定了禁止从事相关职业的规定和对死缓、罚金刑的执行方法及数罪并罚的方法进行了修改和补充。这些修改和补充都具有创新性,其对刑法分则规定的具体犯罪都适用。具体内容的解析是:

(一)禁止从事相关职业

《刑法修正案(九)》第1条规定,在《刑法》第37条后增加1条,作为第37条之一:因利用职业便利实施犯罪,或者实施违背职业要求的特定义务的犯罪被判处刑罚的,人民法院可以根据犯罪情况和预防再犯罪的需要,禁止其自刑罚执行完毕之日或者假释之日起从事相关职业,期限为3年至5年。

被禁止从事相关职业的人违反人民法院依照前款规定作出的决定的,由公安机关依法给予处罚;情节严重的,依照《刑法》第313条的规定定罪处罚。

其他法律、行政法规对其从事相关职业另有禁止或者限制性规定的,从其规定。

上述《刑法》第37条之一,补充规定的禁止从事相关职业的非刑罚处罚方法,是剥夺权利刑事处罚方法的一种,剥夺权利的刑事处罚中,有褫夺公权、剥夺政治权利、剥夺职务、剥夺职业、剥夺军权、剥夺荣誉权利等。

我国《刑法》第34条中规定有剥夺政治权利的附加刑,可以附加适用,也可以独立适用。我国《刑法》第38条规定,判处管制,可以根据犯罪情况,同时禁止犯罪分子在执行期间从事特定活动,进入特定区域、场所、接触特定的人的禁止令,禁止令不是刑罚种类,而是管制刑的一种执行方法。我国《刑法》第100条规定:依法受过刑事处罚的人,在入伍、就业的时候,应当如实向有关单位报告自己曾受过刑事处罚,不得隐瞒,其也不是刑罚种类,而是前科报告制度的一种。

禁止从事相关职业,是《刑法修正案(九)》新增加的,对其概念、适用对象、禁止期限、执行及法律责任都应进行分析、研究,才能准确适用。

1. 禁止从事相关职业的概念。根据我国《刑法》第37条之一规定,禁止从事相关职业,是指因利用职业便利,实施犯罪或者实施违背职业要求的特定义务的犯罪被判处刑罚的犯罪者,人民法院判决禁止其从事相关职业的一种刑事处罚方法。

禁止从事相关职业中的"职业",是一种非常广泛的概念。职业,根据《现代汉语词典》解释,是指个人在社会中所从事的作为主要生活来源的工作。例如,公务员、军人、工人、农民、教师、医生、律师、会计、司机、采购员、销售员、厨师等上百种上千种。利用职业犯罪就是利用所从事工作的便利条件所实施的犯罪。职业与职务是紧密相关概念,根据《现代汉语词典》解释,职务是在职业工作中所担任的事情。凡是利用职务犯罪都属于利用职业犯罪的一种。禁止从事相关职业,就是禁止其曾利用该职业犯罪的职业,而不是与犯罪无关的职业。与从事的职业无关的犯罪不能判处禁止其所从事的职业。

根据2015年8月29日最高人民法院发布的《关于〈中华人民共和国刑法修正案(九)〉时间效力问题的解释》第1条规定,对于2015年10月31日以前因利用职业便利实施犯罪,或者实施违背职业要求的特定义务的犯罪的,不适用修正后的《刑法》第37条之一第1款的规定。其他法律、行政法规另有规定的,从其规定。

2. 禁止从事相关职业适用的对象。根据《刑法》第37条之一规定,禁止从事相关职业适用的对象必须具备以下四个条件:(1)必须是被判处刑罚的犯罪分子,对没有犯罪或者虽然犯罪但没有判处刑罚的,法院不能判决适用禁止从事相关职业。判处刑罚的犯罪分子,包括判处死刑立即执行以外的判处任何主刑和附加刑的,即使只被判处单处任何一种附加刑,例如判处单处罚金的,法院也可以判决被判处刑罚的犯罪人禁止从事其与犯罪相关的职业。(2)必须是利用职业便利实施犯罪的罪犯,利用职业便利实施犯罪是把其从事的职业作为犯罪手段来实施犯罪行为。例如,利用为企业生产药品采购原材料的职业,收受销售单位给予的回扣,归个人所有的犯罪;利用从事单位会计职业犯挪用本单位资金的犯罪;利用户籍登记员职业犯侵犯公民个人信息罪的犯罪等。利用职业,包括利用职务,利用职务是利用职业中的一种,职务是从事公务的职业,凡是利用职务的犯罪都属于利用职业犯罪,例如,利用职务犯贪污罪的,也是利用职业的犯贪污罪。所以,刑法中规定的利用职务的犯罪都是利用职业犯罪,都可以适用禁止其从事相关职业。(3)实施违背职业要求的特定义务犯罪的罪犯。社会上的职业千万种,每一种职业都有自己职业范围和职业要求。但有些职业有特别要求的特定义务。例如,消防队员的职业要求是遇火灾必须冒火烟灭火,其具有抢救人、财、物的特定义务,如果消防员见火势凶猛,而以紧急避险,不进行灭火,致使人、财、物遭受重大损失的,尽管其是不救灾的不作为,也可以构成犯罪。对这种犯罪,也可以适用禁止从事相关消防职业。刑法中规定的职务犯罪都是违背职业要求的特定义务犯罪,有的是滥用职权的故意犯罪,有的是玩忽职守的过失犯罪,一般都可以适用禁止其从事相关职业。(4)根据犯罪情况和预防再犯罪的需要。犯罪情况主要包括犯罪人所实施犯罪主要依赖其职业;或者一贯违背职业要求的特定义务;其职业知识熟练,技术水平高,该行业中缺少该类人才;有可能在其刑罚执行完毕或者假释后有可能被重新录用。预防再犯罪是适用禁止从事相关职业的目的,凡是犯罪人有可能再利用该职业或者违背职业要求的特定义务再犯罪的,都应适用禁止从事相关职业。

3. 禁止从事相关职业的期限。根据《刑法》第37条之一规定:禁止从事相关职业的期限为3年至5年。自刑罚执行完毕之日或者假释之日起计算,在3至5年内不得从事被禁止的相关职业。对具体罪犯适用禁止期限,由人民法院根据案件实际情况在3年至5年内选定,但最短不得少于3年,最长不得超过5年。

被判禁止从事相关职业的罪犯在刑罚执行期间也是被禁止从事相关职业的,如果罪犯被羁押，负责的监管机关也不能安排其从事相关职业；如果罪犯未被羁押，也是被禁止从事相关职业。超过了法院决定的禁止期限，被禁止从事相关职业的人就可以再从事相关职业。

4. 禁止从事相关职业的判决与执行。根据《刑法》第 37 条之一规定：禁止从事相关职业，由人民法院判决决定，人民法院根据犯罪情况和预防再犯罪的需要可以判决禁止该罪犯从事相关职业，也可以不判处。禁止从事相关职业的判决由公安机关执行，禁止从事相关职业的期限届满，公安机关应当向被执行人宣布解除禁止从事相关职业，当事人可以再从事相关职业。

5. 拒不执行禁止从事相关职业的法律责任。被禁止从事相关职业的人，违反人民法院依照《刑法》第 37 条之一规定作出的决定的，不执行或者不全部执行人民法院作出的关于禁止从事相关职业的决定，由公安机关给予处罚，即依照《治安管理处罚法》的规定给予治安管理处罚。情节严重的，由公安机关移送人民检察院审查后向人民法院提起公诉，由人民法院依照《刑法》第 313 条规定的拒不执行人民法院判决、裁定罪定罪处罚。

这里情节严重是指：无视人民法院的判决，造成恶劣影响的；有能力执行人民法院判决而拒不执行的；继续从事被禁止从事的相关职业，虽然未达到立案标准的，但造成严重后果等情形。除了追究被禁止从事相关职业的人外，对单位明知是人民法院判决被禁止从事相关职业的人，故意拒不执行人民法院判决仍采用其从事被禁止的相关职业，情节严重的，依照《刑法》第 313 条规定，可以构成单位犯罪，对单位判处罚金，并对其负责的主管人员或者其他直接责任人员，处 3 年以下有期徒刑、拘役或者罚金；情节特别严重的，处 3 年以上 7 年以下有期徒刑，并处罚金。

(二)死缓期间故意犯罪的处理

《刑法修正案(九)》第 2 条将《刑法》第 50 条第 1 款修改为，判处死刑缓期执行的，在死刑缓期执行期间，如果没有故意犯罪，2 年期满以后，减为无期徒刑；如果确有重大立功表现，2 年期满以后，减为 25 年有期徒刑；如果故意犯罪，情节恶劣的，报请最高人民法院核准后执行死刑；对于故意犯罪未执行死刑的，死刑缓期执行的期间重新计算，并报最高人民法院备案。

《刑法》第 50 条原规定："判处死刑缓期执行的，在死刑缓期执行期间，如果没有故意犯罪，二年期满以后，减为无期徒刑；如果确有重大立功表现，二年期满以后，减为二十五年有期徒刑；如果故意犯罪，查证属实的，由最高人民法院核准，执行死刑。对被判处死刑缓期执行的累犯以及因故意杀人、强奸、抢劫、绑架、放火、爆炸、投放危险物质或者有组织的暴力性犯罪被判处死刑缓期执行的犯罪分子，人民法院根据犯罪情节等情况可以同时决定对其限制减刑。"

《刑法修正案(九)》第 2 条对《刑法》第 50 条第 1 款作了两项修改规定：第一，在死刑缓期执行期间，如果故意犯罪，情节恶劣的(原规定"查证属实的")，报请(原规定"由")最高人民法院核准后(新增加"后")执行死刑；第二，在死刑缓期执行期间，如果故意犯罪，增加规定"对于故意犯罪未执行死刑的，死刑缓期执行的期间重新计算，并报最高人民法院备案"。修改后使死刑缓期二年执行期间故意犯罪的处理分层次，更合理，区分开又故意犯罪和没有故意犯罪惩罚轻重的区别，即只要在死缓期间故意犯罪的，2 年期满后就不能直接减为无期徒刑，即使没有执行死刑，也要重新计算 2 年的死刑缓期执行期限，再次 2 年死缓期满后再作处理。具体分解为：

1. 死缓期间故意犯罪的处理的概念。死缓期间故意犯罪的处理,是指被判处死缓的犯罪分子,在二年缓期执行期间又故意犯罪的处理方法。死缓是死刑的一种执行方法,其不是独立的刑种。死缓是我国为限制死刑、减少死刑适用而创立的一种新的死刑执行方法。

古今中外,其他国家的法律中都没有死缓的规定。死缓是对犯罪分子判处死刑同时宣告缓期二年执行,实行劳动改造。死缓的判决和执行都必须由最高人民法院依法定程序判决或者核准。我国《刑法》第48条规定,死刑除依法由最高人民法院判决的以外,都应当报请最高人民法院核准。死刑缓期执行的,可以由高级人民法院判决或者核准,交监狱监督强制劳动改造,2年期满以后,报请最高人民法院处理。如果被判处死缓的罪犯在2年缓刑期内又故意犯罪,应根据《刑法》第50条规定处理。

2. 死缓期间故意犯罪的处理方式。根据《刑法修正案(九)》第2条对《刑法》第50条第1款修改后,罪犯在死缓二年执行期间,如果故意犯罪有两种处理方式。

第一,在死刑缓期执行期间,如果故意犯罪,情节恶劣的,报请最高人民法院核准执行死刑。最高人民法院依据法院判决确定被判死缓的罪犯又故意犯罪的,且情节恶劣的,核准执行死刑,并签发死刑执行命令,立即执行。对于死缓期间故意犯罪,情节恶劣的,无论缓期2年是否到期,随时报请最高人民法院核准执行死刑。从司法实践中看,被判处死缓的犯罪分子很少又故意犯罪被执行死刑,绝大多数都减为无期徒刑,有重大立功表现的,2年期满以后减为25年有期徒刑。《刑法修正案(九)》将《刑法》原规定的"查证属实"改为"情节恶劣",使一部分情节不恶劣的,不再执行死刑立即执行。根据最高人民法院、最高人民检察院的相关司法解释,对于被判死刑缓期二年执行期满后,在尚未裁定减刑以前又故意犯新罪的,不能视为是在死刑缓期执行期间犯罪的,而应当依照《刑法》第50条和《刑事诉讼法》第210条的规定予以减刑,然后对其所犯新罪另行起诉、审判,作出判决,并按照《刑法》第71条的规定决定执行的刑罚。只有新罪依法应当判处死刑立即执行的,才能裁定执行死刑。

第二,在死刑缓期执行期间,如果故意犯罪情节不恶劣的,未执行死刑的,死刑缓期执行的期间重新计算,并报最高人民法院备案。死刑缓期执行的期间重新计算,即是从故意犯罪判决生效之日起重新计算死刑缓期执行的2年期限,再次计算的2年死缓期满后再作处理。

3. 死缓期间故意犯罪的缓刑期的计算。根据《刑法》第51条规定,死刑缓期执行的期间,从判决确定之日起计算。死刑缓期执行减为有期徒刑的刑期,从死刑缓期执行期满之日起计算。死刑缓期二年执行判决确定之日以前的先期羁押的时间不计算在缓期二年执行的期间之内,也不能把先期羁押的时间和缓期二年执行期间计算在减为有期徒刑的刑期之内。对于在死缓期间故意犯罪未执行死刑的,死刑缓刑期从新犯的故意犯罪判决生效之起再计算2年才能期满,再依死缓期满的法定规定减为无期徒刑,有重大立功表现的减为25年有期徒刑。

根据2015年10月29日最高人民法院发布的《关于中华人民共和国刑法修正案(九)时间效力问题的解释》第2条规定,对于被判处死刑缓期执行的犯罪分子,在死刑缓期执行期间,且在2015年10月31日以前因故意犯罪的,适用修正后的《刑法》第50条第1款的规定。

(三)罚金的缴纳

《刑法修正案(九)》第3条对《刑法》第53条修改为:罚金在判决指定的期限内一次或者分期缴纳。期满不缴纳的,强制缴纳。对于不能全部缴纳罚金的,人民法院在任何时候发现被执行人有可以执行的财产,应当随时追缴。由于遭遇不能抗拒的灾祸等原因缴纳确实有困难的,经人民法院裁定,可以延期缴纳、酌情减少或者免除。

《刑法》原第53条规定:"罚金在判决指定的期限内一次或者分期缴纳。期满不缴纳的,强制缴纳。对于不能全部缴纳罚金的,人民法院在任何时候发现被执行人有可以执行的财产,应当随时追缴。如果由于遭遇不能抗拒的灾祸缴纳确实有困难的,可以酌情减少或者免除。"

相比较《刑法修正案(九)》第3条对《刑法》第53条主要修改了以下内容:

第一,增加规定了不能预期缴纳的原因。刑法原规定不能预期缴纳的原因,只是规定"由于遭遇不能抗拒的灾祸缴纳确实有困难的",规定的不能抗拒的灾祸的原因太窄,不能灵活地决定延期缴纳期或者减少、免除缴纳。司法实践中有些是由于经营债权不能及时兑现或者经营周期不到或者突患重病等不是灾祸原因不能预期缴纳,使法院的判决不能执行。《刑法修正案(九)》第3条在《刑法》第53条中增加了"由于遭遇不能抗拒的灾祸等原因缴纳确实有困难的等原因",扩大了不能预期缴纳的适用范围,人民法院可以根据实际发生的情况决定延期缴纳或者减少或者免除。

第二,增加了延期缴纳的规定。延期缴纳就是在原规定的缴纳期限的基础上,再延长缴纳期限,其目的是使人民法院判决的罚金得以完全执行。

第三,增加了延期缴纳、减少、免除罚金的执行程序规定。《刑法修正案(九)》第3条在《刑法》第53条中增加规定"经人民法院裁定,可以延期缴纳、酌情减少或者免除"。罚金刑由人民法院决定执行,对于缴纳确实有困难的,可以随时裁定延期缴纳或者减少、免除。防止执行人员个人随意决定罚金延期缴纳或者减少、免除,使罚金的执行更程序化、规范化。

(四)有期徒刑、拘役、管制的数罪并罚

《刑法修正案(九)》第4条在《刑法》第69条中增加1款作为第2款,数罪中有判处有期徒刑和拘役的,执行有期徒刑。数罪中有判处有期徒刑和管制,或者拘役和管制判的,有期徒刑、拘役执行完毕后,管制仍须执行。

原《刑法》第69条规定:"判决宣告以前一人犯数罪的,除判处死刑和无期徒刑的以外,应当在总和刑期以下、数刑中最高刑期以上,酌情决定执行的刑期,但是管制最高不能超过三年,拘役最高不能超过一年,有期徒刑总和刑期不满三十五年的,最高不能超过二十年,总和刑期在三十五年以上的,最高不能超过二十五年。数罪中有判处附加刑的,附加刑仍须执行,其中附加刑种类相同的,合并执行,种类不同的,分别执行。"

《刑法》第69条修改后与修改前相比较只是增加了第2款规定的数罪中判处有期徒刑、拘役、管制的数罪并罚方法。具体有4种数罪并罚方法:

第一,数罪中有判处有期徒刑、拘役的,执行有期徒刑。这种方法是采取了吸收原则,重刑吸收轻刑,即有期徒刑吸收了拘役,只执行有期徒刑。这是因为有期徒刑和拘役都是实行羁押,剥夺人身自由,有期徒刑的强制力更大、期限更长,其惩罚力度涵盖了拘役的力度。因此,拘役刑被有期徒刑所吸收,只执行有期徒刑。

第二,数罪中有判处有期徒刑、管制的,先执行有期徒刑,有期徒刑执行完毕后,再执行管制,即管制仍须执行。这种方法是采用相加的原则或者称为并处原则。有期徒刑和管制都要执行,只是有期徒刑执行完毕以后再执行管制。这是因为有期徒刑是剥夺人身自由的刑罚而管制是限制人身自由的刑罚,两者的性质不同,惩罚的目的和效果不同,不能相互替代,只能采取相加的执行方法,即全都执行,先执行有期徒刑,在有期徒刑执行完毕以后再执行管制,其先后执行顺序不能颠倒。

第三,数罪中有判处有期徒刑、拘役、管制的,执行有期徒刑和管制。这种方法是采取了吸收原则和相加原则,即有期徒刑吸收了拘役,执行有期徒刑,而管制不能被吸收,在有期徒刑执行完毕以后,管制仍须执行,但必须先执行有期徒刑,在有期徒刑执行完毕后,再执行管制。

第四,数罪中有判处拘役、管制的,拘役和管制都要执行,在拘役执行完毕以后,管制仍须执行。这种方法是采取了相加原则。因为拘役是剥夺人身自由的刑罚,而管制是限制人身自由的刑罚,两者的性质不同,惩罚的目的和效果也不同,不能相互替代,不能采取拘役吸收管制,也不能将管制折算为拘役,然后并罚。只能采取相加的方法执行,拘役、管制全都执行,只是先执行拘役,在拘役执行完毕以后,再执行管制。

根据 2015 年 10 月 29 日最高人民法院发布的《关于〈中华人民共和国刑法修正案(九)〉时间效力问题的解释》第 3 条规定,对于 2015 年 10 月 31 日以前一人犯数罪,数罪中有判处有期徒刑和拘役,有期徒刑和管制,或者拘役和管制,予以数罪并罚的,适用修正后的《刑法》第 69 条第 2 款的规定。

三、《刑法修正案(九)》对《刑法》分则的补充——增加 20 种新的犯罪

《刑法修正案(九)》有 49 个条文是对《刑法》分则具体犯罪的修改,主要包括三个方面的内容:补充增加新的犯罪,修改原规定犯罪的罪状、法定刑和取消有些条文中死刑的规定。其中,增加新的犯罪有 20 种,修改罪状、罪名、法定刑的有 48 种,取消 9 种犯罪处死刑的规定,取消了嫖宿幼女罪的罪名,将原非法买卖、运输制毒物品罪和走私制毒物品罪两个罪名合并为非法生产、买卖、运输制毒物品、走私制毒物品罪一个罪名。

根据我国当前维护社会治安秩序、保护人权和惩治严重危害社会的犯罪分子的需要,《刑法修正案(九)》补充增加了 20 种新的犯罪:

(一)准备实施恐怖活动罪

准备实施恐怖活动罪是《刑法修正案(九)》第 7 条和《刑法》第 120 条之二,补充增加的罪名。最高人民法院、最高人民检察院于 2015 年 10 月 30 日发布的《关于执行〈中华人民共和国刑法〉确定罪名的补充规定(六)》中规定为"准备实施恐怖活动罪"的罪名。

我国 1997 年《刑法》没有这种犯罪的规定,只是规定了组织、领导、参加恐怖活动罪,2001 年《刑法修正案(三)》第 7 条在《刑法》第 120 条之一中补充增加规定了资助恐怖活动罪,2015 年《刑法修正案(九)》第 7 条又增加规定了准备实施恐怖活动罪,即《刑法》第 120 条之二"有下列情形之一的,处五年以下有期徒刑、拘役、管制或者剥夺政治权利,并处罚金;情节严重的,处五年以上有期徒刑,并处罚金或者没收财产:(一)为实施恐怖活动准备凶器、危险物品或者其他工具的;(二)组织恐怖活动培训或者积极参加恐怖活动培训的;(三)为实施恐怖活动与境外恐怖活动组织或者人员联络的;(四)为实施恐怖活动进行策划或者其他准备的。有前款行为,同时构成其他犯罪的,依照处罚较重的规定定罪处罚"。

要准确适用准备实施恐怖活动罪就必须弄清该罪的概念、构成特征、法定刑,以及适用时应注意的问题。

1. 准备实施恐怖活动罪的概念。该罪是指为实施恐怖活动准备凶器、危险物品、其他工具或者其他准备的行为。

恐怖活动是当前国际上社会危害性十分严重的犯罪,搞恐怖活动的人不分青红皂白,以危害社会和危害不特定的人的生命财产为对象,进行破坏活动,严重损害人民群众的生命财产安全,必须给予严厉的惩罚。恐怖分子,为实施恐怖活动准备凶器、危险物品或者其他工具等的行为都是为实施恐怖活动犯罪的犯罪预备行为。为了有效地防止恐怖活动犯罪发生,要早打早防,对预备实施恐怖活动的犯罪也要给予刑罚惩罚。因此,2015年《刑法修正案(九)》第7条又增加规定了准备实施恐怖活动罪,从源头上预防恐怖活动犯罪。

2. 准备实施恐怖活动罪的犯罪构成。

(1)犯罪主体,是一般主体。达到法定年龄、具有刑事责任能力、实施了准备实施恐怖活动行为的自然人。本罪法定年龄是年满16周岁。本罪犯罪主体在主观上是故意实施准备实施恐怖活动的行为,对其危害公共安全的结果也是持故意的心理态度。因此,准备实施恐怖活动罪是故意犯罪,过失行为不能构成本罪。由于刑法条文中没有专门规定本条的单位犯罪,所以单位不能构成本罪。本罪的一些犯罪行为有可能是以单位的名义组织实施的。例如,组织恐怖活动培训或者积极参加恐怖活动培训的行为有可能是以单位的名义实施的犯罪行为,对这种情况也不能定为单位犯罪,而是对单位的主管负责的人员和其他直接责任人员追究自然人犯罪的刑事责任。

(2)犯罪行为,必须是实施了准备实施恐怖活动的行为。具体包括以下4种犯罪行为:

①为实施恐怖活动准备凶器、危险物品或者其他工具的行为。准备凶器,包括准备现代化的军用武器弹药,也包括准备具有杀伤力的刀、斧、棍、棒、土枪、土炮等凶器。准备危险物品,包括爆炸物、毒物、放射物质等。其他工具包括物品、运输工具、隐藏场所、资金账号、通信装备等。实施准备上述凶器、危险品和工具的行为都必须是为了实施恐怖活动的目的。如果不是为了恐怖活动的准备行为,不能构成本罪。例如,为实施武装叛乱而实施上述准备行为的,要认定为是武装叛乱罪的预备犯。

②组织恐怖活动培训或者积极参加恐怖活动培训的行为。培训是指进行政治洗脑、组织构建和军事训练等行为,组织恐怖培训行为和参加恐怖培训行为,都可以构成本罪。

③为实施恐怖活动与境外恐怖活动组织或者人员联络的行为。与境外恐怖活动组织或者恐怖分子联络,包括外国和境外地区的恐怖组织和恐怖分子,例如,与巴基斯坦的恐怖基地组织和恐怖分子联络,也包括我国的在境外的恐怖组织和恐怖分子联络。例如,与在我国境外的巴基斯坦恐怖组织及其组织中的恐怖分子联络的行为。

④为实施恐怖活动进行策划或者其他准备的行为。包括出谋划策、探察采点、制定方案、人员派遣等准备行为。

(3)犯罪结果,本罪是行为犯。只要实施了准备实施恐怖活动行为的,就可以构成犯罪。准备实施恐怖活动,情节严重的是量刑的加重情节,即是在构成犯罪的基础法定刑以上的加重法定刑内的量刑情节。

3. 准备实施恐怖活动罪的法定刑。根据《刑法》第120条之二规定:

(1)构成犯罪的,处5年以下有期徒刑、拘役、管制或者剥夺政治权利,并处罚金。

(2)构成犯罪,情节严重的,处5年以上有期徒刑,并处罚金或者没收财产。

这里情节严重的,一般是指准备实施的恐怖活动犯罪规模大、范围广、影响恶劣,或者屡教不改等情节。

4.认定准备实施恐怖活动罪时,要注意的问题:

(1)注意划清罪与非罪的界限。

从犯罪主体上区分,不满16周岁的人和单位不能构成本罪。行为人在主观上是故意,即故意为实施恐怖活动进行准备活动的,主观上是过失的不构成本罪。犯罪的目的是实施恐怖犯罪活动。如果不是为实施恐怖活动而准备凶器、危险物质等行为的,不构成本罪,有可能构成其他犯罪,如聚众斗殴罪、武装叛乱、暴乱罪等。

从犯罪行为上区分,准备实施恐怖活动罪是故意犯罪,只有故意实施准备犯罪行为才能构成本罪,过失行为不能构成本罪。

从犯罪结果上区分。本罪是行为犯,只要实施了准备实施恐怖活动行为的,就可以构成本罪。但本罪要求必须是"准备实施"恐怖活动的行为,如果是已实施了恐怖活动行为,该准备行为是犯罪预备行为,其包括在恐怖活动既遂的行为之中,就不能在单独构成准备恐怖活动罪,而只能认定是实施了恐怖活动犯罪行为。

(2)注意区分一罪和数罪。实施准备实施恐怖活动行为时常常出现其犯罪行为同时触犯其他罪的情况。例如,准备实施恐怖活动准备凶器的行为,可能同时触犯《刑法》第125条规定的非法制造、买卖、运输、储存危险物质罪,依据《刑法修正案(九)》和《刑法》第120条之二的规定,"有前款行为,同时构成其他犯罪的,依照处罚较重的规定定罪处罚",应定为处刑较重的非法制造、买卖、运输、储存危险物质罪。

(3)注意划清本罪与组织、领导、参加恐怖组织罪的界限。本罪是为实施恐怖活动做的物质准备和策划准备,其还没有实施恐怖活动。而组织、领导、参加恐怖组织罪则是为实施恐怖活动进行的组织准备,其也没有实施恐怖犯罪活动。上述二罪都是为实施恐怖活动做准备的犯罪,但刑法规定的处罚轻重不同,组织、领导、参加恐怖组织罪的社会危害性重些,刑法对其规定的法定刑处罚较重些。

(4)注意划清本罪与帮助恐怖活动罪的界限。帮助恐怖活动罪是帮助恐怖组织、实施恐怖活动的个人或者资助恐怖活动培训的行为。犯罪人不直接实施恐怖犯罪活动,只是在人力、财力、精神上给予帮助。而本罪是准备实施恐怖活动的犯罪,尽管有一些准备者可能不参加实施恐怖活动犯罪,而多数准备者会进一步实施恐怖活动犯罪。对于准备实施恐怖活动犯罪的人进一步实施了恐怖活动犯罪行为的,则应根据行为特征定为有关犯罪,如定为爆炸罪、投放危险物质罪等,不再定为准备实施恐怖活动罪。

(二)宣扬恐怖主义、极端主义、煽动实施恐怖活动罪

宣扬恐怖主义、极端主义、煽动实施恐怖活动罪是《刑法修正案(九)》第7条和《刑法》第120条之三,补充增加的罪名。最高人民法院、最高人民检察院于2015年10月30日发布的《关于执行〈中华人民共和国刑法〉确定罪名的补充规定(六)》中规定为"宣扬恐怖主义、极端主义、煽动实施恐怖活动罪"的罪名。

我国1997年《刑法》没有这种犯罪的规定,只是规定了组织、领导、参加恐怖组织罪和煽动分裂国家、煽动颠覆国家政权罪。2001年《刑法修正案(三)》第4条在《刑法》第120条之一中补充增加规定了资助恐怖活动罪,2015年《刑法修正案(九)》又修改为帮助恐怖活动罪。

《刑法修正案(九)》第7条又增加规定宣扬恐怖主义、极端主义、煽动实施恐怖活动罪,即《刑法》第120条之三,以制作、散发宣扬恐怖主义、极端主义的图书、音频视频资料或者其他物品,或者通过讲授、发布信息等方式宣扬恐怖主义、极端主义的,或者煽动实施恐怖活动的,处5年以下有期徒刑、拘役、管制或者剥夺政治权利,并处罚金;情节严重的,处5年以上有期徒刑,并处罚金或者没收财产。

要准确适用宣扬恐怖主义、极端主义、煽动实施恐怖活动罪就必须弄清该罪的概念、构成特征、法定刑,以及适用时应注意的问题。

1.宣扬恐怖主义、极端主义、煽动实施恐怖活动罪的概念。该罪是指以制作、散发宣扬恐怖主义、极端主义的图书、音频视频资料或者其他物品,或者通过讲授、发布信息等方式宣扬恐怖主义、极端主义的,或者煽动实施恐怖活动的行为。

我国根据联合国《制止恐怖主义爆炸的国际公约》和《制止向恐怖主义提供资助的国际公约》的规定,以及我国惩治"东突厥斯坦"新闻信息中心等恐怖组织及其实施的恐怖犯罪活动的需要,先后在刑法中规定组织、领导、参加恐怖活动罪,帮助恐怖活动罪等恐怖活动犯罪和煽动分裂国家罪、煽动颠覆国家政权罪等煽动性的犯罪。我国司法机关依据上述刑法规定严惩了一批恐怖活动犯罪分子。为了有效地防止恐怖活动犯罪发生,要早打早防,从预备和煽动恐怖活动起就要给予刑罚惩罚,因此,2015年《刑法修正案(九)》第7条又增加规定宣扬恐怖主义、极端主义、煽动实施恐怖活动罪,从源头上预防恐怖活动犯罪。

极端主义是近几年出现的一种新的严重危害社会的思潮,他们进行有组织地反对社会,颠覆政权,抵制人类文明,毁灭文物,企图进行社会倒退。当前一些极端主义分子在叙利亚等国家进行破坏活动,使大批难民逃往邻国,给国际社会造成严重负担。恐怖主义与极端主义结合起来,必将产生更加严重的社会危害性,我国刑事立法具有一定的前瞻性,于2015年在《刑法修正案(九)》中增加规定了宣扬恐怖主义、极端主义、煽动实施恐怖活动罪,从源头上惩治恐怖、极端犯罪,预防更严重的恐怖、极端活动方面犯罪的发生。

2.宣扬恐怖主义、极端主义、煽动实施恐怖活动罪的构成要件

(1)犯罪主体,是一般主体。达到法定年龄,具有刑事责任能力,实施了宣扬恐怖主义、极端主义、煽动实施恐怖活动犯罪行的自然人。本罪法定年龄是年满16周岁以上的自然人。本罪的犯罪主体在主观上是故意实施宣扬恐怖主义、极端主义、煽动实施恐怖活动行为,对其危害公共安全的结果也是持故意的心理态度。因此,宣扬恐怖主义、极端主义、煽动实施恐怖活动罪是故意犯罪,过失行为不能构成本罪。

由于刑法条文中没有专门规定本条的单位犯罪,所以单位不能构成本罪。本罪的一些犯罪行为有可能是单位组织实施的,例如,制作、散发宣扬恐怖主义、极端主义的图书、音频视频资料或者其他物品的行为有可能是以单位的名义实施的,对这种情况也不能认定为单位犯罪,而是对单位负责的主管人员和其他直接责任人员追究自然人犯罪的刑事责任。

(2)犯罪行为,必须是实施了宣扬恐怖主义、极端主义、煽动实施恐怖活动的行为。具体包括以下两种犯罪行为:

一是以制作、散发宣扬恐怖主义、极端主义的图书、音频视频资料或者其他物品的行为。如果制作者、散布者既有制作行为又有散发的行为,只构成本罪;如果只实施了其中的制作行为或者散发行为,也可以定为本罪,即,认定为宣扬恐怖主义、极端主义、煽动实施恐怖活动

罪。制作、散布的对象必须是宣扬恐怖主义、极端主义的物品,例如:图书、音频视频资料和其他物品,这里的其他物品非常广泛,只要是宣扬恐怖主义、极端主义的物品,例如服装、装饰品、信仰物、供奉物等都可能成为宣扬恐怖主义、极端主义的物品。

二是通过讲授、发布信息等方式煽动实施恐怖活动的行为。讲授包括在正式的课堂、会场、集会上对众多人宣讲,也包括非正式的场所演讲,如在家中聚众讲演,对弟子单个传授。发布,包括公开出版发行和非法散发刊物、印刷品、制作品和网络散布,其讲授、发布的内容必须是宣扬恐怖主义、极端主义、煽动实施恐怖活动的内容。如果是为进行批判恐怖主义、极端主义而透露了些恐怖主义、极端主义的内容,不能认定为是宣扬恐怖主义、极端主义、煽动实施恐怖活动的行为。

(3)犯罪结果,本罪是行为犯。只要实施了宣扬恐怖主义、极端主义、煽动实施恐怖活动的行为的,就可以构成犯罪。情节严重的,是量刑的加重结果,即是在构成犯罪的基础上加重处罚的量刑情节。

3.宣扬恐怖主义、极端主义、煽动实施恐怖活动罪的法定刑。根据《刑法》第120条之三规定,其法定刑是:

(1)构成犯罪的,处5年以下有期徒刑、拘役、管制或者剥夺政治权利,并处罚金。

(2)构成犯罪,情节严重的,处5年以上有期徒刑,并处罚金或者没收财产。

这里情节严重的,一般是指宣扬的规模大、范围广、影响大,由于宣扬煽动的影响而发生了恐怖活动,以及宣扬者屡教不改等情节。

4.处理宣扬恐怖主义、极端主义、煽动实施恐怖活动罪时,要注意的问题:

(1)注意划清罪与非罪的界限。

从犯罪主体上区分,不满16周岁的人和单位不能构成本罪。精神病人在精神病发病期间的胡言乱语的行为也不构成本罪。

从犯罪行为上区分,宣扬恐怖主义、极端主义、煽动实施恐怖活动罪是故意犯罪,只有故意犯罪行为才能构成本罪,过失行为不能构成本罪。

从宣扬的物品内容进行区分。本罪是宣扬具有恐怖主义、极端主义、煽动实施恐怖活动内容的物品才能构成犯罪,如果宣扬的物品内容不是恐怖主义、极端主义、煽动实施恐怖活动的内容,则不构成本罪,例如,其宣传煽动的内容是分裂国家、颠覆国家政权的内容,即使行为中也含有宣扬恐怖主义、极端主义、煽动实施恐怖活动内容的,也只认定为煽动分裂国家罪或者煽动颠覆国家政权罪,而不定为本罪,也不能分别认定为本罪和煽动分裂国家罪、煽动颠覆国家政权罪后进行数罪并罚。

从犯罪结果上区分。本罪是行为犯,只要实施了宣扬恐怖主义、极端主义、煽动实施恐怖活动行为的,就可以构成本罪。但本罪要求必须是"宣扬"恐怖主义、极端主义、煽动实施恐怖活动的行为,如果行为人在自己的不公开的日记中或者在无他人在场的情况下的言语或者作品,没有发表、散发宣扬,又不可能被他人知晓和在社会上扩散宣扬的,不构成本罪。

(2)注意选择性罪名的确定。根据《刑法修正案(九)》和《刑法》第120条之三的规定,宣扬恐怖主义、极端主义、煽动实施恐怖活动罪是选择性罪名,如果行为人只实施了宣扬恐怖主义的犯罪行为,应认定为宣扬恐怖主义罪。如果只实施了宣扬极端主义的犯罪行为只认定为宣扬极端主义罪。如果只实施了煽动实施恐怖活动的犯罪行为,只认定为煽动实施恐怖活动罪,如果既实施了宣扬恐怖主义的犯罪行为又实施了宣扬极端主义和煽动实施恐怖活动的犯罪行为,则只认定为宣扬恐怖主义、极端主义、煽动实施恐怖活动罪一个罪名,按一罪定罪并从重处罚,不能数罪并罚。

(3)注意划清本罪与组织、利用会道门、邪教组织、利用迷信破坏法律实施罪的界限。宣扬恐怖主义、极端主义、煽动恐怖活动的犯罪人常常是利用会道门、邪教组织和利用迷信等实施宣扬恐怖主义、极端主义、煽动恐怖活动犯罪行为,如果其宣扬的内容既有恐怖主义、极端主义、煽动实施恐怖活动,又有破坏国家法律、行政法规实施的,应分别认定为宣扬恐怖主义、极端主义、煽动恐怖活动罪和组织利用会道门、邪教组织、利用迷信破坏法律实施罪,实行数罪并罚。如果只是利用会道门、邪教组织、利用迷信宣扬恐怖主义、极端主义、煽动实施恐怖活动的,则只认定为宣扬恐怖主义、极端主义、煽动实施恐怖活动罪,按一罪定罪处罚。

(三)利用极端主义破坏法律实施罪

利用极端主义破坏法律实施罪,是《刑法修正案(九)》第7条和《刑法》第120条之四补充增加的犯罪。最高人民法院、最高人民检察院于2015年10月30日发布的《关于执行〈中华人民共和国刑法〉确定罪名的补充规定(六)》中规定为"利用极端主义破坏法律实施罪"的罪名。

我国1997年《刑法》没有这种犯罪的规定,只是规定了组织、利用会道门、邪教组织、利用迷信破坏法律实施罪,2015年《刑法修正案(九)》第7条、《刑法》第120条之三中增加规定了宣扬恐怖主义、极端主义、煽动实施恐怖活动罪,在《刑法》第120条之四中又增加规定了利用极端主义破坏法律实施罪,即《刑法》第120条之四利用极端主义煽动、胁迫群众破坏国家法律确立的婚姻、司法、教育、社会管理等制度实施的,处3年以下有期徒刑、拘役或者管制,并处罚金;情节严重的,处3年以上7年以下有期徒刑,并处罚金;情节特别严重的,处7年以上有期徒刑,并处罚金或者没收财产。

要准确适用利用极端主义破坏法律实施罪就必须弄清该罪的概念、构成特征、法定刑,以及适用时应注意的问题。

1. 利用极端主义破坏法律实施罪的概念。该罪是指利用极端主义煽动、胁迫群众破坏国家法律确立的婚姻、司法、教育、社会管理等制度实施的行为。

极端主义是近几年出现的一种新的严重危害社会的思潮,他们进行有组织地反对社会,颠覆政权,反对法制,抵制人类文明,毁灭文物,破坏国家法律确立的婚姻、司法、教育、社会管理等制度的实施,企图进行社会倒退。当前一些极端主义分子在世界上一些国家进行破坏活动,给国际社会秩序造成严重混乱。极端主义与恐怖主义结合起来,其社会危害性更加严重。我国刑事立法具有一定的前瞻性,于2015年在《刑法修正案(九)》中设专条规定了宣扬恐怖主义、极端主义、煽动实施恐怖活动罪和利用极端主义破坏法律实施罪,从源头上惩治极端主义犯罪,预防极端主义思潮扩散。

2. 利用极端主义破坏法律实施罪的构成要件是:

(1)犯罪主体,是一般主体。达到法定年龄、具有刑事责任能力、实施了利用极端主义破坏法律实施行为的自然人。本罪法定年龄是年满16周岁以上的人。本罪的犯罪主体在主观上是故意利用极端主义破坏法律实施,对其危害公共安全的结果也是持故意的态度。因此,利用极端主义破坏法律实施罪是故意犯罪,过失行为不能构成本罪。由于刑法条文中没有专门规定本条的单位犯罪,所以利用极端主义破坏法律实施罪中单位不能成为罪的主体。本罪的一些犯罪行为有可能是以单位名义组织实施的,例如,单位利用极端主义煽动、胁迫破坏教育法实施的行为,有可能是以单位的名义实施的犯罪行为,对这种情况也不能认定为单位犯罪,而应对单位直接负责的主管人员和其他直接责任人员追究个人犯利用极端主义破坏法律实施罪的刑事责任。

(2)犯罪行为,必须是实施了利用极端主义煽动、胁迫破坏法律实施的犯罪行为。具体包括以下两类犯罪行为:

①利用极端主义煽动破坏法律实施的行为。利用极端主义的思想煽动群众破坏国家《婚姻法》、《民法典》、《教育法》等法律所确立的制度实施的行为。例如,煽动群众反对《民法典》规定的一夫一妻制度,宣扬实施一夫多妻制度;煽动群众反对《教育法》规定的男女有同等受教育和参加社会管理活动的权利,主张不允许妇女上学受教育和参加社会活动等欺压妇女儿童的旧习俗的行为。

②利用极端主义胁迫群众破坏法律实施的行为。利用极端主义的思想胁迫群众破坏国家《婚姻法》《民法典》《教育法》等法律所确立的制度实施的行为。例如,胁迫群众违反《民法典》规定的婚姻自由的规定,宣扬包办婚姻、强迫男女结婚或者强迫不得离婚的行为和随意剥夺他人受教育的权利的行为等。

(3)犯罪结果,本罪是行为犯。只要实施了利用极端主义煽动、胁迫破坏国家法律实施犯罪行为的,就可以构成犯罪。利用极端主义煽动、胁迫破坏法律实施情节严重、情节特别严重的,是量刑的加重结果,即是在构成犯罪的基础上的加重处罚的量刑情节。

3.利用极端主义破坏法律实施罪的法定刑。根据《刑法》第120条之四规定,本罪的法定刑是:

(1)构成犯罪的,处3年以下有期徒刑、拘役或者管制,并处罚金。

(2)犯本罪,情节严重的,处3年以上7年以下有期徒刑,并处罚金。

(3)犯本罪,情节特别严重的,处7年以上有期徒刑,并处罚金或者没收财产。

这里的"情节严重""情节特别严重"是两种处加重法定刑的犯罪情节。情节严重,一般是指煽动、胁迫的范围广、规模大、影响坏等。情节特别严重,一般是指,由于利用极端主义煽动、胁迫破坏法律实施,造成多人伤亡、重大财产损失及恶劣社会影响,使国家法律不能执行的结果。

4.适用利用极端主义破坏法律实施罪时,要注意的问题:

(1)注意划清罪与非罪的界限。

从犯罪主体上区分,不满16周岁的人和单位不能构成本罪。行为人在主观上是故意,即故意为实施利用极端主义煽动、胁迫破坏法律实施的才能构成犯罪,主观上是过失的不构成本罪。犯罪的目的是利用极端主义煽动、胁迫群众破坏法律实施,达到社会混乱的目的。如果不是为利用极端主义进行煽动、胁迫群众破坏法律实施的行为的,不构成本罪。例如,构成组织、利用会道门、邪教组织、利用迷信破坏法律实施罪等。

从犯罪结果上区分。本罪是行为犯,只要实施了利用极端主义煽动、胁迫群众破坏法律实施的行为的,就产生了危害社会的结果,就可以构成本罪。但本罪要求必须是利用极端主义煽动、胁迫群众破坏法律实施的行为,如果利用极端主义煽动群众,只是宣扬了极端主义思想,没有破坏《民法典》《教育法》等法律实施结果的,就不能构成本罪,而有可能构成宣扬恐怖主义、极端主义、煽动实施恐怖活动罪。

(2)注意区分一罪和数罪。本罪是利用极端主义破坏法律实施的犯罪行为,在实施胁迫行为时,有可能侵犯他人人身权利,造成被胁迫人伤亡的结果,同时构成故意伤害罪、过失致人死亡罪等犯罪的,应在认定构成本罪的同时,还要认定犯故意伤害罪、过失致人死亡罪等,实行数罪并罚。

(3)注意划清本罪与宣扬恐怖主义、极端主义、煽动实施恐怖活动罪的界限。本罪是利用极端主义煽动、胁迫群众破坏法律实施的犯罪行为,在利用极端主义进行煽动时,也有可能宣扬极端主义,由于犯罪主体的目的不主要是宣扬极端主义,而是把极端主义作为犯罪手段,所以在一般情况下,只认定为本罪,而吸收了宣扬极端主义的犯罪行为。只有在利用极端主义煽动群众时没有发生破坏法律实施的结果,而达到了宣扬极端主义的结果时,才能构成宣扬恐怖主义、极端主义、煽动实施恐怖活动罪。

(四)强制穿戴宣扬恐怖主义、极端主义服饰、标志罪

强制穿戴宣扬恐怖主义、极端主义服饰、标志罪是《刑法修正案(九)》第7条和《刑法》第120条之五补充增加的罪名。最高人民法院、最高人民检察院于2015年10月30日发布的《关于执行〈中华人民共和国刑法〉确定罪名的补充规定(六)》中规定为"强制穿戴宣扬恐怖主义、极端主义服饰、标志罪"的罪名。

我国1997年《刑法》没有这种犯罪的规定,只是规定了组织、领导、参加恐怖活动罪,2001年《刑法修正案(三)》第4条在《刑法》第120条之一中补充增加规定了资助恐怖活动罪,2015年《刑法修正案(九)》第7条又规定在《刑法》第120条之二、三、四中增加规定准备实施恐怖活动罪,宣扬恐怖主义、极端主义、煽动实施恐怖活动罪和利用极端主义破坏法律实施罪。在《刑法》第120条之五中又增加规定了强制穿戴宣扬恐怖主义、极端主义服饰、标志罪,即《刑法》第120条之五规定:"以暴力、胁迫等方式强制他人在公共场所穿着、佩戴宣扬恐怖主义、极端主义服饰、标志的,处三年以下有期徒刑、拘役或者管制,并处罚金。"

要准确适用强制穿戴宣扬恐怖主义、极端主义服饰、标志罪就必须弄清该罪的概念、特征、法定刑,以及适用时应注意的问题。

1.强制穿戴宣扬恐怖主义、极端主义服饰、标志罪的概念。该罪是指以暴力、胁迫等方式强制他人在公共场所穿着、佩戴宣扬恐怖主义、极端主义服饰、标志的行为。

恐怖主义、极端主义是当前国际、国内社会危害性严重的犯罪行为,犯罪分子不但实施恐怖活动,危害不特定人的生命财产安全,而且限制人们的人身自由,为了显示他们的势力,使人产生恐惧心理,在其势力控制的范围内往往以暴力、胁迫等方式强制他人在公共场所穿着、佩戴宣扬恐怖主义、极端主义的服饰、标志。这是严重侵犯公民人身自由的行为,是对社会有危害的行为。2015年在《刑法修正案(九)》在《刑法》中设专条规定了强制穿戴宣扬恐怖主义、极端主义服饰、标志罪,从源头上预防恐怖主义、极端主义犯罪。

2.强制穿戴宣扬恐怖主义、极端主义服饰、标志罪的构成要件是:

(1)犯罪主体,是一般主体。达到法定年龄、具有刑事责任能力、实施了以暴力、胁迫强制穿戴宣扬恐怖主义、极端主义服饰、标志犯罪行为的自然人。本罪法定年龄是年满16周岁以上的人,犯罪主体在主观上是故意实施强制他人穿戴宣扬恐怖主义、极端主义服饰、标志的犯

罪行为,对其危害公共安全的结果也是持故意的心理态度。因此,强制穿戴宣扬恐怖主义、极端主义服饰、标志罪是故意犯罪。由于刑法条文中没有专门规定单位构成犯罪,所以单位不能构成本罪。本罪的犯罪行为有可能是单位组织实施的,对这种情况也不能定为单位犯罪,而是对单位直接负责的主管人员和其他直接责任人员追究其个人犯本罪的刑事责任。

(2)犯罪行为,必须是实施了强制穿戴宣扬恐怖主义、极端主义服饰、标志的犯罪行为。具体包括以下两种犯罪行为:

①以暴力、胁迫等方式强制他人在公共场所穿着宣扬恐怖主义、极端主义服饰的行为。强制穿着宣扬恐怖主义、极端主义的服饰,是恐怖主义、极端主义组织为显示其势力定制的衣帽、鞋袜、饰品和器具等,以暴力、胁迫等方式强制人们在公共场所穿着,例如,不按要求穿着其定制服饰就不允许进入该公共场所,或者以异己分子将其拘禁、审查等行为。

②以暴力、胁迫等方式强制他人在公共场所佩戴宣扬恐怖主义、极端主义标志的行为。强制佩戴宣扬恐怖主义、极端主义的标志,通常是宣扬恐怖主义、极端主义的胸章、袖标、帽微、领章等以显示其是恐怖主义、极端主义者的标志性物品。

(3)犯罪结果,本罪是行为犯。只要实施了以暴力、胁迫等方式强制他人穿戴宣扬恐怖主义、极端主义服饰、标志的犯罪行为的,就可以构成犯罪。

3.强制穿戴宣扬恐怖主义、极端主义服饰、标志罪的法定刑。根据《刑法》第120条之五规定,构成犯罪的,处3年以下有期徒刑、拘役或者管制,并处罚金。

4.认定强制穿戴宣扬恐怖主义、极端主义服饰、标志罪时应注意的问题:

(1)注意划清罪与非罪的界限。

从犯罪主体上区分,不满16周岁的人和单位不构成本罪,主观上是过失者也不能成为本罪的主体,例如,确实不知道是宣扬恐怖主义、极端主义的饰品,而以暴力的方式强制群众在公共场所佩戴的人不构成本罪。

从犯罪行为上区分,强制穿戴宣扬恐怖主义、极端主义服饰、标志罪的犯罪行为必须是以暴力、非胁迫等方式强制他人穿戴宣扬恐怖主义、极端主义服饰的行为,没有使用暴力、胁迫的方式,而是介绍、推荐、说服等非暴力、非胁迫的方式使他人在公共场所佩戴宣扬恐怖主义、极端主义服饰的行为不构成本罪。

从强制佩戴服饰的内容进行区分。只有是强制佩戴宣扬恐怖主义、极端主义内容的服饰、标志的,才能构成犯罪,如果宣扬的物品内容不是恐怖主义、极端主义的内容,则不构成本罪,例如,其宣传煽动的内容是分裂国家、颠覆国家政权的内容的,即使其中含有宣扬恐怖主义、极端主义的内容,也只认定为煽动分裂国家罪或者煽动颠覆国家政权罪,而不定为本罪,也不能分别认定为本罪和煽动分裂国家罪、煽动颠覆国家政权罪后进行数罪并罚。

从犯罪地点上区分。本罪必须是"强制他人在公共场所"穿着、佩戴宣扬恐怖主义、极端主义的服饰、标志的行为,如果行为人在自己的家中强制妻子、儿女穿着、佩戴宣扬恐怖主义、极端主义服饰、标志的行为,不构成犯罪。

(2)注意本罪选择性罪名的确定。根据《刑法修正案(九)》和《刑法》第120条之五的规定,强制穿着、佩戴宣扬恐怖主义、极端主义服饰、标志罪是选择性罪名,如果行为人只实施了强制穿着宣扬恐怖主义、极端主义服饰的犯罪行为,应认定为强制穿戴宣扬恐怖主义、极端主义服饰罪。如果只实施强制佩戴宣扬恐怖主义、极端主义标志行为的,只认定为强制穿戴宣扬恐怖主义、极端主义标志罪。如果既强制实施他人穿着宣扬恐怖主义、极端主义服饰行为，又强制实施他人佩戴恐怖主义、极端主义标志的犯罪行为，也只认定为强制穿戴宣扬恐怖主义、极端主义服饰、标志罪。不能分别定为两种罪，进行数罪并罚。

（五）非法持有宣扬恐怖主义、极端主义物品罪

非法持有宣扬恐怖主义、极端主义物品罪是《刑法修正案（九）》第7条和《刑法》第120条之六，补充增加的犯罪。最高人民法院、最高人民检察院于2015年10月30日发布的《关于执行〈中华人民共和国刑法〉确定罪名的补充规定（六）》中规定为"非法持有宣扬恐怖主义、极端主义物品罪"的罪名。

我国1997年《刑法》没有这种犯罪的规定，只是规定了组织、领导、参加恐怖活动方面的犯罪，2001年《刑法修正案（三）》第4条在《刑法》第120条之一中补充增加规定了资助恐怖活动罪，2015年《刑法修正案（九）》第7条又增加规定非法持有宣扬恐怖主义、极端主义物品罪，即《刑法》第120条之六规定："明知是宣扬恐怖主义、极端主义的图书、音频视频资料或者其他物品而非法持有，情节严重的，处三年以下有期徒刑、拘役或者管制，并处或者单处罚金。"

要准确适用非法持有宣扬恐怖主义、极端主义物品罪就必须弄清该罪的概念、构成特征、法定刑，以及适用时应注意的问题。

1. 非法持有宣扬恐怖主义、极端主义物品罪的概念。该罪是指明知是宣扬恐怖主义、极端主义的图书、音频视频资料或者其他物品而非法持有，情节严重的行为。

恐怖主义、极端主义是当前国际、国内社会危害严重的犯罪思潮，在恐怖主义、极端主义指导下，进行恐怖活动，危害不特定人的生命财产安全，必须给予严厉的惩罚，以维护社会政治、经济和人们的生活秩序。搞恐怖活动的个人和组织常常以图书、音频视频资料或者其他物品进行宣扬恐怖主义、极端主义，为实施恐怖活动制造舆论、扩大影响。我国严禁宣扬恐怖主义、极端主义的宣传品在社会上散布发行，他们就在私下传播，为制止宣扬恐怖主义、极端主义"思潮"，2015年《刑法修正案（九）》第7条又增加规定宣扬恐怖主义、极端主义、煽动实施恐怖活动罪，同时对非法持有宣扬恐怖主义、极端主义物品的行为规定为犯罪，从源头上预防恐怖主义犯罪。

2. 非法持有宣扬恐怖主义、极端主义物品罪的构成要件是：

（1）犯罪主体，是一般主体。达到法定年龄、具有刑事责任能力、实施了非法持有宣扬恐怖主义、极端主义物品犯罪行为的自然人。本罪法定年龄是年满16周岁。本罪的犯罪主体在主观上是故意实施非法持有宣扬恐怖主义、极端主义物品的犯罪行为，对其危害公共安全的结果也是持故意的心理态度。因此，非法持有宣扬恐怖主义、极端主义物品罪是故意犯罪。由于刑法条文中没有专门规定单位构成犯罪，所以单位不能构成本罪。本罪的一些犯罪行为有可能是单位组织实施的，例如，单位非法持有宣扬恐怖主义、极端主义的图书、音频视频资料或者其他物品的行为，对这种情况也不能定为单位犯罪，而是对单位直接负责的主管人员和其他直接责任人员追究其个人犯罪的刑事责任。

（2）犯罪行为，必须是非法持有宣扬恐怖主义、极端主义物品的行为。即明知是宣扬恐怖主义、极端主义的图书、音频视频资料或者其他物品而非法持有的行为。这里必是"明知"，即包括已经知道和应当知道是宣扬恐怖主义、极端主义的物品而持有的行为。

(3)犯罪结果,本罪是结果犯。非法持有宣扬恐怖主义、极端主义物品的行为必须达到情节严重的结果才构成犯罪。这里的"情节严重"是犯罪构成情节,是犯罪构成的要件,达不到情节严重程度的行为不构成犯罪。情节严重,一般是指持有的品种多、数量大,内容恶劣或者屡教不改、拒不交出持有的宣扬恐怖主义、极端主义物品的。

3.非法持有宣扬恐怖主义、极端主义物品罪的法定刑。根据《刑法》第120条之六规定,构成犯罪的,处3年以下有期徒刑、拘役或者管制,并处或者单处罚金。

4.认定非法持有宣扬恐怖主义、极端主义物品罪时,要注意的问题:

(1)注意划清罪与非罪的界限。

从犯罪主体上区分,不满16周岁的人和单位不构成本罪。非法持有宣扬恐怖主义、极端主义物品的人在主观上必须是故意,且明知是宣扬恐怖主义、极端主义的物品而非法持有,才能构成本罪,主观上是过失的不构成本罪,例如,李某的朋友存放其家中一批视频资料,其朋友只是告诉其是业务上的视频资料,并没有告诉其是宣扬恐怖主义、极端主义的视频资料,李某也没有设备观看这些视频资料,李某的该行为不构成本罪。

从犯罪行为上区分,非法持有宣扬恐怖主义、极端主义物品罪是故意犯罪,只有故意犯罪行为才构成本罪,过失行为不构成本罪。

从宣扬的物品内容进行区分。本罪非法持有物品的内容必须是宣扬有恐怖主义、极端主义的内容,如果持有的物品内容不是恐怖主义、极端主义的内容,则不构成本罪,例如其持有的物品内容是宣传宗教内容的图书、音频视频的内容的,而不定为本罪。

从犯罪结果上区分。本罪是结果犯,必须是情节严重的,才构成本罪,达不到情节严重的不构成犯罪,例如,非法持有一本宣扬恐怖主义、极端主义内容的图书,准备自己看,由于没有达到情节严重的程度,可不认为是犯罪。

(2)注意划清本罪与宣扬恐怖主义、极端主义、煽动实施恐怖活动罪的界限。宣扬恐怖主义、极端主义的犯罪人常常是散布宣扬恐怖主义、极端主义的图书、音频视频资料或者其他物品,并且非法持有上述物品。如果其宣扬恐怖主义、极端主义、煽动实施恐怖活动的行为构成犯罪,非法持有宣扬恐怖主义、极端主义物品的犯罪行为被吸收,不再认定为本罪,而只以宣扬恐怖主义、极端主义、煽动实施恐怖活动罪定罪并从重处罚。

(六)虐待被监护、看护人罪

虐待被监护、看护人罪是《刑法修正案(九)》第19条和《刑法》第260条之一,补充增加的罪名。最高人民法院、最高人民检察院于2015年10月30日发布的《关于执行〈中华人民共和国刑法〉确定罪名的补充规定(六)》中规定为"虐待被监护、看护人罪"的罪名。

我国1997年《刑法》没有这种犯罪的规定,只在《刑法》第260条中规定了虐待罪,2015年《刑法修正案(九)》第19条又规定在《刑法》第260条之一中增加规定虐待被监护、看护人罪,即《刑法》第260条之一规定:"对未成年人、老年人、患病的人、残疾人等负有监护、看护职责的人虐待被监护、看护的人,情节恶劣的,处三年以下有期徒刑或者拘役。单位犯前款罪的,对单位判处罚金,并对其直接负责的主管人员和其他直接责任人员,依照前款的规定处罚。有第一款行为,同时构成其他犯罪的,依照处罚较重的规定定罪处罚。"

要准确适用虐待被监护、看护人罪就必须弄清该罪的概念、构成特征、法定刑,以及适用时应注意的问题。

1. 虐待被监护、看护人罪的概念。该罪是指负有监护、看护职责的人虐待被监护、看护的人,情节恶劣的行为。

虐待被监护、看护人罪是根据我国当前一些家庭、学校、幼儿园的监护、看护人员虐待被监护、看护的人,造成了严重的后果而规定的。监护、看护人是有监护、看护职责的人。幼儿园、养老院、医院等对未成年人、老年人、患病的人等负有监护、看护职责的人,不同于对犯罪嫌疑人、罪犯监管职责的人,监管是对被羁押人的监督管理。看守所对犯罪嫌疑人监管,监狱对罪犯的监管,即使有虐待被羁押者行为的也不构成本罪。虐待被监护、看护人常常致被监护、看护人伤残,甚至致使被监护、看护人死亡,既严重侵犯了被监护、看护人的人身权利,又破坏了我国尊老爱幼的传统美德,是对社会有严重危害行为。《刑法》于2015年在《刑法修正案(九)》中设专条规定了虐待被监护、看护人罪,用以惩治负有监护、看护职责的虐待者,同时保护了被监护、看护人的合法权利。

2. 虐待被监护、看护人罪的构成要件是:

(1)犯罪主体,是特殊主体。达到法定年龄,具有刑事责任能力,负有监护、看护职责的人实施了虐待被监护、看护人行为的自然人或者单位。本罪法定年龄是年满16周岁,犯罪主体在主观上是故意实施虐待被监护、看护人,对其侵犯被监护、看护人身权利的结果既可能是故意的心理态度,也可能是不尽监护、看护职责义务的过失心理态度。因此,虐待被监护、看护人罪,既可能是故意犯罪,也可能是过失犯罪。《刑法》第260条之一中明确规定单位可以构成本罪,除单位本身可以构成本罪外,单位直接负责的主管人员和其他直接责任人员也可以构成本罪。

(2)犯罪行为,必须是实施了虐待被监护、看护人的犯罪行为。虐待行为主要表现是对被监护、看护人打骂、冻饿、威胁、精神摧残或者置之不理等不尽监护、看护职责的行为。例如,对精神病人不看护,致使精神病人溺水身亡的行为。虐待对象包括未成年人、老年人、患病的人、残疾人等需要监护、看护的人。对犯罪嫌疑人、罪犯的监管人不包括其中,但对有监护、看护被羁押的未成年、老年、患病的人、残疾犯罪嫌疑人、罪犯职责者实施虐待,情节恶劣的行为,也包括在本罪犯罪行为之内。本罪的犯罪主体虐待被监护、看护人既可能是故意违反职责规定实施虐待行为,也可以是不履行监护、看护职责规定实施虐待的过失行为。因此,负有监护、看护职责者不论是故意实施虐待行为还是过失实施了虐待行为的都可以构成本罪。

只有负有监护、看护职责的人实施了虐待被监护、看护的人的行为才构成犯罪。监护、看护职责,是指从事监护、看护职业,并负有监护、看护的职责的,如幼儿园中的幼儿教师、幼儿园园长等。由于虐待家庭成员的行为是没有尽家庭成员的义务的行为,不是不尽监护、看护职责行为,因此虐待家庭成员的行为,不是本罪的犯罪行为。

(3)犯罪结果,本罪是结果犯。只有实施了虐待被监护、看护人的行为,情节恶劣的,依法才可以构成犯罪,没有达到情节恶劣程度的,而是一般虐待行为、情节严重的虐待行为,都不构成犯罪。所谓情节恶劣,一般是指长期的、一贯的、经常性的实施虐待行为,或者由于虐待行为使被监护、看护人的身心健康遭受严重损害,如造成伤亡、精神失常、流浪社会进行违法犯罪的等。

3. 虐待被监护、看护人罪的法定刑。根据《刑法》第 260 条之一规定：

(1)构成本罪的,处 3 年以下有期徒刑或者拘役。

(2)单位犯前款罪的,对单位判处罚金,并对其直接负责的主管人员和其他直接责任人员,依照第 1 款的规定处罚。

4. 认定虐待被监护、看护人罪时,要注意的问题：

(1)注意划清罪与非罪的界限。

从犯罪主体上区分,不满 16 周岁的人和不负有监护、看护职责的人不能构成本罪。例如,某小学班主任李老师有事不能带外出参观的学生回学校,其让学生班长张某(12 岁)将 30 名同学带回学校,途中一名学生离队跳崖将腿摔骨折。该李老师有违反看护职责,对学生骨折应负看护不到位的责任,而该学生班长由于不满 16 周岁,不负看护失职的责任。

从犯罪行为上区分,虐待被监护、看护人罪的犯罪行为必须是滥用或者不尽监护、看护职责实施了对未成年人、老年人、患病的人、残疾人进行虐待的行为,情节恶劣的。没有实施上述虐待行为或者实施了上述行为没有达到情节恶劣的程度的行为,不构成本罪。

从犯罪结果上区分。本罪是结果犯,必须是达到情节恶劣的程度才构成犯罪,情节一般或者情节严重的,不构成本罪。

(2)注意区分本罪与虐待罪的界限。我国《刑法》第 260 条规定了虐待罪,是指虐待家庭成员,情节恶劣的行为,其与本罪虐待被监护、看护人罪在犯罪行为上都是实施了情节恶劣的虐待行为。二者的不同之处是其犯罪主体不同。虐待罪的犯罪主体是家庭成员,而本罪的犯罪主体是负有监护、看护职责的人。如果是具有监护、看护职责的家庭成员实施了虐待被监护、看护人的行为的,应认定为本罪并从重处罚,因本罪惩罚的是具有监护、看护职责的人实施的虐待行为。

(3)注意依重罪处罚的适用。本罪的犯罪人实施虐待被监护、看护人行为时,有可能产生致被监护、看护人伤亡的结果,或者拘禁被监护、看护人,产生侵犯其人身自由的结果,在构成故意伤害罪、过失致人死亡罪、非法拘禁罪等其他犯罪时,结合《刑法》第 260 条之一的规定,依照处罚较重的规定定罪处罚,即认定为较重的故意伤害罪、过失致人死亡罪、非法拘禁罪等。

(七)使用虚假身份证件、盗用身份证件罪

使用虚假身份证件、盗用身份证件罪是《刑法修正案(九)》第 23 条和《刑法》第 280 条之一,补充增加的犯罪。最高人民法院、最高人民检察院于 2015 年 10 月 30 日发布的《关于执行〈中华人民共和国刑法〉确定罪名的补充规定(六)》中规定为"使用虚假身份证件、盗用身份证件罪"的罪名。

我国 1997 年《刑法》没有这种犯罪的规定,只在《刑法》第 280 条第 3 款中规定了伪造、变造居民身份证罪,2009 年《刑法修正案(七)》第 7 条在《刑法》第 253 条之一中补充增加规定了出售、非法提供公民个人信息罪,2015 年又改为侵犯公民个人信息罪。2015 年《刑法修正案(九)》第 23 条中又在《刑法》第 280 条之一中增加规定使用虚假身份证件、盗用身份证件罪,即《刑法》第 280 条之一规定："在依照国家规定应当提供身份证明的活动中,使用伪造、变造的或者盗用他人的居民身份证、护照、社会保障卡、驾驶证等依法可以用于证明身份的证件,情节严重的,处拘役或者管制,并处或者单处罚金。有前款行为,同时构成其他犯罪的,依照处罚较重的规定定罪处罚。"

要准确适用使用虚假身份证件、盗用身份证件罪就必须弄清该罪的概念、构成特征、法定刑,以及适用时应注意的问题。

1. 使用虚假身份证件、盗用身份证件罪的概念。该罪是指在依照国家规定应当提供身份证明的活动中,使用伪造、变造的或者盗用他人的居民身份证、护照、社会保障卡、驾驶证等依法可以用于证明身份的证件,情节严重的行为。

使用虚假身份证件、盗用身份证件罪是根据我国当前社会上出现的一些人不讲诚信,使用伪造、变造的身份证明证件或者盗用他人的身份证明证件进行社会活动,以欺骗他人或者单位而非法获取利益的行为而增加的,例如:用伪造的身份证购买火车票,盗用他人身份证在银行贷款,利用拾到的他人医疗保险卡骗取药品的行为等。这些缺失诚信的欺骗行为严重危害了社会管理秩序,是对社会有严重危害的犯罪行为。我国于2015年在《刑法修正案(九)》中设专条规定了使用虚假身份证件、盗用身份证件罪,以惩罚使用者和盗用者,最高处拘役并处罚金。

2. 使用虚假身份证件、盗用身份证件罪的构成要件是:

(1)犯罪主体,是一般主体。达到法定年龄,具有刑事责任能力,实施了使用伪造、变造的或者盗用他人的居民身份证、护照、社会保障卡、驾驶证等依法可以用于证明身份的证件,情节严重的犯罪行为的自然人。本罪法定年龄是年满16周岁,犯罪主体在主观上是故意实施使用伪造、变造的或者盗用他人的居民身份证、护照、社会保障卡、驾驶证等依法可以用于证明身份的证件的行为者。单位不能构成本罪,如果单位实施了使用伪造、变造或者盗用证明身份证件的行为,情节严重的,只能对单位直接负责的主管人员或者其他直接责任人员追究自然人犯本罪的刑事责任。

(2)犯罪行为,必须是实施了使用虚假身份证件、盗用身份证件犯罪行为。具体包括以下两种犯罪行为:

①使用伪造、变造证明身份证件的行为。即在依照国家规定应当提供身份证明的活动中,使用伪造、变造的居民身份证、护照、社会保障卡、驾驶证等依法可以用于证明身份的证件的行为。这里只是使用行为,只要使用了伪造、变造的居民身份证、护照、社会保障卡等证明身份的证件,达到情节严重的程度,就可以构成本罪,伪造、变造可以证明身份证件的行为不在本犯罪行为之内的,可以另外构成其他犯罪。使用伪造、变造证明身份证件,包括伪造、变造自己的证明身份证件,也包括使用伪造、变造他人的证明身份证件。

②必须实施了盗用他人的证明身份证件的犯罪行为,即在依照国家规定应当提供身份证明的活动中,盗用他人的居民身份证、护照、社会保障卡、驾驶证等依法可以用于证明身份的证件的犯罪行为。盗用他人的证明身份的证件是未经他人同意私自使用他人真实的身份证明证件的行为。

本罪的犯罪行为必须是发生在依照国家规定应当提供身份证明的活动中。如果不是发生在国家规定应当提供证明身份证件的活动中,而是在某单位自己规定的活动中,有上述使用伪造、变造和盗用身份证明证件的行为,不能构成本罪。例如,某工厂规定,进该厂大门要凭本厂出入证,李某盗用他人的出入证进到工厂院内的行为,就不是本罪的犯罪行为。

(3)犯罪结果,本罪是结果犯。只有实施了使用虚假身份证件、盗用他人身份证件的犯罪行为,达到情节严重的程度,才构成本罪。达不到情节严重程度的,不构成犯罪,依照《治安管理处罚法》,由公安机关给予治安处罚。这里的情节严重,一般是指使用伪造、变造或者盗用他人证明身份证件的犯罪行为,以达到欺骗目的,给国家或者个人造成经济损失;多次、大量使用或者盗用他人身份证明证件;因使用伪造、变造或者盗用他人证明身份证件受过治安管理处罚等行政处罚,又实施该行为等情形的。

3. 使用虚假身份证件、盗用身份证件罪的法定刑。根据《刑法》第280条之一规定:犯本罪的,处拘役或者管制,并处或者单处罚金。

4. 认定使用虚假身份证件、盗用身份证件罪时,要注意的问题:

(1)注意划清罪与非罪的界限。

从犯罪主体上区分。本罪的犯罪主体是一般主体,不满16周岁的人和单位不能成为本罪的主体;本罪是故意犯罪,主观上是过失的人也不能成为本罪的主体。例如,某老年妇女将其丈夫的老年人乘车优惠卡误以为是自己的老年人乘车优惠卡用以乘车,乘务员也没有发现,虽然该老年妇女使用了他人的社会保障卡,但主观上是过失,不能构成本罪的犯罪主体。

从犯罪行为上区分。本罪是使用虚假身份证件、盗用身份证件的犯罪行为,单独伪造、变造居民身份证、护照、社会保障卡、驾驶执照等行为不构成本罪。

从犯罪结果上区分。本罪是实施了使用虚假身份证件、盗用身份证件的行为,情节严重的,才构成犯罪。达不到情节严重程度的不构成犯罪。例如,使用伪造的身份证向银行贷款,被银行负责贷款的工作人员识破,贷款没有得逞的行为,属于情节一般,不构成本罪。

(2)注意重罪吸收轻罪的适用。本罪属于处罚较轻的犯罪,如果在实施本罪的过程中,同时构成其他犯罪的,应采取重罪吸收轻罪的原则,按重罪的规定定罪处罚。根据《刑法修正案(九)》和《刑法》第280条之一的规定,"有前款行为,同时构成其他犯罪的,依照处罚较重的规定定罪处罚",即本罪被其他重罪吸收。例如,自己伪造驾驶证,并持伪造的驾驶证进行非法驾驶汽车,造成他人死亡的结果,虽然其有伪造驾驶证的犯罪行为和使用伪造驾驶证的犯罪行为,依上述《刑法》规定,不能分别认定为本罪和伪造国家机关证件罪,进行数罪并罚,而只能按重罪吸收轻罪的原则,依照处罚较重的交通肇事罪定罪处罚。

(八)组织考试作弊罪

组织考试作弊罪是《刑法修正案(九)》第25条和《刑法》第284条之一中补充增加的犯罪。最高人民法院、最高人民检察院于2015年10月30日发布的《关于执行〈中华人民共和国刑法〉确定罪名的补充规定(六)》中规定为"组织考试作弊罪"的罪名。

我国1997年《刑法》中没有这种犯罪的规定,只在《刑法》第418条中规定了招收公务员、学生徇私舞弊罪。2015年《刑法修正案(九)》第25条在《刑法》第284条之一中增加规定了组织考试作弊罪,即《刑法》第284条之一第1款、第2款规定:"在法律规定的国家考试中,组织作弊的,处三年以下有期徒刑或者拘役,并处或者单处罚金;情节严重的,处三年以上七年以下有期徒刑,并处罚金。为他人实施前款犯罪提供作弊器材或者其他帮助的,依照前款的规定处罚。"

要准确适用组织考试作弊罪就必须弄清该罪的概念、构成特征、法定刑,以及适用时应注意的问题。

1. 组织考试作弊罪的概念。该罪是指在法律规定的国家考试中,组织作弊,或者为他人提供考试作弊器材和其他帮助的行为。

组织考试作弊罪是根据我国近年来,在国家考试中作弊严重,严重扰乱考试秩序,在社会上造成恶劣影响的情况而规定的。例如,国家进行的公务员考试、法考、高考、中考、外语等级考试中,都出现了严重的作弊行为,有的是有组织的实施考试作弊行为,有的为他人考试作弊提供通信工具和其他帮助等行为。这些组织作弊行为严重扰乱了考试秩序,使考试失去了考试的公平性和正义性,使有的考试不得不作废重考,这是对社会有严重危害性的行为。为了维护国家考试秩序,达到考试公平正义的目的,我国《刑法》将组织考试作弊行为规定为犯罪,最高可处7年有期徒刑。

根据2015年11月1日最高人民法院实施的《关于〈中华人民共和国刑法修正案(九)〉时间效力问题的解释》第6条规定,对于2015年10月31日以前组织考试作弊,为他人组织考试作弊提供作弊器材或者其他帮助,以及非法向他人出售或者提供考试试题、答案,根据修正前《刑法》应当以非法获取国家秘密罪,非法生产专用间谍器材、窃听、窃照专用器材罪或者故意泄露国家秘密罪等追究刑事责任的,适用修正前《刑法》的有关规定。但是,根据修正后《刑法》第284条之一的规定处刑较轻的,适用修正后《刑法》的有规定。

2. 组织考试作弊罪的构成要件是:

(1)犯罪主体,是一般主体。达到法定年龄、具有刑事责任能力、实施了组织考试作弊行为的自然人,包括考试作弊的组织者、提供作弊器材或其他帮助者等。本罪法定年龄是年满16周岁,犯罪主体在主观上是故意的心理态度。单位不能构成本罪,如果单位有上述行为的,如组织考试作弊行为,只追究单位直接负责的主管人员和其他直接责任人员的刑事责任。

(2)犯罪行为,必须是实施了考试作弊的犯罪行为。即在法律规定的国家考试中,有下列行为之一:

①组织考试作弊的行为,即有组织地进行考试作弊行为,有的负责联系代考者和被替考者,有的进行通信联系,有的在考场内外放行、传递答案信息,有的负责收费与分赃等分工负责的行为,使考试作弊有组织有分工地实施。

②为他人实施考试作弊提供作弊器材或者其他帮助的行为,例如,提供通信器材、伪造准考证、传递字条、监考人员对考试抄袭者不管不问等帮助作弊的行为。

上述两种组织考试作弊行为,都必须是发生在法律规定的国家考试中,例如:国家公务员考试、法律职业资格考试、大学本专科考试、博士硕士研究生考试、高中、中专入学考试、职称晋级外语考试等。这些考试都是法律规定的国家考试。

2019年9月4日最高人民法院、最高人民检察院实施的《关于办理组织考试作弊等刑事案件适用法律若干问题的解释》第1条规定:根据有关法律规定,下列考试属于"法律规定的国家考试":第一,普通高等学校招生考试、研究生招生考试、高等教育自学考试、成人高等学校招生考试等国家教育考试;第二,中央和地方公务员录用考试;第三,国家统一法律职业资格考试、国家教师资格考试、注册会计师全国统一考试、会计专业技术资格考试、资产评估师资格考试、医师资格考试、执业药师职业资格考试;注册建筑师考试、建造师执业资格考试等专业技术资格考试;第四,其他依照法律由中央或者地方主管部门以及行业组织的国家考试。前款规定的考试涉及的特殊类型招生、特殊技能测试、面试等考试,属于"法律规定的国家考试"。

（3）犯罪结果，本罪是行为犯。只要实施了组织考试作弊的行为，就可以构成犯罪。组织考试作弊、提供组织考试作弊帮助的行为，达到情节严重程度的要适用加重法定刑，最高可处7年有期徒刑。

3.组织考试作弊罪的法定刑。根据《刑法》第284条之一规定，组织考试作弊罪的法定刑是：

（1）构成本罪的，处3年以下有期徒刑或者拘役，并处或者单处罚金。

2019年9月4日最高人民法院、最高人民检察院实施的《关于办理组织考试作弊等刑事案件适用法律若干问题的解释》第12条规定：对实施本解释规定的犯罪被判处刑罚的，可以根据犯罪情况和预防再犯罪的需要，依法宣告职业禁止；被判处管制、宣告缓刑的，可以根据犯罪情况，依法宣告禁止令。

（2）犯本罪，情节严重的，处3年以上7年以下有期徒刑，并处罚金。

2019年9月4日最高人民法院、最高人民检察院实施的《关于办理组织考试作弊等刑事案件适用法律若干问题的解释》第2条规定：在法律规定的国家考试中，组织作弊，具有下列情形之一的，应当认定为《刑法》第284条之一第1款规定的"情节严重"：第一，在普通高等学校招生考试、研究生招生考试、公务员录用考试中组织考试作弊的；第二，导致考试推迟、取消或者启动备用试题的；第三，考试工作人员组织考试作弊的；第四，组织考生跨省、自治区、直辖市作弊的；第五，多次组织考试作弊的；第六，组织30人以上作弊的；第七，提供作弊器材50件以上的；第八，违法所得30万元以上的；第九，其他情节严重的情形。

上述解释第3条规定：具有避开或者突破考试防范作弊的安全措施，获取、记录、传递、接收、存储考试试题、答案等功能的程序、工具以及专门设计用于作弊的程序、工具，应认定为《刑法》第284条之一第2款规定的"作弊工具"。对于是否属于《刑法》第284条之一第2款规定的"作弊工具"难以确定的，依据省级以上公安机关或者考试主管部门出具的报告，结合其他证据作出认定；涉及专用间谍器材、窃听、窃照专用器材、"伪基站"等器材，依照相关规定作出认定。

4.认定组织考试作弊罪时，要注意的问题：

（1）注意划清罪与非罪的界限。

从犯罪主体上区分。不满16周岁的人和单位不能构成本罪。例如，李某是15岁的中学生，为帮助其表兄升大学考试作弊，其从班主任张老师处购得考试作弊器材交其表兄。李某实施的帮助考试作弊的行为，由于其年不满16周岁，不具备组织考试作弊罪的主体资格，不能构成考试作弊罪。

从犯罪行为上区分。组织考试作弊罪的犯罪行为必须在法律规定的国家考试中组织考试作弊，非国家考试中组织作弊的行为，不能构成本罪，例如，某学生在学校举办模拟高考的考试中组织作弊，是违反学校规定的行为，应受校纪处分，但不能认定为其为组织考试作弊罪的犯罪行为。非法律规定的国家考试不在本罪的考试之内，例如，工厂招工考试、学生期中、期末考试等都不是法律规定的国家考试，尽管在这些考试中有组织考试作弊行为，但也不能构成组织考试作弊罪。

从犯罪结果上进行区分。本罪是行为犯，只要实施了组织考试作弊行为，就可以构成犯罪，但情节显著轻微，危害不大的，依照《刑法》第13条的规定，不认为是犯罪。

(2) 注意区分本罪与招收公务员、学生徇私舞弊罪的界限。我国《刑法》第418条规定有招收公务员、学生徇私舞弊罪，是指国家机关工作人员在招收公务员、学生工作中徇私舞弊的行为，其与本罪考试作弊罪在犯罪行为上有相交叉之处，容易混淆。两罪的主要区别在于犯罪主体的不同。组织考试作弊罪的犯罪主体是一般主体，年满16周岁以上的自然人都可以构成，而招收公务员、学生徇私舞弊罪的犯罪主体是特殊主体，即必须是国家机关工作人员才能构成。国家机关工作人员利用职务之便在招收公务员、学生考试中实施了组织考试作弊行为，情节一般的，应认定为招收公务员、学生徇私舞弊罪；如果情节严重的，依照处刑较重的组织考试作弊罪定罪处罚，处3年以上7年以下有期徒刑，并处罚金。

(3) 注意本罪既遂的认定。根据2019年9月4日最高人民法院、最高人民检察院实施的《关于办理组织考试作弊等刑事案件适用法律若干问题的解释》第4条规定：组织考试作弊，在考试之前被查获，但已经非法获取考试题、答案或者具有其他严重扰乱考试秩序情形的，应当认定为组织考试作弊罪既遂。

(4) 注意本罪数罪并罚的认定。2019年9月4日最高人民法院、最高人民检察院实施的《关于办理组织考试作弊等刑事案件适用法律若干问题的解释》第9条规定：以窃取、刺探、收买方法非法获取法律规定的国家考试的试题、答案，又组织考试作弊或者非法出售、提供试题、答案，分别符合《刑法》第282条和《刑法》第284条之一规定的，以非法获取国家机密罪和组织考试作弊罪或非法出售、提供试题、答案罪数罪并罚。

(5) 注意组织非国家考试作弊行为刑事责任的认定。2019年9月4日最高人民法院、最高人民检察院实施的《关于办理组织考试作弊等刑事案件适用法律若干问题的解释》第10条规定：在法律规定的国家考试以外的其他考试中，组织作弊，为他人组织作弊提供作弊器材或者其他帮助或者非法出售、提供试题、答案，符合非法获取国家秘密罪，非法生产、销售窃听、窃照专用器材罪，非法使用窃听、窃照专用器材罪，非法利用信息网络罪，扰乱无线电通信管理秩序罪等犯罪构成要件的，依法追究刑事责任。

(九) 非法出售、提供试题、答案罪

非法出售、提供试题、答案罪是《刑法修正案(九)》第25条在《刑法》第284条之一第3款中补充增加的罪名。2015年10月30日最高人民法院、最高人民检察院发布的《关于执行〈中华人民共和国刑法〉确定罪名的补充规定(六)》中规定为"非法出售、提供试题、答案罪"的罪名。

我国1997年《刑法》没有这种犯罪的规定，只是在《刑法》第418条中规定了招收公务员、学生徇私舞弊罪。2015年《刑法修正案(九)》第25条又在《刑法》第284条之一第1款、第2款中增加规定了组织考试作弊罪，第3款中增加规定了非法出售、提供试题、答案罪，即《刑法》第284条之一规定："在法律规定的国家考试中，组织作弊的，处三年以下有期徒刑或者拘役，并处或者单处罚金；情节严重的，处三年以上七年以下有期徒刑，并处罚金。为他人实施前款犯罪提供作弊器材或者其他帮助的，依照前款的规定处罚。为实施考试作弊行为，向他人非法出售或者提供第一款规定的考试的试题、答案的，依照第一款的规定处罚。"

要准确适用非法出售、提供试题、答案罪就必须弄清该罪的概念、构成特征、法定刑，以及适用时应注意的问题。

1. 非法出售、提供试题、答案罪的概念。该罪是指在法律规定的国家考试中，为实施考试作弊行为,向他人非法出售或者提供考试的试题、答案的行为。

非法出售、提供试题、答案罪是根据我国近年来,在国家考试中作弊严重,严重扰乱考试秩序,在社会上造成恶劣影响的情况而规定的。例如,国家在进行的公务员考试、法考、高考、中考、外语等级考试中,都出现了严重的作弊行为,有的是有组织的实施考试作弊行为,有的为他人考试作弊提供通信工具和其他帮助,甚至在考前向参考者提供试题、答案和求他人代考或者为他人代考等行为。这些作弊行为严重扰乱了考试秩序,使考试失去了考试的公平性和正义性,使有的考试不得不作废重考,这是对社会有严重危害性的行为。为了维护国家考试秩序,达到考试公平公正的目的,我国《刑法》将向他人非法出售或者提供国家考试的试题、答案的行为规定为犯罪,最高可处7年有期徒刑。

根据最高人民法院2015年11月1日起实施的《关于〈中华人民共和国刑法修正案（九）〉时间效力问题的解释》第6条规定,对于2015年10月31日以前组织考试作弊,为他人组织考试作弊提供作弊器材或者其他帮助,以及非法向他人出售或者提供考试试题、答案,根据修正前《刑法》应当以非法获取国家秘密罪,非法生产、销售专用间谍器材、窃听、窃照专用器材罪或者故意泄露国家秘密罪等追究刑事责任的,适用修正前《刑法》的有关规定。但是,根据修正后《刑法》第284条之一的规定处刑较轻的,适用修正后《刑法》的有规定。

2. 非法出售、提供试题、答案罪的构成要件是：

（1）犯罪主体,是一般主体。即达到法定年龄、具有刑事责任能力、实施了向他人非法出售或者提供国家考试的试题、答案的自然人。本罪法定年龄是年满16周岁,犯罪主体在主观上是故意的。单位不能构成本罪。单位有上述向他人非法出售或者提供国家规定的考试的试题、答案的行为的,追究单位直接负责的主管人员和其他直接责任人员的刑事责任。

（2）犯罪行为,必须是实施了向他人非法出售或者提供法律规定的国家考试的试题、答案的行为。即在法律规定的国家考试中,为实施考试作弊行为,向他人非法出售或者提供国家考试的试题、答案的行为。

法律规定的国家考试的试题、答案是国家秘密,在开始考试前是不能向外泄露的,如果在考试结束之前非法向他人出售或者提供给他人考试试题、答案是考试作弊的行为,也是故意泄露国家秘密的行为。

上述非法出售、提供试题、答案的行为必须是发生在法律规定的国家考试中,例如：国家公务员考试,法律职业资格考试,大学本专科考试,博士硕士研究生考试,高中、中专入学考试,职称晋级外语考试等。在这些考试中,非法提供或者出售试题、答案的行为是本罪的犯罪行为。

（3）犯罪结果,本罪是行为犯。只要实施了向他人非法出售或者提供法律规定的国家考试的试题、答案的行为,就可以构成犯罪。情节严重的要处加重法定刑。根据2019年9月4日最高人民法院、最高人民检察院实施的《关于办理组织考试作弊等刑事案件适用法律若干问题的解释》第6条规定：为实施考试作弊行为,向他人非法出售或者提供法律规定的国家考试试题、答案,试题不完整或者答案与标准答案不完全一致的,不影响非法出售、提供试题、答案罪的认定。

3.非法出售、提供试题、答案罪的法定刑。根据《刑法》第284条之一规定,本罪的法定刑是:

(1)构成本罪的,处3年以下有期徒刑或者拘役,并处或者单处罚金。

(2)情节严重的,处3年以上7年以下有期徒刑,并处罚金。

根据2019年9月4日最高人民法院、最高人民检察院实施的《关于办理组织考试作弊等刑事案件适用法律若干问题的解释》第5条规定,为实施考试作弊行为,非法出售或者提供法律规定的国家考试试题、答案,具有下列情形之一的,应当认定为《刑法》第284条之一第3款规定的"情节严重":第一,非法出售或者提供普通高等学校招生考试、研究生招生考试、公务员录用考试的试题、答案的;第二,导致考试推迟、取消或者启动备用试题的;第三,考试工作人员非法出售或者提供试题、答案的;第四,多次出售或者提供试题、答案的;第五,向30人次以上非法出售或者提供试题、答案的;第六,违法所得30万元以上的;第七,其他情节严重的情形。

上述司法解释第8条规定:单位实施组织考试作弊、非法出售、提供试题、答案等行为的,依照该解释规定的相应定罪量刑标准,追究组织者、策划者、实施者的刑事责任。

4.认定非法出售、提供试题、答案罪时,要注意的问题:

(1)注意划清罪与非罪的界限。

从犯罪主体上区分。不满16周岁的人和单位不能构成本罪。本罪犯罪主体在主观上是故意的,并且具有为了实施考试作弊行为的目的。过失向他人提供国家考试试题的行为,不构成本罪。

从犯罪行为上区分。本罪必须是实施了非法出售、提供法律规定的国家考试试题、答案的行为,如果向他人非法出售或者提供的试题、答案,不是法律规定的国家考试试题、答案的,不构成本罪,例如,某大学学生辅导员将本校举办英语期末考试的试题提供给了本班学生的行为,虽然是违反了学校的规定,应受校纪处分,但不能认定该辅导员犯非法出售、提供试题、答案罪。

从犯罪结果上进行区分。本罪是行为犯,只要实施了非法出售、提供试题、答案的行为,就可以构成犯罪,但情节显著轻微,危害不大的,依照《刑法》第13条的规定,不认为是犯罪。

(2)注意区分本罪与招收公务员、学生徇私舞弊罪的界限。我国《刑法》第418条规定有招收公务员、学生徇私舞弊罪,是指国家机关工作人员在招收公务员、学生工作中徇私舞弊的行为,其中有的行为就是非法出售、提供试题、答案,其与非法出售、提供试题、答案罪在犯罪行为上有重合之处,容易混淆。两罪的主要区别在于犯罪主体的不同,本罪的犯罪主体是一般主体,16周岁以上的自然人都可以构成本罪;而招收公务员、学生徇私舞弊罪的犯罪主体是特殊主体,即必须是国家机关工作人员才能构成。如果国家机关作人员利用职务之便在招收公务员、学生考试实施了非法出售、提供试题、答案的行为,情节一般的,应认定为招收公务员、学生徇私舞弊罪;如果情节严重的,依照处刑较重的非法出售、提供试题、答案罪定罪,处3年以上7年以下有期徒刑,并处罚金。

(3)注意对犯本罪"情节严重"的认定。本罪是行为犯,只要犯罪人实施了非法出售、提供试题、答案的行为,就可以构成犯罪,处较轻的刑罚,如果非法出售或者提供考试、答案;情节严重的,要处较重的法定刑。

(4)注意本罪与故意泄露国家秘密罪的认定。本罪非法出售、提供的试题、答案是法律规定的国家考试的试题、答案,这是国家秘密,在开始考试前是不能向外泄露的,如果在考试结束之前非法向他人出售或者提供给他人的行为既是故意泄露国家秘密的行为,也是向他人非法出售、提供国家考试的试题、答案的犯罪行为。该行为是认定为非法出售、提供试题、答案罪,还是认定为泄露国家秘密罪呢? 根据《刑法》第284条第3款规定,为实施考试作弊行为,向他人非法出售或者提供法律规定的国家考试的试题、答案的,要认定为非法出售、提供试题、答案罪,不再认定为泄露国家秘密罪。如果不是为实施考试作弊行为,向他人非法出售或者提供法律规定的国家考试的试题、答案的行为,应认定为故意泄露国家秘密罪。

(十)代替考试罪

代替考试罪是《刑法修正案(九)》第25条在《刑法》第284条之一第4款中补充增加的犯罪。2015年10月30日最高人民法院、最高人民检察院发布的《关于执行〈中华人民共和国刑法〉确定罪名的补充规定(六)》中规定为"代替考试罪"的罪名。

我国1997年《刑法》没有这种犯罪的规定,只在《刑法》第418条中规定了招收公务员、学生徇私舞弊罪。2015年《刑法修正案(九)》第25条在《刑法》第284条之一第1款、第2款中增加规定了组织考试作弊罪,第3款中增加规定了非法出售、提供试题、答案罪,第4款中规定了代替考试罪,即《刑法》第284条之一规定:"在法律规定的国家考试中,组织作弊的,处三年以下有期徒刑或者拘役,并处或者单处罚金;情节严重的,处三年以上七年以下有期徒刑,并处罚金。

"为他人实施前款犯罪提供作弊器材或者其他帮助的,依照前款的规定处罚。

"为实施考试作弊行为,向他人非法出售或者提供第一款规定的考试的试题、答案的,依照第一款的规定处罚。

"代替他人或者让他人代替自己参加第一款规定的考试的,处拘役或者管制,并处或者单处罚金。"

要准确适用代替考试罪就必须弄清该罪的概念、构成特征、法定刑,以及适用时应注意的问题。

1. 代替考试罪的概念。代替考试罪是指在法律规定的国家考试中,代替他人或者让他人代替自己参加法律规定的国家考试的行为。

我国《刑法》将在法律规定的国家考试中,代替他人或者让他人代替自己参加考试的行为规定为犯罪,最高处拘役。

2. 代替考试罪的构成要件是:

(1)犯罪主体,是一般主体。达到法定年龄、具有刑事责任能力、实施了代替他人或者让他人代替自己参加法律规定的国家考试的自然人,包括代替他人者和让他人代替自己者。本罪法定年龄是年满16周岁,犯罪主体在主观上是故意的。

(2)犯罪行为,必须是实施了代替考试的犯罪行为,即在法律规定的国家考试中,代替他人或者让他人代替自己参加法律规定的国家考试的行为,代考行为与被代考行为都是犯罪行为。

上述代替他人或者让他人代替自己参加法律规定的国家考试的行为,必须是发在法律规定的国家考试中,例如:国家公务员考试,法律职业资格考试,大学本专科考试,博士硕士研究生考试、高中、中专入学考试、职称晋级外语考试等。这些考试都是法律规定的国家考试。

(3)犯罪结果,本罪是行为犯。只要实施了代替他人或者让他人代替自己参加法律规定的国家考试的行为,就可以构成犯罪。

3. 代替考试罪的法定刑。根据《刑法》第284条之一第4款规定:

犯本罪的,处拘役或者管制,并处或者单处罚金。

4. 认定代替考试罪时,注意的问题:

(1)注意划清罪与非罪的界限。

从犯罪主体上区分。不满16周岁的人和单位不构成本罪。过失行为也不构成本罪。

从犯罪行为上区分。代替考试罪的犯罪行为必须是在法律规定的国家考试中代替考试,在非法律规定的国家考试中代替考试的行为不构成本罪。例如,工厂招工考试、学生期中期末考试等都不在代替考试罪的犯罪行为之内。

从犯罪结果上区分。本罪是行为犯,只要实施了代替他人或者让他人代替自己参加法律规定的国家考试的行为,就可以构成犯罪,但情节显著轻微,危害不大的,依照《刑法》第13条的规定,不认为是犯罪。

2019年9月4日最高人民法院、最高人民检察院实施的《关于办理组织考试作弊等刑事案件适用法律若干问题的解释》第7条第2款规定:对行为人犯罪情节较轻,确有悔改表现,综合考虑行为人替考情况以及考试类型等因素,认为符合缓刑适用条件的,可以宣告缓刑;犯罪情节轻微的,可以不起诉或者免予刑事处罚;情节显著轻微危害不大的,不以犯罪论处。

(2)注意区分本罪与招收公务员、学生徇私舞弊罪的界限。我国《刑法》第418条规定了招收公务员、学生徇私舞弊罪,是指国家机关工作人员在招收公务员、学生工作中徇私舞弊的行为,其中也有代替他人或者让他人代替自己参加考试的行为,其与本罪代替他人或者让他人代替自己参加法律规定的国家考试的行为,在犯罪行为上有重合之处,容易混淆。两罪的主要区别是犯罪主体的不同。代替考试罪的犯罪主体是一般主体,年满16周岁以上的自然人都可以构成,而招收公务员、学生徇私舞弊罪的犯罪主体是特殊主体,即必须是国家机关工作人员才能构成。国家机关工作人员利用职务之便在招收公务员、学生考试中实施了代替考试行为,应认定为招收公务员、学生徇私舞弊罪,因为后者处刑较重,重罪吸收了轻罪。

(十一)拒不履行信息网络安全管理义务罪

拒不履行信息网络安全管理义务罪是《刑法修正案(九)》第28条和《刑法》第286条之一,补充增加的犯罪。最高人民法院、最高人民检察院于2015年10月30日发布的《关于执行〈中华人民共和国刑法〉确定罪名的补充规定(六)》中规定为"拒不履行信息网络安全管理义务罪"的罪名。

我国1997年《刑法》没有这种犯罪的规定,只在《刑法》第285条中规定了非法侵入计算机信息系统罪,在其第286条中规定破坏计算机信息系统罪,在其第287条中规定了利用计算机实施金融诈骗、盗窃、贪污、挪用公款、窃取国家秘密或其他犯罪的,依照本法有关规定处罚。2009年《刑法修正案(七)》第9条在《刑法》第285条第2款中补充增加规定了非法获取计算机信息系统数据、非法控制计算机信息系统罪,第3款中增加了提供侵入、非法控制计算机信息系统程序、工具罪。2015年《刑法修正案(九)》第28条中又在《刑法》第286条之一中增加规定拒不履行信息网络安全管理义务罪,即《刑法》第286条之一规定:"网络服务提供者不履行法律、行政法规规定的信息网络安全管理义务,经监管部门责令采取改正措施而拒不改正,有下列情形之一的,处三年以下有期徒刑、拘役或者管制,并处或者单处罚金:(一)致使违法信息大量传播的;(二)致使用户信息泄露,造成严重后果的;(三)致使刑事案件证据灭失,情节严重的;(四)有其他严重情节的。

"单位犯前款罪的,对单位判处罚金,并对其直接负责的主管人员和其他直接责任人员,依照前款的规定处罚。

"有前两款行为,同时构成其他犯罪的,依照处罚较重的规定定罪处罚。"

要准确适用拒不履行信息网络安全管理义务罪就必须弄清该罪的概念、构成特征、法定刑,以及适用时应注意的问题。

1. 拒不履行信息网络安全管理义务罪的概念。该罪是指网络服务提供者不履行法律、行政法规规定的信息网络安全管理义务,经监管部门责令采取改正措施而拒不改正,情节严重的行为。

我国当前一些网络服务者为了自身的经济利益,不尽安全管理义务,有的在其网站上随意发布信息,不进行检索,致使违法信息大量传播,造成恶劣的影响;有的不采取停止传输等安全措施,致使用户信息泄露,造成严重后果的;有的未经审批发表司法机关正在侦查审理的案件,致使刑事案件证据灭失,案件难以侦破和处理。这些行为既严重危害了网络安全,也是严重危害社会的行为。我国刑法以前所规定信息网络犯罪都是惩罚破坏计算机信息系统数据等方面的犯罪,对信息网络管理方面的违法行为没有规定为犯罪。2015 年在《刑法修正案(九)》中设专条规定了拒不履行信息网络安全管理义务罪,以惩罚不履行信息网络安全管理义务者的犯罪行为。

2. 拒不履行信息网络安全管理义务罪的构成要件是:

(1)犯罪主体,是特殊主体。本罪的犯罪主体是网络服务者,既可以是自然人,也可以是单位。网络服务者包括负有法律、行政法规规定的网络安全管理义务的自然人和单位。本罪的法定年龄是年满 16 周岁,犯罪主体在主观上是故意实施不履行信息网络安全管理义务,对发生了情节严重的危害结果主观上持直接故意或间接故意的心理态度。单位可以构成本罪。单位本身和单位的直接负责的主管人员或者其他直接责任人员都可以成为本罪的主体。

(2)犯罪行为,必须是实施了拒不履行法律、行政法规规定的信息网络安全管理义务,经监管部门责令采取改正措施而拒不改正的犯罪行为。该犯罪行为必须同时具备两种行为:

①必须是实施了不履行法律、行政法规规定的信息网络安全管理义务的行为。违反法律规定的信息网络安全义务,包括违反《计算机信息系统安全保护条例》中规定信息网络服务者应按照一定的应用目标和规则对信息进行采集、加工、存储、传输、检索等处理等义务和《互联网安全决定》中要求"从事互联网业务的单位要依法开展活动,发现互联网上出现违法犯罪行为和有害信息时,要采取措施,停止传输有害信息,并及时向有关机关报告"。信息网络提供者违反了上述法律规定的安全管理义务,情节严重的行为,就可能构成本罪的。

②必须经监管部门责令采取改正措施而拒不改正的行为。《互联网安全决定》中要求:信息网络"有关主管部门要加强对互联网的运行安全和信息安全的宣传教育,依法实施有效的监督管理,防范和制止利用互联网进行的各种违法活动,为互联网的健康发展创造良好的社会环境"。网络服务提供者经监管部门责令采取改正措施而拒不改正的行为,是本罪犯罪行

为的一部分。

网络服务提供者拒不履行法律、行政法规规定的信息网络安全管理义务的行为和经监管部门责令采取改正措施而拒不改正的行为,这两种行为共同构成本罪的犯罪行为。缺少其中任何一种行为的,都不能构成本罪的犯罪行为。

(3)犯罪结果,本罪是结果犯。我国《刑法》第286条之一中规定有下列情形之一结果的,就可以构成犯罪:第一,致使违法信息大量传播的;第二,致使用户信息泄露,造成严重后果的;第三,致使刑事案件证据灭失,情节严重的;第四,有其他严重情节的。上述都是情节严重的结果,未达到上述结果之一的,不能构成犯罪。上述第4项规定的"有其他严重情节的",是一种概括性规定,是前第三项规定以外的与上述情节具有相同社会危害性的情节,例如,《计算机信息系统安全保护条例》第4条规定的重点保护的国家事务、经济建设、国防建设、尖端科学技术信息被泄露的情节等。

3.拒不履行信息网络安全管理义务罪的法定刑。根据我国《刑法》第286条之一中规定本罪的法定刑是:

(1)构成本罪的,处3年以下有期徒刑、拘役或者管制,并处或者单处罚金。

(2)单位犯本罪的,对单位判处罚金,并对其直接负责的主管人员和其他直接责任人员,依照自然人犯本罪的规定处罚。

4.认定拒不履行信息网络安全管理义务罪时,要注意的问题:

(1)注意划清罪与非罪的界限。

从犯罪主体上区分。本罪是特殊主体,必须是网络服务提供者,不是网络服务提供者的个人和单位不能成为本罪的主体,虽然《互联网安全决定》中要求:任何单位和个人在利用互联网时,都要遵纪守法,抵制各种违法犯罪行为和有害信息的义务,但这不是特定的职业安全管理义务,不尽这种义务的单位和个人不构成本罪。

从犯罪行为上区分。本罪的犯罪行为是拒不履行信息网络安全管理义务的行为和拒不采取改正的行为,这两种行为的结合行为。如果只是拒不履行信息网络安全管理义务的行为,经监管部门责令采取改正措施后认真改正了的行为,不构成本罪。

从犯罪结果上区分。本罪是结果犯,必须是出现了《刑法》规定的4种情形之一的结果,才构成本罪,没有达到上述四种情形之一的,不能构成犯罪,例如,网络服务提供者虽拒不履行法律、行政法规规定的信息网络安全管理义务,致使违法信息得以传播,但经监管部门责令采取改正措施后及时改正了的,没有出现大量传播结果的,不构成本罪。

(2)注意重罪吸收轻罪的适用。本罪属于较轻的犯罪,如果在实施本罪的犯罪行为过程中,同时构成其他犯罪的,应采取重罪吸收轻罪的原则,按照重罪的规定定罪处罚。根据《刑法修正案(九)》和《刑法》第286条之一的规定,"有前两款行为,同时构成其他犯罪的,依照处罚较重的规定定罪处罚",即本罪被其他重罪吸收。例如,不履行信息网络安全管理义务,致使宣扬恐怖主义、极端主义的物品传播,经监管部门责令采取改正措施而故意拒不改正,情节严重的行为,不能认定为本罪,而应以处罚较重的宣扬恐怖主义、极端主义、煽动实施恐怖活动罪定罪处罚。

(十二)非法利用信息网络罪

非法利用信息网络罪是《刑法修正案(九)》第29条和《刑法》第287条之一,补充增加的犯罪。最高人民法院、最高人民检察院于 2015 年 10 月 30 日发布的《关于执行〈中华人民共和国刑法〉确定罪名的补充规定(六)》中规定为"非法利用信息网络罪"的罪名。

我国 1997 年《刑法》没有这种犯罪的规定，只是规定了组织、利用会道门、邪教组织、利用迷信破坏法律实施罪。2015 年《刑法修正案(九)》第 7 条和《刑法》第 120 条之四中增加了利用极端主义破坏法律实施罪；《刑法修正案(九)》第 29 条和《刑法》第 287 条之一中又增加规定了非法利用信息网络罪，即《刑法》第 287 条之一规定："利用信息网络实施下列行为之一，情节严重的，处三年以下有期徒刑或者拘役，并处或者单处罚金：(一) 设立用于实施诈骗、传授犯罪方法、制作或者销售违禁物品、管制物品等违法犯罪活动的网站、通信群组的；(二) 发布有关制作或者销售毒品、枪支、淫秽物品等违禁物品、管制物品或者其他违法犯罪信息的；(三) 为实施诈骗等违法犯罪活动发布信息的。

"单位犯前款罪的，对单位判处罚金，并对其直接负责的主管人员和其他直接责任人员，依照第一款的规定处罚。

"有前两款行为，同时构成其他犯罪的，依照处罚较重的规定定罪处罚。"

要准确适用非法利用信息网络罪就必须弄清该罪的概念、构成特征、法定刑，以及适用时应注意的问题。

1. 非法利用信息网络罪的概念。该罪是指利用信息网络设立用于实施诈骗等违法犯罪活动的网站、通信群组，发布有关制作或者销售毒品等违法犯罪信息，为实施诈骗等违法犯罪活动发布信息，情节严重的行为。

近几年来，我国信息网络迅速发展，并在国家政治、经济、文化领域和人民群众的生活中得到了广泛的运用，使人们的生产、生活、学习和工作方式发生了深刻的变化，对加快我国经济发展、提高科学技术和社会服务信息化水平具有重大作用。但同时出现了利用信息网络进行违法犯罪活动。有的利用信息网络设立实施违法犯罪活动的网站、通信群组；有的利用信息网络发布制作或者销售毒品、枪支、淫秽物品等违禁物品、管制物品和其他违法犯罪信息；有的为实施诈骗等违法犯罪活动发布信息，如利用网络建立伪基站发布电信诈骗信息；有的在网络上销售毒品等违禁品和淫秽物品，使正当的信息网络成为犯罪分子的犯罪工具。这不仅严重污染了信息网络的环境，也是对社会有严重危害的行为。为了充分发挥信息网络的有益功能，打击利用信息网络进行的违法犯罪活动，确保人民群众的生活安宁，2015 年在《刑法修正案(九)》第 28 条中设专条规定了非法利用信息网络罪，严惩利用信息网络进行违法犯罪的活动者。

2. 非法利用信息网络罪的构成要件是：

(1) 犯罪主体，是一般主体。达到法定年龄、具有刑事责任能力、实施了非法利用信息网络活动行为的自然人和单位。法定年龄是指年满 16 周岁。本罪的犯罪主体在主观上是故意利用信息网络实施违法犯罪活动，犯罪主体对其行为危害社会秩序的结果也是持故意的心理态度。因此，本罪是故意犯罪。单位犯本罪的主体除单位外，还有直接负责的主管人员和其他直接责任人员。

(2) 犯罪行为，必须是实施了非法利用信息网络的犯罪行为。具体包括以下 3 类犯罪行为：

①利用信息网设立犯罪活动的网站、通信群组的行为。主要是利用信息网络设立用于实

施诈骗、传授犯罪方法、制作或者销售违禁物品、管制物品等违法犯罪活动的网站、通信群组的行为。

②利用信息网络发布违法犯罪信息的行为。主要是利用信息网络发布有关制作或者销售毒品、枪支、淫秽物品等违禁物品、管制物品或者其他违法犯罪信息的行为。

③利用信息网络发布为实施诈骗等违法犯罪活动信息的行为。

(3)犯罪结果,本罪是情节严重的结果。本罪必须是实施了非法利用信息网络犯罪活动,情节严重的,才能构成犯罪。利用信息网络实施违法犯罪活动,情节较轻或者情节一般的行为都不构成本罪。

3.非法利用信息网络罪的法定刑。根据《刑法》第287条之一规定,本罪的法定刑是:

(1)构成本罪的,处3年以下有期徒刑或者拘役,并处或者单处罚金。

(2)单位犯本罪的,对单位判处罚金,并对其直接负责的主管人员和其他直接责任人员,依照个人犯本罪的规定罪处罚。

4.认定非法利用信息网络罪时,要注意的问题:

(1)注意划清罪与非罪的界限。

从犯罪主体上区分。不满16周岁的人不构成本罪。主观上过失的人不构成本罪。

从犯罪行为上区分。本罪必须是利用信息网络实施违法犯罪活动的行为,才能构成犯罪。如果利用信息网络发布的不是违法犯罪信息的行为,不构成本罪。

从犯罪结果上区分。本罪是情节结果犯,只有利用信息网络实施违法犯罪活动,情节严重的,才能构成犯罪。情节严重是本罪的构成要件,没有达到情节严重的行为,不能构成本罪。

情节严重一般是指,设立的违法犯罪网站、通信群组已开始进行违法犯罪活动,发布的违法犯罪信息已造成了危害社会的结果,为犯罪发布的信息已被犯罪分子所利用等情节。

(2)注意区分一罪与数罪的认定。在进行非法利用信息网络犯罪活动中,有可能构成诈骗罪、传授犯罪方法罪等其他犯罪,要依照处罚较重的罪定罪处罚。

根据2019年9月4日最高人民法院、最高人民检察院实施的《关于办理组织考试作弊等刑事案件适用法律若干问题的解释》第11条规定:设立用于实施考试作弊的网站、通信群组或者发布有关考试作弊的信息,情节严重的,应依照《刑法》第287条之一的规定,以非法利用信息网络罪定罪处罚;同时构成组织考试作弊罪,非法出售、提供试题、答案罪,非法获取国家秘密罪等其他犯罪的,依照处罚较重的规定定罪处罚。

(3)注意划清本罪与利用极端主义破坏法律实施罪的界限。本罪是利用信息网络实施违法犯罪活动的犯罪,与利用极端主义破坏法律实施罪的区别是利用的对象不同,本罪利用的信息网络,而利用极端主义破坏法律实施罪所利用的对象是极端主义。当然这两种罪的犯罪行为有可能存在交叉之处,非法利用信息网络实施犯罪活动,同时触犯这两种犯罪的,应当按照重罪吸收轻罪的原则,按重罪定罪处罚,一般以利用极端主义破坏法律实施罪定罪处罚。

(4)注意划清本罪与侮辱罪、诽谤罪的界限。本罪是利用信息网络实施违法犯罪活动的犯罪,与利用网络实施侮辱、诽谤罪都是利用网络进行的违法犯罪,二者是法规竞合关系,容易混淆。二者的区别在于利用网络犯罪的目的不同,本罪利用信息网络进行笼统的违法犯罪,是法律的一般规定。而利用网络实施侮辱罪、诽谤罪是利用信息网络实施侵犯人身权利的具体犯罪,属于法律的特别规定。如果行为人利用信息网络设立犯罪活动的网站、通信群组进行侮辱、诽谤他人,情节严重的行为,同时构成本罪和侮辱罪、诽谤罪,应按特别规定以侮辱罪、诽谤罪定罪处罚。

(十三)帮助信息网络犯罪活动罪

帮助信息网络犯罪活动罪是《刑法修正案(九)》第 29 条和《刑法》第 287 条之二,补充增加的犯罪。最高人民法院、最高人民检察院于 2015 年 10 月 30 日发布的《关于执行〈中华人民共和国刑法〉确定罪名的补充规定(六)》中规定为"帮助信息网络犯罪活动罪"的罪名。

我国 1997 年《刑法》没有这种犯罪的规定,只在《刑法》第 107 条中规定了资助危害国家安全犯罪活动罪,2001 年《刑法修正案(三)》第 4 条在《刑法》第 120 条之一增加了资助恐怖活动罪(2015 年改为帮助恐怖活动罪)等帮助犯罪活动方面的犯罪。2015 年《刑法修正案(九)》第 29 条规定在《刑法》第 287 条之二中又增加了规定了帮助信息网络犯罪活动罪,即《刑法》第 287 条之二规定:"明知他人利用信息网络实施犯罪,为其犯罪提供互联网接入、服务器托管、网络存储、通讯传输等技术支持,或者提供广告推广、支付结算等帮助,情节严重的,处三年以下有期徒刑或者拘役,并处或者单处罚金。

"单位犯前款罪的,对单位判处罚金,并对其直接负责的主管人员和其他直接责任人员,依照第一款的规定处罚。

"有前两款行为,同时构成其他犯罪的,依照处罚较重的规定定罪处罚。"

要准确适用帮助信息网络犯罪活动罪就必须弄清该罪的概念、构成特征、法定刑,以及适用时应注意的问题。

1. 帮助信息网络犯罪活动罪的概念。该罪是指明知他人利用信息网络实施犯罪,为其犯罪提供互联网接入、服务器托管、网络存储、通信传输等技术支持,或者提供广告推广、支付结算等帮助,情节严重的行为。

近几年来,我国利用信息网络进行违法犯罪活动频繁,并且经常得逞,其重要原因之一是有的单位和个人为了其私利,在明知他人利用信息网络实施犯罪活动而对其提供互联网帮助或者提供广告、支付结算帮助。这种帮助他人利用信息网络实施犯罪活动的行为也是对社会有严重危害的行为。为了充分发挥信息网络的有益功能,打击利用网络进行违法犯罪活动和帮助这类犯罪活动的犯罪行为,2015 年在《刑法修正案(九)》中设专条规定了帮助信息网络犯罪活动罪,在惩治利用信息网络进行违法犯罪活动罪的同时,也惩治帮助这种犯罪活动的犯罪行为。

2. 帮助信息网络犯罪活动罪的构成要件是:

(1)犯罪主体,是一般主体。达到法定年龄、具有刑事责任能力、实施了帮助他人利用信息网络实施犯罪活动行为的自然人和单位。法定年龄是指年满 16 周岁。本罪的犯罪主体在主观上是明知他人利用信息网络实施犯罪而故意帮助他人利用信息网络实施犯罪活动,犯罪主体对其行为危害社会秩序的结果也是持故意的心理态度。因此,本罪是故意犯罪。单位可以构成本罪外,其直接负责的主管人员和其他直接责任人员也可以构成本罪。

(2)犯罪行为,必须是帮助他人利用信息网络实施犯罪活动的犯罪行为。具体包括以下两类犯罪行为:

①为利用信息网络实施犯罪的人提供互联网接入、服务器托管、网络存储、通信传输等技

术支持帮助,情节严重的行为。

②为利用信息网络实施犯罪的人提供广告推广、支付结算等帮助,情节严重的行为。

上述行为都在明知他人利用信息网络实施犯罪,而故意为其犯罪提供网络帮助和广告推广、支付结算的行为。

(3)犯罪结果,本罪是情节严重的结果。本罪必须是实施了帮助利用信息网络实施犯罪活动,情节严重的,才能构成犯罪。情节严重,一般是指提供互联网帮助使他人进行了严重犯罪活动,提供广告推广、支付结算等帮助等使他人犯罪得逞、他人犯罪造成了严重危害结果的,经过行政处罚又实施帮助利用信息网络犯罪行为等情节的。

3.帮助信息网络犯罪活动罪的法定刑。根据《刑法》第287条之二规定,本罪的法定刑是:

(1)构成本罪的,处3年以下有期徒刑或者拘役,并处或者单处罚金。

(2)单位犯本罪的,对单位判处罚金,并对其直接负责的主管人员和其他直接责任人员,依照个人犯本罪的规定定罪处罚。

4.认定帮助信息网络犯罪活动罪时,要注意的问题:

(1)注意划清罪与非罪的界限。

从犯罪主体上区分。不满16周岁的人不构成本罪。主观上过失的人不构成本罪。

从犯罪行为上区分。本罪必须是故意帮助他人利用信息网络实施犯罪活动的行为才构成犯罪。过失发布了为诈骗等违法犯罪信息的行为不构成本罪。

从犯罪结果上区分。本罪是情节结果犯,只有帮助他人利用信息网络实施犯罪活动,情节严重的,才构成犯罪。情节严重是本罪的构成要件,没有达到情节严重结果的行为,不构成本罪。

(2)注意对一罪与数罪的认定。在帮助他人利用信息网络实施犯罪活动中,有可能构成其他犯罪,例如,犯资助危害国家安全犯罪活动罪等其他犯罪的,要依照处罚较重的资助危害国家安全犯罪活动罪定罪处罚。

(3)注意划清本罪与帮助恐怖活动罪的界限。本罪是帮助他人利用信息网络实施犯罪活动的犯罪行为,主要是提供网络帮助和广告推广、支付结算帮助,而帮助恐怖活动罪的犯罪行为是提供资金、财物等,也包括提供犯罪工具、通信设备、武器弹药等物质帮助的行为。如果为恐怖犯罪活动提供信息网络帮助和广告推广、支付结算的犯罪行为,应依照《刑法》第287条之二第3款规定"有前两款行为,同时构成其他犯罪的,依照处罚较重的规定定罪处罚",即以帮助恐怖活动罪定罪处罚。

(4)注意划清本罪与非法利用信息网络罪的界限。本罪是帮助他人利用信息网络实施犯罪活动的犯罪行为,是非法利用信息网络罪的帮助犯,是非法利用信息网络罪的共犯,为了严惩这种帮助共犯,《刑法》将其单独规定为独立犯罪和法定刑,不再按非法利用信息网络罪的共犯定罪处罚。

(十四)扰乱国家机关工作秩序罪

扰乱国家机关工作秩序罪是《刑法修正案(九)》第31条在《刑法》第290条第3款中补充增加的罪名。最高人民法院、最高人民检察院于2015年10月30日发布的《关于执行〈中华人民共和国刑法〉确定罪名的补充规定(六)》中规定为该罪名。

我国1997年《刑法》没有这种犯罪的规定，只在《刑法》第290条中规定了聚众扰乱社会秩序罪和聚众冲击国家机关罪。2015年《刑法修正案(九)》第31条在《刑法》第290条第3款中又增加规定了扰乱国家机关工作秩序罪，即《刑法》第290条第3款规定："多次扰乱国家机关工作秩序，经行政处罚后仍不改正，造成严重后果的，处三年以下有期徒刑、拘役或者管制。"

要准确适用扰乱国家机关工作秩序罪就必须弄清该罪的概念、构成特征、法定刑，以及适用时应注意的问题。

1. 扰乱国家机关工作秩序罪的概念。该罪是多次扰乱国家机关工作秩序，经行政处罚后仍不改正，造成严重后果的行为。

我国1997年《刑法》第290条中规定聚众扰乱社会秩序罪，其中包括聚众扰乱国家机关工作秩序的行为，司法机关依照该规定惩治了一批犯罪行为，但实践中，有些人没有聚众扰乱国家机关工作秩序，而是实施了多次扰乱的行为，有的扰乱国家机关工作秩序的行为已受到治安管理处罚等行政处罚后，又实施了扰乱国家机关工作秩序的行为，造成严重后果。这是对社会有严重危害性的行为。为确保国家机关工作秩序，使国家工作有条不紊地进行，《刑法修正案(九)》在《刑法》第290条中增加第3款，补充规定了扰乱国家机关工作秩序罪。

2. 扰乱国家机关工作秩序罪的构成要件是：

(1) 犯罪主体，是一般主体。达到法定年龄、具有刑事责任能力、实施了多次扰乱国家机关工作秩序犯罪行为的自然人。该罪法定年龄是指年满16周岁。本罪的犯罪主体在主观上故意，并具有扰乱国家机关工作秩序的目的。

(2) 犯罪行为，必须是实施了多次扰乱国家机关工作秩序行为。多次是指实施3次以上的行为，且必须是经行政处罚后仍不改正的行为。行政处罚是指依《治安管理处罚法》规定的治安管理处罚和其他行政机关依法给予的由于实施扰乱国家机关工作秩序行为的行政处罚。

(3) 犯罪结果，本罪是结果犯。必须实施了扰乱国家机关工作秩序的行为并且造成严重后果的才能构成犯罪。造成严重后果，一般是指造成国家机关的工作长期不能进行，国家机关办公设备、设施遭受严重破坏，造成人员伤亡，造成恶劣社会影响等结果。

3. 扰乱国家机关工作秩序罪的法定刑。根据《刑法》第290条第3款规定：

构成犯罪的，处3年以下有期徒刑、拘役或者管制。

4. 认定扰乱国家机关工作秩序罪时，要注意的问题：

(1) 注意划清罪与非罪的界限。

从犯罪主体上区分。不满16周岁的人和单位不能构成本罪。主观上是过失的人，不能构成本罪。

从犯罪行为上区分。本罪必须是实施了多次扰乱国家机关工作秩序的行为，并且是在给予行政处罚后仍不改正的行为，如果行为人只实施了一两次扰乱国家机关工作秩序的行为，不论是否是给予行政处罚的行为都不能构成本罪。

从犯罪结果上区分。本罪是造成严重后果的才构成犯罪，即使多次实施了扰乱国家机关工作秩序的行为，但都没有造成严重后果的，也不构成本罪，但可以给予治安管理处罚。

(2) 注意划清本罪与聚众扰乱社会秩序罪的界限。二罪都有可能实施扰乱国家机关工作秩序的行为，容易混淆。二罪的根本区别是犯罪行为的方法和次数不同。聚众扰乱社会秩序罪的犯罪行为方法必须是聚众,不要求扰乱秩序的次数,而扰乱国家机关工作秩序罪的犯罪行为方法不要求必须是聚众,但必须是多次扰乱国家机关工作秩序。如果实施一次聚众扰乱国家机关工作秩序的行为情节严重的,造成严重损失的,只能认定为聚众扰乱社会秩序罪。

(3)注意划清本罪与聚众冲击国家机关罪的界限。实施扰乱国家机关工作秩序犯罪行为时,有可能采用聚众冲击国家机关的行为。应按重罪吸收轻罪的原则,认定为聚众冲击国家机关罪,不再认定为本罪。如果没有聚众冲击国家机关,而是一两个人不听岗哨指挥冲进国家机关的行为,则必须是多次实施了扰乱行为,并给予行政处罚后仍不改正,且造成严重后果的行为,才能认定为本罪。

(4)注意划清本罪与多次集体上访的界限。本罪的犯罪行为是多次扰乱国家机关工作秩序,给予行政处罚后仍然不改正,造成严重后果的行为。而集体多次到国家机关上访是公民的权利,是合法行为。但公民集体多次到国家机关上访要依法进行,如果以上访为名,违反法律规定,采取过激的方式,多次实施扰乱国家机关工作秩序,经行政处罚后仍不改正,造成严重后果的行为,不管其要求是否正当,都应当认定为本罪予以刑罚处罚。

(十五)组织、资助非法聚集罪

组织、资助非法聚集罪是《刑法修正案(九)》第31条在《刑法》第290条第4款中补充增加的罪名。最高人民法院、最高人民检察院于2015年10月30日发布的《关于执行〈中华人民共和国刑法〉确定罪名的补充规定(六)》中规定为该罪名。

我国1997年《刑法》没有这种犯罪的规定,只在《刑法》第290条中规定了聚众扰乱社会秩序罪和聚众冲击国家机关罪。司法实践中将多次组织、资助他人扰乱社会秩序的行为作为聚众扰乱社会秩序罪的共犯惩罚。2015年《刑法修正案(九)》第31条在《刑法》第290条第4款中又增加了组织、资助非法聚集罪,即《刑法》第290条第4款规定:"多次组织、资助他人非法聚集,扰乱社会秩序,情节严重的,依照前款的规定处罚。"

要准确适用组织、资助非法聚集罪就必须弄清该罪的概念、特征、法定刑,以及适用时应注意的问题。

1.组织、资助非法聚集罪的概念。该罪是多次组织、资助他人非法聚集,扰乱社会秩序,情节严重的行为。

我国1997年《刑法》没有规定组织、资助非法聚集罪,在《刑法》第290条中规定有聚众扰乱社会秩序罪和聚众冲击国家机关罪。司法机关依照该规定惩治了一批这两种犯罪,对组织、资助他人聚众扰乱社会秩序的行为,情节严重的作为聚众扰乱社会秩序罪的共犯处罚,但实践中,有些人没有直接去参加聚众扰乱国家机关工作秩序和社会秩序的行为,而是多次组织、资助他人非法聚集,扰乱社会秩序,造成了严重后果,这是对社会有严重危害性的行为。为确保社会秩序稳定,全国人大常委会于2015年在《刑法修正案(九)》中规定,在《刑法》第290条中第4款中补充规定了组织、资助非法聚集罪,最高处3年有期徒刑。

2.组织、资助非法聚集罪的构成要件是:

(1)犯罪主体,是一般主体。达到法定年龄、具有刑事责任能力、实施了多次组织、资助他人非法聚集,扰乱社会秩序犯罪行为的自然人。该罪法定年龄是指年满16周岁。本罪的犯罪主体在主观上是故意,并有扰乱社会秩序的目的。

(2)犯罪行为,必须是实施了多次组织、资助他人非法聚集,扰乱社会秩序的行为。多次组织是指实施3次以上的组织他人非法聚集、扰乱社会秩序的行为，包括串联、号召、动员他人进行非法聚众扰乱社会秩序的行为。多次资助他人扰乱社会秩序行为，是指提供金钱、物资、场所、账号、资料等方面资助进行聚众扰乱社会秩序的行为。其本人虽然没有参加扰乱行为，但起到组织、策划、指挥作用和提供资金、物资、通行等条件保障作用。

(3)犯罪结果，本罪是结果犯。必须是多次组织、资助他人非法聚集，扰乱社会秩序，情节严重的才能构成犯罪。情节严重，是指实施多次招集、联络策划等组织行为，组织众多人，并进行恶意煽动、指挥、操纵、出谋、策划等起组织、指挥、策划作用等情节。

3. 组织、资助非法聚集罪的法定刑。根据《刑法》第290条第4款、第3款规定：

构成犯罪的，处3年以下有期徒刑、拘役或者管制。

4. 认定组织、资助非法聚集罪时，要注意的问题：

(1)注意划清罪与非罪的界限。

从犯罪主体上区分。不满16周岁的人和单位不能构成本罪。主观上是过失的人不能构成本罪。

从犯罪行为上区分。本罪必须是实施了多次组织、资助他人非法聚集，扰乱社会秩序的行为。如果行为人只实施了一两次组织、帮助他人非法聚集，扰乱社会秩序的行为，即使是情节严重的行为也不构成本罪。

从犯罪结果上区分。本罪必须是情节严重的才构成本罪，即使多次组织、资助非法聚集，扰乱社会秩序的行为，但没有达到情节严重的程度，不能构成本罪。

(2)注意划清本罪与聚众扰乱社会秩序罪的界限。在《刑法修正案(九)》规定以前，本罪是聚众扰乱社会秩序罪中共同犯罪的组织犯和帮助犯，一般按聚众扰乱社会秩序罪的共犯追究刑事责任。现在由于《刑法修正案(九)》将多次组织、资助非法聚集，扰乱社会秩序的行为单独规定为独立的犯罪，今后凡是实施了多次组织、资助他人非法聚集，扰乱社会秩序的行为的，应认定为本罪。如果实施了一两次组织、资助聚众扰乱社会秩序的行为，情节严重，造成严重损失的，应认定为聚众扰乱社会秩序罪，按该罪的共犯追究刑事责任。

(3)注意划清本罪与聚众冲击国家机关罪的界限。实施了多次组织、资助他人非法聚众，冲击国家机关的扰乱社会秩序的行为，是认定为本罪还是认定为聚众冲击国家机关罪？如果实施了多次组织、资助他人聚众冲击国家机关的行为，应认定为聚众冲击国家机关罪。如果只实施了一两次组织、资助非法聚集，扰乱社会秩序行为，情节严重，造成严重后果的，应认定聚众扰乱社会秩序罪，而不能认定为本罪，因为本罪必须是实施了多次组织、非法聚集，扰乱社会秩序的行为。

(十六)编造、故意传播虚假信息罪

编造、故意传播虚假信息罪是《刑法修正案(九)》第32条和《刑法》第291条之一第2款中补充增加的犯罪。2015年10月30日最高人民法院、最高人民检察院发布的《关于执行〈中华人民共和国刑法〉确定罪名的补充规定(六)》中规定为"编造、故意传播虚假信息罪"的罪名。

我国1997年《刑法》没有这种犯罪的规定，只在《刑法》第291条中规定了聚众扰乱公共场所秩序、交通秩序罪，2001年《刑法修正案(三)》第8条在《刑法》第291条之一增加规定了投放虚假危险物质罪和编造、故意传播虚假恐怖信息罪等两种罪。2015年《刑法修正案

(九)》第32条在《刑法》第291条之一中又增加了第2款,规定了编造、故意传播虚假信息罪,即《刑法》第291条之一第2款规定:"编造虚假的险情、疫情、灾情、警情,在信息网络或者其他媒体上传播,或者明知是上述虚假信息,故意在信息网络或者其他媒体上传播,严重扰乱社会秩序的,处三年以下有期徒刑、拘役或者管制;造成严重后果的,处三年以上七年以下有期徒刑。"

要准确适用编造、故意传播虚假信息罪就必须弄清该罪的概念、构成特征、法定刑,以及适用时应注意的问题。

1. 编造、故意传播虚假信息罪的概念。该罪是指编造虚假的险情、疫情、灾情、警情等虚假信息的事件,在信息网络或者其他媒体上传播,或者明知是上述虚假信息,故意在信息网络或者其他媒体上传播,严重扰乱社会秩序的行为。

近几年来,我国多次发生故意编造虚假的险情、疫情、灾情、警情等虚假信息的事件,在信息网络或者其他媒体上传播,严重扰乱了社会秩序。例如,编造虚假的某航班飞机上有定时爆炸物,使该飞机不得不返回机场,造成飞机乘客恐慌心理,严重扰乱了航班的飞行秩序。有些人明知是虚假信息,故意在信息网络或者其他媒体上传播,严重扰乱了社会秩序。这种编造虚假的险情和故意在媒体上传播的行为,是严重扰乱社会秩序和有严重社会危害性的行为。为了维护社会秩序的稳定,惩罚编造虚假险情和故意在媒体、信息网络上传播虚假险情的犯罪行为。2015年在《刑法修正案(九)》中设专条规定了编造、故意传播虚假信息罪,最高处7年有期徒刑。

2. 编造、故意传播虚假信息罪的构成要件是:

(1)犯罪主体,是一般主体。达到法定年龄、具有刑事责任能力、实施了编造、故意传播虚假的险情、疫情、灾情、警情行为的自然人。法定年龄是指年满16周岁。本罪的犯罪主体在主观上是故意编造和故意传播虚假的险情、疫情、灾情、警情和明知是虚假信息而故意在媒体上传播,因此,本罪是故意犯罪。单位不构成为本罪的犯罪主体,其直接负责的主管人员和其他直接责任人员编造、故意传播虚假的险情、疫情、灾情、警情的,追究个人犯本罪的刑事责任。

(2)犯罪行为,必须是实施了编造、故意传播虚假的险情、疫情、灾情、警情的犯罪行为。具体包括以下两类犯罪行为:

①编造虚假的险情、疫情、灾情、警情,在信息网络或者其他媒体上传播,严重扰乱社会秩序的行为。

②明知是虚假险情、疫情、警情信息,故意在信息网络或者其他媒体上传播,严重扰乱社会秩序的行为。

(3)犯罪结果,本罪是情节结果犯。本罪必须是实施了编造、故意传播虚假的险情、疫情、灾情、警情的犯罪行为,造成了严重扰乱了社会秩序的结果。严重扰乱社会秩序结果是本罪的必要构成要件,只有造成了严重扰乱社会秩序的结果,才构成本罪。情节严重,一般是指在社会上造成恐慌和造成社会秩序混乱等情形的。

3. 编造、故意传播虚假信息罪的法定刑。根据《刑法》第291条之一第2款规定,本罪的法定刑是:

(1)构成本罪的,处3年以下有期徒刑、拘役或者管制。

(2)造成严重后果的,处 3 年以上 7 年以下有期徒刑。

4.认定编造、故意传播虚假信息罪时,要注意的问题:

(1)注意划清罪与非罪的界限。

从犯罪主体上区分。不满 16 周岁的人不能构成本罪。主观上是过失的人不构成本罪,单位不能构成本罪。

从犯罪行为上区分。必须是实施了故意编造、故意传播虚假的险情、疫情、灾情、警情的行为才构成犯罪,过失传播了虚假的险情、疫情、灾情、警情信息的,不构成本罪。编造、故意传播行为的内容必须是危险情况:险情,如地震;疫情,如瘟疫;灾情,如水灾;警情,如精神病患者杀人等危害不特定多数人生命财产安全的行为。如果编造、故意传播的不是上述危险情况的行为,不是本罪的犯罪行为。

从犯罪结果上区分。本罪是结果犯,只有编造、故意传播虚假的险情、疫情、灾情、警情等虚假信息,产生了严重扰乱社会秩序的结果,才能构成犯罪。严重扰乱社会秩序结果是本罪的构成要件,没有达到这种结果的行为,不构成本罪。

(2)注意对本罪情节的认定和适用。"严重扰乱社会秩序"是本罪构成要件情节,而"造成严重后果"的情节是加重处罚的量刑情节,其已构成犯罪的基础上适用较重的法定刑。

(3)注意划清本罪与编造、故意传播虚假恐怖信息罪的界限。本罪编造、故意传播的内容是虚假的险情、疫情、灾情、警情,而编造、故意传播虚假恐怖信息罪的内容是恐怖信息,由于编造、传播的虚假信息内容不同,使这两种犯罪区别开来。如果行为人分别实施了编造、传播虚假恐怖信息和编造、故意传播虚假的险情、疫情、灾情、警情的犯罪行为,应当分别定罪,依照规定进行数罪并罚。如果编造的内容是恐怖信息,并在信息网络或者其他媒体上传播,应依法以编造、传播虚假恐怖信息罪定罪处罚。

(十七)虚假诉讼罪

虚假诉讼罪是《刑法修正案(九)》第 35 条和《刑法》第 307 条之一补充增加的犯罪。最高人民法院、最高人民检察院于 2015 年 10 月 30 日发布的《关于执行〈中华人民共和国刑法〉确定罪名的补充规定(六)》中规定为该罪名。

我国 1997 年《刑法》没有这种犯罪的规定,只在《刑法》第 307 条中规定了妨害作证罪和帮助毁灭、伪造证据罪。2015 年《刑法修正案(九)》第 35 条在《刑法》第 307 条之一中增加了规定了虚假诉讼罪,即《刑法》第 307 条之一规定:"以捏造的事实提起民事诉讼,妨害司法秩序或者严重侵害他人合法权益的,处三年以下有期徒刑、拘役或者管制,并处或者单处罚金;情节严重的,处三年以上七年以下有期徒刑,并处罚金。

"单位犯前款罪的,对单位判处罚金,并对其直接负责的主管人员和其他直接责任人员,依照前款的规定处罚。

"有第一款行为,非法占有他人财产或者逃避合法债务,又构成其他犯罪的,依照处罚较重的规定定罪从重处罚。

"司法工作人员利用职权,与他人共同实施前三款行为的,从重处罚;同时构成其他犯罪的,依照处罚较重的规定定罪从重处罚。"

要准确适用虚假诉讼罪就必须弄清该罪的概念、构成特征、法定刑,以及适用时应注意的问题。

1. 虚假诉讼罪的概念。该罪是指以捏造的事实提起民事诉讼,妨害司法秩序或者严重侵害他人合法权益的行为。

近几年来,我国商品经济迅速发展,在商品经济活动中,一些不讲信用、唯利是图的思想也膨胀起来,有的不法商人负债累累,企图利用以捏造的事实提起恶意民事诉讼,以法院的判决逃避债务,还有的为谋取非法利益,以捏造的事实提起民事诉讼,企图用法院的判决非法占有他人的财产。这些恶意诉讼行为不但严重扰乱了司法秩序,而且往往侵犯了他人的合法财产。这些恶意诉讼行为是对社会有严重危害的行为。在《刑法修正案(九)》颁布以前,法律没有将这种恶意诉讼行为规定为犯罪,而是对在恶意诉讼中提供伪造的证据的行为追究刑事责任。2015年在《刑法修正案(九)》中设专条规定了虚假诉讼罪,惩治以捏造的事实提起民事诉讼的犯罪行为。

根据2015年11月1日最高人民法院施行的《关于〈中华人民共和国刑法修正案(九)〉时间效力问题的解释》第7条规定,对于2015年10月31日以前捏造的事实提起的民事诉讼,妨害司法秩序或者严重侵犯他人合法权益,根据修正前《刑法》应当以伪造公司、企业、事业单位、人民团体印章罪或者妨害作证罪等追究刑事责任的,适用修正前《刑法》的有关规定,但是,根据修正后《刑法》第307条之一的规定处刑较轻的,适用修正后《刑法》的有关规定。实施第1款行为,非法占有他人财物或者逃避合法债务,根据修正前《刑法》应当以诈骗罪、职务侵占罪或者贪污罪等追究刑事责任的,适用修正前《刑法》的有关规定。

2. 虚假诉讼罪的构成要件是:

(1)犯罪主体,是一般主体。达到法定年龄、具有刑事责任能力、实施了以捏造的事实提起民事诉讼行为的自然人和单位。法定年龄是指年满16周岁。本罪的犯罪主体在主观上故意以捏造的事实提起民事诉讼,对扰乱司法秩序和侵犯他人合法权益的结果也是持故意的心理态度。因此,本罪是故意犯罪。单位可以成为本罪的犯罪主体,单位的直接负责的主管人员和其他直接责任人员也可以成为本罪的犯罪主体。

(2)犯罪行为,必须是实施了虚假诉讼的犯罪行为。有的是以自己捏造的虚假事实提起民事诉讼行为;有的是以他人捏造的虚假事实提起民事诉讼行为;有的是与司法人员共谋后,以捏造的虚假事实提起民事诉讼行为。只要是以捏造的事实提起民事诉讼,妨害司法秩序的行为,就可以构成本罪。

根据2018年10月1日最高人民法院、最高人民检察院实施的《关于办理虚假诉讼刑事案件适用法律若干问题的解释》第1条规定,采取伪造证据、虚假陈述等手段,实施下列行为之一,捏造民事法律关系,虚构民事纠纷,向人民法院实提起民事诉讼的,应当认定为《刑法》第307条之一第1款规定的"以捏造的事实提起民事诉讼":第一,与夫妻一方恶意串通,捏造夫妻共同债务的;第二,与他人恶意串通,捏造债权债务关系和以物抵债协议的;第三,与公司、企业的法定代表人、董事、监事、经理或者其他管理人员恶意串通,捏造公司、企业债务或者担保义务的;第四,捏造知识产权侵权关系或者不正当竞争关系的;第五,在破产案件审理过程中申报捏造的债权的;第六,与被执行人恶意串通,捏造债权或者对查封、扣押、冻结财产的优先权、担保物权的;第七,单方或者与他人恶意串通,捏造身份、合同、侵权、继承等民事法律关系的其他行为。

隐瞒债务已经全部清偿的事实,向人民法院提起民事诉讼,要求他人履行债务的,"以捏造的事实提起民事诉讼"论。

向人民法院申请执行基于捏造的事实作出的仲裁裁决、公证债权文书,或者在民事执行过程中以捏造的事实对执行标的提出异议、申请参与执行财产分配的,属于《刑法》第307条之一第1款规定的"以捏造的事实提起民事诉讼"。

上述司法解释第2条规定:以捏造的事实提起民事诉讼,有下列情形之一的,应当认定为《刑法》第307条之一第1款规定的妨害司法秩序或者严重侵犯他人合法权益:第一,致使人民法院基于捏造的事实采取财产保全或者行为保全措施的;第二,致使人民法院开庭审理,干扰正常司法活动的;第三,致使人民法院基于捏造的事实作出裁判文书、制作财产分配方案,或者立案执行基于捏造的事实作出的仲裁裁决、公证债权文书的;第四,多次以捏造的事实提起民事诉讼的;第五,曾因以捏造的事实提起民事诉讼被采取民事诉讼强制措施或者受过刑事追究的;第六,其他妨害司法秩序或者严重侵害他人合法权益的情形。

(3)犯罪结果,本罪是结果犯。本罪必须是实施了以捏造的事实提起民事诉讼,妨害司法秩序或者严重侵害他人合法权益的,才能构成犯罪。妨害司法秩序,是指提起民事诉讼进行登记后,进入了民事诉讼程序,司法人员已经开始审理该诉讼案件。严重侵害他人合法权益,一般是指由虚假诉讼行为致被告人在经济、财产、精神上受到侵犯。

2022年5月15日最高人民检察院、公安部发布的《关于公安机关管辖的刑事案件立案追诉标准的规定(二)》第78条规定[虚假诉讼案(《刑法》第307条之一)]单独或者与他人恶意串通,以捏造的事实提起民事诉讼,涉嫌下列情形之一的,应予立案追诉:第一,致使人民法院基于捏造的事实采取财产保全或者行为保全措施的;第二,致使人民法院开庭审理,干扰正常司法活动的;第三,致使人民法院基于捏造的事实作出裁判文书、制作财产分配方案,或者立案执行基于捏造的事实作出的仲裁裁决、公证债权文书的;第四,多次以捏造的事实提起民事诉讼的;第五,因以捏造的事实提起民事诉讼被采取民事诉讼强制措施或者受过刑事追究的;第六,其他妨害司法秩序或者严重侵害他人合法权益的情形。

3. 虚假诉讼罪的法定刑。根据《刑法》第307条之一规定,本罪的法定刑是:

(1)构成犯罪的,处3年以下有期徒刑、拘役或者管制,并处或者单处罚金。

(2)犯本罪,情节严重的,处3年以上7年以下有期徒刑,并处罚金。

根据2018年10月1日最高人民法院、最高人民检察院实施的《关于办理虚假诉讼刑事案件适用法律若干问题的解释》第3条规定,以捏造的事实提起民事诉讼,有下列情形之一的,应当认定为《刑法》第307条之一第1款规定的"情节严重":第一,有本解释第2条第1项情形,造成他人经济损失100万元以上的;第二,有本解释第2条第2项至第4项情形之一,严重干扰正常司法活动或者严重损害司法公信力的;第三,致使义务人自动履行生效裁判文书确定的财产给付义务或者人民法院强制执行财产权益,数额达到100万元以上的;第四,致使他人债权无法实现,数额达到100万元以上的;第五,非法占有他人财产,数额达到10万元以上的;第六,致使他人因为不执行人民法院基于捏造的事实作出的判决、裁定,被采取刑事拘留、逮捕措施或者受到刑事追究的;第七,其他情节严重的情形。

(3)单位犯本罪的,对单位判处罚金,并对其直接负责的主管人员和其他直接责任人员,依照个人犯本罪的规定定罪处罚。

司法工作人员利用职权,与他人共同实施本罪前3款行为的,从重处罚;同时构成滥用职权罪,民事、行政枉法裁判罪,执行判决、裁定滥用职权罪等犯罪的,依照处罚较重的规定定罪从重处罚。

根据2018年10月1日最高人民法院、最高人民检察院发布的《关于办理虚假诉讼刑事案件适用法律若干问题的解释》第9条规定,实施《刑法》第307条之一第1款行为,未达到情节严重的标准,行为人系初犯,在民事诉讼过程中自愿具结悔过,接受人民法院处理决定,积极退赃、退赔的,可以认定为犯罪情节轻微,不起诉或者免予刑事处罚;确有必要判处刑罚的,可以从宽处罚。司法工作人员利用职权,与他人共同实施《刑法》第307条之一第1款行为的,对司法工作人员不适用本条第1款规定。

4.认定虚假诉讼罪时,要注意的问题:

(1)注意划清罪与非罪的界限。

从犯罪主体上区分。不满16周岁的人不构成本罪。主观上是过失的人不构成本罪。不是以捏造的事实提起民事诉讼的自然人或者单位不构成本罪。

从犯罪行为上区分。必须是以捏造的事实提起民事诉讼的行为,才能构成犯罪。如果不是以捏造的事实,而是以有瑕疵的事实提起民事诉讼的行为,不构成本罪。

从犯罪结果上区分。本罪是结果犯,必须是以捏造的事实提起民事诉讼,妨害司法秩序或者严重侵害他人合法权益的,才能构成犯罪。如果虽然实施了以捏造的事实提起民事诉讼,但还没有达到妨害司法秩序或没有达到严重侵害他人合法权益的结果的,不构成犯罪。例如,以捏造的事实提起民事诉讼,在立案登记后法官审理之前撤回起诉的行为,由于没有妨害司法秩序或严重侵害他人合法权益,不构成犯罪。情节严重是本罪加重处罚的量刑情节。具有情节严重结果的,要在加重法定刑内处罚,即在较重的法定刑中处3年以上7年以下有期徒刑,并处罚金。

(2)注意对一罪与数罪的认定。在以捏造的事实提起民事诉讼的犯罪活动中,有可能构成其他犯罪,例如,在提起民事诉讼的活动中,有可能实施以暴力、威胁、贿买等方法阻止证人作证或者指使他人作为证的行为,构成妨害作证罪,对司法工作人员行贿,构成行贿罪等,依照《刑法》第307条之一规定,"有第1款行为,非法占有他人财产或者逃避合法债务,又构成其他犯罪的,依照处罚较重的规定定罪从重处罚"。

(3)注意对本罪共犯的处罚。以捏造的事实提起民事诉讼,很有可能是与司法工作人员共同实施的犯罪,根据《刑法》第307条之一规定,"司法工作人员利用职权,与他人共同实施前3款行为的,从重处罚;同时构成其他犯罪的,依照处罚较重的规定定罪从重处罚"。例如,司法工作人员受贿共同构成本罪的,应以受贿罪从重处罚,不再定为虚假诉讼罪。

根据2018年10月1日最高人民法院、最高人民检察院实施的《关于办理虚假诉讼刑事案件适用法律若干问题的解释》第6条规定,诉讼代理人、证人、鉴定人等诉讼参与人与他人通谋,代理提起虚假民事诉讼、故意作虚假证言或者出具虚假鉴定意见,共同实施《刑法》第307条之一前3款行为的,依照共同犯罪的规定定罪处罚;同时构成妨害作证罪,帮助毁灭、伪造证据罪等犯罪的,依照处罚较重的规定定罪从重处罚。

(4)注意犯本罪而取得他人财产的定罪处罚。2018年10月1日最高人民法院、最高人民检察院实施的《关于办理虚假诉讼刑事案件适用法律若干问题的解释》第4条规定:实施《刑法》第307条之一第1款行为,非法占有他人财产或者逃避债务,又构成诈骗罪,职务侵占罪,拒不执行判决、裁定罪、贪污罪等犯罪的，依照处罚较重的规定定罪从重处罚。

(十八)泄露不应公开的案件信息罪

泄露不应公开的案件信息罪是《刑法修正案(九)》第36条和《刑法》第308条之一中补充增加的罪名。最高人民法院、最高人民检察院于2015年10月30日发布的《关于执行〈中华人民共和国刑法〉确定罪名的补充规定(六)》中规定为该罪名。

我国1997年《刑法》没有这种犯罪的规定，只在其第308条中规定了打击报复证人罪，在第309条中规定了扰乱法庭秩序罪，在第398条中规定故意泄露国家秘密罪和过失泄露国家秘密罪等扰乱司法秩序犯罪和泄露国家秘密犯罪。2015年《刑法修正案(九)》第36条和《刑法》第308条之一中增加规定了泄露不应公开的案件信息罪，即在第308条之一第1款、第2款规定："司法工作人员、辩护人、诉讼代理人或者其他诉讼参与人，泄露依法不公开审理的案件中不应当公开的信息，造成信息公开传播或者其他严重后果的，处三年以下有期徒刑、拘役或者管制，并处或者单处罚金。

"有前款行为，泄露国家秘密的，依照本法第三百九十八条的规定定罪处罚。"

要准确适用泄露不应公开的案件信息罪就必须弄清该罪的概念、构成特征、法定刑，以及适用时应注意的问题。

1. 泄露不应公开的案件信息罪的概念。该罪是指司法工作人员、辩护人、诉讼代理人或者其他诉讼参与人，泄露依法不公开审理的案件中不应当公开的信息，造成信息公开传播或者其他严重后果的行为。

近几年来，我国进行司法体制改革，实行审判公开，绝大多数案件都实行公开审理，只有少数案件出于保护国家秘密、个人隐私、商业秘密的目的依法可以不公开审理。我国《刑事诉讼法》第188条规定，人民法院审判第一审案件应当公开进行。但是有关国家秘密或者个人隐私的案件，不公开审理；涉及商业秘密的案件，当事人申请不公开审理的，可以不公开审理。不公开审理的案件，应当当庭宣布不公开审理的理由。司法实践中，一般对涉及国家秘密的案件、性犯罪案件、未成年人犯罪案件等都不公开审理。对不公开审理的案件的信息属于案件秘密不应当公开。在信息网络化时代，有些人不遵守法律规定，出于某种私利将不公开审理案件的不应公开的案件信息泄露，造成公开传播，既扰乱了司法秩序又严重危害了社会。2015年在《刑法修正案(九)》中设专条规定了泄露不应公开的案件信息罪，以维护司法秩序和诉讼当事人的合法权益。

2. 泄露不应公开的案件信息罪的构成要件是：

(1)犯罪主体，是特殊主体。本罪的主体必须是司法工作人员、辩护人、诉讼代理人或者其他诉讼参与人，因为只有这些参与诉讼的人才知道该案是不公开审理的及该案中的信息是不应公开审理的信息，其他人不能成为本罪的犯罪主体。

(2)犯罪行为，必须是实施了泄露不应公开的案件信息的犯罪行为。具体表现是司法工作人员、辩护人、诉讼代理人或者其他诉讼参与人，泄露依法不公开审理的案件中不应当公开的信息，造成信息公开传播或者其他严重后果的行为。

(3)犯罪结果，本罪是结果犯。本罪必须造成不应公开审理的案件信息，公开传播或者其他严重后果的结果才构成犯罪。公开传播是指在众多人中传播，如通过报纸、刊物、网络等方式在社区、单位群众中传播。其他严重后果，包括对个人、单位名誉损害，造成财产损失、经济损失,甚至人身伤亡的结果。

3. 泄露不公开案件信息罪的法定刑。根据《刑法》第308条之一规定:
构成本罪的,处3年以下有期徒刑、拘役或者管制,并处或者单处罚金。

4. 认定泄露不应公开的案件信息罪时,要注意的问题:

(1)注意划清罪与非罪的界限。

从犯罪主体上区分。本罪是特殊主体,必须是司法工作人员、辩护人、诉讼代理人或者其他诉讼参与人,不具有上述特殊身份者不能构成本罪。本罪是故意犯罪,并且有泄露不应公开的案件信息的目的,过失行为不构成本罪。

从犯罪行为上区分。只有泄露不公开审理案件中不应公开的案件信息的行为才构成犯罪,不是全部不公开审理案件的信息;如果泄露的是不公开审理的案件中可以公开的信息。例如,案件的名称和法院公开的生效判决书等信息的行为不构成本罪。

从犯罪结果上区分。本罪是结果犯,只有造成不公开审理的案件不应公开的信息公开传播或者其他严重后果的,才构成犯罪。没有达到上述结果的行为不构成犯罪。

其他严重后果,一般是指在社会上造成了广泛影响,使国家、单位、个人的秘密泄露,造成政治、经济、人身财产、人身权利等严重损失的结果。

(2)注意对本罪犯罪情节的认定和适用。本罪的结果要件必须是"信息公开传播或者其他严重后果的",其是本罪的构成要件情节,不是加重处罚的量刑情节,本罪没有规定加重量刑情节。

(3)注意划清本罪与故意泄露国家秘密罪的界限。本罪泄露的是不应公开的案件信息,故意泄露国家秘密罪泄露的是国家秘密,由于泄露的对象不同,使二罪区别开来。如果泄露的不应公开的案件信息是国家秘密的,依照《刑法》第308条之一第2款规定,"有前款行为,泄露国家秘密的,依照本法第三百九十八条的规定定罪处罚",即应以故意泄露国家秘密罪定罪处罚。

(十九)披露、报道不应公开的案件信息罪

披露、报道不应公开的案件信息罪是《刑法修正案(九)》第36条和《刑法》第308条之一第3款、第4款中补充增加的犯罪。最高人民法院、最高人民检察院于2015年10月30日发布的《关于执行〈中华人民共和国刑法〉确定罪名的补充规定(六)》中规定为该罪名。

我国1997年《刑法》没有这种犯罪的规定,只在其第308条中规定了打击报复证人罪,在第309条中规定了扰乱法庭秩序罪,在第398条中规定了故意泄露国家秘密罪和过失泄露国家秘密罪等扰乱司法秩序犯罪和泄露国家秘密犯罪。2015年《刑法修正案(九)》第36条和《刑法》第308条之一第1款中增加规定了泄露不应公开的案件信息罪,在第3款、第4款中增加了披露、报道不应公开的案件信息罪,即《刑法》第308条之一规定:"司法工作人员、辩护人、诉讼代理人或者其他诉讼参与人,泄露依法不公开审理的案件中不应当公开的信息,造成信息公开传播或者其他严重后果的,处三年以下有期徒刑、拘役或者管制,并处或者单处罚金。

"有前款行为,泄露国家秘密的,依照本法第三百九十八条的规定定罪处罚。

"公开披露、报道第一款规定的案件信息,情节严重的,依照第一款的规定处罚。

"单位犯前款罪的,对单位判处罚金,并对其直接负责的主管人员和其他直接责任人员,依照第一款的规定处罚。"

要准确适用披露、报道不应公开的案件信息罪就必须弄清该罪的概念、构成特征、法定刑,以及适用时应注意的问题。

1. 公开披露、报道不应公开的案件信息罪的概念。该罪是指公开披露、报道不应公开的案件信息,情节严重的行为。

近几年来,我国进行司法体制改革,实行审判公开,绝大多数案件都实行公开审理,只有少数案件出于保护国家秘密、个人隐私、商业秘密的目的可以不公开审理。我国《刑事诉讼法》第 188 条规定,人民法院审判第一审案件应当公开进行。但是有关国家秘密或者个人隐私的案件,不公开审理;涉及商业秘密的案件,当事人申请不公开审理的,可以不公开审理。不公开审理的案件,应当当庭宣布不公开审理的理由。司法实践中,一般对涉及国家秘密的案件、性犯罪案件、未成年人犯罪案件等都不公开审理。对不公开审理的案件的不应公开的案件信息不能公开披露、报道。在信息网络化时代,有些人不遵守法律规定,出于某种私利将不公开审理案件的不应公开的案件信息披露、报道,造成公开传播,既扰乱了司法秩序,又严重危害了社会。2015 年在《刑法修正案(九)》中设专条规定了披露、报道不应公开的案件信息罪,以维护司法秩序和诉讼当事人的合法权益。

2. 披露、报道不应公开的案件信息罪的构成要件是:

(1) 犯罪主体,是一般主体。本罪的犯罪主体是达到法定年龄,实施了披露、报道法律规定的不应公开的案件信息行为的自然人和单位。犯罪主体在主观上是故意,其犯罪动机和目的是多种多样的,有的是发泄对案件处理结果的不满,有的是争头条新闻,也有的是出于好奇目的。犯罪主体一般是新闻工作者和单位、律师和律师事务所、信息网站、与案件有关的单位和个人。

(2) 犯罪行为,必须是实施了披露、报道不应公开的案件信息的犯罪行为。披露就是公开或者秘密泄露、报道,包括:在报纸、刊物、板报、广播、新闻发布会、大字报、小字报、网络上和社区、单位、公共场所公开张贴和口头宣传等行为。

(3) 犯罪结果,本罪是结果犯。本罪必须是公开披露、报道不应公开的案件信息,达到情节严重程度的才构成犯罪。

严重后果,一般是指披露、报道重大不应公开的案件信息,传播广泛,给国家和当事人造成重大财产、经济损失、人身伤害和恶劣影响的结果。

3. 披露、报道不应公开的案件信息罪的法定刑。根据《刑法》第 308 条之一第 1 款、第 3 款规定,该罪的法定刑是:

(1) 构成本罪的,处 3 年以下有期徒刑、拘役或者管制,并处或者单处罚金。

(2) 单位犯本罪的,对单位判处罚金,并对其直接负责的主管人员和其他直接责任人员,依照自然人犯本罪的规定处罚。

4. 认定披露、报道不应公开的案件信息罪时,要注意的问题:

(1) 注意划清罪与非罪的界限。

从犯罪主体上区分。本罪的犯罪主体是一般主体,年满 16 周岁的自然人和单位都可以构成本罪。本罪是故意犯罪,过失行为不构成本罪。

从犯罪行为上区分。本罪公开披露、报道的是不公开审理案件中的不应公开的案件信息,如果公开披露、报道公开审理案件的信息或者是不公开审理的案件中可以公开的案件信息的行为不构成犯罪,过失公开披露、报道了不应公开的案件信息的行为,不构成本罪。确实不知道是不应公开的案件信息,而披露、报道的行为不构成犯罪。

从犯罪结果上区分。本罪是结果犯,公开披露、报道不应公开的案件信息的,必须是情节严重的才构成犯罪。没有达到上述情节严重程度的行为不构成犯罪。情节严重,一般是指在社会上造成广泛影响,使国家、单位、个人的秘密泄露造成政治、经济、人身财产严重损失的。

(2)注意对本罪犯罪情节的认定和适用。本罪要求必须是情节严重的才构成犯罪。该情节严重是定罪情节,是构成犯罪的要件,不是量刑情节。

(3)注意划清本罪与故意泄露国家秘密罪的界限。本罪披露、报道的是不应公开的案件的信息,该信息不一定都是国家秘密;而故意泄露国家秘密罪泄露的必须是国家秘密,泄露的对象不同,使二罪区别开来。如果披露、报道的不应公开的案件的信息是国家秘密,则应认定为故意泄露国家秘密罪。

(二十)对有影响力的人行贿罪

对有影响力的人行贿罪是《刑法修正案(九)》第46条在《刑法》第390条之一中补充增加的新罪。最高人民法院、最高人民检察院于2015年10月30日发布的《关于执行〈中华人民共和国刑法〉确定罪名的补充规定(六)》中规定为"对有影响力的人行贿罪"的罪名。

我国1997年《刑法》没有这种犯罪的规定,只在其第389条中规定了行贿罪,行贿的对象是国家工作人员,在第164条中规定了对非国家工作人员行贿罪,行贿对象是公司、企业或者其他单位的工作人员,2011年《刑法修正案(八)》第29条在《刑法》第164条第2款中增加规定了对外国公职人员、国际公共组织官员行贿罪。2009《刑法修正案(七)》第13条和《刑法》第388条之一中增加规定了利用影响力受贿罪,在以前都是以对非国家工作人员行贿罪定罪处罚,2015年《刑法修正案(九)》第46条在《刑法》第390条之一中又补充增加了对有影响力的人行贿罪,即《刑法》第390条之一规定:"为谋取不正当利益,向国家工作人员的近亲属或者其他与该国家工作人员关系密切的人,或者向离职的国家工作人员或者其近亲属以及其他与其关系密切的人行贿的,处三年以下有期徒刑或者拘役,并处罚金;情节严重的,或者使国家利益遭受重大损失的,处三年以上七年以下有期徒刑,并处罚金;情节特别严重的,或者使国家利益遭受特别重大损失的,处七年以上十年以下有期徒刑,并处罚金。

"单位犯前款罪的,对单位判处罚金,并对其直接负责的主管人员和其他直接责任人员,处三年以下有期徒刑或者拘役,并处罚金。"

要准确适用对有影响力的人行贿罪就必须弄清该罪的概念、构成特征、法定刑,以及适用时应注意的问题。

1.对有影响力的人行贿罪的概念。该罪是指为谋取不正当利益,向国家工作人员的近亲属或者其他与该国家工作人员关系密切的人,或者向离职的国家工作人员或者其近亲属以及其他与其关系密切的人行贿的行为。

2.对有影响力的人行贿罪的构成特征是:

(1)犯罪主体,是一般主体。达到法定年龄、具有刑事责任能力、实施了向特定关系人行贿犯罪行为的自然人和单位。本罪法定年龄是年满16周岁以上,犯罪主体包括自然人及单位和单位中直接负责的主管人员和其他直接责任人员。本罪犯罪主体在主观上是为谋取不正当利益而故意实施行贿行为。不正当利益,包括谋取的利益本身不正当和谋取利益的程序不正当。不正当利益包括非法利益和不应当得到的利益。

(2)犯罪行为,必须是为谋取不正当利益,实施对有影响力的人行贿的犯罪行为,按行贿对象可分为两类。

①向国家工作人员的近亲属,或者其他与该国家工作人员关系密切的人实施行贿行为。国家工作人员,根据《刑法》第93条规定,是指国家机关中从事公务的人员。国有公司、企业、事业单位、人民团体中从事公务的人员和国家机关、国有公司、企业、事业单位委派到非国有公司、企业、事业单位、社会团体从事公务的人员,以及其他依照法律从事公务的人员,以国家工作人员论。近亲属,根据我国《刑事诉讼法》第108条第6项规定是指夫、妻、父、母、子、女、同胞兄弟姊妹。关系密切的人,法律没有具体规定,一般是指有与国家工作人员有亲情、友情、利害关系等关系密切的人。亲情关系,是指有血缘和婚姻关系的亲戚关系及情人关系。亲戚包括近亲和远亲。近亲是指夫、妻、父、母、子、女、同胞兄弟姊妹等三代以内的近亲关系。远亲包括祖父母、外祖父母、叔伯父母、姑父母、堂兄弟、舅父母、姨父母、表兄妹等第四代、第五代亲戚关系。情人是指未结婚,但有夫妻感情生活关系的人。友情关系,是指同乡、同学、同事、战友、朋友等关系的人。利害关系人,是指与国家工作人员有财产、经济、名誉、地位、职权利害关系的人。上述这些与国家工作人员有亲情、友情、利害关系的人可以成为与国家工作人员关系密切的人。当然关系密切除有这些客观关系外还要看双方交往时间的长短和密切程度。为谋取不正当利益,向这些特定关系人行贿,可以构成本罪。

②向已离职的国家工作人员,或者其近亲属以及其他与其关系密切的人实施行贿的行为。离职的国家工作人员,包括辞职、退职、留职、开除、退休、离休的原国家工作人员。为了谋取不正当利益,向已离职的工作人员行贿的行为,可以构成本罪。

行贿行为是主动的给予与特定关系人以财物的行为。财物包括金钱、财产、物品和可以用金钱计算的非物质事项,如劳务、荣誉、职务、职业等。

(3)犯罪结果,本罪是行为犯。只要实施了向特定关系人行贿的行为,就可以构成犯罪。"情节严重""情节特别严重"不是本罪构成要件,而是加重处罚的量刑情节。

根据2016年4月18日最高人民法院、最高人民检察院《关于办理贪污贿赂刑事案件适用法律若干问题的解释》第10条第2款规定,"刑法第三百九十条之一规定的对有影响力的人行贿罪的定罪量刑适用标准,参照本解释关于行贿罪的规定执行"。

3.对有影响力的人行贿罪的法定刑。根据《刑法》第390条之一规定,构成本罪的法定刑是:

(1)构成本罪,情节一般的,处3年以下有期徒刑或者拘役,并处罚金。

参照2016年4月18日最高人民法院、最高人民检察院《关于办理贪污贿赂刑事案件适用法律若干问题的解释》第7条规定,为谋取不正当利益,向国家工作人员行贿,数额在3万元以上的,应当依照《刑法》第390条的规定以行贿罪追究刑事责任。行贿数额在1万元以上不满3万元,具有下列情形之一的,应当依照《刑法》第390条的规定以行贿罪追究刑事责任:第一,向3人以上行贿的;第二,将违法所得用于行贿的;第三,通过行贿谋取职务提拔的、调整的;第四,向负有食品、药品、安全生产、环境保护等监督管理职责的国家工作人员行贿,实施非法活动的;第五,向司法工作人员行贿,影响司法公正的;第六,造成经济损失数额在50万元以上不满100万元的。

(2)犯本罪,情节严重的,或者使国家利益遭受重大损失的,处3年以上7年以下有期徒刑,并处罚金。

参照2016年4月18日最高人民法院、最高人民检察院《关于办理贪污贿赂刑事案件适用法律若干问题的解释》第8条规定,犯行贿罪,具有下列情形之一的,应当依照《刑法》第390条第1款规的"情节严重":第一,行贿数额在100万元以上不满500万元的;第二,行贿数额在50万元以上不满100万元,并具有本解释第7条第2款第1项至第5项规定的情形之一的;第三,其他严重情节。为谋取不正当利益,向国家工作人员行贿,造成经济损失数额在100万元以上不满500万元的,应当认定为《刑法》第390条第1款规定的"使国家利益遭受重大损失"。

(3)犯本罪,情节特别严重的,或者使国家利益遭受特别重大损失的,处7年以上10年以下有期徒刑,并处罚金。

参照2016年4月18日最高人民法院、最高人民检察院《关于办理贪污贿赂刑事案件适用法律若干问题的解释》第9条规定,犯行贿罪,具有下列情形之一的,应当认定为《刑法》第390条第1款规的"情节特别严重":第一,行贿数额在500万元以上的;第二,行贿数额在250万元以上不满500万元,并具有本解释第7条第2款第1项至第5项规定的情形之一的;第三,其他特别严重情节。为谋取不正当利益,向国家工作人员行贿,造成经济损失数额在500万元以上的,应当认定为《刑法》第390条第1款规定的"使国家利益遭受特别重大损失"。

(4)单位犯前款罪的,对单位判处罚金,并对其直接负责的主管人员和其他直接责任人员,处3年以下有期徒刑或者拘役,并处罚金。

对单位犯本罪单独规定了较轻的法定刑,最高处3年有期徒刑。单位犯本罪,没有情节严重和情节特别严重的量刑法定刑。

根据2016年4月18日最高人民法院、最高人民检察院《关于办理贪污贿赂刑事案件适用法律若干问题的解释》第10条第3款规定,单位对有影响力的人行贿数额在20万元以上的应当依照《刑法》第390条之一的规定以对有影响力的人行贿罪追究刑事责任。

4. 适用对有影响力的人行贿罪时,要注意的问题:

(1)注意划清罪与非罪的界限。

从犯罪主体上区分。不满16周岁的人和为了谋取正当利益的人,而向特定关系人行贿的行为的不构成本罪。

从犯罪行为上区分。本罪是向特定关系人实施行贿行为,向国家工作人员,公司、企业人员,事业单位人员和外国公职人员或者国际公共组织官员实施行贿行为,不构成本罪。给予特定关系人非财物的行为,例如,性行贿的行为,不构成犯罪。

犯罪结果上区分。本罪是行为犯,原则上只要实施了对有影响力的人行贿的行为,就可以构成犯罪,但根据《刑法》第13条的规定,情节显著轻微危害不大的不认为是犯罪。

(2)注意划清本罪与对非国家工作人员行贿罪的界限。我国《刑法》第164条第1款规定了对非国家工作人员行贿罪,该罪与本罪在犯罪主体、犯罪行为,以及法定刑方面都很相似,甚至相同,只是行贿的对象不同。本罪的行贿对象是对有影响力的人,而对非国家工作人员行贿罪的对象是单位的工作人员。《刑法修正案(九)》在《刑法》第390条之一新增加本罪以前向特定关系人行贿数额较大的行为,多数都认定为对非国家工作人员行贿罪,现《刑法》第

390条之一专门规定了向特定关系人行贿罪,凡是向特定关系人行贿的都要认定为本罪。另外,上述两种犯罪的犯罪目的虽然都是为谋取不正当的利益,但谋取非法利益的途径不同,本罪是通过特定关系人利用国家工作人员身份以职权便利为行贿人谋取非法利益,而对非国家工作人员行贿罪是通过非国家工作人员利用其职务直接为行贿人谋取非法利益。如果特定关系密切的人直接利用自己的职权为行贿人谋取非法利益的,应认定为对非国家工作人员行贿罪。

(3)注意划清本罪与行贿罪的界限。我国《刑法》第389条规定了行贿罪,其与本罪在犯罪主体、犯罪行为,犯罪结果方面都有相似之处,只是行贿的对象和法定刑不同。本罪的行贿对象是与国家工作人员关系密切的人,包括国家工作人员的近亲属或者其他与该国家工作人员关系密切的人或者离职的国家工作人员及其近亲属和其他关系密切的人。而行贿罪的对象是国家工作人员。由于行贿的对象不同,刑法规定的处罚轻重也有所不同。本罪最高处10年有期徒刑,并处罚金;而行贿罪最高处无期徒刑,并处罚金或者没收财产。

四、《刑法修正案(九)》对《刑法》分则的修改——修改和补充原有的犯罪

《刑法修正案(九)》对《刑法》分则原规定的49种犯罪作了修改和补充。有的是修改了罪名和罪状,有的是修改了法定刑(单纯取消死刑的除外)。2015年10月30日最高人民法院、最高人民检察院发布的《关于执行〈中华人民共和国刑法〉确定罪名的补充规定(六)》中增加了20个罪名,修改了11个罪名,取消了1个罪名,即取消了"嫖宿幼女罪"。

(一)组织、领导、参加恐怖组织罪

《刑法修正案(三)》对组织、领导、参加恐怖组织罪进行了补充修改,作为对1997年《刑法》第120条第1款原规定的"组织、领导、参加恐怖组织罪"的修改。1997年最高人民法院《关于执行〈中华人民共和国刑法〉确定罪名的规定》中将《刑法》第120条第1款规定的犯罪定为"组织、领导、参加恐怖组织罪"。2001年12月29日,全国人大常委会发布的《刑法修正案(三)》第3条补充增加了一个加重档次的法定刑,最高可处无期徒刑,但罪名没有改变。2015年11月1日生效的《刑法修正案(九)》第5条补充修改了本罪的法定刑,补充增加了"并处没收财产""并处罚金""可以并处罚金"的规定。

1.刑法规定内容的修改

刑法条文中有关组织、领导、参加恐怖组织罪的规定是:

(1)1979年《刑法》第98条规定:"组织、领导反革命集团的,处五年以上有期徒刑;其他积极参加反革命集团的,处五年以下有期徒刑、拘役、管制或者剥夺政治权利。"

1979年《刑法》第99条规定:"组织、利用封建迷信、会道门进行反革命活动的,处五年以上有期徒刑;情节较轻的,处五年以下有期徒刑、拘役、管制或者剥夺政治权利。"

(2)1997年《刑法》第120条规定:"组织、领导和积极参加恐怖活动组织的,处三年以上十年以下有期徒刑;其他参加的,处三年以下有期徒刑、拘役或者管制。

"犯前款罪并实施杀人、爆炸、绑架等犯罪的,依照数罪并罚的规定处罚。"

(3)2001年12月29日全国人大常委会发布的《刑法修正案(三)》第3条规定:将《刑法》第120条第1款修改为,组织、领导恐怖活动组织的,处10年以上有期徒刑或者无期徒刑;积极参加的,处3年以上10年以下有期徒刑;其他参加的,处3年以下有期徒刑、拘役、管制或者剥夺政治权利。

(4)2015年8月29日全国人大常委会发布的《刑法修正案(九)》第5条规定:将《刑法》第120条修改为,组织、领导恐怖活动组织的,处10年以上有期徒刑或者无期徒刑,并处没收财产;积极参加的,处3年以上10年以下有期徒刑,并处罚金;其他参加的,处3年以下有期徒刑、拘役、管制或者剥夺政治权利,可以并处罚金。

《刑法修正案(九)》对《刑法》规定作了如下修改和补充:

①增加、修改了罪名。我国1979年《刑法》中没有直接规定组织、领导、参加恐怖组织罪,而是在其第98条规定有"组织、领导反革命集团罪",其中包括组织、领导、参加恐怖组织的犯罪行为;在其第99条中规定"组织、利用会道门进行反革命活动罪",也包括一些组织、领导恐怖组织犯罪行为。1997年修订的《刑法》中取消了"组织、领导反革命集团"和"组织、利用会道门进行反革命活动罪"的犯罪行为,而在《刑法》分则第二章第120条中增加规定了"组织、领导、参加恐怖组织罪";在《刑法》分则第六章第一节扰乱公共秩序罪第300条中增加了"组织、利用会道门、邪教组织、利用迷信破坏法律实施罪"。2001年12月29日,全国人大常委会发布的《刑法修正案(三)》第3条将《刑法》第120条第1款规定的组织、领导恐怖组织的犯罪行为与积极参加恐怖组织的犯罪行为分开规定,分别规定了不同的法定刑,但罪名并没有再修改。

②修改补充规定了组织、领导、参加恐怖组织罪的法定刑。《刑法》原第120条将组织、领导和积极参加恐怖组织的犯罪行为都规定处3年以上10年以下有期徒刑。《刑法修正案(三)》将组织、领导恐怖组织罪的法定刑补充增加"处十年以上有期徒刑或者无期徒刑",加重了法定刑;对积极参加恐怖组织罪的法定刑,仍规定为处3年以上10年以下有期徒刑,以便区别对待,重点打击组织、领导恐怖组织的犯罪分子,《刑法修正案(九)》中又补充增加了"并处没收财产""并处罚金""可以并处罚金"的规定。

③2015年8月29日全国人大常委会发布的《刑法修正案(九)》第5条又对《刑法》第120条规定的组织、领导、参加恐怖活动组织罪的法定刑进行了修改,增加了财产刑,即在处10年以上有期徒刑或者无期徒刑中,增加"并处没收财产"的规定;在处3年以上10年以下有期徒刑中,增加"并处罚金"的规定;在处3年以下有期徒刑、拘役、管制或者剥夺政治权利中,增加"可以并处罚金"的规定。

2. 刑法规定修改的原因

《刑法修正案(三)》补充规定"组织、领导、参加恐怖组织罪"法定刑的主要原因有:

(1)恐怖犯罪活动猖獗,严重危害人类和平与安全。修订《刑法》时,恐怖犯罪活动在国际国内社会都已出现,建立了各种名称的恐怖组织,进行有组织地实施破坏活动。从美国"9·11事件"以后,国际恐怖活动更加猖狂,在许多国家中出现了恐怖爆炸事件,致使人类的和平与安全受到了严重威胁,引起世界各国的普遍重视。我国政府和人民一贯重视同恐怖犯罪行为作斗争,我国《刑法》对惩治恐怖活动犯罪已有了一些规定,我国加入了一系列反恐怖活动国际公约,如联合国通过的《制止恐怖主义爆炸的国际公约》《制止向恐怖主义提供资助的国际公约》等以及联合国安理会通过的第1267号、第1373号、第1333号、第1456号等反恐怖决议。国内一些恐怖活动组织犯罪活动也相当猖狂,造成严重危害。例如,"'东突厥斯坦'新闻信息中心"就是一个打着新闻机构的幌子,从事恐怖活动的恐怖组织。该组织一直致力于在中国境内外发展利用网络,策划和实施暴力恐怖活动。该组织一直传播极端主义思想,在互联网上发布文章,赤裸裸宣传宗教极端思想,煽动、教唆以暴力恐怖手段进行"圣战",公开号召中国境内穆斯林要通过爆炸、投毒等手段,针对汉族幼儿园、学校、政府等目标制造恐怖事件,袭击中国武装力量;还直接指挥、策划针对中国境内的输油管道、天然气管道、铁路等大型民用设施进行爆炸等恐怖破坏活动;通过互联网进行通信联络、指挥、唆使其成员从事恐怖活动,并积极利用互联网与境外恐怖组织勾结。鉴于当前出现恐怖活动的一些新情况,对其如何适用《刑法》已有规定,需要进一步明确;《刑法》的有关条款也需要进一步完善。

(2)我国刑法原规定的组织、领导、参加恐怖组织罪的法定刑较轻。我国1997年《刑法》第120条第1款规定"组织、领导和积极参加恐怖活动组织的,处三年以上十年以下有期徒刑"。上述规定,有两点与当前打击恐怖犯罪活动不相适应:一是将积极参加恐怖活动组织的犯罪分子与组织、领导恐怖活动组织的犯罪分子并列在一起,对他们的惩处适用同样的法定刑,没有突出重点惩治组织、领导恐怖活动组织的犯罪分子。二是对组织、领导恐怖活动组织的犯罪分子规定的法定刑为"三年以上十年以下有期徒刑",法定刑较轻,不足以严厉惩治这类犯罪分子。为了加重对组织、领导、参加恐怖组织罪的处罚,应对《刑法》进行修改和补充。

(3)全国人大法制工作委员会提请全国人大常委会修改刑法规定。2001年12月24日,在第九届全国人大常委会第二十五次会议上,全国人大常委会法制工作委员向全国人大常委会提出了《刑法修正案(三)(草案)》,建议全国人大常委会将《刑法》第120条第1款修改为"组织、领导恐怖活动组织的,处十年以上有期徒刑或者无期徒刑;积极参加的,处三年以上十年以下有期徒刑;其他参加的,处三年以下有期徒刑、拘役、管制或者剥夺政治权利"。保留《刑法》第120条第2款"数罪并罚"的规定。

(4)经过多年惩治组织、领导、参加恐怖组织犯罪的实践发现,该类犯罪分子都有经济支持,以金钱收买打手进行犯罪活动。因此,犯罪猖獗,屡禁不止,为了从经济上惩罚犯罪,使犯罪分子失去经济支持,必须对其没收财产或者罚金,使其失去经济支持,无法继续犯罪。

鉴于上述原因,全国人大常委会在《刑法修正案(三)》中补充规定了对犯组织、领导、参加恐怖组织罪的犯罪分子的加重法定刑。同时,将组织、领导恐怖活动组织的犯罪分子与积极参加恐怖活动组织的犯罪分子分开规定,适用轻重不同的法定刑。2015年在《刑法修正案(九)》中又对该罪的法定刑补充增加了并处没收财产刑,从经济上惩罚该犯罪行为。

3.组织、领导、参加恐怖组织罪的适用

组织、领导、参加恐怖组织罪是《刑法修正案(三)》《刑法修正案(九)》对该罪的法定刑作了修改补充规定。要准确适用,就必须先厘清本罪的概念、构成特征,以及适用时应注意的问题。

(1)本罪的概念。该罪是指故意组织、领导、参加恐怖组织的行为。

该种犯罪是一种有组织地进行恐怖犯罪活动的犯罪,有的危害国家安全,有的危害公共安全,社会危害性很严重。我国刑法既惩治组织、领导、参加恐怖活动组织的犯罪行为,也惩治在恐怖活动中实施杀人、爆炸、绑架等犯罪行为,并且依照数罪并罚的规定处罚。

认定恐怖组织的标准是:①以暴力恐怖为手段,从事危害国家安全、破坏社会稳定、危害人民群众生命财产安全的恐怖活动的组织(无论其总部在国内还是在国外);②具有一定的组织领导或分工体系;③符合上述标准,并具有下列情形之一:第一,曾组织、策划、煽动、实施或参与实施恐怖活动,或正在组织、策划、煽动、实施或参与实施恐怖活动;第二,资助、支持恐怖活动;第三,建立恐怖活动基地,或者组织、招募、训练、培训恐怖分子;第四,与其他国际恐怖组织相勾结,接受其他国际恐怖组织资助、训练、培训,或参与其活动。

认定恐怖分子的具体标准是:①与恐怖组织发生一定的联系,在国内外从事危害我国国家安全和人民群众生命财产安全的恐怖活动的人员(无论其是否加入了外国国籍);②符合上述条件,同时有下列情形之一:第一,组织、领导、参加恐怖组织的;第二,组织、策划、煽动、宣传或教唆实施恐怖活动的;第三,资助、支持恐怖组织或恐怖分子进行恐怖活动的;第四,接受上述恐怖组织或其他国际恐怖组织资助、训练、培训或参与其活动的。参照上述标准,可以准确认定组织、领导恐怖组织罪。

(2)本罪的构成特征。根据《刑法》第120条和《刑法修正案(三)》《刑法修正案(九)》的规定,该罪的构成特征有:

①犯罪主体。该罪的犯罪主体是一般主体,年满16周岁以上的自然人可以构成本罪。犯罪主体在主观上必须是故意的,并具有组织、领导、参加恐怖组织的目的。

②犯罪行为。必须是实施了组织、领导、参加恐怖活动组织的犯罪行为。具体犯罪行为表现有:

第一,组织恐怖活动组织的行为;

第二,领导恐怖活动组织的行为;

第三,积极参加恐怖活动组织的行为;

第四,其他参加恐怖活动组织的行为。

只要具备上述行为之一的,就可以构成本罪的犯罪行为,但应根据犯罪行为的特征分别定为组织恐怖组织罪、领导恐怖组织罪、参加恐怖组织罪,如果上述犯罪行为都实施了,只定为组织、领导、参加恐怖活动罪一个罪名。

所谓恐怖活动组织,是指以进行恐怖活动为目的的犯罪组织,它们的名称多种多样,如"东突厥斯坦伊斯兰运动""东突厥斯坦解放组织""世界维吾尔青年代表大会"等。他们的主要犯罪活动是:绑架人质,杀害领导人,杀害外交代表,劫持汽车、船只、飞机,进行爆炸、投毒等恐怖犯罪活动等。

③犯罪结果。组织、领导、参加恐怖组织罪是行为犯,只要实施了上述行为就危害了公共安全,就构成了犯罪。

(3)组织、领导、参加恐怖组织罪的法定刑。根据实施犯罪行为的性质和在共同犯罪中的地位不同,分别适用不同的法定刑:

①组织、领导恐怖活动组织的,处10年以上有期徒刑或者无期徒刑,并处没收财产。②积极参加的,处3年以上10年以下有期徒刑,并处罚金。③其他参加的,处3年以下有期徒刑、拘役、管制或者剥夺政治权利,可以并处罚金。

(4)认定组织、领导、参加恐怖组织罪时,应注意以下问题:

①注意划清罪与非罪的界限。

从犯罪主体上区分。本罪的主体是组织、领导、参加恐怖活动的组织者、领导者和参加者,如果其组织、领导、参加的不是恐怖活动组织,而是其他组织的,不构成犯罪或者不构成本罪。例如,组织、领导、参加盗窃集团的人本身不构成本罪,只是追究其实施的盗窃罪的刑事责任;如果行为人是组织、领导、参加黑社会性质组织的人,也不构成本罪,而构成组织、领导、参加黑社会性质组织罪。

从犯罪行为上区分。本罪是故意犯罪,过失行为不构成本罪。例如,确实不知道是恐怖活动组织,而认为是合法组织过失参加的行为,不构成犯罪。另外,本罪打击的是极少数策划、指挥、领导、组织和积极参加恐怖活动组织的首要分子、骨干分子,对受蒙骗的一般群众,一般不构成犯罪。

从犯罪结果上区分。本罪是行为犯,只要实了组织、领导、参加恐怖组织行为其中之一的行为就有危害公共安全的结果,就可以构成犯罪;但是如果其实施的组织、领导、参加恐怖组织行为,造成了情节显著轻微危害不大的结果,依照《刑法》第13条的规定,不构成犯罪。

②注意准确划清恐怖活动组织与犯罪集团的界限。我国《刑法》第26条规定,三人以上为共同实施犯罪而组成的较为固定的犯罪组织,是犯罪集团。按《刑法》上述规定,恐怖活动组织是犯罪集团的一种。犯罪集团的范围比较广泛,组织、领导、参加犯罪集团的行为不一定都构成犯罪。有些组织、领导、参加犯罪集团的行为,只要在犯罪集团中没有实施犯罪行为的,不构成犯罪。恐怖活动组织、黑社会性质组织都是犯罪集团的一种形式,法律特别规定,组织、领导、参加这些犯罪组织,包括参加间谍组织的行为都构成犯罪,至于在该组织领导下,又实施了杀人、爆炸、绑架等犯罪行为的,另外单独定罪,并且与上述犯罪数罪并罚。因此,依照我国刑法规定,恐怖活动组织、黑社会性质组织是犯罪集团的一种特殊形式。根据我国《刑法》第97条规定,"聚众犯罪中起组织、策划、指挥作用的犯罪分子"是首要分子,这种聚众犯罪不是有组织犯罪,但在聚众犯罪中起组织、策划、指挥作用的犯罪分子,也是首要分子,但不是犯罪集团的首要分子。

③注意准确认定恐怖活动组织与黑社会性质组织的界限。两种犯罪都是犯罪集团的特别形式,由于这两种组织的社会危害性特别严重,法律规定只要实施了组织、领导、参加其组织的行为,都构成犯罪。但二者有着重要区别:第一,犯罪目的不同。本罪的犯罪目的是进行恐怖犯罪活动;而黑社会性质组织的犯罪目的是通过使用暴力称霸一方,牟取政治、经济利益。第二,犯罪组织的性质不同。本罪的行为人组织、领导、参加的组织是恐怖活动组织;而组织、领导、参加黑社会性质组织罪的行为人组织、领导、参加的是黑社会性质组织,这两种组织的性质不同,从事的犯罪活动的目的也不相同。

④注意准确区分一罪与数罪的界限。组织、领导、参加恐怖活动组织罪是选择性罪名,如果行为人只是实施了组织、领导、参加行为之一的,只定为其中之一的罪名,例如,行为人只是实施了参加恐怖组织行为,则只定为参加恐怖组织罪即可;如果行为人既实施了组织恐怖活动组织行为,又实施了领导和参加恐怖活动组织行为,只定为组织、领导、参加恐怖活动组织罪一种罪名,不能定为数罪。另外,行为人实施了组织、领导、参加恐怖活动组织罪,在该组织的领导、指挥下,又实施了杀人、爆炸、绑架等犯罪行为的,应分别定罪,按数罪并罚原则处罚。

(二)帮助恐怖活动罪

《刑法修正案(九)》第6条对《刑法》第120条之一进行了补充修改的犯罪,该罪是2001年《刑法修正案(三)》中补充增加的犯罪,作为《刑法》第120条之一。2002年3月15日,最高人民法院、最高人民检察院发布的《关于执行〈中华人民共和国刑法〉确定罪名的补充规定》中将《刑法》第120条之一规定的犯罪规定为"资助恐怖活动罪"的罪名。2015年8月29

日颁布的《刑法修正案(九)》第6条补充修改了本罪的罪状,增加了"资助恐怖活动培训"和"为恐怖活动组织、实施恐怖活动或者恐怖活动培训招募、运送人员"的犯罪行为。2015年10月30日发布的最高人民法院、最高人民检察院《关于执行〈中华人民共和国刑法〉确定罪名的补充规定(六)》中将"资助恐怖活动罪"改为"帮助恐怖活动罪"的罪名。

1. 刑法规定内容的修改

刑法条文中有关帮助恐怖活动罪的规定是:

(1)1979年《刑法》第97条规定:"进行下列间谍或者资敌行为之一的,处十年以上有期徒刑或者无期徒刑;情节较轻的,处三年以上十年以下有期徒刑:(一)为敌人窃取、刺探、提供情报的;(二)供给敌人武器军火或者其他军用物资的;(三)参加特务、间谍组织或者接受敌人派遣任务的。"

(2)1997年《刑法》第107条规定:"境内外机构、组织或者个人资助境内组织或者个人实施本章第一百零二条、第一百零三条、第一百零四条、第一百零五条规定之罪的,对直接责任人员,处五年以下有期徒刑、拘役、管制或者剥夺政治权利;情节严重的,处五年以上有期徒刑。"

1997年《刑法》第112条规定:"战时供给敌人武器装备、军用物资资敌的,处十年以上有期徒刑或者无期徒刑;情节较轻的,处三年以上十年以下有期徒刑。"

(3)2001年12月29日,全国人大常委会发布的《刑法修正案(三)》第4条规定,《刑法》第120条后增加一条,作为第120条之一:"资助恐怖活动组织或者实施恐怖活动的个人的,处五年以下有期徒刑、拘役、管制或者剥夺政治权利,并处罚金;情节严重的,处五年以上有期徒刑,并处罚金或者没收财产。

"单位犯前款罪的,对单位判处罚金,并对其直接负责的主管人员和其他直接责任人员,依照前款的规定处罚。"

(4)2015年8月29日发布的《刑法修正案(九)》第6条规定将《刑法》第120条之一修改为:"资助恐怖活动组织、实施恐怖活动的个人的,或者资助恐怖活动培训的,处五年以下有期徒刑、拘役、管制或者剥夺政治权利,并处罚金;情节严重的,处五年以上有期徒刑,并处罚金或者没收财产。

"为恐怖活动组织、实施恐怖活动或者恐怖活动培训招募、运送人员的,依照前款的规定处罚。

"单位犯前两款罪的,对单位判处罚金,并对其直接负责的主管人员和其他直接责任人员,依照第一款的规定处罚。"

上述《刑法修正案(三)》对《刑法》作了如下补充:

①增加了罪名。我国1979年《刑法》中没有直接规定"资助恐怖活动罪",而是在《刑法》第97条规定的"资敌罪"中包括了资助恐怖活动罪的犯罪行为;1997年修订的《刑法》分则第一章危害国家安全罪中第107条增加规定了"资助危害国家安全犯罪活动罪";第112条增加规定了"资敌罪",上述两种犯罪虽然可以包括一些资助恐怖活动的犯罪行为,但由于上述两种犯罪都是危害国家安全的犯罪,对于资助危害公共安全的恐怖犯罪活动行为,则不能适用。2001年12月29日,全国人大常委会发布的《刑法修正案(三)》第4条在《刑法》第120条之后增加一条,作为《刑法》第120条之一,增加规定了资助恐怖活动的犯罪行为。2002年3月

15日,最高人民法院、最高人民检察院发布的《关于执行〈中华人民共和国刑法〉确定罪名的补充规定》中将该犯罪定为独立的"资助恐怖活动罪"的罪名。

②补充规定了"资助恐怖活动罪"的罪状和法定刑。《刑法》第120条之一规定,资助恐怖活动罪的罪状是"资助恐怖活动组织或者实施恐怖活动的个人的"犯罪行为,资助恐怖活动罪的法定刑是"处五年以下有期徒刑、拘役、管制或者剥夺政治权利,并处罚金;情节严重的,处五年以上有期徒刑,并处罚金或者没收财产"。

③增加规定了"单位犯资助恐怖活动罪"。2001年12月29日,全国人大常委会发布的《刑法修正案(三)》第4条第2款规定:"单位犯前款罪的,对单位判处罚金,并对其直接负责的主管人员和其他直接责任人员,依照前款的规定处罚。"不但规定了单位可构成本罪,而且规定了单位犯本罪的法定刑。

上述《刑法修正案(九)》对《刑法》第120条之一,又作了如下补充:

①增加规定了"资助恐怖活动培训的"犯罪行为。

②增加规定了"为恐怖活动组织、实施恐怖活动或者恐怖活动培训招募、运送人员的,依照前款的规定处罚"的犯罪行为和处罚规定。

③修改规定了"单位犯前两款罪的,对单位判处罚金,并对其直接负责的主管人员和其他直接责任人员,依照第一款的规定处罚"。

2. 对刑法规定修改的原因

《刑法修正案(三)》补充规定"资助恐怖活动罪"的主要原因有:

(1)资助恐怖活动犯罪行为猖獗,严重危害人类和平与安全。修订《刑法》时,资助恐怖犯罪活动的行为在国际国内社会都已出现,有些单位和个人从政治、经济上支持,成立了各种恐怖组织,进行有组织地恐怖犯罪活动。国际上的"基地"组织,国内的"东伊运"等恐怖组织都是由单位或者个人从政治上、经济上给予支持和资助。要彻底消灭恐怖犯罪活动,就必须严厉惩治帮助恐怖活动的犯罪行为。

(2)我国《刑法》没有明确规定惩治资助恐怖活动犯罪行为。我国1997年《刑法》第107条、第112条规定的"资助危害国家安全犯罪活动罪"和"资敌罪"虽然可以包含一些资助恐怖活动的犯罪行为,但不能完全包括资助恐怖活动的全部犯罪行为,特别是对资助危害公共安全的恐怖活动的行为《刑法》没有明文规定为犯罪。另外,《刑法》第107条和第112条也没有明确规定单位可以构成该种犯罪,在司法适用时,容易产生分歧,无法准确惩治这些单位和个人资助恐怖活动的行为。

(3)全国人大法制工作委员会提请全国人大常委会修改《刑法》规定。2001年12月24日,在第九届全国人大常委会第二十五次会议上,全国人大常委会法制工作委员根据我国参加的联合国2001年9月29日通过的第1373号决议,该决议规定,各国将为恐怖活动提供或筹集资金的行为规定为犯罪,虽然我国《刑法》对分裂国家、武装叛乱暴乱、颠覆国家政权等危害国家安全犯罪的行为已有规定,但为了惩治以提供资金、财物等方式资助恐怖活动组织的犯罪行为,在向全国人大常委会提出的《刑法修正案(三)(草案)》中,建议全国人大常委会在《刑法》第120条后增加一条,作为第120条之一,补充规定"资助恐怖活动罪",并规定单位可以构成本罪。鉴于上述原因,全国人大常委会在《刑法修正案(三)》中补充规定了资助恐怖活动罪和犯该罪应处的法定刑。

《刑法修正案（九）》对《刑法》第120条之一，又作补充的原因：

根据近几年来惩治恐怖犯罪的实践经验，恐怖分子实施恐怖活动首先要对参加恐怖组织的人进行培训，对其洗脑，灌输恐怖思想，并且进行爆炸等技术操作培训，有的资助培训经费、场所，有的为恐怖培训招募、运送人员，有的为恐怖培训提供师资等资助恐怖活动犯罪行为。这些为恐怖犯罪活动提供培训帮助的行为与单纯地从经济、财产上帮助还是有一定区别的，因此，在刑法上应当明确规定其为犯罪行为，并规定其应受的刑罚处罚。

3. 帮助恐怖活动罪的适用

帮助恐怖活动罪，是《刑法修正案（九）》又对《刑法》第120条之一规定的罪状作补充，要准确适用，就必须先厘清本罪的概念、构成特征，以及适用时应注意的问题。

(1) 帮助恐怖活动罪的概念。帮助恐怖活动罪是指单位或者个人资助恐怖活动组织、实施恐怖活动个人，或者帮助恐怖活动培训的行为。

该种犯罪是一种资助恐怖活动的犯罪，虽然其本身不是进行恐怖活动的犯罪行为，但其为恐怖组织和实施恐怖活动的分子提供资金、财物等方式帮助进行恐怖犯罪活动，或者帮助恐怖活动培训的行为是对社会有危害性的行为。我国1997年修订的《刑法》对资助分裂国家、武装叛乱暴乱、颠覆国家政权等危害国家安全的犯罪行为已有明确规定，但没有明确规定惩治帮助恐怖活动的犯罪行为。联合国2001年9月29日通过的第1373号决议中，明确规定各国应将为恐怖活动提供或者筹集资金的行为规定为犯罪。为了惩治以提供资金、财物、培训等方式帮助恐怖活动行为，全国人大常委会在《刑法修正案（三）》第4条中专门增加规定了"资助恐怖活动罪"，最高处15年有期徒刑。《刑法修正案（九）》又对《刑法》第120条之一的资助恐怖活动罪的犯罪行为作了补充，增加了资助恐怖活动培训的犯罪行为和为恐怖活动组织、实施恐怖活动或者为恐怖活动培训招募、运送人员的帮助行为。2015年10月30日最高人民法院、最高人民检察院发布的《关于执行〈中华人民共和国刑法〉确定罪名的补充规定（六）》中将"资助恐怖活动罪"改为"帮助恐怖活动罪"。

(2) 帮助恐怖活动罪的构成特征。根据《刑法》第120条之一和《刑法修正案（九）》的规定，该罪的构成特征有：

①犯罪主体。该罪的犯罪主体是一般主体，年满16周岁以上的自然人和依法成立的单位都可以构成本罪。犯罪主体在主观上必须是故意的，并具有帮助恐怖活动的目的。

②犯罪行为。必须是实施了帮助恐怖活动的犯罪行为。具体犯罪行为表现有：

第一，资助恐怖组织的行为；

第二，资助实施恐怖活动的个人的行为；

第三，资助恐怖活动培训的行为；

第四，为恐怖活动组织、实施恐怖活动或者恐怖活动培训而招募、运送人员的帮助行为。

上述帮助行为既包括提供资金、财物、人员培训等资助行为，也包括提供犯罪工具、通信设备、武器弹药、培训场地和师资等物质和非物质的帮助行为。

③犯罪结果。帮助恐怖活动罪是行为犯，只要实施了上述帮助恐怖犯罪活动行为就危害了公共安全，就具备了本罪的犯罪结果，就构成了犯罪。根据实施帮助恐怖活动的犯罪结果，即资金多少、财物的性质、培训人数多少以及被帮助者对社会造成危害结果的严重性不同分别处以轻重不同的刑事处罚，最低处管制或者剥夺政治权利，最高处15年有期徒刑。但是帮

助恐怖活动行为,情节显著轻微危害不大的,依照我国《刑法》第13条的规定,不认为是犯罪。

(3)帮助恐怖活动罪的法定刑。根据《刑法》第120条之一规定,本罪的法定刑是:

①构成本罪的,应处5年以下有期徒刑、拘役、管制或者剥夺政治权利,并处罚金。

②犯本罪,情节严重的,处5年以上有期徒刑,并处罚金或者没收财产。

③单位犯本罪的,对单位判处罚金,并对其直接负责的主管人员和其他直接责任人员,依照自然人犯本罪的处罚规定处罚。

(4)认定资助恐怖活动罪时,应注意以下问题:

①注意划清罪与非罪的界限。

从犯罪主体上区分。本罪的犯罪主体是一般主体,犯罪主体在主观上是故意,持过失心理态度的不构成本罪。例如,确实不知道是恐怖活动组织或者实施恐怖活动的个人,而予以帮助的行为,不构成犯罪。

从犯罪行为上区分。本罪惩治的是实施了资助恐怖活动的行为,无论其被帮助活动的性质是一般恐怖活动行为还是恐怖犯罪活动的行为,对资助者的资助行为都可以构成犯罪。本罪的行为人帮助的对象是恐怖组织和实施恐怖活动的个人或者帮助恐怖培训的行为,帮助的不是上述组织和个人或者恐怖培训,不构成本罪。例如,资助邪教组织的行为,不构成本罪。

从犯罪结果上区分。本罪是行为犯,只要实施了资助恐怖活动的行为就构成本罪。

②注意准确划清本罪与资助危害国家安全犯罪活动罪的界限。我国《刑法》第107条规定资助危害国家安全犯罪活动罪与本罪都是资助犯罪活动方面的犯罪,容易与本罪混淆,但二罪有重要区别。资助危害国家安全犯罪活动罪是资助分裂国家、武装叛乱暴乱、颠覆国家政权等危害国家安全的犯罪行为,其侵犯的客体是国家安全;而本罪资助的是恐怖组织和实施恐怖活动的个人,其侵犯的客体是公共安全,这是两种不同性质的犯罪。但两种犯罪可能有交叉重合,例如,行为人帮助恐怖组织进行颠覆国家政权的犯罪行为,对帮助行为人是认定为帮助恐怖活动罪,还是认定为资助危害国家安全犯罪活动罪呢?笔者认为,上述情况属于法规竞合,尽管两个法律条文中规定的两种犯罪的法定刑相同,但资助危害国家安全犯罪活动罪是危害国家安全罪中的具体犯罪,比危害公共安全罪中的帮助恐怖活动罪在犯罪性质上更严重,应按优先适用重法的原则,上述情况的犯罪行为应依照资助危害国家安全犯罪活动罪定罪处罚。

③注意准确认定本罪与窝藏、包庇罪的界限。我国《刑法》第310条规定的窝藏、包庇罪中包括"明知是犯罪的人而为其提供隐藏处所、财物,帮助其逃匿"的行为,上述犯罪行为与本罪帮助恐怖活动罪的犯罪行为相似,容易与本罪混淆。两罪的根本区别是行为人帮助的对象不同,侵犯的客体不同。窝藏、包庇罪帮助的对象是一般犯罪的人,侵犯的客体是妨害司法管理秩序,社会危害性相对较小;而帮助恐怖活动罪资助的对象是恐怖组织或者实施恐怖活动的个人,侵犯的客体是公共安全,社会危害性相对较大。另外,二者的具体犯罪行为也不相同。帮助恐怖活动罪的犯罪行为只是资助资金、财物等资助行为和人员培训、招募、运送等帮助行为,目的是支持恐怖组织或者个人进行恐怖活动和帮助恐怖培训;而窝藏、包庇罪的犯罪行为除资助资金、财物的资助行为外,还有包庇行为,其目的使犯罪分子逃避法律制裁。依照上述不同点可将这两种犯罪区别开来。

(三)危险驾驶罪

危险驾驶罪是《刑法修正案(八)》、《刑法修正案(九)》和《刑法》第133条之一,补充增加和修改的罪名。最高人民法院、最高人民检察院于2011年4月27日发布的《关于执行〈中华人民共和国刑法〉确定罪名的补充规定(五)》中规定为"危险驾驶罪"的罪名。

1.刑法规定内容的修改

刑法条文中有关危险驾驶罪的规定是:

(1)1979年《刑法》第113条规定:"从事交通运输的人员违反规章制度,因而发生重大事故,致人重伤、死亡或者使公私财产遭受重大损失的,处三年以下有期徒刑或者拘役;情节特别恶劣的,处三年以上七年以下有期徒刑。非交通运输人员犯前款罪的,依照前款规定处罚。"

(2)1997年《刑法》第133条规定:"违反交通运输管理法规,因而发生重大事故,致人重伤、死亡或者使公私财产遭受重大损失的,处三年以下有期徒刑或者拘役;交通运输肇事后逃逸或者有其他特别恶劣情节的,处三年以上七年以下有期徒刑;因逃逸致人死亡的,处七年以上有期徒刑。"

(3)2011年2月25日发布的《刑法修正案(八)》第22条规定,在《刑法》第133条后增加一条,作为第133条之一:"在道路上驾驶机动车追逐竞驶,情节恶劣的,或者在道路上醉酒驾驶机动车的,处拘役,并处罚金。

"有前款行为,同时构成其他犯罪的,依照处罚较重的规定定罪处罚。"

(4)2015年8月29日发布的《刑法修正案(九)》第8条规定,将《刑法》第133条之一修改为:"在道路上驾驶机动车,有下列情形之一的,处拘役,并处罚金:(一)追逐竞驶,情节恶劣的;(二)醉酒驾驶机动车的;(三)从事校车业务或者旅客运输,严重超过额定乘员载客,或者严重超过规定时速行驶的;(四)违反危险化学品安全管理规定运输危险化学品,危及公共安全的。

"机动车所有人、管理人对前款第三项、第四项行为负有直接责任的,依照前款的规定处罚。

"有前两款行为,同时构成其他犯罪的,依照处罚较重的规定定罪处罚。"

上述《刑法修正案(八)》对《刑法》作了如下补充:

(1)增加了罪名。我国1979年《刑法》中没有直接规定"危险驾驶罪",而1997年《刑法》第133条规定的"交通肇事罪",违反交通运输法规发生了重大交通事故的行为才构成犯罪,其中不包括危险驾驶的行为。2011年2月25日发布的《刑法修正案(八)》增加规定了危险驾驶的犯罪行为。2002年4月27日,最高人民法院、最高人民检察院发布的《关于执行〈中华人民共和国刑法〉确定罪名的补充规定(五)》中将该犯罪规定为独立的"危险驾驶罪"的罪名。

(2)补充规定了"危险驾驶罪"的罪状和法定刑。《刑法》第133条之一规定,危险驾驶罪的罪状是"在道路上驾驶机动车追逐竞驶,情节恶劣的,或者在道路上醉酒驾驶机动车的"的犯罪行为;并规定危险驾驶罪的法定刑是"处拘役,并处罚金"。

(3)上述《刑法修正案(九)》对《刑法》第133条之一,又作了如下补充:

①增加规定了"从事校车业务或者旅客运输,严重超过额定乘员载客,或者严重超过规定

时速行驶的"犯罪行为。

②增加规定了"违反危险化学品安全管理规定运输危险化学品,危及公共安全的"的犯罪行为。

③增加规定了犯罪主体,即"机动车所有人、管理人对前款第三项、第四项行为负有直接责任的,依照前款的规定处罚"。

2.对刑法规定修改的原因

《刑法修正案(八)》《刑法修正案(九)》补充规定了"危险驾驶罪"的主要原因是根据我国当前道路交通安全事故频繁发生的现实情况而采取的刑事强制措施,以惩罚那些"马路杀手",保护人民群众的生命财产安全。我国1979年《刑法》和1997年《刑法》都没有这种犯罪的规定,只是规定了违反交通法规,发生了重大交通事故,可以构成交通肇事罪。我国经济迅速发展,人们生活水平迅速提高,无论是公共交通还是私家车都猛增,道路建设和交通管理跟不上机动车数量的发展,造成一些城市道路上车辆堵塞,交通秩序混乱,交通事故频繁发生,严重危害了人们的生命、人身财产安全和公共交通安全。一些醉酒驾车和在马路上驾车追逐以及严重超载、超时和违规运输化学危险品等危险驾驶车辆的行为严重危害了公共交通安全。国家曾采取措施,依照有关行政法规维护交通秩序和人们的生命财产安全,《刑法修正案(八)》借鉴其他国家法律规定,在我国《刑法》中补充规定了危险驾驶罪。

经过几年惩罚危险驾驶的犯罪行为,醉酒驾车行为大量减少,但违反交通运输法规驾驶机动车的行为致使一些恶性交通事故频繁发生,造成大量人员死伤和重大财产损失,如校车、客运车等车辆超载、超速行驶,违反化学危险品安全运输规定进行运输等危险驾驶的行为还大量存在。为了减少恶性交通事故的发生,对一些违反交通运输法规定的行为,对未发生交通事故前的危险驾驶行为也要予以较轻的刑事处罚,防患于未然。2015年《刑法修正案(九)》第8条对《刑法》第133条之一规定的危险驾驶罪的犯罪主体和犯罪行为又进行了补充规定,扩大了危险驾驶罪的惩罚范围。当然还有些危险驾驶行为,如吸毒后驾驶车辆的行为,由于认识不一致,暂没有将其规定为犯罪行为。

3.危险驾驶罪的适用

要准确适用危险驾驶罪就必须弄清该罪的概念、构成特征、法定刑以及适用时应注意的问题。

(1)危险驾驶罪的概念。危险驾驶罪是指在道路上驾驶机动车追逐竞驶,情节恶劣的;醉酒驾驶机动车的;校车、旅客运输严重超载、超速的;违规运输危险化学品,危及公共安全的行为。

醉酒驾车等危险驾驶行为是人们生命、财产安全有非常重大的威胁,单纯用行政处罚措施已不能有效地制止这种违法犯罪行为,只得发挥刑罚的功能,用刑罚对其予以惩罚,以预防重大交通事故发生,确保人们的生命财产安全。

(2)危险驾驶罪的构成要件是:

①犯罪主体,是一般主体。达到法定年龄、具有刑事责任能力、实施了危险驾驶犯罪行为的自然人。本罪法定年龄是年满16周岁,无论是否有驾驶执照的人都可以构成本罪。机动车所有人、管理人也可以成为本罪的犯罪主体。本罪的犯罪主体在主观上是故意实施危险驾驶行为,但对危害公共安全的结果则是一种过失的心理态度。因此,危险驾驶罪是一种过失

犯罪。

②犯罪行为,必须是实施危险驾驶的行为。具体包括4种犯罪行为:

第一,在道路上驾驶机动车追逐竞驶,情节恶劣的行为;

第二,在道路上醉酒驾驶机动车的行为;

第三,从事校车业务或者旅客运输,严重超过额定乘员载客,或者严重超过规定时速行驶的行为;

第四,违反危险化学品安全管理规定运输危险化学品,危及公共安全的行为。

③犯罪结果,驾车在道路上追逐竞驶行为,必须是情节恶劣的才构成犯罪,是结果犯;醉酒驾驶的行为是行为犯,只要是实施了醉酒驾驶机动车的行为就危害了公共交通安全,就可以构成犯罪;校车、旅客运输行为必须是严重超载、超速的才构成犯罪,是结果犯;违规运输危险化学品行为必须是产生危及公共安全的结果的,才构成犯罪,是结果犯。

(3)危险驾驶罪的法定刑,根据《刑法》第133条之一规定,危险驾驶罪的法定刑是:构成本罪的,处拘役,并处罚金。

根据最高人民法院、最高人民检察院、公安部2013年12月18日《关于办理醉酒驾驶机动车刑事案件适用法律若干问题的意见》第1条规定,在道路上驾驶机动车,血液酒精含量达到80毫升/100毫升以上的,属于醉酒驾驶机动车,依照《刑法》第133条之一第1款的规定,以危险驾驶罪定罪处罚。前款规定的"道路""机动车",适用《道路交通安全法》的有关规定。

上述意见第2条规定,醉酒驾驶机动车、具有下列情形之一的,依照《刑法》第133条之一第1款的规定,从重处罚:第一,造成交通事故且负事故全部或者主要责任,或者造成交通事故后逃逸,尚未构成其他犯罪的;第二,血液酒精含量达到200毫克/100毫升以上的;第三,在高速公路、城市快速路上驾驶的;第四,驾驶载有乘客的营运机动车的;第五,有严重超员、超载或者超速驾驶,无驾驶资格驾驶机动车,使用伪造或者变造的机动车牌证等严重违反《道路交通安全法》的行为的;第六,逃避公安机关依法检查,或者拒绝、阻碍公安机关依法检查尚未构成其他犯罪的;第七,曾因酒后驾驶机动车受过行政处罚或者刑事追究的;第八,其他可以从重处罚的情形。

上述意见第4条规定,对醉酒驾驶机动车的被告人判处罚金,应当根据被告人的醉酒程度、是否造成实质损害、认罪悔罪态度等情况,确定与主刑相适应的罚金数额。

(4)适用危险驾驶罪时,应注意的问题:

①注意划清罪与非罪的界限。

从犯罪主体上区分。不满16周岁的人和单位不构成本罪。机动车所有人、管理人对校车、旅客车,严重超载、超速;违规运输危险化学品行为负有直接责任的人员,可以构成危险驾驶罪,如果对上述行为不负直接责任的人员,不构成本罪。

从犯罪行为和犯罪结果上区分。驾车追逐竞驶的行为必须达到情节恶劣的程度才构成犯罪。"情节恶劣",一般是指争强斗气进行飙车,严重违反交通规则,在交通拥挤的情况下驾车追逐竞驶,不听劝阻肆意驾驶机动车横冲直撞的行为等。只是为了抢道先行的行为,没有达到危害交通安全的程度的,不属于情节恶劣,不构成本罪。

血液酒精含量达到80毫克/100毫克以上而驾驶机动车的行为就是醉酒驾驶行为,就可以构成犯罪;每100毫升达到20—79毫克的,是酒后驾驶,不构成犯罪,给予行政处罚。但是,这种醉酒驾车行为也应根据《刑法》第 13 条的规定,情节显著轻微危害不大的,不认为是犯罪。

校车、旅客车,必须是严重超载、超速的,才能构成犯罪,轻微的超载、超速没有发生交通事故的,不构成犯罪,而是按一般违反交通法规给予行政处罚;违规运输危险化学品,必须是产生危及公共安全的结果,才构成犯罪,如果违反危险化学品运输安全规定,但不可能危害公共安全的行为,也不构成犯罪,可予以行政处罚。

有一种观点认为,以体内含一定酒精量为标准确定是否醉酒驾驶行为是不科学的,有的人即使达到一定的酒精量,但没有失去控制机动车的能力,还有的人隔夜饮酒,第二天体内酒精量超过标准,但自己不觉得自己失去控制机动车的能力而驾驶机动车的行为,不应认定为醉酒驾驶机动车的行为。笔者认为,目前以体内含一定酒精量为醉酒的标准是最简便易行的方法。不管何时饮酒,只要体内含量达到醉酒的标准的,就应当认定是醉酒。以是否失去控制机动车能力为标准不易被掌握,不便于司法适用。

还有一种观点认为,应将吸毒后驾车的行为规定为犯罪。全国人大常委会在研究讨论时认为,目前对"毒驾"入罪还有不同意见,对 200 多种毒品的吸食行为划分罪与非罪的界限很不容易,快速监测的技术还要进一步完善,依照目前的法律法规规定,对"毒驾"行为注销机动车驾驶资格、强制隔离戒毒,这些手段有法可依,不会放纵"毒驾"行为。在今后完善《刑法》时,对这个问题还会继续研究。

②注意重罪吸收轻罪定罪处罚。根据《刑法修正案(八)》、《刑法修正案(九)》和《刑法》第 133 条之一第 3 款的规定,有危险驾驶犯罪行为,同时构成其他犯罪的,依照处罚较重的规定定罪处罚,其他罪主要有交通肇事罪、故意杀人罪、故意伤害罪、以危险方法危害公共安全罪等。例如,醉酒驾驶机动车的行为造成严重后果,同时构成交通肇事罪,应按交通肇事罪定罪处罚,不再定为危险驾驶罪后进行数罪并罚。

根据最高人民法院、最高人民检察院、公安部 2013 年 12 月 18 日《关于办理醉酒驾驶机动车刑事案件适用法律若干问题的意见》第 3 条规定,醉酒驾驶机动车,以暴力、威胁方法阻碍公安机关依法检查,又构成妨害公务罪等其他犯罪的,依照数罪并罚的规定处罚。

③正确理解道路的范围。道路,是指在公路和经常行驶机动车的城乡道路,但不包括厂区和田间、草场内的不经常通行机动车的小道。因为在这些小道上危险驾驶机动车的行为,一般不能达到危害公共安全的程度。

④注意正确认定酒精含量。根据 2013 年 12 月 18 日最高人民法院、最高人民检察院、公安部联合发布的《关于办理醉酒驾驶机动车刑事案件适用法律若干问题的意见》第 6 条规定,血液酒精含量检验鉴定是认定犯罪嫌疑人醉酒的依据。犯罪嫌疑人经呼气酒精含量检验达到本意见第 1 条规定的醉酒标准,在抽取血样之前脱逃的,可以以呼气酒精含量检验结果作为认定其醉酒的依据。犯罪嫌疑人在公安机关依法检查时,为逃避法律追究,在呼气酒精含量检验或者抽取血样前又饮酒,经检验其血液酒精含量达到本意见第 1 条规定的醉酒标准的,应当认定为醉酒。

(四)走私武器、弹药罪,走私核材料罪,走私假币罪

《刑法修正案(八)》《刑法修正案(九)》对《刑法》第 151 条第 1 款规定的走私武器、弹药罪,走私核材料罪,走私假币罪的量刑情节和法定刑进行了修改。最高人民法院 1997 年 12

月16日《关于执行〈中华人民共和国刑法〉确定罪名的规定》确定为"走私武器、弹药罪,走私核材料罪,走私假币罪"三个罪名。《刑法修正案(八)》第26条对上述三种走私罪的法定刑作了修改。2015年8月29日发布的《刑法修正案(九)》对《刑法》第151条第1款规定上述三罪的法定刑又作了修改,取消了判处死刑的规定。本书对上述三种犯罪合并在一起进行分析。

1. 刑法规定内容的修改

刑法条文中有关走私武器、弹药罪,走私核材料罪,走私假币罪的规定有:

(1)1979年《刑法》第116条规定:"违反海关法规,进行走私,情节严重的,除按照海关法规没收走私物品并且可以罚款外,处三年以下有期徒刑或者拘役,可以并处没收财产。"

第118条规定:"以走私、投机倒把为常业的,走私、投机倒把数额巨大的或者走私、投机倒把集团的首要分子,处三年以上十年以下有期徒刑,可以并处没收财产。"

(2)1997年《刑法》第151条第1款规定:"走私武器、弹药、核材料或者伪造的货币的,处七年以上有期徒刑,并处罚金或者没收财产;情节较轻的,处三年以上七年以下有期徒刑,并处罚金。"

该条第4款规定:"犯第一款、第二款罪,情节特别严重的,处无期徒刑或者死刑,并处没收财产。"

该条第5款规定:"单位犯本条规定之罪的,对单位判处罚金,并对其直接负责的主管人员和其他直接责任人员,依照本条各款的规定处罚。"

(3)2011年《刑法修正案(八)》第26条对《刑法》第151条第1款修改为:"走私武器、弹药、核材料或者伪造的货币的,处七年以上有期徒刑,并处罚金或者没收财产;情节特别严重的,处无期徒刑或者死刑,并处没收财产;情节较轻的,处三年以上七年以下有期徒刑,并处罚金。"

上述《刑法修正案(八)》第26条对《刑法》第151条第1款原规定的走私武器、弹药罪,走私核材料罪,走私假币罪的法定刑中修改增加了"情节特别严重的,处无期徒刑或者死刑,并处没收财产"的量刑幅度。

(4)2015年8月29日发布的《刑法修正案(九)》第9条将《刑法》第151条第1款修改为:"走私武器、弹药、核材料或者伪造的货币的,处七年以上有期徒刑,并处罚金或者没收财产;情节特别严重的,处无期徒刑,并处没收财产;情节较轻的,处三年以上七年以下有期徒刑,并处罚金。"

2. 刑法规定修改的原因

我国1979年《刑法》第116条、第118条对走私一类犯罪作了规定,当时,我国走私行为不是很严重,所以规定的法定刑较轻,最低刑是拘役,最高刑为10年有期徒刑。1997年《刑法》沿用《关于惩治走私罪的补充规定》的规定,将走私毒品的犯罪行为规定在刑法分则第6章第7节走私、贩卖、运输、制造毒品罪中,将走私其他货物、物品按走私特殊货物、物品和普通货物、物品规定在走私一类犯罪中。对走私武器、弹药罪,走私核材料罪,走私假币罪等罪规定较重的法定刑,最低法定刑为3年有期徒刑,最高法定刑为死刑。根据改革开放和我国加入世贸组织的要求,对有些走私犯罪,刑法规定的法定刑较重,有些犯罪可以不判处死刑。因此,需要对法定刑从轻调整。全国人大常委会在《刑法修正案(八)》中,将《刑法》第151条中规定的走私特殊货物、物品的法定刑作了调整,只保留了走私武器、弹药罪,走私核材料罪,走私假币罪法定最高刑,可以判处死刑的规定,并取消了其他三种走私罪可以判处死刑的规定。2015年《刑法修正案(九)》又取消了走私武器、弹药罪,走私核材料罪,走私假币罪的法定刑中死刑的规定,这是根据我国社会发展变化对刑罚轻重进行的调整,总的原则是严格控制死刑适用,逐步减少死刑的规定。这次虽然取消了走私武器、弹药罪,走私核材料罪,走私假币罪判处死刑的规定,但在我国《刑法》第125条中还有非法制造、买卖、运输、邮寄、储存枪支、弹药、爆炸物罪等罪处死刑的规定。

3. 走私武器、弹药罪,走私核材料罪,走私假币罪的适用

要准确适用走私武器、弹药罪,走私核材料罪,走私假币罪就必须弄清该罪的概念、构成特征、法定刑,以及适用时应注意的问题。

(1)走私武器、弹药罪,走私核材料罪,走私假币罪的概念。该三种罪是指违反《海关法》规定,非法运输、携带、邮寄武器、弹药、核材料、伪造的货币进出国(边)境,逃避海关、边关监督、检查的行为。

武器、弹药、核材料、伪造的货币都是国家严格控制的物品,严禁非法进出国(边)境。走私上述物品,是一种严重危害国家安全和社会治安秩序及国家的金融秩序的犯罪行为。我国《刑法》将走私武器、弹药、核材料、伪造的货币的行为规定为各自独立的罪名,最低处3年有期徒刑,最高处无期徒刑,并处没收财产。

根据2014年9月10日最高人民法院、最高人民检察院实施的《关于办理走私刑事案件适用法律若干问题的解释》第2条的规定,《刑法》第151条第1款规定的"武器、弹药"的种类,参照《进口税则》及《禁止进出口境物品表》的有关规定确定。

根据上述司法解释第7条规定,《刑法》第151条第1款规定的"货币",包括正在流通的人民币和境外货币。伪造的境外货币数额,折合成人民币计算。

(2)走私武器、弹药罪,走私核材料罪、走私假币罪的构成特征。根据《刑法》第151条第1款的规定,该三种罪的构成特征是:

①犯罪主体,是一般主体。达到法定年龄、具有刑事责任能力,实施了该三种犯罪行为的自然人和单位。单位犯本罪的,其主体是单位和单位直接负责的主管人员和其他直接责任人员。犯罪主体主观上是故意,多数是以营利为目的。

②犯罪行为,必须是实施了走私武器、弹药、核材料、伪造的货币的行为。具体表现:

第一,故意不经过海防、边防检查站,非法运输、携带武器、弹药、核材料、伪造的货币进出国(边)境的行为。

第二,通过海关防、边防检查站,但采取伪装、藏匿、谎报等方法逃避海关监督、检查、检验而运输、携带武器、弹药、核材料、伪造的货币进出国(边)境的行为。

③犯罪结果,本罪是行为犯。只要实施了走私武器、弹药、核材料、伪造的货币的行为就可以构成犯罪。走私上述特殊物品,情节特别严重的,适用加重法定刑,最高可判处无期徒刑。

根据2014年9月10日最高人民法院、最高人民检察院实施的《关于办理走私刑事案件适用法律若干问题的解释》第3条的规定,走私枪支散件,构成犯罪的,依照《刑法》第151条第1款的规定,以走私武器罪定罪处罚。成套枪支散件以相应数量的枪支计,非成套枪支散

件以每30件为一套枪支散件。该解释第4条规定,走私各种弹药的弹头、弹壳,构成犯罪的,依照《刑法》第151条第1款的规定,以走私弹药罪定罪处罚。具体的定罪量刑标准,按照本解释第1条规定的数量标准的5倍执行。走私报废或者无法组装并使用的各种弹药的弹头、弹壳,构成犯罪的,依照《刑法》第153条的规定,以走私普通货物、物品罪定罪处罚;属于废物的,依照《刑法》第152条第2款的规定,以走私废物罪定罪处罚。该解释第5条规定,走私国家禁止或者限制进出口的仿真枪、管制刀具,构成犯罪的,依照《刑法》第151条第3款的规定,以走私国家禁止进出口的货物、物品罪定罪处罚,具体的定罪量刑标准,适用本解释第11条第1款第6项、第7项和第2款的规定。走私的仿真枪经鉴定为枪支,构成犯罪的,依照《刑法》第151条第1款的规定,以走私武器罪定罪处罚。不以牟利或者从事违法犯罪活动为目的,且无其他严重情节的,可以依法从轻处罚;情节轻微不需要判处刑罚的,可以免予刑事处罚。

(3)走私武器、弹药罪,走私核材料罪,走私假币罪的法定刑。根据《刑法》第151条第1款的规定,该罪的法定刑是:

①构成这三种罪的,处7年以上有期徒刑,并处罚金或者没收财产,即情节一般、情节严重的,首先选择处7年以上有期徒刑的法定刑。

根据2014年9月10日最高人民法院、最高人民检察院实施的《关于办理走私刑事案件适用法律若干问题的解释》第1条的规定,走私武器、弹药有下列情形之一的,可以认定为《刑法》第151条第1款规定的处7年以上有期徒刑,并处罚金或者没收财产:第一,走私以火药为动力发射枪弹的枪支1支或者以压缩气体等非火药为动力发射枪弹的枪支5支以上不满10支的;第二,走私第1款第2项规定的弹药,数量在该项规定的最高数量以上不满最高数量5倍的;第三,走私各种口径60毫米以下常规炮弹、手榴弹或者枪榴弹等分别或者合计达到5枚以上不满10枚,或者各种口径超过60毫米以上常规炮弹不满5枚的;第四,达到该条第1款第1项、第2项、第4项规定的数量标准,且属于犯罪集团的首要分子,使用特种车辆从事走私活动,或者走私的武器、弹药被用于实施犯罪等情形的。

上述司法解释第6条规定,走私假币的,具有下列情形之一的,依照《刑法》第151条第1款的规定处7年以上有期徒刑,并处罚金或者没收财产:第一,走私数额在2万以上不满20万元,或者数量在2000张(枚)以上不满2万张(枚)的;第二,走私数额或者数量达到该条第1款规定的标准,且具有走私的伪造货币流入市场等情节的。

②犯本罪,情节特别严重的,处无期徒刑,并处没收财产。

根据2014年9月10日起最高人民法院、最高人民检察院实施的《关于办理走私刑事案件适用法律若干问题的解释》第1条的规定,走私武器、弹药具有下列情形之一的,可以认定为《刑法》第151条第1款规定的"情节特别严重":第一,走私该条第2款第1项规定的枪支,数量超过该项规定数量标准的;第二,走私该条第1款第2项规定的弹药,数量在该项规定的最高数量标准5倍以上的;第三,走私该条第2款第3项规定的弹药,数量超过该项规定数量标准,或者走私具有巨大杀伤力的非常规炮弹1枚以上的;第四,达到第2款第1项至第3项规定的数量标准,且属于犯罪集团的首要分子,使用特种车辆从事走私活动,或者走私武器、弹药被用于实施犯罪等情形的。

上述司法解释第6条规定,走私假币,具有下列情形之一的,应当认定为《刑法》第151条第 1 款规定的"情节特别严重";第一,走私数额在 20 万元以上,或者数量在 2 万张(枚)以上的;第二,走私数额或者数量达到第 2 款第 1 项规定的标准,且属于犯罪集团的首要分子,使用特种车辆从事走私活动,或者走私的伪造货币流入市场等情形的。

③犯本罪,情节较轻的,处 3 年以上 7 年以下有期徒刑,并处罚金。

根据 2014 年 9 月 10 日起最高人民法院、最高人民检察院实施的《关于办理走私刑事案件适用法律若干问题的解释》第 1 条的规定,走私武器、弹药具有下列情形之一的,可以认定为《刑法》第 151 条第 1 款规定的"情节较轻":第一,走私以压缩气体等非火药为动力发射枪弹的枪支 2 支以上不满 5 支的;第二,走私气枪铅弹 500 发以上不满 2500 发,或者其他子弹 10 发以上不满 50 发的;第三,未达到上述数量标准,但属于犯罪集团的首要分子,使用特种车辆从事走私活动,或者走私的武器、弹药被用于实施犯罪等情形的;第四,走私各种口径在 60 毫米以下常规炮弹、手榴弹或者枪榴弹等分别或者合计不满 5 枚的。走私其他武器、弹药,构成犯罪的,参照上述各款规定的标准处罚。

根据 2014 年 9 月 10 日起最高人民法院、最高人民检察院实施的《关于办理走私刑事案件适用法律若干问题的解释》第 6 条的规定,走私伪造的货币数额在 2000 元以上不满 2 万元,或者数量在 200 张(枚)以上不满 2000 张(枚)的,可以认定为《刑法》第 151 条第 1 款规定的"情节较轻"。

④单位犯该三种罪的,对单位判处罚金,并对其直接负责的主管人员和其他直接责任人员依自然人犯该三种罪的规定处罚。

(4)适用该三种罪时,应注意的问题:

①划清罪与非罪的界限。

从主体上区分。该三种罪的犯罪主体,在主观上是故意,多数是以营利为目的。主观上是过失的人不构成本罪。

从行为和结果上区分。该三种罪是行为犯,只要实施了走私武器、弹药、核材料、假币行为的,就可以构成犯罪。但是依照《刑法》第 13 条的规定,情节显著轻微危害不大的,不认为是犯罪。

②注意正确认定定罪量刑的情节。《刑法》第 151 条第 1 款对走私武器、弹药罪,走私核材料罪,走私假币罪的法定刑的规定,犯罪情节一般的,起刑点是 7 年有期徒刑,以示对这种犯罪的严厉惩罚;情节特别严重的,处无期徒刑,并处没收财产;情节较轻的,处 3 年以上 7 年以下有期徒刑,并处罚金。何为"情节特别严重""情节较轻",应按照 2014 年 9 月 10 日起最高人民法院、最高人民检察院实施的《关于办理走私刑事案件适用法律若干问题的解释》的规定认定。

③划清本罪与利用走私武器、弹药、核材料作为工具进行的其他犯罪的界限。本罪是以牟取私利为目的,走私武器、弹药、核材料或者伪造假币的。如果是为实施危害国家安全等犯罪为目的,实施走私武器、弹药、核材料或者伪造假币的行为,应按重罪吸收轻罪的原则定罪处罚。例如,为进行武装叛乱走私武器,应以武装叛乱罪的规定定罪处罚,不再定为走私武器、弹药罪。

④注意走私该三种罪的数罪并罚。《刑法》第 151 条第 1 款规定的走私武器、弹药、核材料、伪造的货币的应分别定为走私武器、弹药罪,走私核材料罪,走私假币罪。如果既走私了

武器、弹药,又走私了核材料和伪造的货币的,应分别定罪量刑,进行数罪并罚。

⑤注意正确认定本罪的既遂与未遂。根据2014年9月10日起最高人民法院、最高人民检察院实施的《关于办理走私刑事案件适用法律若干问题的解释》第23条的规定,实施走私犯罪,具有下列情形之一的,应当认定为犯罪既遂:第一,在海关监管现场被查获的;第二,以虚假申报方式走私,申报行为实施完毕的;第三,以保税货物或者特定减税、免税进口的货物、物品为对象走私,在境内销售的,或者申请核销行为实施完毕的。

(五)对非国家工作人员行贿罪

《刑法修正案(六)》、《刑法修正案(九)》对《刑法》第164条原规定的对公司、企业人员行贿罪进行了修改,最高人民法院、最高人民检察院《关于执行〈中华人民共和国刑法〉确定罪名的补充规定(三)》规定为"对非国家工作人员行贿罪"的罪名,取消了原规定的"对公司、企业人员行贿罪"的罪名。

1.刑法规定内容的修改

《刑法》条文中有关对非国家工作人员行贿罪的规定是:

(1)1997年《刑法》第164条规定:"为谋取不正当利益,给予公司、企业的工作人员以财物,数额较大的,处三年以下有期徒刑或者拘役;数额巨大的,处三年以上十年以下有期徒刑,并处罚金。

"单位犯前款罪的,对单位判处罚金,并对其直接负责的主管人员和其他直接责任人员,依照前款的规定处罚。

"行贿人在被追诉前主动交待行贿行为的,可以减轻处罚或者免除处罚。"

(2)2006年6月29日全国人大常委会发布的《刑法修正案(六)》第8条规定,将《刑法》第164条第1款修改为:"为谋取不正当利益,给予公司、企业或者其他单位的工作人员以财物,数额较大的,处三年以下有期徒刑或者拘役;数额巨大的,处三年以上十年以下有期徒刑,并处罚金。"

上述《刑法修正案(六)》对《刑法》原第164条的规定作了以下修改:将《刑法》原规定的行贿的犯罪对象是对公司、企业的工作人员中,又增加了"其他单位的工作人员",使对任何单位中的非国家工作人员行贿的行为,都可以构成本罪。

(3)2015年8月29日发布的《刑法修正案(九)》第10条规定,将《刑法》第164条第1款修改为:"为谋取不正当利益,给予公司、企业或者其他单位的工作人员以财物,数额较大的,处三年以下有期徒刑或者拘役,并处罚金;数额巨大的,处三年以上十年以下有期徒刑,并处罚金。"

上述《刑法修正案(九)》对《刑法》原第164条第1款规定的第一个档次法定刑中增加了"并处罚金"的刑罚。

2.刑法规定修改的原因

我国1997年《刑法》规定有"对公司、企业人员行贿罪",司法机关依照该条规定惩治了一大批犯罪分子。但是,《刑法》原第164条没有规定对非国家工作人员行贿的行为可以构成犯罪,例如,对非国有事业单位的工作人员行贿的行为就没有规定为犯罪。近年来,我国商业贿赂犯罪突出,一些对非国家工作人员行贿的行为严重,如给予非国有医院的医务人员回扣的行为;给予非国有体育组织的裁判员行贿的行为影响很恶劣,社会危害性严重,但法律没有将其规定为犯罪。全国人大常委会在《刑法修正案(六)》第8条中补充规定了"对其他单位的工作人员以财物,数额较大的"为犯罪,即对非国家工作人员行贿也构成犯罪,最高处10年有期徒刑,并处罚金。但对该罪第一个档次的法定刑中没有罚金刑的规定,属于遗漏。为了从金钱上惩罚对非国家工作人员行贿的犯罪行为,《刑法修正案(九)》第10条规定在《刑法》原第164条规定的第一个档次法定刑中增加了"并处罚金"的规定。

3. 对非国家工作人员行贿罪的适用

要准确适用对非国家工作人员行贿罪就必须弄清该罪的概念、构成特征、法定刑,以及适用时应注意的问题。

(1)对非国家工作人员行贿罪的概念。对非国家工作人员行贿罪,是指为谋取不正当利益,给予公司、企业或者其他单位的工作人员以财物,数额较大的行为。

对非国家工作人员行贿罪是从行贿罪中分离出来的犯罪,这种犯罪主要是商业贿赂犯罪的内容。近年来,在经济交往过程中商业贿赂犯罪较为突出,是当前治理贿赂犯罪的重点。《刑法》原第164条规定只是对公司、企业人员行贿的构成犯罪,根据当前发案情况,又增加了对其他单位人员行贿的犯罪行为,即扩大到非国家工作人员,使惩治的范围更广。

(2)对非国家工作人员行贿罪的构成特征。根据《刑法》第164条和《刑法修正案(六)》《刑法修正案(九)》的规定,该罪的构成特征有:

①犯罪主体,是一般主体,达到法定年龄、具有刑事责任能力、实施了犯罪行为的自然人和单位都可以构成。犯罪主体主观上具有为谋取不正当利益的目的。所谓不正当利益,包括利益本身不正当或者谋取利益的行为不正当,即实体或者程序有一项不正当,即是谋取不正当利益。

②犯罪行为,必须具有对非国家工作人员行贿的行为。行贿行为是对公司、企业或者其他单位的工作人员,即对非国家工作人员以财物的行为。凡是为谋取不正当的利益,给予公司、企业或其他单位工作人员以财物(包括回扣归个人所有)的行为都构成犯罪。

③犯罪结果,本罪是结果犯,只有行贿数额较大的才构成犯罪。最高人民检察院、公安部2022年5月15日起实施的《关于公安机关管辖的刑事案件立案标准(二)》第11条规定:个人行贿数额3万元以上的,单位行贿数额在20万元以上的,应予立案追诉。

根据2016年4月18日最高人民法院、最高人民检察院《关于办理贪污贿赂刑事案件适用法律若干问题的解释》第11条第3款规定,"刑法第一百六十四条第一款规定的对非国家工作人员行贿罪的'数额较大''数额巨大'的数额起点,按照本解释第七条、第八条第一款关于行贿罪的数额标准规定的二倍执行"。

(3)对非国家工作人员行贿罪的法定刑。根据《刑法》第164条的规定,对非国家工作人员行贿罪的法定刑是:

①行贿数额较大,构成本罪的,处3年以下有期徒刑或者拘役。

参照2016年4月18日最高人民法院、最高人民检察院《关于办理贪污贿赂刑事案件适用法律若干问题的解释》第7条第1款规定,"为谋取不正当利益,向国家工作人员行贿,数额在3万元以上的,应当依照刑法第三百九十条的规定以行贿罪追究刑事责任"。

②犯本罪,数额巨大的,处3年以上10年以下有期徒刑,并处罚金。

参照2016年4月18日最高人民法院、最高人民检察院《关于办理贪污贿赂刑事案件适用法律若干问题的解释》第8条第1款规定,"犯行贿罪,具有下列情形之一的,应当依照刑法第三百九十条第一款规定的'情节严重':(一)行贿数额在一百万元以上不满五百万元的;(二)行贿数额在五十万元以上不满一百万元,并具有本解释第七条第二款第一项至第五项规定的情形之一的;(三)其他严重的情节"。对非国家工作人员行贿数额以上述规定数额标准的2倍为"数额巨大",适用上述加重法定刑。

③单位犯本罪的,对单位判处罚金,并对其直接负责的主管人员和其他直接责任人员,依照自然人犯本罪的规定定罪处罚。

(4)对非国家工作人员行贿罪适用时应注意的问题:

①区分罪与非罪的界限。要划清行贿与送礼的界限:第一,目的不同。送礼的目的是亲朋友好往来,是一种友好的合法的目的;而行贿是权钱交易,是通过行贿以使对方利用职务便利为自己谋取不正当利益的非法目的。第二,手段不同。送礼一般是公开的,有的还进行张扬,让人们知道,双方关系是密切友好的交往;而行贿一般是秘密地进行的,不让别人知道,不敢公开进行。第三,送的财物数额不同,送礼一般数额不大而且互有往来,如果馈赠数额较大也是对方有特定的需要,如住院治病等;而行贿一般都数额较大,对方没有特定的需要。根据中纪委《关于对内对外交往过程中接受礼物交公的规定》,国家工作人员在对内对外交往过程中接受礼物价值200元以下的,由接受人使用,不需要交公;接受礼物价值200元以上的,都应当在一个月内交公,如果不按期交公就是贪污受贿行为,拒不交公的礼物价值在200元以上至5000元的,属于一般违纪违法行为,给予党政纪律处分;不交公的礼物价值在5000元以上的,是严重违法行为了,构成犯罪;接受礼物不交公,如果利用职务便利为行贿人谋利的,构成受贿罪;如果没有为他人谋利益的,依照《刑法》第394条的规定构成贪污罪。

②划清对非国家工作人员行贿罪与行贿罪的界限。对非国家工作人员行贿罪是从行贿罪中分离出来的犯罪,二罪既有相同点,也有不同点。

二罪的相同点:都是行贿方面的犯罪,都是为谋取不正当利益的行贿犯罪。

两罪不同点:第一,行贿的对象不同,本罪的对象是对公司、企业或者其他单位的工作人员,即对非国家工作人员行贿;而行贿罪是对国家工作人员行贿。第二,构成行贿罪的数额要求不同。对非国家工作人员行贿罪要求行贿的数额较大,才构成犯罪;而行贿罪没有行贿数额较大的要求,但在经济往来中,为谋取正当利益,而给予国家工作人员以财物或者回扣,数额必须数额较大,即在3万元以上的构成行贿罪。第三,对给予回扣的要求不同。对非国家工作人员行贿罪,法律没有规定违反国家规定给予公司、企业或者其他单位人员回扣,数额较大的构成犯罪,即为谋取正当利益,而违反国家规定,给予公司、企业人员回扣的不构成犯罪;而行贿罪对此作了规定,即使为谋取正当利益,违反规定给国家工作人员回扣的,也构成行贿罪。第四,法定刑不同。对非国家人员行贿罪最高处10年有期徒刑,并处罚金;而行贿罪最高处无期徒刑,可以并处罚金或者没收财产,附加剥夺政治权利终身。

(六)伪造货币罪

《刑法修正案(九)》第11条对《刑法》第170条的规定进行了修改。最高人民法院1997年12月16日《关于执行〈中华人民共和国刑法〉确定罪名的规定》中确定为"伪造货币罪"的罪名。

1. 刑法规定内容的修改

刑法条文中有关伪造货币罪的规定是：

(1)1979年《刑法》第122条规定："伪造国家货币或者贩运伪造的国家货币的,处三年以上七年以下有期徒刑,可以并处罚金或者没收财产。

"犯前款罪的首要分子或者情节特别严重的,处七年以上有期徒刑或者无期徒刑,可以并处没收财产。"

(2)1997年《刑法》第170条规定："伪造货币的,处三年以上十年以下有期徒刑,并处五万元以上五十万元以下罚金;有下列情形之一的,处十年以上有期徒刑、无期徒刑或者死刑,并处五万元以上五十万元以下罚金或者没收财产:(一)伪造货币集团的首要分子;(二)伪造货币数额特别巨大的;(三)有其他特别严重情节的。"

1997年《刑法》第171条规定："出售、购买伪造的货币或者明知是伪造的货币而运输,数额较大的,处三年以下有期徒刑或者拘役,并处二万元以上二十万元以下罚金;数额巨大的,处三年以上十年以下有期徒刑,并处五万元以上五十万元以下罚金;数额特别巨大的,处十年以上有期徒刑或者无期徒刑,并处五万元以上五十万元以下罚金或者没收财产。

"银行或者其他金融机构的工作人员购买伪造的货币或者利用职务上的便利,以伪造的货币换取货币的,处三年以上十年以下有期徒刑,并处二万元以上二十万元以下罚金;数额巨大或者有其他严重情节的,处十年以上有期徒刑或者无期徒刑,并处二万元以上二十万元以下罚金或者没收财产;情节较轻的,处三年以下有期徒刑或者拘役,并处或者单处一万元以上十万元以下罚金。

"伪造货币并出售或者运输伪造的货币的,依照本法第一百七十条的规定定罪从重处罚。"

1997年《刑法》第172条规定："明知是伪造的货币而持有、使用,数额较大的,处三年以下有期徒刑或者拘役,并处或者单处一万元以上十万元以下罚金;数额巨大的,处三年以上十年以下有期徒刑,并处二万元以上二十万元以下罚金;数额特别巨大的,处十年以上有期徒刑,并处五万元以上五十万元以下罚金或者没收财产。"

1997年《刑法》第173条规定："变造货币,数额较大的,处三年以下有期徒刑或者拘役,并处或者单处一万元以上十万元以下罚金;数额巨大的,处三年以上十年以下有期徒刑,并处二万元以上二十万元以下罚金。"

(3)2015年8月29日《刑法修正案(九)》第11条规定,将《刑法》第170条修改为："伪造货币的,处三年以上十年以下有期徒刑,并处罚金;有下列情形之一的,处十年以上有期徒刑或者无期徒刑,并处罚金或者没收财产:(一)伪造货币集团的首要分子;(二)伪造货币数额特别巨大的;(三)有其他特别严重情节的。"

上述《刑法修正案(九)》对《刑法》原第170条作了如下两项修改:

①将法定刑中"并处五万元以上五十万元以下罚金"的具体罚金数额规定,改为"罚金"的概括规定。

②取消了伪造货币罪"处死刑"的规定。

2. 对刑法规定修改的原因

全国人大常委会在《刑法修正案(九)》中对《刑法》第170条规定的"伪造货币罪"的法定

刑作了修改,其主要原因是根据我国当前社会经济发展的新情况,实行宽严相济的刑事政策,对《刑法》原规定的法定刑进行了一些调整。特别是我国一致坚持慎用死刑、减少死刑,逐步废除死刑,保护人权。我国1979年《刑法》中对伪造货币罪没有处死刑的规定,但随着我国从计划经济向社会主义市场经济过渡中,一度出现相当严重的伪造货币情况,在1997年《刑法》中加大了惩罚力度,规定伪造货币罪最高可处死刑。现在我国经济秩序稳定,社会治安秩序也较好,印制货币技术提高了,使伪造货币的行为很难得逞,对伪造货币罪不处死刑不会严重破坏我国的金融秩序。因此,《刑法修正案(九)》适时取消了伪造货币罪判处死刑的规定。另外,《刑法》原第170条规定犯伪造货币罪判处罚金,即"并处五万元以上五十万元以下罚金",这既与其他犯罪只规定"处罚金"的规定不相一致,也因规定得太具体不能根据案件实际情况合理处罚金。因此,《刑法修正案(九)》取消了罚金具体数额规定,改为概括规定"并处罚金",便于司法实践根据案件数额情况灵活确定。

3. 伪造货币罪的适用

要准确适用伪造货币罪就必须弄清该罪的概念、构成特征、法定刑以及适用时应注意的问题。

(1) 伪造货币罪的概念。该罪是指依照国家货币的图案、形状、色彩等特征,非法制造假货币冒充货币进行使用的行为。

货币是市场经济中商品交换的等价物,通过货币可以换取所需的物品。货币量多少代表财富量的多少。货币由国家统一制造、发行。国家根据市场经济发展的需要和国家黄金储备量发行一定数量的货币,使市场经济稳定有秩序的发展。伪造货币虽然骗取了他人财物,但更重要的是其改变了货币在市场上的投放量,使金融秩序混乱,破坏市场经济的正常发展。前几年我国伪造货币犯罪行为猖獗,严重扰乱了金融市场秩序,致使很多单位不得不对流通中的货币进行真伪检查,防止受骗,其社会影响是相当严重的,我国《刑法》原第170条对伪造货币罪规定了严厉的处罚,最低处3年有期徒刑,最高处死刑,并处没收财产。近年来,伪造货币犯罪有所减少,我国的金融市场秩序稳定。《刑法修正案(九)》适时对《刑法》第170条规定的伪造货币罪的法定刑进行修改,取消了处死刑的规定,最高只能处无期徒刑,并处罚金或者没收财产,取消了罚金刑的具体数额规定,改为笼统的"并处罚金"。

(2) 伪造货币罪的构成要件是:

①犯罪主体,是一般主体。达到法定年龄、具有刑事责任能力、实施了伪造货币犯罪行为的自然人。本罪法定年龄是年满16周岁,无论中国人还是外国人都可以成为本罪的主体。本罪的犯罪主体在主观上是故意,并且具有谋取非法利益的目的。

②犯罪行为,必须是实施伪造货币的行为。伪造的货币必须是与货币很相似的假币,包括伪造正在市场上流通的人民币和外币,这种假币必须达到能蒙混一般人的程度。如果以白纸混在整叠的货币中冒充货币使用,不是伪造货币罪的犯罪行为。伪造货币的具体行为有:

第一,用描绘的方法伪造货币的行为;

第二,用印刷的方法伪造货币的行为;

第三,用影印、复印的方法伪造货币的行为。

③犯罪结果,本罪是行为犯。只要实施了伪造货币行为,就产生了破坏货币管理秩序的结果,就可以构成犯罪。

(3)伪造货币罪的法定刑,根据《刑法》第170条的规定,有两个档次法定刑:

①构成本罪,处3年以上10年以下有期徒刑,并处罚金。根据2000年9月14日起最高人民法院实施的《关于审理伪造货币等案件具体应用法律若干问题的解释》规定,伪造货币的总面额在2000元以上不满3万元或者伪造的币数量在200张(枚)以上不足3000张(枚)的,依照该条该款规定定罪处罚。

②构成犯罪,有下列情形之一的,处10年以上有期徒刑或者无期徒刑,并处罚金或者没收财产:第一,伪造货币集团的首要分子;第二,伪造货币数额特别巨大的;第三,有其他特别严重情节的。根据2000年9月14日起最高人民法院实施的《关于审理伪造货币等案件具体应用法律若干问题的解释》规定,伪造货币数额特别巨大,是指伪造货币的总面额在3万元以上的。行为人制造货币版样或者与他人事先通谋,为他人伪造货币提供版样的,依据伪造货币罪定罪处罚。

(4)适用伪造货币罪时,要注意的问题:

①注意划清罪与非罪的界限。

从犯罪主体上区分。不满16周岁的人和单位不构成本罪。单位伪造货币的,追究单位的直接负责的主管人员和其他直接责任人员的刑事责任。本罪是故意犯罪,都有谋取非法利益的目的。

从犯罪行为上区分。本罪伪造的货币必须是与真币很相似,能蒙蔽一般人,如果伪造的假币不像真币或者伪造的不是现行流通的货币,不构成本罪。

②注意一罪与数罪的认定。伪造货币并出售或者运输伪造的货币的行为,根据《刑法》第171条第3款的规定,应认定为伪造货币罪从重处罚,而不能认定为伪造货币罪和出售、购买、运输货币罪,数罪并罚。

③注意划清伪造货币罪与变造货币罪的区分。伪造货币罪与变造货币罪相似,容易混淆。二罪的主要区别是犯罪行为不同。伪造货币行为是用货币以外的材料加工制作成货币的行为。而变造货币是用货币,采用剪贴、挖补、提层、涂改等方法加工处理,使货币改变形态、升值的行为。变造货币行为,达到数额较大的才构成犯罪,其处罚也比伪造货币罪轻。

(七)强制猥亵、侮辱罪

《刑法修正案(九)》第13条对《刑法》第237条的规定进行了修改。最高人民法院1997年12月16日《关于执行〈中华人民共和国刑法〉确定罪名的规定》中确定为"强制猥亵、侮辱妇女罪"的罪名。2015年10月30日最高人民法院、最高人民检察院《关于适用〈中华人民共和国刑法〉确定罪名的规定(六)》中取消了"强制猥亵、侮辱妇女罪"改为"强制猥亵、侮辱罪"的罪名。

1. 刑法规定内容的修改

刑法条文中有关强制猥亵、侮辱罪的规定是:

(1)1979年《刑法》第160条规定:"聚众斗殴,寻衅滋事,侮辱妇女或者进行其他流氓活动,破坏公共秩序,情节恶劣的,处七年以下有期徒刑、拘役或者管制。流氓集团的首要分子,处七年以上有期徒刑。"

(2)1997年《刑法》第237条规定:"以暴力、胁迫或者其他方法强制猥亵妇女或者侮辱妇女的,处五年以下有期徒刑或者拘役。聚众或者在公共场所当众犯前款罪的,处五年以上有期徒刑。猥亵儿童的,依照前两款的规定从重处罚。"

(3)2015年8月29日发布的《刑法修正案(九)》第13条规定,将《刑法》第237条修改为:"以暴力、胁迫或者其他方法强制猥亵他人或者侮辱妇女的,处五年以下有期徒刑或者拘役。

"聚众或者在公共场所当众犯前款罪的,或者有其他恶劣情节的,处五年以上有期徒刑。

"猥亵儿童的,依照前两款的规定从重处罚。"

上述《刑法修正案(九)》对《刑法》原第237条作了如下两项修改:

①将强制猥亵的对象由"妇女",修改为"他人",即不但是强制猥亵妇女,也包括强制猥亵男人,犯罪对象扩大了。由于猥亵对象发生变化,是上述1997年的司法解释规定的强制猥亵、侮辱妇女的罪的罪名也应改为"强制猥亵、侮辱罪"的罪名。

②对适用较高档次法定刑的情形中增加规定了"有其他恶劣情节的"情形。

2. 对刑法规定修改的原因

全国人大常委会在《刑法修正案(九)》中修改了强制猥亵、侮辱罪的罪状和法定刑的主要是因为根据我国保护人权发展的新情况而对刑罚进行了一些调整。我国1979年《刑法》中没有单独规定强制猥亵、侮辱妇女犯罪,而是在流氓罪中规定有侮辱妇女的犯罪行为,作为流氓罪犯罪行为的一种。1997年《刑法》取消了流氓罪的规定,将强制猥亵妇女和侮辱妇女的行为单独规定为"强制猥亵、侮辱妇女罪",其犯罪对象都是妇女。但是,随着我国妇女在社会上的地位不断提高,有些妇女以强制手段与男性发生性关系,在社会上造成恶劣影响,为了保障男女平等,《刑法修正案(九)》将《刑法》第237条规定的强制猥亵对象由"妇女"改为"他人",这样修改使强制猥亵的对象扩大到男人。另外,也将适用"处五年以上有期徒刑"较重法定刑的犯罪情节中增加了"有其他恶劣情节的"规定,以扩大和加重了对强制猥亵他人犯罪的惩治范围。

3. 强制猥亵、侮辱罪的适用

要准确适用强制猥亵、侮辱罪就必须弄清该罪的概念、特征、法定刑以及适用时应注意的问题。

(1)强制猥亵、侮辱罪的概念。该罪是指以暴力、胁迫或者其他方法强制猥亵他人或者侮辱妇女的行为。

以暴力、胁迫或者其他方法强制猥亵他人或者侮辱妇女的行为是属于性侵犯犯罪的行为,性自由是人身权利的重要组成部分,无论男性还是女性的性自由都是受法律保护的,是不允许非法侵犯的。强制猥亵他人或者强制对妇女进行性侮辱的行为既侵犯了人身权利,也是对社会有严重危害的行为。我国《刑法》将强制猥亵他人、侮辱妇女的行为规定为犯罪,最低处拘役,最高处15年有期徒刑。

(2)强制猥亵、侮辱罪的构成要件是:

①犯罪主体,是一般主体。达到法定年龄、具有刑事责任能力、实施了以暴力、胁迫或者其他方法强制猥亵他人或者侮辱妇女行为的自然人,包括男人和女人。本罪法定年龄是年满16周岁。本罪的犯罪主体在主观上是故意的,并具有猥亵他人和侮辱妇女的目的。

②犯罪行为,必须是实施了强制猥亵他人或者侮辱妇女的行为。强制猥亵、侮辱行为的具体表现是:

第一,以暴力方法猥亵他人或者侮辱妇女的行为。暴力行为是以武力为强制手段的行为,包括拳打脚踢,使用棍棒、枪刀击打和捆绑、封塞口鼻的强制行为。

第二,以胁迫的方法强制猥亵他人或者侮辱妇女的行为。胁迫行为是暴力胁迫,武器胁迫,伤害他人身体,对其家人、亲属等实施精神相胁迫的行为。

第三,以类似暴力、胁迫的其他方法强制猥亵他人或者侮辱妇女的行为。例如,以麻醉、性药等方法猥亵他人、侮辱妇女的行为。

上述猥亵行为,是一种淫秽性行为,多数是以寻求性刺激和性满足为的目,进行搂抱、亲吻、抚摸下身、乳房等行为。妇女以暴力、胁迫等方式强制男人与自己或者与他人发生性行为的行为也是强制猥亵他人的行为。侮辱妇女,是指进行性侮辱的行为,多是用各种下流无耻的语言、动作、偷剪发辫、衣裤,追逐,堵截等性侵犯行为。

③犯罪结果,本罪是行为犯。只要实施了强制猥亵他人、侮辱妇女行为,就可以构成犯罪。但是,根据《刑法》第13条的规定,情节显著轻微危害不大的,不认为是犯罪,情节较轻的依照《治安管理处罚法》给予治安处罚。如果发生聚众或者在公共场所当众犯前款罪的,或者有其他恶劣情节的结果,要处加重档次的法定刑。情节恶劣的,是指在社会上造成很恶劣的影响,致使被害人身体精神严重受伤害和家破人亡等结果的。

(3)强制猥亵、侮辱罪的法定刑,根据《刑法》第237条的规定,犯本罪的,有两个档次法定刑和法定的从重处罚规定:

①强制猥亵他人、侮辱妇女的犯罪情节一般,构成本罪的,处5年以下有期徒刑或者拘役。

②构成本罪,聚众或者在公共场所当众犯前款罪的,或者有其他恶劣情节的,处5年以上有期徒刑,最高可处15年有期徒刑。

③犯本罪,猥亵儿童的,依照前两款的规定从重处罚。

(4)适用强制猥亵、侮辱罪时,要注意的问题:

①注意划清罪与非罪的界限。

从犯罪主体上区分。不满16周岁的人和单位不能构成本罪。本罪是故意犯罪,主观上是过失的人不能构成本罪。妇女也可以构成强制猥亵、侮辱罪。妇女侮辱妇女的行为也可以构成本罪的犯罪主体。

从犯罪行为上区分。本罪必须是使用暴力、胁迫等方法强制猥亵他人和侮辱妇女的行为。如果没有使用暴力、胁迫等强制方法,只是用骂人的方法猥亵他人、侮辱妇女的行为,不构成本罪。

从犯罪结果上区分。尽管本罪是行为犯,但情节显著轻微危害不大的强制猥亵他人、侮辱妇女的行为,依照《刑法》第13条的规定,不认为是犯罪,可以给予治安处罚,以维护正常的社会秩序。

②注意准确认定本罪的犯罪对象。强制猥亵犯罪行为的犯罪对象是他人,包括男人和女人及儿童。侮辱妇女的犯罪对象是妇女,包括女性儿童,不包括侮辱男人。

③注意本罪与侮辱罪、诽谤罪的区别。我国《刑法》第246条规定了侮辱罪、诽谤罪,是指以暴力或者其他方法公然侮辱他人,或者以捏造的事实诽谤他人,情节严重的行为。其中的侮辱行为与本罪侮辱妇女的行为相似,容易使这两种犯罪相混淆。两种侮辱犯罪行为都是侵

犯公民人身权利的犯罪,但本罪侵犯的是他人的性自由的权利,是性侵犯的犯罪,而侮辱罪是侵犯他人的人格、名誉权的犯罪。由于这两犯罪侵犯的客体性质不同,使这两种犯罪区别开来。

(八)绑架罪

《刑法修正案(九)》第14条对《刑法》第239条的规定进行了修改补充。最高人民法院1997年12月16日《关于执行〈中华人民共和国刑法〉确定罪名的规定》中规定为"绑架罪"的罪名。

1. 刑法规定内容的修改

刑法条文中有关绑架罪的规定是:

(1)1979年《刑法》第143条规定:"严禁非法拘禁他人,或者以其他方法非法剥夺他人人身自由。违者处三年以下有期徒刑、拘役或者剥夺政治权利。具有殴打、侮辱情节的,从重处罚。犯前款罪,致人重伤的,处三年以上十年以下有期徒刑;致人死亡的,处七年以上有期徒刑。"

(2)1997年《刑法》第239条规定:"以勒索财物为目的绑架他人的,或者绑架他人作为人质的,处十年以上有期徒刑或者无期徒刑,并处罚金或者没收财产;致使被绑架人死亡或者杀害被绑架人的,处死刑,并处没收财产。

"以勒索财物为目的偷盗婴幼儿的,依照前款的规定处罚。"

(3)2015年8月29日发布的《刑法修正案(九)》第14条规定,将《刑法》第239条第2款修改为:"犯前款罪,杀害被绑架人的,或者故意伤害被绑架人,致人重伤、死亡的,处无期徒刑或者死刑,并处没收财产。"

上述《刑法修正案(九)》对《刑法》原第239条第2款作了如下修改:

①将"致使被绑架人死亡或者杀害被绑架人的"的罪状修改为"杀害被绑架人的,或者故意伤害被绑架人,致人重伤、死亡的",更加明确适用无期徒刑或者死刑的犯罪行为是"杀害被绑架人,故意伤害被绑架人,致人重伤、死亡的"三种行为。扩大了本罪处死刑、无期徒刑的范围。

②将法定刑"处死刑,并处没收财产",修改为"处无期徒刑或者死刑,并处没收财产",将绝对确定的法定刑修改为相对确定的法定刑,使司法人员在量刑时有自由裁量的余地,对限制和减少对本罪适用死刑提供了法律依据。

2. 对刑法规定修改的原因

我国1979年《刑法》没有单独规定绑架罪,司法实践中对于绑架他人的行为,一般以非法拘禁罪从重处罚。1991年9月4日全国人大常委会在《关于严惩拐卖、绑架妇女、儿童的犯罪分子的决定》中规定有"以勒索财物为目的绑架他人的,依照本条第一款的规定处罚",开始有绑架犯罪行为的规定。在1997年修订《刑法》时,又对该规定作了修改,在《刑法》第239条中将绑架犯罪行为规定为绑架罪,最低处10年有期徒刑,最高处死刑。2015年《刑法修正案(九)》根据社会上时有发生这种严重侵犯公民生命财产安全的犯罪行为,又修改了绑架罪的罪状和法定刑,即"杀害被绑架人的,或者故意伤害被绑架人,致人重伤、死亡的,处无期徒刑或者死刑,并处没收财产",这既扩宽了本罪适用死刑的范围,又可以限制死刑的适用,在可处可不处死刑时,可以选择适用无期徒刑。

3. 绑架罪的适用

要准确适用绑架罪就必须弄清该罪的概念、构成特征、法定刑以及适用时应注意的问题。

(1) 绑架罪的概念。绑架罪是指以勒索财物为目的绑架他人的,或者绑架他人作为人质的行为。

绑架罪是严重侵犯公民人身自由权利和财产权利的犯罪,行为人以勒索财为目的绑架他人,是以侵犯人身自由权利的手段达到谋取财物的目的。这是一种严重危害社会的行为。我国刑法对绑架罪规定了严厉的刑罚处罚,在量刑时首先考虑处 10 年以上有期徒刑或者无期徒刑,并处罚金或者没收财产的法定刑;对故意杀害、伤害被绑架人,致人重伤、死亡的处无期徒刑或者死刑,并处没收财产。

(2) 绑架罪的构成要件是:

①犯罪主体,是一般主体。达到法定年龄、具有刑事责任能力、实施了绑架他人行为的自然人,本罪法定年龄是年满 16 周岁。本罪的犯罪主体在主观上是故意,并具有勒索他人财物或绑架他人作为人质的目的。

②犯罪行为,必须是实施了绑架他人的行为。绑架他人是指以暴力、胁迫或者其他方法将人掳走,放在一定的地方拘禁起来,在犯罪人的控制下,然后进行勒索财物或者其他要挟活动的犯罪行为。

③犯罪结果,本罪是行为犯。只要实施了绑架他人的行为,就可以构成犯罪,不需要达到绑架预期目的结果。

(3) 绑架罪的法定刑。根据《刑法》第 239 条规定,犯本罪的,有 3 个档次法定刑和 1 个法定的从重处罚规定:

①构成本罪的,处 10 年以上有期徒刑或者无期徒刑,并处罚金或者没收财产。

②犯本罪,情节较轻的,处 5 年以上 10 年以下有期徒刑,并处罚金。

③犯前款罪,杀害被绑架人的,或者故意伤害被绑架人,致人重伤、死亡的,处无期徒刑或者死刑,并处没收财产。

④以勒索财物为目的偷盗婴幼儿的,依照前两款的规定处罚。婴幼儿是指不满 1 周岁的婴儿和已满 1 周岁不满 6 周岁的幼儿。

(4) 适用绑架罪时,要注意的问题:

①注意划清罪与非罪的界限。

从犯罪主体上区分。不满 16 周岁的人和单位不构成本罪。本罪是故意犯罪,犯罪主体对实施绑架行为和绑架行为产生的结果在主观上都是故意的心理态度。对于产生致人伤亡的结果,行为人可能是过失的心理态度,但其不是绑架罪的构成要件,不影响本罪构成故意犯罪,但致人伤亡的结果是量刑轻重的情节,是加重处罚的情节。

从犯罪行为上区分。本罪必须是实施绑架他人的行为。绑架行为不一定都使用暴力、胁迫等强制方法,用其他方法将他人控制起来,使他人失去人身自由,在被控制下,接受犯罪者进行勒索财物或者作为人质相要挟他人的行为也是绑架犯罪行为。为讨债而绑架债务人的行为,不认定为是绑架犯罪行为,而是非法拘禁他人的犯罪行为。

从犯罪结果上区分。尽管本罪是行为犯,但情节显著轻微危害不大的绑架行为,依照《刑法》第 13 条的规定不认为是犯罪,但可以给予治安管理处罚,以维护正常的社会秩序。

②注意准确认定一罪与数罪。行为人在绑架的过程中,勒索财物或者非法拘禁他人的行为都包括在绑架罪的构成要件中,不再定为抢劫罪、敲诈勒索罪、非法拘禁罪进行数罪并罚,只认定为绑架罪,按绑架罪定罪处罚。

③注意划清本罪与非法拘禁罪的界限。根据《刑法》第238条规定,为索取债务非法扣押、拘禁他人的,依照非法拘禁罪定罪处罚,不认定为绑架罪。

④划清以勒索财物为目的偷盗婴幼儿与以出卖为目的的偷盗幼儿的界限。以勒索财物为目的偷盗婴幼儿的行为,要认定为绑架罪,而以出卖为目的偷盗幼儿的行为,要认定为拐卖妇女、儿童罪。二罪的根本区别是犯罪目的的不同。前者偷盗婴幼儿的目的是勒索财物,后者偷盗婴儿的目的是为出卖谋利。

⑤注意划清本罪在绑架他人过程中致人重伤、死亡结果与故意杀害、故意伤害被绑架人造成重伤、死亡结果的界限。故意杀害、伤害被绑架人,是指行为人以种种手段故意剥夺被绑架人的生命和故意伤害被绑架人身体健康和生命的行为,例如使用暴力打死、打伤被绑架人,使用毒药毒死、毒伤被绑架人,使用水灌、土埋等方法杀死、伤害被绑架人,行为人对其行为和结果在主观上都是故意,是故意犯罪,按绑架罪定罪处罚,不再认定为故意杀人罪或者故意伤害罪。在绑架过程中致被绑架人重伤、死亡,是指由于绑架他人的行为使被绑架人惊恐、被虐待,绑缠过紧,或者在绑架时有病不能及时治疗,或者致被绑架人自杀、自残等造成被绑架人重伤、死亡的结果。行为人对实施绑架行为是故意的心理态度,但对该死亡、伤害结果可能是过失心态;在绑架过程中,致被绑架人以外的其他人重伤、死亡结果的,既有可能是故意,也有可能是过失,如为抗拒绑架他人和抗拒解救被绑架人而致他人重伤、死亡的。但由于绑架者对绑架他人的行为和绑架他人结果在主观上都是故意的心理态度,因此绑架罪是故意犯罪。对绑架行为过程中致人重伤、死亡结果的过失行为被故意绑架行为所吸收,不再认定为过失致人死亡罪、过失重伤罪。

(九)收买被拐卖的妇女、儿童罪

《刑法修正案(九)》第15条对《刑法》第241条进行了修改补充。最高人民法院1997年12月16日《关于执行〈中华人民共和国刑法〉确定罪名的规定》中确定为"收买被拐卖的妇女、儿童罪"的罪名。

1. 刑法规定内容的修改

刑法条文中有关收买被拐卖的妇女、儿童罪的规定是:

(1)1979年《刑法》第184条规定:"拐骗不满十四岁的男、女,脱离家庭或者监护人的,处五年以下有期徒刑或者拘役。"

第141条规定:"拐卖人口的,处五年以下有期徒刑;情节严重的,处五年以上有期徒刑。"

(2)1997年《刑法》第241条规定:"收买被拐卖的妇女、儿童的,处三年以下有期徒刑、拘役或者管制。

"收买被拐卖的妇女,强行与其发生性关系的,依照本法第二百三十六条的规定定罪处罚。

"收买被拐卖的妇女、儿童,非法剥夺、限制其人身自由或者有伤害、侮辱等犯罪行为的,依照本法的有关规定定罪处罚。

"收买被拐卖的妇女、儿童,并有第二款、第三款规定的犯罪行为的,依照数罪并罚的规定处罚。

"收买被拐卖的妇女、儿童又出卖的,依照本法第二百四十条的规定定罪处罚。

"收买被拐卖的妇女、儿童,按照被买妇女的意愿,不阻碍其返回原居住地的,对被买儿童没有虐待行为,不阻碍对其进行解救的,可以不追究刑事责任。"

(3)2015年8月29日发布的《刑法修正案(九)》第15条规定,将《刑法》第241条第6款修改为:"收买被拐卖的妇女、儿童,对被买儿童没有虐待行为,不阻碍对其进行解救的,可以从轻处罚;按照被买妇女的意愿,不阻碍其返回原居住地的,可以从轻或者减轻处罚。"

上述《刑法修正案(九)》对《刑法》原第241条第6款作了如下修改:将《刑法》原第241条第6款规定的对收买被拐卖的妇女、儿童,"可以不追究刑事责任",改为全都要追究刑事责任,无论有何种从宽处罚情节的,都不能不追究刑事责任。但修改补充规定有以下两种从轻处罚情节:

①将对被买儿童没有虐待行为,不阻碍对其进行解救的,可以从轻处罚;

②按照被买妇女的意愿,不阻碍其返回原居住地的,可以从轻或者减轻处罚。

2. 对刑法规定修改的原因

我国1979年《刑法》没有规定收买被拐卖的妇女、儿童罪。只在《刑法》中规定了拐卖人口罪和拐骗儿童罪的犯罪行为。1991年9月4日全国人大常委会颁布的《关于严惩拐卖、绑架妇女、儿童的犯罪分子的决定》第3条规定:严禁收买被拐卖、绑架的妇女、儿童。收买被拐卖、绑架的妇女、儿童的,处3年以下有期徒刑、拘役或者管制。在1997年修订《刑法》时,又对该规定作了修改,在《刑法》第241条中将收买被拐卖的妇女、儿童的行为单独规定独立的罪名。由于1997年《刑法》第240条、第241条中将以出卖为目的绑架妇女、儿童的行为作为拐卖妇女、儿童行为之一的,所以收买被拐卖的妇女、儿童中也包括绑架的妇女、儿童的行为。近年来,一些犯罪分子,为了谋取不正当利益,大肆实施拐卖妇女、儿童犯罪行为,并且屡屡得逞,给被拐卖者及其家庭、亲友造成极大的灾难和痛苦,其中一个很重要的原因是有买方市场。社会上时有发生这种严重侵犯公民生命财产安全的犯罪行为引起社会公愤,很多群众要求严惩收卖者,甚至提出对收买者应与拐卖者给予同等刑事处罚。《刑法修正案(九)》根据社会各方面的意见和惩治拐卖妇女、儿童犯罪行为的需要,将收买被拐卖的妇女、儿童的行为入罪,但对"被买儿童没有虐待行为,不阻碍对其进行解救的,可以从轻处罚;按照被买妇女的意愿,不阻碍其返回原居住地的,可以从轻或者减轻处罚",这既对被拐卖的妇女、儿童有利,也体现了我国宽严相济的刑事政策。

3. 收买被拐卖的妇女、儿童罪的适用

要准确适用收买被拐卖的妇女、儿童罪就必须弄清该罪的概念、构成特征、法定刑以及适用时应注意的问题。

(1)收买被拐卖的妇女、儿童罪的概念。该罪是指收买被拐卖的妇女、儿童的行为。

收买被拐卖的妇女、儿童罪是严重侵犯公民人身权利的犯罪,该罪与拐卖妇女、儿童罪的犯罪行为共同侵犯被拐卖的妇女、儿童的人身权利,只有对拐卖者和收买者都进行惩罚,才能有效地制止拐卖妇女、儿童的犯罪行为。因此,收买被拐卖的妇女、儿童的行为也是对社会有危害的行为。我国《刑法》将拐卖和收买被拐卖的妇女、儿童的行为都规定为独立的犯罪,但对收买被拐卖的妇女、儿童罪处刑较轻,最高处3年有期徒刑,最低处管制。

(2)收买被拐卖的妇女、儿童罪的构成要件是:

①犯罪主体,是一般主体。达到法定年龄、具有刑事责任能力、实施了收买被拐卖的妇女、儿童行为的自然人。本罪法定年龄是年满16周岁。本罪的犯罪主体在主观上是故意,其目的是将被拐卖的妇女、儿童据为己有。有的是作为儿女,有的是作为妻子,还有的是作佣人使役。如果以出卖为目的,收买被拐卖的妇女、儿童的,构成拐卖妇女、儿童罪的犯罪主体。

②犯罪行为,必须是实施了收买被拐卖的妇女、儿童的行为。收买是指以金钱或者财物换取他人拐卖的妇女、儿童。本罪收买的对象必须是被拐卖的妇女、儿童,收买的不是被拐卖的妇女、儿童的,不能构成本罪。因为被拐卖的妇女、儿童是社会的弱势群体,其人身权利受到法律的特别保护。妇女,是指年满18周岁以上的成年妇女和已满14周岁不满18周岁的少女;儿童是指不满14周岁的男、女未成年人,其中不满1周岁的为婴儿,1周岁以上不满6周岁的是幼儿,6周岁以上不满14周岁的是少年儿童。

③犯罪结果,本罪是行为犯。只要实施了收买被拐卖的妇女、儿童的行为,就产生了侵犯妇女、儿童的人身权利的结果,就可以构成犯罪。

(3)收买被拐卖的妇女、儿童罪的法定刑。根据《刑法》第241条的规定,犯本罪的法定刑是:

构成本罪的,处3年以下有期徒刑、拘役或者管制。

(4)适用收买被拐卖的妇女、儿童罪时,要注意的问题:

①注意划清罪与非罪的界限。

从犯罪主体上区分。不满16周岁的人和单位不能构成本罪。本罪是故意犯罪,因为犯罪主体对收买被拐卖的妇女、儿童的行为和行为产生的结果在主观上都是故意的心理态度。

从犯罪行为上区分。本罪必须是实施了收买被拐卖的妇女、儿童的行为。收买被绑架妇女、儿童的行为也是本罪的犯罪行为。因为《刑法》将绑架妇女、儿童的行为规定为拐卖妇女、儿童的行为之一。

从结果上区分。尽管本罪是行为犯,但情节显著轻微危害不大的收买被拐卖的妇女、儿童行为,依照《刑法》第13条的规定,不认为是犯罪,但可以给予治安处罚,以维护正常的社会秩序。

②注意准确认定一罪与数罪。根据《刑法》第241条规定,行为人在收买被拐卖的妇女后强行与其发生性关系的,依照《刑法》第236条的规定以强奸罪定罪处罚,与本罪数罪并罚;收买被拐卖的妇女、儿童,非法剥夺、限制其人身自由或者有伤害、侮辱等犯罪行为的,依照《刑法》的有关规定定罪处罚,并将收买被拐卖的妇女、儿童罪和其他有关罪,进行数罪并罚。

③注意划清本罪与拐卖妇女、儿童罪的界限。本罪与拐卖妇女、儿童罪是相连接的犯罪,拐卖妇女、儿童罪是本罪的前置犯罪,没有前置犯罪就不能有收买被拐卖的妇女、儿童罪。如果收买以后,又出卖被收买的妇女儿童的,根据《刑法》第241条第5款的规定,"收买被拐卖的妇女、儿童又出卖的,依照本法第二百四十条的规定定罪处罚",即依照拐卖妇女、儿童罪定罪处罚。

④注意正确适用对本罪从轻处罚的规定。《刑法修正案(九)》修改后的《刑法》第241条第6款规定对犯本罪从轻处罚的两种情况不能混淆。一是对被买儿童没有虐待行为,不阻碍对其进行解救的,可以从轻处罚,只能对收买的被拐卖的儿童适用,不能对收买的被拐卖的妇

女适用。二是按照被买妇女的意愿,不阻碍其返回原居住地的,可以从轻或者减轻处罚,只能对收买的被拐卖的妇女适用。对收买的被拐卖的儿童不能适用减轻处罚。这是因为收买被拐卖的儿童的社会危害性大于收买被拐卖的妇女的社会危害性。

⑤注意划清本罪与拐骗儿童罪的界限。我国《刑法》第262条规定的拐骗儿童罪与本罪有相似之处,容易混淆,应注意加以区分。拐骗儿童罪是指拐骗不满14周岁的未成年人,脱离家庭或者监护人的行为,行为人也可能是用金钱收买的方法进行拐骗,与本罪收买被拐卖的儿童的行为相似。二罪的根本区别是犯罪对象不同。本罪收买的是被拐卖的儿童,而拐骗儿童罪拐骗的是没有被拐卖的儿童。由于收买被拐卖的儿童和拐骗儿童的犯罪对象不同,可以将二罪区别开来。

（十）侮辱罪、诽谤罪

《刑法修正案（九）》第16条对《刑法》第246条进行了修改补充。最高人民法院1997年12月16日《关于执行〈中华人民共和国刑法〉确定罪名的规定》中规定为"侮辱罪、诽谤罪"的两种罪名。

1. 刑法规定内容的修改

刑法条文中有关侮辱罪、诽谤罪的规定是：

（1）1979年《刑法》第145条规定："以暴力或者其他方法,包括用'大字报'、'小字报',公然侮辱他人或者捏造事实诽谤他人,情节严重的,处三年以下有期徒刑、拘役或者剥夺政治权利。

"前款罪,告诉的才处理。但是严重危害社会秩序和国家利益的除外。"

（2）1997年《刑法》第246条规定："以暴力或者其他方法公然侮辱他人或者捏造事实诽谤他人,情节严重的,处三年以下有期徒刑、拘役、管制或者剥夺政治权利。

"前款罪,告诉的才处理,但是严重危害社会秩序和国家利益的除外。"

（3）2015年8月29日发布的《刑法修正案（九）》第16条规定,在《刑法》第246条中增加一款作为第3款："通过信息网络实施第一款规定的行为,被害人向人民法院告诉,但提供证据确有困难的,人民法院可以要求公安机关提供协助。"

上述《刑法修正案（九）》在《刑法》原第246条中增加第3款："通过信息网络实施第一款规定的行为,被害人向人民法院告诉,但提供证据确有困难的,人民法院可以要求公安机关提供协助。"

2. 对刑法规定修改的原因

我国1979年《刑法》第145条中就规定了侮辱罪、诽谤罪。根据"文革"期间以"大字报""小字报"的方法侮辱、诽谤他人的情况严重的情况,在《刑法》规定侮辱罪、诽谤罪的罪状时特别规定了用"大字报""小字报"的方法。同时对侮辱罪、诽谤罪的法定刑规定处3年以下有期徒刑、拘役或者剥夺政治权利。1997年修订《刑法》时,对1979年《刑法》第145条的规定作了适当修改,删除了包括用"大字报""小字报"的"文革"产物,并在法定刑中增加了处"管制"的规定,使侮辱罪、诽谤罪的法定刑轻些了。近年来,我国信息网络发展很快,涉及政治、经济、文化、公民生活等领域,在促进社会发展和改善公民生活条件方面起了很大作用的同时,一些犯罪分子也利用信息网络进行侮辱、诽谤他人,其涉及范围之广、影响之恶劣也是空前未有的,但由于是新科学技术,很多被侮辱、诽谤的被害者很难取得是谁在什么范围内侵犯了其人格、名誉权利的证据,被侵害者为了维护其人格、名誉权利在向人民法院告诉时,往往很难提供确实充分的证据。2015年《刑法修正案(九)》从有利于保护人权,惩治利用信息网络侮辱或者诽谤他人的犯罪行为,在《刑法》第246条中设专款规定通过信息网络实施侮辱、诽谤行为,被害人向人民法院告诉时,提供证据确有困难的,人民法院可以要求公安机关提供协助,将告诉才处理案件自己取证转为公安机关提供协助取证,这对保护公民的合法权利十分有利,防止由于个人取证难而使侮辱、诽谤他人犯罪分子逃离法网。

3. 侮辱罪、诽谤罪的适用

要准确适用侮辱罪、诽谤罪就必须弄清该两种罪的概念、构成特征、法定刑以及适用时应注意的问题,由于该两种罪规定在一个法律条文中,本书将两种犯罪一起分析。

(1)侮辱罪、诽谤罪的概念。侮辱罪是指以暴力或者其他方法公然侮辱他人,情节严重的行为。诽谤罪是指捏造事实诽谤他人,情节严重的行为。

侮辱、诽谤他人的行为是严重侵犯公民人格、名誉权利的行为,公民的人格尊严、名誉权是公民人身权利的重要组成部分,确保公民的人格和尊严是公民进行社会活动的基本条件。我国法律保护公民的人身权利和民主权利,即保护人权,禁止任何人用任何方法、手段侵犯人权。我国《刑法》将侮辱、诽谤他人,情节严重的行为,分别规定为侮辱罪、诽谤罪,最高处3年有期徒刑,最低处管制或者剥夺政治权利。

根据2015年11月1日最高人民法院施行的《关于〈中华人民共和国刑法修正案(九)〉时间效力问题的解释》第4条规定,对于2015年10月31日以前通过信息网络实施《刑法》第246条第1款规定的侮辱、诽谤行为,被害人向人民法院告诉,但提供证据有困难的,适用《刑法》第246条第3款的规定。

(2)侮辱罪、诽谤罪的构成特征是:

①两罪的犯罪主体,是一般主体。达到法定年龄、具有刑事责任能力、实施了侮辱、诽谤他人行为的自然人。本罪法定年龄是年满16周岁。本罪犯罪主体在主观上是故意,其目的是贬低他人的人格,败坏他人的名誉。

②犯罪行为,必须是实施了侮辱、诽谤他人的行为。具体行为表现有:

侮辱他人行为有3种表现:

第一,使用暴力侮辱他人,例如:剥光他人的衣服当众羞辱;强迫他人当众从其胯下爬过;当众强迫他人吃屎喝尿;强迫他人当众学驴叫狗叫等侮辱人格的行为。

第二,使用其他方法侮辱他人的行为,例如:用文字、图片、大字报、小字报等丑化他人;利用语言、动作鄙视他人人格的行为。

第三,利用广播、电视、信息网络发布诋毁他人人格信息的行为。

上述侮辱行为都是公开进行的,不论被侮辱的人是否在现场,只要是公开实施了侮辱他人的行为,达到情节严重的程度就可以构成侮辱他人的犯罪行为。

诽谤他人行为是以捏造的事实诽谤他人的行为,具体有两种表现。

第一,捏造事实的行为。捏造的事实是指客观上根本不存在的事实,是无中生有的假事实,是凭空编造出来的足以损害他人人格、名誉的所谓事实。捏造的事实可以是捏造了全部事实,也可以是捏造了部分足以损害他人人格、名誉的事实。

第二,诽谤他人行为,即散布捏造的足以损害他人人格、名誉的事实的行为。散布的方法有的是用口头散布，也可以是以文字、图像、广播、电视、信息网络等媒体进行散布。

上述捏造的事实与诽谤行为是紧密相联系的，二者结合起来才构成本罪的诽谤行为。侮辱行为与诽谤行为的对象必须是特定的他人，可以是一个人，也可以是几个人，但必须是具体的特定人，而不是不特定的概括人群。

根据2013年9月10日最高人民法院、最高人民检察院施行的《关于办理利用信息网络实施诽谤等刑事案件适用法律若干问题的解释》第1条规定，具有下列情形之一的，应当认定为《刑法》第246条第1款规定的捏造事实诽谤他人：第一，捏造损害他人名誉的事实，在信息网络上散布，或者组织、指使人员在信息网络上散布的；第二，将信息网络上涉及他人的原始信息内容篡改为损害他人名誉的事实，在信息网络上散布，或者组织、指使人员在信息网络上散布的；明知是捏造的损害他人名誉的事实，在信息网络上散布，情节恶劣的，以捏造事实诽谤他人论。

③两种犯罪的结果，本罪是结果犯。必须是实施了侮辱、诽谤行为，情节严重的。

所谓情节严重，一般是指犯罪手段卑鄙，影响恶劣，严重影响了被害人的工作、生活，甚至引起被害人精神失常、自杀等情节。

根据2013年9月10日最高人民法院、最高人民检察院施行的《关于办理利用信息网络实施诽谤等刑事案件适用法律若干问题的解释》第2条规定，利用信息网络诽谤他人，具有下列情形之一的，应当认定为《刑法》第246条第1款规定的"情节严重"：第一，同一诽谤信息实际被点击、浏览次数达到5000次以上，或者被转发次数达到500次以上的；第二，造成被害人或者近亲属精神失常、自残、自杀等严重后果的；第三，2年以内曾因诽谤受过行政处罚，又诽谤他人的；第四，其他情节严重的情形。

上述司法解释第3条规定，利用信息网络诽谤他人，具有下列情形之一的，应当认定为《刑法》第246条第2款规定的"严重危害社会秩序和国家利益"：第一，引发群体性事件的；第二，引发公共秩序混乱的；第三，引发民族、宗教冲突的；第四，诽谤多人，造成恶劣社会影响的；第五，损害国家形象，严重危害国家利益的；第六，造成恶劣国际影响的；第七，其他严重危害社会秩序和国家利益情形。

上述司法解释第4条规定，一年内多次实施利用信息网络诽谤他人行为未经处理，诽谤信息实际被点击、浏览、转发次数累计计算构成犯罪的，应当依法定罪处罚。

（3）侮辱罪、诽谤罪的法定刑。根据《刑法》第246条的规定，犯本罪的法定刑是：

构成本罪的，处3年以下有期徒刑、拘役、管制或者剥夺政治权利。

（4）适用侮辱罪、诽谤罪时，要注意的问题：

①注意划清罪与非罪的界限。

从犯罪主体上区分。不满16周岁的人和单位不能构成本两种罪。本两种罪是故意犯罪，主观上是过失的，不能构成本两种罪。

从犯罪行为上区分。本罪必须是实施侮辱、诽谤他人的行为。侮辱、诽谤他人的行为必须是公开的当众实施侮辱、诽谤他人的行为。如果侮辱、诽谤他人行为没有公开，不能构成本罪。本两种罪侮辱、诽谤的对象必须是具体的个人，即使是不点明具体人名，但人们一看就知道是指某人或某几个人。如果侮辱、诽谤的对象是不特定的人群，不能构成本罪。

从结果上区分。尽管本罪必须是侮辱、诽谤他人情节严重的行为才能构成犯罪，达不到情节严重的程度的行为,不构成犯罪,但可以给予治安处罚,以保护公民的人格、名誉权利不受任何侵犯。

②注意本两种罪是告诉才处理的犯罪。《刑法》第246条规定本两种罪是告诉才处理的犯罪,一般情况下,被侮辱、被诽谤人不告诉的,司法机关不主动追诉处理,只有在被害人自己向人民法院起诉的,人民法院才处理。但《刑法》第246条还规定了特殊例外的情形,即"严重危害社会秩序和国家利益的除外",例如:侮辱、诽谤国家领导人,造成恶劣的社会影响的,当事人不便于告诉的,可以由公安机关进行侦查、检察机关提起公诉、人民法院判决定罪予以刑罚处罚。告诉才处理的案件是自诉案件,告诉人应自己提供证据。但在信息网络上散布侮辱、诽谤他人信息的,告诉人取证有困难的,我国《刑法》第246条规定"人民法院可以要求公安机关提供协助"。

③注意划清诽谤罪与诬告陷害罪的界限。诽谤罪与诬告陷害罪都是以捏造的事实损害他人人格、名誉,在认定构成何种犯罪时容易混淆。二罪的本质区别是捏造的事实的内容不同。诽谤罪捏造的事实内容是损害他人的人格、名誉,而诬告陷害捏造的是他人犯罪事实,目的是要追究他人的刑事责任。

④划清侮辱罪与强制猥亵、侮辱罪的界限。侮辱罪与强制猥亵、侮辱罪中都有侮辱妇女的犯罪行为,认定时容易混淆。侮辱罪与强制猥亵、侮辱罪的根本区别是侵犯的客体不同。侮辱罪侵犯的客体是他人的人格、名誉权利,且必须是情节严重的才构成犯罪,而强制猥亵、侮辱罪则侵犯的是妇女的性自由权利,只要实施了侮辱妇女的性自由行为就可以构成犯罪,不需要达到情节严重的程度。

⑤注意划清本罪与寻衅滋事罪的界限。本罪侮辱、诽谤他人的行为与寻衅滋事行为相似,容易混淆。根据2013年9月10日最高人民法院、最高人民检察院施行的《关于办理利用信息网络实施诽谤等刑事案件适用法律若干问题的解释》第5条规定,利用信息网络辱骂、恐吓他人,情节恶劣,破坏社会秩序的,应《刑法》第293条第1款第2项的规定,以寻衅滋事罪定罪处罚。编造虚假信息,或者明知是编造的虚假信息,在信息网络上散布,或者组织、指使人员在信息网络上散布,起哄闹事。造成公共秩序严重混乱的,依照《刑法》第293条第1款第4项的规定以寻衅滋事罪定罪处罚。

⑥注意划清本罪共犯的认定。根据2013年9月10日最高人民法院、最高人民检察院施行的《关于办理利用信息网络实施诽谤等刑事案件适用法律若干问题的解释》第8条规定,明知他人利用信息网络实施诽谤、寻衅滋事、敲诈勒索、非法经营等犯罪,为其提供资金、场所、技术支持等帮助的,以共同犯罪论处。

(十一)侵犯公民个人信息罪

侵犯公民个人信息罪是《刑法》第253条之一规定的犯罪,《刑法修正案(七)》第7条第1款在《刑法》第253条中增加规定了出售、非法提供公民个人信息犯罪行为。2009年10月16日最高人民法院、最高人民检察院施行的《关于执行〈中华人民共和国刑法〉确定罪名的补充规定(四)》中将这种犯罪确定为"出售、非法提供公民个人信息罪"的罪名。2015年《刑法修正案(九)》第17条对该罪的罪状和法定刑作了新的修改规定。2015年10月30日发布的最高人民法院、最高人民检察院《关于执行〈中华人民共和国刑法〉确定罪名的补充规定(六)》中修改为"侵犯公民个人信息罪"的罪名。

1. 刑法规定内容的修改

刑法条文中有关侵犯公民个人信息罪的规定是：

(1)2009年《刑法修正案(七)》第7条在《刑法》第253条之一第1款中规定："国家机关或者金融、电信、交通、教育、医疗等单位的工作人员,违反国家规定,将本单位在履行职责或者提供服务过程中获得的公民个人信息,出售或者非法提供给他人,情节严重的,处三年以下有期徒刑或者拘役,并处或者单处罚金。"

第3款规定："单位犯前两款罪的,对单位判处罚金,并对其直接负责的主管人员和其他直接责任人员,依照各该款的规定处罚。"

上述《刑法修正案(七)》是根据我国当时社会上出现的因履行职责或者提供服务所获得的公民的个人信息,出售或者非法提供给他人,情节严重、危害社会的严重情形,在《刑法》中增加规定为一种新的犯罪行为。

(2)2015年8月29日发布的《刑法修正案(九)》第17条规定,将《刑法》第253条之一修改为："违反国家有关规定,向他人出售或者提供公民个人信息,情节严重的,处三年以下有期徒刑或者拘役,并处或者单处罚金;情节特别严重的,处三年以上七年以下有期徒刑,并处罚金。

"违反国家有关规定,将在履行职责或者提供服务过程中获得的公民个人信息,出售或者提供给他人的,依照前款的规定从重处罚。

"窃取或者以其他方法非法获取公民个人信息的,依照第一款的规定处罚。"

第4款规定："单位犯前三款罪的,对单位判处罚金,并对其直接负责的主管人员和其他直接责任人员,依照各该款的规定处罚。"

上述《刑法修正案(九)》对《刑法》第253条之一第1款作了如下修改：

①将非法出售、提供公民个人信息罪的主体由履行职责、提供服务人员的特殊主体改为一般主体,扩大了惩治侵犯公民个人信息罪的范围。

②对履行职责和提供服务人员犯侵犯公民个人信息罪的从重处罚。

③增加了一个档次的法定刑,即"情节特别严重的,处三年以上七年以下有期徒刑,并处罚金"。

2. 刑法规定修改的原因

我国1979年《刑法》和1997年《刑法》都没有规定侵犯公民个人信息罪,随着改革开放和社会主义市场经济的深入发展,特别信息产业的发展,有关公民的个人信息成为社会经济活动的重要信息,有些人千方百计地收集公民个人的信息,以便通过互联网或通信工具进行犯罪活动;而有些国家工作人员或金融、通信或者医疗单位的工作人员将在履行职务或者提供服务中获取的公民个人的信息,出售或者非法提供给他人,使公民的个人信息泄露,为违法犯罪分子所利用,严重侵犯了公民的人身权利,有的还给公民造成严重的经济损失。因此,这种"人肉搜索"行为严重扰乱了社会秩序,应当通过立法规定追究其刑事责任。经同有关部门研究,全国人大法制委员建议在《刑法》中增加规定：国家机关或者金融、电信、交通、教育、医疗等单位的工作人员,违反国家规定,将履行公务或者提供服务中获得的公民个人信息出售或者非法提供给他人,或者以窃取、收买等方法非法获取上述信息,情节严重的,追究刑事责任。全国人大常委会根据司法实践中打击出售、非法提供公民个人信息犯罪行为的需要,采纳了有关部门的意见,于2009年2月28日在《刑法修正案(七)》第7条第1款中补充规定了出售、非法提供个人信息,情节严重的构成犯罪,最高处3年有期徒刑,并处或者单处罚金。根据几年来的司法实践,《刑法》第253条之一规定的出售,非法提供个人信息罪不足以惩罚这种犯罪行为。一是出售、非法提供个人信息不只是履行职责和提供服务的人员,一般人员也有实施这种犯罪行为;二是本罪的法定刑较轻,特别是对履职和提供服务的人员犯本罪处罚较轻,不足以有效惩治这种犯罪行为。所以,《刑法修正案(九)》第17条又将《刑法》第253条之一规定罪状和法定刑及处罚规定作了修改,即将侵犯公民个人信息罪的主体由特殊主体改为一般主体,并规定履行职责和提供服务的人员犯侵犯公民个人信息罪的从重处罚,同时提高了一个档次的法定刑,即"情节特别严重的,处三年以上七年以下有期徒刑,并处罚金"。2015年10月30日发布的最高人民法院、最高人民检察院《关于执行〈中华人民共和国刑法〉确定罪名补充规定(六)》中将该罪的罪名改为"侵犯公民个人信息罪"。

3. 侵犯公民个人信息罪的适用

要准确适用侵犯公民个人信息罪就必须弄清楚该罪的概念、构成特征、法定刑以及适用时应注意的问题。

(1) 侵犯公民个人信息罪的概念。该罪是指违反国家有关规定,向他人出售或者提供公民个人信息,情节严重的行为。

侵犯公民个人信息罪是严重侵犯公民人身权利的行为。公民个人的信息被泄露,被有关不法部门获得,往往给公民的生活造成严重扰乱;如果这些个人信息被犯罪分子用于犯罪活动,将严重侵犯公民的人身权利和名誉权利,甚至会给公民造成严重的经济损失。因此,出售、非法提供公民个人信息,情节严重的行为,是严重危害社会的行为。《刑法修正案(七)》《刑法修正案(九)》将这种行为规定为犯罪。

(2) 侵犯公民个人信息罪的构成特征。根据《刑法》第253条之一第1款的规定,该罪的构成特征有:

① 犯罪主体,是一般主体,达到法定年龄,具有刑事责任能力,实施了出售、非法提供公民个人信息行为的自然人和单位。本罪的刑事责任年龄是16周岁,犯罪主体主观上是故意。单位和单位中直接负责的主管人员及其他直接负责的人员可以成为本罪的主体。

② 犯罪行为,必须是违反国家规定,出售、非法提供公民个人信息的行为。《刑法》规定的具体行为表现是:

第一,违反国家规定的行为。违反国家规定,根据2017年6月1日最高人民法院、最高人民检察院实施的《关于办理侵犯公民个人信息刑事案件适用法律若干问题的解释》第2条规定:"违反法律、行政法规、部门规章有关公民个人信息保护的规定的,应当认定为刑法第二百五十三条之一规定的'违反国家有关规定'。"

公民个人信息,根据2017年6月1日最高人民法院、最高人民检察院实施的《关于办理侵犯公民个人信息刑事案件适用法律若干问题的解释》第1条规定"公民个人信息",是指以电子或者其他方式记录的能够单独或者与其他信息结合识别特定自然人身份或者反映特定自然人活动情况的各种信息,包括姓名、身份证件号码、通信联系方式、住址、账号密码、财产状况、行踪轨迹等。

第二,出售公民个人信息的行为。违反国家规定,将公民个人信息作为商品出卖谋取利益的行为。

第三,非法提供公民个人信息行为。违反国家规定,不经公民个人许可,将公民的个人信息提供、送给他人的行为。至于他人是否使用,不影响本罪犯罪行为的成立。

根据2017年6月1日最高人民法院、最高人民检察院实施的《关于办理侵犯公民个人信息刑事案件适用法律若干问题的解释》第3条规定:"向特定人提供公民个人信息,以及通过信息网络或者其他途径发布公民个人信息的,应当认定为刑法第二百五十三条之一规定的'提供公民个人信息'。"

"未经被收集者同意,将合法收集的公民个人信息向他人提供的,属于刑法第二百五十三条之一规定的'提供公民个人信息',但是经过处理无法识别特定个人且不能复原的除外。"

第四,窃取或者以其他方法非法获取公民个人信息的行为。该行为是行为犯,只要实施了上述行为,就构成本罪的犯罪行为,可以构成本罪。

凡具有上述四项行为之一的,就具有本罪的犯罪行为。

③犯罪结果,本罪是结果犯,必须是达到出售、非法提供公民个人信息,情节严重的结果,才能构成犯罪。根据2017年6月1日最高人民法院、最高人民检察院实施的《关于办理侵犯公民个人信息刑事案件适用法律若干问题的解释》第5条第1款规定,"非法获取、出售或者提供公民个人信息,具有下列情形之一的,应当认定为刑法第二百五十三条之一规定的'情节严重':(一)出售或者提供行踪轨迹信息,被他人用于犯罪的;(二)知道或者应当知道他人利用公民个人信息实施犯罪,向其出售或者提供的;(三)非法获取、出售或者提供行踪轨迹信息、通信内容、征信信息、财产信息五十条以上的;(四)非法获取、出售或者提供住宿信息、通信记录、健康生理信息、交易信息等其他可能影响人身、财产安全的公民个人信息五百条以上的;(五)非法获取、出售或者提供第三项、第四项规定以外的公民个人信息五千条以上的;(六)数量未达到第三项至第五项规定标准,但是按相应比例合计达到有关数量标准的;(七)违法所得五千元以上的;(八)将在履行职责或者提供服务过程中获得的公民个人信息出售或者提供给他人,数量或者数额达到第三项至第七项规定标准一半以上的;(九)曾因侵犯公民个人信息受过刑事处罚或者二年内受过行政处罚,又非法获取、出售或者提供公民个人信息的;(十)其他情节严重的情形"。

根据2017年6月1日最高人民法院、最高人民检察院实施的《关于办理侵犯公民个人信息刑事案件适用法律若干问题的解释》第6条规定,"为合法经营活动而非法购买、收受本解释第五条第一款第三项、第四项规定以外的公民个人信息,具有下列情形之一的,应当认定为刑法第二百五十三条之一规定的'情节严重':(一)利用非法购买、收受的公民个人信息获利五万元以上的;(二)曾因侵犯公民个人信息受过刑事处罚或者二年内受过行政处罚,又非法购买、收受公民个人信息的;(三)其他情节严重的情形。实施前款规定的行为,将购买、收受的公民个人信息非法出售或者提供的,定罪量刑标准适用本解释第五条的规定"。

(3)侵犯公民个人信息罪的法定刑。根据《刑法》第253条之一规定,犯本罪的法定刑是:

①情节严重,构成犯罪的,处3年以下有期徒刑或拘役,并处或者单处罚金。

②犯本罪,情节特别严重的,处3年以上7年以下有期徒刑,并处罚金。

根据2017年6月1日最高人民法院、最高人民检察院实施的《关于办理侵犯公民个人信息刑事案件适用法律若干问题的解释》第5条第2款规定,非法获取、出售或者提供公民个人信息,具有下列情形之一的,应当认定为《刑法》第253条之一第1款规定的"情节特别严重":第一,造成被害人死亡、重伤、精神失常或者被绑架等严重后果的;第二,造成重大经济损失或者恶劣社会影响的;第三,数量或者数额达到第1款第3项至第8项规定标准10倍以上的;第四,其他情节特别严重的情形。

③单位犯本罪的,对单位判处罚金,并对其直接负责的主管人员和其他直接责任人员,依照个人犯本罪定罪处罚。

④违反国家有关规定,将在履行职责或者提供服务过程中获得的公民个人信息,出售或者提供给他人的,依照本条第1款的规定从重处罚。

⑤罚金数量。根据2017年6月1日最高人民法院、最高人民检察院实施的《关于办理侵犯公民个人信息刑事案件适用法律若干问题的解释》第12条规定,"对于侵犯公民个人信息犯罪,应当综合考虑犯罪的危害程度、犯罪的违法所得数额以及被告人的前科情况、认罪悔罪态度等,依法判处罚金。罚金数额一般在违法所得的1倍以上5倍以下"。

(4)适用侵犯公民个人信息罪时,应注意以下问题:

①注意划清罪与非罪的界限。我国《刑法》第253条之一规定的侵犯公民个人信息罪是有犯罪构成条件的,不论缺少犯罪主体、犯罪行为、犯罪结果之中的任何一个要件的都不构成犯罪。特别是犯罪结果,必须达到情节严重的结果的才能构成犯罪。情节一般或者较重的,都不构成犯罪。但不构成犯罪不是没事了,而应依照有关法规和规则规定给予行政、纪律处分和经济处罚。

②注意区分本罪中出售公民个人信息与非法提供公民个人信息的区别。虽然二者都是明知的故意行为,过失行为《刑法》没有规定为犯罪,即不构成犯罪。还要注意的是出售公民个人信息的行为实质上也是非法提供公民个人信息的行为,只是为强调出售公民信息有谋利的目的,吸引力大,主观恶性深,难以改造。提供公民个人信息是无偿送给他人,一般不是以谋利为目的,而是基于人情关系,相比较其主观恶性相对小一些。因此,出售公民个人信息的行为比较非法提供公民个人信息的行为构成犯罪的数额标准要低一些,量刑要重一些。

③注意弄清本罪是出售、非法提供公民个人的信息,而不是出售、非法提供单位的信息和国家的保密信息。如果出售、非法提供单位或者国家保密的信息,不构成本罪。但应根据行为特征,有可能分别构成故意泄露国家秘密罪,为境外窃取、刺探、收买、非法提供国家秘密、情报罪,为境外窃取、刺探、收买、非法提供军事秘密罪,非法获取国家秘密罪等。

④注意对设立网站、通信群组获取、出售、提供公民个人信息的定罪处罚。设立网站、通信群组获取、出售、提供公民个人信息的,根据2017年6月1日最高人民法院、最高人民检察院实施的《关于办理侵犯公民个人信息刑事案件适用法律若干问题的解释》第8条规定,设立网站、通信群组非法获取、出售或者提供公民个人信息,情节严重的,应当依照《刑法》第287条之一的规定,以非法利用信息网络罪定罪处罚;同时构成侵犯公民个人信息罪的,依照侵犯公民个人信息罪定罪处罚。

⑤注意对网络服务提供者的定罪处罚。网络服务提供者拒不履行法律、行政法规规定的信息网络安全管理义务,经监管部门责令采取改正措施而拒不改正,致使用户的公民个人信息泄露,造成严重后果的,根据2017年6月1日最高人民法院、最高人民检察院实施的《关于

办理侵犯公民个人信息刑事案件适用法律若干问题的解释》第9条规定,应当依照《刑法》第286条之一的规定,以拒不履行信息网络安全管理义务罪定罪处罚。

⑥注意对实施侵犯公民个人信息犯罪的从轻处罚。实施了侵犯公民个人信息犯罪,不属于"情节特别严重",行为人系初犯,全部退赃,并确有悔罪表现的,根据2017年6月1日最高人民法院、最高人民检察院实施的《关于办理侵犯公民个人信息刑事案件适用法律若干问题的解释》第10条规定,可以认定为情节轻微,不起诉或者免予刑事处罚;确有必要判处刑罚的,应当从宽处罚。

⑦注意对非法获取、出售、提供公民个人信息条数的计算。根据2017年6月1日最高人民法院、最高人民检察院实施的《关于办理侵犯公民个人信息刑事案件适用法律若干问题的解释》第11条规定,非法获取公民个人信息后又出售或者提供的,公民个人信息的条数不重复计算。

向不同单位或者个人分别出售、提供同一的公民个人信息的,公民个人信息的条数累计计算对批量公民个人信息的条数,根据查获的数量直接认定,但是有证据证明信息不真实或者重复的除外。

(十二)非法获取公民个人信息罪

非法获取公民个人信息罪是《刑法》第253条之一第3款原规定的犯罪,《刑法修正案(七)》第7条第2款在刑法中增加规定了窃取或者以其他非法获取公民个人信息犯罪行为。2009年10月16日最高人民法院、最高人民检察院实施的《关于执行〈中华人民共和国刑法〉确定罪名的补充规定(四)》中将这种犯罪确定为非法获取公民个人信息罪的罪名。《刑法修正案(九)》第17条对该罪由结果犯改为行为犯,取消了"情节严重的"犯罪构成要件,改为只要实施了窃取或以其他方法非法获取公民个人信息行为,就可以构成本罪,同时增了一个加重档次的法定刑。2015年10月30日最高人民法院、最高人民检察院《关于执行〈中华人民共和国刑法〉确定罪名的补充规定(六)》,取消了非法获取公民个人信息罪改为"侵犯公民个人信息罪",按该罪定罪处罚。(详见本章(十一)侵犯公民个人信息罪。)

(十三)虐待罪

《刑法修正案(九)》第18条对《刑法》第260条的规定进行了补充。最高人民法院1997年12月16日《关于执行〈中华人民共和国刑法〉确定罪名的规定》中规定为"虐待罪"的罪名。

1. 刑法规定内容的修改

刑法条文中有关虐待罪的规定有:

(1)1979年《刑法》第182条规定:"虐待家庭成员,情节恶劣的,处二年以下有期徒刑、拘役或者管制。

"犯前款罪,引起被害人重伤、死亡的,处二年以上七年以下有期徒刑。

"第一款罪,告诉的才处理。"

(2)1997年《刑法》第260条规定,"虐待家庭成员,情节恶劣的,处二年以下有期徒刑、拘役或者管制。

"犯前款罪,致使被害人重伤、死亡的,处二年以上七年以下有期徒刑。

"第一款罪,告诉的才处理。"

(3)2015年8月29日发布的《刑法修正案(九)》第18条规定,将《刑法》第260条第3款修改为:"第一款罪,告诉的才处理,但被害人没有能力告诉,或者因受到强制、威吓无法告诉的除外。"

上述《刑法修正案(九)》第18条对《刑法》第260条原规定的犯罪中增加"但被害人没有能力告诉,或者因受到强制、威吓无法告诉的除外",使那些不能告诉的被害人的合法权利也能得到充分的保护。

2.刑法规定修改的原因

尊老爱幼,扶助有困难者是中华民族的优良传统,维护和睦稳定的家庭关系是中华民族的习惯。我国的社会主义家庭成员之间是相互爱护、互相关心、尊老爱幼、民主和睦的新型家庭关系,法律规定父母对子女有抚养的义务,子女对父母有赡养的义务,夫妻之间相互扶持的义务,对没有生活能力、需要照顾的家庭成员应给予帮助。如果不尽法律规定的义务,虐待家庭成员,情节恶劣的是犯罪行为,最高可处7年有期徒刑。我国1979年《刑法》和1997年《刑法》中都规定了虐待罪。但考虑该犯罪行为是发生在家庭成员之间,为使被虐待家庭成员以后不受虐待,只要虐待者停止虐待行为,取得被虐待家庭成员的谅解,被虐待者不告诉的,可以不追究虐待者的刑事责任。因此,《刑法》将虐待罪规定为是"告诉才处理"的犯罪。但现实中,也出现了虐待家庭成员的犯罪者为了逃避法律制裁,故意造成被害人没有能力告诉,或者强制、威吓被虐待家庭成员,使其无法告诉,致使被虐待的家庭成员的合法权利得不到保护。为了更有效地保护所有被虐待的家庭成员的合法权利,《刑法修正案(九)》第18条规定在《刑法》第260条第3款中增加规定了"但被害人没有能力告诉,或者因受到强制、威吓无法告诉的除外",即在上述情况下,不再是告诉才处理的犯罪,其他人或者单位也可以告诉,司法机关也可以作为公诉案件,由公安机关侦查、检察机关起诉,人民法院审判,更有效、更充分地维护被虐待者的合法权利。

3.虐待罪的适用

要准确适用虐待罪就必须弄清该罪的概念、构成特征、法定刑,以及适用时应注意的问题。

(1)虐待罪的概念。虐待罪是指虐待家庭成员,情节恶劣的行为。

社会主义的家庭关系应当是相互爱护、互相关心、尊老爱幼、民主和睦的关系,这对人们过上幸福美满生活,稳定社会秩序是十分必要的。那些不讲社会道德,不尽家庭成员义务,肆意虐待家庭成员,破坏家庭关系的行为,既是对家庭成员人身权利的侵犯,也是对和睦家庭关系的破坏,更是对社会有危害的行为。我国《刑法》第260条规定,虐待家庭成员,情节恶劣的构成虐待罪,最高处7年有期徒刑。

(2)虐待罪的构成特征。根据《刑法》第260条规定,该罪的构成特征是:

①犯罪主体,是特殊主体,必须是达到法定年龄、具有刑事责任能力、实施了虐待家庭成员行为的家庭成员。家庭成员是在一个家庭中生活,且相互间有互助义务。虐待家庭成员,如丈夫虐待妻子、妻子虐待丈夫、父母虐待子女、儿女虐待老人等,一般是在体力上经济上的强者虐待弱者。犯罪主体在主观上是故意的。至于实施虐待家庭成员过程中致被虐待的家庭成员重伤、死亡结果的一般是过失的。但其实施虐待行为和造成虐待的结果是故意的,构

成故意犯罪。

②犯罪行为,必须是实施了虐待家庭成员的行为。具体表现是经常以打骂,体罚,禁闭,冻饿,限制人身自由,有病不给治疗,强迫从事超体力劳动等方法,在精神上和肉体上进行折磨、摧残、迫害家庭成员的行为。

③犯罪结果,本罪是结果犯,必须是经常实施虐待家庭成员的行为,造成情节恶劣的结果。所谓情节恶劣,一般是指具有下列情节之一的:虐待行为致被虐待者伤残、死亡的结果;虐待手段非常残暴;对年老、年幼、生活不能自理的人进行虐待;长期、一贯虐待,屡教不改等情形。

(3)虐待罪的法定刑。根据《刑法》第260条规定,该罪的法定刑是:

①构成本罪的,处2年以下有期徒刑、拘役或者管制。

②犯前款罪,致使被害人重伤、死亡的,处2年以上7年以下有期徒刑。

(4)认定虐待罪时,应注意的问题:

①区分罪与非罪的界限。

从犯罪的主体上区分。本罪是特殊主体,必须是家庭成员,非家庭成员不能构成本罪。本罪犯罪主体在主观上是故意,主观上过失的人,不构成本罪。

从犯罪行为上区分。本罪必须是实施了虐待家庭成员的行为。如果实施了故意杀害家庭成员的行为的不构成本罪。

从犯罪结果上区分。本罪是结果犯,必须是出现了情节恶劣的结果才能构成犯罪。如果虐待家庭成员情节一般或者情节严重的,都不能构成本罪,如偶尔打骂家庭成员,或者虐待家庭成员行为造成轻微伤害结果的,都不能构成本罪。如果实施虐待家庭成员行为引起被虐待者重伤、死亡的结果的,由于行为人在主观上对重伤、死亡结果是过失的心理态度,所以是过失致人重伤、死亡,其被故意犯罪虐待罪所吸收,仍应认定为虐待罪,但依法在加重法定刑中处2年以上7年以下有期徒刑。

②注意正确理解本罪是告诉才处理的犯罪。根据《刑法》第260条第3款规定,犯虐待罪,告诉才处理,被虐待人不告诉的,司法机关不主动追究犯罪者的刑事责任。但是根据《刑法修正案(九)》规定"但被害人没有能力告诉,或者因受到强制、威吓无法告诉的除外",即具有上述情形的,其他个人或者单位也可以告诉,司法机关应当主动处理,以便更有效地维护被虐待者的合法权利。

根据2015年11月1日起最高人民法院施行的《关于〈中华人民共和国刑法修正案(九)〉时间效力问题的解释》第5条规定,对于2015年10月31日以前实施的《刑法》第260条第1款规定的虐待行为,被害人没有能力告诉,或者因受到强制、威吓无法告诉的,适用修正后《刑法》第260条第3款的规定。

③注意划清本罪与虐待被监护、看护人罪的界限。《刑法修正案(九)》第19条增加规定的《刑法》第260条之一中规定了虐待被监护、看护人罪,是指对未成年人、老年人、患病的人、残疾人等被监护、看护的人进行虐待,情节恶劣的行为,与本罪有相似和相交叉的行为。这两种犯罪行为在认定犯罪时容易混淆。二罪的主要区别是犯罪主体不同。本罪的主体是家庭成员,而虐待被监护、看护人罪的犯罪主体是具有监护、看护职责的人或单位。犯罪主体不同将两罪区分开。如果家庭成员是负有监管、看护职责的人实施虐待家庭成员的行为,应按处

刑较重的虐待被监护、看护人罪定罪定罚。

(十四)抢夺罪

《刑法修正案(九)》第20条对《刑法》第267条的规定进行了补充的犯罪。最高人民法院1997年12月16日《关于执行〈中华人民共和国刑法〉确定罪名的规定》中规定为"抢夺罪"的罪名。

1. 刑法规定内容的修改

刑法条文中有关抢夺罪的规定是:

(1)1979年《刑法》第151条规定,"盗窃、诈骗、抢夺公私财物数额较大的,处五年以下有期徒刑、拘役或者管制"。

1979年《刑法》第152条规定,"惯窃、惯骗或者盗窃、诈骗、抢夺公私财物数额巨大的,处五年以上十年以下有期徒刑;情节特严重的,处十年以上有期徒刑或者无期徒刑,可以并处没收财产"。

(2)1997年《刑法》第260条规定,"抢夺公私财物,数额较大的,处三年以下有期徒刑、拘役或者管制,并处或者单处罚金;数额巨大或者有其他严重情节的,处三年以上十年以下有期徒刑,并处罚金;数额特别巨大或者有其他特别严重情节的,处十年以上有期徒刑或者无期徒刑,并处罚金或者没收财产。携带凶器抢夺的,依照本法第二百六十三条的规定定罪处罚"。

(3)2015年8月29日发布的《刑法修正案(九)》第20条规定,将《刑法》第267条第1款修改为:"抢夺公私财物,数额较大的,或者多次抢夺的,处三年以下有期徒刑、拘役或者管制,并处或者单处罚金;数额巨大或者有其他严重情节的,处三年以上十年以下有期徒刑,并处罚金;数额特别巨大或者有其他特别严重情节的,处十年以上有期徒刑或者无期徒刑,并处罚金或者没收财产。"

上述《刑法修正案(九)》是根据我国社会上出现多次抢夺行人财物的行为,但数额未达到较大的结果,不能入罪给予刑事处罚的情况,专门在《刑法》第267条中增加"多次抢夺的"行为,构成犯罪。

2. 刑法规定修改的原因

我国1979年《刑法》和1997年《刑法》中都规定有抢夺罪,1979年《刑法》将抢夺罪与盗窃罪、诈骗罪在一起规定,最低处管制,最高处无期徒刑。1997年《刑法》将抢夺罪单独规定,最低处管制,并处或单处罚金;最高处无期徒刑,并处罚金或者没收财产。我国1997年《刑法》规定必须抢夺财物数额较大的才构成犯罪,而当前我国社会上出现了一些骑摩托车顺手抢夺行人背包、饰品的行为,抢夺财物不一定数额较大,但多次实施抢夺行为,在社会造成恐怖氛围,严重扰乱了社会秩序。同样地,多次盗窃财物数额没有达到数额较大的结果,已补充规定为犯罪,为了惩罚这种多次抢夺财物的行为,《刑法修正案(九)》在《刑法》第267条中增加规定"多次抢夺",不论数额是否达到数额较大的,都可以构成犯罪,扩大了惩治抢夺罪的范围,使多次抢夺财物的行为受到刑事处罚。

3. 抢夺罪的适用

要准确适用抢夺罪就必须弄清楚该罪的概念、构成特征、法定刑以及适用时应注意的问题。

(1)抢夺罪的概念。抢夺罪是指以非法占有为目的,当着财物人的面,乘人不备公然夺取数额较大的公私财物,或者多次抢夺公私财物的行为。

抢夺公私财物是当着财物所有人或者财物管理人的面进行抢夺,直接扰乱社会秩序,往往一人被抢,四邻不安,给社会治安秩序造成极坏的影响,其社会危害性是相当严重的。我国《刑法》将抢夺公私财物数额较大,或者多次抢夺公私财物的行为规定为犯罪,最高处无期徒刑,并处罚金或者没收财产。

(2)抢夺罪的构成特征。根据《刑法》第267条第1款的规定,该罪的构成特征有:

①犯罪主体,是一般主体,达到法定年龄,具有刑事责任能力,实施了抢夺公私财物行为的自然人。本罪的刑事责任年龄是16周岁,犯罪主体主观上是故意,并且具有非法占有他人财物的目的。

②犯罪行为,必须具有故意抢夺他人财物的行为。夺取他人财物的具体表现是:

第一,乘人不备夺取他人财物的行为,即是在财物所有人或者财物保管人没有防备的情况下,将财物夺去。

第二,当着财物所有人或者保管人的面,当场夺取其财物的行为,财物被夺走,财物所有人或保管人立即发觉财物被犯罪人夺去了。

第三,抢夺财物时,是对财物使用力量,但对财物所有人或者保管人没有使用暴力。

只有同时具备上述三个特征的行为,才能构成抢夺罪。

③犯罪结果,本罪是结果犯,抢夺财物行为必须是达到数额较大,或者多次抢夺财物的结果。

根据2013年11月18日最高人民法院、最高人民检察院施行的《关于办理抢夺刑事案件适用法律若干问题的解释》第1条规定,抢夺公私财物价值1000元至3000元以上、3万元至8万元以上、20万元至40万元以上的,应当分别认定为为《刑法》第267条规定的"数额较大""数额巨大""数额特别巨大"。各省、自治区、直辖市高级人民法院、人民检察院可以根据本地区经济发展状况,并考虑社会治安状况,在前款规定的数额幅度内,确定本地区执行的具体数额标准,报最高人民法院、最高人民检察院批准。

上述司法解释第2条规定,抢夺公私财物,具有下列情形之一的,"数额较大"的标准按照前款规定标准的50%确定:第一,曾因抢劫、抢夺或者聚众哄抢受过刑事处罚的;第二,一年内曾因抢夺或者哄抢受过行政处罚的;第三,一年内抢夺3次以上的;第四,驾驶机动车、非机动车抢夺的;第五,组织、控制未成年人抢夺的;第六,抢夺老年人、未成年人、孕妇、携带婴幼儿的人、残疾人、丧失劳动能力人的财物的;第七,在医院抢夺病人或者其亲友财物的;第八,抢夺救灾、抢险、防汛、优抚、扶贫、移民、救济款物的;第九,自然灾害、事故灾害、社会安全事件等突发事件期间,在事件发生地抢夺的;第十,导致他人轻伤或者精神失常等严重后果的。

(3)抢夺罪的法定刑。根据《刑法》第267条的规定,犯本罪的法定刑是:

①数额较大或者多次抢夺,构成犯罪的,处3年以下有期徒刑、拘役或者管制,并处或者单处罚金。所谓多次抢夺是指一年以内抢3次以上的行为。

②犯本罪,数额巨大或者有其他严重情节的,处3年以上10年以下有期徒刑,并处罚金。所谓其他严重情节,根据2013年11月18日最高人民法院、最高人民检察院施行的《关于办理抢夺刑事案件适用法律若干问题的解释》第3条规定,抢夺公私财物,具有下列情形之一的,应当认定为《刑法》第267条规定的"其他严重情节":第一,导致他人重伤的;第二,导致

他人自杀的;第三,具有本解第 2 条第 3 项至第 10 项规定的情形之一,数额达到本解释第 1 条规定"数额巨大"50% 的。

③犯本罪,数额特别巨大或者有其他特别严重情节的,处 10 年以上有期徒刑或者无期徒刑,并处罚金或者没收财产。

这里"特别严重情节",根据 2013 年 11 月 18 日最高人民法院、最高人民检察院施行的《关于办理抢夺刑事案件适用法律若干问题的解释》第 4 条规定,抢夺公私财物,具有下列情形之一的,应当认定为《刑法》第 267 条规定的"其他特别严重情节":第一,导致他人死亡的;第二,具有本解第 2 条第 3 项至第 10 项规定的情形之一,数额达到本解释第 1 条规定"数额特别巨大"50% 的。

(4)适用抢夺罪时,应注意以下问题:

①注意划清罪与非罪的界限。

从犯罪主体上区分。不满 16 周岁的人和单位不构成本罪。本罪犯罪主体在主观上必须是故意,过失取得他人财物的行为,不能构成本罪。本罪的犯罪主体必须具有非法占有他人财物的目的,如果行为人不具有非法占有他人财物的目的,不构成本罪,如抢夺枪支、弹药的,抢夺公文证件,抢夺在押罪犯的行为,都不能认定为本罪,而应认定与其行为相应的犯罪。至于抢夺的财物是归自己还是归他人所有不影响抢夺罪的成立。

从犯罪行为上区分。抢夺财物必须是数额较大,或者多次抢夺的行为。根据 2013 年 11 月 18 日最高人民法院、最高人民检察院施行的《关于办理抢夺刑事案件适用法律若干问题的解释》第 5 条规定,抢夺公私财物数额较大,但未造成他人轻伤以上伤害,行为人系初犯,认罪、悔罪、退赃、退赔,具有下列情形之一的,可以认定为犯罪情节较轻微,不起诉或者免予刑事处罚;必要时,由有关部门依法予以行政处罚:第一,具有法定从宽处罚情节的;第二,没有参与分赃或者获赃较少,且不是主犯的;第三,被害人谅解的;第四,其他情节轻微、危害不大的。

从犯罪结果上区分。本罪是结果犯,抢夺数额累计达不到数额较大的或者不是多次抢夺,情节轻微的,不构成本罪。

②注意划清抢夺罪与抢劫罪的区别。抢夺罪与抢劫罪在犯罪客体、犯罪主观方面上都是相同的。二罪的主要区别有:一是犯罪主体不同。抢夺罪的主体是年满 16 周岁的自然人,而抢劫罪的主体是年满 14 周岁以上的自然人。二是犯罪行为不同。抢夺罪是乘人不备夺取公私财物的行为,没有对财物所有人或者保管人使用暴力、胁迫的方法;而抢劫罪则是对被抢劫人使用暴力、胁迫的方法劫取其财物的行为。《刑法》第 267 条第 2 款规定,"携带凶器抢夺的,依照本法第二百六十三条的规定定罪处罚",即依照抢劫罪定罪处罚。

根据 2013 年 11 月 18 日最高人民法院、最高人民检察院施行的《关于办理抢夺刑事案件适用法律若干问题的解释》第 6 条规定,驾驶机动车、非机动车夺取他人财物,具有下列情形之一的,应当以抢劫罪定罪处罚:第一,夺取他人财物时因被害人不放手而强行夺取的;第二,驾驶车辆逼挤、撞击或者强行逼倒他人,夺取财物的;第三,明知会致人伤亡仍然强行夺取并放任造成财物持有人轻伤以上后果的。

③注意划清抢夺罪与敲诈勒索罪的界限。抢夺罪是乘人不备公然夺取公私财物的行为,没有对财物所有人使用暴力威胁的方法,当场将财物夺走的行为。而敲诈勒索罪的犯罪行为

是使用威胁或者要挟的方法迫使财物所有人交出财物的行为,一般不是当场取走财物,而是在一定的期限内迫使财物所有人交出财物的行为。二罪的根本区别是取得财物的方式方法不同。前者是强行夺取财物的行为,而后者是敲诈勒索财物的行为。

(十五)妨害公务罪

《刑法修正案(九)》第21条对《刑法》第277条的规定进行了补充的犯罪;2020年12月26日发布的《刑法修正案(十一)》第31条对《刑法》第277条第5款规定的袭警罪的犯罪行为和法定刑作了补充规定。最高人民法院1997年12月16日《关于执行〈中华人民共和国刑法〉确定罪名的规定》中确定为妨害公务罪的罪名;2021年2月26日最高人民法院、最高人民检察院发布的《关于执行〈中华人民共和国刑法〉确定罪名的规定(七)》中将《刑法》第277条第5款规定的暴力袭警犯罪行为从妨害公务罪犯罪行为分离出来,确定为独立的袭警罪[详见本书《刑法修正案(十一)》新增加犯罪(六)]。《刑法》第277条第1款至第4款规定的犯罪行为仍为妨害公务罪的罪名。妨害公务罪中不再包括暴力袭警犯罪行为。

1.刑法规定内容的修改

刑法条文中有关妨害公务罪的规定有:

(1)1979年《刑法》第157条规定:"以暴力、威胁方法阻碍国家工作人员依法执行职务的,或者拒不执行人民法院已经发生法律效力的判决、裁定的,处三年以下有期徒刑、拘役、罚金或者剥夺政治权利。"

(2)1997年《刑法》第277条规定,"以暴力、威胁方法阻碍国家机关工作人员依法执行职务的,处三年以下有期徒刑、拘役、管制或者罚金。

"以暴力、威胁方法阻碍全国人民代表大会和地方各级人民代表大会代表依法执行代表职务的,依照前款的规定处罚。

"在自然灾害和突发事件中,以暴力、威胁方法阻碍红十字会工作人员依法履行职责的,依照第一款的规定处罚。

"故意阻碍国家安全机关、公安机关依法执行国家安全工作任务,未使用暴力、威胁方法,造成严重后果的,依照第一款的规定处罚。"

(3)2015年8月29日发布的《刑法修正案(九)》第21条规定,在《刑法》第277条中增加一款作为第5款:"暴力袭击正在依法执行职务的人民警察的,依照第一款的规定从重处罚。"

即将《刑法》第277条修改为:"以暴力、威胁方法阻碍国家机关工作人员依法执行职务的,处三年以下有期徒刑、拘役、管制或者罚金。

"以暴力、威胁方法阻碍全国人民代表大会和地方各级人民代表大会代表依法执行代表职务的,依照前款的规定处罚。

"在自然灾害和突发事件中,以暴力、威胁方法阻碍红十字会工作人员依法履行职责的,依照第一款的规定处罚。

"故意阻碍国家安全机关、公安机关依法执行国家安全工作任务,未使用暴力、威胁方法,造成严重后果的,依照第一款的规定处罚。

"暴力袭击正在依法执行职务的人民警察的,依照第一款的规定从重处罚。"

(4)2020年12月26日发布的《刑法修正案(十一)》第31条规定,《刑法》第277条第5款修改为:"暴力袭击正在依法执行职务的人民警察的,处三年以下有期徒刑、拘役或者管制;

使用枪支、管制刀具,或者以驾驶机动车撞击等手段,严重危及其人身安全的,处三年以上七年以下有期徒刑。"

即将《刑法》第277条修改为:"以暴力、威胁方法阻碍国家机关工作人员依法执行职务的,处三年以下有期徒刑、拘役、管制或者罚金。

"以暴力、威胁方法阻碍全国人民代表大会和地方各级人民代表大会代表依法执行代表职务的,依照前款的规定处罚。

"在自然灾害和突发事件中,以暴力、威胁方法阻碍红十字会工作人员依法履行职责的,依照第一款的规定处罚。

"故意阻碍国家安全机关、公安机关依法执行国家安全工作任务,未使用暴力、威胁方法,造成严重后果的,依照第一款的规定处罚。

"暴力袭击正在依法执行职务的人民警察的,处三年以下有期徒刑、拘役或者管制;使用枪支、管制刀具,或者以驾驶机动车撞击等手段,严重危及其人身安全的,处三年以上七年以下有期徒刑。"

上述《刑法修正案(十一)》第31条将《刑法》原第277条第5款中的"暴力袭击正在依法执行职务的人民警察的,依照第一款的规定从重处罚",修改为独立的袭警罪,罪状中增加了"使用枪支、管制刀具,或者以驾驶机动车撞击等手段,严重危及其人身安全的"。法定刑由一个档次的法定刑修改为两个档次的法定刑:将第一个档次法定刑"处三年以下有期徒刑、拘役、管制或者罚金"修改为"处三年以下有期徒刑、拘役或者管制",将"罚金"删除;又增加了第二个加重档次的法定刑,即"处三年以上七年以下有期徒刑",加重了对袭警罪的处罚力度。

2.刑法规定修改的原因

我国1979年《刑法》和1997年《刑法》中都规定了妨害公务罪。多年来,依照《刑法》第277条规定,惩治了一批以暴力、威胁方法阻碍国家机关工作人员依法执行职务的行为,但是,近年来,以暴力、威胁方法阻碍国家机关工作人员依法执行职务的行为,在社会上造成恶劣影响。特别是警察的职务是维护社会治安秩序,同违法犯罪作斗争。2015年《刑法修正案(九)》在《刑法》第277条规定的妨害公务罪中又增加了一款规定,对暴力妨害警察执行职务的犯罪行为予以从重处罚。2020年12月26日发布的《刑法修正案(十一)》规定将《刑法》第277条第5款规定的暴力袭警的犯罪行为作为独立犯罪,增加了一个加重处罚档次的法定刑,最高处7年有期徒刑。暴力袭警犯罪行为不再认定为妨害公务罪。

3.妨害公务罪的适用

要准确适用妨害公务罪就必须弄清该罪的概念、构成特征、法定刑,以及适用时应注意的问题。

(1)妨害公务罪的概念。妨害公务罪是指以暴力、威胁方法阻碍国家机关工作人员依法执行职务的行为。

国家机关工作人员依法执行公务活动是代表国家对社会进行管理活动,只有全社会的人都服从这种管理活动,社会才能有条不紊地发展,人们的生产、经营和生活才能稳定,即使有某些管理不当的行为也应当依照法律规定的程序提出纠正意见,以便妥善处理。如果私自以暴力、威胁的方法阻碍国家机关工作人员依法执行职务,既是对社会秩序的破坏,也是对国家机关工作人员人身权利的侵犯,是对社会有危害的行为。我国《刑法》第277条将以暴力、威胁的方法阻碍国家机关工作人员依法执行职务的行为规定为犯罪,最高处 3 年有期徒刑。

(2)妨害公务罪的构成特征。根据《刑法》第 277 条第 1 款至第 4 款规定,该罪的构成特征是:

①犯罪主体,是一般主体,达到法定年龄、具有刑事责任能力、实施了妨害公务行为的自然人。本罪法定年龄是年满 16 周岁。犯罪主体在主观上是故意,并且有阻碍国家机关工作人员依法执行公务的目的。

②犯罪行为,必须是实施了妨害公务的行为。具体表现是:

第一,以暴力、威胁方法阻碍国家机关工作人员依法执行职务的行为。暴力的方法,是指对国家机关工作人员的人身实施打击或者强制,如殴打、捆绑,有的还可能是造成人身伤害的行为,有的对国家机关工作人员的办公室、办公设施实施暴力打击或者破坏,严重阻碍国家机关工作人员依法执行职务。威胁的方法,是指以侵犯国家机关工作人员及其亲属的人身、财产、名誉等相威胁,使国家机关工作人员在精神上、心理上受到严重伤害,从而严重阻碍其依法执行职务的行为。阻碍的对象必须是正在依法执行职务的国家机关工作人员,根据 2000 年 4 月 24 日最高人民检察院《关于以暴力威胁方法阻碍事业编制人员依法执行行政执法职务是否可对侵害人以妨害公务罪论处的批复》规定:"对于以暴力、威胁方法阻碍国有事业单位人员依照法律、行政法规的规定执行行政执法职务的,或者以暴力、威胁方法阻碍国家机关中受委托从事行政执法活动的事业编制人员执行行政执法职务的,可以对侵害人以妨害公务罪追究刑事责任。"

第二,以暴力、威胁方法阻碍全国人民代表大会代表和地方各级人民代表大会代表依法执行代表职务的行为。各级人民代表,有些虽然不是国家机关工作人员,但其依法执行代表职责,有权调查了解有关社会问题,如果以暴力、威胁方法阻碍人民代表执行职责活动的行为与阻碍国家机关工作人员依法执行职务的行为相同。

第三,在自然灾害和突发事件中,以暴力、威胁方法阻碍红十字会工作人员依法履行职责的行为。"红十字会"是国际志愿救济团体,主要是救护战时伤病人员,也救济其他灾害的受难者。在特定灾害中,红十字会的工作人员履行救死扶伤职责,同国家机关工作人员依法执行职务的行为相同。虽然其中的人不是国家机关工作人员,但其履行职责时,应当服从,如果以暴力、威胁的方法阻碍其执行职责的行为,也应当视为妨害公务的行为。

第四,故意阻碍国家安全机关、公安机关依法执行国家安全工作任务,未使用暴力、威胁方法,造成严重后果的行为。根据我国《国家安全法》规定,故意阻碍国家安全机关依法执行安全工作任务,未使用暴力、威胁方法,造成严重后果的,依照《刑法》规定的妨害公务罪定罪处罚。

③犯罪结果,本罪是行为犯,只要实施了妨害公务行为的,就可以构成犯罪。

(3)妨害公务罪的法定刑。根据《刑法》第 277 条的规定,该罪的法定刑是:

①构成本罪的,处 3 年以下有期徒刑、拘役、管制或者罚金。

②故意阻碍国家安全机关、公安机关依法执行国家安全工作任务,未使用暴力、威胁方法,造成严重后果的,也依照上述规定定罪处罚。

(4)认定妨害公务罪时,应注意的问题:

①区分罪与非罪的界限。

从犯罪的主体上区分。本罪的犯罪主体是 16 周岁以上的自然人,不满 16 周岁的人和单位不能构成本罪。本罪是故意犯罪,主观上是过失的自然人和单位不能构成本罪。

从犯罪行为上区分。本罪必须是实施暴力、威胁的方法妨害国家机关工作人员从事公务的行为。没有使用暴力、威胁的方法除对国家安全机关工作人员外,不能构成本罪。本罪必须是实施了阻碍国家机关工作人员依法执行职责的行为,阻碍非国家机关工作人员,除人大代表、红十字会工作人员外,不能构成本罪。本罪必须是实施了阻碍正在执行职务的行为,阻碍的不是正在执行的职务,不构成本罪。

从犯罪结果上区分。本罪是行为犯,原则上只要实施了妨害公务行为的,就可以构成本罪。但是情节显著轻微,危害不大的,依照《刑法》第 13 条的规定不认为是犯罪。

②注意划清妨害公务罪与抗税罪,聚众阻碍解救被收买的妇女、儿童罪等暴力犯罪的界限。在我国《刑法》中,对有些使用暴力、威胁方法阻碍国家机关工作人员执行职务的犯罪行为,根据其侵犯的客体或者对象特征分别规定为其他罪名,例如,使用暴力、威胁方法抗税的行为规定为抗税罪。使用暴力聚众阻碍解救被收买的妇女、儿童的犯罪行为规定为聚众阻碍解救被收买的妇女、儿童罪。使用暴力越狱、劫狱的行为分别规定为暴动越狱、聚众持械劫狱罪等。这些都是法律的特别规定,相对而言妨害公务罪是法律的一般规定,按照特别规定优先于一般规定的定罪原则,对上述特别规定的行为应定为特别规定的罪名,不再定为妨害公务罪。

③注意害公务罪与袭警罪的区别。我国《刑法》第 277 条第 1 款至第 4 款规定的是妨害公务罪,第 5 款中新增加了袭警罪。袭警罪是从妨害公务罪中新分离出来的犯罪。二罪的犯罪构成很多相同之处,应注意区别。两罪的主要区别有 3 点:一是犯罪对象不同。袭警罪的犯罪对象是正在执行职务的警察;而妨害公务罪的犯罪对象是正在执行职务,从事公务的人员。对公安机关、检察院、法院等机关中不具有正在执行警察职务的从事公务人员实施暴力抗拒的犯罪行为的,不能构成袭警罪。二是犯罪行为不同。按照《刑法》第 277 条第 4 款规定,"故意阻碍国家安全机关、公安机关依法执行国家安全工作任务,未使用暴力、威胁方法,造成严重后果的,依照第一款的规定处罚",即以妨害公务罪定罪处罚,最高处 3 年有期徒刑;《刑法》第 277 条第 5 款规定的袭警罪是指使用"暴力袭击正在依法执行职务的人民警察"的犯罪行为。三是法定刑不同。《刑法》第 277 条第 1 款至第 4 款规定的妨害公务罪,最高处 3 年有期徒刑,最低处管制或者罚金。第 5 款规定的袭警罪,法定最低刑处管制,最高刑为 7 年有期徒刑。上述三点不同将两罪区别开来。

(十六)伪造、变造、买卖国家机关公文、证件、印章罪

《刑法修正案(九)》第 22 条对《刑法》第 280 条的规定进行了补充。最高人民法院 1997 年 12 月 16 日《关于执行〈中华人民共和国刑法〉确定罪名的规定》中规定为"伪造、变造、买卖国家机关公文、证件、印章罪"的罪名。

1. 刑法规定内容的修改

刑法条文中有关伪造、变造、买卖国家机关公文、证件、印章罪的规定有:

(1)1979 年《刑法》第 167 条规定:伪造、变造或者盗窃、抢夺、毁灭国家机关、企业、事业单位、人民团体的公文、证件、印章的,处 3 年以下有期徒刑、拘役、管制或者剥夺政治权利;情节严重的,处 3 年以上 10 年以下有期徒刑。

(2)1997年《刑法》第280条第1款规定,伪造、变造、买卖或者盗窃、抢夺、毁灭国家机关的公文、证件、印章的,处3年以下有期徒刑、拘役、管制或者剥夺政治权利;情节严重的,处3年以上10年以下有期徒刑。

(3)2015年8月29日发布的《刑法修正案(九)》第22条将《刑法》第280条第1款修改为:"伪造、变造、买卖或者盗窃、抢夺、毁灭国家机关的公文、证件、印章的,处三年以下有期徒刑、拘役、管制或者剥夺政治权利,并处罚金;情节严重的,处三年以上十年以下有期徒刑,并处罚金。"

上述《刑法修正案(九)》第22条对《刑法》第280条第1款原规定的伪造、变造、买卖国家机关公文、证件、印章罪的两个档次的法定刑中都增加了"并处罚金"的规定。

2. 刑法规定修改的原因

我国1979年《刑法》和1997年《刑法》中都规定了伪造、变造、买卖国家机关公文、证件、印章罪。但1997年《刑法》对1979年《刑法》作了些修改,将伪造、变造、买卖国家机关公文、证件、印章罪与盗窃、抢夺、毁灭国家机关公文、证件、印章罪,伪造公司、企业、事业单位、人民团体印章罪分别规定,还增加了"买卖"国家机关公文、证件、印章的犯罪行为。多年来,司法机关依照《刑法》第280条规定,惩治了一批伪造、变造、买卖国家机关公文、证件、印章罪的犯罪分子,司法实践中发现,在商品经济时代,很多实施伪造、变造、买卖国家机关公文、证件、印章行为的目的都是谋取不正当的经济利益,有的甚至花高价让他人为其伪造、变造、买卖国家机关公文、证件、印章,也有的将伪造、变造、买卖国家机关公文、证件、印章行为作为谋取高额利益的手段,而原《刑法》第280条中规定的法定刑中,没有财产刑,不能从经济上惩罚这种犯罪行为。2015年《刑法修正案(九)》在《刑法》第280条规定的伪造、变造、买卖国家机关公文、证件、印章罪的两个档次的法定刑中都增加了"并处罚金"的规定,以便从经济上惩罚具有贪利意图的犯罪分子,从财产上剥夺其再犯罪的经济基础。

3. 伪造、变造、买卖国家机关公文、证件、印章罪的适用

要准确适用伪造、变造、买卖国家机关公文、证件、印章罪就必须弄清该罪的概念、构成特征、法定刑,以及适用时应注意的问题。

(1)伪造、变造、买卖国家机关公文、证件、印章罪的概念。该罪是指伪造、变造、买卖国家机关公文、证件、印章的行为。

国家机关对社会进行管理活动,是通过各种形式的公文、证件、印章传递信息和权力行使。因此,公文、证件、印章必须准确无误。如果伪造、变造、买卖国家机关公文、证件、印章,必然使国家的管理活动受到损害,这是对社会有严重危害性的行为。我国《刑法》第280条将伪造、变造、买卖国家机关公文、证件、印章的行为规定为犯罪,最高处10年有期徒刑,并处罚金。

(2)伪造、变造、买卖国家机关公文、证件、印章罪的构成特征。根据《刑法》第280条规定,该罪的构成特征是:

①犯罪主体,是一般主体,达到法定年龄、具有刑事责任能力、实施了伪造、变造、买卖国家机关公文、证件、印章行为的自然人。本罪法定年龄是年满16周岁。犯罪主体在主观上是故意,并且具有伪造、变造、买卖国家机关公文、证件、印章的目的。

②犯罪行为,必须是实施了伪造、变造、买卖国家机关公文、证件、印章的行为。具体表

现是：

第一，伪造行为，是指无权制作的单位或者个人，冒用有权制作的机关制作假公文、证件、印章的行为。

第二，变造行为，是指在原国家机关公文、证件、印章的基础上用涂改、抹擦、拼接等方法将该公文、证件、印章进行加工改制，使其内容、作用发生改变的行为。

第三，买卖行为，是指将国家机关公文、证件、印章作为商品进行买和卖，从中谋取利益的行为。

上述伪造、变造、买卖行为的对象必须是正在使用的有效的国家机关公文、证件、印章。其中的公文，是指国家机关制作的，用以联系事务、指导工作、处理问题的书面文件，如决定、指示、命令、通知、介绍信等；证件，是国家机关制作、颁发的用以证明身份、职务、资历、权利和义务关系或其他有关事项的凭证，如工作证、结婚证、户口迁移证、营业执照等；印章，是指国家机关刻制的以文字、图记表明立体同一性的公章、专用章等。公文、证件、印章是国家机关行使职权的符号和标记。

③犯罪结果，本罪是行为犯，只要实施了伪造、变造、买卖国家机关公文、证件、印章行为，就扰乱了对国家机关公文、证件、印章管理秩序，就可以构成犯罪。2007年5月11日最高人民法院、最高人民检察院施行的《关于办理与盗窃、抢劫、诈骗、抢夺机动车相关刑事案件具体应用法律若干问题的解释》第2条规定，伪造、变造、买卖机动车行驶证、登记证书，累计3本以上的，依照《刑法》第280条第1款的规定，以伪造、变造、买卖国家机关证件罪定罪，处3年以下有期徒刑、拘役、管制或者剥夺政治权利。伪造、变造、买卖机动车行驶证、登记证书，累计达到第1款规定数量标准5倍以上的，属于《刑法》第280条第1款规定中的"情节严重"，处3年以上10年以下有期徒刑。

(3)伪造、变造、买卖国家机关公文、证件、印章罪的法定刑。根据《刑法》第280条规定，该罪的法定刑是：

①构成本罪的，处3年以下有期徒刑、拘役、管制或者剥夺政治权利，并处罚金。

②犯本罪的，情节严重的，处3年以上10年以下有期徒刑，并处罚金。

(4)认定伪造、变造、买卖国家机关公文、证件、印章罪时，应注意的问题：

①区分罪与非罪的界限。

从犯罪主体上区分。本罪的犯罪主体是年满16周岁的自然人，不满16周岁的人和单位不能构成本罪。本罪是故意犯罪，主观上过失的人，不能构成本罪。

从犯罪行为上区分。本罪必须是实施伪造、变造、买卖国家机关公文、证件、印章的行为，才构成本罪。如果伪造、变造不是现时存在有效的公文、证件、印章的行为不能构成本罪。

从犯罪结果上区分。本罪是行为犯，原则上只要实施了伪造、变造、买卖国家机关公文、证件、印章的行为的，就可以构成本罪。如果行为人只是主观上想伪造、变造国家机关公文、证件、印章，但没有实施行为的，一般是情节显著轻微危害不大的行为，依照《刑法》第13条的规定不认为是犯罪。

②注意划清本罪与招摇撞骗罪的界限。行为人在实施招摇撞骗犯罪行为时，也可能实施了伪造、变造、买卖国家机关的公文、证件、印章的行为，并以此为依据进行招摇撞骗犯罪活动。在这种情况下，二罪重合，是认定其中一种罪，还是认定两种罪呢？一般情况下，应根据

犯罪人的主观目的定罪处罚。例如，行为人主观上是为了进行招摇撞骗，而伪造、变造、买卖国家公文、证件、印章的，应只认定招摇撞骗罪，伪造、变造、买卖国家机关公文、证件、印章的犯罪行为被吸收。如果伪造、变造、买卖国家机关公文、证件、印章行为给国家造成严重损失，而招摇撞骗没有实施或者实施没有得逞，危害不严重的，则应认定为伪造、变造、买卖国家机关公文、证件、印章罪。

③注意划清本罪与故意泄露国家秘密罪的界限。本罪的犯罪行为中买卖国家机关公文、证件、印章的行为，其中有可能涉及国家秘密，对此种买卖国家秘密的公文、证件、印章的犯罪行为是认定为本罪还是认定为故意泄露国家秘密罪？本罪与故意泄露国家秘密罪是两种犯罪，犯罪行为中没有牵连关系。如果买卖的国家机关的公文、证件、印章是国家秘密的，造成国家秘密被泄露的行为，应认定为故意泄露国家秘密罪。

④注意划清本罪与伪造、变造、买卖武装部队公文、证件、印章罪，伪造公司、企业、事业单位、人民团体印章罪的界限。上述犯罪在犯罪主体、犯罪主观方面和犯罪行为上都有相似之处，其主要区别是犯罪行为的对象及其性质不同。本罪的犯罪对象是国家机关的公文、证件、印章，而伪造、变造、买卖武装部队公文、证件、印章罪的犯罪对象的性质是武装部队的公文、证件、印章，伪造公司、企业、事业单位、人民团体印章罪的犯罪对象只是公司、企业、事业单位、人民团体的印章，不包括公司、企业、事业单位的公文、证件，也不存在变造的行为。由于《刑法》规定的犯罪行为和犯罪行为对象在性质上的不同，将上述犯罪区别开来。

(十七)盗窃、抢夺、毁灭国家机关公文、证件、印章罪

《刑法修正案(九)》第22条对《刑法》第280条的规定进行了补充。最高人民法院1997年12月16日《关于执行〈中华人民共和国刑法〉确定罪名的规定》中规定为"盗窃、抢夺、毁灭国家机关公文、证件、印章罪"的罪名。

1. 刑法规定内容的修改

刑法条文中有关盗窃、抢夺、毁灭国家机关公文、证件、印章罪的规定有：

(1)1979年《刑法》第167条规定："伪造、变造或者盗窃、抢夺、毁灭国家机关、企业、事业单位、人民团体的公文、证件、印章的，处三年以下有期徒刑、拘役、管制或者剥夺政治权利；情节严重的，处三年以上十年以下有期徒刑。"

(2)1997年《刑法》第280条第1款规定，"伪造、变造、买卖或者盗窃、抢夺、毁灭国家机关的公文、证件、印章的，处三年以下有期徒刑、拘役、管制或者剥夺政治权利；情节严重的，处三年以上十年以下有期徒刑"。

(3)2015年8月29日发布的《刑法修正案(九)》第22条，将《刑法》第280条第1款修改为："伪造、变造、买卖或者盗窃、抢夺、毁灭国家机关的公文、证件、印章的，处三年以下有期徒刑、拘役、管制或者剥夺政治权利，并处罚金；情节严重的，处三年以上十年以下有期徒刑，并处罚金。"

上述《刑法修正案(九)》第22条对《刑法》第280条第1款原规定的盗窃、抢夺、毁灭国家机关公文、证件、印章罪的两个档次的法定刑中都增加了"并处罚金"的规定。

2. 刑法规定修改的原因

我国1979年《刑法》和1997年《刑法》中都规定了盗窃、抢夺、毁灭国家机关公文、证件、印章罪。但1997年《刑法》对1979年《刑法》作了些修改，将伪造、变造、买卖国家机关公文、

证件、印章罪与盗窃、抢夺、毁灭国家机关公文、证件、印章罪、伪造公司、企业、事业单位、人民团体印章罪分别规定,取消了伪造、变造、买卖公司、企业、事业单位、人民团体公文、证件的犯罪行为。多年来,司法机关依照《刑法》第280条的规定,惩治了一批伪造、变造、买卖国家机关公文、证件、印章罪和盗窃、抢夺、毁灭国家机关公文、证件、印章罪的犯罪分子,司法实践中发现在商品经济时代,很多实施伪造、变造、买卖或者盗窃、抢夺、毁灭国家机关公文、证件、印章的犯罪行为的目的都是为了谋取不正当的经济利益,有的甚至花高价让他人为其伪造、变造、买卖或者盗窃、抢夺、毁灭国家机关公文、证件、印章,也有的将伪造、变造、买卖或者盗窃、抢夺、毁灭国家机关公文、证件、印章行为作为谋取高额利益的手段,而原《刑法》第280条中规定的法定刑中,没有财产刑,不能从经济上惩罚这种犯罪行为。2015年《刑法修正案(九)》在《刑法》第280条规定的盗窃、抢夺、毁灭国家机关公文、证件、印章罪的两个档次的法定刑中都增加了"并处罚金"的规定,以便从经济上具有贪利意图的惩罚犯罪分子,从财产上剥夺其再犯罪的经济基础。

3. 盗窃、抢夺、毁灭国家机关公文、证件、印章罪的适用

要准确适用盗窃、抢夺、毁灭国家机关公文、证件、印章罪就必须弄清该罪的概念、构成特征、法定刑,以及适用时应注意的问题。

(1)盗窃、抢夺、毁灭国家机关公文、证件、印章罪的概念。该罪是指盗窃、抢夺、毁灭国家机关公文、证件、印章的行为。

国家机关对社会进行管理活动,是通过各种形式的公文、证件、印章传递信息和权力行使,是国家机关权力的依据和凭证。因此,公文、证件、印章的权威性不可侵犯。如果盗窃、抢夺、毁灭国家机关公文、证件、印章,必然破坏国家机关对公文、证件、印章的管理秩序,有可能给社会造成严重危害。我国《刑法》第280条将盗窃、抢夺、毁灭国家机关公文、证件、印章的行为规定为犯罪,最高处10年有期徒刑,并处罚金。

(2)盗窃、抢夺、毁灭国家机关公文、证件、印章罪的构成特征。根据《刑法》第280条规定,该罪的构成特征是:

①犯罪主体,是一般主体,达到法定年龄、具有刑事责任能力、实施了盗窃、抢夺、毁灭国家机关公文、证件、印章行为的自然人。本罪法定年龄是年满16周岁。犯罪主体在主观上是故意,并且具有盗窃、抢夺、毁灭国家机关公文、证件、印章的目的。

②犯罪行为,必须是实施了盗窃、抢夺、毁灭国家机关公文、证件、印章的行为。具体表现是:

第一,盗窃行为,是指秘密窃取国家机关公文、证件、印章的行为。

第二,抢夺行为,是指乘人不备公然夺取国家机关公文、证件、印章的行为。

第三,毁灭行为,是指将国家机关公文、证件、印章撕毁、烧掉、砸烂,使国家机关公文、证件、印章灭失或者失去其使用价值的行为。

上述盗窃、抢夺、毁灭国家机关公文、证件、印章的行为对象必须是正在使用的有效的国家机关公文、证件、印章。其中的公文,是指国家机关制作的,用以联系事务、指导工作、处理问题的书面文件,如决定、指示、命令、通知、介绍信等;证件,是国家机关制作、颁发的用以证明身份、职务、资历、权利和义务关系或其他有关事项的凭证,如工作证、结婚证、户口迁移证、营业执照等;印章,是指国家机关刻制的以文字、图记表明立体同一性的公章、专用章等。公

文、证件、印章是国家机关行使职权的符号和标记及凭证。

③犯罪结果。本罪是行为犯，只要实施了盗窃、抢夺、毁灭国家机关公文、证件、印章行为，就扰乱了对国家机关对公文、证件、印章管理秩序，就可以构成犯罪。

(3) 盗窃、抢夺、毁灭国家机关公文、证件、印章罪的法定刑。根据《刑法》第 280 条第 1 款规定，该罪的法定刑是：

①构成本罪的，处 3 年以下有期徒刑、拘役、管制或者剥夺政治权利，并处罚金。

②犯本罪的，情节严重的，处 3 年以上 10 年以下有期徒刑，并处罚金。

(4) 适用盗窃、抢夺、毁灭国家机关公文、证件、印章罪时，应注意的问题：

①区分罪与非罪的界限。

从犯罪主体上区分。本罪的犯罪主体是年满 16 周岁的自然人，不满 16 周岁的人和单位不能构成本罪。本罪是故意犯罪，主观上过失的人，不能构成本罪。

从犯罪行为上区分。本罪必须是实施了盗窃、抢夺、毁灭国家机关公文、证件、印章的行为，才构成本罪。如果盗窃、抢夺、毁灭的国家机关公文、证件、印章不是现时存在、有效的公文、证件、印章的行为不能构成本罪。

从犯罪结果上区分。本罪是行为犯，原则上只要实施了盗窃、抢夺、毁灭国家机关公文、证件、印章行为的，就可以构成本罪。如果行为人只是主观上想盗窃、抢夺、毁灭国家机关公文、证件、印章，但没有实施行为，属于情节显著轻微危害不大的情形，依照《刑法》第 13 条的规定不认为是犯罪。

②注意划清本罪与盗窃罪、抢夺罪、故意毁坏财物罪的界限。上述犯罪在犯罪手段上有相同或相似之处，但上述罪的犯罪对象性质不同，盗窃罪、抢夺罪、故意毁坏财物的犯罪对象是财物，而本罪的犯罪对象是国家机关公文、证件、印章，虽然公文、证件、印章也是一种物质财物，但在本罪中其真正价值不是财物本身，而是其形状和其中的文字、图像所代表的内容。因此，盗窃、抢夺、毁灭国家机关公文、证件、印章的行为不能认定为盗窃罪、抢夺罪、故意毁坏财物罪等财产犯罪。

③注意划清本罪与伪造、变造、买卖国家机关公文、证件、印章罪的界限。两罪的犯罪行为不同。本罪的犯罪行为是实施了盗窃、抢夺、毁灭的行为，而伪造、变造、买卖国家机关公文、证件、印章罪的犯罪行为是伪造、变造、买卖的行为。由于实施的行为方式不同，尽管犯罪对象相同，也要分别定为两种犯罪。

④注意划清本罪与为境外窃取、刺探、收买、非法提供国家秘密、情报罪的界限。本罪实施盗窃、抢夺、毁灭国家机关公文、证件、印章的犯罪行为侵犯的是国家机关对公文、证件、印章的管理秩序。如果是为境外机构和个人窃取、刺探、收买、非法提供国家秘密、情报而实施盗窃、抢夺、毁灭国家机关公文、证件、印章的犯罪行为的，则要按重罪为境外窃取、刺探、收买、非法提供国家秘密、情报罪定罪处罚，不再定为本罪。

(十八) 伪造公司、企业、事业单位、人民团体印章罪

《刑法修正案（九）》第 22 条对《刑法》第 280 条第 2 款的规定进行了补充的犯罪。最高人民法院 1997 年 12 月 16 日《关于执行〈中华人民共和国刑法〉确定罪名的规定》中规定为"伪造公司、企业、事业单位、人民团体印章罪"的罪名。

1. 刑法规定内容的修改

刑法条文中有关伪造公司、企业、事业单位、人民团体印章罪的规定有：

(1)1979年《刑法》第167条规定：伪造、变造或者盗窃、抢夺、毁灭国家机关、企业、事业单位、人民团体的公文、证件、印章的，处三年以下有期徒刑、拘役、管制或者剥夺政治权利；情节严重的，处三年以上十年以下有期徒刑。

(2)1997年《刑法》第280条第2款规定：伪造公司、企业、事业单位、人民团体的印章的，处三年以下有期徒刑、拘役、管制或者剥夺政治权利。

(3)2015年8月29日发布的《刑法修正案(九)》第22条规定，将《刑法》第280条第2款修改为："伪造公司、企业、事业单位、人民团体的印章的，处三年以下有期徒刑、拘役、管制或者剥夺政治权利，并处罚金。"

上述《刑法修正案(九)》第22条对《刑法》第280条第2款原规定的伪造公司、企业、事业单位、人民团体印章罪的法定刑中增加了"并处罚金"的规定。

2. 刑法规定修改的原因

我国1979年《刑法》和1997年《刑法》中都规定了伪造公司、企业、事业单位、人民团体印章的犯罪行为。但1997年《刑法》对1979年《刑法》作了重要修改，将伪造公司、企业、事业单位、人民团体印章的行为与伪造、变造和盗窃、抢夺、毁灭国家机关公文、证件、印章的行为分别单独规定为独立犯罪，并取消了伪造、变造公司、企业、事业单位、人民团体的公文、证件的行为是犯罪行为的规定，只保留了伪造公司、企业、事业单位、人民团体印章罪。多年来，司法机关依照《刑法》第280条第2款规定，惩治了一批伪造公司、企业、事业单位、人民团体印章的犯罪行为，司法实践中发现，在商品经济时代，很多实施伪造公司、企业、事业单位、人民团体印章的行为的目的都是谋取不正当的经济利益，有的甚至花高价让他人为其伪造公司、企业、事业单位、人民团体印章，也有的将伪造公司、企业、事业单位、人民团体印章作为谋取高额利益的手段，而《刑法》原第280条规定的法定刑中没有财产刑，不能从经济上惩罚这种犯罪行为。2015年《刑法修正案(九)》在《刑法》第280条规定的法定刑中都增加了"并处罚金"的规定，以便从经济上惩罚具有贪利意图的犯罪分子，从财产上剥夺其再犯罪的经济基础。

3. 伪造公司、企业、事业单位、人民团体印章罪的适用

要准确适用伪造公司、企业、事业单位、人民团体印章罪就必须弄清该罪的概念、构成特征、法定刑，以及适用时应注意的问题。

(1)伪造公司、企业、事业单位、人民团体印章罪的概念。该罪是指伪造公司、企业、事业单位、人民团体印章的行为。

公司、企业、事业单位、人民团体印章是其进行社会活动权利和义务的象征和凭证，因此公司、企业、事业单位、人民团体印章必须是真实的，才能起到其应有的作用。伪造公司、企业、事业单位、人民团体印章必然扰乱有关单位的正常活动，给有关单位造成经济和名誉损失，这是对社会有严重危害性的行为。我国《刑法》第280条第2款将伪造公司、企业、事业单位、人民团体印章的行为规定为犯罪，最高处3年有期徒刑，并处罚金。

(2)伪造公司、企业、事业单位、人民团体印章罪的构成特征。根据《刑法》第280条第2款的规定，该罪的构成特征是：

①犯罪主体,是一般主体,达到法定年龄、具有刑事责任能力、实施了伪造公司、企业、事业单位、人民团体印章的行为的自然人。本罪法定年龄是年满16周岁。犯罪主体在主观上是故意,并且有伪造公司、企业、事业单位、人民团体印章的目的。

②犯罪行为,必须是实施了伪造公司、企业、事业单位、人民团体印章的行为。伪造行为,是指无权制作的单位或者个人,冒用有权制作的机关制作假印章的行为。

上述伪造公司、企业、事业单位、人民团体印章的犯罪对象必须是伪造正在使用的有效的公司、企业、事业单位、人民团体的印章,其形状及文字与真章相似,以假乱真,能蒙混一般人。

印章是指单位公章,包括业务、财物、行政专用章等。

③犯罪结果,本罪是行为犯,只要实施了伪造公司、企业、事业单位、人民团体印章的行为,就扰乱了国家对公司、企业、事业单位、人民团体印章的管理秩序,就可以构成犯罪。

(3)伪造公司、企业、事业单位、人民团体印章罪的法定刑。根据《刑法》第280条第2款的规定,该罪的法定刑是:

构成本罪的,处3年以下有期徒刑、拘役、管制或者剥夺政治权利,并处罚金。

(4)认定伪造公司、企业、事业单位、人民团体印章罪时,应注意的问题:

①区分罪与非罪的界限。

从犯罪主体上区分。本罪的犯罪主体是16周岁以上的自然人,不满16周岁的人和单位不能构成本罪。本罪是故意犯罪,主观上过失的人,不能构成本罪。

从犯罪行为上区分。本罪必须是实施了伪造公司、企业、事业单位、人民团体印章的行为才构成本罪,如果伪造的不是现时有效的印章的行为不能构成本罪。变造公司、企业、事业单位、人民团体印章和伪造、变造、买卖、盗窃、抢夺、毁坏公司、企业、事业单位、人民团体公文、证件的行为,都不构成本罪。

从犯罪结果上区分。本罪是行为犯,原则上只要实施了伪造公司、企业、事业单位、人民团体印章的行为的,就可以构成本罪。如果行为人只是主观上想伪造公司、企业、事业单位、人民团体印章,但没有实施行为或者没有伪造成功的,一般是属于情节显著轻微,危害不大的行为,依照《刑法》第13条的规定不认为是犯罪。

②注意划清本罪与伪造、变造、买卖国家机关公文、证件、印章罪的界限。伪造、变造、买卖国家机关公文、证件、印章罪中,伪造印章行为与本罪的伪造印章行为是相同的,但二罪伪造的印章内容不同。另外,本罪的法定刑轻,只有一个档次法定刑,即"处三年以下有期徒刑、拘役、管制或者剥夺政治权利,并处罚金",没有规定"情节严重的,处三年以上十年以下有期徒刑,并处罚金"较重的法定刑。

③注意一罪与数罪的认定。伪造公司、企业、事业单位、人民团体印章,并使用伪造的印章对外签订假合同进行诈骗等犯罪活动,如果行为人是为进行其他犯罪而伪造公司、企业、事业单位、人民团体印章的,一般是属于牵连犯,按重罪吸收轻罪原则,以重罪定罪从重处罚,不再进行数罪并罚。如果行为人只是伪造了公司、企业、事业单位、人民团体印章,没有再使用该伪造印章的,只认定为本罪。

(十九)伪造、变造、买卖身份证件罪

《刑法修正案(九)》第22条对《刑法》第280条第3款的规定进行了补充。最高人民法院1997年12月16日《关于执行〈中华人民共和国刑法〉确定罪名的规定》中规定为"伪造、变造居民身份证罪"的罪名,2015年10月30日最高人民法院、最高人民检察院发布的《关于执行〈中华人民共和国刑法〉确定罪名的补充规定(六)》中改为"伪造、变造、买卖身份证件罪"的罪名。

1. 刑法规定内容的修改

刑法条文中有关伪造、变造、买卖身份证件罪的规定有:

(1)1997年《刑法》第280条第3款规定,"伪造、变造居民身份证的,处三年以下有期徒刑、拘役、管制或者剥夺政治权利;情节严重的,处三年以上七年以下有期徒刑"。

(2)2015年8月29日发布的《刑法修正案(九)》第22条规定,将《刑法》第280条第3款修改为:"伪造、变造、买卖居民身份证、护照、社会保障卡、驾驶证等依法可以用于证明身份的证件的,处三年以下有期徒刑、拘役、管制或者剥夺政治权利,并处罚金;情节严重的,处三年以上七年以下有期徒刑,并处罚金。"

上述《刑法修正案(九)》第22条对《刑法》第280条第3款原规定的伪造、变造居民身份证的犯罪行为,增加规定了"伪造、变造、买卖居民身份证、护照、社会保障卡、驾驶证等依法可以用于证明身份的证件的"犯罪行为,并在两个档次的法定刑中都增加了"并处罚金"的规定。

2. 刑法规定修改的原因

我国1979年《刑法》中没有规定伪造居民身份证件罪,因为在立法时还没有实行公民身份证制度。1997年修订《刑法》时新增加了伪造、变造居民身份证的犯罪行为,并规定为独立的罪名。多年来,司法机关依照《刑法》第280条第3款规定,惩治了一批伪造居民身份证的犯罪分子,但司法实践中发现我国现在社会上不只是有伪造居民身份证的行为,还有买卖居民身份证,伪造、变造护照、社会保障卡、驾驶证等依法可以用于证明身份的证件的行为,其社会危害性与伪造、变造身份证的行为相同,但因为刑法没有规定,不能追究其刑事责任,例如,有的人伪造医疗保障卡骗取巨额医疗保障金。特别是一些人以伪造、变造、买卖居民身份证、护照、社会保障卡、驾驶证等依法可以用于证明身份的证件进行谋利犯罪活动,而《刑法》原第280条第3款规定的法定刑中没有财产刑,不能从经济上惩罚这种犯罪行为。2015年《刑法修正案(九)》在《刑法》第280条第3款的罪状中增加规定了"伪造、变造、买卖居民身份证、护照、社会保障卡、驾驶证等依法可以用于证明身份的证件的"犯罪行为,在两个档次的法定刑中都增加了"并处罚金"的规定,以便从经济上惩罚具有贪利意图的犯罪分子,从财产上剥夺其再犯罪的经济基础。

3. 伪造、变造、买卖身份证件罪的适用

要准确适用伪造、变造、买卖身份证件罪就必须弄清该罪的概念、构成特征、法定刑,以及适用时应注意的问题。

(1)伪造、变造、买卖身份证件罪的概念。该罪是指伪造、变造、买卖居民身份证件的行为。

居民身份证件是国家发给居民证明其身份的证件,作为公民在社会活动中明确其身份的凭证。居民身份证件主要有居民身份证、护照、社会保障卡、驾驶证等依法可以用于证明身份的证件。居民身份证件必须是真实的,才能发挥其证明身份的作用,使居民享受公民的权利、尽公民的义务。伪造居民身份证件,必然扰乱国家对居民身份证件的管理秩序,给国家和有关单位造成经济和名誉损失,这是对社会有严重危害的行为。我国《刑法》第280条第3款将伪造、变造、买卖居民身份证件的行为规定为犯罪,最高处7年有期徒刑,并处罚金。

(2)伪造、变造、买卖身份证件罪的构成特征。根据《刑法》第280条第3款规定,该罪的构成特征是:

①犯罪主体,是一般主体,达到法定年龄、具有刑事责任能力、实施了伪造、变造、买卖居民身份证件行为的自然人。本罪的法定年龄是年满16周岁。犯罪主体在主观上是故意,并且有伪造、变造、买卖居民身份证件的目的。

②犯罪行为,必须是实施了伪造、变造、买卖居民身份证件的行为。具体行为表现是:

第一,伪造居民身份证、护照、社会保障卡、驾驶证等依法可以用于证明身份的证件的行为。伪造行为,是指无权制作的单位或者个人,冒用有权制作的机关制作假身份证件的行为。

第二,变造居民身份证、护照、社会保障卡、驾驶证等依法可以用于证明身份的证件的行为。变造行为,是指在原居民身份证、护照、社会保障卡、驾驶证等依法可以用于证明身份的证件的基础上用涂改、抹擦、拼接等方法将该证件进行加工改制,使其内容、作用发生改变的行为。

第三,买卖居民身份证、护照、社会保障卡、驾驶证等依法可以用于证明身份的证件的行为。买卖行为,是指将居民身份证件作为商品进行买和卖,从中谋取利益的行为。

上述伪造、变造、买卖行为的对象必须是正在使用的、有效的居民身份证件。其中的身份证,是指根据我国《居民身份证法》规定,由国家公安机关制作的发给居民作为居民进行社会交往活动的身份证明的凭证。护照,是指国家公安机关发给居民出入国境的证件凭证,公民持护照才可以出入国境。社会保障卡,是指国家发给居民享受社会保障待遇的金钱凭证,如医疗保障卡、老年人优待卡等。驾驶证,是国家公安机关制作、颁发的用以驾驶机动车辆的凭证。证明身份的证件,是指依法可以用于证明身份的凭证,如居民户口簿、居住证、毕业证书、残疾军人证、烈士证等。

上述伪造、变造、买卖的居民身份的证件,必须是伪造、变造、买卖正在使用的、有效的居民身份证件,其形状及文字与真证件相似,能以假乱真,蒙混一般人。

③犯罪结果,本罪是行为犯,只要实施了伪造、变造、买卖居民身份证件的行为,就扰乱了国家对居民身份证件的管理秩序,就可以构成犯罪。

(3)伪造、变造、买卖身份证件罪的法定刑。根据《刑法》第280条第3款规定,该罪的法定刑是:

①构成本罪的,处3年以下有期徒刑、拘役、管制或者剥夺政治权利,并处罚金。

②犯本罪,情节严重的,处3年以上7年以下有期徒刑,并处罚金。

情节严重的,一般是指多次为多人伪造、变造、买卖居民身份证件的,或者使用伪造、变造、买卖的居民身份证件进行违法犯罪活动,造成严重危害后果的,或者伪造、变造、买卖居民身份证件谋取了巨大利益的等。

(4)认定伪造、变造、买卖居民身份证件罪时,应注意的问题:

①区分罪与非罪的界限。

从犯罪主体上区分。本罪的犯罪主体是16周岁以上的自然人,不满16周岁的人和单位不能构成本罪。本罪是故意犯罪,主观上过失的人不能构成本罪。

从犯罪行为上区分。本罪必须是实施了伪造、变造、买卖居民身份证件的行为才构成本罪,如果伪造、变造不是现时有效的居民身份证件的行为不能构成本罪。盗窃、抢夺、毁坏居民身份证件的行为,也不构成本罪。

从犯罪结果上区分。本罪是行为犯,原则上只要实施了伪造、变造、买卖居民身份证件的行为就可以构成本罪。如果行为人只是主观上想伪造、变造、买卖居民身份证件,但没有实施行为或者没有伪造成功的,一般是属于情节显著轻微危害不大的情形,依照《刑法》第13条的规定不认为是犯罪。

②注意划清本罪与伪造、变造、买卖国家机关公文、证件、印章罪的界限。伪造、变造、买卖国家机关公文、证件、印章罪与本罪在犯罪行为上相同,但犯罪对象不同。本罪的犯罪对象是居民身份证件,而伪造、变造、买卖国家机关公文、证件、印章罪的犯罪对象是国家机关的公文、证件、印章。另外,本罪的法定刑较轻,法定最高处7年有期徒刑,并处罚金。而伪造、变造、买卖国家机关公文、证件、印章罪的法定刑较重,最高可处十年有期徒刑,并处罚金。

③注意一罪与数罪的认定。伪造、变造、买卖居民身份证件,其目的往往是使用伪造的居民身份证件进行诈骗等犯罪行为,在这种情况下,一般是属于牵连犯,按重罪吸收轻罪原则,以重罪定罪从重处罚,不再定数罪进行并罚。如果行为人只是伪造、变造、买卖居民身份证件,没有再使用该伪造证件进行犯罪行为的,只应认定为本罪。

(二十)非法生产、销售专用间谍器材、窃听、窃照专用器材罪

《刑法修正案(九)》第24条对《刑法》第283条的规定进行了修改补充。最高人民法院1997年12月16日《关于执行〈中华人民共和国刑法〉确定罪名的规定》中确定为"非法生产、销售间谍专用器材罪"的罪名。2015年10月30日发布的《关于执行〈中华人民共和国刑法〉确定罪名的补充规定(六)》中改为"非法生产、销售专用间谍器材、窃听、窃照专用器材罪"的罪名。

1.刑法规定内容的修改

刑法条文中有关非法生产、销售专用间谍器材、窃听、窃照专用器材罪的规定有:

(1)1997年《刑法》第283条规定,"非法生产、销售窃听、窃照等专用间谍器材的,处三年以下有期徒刑、拘役或者管制"。

(2)2015年8月29日发布的《刑法修正案(九)》第24条规定,将《刑法》第283条修改为:"非法生产、销售专用间谍器材或者窃听、窃照专用器材的,处三年以下有期徒刑、拘役或者管制,并处或者单处罚金;情节严重的,处三年以上七年以下有期徒刑,并处罚金。

"单位犯前款罪的,对单位判处罚金,并对其直接负责的主管人员和其他直接责任人员,依照前款的规定处罚。"

上述《刑法修正案(九)》第24条对《刑法》第283条原规定的非法生产、销售间谍专用器材罪的犯罪行为进行了修改,增加规定了"情节严重的,处三年以上七年以下有期徒刑,并处罚金"的加重法定刑,并在原规定的较轻档次的法定刑中增加了"单处或者并处罚金"的规定,同时,增加了单位可以构成本罪的规定。

2.刑法规定修改的原因

我国1979年《刑法》中没有规定非法生产、销售专用间谍器材、窃听、窃照专用器材罪,1997年修订《刑法》时根据当时社会上一些人为了谋取非法利益或者进行其他违法犯罪,不

经批准,非法生产、销售专用间谍器材的情况增加了非法生产、销售专用间谍器材的犯罪行为,并规定为独立的罪名。多年来,司法机关依照《刑法》第283条的规定,惩治了一批非法生产、销售间谍专用器材或者窃听、窃照专用器材犯罪,但司法实践中发现社会上不只是个人非法生产、销售间谍专用器材的行为,多数是为谋取非法利益的单位非法生产、销售专用间谍器材或者窃听、窃照专用器材的行为,其社会危害性相当严重,但因为《刑法》原规定的法定刑较轻,不能有效地惩治这种犯罪。例如,有的工厂非法生产、销售窃听、窃照专用器材,使犯罪分子非法进行窃听、窃照,不但严重侵犯公民的隐私权,同时给公安机关侦破案件制造了很多的困难。由于我国原《刑法》第283条规定的法定刑中没有财产刑,不能从经济上惩罚这种犯罪行为。2015年《刑法修正案(九)》将《刑法》第283条的罪状进行了修改,将"窃听、窃照专用器材"专门规定,不再包括专用间谍器材之中。同时增加了单位可以构成本罪,追究单位和单位的直接负责的主管人员和其他直接责任人的刑事责任,在两个档次的法定刑中都增加了"单处或者并处罚金"的规定,以便从经济上贪利意图的惩罚犯罪分子,从财产上剥夺其再犯罪的经济基础。

3. 非法生产、销售专用间谍器材、窃听、窃照专用器材罪的适用

要准确适用非法生产、销售专用间谍器材、窃听、窃照专用器材罪就必须弄清该罪的概念、构成特征、法定刑,以及适用时应注意的问题。

(1)非法生产、销售专用间谍器材、窃听、窃照专用器材罪的概念。该罪是指非法生产、销售专用间谍器材或者窃听、窃照专用器材的行为。

专用间谍器材或者窃听、窃照专用器材是从事间谍工作和刑事侦查工作的专用工具,其由国家安全部门指定专门单位按计划数量进行生产、供应,生产、销售必须经批准持证生产、销售,不允许无证生产、销售,防止在社会上扩散,防止非法侵犯公民隐私权,防止乱用干扰司法侦查工作和间谍工作。我国《刑法》第283条将非法生产、销售专用间谍器材或者窃听、窃照专用器材的行为规定为犯罪,最高处7年有期徒刑,并处罚金。

(2)非法生产、销售专用间谍器材、窃听、窃照专用器材罪的构成特征。根据《刑法》第283条规定,该罪的构成特征是:

①犯罪主体,是一般主体,达到法定年龄、具有刑事责任能力、实施了非法生产、销售专用间谍器材、窃听、窃照专用器材行为的自然人和单位。本罪法定年龄是年满16周岁。犯罪主体在主观上是故意,多数是以营利为的目的,也有是为了实施其他犯罪而生产间谍、窃听、窃照专用器材。

②犯罪行为,必须是实施了非法生产、销售专用间谍器材或者窃听、窃照专用器材行为。生产、销售的对象必须是专用间谍器材和窃听、窃照专用器材。根据《国家安全法实施细则》第20条规定,专用间谍器材主要是指突发式收发报机、一次性密码本、密写工具,用于获取情报的电子监听、截收器材等专用间谍器材和暗藏式窃听、窃照等专用器材。本罪的犯罪行为必须是实施了非法生产、销售上述专用间谍器材和窃听、窃照专用器材行为。非法是指未经批准,在没有专门生产证、专营销售证的情况下而进行生产、销售的行为。

③犯罪结果,本罪是行为犯,只要实施了非法生产、销售专用间谍器材或者窃听、窃照专用器材行为,就扰乱了社会管理秩序,就可以构成犯罪。

(3)非法生产、销售专用间谍器材、窃听、窃照专用器材罪的法定刑。根据《刑法》第283

条规定,该罪的法定刑是:

①构成本罪的,处3年以下有期徒刑、拘役或者管制,并处或者单处罚金。

②犯本罪,情节严重的,处3年以上7年以下有期徒刑,并处罚金。

情节严重,一般是指生产、销售的品种多,数量大,其产品在社会上产生恶劣影响,或者非法获利巨大等情形的。

③单位犯本罪的,对单位判处罚金,并对其直接负责的主管人员和其他直接责任人员,依照自然人犯本罪的规定处罚。

(4)认定非法生产、销售专用间谍器材、窃听、窃照专用器材罪时,应注意的问题:

①区分罪与非罪的界限。

从犯罪主体上区分。本罪的犯罪主体是16周岁以上的自然人和单位,不满16周岁的人不能构成本罪。本罪是故意犯罪,主观上过失的人不能构成本罪,例如,确实不知道是窃听专用器材,而销售的行为,由于其主观上是过失,不构成本罪。

从犯罪行为上区分。本罪必须是实施了非法生产、销售专用间谍器材或者窃听、窃照专用器材行为的,才构成本罪;如果生产、销售的不是专用间谍器材或者窃听、窃照专用器材的行为也不构成本罪。

从犯罪结果上区分。本罪是行为犯,原则上只要实施了非法生产、销售专用间谍器材或者窃听、窃照专用器材行为就可以构成本罪。如果行为人只是主观上意图非法生产、销售专用间谍器材或者窃听、窃照专用器材,但没有实施行为或者没有生产、销售成功的,一般是属于情节显著轻微危害不大的情形,依照《刑法》第13条的规定不认为是犯罪。

②注意划清本罪与间谍罪的界限。犯本罪非法生产、销售专用间谍器材或者窃听、窃照专用器材行为的目的,多数是以营利为目的或者其他非法从事间谍活动的目的。如果是为敌特间谍组织或者从事敌特间谍活动而非法生产、销售间谍器材或者窃听、窃照专用器材行为的,应认定为间谍罪,不再定为本罪。

(二十一)非法侵入计算机信息系统罪

《刑法修正案(九)》第26条对《刑法》第285条的规定进行了修改补充。最高人民法院1997年12月16日《关于执行〈中华人民共和国刑法〉确定罪名的规定》中规定为"非法侵入计算机信息系统罪"的罪名。

1.刑法规定内容的修改

刑法条文中有关非法侵入计算机信息系统罪的规定有:

(1)1997年《刑法》第285条规定,"违反国家规定,侵入国家事务、国防建设、尖端科学技术领域的计算机信息系统的,处三年以下有期徒刑或者拘役"。

(2)2015年8月29日发布的《刑法修正案(九)》第26条规定,在《刑法》第285条中增加一款作为第4款:"单位犯前三款罪的,对单位判处罚金,并对其直接负责的主管人员和其他直接责任人员,依照各该款的规定处罚。"

上述《刑法修正案(九)》第26条对《刑法》第285条第1款原规定的非法侵入计算机信息系统罪的犯罪中,增加规定了单位犯本罪依照第一款的规定处罚。

2.刑法规定修改的原因

我国1979年《刑法》中没有规定非法侵入计算机信息系统罪,因为在立法时,这种行为的社会危害性还不严重。1997年修订《刑法》时根据当时社会上一些计算机"黑客"侵犯计算机系统，给国家事务、国防建设、尖端科学技术造成严重损失的情况，在《刑法》中增加了非法侵入计算机信息系统罪的犯罪行为，并规定为独立的罪名。多年来，司法机关依照《刑法》第285条的规定，惩治了一批非法侵入计算机信息系统犯罪，但司法实践中发现社会上不只是有个人非法侵入计算机信息系统的犯罪行为，而多数犯罪行为是单位非法侵入计算机信息系统的行为，其社会危害性相当严重，但因为《刑法》原没有规定单位可以构成这种犯罪，不能依法有效的惩治该犯罪行为。2015年《刑法修正案（九）》在《刑法》第285条中增设了第4款，专门规定单位可以构成本罪，以追究单位和单位的直接负责的主管人员和其他直接责任人员的刑事责任。

3. 非法侵入计算机信息系统罪的适用

要准确适用非法侵入计算机信息系统罪就必须弄清该罪的概念、构成特征、法定刑，以及适用时应注意的问题。

（1）非法侵入计算机信息系统罪的概念。该罪是指违反国家规定，侵入国家事务、国防建设、尖端科学技术领域的计算机信息系统的行为。

计算机是现代化的高科技计算工具，现已普及到生产、销售、生活等各个领域，成为人们生活中不可缺少的工具。随着计算机系统化、网络化的发展，其在人们的社会活动中起的作用越来越大，而有些人故意制造"病毒"，破坏计算机的功能，有的人故意侵入计算机系统获取信息，获取高额利益，这些行为不但是对计算机系统管理秩序的破坏的行为，也是对国家和社会有危害的行为。为了确保国家事务、国防建设、尖端科学技术领域的计算机系统安全运行，我国1997年《刑法》第285条将违反国家规定，侵入国家事务、国防建设、尖端科学技术领域的计算机信息系统的行为规定为犯罪，最高处3年有期徒刑。

（2）非法侵入计算机信息系统罪的构成特征。根据《刑法》第285条的规定，该罪的构成特征是：

①犯罪主体，是一般主体，达到法定年龄、具有刑事责任能力、实施了非法侵入计算机信息系统行为的自然人和单位。本罪法定年龄是年满16周岁。犯罪主体在主观上是故意，多数是以营利为目的的，也有的是为了实施其他犯罪而非法侵入计算机信息系统。一般是掌握计算机功能、懂得计算机信息系统知识的人。单位可以成为本罪的犯罪主体。

②犯罪行为，必须是违反国家规定，故意侵入国家事务、国防建设、尖端科学技术领域的计算机信息系统的行为。违反法律规定，是指违反1994年2月18日颁布的《计算机信息系统安全保护条例》第4条规定，"计算机信息系统的安全保护工作，重点保护国家事务、经济建设、国防建设、尖端科学技术等重要领域的计算机系统的安全"。计算机信息系统，是指由计算机及其相关和配套的设备、设施（含网络）构成的，按照一定的应用目标和规则对信息进行采集、加工、存储、传输、检索等处理的系统。侵入行为，是指未经允许擅自以非法解密等手段进入有关重要的计算机信息系统。根据2000年12月28日全国人大常委会发布的《关于维护互联网安全的决定》中规定，有下列行为之一，构成犯罪的，依照《刑法》有关规定追究刑事责任：第一，侵入国家事务、国防建设、尖端科学技术领域的计算机系统；第二，故意制作、传播计算机病毒等破坏性程序，攻击计算机系统及通信网络，致使计算机系统及通信网络受损害；第三，违反国家规定，擅自中断计算机网络或者通信服务，造成计算机网络或者通信系统不能

正常运行。

③犯罪结果,本罪是行为犯,只要实施了非法侵入计算机信息系统的行为,就扰乱了国家对计算机系统管理秩序,就可以构成犯罪。本罪非法侵入的对象是国家事务、国防建设、尖端科学技术领域的计算机信息系统。

(3)非法侵入计算机信息系统罪的法定刑。根据《刑法》第285条规定,该罪的法定刑是:

①构成本罪的,处3年以下有期徒刑或者拘役。

②单位犯本罪的,对单位判处罚金,并对其直接负责的主管人员和其他直接责任人员,依照自然人犯本罪的规定处罚。

(4)认定非法侵入计算机信息系统罪时,应注意的问题:

①区分罪与非罪的界限。

从犯罪主体上区分。本罪主体是16周岁以上的自然人和单位,不满16周岁的人不构成本罪。本罪是故意犯罪,主观上过失的人不构成本罪,例如,在使用计算机网络时,由于操作失误,进入国家事务计算机系统,造成该系统信息破坏的行为,由于其主观上是过失,不构成本罪。

从犯罪行为上区分。本罪必须是实施了非法侵入国家事务、国防建设、尖端科学技术领域的计算机系统行为的才构成本罪;如果侵入的不是上述领域的计算机系统的行为也不构成本罪。

从犯罪结果上区分。本罪是行为犯,只要实施了非法侵入计算机信息系统的行为就可以构成本罪。如果行为人只是主观上意图非法侵入计算机信息系统,但没有实施行为,一般是属于情节显著轻微危害不大的行为,依照《刑法》第13条的规定不认为是犯罪。

②注意本罪与其他相关罪的认定。非法侵入计算机信息系统的动机和目的是多种多样的,有的是窃取信息、秘密,有的是出于好奇,也有的是谋取某种非法利益,也有的是掌握一些知识。动机不同,一般不影响犯罪的成立。但犯罪目的不同,应依法认定为相应的犯罪。如果是为了为境外机构和个人窃取国家秘密的目的,而非法侵入计算机信息系统的行为,应按牵连犯的原则处理,认定为重罪为境外窃取、刺探、收买、非法提供国家秘密、情报罪。如果是为了非法获取军事秘密而侵入国防领域计算机系统的行为,应认定非法获取军事秘密罪。

(二十二)非法获取计算机信息系统数据、非法控制计算机信息系统罪

非法获取计算机信息系统数据、非法控制计算机信息系统罪是《刑法修正案(七)》第9条在《刑法》第285条第2款中增加规定的犯罪,最高人民法院、最高人民检察院2009年10月16日施行的《关于执行〈中华人民共和国刑法〉确定罪名的补充规定(四)》中将这种犯罪确定为本罪名。2015年8月29日发布的《刑法修正案(九)》第26条在《刑法》第285条中增加第4款规定"单位犯前三款罪的,对单位判处罚金,并对其直接负责的主管人员和其他直接责任人员,依照各该款的规定处罚。"

1. 刑法规定内容的修改

刑法条文中有关非法获取计算机信息系统数据、非法控制计算机信息系统罪的规定是:

(1)1997年《刑法》第285条规定:"违反国家规定,侵入国家事务、国防建设、尖端科学技术领域的计算机信息系统的,处三年以下有期徒刑或者拘役。"

1997年《刑法》第286条规定:"违反国家规定,对计算机信息系统功能进行删除、修改、增加、干扰,造成计算机信息系统不能正常运行,后果严重的,处五年以下有期徒刑或者拘役;后果特别严重的,处五年以上有期徒刑。

"违反国家规定,对计算机信息系统中存储、处理或者传输的数据和应用程序进行删除、修改、增加的操作,后果严重的,依照前款的规定处罚。

"故意制作、传播计算机病毒等破坏性程序,影响计算机系统正常运行,后果严重的,依照第一款的规定处罚。"

(2)2009年2月28日全国人大常委会《刑法修正案(七)》第9条第1款规定,在《刑法》第285条中增加第2款:"违反国家规定,侵入前款规定以外的计算机信息系统或者采用其他技术手段,获取该计算机信息系统中存储、处理或者传输的数据,或者对该计算机信息系统实施非法控制,情节严重的,处三年以下有期徒刑或者拘役,并处或者单处罚金;情节特别严重的,处三年以上七年以下有期徒刑,并处罚金。"

上述《刑法修正案(七)》的规定是根据我国当时有关计算机犯罪的新情况,增加规定非法获取计算机信息系统数据、非法控制计算机信息系统的新犯罪。

(3)2015年8月29日发布的《刑法修正案(九)》第26条规定,在《刑法》第285条中增加一款作为第4款:"单位犯前三款罪的,对单位判处罚金,并对其直接负责的主管人员和其他直接责任人员,依照各该款的规定处罚。"

上述《刑法修正案(九)》在《刑法》第285条中增加规定单位可以构成前款罪和应处的刑罚。

2. 刑法规定修改的原因

我国1979年《刑法》没有规定有关计算机信息系统方面的犯罪。1997年《刑法》第285条中规定了违反国家规定,侵入国家事务、国防建设、尖端科学技术领域的计算机信息系统的犯罪行为,只要实施了侵入行为就构成犯罪。其第286条规定,违反国家规定,对计算机信息系统功能进行删除、修改、增加、干扰的,破坏计算机信息系统的犯罪行为。其第287条规定,利用计算机实施金融诈骗、盗窃、贪污、挪用公款、窃取国家秘密或者其他犯罪的,依照有关规定定罪处罚。但上述条款中没有规定非法获取计算机信息数据和非法控制计算机信息系统的犯罪行为。随着计算机的深入普及与发展,计算机在生产、经营、工作、生活中得到了广泛应用,有关计算机系统方面的犯罪行为又出现了一些新的情形。公安部门指出,当前一些不法分子利用技术手段非法侵入《刑法》第285条第1款规定以外的计算机信息系统,窃取他人账号、密码等信息,或者大范围地对他人计算机实施非法控制,严重危及计算机网络安全。对这类严重违法行为应当追究刑事责任。法律委员会(现为宪法和法律委员会)经同有关部门研究,建议在刑法中增加规定,对实施这类行为以及为他人实施这类行为提供程序、工具,情节严重的,追究其刑事责任。全国人大常委会根据司法实践中打击非法获取计算机信息系统数据、非法控制计算机信息系统犯罪行为的需要,采纳了公安部门的意见,于2009年2月28日在《刑法修正案(七)》第9条第1款中补充规定了非法获取计算机信息系统数据、非法控制计算机信息系统的犯罪行为。近年来,司法机关依照《刑法》第285条第1款至第3款的规定惩治了一批上述犯罪行为,同时发现上述犯罪多数是以单位的名义实施的,而《刑法》第285条中又没有规定单位可以构成犯罪,不能有效地惩罚这种犯罪。因此,全国人大常委会于

2015年在《刑法修正案（九）》第26条中规定，在《刑法》第285条中增加规定了单位可以构成犯罪和应处的刑罚。

3. 非法获取计算机信息系统数据、非法控制计算机信息系统罪的适用

非法获取计算机信息系统数据、非法控制计算机信息系统罪是《刑法修正案（七）》第9条第1款和《刑法》第285条第2款规定的一种新罪名，要准确适用就必须弄清楚该罪的概念、构成特征、法定刑以及适用时应注意的问题。

（1）非法获取计算机信息系统数据、非法控制计算机信息系统罪的概念。该罪是指违反国家规定，侵入计算机信息系统或者采用其他技术手段，获取该计算机信息系统中存储、处理或者传输的数据，或者对该计算机信息系统实施非法控制，情节严重的行为。

非法获取计算机信息系统数据、非法控制计算机信息系统的行为是严重危害社会政治、经济、文化、社会治安秩序和人民群众生活秩序的犯罪行为。计算机信息系统已融入政治、经济、文化和人民群众生活的方方面面，非法获取或者非法控制计算机信息系统，必然造成社会秩序的混乱，为不法犯罪分子实施犯罪行为提供了方便，这是严重危害社会的行为。《刑法修正案（七）》第9条第1款将这种行为规定为犯罪，最高处7年有期徒刑，并处罚金。

根据2011年9月1日最高人民法院、最高人民检察院施行的《关于办理危害计算机信息系统安全刑事案件应用法律若干问题的解释》第11条规定，本解释所称"计算机信息系统"和"计算机系统"，是指具备自动处理数据功能的系统，包括计算机、网络设备、通信设备、自动化控制设备等。本解释所称"身份认证信息"，是指用于确认用户在计算机信息系统上操作权限的数据，包括账号、口令、密码、数字证书等。本解释所称"经济损失"，包括危害计算机信息系统犯罪行为给用户直接造成的经济损失，以及用户为恢复数据、功能而支出的必要费用。

（2）非法获取计算机信息系统数据、非法控制计算机信息系统罪的构成特征。根据《刑法》第285条第2款的规定，该罪的构成特征有：

①犯罪主体，是一般主体。凡是16周岁以上的具有刑事责任能力的自然人和单位都可以构成本罪。犯罪主体在主观上是故意，并且具有非法获取计算机信息系统数据、非法控制计算机信息系统的目的。

②犯罪行为，必须具有违反国家规定，采用侵入计算机信息系统或者采用其他技术手段，获取该计算机信息系统数据，或者对该计算机信息系统实施非法控制的行为。具体表现为：

第一，必须是违反国家规定的行为。国家规定是指国务院和全国人大常委会的规定。例如，1994年2月18日国务院颁布的《计算机信息系统安全保护条例》，全国人大常委会2000年12月28日颁布的《关于维护互联网安全的决定》等。违反地方性法规或者单位的规定的，不构成本罪。

第二，是采用侵入计算机系统或者采用其他技术手段而非法获取计算信息系统数据的行为。计算机信息系统，是指由计算机及其相关配套的设备、设施（含网络）构成的，按照一定的应用目标和规则对信息进行采集、加工、存储、传输、检索等处理的系统。

第三，获取该计算机信息系统中存储、处理或者传输的数据的行为。

第四，对计算机信息系统实施非法控制的行为。

凡是实施了上述行为，情节严重的，都可以构成本罪。

③犯罪结果，本罪是结果犯。只有实施了非法获取计算机信息系统数据、非法控制计算

机信息系统的行为,情节严重的,才可以构成本罪。

(3)非法获取计算机信息系统数据、非法控制计算机信息系统罪的法定刑。根据《刑法》第285条第2款的规定,该罪的法定刑为:

①情节严重,构成犯罪的,处3年以下有期徒刑或拘役,并处罚金。

根据2011年9月1日最高人民法院、最高人民检察院施行的《关于办理危害计算机信息系统安全刑事案件应用法律若干问题的解释》第1条规定,非法获取计算机信息系统数据或者非法控制计算机信息系统,具有下列情形之一的,应当认定为《刑法》第285条第2款规定的"情节严重":第一,获取支付结算、证券交易、期货交易等网络金融服务的身份认证信息10组以上的;第二,获取第1项以外的身份认证信息500组以上的;第三,非法控制计算机信息系统20台以上的;第四,违法所得五千元以上或者造成经济损失1万元以上的;第五,其他情节严重的情形。

②犯本罪,情节特别严重的,处3年以上7年以下有期徒刑,并处罚金。

根据2011年9月1日最高人民法院、最高人民检察院施行的《关于办理危害计算机信息系统安全刑事案件应用法律若干问题的解释》第1条规定,非法获取计算机信息系统数据或者非法控制计算机信息系统,具有下列情形之一的,应当认定为《刑法》第285条第2款规定的"情节特别严重":第一,数量或者数额达到前款第1项至第4项规定标准5倍以上的;第二,其他情节特别严重的情形。

明知是他人非法控制的计算机信息系统,而对该计算机信息系统的控制权加以利用的,依照前两款的规定定罪处罚。

③单位犯本罪的,对单位判处罚金,并对其直接负责的主管人员和其他直接责任人员,依照自然人犯本罪的规定处罚。

(4)适用非法获取计算机信息系统数据、非法控制计算机信息系统罪时应注意以下问题:

①注意划清本罪与非罪的界限。

从犯罪主体上区分。本罪是一般主体,不满16周岁的人不能构成本罪。本罪是故意犯罪,过失行为也不能构成本罪。

从犯罪行为上区分。本罪的犯罪行为是非法获取计算机信息系统数据、非法控制计算机信息系统的犯罪行为,如果只侵入非国家事务、国防建设、尖端科学技术领域的计算机信息系统行为,没有非法获取计算机信息系统数据、非法控制计算机信息系统的,不构成本罪。

从犯罪结果上区分。本罪是结果犯,必须是实施了非法获取计算机信息系统数据、非法控制计算机信息系统行为,达到情节严重的程度才可以构成本罪。如果只是非法获取一些无关重要的计算机信息数据,情节一般的,不构成犯罪。

②注意划清本罪与非法侵入计算机信息系统罪的界限。非法获取计算机信息系统数据、非法控制计算机信息系统的行为,为了达到上述犯罪目的,有的可能是先侵入计算机信息系统,在这种情况下其行为方式与《刑法》第285条第1款规定的非法侵入计算机信息系统罪的行为方式相似。两种犯罪的区别是犯罪目的的不同。本罪是为了获取计算机信息系统数据和控制计算机信息系统的目的而侵入计算机系统;而后一种犯罪的犯罪目的是侵入国家事务、国防建设、尖端科学技术领域的计算机信息系统,只要实施了侵入行为就构成非法侵入计算机系统罪。如果侵入国家事务、国防建设、尖端科学技术领域的计算机信息系统的目的是

获取计算机信息系统数据或者是控制计算机信息系统,则应按重罪吸收轻罪的原则,定为本罪。

③注意划清本罪与破坏计算机信息系统罪的界限。本罪的犯罪行为是非法获取计算机信息系统数据和非法控制计算机信息系统的行为。而《刑法》第286条规定的破坏计算机信息系统罪的犯罪行为是对计算机信息系统功能进行删除、修改、增加、干扰等对计算机信息系统进行破坏行为或者故意制作、传播计算机病毒等破坏性程序的行为,使计算机改变或者失去其应有功能。由于两种犯罪行为的表现形式不同,可以将上述两种犯罪区别开来。

④注意划清本罪与掩饰、隐瞒犯罪所得罪的界限。根据2011年9月1日最高人民法院、最高人民检察院施行的《关于办理危害计算机信息系统安全刑事案件应用法律若干问题的解释》第7条规定,明知是非法获取计算机信息系统数据犯罪所获取的数据、非法控制计算机信息系统犯罪所获取的计算机信息系统控制权,而予以转移、收购、代为销售或者以其他方法掩饰、隐瞒,违法所得五千元以上的,应当依照《刑法》第312条第1款的规定,以掩饰、隐瞒犯罪所得罪定罪处罚。

实施前款规定行为,违法所得5万元以上的,应当认定为《刑法》第312条第1款规定的"情节严重"。

单位实施第1款规定行为的,定罪量刑标准依照第1款、第2款的规定执行。

⑤注意破坏计算机信息安全犯罪共犯的认定。根据2011年9月1日最高人民法院、最高人民检察院施行的《关于办理危害计算机信息系统安全刑事案件应用法律若干问题的解释》第9条规定,明知他人实施《刑法》第285条、第286条规定的行为,具有下列情形之一的,应当认定为共同犯罪,依照《刑法》第285条、第286条的规定处罚:第一,为其提供用于破坏计算机信息系统功能、数据或者应用程序的程序、工具,违法所得5000元以上或者提供10人次以上的;第二,为其提供互联网接入、服务器托管、网络存储空间、通信传输通道、费用结算、交易服务、广告服务、技术培训、技术支持等帮助,违法所得5000元以上的;第三,通过委托推广软件、投放广告等方式向其提供资金5000元以上的。

实施前款规定行为,数量或者数额达到前款规定标准5倍以上的,应当认定为《刑法》第285条、第286条规定的"情节特别严重"或者"后果特别严重"。

(二十三)提供侵入、非法控制计算机信息系统程序、工具罪

提供侵入、非法控制计算机信息系统程序、工具罪是《刑法修正案(七)》第9条在《刑法》第285条第3款中增加规定的罪名,最高人民法院、最高人民检察院2009年10月16日施行的《关于执行〈中华人民共和国刑法〉确定罪名的补充规定(四)》中将这种犯罪确定为该罪名。2015年8月29日发布的《刑法修正案(九)》第26条在《刑法》第285条中增加第4款规定"单位犯前三款罪的,对单位判处罚金,并对其直接负责的主管人员和其他直接责任人员,依照各该款的规定处罚"。

1. 刑法规定内容的修改

刑法条文中有关提供侵入、非法控制计算机信息系统程序、工具罪的规定是:

(1)1997年《刑法》第285条规定,"违反国家规定,侵入国家事务、国防建设、尖端科学技术领域的计算机信息系统的,处三年以下有期徒刑或者拘役"。

1997年《刑法》第286条规定:"违反国家规定,对计算机信息系统功能进行删除、修改、

增加、干扰,造成计算机信息系统不能正常运行,后果严重的,处五年以下有期徒刑或者拘役;后果特别严重的,处五年以上有期徒刑。

"违反国家规定,对计算机信息系统中存储、处理或者传输的数据和应用程序进行删除、修改、增加的操作,后果严重的,依照前款的规定处罚。

"故意制作、传播计算机病毒等破坏性程序,影响计算机系统正常运行,后果严重的,依照第一款的规定处罚。"

(2)2009年2月28日全国人大常委会发布的《刑法修正案(七)》第9条第2款规定,在《刑法》第285条中增加第3款:"提供专门用于侵入、非法控制计算机信息系统的程序、工具,或者明知他人实施侵入、非法控制计算机信息系统的违法犯罪行为而为其提供程序、工具,情节严重的,依照前款的规定处罚。"

上述《刑法修正案(七)》的规定是根据我国当时有关计算机犯罪的新情况,增加规定了提供侵入、非法控制计算机信息系统程序、工具罪。

(3)2015年8月29日发布的《刑法修正案(九)》第26条规定,在《刑法》第285条中增加一款作为第4款:"单位犯前三款罪的,对单位判处罚金,并对其直接负责的主管人员和其他直接责任人员,依照各该款的规定处罚。"

上述《刑法修正案(九)》在《刑法》第285条中增加规定单位可以构成前款罪和应处的刑罚。

2. 刑法规定修改的原因

我国1979年《刑法》没有规定有关计算机信息系统方面的犯罪。1997年《刑法》第285条中规定了违反国家规定,侵入国家事务、国防建设、尖端科学技术领域的计算机信息系统的犯罪行为,只要实施了侵入行为就构成犯罪。其第286条规定,违反国家规定,对计算机信息系统功能进行删除、修改、增加、干扰等破坏计算机信息系统的犯罪行为。其第287条规定,利用计算机实施金融诈骗、盗窃、贪污、挪用公款、窃取国家秘密或者其他犯罪的,依照有关规定定罪处罚。随着计算机的深入普及与发展,计算机在生产、经营、工作、生活中得到广泛应用,有关计算机系统方面的犯罪行为又出现了一些新的情形。公安部门指出,当前一些不法分子利用技术手段非法侵入《刑法》第285条第1款规定以外的计算机信息系统,窃取他人账号、密码等信息,或者大范围地对他人计算机实施非法控制和提供专门用于侵入、非法控制计算机信息系统的程序、工具,或者明知他人实施侵入、非法控制计算机信息系统的违法犯罪行为而为其提供程序、工具,情节严重的行为,严重危及计算机网络安全。对这类严重违法行为应当追究刑事责任。法律委员会(现为宪法和法律委员会)经同有关部门研究,建议在刑法中增加规定,对实施这类行为以及为他人实施这类行为提供程序、工具,情节严重的,追究其刑事责任。全国人大常委会根据司法实践中打击非法获取计算机信息系统数据、非法控制计算机信息系统犯罪行为的需要,采纳了公安部门的意见,于2009年2月28日在《刑法修正案(七)》第9条第1款中补充规定了非法获取计算机信息系统数据、非法控制计算机信息系统的犯罪行为,在第2款中补充规定了提供侵入、非法控制计算机信息系统程序、工具的犯罪行为。近年来,司法机关依照《刑法》第285条第1款至第3款的规定惩治了一批上述犯罪行为,同时也发现上述犯罪多数是以单位的名义实施的,而《刑法》第285条中又没有规定单位可以构成犯罪,不能有效地惩罚这种犯罪。因此,2015年《刑法修正案(九)》第26条中规定,在《刑法》第285条中增加规定了单位可以构成犯罪和应处的刑罚。

3.提供侵入、非法控制计算机信息系统程序、工具罪的适用

要准确适用提供侵入、非法控制计算机信息系统程序、工具罪就必须弄清楚该罪的概念、构成特征、法定刑以及适用时应注意的问题。

(1)提供侵入、非法控制计算机信息系统程序、工具罪的概念。该罪是指提供专门用于侵入、非法控制计算机信息系统的程序、工具,或者明知他人实施侵入、非法控制计算机信息系统的违法犯罪行为而为其提供程序、工具,情节严重的行为。

提供侵入、非法控制计算机信息系统程序、工具的行为是严重危害社会政治、经济、文化、社会治安秩序和人民群众生活秩序的犯罪行为。计算机信息系统已深入政治、经济、文化和人民群众生活的方方面面,为不法犯罪分子实施犯罪行为,提供侵入、非法控制计算机信息系统程序、工具的行为是帮助犯罪的行为,也是严重危害社会的行为。《刑法修正案(七)》将这种行为规定为犯罪,最高处7年有期徒刑,并处罚金,《刑法修正案(九)》专门补充规定单位可以构成犯罪及应处的刑罚。

根据2011年9月1日最高人民法院、最高人民检察院施行的《关于办理危害计算机信息系统安全刑事案件应用法律若干问题的解释》第11条规定,本解释所称"计算机信息系统"和"计算机系统",是指具备自动处理数据功能的系统,包括计算机、网络设备、通信设备、自动化控制设备等。本解释所称"身份认证信息",是指用于确认用户在计算机信息系统上操作权限的数据,包括账号、口令、密码、数字证书等。本解释所称"经济损失",包括危害计算机信息系统犯罪行为给用户直接造成的经济损失,以及用户为恢复数据、功能而支出的必要费用。

(2)提供侵入、非法控制计算机信息系统程序、工具罪的构成特征。根据《刑法》第285条第3款的规定,该罪的构成特征有:

①犯罪主体,是一般主体。凡是年满16周岁的、具有刑事责任能力的自然人和单位都可以构成本罪。犯罪的犯罪主体在主观上是故意,并且是明知他人实施侵入、非法控制计算机信息系统的违法犯罪行为而为其提供程序、工具。

②犯罪行为,必须是实施了提供侵入、非法控制计算机信息系统程序、工具的犯罪行为。具体为表现:

第一,向他人提供专门用于侵入、非法控制计算机信息系统的程序、工具的行为。

第二,明知他人实施侵入、非法控制计算机信息系统的违法犯罪行为而为其提供程序、工具的行为。

凡是实施了上述行为之一的,都可以构成本罪的犯罪行为。

根据2011年9月1日最高人民法院、最高人民检察院施行的《关于办理危害计算机信息系统安全刑事案件应用法律若干问题的解释》第2条规定,具有下列情形之一的程序、工具,应当认定为《刑法》第285条第3款规定的"专门用于侵入、非法控制计算机信息系统的程序、工具":第一,具有避开或者突破计算机信息系统安全保护措施,未经授权或者超越授权获取计算机信息系统数据的功能的;第二,具有避开或者突破计算机信息系统安全保护措施,未经授权或者超越授权对计算机信息系统实施控制的功能的;第三,其他专门设计用于侵入、非法控制计算机信息系统、非法获取计算机信息系统数据的程序、工具。

③犯罪结果,本罪是结果犯。只有提供了侵入、非法控制计算机信息系统程序、工具的犯

罪行为,情节严重的,才可以构成本罪。

(3) 提供侵入、非法控制计算机信息系统程序、工具罪的法定刑。根据《刑法》第 285 条第 3 款的规定,该罪的法定刑是:

①情节严重,构成犯罪的,处 3 年以下有期徒刑或拘役,并处罚金。

根据 2011 年 9 月 1 日最高人民法院、最高人民检察院施行的《关于办理危害计算机信息系统安全刑事案件应用法律若干问题的解释》第 3 条规定,提供侵入、非法控制计算机信息系统的程序、工具,具有下列情形之一的,应当认定为《刑法》第 285 条第 3 款规定的"情节严重":第一,提供能够用于非法获取支付结算、证券交易、期货交易等网络金融服务身份认证信息的专门性程序、工具 5 人次以上的;第二,提供第 1 项以外的专门用于侵入、非法控制计算机信息系统的程序、工具 20 人次以上的;第三,明知他人实施非法获取支付结算、证券交易、期货交易等网络金融服务身份认证信息的违法犯罪行为而为其提供程序、工具 5 人次以上的;第四,明知他人实施第 3 项以外的侵入、非法控制计算机信息系统的违法犯罪行为而为其提供程序、工具 20 人次以上的;第五,违法所得 5000 元以上或者造成经济损失 1 万元以上的;第六,其他情节严重的情形。

②犯本罪,情节特别严重的,处 3 年以上 7 年以下有期徒刑,并处罚金。

根据 2011 年 9 月 1 日最高人民法院、最高人民检察院施行的《关于办理危害计算机信息系统安全刑事案件应用法律若干问题的解释》第 3 条规定,实施前款规定行为,具有下列情形之一的,应当认定为提供侵入、非法控制计算机信息系统的程序、工具"情节特别严重":第一,数量或者数额达到前款第 1 项至第 5 项规定标准 5 倍以上的;第二,其他情节特别严重的情形。

(4) 适用提供侵入、非法控制计算机信息系统程序、工具罪时应注意以下问题:

①注意划清本罪与非罪的界限。

从犯罪主体上区分。本罪是一般主体,不满 16 周岁的人不能构成本罪。本罪是故意犯罪,过失行为也不能构成本罪。

从犯罪行为上区分。本罪的犯罪行为是提供侵入、非法控制计算机信息系统程序、工具的犯罪行为,如果只是提供了侵入、非法控制计算机信息系统程序、工具的行为,而接受者并没有使用的,不构成本罪。

从犯罪结果上区分。本罪是结果犯,必须是实施了提供给他人侵入、非法控制计算机信息系统程序、工具的行为,达到情节严重的程度才可以构成本罪。如果只是提供侵入、非法控制计算机信息系统程序、工具的行为,但情节一般的都不构成本罪。

②注意划清本罪与非法侵入计算机信息系统罪的界限。本罪是提供、非法控制计算机信息系统程序、工具的行为,其还没有实施侵入计算机信息系统和非法控制计算机信息系统的行为。而后一种犯罪的行为是侵入国家事务、国防建设、尖端科学技术领域的计算机信息系统。如果提供侵入、非法控制国家事务、国防建设、尖端科学技术领域的计算机信息系统程序、工具,接受者已实行侵入行为的,则应按重罪吸收轻罪的原则,定为本罪。

③注意划清本罪与破坏计算机信息系统罪的界限。本罪的犯罪行为是提供侵入、非法控制计算机信息系统程序、工具的行为,还没有破坏计算机信息系统。而《刑法》第 286 条规定的破坏计算机信息系统罪的犯罪行为是对计算机信息系统功能进行删除、修改、增加、干扰等

对计算机信息系统进行破坏行为或者故意制作、传播计算机病毒等破坏性程序的行为。由于两种犯罪行为的表现形式不同，可以将上述两种犯罪区别开来。

④注意破坏计算机信息安全犯罪共犯的认定。根据2011年9月1日最高人民法院、最高人民检察院施行的《关于办理危害计算机信息系统安全刑事案件应用法律若干问题的解释》第9条规定，明知他人实施《刑法》第285条、第286条规定的行为，具有下列情形之一的，应当认定为共同犯罪，依照《刑法》第285条、第286条的规定处罚：第一，为其提供用于破坏计算机信息系统功能、数据或者应用程序的程序、工具，违法所得5000元以上或者提供10人次以上的；第二，为其提供互联网接入、服务器托管、网络存储空间、通信传输通道、费用结算、交易服务、广告服务、技术培训、技术支持等帮助，违法所得5000元以上的；第三，通过委托推广软件、投放广告等方式向其提供资金5000元以上的。

实施前款规定行为，数量或者数额达到前款规定标准5倍以上的，应当认定为《刑法》第285条、第286条规定的"情节特别严重"或者"后果特别严重"。

(二十四)破坏计算机信息系统罪

《刑法修正案(九)》第27条对《刑法》第286条的规定进行了补充。最高人民法院1997年12月16日《关于执行〈中华人民共和国刑法〉确定罪名的规定》中规定为"破坏计算机信息系统罪"的罪名。

1. 刑法规定内容的修改

刑法条文中有关破坏计算机信息系统罪的规定有：

(1)1997年《刑法》第286条规定，"违反国家规定，对计算机信息系统功能进行删除、修改、增加、干扰，造成计算机信息系统不能正常运行，后果严重的，处五年以下有期徒刑或者拘役；后果特别严重的，处五年以上有期徒刑。

"违反国家规定，对计算机信息系统中存储、处理或者传输的数据和应用程序进行删除、修改、增加的操作，后果严重的，依照前款的规定处罚。

"故意制作、传播计算机病毒等破坏性程序，影响计算机系统正常运行，后果严重的，依照第一款的规定处罚。"

(2)2015年8月29日发布的《刑法修正案(九)》第27条规定，在《刑法》第286条中增加一款作为第4款："单位犯前三款罪的，对单位判处罚金，并对其直接负责的主管人员和其他直接责任人员，依照第一款的规定处罚。"

上述《刑法修正案(九)》第27条对《刑法》第286条原规定的破坏计算机信息系统罪中增加规定了单位犯本罪依照第1款的规定处罚。

2. 刑法规定修改的原因

我国1979年《刑法》中没有规定破坏计算机信息系统罪，因为在立法时，这种行为的社会危害性还不严重。1997年修订《刑法》时根据当时社会上一些计算机"黑客"侵犯计算机系统，给国家事务、国防建设、尖端科学技术造成严重损失的情况，在《刑法》中增加了破坏计算机信息系统的犯罪行为，并规定为独立的罪名。多年来，司法机关依照《刑法》第286条的规定，惩治了一批破坏计算机信息系统罪，但司法实践中发现社会上不只是只有个人实施破坏计算机信息系统的犯罪行为，而多数犯罪行为是单位实施的破坏计算机信息系统的行为，其社会危害性相当严重，但因为《刑法》原没有规定单位可以构成这种犯罪，不能依法有效的惩治该犯罪行为。2015年《刑法修正案(九)》在《刑法》第286条中增设了第4款,专门规定单位可以构成本罪,以追究单位和单位的直接责任人和其他直接责任人的刑事责任。

3.破坏计算机信息系统罪的适用

要准确适用破坏计算机信息系统罪就必须弄清该罪的概念、构成特征、法定刑,以及适用时应注意的问题。

(1)破坏计算机信息系统罪的概念。该罪是指违反国家规定,对计算机信息系统功能进行删除、修改、增加、干扰,造成计算机信息系统不能正常运行或者对计算机信息系统中存储、处理或者传输的数据和应用程序进行删除、修改、增加的操作,以及故意制作、传播计算机病毒等破坏性程序,影响计算机系统正常运行,后果严重的行为。

根据2011年9月1日最高人民法院、最高人民检察院施行的《关于办理危害计算机信息系统安全刑事案件应用法律若干问题的解释》第11条规定,本解释所称"计算机信息系统"和"计算机系统",是指具备自动处理数据功能的系统,包括计算机、网络设备、通信设备、自动化控制设备等。本解释所称"身份认证信息",是指用于确认用户在计算机信息系统上操作权限的数据,包括账号、口令、密码、数字证书等。本解释所称"经济损失",包括危害计算机信息系统犯罪行为给用户直接造成的经济损失,以及用户为恢复数据、功能而支出的必要费用。

计算机是现代化的高科技计算工具,现已普及到生产、销售、生活等各个领域,成为人们生活中不可缺少的工具。随着计算机系统化、网络化的发展,其在人们的社会活动中起的作用越来越大,而有些人故意违反国家规定,对计算机信息系统功能进行破坏,使其失去功能或者改变功能,给用户、单位和国家造成严重经济损失,这是对社会有严重危害性的行为。我国1997年《刑法》第286条将破坏计算机信息系统的行为规定为犯罪,最高处予15年有期徒刑。

(2)破坏计算机信息系统罪的构成特征。根据《刑法》第286条规定,该罪的构成特征是:

①犯罪主体,是一般主体,达到法定年龄、具有刑事责任能力、实施了破坏计算机信息系统行为的自然人和单位。本罪法定年龄是年满16周岁。犯罪主体在主观上是故意,多数是以营利为目的的,也有的是为了实施其他犯罪或者其他目的而破坏计算机信息系统。该罪的犯罪主体一般是掌握计算机功能、懂得计算机知识的人。

②犯罪行为,必须是实施了破坏计算机信息系统的行为。违反法律规定,是指违反1994年2月18日颁布的《计算机信息系统安全保护条例》等法律法规规定的行为。计算机信息系统,是指由计算机及其相关和配套的设备、设施(含网络)构成的,按照一定的应用目标和规则对信息进行采集、加工、存储、传输、检索等处理的系统。根据2000年12月28日全国人大常委会发布的《关于维护互联网安全的决定》中规定,有下列行为之一,构成犯罪的,依照《刑法》有关规定追究刑事责任:第一,侵入国家事务、国防建设、尖端科学技术领域的计算机系统;第二,故意制作、传播计算机病毒等破坏性程序,攻击计算机系统及通信网络,致使计算机系统及通信网络受损害;第三,违反国家规定,擅自中断计算机网络或者通信服务,造成计算机网络或者通信系统不能正常运行。具体破坏计算机的行为表现是:

第一,违反国家规定,对计算机信息系统功能进行删除、修改、增加、干扰,造成计算机信息系统不能正常运行,后果严重的行为。

第二,违反国家规定,对计算机信息系统中存储、处理或者传输的数据和应用程序进行删除、修改、增加的操作,后果严重的行为。

第三,故意制作、传播计算机病毒等破坏性程序,影响计算机系统正常运行,后果严重的行为。故意实施上述破坏计算机信息系统的行为之一的,就可以构成本罪。

根据2011年9月1日最高人民法院、最高人民检察院施行的《关于办理危害计算机信息系统安全刑事案件应用法律若干问题的解释》第5条规定,具有下列情形之一的程序,应当认定为《刑法》第286条第3款规定的"计算机病毒等破坏性程序":第一,能够通过网络、存储介质、文件等媒介,将自身的部分、全部或者变种进行复制、传播,并破坏计算机系统功能、数据或者应用程序的;第二,能够在预先设定条件下自动触发,并破坏计算机系统功能、数据或者应用程序的;第三,其他专门设计用于破坏计算机系统功能、数据或者应用程序的程序。

③犯罪结果,本罪是结果犯,必须是实施了破坏计算机信息系统的行为,出现后果严重的结果才能构成犯罪。情节严重,是指使计算机功能改变或者失去功能,不好使用或者不能使用。

(3)破坏计算机信息系统罪的法定刑。根据《刑法》第286条的规定,该罪的法定刑是:

①后果严重的,才构成本罪,处5年以下有期徒刑或者拘役。

根据2011年9月1日最高人民法院、最高人民检察院施行的《关于办理危害计算机信息系统安全刑事案件应用法律若干问题的解释》第4条规定,破坏计算机信息系统功能、数据或者应用程序,具有下列情形之一的,应当认定为《刑法》第286条第1款和第2款规定的"后果严重":第一,造成10台以上计算机信息系统的主要软件或者硬件不能正常运行的;第二,对20台以上计算机信息系统中存储、处理或者传输的数据进行删除、修改、增加操作的;第三,违法所得5000元以上或者造成经济损失1万元以上的;第四,造成为100台以上计算机信息系统提供域名解析、身份认证、计费等基础服务或者为1万以上用户提供服务的计算机信息系统不能正常运行累计1小时以上的;第五,造成其他严重后果的。

上述司法解释第6条规定,故意制作、传播计算机病毒等破坏性程序,影响计算机系统正常运行,具有下列情形之一的,应当认定为《刑法》第286条第3款规定的"后果严重":第一,制作、提供、传输本解释第5条第1项规定的程序,导致该程序通过网络、存储介质、文件等媒介传播的;第二,造成20台以上计算机系统被植入第5条第2项、第3项规定的程序的;第三,提供计算机病毒等破坏性程序10人次以上的;第四,违法所得5000元以上或者造成经济损失1万元以上的;第五,造成其他严重后果的。

②犯本罪,后果特别严重的,处5年以上有期徒刑。

根据2011年9月1日最高人民法院、最高人民检察院施行的《关于办理危害计算机信息系统安全刑事案件应用法律若干问题的解释》第4条规定,破坏计算机信息系统功能、数据或者应用程序,具有下列情形之一的,应当认定为破坏计算机信息系统"后果特别严重":第一,数量或者数额达到前款第1项至第3项规定标准5倍以上的;第二,造成为500台以上计算机信息系统提供域名解析、身份认证、计费等基础服务或者为5万以上用户提供服务的计算机信息系统不能正常运行累计1小时以上的;第三,破坏国家机关或者金融、电信、交通、教育、医疗、能源等领域提供公共服务的计算机信息系统的功能、数据或者应用程序,致使生产、生活受到严重影响或者造成恶劣社会影响的;第四,造成其他特别严重后果的。

上述司法解释第6条规定,实施前款规定行为,具有下列情形之一的,应当认定为破坏计算机信息系统"后果特别严重":第一,制作、提供、传输第 5 条第 1 项规定的程序,导致该程序通过网络、存储介质、文件等媒介传播,致使生产、生活受到严重影响或者造成恶劣社会影响的;第二,数量或者数额达到第 1 款第 2 项至第 4 项规定标准 5 倍以上的;第三,造成其他特别严重后果的。

③单位犯本罪的,对单位判处罚金,并对其直接负责的主管人员和其他直接责任人员,依照自然人犯本罪的规定处罚。

(4)认定破坏计算机信息系统罪时,应注意的问题:

①区分罪与非罪的界限。

从犯罪主体上区分。本罪主体是年满 16 周岁的自然人和单位,不满 16 周岁的人不能构成本罪。本罪是故意犯罪,主观上过失的人不能构成本罪,例如,在使用计算机信息网络时,由于操作失误,造成该系统信息破坏的行为,由于其主观上是过失,不构成本罪。

从犯罪行为上区分。本罪必须是实施了破坏计算机信息系统的行为的才构成本罪;如果没有违反国家规定,正常使用计算机信息系统,而造成了破坏结果的行为不构成本罪。

从犯罪结果上区分。本罪是结果犯,必须是实施破坏计算机信息系统的行为达到情节严重的程度的才能构成本罪。如果行为人实施了破坏计算机信息系统的行为,但没有造成破坏计算机信息系统结果的,一般是属于情节显著轻微危害不大的行为,依照《刑法》第 13 条的规定不认为是犯罪。

②注意本罪与其他相关罪的认定。破坏计算机信息系统的动机和目的是多种多样的,有的是窃取信息、秘密,有的是出于好奇,也有的是谋取某种非法利益,也有的是掌握一些知识。动机不同,一般不影响犯罪的成立。但犯罪目不同,应依法认定为相应的犯罪。例如,如果是为了境外机构和个人窃取国家秘密的目的,而破坏计算机信息系统的行为,应按处理牵连犯的原则,认定为境外窃取、刺探、收买、非法提供国家秘密、情报罪。如果是为了非法获取军事秘密而破坏计算机信息系统的行为,应认定为非法获取军事秘密罪。如果是为了窃取他人财物,破坏计算机信息系统的行为,应认定为盗窃罪。

③注意破坏计算机信息安全犯罪共犯的认定。根据 2011 年 9 月 1 日最高人民法院、最高人民检察院施行的《关于办理危害计算机信息系统安全刑事案件应用法律若干问题的解释》第 9 条规定,明知他人实施《刑法》第 285 条、第 286 条规定的行为,具有下列情形之一的,应当认定为共同犯罪,依照《刑法》第 285 条、第 286 条的规定处罚:第一,为其提供用于破坏计算机信息系统功能、数据或者应用程序的程序、工具,违法所得 5000 元以上或者提供 10 人次以上的;第二,为其提供互联网接入、服务器托管、网络存储空间、通信传输通道、费用结算、交易服务、广告服务、技术培训、技术支持等帮助,违法所得 5000 元以上的;第三,通过委托推广软件、投放广告等方式向其提供资金 5000 元以上的。

实施前款规定行为,数量或者数额达到前款规定标准 5 倍以上的,应当认定为《刑法》第 285 条、第 286 条规定的"情节特别严重"或者"后果特别严重"。

(二十五)扰乱无线电通讯管理秩序罪

《刑法修正案(九)》第 30 条对《刑法》第 288 条的规定进行了补充。最高人民法院 1997 年 12 月 16 日《关于执行〈中华人民共和国刑法〉确定罪名的规定》中规定为"扰乱无线电通讯管理秩序罪"的罪名。

1. 刑法规定内容的修改

刑法条文中有关扰乱无线电通讯管理秩序罪的规定有：

(1)1997年《刑法》第288条规定，"违反国家规定，擅自设置、使用无线电台(站)，或者擅自占用频率，经责令停止使用后拒不停止使用，干扰无线电通讯正常进行，造成严重后果的，处三年以下有期徒刑、拘役或者管制，并处或者单处罚金。

"单位犯前款罪的，对单位判处罚金，并对其直接负责的主管人员和其他直接责任人员，依照前款的规定处罚。"

(2)2015年8月29日发布的《刑法修正案(九)》第30条规定，将《刑法》第288条第1款修改为："违反国家规定，擅自设置、使用无线电台(站)，或者擅自使用无线电频率，干扰无线电通讯秩序，情节严重的，处三年以下有期徒刑、拘役或者管制，并处或者单处罚金；情节特别严重的，处三年以上七年以下有期徒刑，并处罚金。"

上述《刑法修正案(九)》第30条对《刑法》第288条原规定的扰乱无线电通讯管理秩序罪的犯罪行为中删除"经责令停止使用后拒不停止使用"的限制条件，将犯罪结果由"造成严重后果的"，改为"情节严重的""情节特别严重的"，并增加规定了一个更高档次的法定刑"处三年以上七年以下有期徒刑，并处罚金"。

2. 刑法规定修改的原因

我国1979年《刑法》中没有规定扰乱无线电通讯管理秩序罪，因为在立法时，这种行为的社会危害性还不严重。1997年修订《刑法》时根据当时社会上一些个人或者单位违反国家规定，擅自设置、使用无线电台(站)，或者擅自占用无线电频率，经责令停止使用后拒不停止使用，干扰无线电通讯正常进行，严重干扰无线电通讯秩序正常进行的情况，在刑法中增加规定了扰乱无线电通讯管理秩序的犯罪行为，并规定为独立的罪名。多年来，司法机关依照《刑法》第288条规定，惩治了一批扰乱无线电通讯管理秩序罪，但司法实践中发现《刑法》中规定的定罪的限制条件"经责令停止使用后拒不停止使用"，在无线电管理法律规定已实施多年的情况下，再用该限制条件定罪，已不利于维持正常的无线电通讯秩序。而且刑法规定的法定刑较轻，不能有效惩治那些情节特别严重的犯罪。2015年《刑法修正案(九)》在《刑法》第288条的罪状中删去了"经责令停止使用后拒不停止使用"的限制条件，将犯罪结果由"造成严重后果的"，改为"情节严重的""情节特别严重的"，并增加规定了一个更高档次的法定刑，即"处三年以上七年以下有期徒刑，并处罚金"。

3. 扰乱无线电通讯管理秩序罪的适用

要准确适用扰乱无线电通讯管理秩序罪就必须弄清该罪的概念、构成特征、法定刑，以及适用时应注意的问题。

(1)扰乱无线电通讯管理秩序罪的概念。该罪是指违反国家规定，擅自设置、使用无线电台(站)，或者擅自使用无线电频率，干扰无线电通讯秩序，情节严重的行为。

无线电通讯是现代化的通信工具，其简便易行，而且信息交流的范围广泛，现已普及到生产、销售、生活等各个领域，成为人们生活中不可缺少的信息通信工具，因此，无线电通讯必须有秩序地进行，才能充分发挥其作用。但近年来违反国家规定，擅自设置、使用无线电台(站)，或者擅自使用无线电频率，干扰无线电通讯秩序的行为相当猖獗，有些人设立"伪基站"公开发布大量电讯诈骗电话，严重扰乱无线电通讯秩序，引起极大民愤。虽然我国1997

年《刑法》第 288 条将扰乱无线电通讯管理秩序的行为规定为犯罪,但最高处 3 年有期徒刑,处刑较轻。为了更有效地惩治扰乱无线电通讯管理秩序罪,《刑法修正案(九)》将《刑法》第 288 条规定的法定刑提高一个档次,最高可处 7 年有期徒刑。

(2)扰乱无线电通讯管理秩序罪的构成特征。根据《刑法》第 288 条规定,该罪的构成特征是:

①犯罪主体,是一般主体,达到法定年龄、具有刑事责任能力、实施扰乱无线电通讯管理秩序行为的自然人和单位。本罪法定年龄是 16 周岁以上的人。犯罪主体在主观上是故意,多数是以使用无线电频率为目的,也有的是为了实施其他犯罪或者其他目的而扰乱无线电通讯管理秩序。

②犯罪行为,必须是违反法律规定,实施了扰乱无线电通讯管理秩序的行为。违反法律规定,是指违反 1993 年 9 月颁布的《无线电管理条例》。该条例对无线电设置、使用无线电台(站)和使用频率都作了规定。违反条例规定,擅自设置无线电台(站)或者擅自占用频率的行为是违法行为。扰乱无线电通讯管理秩序犯罪行为,具体表现为:

第一,违反法律规定,擅自设置、使用无线电台(站)的行为。我国《无线电管理条例》规定,设置无线电台(站)必须依法获准,办理设台(站)审批手续,领取电台执照。未经批准擅自设台(站)的行为是违法的行为。"无线电台"是指用发射机及其附属设备将电磁波向空间辐射传播的场所,其中装有无线电波发射机及其附属设备和天线等。

第二,使用无线电台(站)的行为。使用擅自设置的无线电台(站)进行无线电通讯活动,或者非法使用国家设置的无线电台(站)进行无线电通讯活动的行为。

第三,擅自使用无线电频率的行为。频率,是指无线电管理机构核准给某电台在规定的条件下使用的无线电频段或频道。

故意实施上述扰乱无线电通讯管理秩序行为之一的,情节严重的,就可以构成本罪。

③犯罪结果,本罪是结果犯,必须是实施了扰乱无线电通讯管理秩序的行为,情节严重的才能构成犯罪。情节特别严重的,是适用加重法定刑的情节。

情节严重,是指扰乱无线电通讯,使其失去功能,或者不能正常使用。

(3)扰乱无线电通讯管理秩序罪的法定刑。根据《刑法》第 288 条规定,该罪的法定刑是:

①情节严重的,才构成本罪,处 3 年以下有期徒刑、拘役或者管制,并处或者单处罚金。

②犯本罪,情节特别严重的,处 3 年以上 7 年以下有期徒刑,并处罚金。

③单位犯本罪的,对单位判处罚金,并对其直接负责的主管人员和其他直接责任人员,依照自然人犯本罪的规定处罚。

(4)认定扰乱无线电通讯管理秩序罪时,应注意的问题:

①区分罪与非罪的界限。

从犯罪主体上区分。本罪主体是 16 周岁以上的自然人和单位,不满 16 周岁的人不能构成本罪。本罪是故意犯罪,主观上过失的人不能构成本罪,例如,在使用无线电台(站)设备时,由于操作不当,发射出扰乱无线广播电波的行为,由于其主观上是过失,不构成本罪。

从犯罪行为上区分。本罪必须是实施了扰乱无线电通讯管理秩序的行为的才构成本罪;如果没有违反国家规定,正常使用无线通讯设备,而实际上造成扰乱无线电通讯管理秩序结果的行为不构成本罪。

从犯罪结果上区分。本罪是结果犯,必须是扰乱无线电通讯管理秩序达到情节严重程度的才能构成本罪。情节较轻或者情节一般的都不构成本罪。例如,行为人实施了扰乱无线电通讯管理秩序的行为,但没有造成扰乱无线电通讯管理秩序的结果的,属于情节显著轻微危害不大的行为,依照《刑法》第13条的规定不认为是犯罪。

②注意本罪与其他相关罪的认定。扰乱无线电通讯管理秩序的动机和目的是多种多样的,有的是窃取信息、秘密,有的是出于好奇,有的是谋取某种非法利益,也有的是掌握一些知识。动机的不同,一般不影响犯罪的成立。但犯罪目的不同,应依法认定为相应的犯罪。例如:行为人故意非法使用军事通讯频率,造成军事通讯中断或者严重障碍的,要认定为破坏武器装备、军事设施、军事通信罪;行为人接受敌人间谍组织的任务,非法设台扰乱无线电通讯的行为,构成间谍罪;行为人为实施电讯诈骗,私设"伪基站"发射电话信号,严重扰乱无线电通讯的行为,构成诈骗罪等,但都不再定为本罪。

(二十六)聚众扰乱社会秩序罪

《刑法修正案(九)》第31条对《刑法》第290条的规定进行了补充。最高人民法院1997年12月16日《关于执行〈中华人民共和国刑法〉确定罪名的规定》中规定为"聚众扰乱社会秩序罪"的罪名。

1. 刑法规定内容的修改

刑法条文中有关聚众扰乱社会秩序罪的规定有:

(1)1979年《刑法》第158条规定,"禁止任何人利用任何手段扰乱社会秩序。扰乱社会秩序情节严重,致使工作、生产、营业和教学、科研无法进行,国家和社会遭受严重损失的,对首要分子处五年以下有期徒刑、拘役、管制或者剥夺政治权利"。

(2)1997年《刑法》第290条第1款规定,"聚众扰乱社会秩序,情节严重,致使工作、生产、营业和教学、科研无法进行,造成严重损失的,对首要分子,处三年以上七年以下有期徒刑;对其他积极参加的,处三年以下有期徒刑、拘役、管制或者剥夺政治权利"。

(3)2015年8月29日发布的《刑法修正案(九)》第31条规定,"将刑法第二百九十条第一款修改为:'聚众扰乱社会秩序,情节严重,致使工作、生产、营业和教学、科研、医疗无法进行,造成严重损失的,对首要分子,处三年以上七年以下有期徒刑;对其他积极参加的,处三年以下有期徒刑、拘役、对管制或者剥夺政治权利.'

"增加二款作为第三款、第四款:'多次扰乱国家机关工作秩序,经行政处罚后仍不改正,造成严重后果的,处三年以下有期徒刑、拘役或者管制.'

"多次组织、资助他人非法聚集,扰乱社会秩序,情节严重的,依照前款的规定处罚。"

上述《刑法修正案(九)》第31条在《刑法》第290条原规定的聚众扰乱社会秩序罪的犯罪行为中增加聚众扰乱"医疗"工作无法进行,造成严重损失的行为方式;增加规定了"多次扰乱国家机关工作秩序,经行政处罚后仍不改正,造成严重后果的,处三年以下有期徒刑、拘役或者管制"和"多次组织、资助他人非法聚集,扰乱社会秩序,情节严重的,依照前款的规定处罚",扩大了聚众扰乱社会秩序罪的惩治范围。

2. 刑法规定修改的原因

我国1979年《刑法》和1997年《刑法》中都规定了聚众扰乱社会秩序罪,1997年《刑法》对1979年《刑法》规定的法定刑作了重要修改,将只对"首要分子处五年以下有期徒刑、拘役、管制或者剥夺政治权利",改为"对首要分子,处三年以上七年以下有期徒刑,对其他积极参加的,处三年以下有期徒刑、拘役、管制或者剥夺政治权利",加重了对聚众扰乱社会秩序罪的处罚力度。多年来,司法机关依照《刑法》第290条规定,惩治了一批聚众扰乱社会秩序犯罪。

近年来,在医院中"医闹"事件频繁发生,有的患者及家属往往聚众围攻、殴打医生,破坏医疗设施,严重扰乱了医院的医疗工作秩序。2015年《刑法修正案(九)》在《刑法》第290条第1款规定的罪状中增加规定了聚众扰乱"医疗"工作无法进行,造成严重损失的行为;增加规定"多次扰乱国家机关工作秩序,经行政处罚后仍不改正,造成严重后果的,处三年以下有期徒刑、拘役或者管制"和"多次组织、资助他人非法聚集,扰乱社会秩序,情节严重的,依照前款的规定处罚",扩大了聚众扰乱社会秩序罪的惩治范围。

3. 聚众扰乱社会秩序罪的适用

要准确适用聚众扰乱社会秩序罪就必须弄清该罪的概念、构成特征、法定刑,以及适用时应注意的问题。

(1)聚众扰乱社会秩序罪的概念。该罪是指聚众扰乱社会秩序,情节严重,致使工作、生产、营业和教学、科研、医疗无法进行,造成严重损失的行为。

社会秩序是人们共同生活、工作、生产、营业和教学、科研、医疗的秩序。良好的社会秩序是人们有条不紊地进行工作、生产、营业和教学、科研、医疗和生活的先决条件。聚众扰乱社会秩序,情节严重,致使工作、生产、营业和教学、科研、医疗无法进行,必然会给国家和社会及公民造成严重损失,这是对社会有严重危害性的行为。我国《刑法》第290条将聚众扰乱社会秩序,情节严重的行为规定为犯罪,最高可处7年有期徒刑。

(2)聚众扰乱社会秩序罪的构成特征。根据《刑法》第290条规定,该罪的构成特征是:

①犯罪主体,是一般主体,达到法定年龄、具有刑事责任能力、实施了聚众扰乱社会秩序行为的自然人。本罪法定年龄是年满16周岁,犯罪主体包括在聚众扰乱社会秩序中16周岁以上的首要分子和其他积极参加的人。犯罪主体在主观上是故意,是通过聚众扰乱社会秩序达到某个人或者某些人的要求。

②犯罪行为,必须是实施了聚众扰乱社会秩序的行为。具体表现为:多数是因为某种要求得不到满足,在首要分子的组织、指挥下聚集多人在有关机关、单位无理取闹、纠缠,妨碍机关、单位正常活动。聚众是指在首要分子组织、指挥至少3人以上进行封堵机关、单位,拦截车辆等行为,使机关、单位及其工作人员无法进行正常活动。

③犯罪结果,本罪是结果犯,必须是实施了聚众扰乱社会秩序的行为,情节严重,造成严重损失结果的才能构成犯罪。既要聚众扰乱行为情节严重,又要致使工作、生产、营业和教学、科研、医疗无法进行,造成严重损失的。情节严重,是指聚集众多人,不听劝阻,呼喊口号,提出明显不合理要求,造成很恶劣影响等情节。造成严重损失,是指由于聚众扰乱行为使有关单位活动或者重要工作人员无法正常进行工作,而造成重大经济损失,甚至造成人员伤亡的。

(3)聚众扰乱社会秩序罪的法定刑。根据《刑法》第290条规定,该罪的法定刑是:

①情节严重、造成严重损失的,对首要分子,处3年以上7年以下有期徒刑。

②犯本罪,积极参加的,处3年以下有期徒刑、拘役、管制或者剥夺政治权利。

(4)认定聚众扰乱社会秩序罪时,应注意的问题:

①区分罪与非罪的界限。

从犯罪主体上区分。本罪的犯罪主体是16周岁以上的自然人,不满16周岁的人和单位不能构成本罪。只有首要分子和其他积极参加的人才能构成本罪。

首要分子,根据《刑法》第97条规定必须是在聚众犯罪中起组织、策划、指挥作用的犯罪分子;其他积极参加的,是指除首要分子以外的在聚众犯罪中起主要作用的犯罪分子。首要分子和其他积极参加的人也必须是年满16周岁的自然人,其他一般参加者或者被裹胁群众不构成本罪。

从犯罪行为上区分。本罪必须是实施了聚众扰乱社会秩序的行为的才构成本罪;如果没有违反国家规定,聚集多人集体上访的行为不构成本罪。如果纠集的人数不多,只有两三个人,虽然进行了一些扰乱的行为,也不能构成本罪。

从犯罪结果上区分。本罪是结果犯,必须是实施了聚众扰乱社会秩序的行为,情节严重,致使工作无法进行,造成严重损失的才能构成犯罪。既要情节严重,又要造成严重损失的结果,没有达到情节严重的,经劝阻和教育立即停止的行为或者虽然有推拉工作人员的行为,但没有妨害工作,或者虽然妨碍了一些工作,但没有造成严重损失的不构成本罪。

②注意划清本罪与聚众冲击国家机关罪的界限。聚众扰乱社会秩序的行为中有可能是聚众扰乱了国家机关的工作秩序,与聚众冲击国家机关罪的犯罪行为容易混淆。二罪的根本区别是犯罪行为不同,本罪只是聚众扰乱国家机关的工作秩序,还没有达到冲击国家机关的程度。如果开始是聚众扰乱国家机关的工作秩序,继而发展到聚众冲击国家机关的行为,应认定为聚众冲击国家机关罪,不再定为本罪。

③注意划清本罪与妨害公务罪的界限。聚众扰乱社会秩序的行为中,有的有可能使用暴力、威胁的方法阻碍国家机关工作人员依法执行公务的行为,又构成妨害公务罪。但二罪的根本区别是犯罪对象和犯罪行为不同。本罪的犯罪对象是有关单位,包括机关、团体、企业、事业单位的正常活动;而妨害公务罪的犯罪对象是依法执行职务的国家机关工作人员。本罪的犯罪行为是聚众扰乱社会秩序,一般不使用暴力、威胁的方法,即使有暴力、威胁,也是比较轻的;而妨害公务的行为必须是使用暴力、威胁的方法阻碍国家机关工作人员依法执行公务的行为。由于二罪的犯罪对象和犯罪行为不同,将二罪区别开来。如果在聚众扰乱社会秩序过程中,有人以暴力、威胁的方法阻碍国家机关工作人员依法执行职务的,应按重罪定罪从重处罚。

(二十七)组织、利用会道门、邪教组织、利用迷信破坏法律实施罪

组织、利用会道门、邪教组织、利用迷信破坏法律实施罪,是《刑法修正案(九)》第33条对《刑法》第300条第1款规定修改的犯罪,1997年最高人民法院在《关于执行〈中华人民共和国刑法〉确定罪名的规定》(已被修改)中规定为该罪名。

我国1979年《刑法》没有单独规定这种犯罪,而是将这种犯罪行为作为组织、利用封建迷信、会道门进行反革命活动罪定罪处罚。1997年修订《刑法》取消了反革命罪的类罪名,将组织、利用会道门、邪教组织和利用迷信破坏法律实施的行为规定为独立的罪名,并规定在妨害社会管理秩序罪之中。1999年全国人大常委会《关于取缔邪教组织、防范和惩治邪教活动罪的决定》第1条规定,对组织和利用邪教组织破坏国家法律、行政法规实施,聚众闹事,扰乱社会秩序等犯罪活动,依法予以严惩,即依照该罪规定严厉惩处。最高人民法院、最高人民检察

院对其具体适用《刑法》第300条作了司法解释。2015年8月29日《刑法修正案(九)》第33条对1997年《刑法》第300条第1款规定的法定刑作了修改,提高了法定刑最高刑,即"处无期徒刑,并处罚金或者没收财产";增加了"情节较轻的,处三年以下有期徒刑、拘役、管制或者剥夺政治权利,并处或者单处罚金"的规定。

1. 刑法规定内容的修改

《刑法》条文中有关组织、利用会道门、邪教组织、利用迷信破坏法律实施犯罪的规定如下。

(1)1979年《刑法》第99条规定,"组织、利用封建迷信、会道门进行反革命活动的,处五年以上有期徒刑;情节较轻的,处五年以下有期徒刑、拘役、管制或者剥夺政治权利"。

1979年《刑法》第165条规定,"神汉、巫婆借迷信进行造谣、诈骗财物活动的,处二年以下有期徒刑、拘役或者管制;情节严重的,处二年以上七年以下有期徒刑"。

(2)1983年全国人大常委会《关于惩治严重危害社会治安的犯罪分子的决定》(已失效)第1条规定,"对下列严重危害社会治安的犯罪分子,可以在刑法规定的最高刑以上处刑,直至判处死刑:……5.组织反动会道门,利用封建迷信,进行反革命活动,严重危害社会治安的"。

(3)1997年《刑法》第300条规定,"组织和利用会道门、邪教组织或者利用迷信破坏国家法律、行政法规实施的,处三年以上七年以下有期徒刑;情节特别严重的,处七年以上有期徒刑。组织和利用会道门、邪教组织或者利用迷信蒙骗他人,致人死亡的,依照前款的规定处罚。组织和利用会道门、邪教组织或者利用迷信奸淫妇女、诈骗财物的,分别依照本法第二百三十六条、第二百六十六条的规定定罪处罚"。

(4)1999年全国人大常委会《关于取缔邪教组织、防范和惩治邪教活动罪的决定》第1条规定,"坚决依法取缔邪教组织,严厉惩治邪教组织的各种犯罪活动。邪教组织冒用宗教、气功或者其他名义,采用各种手段扰乱社会秩序,危害人民群众生命财产安全和经济发展,必须依法取缔,坚决惩治。人民法院、人民检察院和公安、国家安全、司法行政机关要各司其职,共同做好这项工作。对组织和利用邪教组织破坏国家法律、行政法规实施,聚众闹事,扰乱社会秩序,以迷信邪说蒙骗他人,致人死亡,或者奸淫妇女、诈骗财物等犯罪活动,依法予以严惩"。

上述1997年《刑法》及其补充规定对有关织、利用邪教组织、封建迷信犯罪规定的修改过程可见,对《刑法》规定作了如下修改和补充。

①将邪教组织犯罪由反革命犯罪改为妨害社会管理秩序犯罪。我国1979年《刑法》和《关于惩治严重危害社会治安的犯罪分子的决定》都将有关邪教组织和利用迷信进行犯罪的行为规定为犯罪,特别是其利用邪教组织和迷信破坏国家法律、政策实施的犯罪行为,都定为反革命罪中的具体犯罪,处以严厉的刑罚。1997年修订《刑法》取消了反革命罪的类罪名,改为危害国家安全罪的类罪名,取消了神汉、巫婆借迷信造谣、诈骗财物罪,将有关利用邪教组织和利用迷信进行的犯罪活动归纳在一个条文中,即规定在1997年《刑法》第300条中,作为妨害社会管理秩序罪中具体犯罪,不再单独规定为危害国家安全罪中的具体犯罪。如果组织和利用邪教组织,组织、策划、实施、煽动分裂国家、破坏国家统一或者颠覆国家政权、推翻社会主义制度的,分别依照1997年《刑法》第103条、第105条、第113条的规定定罪处罚。

②扩大了惩治范围,增加了新罪名。1997年《刑法》第300条中规定邪教组织犯罪行为

触犯了刑法规定的 10 种具体犯罪。1997 年最高人民法院、最高人民检察院《关于执行〈中华人民共和国刑法〉确定罪名的规定》中规定为 2 种独立的罪名和 8 种具体的犯罪行为,即组织、利用会道门、邪教组织、利用迷信破坏法律实施罪和组织、利用会道门、邪教组织、利用迷信致人死亡罪 2 种独立的罪名;8 种具体犯罪行为,即组织和利用邪教组织制造、散布迷信邪说,指使、胁迫其成员或者其他人实施自杀、自伤行为的,分别依照 1997 年《刑法》第 232 条、第 234 条的规定,以故意杀人罪或者故意伤害罪定罪处罚;组织和利用邪教组织,以迷信邪说引诱、胁迫、欺骗或者其他手段,奸淫妇女、幼女的,依照《刑法》第 236 条的规定,以强奸罪定罪处罚;组织和利用邪教组织以各种欺骗手段,收取他人财物的,依照《刑法》第 266 条的规定,以诈骗罪定罪处罚;组织和利用邪教组织,组织、策划、实施、煽动分裂国家、破坏国家统一或者颠覆国家政权、推翻社会主义制度的,分别依照《刑法》第 103 条、第 105 条、第 113 条的规定,以分裂国家罪、煽动分裂国家罪、颠覆国家政权罪、煽动颠覆国家政权罪等定罪处罚。

③全国人大常委会的决定没有补充新罪名和法定刑。1999 年全国人大常委会《关于取缔邪教组织、防范和惩治邪教活动的决定》中,只规定坚决依法取缔邪教组织,严厉惩治邪教组织的各种犯罪活动,没有对 1997 年《刑法》第 300 条的规定进行修改和补充。最高人民法院、最高人民检察院 1999 年 10 月 20 日发布的《关于办理组织和利用邪教组织犯罪案件具体应用法律若干问题的解释》(以下简称《邪教组织问题解释》,已失效)中对具体定罪处罚作了详细规定。

(5)2015 年 8 月 29 日《刑法修正案(九)》第 33 条规定,将《刑法》第 300 条修改为:"组织、利用会道门、邪教组织或者利用迷信破坏国家法律、行政法规实施的,处三年以上七年以下有期徒刑,并处罚金;情节特别严重的,处七年以上有期徒刑或者无期徒刑,并处罚金或者没收财产;情节较轻的,处三年以下有期徒刑、拘役、管制或者剥夺政治权利,并处或者单处罚金。犯此罪又有奸淫妇女、诈骗财物等犯罪行为的,依照数罪并罚的规定处罚。"

《刑法修正案(九)》将 1997 年《刑法》第 300 条规定的法定刑最高刑由"情节特别严重的,处七年以上有期徒刑",提高为"情节特别严重的,处七年以上有期徒刑或者无期徒刑,并处罚金或者没收财产",并增加了一个最低档次法定刑"情节较轻的,处三年以下有期徒刑、拘役、管制或者剥夺政治权利,并处或者单处罚金",以便能更准确地对犯组织、利用会道门、邪教组织、利用迷信破坏法律实施罪适用恰当的刑罚处罚。

2.刑法规定修改的原因

1997 年《刑法》对惩治组织、利用会道门、邪教组织、利用迷信破坏法律实施罪的修改和全国人大常委会《关于取缔邪教组织、防范和惩治邪教活动的决定》坚决取缔邪教组织,惩治其犯罪的主要原因有以下几个方面。

(1)贯彻依法治国方针的需要。我国实行依法治国的方针,社会主义法律体系已基本形成,各行各业都要依法办事。各种会道门、邪教组织企图以其歪理邪说、各种封建迷信控制人们的思想,规范人们的行为,进行各种反科学的犯罪活动,破坏国家法律、行政法规的实施。如果不取缔各种会道门、邪教组织,则不利于科学的发展,法制的实施,依法治国的顺利实现。因此,在 1997 年修订《刑法》时,将组织和利用会道门、邪教组织或者利用迷信破坏国家法律、行政法规实施的行为规定为犯罪,给予刑罚处罚。

(2)惩治"法轮功"等邪教组织的需要。前几年,"法轮功"等邪教组织犯罪活动猖獗,残害人民群众,冲击国家机关,扰乱社会秩序的行为,具有严重的社会危害性,必须坚决取缔,严厉惩治。从1999年下半年以来,在党中央的统一领导下,全国开展的同"法轮功"邪教组织的斗争,取得了决定性的胜利。多年来斗争的事实证明:防范和惩治各种邪教活动是一项长期的、复杂的重要任务。邪教组织严重破坏社会秩序和社会稳定,危害人民群众生命财产安全和经济发展。为了维护社会稳定,保护广大人民群众的根本利益,保障改革开放和社会主义现代化建设,全面建设小康社会,全国人大常委会需要制定一个关于取缔邪教组织、防范和惩治邪教犯罪活动的决定,集中全国各行各业和司法机关的力量继续同"法轮功"等邪教组织进行斗争。

(3)明确惩治邪教组织犯罪活动刑事政策的需要。多年来,"法轮功"等邪教组织冒用宗教、气功等名义欺骗了很多群众,在处理时,必须明确国家的各项政策,包括刑事政策。因此,全国人大常委会在《关于取缔邪教组织、防范和惩治邪教活动的决定》中,明确规定:坚持教育与惩罚相结合,团结、教育绝大多数被蒙骗的群众,也依法严厉惩治极少数犯罪分子。在依法处理邪教组织的工作中,要把不明真相参与邪教活动的人同组织和利用邪教组织进行非法活动、蓄意破坏社会稳定的犯罪分子区别开来。对受蒙骗的群众不予追究。对构成犯罪的组织者、策划者、指挥者和骨干分子,坚决依法追究刑事责任;对于自首或者有立功表现的,可以依法从轻、减轻或者免除处罚。全国人大常委会的该项决定为司法机关处理邪教组织犯罪案件提供政策界限。

多年来,我国司法机关依照《刑法》和有关规定惩治了一批组织、利用邪教组织、会道门、封建迷信破坏国家法律实施的犯罪案件,有力地打击了形形色色的邪教组织和封建迷信活动,使社会秩序有了明显的好转。但有些顽固分子还在活动,需要严厉惩罚,而1997年《刑法》规定最高处15年有期徒刑,不能有效地惩治这些顽固分子,需要加大惩治力度。但对于新出现的一些被蒙骗参加邪教组织的人员,对犯罪情节较轻的,应依宽严相济的刑事政策,处以较轻的刑事处罚。特别是当前有关邪教、会道门、迷信犯罪都有一定的经济支持,应对其处以财产刑,以便从经济上剥夺其可能再犯罪的经济基础。所以《刑法修正案(九)》根据司法经验和当前的实际情况,从严格贯彻宽严相济的刑事政策要求,加重了对那些犯罪情节特别严重行为的法定刑,减轻了对情节较轻犯罪行为的法定刑,同时还增加规定不论犯罪情节轻重,都可处以财产刑。

3.组织、利用会道门、邪教组织、利用迷信破坏法律实施罪的适用

组织、利用会道门、邪教组织、利用迷信破坏法律实施罪,是《刑法修正案(九)》修改补充的犯罪,要准确适用就必须弄清该罪的概念、构成特征、法定刑,以及适用时应注意的问题。

(1)组织、利用会道门、邪教组织、利用迷信破坏法律实施罪的概念。该罪是指组织、利用会道门、邪教组织、利用迷信破坏法律实施的行为。

所谓会道门,是封建迷信组织的总称,其名称很多,如大刀会、一贯道、九宫道、先天道、圣贤会、哥老会、青帮、红帮等。会道门是被政府取缔的一些反动组织。组织会道门或者利用会道门破坏国家法律实施的行为都是违法犯罪行为。所谓邪教组织,根据1999年10月20日最高人民法院、最高人民检察院发布的《邪教组织问题解释》,是指冒用宗教、气功或者其他名义建立的,神化首要分子,利用制造、散布迷信邪说等手段蛊惑、蒙骗他人,发展、控制成员,危害社会的非法组织,如东政教、东突等教会。组织、利用邪教组织破坏国家法律的实施,蒙骗他

人致人死亡、伤害、奸淫妇女、诈骗财物的行为都是犯罪,应当追究其刑事责任。所谓迷信,是在生产力低下,科学技术和文化思想落后的情况下,人们由于缺乏对自然现象本质的认识,对某些现象的崇拜和相信,在其信仰、崇拜和活动形式上受封建思想的影响带有浓厚的封建色彩,所以,称其为封建迷信。作为科学的对立物而存在的迷信都是信奉鬼神的宿命论。进行个人崇拜、神化首要分子也是一种迷信。利用迷信破坏国家法律的实施和利用迷信蒙骗他人,致人死亡、伤害、诈骗财物的行为都是犯罪行为,应依法追究其刑事责任。

(2)组织、利用会道门、邪教组织、利用迷信破坏法律实施罪的构成特征。根据《刑法》第300条和最高人民法院、最高人民检察院发布的相关规定,该罪的构成特征有以下几个方面。

①犯罪主体。该罪的犯罪主体是一般主体,凡是年满16周岁以上的具有刑事责任能力且实施了该犯罪行为的自然人都可以构成。一般是由反动会道门、邪教组织的组织、领导者和积极参加的骨干分子。犯罪主体在主观上都是故意的,并且有破坏国家法律、法规实施的目的。

②犯罪行为。必须是故意实施了组织、利用会道门、邪教组织、利用迷信破坏国家法律、法规实施的行为。根据最高人民法院、最高人民检察院的相关规定,该罪的犯罪行为具体有以下行为。

A.聚众围攻、冲击国家机关、企业事业单位,扰乱国家机关、企业事业单位的工作、生产、经营、教学和科研秩序的。

B.非法举行集会、游行、示威,煽动、欺骗、组织其成员或者其他人聚众围攻、冲击、强占、哄闹公共场所及宗教活动场所,扰乱社会秩序的。

C.抗拒有关部门取缔或者已经被有关部门取缔,又恢复或者另行建立邪教组织,或者继续进行邪教活动的。

D.煽动、欺骗、组织其成员或者其他人不履行法定义务,情节严重的。

E.出版、印刷、复制、发行宣扬邪教内容出版物,以及印制邪教组织标识的。

F.其他破坏国家法律、行政法规实施行为的。

只要实施上述所列行为之一的都可以构成本罪的犯罪行为。

③犯罪结果。本罪是行为犯,只要实施了上述所列行为就破坏了国家法律、行政法规的实施,就具有本罪的犯罪结果,就可以构成犯罪。

(3)组织、利用会道门、邪教组织、利用迷信破坏法律实施罪的法定刑。根据2015年8月29日《刑法修正案(九)》第33条和《刑法》第300条的规定,本罪的法定刑有以下几种。

①构成本罪,情节较轻的,处3年以下有期徒刑、拘役、管制或者剥夺政治权利,并处或者单处罚金。

②犯本罪的,处3年以上7年以下有期徒刑,并处罚金。

③犯本罪且情节特别严重的,处7年以上有期徒刑或者无期徒刑,并处罚金或者没收财产。根据最高人民法院、最高人民检察院《邪教组织问题解释》,具有下列情形之一的,属于"情节特别严重的",处加重法定刑,a.跨省、自治区、直辖市建立组织机构或者发展成员的;b.勾结境外机构、组织、人员进行邪教活动的;c.出版、印刷、复制、发行宣扬邪教内容出版物以及印制邪教组织标识,数量或者数额巨大的;d.煽动、欺骗、组织其成员或者其他人破坏国家法律、行政法规实施,造成严重后果的。

④犯《刑法修正案（九）》第33条第1款罪又有奸淫妇女、诈骗财物等犯罪行为的，依照数罪并罚的规定处罚。

(4)认定组织、利用会道门、邪教组织、利用迷信破坏法律实施罪时，应注意以下问题。

①注意划清本罪与其他罪的界限。本罪的犯罪目的是破坏国家法律、行政法规的实施。如果组织、利用会道门、邪教组织、利用迷信进行其他犯罪活动的，应分别认定为其他犯罪，与本罪数并罚，如组织、利用会道门、邪教组织、利用迷信进行杀人、伤害、诈骗财物犯罪活动的，应以杀人罪、伤害罪、诈骗罪定罪处罚；组织和利用邪教组织，组织、策划、实施、煽动分裂国家、破坏国家统一或者颠覆国家政权、推翻社会主义制度的，分别依照《刑法》第103条、第105条、第113条的规定以分裂国家罪、煽动分裂国家罪、颠覆国家政权罪、煽动颠覆国家政权罪等罪名定罪处罚。根据2015年《刑法修正案（九）》第33条对《刑法》第300条第3款的规定，"犯第一款罪又有奸淫妇女、诈骗财物等犯罪行为的，依照数罪并罚的规定处罚"。

②根据最高人民法院、最高人民检察院的司法解释，对于邪教组织和组织、利用邪教组织破坏法律实施的犯罪分子，以各种手段非法聚敛的财物，用于犯罪的工具、宣传品等，应当通过依法追缴、没收等刑事措施和判处罚金或者没收财产的刑罚进行处罚，将其上缴国库，使犯罪分子失去可能继续犯罪的物质基础。

③注意严格依法惩治犯罪分子。组织、利用反动会道门、邪教组织进行犯罪，特别是在惩处"法轮功"邪教组织犯罪时，由于其对社会造成了严重危害，民愤极大，必须严厉打击。但在严厉惩治时，还应严格依照相关规定定罪处罚。最高人民法院、最高人民检察院司法解释规定，对组织和利用邪教组织进行犯罪活动的组织、策划、指挥者和屡教不改的积极参加者，依照《刑法》和司法解释的规定追究刑事责任；对有自首、立功表现的，可以依法从轻、减轻或者免除处罚。

④注意区分罪与非罪的界限。全国人大常委会《关于取缔邪教组织、防范和惩治邪教活动的决定》中明确指出：坚持教育与惩罚相结合，团结、教育绝大多数被蒙骗的群众，依法严厉惩治极少数犯罪分子。在依法处理邪教组织的工作中，要把不明真相参与邪教活动的人同组织和利用邪教组织进行非法活动、蓄意破坏社会稳定的犯罪分子区别开来。对受蒙骗的群众不予追究。对构成犯罪的组织者、策划者、指挥者和骨干分子，坚决依法追究刑事责任；对于自首或者有立功表现的，可以依法从轻、减轻或者免除处罚。最高人民法院、最高人民检察院的司法解释也规定，对于受蒙蔽、胁迫参加邪教组织并已退出和不再参加邪教组织活动的人员，不作为犯罪处理。

⑤注意在办案过程，利用案例进行预防犯罪的宣传和教育。全国人大常委会的《关于取缔邪教组织、防范和惩治邪教活动的决定》指出：邪教组织冒用宗教、气功或者其他名义，采用各种手段扰乱社会秩序，危害人民群众生命财产安全和经济发展，必须依法取缔，坚决惩治。人民法院、人民检察院和公安、国家安全、司法行政机关要各司其职，共同做好这项工作。对组织和利用邪教组织破坏国家法律、行政法规实施，聚众闹事，扰乱社会秩序，以迷信邪说蒙骗他人，致人死亡，或者奸淫妇女、诈骗财物等犯罪活动，依法予以严惩。要在全体公民中深入持久地开展宪法和法律的宣传教育，普及科学文化知识。依法取缔邪教组织，惩治邪教活动，有利于保护正常的宗教活动和公民的宗教信仰自由。要使广大人民群众充分认识到邪教组织严重危害人类、危害社会的实质，自觉反对和抵制邪教组织的影响，进一步增强法制观

念,遵守国家法律。

(二十八)组织、利用会道门、邪教组织、利用迷信致人重伤、死亡罪

组织、利用会道门、邪教组织、利用迷信致人重伤、死亡罪是1997年《刑法》规定的犯罪,1997年最高人民法院在《关于执行〈中华人民共和国刑法〉确定罪名的规定》中规定为"组织、利用会道门、邪教组织、利用迷信致人死亡罪"的罪名。2015年《刑法修正案(九)》对1997年《刑法》第300条作了修改,增加了"致人重伤"的罪状。2015年10月30日最高人民法院、最高人民检察院在《关于执行〈中华人民共和国刑法〉确定罪名的补充规定(六)》中将罪名改为:"组织、利用会道门、邪教组织、利用迷信致人重伤、死亡罪"的最名。1999年全国人大常委会《关于取缔邪教组织、防范和惩治邪教活动的决定》第1条对适用本罪作了原则规定。最高人民法院、最高人民检察院对其具体应用发布了《邪教组织问题解释》。2015年8月29日《刑法修正案(九)》第33条对《刑法》第300条第2款作了修改,增加了"致人重伤"的犯罪结果,提高了法定刑最高刑,即"处无期徒刑,并处罚金或者没收财产"和增加了处罚较轻的法定刑,即"情节较轻的,处三年以下有期徒刑、拘役、管制或者剥夺政治权利,并处或者单处罚金",体现了宽严相济的刑事政策。

1. 刑法规定内容的修改

《刑法》条文中有关组织、利用会道门、邪教组织、利用迷信致人重伤、死亡罪的规定如下。

(1)1979年《刑法》第99条规定,"组织、利用封建迷信、会道门进行反革命活动的,处五年以上有期徒刑;情节较轻的,处五年以下有期徒刑、拘役、管制或者剥夺政治权利"。

1979年《刑法》第165条规定,"神汉、巫婆借迷信进行造谣、诈骗财物活动的,处二年以下有期徒刑、拘役或者管制;情节严重的,处二年以上七年以下有期徒刑"。

(2)1983年全国人大常委会《关于惩治严重危害社会治安的犯罪分子的决定》第1条规定:"对下列严重危害社会治安的犯罪分子,可以在刑法规定的最高刑以上处刑,直至判处死刑:……5.组织反动会道门,利用封建迷信,进行反革命活动,严重危害社会治安秩序的"。

(3)1997年《刑法》第300条规定,"组织和利用会道门、邪教组织或者利用迷信破坏国家法律、行政法规实施的,处三年以上七年以下有期徒刑;情节特别严重的,处七年以上有期徒刑。组织和利用会道门、邪教组织或者利用迷信蒙骗他人,致人死亡的,依照前款的规定处罚。组织和利用会道门、邪教组织或者利用迷信奸淫妇女、诈骗财物的,分别依照本法第二百三十六条、第二百六十六条的规定定罪处罚"。

(4)1999年全国人大常委会《关于取缔邪教组织、防范和惩治邪教活动罪的决定》第1条规定,"坚决依法取缔邪教组织,严厉惩治邪教组织的各种犯罪活动。邪教组织冒用宗教、气功或者其他名义,采用各种手段扰乱社会秩序,危害人民群众生命财产安全和经济发展,必须依法取缔,坚决惩治。人民法院、人民检察院和公安、国家安全、司法行政机关要各司其职,共同做好这项工作。对组织和利用邪教组织破坏国家法律、行政法规实施,聚众闹事,扰乱社会秩序,以迷信邪说蒙骗他人,致人死亡,或者奸淫妇女、诈骗财物等犯罪活动,依法予以严惩"。

上述1997年《刑法》及其补充规定对组织、利用会道门、邪教组织、利用迷信致人重伤、死亡罪作了如下修改和补充。

①将组织、利用邪教组织、利用迷信犯罪由反革命犯罪改为妨害社会管理秩序的犯罪。我国1979年《刑法》和《关于惩治严重危害社会治安的犯罪分子的决定》都将有关邪教组织

和利用迷信进行犯罪的行为,特别是其利用邪教组织和迷信致人死亡的犯罪行为,一般以反革命中的具体犯罪或者杀人罪,处以严厉的刑罚。1997年修订《刑法》取消了反革命罪的类罪名,也取消了神汉、巫婆借迷信造谣、诈骗财物罪,将有关利用邪教组织和利用迷信进行的犯罪活动归纳在一个条文中,即规定在《刑法》第300条中,作为妨害社会管理秩序罪中的具体犯罪。

②将组织、利用会道门、邪教组织或者利用迷信蒙骗他人,致人死亡的犯罪单独补充规定为一款。1997年最高人民法院、最高人民检察院分别在司法解释中规定为独立的罪名,即组织、利用会道门、邪教组织、利用迷信致人死亡罪,其处罚则是援引《刑法》第300条第1款规定的组织、利用会道门、邪教组织、利用迷信破坏国家法律、行政法规实施罪的法定刑处罚。

③将组织、利用会道门、邪教组织或者利用迷信奸淫妇女、诈骗财物的行为特别规定依照强奸罪、诈骗罪定罪处罚。

④根据1999年全国人大常委会《关于取缔邪教组织、防范和惩治邪教活动罪的决定》第1条的规定,对组织和利用邪教组织破坏国家法律、行政法规实施,聚众闹事,扰乱社会秩序,以迷信邪说蒙骗他人,致人死亡,或者奸淫妇女、诈骗财物等犯罪活动,依法予以严惩。

(5)2015年《刑法修正案(九)》第33条规定,将《刑法》第300条修改为:"组织、利用会道门、邪教组织或者利用迷信破坏国家法律、行政法规实施的,处三年以上七年以下有期徒刑,并处罚金;情节特别严重的,处七年以上有期徒刑或者无期徒刑,并处罚金或者没收财产;情节较轻的,处三年以下有期徒刑、拘役、管制或者剥夺政治权利,并处或者单处罚金。组织、利用会道门、邪教组织或者利用迷信蒙骗他人,致人重伤、死亡的,依照前款的规定处罚。犯第一款罪又有奸淫妇女、诈骗财物等犯罪行为的,依照数罪并罚的规定处罚。"

上述2015年《刑法修正案(九)》对《刑法》第300条第2款规定的组织、利用会道门、邪教组织、利用迷信致人重伤、死亡罪作了两项重要补充:

①犯罪罪状中增加了致人"重伤"的犯罪行为。

②法定刑进行了补充,主要是提高了法定刑最高刑,"将情节特别严重的,处七年以上有期徒刑"改为"处七年以上有期徒刑或者无期徒刑,并处罚金或者没收财产";增加了"情节较轻的,处三年以下有期徒刑、拘役、管制或者剥夺政治权利,并处或者单处罚金"。

2. 刑法规定修改的原因

1997年《刑法》对惩治组织、利用会道门、邪教组织和利用迷信进行犯罪活动的修改和全国人大常委会《关于取缔邪教组织、防范和惩治邪教活动的决定》坚决取缔邪教组织,惩治其犯罪的主要原因有以下几个方面。

(1)1979年《刑法》中没有组织、利用会道门、邪教组织,利用迷信致人死亡的规定。1979年《刑法》和1983年全国人大常委会的补充规定中都没有明确规定组织、利用会道门、邪教组织、利用迷信致人死亡罪,司法实践中,对这种犯罪行为一般以组织、利用会道门、邪教组织或者利用迷信进行反革命活动罪或者故意杀人罪定罪处罚。修订《刑法》取消了反革命罪的罪名,因此,在《刑法》第300条第2款中专门作了组织、利用会道门、邪教组织或者利用迷信致人死亡犯罪的规定,使其与反革命罪和组织、利用会道门、邪教组织破坏法律实施罪区别开来;同时,也是对1979年《刑法》规定的神汉、巫婆借迷信进行造谣、诈骗财物罪的修改和补充,扩宽了犯罪主体和犯罪对象的范围。犯罪主体由神汉、巫婆特殊主体扩宽为一般主体;犯罪对象除诈骗财物外,又扩宽到致人死亡、奸淫妇女等人身安全的范围。

(2)"法轮功"邪教组织致人死亡数量多,后果严重。一个时期以来,"法轮功"等邪教组织以制造、散布迷信邪说,以"上层次""圆满""寻主""升天"为由,蒙骗其成员,在全国范围内致死一大批人,有的"法轮功"练习者自尽、自残,有的杀害家庭成员,更有甚者到北京天安门广场集体自焚,严重危害人民群众的生命、财产安全。为了保护人民群众的生命、人身、财产安全,对"法轮功"等邪教组织必须坚决立即依法取缔,对其犯罪活动必须坚决严厉惩处。

(3)"法轮功"等邪教组织,在一个时期内非法大量出版、发行宣扬邪教内容的出版物和邪教组织的标识,毒化人们的思想、骗取人们的钱财,如果不立即严厉惩治,则后患无穷。

鉴于上述原因,修订《刑法》和有关补充规定对1979年《刑法》和修订《刑法》的内容作了必要的修改,以适应当前和今后惩治有关犯罪,维护社会秩序,保护人民的利益,保障改革开放和全面建设小康社会顺利进行。

多年来,我国司法机关依照《刑法》和有关规定及司法解释惩治了一批组织、利用会道门、邪教组织、利用迷信致人死亡犯罪案件,有力地打了形形色色的邪教组织和封建迷信活动,使社会秩序有了明显的好转。但有些顽固分子还在活动,需要严厉惩罚,而1997年《刑法》规定最高处15年有期徒刑,不能有效地惩治这些顽固分子,需要加大惩治力度。除致人死亡外,大多数是导致人重伤的结果,所以《刑法修正案(九)》专门对《刑法》第300条第2款中增加了致人重伤的结果也须按本罪规定处罚。另外,新出现的一些被蒙骗参加邪教组织的,对犯罪情节较轻的,应依宽严相济的刑事政策,处以较轻的刑事处罚。特别是当前有关邪教、会道门、迷信犯罪都有一定的经济支持,应对其处以财产刑,以便从经济上剥夺其可能再犯罪的经济基础。所以《刑法修正案(九)》根据司法经验和当前的实际情况,从严格贯彻宽严相济的刑事政策的要求,加重了犯罪情节特别严重行为的法定刑,减轻了对情节较轻犯罪行为的法定刑,同时还增加规定不论犯罪情节轻重,都可处以财产刑。

3. 组织、利用会道门、邪教组织、利用迷信致人重伤、死亡罪的适用

组织、利用会道门、邪教组织、利用迷信致人重伤、死亡罪,是《刑法修正案(九)》对《刑法》第300条第2款新修改的犯罪,要准确适用就必须弄清其概念、构成特征,以及适用时应注意的问题。

(1)组织、利用会道门、邪教组织、利用迷信致人重伤、死亡罪的概念。该罪是指组织、利用会道门、邪教组织制造、散布迷信邪说,蒙骗其成员或者其他人实施绝食、自残、自虐等行为,或者阻止病人进行正常治疗,致人重伤、死亡的行为。

所谓会道门,是封建迷信组织的总称,其名称很多,如大刀会、一贯道、九宫道、先天道、圣贤会、哥老会、青帮、红帮等。会道门是被政府取缔的一些反动组织。组织会道门或者利用会道门制造、散布迷信邪说,蒙骗其成员或者其他人实施绝食、自残、自虐等行为,或者阻止病人进行正常治疗,致人重伤、死亡的行为都是违法犯罪行为,必须依法严厉惩治,追究其刑事责任。

所谓邪教组织,根据最高人民法院、最高人民检察院1999年10月20日发布的《邪教组织问题解释》第1条,"是指冒用宗教、气功或者其他名义建立,神化首要分子,利用制造、散布迷信邪说等手段蛊惑、蒙骗他人,发展、控制成员,危害社会的非法组织"。组织、利用邪教组织蒙骗他人致人重伤、死亡、奸淫妇女、诈骗财物的行为都是犯罪行为,应当追究其刑事责任,

并且应当严厉惩处。

所谓迷信,是在生产力低下,科学技术和文化思想落后的情况下,人们由于缺乏对自然现象本质的认识,对某些现象的崇拜和相信,在其信仰、崇拜和活动形式上受封建思想的影响带有浓厚的封建色彩,所以,称其为封建迷信。作为科学的对立物而存在的迷信都是信奉鬼神的宿命论,进行个人崇拜、神化首要分子。利用迷信蒙骗他人致人重伤、死亡、奸淫妇女、诈骗财物的行为都是犯罪行为,应依法追究其刑事责任,并且应严惩。

(2)组织、利用会道门、邪教组织、利用迷信致人重伤、死亡罪的构成特征。根据《刑法》第300条第2款和最高人民法院、最高人民检察院司法解释的规定,该罪的构成特征有以下几个方面。

①犯罪主体。该罪的犯罪主体是一般主体,凡是年满16周岁以上的具有刑事责任能力且实施了本罪犯罪行为的自然人都可以构成。一般是会道门、邪教组织的组织、领导者和积极参加的骨干分子。犯罪主体在主观上都是故意的,并且有致人重伤、死亡的目的。

②犯罪行为。必须是故意实施了组织、利用会道门、邪教组织、利用迷信致人重伤、死亡的行为。根据最高人民法院、最高人民检察院的相关规定,该罪的犯罪行为是组织、利用会道门、邪教组织制造、散布迷信邪说,蒙骗其成员或者其他人实施绝食、自残、自虐等行为,或者阻止病人进行正常治疗,致人重伤、死亡的行为。只要实施上述行为的都可以构成犯罪。

③犯罪结果。本罪是结果犯,蒙骗其成员或者其他人实施绝食、自残、自虐等致人重伤、死亡的结果,或者阻止病人进行正常治疗致人重伤、死亡的结果。只有造成致人重伤、死亡的结果,才能构成犯罪既遂。如果实施上述行为没有造成致人重伤、死亡结果,可以构成犯罪未遂。

(3)组织、利用会道门、邪教组织、利用迷信致人重伤、死亡罪的法定刑。根据《刑法》第300条第2款规定,本罪的法定刑有以下几种。

①构成本罪,情节较轻的,处3年以下有期徒刑、拘役、管制或者剥夺政治权利,并处或者单处罚金。

②犯本罪的,处3年以上7年以下有期徒刑,并处罚金。

③犯本罪,情节特别严重的,处7年以上有期徒刑或者无期徒刑,并处罚金或者没收财产。

根据最高人民法院、最高人民检察院《邪教组织问题解释》,具有下列情形之一的,属于"情节特别严重的",处加重法定刑:A.造成3人以上死亡的;B.造成死亡人数不满3人,但造成多人重伤的;C.曾因邪教活动受过刑事或者行政处罚,又组织和利用邪教组织蒙骗他人,致人重伤、死亡的;D.造成其他特别严重后果的。

(4)适用组织、利用会道门、邪教组织、利用迷信致人重伤、死亡罪时应注意以下问题。

①注意划清本罪与故意杀人罪、伤害罪的界限。本罪是组织、利用会道门、邪教组织制造、散布迷信邪说,蒙骗其成员或者其他人实施绝食、自残、自虐等行为,或者阻止病人进行正常治疗,致人重伤、死亡的行为。如果行为人组织、利用会道门、邪教组织制造、散布迷信邪说,指使、胁迫其他成员或者其他人实行自杀、自伤行为的,根据1999年10月20日最高人民法院、最高人民检察院发布的《邪教组织问题解释》第4条,分别依照《刑法》第232条、第234条的规定,以故意杀人罪或者故意伤害罪定罪处罚。这是因为,这种"指使""胁迫"已不是自

杀、自伤者自愿的行为,而是被逼迫自杀、自伤。对"指使""胁迫"者,应以故意杀人罪或者故意伤害罪追究刑事责任。

②注意划清本罪与诈骗罪的界限。根据最高人民法院、最高人民检察院1999年10月20日发布的《邪教组织问题解释》第6条,组织和利用邪教组织以各种欺骗手段,收取他人财物的,依照《刑法》第266条的规定,以诈骗罪定罪处罚。这种诈骗包括直接向受害者骗钱物,也包括以欺骗的手段,诱使受害者购买非法出版物、邪教组织标识物等诈骗巨额财物的行为。根据《刑法修正案(九)》对《刑法》第300条第3款的修改:"犯第一款罪又有奸淫妇女、诈骗财物等犯罪行为的,依照数罪并罚的规定处罚。"

③注意划清罪与非罪的界限。对组织、利用会道门、邪教组织进行的犯罪活动,国家当前的刑事政策是坚决取缔,依法予以严惩的。但也要有所区别,应根据情况作不同的处理。根据1999年10月20日最高人民法院、最高人民检察院发布的《邪教组织问题解释》第9条,对组织和利用邪教组织进行犯罪活动的组织、策划、指挥者和屡教不改的积极参加者,依照《刑法》和本解释的规定追究刑事责任;对有自首、立功表现的,可以依法从轻、减轻或者免除处罚。对于受蒙蔽、胁迫参加邪教组织并已退出和不再参加邪教组织活动的人员,不作为犯罪处理。

④注意没收赃款赃物。根据1999年10月20日最高人民法院、最高人民检察院发布的《邪教组织问题解释》第8条,对于邪教组织和组织、利用邪教组织破坏法律实施的犯罪分子,以各种手段非法聚敛的财物,用于犯罪的工具、宣传品等,应当依法追缴、没收,上缴国库和依法判处罚金或者没收财产,使犯罪分子失去可能继续犯罪的物质基础。

(二十九)盗窃、侮辱、故意毁坏尸体、尸骨、骨灰罪

盗窃、侮辱、故意毁坏尸体、尸骨、骨灰罪是《刑法修正案(九)》第34条对《刑法》第302条补充之后的犯罪。最高人民法院1997年12月16日《关于执行〈中华人民共和国刑法〉确定罪名的规定》中规定为"盗窃、侮辱尸体罪"。2015年10月30日,最高人民法院、最高人民检察院《关于执行〈中华人民共和国刑法〉确定罪名的补充规定(六)》中将其修改为"盗窃、侮辱、故意毁坏尸体、尸骨、骨灰罪"。

1. 刑法规定内容的修改

《刑法》条文中有关盗窃、侮辱、故意毁坏尸体、尸骨、骨灰罪的规定有:

(1)1997年《刑法》第302条规定,"盗窃、侮辱尸体的,处三年以下有期徒刑、拘役或者管制"。

(2)2015年8月29日《刑法修正案(九)》第34条规定,将《刑法》第302条修改为:"盗窃、侮辱、故意毁坏尸体、尸骨、骨灰的,处三年以下有期徒刑、拘役或者管制。"

上述《刑法修正案(九)》在《刑法》第302条中增加"故意毁坏尸体、尸骨、骨灰的"犯罪行为,扩大了惩治范围。

2. 刑法规定修改的原因

盗窃、侮辱、故意毁坏尸体、尸骨、骨灰罪是一种非常古老的犯罪行为,中国历代法律中对挖掘他人祖坟的犯罪行为都给予了严厉的刑事处罚。我国1979年《刑法》中没有规定毁坏尸体罪,主要是因为在立法时,这种行为的社会危害性还不是很严重。1997年修订《刑法》时针对当时社会上一些出于谋利或者报复动机的盗窃、侮辱他人尸体的行为和严重扰乱社会秩序

的情况,在《刑法》第302条中规定了盗窃、侮辱尸体罪,以惩罚该类犯罪分子。近年来,社会上出现多起盗窃他人尸体、尸骨、骨灰等案件,严重扰乱了社会秩序,造成极坏的社会影响。因此,《刑法修正案(九)》对《刑法》第302条中规定的盗窃、侮辱尸体罪的犯罪行为作了补充,将"故意毁坏尸体、尸骨、骨灰"的行为规定为犯罪,处3年以下有期徒刑、拘役或者管制。

3.盗窃、侮辱、故意毁坏尸体、尸骨、骨灰罪的适用

盗窃、侮辱、故意毁坏尸体、尸骨、骨灰罪是《刑法修正案(九)》对《刑法》第302条补充之后的犯罪,要准确适用就必须弄清该罪的概念、构成特征、法定刑,以及适用时应注意的问题。

(1)盗窃、侮辱、故意毁坏尸体、尸骨、骨灰罪的概念。该罪是指盗窃、侮辱、故意毁坏尸体、尸骨、骨灰的行为。

尸体、尸骨、骨灰是人死后的遗物,属于人格、名誉的载体,盗窃、侮辱、毁坏尸体、尸骨、骨灰按照我国传统习俗是侵犯他人人格名誉的行为,特别是对尸体的亲友的名誉是很大的侵害。中国自古以来,将盗掘他人祖坟的行为视为严重危害社会的行为。我国1997年《刑法》第302条将盗窃、侮辱尸体的行为规定为犯罪。《刑法修正案(九)》在《刑法》第302条规定的罪状中增加了"故意毁坏尸体、尸骨、骨灰"的犯罪行为,扩大了惩治范围。

(2)盗窃、侮辱、故意毁坏尸体、尸骨、骨灰罪的构成特征。根据《刑法》第302条的规定,该罪的构成特征有以下几点。

①犯罪主体,是一般主体,达到法定年龄具有刑事责任能力的且实施了盗窃、侮辱或者毁坏尸体、尸骨、骨灰犯罪行为的自然人。本罪法定年龄是年满16周岁以上的人。犯罪主体在主观上是故意的,多数是以谋利为目的,也有的是为了进行报复,以实现侮辱他人人格名誉的目的。

②犯罪行为,必须是盗窃、侮辱、故意毁坏尸体、尸骨、骨灰的行为。具体表现为以下几方面。

A.盗窃他人尸体的行为。将他人控制的尸体秘密窃为自己控制,使原尸体控制人不知道尸体在什么地方。例如,盗窃尸体器官,盗窃尸体结阴亲等行为。

B.侮辱他人尸体的行为。将他人尸体吊在树上殴打,从坟墓中将他人尸体拖出,抛在公共场所进行丑化,对尸体实施猥亵、奸淫的行为。

C.毁坏他人尸体、尸骨、骨灰的行为。对他人尸体刀砍、枪击、乱箭穿心,将尸体千刀万剐,将骨灰扔入粪坑中等行为。

故意实施上述盗窃、侮辱、故意毁坏尸体、尸骨、骨灰的行为之一,就可以构成本罪的犯罪行为。

③犯罪结果,是行为犯,只要实施了盗窃、侮辱、故意毁坏尸体、尸骨、骨灰的行为就可以构成犯罪。

(3)盗窃、侮辱、故意毁坏尸体、尸骨、骨灰罪的法定刑。根据《刑法》第302条的规定,该罪的法定刑是:构成本罪的,处3年以下有期徒刑、拘役或者管制。

(4)认定盗窃、侮辱、故意毁坏尸体、尸骨、骨灰罪时,应注意以下问题。

①区分罪与非罪的界限。

从犯罪主体上区分。本罪主体是年满16周岁以上的自然人,不满16周岁的人不能构成本罪。本罪是故意犯罪,过失行为不构成本罪。犯罪动机和目的不同不影响本罪的构成。

从犯罪行为上区分。只要实施了盗窃、侮辱、故意毁坏尸体、尸骨、骨灰的行为就可以构成本罪,但情节显著轻微危害不大的盗窃、侮辱、毁坏尸体的行为,依照1997年《刑法》第13条的规定,不认为是犯罪。例如,某医院医生,在某患病者生前只是口头表示捐献其眼角膜给他人,但在没有与其家属签订合同的情况下,在该患者去世后,立即将眼角膜移植予他人,死者家属得知后要求追究该医生的刑事责任。该医生虽然有盗窃他人尸体角膜的行为之嫌疑,但情节显著轻微,对社会有利大于有危害,依法可以不认为是犯罪,但要给予行政处分,给死者家属一定的经济补偿和适当的赔礼道歉。

②注意本罪与其他相关罪的认定。本罪盗窃、侮辱、毁坏的对象是他人的尸体、尸骨、骨灰,与一般财物和有生命的人有所不同,因此,盗窃、侮辱、毁坏尸体的行为《刑法》第302条作了专门的规定,不能再将其认定为盗窃罪、侮辱罪、故意毁坏财物罪。但是如果行为人是以盗窃尸体附载的财物或者坟墓中的财物为目的,盗窃尸体附载的财物数额较大的,应按处理牵连犯的原则,重罪吸收轻罪,定为盗窃罪。如果非法盗掘古墓葬的,应按重罪吸收轻罪,定为盗掘古文化遗址、古墓葬罪。

(三十)扰乱法庭秩序罪

扰乱法庭秩序罪是最高人民法院1997年12月16日《关于执行〈中华人民共和国刑法〉确定罪名的规定》中规定的罪名。

1. 刑法规定内容的修改

《刑法》条文中有关扰乱法庭秩序罪的规定有以下几点。

(1)1997年《刑法》第309条规定,"聚众哄闹、冲击法庭,或者殴打司法工作人员,严重扰乱法庭秩序的,处三年以下有期徒刑、拘役、管制或者罚金"。

(2)2015年8月29日《刑法修正案(九)》第37条规定,将《刑法》第309条修改为:"有下列扰乱法庭秩序情形之一的,处三年以下有期徒刑、拘役、管制或者罚金:(一)聚众哄闹、冲击法庭的;(二)殴打司法工作人员或者诉讼参与人的;(三)侮辱、诽谤、威胁司法工作人员或者诉讼参与人,不听法庭制止,严重扰乱法庭秩序的;(四)有毁坏法庭设施,抢夺、损毁诉讼文书、证据等扰乱法庭秩序行为,情节严重的。"

上述《刑法修正案(九)》在《刑法》第309条中增加了两方面的犯罪行为。一是侮辱、诽谤、威胁司法工作人员或者诉讼参与人,不听法庭制止,严重扰乱法庭秩序的行为;二是毁坏法庭设施,抢夺、损毁诉讼文书、证据等扰乱法庭秩序,情节严重的行为。

2. 刑法规定修改的原因

我国1979年《刑法》中没有规定扰乱法庭秩序罪,个别扰乱法庭秩序情节严重的,一般以妨害公务罪追究刑事责任。1997年修订《刑法》时,根据当时社会上出现的一些聚众哄闹、冲击法庭,或者殴打司法工作人员,严重扰乱法庭秩序的情况,在《刑法》第309条中规定了扰乱法庭秩序罪。司法机关依照该规定惩治了一批扰乱法庭秩序的犯罪行为。但近几年来,随着法治建设的不断发展,人们对法院审判更加重视,那些对法院的审判不满的人,可能会侮辱、诽谤、威胁司法工作人员或者诉讼参与人,且不听法庭制止,甚至通过毁坏法庭设施,抢夺、损毁诉讼文书、证据等激烈的方法扰乱法庭秩序,想借此给法院的审判施加压力。因此,《刑法修正案(九)》在《刑法》第309条规定的扰乱法庭秩序罪的犯罪行为中,增加了侮辱、诽谤、威胁司法工作人员或者诉讼参与人,毁坏法庭设施,抢夺、损毁诉讼文书、证据等犯罪行为,扩大了扰乱法庭秩序罪的惩治范围。

3.扰乱法庭秩序罪的适用

要准确适用扰乱法庭秩序罪就必须弄清该罪的概念、构成特征、法定刑,以及适用时应注意的问题。

(1)扰乱法庭秩序罪的概念。该罪是指故意扰乱法庭秩序的行为。

法庭是行使国家审判权力的场所,法庭和法定的组成人员是代表国家行使审判权力的主体,负责对刑事、民事、行政诉讼案件的依法审理。法官在开庭审理案件时,必须严格依法审理,严肃庄重,维持良好的庭审秩序,才能查明事实,确保公平正义。如果扰乱或者破坏法庭秩序,侮辱、诽谤、威胁、殴打司法工作人员和诉讼参与人,毁坏法庭设施,抢夺、损毁诉讼文书和证据,严重扰乱法庭秩序,可能会影响法庭查明事实和依法进行公平公正审判,这是对社会有危害的行为。所以我国《刑法》第309条将扰乱法庭秩序的行为规定为犯罪,最高处3年有期徒刑。

(2)扰乱法庭秩序罪的构成特征。根据《刑法》第309条的规定,该罪的构成特征如下。

①犯罪主体,是一般主体,达到法定年龄具有刑事责任能力且实施了扰乱法庭秩序犯罪行为的自然人。本罪主体是年满16周岁以上的人,多数是诉讼当事人及其亲友、辩护人、诉讼代理人或者其他与案件有利害关系的人。犯罪主体在主观上是故意的,多数是为发泄对审判人员或者对方当事人的不满。

②犯罪行为,必须是实施了扰乱法庭秩序的行为。具体有以下四类行为表现。

A.聚众哄闹、冲击法庭的行为。例如,在法庭外聚众、示威、喊口号、静作、绝食、冲入法庭,在法庭审理时起哄、喧哗、吵闹、播放噪声、进行骚乱等行为。

B.殴打司法工作人员或者诉讼参与人的行为。推搡、殴打审判人员、公诉人、书记员、法警、当事人、律师、诉讼代理人等行为。

C.侮辱、谩骂、诽谤、威胁司法工作人员或者诉讼参与人,不听法庭制止,严重扰乱法庭秩序的行为。向司法人员和诉讼参与人身上泼洒脏水、赃物,抛石块、土块等,严重影响法庭秩序的行为。

D.有毁坏法庭设施,抢夺、损毁诉讼文书、证据等扰乱法庭秩序,情节严重的行为。例如,砸坏法庭的桌椅、审判台、录音录像机、门窗、安检装备、警车、国徽等设备、设施,在法庭上抢夺卷宗材料,毁坏证据和诉讼文书等行为。

③犯罪结果,有的是行为犯,聚众哄闹、冲击法庭和殴打司法工作人员或者诉讼参与人的行为,只要实施了上述行为的,就可以构成犯罪。有的是结果犯,毁坏法庭设施,抢夺、损毁诉讼文书、证据等扰乱法庭秩序的行为,必须是情节严重的才能构成犯罪。还有的行为必须具备一定的条件才能构成犯罪,侮辱、诽谤、威胁司法工作人员或者诉讼参与人的行为,必须符合不听法庭制止的条件,达到严重扰乱法庭秩序结果的,才能构成犯罪。

(3)扰乱法庭秩序罪的法定刑。根据《刑法》第309条的规定,该罪的法定刑是:构成本罪的,处3年以下有期徒刑、拘役、管制或者罚金。

(4)认定扰乱法庭秩序罪时,应注意以下问题。

①区分罪与非罪的界限。

从犯罪主体上区分。本罪主体是年满16周岁以上的自然人,不满16周岁的人和单位不能构成本罪。本罪是故意犯罪,过失行为不构成本罪。犯罪动机和目的不同不影响本罪的构成。有的人对司法人员审理案件不公,态度不好,而有过激言词,并不是故意扰乱法庭秩序,经劝阻,立即停止的行为,不能以犯罪论处。

从犯罪行为上区分。只要实施了聚众哄闹、冲击法庭和殴打司法工作人员或者诉讼参与人的行为,就可以构成本罪,但情节显著轻微危害不大的行为,依照《刑法》第13条的规定,不认为是犯罪,例如,在聚众哄闹法庭中,一些不明真相的受蒙骗的群众,一般不构成犯罪。

从犯罪结果上区分。有毁坏法庭设施,抢夺、损毁诉讼文书、证据等扰乱法庭秩序的行为,必须是达到情节严重的才能构成犯罪,没有达到情节严重的,不能构成犯罪。

②注意本罪与拒不执行判决、裁定罪的界限。当事人对法院判决不服,拒不执行,甚至将法院判决当着送达人的面撕毁,辱骂法官,这种行为与本罪侮辱司法工作人员、毁坏司法文书的行为相似,但不能认定为扰乱法庭秩序罪,而应认定为拒不执行判决、裁定罪。因为二罪的犯罪客体不同。本罪侵犯的是法庭秩序,而拒不执行判决、裁定罪的犯罪客体是法院判决、裁定的有效性和权威性。由于二罪侵犯的对象和客体不同,应将二罪区别开来。

(三十一)拒绝提供间谍犯罪、恐怖主义犯罪、极端主义犯罪证据罪

拒绝提供间谍犯罪、恐怖主义犯罪、极端主义犯罪证据罪是《刑法修正案(九)》第38条对《刑法》第311条补充之后的犯罪。最高人民法院1997年12月16日《关于执行〈中华人民共和国刑法〉确定罪名的规定》中规定为"拒绝提供间谍犯罪证据罪"的罪名,2015年10月30日最高人民法院、最高人民检察院《关于执行〈中华人民共和国刑法〉确定罪名的补充规定(六)》将其修改为"拒绝提供间谍犯罪、恐怖主义犯罪、极端主义犯罪证据罪"的罪名。

1. 刑法规定内容的修改

《刑法》条文中有关拒绝提供间谍犯罪、恐怖主义犯罪、极端主义犯罪证据罪的规定有。

(1)1997年《刑法》第311条规定,"明知他人有间谍犯罪行为,在国家安全机关向其调查有关情况、收集有关证据时,拒绝提供,情节严重的,处三年以下有期徒刑、拘役或者管制"。

(2)2015年8月29日《刑法修正案(九)》第38条规定,将《刑法》第311条修改为:"明知他人有间谍犯罪或者恐怖主义、极端主义犯罪行为,在司法机关向其调查有关情况、收集有关证据时,拒绝提供,情节严重的,处三年以下有期徒刑、拘役或者管制。"

上述《刑法修正案(九)》在《刑法》第311条中增加了两方面的犯罪行为。一是将拒绝提供"间谍犯罪"证据扩大到"恐怖主义犯罪、极端主义犯罪"。二是将取证机关由"国家安全机关"扩大到"司法机关"。扩大了惩治犯罪和取证机关的范围。

2. 刑法规定修改的原因

我国1979年《刑法》中没有规定拒绝提供间谍犯罪、恐怖主义犯罪、极端主义犯罪证据罪,个别拒绝提供间谍犯罪证据情节严重的行为,一般以包庇罪、伪证罪追究刑事责任。1993年《国家安全法》(已失效)第26条规定,"明知他人有间谍犯罪行为,在国家安全机关向其调查有关情况、收集有关证据时,拒绝提供的,由其所在单位或者上级主管部门予以行政处分,或者由国家安全机关处十五日以下拘留;情节严重的,比照刑法第一百六十二条的规定处罚"。1997年修订《刑法》时将上述规定纳入《刑法》第311条中作为独立犯罪加以规定。近年来,在国际恐怖主义犯罪和极端主义犯罪的影响下,我国恐怖主义、极端主义犯罪行为增多,司法机关在调查取证时,经常遭到拒绝,给侦破案件增加了很多困难。为了更及时、准确

惩治恐怖主义、极端主义犯罪行为,2015年8月29日《刑法修正案(九)》在《刑法》第311条中将拒绝提供"间谍犯罪"证据扩大到拒绝提供"恐怖主义犯罪、极端主义犯罪证据";将取证机关由"国家安全机关"扩大到"司法机关"。扩大惩治这类犯罪和取证机关的范围。

3.拒绝提供间谍犯罪、恐怖主义犯罪、极端主义犯罪证据罪的适用

拒绝提供间谍犯罪、恐怖主义犯罪、极端主义犯罪证据罪是《刑法修正案(九)》对《刑法》第311条补充之后的犯罪,要准确适用就必须弄清该罪的概念、构成特征、法定刑,以及适用时应注意的问题。

(1)拒绝提供间谍犯罪、恐怖主义犯罪、极端主义犯罪证据罪的概念。该罪是指明知他人有间谍犯罪或者恐怖主义、极端主义犯罪行为,在司法机关向其调查有关情况、收集有关证据时,拒绝提供,情节严重的行为。

间谍犯罪是危害国家安全的犯罪,其社会危害性严重。恐怖主义、极端主义犯罪是危害公共安全的犯罪,对不特定的多数人和重大财产安全具有极大的危害性,每个有爱国爱民心的中国公民对于这类犯罪都有义务同其斗争,保护国家安全和公民的生命财产安全。因此,凡是知道间谍犯罪、恐怖主义、极端主义犯罪的,都应当积极主动地向有关司法机关举报,特别是在有关司法机关向其调查时,应当如实提供信息,这是公民应尽的义务。如果在司法机关向其调查间谍犯罪、恐怖主义、极端主义犯罪情况,收集证据时,拒绝提供,情节严重的,是对社会有危害的行为。我国《刑法》第311条将拒绝提供间谍犯罪、恐怖主义犯罪、极端主义犯罪证据的行为规定为犯罪,最高处3年有期徒刑。

(2)拒绝提供间谍犯罪、恐怖主义犯罪、极端主义犯罪证据罪的构成特征。根据《刑法》第311条的规定,该罪的构成特征有以下几方面。

①犯罪主体,是一般主体,达到法定年龄具有刑事责任能力且实施了拒绝提供间谍、恐怖主义、极端主义犯罪证据犯罪行为的自然人。本罪主体是年满16周岁以上的人。犯罪主体在主观上是故意的,明知他人有间谍犯罪行为或者恐怖主义、极端主义犯罪行为,而故意拒绝提供情况和证据的人。

②犯罪行为,必须是实施了拒绝提供间谍犯罪、恐怖主义犯罪、极端主义犯罪证据的行为。具体有三类行为表现:

A.拒绝向国家安全机关提供间谍犯罪行为的情况和证据的行为。

B.拒绝向司法机关提供恐怖主义犯罪的情况和证据的行为。

C.拒绝向司法机关提供极端主义犯罪的情况和证据的行为。

上述行为都是在明知有犯罪行为,但当司法机关对其调查时,拒绝提供情况和证据,假说不知道或者提供不真实的情况和证据的行为。

③犯罪结果,是结果犯,必须是拒绝提供间谍犯罪、恐怖主义犯罪、极端主义犯罪证据,情节严重的,才构成犯罪。情节严重,一般是指因拒绝提供情况或者证据而延误重大案件的侦破;导致犯罪分子逃逸;致使犯罪得逞,使国家和人民的利益遭受重大损失;提供假情况或不真实证据等情节。

(3)拒绝提供间谍犯罪、恐怖主义犯罪、极端主义犯罪证据罪的法定刑。根据《刑法》第311条的规定,该罪的法定刑是:构成本罪的,处3年以下有期徒刑、拘役或者管制。

(4)认定拒绝提供间谍犯罪、恐怖主义犯罪、极端主义犯罪证据罪时,应注意以下问题。

①区分罪与非罪的界限。

从犯罪主体上区分。本罪主体是年满16周岁以上的自然人,不满16周岁的人和单位不能构成本罪。本罪是故意犯罪,即明知他人有间谍、恐怖主义、极端主义犯罪行为而故意拒绝提供情况和证据的,才能构成本罪;不明知或者明知的不是间谍、恐怖主义、极端主义犯罪,而不提供情况和证据的不构成本罪。由于过失行为提供了不符合事实情况和证据的,也不能构成本罪。

从犯罪行为上区分。本罪必须是在司法机关向其调查有关情况、收集有关证据时,拒绝提供,情节严重的行为才构成犯罪。如果司法机关没有向其调查,其没有主动举报的行为,不构成本罪。

从犯罪结果上区分。本罪必须是达到情节严重的才能构成犯罪,如果拒绝提供犯罪情况和证据没有影响案件的查处,没有达到情节严重的程度的,不能构成犯罪。

②注意划清本罪与窝藏、包庇罪的界限。本罪拒绝提供间谍、恐怖主义、极端主义犯罪证据的行为与窝藏、包庇罪在不提供真实情况的窝藏、包庇犯罪行为上有相同或者相似之处。二罪的根本区别是犯罪对象不同,如果为窝藏间谍、恐怖主义、极端主义犯罪人员,而拒绝提供情况和证据的应定为本罪。如果为窝藏、包庇其他犯罪人员而拒绝提供情况和证据的,应认定为窝藏、包庇罪,不能定为本罪。

根据2021年8月11日最高人民法院、最高人民检察院实施的《关于办理窝藏、包庇刑事案件适用法律若干问题的解释》第3条规定,明知他人有间谍犯罪或者恐怖主义、极端主义犯罪行为,在司法机关向其调查有关情况、收集有关证据时,拒绝提供,情节严重的,依照《刑法》第311条的规定,以拒绝提供间谍犯罪、恐怖主义犯罪、极端主义犯罪证据罪定罪处罚;作假证明包庇的,依照《刑法》第310条的规定,以包庇罪从重处罚。

上述司法解释第2条规定,明知是犯罪的人,为帮助其逃避刑事追究,或者帮助其获得从宽处罚,实施下列行为之一的,应当依照《刑法》第310条第1款的规定,以包庇罪定罪处罚:a.故意顶替犯罪的人欺骗司法机关的;b.故意向司法机关作虚假陈述或者提供虚假证明,以证明犯罪的人没有实施犯罪行为,或者犯罪的人所实施行为不构成犯罪的;c.故意向司法机关提供虚假证明,以证明犯罪的人具有法定从轻、减轻、免除处罚情节的;d.其他作假证明包庇的行为。

上述司法解释第4条规定,窝藏、包庇犯罪的人,实施下列行为之一的,应当认定为《刑法》第310条第1款规定的"情节严重":(1)被窝藏、包庇的人可能被判处无期徒刑以上刑罚的;(2)被窝藏、包庇的人犯危害国家安全罪、恐怖主义或者极端主义犯罪,或者系黑社会性质组织犯罪的组织者、领导者,且可能被判处10年有期徒刑以上刑罚的;(3)被窝藏、包庇的人系犯罪集团的首要分子,且可能被判处10年有期徒刑以上刑罚的;(4)被窝藏、包庇的人在被窝藏、包庇期间再次实施故意犯罪,且新罪可能被判处5年有期徒刑以上刑罚的;(5)多次窝藏、包庇犯罪的人,或者窝藏、包庇多名犯罪的人的;(6)其他情节严重的情形。

③注意划清本罪与伪证罪的界限。本罪拒绝提供间谍、恐怖主义、极端主义犯罪证据的行为与伪证罪在犯罪行为上有相同或者相似之处。二罪的根本区别是犯罪主体和犯罪行为不同,本罪是一般主体,犯罪行为为拒绝提证据;而伪证罪的主体是特殊主体,是指故意作虚假证明、鉴定、记录、翻译的行为。如果证人、鉴定人、记录人、翻译人拒绝履行在刑事诉讼中

的证人、鉴定人、记录人、翻译人的职责,其犯罪行为是拒绝提供对与案件有重要关系的间谍、恐怖主义、极端主义犯罪情况和证据,应定为本罪。

(三十二)拒不执行判决、裁定罪

拒不执行判决、裁定罪是《刑法修正案(九)》第39条对《刑法》第313条补充之后的犯罪。最高人民法院1997年12月16日《关于执行〈中华人民共和国刑法〉确定罪名的规定》中规定为该罪名。

1. 刑法规定内容的修改

刑法条文中有关拒不执行判决、裁定罪的规定有以下内容。

(1)1979年《刑法》第157条规定,"以暴力、威胁方法阻碍国家工作人员依法执行职务的,或者拒不执行人民法院已经发生法律效力的判决、裁定的,处三年以下有期徒刑、拘役、罚金或者剥夺政治权利"。

(2)1997年《刑法》第313条规定,"对人民法院的判决、裁定有能力执行而拒不执行,情节严重的,处三年以下有期徒刑、拘役或者罚金"。

(3)2015年8月29日《刑法修正案(九)》第39条规定,将《刑法》第313条修改为:"对人民法院的判决、裁定有能力执行而拒不执行,情节严重的,处三年以下有期徒刑、拘役或者罚金;情节特别严重的,处三年以上七年以下有期徒刑,并处罚金。

"单位犯前款罪的,对单位判处罚金,并对其直接负责的主管人员和其他直接责任人员,依照前款的规定处罚。"

上述《刑法修正案(九)》在《刑法》第313条中增加了两方面的处罚规定。一是补充增加了一个更高档次的法定刑,即"情节特别严重的,处三年以上七年以下有期徒刑,并处罚金";二是补充增加了单位犯罪及处罚,即"单位犯前款罪的,对单位判处罚金,并对其直接负责的主管人员和其他直接责任人员,依照前款的规定处罚"。扩大了惩治本罪的范围,加强了对本罪的处罚力度。

2. 刑法规定修改的原因

我国1979年《刑法》中没有设专条单独规定拒不执行判决、裁定罪,而是将本罪与妨害公务罪规定在《刑法》第157条中。1997年修订《刑法》时设专条将拒不执行判决、裁定犯罪行为规定在《刑法》第313条中作为独立犯罪加以规定。近年来,在市场经济的影响下,拒不执行人民法院判决、裁定的行为增多,特别是一些经济、民事案件往往涉及单位的经济利益,单位不执行人民法院判决、裁定的行为显著增多,为确保人民法院的判决、裁定得以执行,维护法院判决、裁定的权威性和有效性,2015年8月29日《刑法修正案(九)》在《刑法》第313条中增加了一个更高档次的法定刑并且规定单位可以构成犯罪,扩大了惩治本罪的范围,加大了对本罪的处罚力度。

3. 拒不执行判决、裁定罪的适用

拒不执行判决、裁定罪是《刑法修正案(九)》对《刑法》第313条补充之后的犯罪,要准确适用就必须弄清该罪的概念、构成特征、法定刑,以及适用时应注意的问题。

(1)拒不执行判决、裁定罪的概念。该罪是指对人民法院的判决、裁定有能力执行而拒不执行,情节严重的行为。

人民法院是我国的审判机关,其代表国家对刑事、民事、行政诉讼案件进行审判,其所作的生效判决、裁定具有法律效力,有关当事人必须执行,如果所作的判决、裁定有错误可以在执行中通过审判监督程序予以纠正。任何单位和个人对人民法院已生效的判决、裁定拒不执行的行为都会损害国家审判机关的威信和国家法律的权威,阻碍国家法律的贯彻执行,这是对社会有危害的行为。我国《刑法》将拒不执行人民法院判决、裁定,情节严重的行为规定为犯罪,最高处7年有期徒刑。

(2)拒不执行判决、裁定罪的构成特征。根据《刑法》第313条的规定,该罪的构成特征有以下几方面。

①犯罪主体,是一般主体,达到法定年龄具有刑事责任能力且实施了拒不执行判决、裁定犯罪行为的自然人和单位。本罪的法定年龄是年满16周岁以上的人。犯罪主体在主观上是故意的,即明知是已经生效的判决、裁定,有能力执行而故意拒不执行。

根据2015年7月20日最高人民法院发布的《关于审理拒不执行判决、裁定刑事案件适用法律若干问题的解释》(已被修改)第1条规定,被执行人、协助执行义务人、担保人等负有执行义务的人对人民法院的判决、裁定有能力执行而拒不执行,情节严重的,应当依照《刑法》第313条的规定,以拒不执行判决、裁定罪处罚。

②犯罪行为,必须是实施了拒不执行判决、裁定的行为。根据全国人大常委会2002年8月29日《关于〈中华人民共和国刑法〉第三百一十三条的解释》:人民法院的判决、裁定,是指人民法院依法作出的具有执行内容并已发生法律效力的判决、裁定。人民法院为依法执行支付令、生效的调解书、仲裁裁决、公证债权文书等所作的裁定属于该条规定的裁定。

③犯罪结果,是结果犯,必须是拒不执行判决、裁定,情节严重的,才构成犯罪。

"情节严重",根据2015年7月20日最高人民法院发布的《关于审理拒不执行判决、裁定刑事案件适用法律若干问题的解释》第2条规定,负有执行义务的人有能力执行而实施下列行为之一的,应当认定为全国人民代表大会常务委员会关于《刑法》第313条的解释中规定的其他有能力执行而拒不执行,情节严重的情形:具有拒绝报告或者虚假报告财产况、违反人民法院限制高消费及有关消费令等拒不执行行为,经采取罚款或者拘留等强制措施后仍拒不执行的;伪造、毁灭有关被执行人履行能力的重要证据,以暴力、威胁、贿买方法阻止他人作证或者指使、贿买、胁迫他人作伪证,妨碍人民法院查明被执行人财产情况,致使判决、裁定无法执行的;拒不交付法律文书指定交付的财物、票证或者拒不迁出房屋、退出土地,致使判决、裁定无法执行的;与他人串通,通过虚假诉讼、虚假仲裁、虚假和解等方式妨害执行,致使判决、裁定无法执行的;以暴力、威胁方法阻碍执行人员进入执行现场或者聚众哄闹、冲击执行现场,致使执行工作无法进行的;对执行人员进行侮辱、围攻、扣押、殴打,致使执行工作无法进行的;毁损、抢夺执行案件材料、执行公务车辆和其他执行器械、执行人员服装以及执行公务证件,致使执行工作无法进行的;拒不执行法院判决、裁定,致使债权人遭受重大损失的。

(3)拒不执行判决、裁定罪的法定刑。根据《刑法》第313条的规定,该罪的法定刑为:

①情节严重,构成本罪的,处3年以下有期徒刑、拘役或者罚金。

②犯本罪,情节特别严重的,处3年以上7年以下有期徒刑,并处罚金。

③单位犯本罪的,对单位判处罚金,并对其直接负责的主管人员和其他直接责任人员,依照自然人犯本罪的规定处罚。

根据2015年7月20日最高人民法院发布的《关于审理拒不执行判决、裁定刑事案件适用法律若干问题的解释》第6条规定,拒不执行判决、裁定的被告人在一审宣告判决前,履行全部或部分执行义务的,可以酌情从宽处罚。第7条规定,拒不执行支付赡养费、扶养费、抚育费、抚恤金、医疗费用、劳动报酬等判决、裁定的,可以酌情从重处罚。

(4)认定拒不执行判决、裁定罪时,应注意以下问题。

①划清罪与非罪的界限。

从犯罪主体上区分。本罪主体是年满16周岁以上的自然人和单位,不满16周岁的人,不能构成本罪。本罪是故意犯罪,过失行为的,不能构成本罪。例如,某人长期出国在外,虽然法院多次发出执行通知,但都没有接到,其也忘记了在国内还有未执行的法院生效付款裁定,回国后,经法院再次发出执行裁定通知后,才执行了裁定付款。由于行为人主观上是过失的,不构成犯罪。

从犯罪行为上区分。本罪必须是对法院的生效判决、裁定有能力执行而拒不执行的行为才能构成犯罪。如果确实无能力执行,而没有执行的行为,不能构成本罪。

从犯罪结果上区分。本罪必须是达到情节严重的,才能构成犯罪,如果不执行法院判决、裁定没有达到情节严重的程度的,不能构成犯罪。例如,由于法院判决确有不当之处,或者执行人员的执行手续不全,或者执行人员工作方法不当,导致当事人产生抵触情绪,采取抵制执行判决、裁定的行为,但经说服教育最终执行了,就不能认定为拒不执行判决、裁定罪。

②在认定本罪时,要注意处理好牵连犯罪。在以暴力抗拒执行人民法院判决、裁定时,如果有杀死、重伤执行人员的行为,应按重罪吸收轻罪的原则,定为故意杀人罪、故意伤害罪将其从重处罚。如果只是对执行人员进行殴打,甚至致人轻伤,使执行工作无法进行的,应认定为本罪,酌情从重处罚。如果国家工作人员与当事人通谋,利用职务之便妨害判决、裁定执行,致使判决、裁定无法执行的,以本罪共犯处理;如果国家工作人员受贿或者滥用职权妨害法院判决、裁定执行的,同时又构成受贿罪、滥用职权罪的,依法应依照处罚较重的规定定罪处罚。

③注意划清本罪与妨害公务罪的界限。行为人在实施拒不执行判决、裁定犯罪行为时,也可能使用暴力、胁迫的方法阻碍国家机关工作人员依法执行职务,会与《刑法》规定的妨害公务罪重合,属于法规竞合,应按特殊规定优先一般规定的原则,定为特别规定的本罪,不定为一般规定的妨害公务罪。

④注意本罪的自诉立案规定。根据2015年7月20日最高人民法院发布的《关于审理拒不执行判决、裁定刑事案件适用法律若干问题的解释》第3条规定,申请执行人有证据证明同时具有下列情形,人民法院认为符合《刑事诉讼法》第204条第3项规定的,以自诉案件立案审理:a.负有执行义务的人拒不执行判决、裁定,侵犯了申请执行人的人身、财产权利,应当依法追究刑事责任的;b.申请执行人曾经提出控告,而公安机关或者人民检察院对负有执行义务的人不予追究刑事责任的。

上述司法解释第4条规定,本解释第3条规定的自诉案件,依照《刑事诉讼法》第206条的规定,自诉人在宣告判决前,可以同被告人自行和解或者撤回自诉。第5条规定,拒不执行判决、裁定刑事案件,一般由执行法院所在地人民法院管辖。

(三十三)偷越国(边)境罪

偷越国(边)境罪是《刑法修正案(九)》第40条对《刑法》第322条修改之后的犯罪。最高人民法院1997年12月16日《关于执行〈中华人民共和国刑法〉确定罪名的规定》中规定为该罪名。

1. 刑法规定内容的修改

《刑法》条文中有关偷越国(边)境罪的规定有以下内容。

(1)1979年《刑法》第176条规定,"违反出入国境管理法规,偷越国(边)境,情节严重的,处一年以下有期徒刑、拘役或者管制"。

(2)1997年《刑法》第322条规定,"违反国(边)境管理法规,偷越国(边)境,情节严重的,处一年以下有期徒刑、拘役或者管制,并处罚金"。

(3)2015年8月29日《刑法修正案(九)》第40条规定,将《刑法》第322条修改为:"违反国(边)境管理法规,偷越国(边)境,情节严重的,处一年以下有期徒刑、拘役或者管制,并处罚金;为参加恐怖活动组织、接受恐怖活动培训或者实施恐怖活动,偷越国(边)的,处一年以上三年以下有期徒刑,并处罚金"。

上述《刑法修正案(九)》在《刑法》第322条中增加规定"为参加恐怖活动组织、接受恐怖活动培训或者实施恐怖活动,偷越国(边)境的,处一年以上三年以下有期徒刑,并处罚金",加强了对本罪的处罚力度。

2. 刑法规定修改的原因

我国1979年《刑法》第176条中规定有偷越国(边)境犯罪行为。1997年修订《刑法》第322条中又规定了这种犯罪行为,只是在法定刑中增加了"并处罚金"的处罚的规定。近年来,在国际恐怖犯罪严重的情况下,国内外一些恐怖犯罪者为参加恐怖组织、恐怖培训、恐怖活动而偷越国(边)境,其社会危害性严重。2015年8月29日《刑法修正案(九)》在《刑法》第322条中专门增加规定"为参加恐怖活动组织、接受恐怖活动培训或者实施恐怖活动,偷越国(边)境的,处一年以上三年以下有期徒刑,并处罚金",加强了对本罪的处罚力度。

3. 偷越国(边)境罪的适用

偷越国(边)境罪是《刑法修正案(九)》对《刑法》第322条修改之后的犯罪,要准确适用就必须弄清该罪的概念、构成特征、法定刑,以及适用时应注意的问题。

(1)偷越国(边)境罪的概念。该罪是指违反国(边)境管理法规,偷越国(边)境,情节严重的行为。

为维护国家安全和政治、经济、军事、文化利益,确保公民的生活秩序,我国对出入国(边)境的行为实行管制。根据我国国(边)境管理法规的规定,出入国(边)境的必须经有关部门批准,持护照或者出入国边境证才能出入国(边)境,否则就是对国(边)境管理秩序的破坏,情节严重的是偷越国(边)境的犯罪行为,最高处3年有期徒刑。

(2)偷越国(边)境罪的构成特征。根据《刑法》第322条的规定,该罪的构成特征有以下几点。

①犯罪主体,是一般主体,达到法定年龄具有刑事责任能力且实施了偷越国(边)境犯罪行为的自然人。本罪主体是年满16周岁以上的人。犯罪主体在主观上是故意的。行为人有违反法规规定出入国(边)境的目的。

②犯罪行为,必须是实施了偷越国(边)境的行为。国境是一个国家行使主权的领土范围,边境是靠近边界的地方。违反出入境管理法规,主要是指违反《公民出境入境管理办法》

《外国人入境出境管理法》《公民往来往港、澳、台湾地区的管理为法》等。

偷越国(边)境的行为表现,根据2012年12月20日最高人民法院、最高人民检察院《关于办理妨害国(边)境管理刑事案件应用法律若干问题的解释》第6条规定,具有下列情形之一的,应当认定为《刑法》第6章第3节规定的"偷越国(边)境"行为:

A. 没有出入境证件出入国(边)境或者逃避接受边防检查的行为。

B. 使用伪造、变造、无效的出入境证件出入国(边)境的行为。

C. 使用他人出入境证件出入国(边)境的行为。

D. 使用以虚假的出入境事由、隐瞒真实身份、冒用他人身份证件等方式骗取的出入境证件出入国(边)境的行为。

E. 采用其他方式非法出入国(边)境的。

③犯罪结果,有的是结果犯,一般人偷越国(边)境,必须是情节严重的结果才能构成犯罪。为参加恐怖活动组织、接受恐怖活动培训或者实施恐怖活动,偷越国(边)境的是行为犯,只要是为参加恐怖活动组织、接受恐怖活动培训或者实施恐怖活动,实施了偷越国(边)境的行为的就可以构成犯罪。

本罪情节严重的结果,根据2012年12月20日最高人民法院、最高人民检察院《关于办理妨害国(边)境管理刑事案件应用法律若干问题的解释》第5条规定,偷越国(边)境,具有下列情形之一的,应当认定为《刑法》第322条规定的"情节严重":

A. 在境外实施损害国家利益的行为的。

B. 偷越国(边)境3次以上或者3人以上结伙偷越国(边)境的。

C. 拉拢、引诱他人一起偷越国(边)境的。

D. 勾结境外组织、人员偷越国(边)境的。

E. 因偷越国(边)境,被行政处罚后1年内又偷越国(边)境的。

F. 其他情节严重的情形。

(3)偷越国(边)境罪的法定刑。根据《刑法》规定,该罪的法定刑为:

①情节严重,构成本罪的,处1年以下有期徒刑、拘役或者管制,并处罚金。

②为参加恐怖活动组织、接受恐怖活动培训或者实施恐怖活动,偷越国(边)境的,处1年以上3年以下有期徒刑,并处罚金。

(4)认定偷越国(边)境罪时,应注意以下问题。

①划清罪与非罪的界限。

从犯罪主体上区分。本罪主体是年满16周岁以上的自然人,不满16周岁的人,不能构成本罪。本罪是故意犯罪,过失行为的,不能构成本罪。

从犯罪行为上区分。本罪必须是违反国(边)境管理法规,偷越国(边)境的行为才能构成犯罪,如果没有违反国(边)境管理法规,而是由于走错了路、乘错了船出入国(边)境的行为,不构成本罪。

从犯罪结果上区分。本罪一般人偷越国(边)境,必须是达到情节严重的才能构成犯罪,如果在出入国(边)境时,使用过期的证件,被海关查出,没有达到情节严重的程度的,不能构成犯罪。再如,边民出境赶集、串亲戚,当日去当日回,虽然没有办理出入境证件,但没有产生严重的后果,不属于情节严重,一般不构成犯罪。

②在认定本罪时,要注意认定一罪和数罪的界限。行为人因犯罪,为逃避法律追究而偷越国(边)境的行为,除认定犯偷越国(边)境罪外,对其原犯的罪应另定其他罪,再与本罪实行数罪并罚。如果行为人为进行走私、贩毒、实施危害国家安全的具体犯罪而偷越国(边)境的,一律按处理牵连犯的原则,从一重罪处罚。

③注意认定本罪与认定恐怖主义犯罪的界限。为参恐怖活动组织、接受恐怖活动培训或者实施恐怖活动,偷越国(边)境的,按《刑法》规定认定为本罪,对其参加恐怖活动组织、接受恐怖活动培训或者实施恐怖活动的行为,构成犯罪的,应另定为有关恐怖犯罪,与本罪数罪并罚,以严厉惩治恐怖犯罪行为。

(三十四)非法生产、买卖、运输制毒物品、走私制毒物品罪

非法生产、买卖、运输制毒物品、走私制毒物品罪是《刑法修正案(九)》第41条对《刑法》第350条修改之后的犯罪。最高人民法院1997年12月16日《关于执行〈中华人民共和国刑法〉确定罪名的规定》中规定为"非法买卖制毒物品罪"和"走私制毒物品罪"两个罪名。2015年10月30日最高人民法院、最高人民检察院《关于执行〈中华人民共和国刑法〉确定罪名的补充规定(六)》中改为"非法生产、买卖、运输制毒物品、走私制毒物品罪",取消了"非法买卖制毒物品罪"和"走私制毒物品罪"两个罪名。

1. 刑法规定内容的修改

《刑法》条文中有关非法生产、买卖、运输制毒物品、走私制毒物品罪的规定有以下内容。

(1)1979年《刑法》第116条规定,"违反海关法规,进行走私,情节严重的,除按照海关法规没收走私物品并且可以罚款外,处三年以下有期徒刑或者拘役,可以并处没收财产"。

第118条规定,"以走私、投机倒把为常业的,走私、投机倒把数额巨大的或者走私、投机倒把集团的首要分子,处三年以上十年以下有期徒刑,可以并处没收财产"。

(2)1997年《刑法》第350条规定,"违反国家规定,非法运输、携带醋酸酐、乙醚、三氯甲烷或者其他用于制造毒品的原料或者配剂进出境的,或者违反国家规定,在境内非法买卖上述物品的,处三年以下有期徒刑、拘役或者管制,并处罚金;数量大的,处三年以上十年以下有期徒刑,并处罚金"。

"明知他人制造毒品而为其提供前款规定的物品的,以制造毒品罪的共犯论处。"

"单位犯前两款罪的,对单位判处罚金,并对其直接负责的主管人员和其他直接责任人员,依照前两款的规定处罚。"

(3)2015年8月29日《刑法修正案(九)》第41条规定,将《刑法》第350条第1款、第2款修改为:"违反国家规定,非法生产、买卖、运输醋酸酐、乙醚、三氯甲烷或者其他用于制造毒品的原料、配剂,或者携带上述物品进出境,情节较重的,处三年以下有期徒刑、拘役或者管制,并处罚金;情节严重的,处三年以上七年以下有期徒刑,并处罚金;情节特别严重的,处七年以上有期徒刑,并处罚金或者没收财产。"

"明知他人制造毒品而为其生产、买卖、运输前款规定的物品的,以制造毒品罪的共犯论处。"

上述《刑法修正案(九)》在《刑法》第350条中增加规定"非法生产用于制造毒品的原料、配剂的犯罪行为"和将"数量大的,处三年以上十年以下有期徒刑,并处罚金"改为"情节严重的,处三年以上七年以下有期徒刑,并处罚金;情节特别严重的,处七年以上有期徒刑,并处罚

金或者没收财产",加重了对该犯罪行为的处罚规定。

2.刑法规定修改的原因

我国1979年《刑法》第116条、第118条中只规定有走私毒品犯罪行为,没有规定走私制毒物品犯罪和非法生产、买卖、运输制毒物品罪。1997年修订《刑法》在第350条中规定了非法买卖制毒物品和走私制毒物品犯罪。多年来,司法机关依照《刑法》第350条的规定惩治了一批走私制毒物品的犯罪行为,但因为《刑法》中没有规定非法生产制毒物品的犯罪行为,并且《刑法》规定的法定刑较轻,不能有效惩罚和预防走私制毒物品的犯罪行为。2015年8月29日,《刑法修正案(九)》在《刑法》第350条中专门增加了"非法生产制毒物品的犯罪行为"和"情节严重的,处三年以上七年以下有期徒刑,并处罚金;情节特别严重的,处七年以上有期徒刑,并处罚金或者没收财产",加重了对该犯罪处罚力度。

3.非法生产、买卖、运输制毒物品、走私制毒物品罪的适用

非法生产、买卖、运输制毒物品、走私制毒物品罪是《刑法修正案(九)》对《刑法》第350条修改之后的犯罪,要准确适用就必须弄清该罪的概念、构成特征、法定刑,以及适用时应注意的问题。

(1)非法生产、买卖、运输制毒物品、走私制毒物品罪的概念。该罪是指单位或者个人违反国家规定,非法生产、买卖、运输醋酸酐、乙醚、三氯甲烷或者其他用于制造毒品的原料、配剂,或者携带上述物品进出境,情节较重的行为。

制毒物品是制造毒品的原材料,其本身不是毒品,醋酸酐、乙醚、三氯甲烷、盐酸羟亚胺等是制造精神毒品和麻醉物品的主要原材料。为了严格控制非法制造毒品的犯罪行为,就必须严格从源头上控制制毒物品的生产、运输、买卖或者携带上述物品进出境的行为。1988年我国卫生部(已撤销)、对外经济贸易部(已变更)、公安部、海关总署发布《关于对三种特殊化学品实行出口准许证管理的通知》中规定,国家对醋酸酐、乙醚、三氯甲烷的生产、买卖、运输、进出境实行严格控制。违反规定,没有许可证非法生产、买卖运输、携带上述三种特殊化学品进出境的行为是严重危害社会的行为。我国《刑法》将生产、买卖、运输、走私制毒物品的行为规定为犯罪,最高处15年有期徒刑。

(2)非法生产、买卖、运输制毒物品、走私制毒物品罪的构成特征。根据《刑法》第350条规定,该罪的构成特征有以下几点。

①犯罪主体,是一般主体,达到法定年龄具有刑事责任能力且实施了非法生产、买卖、运输、走私制毒物品犯罪行为的自然人和单位。本罪主体是年满16周岁以上的人。犯罪主体在主观上是故意的,并且有谋利的目的。

②犯罪行为,必须是实施了违反国家规定,非法生产、买卖、运输制毒物品、走私制毒物品行为。根据2009年6月23日最高人民法院、最高人民检察院、公安部《关于办理制毒物品犯罪案件适用法律若干问题的意见》中规定:制毒物品,是指违反《刑法》第350条规定的醋酸酐、乙醚、三氯甲烷或者其他用于制造毒品的原料或者配剂,具体品种范围按照国务院关于易制毒化学品管理的规定确定。

具体非法生产、买卖、运输制毒物品的行为有以下几点。

A.未经许可或者备案擅自购买、销售易制毒化学品的行为。

B.超出许可证明或者备案证明的品种、数量范围购买、销售易制毒化学品的行为。

C.使用他人的或者伪造、变造、失效的许可证明或者备案证明购买、销售易制毒化学品的行为。

D.经营单位违反规定,向无购买许可证明、备案证明的单位、个人销售易制毒化学品的行为,或者明知购买者使用他人的或者伪造、变造、失效的购买许可证明、备案证明,向其销售易制毒化学品的行为。

E.以其他方式非法买卖易制毒化学品的行为。

具体走私易制毒化学品的行为有:

A.国家确定的专营公司超越经营范围、出口额度,违反出口许可证制度,进出口用于制作麻醉药品或精神药物的行为。

B.非国家专营公司或者其他单位,未经批准,而擅自经营用于制造麻醉毒品和精神药物的物品进出入国(边)境的行为。

C.单位或者个人逃避海关监管,非法携带、运输上述用于制造精神药品和精神药物的物品进出入国(边)境的行为。

③犯罪结果,是结果犯,必须是非法生产、买卖、运输制毒物品、走私制毒物品"情节较重的"才构成犯罪。"情节严重的""情节特别严重的"是加重处罚情节,适用各自加重的法定刑。

根据2016年4月11日起最高人民法院实行的《关于审理毒品犯罪案件适用法律若干问题的解释》第7条规定:违反国家规定,非法生产、买卖、运输制毒物品、走私制毒物品,达到下列数量标准的,应当认定为《刑法》第350条第1款规定的"情节较重":麻黄碱(麻黄素)、伪麻黄碱(伪麻黄素)、消旋麻黄碱(消旋麻黄素)1千克以上不满5千克;1-苯基-2-丙酮、1-苯基-2-溴-1-丙酮、3,4-亚甲基二氧苯基-2-丙酮、羟亚胺2千克以上不满10千克;3-氧-2-苯基丁腈、邻氯苯基环戊酮、去甲麻黄碱(去甲麻黄素)、甲基麻黄碱(甲基麻黄素)4千克以上不满20千克;醋酸酐10千克以上不满50千克;麻黄浸膏、麻黄浸膏粉、胡椒醛、黄樟素、黄樟油、异黄樟素、麦角酸、麦角胺、麦角新碱、苯乙酸20千克以上不满100千克;N-乙酰邻氨基苯酸、邻氨基苯甲酸、三氯甲烷、乙醚、哌啶50千克以上不满250千克;甲苯、丙酮、甲基乙基酮、高锰酸钾、硫酸、盐酸100千克以上不满500千克;其他制毒物品数量相当的。

违反国家规定,非法生产、买卖、运输制毒物品、走私制毒物品,达到前款规定的数量标准最低值的百分之五十,且具有下列情形之一的,应当认定为《刑法》第350条第1款规定的"情节较重":曾因非法生产、买卖、运输制毒物品、走私制毒物品受过刑事处罚的;二年内曾因非法生产、买卖、运输制毒物品、走私制毒物品受过行政处罚的;一次组织5人以上或者多次非法生产、买卖、运输制毒物品、走私制毒物品,或者在多个地点非法生产制毒物品的;利用、教唆未成年人非法生产、买卖、运输制毒物品、走私制毒物品的;国家工作人员非法生产、买卖、运输制毒物品、走私制毒物品的;严重影响群众正常生产、生活秩序的;其他情节较重的情形。

易制毒化学品生产、经营、购买、运输单位或者个人未办理许可证明或者备案证明,生产、销售、购买、运输易制毒化学品,确实用于合法生产、生活需要的,不以制毒物品犯罪论处。

第8条违反国家规定,非法生产、买卖、运输制毒物品、走私制毒物品,具有下列情形之一的,应当认定为《刑法》第350条第1款规定的"情节严重":制毒物品数量在本解释第7条第

1款规定的最高数量标准以上,不满最高数量标准五倍;达到本解释第7条第1款规定的数量标准,且具有本解释第7条第2款第3项至第6项规定的情形之一的;其他情节严重的情形。

违反国家规定,非法生产、买卖、运输制毒物品、走私制毒物品,具有下列情形之一的,应当认定为《刑法》第350条第1款规定的"情节特别严重":制毒物品数量在本解释第7条第1款规定的最高数量标准五倍以上的;达到前款第一项规定的数量标准,且具有本解释第7条第2款第3项至第6项规定的情形之一的;其他情节特别严重的情形。

(3)非法生产、买卖、运输制毒物品、走私制毒物品罪的法定刑。根据《刑法》第350条规定,该罪的法定刑为。

①情节较重的,构成本罪的,处3年以下有期徒刑、拘役或者管制、并处罚金。

②犯本罪,情节严重的,处3年以上7年以下有期徒刑,并处罚金。

③犯本罪,情节特别严重的,处7年以上有期徒刑,并处罚金或者没收财产。

④单位犯《刑法》第350条前两款罪的,对单位判处罚金,并对其直接负责的主管人员和其他直接责任人员,依照自然人犯本罪的规定处罚。

(4)认定非法生产、买卖、运输制毒物品、走私制毒物品罪时,应注意以下问题。

①划清罪与非罪的界限。

从犯罪主体上区分。本罪主体是年满16周岁以上的自然人或单位,不满16周岁的人,不能构成本罪。本罪是故意犯罪,过失行为的,不能构成本罪。根据2016年4月11日起最高人民法院施行的《关于审理毒品犯罪案件适用法律若干问题的解释》第7条第3款规定:易制毒化学品生产、经营、购买、运输单位或者个人未办理许可证明或者备案证明,生产、销售、购买、运输易制毒化学品,确实用于合法生产、生活需要的,不以制毒物品犯罪论处。

从犯罪行为上区分。本罪必须是非法生产、买卖、运输制毒物品、走私制毒物品的行为才能构成犯罪,如果确实不知道是制毒物品而非法生产、买卖、运输、走私的行为,不构成本罪。

从犯罪结果上区分。本罪必须是非法生产、买卖、运输制毒物品、走私制毒物品情节较重的才能构成犯罪,情节较轻、情节轻微的都不构成犯罪,例如,根据司法解释,走私盐酸酐不满400千克的,由于没有达到情节较重的数量标准,不构成犯罪。

②在认定本罪时,要注意对一罪和数罪的认定。行为人为进行毒品犯罪而生产、加工、提炼、走私等方法制造易制毒化学品的,根据《刑法》第22条的规定按照其制造易制毒化学品的不同目的,分别以制造毒品、走私制毒物品、非法买卖制毒物品的预备行为论处。如果行为人走私制毒物品自用后,明知他人制造毒品又将走私的制毒物品卖给他人,则构成走私制毒物品罪和制造毒品罪,数罪并罚。即使行为人为制造毒品,从境外走私制毒物品,应分别定为走私罪制毒物品罪和制造毒品罪,数罪并罚。因为《刑法》第350条第2款明确规定"明知他人制造毒品而为其生产、买卖、运输前款规定的物品的,以制造毒品罪的共犯论处",并没有规定为制造毒品而走私制毒物品以制造毒品共犯论处。

③根据2016年4月11日起最高人民法院施行的《关于审理毒品犯罪案件适用法律若干问题的解释》第1条规定:走私、贩卖、运输、制造、非法持有下列毒品,应当认定为《刑法》第347条第2款第1项、第348条规定的"其他毒品数量大":可卡因50克以上;3,4-亚甲二氧基甲基苯丙胺(MDMA)等苯丙胺类毒品(甲基苯丙胺除外)、吗啡100克以上;芬太尼125克

以上;甲卡西酮200克以上;二氢埃托啡10毫克以上;哌替啶(度冷丁)250克以上;氯胺酮500克以上;美沙酮1千克以上;曲马多、γ-羟丁酸2千克以上;大麻油5千克、大麻脂10千克、大麻叶及大麻烟150千克以上;可待因、丁丙诺啡5千克以上;三唑仑、安眠酮50千克以上;阿普唑仑、恰特草100千克以上;咖啡因、罂粟壳200千克以上;巴比妥、苯巴比妥、安钠咖、尼美西泮250千克以上;氯氮卓、艾司唑仑、地西泮、溴西泮500千克以上;上述毒品以外的其他毒品数量大的。

国家定点生产企业按照标准规格生产的麻醉药品或者精神药品被用于毒品犯罪的,根据药品中毒品成分的含量认定涉案毒品数量。

第2条规定:走私、贩卖、运输、制造、非法持有下列毒品,应当认定为《刑法》第347条第3款、第348条规定的"其他毒品数量较大":可卡因10克以上不满50克;3,4-亚甲二氧基甲基苯丙胺(MDMA)等苯丙胺类毒品(甲基苯丙胺除外)、吗啡20克以上不满100克;芬太尼25克以上不满125克;甲卡西酮40克以上不满200克;二氢埃托啡2毫克以上不满10毫克;哌替啶(度冷丁)50克以上不满250克;氯胺酮100克以上不满500克;美沙酮200克以上不满1千克;曲马多、γ-羟丁酸400克以上不满2千克;大麻油1千克以上不满5千克、大麻脂2千克以上不满10千克、大麻叶及大麻烟30千克以上不满150千克;可待因、丁丙诺啡1千克以上不满5千克;三唑仑、安眠酮10千克以上不满50千克;阿普唑仑、恰特草20千克以上不满100千克;咖啡因、罂粟壳40千克以上不满200千克;巴比妥、苯巴比妥、安钠咖、尼美西泮50千克以上不满250千克;氯氮卓、艾司唑仑、地西泮、溴西泮100千克以上不满500千克;上述毒品以外的其他毒品数量较大的。

第3条规定,在实施走私、贩卖、运输、制造毒品犯罪的过程中,携带枪支、弹药或者爆炸物用于掩护的,应当认定为《刑法》第347条第2款第3项规定的"武装掩护走私、贩卖、运输、制造毒品"。枪支、弹药、爆炸物种类的认定,依照相关司法解释的规定执行。

在实施走私、贩卖、运输、制造毒品犯罪的过程中,以暴力抗拒检查、拘留、逮捕,造成执法人员死亡、重伤、多人轻伤或者具有其他严重情节的,应当认定为《刑法》第347条第2款第4项规定的"以暴力抗拒检查、拘留、逮捕,情节严重"。

第4条规定,走私、贩卖、运输、制造毒品,具有下列情形之一的,应当认定为《刑法》第347条第4款规定的"情节严重":向多人贩卖毒品或者多次走私、贩卖、运输、制造毒品的;在戒毒场所、监管场所贩卖毒品的;向在校学生贩卖毒品的;组织、利用残疾人、严重疾病患者、怀孕或者正在哺乳自己婴儿的妇女走私、贩卖、运输、制造毒品的;国家工作人员走私、贩卖、运输、制造毒品的;其他情节严重的情形。

第5条规定,非法持有毒品达到《刑法》第348条或者本解释第2条规定的"数量较大"标准,且具有下列情形之一的,应当认定为《刑法》第348条规定的"情节严重":在戒毒场所、监管场所非法持有毒品的;利用、教唆未成年人非法持有毒品的;国家工作人员非法持有毒品的;其他情节严重的情形。

第6条规定,包庇走私、贩卖、运输、制造毒品的犯罪分子,具有下列情形之一的,应当认定为《刑法》第349条第1款规定的"情节严重":被包庇的犯罪分子依法应当判处15年有期徒刑以上刑罚的;包庇多名或者多次包庇走私、贩卖、运输、制造毒品的犯罪分子的;严重妨害司法机关对被包庇的犯罪分子实施的毒品犯罪进行追究的;其他情节严重的情形。

为走私、贩卖、运输、制造毒品的犯罪分子窝藏、转移、隐瞒毒品或者毒品犯罪所得的财物，具有下列情形之一的，应当认定为《刑法》第349条第1款规定的"情节严重"：为犯罪分子窝藏、转移、隐瞒毒品达到《刑法》第347条第2款第1项或者本解释第1条第1款规定的"数量大"标准的；为犯罪分子窝藏、转移、隐瞒毒品犯罪所得的财物价值达到五万元以上的；为多人或者多次为他人窝藏、转移、隐瞒毒品或者毒品犯罪所得的财物的；严重妨害司法机关对该犯罪分子实施的毒品犯罪进行追究的；其他情节严重的情形。

包庇走私、贩卖、运输、制造毒品的近亲属，或者为其窝藏、转移、隐瞒毒品或者毒品犯罪所得的财物，不具有本条前两款规定的"情节严重"情形，归案后认罪、悔罪、积极退赃，且系初犯、偶犯，犯罪情节轻微不需要判处刑罚的，可以免予刑事处罚。

（三十五）组织卖淫罪

组织卖淫罪是《刑法修正案（九）》第42条对《刑法》第358条补充之后的犯罪。最高人民法院1997年12月16日《关于执行〈中华人民共和国刑法〉确定罪名的规定》中规定为本罪名。

1.刑法规定内容的修改

《刑法》条文中有关组织卖淫罪的规定有以下几点。

（1）1991年9月4日全国人大常委会《关于严禁卖淫嫖娼的决定》（部分失效）第1条规定，"组织他人卖淫的，处十年以上有期徒刑或者无期徒刑，并处一万元以下罚金或者没收财产，情节特别严重的，处死刑，并处没收财产"。

（2）1997年《刑法》第358条规定，"组织他人卖淫或者强迫他人卖淫的，处五年以上十年以下有期徒刑，并处罚金；有下列情形之一的，处十年以上有期徒刑或者无期徒刑，并处罚金或者没收财产：（一）组织他人卖淫，情节严重的；（二）强迫不满十四周岁的幼女卖淫的；（三）强迫多人卖淫或者多次强迫他人卖淫的；（四）强奸后迫使卖淫的；（五）造成被强迫卖淫的人重伤、死亡或者其他严重后果的"。"有前款所列情形之一，情节特别严重的，处无期徒刑或者死刑，并处没收财产"。

"协助组织他人卖淫的，处五年以下有期徒刑，并处罚金；情节严重的，处五年以上十年以下有期徒刑，并处罚金。"

（3）2015年8月29日《刑法修正案（九）》第42条规定，将《刑法》第358条修改为："组织、强迫他人卖淫的，处五年以上十年以下有期徒刑，并处罚金；情节严重的，处十年以上有期徒刑或者无期徒刑，并处罚金或者没收财产。"

"组织、强迫未成年人卖淫的，依照前款的规定从重处罚。"

"犯前两款罪，并有杀害、伤害、强奸、绑架等犯罪行为的，依照数罪并罚的规定处罚。"

"为组织卖淫的人招募、运送人员或者有其他协助组织他人卖淫行为的，处五年以下有期徒刑，并处罚金；情节严重的，处五年以上十年以下有期徒刑，并处罚金。"

上述1997年《刑法》对全国人大常委会的《关于严禁卖淫嫖娼的决定》第1条作了两点修改：一是将组织卖淫罪与强迫卖淫罪规定在一个条文中，法定刑相同；二是删去了罚金具体的数额规定，改为原则规定"处罚金或者没收财产"。修订《刑法》没《关于严禁卖淫嫖娼的决定》规定的具体、明确。

2011年2月25日《刑法修正案（八）》第48条在《刑法》第385条中增加第三款规定，"为组织卖淫的人招募、运送人员或者有其他协助组织他人卖淫行为的,处五年以下有期徒刑,并处罚金;情节严重的,处五年以上十年以下有期徒刑,并处罚金"。

上述《刑法修正案(九)》在《刑法》第358条中,将"造成被强迫卖淫的人重伤、死亡或者其他严重后果的"作为处加重法定刑情节,改为"犯前两款罪,并有杀害、伤害、强奸、绑架等犯罪行为的,依照数罪并罚的规定处罚";将"情节特别严重的,处无期徒刑或者死刑"改为"处十年以上有期徒刑或者无期徒刑,并处罚金或者没收财产",取消了对本罪处死刑的规定。

2. 刑法规定修改的原因

我国1979年《刑法》没有组织卖淫罪的规定,因为当时这种行为不多。改革开放以来,组织卖淫行为开始猖獗,1991年全国人大常委会在《关于严禁卖淫嫖娼的决定》中增加了这种犯罪并规定了处严重的刑罚,最高可处死刑。1997年修订刑法对《关于严禁卖淫嫖娼的决定》进行了修改,将"造成被强迫卖淫的人重伤、死亡或者其他严重后果的"改为处加重法定刑情节,最高可处死刑。该定罪不准确,且处刑较重,不能准确惩罚组织卖淫犯罪。2015年8月29日,《刑法修正案(九)》将《刑法》第358条部分修改为"犯前两款罪,并有杀害、伤害、强奸、绑架等犯罪行为的,依照数罪并罚的规定处罚";取消了对本罪处死刑的规定,对本罪的处罚更准确。

3. 组织卖淫罪的适用

组织卖淫罪是《刑法修正案(九)》对《刑法》第358条补充之后的犯罪,要准确适用就必须弄清该罪的概念、构成特征、法定刑,以及适用时应注意的问题。

(1)组织卖淫罪的概念。该罪是指以招募、雇佣、引诱、容留等手段,组织他人卖淫的行为。

卖淫和嫖娼是一种有伤风化、严重败坏社会道德风尚,妨害婚姻家庭和社会治安秩序的行为,我国依法取缔了卖淫嫖娼行为。以招募、雇佣、引诱、容留等手段组织他人进行卖淫嫖娼活动,其社会危害性更严重。近年来,组织卖淫活动更为突出,有些人组成团伙,带有黑会性质;有的以开设旅馆、饭店、咖啡厅、歌舞厅、卡拉OK厅等作掩护,进行卖淫嫖娼活动,甚至将上述场所专门办成从事卖淫嫖娼活动的"妓女院""淫窝",给社会治安造成恶劣影响,是一种严重危害社会的行为。我国《刑法》将组织他人卖淫的行为规定为犯罪,最高处无期徒刑,并处罚金或者没收财产。

(2)组织卖淫罪的构成特征。根据《刑法》第358条规定,该罪的构成特征有以下内容。

①犯罪主体,是一般主体,达到法定年龄具有刑事责任能力且实施了组织他人卖淫犯罪行为的自然人。本罪主体法定年龄是年满16周岁以上的人。犯罪主体在主观上是故意的,一般都有谋利的目的。

②犯罪行为,必须是实施了组织他人卖淫的犯罪行为。根据2008年6月25日最高人民检察院、公安部发布的《关于公安机关管辖的刑事案件立案追诉标准的规定(一)》第75条的规定,以招募、雇佣、强迫、引诱、容留等手段,组织他人卖淫的,应予立案追诉。

③犯罪结果,是行为犯,只要实施了组织他人卖淫的行为就可以构成犯罪。

(3)组织卖淫罪的法定刑。根据《刑法》第358条规定,该罪的法定刑为:

①构成本罪的,处五年以上十年以下有期徒刑,并处罚金。

②犯本罪,情节严重的,处十年以上有期徒刑或者无期徒刑,并处罚金或者没收财产。

③组织、强迫未成年人卖淫的,依照前款的规定从重处罚。

(4)认定组织卖淫罪时,应注意以下问题。

①划清罪与非罪的界限。

从犯罪主体上区分。本罪主体是年满16周岁以上的自然人,不满16周岁的人,不能构成本罪。本罪是故意犯罪,过失行为人不能构成本罪。例如,虽然某酒店店主疏于管理,但是有些住宿旅客之间进行卖淫嫖娼,店主确实不知的,该店主不构成本罪。

从犯罪行为上区分。本罪必须是组织他人卖淫的行为才能构成犯罪,如果行为人自己卖淫,并且与多人实行过卖淫行为的,不构成本罪。

从犯罪结果上区分。本罪是行为犯,原则上只要实施了组织他人卖淫的行为就可以构成犯罪,但情节显著轻微,危害不大的,依照《刑法》第13条犯罪定义的规定,不认为是犯罪。

②在认定本罪时,要注意对一罪和数罪的认定。行为人为在实施组织他人卖淫犯罪的行为时并有杀害、伤害、强奸、绑架等犯罪行为的,要分别定为相应的犯罪,与本罪依照数罪并罚的规定处罚。

③注意认定本罪与强迫卖淫罪、协助组织卖淫罪的界限。上述三种犯罪规定在一个条文中,但犯罪行为不同。本罪是组织他人卖淫的行为;强迫卖淫罪是以暴力、胁迫等手段强迫他人卖淫的行为;协助组织卖淫罪的行为是,以招募、运送人员或者有其他协助组织他人卖淫的行为。由于犯罪行为不同,将三罪区别开来,分别认定为三种不同犯罪。如果行为人又组织他人卖淫,又强迫他人卖淫,同时又招募、运送他人卖淫的,只认定为组织卖淫罪。

(三十六)强迫卖淫罪

强迫卖淫罪是《刑法修正案(九)》第42条对1997年《刑法》第358条补充之后的犯罪。最高人民法院1997年12月16日《关于执行〈中华人民共和国刑法〉确定罪名的规定》中规定为本罪名。

1.刑法规定内容的修改

《刑法》条文中有关强迫卖淫罪的规定有以下几点。

(1)1979年《刑法》第140条规定,"强迫妇女卖淫的,处三年以上十年以下有期徒刑"。

(2)1997年《刑法》第358条规定,"组织他人卖淫或者强迫他人卖淫的,处五年以上十年以下有期徒刑,并处罚金;有下列情形之一的,处十年以上有期徒刑或者无期徒刑,并处罚金或者没收财产:(一)组织他人卖淫,情节严重的;(二)强迫不满十四周岁的幼女卖淫的;(三)强迫多人卖淫或者多次强迫他人卖淫的;(四)强奸后迫使卖淫的;(五)造成被强迫卖淫的人重伤、死亡或者其他严重后果的"。

"有前款所列情形之一,情节特别严重的,处无期徒刑或者死刑,并处没收财产"。

"协助组织他人卖淫的,处五年以下有期徒刑,并处罚金;情节严重的,处五年以上十年以下有期徒刑,并处罚金"。

(3)2015年8月29日《刑法修正案(九)》第42条前3款规定,将《刑法》第358条修改为:"组织、强迫他人卖淫的,处五年以上十年以下有期徒刑,并处罚金;情节严重的,处十年以上有期徒刑或者无期徒刑,并处罚金或者没收财产。"

"组织、强迫未成年人卖淫的,依照前款的规定从重处罚。"

"犯前两款罪,并有杀害、伤害、强奸、绑架等犯罪行为的,依照数罪并罚的规定处罚。"

上述1997年《刑法》对全国人大常委会的《关于严禁卖淫嫖娼的决定》规定的卖淫嫖娼罪的罪状和法定刑作了修改：一是将组织卖淫罪与强迫卖淫罪合并规定在一个条文中适用同一的法定刑；二是删去了罚金具体数额规定，改为原则规定"处罚金或者没收财产"。

上述《刑法修正案（九）》在《刑法》第358条中，将"造成被强迫卖淫的人重伤、死亡或者其他严重后果的"作为处重法定刑情节，改为"犯前两款罪，并有杀害、伤害、强奸、绑架等犯罪行为，依照数罪并罚的规定处罚"；将"情节特别严重的，处无期徒刑或者死刑"改为"处十年以上有期徒刑或者无期徒刑，并处罚金或者没收财产"，取消了对本罪处死刑的规定。

2. 刑法规定修改的原因

我国1979年《刑法》第140条中规定有强迫妇女卖淫罪的行为，但在当时这种犯罪行为不多。改革开放以来，强迫他人卖淫行为开始猖獗，特别是一些私人企业，为获取非法利益，强迫其属下女职工卖淫与对方经理发生性关系。1991年全国人大常委会在《关于严禁卖淫嫖娼的决定》中增加了这种犯罪并规定了处严厉的刑罚，最高可处死刑。1997年修订《刑法》对《关于严禁卖淫嫖娼的决定》进行了修改，将"造成被强迫卖淫的人重伤、死亡或者其他严重后果的"作为加重法定刑情节，最高可处以死刑，其定罪不准确，且处刑较重，不能准确惩罚强迫卖淫犯罪。2015年8月29日《刑法修正案（九）》将《刑法》第358条部分修改为"犯前两款罪，并有杀害、伤害、强奸、绑架等犯罪行为的，依照数罪并罚的规定处罚"；取消了对本罪处死刑的规定，对本罪的处罚更准确。

3. 强迫卖淫罪的适用

强迫卖淫罪是《刑法修正案（九）》对《刑法》第358条补充之后的犯罪，要准确适用就必须弄清该罪的概念、构成特征、法定刑，以及适用时应注意的问题。

（1）强迫卖淫罪的概念。该罪是指以暴力、胁迫、虐待或者其他手段迫使他人卖淫的行为。

强迫他人卖淫是一种有伤风化、严重败坏社会道德风尚，妨害婚姻家庭和社会治安秩序以及严重侵犯人身权利的行为，我国早就依法取缔了卖淫嫖娼行为，不允许强迫他人卖淫，以招募、雇佣、引诱、容留、强迫等手段组织、强迫他人进行卖淫嫖娼活动的社会危害性更严重。近年来，组织、强迫他人卖淫活动更为严重，他们有些人组成团伙，带有黑会性质；有的以开设旅馆、饭店、咖啡厅、歌舞厅、卡拉OK厅作掩护，进行大量的卖淫嫖娼活动，甚至强迫他人进行卖淫嫖娼活动，严重侵犯妇女的人身权利，破坏了和睦的家庭关系，给社会治安造成恶劣影响，这是一种严重危害社会的行为。我国《刑法》将强迫他人卖淫的行为规定为犯罪，最高处无期徒刑，并处罚金或者没收财产。

（2）强迫卖淫罪的构成特征。根据《刑法》第358条规定，该罪有以下的构成特征。

①犯罪主体，是一般主体，达到法定年龄具有刑事责任能力且实施了强迫他人卖淫犯罪行为的自然人。本罪主体是年满16周岁以上的人，一般是指与卖淫者有一定关系的人，如有隶属关系、亲属关系、欠债关系等。丈夫强迫妻子、父母强迫儿女、领导强迫属下，债权人强迫债务人等。犯罪主体在主观上是故意的。一般都有谋取财物的目的，不是谋利的目的，也可以构成本罪。

②犯罪行为，必须是实施了强迫他人卖淫犯罪行为。以暴力、胁迫、虐待或者其他手段迫使他人卖淫的行为，即是在违背卖淫者意愿的情况下，进行卖淫的行为，不论行为人采取何种

强制手段,也不论是出于何种目的,也不论卖淫人是否有卖淫恶习,只要是违背卖淫者的意愿,实施了强迫他人卖淫的行为就构成本罪犯罪行为。如果行为人实了暴力、胁迫等方法强迫他人卖淫,但他人没有实施卖淫行为,对强迫者也构成犯罪,可按犯罪未遂处罚。根据2001年2月28日公安部发布的《关于对同性之间以钱财为媒介的性行为定性处理问题的批复》规定:不特定的异性之间或者同性之间以金钱、财物为媒介发生不正当性关系的行为,包括口淫、手淫、鸡奸等行为,都属于卖淫嫖娼行为,对行为人应当依法处理。

③犯罪结果,是行为犯,只要实施了强迫他人卖淫的行为就可以构成犯罪,不论他人是否实施了卖淫行为。

(3)强迫卖淫罪的法定刑。根据《刑法》第358条规定,该罪的法定刑为:

①构成本罪的,处5年以上10年以下有期徒刑,并处罚金。

②犯本罪,情节严重的,处10年以上有期徒刑或者无期徒刑,并处罚金或者没收财产。

③强迫未成年人卖淫的,依照前款的规定从重处罚。

(4)认定强迫卖淫罪时,应注意以下问题。

①划清罪与非罪的界限。

从犯罪主体上区分。本罪主体是年满16周岁以上的自然人,不满16周岁的人,不能构成本罪。本罪是故意犯罪,过失行为人不能构成本罪。

从犯罪行为上区分。本罪必须是实施了强迫他人卖淫的行为才能构成犯罪,如果卖淫者出于自愿卖淫,行为人只是实施了介绍、劝说的行为,而没有实施暴力、胁迫的强迫方法,不能构成本罪。

从犯罪结果上区分。本罪是行为犯,原则上只要实施了强迫卖淫行为就可以构成犯罪,但情节显著轻微,危害不大的,依照《刑法》第13条犯罪定义的规定,不认为是犯罪。

②在认定本罪时,要注意对一罪和数罪的认定。行为人在实施强迫他人卖淫犯罪的行为时并有杀害、伤害、强奸、绑架等犯罪行为的,要分别定为相应的犯罪,与本罪依照数罪并罚的规定处罚。

③注意认定本罪与强奸罪、协助组织卖淫罪的界限。上述三种犯罪在犯罪行为上有些相似之处,但犯罪行为和犯罪对象都不同。本罪是强迫他人卖淫的行为,而犯罪者本人没有施行强奸行为。如果行为人实行了强奸行为后,又实施了强迫该妇女进行卖淫的,应分别认定为强奸罪和强迫卖淫罪数罪并罚。如果行为人是以强迫他人卖淫的方法协助组织卖淫的,则构成本罪。应按特别规定优先定罪处罚的原则,优先定为本罪,因为刑法对强迫卖淫行为作了专门规定,不能再认定为协助组织卖淫罪。

(三十七)贪污罪

贪污罪是《刑法修正案(九)》第44条对《刑法》第383条补充之后的犯罪。最高人民法院1997年12月16日《关于执行〈中华人民共和国刑法〉确定罪名的规定》中确定为本罪名。

1.刑法规定内容的修改

《刑法》条文中有关贪污罪的规定有以下内容。

(1)1979年《刑法》第155条规定,"国家工作人员利用职务上的便利,贪污公共财物的,处五年以下有期徒刑或者拘役;数额巨大、情节严重的,处五年以上有期徒刑;情节特别严重的,处无期徒刑或者死刑"。

"犯前款罪的,并处没收财产,或者判令退赔。"

"受国家机关、企业、事业单位、人民团体委托从事公务的人员犯第一款罪的,依照前两款的规定处罚。"

(2)1997年《刑法》第382条规定,"国家工作人员利用职务上的便利,侵吞、窃取、骗取或者以其他手段非法占有公共财物的,是贪污罪"。

"受国家机关、国有公司、企业、事业单位、人民团体委托管理、经营国有财产的人员,利用职务上的便利,侵吞、窃取、骗取或者以其他手段非法占有国有财物的,以贪污论。"

"与前两款所列人员勾结,伙同贪污的,以共犯论处。"

1997年《刑法》第383条规定,"对犯贪污罪的,根据情节轻重,分别依照下列规定处罚:(一)个人贪污数额在十万元以上的,处十年以上有期徒刑或者无期徒刑,可以并处没收财产;情节特别严重的,处死刑,并处没收财产。(二)个人贪污数额在五万元以上不满十万元的,处五年以上有期徒刑,可以并处没收财产;情节特别严重的,处无期徒刑,并处没收财产。(三)个人贪污数额在五千元以上不满五万元的,处一年以上七年以下有期徒刑;情节严重的,处七年以上十年以下有期徒刑。个人贪污数额在五千元以上不满一万元,犯罪后有悔改表现、积极退赃的,可以减轻处罚或者免予刑事处罚,由其所在单位或者上级主管机关给予行政处分。(四)个人贪污数额不满五千元,情节较重的,处二年以下有期徒刑或者拘役;情节较轻的,由其所在单位或者上级主管机关酌情给予行政处分"。"对多次贪污未经处理的,按照累计贪污数额处罚。"

(3)2015年8月29日《刑法修正案(九)》第44条规定,将《刑法》第383条修改为:"对犯贪污罪的,根据情节轻重,分别依照下列规定处罚:(一)贪污数额较大或者有其他较重情节的,处三年以下有期徒刑或者拘役,并处罚金。(二)贪污数额巨大或者有其他严重情节的,处三年以上十年以下有期徒刑,并处罚金或者没收财产。(三)贪污数额特别巨大或者有其他特别严重情节的,处十年以上有期徒刑或者无期徒刑,并处罚金或者没收财产;数额特别巨大,并使国家和人民利益遭受特别重大损失的,处无期徒刑或者死刑,并处没收财产。"

"对多次贪污未经处理的,按照累计贪污数额处罚。"

"犯第一款罪,在提起公诉前如实供述自己罪行、真诚悔罪、积极退赃,避免、减少损害结果的发生,有第一项规定情形的,可以从轻、减轻或者免除处罚;有第二项、第三项规定情形的,可以从轻处罚。"

"犯第一款罪,有第三项规定情形被判处死刑缓期执行的,人民法院根据犯罪情节等情况可以同时决定在其死刑缓期执行二年期满依法减为无期徒刑后,终身监禁,不得减刑、假释。"

上述1997年《刑法》对1979年《刑法》规定的贪污罪作了重大修改,不但增加了详细的贪污罪的概念,还增加了"受国家机关、国有公司、企业、事业单位、人民团体委托管理、经营国有财产的人员,利用职务上的便利,侵吞、窃取、骗取或者以其他手段非法占有国有财物的,以贪污论"和"与前两款所列人员勾结,伙同贪污的,以共犯论处"两款内容。同时单设《刑法》第383条规定贪污罪的法定刑,明确了贪污罪处刑轻重是以贪污财物数额多少和情节严重程度两个标准决定的。最低处刑标准是"个人贪污数额不满五千元,情节较重的,处二年以下有期徒刑或者拘役";最高处刑标准是"个人贪污数额在十万元以上的,处十年以上有期徒刑或者无期徒刑,可以并处没收财产;情节特别严重的,处死刑,并处没收财产"。

上述《刑法修正案（九）》将《刑法》第383条规定的贪污罪的法定刑修改为"（一）贪污数额较大或者有其他较重情节的，处三年以下有期徒刑或者拘役，并处罚金。（二）贪污数额巨大或者有其他严重情节的，处三年以上十年以下有期徒刑，并处罚金或者没收财产。（三）贪污数额特别巨大或者有其他特别严重情节的，处十年以上有期徒刑或者无期徒刑，并处罚金或者没收财产；数额特别巨大，并使国家和人民利益遭受特别重大损失的，处无期徒刑或者死刑，并处没收财产"。《刑法修正案（九）》将贪污罪处刑的具体数额标准都改为抽象的"数额较大""数额巨大""数额特别巨大"，将贪污罪处刑情节修改为"情节较重""情节严重""情节特别严重""特别重大损失"的情形，法定刑中全都增加了罚金、没收财产等财产刑。这些都要依最高人民检察院、最高人民法院的司法解释，才能具体适用。同时还特别增加，"犯第一款罪，有第三项规定情形被判处死刑缓期执行的，人民法院根据犯罪情节等情况可以同时决定在其死刑缓期执行二年期满依法减为无期徒刑后，终身监禁，不得减刑、假释"，在死刑缓期执行中，增加终身监禁的执行方法。

2.刑法规定修改的原因

贪污罪是非常古老的犯罪，古今中外《刑法》中都规定有贪污犯罪的行为，但罪名不同，我国《唐律》中规定为"监守自盗罪"，有些国家法律中称为"侵占罪"或者"贿赂罪"等。

我国1952年4月18日发布的《惩治贪污条例》（已失效）中规定为贪污罪，《惩治贪污条例》第2条规定，"一切国家机关、企业、学校及其附属机构的工作人员，凡侵吞、盗窃、骗取、套取国家财物，强索他人财物，收受贿赂以及其他假公济私违法取利之行为，均为贪污罪"。第3条规定，犯贪污罪者，依其情节轻重，按下列规定，分别惩治：（1）个人贪污的数额，在人民币1亿元以上者，判处10年以上有期徒刑或者无期徒刑；其情节特别严重者，判处死刑。（2）个人贪污的数额，在人民币5000万元以上不满1亿元者，判处5年以上10年以下徒刑。（3）个人贪污的数额，在人民币1000万元以上不满5000万元者，判处1年以上5年以下徒刑，或1年至4年的劳役，或1年至2年的管制。（4）个人贪污的数额，不满人民币1000万元者，判处1年以下的徒刑、劳役或管制；或免刑予以开除、撤职、降职、降级、记过或警告的行政处分。集体贪污，按各人所得数额及情节，分别惩治。贪污所得的财物，应予追缴；其罪行特别严重者，并得没收其财产之一部或全部。第4条中规定了11项从重或加重处罚的情形。第5条中规定了4项得以从轻或者减轻处刑，或缓刑，或免刑予以行政处分的情形。该条例为以后《刑法》对贪污罪的规定奠定了基础。

我国1979年《刑法》将贪污罪规定在侵犯财产罪中，该《刑法》第155条中规定，贪污罪是指国家工作人员利用职务上的便利，贪污公共财物的行为，其法定刑是处5年以下有期徒刑或者拘役；数额巨大，情节严重的，处5年以上有期徒刑；情节特别严重的，处无期徒刑或者死刑。该规定中没有单独规定贪污具体的量刑数额标准。在司法实践中，由于《刑法》对贪污罪的量刑数额和情节标准规定得比较笼统，会出现定罪量刑不均衡的现象。

我国1988年1月21日全国人大常委会发布了《关于惩治贪污罪贿赂罪的补充规定》（已失效），对贪污罪的概念、法定刑、定罪处罚的数额标准、情节情形都作了具体的规定。第1条规定，"国家工作人员、集体经济组织工作人员或者其他经手、管理公共财物的人员，利用职务上的便利，侵吞、盗窃、骗取或者以其他手段非法占有公共财物的，是贪污罪。与国家工作人员、集体经济组织工作人员或者其他经手、管理公共财物的人员勾结，伙同贪污的，以共犯论处"。第2条规定:对犯贪污罪的,根据情节轻重,分别依照下列规定处罚:(1)个人贪污数额在5万元以上的,处10年以上有期徒刑或者无期徒刑,可以并处没收财产;情节特别严重的,处死刑,并处没收财产。(2)个人贪污数额在1万元以上不满5万元的,处5年以上有徒刑,可以并处没收财产;情节特别严重的,处无期徒刑,并处没收财产。(3)个人贪污数额在2000元以上不满1万元的,处1年以上7年以下有期徒刑;情节严重的,处7年以上10年以下有期徒刑。个人贪污数额在2000元以上不满5000元,犯罪后自首、立功或者有悔改表现、积极退赃的,可以减轻处罚,或者免予刑事处罚,由其所在单位或者上级主管机关给予行政处分。(4)个人贪污数额不满2000元,情节较重的,处2年以下有期徒刑或者拘役;情节较轻的,由其所在单位或者上级主管机关酌情给予行政处分。二人以上共同贪污的,按照个人所得数额及其在犯罪中的作用,分别处罚。对贪污集团的首要分子,按照集团贪污的总数额处罚;对其他共用同贪污犯罪中的主犯、情节严重的,按照共同贪污总数额处罚。对多次贪污未经处理的,按照累计贪污数额处罚。

我国1997年修订《刑法》对补充规定又作了两点重要修改:(1)将贪污罪的主体适当缩小,删去了集体经济组织工作人员。将经手、管理公共财物的人员主体改为"受委托管理、经营国有财物的人员"。国家工作人员的范围也缩小,即非国有公司、企业、事业单位、社会团体中从事公务的人员,不再构成贪污罪的主体。(2)对贪污罪处罚的数额标准适当提高,即将最低处刑数额标准由2000元提高到5000元;将最高处刑数额标准由5万元提高到10万元。由于上述规定的贪污罪量刑数额标准已过时,不能与当前物价水平相适应,使判处死刑的数额标准过低,出现了量刑不均衡,惩罚不合理的情况。很多司法机关和社会人士提出要修改贪污罪量刑的数额标准和对犯贪污罪给予财产刑处罚,以惩罚犯贪污罪的人的贪利思想。

我国2015年《刑法修正案(九)》又将《刑法》第383条规定的贪污犯罪处刑具体数额标准全部改为抽象的"数额较大""数额巨大""数额特别巨大"和将贪污情节修改为"情节较重""情节严重""情节特别严重""特别重大损失"的标准,在法定刑中全都增加了罚金或者没收财产的规定。上述规定将由最高人民法院、最高人民检察院根据社会经济发展情况和物价水平作出司法解释,法院可依照司法解释定罪处罚,以便更公平合理和适时的惩罚贪污罪。

3.贪污罪的适用

贪污罪是《刑法修正案(九)》对《刑法》第383条规定的贪污罪法定刑补充之后的犯罪,要准确适用就必须弄清该罪的概念、构成特征、法定刑,以及适用时应注意的问题。

(1)贪污罪的概念。该罪是指国家工作人员利用职务上的便利,侵吞、窃取、骗取或者以其他手段非法占有公共财物的行为。

根据《刑法》第382条第2款的规定,受国家机关、国有公司、企业、事业单位、人民团体委托管理、经营国有财产的人员,利用职务上的便利,侵吞、窃取、骗取或者以其他手段非法占有国有财物的,以贪污论。第3款规定,与前两款所列人员勾结,伙同贪污的,以共犯论处。

根据《刑法》第183条第2款的规定,国有保险公司工作人员和国有保险公司委派到非国有保险公司从事公务的人员利用职务上的便利,故意编造未曾发生的保险事故进行虚假理赔,骗取保险金归自己所有的,以贪污罪追究刑事责任。

根据《刑法》第271条第2款的规定,国有公司、企业或者其他国有单位中从事公务的人员和国有公司、企业或者其他国有单位委派到非国有公司、企业以及其他单位从事公务的人员将本单位财物非法占为己有,数额较大的,以贪污罪追究刑事责任。

根据《刑法》第394条的规定,国家工作人员在国内公务活动或者对外交往中接受礼物,依照国家规定应当交公而不交公,数额较大的,以贪污罪追究刑事责任。

贪污罪是一种社会危害性很大的犯罪,我们党和国家一直坚持同贪污犯罪行为作斗争。解放初期,就在全国范围内开展了反贪污、反浪费、反官僚主义的斗争。1952年《惩治贪污条例》中规定贪污罪最高处死刑,没收其财产一部分或全部。1979年《刑法》中规定,犯贪污罪,情节特别严重的处无期徒刑或者死刑。1988年全国人大常委会《关于惩治贪污罪贿赂罪的补充规定》对贪污罪的定义、法定刑、量刑数额、情节标准作了具体规定。1997年《刑法》在补充规定的基础之上又作了修改和补充,规定犯贪污罪的,最高处死刑,并处没收财产。2015年《刑法修正案(九)》又对贪污罪的法定刑及量刑数额、情节标准作了修改。在法定刑中全都增加了罚金或者没收财产的刑罚,将量刑的具体数额、情节标准改为抽象的"数额较大""数额巨大""数额特别巨大""情节较重""情节严重""情节特别严重""特别重大损失",取消了具体数额的规定,由有关机关根据不同时期作出具体规定。我国司法机关依据上述《刑法》规定,惩治了一大批贪污犯罪者,确保了国家工作人员的职责廉洁性和国家政治、经济顺利发展。

(2)贪污罪的构成特征。根据《刑法》第382条、第383条的规定,该罪有以下构成特征。

①犯罪主体,是特殊主体,即必须是国家工作人员。根据《刑法》第93条规定,本法所称国家工作人员,是指国家机关中从事公务的人员。国有公司、企业、事业单位、人民团体中从事公务的人员和国家机关、国有公司、企业、事业单位委派到非国有公司、企业、事业单位、社会团体从事公务的人员,以及其他依照法律从事公务的人员,以国家工作人员论。另外,受国家机关、国有公司、企业、事业单位、人民团体委托管理、经营国有财产的人员,即因承包、租赁、聘用等而管理、经营国有财产的人员也可以构成贪污罪的主体。犯罪主体在主观上是故意的,有非法占有公共财物的目的,不具有国家工作人员身份的人与国家工作人员相勾结,伙同贪污的,可以构成贪污罪的共犯。

②犯罪行为,必须是实施了利用职务上的便利,侵吞、窃取、骗取或者以其他手段非法占有公共财物的行为。利用职务之便是指利用职务主管、管理、经手公共财物的权利及方便条件进行侵吞、窃取、骗取公共财物等行为,才构成贪污犯罪行为。贪污犯罪行为的对象是公共财物,包括国有财产、劳动群众集体所有的财产,用于扶贫和其他公益事业的社会捐助或者专项基金的财产,在国家机关、国有公司、企业、集体企业和人民团体管理、使用或者运输中的私人财产,以公共财产论。根据《刑法》特别规定,国有公司、企业或者其他国有单位委派到非国有公司、企业以及其他单位从事公务的人员侵占本单位财物,包括私人财物的,也可以构成贪污行为的对象。

③犯罪结果,是结果犯,包括贪污数额结果和情节结果,只要实施了贪污行为达到数额较大或者有其他较重情节结果的,才可以构成犯罪。

根据《刑法》第383条第2款规定,对多次贪污未经处理的,按照累计贪污数额处罚。

第3款规定,犯贪污罪,在提起公诉前如实供述自己罪行、真诚悔罪、积极退赃,避免、减少损害结果的发生,有第1项规定情形的,可以从轻、减轻或者免除处罚;有第2项、第3项规定情形的,可以从轻处罚。

第 4 款规定,犯贪污罪,有第 3 项规定情形被判处死刑缓期执行的,人民法院根据犯罪情节等情况可以同时决定在其死刑缓期执行,二年期满依法减为无期徒刑后,终身监禁,不得减刑、假释。

(3)贪污罪的法定刑。根据《刑法》第 383 条规定,对犯贪污罪的,根据情节轻重,分别依照下列规定处罚。

①贪污数额较大或者有其他较重情节的,处 3 年以下有期徒刑或者拘役,并处罚金。

根据 2016 年 4 月 18 日最高人民法院、最高人民检察院《关于办理贪污贿赂刑事案件适用法律若干问题的解释》第 1 条规定,贪污或者受贿数额在 3 万元以上不满 20 万元的,应当认定为《刑法》第 383 条第 1 款规定的"数额较大",依法判处 3 年以下有期徒刑或者拘役,并处罚金。

贪污数额在 1 万元以上不满 3 万元,具有下列情形之一的,应当认定为《刑法》第 383 条第 1 款规定的"其他较重情节",依法判处 3 年以下有期徒刑或者拘役,并处罚金:贪污救灾、抢险、防汛、优抚、扶贫、移民、救济、防疫、社会捐助等特定款物的;曾因贪污、受贿、挪用公款受过党纪、行政处分的;曾因故意犯罪受过刑事追究的;赃款赃物用于非法活动的;拒不交代赃款赃物去向或者拒不配合追缴工作,致使无法追缴的;造成恶劣影响或者其他严重后果的。

②贪污数额巨大或者有其他严重情节的,处 3 年以上 10 年以下有期徒刑,并处罚金或者没收财产。

根据 2016 年 4 月 18 日最高人民法院、最高人民检察院《关于办理贪污贿赂刑事案件适用法律若干问题的解释》第 2 条规定,贪污或者受贿数额在 20 万元以上不满 300 万元的,应当认定为《刑法》第 383 条第 1 款规定的"数额巨大",依法判处 3 年以上 10 年以下有期徒刑,并处罚金或者没收财产。

贪污数额在 10 万元以上不满 20 万元,具有本解释第 1 条第 2 款规定的情形之一的,应当认定为《刑法》第 383 条第 1 款规定的"其他严重情节",依法判处 3 年以上 10 年以下有期徒刑,并处罚金或者没收财产。

③贪污数额特别巨大或者有其他特别严重情节的,处 10 年以上有期徒刑或者无期徒刑,并处罚金或者没收财产;数额特别巨大,且使国家和人民利益遭受特别重大损失的,处无期徒刑或者死刑,并处没收财产。

根据 2016 年 4 月 18 日最高人民法院、最高人民检察院《关于办理贪污贿赂刑事案件适用法律若干问题的解释》第 3 条规定,贪污或者受贿数额在 300 万元以上的,应当认定为《刑法》第 383 条第 1 款规定的"数额特别巨大",依法判处 10 年以上有期徒刑、无期徒刑或者死刑,并处罚金或者没收财产。

贪污数额在 150 万元以上不满 300 万元,具有本解释第 1 条第 2 款规定的情形之一的,应当认定为《刑法》第 383 条第 1 款规定的"其他特别严重情节",依法判处 10 年以上有期徒刑、无期徒刑或者死刑,并处罚金或者没收财产。

根据 2016 年 4 月 18 日最高人民法院、最高人民检察院《关于办理贪污贿赂刑事案件适用法律若干问题的解释》第 19 条规定,对贪污罪、受贿罪判处 3 年以下有期徒刑或者拘役的,应当并处 10 万元以上 50 万元以下的罚金;判处 3 年以上 10 年以下有期徒刑的,应当并处 20 万元以上犯罪数额二倍以下的罚金或者没收财产;判处 10 年以上有期徒刑或者无期徒刑的,应当并处 50 万元以上犯罪数额二倍以下的罚金或者没收财产。

对《刑法》规定并处罚金的其他贪污贿赂犯罪,应当在 10 万元以上犯罪数额二倍以下判处罚金。

④贪污数额特别巨大或者有其他特别严重、社会影响特别恶劣、给国家和人民利益造成特别重大损失的,可以判处死刑,判处死缓的,期满减为无期徒刑后,终身监禁,不得减刑、假释。

根据 2016 年 4 月 18 日最高人民法院、最高人民检察院《关于办理贪污贿赂刑事案件适用法律若干问题的解释》第 4 条规定,贪污、受贿数额特别巨大、犯罪情节特别严重、社会影响特别恶劣、给国家和人民利益造成特别重大损失的,可以判处死刑。

符合前款规定的情形,但具有自首,立功,如实供述自己罪行、真诚悔罪、积极退赃,或者避免、减少损害结果的发生等情节,不是必须立即执行的,可以判处死刑缓期 2 年执行。

符合第 1 款规定情形的,根据犯罪情节等情况可以判处死刑缓期 2 年执行,同时裁判决定在其死刑缓期执行 2 年期满依法减为无期徒刑后,终身监禁,不得减刑、假释。

根据 2015 年 11 月 1 日起施行的最高人民法院《关于〈中华人民共和国刑法修正案(九)〉时间效力问题的解释》第 8 条规定,对于 2015 年 10 月 31 日以前实施贪污、受贿行为,罪行极其严重,根据修正前《刑法》判处死刑缓期执行不能体现罪刑相适应原则,而根据修正后《刑法》判处死刑缓期执行同时决定在其死刑缓期执行 2 年期满依法减为无期徒刑后,终身监禁,不得减刑、假释可以罚当其罪的,适用修正后《刑法》第 383 条第 4 款的规定。根据修正前《刑法》判处死刑缓期执行足以罚当其罪的,不适用《刑法》第 383 条第 4 款的规定。

(4)认定贪污罪时,应注意以下问题。

①划清罪与非罪的界限。

从犯罪主体上区分。本罪主体是特殊主体,必须是国家工作人员才能构成本罪,非国家工作人员不能构成本罪。非国家工作人员,受国家机关委托,代表国家机关行使职权时有贪污行为的,可以构成贪污罪,例如,农村生产队的人员代表国家发放国家征地补偿款时,贪污该款的行为,依法构成贪污罪。如果生产队的干部贪污生产队的集体款就不构成本罪。本罪是故意犯罪,过失行为人不能构成本罪,国家机关的会计做错账、错款,使国家财产受到损失的行为,由于主观上是过失的,不能构成本罪。

从犯罪行为上区分。本罪必须是实施了利用职务上的便利,侵吞、窃取、骗取或者以其他手段非法占有公共财物的贪污行为,如果行为人接受一般礼物的行为,不构成犯罪。接受一般礼物是人情往来的行为不是贪污行为。根据我国《关于对党和国家机关工作人员在国内交往中收受的礼物实行登记制度的规定》和《关于在对外公务活动中的赠送和接受礼品的规定》要求,国家机关工作人员在对内外交往活动中接受礼物价值 200 元以下的,归接受礼物者个人使用,接受礼物 200 元以上的应当自接受之日起 1 个月以内交公。一般接受礼物价值 5000 元以上应交公不交公的,可以构成贪污罪,而接受礼物在 200 元以上不满 5000 元不交公的,则属于一般接受礼物不交公的行为,不构成犯罪,可以给予行政、纪律处罚。

从犯罪结果上区分。本罪是结果犯,必须是贪污数额较大或者有其他较重情节的才构成犯罪,如果贪污没有达到数额较大,也没有其他情节较重的情形的,是一般贪污行为,一般贪污行为不构成犯罪,由其所在单位或者上级主管机关酌情给予行政、纪律处分。

②注意划清贪污罪与盗窃罪、诈骗罪、侵占罪的界限。上述犯罪都有侵占财物的目的,其犯罪行为也相似,只是犯罪手段不同。贪污罪的犯罪手段是利用职务之便侵吞、窃取、骗取公共财物的行为。如果行为人有职务而没有利用职务之便,而是用其他手段进行盗窃、骗取、侵占公私财产行为,只能认定为盗窃罪、诈骗罪、侵占罪等,其区别的关键是是否利用职务之便进行上述犯罪行为。

③注意划清贪污罪与职务侵占罪的界限。贪污罪与职务侵占罪都是利用职务之便侵吞公共财物的行为,在认定二罪时容易混淆,例如,学界对于国家机关中的汽车司机在外出修汽车时,故意多报销汽车修理费占为已有的行为是认定为贪污罪还是侵占罪有不同意见。二罪的根本区别是犯罪主体不同,贪污罪的主体是国家工作人员,职务侵占罪的主体是公司、企业或者其他单位的工作人员。上述国家机关中的汽车司机如果具有国家工作人员身份的,其多报销汽车修理费,则是贪污犯罪;如果该司机不具有国家机关工作人员身份的,只能认定为职务侵占罪。

④注意划清贪污罪与私分国有资产罪、私分罚没财物罪的界限。上述三罪在犯罪主体、犯罪主观罪过和犯罪对象都相同,其犯罪的主要区分点是犯罪行为方式不同。贪污罪是实施了利用职务上的便利,侵吞、窃取、骗取或者以其他手段非法占有公共财物的行为,而私分国有资产罪、私分罚设财物罪是违反国家规定,以单位的名义将国有资产、罚没财物集体私分给个人的行为。由于犯罪行为不同可将贪污罪与私分国有资产罪、私分罚没财物罪区别开来。

⑤注意贪污、受贿用于单位公务处理和社会捐赠的,不影响犯罪的认定和处理。根据2016年4月18日最高人民法院、最高人民检察院《关于办理贪污贿赂刑事案件适用法律若干问题的解释》第16条规定,国家工作人员出于贪污、受贿的故意,非法占有公共财物、收受他人财物之后,将赃款赃物用于单位公务支出或者社会捐赠的,不影响贪污罪、受贿罪的认定,但量刑时可以酌情考虑。

⑥注意贪污贿赂犯罪违法所得财物及时返还被害人。根据2016年4月18日最高人民法院、最高人民检察院《关于办理贪污贿赂刑事案件适用法律若干问题的解释》第18条规定,贪污贿赂犯罪分子违法所得的一切财物,应当依照《刑法》第64条的规定予以追缴或者责令退赔,对被害人的合法财产应当及时返还。对尚未追缴到案或者尚未足额退赔的违法所得,应当继续追缴或者责令退赔。

(三十八)受贿罪

受贿罪是《刑法修正案(九)》第44条对《刑法》第383条补充之后的犯罪。最高人民法院1997年12月16日《关于执行〈中华人民共和国刑法〉确定罪名的规定》中规定为本罪名。

1. 刑法规定内容的修改

《刑法》条文中有关受贿罪的规定有以下内容。

(1)1979年《刑法》第185条规定,"国家工作人员利用职务上的便利,收受贿赂的,处五年以下有期徒刑或者拘役。赃款、赃物没收,公款、公物追还"。

"犯前款罪的,致使国家或者公民利益遭受严重损失的,处五年以上有期徒刑。"

"向国家工作人员行贿或者介绍贿赂的,处三年以下有期徒刑或者拘役。"

(2)1997年《刑法》第385条规定,"国家工作人员利用职务上的便利,索取他人财物的,或者非法收受他人财物,为他人谋取利益的,是受贿罪"。

"国家工作人员在经济往来中,违反国家规定,收受各种名义的回扣、手续费,归个人所有的,以受贿论处。"

1997年《刑法》第386条规定,对犯受贿罪的,根据受贿所得数额及情节,依照本法第383条的规定处罚。索贿的从重处罚。

1997年《刑法》第383条规定,"对犯贪污罪的,根据情节轻重,分别依照下列规定处罚:(一)个人贪污数额在十万元以上的,处十年以上有期徒刑或者无期徒刑,可以并处没收财产;情节特别严重的,处死刑,并处没收财产。(二)个人贪污数额在五万元以上不满十万元的,处五年以上有期徒刑,可以并处没收财产;情节特别严重的,处无期徒刑,并处没收财产。(三)个人贪污数额在五千元以上不满五万元的,处一年以上七年以下有期徒刑;情节严重的,处七年以上十年以下有期徒刑。个人贪污数额在五千元以上不满一万元,犯罪后有悔改表现、积极退赃的,可以减轻处罚或者免予刑事处罚,由其所在单位或者上级主管机关给予行政处分。(四)个人贪污数额不满五千元,情节较重的,处二年以下有期徒刑或者拘役;情节较轻的,由其所在单位或者上级主管机关酌情给予行政处分"。

"对多次贪污未经处理的,按照累计贪污数额处罚。"

(3)2015年8月29日《刑法修正案(九)》第44条规定,将《刑法》第383条修改为:"对犯贪污罪的,根据情节轻重,分别依照下列规定处罚:(一)贪污数额较大或者有其他较重情节的,处三年以下有期徒刑或者拘役,并处罚金。(二)贪污数额巨大或者有其他严重情节的,处三年以上十年以下有期徒刑,并处罚金或者没收财产。(三)贪污数额特别巨大或者有其他特别严重情节的,处十年以上有期徒刑或者无期徒刑,并处罚金或者没收财产;数额特别巨大,并使国家和人民利益遭受特别重大损失的,处无期徒刑或者死刑,并处没收财产"。

"对多次贪污未经处理的,按照累计贪污数额处罚。"

"犯第一款罪,在提起公诉前如实供述自己罪行、真诚悔罪、积极退赃,避免、减少损害结果的发生,有第一项规定情形的,可以从轻、减轻或者免除处罚;有第二项、第三项规定情形的,可以从轻处罚。"

"犯第一款罪,有第三项规定情形被判处死刑缓期执行的,人民法院根据犯罪情节等情况可以同时决定在其死刑缓期执行二年期满依法减为无期徒刑后,终身监禁,不得减刑、假释。"

上述1997年《刑法》对1979年《刑法》规定的受贿罪作了重大修改,不但增加了详细的受贿罪的概念,还将国家工作人员在经济往来中,违反国家规定,收受各种名义的回扣、手续费,归个人所有的情况,纳入受贿的范围,同时单设《刑法》第386条规定对犯受贿罪的,根据受贿所得数额及情节,依照本法第383条规定的贪污罪的法定刑处罚。明确了受贿罪处刑轻重是以受贿财物数额和情节程度两个标准,最低处刑标准是个人受贿数额不满5000元,情节较重的,处2年以下有期徒刑或者拘役;最高处刑标准是个人受贿数额在10万元以上的,处10年以上有期徒刑或者无期徒刑,可以并处没收财产;情节特别严重的,处死刑,并处没收财产。

上述《刑法修正案(九)》将《刑法》第383条规定的受贿罪的法定又修改为:①受贿数额较大或者有其他较重情节的,处3年以下有期徒刑或者拘役,并处罚金。②受贿数额巨大或者有其他严重情节的,处3年以上10年以下有期徒刑,并处罚金或者没收财产。③受贿数额特别巨大或者有其他特别严重情节的,处10年以上有期徒刑或者无期徒刑,并处罚金或者没收财产;数额特别巨大,并使国家和人民利益遭受特别重大损失的,处无期徒刑或者死刑,并处没收财产。《刑法修正案(九)》将受贿罪处刑的具体数额标准都改为抽象的"数额较大""数额巨大""数额特别巨大",将受贿罪处刑情节修改为"情节较重""情节严重""情节特别严重""特别重大损失"的情形,法定刑中全都增加了罚金、没收财产等财产刑。这些都有待最高人民检察院、最高人民法院的司法解释,才能具体适用。同时还特别增加,犯第1款罪,有第3项规定情形被判处死刑缓期执行的,人民法院根据犯罪情节等情形可以同时决定在其死刑缓期执行2年期满依法减为无期徒刑后,终身监禁,不得减刑、假释,在死刑缓期执行中,增加终身监禁的执行方法。

2. 刑法规定修改的原因

受贿罪是非常古老的犯罪,古今中外《刑法》中都规定有受贿犯罪的行为,但罪名不同,我国《唐律》中规定为"受人财为请求罪""受赃罪""坐赃罪"等,有些国家法律中称为"收贿罪"或者"贿赂罪"等。我国1952年4月18日发布的《惩治贪污条例》中将受贿犯罪行为规定为贪污罪,该条例第2条规定,"一切国家机关、企业、学校及其附属机构的工作人员,凡侵吞、盗窃、骗取、套取国家财物,强索他人财物,收受贿赂以及其他假公济私违法取利之行为,均为贪污罪"。第3条规定,犯贪污罪者,依其情节轻重,按下列规定,分别惩治:(1)个人贪污的数额,在人民币1亿元以上者,判处10年以上有期徒刑或者无期徒刑;其情节特别严重者,判处死刑。(2)个人贪污的数额,在人民币5000万元以上不满1亿元者,判处5年以上10年以下徒刑。(3)个人贪污的数额,在人民币1000万元以上不满5000万元者,判处1年以上5年以下徒刑,或1年至4年的劳役,或1年至2年的管制。(4)个人贪污的数额,不满人民币1000万元者,判处1年以下的徒刑、劳役或管制;或免刑予以开除、撤职、降职、降级、记过或警告的行政处分。集体贪污,按各人所得数额及情节,分别惩治。贪污所得的财物,应予追缴;其罪行特别严重者,并得没收其财产之一部或全部。第4条中规定了11项从重或加重处罚的情形。第5条中规定了4项得以从轻或者减轻处刑,或缓刑,或免刑予以行政处分的情形。该条例为以后《刑法》对贪污罪、受贿罪的规定奠定了基础。

我国1979年《刑法》将受贿罪规定在渎职罪中,该《刑法》第185条中规定,受贿罪是指国家工作人员利用职务上的便利,收受贿赂的行为,其法定刑是处5年以下有期徒刑或者拘役;"犯前款罪的,致使国家或者公民利益遭受严重损失的,处五年以上有期徒刑"。经过一个时期的司法实践,普遍认为对受贿犯罪规定的法定刑较轻,不足以制止受贿犯罪行为。

1982年3月8日全国人大常委会通过的《关于严惩严重破坏经济的犯罪的决定》第1条第2项对《刑法》第185条规定的受贿罪修改为:"国家工作人员索取、收受贿赂的,比照《刑法》第155条贪污罪处罚;情节特别严重的,处无期徒刑或者死刑",将受贿罪的法定刑提高到与贪污罪的法定刑相同。1988年1月21日全国人大常委会发布了《关于惩治贪污罪贿赂罪的补充规定》,对受贿罪的概念、法定刑、定罪处罚的数额标准、情节情形都作了具体的规定。该补充规定第4条规定,"国家工作人员、集体经济组织工作人员或者其他从事公务的人员,利用职务上的便利,索取他人财物的,或者非法接受他人财物为他人谋取利益的,是受贿罪。与国家工作人员、集体经济组织工作人员或者其他从事公务的人员勾结,伙同受贿的,以共犯论处"。"国家工作人员、集体经济组织工作人员或者其他从事公务的人员,在经济往来中,违反国家规定收受各种名义的回扣、手续费,归个人所有的,以受贿论处"。该补充规定第5条规定:对犯受贿罪的,根据受贿所得数额及情节,分别依照贪污罪法定刑的规定处罚,即依照下列规定处罚：(1)个人受贿数额在5万元以上的，处10年以上有期徒刑或者无期徒刑，可以并处没收财产；情节特别严重的，处死刑，并处没收财产。(2)个人受贿数额在1万元以上不满5万元的，处5年以上有徒刑，可以并处没收财产；情节特别严重的，处无期徒刑，并处没收财产。(3)个人受贿数额在2000元以上不满1万元的，处1年以上7年以下有期徒刑；情节严重的，处7年以上10年以下有期徒刑。个人受贿数额在2000元以上不满5000元，犯罪后自首、立功或者有悔改表现、积极退赃的，可以减轻处罚，或者免予刑事处罚，由其所在单位或者上级主管机关给予行政处分。(4)个人受贿数额不满2000元，情节较重的，处2年以下有期徒刑或者拘役；情节较轻的，由其所在单位或者上级主管机关酌情给予行政处分。二人以上共同受贿的，按照个人所得数额及其在犯罪中的作用，分别处罚。对受贿集团的首要分子，按照集团受贿的总数额处罚；对其他共用同受贿犯罪中的主犯、情节严重的，按照共同受贿总数额处罚。对多次受贿未经处理的，按照累计受贿数额处罚。受贿数额不满1万元，使国家利益或者集体利益遭受重大损失的，处10年以上有期徒刑；受贿数额在1万元以上，使国家利益或者集体利益遭受重大损失的，处无期徒刑或者死刑，并处没收财产。索贿的从重处罚。因受贿而进行违法活动构成其他犯罪的，依照数罪并罚规定处罚。补充规定对受贿罪的处罚规定重于贪污罪。

1995年全国人大常委会在《关于惩治违反公司法的犯罪的决定》(已失效)中又补充规定了公司、企业职工受贿罪。该决定第9条规定公司董事、监事或者职工利用职务上的便利，索取或者收受贿赂，数额较大的，处5年以下有期徒刑或者拘役；数额巨大的，处5年以上有期徒刑，可以并处没收财产。

1997年修订《刑法》对补充规定又作了三点重要修改：(1)将受贿罪的主体适当缩小，删去了集体经济组织工作人员和非国家工作人员从事公务活动人员。将公司、企业人员受贿犯罪行为，单独规定为独立犯罪，不再构成受贿罪的主体。(2)改变了共同受贿行为以国家工作人员为主的定罪规定，即新规定国家工作人员与公司企业工作人员共同受贿，可以分别定为受贿罪和公司企业人员受贿罪。(3)对受贿罪处罚的数额标准适当提高，即将最低处刑数额标准由2000元提高到5000元；将最高处刑数额标准由5万元提高到10万元。另外，取消了补充规定中受贿数额不满1万元，使国家利益或者集体利益遭受重大损失的，处10年以上有期徒刑；受贿数额在1万元以上，使国家利益或者集体利益遭受重大损失的，处无期徒刑或者死刑，并处没收财产的规定，使受贿罪与贪污罪的法定刑基本相同。经过十几年的司法实践，现在由于上述规定的受贿罪量刑数额标准已过时，不能与当前物价水平相适应，使判处死刑的数额标准过低，出现了量刑不均衡，惩罚不合理的情况。很多司法机关和社会人士提出要修改受贿罪量刑的数额标准和对犯受贿罪人员给予财产刑处罚的意见，以惩罚犯受贿罪的人的贪利行为。

2015年《刑法修正案(九)》又将《刑法》第383条规定的受贿犯罪处刑具体数额标准全部改为抽象的"数额较大""数额巨大""数额特别巨大"和将受贿罪定罪量刑情节修改为"情节较重""情节严重""情节特别严重""特别重大损失"，在法定刑中全都增加了罚金或者没收财产的规定。上述规定将由最高人民法院、最高人民检察院根据社会经济发展情况和物价水平作出司法解释，法院可依照司法解释定罪处罚，以便更公平合理和适时的惩罚受贿罪。

3.受贿罪的适用

受贿罪是《刑法修正案(九)》对《刑法》第383条规定的受贿罪法定刑补充之后的犯罪,要准确适用就必须弄清该罪的概念、构成特征、法定刑,以及适用时应注意的问题。

(1)受贿罪的概念。该罪是指国家工作人员利用职务上的便利,索取他人财物,或者非法收受他人财物,为他人谋取利益的行为。

根据《刑法》第385条第2款的规定,国家工作人员在经济往来中,违反国家规定,收受各种名义的回扣、手续费,归个人所有的,以受贿论处。

根据《刑法》第163条第3款的规定,国有公司、企业或者其他国有单位中从事公务的人员和国有公司、企业或者其他国有单位委派到非国有公司、企业以及其他单位从事公务的人员有前两款行为的,依照本法第385条、第386条的规定定罪处罚。

根据《刑法》第184条第2款的规定,国有金融机构工作人员和国有金融机构委派到非国有金融机构从事公务的人员在金融业务活动中索取他人财物或者非法收受他人财物,为他人谋取利益的,或者违反国家规定,收受各种名义的回扣、手续费,归个人所有的,依照本法第385条、第386条的规定定罪处罚。

根据《刑法》第388条第1款的规定,国家工作人员利用本人职权或者地位形成的便利条件,通过其他国家工作人员职务上的行为,为请托人谋取不正当利益,索取请托人财物或者收受请托人财物的,以受贿论处。

受贿罪是国家工作人员为以职权谋取财物,进行权钱交易的犯罪。国家为充分发挥其管理社会职能,分别授予各机关及其工作人员一定的职务和职权,每个国家工作人员都应当认真履行自己的职务职责,依法行使职权,全心全意地为人民服务,使国家机关的职能有效地发挥出来。如果国家工作人员利用职权谋取私利,实行权钱交易,这不仅是对国家工作人员职责廉洁性的损害,同时使国家机关的职能不能充分发挥作用,这是一种社会危害性很大的犯罪,我们党和国家一直坚持同受贿犯罪行为作斗争。

解放初期,就在全国范围内开展的反贪污、反浪费、反官僚主义的"三反""五反"斗争中就包括反行贿受贿。1952年《惩治贪污条例》中规定贪污、受贿犯罪最高处死刑,没收其财产一部分或全部。1979年《刑法》中规定,犯受贿罪,使国家和人民的利益遭受重大损失的处15年有期徒刑。1988年全国人大常委会《关于惩治贪污罪贿赂罪的补充规定》对受贿罪的定义、法定刑、量刑数额、情节标准作了具体规定。1997年《刑法》在补充规定的基础之上又作了修改和补充,规定犯受贿罪与犯贪污罪法定刑相同,最高处死刑,并处没收财产。

2015年《刑法修正案(九)》又对受贿罪的法定刑及量刑数额、情节标准作了修改。在法定刑中全都增加了罚金或者没收财产的刑罚,将量刑的具体数额、情节标准改为抽象的"数额较大""数额巨大""数额特别巨大""情节较重""情节严重""情节特别严重""特别重大损失"取消了具体数额的规定,由有关机关根据不同时期作出具体规定。

我国司法机关依据上述《刑法》规定,惩治了一大批受贿犯罪者,确保了国家工作人员的职责廉洁性和国家政治、经济顺利发展。

(2)受贿罪的构成特征。根据《刑法》第385条规定,该罪有以下构成特征。

①犯罪主体,是特殊主体,即必须是国家工作人员。根据《刑法》第93条规定,本法所称国家工作人员,是指国家机关中从事公务的人员。国有公司、企业、事业单位、人民团体中从

事公务的人员和国家机关、国有公司、企业、事业单位委派到非国有公司、企业、事业单位、社会团体从事公务的人员,以及其他依照法律从事公务的人员,以国家工作人员论。犯罪主体在主观上是故意的。有索取或者收受他人财物的目的。已离职退休的国家工作人员,不再是国家工作人员,一般没有职务了,不能再利用职务之便为他人谋利益和利用职务索取他人财物,不能再构成受贿罪主体。如果离休人员在离退休前利用职务之便为他人谋利益,在退休后索取或者收受他人财物的行为,应当构成受贿罪的主体。如果离职退休的国家工作人员在任职时收受他人财物,离职退休后,又通过在职的国家工作人员的职务行为,为请托人谋取利益的,可以构成斡旋受贿罪的主体,即构成受贿罪的主体。国家工作人员的近亲属或者其他与该国家工作人员关系密切的人,通过国家工作人员职务上的便利,为他人谋取利益的行为,如果上述国家工作人员的亲属及关系密切的人是国家工作人员则可以构成共同受贿罪,如果他们不是国家工作人员,则不构成受贿罪主体,但可以构成利用影响力受贿罪的主体。如果离职退休的国家工作人员利用其原职权或者地位形成的便利实施索贿、受贿行为可以构成利用影响力受贿罪的主体,但不构成受贿罪的主体。

②犯罪行为,必须是实施了利用职务之便,索取他人财物或者收受他人财物,为他人谋取利益的行为。具体表现为以下几点。

A. 受贿的手段必须是利用职务的之便。所谓利用职务之便,是指利用本人职务范围内的权力,即自己职务上主管、负责或者承办某项公共事务的职权及其所形成的便利条件。例如,利用主管人事、财务、物资权力等,还包括利用职务地位和职责权力所形成的便利条件。受贿罪利用职务便利有两种情况:一是受贿枉法行为,即利用职务的便利,违反法律、法规、政策和职责规定,为行贿人谋取不正当利益;二是受贿不枉法的行为,即利用职务之便,索取或者收受他人财物,但为行贿人谋利是按照国家法律、法规、政策规定办理的。不论枉法受贿还是不枉法受贿,也不论为行人谋取的利益是正当的利益还是不正当的利益,《刑法》规定都可以构成受贿犯罪行为。

B. 索取他人财物的行为。索取他人财物的行为是主动向他人索要财物的行为。索取贿赂行为有口头的、书面或者通过第三者转告的形式,有的是明要强索,利用自己手中的权力,乘对方有求于自己之机主动向对方提出贿赂要求,甚至有的会威吓对方,也有的是以暗示的方法进行索要,如"办事要花钱""要打点有关人员"等暗示的方式进行索贿。不论行为人使用哪种方式进行索贿,也不论是否为他人谋取还是未谋取利益,均可以构成受贿犯罪行为。强行索取财物的行为,不以对方承诺为必要构成条件,即使对方表示拒绝行贿,也可以构成受贿罪。这是因为索贿行为人主观恶性深,法律规定严,只要实施了强行索贿行为就可以构成犯罪,不论是否索取到财物,也不论是否为行贿人谋取到还是没有谋取到利益都构成犯罪,并要从重处罚。

C. 非法收受他人财物,为他人谋利益的行为。非法收受他人财物是被动接受他人给予财物的行为。收受他人财物可以是在利用职务为他人谋取利之前,也可以是在为他人谋取利益之后,可以是在任职之时,也可以是在任职以前或者离职之后,只要是利用职务之便进行权钱交易的都可以构成受贿行为。受贿的形式是多种多样的,有的是直接收现金,有的是接受财物,有的是接收股票、汇票、存款单、银行卡,有的是收受各种名义的奖金、回扣、手续费、活动费、酬谢费、交通费,有的是"以礼代贿",有的是"形礼实贿",如借婚、丧、嫁、娶、有困难资助等收受贿赂的行为。利用职务为他人谋利益,包括物质利益和非物质利益、合法利益和非法利益、正当利益和不正当利益、谋取到的利益和未谋取到的利益。被动收受他人财物必须具备为他人谋取利益作为受贿的必要条件,包括主观上意图利用职务之便为他人谋取利益,如果主观上根本没有为他人谋取利益的意图而非法收受他人财物的,不能构成受贿犯罪行为,而应构成诈骗犯罪行为。

根据2016年4月18日最高人民法院、最高人民检察院《关于办理贪污贿赂刑事案件适用法律若干问题的解释》第13条规定,具有下列情形之一的,应当认定为"为他人谋取利益",构成犯罪的,应当依照《刑法》关于受贿犯罪的规定定罪处罚:实际或者承诺为他人谋取利益的;明知他人有具体请托事项的;履职时未被请托,但事后基于该履职事由收受他人财物的。国家工作人员索取、收受具有上下级关系的下属或者具有行政管理关系的被管理人员的财物价值3万元以上,可能影响职权行使的,视为承诺为他人谋取利益。

D. 在经济往来中,违反规定收受各种名义的回扣、手续费,归个人所有的行为。这是《刑法》规定的一种特殊受贿行为,不需要满足利用职务之便为他人谋取利益,也不需要利用职务之便收受他人财物的条件,只要在经济往来中,违反规定接受各种名义的回扣、手续费归个人所有的,就可以构成受贿行为。

回扣,是商品经济的一种报酬形式,是国际商品交往的一种惯例,一般是指商品或者劳务买卖中,由卖方从所成交的价款中,提出一定的现金或者额外酬金支付给对方单位或者个人的金钱或有价证券,以刺激买方购买其商品的一种活动。

手续费是在经济活动中,除回扣之外的支付给有关人员的报酬。在我国法律中规定,在经济往来中收受的回扣、手续费都应当归单位所有,不允许归个人所有。国家工作人员在经济往来中,违反规定收受各种名义的回扣、手续费,归个人所有的行为,以受贿论。

E. 利用职权或地位形成的便利条件,通过其他国家工作人员职务上的行为为请托人谋取不正当利益,而索取或者收受请托人财物的行为。这是一种斡旋受贿行为或者称间接受贿行为,是指受贿人虽然没有直接利用职务之便为请托人谋取不正当利益,是间接利用自己的职权或者地位形成的便利条件为他人谋取不正当利益,而自己从中索贿、收受贿赂的行为。间接受贿必须为请托人谋取不正当利益,才能构成犯罪,为请托人谋取正当利益的,不构成受贿犯罪行为。

所谓不正当利益,是指谋取的利益本身是违反法律、法规、国家政策和国务院各部门的规章规定的利益,以及谋取违反法律、法规、国家政策和国务院各部门规定的帮助或者方便条件的,即某取的利益本身不符合法律、法规、政策规定和谋取利益的程序、方法不符合法律、法规、政策的规定。

③犯罪结果,是结果犯,包括贪污数额结果和情节结果,只有实施了受贿行为达到数额较大或者有其他较重情节结果的,才可以构成犯罪。

根据2016年4月18日最高人民法院、最高人民检察院《关于办理贪污贿赂刑事案件适用法律若干问题的解释》第15条规定,国家工作人员利用职务上的便利为请托人谋取利益前后多次收受请托人财物,受请托之前收受的财物数额在1万元以上的,应当一并计入受贿数额。

(3)受贿罪的法定刑。根据《刑法》第383条规定,对犯受贿罪的,根据情节轻重,分别依照下列规定处罚。

①受贿数额较大或者有其他较重情节的,处3年以下有期徒刑或者拘役,并处罚金。

根据2016年4月18日最高人民法院、最高人民检察院《关于办理贪污贿赂刑事案件适用法律若干问题的解释》第1条规定,贪污或者受贿数额在3万元以上不满20万元的,应当认定为《刑法》第383条第1款规定的"数额较大",依法判处3年以下有期徒刑或者拘役,并处罚金。

受贿数额在1万元以上不满3万元,具有前款第2项至第6项规定的情形之一,或者具有下列情形之一的,应当认定为《刑法》第383条第1款规定的"其他较重情节",依法判处3年以下有期徒刑或者拘役,并处罚金:多次索贿的;为他人谋取不正当利益,致使公共财产、国家和人民利益遭受损失的;为他人谋取职务提拔、调整的。

②受贿数额巨大或者有其他严重情节的,处3年以上10年以下有期徒刑,并处罚金或者没收财产。

根据2016年4月18日最高人民法院、最高人民检察院《关于办理贪污贿赂刑事案件适用法律若干问题的解释》第2条规定,贪污或者受贿数额在20万元以上不满300万元的,应当认定为《刑法》第383条第1款规定的"数额巨大",依法判处3年以上10年以下有期徒刑,并处罚金或者没收财产。

受贿数额在10万元以上不满20万元,具有本解释第1条第3款规定的情形之一的,应当认定为《刑法》第383条第1款规定的"其他严重情节",依法判处3年以上10年以下有期徒刑,并处罚金或者没收财产。

③受贿数额特别巨大或者有其他特别严重情节的,处10年以上有期徒刑或者无期徒刑,并处罚金或者没收财产;数额特别巨大,并使国家和人民利益遭受特别重大损失的,处无期徒刑或者死刑,并处没收财产。

根据2016年4月18日最高人民法院、最高人民检察院《关于办理贪污贿赂刑事案件适用法律若干问题的解释》第3条规定,贪污或者受贿数额在300万元以上的,应当认定为《刑法》第383条第1款规定的"数额特别巨大",依法判处10年以上有期徒刑、无期徒刑或者死刑,并处罚金或者没收财产。

受贿数额在150万元以上不满300万元,具有本解释第1条第3款规定的情形之一的,应当认定为《刑法》第383条第1款规定的"其他特别严重情节",依法判处10年以上有期徒刑、无期徒刑或者死刑,并处罚金或者没收财产。

根据2016年4月18日最高人民法院、最高人民检察院《关于办理贪污贿赂刑事案件适用法律若干问题的解释》第19条规定,对贪污罪、受贿罪判处3年以下有期徒刑或者拘役的,应当并处10万元以上50万元以下的罚金;判处3年以上10年以下有期徒刑的,应当并处20万元以上犯罪数额二倍以下的罚金或者没收财产;判处10年以上有期徒刑或者无期徒刑的,应当并处50万元以上犯罪数额二倍以下的罚金或者没收财产。

对《刑法》规定并处罚金的其他贪污贿赂犯罪,应当在10万元以上犯罪数额二倍以下判处罚金。

④受贿数额特别巨大或者有其他特别严重、社会影响特别恶劣、给国家和人民利益造成特别重大损失的,可以判处死刑,判处死缓的,期满减为无期徒刑后,终身监禁,不得减刑、

假释。

根据2016年4月18日最高人民法院、最高人民检察院《关于办理贪污贿赂刑事案件适用法律若干问题的解释》第4条规定,贪污、受贿数额特别巨大,犯罪情节特别严重、社会影响特别恶劣,给国家和人民利益造成特别重大损失的,可以判处死刑。

符合前款规定的情形,但具有自首、立功,如实供述自己罪行、真诚悔罪、积极退赃,或者避免、减少损害结果的发生等情节,不是必须立即执行的,可以判处死刑缓期2年执行。

符合第1款规定情形的,根据犯罪情节等情况可以判处死刑缓期2年执行,同时裁判决定在其死刑缓期执行2年期满依法减为无期徒刑后,终身监禁,不得减刑、假释。

根据2015年11月1日起最高人民法院施行的《关于〈中华人民共和国刑法修正案(九)〉时间效力问题的解释》第8条规定,对于2015年10月31日以前实施贪污、受贿行为,罪行极其严重,根据修正前《刑法》判处死刑缓期执行不能体现罪刑相适应原则,而根据修正后《刑法》判处死刑缓期执行同时决定在其死刑缓期执行2年期满依法减为无期徒刑后,终身监禁,不得减刑、假释可以罚当其罪的,适用修正后《刑法》第383条第4款的规定。根据修正前《刑法》判处死刑缓期执行足以罚当其罪的,不适用《刑法》第383条第4款的规定。

根据《刑法》第383条第2款规定,对多次受贿未经处理的,按照累计受贿数额处罚。

第3款规定,犯第1款罪,在提起公诉前如实供述自己罪行、真诚悔罪、积极退赃,避免、减少损害结果的发生,有第1项规定情形的,可以从轻、减轻或者免除处罚;有第2项、第3项规定情形的,可以从轻处罚。

第4款规定,犯第1款罪,有第3项规定情形被判处死刑缓期执行的,人民法院根据犯罪情节等情况可以同时决定在其死刑缓期执行2年期满依法减为无期徒刑后,终身监禁,不得减刑、假释。

根据2015年11月1日起最高人民法院施行的《关于〈中华人民共和国刑法修正案(九)〉时间效力问题的解释》第8条规定,对于2015年10月31日以前实施贪污、受贿行为,罪行极其严重,根据修正前《刑法》判处死刑缓期执行不能体现罪刑相适应原则,而根据修正后《刑法》判处死刑缓期执行同时决定在其死刑缓期执行2年期满依法减为无期徒刑后,终身监禁,不得减刑、假释可以罚当其罪的,适用修正后《刑法》第383条第4款的规定。根据修正前《刑法》判处死刑缓期执行足以罚当其罪的,不适用《刑法》第383条第4款的规定。

(4)认定受贿罪时,应注意以下问题。

①划清罪与非罪的界限。

从犯罪主体上区分。本罪主体是特殊主体,必须是国家工作人员才能构成本罪,非国家工作人员一般不能构成本罪。非国家工作人员,受国家机关委托,代表国家机关行使职权时有受行为的,可以构成受贿罪,例如,农村生产队的人员代表国家发放国家征地补偿款时,索贿或者收受贿赂行为,依法构成受贿罪。受贿人在主观上是故意的,并且具有索取、收受他人财物的目的。朋友之间、亲属之间互相馈赠、收受礼物是亲情友谊的表现,不存在以权谋取私利的目的,是对社会稳定有益无害的行为,不能构成受贿罪。但是以馈赠、收受礼物之名,行贿赂之实,则是受贿行为。二者的区别主要有以下几点。

A. 动机、目的不同。亲友之间请客送礼,完全是出于相互之间的友情,互相关心、互相帮助、互相体贴而自愿地尽社会成员的义务,没有非法谋取利益的目的;而受贿、行贿犯罪行为则是出于非法谋取利益的目的的"权钱交易",双方都有不正当谋取利益的目的。

B.交接财物的方式不同。亲友之间送礼、馈赠物品都是采取公开的方式,而多数是单方面无条件的赠与;而行贿受贿多采用秘密、隐蔽的方式,行贿与受贿双方都是有条件有目的的。

C.接受财物的数额多少有区别。除有灾难时,在通常的情况下,亲友之间的馈赠、送礼财物数额较少或者因某种特定要求需要特定的数目,如住院治病费用等;而行贿、受贿的数额一般都很大,且往往以特定的整数。

总之,一般按上述三个标准就可以将受贿与馈赠、送礼区别开来。

从犯罪行为上区分。本罪必须是实施了利用职务上的便利,索取他人财物或者收受他人财物为他人谋取利益的行为,如果没有利用职务之便,接受他人礼物的行为,不构成犯罪。接受一般礼物是人情往来的行为,不是受贿行为。根据我国《关于对党和国家机关工作人员在国内交往中收受的礼物实行登记制度的规定》和《关于在对外公务活动中的赠送和接受礼品的规定》要求,国家机关工作人员在对内外交往活动中接受礼物价值200元以下的,归接受礼物者个人使用,接受礼物200元以上的,应当自接受之日起1个月以内交公。一般接受礼物价值5000元以上应交公不交公的,是单方受贿行为,因没有权钱交易行为,不构成受贿罪,因其不交公,可以构成贪污罪,而接受礼物在200元以上不满5000元不交公的,则属于一般接受礼物不交公的行为,既不构成受贿罪也不构成贪污罪,可以给予行政、纪律处罚。

从犯罪结果上区分。本罪是结果犯,必须是受贿数额较大或者有其他较重情节的才构成犯罪,如果受贿没有达到数额较大,也没有其他情节较重的情形的,是一般受贿行为,不构成犯罪,由其所在单位或者上级主管机关酌情给予行政、纪律处分。另外,受贿是索取或者收受财物的才构成犯罪。财物不仅包括财产、物物、金钱等物质利益,而且包括可用金钱计算的财产性利益,例如,收受可以计价的劳务的行为。收受非财产性利益的行为,如接受性贿赂、名誉、职务的行为,不能构成受贿犯罪。

另外,要区分受贿与不正之风,有的国家工作人员在履行职务时,接受请托人赠送的烟酒糖茶、请吃喝玩乐等行为,一般数额较小,是不正之风,不构成受贿犯罪行为。如果收受、享受数额巨大的,也可以构成受贿罪。

②注意划清受贿罪与非国家工作人员受贿罪的界限。根据《刑法》第163条规定,公司、企业或者其他单位的工作人员利用职务上的便利,索取他人财物或者非法收受他人财物,为他人谋取利益,数额较大的行为是非国家工作人员受贿罪,由于受贿行为与受贿罪的行为相同,容易混淆。二罪的主要区别有以下几点。

A.犯罪主体不同。受贿罪的主体是国家工作人员;而非国家工作人员受贿罪的主体是公司、企业或者其他单位的工作人员,这是二罪的根本区别。公司、企业或者其他单位中具有国家工作人员身份并且是从事公务的人员,犯索取或者收受贿赂犯罪行为的,按受贿罪定罪处罚。

B.犯罪行为要求不同。受贿罪中索取他人财物的,不需要为他人谋取利益的条件也可以构成受贿犯罪,并且法律明确规定,索贿的从重处罚;而非国家工作人员利用职务索取他人财物的,也必须有为他人谋取利益的行为,才可以构成犯罪,《刑法》并没有特别规定非国家工作人员索贿的从重处罚。

C. 犯罪结果要求不同。受贿罪的结果必须是受贿数额较大或者情节较重的结果,才构成犯罪;而非国家工作人员受贿罪只规定受贿数额较大的结果就可以构成犯罪,而没有规定构成非国家工作人员受贿罪的情节结果构成要件。

D. 法定刑不同。受贿罪法定刑规定,最低处拘役,并处罚金,最高处无期徒刑或者死刑,并处没收财产、剥夺政治权利终身;而非国家工作人员受罪的法定刑规定最低处拘役,最高处无期徒刑,并处罚金,没有处死刑和剥夺政治权利的规定。很明显国家工作人员犯受贿罪的处罚比非国家工作人员受贿罪处刑重的多。

③注意划清受贿罪与贪污罪的界限。贪污罪与受贿罪都是国家工作人员利用职务上的便利谋取财物的犯罪,在犯罪主体、犯罪结果方面都相同,在认定时容易混淆,特别是当前有些犯罪分子采取各种迂回、隐蔽的方式获取财物,是受贿罪还是贪污罪难分清楚。要注意二罪的根本区别是犯罪行为不同。受贿罪是利用职务之便索取他人财物,或者收受他人财物为他人谋取利益的行为,是一种权钱交易行为;而贪污罪是利用职务之便,非法侵吞、窃取、骗取公共财物的行为,是一种利用职务之便,非法占有公共财物的行为。由于上述犯罪行为不同,可将二罪区别开来。

④注意划清受贿罪与敲诈勒索罪的界限。敲诈勒索罪与受贿罪都是侵犯他人财物的犯罪。敲诈勒索罪是指以非法占有为目的,采取暴力威胁、要挟等手段,强制索取公私财物的行为。其强制索取他人财物的行为与受贿罪中索取他人财物的行为很相似,在认定犯罪时容易混淆。要注意二罪的根本区别是犯罪手段不同。受贿罪中索取他人财物的手段是利用职务之便的条件,索取他人财物;而敲诈勒索罪中强制索取他人财物的手段是以暴力威胁、要挟等手段取得他人财物的行为。如果国家工作人员没有利用职务之便,而是使用暴力威胁、要挟手段索取他人财物的行为,应认定为敲诈勒索罪。

⑤注意划清受贿罪与诈骗罪的界限。诈骗罪与受贿罪都是谋取财物的犯罪。诈骗罪是以非法占有他人财物为目的,用虚构的事实和隐瞒事实真相的方法骗取他人财物数额较大的行为。现实生活中,有些国家工作人员利用职务上的便利,非法收受他人财物,以虚假的承诺为他人谋取利益,但主观和事实上根本不想为他人谋取利益。在这种情况下,不能认定为受贿罪,因为其不符合受贿犯罪行为利用职务为他人谋取利益的构成要件,但可以考虑认定为诈骗罪。如果国家工作人员利用职务之便收受了他人财物,主观上有为他人谋取利益的意图,只是由于客观上的原因没有为他人谋取利益,或者没有谋到利益,不影响受贿罪的构成。

⑥注意贪污、受贿用于单位公务处理和社会捐赠的,不影响犯罪的认定和处理。根据2016年4月18日最高人民法院、最高人民检察院《关于办理贪污贿赂刑事案件适用法律若干问题的解释》第16条规定,国家工作人员出于贪污、受贿的故意,非法占有公共财物、收受他人财物之后,将赃款赃物用于单位公务支出或者社会捐赠的,不影响贪污罪、受贿罪的认定,但量刑时可以酌情考虑。

特定关系人索取、收受他人财物,国家工作人员知道后未退还或者上交的,应当认定国家工作人员具有受贿故意。

⑦注意贪污贿赂犯罪违法所得财物及时返还被害人。根据2016年4月18日最高人民法院、最高人民检察院《关于办理贪污贿赂刑事案件适用法律若干问题的解释》第18条规定,贪污贿赂犯罪分子违法所得的一切财物,应当依照《刑法》第64条的规定予以追缴或者责令退

赔,对被害人的合法财产应当及时返还。对尚未追缴到案或者尚未足额退赔的违法所得,应当继续追缴或者责令退赔。

(三十九)行贿罪

行贿罪是《刑法修正案(十二)》第5条和《刑法修正案(九)》第45条对《刑法》第390条规定的单位行贿罪的法定刑补充修改的犯罪。1997年12月9日最高人民法院、1997年12月25日最高人民检察院《关于执行中华人民共和国刑法确定罪名的规定》中规定为本罪名。详见:《刑法修正案(十二)》修改犯罪(五)。

(四十)对单位行贿罪

对单位行贿罪是《刑法修正案(十二)》第6条和《刑法修正案(九)》第47条对《刑法》第391条规定的单位行贿罪的法定刑补充修改的犯罪。1997年12月9日最高人民法院、1997年12月25日最高人民检察院《关于执行中华人民共和国刑法确定罪名的规定》中规定为本罪名。详见:《刑法修正案(十二)》修改犯罪(六)。

(四十一)介绍贿赂罪

介绍贿赂罪是《刑法修正案(九)》第48条对《刑法》第392条规定的介绍贿赂罪法定刑补充之后的犯罪。1997年12月16日最高人民法院《关于执行〈中华人民共和国刑法〉确定罪名的规定》中规定为本罪名。

1.刑法规定内容的修改

《刑法》条文中有关介绍贿赂罪的规定有以下几点。

(1)1979年《刑法》第185条第3款规定,"向国家工作人员行贿或者介绍贿赂的,处三年以下有期徒刑或者拘役"。

(2)1997年《刑法》第392条规定,"向国家工作人员介绍贿赂,情节严重的,处三年以下有期徒刑或者拘役"。

"介绍贿赂人在被追诉前主动交代介绍贿赂行为的,可以减轻处罚或者免除处罚。"

(3)2015年8月29日《刑法修正案(九)》第48条规定,将《刑法》第392条第1款修改为:"向国家工作人员介绍贿赂,情节严重的,处三年以下有期徒刑或者拘役,并处罚金。"

上述《刑法修正案(九)》在《刑法》第392条规定的介绍贿赂罪的法定刑中增加了"并处罚金"。

2.刑法规定修改的原因

介绍贿赂罪是受贿罪,行贿罪的中间犯罪,共同构成贿赂罪。中国古代、近代法律中都没有介绍贿赂罪的规定。我国1952年4月18日发布的《惩治贪污条例》第6条中规定,一切向国家工作人员行使贿赂、介绍贿赂者,应按其情节轻重参酌本条例第3条的规定处刑;其情节特别严重者,并得没收其财产之一部或全部;其彻底坦白并对受贿人实行检举者,得判处罚金,免予其刑事处分。该条例规定了介绍贿赂犯罪行为,但没有将其规定为独立的犯罪,而是作为贪污罪的一种犯罪行为。我国1979年《刑法》将介绍贿赂行为规定为独立的罪名,并将其与受贿罪、行贿罪规定在一个条文中。该刑法第185条第3款中规定向国家工作人员介绍贿赂的,处3年以下有期徒刑或者拘役。1997年《刑法》对介绍贿赂罪作了从轻修改,并设专条规定为独立的犯罪,在对介绍贿赂罪的构成条件中,增加了"情节严重的"才构成犯罪。同时还专门规定"介绍贿赂人在被追诉前主动交代介绍贿赂行为的,可以减轻处罚或者免除处罚"的法定量刑情节。但其在介绍贿赂罪法定刑中没有规定财产刑,不能有效地惩治介绍贿赂的犯罪。2015年《刑法修正案(九)》在介绍贿赂罪的法定刑中增加了"并处罚金",以便对介绍贿赂者从经济上给予惩罚,挽回由于其犯罪给国家造成的财产损失。

3. 介绍贿赂罪的适用

介绍贿赂罪是《刑法修正案(九)》对《刑法》第392条规定的介绍贿赂罪法定刑补充之后的犯罪,要准确适用就必须弄清该罪的概念、构成特征、法定刑,以及适用时应注意的问题。

(1)介绍贿赂罪的概念。该罪是指向国家工作人员介绍贿赂,情节严重的行为。

介绍贿赂犯罪行为是在行贿人与受贿人之间起沟通、撮合使贿赂行为得以实现的中介。很多情况下,没有介绍贿赂行为,就不会发生贿赂犯罪行为。介绍贿赂人明知贿赂行为是违反法律规定的犯罪行为,还积极地实施介绍贿赂行为,有的是为了从中获利益。介绍贿赂行为与受贿、行贿行为结合在一起会侵犯国家工作人员的职责廉洁性,阻碍国家机关对社会的管理活动,因而介绍贿赂行为是对社会有危害的行为。我国《刑法》将介绍贿赂,情节严重的行为规定为犯罪,最高处3年有期徒刑或者拘役,并处罚金。严厉惩处介绍贿赂罪对从源头上遏制贿赂犯罪有重要意义。

(2)介绍贿赂罪的构成特征。根据《刑法》第392条规定,该罪有以下构成特征。

①犯罪主体,是一般主体,达到法定年龄具有刑事责任能力且实施了介绍贿赂犯罪行为的自然人。本罪的法定年龄是年满16周岁以上的自然人。犯罪主体在主观上是故意的,目的是促成权钱交易的贿赂实现,有的具有谋利的目的,有的没有谋利的目的。

②犯罪行为,必须是实施了介绍贿赂的行为。其具体表现是:在行贿人与受贿人之间牵线、搭桥、撮合、沟通、引荐、促使行贿与受贿得以实现的行为。介绍贿赂在行贿人与受贿人之间起到媒介作用,其既不是行贿一方的共犯也不是受贿一方的帮助犯,更不是行贿人和受贿人任何一方的教唆犯,而是独立于行贿人与受贿人之间进行介绍贿赂的独立犯罪行为。

③犯罪结果,是结果犯,必须是向国家工作人员介绍贿赂,情节严重的才能构成犯罪。根据1999年9月16日最高人民检察院发布的《人民检察院直接受理侦查案件立案标准的规定(试行)》第7条规定,涉嫌下列情形一的,应予立案:

A. 介绍个人向国家工作人员行贿,数额在2万元以上的;介绍单位向国家工作人员行贿,数额在20万元以上的;

B. 介绍贿赂额不满上述标准,但具有下列情形之一的:为使行贿人获取非法利益而介绍贿赂的;3次以上或者为3人以上介绍贿赂的;向党政领导、司法工作人员、行政执法人员介绍贿赂的;致使国家或者社会利益遭受重大损失的。

(3)介绍贿赂罪的法定刑。根据《刑法》第392条规定,介绍贿赂罪的法定刑是:

①构成介绍贿赂罪的,处3年以下有期徒刑或者拘役,并处罚金。

②介绍贿赂人在被追诉前主动交代介绍贿赂行为的,可以减轻处罚或者免除处罚。

(4)认定介绍贿赂罪时,应注意以下问题。

①划清罪与非罪的界限。

从犯罪主体上区分。本罪主体是一般主体,单位不能构成本罪。本罪主体在主观上是故意的,其目的是促成权钱交易,促成贿赂实现。过失行为不构成犯罪。如果行为人给国家工作人员介绍业务关系、介绍用户联系,没有介绍金钱交易的贿赂内容的,不构成介绍贿赂罪。如果在介绍业务后,发生了一方给予国家工作人员以财物的行贿行为,但介绍业务者由于没有介绍贿赂的内容,对介绍业务者不能构成介绍贿赂罪。

从犯罪行为上区分。本罪必须实施了在行贿人与受贿人之间进行介绍贿赂的行为才能构成犯罪,如果只是在行贿一方或者受贿一方出谋划策、提供对方信息的行为,不是介绍贿赂犯罪行为。本罪是介绍向国家工作人员行贿的行为才构成犯罪。如果介绍给单位或者给非国家工作人员贿赂的行为,不构成介绍贿赂犯罪。

从犯罪结果上区分。本罪是结果犯,必须是介绍贿赂,情节严重的才能构成犯罪,如果介绍贿赂达不到司法解释规定的情节严重的标准的,不构成本罪。

②注意划清介绍贿赂罪与经济活动中居间谋利的界限。在商品经济活动中,居间谋利是经纪人居间提供信息、咨询服务,使供需双方业务成交,从中获取报酬的行为。这是一种独立的经济活动,一般不构成犯罪。虽然介绍贿赂罪介绍人也可能从行贿或者受贿方获取介绍费,但这不是经纪人的收入,而是介绍贿赂的非法所得,应作为介绍贿赂罪从重处罚的情节考虑。

③注意划清介绍贿赂罪与斡旋受贿罪的界限。斡旋受贿是国家工作人员利用职权或者地位形成的便利条件,通过其他国家工作人员职务上的行为,为请托人谋取不正当利益,索取或者收受请托人财物的行为。从表面上看,斡旋受贿行为也是处于一种"中介人"地位,与介绍贿赂很相似,容易混淆。二罪区分的关键是行为的性质不同。介绍贿赂行为的性质是出于中间介绍的行为,而斡旋受贿罪则是索贿、受贿行为,其与普通受贿行为的区别是利用其他国家工作人员职务行为他人谋利益,而不是利用自己的职务为他人谋取不正当利益的行为,其索取、收受他人财物的行为与受贿行为是相同的,因此,斡旋受贿是受贿罪的一种形式。

④注意划清介绍贿赂罪与诈骗罪的界限。介绍贿赂罪与诈骗罪在犯罪构成上完全不同,在一般情况下是能够划分清楚的,但是,如果介绍贿赂人使用欺骗的手段,将贿赂财物骗为己有或者将部分贿赂财物骗为己有的,是认定为诈骗罪还是介绍贿赂罪,容易混淆。二罪的根本区别是人为主观上的目的不同,如果行为人是以介绍贿赂为名,实质上是以欺骗的手段骗取财物为己有为目的,至于贿赂行为是否实施与他无关,则应定为诈骗罪。如果行为人主观上虽有获取财务的动机,但是以介绍贿赂为目的,积极促使行贿与受贿的权钱交易得以实现,则应认定为介绍贿赂罪。

⑤划清介绍贿赂罪与教唆贿赂的界限。教唆贿赂是教唆行贿者或者受贿者一方进行贿赂行为,是行贿罪或者受贿罪的共犯,只是在行贿或者受贿一方起教唆犯的作用。介绍贿赂罪的犯罪人是在行贿人与受贿人之间进行牵线、搭桥、撮合、引荐,其与行贿人、受贿人双方都有联系,不是任何一方的共犯,只是"中介人"的地位,不单独代表任何一方的利益。如果行贿、受贿双方都没有进行贿赂的意图,而是由于行为人在双方之间进行教唆而引起贿赂犯罪的,不再认定为介绍贿赂罪,而应认定为行贿罪或者受贿罪的教唆犯。

(四十二)单位行贿罪

单位行贿罪是《刑法修正案(十二)》第 7 条和《刑法修正案(九)》第 49 条对刑法第 393 条规定的单位行贿罪的法定刑补充修改的犯罪。1997 年 12 月 9 日最高人民法院、1997 年 12 月 25 日最高人民检察院《关于执行中华人民共和国刑法确定罪名的规定》中规定为本罪名。

详见:《刑法修正案(十二)》修改犯罪(七)。

(四十三)阻碍执行军事职务罪

阻碍执行军事职务罪是《刑法修正案(九)》第50条对《刑法》第426条规定的阻碍执行军事职务罪法定刑补充之后的犯罪。1997年12月16日最高人民法院《关于执行〈中华人民共和国刑法〉确定罪名的规定》中规定为本罪名。

1. 刑法规定内容的修改

《刑法》条文中有关阻碍执行军事职务罪的规定有以下内容。

(1)1997年《刑法》第426条规定,"以暴力、威胁方法,阻碍指挥人员或者值班、值勤人员执行职务的,处五年以下有期徒刑或者拘役;情节严重的,处五年以上有期徒刑;致人重伤、死亡的,或者有其他特别严重情节的,处无期徒刑或者死刑。战时从重处罚"。

(2)2015年8月29日《刑法修正案(九)》第50条规定,将《刑法》第426条修改为:"以暴力、威胁方法,阻碍指挥人员或者值班、值勤人员执行职务的,处五年以下有期徒刑或者拘役;情节严重的,处五年以上十年以下有期徒刑;情节特别严重的,处十年以上有期徒刑或者无期徒刑。战时从重处罚"。

上述《刑法修正案(九)》将《刑法》第426条规定的阻碍执行军事职务罪的法定刑中"情节严重的,处五年以上有期徒刑;致人重伤、死亡的,或者有其他特别严重情节的,处无期徒刑或者死刑"改为"情节严重的,处五年以上十年以下有期徒刑;情节特别严重的,处十年以上有期徒刑或者无期徒刑",调整了"情节严重"的法定刑,并且取消了犯本罪处死刑的规定。

2. 刑法规定修改的原因

阻碍执行军事职务罪是1997年《刑法》对我国《惩治军人违反职责罪暂行条例》(已失效)中规定的阻碍军事职务罪的修改。该条例第10条规定,以暴力、威胁办法,阻碍指挥人员或者值班、值勤人员执行职务的,处5年以下有期徒刑或者拘役;情节特别严重的或者致人重伤、死亡的,处无期徒刑或者死刑。战时从重处罚。1997年《刑法》将罪名修改为"阻碍执行军事职务罪",将"情节特别严重或者致人重伤、死亡的"改为"致人重伤、死亡的,或者有其他特别严重情节的"。使文字表述更规范。2015年8月29日《刑法修正案(九)》根据我国当时的实际情况,依照宽严相济的刑事政策和严格限制死刑的原则又对该罪的法定刑进行了调整,减轻了"情节严重"犯罪的法定刑,同时取消了犯本罪处死刑的规定,减轻了对本罪的处罚力度。

3. 阻碍执行军事职务罪的适用

阻碍执行军事职务罪是《刑法修正案(九)》对《刑法》第426条规定的阻碍执行军事职务罪法定刑补充之后的犯罪,要准确适用就必须弄清该罪的概念、构成特征、法定刑,以及适用时应注意的问题。

(1)阻碍执行军事职务罪的概念。该罪是指以暴力、威胁方法,阻碍指挥人员或者值班、值勤人员执行职务的行为。

军人执行职务是保证部队战斗力和完成各项任务的前提条件,所有的军人应当协助和支持其认真执行职务行为,如果军人以暴力、威胁方法阻碍指挥人员或者值班、值勤人员依法执行职务必然给部队的正常工作造成危害。我国《刑法》将以暴力、威胁方法阻碍军人执行职务的行为规定为犯罪,最高处无期刑徒刑。

(2)阻碍执行军事职务罪的构成特征。根据《刑法》第426条规定,该罪有以下构成特征。

①犯罪主体,是军人,无论战时还是平时军人都可以构成本罪的主体。军人是指现役军人和军内在编职工,即《刑法》第450条规定的中国人民解放军现役军官、文职干部、士兵及具有军籍的学员和中国人民武装警察部队的现役警官、文职干部、士兵及具有军籍的学员以及文职人员、执行军事任务的预备役人员和其他人员。犯罪主体在主观上是故意的,并且有阻碍执行军事职务的目的。

②犯罪行为,必须是实施了以暴力、威胁方法阻碍执行军事职务的行为。所谓暴力,是指以暴力袭击的方法,如捆绑、殴打、伤害等方法危害人身安全和人身自由,使军人不能依法执行职务的行为。所谓威胁方法,是指以暴力相胁迫,如以打击报复、揭发隐私或者以暴力伤害相要挟,使军人不敢执行军事职务的行为。

③犯罪结果,是行为犯,只要以暴力、威胁方法阻碍指挥人员或者值班、值勤人依法执行职务的行为就可以构成犯罪。

(3)阻碍执行军事职务罪的法定刑。根据《刑法》第426条规定,本罪的法定刑如下。

①构成本罪,处5年以下有期徒刑或者拘役。

②构成本罪,情节严重的,处5年以上10年以下有期徒刑。

③构成本罪,情节特别严重的,处10年以上有期徒刑或者无期徒刑。

战时从重处罚。

(4)认定阻碍执行军事职务罪时,应注意以下问题。

①划清罪与非罪的界限。

从犯罪主体上区分。本罪主体必须是军人,非军人不能构成本罪主体,本罪主体在主观上是故意的,即故意阻碍执行军事职务的目的,不具有阻碍执行军事职务的目的,如开汽车不小心撞翻军队值勤岗楼,使值勤军人不能执行军事职务的行为不构成本罪。

从犯罪行为上区分。本罪必须是以暴力、威胁的方法阻碍执行军事职务的行为,如果没有使用暴力、威胁的方法,而是使用语言吵闹的方法,使军人不能执行军事职务的行为,不能构成犯罪。军人以暴力、威胁方法阻碍非军人执行职务的行为也不构成本罪。

从犯罪结果上区分。本罪是行为犯,只要实施了以暴力、威胁的方法阻碍执行军事职务行为就可以构成犯罪,但情节显著轻微危害不大的行为,依据《刑法》第13条犯罪定义的规定不认为是犯罪。例如,虽然使用了轻微的暴力,但经劝阻立即停止,并没有实际阻碍执行军事职务的行为,不认为是犯罪。

②注意划清阻碍执行军事职务罪与阻碍军人执行职务罪的界限。本罪与《刑法》第386条规定的阻碍军人执行职务罪相似,二罪都是阻碍军人执行职务的行为,容易混淆。二罪的区别:一是犯罪主体不同,本罪的主体是军人;而阻碍军人执行职务罪的主体是一般主体。二是阻碍的对象不同,本罪阻碍的对象是军事指挥人员或者值班、值勤人员;而阻碍军人执行职务罪阻碍的对象是所有执行职务的军人。由于上述二点不同将二罪区别开来。

③注意划清阻碍执行军事职务罪与妨害公务罪的界限。本罪与我国《刑法》第277条规定的妨害公务罪相似,都是妨害国家机关工作人员执行公务的行为,容易混淆。二罪的根本区别是阻碍的对象不同。本罪阻碍的是军事指挥人员或者值班、值勤人员执行公务的行为;

而妨害公务罪阻碍的对象是执行公务的国家机关工作人员。另外,二罪的主体也不相同,本罪的主体是军人;而妨害公务罪的主体是一般主体。如果军人阻碍国家机关工作人员依法执行公务的行为,要认定为妨害公务罪。如果非军人阻碍军事指挥人员或者值班、值勤人员执行军事职务的行为,要认定为阻碍军人执行职务罪。

(四十四)战时造谣惑众罪

战时造谣惑众罪是《刑法修正案(九)》第51条是对《刑法》第433条规定的战时造谣惑众罪法定刑补充之后的犯罪。1997年12月16日最高人民法院《关于执行〈中华人民共和国刑法〉确定罪名的规定》中规定为本罪名。

1.刑法规定内容的修改

《刑法》条文中有关战时造谣惑众罪的规定有以下内容。

(1)1997年《刑法》第433条规定,"战时造谣惑众,动摇军心的,处三年以下有期徒刑;情节严重的,处三年以上十年以下有期徒刑"。

"勾结敌人造谣惑众,动摇军心的,处十年以上有期徒刑或者无期徒刑;情节特别严重的,可以判处死刑。"

(2)2015年8月29日《刑法修正案(九)》第51条规定,将《刑法》第433条修改为:"战时造谣惑众,动摇军心的,处三年以下有期徒刑;情节严重的,处三年以上十年以下有期徒刑;情节特别严重的,处十年以上有期徒刑或者无期徒刑。"

上述《刑法修正案(九)》将《刑法》第433条规定的战时造谣惑众罪的法定刑中"勾结敌人造谣惑众,动摇军心的,处十年以上有期徒刑或者无期徒刑;情节特别严重的,可以判处死刑"全部删去,即取消了对本罪处死刑的规定。同时增加了"情节特别严重的,处十年以上有期徒刑或者无期徒刑"的加重法定刑。

2.刑法规定修改的原因

战时造谣惑众罪是1997年《刑法》根据我国1981年6月全国人大常委会发布的《惩治军人违反职责罪暂行条例》中规定的战时造谣惑众罪的修改。该条例第14条规定,战时造谣惑众,动摇军心的,处3年以下有期徒刑;情节严重的,处3年以上10年以下有期徒刑。勾结敌人造谣惑众,动摇军心的,处10年以上有期徒刑或者无期徒刑;情节特别严重的,可以判处死刑。1997年《刑法》的规定与上述规定完全相同。2015年8月29日《刑法修正案(九)》根据我国当时的实际情况,依照宽严相济的刑事政策和严格限制死刑的原则又对该罪的法定刑进行了调整,删除"勾结敌人造谣惑众,动摇军心"的罪状,取消了犯本罪处死刑的规定,增加了"情节特别严重的,处十年以上有期徒刑或者无期徒刑"的加重法定刑。

3.战时造谣惑众罪的适用

战时造谣惑众罪是《刑法修正案(九)》对《刑法》第433条规定的战时造谣惑众罪的罪状和法定刑修改之后的犯罪,要准确适用就必须弄清该罪的概念、构成特征、法定刑,以及适用时应注意的问题。

(1)战时造谣惑众罪的概念。该罪是指战时造谣惑众,动摇军心的行为。

战时军队军人的士气很重要,通过宣传鼓动,提高军人的士气是保证军事胜利的重要因素,如果在战时造谣惑众,动摇军心,使军人失去斗志,实际上是帮助敌人削弱己方的行为,是危害部队战斗力,是对社会有危害的行为。我国《刑法》将战时造谣惑众、动摇军心的行为规定为犯罪,最高处无期刑徒刑。

(2)战时造谣惑众罪的构成特征。根据《刑法》第433条规定,该罪有以下构成特征。

①犯罪主体,是军人,军人在战时才能构成本罪的主体。军人是指现役军人和军内在编职工,即《刑法》第450条规定的中国人民解放军现役军官、文职干部、士兵及具有军籍的学员和中国人民武装警察部队的现役警官、文职干部、士兵及具有军籍的学员以及文职人员、执行军事任务的预备役人员和其他人员。犯罪主体在主观上是故意的,并且有造谣惑众、动摇军心的目的。

②犯罪行为,必须是在战时实施了造谣惑众,动摇军心的行为。所谓造谣惑众、动摇军心,是指编造不存在的、虚假的、不利于稳定军心的虚假信息,在部队中散布,煽动怯战、厌战或者引起恐怖情绪蛊惑官兵的行为。造谣惑众、动摇军心的行为方式可以是公开的散布,可以是私下传播,可以是口头的,可以是文字、图像的,也可以通过互联网、手机等其他途径散布。只要是可以让他人知道谣言的行为,都是散布谣言的行为。

③犯罪结果,是行为犯,只要在战时实施了造谣惑众的行为就可以构成犯罪,无论是否达到动摇军心的目的都可以构成犯罪。

(3)战时造谣惑众罪的法定刑。根据《刑法》第433条的规定,本罪的法定刑是:

①构成本罪,处3年以下有期徒刑。

②构成本罪,情节严重的,处3年以上10年以下有期徒刑。

③构成本罪,情节特别严重的,处10年以上有期徒刑或者无期徒刑。

(4)认定战时造谣惑众罪时,应注意以下问题。

①划清罪与非罪的界限。

从犯罪主体上区分。本罪主体必须是军人,非军人不能构成本罪主体。本罪主体在主观上是故意的,且有造谣惑众、动摇军心的目的,不具有这种目的的,如过失误传了小道消息的行为不构成本罪。

从犯罪行为上区分。本罪必须是在战时故意进行造谣惑众的行为,平时有造谣惑众行为的不能构成犯罪。如果传播的是真的事实,虽然影响了官兵的情绪,但是不是造谣行为,也不构成犯罪。

从犯罪结果上区分。本罪是行为犯,只要在战时实施了造谣惑众的行为就可以构成犯罪,但情节显著轻微危害不大的,依据《刑法》第13条犯罪定义的规定不认为是犯罪。例如,虽然造谣,但是只有一两个人听到就被制止了,没有在官兵中广泛散布的,不认为是犯罪。

②注意划清战时造谣惑众罪与煽动颠覆国家政权罪的界限。我国《刑法》第105条第2款规定的煽动颠覆国家政权罪与本罪在犯罪行为上相似,容易混淆。二罪的主要区别:一是犯罪主体不同,本罪的主体是军人;而煽动颠覆国家政权罪的主体是一般主体,其包括军人。二是犯罪目的不同,本罪的目的是以战时造谣惑众为目的;而煽动颠覆国家政权罪的目的是颠覆国家政权。由于上述的不同将二罪区别开来。

③注意划清战时造谣惑众罪与战时造谣扰乱军心罪的界限。本罪与我国《刑法》第378条规定的战时造谣扰乱军心罪与本罪在犯罪行为、犯罪结果相似,容易混淆。二罪的根本区别是犯罪主体不同。本罪的主体是军人;而战时造谣扰乱军心罪的主体是一般主体,军人在战时造谣扰乱军心的行为只能认定为战时造谣惑众罪。

第十四章　中华人民共和国刑法修正案(十)

《中华人民共和国刑法修正案(十)》(以下简称《刑法修正案(十)》)于2017年11月4日第十二届全国人民代表大会常务委员会第三十次会议通过,并于当日国家主席公布施行。

一、《刑法修正案(十)》概述

(一)《刑法修正案(十)》修改的主要内容

《刑法修正案(十)》的主要内容是在《刑法》第299条中增加1款作为第2款,将该条修改为:在公共场合,故意以焚烧、毁损、涂划、玷污、践踏等方式侮辱中华人民共和国国旗、国徽的,处3年以下有期徒刑、拘役、管制或者剥夺政治权利。

增加第2款规定"在公共场合,故意篡改中华人民共和国国歌歌词、曲谱,以歪曲、贬损方式奏唱国歌,或者以其他方式侮辱国歌,情节严重的,依照前款的规定处罚"。《刑法》第299条原只规定了"侮辱国旗、国徽罪",《刑法修正案(十)》又增加了侮辱国歌的犯罪行为,将侮辱国家形象标志的国旗、国徽、国歌的行为都规定为犯罪行为,处以同样的刑罚处罚。2021年2月26日最高人民法院、最高人民检察院发布的《关于执行〈中华人民共和国刑法〉确定罪名的补充规定(七)》取消《刑法》第299条原确定的"侮辱国旗、国徽罪"的罪名,改为"侮辱国旗、国徽、国歌罪"的罪名,其目的是系统维护国家的尊严、形象和标志,激发国民的爱国主义情感。

(二)《刑法修正案(十)》的修改特点

《刑法修正案(十)》虽然只增加了侮辱国歌的犯罪行为,但其最突出的特点是将我国惩罚侮辱国家象征和标志的违法犯罪行为法律系统化。我国1990年10月1日实施的《国旗法》(已被修改),该法第3条明确规定"中华人民共和国国旗是中华人民共和国的象征和标志,每个公民和组织,都应当尊重和爱护国旗"。第17条规定,"不得升挂破损、污损、褪色或者不合规格的国旗"。第18条规定,"国旗及其图案不得用作商标和广告,不得用于私人丧事活动"。第19条规定,"在公众场合故意以焚烧、毁损、涂划、玷污、践踏等方式侮辱中华人民共和国国旗的,依法追究刑事责任;情节较轻的,参照治安管理处罚条例的处罚规定,由公安机关处以十五日以下拘留"。《国旗法》的上述规定为惩治侮辱国旗的违法犯罪行为提供了行政法律依据。

1991年10月1日实施的《国徽法》(已失效)第3条也明确规定:"中华人民共和国国徽是中华人民共和国的象征和标志,一切组织和公民,都应当尊重和爱护国徽。"第10条规定,"国徽及其图案不得用于:(一)商标、广告;(二)日常生活的陈设布置;(三)私人庆吊活动;(四)国务院办公厅规定不得使用国徽及其图案的其他场合"。第11条规定,"不得悬挂破损、污损或者不合规格的国徽"。第12条规定,悬挂的国徽由国家指定的企业统一制作,其直径通用尺度为下列三种:(1)100 厘米;(2)80 厘米;(3)60 厘米。在特定场所挂非通用尺度国徽的,报国务院办公厅批准。第 13 条规定:"在公共场所故意以焚烧、毁损、涂划、玷污、践踏等方式侮辱中华人民共和国国徽的,依法追究刑事责任;情节较轻的,参照治安管理处罚条例的处罚规定,由公安机关处以十五日以下拘留。"国徽法的上述规定为惩治侮辱国徽的违法犯罪行为提供了行政法律依据。

2017 年 10 月 1 日开始实施的《国歌法》第 1 条规定:"为了维护国歌的尊严,规范国歌的奏唱、播放和使用,增强公民的国家观念,弘扬爱国主义精神,培育和践行社会主义核心价值观,根据宪法,制定本法。"第 2 条规定:"中华人民共和国国歌是《义勇军进行曲》。"第 3 条规定:"中华人民共和国国歌是中华人民共和国的象征和标志。一切公民和组织都应当尊重国歌,维护国歌的尊严。"第 4 条规定:"在下列场合,应当奏唱国歌:(一)全国人民代表大会会议和地方各级人民代表大会会议的开幕、闭幕;中国人民政治协商会议全国委员会会议和地方各级委员会会议的开幕、闭幕;(二)各政党、各人民团体的各级代表大会等;(三)宪法宣誓仪式;(四)升国旗仪式;(五)各级机关举行或者组织的重大庆典、表彰、纪念仪式等;(六)国家公祭仪式;(七)重大外交活动;(八)重大体育赛事;(九)其他应当奏唱国歌的场合。"第 5 条规定:"国家倡导公民和组织在适宜的场合奏唱国歌,表达爱国情感。"第 6 条规定:"奏唱国歌,应当按照本法附件所载国歌的歌词和曲谱,不得采取有损国歌尊严的奏唱形式。"第 7 条规定:"奏唱国歌时,在场人员应当肃立,举止庄重,不得有不尊重国歌的行为。"第 8 条规定:"国歌不得用于或者变相用于商标、商业广告,不得在私人丧事活动等不适宜的场合使用,不得作为公共场所的背景音乐等。"第 15 条规定:"在公共场合,故意篡改国歌歌词、曲谱,以歪曲、贬损方式奏唱国歌,或者以其他方式侮辱国歌的,由公安机关处以警告或者十五日以下拘留;构成犯罪的,依法追究刑事责任。"

我国 1997 年,全国人民代表大会修订刑法时,根据我国宪法和国旗法、国徽法的规定及全国人大常委会关于在刑法中补充规定惩治侮辱国旗、国徽罪的决定,在《刑法》第 299 条中规定了惩治侮辱国旗、国徽罪的刑罚处罚。2017 年 11 月 4 日全国人大常委会在《刑法修正案(十)》中增加惩治侮辱国歌犯罪的刑罚处罚,使惩罚侮辱侵犯国家象征和标志的违法犯罪行为的法律形成了体系。

2021 年 2 月 26 日,最高人民法院、最高人民检察院发布的《关于执行〈中华人民共和国刑法〉确定罪名的补充规定(七)》中将《刑法》第 299 条中规定的侮辱国旗、国徽罪修改为"侮辱国旗、国徽、国歌罪",即取消侮辱国旗、国徽罪罪名。

二、侮辱国旗、国徽、国歌罪(取消侮辱国旗、国徽罪罪名)

侮辱国旗、国徽、国歌罪,是《刑法》第 299 条规定的犯罪。1997 年最高人民法院《关于执行〈中华人民共和国刑法〉确定罪名的规定》中规定为"侮辱国旗、国徽罪";2021 年 2 月 26 日最高人民法院、最高人民检察院发布的《关于执行〈中华人民共和国刑法〉确定罪名的补充规定(七)》将根据《刑法修正案(十)》中修改的《刑法》第 299 条的犯罪重新确定为"侮辱国旗、国徽、国歌罪",取消了侮辱国旗、国徽罪罪名。侮辱国旗、国徽、国歌罪是一种选择罪名,司法适用时,根据犯罪行为侵犯的不同对象可分别认定为:侮辱国旗罪、侮辱国徽罪、侮辱国歌罪、侮辱国旗国徽罪、侮辱国旗国歌罪、侮辱国徽国歌罪和侮辱国旗国徽国歌罪等罪名。由于《刑法》第 299 条第 1 款中规定的侮辱国旗、国徽犯罪的犯罪主体、犯罪行为方式、犯罪结果相同,以侮辱国旗、国徽犯罪进行解释较为方便,而侮辱国歌犯罪是《刑法修正案(十)》新增加的犯罪,其犯罪行为方式和犯罪结果与侮辱国旗、国徽犯罪有较大的不同,因此,对侮辱国歌犯罪进行单独析释,便于加深了解《刑法修正案(十)》对《刑法》第299条补充规定的内容,方便准确适用。

(一)刑法规定内容的修改

《刑法》条文中有关侮辱国旗、国徽、国歌罪的规定有以下几点。

1. 1990年6月28日我国全国人大常委会发布了《关于惩治侮辱中华人民共和国国旗国徽罪的决定》中规定,在公共场合故意以焚烧、毁损、涂划、玷污、践踏等方式侮辱中华人民共和国国旗、国徽的,处3年以下有期徒刑、拘役、管制或者剥夺政治权利。

2. 1997年《刑法》第299条规定,在公共场合故意以焚烧、毁损、涂划、玷污、践踏等方式侮辱中华人民共和国国旗、国徽的,处3年以下有期徒刑、拘役、管制或者剥夺政治权利。

3. 2017年《刑法修正案(十)》规定,在《刑法》第299条中增加1款作为第2款,将该条修改为:"在公共场合,故意以焚烧、毁损、涂划、玷污、践踏等方式侮辱中华人民共和国国旗、国徽的,处三年以下有期徒刑、拘役、管制或者剥夺政治权利。"增加第2款规定,"在公共场合,故意篡改中华人民共和国国歌歌词、曲谱,以歪曲、贬损方式奏唱国歌,或者以其他方式侮辱国歌,情节严重的,依照前款的规定处罚"。

上述《刑法》原只规定侮辱国旗、国徽罪,《刑法修正案(十)》又增加了侮辱国歌罪,将侮辱国家形象和标志的国旗、国徽、国歌的行为都规定为犯罪,予以刑罚惩罚,以维护国家的尊严,弘扬爱国主义精神。

(二)刑法规定修改的原因

我国是社会主义法治国家,必须严格执行国旗法、国徽法、国歌法,尊重和保护国家象征和标志的国旗、国徽、国歌,弘扬爱国主义精神,表达爱国情感;打击和惩罚破坏、侮辱国旗、国徽、国歌的违法犯罪行为。我国1979年《刑法》中没有这种犯罪的规定;1990年6月28日全国人大常委会发布的《关于惩治侮辱中华人民共和国国旗国徽罪的决定》中决定在《刑法》中补充规定侮辱国旗、国徽罪;1997年修订《刑法》第299条中规定了惩治侮辱国旗、国徽犯罪。近30年来,我国行政机关和司法机关依法惩治了一些侮辱国旗、国徽的违法犯罪分子,有力地维护了国家的尊严,为严格执法提供了宝贵的经验。

2017年10月1日实施的《国歌法》,其第1条明确规定:"为了维护国歌的尊严,规范国歌的奏唱、播放和使用,增强公民的国家观念,弘扬爱国主义精神,培育和践行社会主义核心价值观,根据宪法,制定本法"。第15条规定:"在公共场合,故意篡改国歌歌词、曲谱,以歪曲、贬损方式奏唱国歌,或者以其他方式侮辱国歌的,由公安机关处以警告或者十五日以下拘留;构成犯罪的,依法追究刑事责任。"

根据上述法律和司法实践经验,2017年《刑法修正案(十)》规定,在《刑法》第299条增加第2款规定了侮辱国歌的犯罪行为,最高处3年有期徒刑,最低处管制或者剥夺政治权利。

(三)侮辱国旗、国徽、国歌罪的适用

国旗、国徽、国歌是国家的象征和标志,代表着国家的主权和尊严,维护国旗、国徽、国歌的尊严就是维护国家的主权和尊严,是一种爱国主义的精神。维护国旗、国徽、国歌的尊严就必须严格执行国旗法、国徽法、国歌法，依法进行国旗、国徽、国歌使用管理的活动，对损害或侮辱国旗、国徽、国歌的违法犯罪活动进行惩治。我国《刑法》规定，对侮辱国旗、国徽、国歌犯罪最高处3年有期徒刑，并且可处剥夺政治权利。要准确适用《刑法》第299条规定的侮辱国旗、国徽、国歌罪，就必须弄清该类犯罪的概念、构成特征、法定刑，以及适用时应注意的问题。

1. 侮辱国旗、国徽罪的适用

（1）侮辱国旗、国徽罪的概念。该犯罪是指在公众场合故意用焚烧、毁损、涂划、玷污、践踏等方法侮辱中华人民共和国国旗、国徽的行为。

国旗、国徽是国家的象征和标志，公民和组织尊重、爱护和正确使用国旗、国徽是拥有爱国主义精神，热爱祖国的表现。反之，故意在公共场合破坏或侮辱国旗、国徽是对国家名誉的损害，也是对公民爱国主义情感的伤害。因此，侮辱国旗、国徽的行为是对社会有危害的行为，国家刑法规定为犯罪予以刑罚处罚，以达到预防犯罪和惩罚犯罪分子的目的。

在中国，1935年《中华民国刑法》分则第7章妨害秩序罪中第160条规定有损坏侮辱国旗、国徽罪。该条规定，"意图侮辱中华民国，而公然损坏、除去或污辱中华民国之国徽、国旗者，处一年以下有期徒刑、拘役或九千元以下罚金"。

在当今世界上，多数国家刑法中都单独规定有损坏或侮辱国旗、国徽罪，例如，1997年开始实施的《俄罗斯联帮刑法典》分则第32章妨害管理秩序的犯罪中第329条规定有"亵渎俄罗斯联邦国徽或俄罗斯联邦国旗"，最高处1年以下剥夺自由。也有些国家在《刑法》中不只是设单条单独规定侮辱国旗、国徽罪，而是设专章规定这一类犯罪。例如，《韩国刑法》分则第3章规定关于国旗之罪，其第105条规定的"亵渎国旗、国章"罪，最高法定刑是5年劳役；其第106条还规定有"诽谤、讥讽国旗、国章"罪，该条规定，"意图侮辱大韩民国，而诽谤、讥讽国旗、国章者，处一年以下劳役或徒刑，五年以下停止资格、或一万元以下罚金"。还有些国家不但规定侮辱本国国旗、国徽罪，还单独规定侮辱外国国旗、国章罪，如《意大利刑法》分则第292条规定，侮辱国旗、国徽罪，最高处3年徒刑；第299条还规定侮辱外国国旗、国章罪，最高处3年徒刑。

（2）侮辱国旗、国徽罪的构成特征。根据我国《刑法》第299条规定，该罪有以下构成特征。

①犯罪主体，是一般主体，达到法定年龄具有刑事责任能力且实施了侮辱国旗、国徽犯罪行为的自然人。本罪法定年龄是年满16周岁以上的自然人，是在实施侮辱国旗、国徽犯罪行为时，年满16周岁以上的自然人，包括中国人、外国人和无国籍的人。单位法人不能单独构成本罪的犯罪主体，如果是以单位的名义实施侮辱国旗、国徽犯罪行为的，只追究单位直接负责的主管人员和其他直接责任人员的刑事责任。犯罪主体在主观上是故意的，即是故意在公众场合用焚烧、毁损、涂划、玷污、践踏等方法侮辱中华人民共和国国旗、国徽的，但其不是以危害国家安全为目的。主观上是过失的或者主观上既无故意也无过失的行为，都不能构成本罪。

②犯罪行为，必须是故意在公众场合实施了焚烧、毁损、涂划、玷污、践踏等方式侮辱中华人民共和国国旗、国徽的行为，包括在我国领域内和我国驻外机构场所实施的上述侮辱中国国旗、国徽的行为。过失行为或者不是在公众场所实施的上述行为，不构成本罪的犯罪行为。

公众场所，是指在3人以上多人经常活动的场所，主要是包括在经常悬挂国旗、国徽的国家机关、单位、驻外使领馆、学校、商场、会场、广场、运动场、影剧院、地标建筑物、交通要道、国边界哨所等场所。

侮辱的对象是中华人民共和国的国旗和国徽。国旗的图案是五星红旗;国徽的图案,中间是五星照耀下的天安门,周围是谷穗和齿轮。侮辱不符合该图案及实物和外国的国旗、国章的行为,不是本罪侵犯的犯罪行为对象。

③犯罪结果,是行为犯,只要故意实施了焚烧、毁损、涂划、玷污、践踏等方式侮辱中华人民共和国国旗、国徽的行为就产生了侮辱国旗、国徽罪的犯罪结果,就可以构成本罪。但是,依照我国《刑法》第13条犯罪定义的规定"情节显著轻微危害不大的,不认为是犯罪"。例如,共同实施了侮辱国旗、国徽行为,主要是惩治主犯和实施犯,对其中的一些随从者和胁从者,其行为情节显著轻微危害不大的,可以不认为是犯罪。

(3)侮辱国旗、国徽罪的法定刑。根据《刑法》第299条规定,该犯罪的法定刑是:

构成本罪的,处3年以下有期徒刑、拘役、管制或者剥夺政治权利。处3年以下有期徒刑、拘役、管制是主刑。剥夺政治权利是附加刑,可以判处主刑同时附加适用或者单处剥夺政治权利1年以上5年以下,在处有期徒刑、拘役主刑执行完毕之日起计算剥夺政治权利刑期,剥夺政治权利的效力当然施用于主刑执行期间。判处管制附加剥夺政治权利的期限与管制的期限相同,同时执行;单处剥夺政治权利,对罪犯不实行关押,在其原居住社区,由公安机关监督管理和执行。

(4)认定侮辱国旗、国徽犯罪时,应注意以下问题。

①区分罪与非罪的界限。

从犯罪主体上区分。本罪主体是年满16周岁以上的自然人,不满16周岁的人和单位法人不能构成本罪。行为人在主观上必须具有侮辱国旗、国徽的主观故意,才能构成本罪;行为人的过失行为或者主观上既无故意也无过失的行为不能构成本罪。如果行为人以危害中华人民共和国国家安全为目的,采用实施侮辱国旗、国徽的方式进行,不构成本罪,应认定为危害国家安全罪中的具体犯罪,如分裂国家罪等。

外国人和无国籍人在我国领域内或者我国驻外机构场所实施侮辱我国国旗、国徽的行为都可以构成本罪,但外国人在我国领域外犯本罪,依照外国法律规定其该国也有管辖权的适用外国法律规定。

从犯罪行为上区分。本罪必须是实施了侮辱中华人民共和国国旗、国徽行为的才构成本罪;如果行为人实施的不是焚烧、毁损、涂划、玷污、践踏等侮辱中华人民共和国国旗、国徽的行为或者其相似的行为,而是其他或者侮辱了外国国旗、国徽的行为,不能构成本罪。

另外,有些侮辱国旗、国徽行为可能是多人共同实施的,一般是惩治主谋者和实施行为犯,对其中的一些跟随者或者胁从者,其行为情节显著轻微危害不大的,可以不认为是犯罪。

从犯罪结果上区分。本罪是行为犯,只要实施了侮辱国旗、国徽行为的,就构成犯罪。犯罪情节严重、情节特别严重的行为和造成严重结果的,在《刑法》规定的法定刑幅度以内处以较重的刑罚。

②注意划清本罪与聚众扰乱公共场所秩序、交通秩序罪的界限。《刑法》第291条规定的聚众扰乱公共场所秩序、交通秩序罪,是指聚众扰乱车站、码头、民用航空站、商场、公园、影剧院、展览会、运动场或者其他公共场所秩序,聚众堵塞交通或者破坏交通秩序,抗拒、阻碍国家

治安管理工作人员依法执行职务,情节严重的行为。本罪行为与聚众扰乱公共场秩序、交通秩序罪都是发生在公共场所,在公众场所侮辱国旗、国徽行为时,很可能同时符合聚众扰乱公共场所秩序、交通秩序的犯罪行为,也有可能使用暴力、威胁的方法阻碍国家工作人员依法执行公务的行为,又构成聚众扰乱公共场所秩序、交通秩序罪。但二罪的根本区别是犯罪对象和犯罪结果不同。本罪的对象是侮辱国旗、国徽,其犯罪结果是"行为犯";而聚众扰乱公共场所秩序、交通秩序罪侵犯的对象是公共场所秩序和交通秩序,其犯罪的结果是"情节严重"。如果在公众场所实施侮辱国旗、国徽的行为,达到了聚众扰乱公共场所秩序和交通秩序,达到情节严重的,应分别认定为侮辱国旗、国徽罪和聚众扰乱公共场所秩序、交通秩序罪,数罪并罚。

③注意划清本罪与故意毁坏财物罪的界限。我国《刑法》第275条规定的故意毁坏财物罪,是指故意毁坏公私财物,数额较大或者有其他严重情节的行为,其犯罪行为的对象是毁坏公私财物,且犯罪结果必须达到数额较大或者有其他严重情节。侮辱国旗、国徽的行为也是毁坏财物的行为,这是二罪的共同点。但二罪的区别是财物价值取向不同,故意毁坏财物罪的财物价值是财产物质价值,以金钱计算,而国旗、国徽的价值是精神价值,是以政治影响大小来衡量的。因此,侮辱国旗、国徽的行为,除只是以故意毁坏财物为目的、毁坏国旗、国徽数额达到巨大或者特别巨大的情况外,一般不定为破坏财物罪。

2. 侮辱国歌罪的适用

侮辱国歌罪,是《刑法修正案(十)》规定在《刑法》第299条第2款中补充规定的新犯罪行为,其与《刑法》第299条第1款原规定的侮辱国旗、国徽犯罪行为规定在一个条文中,属于侮辱国旗、国徽、国歌罪中的一部分,是适用选择罪名之一。

我国1979年《刑法》和1997年修订《刑法》都没有规定侮辱国歌罪。2017年9月1日《国歌法》公布。该法第15条规定,"在公共场合,故意篡改国歌歌词、曲谱,以歪曲、贬损方式奏唱国歌,或者以其他方式侮辱国歌的,由公安机关处以警告或者十五日以下拘留;构成犯罪的,依法追究刑事责任"。

2017年11月4日发布的《刑法修正案(十)》规定,在《刑法》第299条中增加1款作为第2款规定:"在公共场合,故意篡改中华人民共和国国歌歌词、曲谱,以歪曲、贬损方式奏唱国歌,或者以其他方式侮辱国歌,情节严重的,依照前款的规定处罚。"最高人民法院、最高人民检察院司法解释将其确定为"侮辱国旗、国徽、国歌罪"。

我国是社会主义法治国家,必须严格执行《国歌法》,尊重和保护国家的象征和标志,弘扬爱国主义精神,表达爱国心声;打击和惩罚破坏、侮辱国歌的违法犯罪行为。我国1997年修订《刑法》第299条中规定了惩治侮辱国旗、国徽犯罪行为。我国行政机关和司法机关依法惩治了一些侮辱国旗、国徽的违法犯罪分子,有力地维护了国家的尊严。但是在社会上出现了不尊重国歌,甚至篡改、侮辱国歌的行为时,缺乏惩罚的法律依据。2017年10月1日,开始实施的《国歌法》第15条规定"在公共场合,故意篡改国歌歌词、曲谱,以歪曲、贬损方式奏唱国歌,或者以其他方式侮辱国歌的,由公安机关处以警告或者十五日以下拘留;构成犯罪的,依法追究刑事责任",为与《国歌法》上述法律规定相衔接,2017年《刑法修正案(十)》在《刑法》第299条中补充规定了侮辱国歌犯罪行为,为准确惩治侮辱国歌的犯罪行为提供了法律依据。

同时,国歌是使用范围很广泛、简便,很能鼓舞情感的,体现国家象征和标志的方式,是弘扬爱国主义精神很好的教材,每当重大节日,千万人齐唱国歌,立即精神振奋,自豪气质充满全身。所以惩治那些侮辱国歌,伤害公民自信心和情感的违法犯罪行为,对维护国家尊严,增强公民爱国情感起着重要的作用。

(1)侮辱国歌罪的概念。该罪是指在公共场合,故意篡改国歌歌词、曲谱,以歪曲、贬损方式奏唱国歌,或者以其他方式侮辱国歌,情节严重的行为。

国歌是国家的象征和标志,公民和组织尊重、爱护和正确使用国歌是表达爱国主义心声,热爱祖国的表现。反之,故意在公共场合破坏、侮辱国歌是对国家尊严的损害,也是对公民爱国主义情感的伤害,因此,侮辱国歌的行为是对社会有危害的行为,国家《刑法》规定为犯罪予以刑罚处罚,以达到预防犯罪和惩罚犯罪分子的目的。

在当今世界上,所有国家都有国歌,每当重大节日和重要外事活动都要升国旗奏唱国歌,显示对国家的尊重和热爱,各国的法律中都规定侮辱国旗、国徽、国歌的行为要追究法律责任,以维护国家的尊严和保护公民的爱国情感。但惩罚的力度各不相同,有的最高处1年有期徒刑,有的最高处5年有期徒刑。我国《刑法》第299条第2款规定犯侮辱国歌罪的,最高处3年有期徒刑或剥夺政治权利。

(2)侮辱国歌罪的构成特征。根据我国《刑法》第299条第2款规定,该犯罪有以下构成特征。

①犯罪主体,是一般主体,达到法定年龄具有刑事责任能力且实施了侮辱国歌犯罪行为的自然人。本罪法定年龄是年满16周岁以上的自然人,是在实施侮辱国歌犯罪行为时,年满16周岁以上的自然人,包括中国人、外国人和无国籍的人。单位法人不能构成本罪的犯罪主体,如果是以单位的名义实施侮辱国歌犯罪行为的,应追究单位直接负责的主管人员和其他直接责任人员的刑事责任。犯罪主体在主观上是故意的,即是故意篡改国歌歌词、曲谱,以歪曲、贬损方式奏唱国歌,或者以其他方式侮辱国歌的目的,但其不是以危害国家安全为目的。主观上是过失的或者主观上既无故意也无过失的行为,都不能构成本罪。

②犯罪行为,必须是在公共场所,故意篡改国歌歌词、曲谱,以歪曲、贬损方式奏唱国歌,或者以其他方式侮辱国歌的行为,包括在我国领域内和我国驻外机构场所实施的上述侮辱中国国歌的行为。过失行为或者不是在公众场所的上述行为,一般不构成本罪的犯罪行为。

所谓篡改,是指随意修改,改变国歌的原意,使人一听就知道不是国歌的原歌词、曲谱;歪曲、贬损的方式奏唱国歌,主要是奏唱方式不严肃、戏谑,奏唱场合不当的行为。例如,在黑社会头目葬礼上奏唱国歌等,正常人一听就知道是对国歌的歪曲、贬损。

必须是在公共场所,是指3人以上多人经常活动的场所,主要是包括在经常奏唱国歌的国家机关、单位、驻外使领馆、学校、商场、会场、广场、运动场、影剧院、地标建筑物、交通要道、国边界哨所和接待外宾礼仪等场所和一些临时形成的公共场所。

侮辱的对象是中华人民共和国的国歌。国歌的歌词和歌谱是义勇军进行曲。

③犯罪结果,是结果犯,只有达到在公众场所,故意篡改国歌歌词、曲谱,以歪曲、贬损方式奏唱国歌,或者以其他方式侮辱国歌,情节严重的,才能构成犯罪。达不到情节严重的,不构成犯罪,不能追究刑事责任,但可以依照《国歌法》第15条规定,由公安机关处以警告或者15日以下拘留的处罚。

(3) 侮辱国歌罪的法定刑。根据《刑法》第 299 条第 2 款规定,"依照前款规定处罚",即前第 1 款规定的法定刑:

构成本罪,处 3 年以下有期徒刑、拘役、管制或者剥夺政治权利。处 3 年以下有期徒刑、拘役、管制是主刑。剥夺政治权利是附加刑,可以在判处主刑同时附加适用或者单处剥夺政治权利 1 年以上 5 年以下,在判处的有期徒刑、拘役主刑执行完毕之日起计算剥夺政治权利的期限,剥夺政治权利的效力当然施用于主刑执行期间。判处管制附加剥夺政治权利的期限与管制的期限相同,同时执行;单处剥夺政治权利,对罪犯不实行关押,在其原居住社区,由公安机关监督管理和执行。

(4) 认定侮辱国歌罪时,应注意以下问题。

①区分罪与非罪的界限。

从犯罪主体上区分。本罪主体是年满 16 周岁以上的自然人,不满 16 周岁的人和单位、法人不能构成本罪。行为人在主观上必须具有侮辱国歌的主观故意,才能构成本罪;行为人的过失行为或者主观上既无故意也无过失的行为不能构成本罪。如果行为人以危害中华人民共和国国家安全为目的,采用实施侮辱国歌的方式,不构成本罪,应认定为危害国家安全罪中的具体犯罪,如分裂国家罪等。

外国人和无国籍人在我国领域内或者我国驻外机构场所实施侮辱我国国歌的行为都可以构成本罪,但外国人在我国领域外犯本罪的,依照外国法律规定其该国也有管辖权的适用外国法律规定。

从犯罪行为上区分。本罪必须是实施了侮辱中华人民共和国国歌行为的才构成本罪;如果行为人实施的不是在公共场所故意篡改国歌歌词、曲谱,以歪曲、贬损方式奏唱国歌的行为,不能构成本罪。

另外,有些侮辱国歌行为可能是多人共同实施的,一般是惩治主谋者和实施行为者并且是达到情节严重的。对其中的一些随从者或者胁从者,其行为情节较轻或者情节显著轻微危害不大的,可以不认为是犯罪。

从犯罪结果上区分。本罪是结果犯,只有实施了侮辱国歌且情节严重的行为,才能构成犯罪。何为情节严重,有待司法解释。一般是篡改的歌词反动、低级、下流,贬损奏唱的人多,会造成恶劣的社会影响,造成国家尊严严重损害。

②注意划清本罪与聚众扰乱公共场所秩序、交通秩序罪的界限。《刑法》第 291 条规定的聚众扰乱公共场所秩序、交通秩序罪,是指聚众扰乱车站、码头、民用航空站、商场、公园、影剧院、展览会、运动场或者其他公共场所秩序,聚众堵塞交通或者破坏交通秩序,抗拒、阻碍国家治安管理工作人员依法执行职务,情节严重的行为。侮辱国歌犯罪行为与聚众扰乱公共场所秩序、交通秩序罪都是发生在公共场所,都必须达到情节严重的结果。在公众场所侮辱国歌时,很可能同时符合聚众扰乱公共场所秩序、交通秩序的犯罪行为,也有可能使用暴力、威胁的方法阻碍国家工作人员依法执行公务的行为,又构成聚众扰乱公共场所秩序、交通秩序罪。但二罪的根本区别是犯罪对象不同。本罪的对象是侮辱国歌;而聚众扰乱公共场所秩序、交通秩序罪侵犯的对象是公共场所秩序和交通秩序。如果在公众场所实施聚众侮辱国歌的行为,达到了聚众扰乱公共场所、交通秩序且情节严重的结果,应分别认定为侮辱国歌罪和聚众扰乱公共场所秩序、交通秩序罪,实行数罪并罚。

③注意划清本罪与侮辱国旗、国徽罪的界限。我国《刑法》第299条第1款规定的侮辱国旗、国徽罪行为,是指在公众场合,故意焚烧、毁损、涂划、玷污、践踏等方式侮辱中华人民共和国国旗、国徽的行为,其犯罪主体、犯罪行为和法定刑都相同或相似,且都是同一罪中的不同犯罪行为对象。二种犯罪的区别是犯罪对象和犯罪结果不同。本罪犯罪的对象是中华人民共和国国歌,犯罪结果必须是"情节严重",而侮辱国旗、国徽罪行为侵犯的对象是中华人民共和国的国旗和国徽,犯罪结果是行为犯。因此,按犯罪对象和犯罪行为方式的不同,应分别认定为侮辱国旗、国徽罪和侮辱国歌罪。如果行为人既实施了侮辱国歌犯罪行为,又分别实施了侮辱国旗、国徽犯罪行为,只能认定为"侮辱国旗、国徽、国歌罪"一个罪,而不能分别定罪量刑,实行数罪并罚。

第十五章　中华人民共和国刑法修正案(十一)

《刑法修正案(十一)》于2020年12月26日第十三届全国人民代表大会常务委员会第二十四次会议通过,并于当日由国家主席公布,自2021年3月1日施行。2021年2月26日最高人民法院、最高人民检察院发布的《关于执行〈中华人民共和国刑法〉确定罪名的补充规定(七)》将根据《刑法修正案(十)》《刑法修正案(十一)》新增加了17个罪名,对原有的10个罪名作了调整或者取消,共对46种犯罪作了新的规定或者修改。自此,我国《刑法》规定有483个法定罪名。

《刑法修正案(十一)》第48条规定,本修正案自2021年3月1日起施行。《刑法修正案(十一)》对《刑法》修改和补充规定的犯罪都是从2021年3月1日起具有法律效力,司法机关要依照修改、补充的规定定罪处罚,对于2021年2月28日以前的行为,应按《刑法》总则规定的溯及力原则,《刑法》原规定处罚较轻或者没有规定的,按原《刑法》规定定罪量刑或者不认为是犯罪;《刑法》原规定处罚较重的,按新修改、补充规定定罪处罚。

一、《刑法修正案(十一)》概述

(一)《刑法修正案(十一)》修改的主要内容

《刑法修正案(十一)》对总则修改的主要内容是:对已满12周岁不满14周岁的人,犯故意杀人、故意伤害罪,致人死亡或者以特别残忍手段致人重伤造成严重残疾,情节恶劣,经最高人民检察院核准追诉的,应当负刑事责任。同时,对《刑法》分则中补充规定了当前出现的17种犯罪,对于现行《刑法》中不适应社会发展要求的29种犯罪作了修改或者补充,对《刑法》48个条文作了修改、补充,使之更加适应当前和今后惩治有关犯罪和维护社会秩序的需要。

(二)《刑法修正案(十一)》的修改特点

2020年6月28日,第十三届全国人大常委会第二十次会议审议的《刑法修正案(十一)草案》拟从六方面对刑法进行修改完善,共修改补充30条。

2020年10月13日,第十三届全国人大常委会进行二次审议。草案新增加规定,"已满十二周岁未满十四周岁的人,犯故意杀人、故意伤害罪,致人死亡,情节恶劣的,经最高人民检察院核准,应当负刑事责任"。对于奸淫幼女罪,草案指出,对奸淫不满10周岁的幼女或者造成幼女伤害等严重情形明确适用更重刑罚。

2020年12月22日,全国人大常委会会议审议的《刑法修正案(十一)草案》三审稿时,主要是针对社会普遍关注的未成年人犯罪问题,作了进一步修改完善。

2020年12月26日《刑法修正案(十一)》中对1997年修订《刑法》执行中遇到的法律不协调和不具体等问题都作了协调修改和补充。特别是将当前社会上出现的新的严重危害社会的17种行为规定为犯罪,对原规定的10种罪名作了修改或者消除,对29种犯罪作了修改补充,共对48个《刑法》条文内容作了修改补充,这是1997年修订《刑法》颁布实施以来修改补充内容最多的刑法修正案。

二、《刑法修正案(十一)》对《刑法》总则、分则第十章的修改和补充

(一)年满12周岁应负的刑事责任

1. 补充规定年满12周岁不满14周岁的人犯罪应负刑事责任。

《刑法修正案(十一)》第1条规定,将《刑法》第17条修改为:已满16周岁的人犯罪,应当负刑事责任。

已满14周岁不满16周岁的人,犯故意杀人、故意伤害致人重伤或者死亡、强奸、抢劫、贩卖毒品、放火、爆炸、投放危险物质罪的,应当负刑事责任。

已满12周岁不满14周岁的人,犯故意杀人、故意伤害罪,致人死亡或者以特别残忍手段致人重伤造成严重残疾,情节恶劣,经最高人民检察院核准追诉的,应当负刑事责任。

对依照前3款规定追究刑事责任的不满18周岁的人,应当从轻或者减轻处罚。因不满16周岁不予刑事处罚的,责令其父母或者其他监护人加以管教;在必要的时候,依法进行专门矫治教育。

2. 1997年修订《刑法》第17条原规定,已满16周岁的人犯罪,应当负刑事责任。已满14周岁不满16周岁的人,犯故意杀人、故意伤害致人重伤或者死亡、强奸、抢劫、贩卖毒品、放火、爆炸、投毒罪的,应当负刑事责任。

已满14周岁不满18周岁的人犯罪,应当从轻或者减轻处罚。因不满16周岁不予刑事处罚的,责令他的家长或者监护人加以管教;在必要的时候,也可以由政府收容教养。

上述刑法规定相比较,《刑法修正案(十一)》第1条的规定比《刑法》第17条原规定,主要修改了以下两项内容。

(1)增加规定,"已满十二周岁不满十四周岁的人,犯故意杀人、故意伤害罪,致人死亡或者以特别残忍手段致人重伤造成严重残疾,情节恶劣,经最高人民检察院核准追诉的,应当负刑事责任"。补充上述规定的目的是惩治和预防未成年人犯严重的故意杀人罪和故意伤害罪,达到预防教育的目的,特别警示要增强未成年人的法治观念,使未成年人懂得违法和犯罪行为对个人、家庭、社会造成严重的社会危害性,警示已满12周岁的未成年人和家长注意,对已满12周岁的人实施的严重犯罪行为,是应当负刑事责任的,因此,要加强培养未成年人树立遵纪守法和防范违法犯罪的意识。

随着社会环境的变化和人们生活的物质、文化水平的不断提高,我国未成年人的身体生理发育和智力发展较快,8周岁至14周岁的未成年人的生理发育和智力判断能力接近成年人,其对自己的行为社会利害关系有相当于成年人的判断能力和控制能力。现实生活中,有些不满14周岁的未成年人身体强壮,智力发展健全,能胜任成年人的活动能力,由于缺乏社会经验,很可能不计后果的实施严重危害社会的犯罪行为,甚至实施故意杀人、故意伤害他人,致人死亡或者严重残疾的行为。而我国《刑法》原规定追究刑事责任最低年龄为14周岁,显然落后现今法律保障公民生命和身体健康权利的需要。因此,适当下调我国法律规定负刑事责任最低年龄是势在必行。

我国 1986 年《民法通则》(已失效)第 12 条规定"不满十周岁的未成年人是无民事行为能力人,由他的法定代理人代理民事活动";2020 年《民法典》第 20 条改为"不满 8 周岁的未成年人为无民事行为能力人,由其法定代理人代理实施民事法律行为",将我国公民负民事责任年龄降低 2 年;《民法典》第 19 条规定"八周岁以上的未成年人为限制民事行为能力人,实施民事法律行为由其法定代理人代理或者经其法定代理人同意、追认;但是,可以独立实施纯获利益的民事法律行为或者与其年龄、智力相适应的民事法律行为"。因此,未成年人负刑事责任的年龄也应相应降低 2 年。

《刑法修正案(十一)》在《刑法》第 17 条原规定"已满十四周岁不满十六周岁的人,犯故意杀人、故意伤害致人重伤或者死亡、强奸、抢劫、贩卖毒品、放火、爆炸、投毒罪的,应当负刑事责任"的基础上,又增加规定"已满十二周岁不满十四周岁的人,犯故意杀人、故意伤害罪,致人死亡或者以特别残忍手段致人重伤造成严重残疾,情节恶劣,经最高人民检察院核准追诉的,应当负刑事责任"。一是从刑事实体上限制已满 12 周岁的未成年人负刑事责任的范围,只能追究故意杀人、故意伤害两种犯罪,且必须是情节恶劣、造成致人死亡或者严重残疾的范围;二是从刑事追究程序上限制适用,规定必须经最高人民检察院核准的严格适用程序,使该条法律规定追究已满 12 周岁不满 14 周岁的未成年人犯罪刑事责任的,只是极个别的未成年人,其威慑预防效力大于惩罚制裁效力。

(2)将"由政府收容教养",修改为"依法进行专门矫治教育"。我国取消了劳动教养制度后,对未成年人的严重不良行为采取的是矫治教育。2012 年 10 月 26 日全国人民代表大会常务委员会修改的《预防未成年人犯罪法》(已被修改)中对未成年人的严重不良行为教育矫治的宗旨在该法第 2 条中规定:"预防未成年人犯罪,立足于教育和保护,从小抓起,对未成年人的不良行为及时进行预防和矫治"。

未成年人严重不良行为,在《预防未成年人犯罪法》第 34 条中明确规定,本法所称严重不良行为,是指下列严重危害社会,尚不够刑事处罚的违法行为:纠集他人结伙滋事,扰乱治安;携带管制刀具,屡教不改;多次拦截殴打他人或者强行索要他人财物;传播淫秽的读物或者音像制品等;进行淫乱或者色情、卖淫活动;多次偷窃;参与赌博,屡教不改;吸食、注射毒品;其他严重危害社会的行为。未成年人有上述九项严重危害社会不良行为之一的,就应当进行教育矫治。

对未成年严重不良行为的教育方式在该法第 35 条中规定,"对未成年人实施本法规定的严重不良行为的,应当及时予以制止。对有本法规定严重不良行为的未成年人,其父母或者其他监护人和学校应当相互配合,采取措施严加管教,也可以送工读学校进行矫治和接受教育。对未成年人送工读学校进行矫治和接受教育,应当由其父母或者其他监护人,或者原所在学校提出申请,经教育行政部门批准"。

对未成年人严重不良行为的矫治处罚,在《预防未成年人犯罪法》第 37 条规定,"未成年人有本法规定严重不良行为,构成违反治安管理行为的,由公安机关依法予以治安处罚。因不满十四周岁或者情节特别轻微免予处罚的,可以予以训诫"。第 38 条规定,"未成年人因不满十六周岁不予刑事处罚的,责令他的父母或者其他监护人严加管教;在必要的时候,也可以由政府依法收容教养"。

但应当注意的是,对未成年人严重不良行为的矫治与社区矫正是不同性质的教育矫正活动。对不良未成年人的教育矫治是一种教育性惩治活动,而社区矫正是对犯罪者被判处刑罚依法进行社区矫正的一种监督管理、教育帮扶刑事惩治活动。不良未成年人没有经法院判决构成犯罪的,不能实行社区矫正。如果未成年人犯罪经法院判决宣告缓期、假释、管制和有关机关决定监外执行符合社区矫正条件的,也可以对其进行社区矫正。

(二)对《刑法》分则第十章适用文职军人的补充规定

1. 1997年修订《刑法》第450条规定,本章适用于中国人民解放军的现役军官、文职干部、士兵及具有军籍的学员和中国人民武装警察部队的现役警官、文职干部、士兵及具有军籍的学员以及执行军事任务的预备役人员和其他人员。

2. 2020年12月26日发布的《刑法修正案(十一)》第47条规定,将《刑法》第450条修改为:本章适用于中国人民解放军的现役军官、文职干部、士兵及具有军籍的学员和中国人民武装警察部队的现役警官、文职干部、士兵及具有军籍的学员以及文职人员、执行军事任务的预备役人员和其他人员。

上述《刑法修正案(十一)》根据我国军事体制改革,将军人中的"文职人员"单列编制管理,其仍是军人,适用《刑法》分则第十章规定的军人违反职责罪规定的具体犯罪。《刑法》第450条中原规定适用"文职干部",《刑法修正案(十一)》又补充规定适用"文职人员",扩大了适用范围。

三、《刑法修正案(十一)》对《刑法》分则补充的新罪

根据《刑法修正案(十一)》,结合司法实践反映的情况,最高人民法院、最高人民检察院《关于执行〈中华人民共和国刑法〉确定罪名的补充规定(七)》,共补充了17个新罪名。

(一)妨害安全驾驶罪

妨害安全驾驶罪,是《刑法修正案(十一)》第2条的规定,在《刑法》第133条之二中规定的新犯罪。最高人民法院、最高人民检察院2021年2月26日发布的《关于执行〈中华人民共和国刑法〉确定罪名的补充规定(七)》中确定的该罪名。

1. 刑法中有关妨害安全驾驶罪的规定

(1)1979年《刑法》第113条规定,从事交通运输的人员违反规章制度,因而发生重大事故,致人重伤、死亡或者使公私财产遭受重大损失的,处3年以下有期徒刑或者拘役;情节特别恶劣的,处3年以上7年以下有期徒刑。

非交通运输人员犯前款罪的,依前款规定处罚。

(2)1997年《刑法》第133条规定,违反交通运输管理法规,因而发生重大事故,致人重伤、死亡或者使公私财产遭受重大损失的行为。处3年以下有期徒刑或者拘役;交通运输肇事后逃逸或者有其他特别恶劣情节的,处3年以上7年以下有期徒刑;因逃逸致人死亡的,处7年以上有期徒刑。

《刑法》第114条规定,放火、决水、爆炸以及投放毒害性、放射性、传染病病原体等物质或者以其他危险方法危害公共安全,尚未造成严重后果的,处3年以上10年以下有期徒刑。

《刑法》第115条规定,放火、决水、爆炸以及投放毒害性、放射性、传染病病原体等物质或者以其他危险方法致人重伤、死亡或者使公私财产遭受重大损失的,处10年以上有期徒刑、无期徒刑或者死刑。

过失犯前款罪的,处3年以上7年以下有期徒刑;情节较轻的,处3年以下有期徒刑或者拘役。

(3)2011年2月25日发布的《刑法修正案(八)》第22条规定,增加《刑法》第133条之一:在道路上驾驶机动车追逐竞驶,情节恶劣的,或者在道路上醉酒驾驶机动车的,处拘役,并处罚金。

有前款行为,同时构成其他犯罪的,依照处罚较重的规定定罪处罚。

(4)2015年8月29日发布的《刑法修正案(九)》第8条规定,将《刑法》第133条之一修改为:在道路上驾驶机动车,有下列情形之一的,处拘役,并处罚金:(1)追逐竞驶,情节恶劣的;(2)醉酒驾驶机动车的;(3)从事校车业务或者旅客运输,严重超过额定乘员载客,或者严重超过规定时速行驶的;(4)违反危险化学品安全管理规定运输危险化学品,危及公共安全的。

机动车所有人、管理人对前款第3项、第4项行为负有直接责任的,依照前款规定处罚。

有前两款行为,同时构成其他犯罪的,依照处罚较重的规定定罪处罚。

(5)2020年12月26日发布的《刑法修正案(十一)》第2条增加《刑法》第133条之二,对行驶中的公共交通工具的驾驶人员使用暴力或者抢控驾驶操纵装置,干扰公共交通工具正常行驶,危及公共安全的,处1年以下有期徒刑、拘役或者管制,并处或者单处罚金。

前款规定的驾驶人员在行驶的公共交通工具上擅离职守,与他人互殴或者殴打他人,危及公共安全的,依照前款的规定处罚。

有前两款行为,同时构成其他犯罪的,依照处罚较重的规定定罪处罚。

上述《刑法修正案(十一)》中将妨害安全驾驶行为规定为独立的犯罪,最高处1年有期徒刑,最低单处罚金。刑罚轻缓。

2.刑法规定修改的原因

我国1979年和1997年《刑法》中都没有单独规定妨害安全驾驶罪,因为当时公共交通运输还不发达,旅客和货物运输量不太拥挤,司乘人员之间的矛盾纠纷不多,即使发生了一些纠纷,由同乘车旅客或者乘务员劝解息事即可,然而随着交通迅速发展,公共交通拥挤,在公共交通运输中出现多起乘客与交通工具驾驶人员产生纠纷,以致发生使用暴力抢控交通工具的驾驶操纵装置,危及公共安全的行为,甚至造成重大交通事故。在《刑法修正案(十一)》实施前,司法实践中,一般都将这种犯罪行为认定为"以危险方法危害公共安全罪"定罪处罚,但不太确切,往往处罚较重。为准确定罪和惩处这种犯罪行为,《刑法》第133条之二将这种危害公共安全行为补充规定为新的犯罪,最高处一年有期徒刑,并处罚金。

3.妨害安全驾驶罪的适用

妨害安全驾驶罪,是《刑法修正案(十一)》第2条规定,在《刑法》第133条之二中规定的新犯罪,要正确理解和准确适用,应依法对该罪的概念、构成特征和适用中应注意的问题深入研究。

(1)妨害安全驾驶罪的概念。该犯罪是指对行驶中的公共交通工具的驾驶人员使用暴力或者抢控驾驶操纵装置,干扰公共交通工具正常行驶,危及公共安全的;或者前款规定的驾驶人员在行驶的公共交通工具上擅离职守,与他人互殴或者殴打他人,危及公共安全的行为。

妨害行驶中的公共交通工具的驾驶安全,也间接危及公共安全。我国刑法中对危害交通安全的犯罪,先后规定了三种犯罪:一是《刑法》第133条中规定交通肇事罪,最高处7年以上有期徒刑;二是《刑法》第133条之一中规定危险驾驶罪,最高处拘役,并处罚金;三是《刑法》第133条之二中规定妨害安全驾驶罪,最高处1年有期徒刑,并处罚金,处罚较轻。其立法目的是预防、减少交通事故发生,将事故消失在开始阶段,确保公民的生命、财产安全。如果有前款行为,结果发生了重大交通事故,同时构成其他犯罪的,依照处罚较重的规定定罪处罚。

驾驶公共交通工具是一种高危险作业,驾驶员正在驾驶公共交通工具进行时,全神操纵驾驶交通工具,确保交通工具运行安全。如果对行驶中的公共交通工具的驾驶人员使用暴力,或者抢控驾驶操纵装置,干扰公共交通工具正常行驶的行为,必然危及公共安全,一旦发生交通事故,将造成人员、财产损失。同样驾驶人员在行驶的公共交通工具上擅离职守,与他人互殴或者殴打他人,也是干扰公共交通工具正常行驶的行为,必然危及公共安全。因此,妨害安全驾驶的行为是对社会有严重危害的行为,刑法规定为犯罪,最高处1年有期徒刑,并处罚金。

(2)妨害安全驾驶罪的构成特征。根据我国《刑法》第133条之二规定,该罪有以下构成特征。

①犯罪主体,是一般主体,达到法定年龄具有刑事责任能力且实施了妨害安全驾驶犯罪行为的自然人。本罪法定年龄是年满16周岁以上的自然人,是在实施妨害安全驾驶犯罪行为时,已年满16周岁以上的自然人。单位法人不能构成本罪的犯罪主体,如果是以单位的名义实施妨害安全驾驶犯罪行为的,追究单位直接负责的主管人员和其他直接责任人员的刑事责任。犯罪主体在主观上是故意的,即是故意对行驶中的公共交通工具的驾驶人员使用暴力,或者抢控驾驶操纵装置,干扰公共交通工具正常行驶的;驾驶人员擅离职守在行驶的公共交通工具上故意与他人互殴或者殴打他人的行为,也是间接干扰公共交通工具正常行驶的。行为人在主观上对实施上述行为是过失的或者主观上既无故意也无过失的意外事件,都不能构成本罪。如果行为人主观上是以故意危害公共安全为目的,而实施妨害安全驾驶行为,造成了危害公共安全结果的,应以危险方法危害公共安全罪定罪处罚。

②犯罪行为,必须是故意妨害安全驾驶行为。妨害安全驾驶行为,有以下两种。

一种是对正在驾驶公共交通工具的驾驶人员实施暴力的犯罪行为。具体是:行为的发生地点必须在行驶中的公共交通工具上;行为的对象必须是正在行驶公共交通工具的驾驶人员;行为表现方式是使用暴力或者抢控驾驶操纵装置;行为的目的是干扰公共交通工具正常行驶;行为的结果是危及公共安全的结果。危及公共安全是危险结果,还没有达到实际危害公共安全的结果。

另一种是正在行驶中,公共交通工具的驾驶人员实施的妨害安全驾驶的行为。具体行为表现有:行为的地点是在行驶的公共交通工具上;行为方式和行为对象是擅离职守,与他人互殴或者殴打他人;行为结果也是干扰公共交通工具正常行驶,并危及公共安全的危险结果。

具备上述行为之一的,可以构成本罪的犯罪行为。不具备上述条件的行为,不能构成本罪的犯罪行为。

③犯罪结果,是结果犯。犯罪的结果是干扰公共交通工具正常行驶的危险结果。驾驶人擅离职守与他人互殴或者殴打他人的行为实际上也是干扰公共交通工具正常行驶,危及公共安全的危险结果。

危及公共安全危险结果,是一种危险犯结果,虽然还未达到现实危害公共安全的程度,但是只要发生干扰公共交通工具正常行驶就必然产生危及公共安全的危险结果。如果没有达到上述干扰公共交通工具正常行驶的结果,不足以达到危及公共安全的结果,不能构成本罪。

(3)妨害安全驾驶罪的法定刑。根据《刑法》第133条之二规定,妨害安全驾驶罪的法定刑是:构成妨害安全驾驶罪的,处1年以下有期徒刑、拘役或者管制,并处或者单处罚金。

这里处1年以下有期徒刑、拘役、管制是处主刑。并处或者单处罚金是处附加刑,可以在判处主刑同时附加适用,也可以只处罚金。在处有1年有期徒刑、拘役主刑的同时,可以并处罚金,同时执行。罚金的数额,由法院根据案件的实际情况,判处具体罚金数额。

(4)认定妨害安全驾驶罪时,应注意以下问题。

①区分罪与非罪的界限。

从犯罪主体上区分。本罪主体是年满16周岁以上的自然人,不满16周岁的人和单位法人不能构成本罪。行为人在主观上对实施妨害安全驾驶行为达到干扰公共交通工具正常行驶的目的是故意的,但对产生危及公共安全的结果主观上是过失的。如果行为人以危害公共安全为目的,实施了法律规定的妨害安全驾驶行为,产生了危及公共安全结果的,不构成本罪,但可认定为"以危险方法危害公共安全罪"。

从犯罪行为上区分。本罪必须是实施了妨害安全驾驶犯罪行为的才构成本罪。如果行为人实施的不是对正在行驶的公共交通工具的驾驶人使用暴力或者抢控驾驶操纵装置行为,而是对公共交通工具上的服务员、管理员实施上述行为的不能构成本罪。对正在行驶中的公共交通工具的驾驶人实施辱骂等没有操控交通工具安全驾驶行为的也不构成本罪。对正在行驶的公共交通工具驾驶员已将交通工具停下后,在公共交通工具上与他人殴斗或者伤害他人,也是干扰公共交通工具正常行使,也应当认定是妨害安全驾驶犯罪行为。

从犯罪结果上区分。本罪是结果犯,如果没有产生干扰公共交通工具正常行驶的结果和驾驶人没有与他人互殴或者殴打他人的结果,只是争吵几句,不可能危及公共安全的行为,不能构成本罪。例如,行为人举拳厅想打击正在驾驶公共汽车的驾驶员,立即被他人拉回,没有打着驾驶人员,也没有产生干扰公共交通工具正常驾驶的结果,应依照我国《刑法》第13条犯罪定义的规定情节显著轻微危害不大的行为,不认为是犯罪。

②注意划清本罪与交通肇事罪的界限。《刑法》第133条规定的交通肇事罪,是指违反交通运输管理法规,因而发生重大事故,致人重伤、死亡或者使公私财产遭受重大损失的行为。交通肇事罪与本罪的相同点有:一是两罪都是一般犯罪主体,具有刑事责任的自然人和交通工具的驾驶人都可能构成两种犯罪主体;二是两罪都危及公共安全,且主观上对发生危害公共安全的结果都是过失心理状态。不同点是:犯罪行为表现形式和犯罪结果不同。交通肇事罪犯罪行为表现形式比较广泛,只要是在道路上违反交通运输法规发生了交通事故,发生致人重伤、死亡或者使公私财产遭受重大损失结果的就构成交通肇事罪。而本罪的犯罪行为只是干扰公共交通工具正常驾驶,产生危害公共安全危险结果,而只是危害公共安全的实际结果。如果行为人实施妨害安全驾驶行为,造成致人重伤、死亡或者使公私财产遭受重大损失的结果,危害了公共安全,则应以交通肇事罪定罪处罚。

③注意划清本罪与危险驾驶罪的界限。我国《刑法》第133条之一规定的危险驾驶罪,是

指在道路上驾驶机动车追逐竞驶,情节恶劣的,或者在道路上醉酒驾驶机动车的行为。本罪与危险驾驶罪的共同特点是二罪都是一般主体在道路上驾驶的交通工具危及公共安全的行为。二罪的不同点是犯罪行为表现形式不同。危险驾驶罪的犯罪行为是在道路上驾驶机动车追逐竞驶,情节恶劣的或者在道路上醉酒驾驶机动车的两种行为。而本罪的犯罪行为是对正在行驶工具的驾驶人员使用暴力,或者抢控驾驶操纵装置;或者正在行驶中,公共交通工具的驾驶人员擅离职守,与他人互殴,或者殴打他人的两种行为。如果正在行驶中公共交通工具的驾驶人员醉酒后驾车,又擅离职守与他人互殴或者殴打他人的,构成本罪和危险驾驶罪,应依照《刑法》第133条之二规定的有前两款行为,同时构成其他犯罪的,依照处罚较重的规定定罪处罚,由于危险驾驶罪的最高法定刑是拘留,比本罪轻,即应定为本罪,按本罪处罚规定处罚。

④注意准确适用犯本罪又构成其他犯罪的依照处罚较重的规定定罪处罚。《刑法》第133条之二规定"有前两款行为,同时构成其他犯罪的,依照处罚较重的规定定罪处罚"。"有前两款行为"是指犯妨害安全驾驶罪的两种犯罪行为;"同时构成其他犯罪的"是指可能构成本罪以外的犯罪,例如:交通肇事罪、危险驾驶罪、以危险方法危害公共安全罪、故意杀人罪、过失致人死亡罪、故意伤害罪、寻衅滋事罪等。因本罪的法定刑最高刑为1年有期徒刑,上述多数犯罪的法定刑都重于妨害安全驾驶罪,要依照处罚较重的其他罪定罪处罚。

(二)危险作业罪

危险作业罪是《刑法修正案(十一)》第4条的规定,在《刑法》第134条中增加的新犯罪。最高人民法院、最高人民检察院2021年2月26日《关于执行〈中华人民共和国刑法〉确定罪名的补充规定(七)》中确定该罪名。

2020年12月26日《刑法修正案(十一)》第4条对《刑法》第134条补充规定:在生产、作业中违反有关安全管理的规定,有下列情形之一,具有发生重大伤亡事故或者其他严重后果的现实危险的,处1年以下有期徒刑、拘役或者管制:(1)关闭、破坏直接关系生产安全的监控、报警、防护、救生设备、设施,或者篡改、隐瞒、销毁其相关数据、信息的;(2)因存在重大事故隐患被依法责令停产停业、停止施工、停止使用有关设备、设施、场所或者立即采取排除危险的整改措施,而拒不执行的;(3)涉及安全生产的事项未经依法批准或者许可,擅自从事矿山开采、金属冶炼、建筑施工,以及危险物品生产、经营、储存等高度危险的生产作业活动的。

上述危险作业罪是根据我国当前在生产、作业中违反有关安全管理的规定,具有发生重大安全责任事故,造成多人伤亡、重大财产损失和其他严重后果,产生现实公共危险的行为,在《刑法》第134条之一补充规定为新的犯罪。

要正确理解和准确适用该刑法规定,应依法对该罪的概念、构成特征、法定刑和适用中应注意的问题深入研究。

1.危险作业罪的概念。该犯罪是指在生产、作业中违反有关安全管理的规定,危及公共安全的行为。

危险作业罪是在生产、作业中违反有关安全管理规定的行为,发生重大伤亡事故或者重大财产损失和其他严重后果,危害公共安全的犯罪。

该罪在我国《刑法》中有关的规定有以下几条。

(1)《刑法》第134条中规定的重大责任事故罪;强令、组织他人违章冒险作业罪。

(2)《刑法》第134条之一中规定的危险作业罪。
(3)《刑法》第135条中规定重大劳动安全事故罪。
(4)《刑法》第135条之一中规定的大型群众性活动重大安全事故罪。
(5)《刑法》第136条中规定的危险物品肇事罪。
(6)《刑法》第137条中规定的工程重大安全事故罪。
(7)《刑法》第138条中规定的教育设施重大安全事故罪。
(8)《刑法》第139条中规定的消防责任事故罪。
(9)《刑法》第139条之一规定的不报、谎报安全事故罪。

上述9种犯罪都是故意实施了违反有关安全管理规定的行为,发生了危害公共安全的结果,构成生产、作业、经营、管理方面的犯罪。

危险作业罪是在生产、作业中,违反有关安全管理规定,实施了特定的三种行为,具有发生重大伤亡事故或者其他严重后果的现实危险的危险犯,即还没有发生危害公共安全,很可能发生重大安全事故,造成伤亡事故或者重大财产损失,危害公共安全的结果。尽管是危险犯但也是对社会有严重危害的行为,《刑法修正案(十一)》第4条规定,在《刑法》第134条之一中将其补充规定为犯罪,追究其刑事责任,最高处1年有期徒刑,达到预防发生现实危害公共安全结果的目的。

2.危险作业罪的构成特征。根据我国《刑法》第134条之一的规定,该罪有以下构成特征。

(1)犯罪主体,是一般主体,即是从事生产、作业的达到法定年龄具有刑事责任能力且实施了危险作业犯罪行为的自然人。本罪主体是年满16周岁以上的自然人,是在实施危险作业犯罪行为时,已年满16周岁以上的自然人。单位法人不能构成本罪的犯罪主体,如果是以单位的名义实施危险作业犯罪行为的,追究单位直接负责的主管人员和其他直接责任人员的刑事责任。犯罪主体在主观上对违反有关安全管理规定的行为是故意的,即故意违反有关安全管理的规定而实施危险作业行为,但对行为发生重大伤亡事故或者其他严重后果的现实危险的结果是不希望发生的过失心理状态。如果主观上是以故意危害公共安全为目的,而实施的危险作业行为,造成了危害公共安全结果的,应认定为以危险方法危害公共安全罪。

(2)犯罪行为,必须是实施了危险作业行为。危险作业行为,主要是违反有关安全管理规定的行为,具体有以下三种表现形式:

一是关闭、破坏直接关系生产安全的监控、报警、防护、救生设备、设施,或者篡改、隐瞒、销毁其相关数据、信息的;

二是因存在重大事故隐患被依法责令停产停业、停止施工、停止使用有关设备、设施、场所或者立即采取排除危险的整改措施,而拒不执行的;

三是涉及安全生产的事项未经依法批准或者许可,擅自从事矿山开采、金属冶炼、建筑施工,以及危险物品生产、经营、储存等高度危险的生产作业活动的。

上述三种危险作业行为,都必须是发生在生产、作业中,并且具有发生重大伤亡事故或者其他严重后果的现实危险的行为,才能构成危险作业犯罪行为。不具备上述条件行为的不是本罪的犯罪行为,不能构成本罪。

(3)犯罪结果,是危险犯。行为人实施了危险作业犯罪行为之一,并具有发生重大伤亡事故或者其他严重后果的现实危险结果的才能构成犯罪。

危及公共安全是一种危险结果,即还未达到现实危害公共安全的程度。只要发生违反有关安全管理规定的危险作业行为,就必然产生危及公共安全的危险结果。如果不能产生危及公共安全的危险结果的,不能构成本罪的犯罪结果。

3. 危险作业罪的法定刑。根据《刑法》第134条之一规定,构成危险作业罪的,处1年以下有期徒刑、拘役或者管制。

上述处1年以下有期徒刑、拘役、管制都是主刑。判处1年有期徒刑的,应在监狱执行,如果剩余刑期在3个月以下的,由公安局看守所代为执行;对被判处拘役的罪犯由公安机关执行。被判处1年有期徒刑、拘役被宣告缓刑的或者判处管制的犯罪者,符合社区矫正条件的,可由社区矫正机构进行社区矫正,社区矫正期满原判刑罚不再执行。

4. 认定危险作业罪时,应注意以下问题。

(1) 区分罪与非罪的界限。

从犯罪主体上区分。本罪主体是年满16周岁以上的从事生产、作业的自然人,不满16周岁的人和单位法人不能构成本罪。行为人在主观上对违反有关安全管理规定实施危险作业行为是故意的,但对具有发生重大伤亡事故或者其他严重后果的现实危险结果是不希望发生的过失心理状态。如果行为人以危害公共安全为目的,实施了法律规定的危险作业行为,产生了危害公共安全现实结果的,不构成本罪,但可认定为以危险方法危害公共安全罪。

从犯罪行为上区分。本罪必须是实施了危险作业犯罪行为的,才可构成;如果行为人实施的不是违反有关生产、作业安全管理规定的行为,而是按生产、作业安全管理程序规定的行为,尽管是具有发生伤亡事故现实危险的行为,也不构成本罪的犯罪行为。例如,一些试验行为或者试生产行为,其本身就有发生现实危险的可能性,因其不是违反有关安全管理规定的行为,不能构成本罪。

从犯罪结果上区分。本罪是危险犯,如果实施了违反有关安全管理的规定,不可能产生现实危险性结果,不能构成本罪。例如,行为人未经批准,擅自将停产单位的照明总电闸关闭,不可能发生危及公共安全的现实危险,其是违反有关安全管理规定情节显著轻微,危害不大的行为,可不认为是犯罪。

(2) 注意划清本罪与重大责任事故罪的界限。《刑法》第134条规定的重大责任事故罪,是指在生产、作业中违反有关安全管理的规定,因而发生重大伤亡事故或者造成其他严重后果的,处3年以下有期徒刑或者拘役;情节特别恶劣的,处3年以上7年以下有期徒刑。上述重大责任事故罪与本罪的相同点是两罪都发生在生产、作业中,违反有关安全管理规定危及公共安全的犯罪,容易混淆。两罪的区别有三点:一是犯罪主体的范围不同。本罪的主体范围比重大责任事故罪更广泛些。本罪主体一般是自然人犯罪主体。例如,停产工厂中的食堂管理人员,其没有关闭工厂总电闸操作的职责,其违反用电安全管理规定,私自将工厂的用电总闸门关闭,使冷藏库停电2个小时,危及公共安全,也可以构成本罪犯罪主体;而重大责任事故罪的主体除具备一般犯罪主体外,还需要满足在生产、作业中负有一定安全操作责任的人员违反安全操作责任的条件。二是犯罪结果不同。本罪的犯罪结果是实施了法定三种违反安全管理行为,结果是具有发生重大伤亡事故或者其他严重后果的现实危险的,只是具有危害公共安全危险,还没有发生现实危险;而重大责任事故罪的犯罪结果必须是发生重大伤亡事故或者造成其他严重后果，达到了危害公共安全的现实结果。三是法定刑不同。本罪的法定刑最高处1年有期徒刑，最低处管制；而重大责任事故罪最高处7年有期徒刑，最低处拘役。依据上三点不同，就可将上述两种犯罪区别开。

（3）注意本罪是重大责任事故罪的危险犯罪。我国刑法规定的重大责任事故罪，强令、组织他人违章冒险作业罪，重大劳动安全事故罪，大型群众性活动重大安全事故罪，危险物品肇事罪，工程重大安全事故罪，教育设施重大安全事故罪，消防责任事故罪等在生产、作业中违反有关安全管理规定构成危害公共安全罪的危险犯，构成犯罪。上述在生产、作业中，违反有关安全管理规定的行为都是产生了重大人身伤亡事故或者造成其他严重后果，危害了公共安全的犯罪，法律规定追究其刑事责任。而在上述犯罪的生产、作业中存在大量的违反有关安全管理行为具有发生重大伤亡事故或者其他严重后果现实危险的危险犯，原刑法没有规定为犯罪，不能追究其刑事责任。今后对上述犯罪的危险犯，又符合其他构成条件的，就可以认定为危险作业罪，追究其刑事责任，予以刑罚处罚。

（三）妨害药品管理罪

妨害药品管理罪是《刑法修正案（十一）》第7条规定，在《刑法》第142条之一中规定的新犯罪。最高人民法院、最高人民检察院2021年2月26日《关于执行〈中华人民共和国刑法〉确定罪名的补充规定（七）》中确定该罪名。

2020年12月26日《刑法修正案（十一）》第7条在《刑法》第142条中增加规定：违反药品管理法规，有下列情形之一，足以严重危害人体健康的，处3年以下有期徒刑或者拘役，并处或者单处罚金；对人体健康造成严重危害或者有其他严重情节的，处3年以上7年以下有期徒刑，并处罚金：(1)生产、销售国务院药品监督管理部门禁止使用的药品的；(2)未取得药品相关批准证明文件生产、进口药品或者明知是上述药品而销售的；(3)药品申请注册中提供虚假的证明、数据、资料、样品或者采取其他欺骗手段的；(4)编造生产、检验记录的。

有上述行为，同时又构成本法第141条、第142条规定之罪或者其他犯罪的，依照处罚较重的规定定罪处罚。

上述妨害药品管理罪是根据我国当前在药品生产、销售、使用管理中，出现的违反药品管理法规，实施妨害药品管理，足以危害或者严重危害人体健康，危害公共安全的行为，在《刑法》第142条之一中补充规定为新的犯罪。

要正确理解和准确适用该刑法规定，应依法对该罪的概念、构成特征和适用中应注意的问题深入研究。

1. 妨害药品管理罪的概念。该犯罪是指违反药品管理法规，实施妨害药品管理，足以危害或者严重危害人体健康，危害公共安全的行为。

药品是治病救人之物品，对药品的生产、销售和使用都应当依药品管理法严格管理，确保用药安全，充分发挥药品治病救人的效能，防止出现由于使用药品发生重大伤亡事故，危害公共安全的结果。因此，《刑法修正案（十一）》第7条在《刑法》第142条之一中将妨害药品管理的行为规定为犯罪，最高处7年有期徒刑，并处罚金。

2. 妨害药品管理罪的构成特征。根据我国《刑法》第142条之一规定，该罪有以下构成特征。

（1）犯罪主体，是一般主体，达到法定年龄具有刑事责任能力且实施了妨害药品管理行为的自然人。本罪法定年龄是年满16周岁以上的自然人,是在实施妨害药品管理犯罪行为时,已年满16周岁以上的自然人和有关单位。单位犯本罪的主体是单位或单位直接负责的主管人员和其他直接责任人员的刑事责任人员。犯罪主体在主观上对妨害药品管理法规而实施妨害药品管理行为是故意的,即故意违反药品管理法规实施妨害药品管理行为,但对该行为足以发生严重危害人身健康或者其他严重情节的结果,是不希望发生的过失心理状态。如果主观上是以故意危害公共安全为目的,而实施妨害药品管理行为,造成重大伤亡事故,危害公共安全,应认定为以危险方法危害公共安全罪。

(2)犯罪行为,必须是实施了妨害药品管理行为。主要是违反药品管理法规规定的行为,具体有以下四种表现形式:一是生产、销售国务院药品监督管理部门禁止使用的药品的行为;二是未取得药品相关批准证明文件生产、进口药品或者明知是上述药品而销售的行为;三是药品申请注册中提供虚假的证明、数据、资料、样品或者采取其他欺骗手段的行为;四是编造生产、检验记录的行为。

实施了上述四种犯罪行为之一的,构成妨害药品管理行为,可以构成本罪。另外《刑法》第142条之一中还规定:有前四款行为之一,同时又构成本法第141条、第142条规定之罪或者其他犯罪的,依照处罚较重的规定定罪处罚。

(3)犯罪结果,是结果犯。行为人实施了妨害药品管理犯罪行为,足以严重危害人体健康的,或者对人体健康造成严重危害或者有其他严重情节的后果。

这里的"足以严重危害人体健康结果",是一种危险结果,即还未达到现实的危害人体健康结果,有足够的理由证明能发生严重危害人体健康的结果。只要继续实施该妨害药品管理法规规定行为,就会产生严重害人身体便康的结果。如果根本不能发生足以危害人体健康结果的,不能构成本罪的犯罪结果。

3.妨害药品管理罪的法定刑。根据《刑法》第142条之一的规定,构成妨害药品管理罪的法定刑有以下几点。

(1)足以严重危害人体健康的,构成犯罪的,处3年以下有期徒刑或者拘役,并处或者单处罚金。处3年以下有期徒刑、拘役都是主刑。判处3年以下有期徒刑的,应在监狱执行,但剩余刑期在3个月以下的,应由公安局看守所代为执行;对被判处拘役的罪犯由公安机关执行。被判处3年以下有期徒刑、拘役被宣告缓刑的,符合社区矫正条件的,可由社区矫正机构进行社区矫正,社区矫正期满原判刑罚不再执行。

罚金是附加刑,可以作为主刑的附加刑,也可单处罚金。并处罚金是判处主刑并处附加刑罚金,与主刑同时执行。单处罚金是不判处主刑,但只处罚金。罚金的数额由法院根据案件的实际情况决定,判决生效后由法院执行。

(2)犯本罪,对人体健康造成严重危害或者有其他严重情节的,处3年以上7年以下有期徒刑,并处罚金。

本罪"对人体健康造成严重危害"是实际发生的危害结果,即已经实际发生了严重危害人体健康的结果。可参照最高人民法院、最高人民检察院2014年11月3日《关于办理危害药品安全刑事案件适用法律若干问题的解释》(已失效)第2条规定:生产、销售假药,具有下列情形之一的,应当认定为"对人体健康造成严重危害":造成轻伤或者重伤的;造成轻度残疾或者中度残疾的;造成器官组织损伤导致一般功能障碍或者严重功能障碍的;其他对人体健康造成严重危害的情形。凡具有上述行为之一的,就可以认定妨害药品管理行为对人体健康造成严重危害结果,构成本罪的犯罪结果。

"其他严重情节结果",是实际已存在的结果,法律没有具体规定,而是抽象规定"其他严重情节"作为兜底规定以适应现实中多样的严重情节,这些严重情节必须是与"对人体健康造成严重危害结果"相似的情节。

本罪的"其他严重情节",参照上述司法解释第 3 条的规定,生产、销售假药,具有下列情形之一的,应当认定为《刑法》第 141 条规定的"其他严重情节":造成较大突发公共卫生事件的;生产、销售金额 20 万元以上不满 50 万元的;生产、销售金额 10 万元以上不满 20 万元的,并且具有本解释第 1 条规定情形之一的;根据生产、销售的时间、数量、假药种类等,应当认定为情节严重的。

(3)单位犯本罪的处罚,根据《刑法》第 150 条的规定,对单位犯本罪的,对单位判处罚金,并对其直接负责的主管人员和其他直接责任人员依自然人犯本罪处罚决定处罚。

4. 认定妨害药品管理罪时,应注意以下问题。

(1)区分罪与非罪的界限。

从犯罪主体上区分。本罪主体是年满 16 周岁以上且实施了妨害药品管理行为的自然人。不满 16 周岁的人不能构成本罪。行为人在主观上对违反药品管理法规实施妨害药品管理犯罪行为是故意的,但对其可能发生足以严重危害人身健康的结果是不希望发生的过失心理状态。如果行为人以危害公共安全为目的的,实施了法律规定妨害药品管理行为,产生了危害公共安全现实结果的,不构成本罪,但可认定为以危险方法危害公共安全罪。

从犯罪行为上区分。本罪必须是实施了妨害药品管理的四种犯罪行为之一的才构成;如果行为人实施的不是违反药品管理法规的行为,而是按药品管理法规的行为,尽管是实施具有足以发生严重危害人身健康结果的行为,也不构成本罪的犯罪行为。例如,一些试验行为或者试生产行为,其本身就有发生现实危险的可能性,因其不是违反药品管理法规的行为,不能构成本罪。

从犯罪结果上区分。本罪有的是结果犯,有的是危险结果,有的是实际危害结果。足以严重危害人体健康的,是危险结果;对人体健康造成严重危害或者有其他严重情节的,是实际危害结果。如果实施了不是药品管理法规规定的四种妨害药品管理犯罪行为,不可能发生"足以严重危害人体健康结果的",不能构成本罪。

(2)注意划清本罪与危险作业界的界限。我国《刑法》第 134 条之一规定的危险作业罪,是指在生产、作业中违反有关安全管理的规定,有下列情形之一,具有发生重大伤亡事故或者其他严重后果的现实危险的,处 1 年以下有期徒刑、拘役或者管制。上述危险作业罪与本罪的相同点都是发生在生产、作业中违反有关安全管理规定危及公共安全的犯罪,容易混淆。

两罪的区别有三点:一是犯罪主体的范围不同,本罪的主体范围较危险作业罪的主体范围窄得多。本罪主体是违反药品管理法规的一般自然人犯罪主体;而危险作业罪的主体是在一切生产、作业中的自然人。二是犯罪结果不同,本罪的犯罪结果是实施了法定四种妨害药品管理行为,结果是足以严重危害人体健康结果和实际发生了危害结果;而危险作业罪的犯罪结果必须是具有危及公共安全危险结果。三是法定刑不同,本罪的法定刑最高刑罚是处 7 年有期徒刑,最低处拘役,并处或者单处罚金;而危险作业罪最高刑罚是处 1 年有期徒刑,最低处管制。依据上三点不同,就可将上述两种犯罪区别开。

(3)注意本罪与相关联的生产、销售、提供假药、提供劣药等罪的定罪处罚。在实施本罪的犯罪行为时,又构成《刑法》第141条、第142条规定之罪或者其他犯罪的,依照《刑法》第142条之一规定依照处罚较重的规定定罪处罚。

(四)为境外窃取、刺探、收买、非法提供商业秘密罪

为境外窃取、刺探、收买、非法提供商业秘密罪是《刑法修正案(十一)》第23条在《刑法》第219条之一中规定的新犯罪。2021年2月26日最高人民法院、最高人民检察院《关于执行〈中华人民共和国刑法〉确定罪名的补充规定(七)》中确定该罪名。

2020年12月26日《刑法修正案(十一)》第23条规定,在《刑法》第219条后增加一条,作为第219条之一:为境外的机构、组织、人员窃取、刺探、收买、非法提供商业秘密的,处5年以下有期徒刑,并处或者单处罚金;情节严重的,处5年以上有期徒刑,并处罚金。

《刑法修正案(十一)》第24条规定,将《刑法》第220条修改为:单位犯本节第213条至第219条之一规定之罪的,对单位判处罚金,并对其直接负责的主管人员和其他直接责任人员,依照本节各该条的规定处罚。

上述为境外窃取、刺探、收买、非法提供商业秘密罪是根据我国实行改革开放,国内市场经济与国际市场经济相结合的国际贸易发达的形势下,出现的一些为境外的机构、组织、人员窃取、刺探、收买、非法提供我国的商业秘密犯罪行为,危害我国市场经济发展,是对社会有严重危害的行为。2020年12月26日《刑法修正案(十一)》和《刑法》第219条之一将为境外的机构、组织、人员窃取、刺探、收买、非法提供商业秘密的行为规定为犯罪,最低处6个月有期徒刑,并处或者单处罚金;最高处15年有期徒刑,并处罚金。

为境外窃取、刺探、收买、非法提供商业秘密罪是《刑法》第219条之一中补充规定的新犯罪。要正确理解和准确适用该刑法规定,应对该罪的概念、构成特征、法定刑和适用中应注意的问题深入研究、准确适用。

1. 为境外窃取、刺探、收买、非法提供商业秘密罪的概念。该犯罪是指为境外的机构、组织、人员窃取、刺探、收买、非法提供商业秘密的行为。

商业秘密,是知识产权的一种,是指不为公众所知悉,能为权利人带来经济利益,具有实用性并经权利人采取保密措施的技术信息和经营信息。由于商业秘密能为权力人带来经济利益,有些单位和个人采取不正当手段获取、披露、使用或者同意他人使用权利人的商业秘密,实施侵犯商业秘密的违法犯罪行为。我国《刑法》第219条规定将侵犯商业秘密,情节严重的行为规定为犯罪,最低处6个月有期徒刑,并处或者单处罚金;最高处10年有期徒刑,并处罚金。

随着我国对外开放,国际贸易的迅速发展,一些单位和个人为了谋取不正当利益,为境外窃取、刺探、收买、非法提供权利人的商业秘密,给商业秘密权利人造成严重损失,严重影响我国的经济发展,这是对社会有严重危害的行为。我国刑法原只将侵犯商业秘密行为规定为犯罪,追究其刑事责任,而没有规定追究为境外窃取、刺探、收买、非法提供商业秘密行为人的刑事责任。虽然我国《刑法》第111条规定有"为境外窃取、刺探、收买、非法提供国家秘密、情报罪"和《刑法》第431条规定有"为境外窃取、刺探、收买、非法提供军事秘密罪",但都不能全部含括在侵犯商业秘密的内容中,因为有部分商业秘密不是国家秘密、情报或者军事秘密。

为了准确惩治为境外窃取、刺探、收买、非法提供商业秘密严重危害社会行为,《刑法修正案(十一)》对《刑法》第219条的侵犯商业秘密罪的罪状和法定刑进行了修改,除了加大了惩罚范围和力度外,又增加了《刑法》第219条之一,规定了"为境外窃取、刺探、收买、非法提供商业秘密罪"的新罪名,最低应处6个月有期徒刑,并处或者单处罚金;最高可处15年有期徒刑,并处罚金。该罪的犯罪构成要件和惩罚力度都重于侵犯商业秘密罪。

2. 为境外窃取、刺探、收买、非法提供商业秘密罪的构成特征。根据我国《刑法》第219条之一的规定,该罪有以下构成特征。

(1)犯罪主体,是一般主体,即达到法定年龄具有刑事责任能力且实施了为境外窃取、刺探、收买、非法提供商业秘密犯罪行为的自然人和单位。本罪主体是年满16周岁以上的自然人,是指在实施为境外窃取、刺探、收买、非法提供商业秘密犯罪行为时,已年满16周岁以上的自然人。单位犯本罪的主体是单位或单位直接负责的主管人员和其他直接责任人员。犯罪主体在主观上对为境外窃取、刺探、收买、非法提供商业秘密的行为是故意的,其目的是为境外的机构、组织、人员窃取、刺探、收买、非法提供商业秘密。境外,是指中华人民共和国国境以外的机构、组织、个人。中国人和外国人,只要在中华人民共和国境内,故意实施上述行为的,都可以构成本罪的犯罪主体。

(2)犯罪行为,必须是实施了为境外窃取、刺探、收买、非法提供商业秘密犯罪的行为,具体有以下四种表现形式。

①为境外窃取商业秘密犯罪的行为。窃取行为,是以秘密的手段盗窃权利人的商业秘密的行为。

②为境外刺探商业秘密犯罪的行为。刺探行为,是用探听或者技术侦查手段获取权利人的商业秘密的行为。例如向熟悉商业秘密的人探询,利用交际手段探询,利用会谈、学术交流等办法探听权利人的商业秘密的行为。

③为境外收买商业秘密犯罪的行为。收买行为,是用金钱、物质为代价购买权利人的商业秘密的行为。

④为境外非法提供商业秘密犯罪的行为。提供行为,是将自己掌握的权利人的商业秘密未经权利人同意或者有关部门批准而擅自给予境外机构、组织和人员的行为。

实施了上述四种犯罪行为之一的,构成为境外窃取、刺探、收买、非法提供商业秘密犯罪的行为,可以构成本罪的犯罪行为。

(3)犯罪结果,是行为犯。行为人只要实施了为境外窃取、刺探、收买、非法提供商业秘密犯罪的行为,就产生了侵犯了权利人的商业秘密的权益,就可以构成本罪的犯罪结果。但依照我国《刑法》第13条规定,上述危害社会行为情节显著轻微危害不大的,不认为是犯罪。

3. 为境外窃取、刺探、收买、非法提供商业秘密罪的法定刑。根据《刑法》第219条之一规定,构成本罪的法定刑有以下几条。

(1)实施了上述犯罪行为,构成犯罪的,处5年以下有期徒刑,并处或者单处罚金。依照《刑法》总则规定,处最低有期徒刑的是指处6个月有期徒刑,尽管刑期只有6个月也是主刑,应在监狱执行,但剩余刑期在3个月以下的,应由公安局看守所代为执行;对被判处3年有期徒刑(包括6个月有期徒刑)的,被法院宣告缓刑的,符合社区矫正条件的,可由社区矫正机构进行社区矫正,社区矫正期满原判刑罚不再执行。

罚金是附加刑,可以作为主刑的附加刑。并处罚金是判处主刑并处附加刑罚金,与主刑同时执行。单处罚金是不判处主刑,只处罚金。罚金数额由法院根据案件实际情况决定,判决生效后由法院执行。

(2)犯本罪,情节严重的,处5年以上有期徒刑,并处罚金。根据《刑法》第45条的规定,有期徒刑的期限为6个月以上15年以下。本罪加重档次法定刑最低处5年有期徒刑,并处或者单处罚金;最高处15年有期徒刑,并处罚金。

(3)单位犯本罪的处罚。根据《刑法》第220条规定,单位犯本罪的,对单位判处罚金,并对其直接负责的主管人员和其他直接责任人员依自然人犯本罪处罚。

4.认定为境外窃取、刺探、收买、非法提供商业秘密罪时,应注意以下问题。

(1)区分罪与非罪的界限。

从犯罪主体上区分。本罪主体是年满16周岁以上的自然人和单位。不满16周岁的人不能构成本罪。行为人在主观上有为境外的机构、组织、人员窃取、刺探、收买、非法提供商业秘密罪的目的,客观上故意实施了为境外窃取、刺探、收买、非法提供商业秘密罪的行为的,就构成犯罪。如果行为人是以非法占有为目的,为自己窃取权利人的商业秘密,不构成本罪,但可以构成《刑法》第219条规定的侵犯商业秘密罪。

从犯罪行为上区分。本罪只要实施了为境外窃取、刺探、收买、非法提供商业秘密四种犯罪行为之一的,就可以构成;如果行为人实施的不是为境外窃取、刺探、收买、非法提供商业秘密犯罪行为,或者上述行为情节显著轻微危害不大的,不构成本罪。

从犯罪结果上区分。本罪是行为犯,只要是为境外窃取、刺探、收买、非法提供商业秘密罪的行为,就可以构成犯罪,但行为人只有为境外窃取、刺探、收买、非法提供商业秘密罪的目的,没有实施犯罪行为的,也不构成犯罪。

(2)注意划清本罪与为境外窃取、刺探、收买、非法提供国家秘密、情报罪和为境外窃取、刺探、收买、非法提供军事秘密罪的区别。我国《刑法》第219条之一规定的"为境外窃取、刺探、收买、非法提供商业秘密罪"与《刑法》第111条规定的"为境外窃取、刺探、收买、非法提供国家秘密、情报罪"以及《刑法》第431条规定的"为境外窃取、刺探、收买、非法提供军事秘密罪"在犯罪主体、犯罪行为上都相似或相同,很容易混淆。

三罪主要区别有三点:一是犯罪对象不同,本罪的对象是商业秘密,而其他两罪的对象分别是国家秘密、情报和军事秘密。二是法定最高刑罚不同,本罪的最高法定刑是处15年有期徒刑,并处罚金,而其他两罪的法定刑最高刑分别是处无期徒刑,剥夺政治权利终身和处无期徒刑或者死刑,剥夺政治权利。三是法定刑最低刑不同,本罪法定刑最低处6个月有期徒刑,并处或单处罚金;而其他两罪法定刑最低处管制或者剥夺政治权利和最低处5年以上10年以下有期徒刑。三罪的三个不同点,将三罪区分开来,应注意准确适用。

(3)注意本罪与侵犯商业秘密罪的区别。我国《刑法》第219条规定侵犯商业秘密罪,是以盗窃、贿赂、欺诈、胁迫、电子侵入或者其他不正当手段获取权利人的商业秘密的行为,或者披露、使用或者允许他人使用以前项手段获取的权利人的商业秘密的行为。该罪侵犯商业秘密犯罪行为与《刑法》第219条之一规定的本罪的犯罪行为为境外窃取、刺探、收买、非法提供商业秘密犯罪行为相似或者相同,两罪容易混淆。

两罪有以下三点不同:一是犯罪目的不同,本罪的犯罪目的是为境外机构、组织、人员盗窃、刺探、收买、非法提供权利人的商业秘密;而侵犯商业秘密罪的目的是以盗窃、获取、披露等手段为境内的单位和个人提供、使用商业秘密。二是犯罪结果不同,本罪是行为犯,只要故意实施为境外窃取、刺探、收买、非法提供商业秘密四种犯罪行为之一的就构成犯罪;而侵犯商业秘密罪是结果犯,必须是侵犯商业秘密行为达到情节严重的结果,才构成犯罪。三是法定刑严厉程度不同,本罪的法定刑最高处 15 年有期徒刑,并处罚金;而侵犯商业秘密罪的法定刑最高处 10 年有期徒刑,并处罚金。上述三种不同点将两罪区分开来,要注意准确适用。

(五)负有照护职责人员性侵罪

负有照护职责人员性侵罪是《刑法修正案(十一)》第 27 条在《刑法》第 236 条中补充规定的新犯罪。最高人民法院、最高人民检察院在《关于执行〈中华人民共和国刑法〉确定罪名的补充规定(七)》中确定为该罪名。

1. 刑法规定的有关内容的修改

《刑法》条文中有关负有照护职责人员性侵罪的规定有以下几点。

(1)1979 年《刑法》第 139 条规定,以暴力、胁迫或者其他手段强奸妇女的,处 3 年以上 10 年以下有期徒刑。

奸淫不满 14 周岁的幼女的,以强奸论,从重处罚。

犯前两款罪,情节特别严重的或者致人重伤、死亡的,处 10 年以上有期徒刑、无期徒刑或者死刑。

二人以上犯强奸罪而共同轮奸的,从重处罚。

(2)1997 年《刑法》第 236 条规定,以暴力、胁迫或者其他手段强奸妇女的,处 3 年以上 10 年以下有期徒刑。

奸淫不满 14 周岁的幼女的,以强奸论,从重处罚。

强奸妇女、奸淫幼女,有下列情形之一的,处 10 年以上有期徒刑、无期徒刑或者死刑:

①强奸妇女、奸淫幼女情节恶劣的。

②强奸妇女、奸淫幼女多人的。

③在公共场所当众强奸妇女的。

④二人以上轮奸的。

⑤致使被害人重伤、死亡或者造成其他严重后果的。

(3)2020 年 12 月 26 日《刑法修正案(十一)》第 27 条规定,在《刑法》第 236 条后增加一条,作为第 236 条之一:对已满 14 周岁不满 16 周岁的未成年女性负有监护、收养、看护、教育、医疗等特殊职责的人员,与该未成年女性发生性关系的,处 3 年以下有期徒刑;情节恶劣的,处 3 年以上 10 年以下有期徒刑。

有前款行为,同时又构成本法第 236 条规定之罪的,依照处罚较重的规定定罪处罚。

上述《刑法修正案(十一)》第 27 条在《刑法》第 236 条中增加的负有照护职责的人员,性侵已满 14 周岁不满 16 周岁未成年女性的犯罪。我国刑法将奸淫不满 14 周岁幼女、负有照护职责者奸淫已满 14 周岁不满 16 周岁的未成年女性,并分别规定了适用法定刑,分别处不同的刑罚。

2. 刑法规定修改的原因

我国1979年《刑法》第139条和1997年《刑法》第236条中规定有强奸罪,只对奸淫不满14周岁幼女的行为以强奸罪论处,而对奸淫14周岁以上不满18周岁的未成年女性的通奸行为,只要该未成年女性同意,一般都不构成犯罪,只规定违背妇女意志强行与妇女发生性交行为都构成强奸罪。但近年来随着社会经济的发展,人民生活水平的提高,14周岁以上未成年女性成熟期提前,一些对已满14周岁不满16周岁的未成年女性负有监护、收养、看护、教育、医疗等特殊职责的人员,如养父、教师、监护人、医生等人员与经常接触的该未成年女性发生性交奸淫行为。这种行为不但严重损害未成年女性的身心健康,同时违反伦理道德,会造成恶劣的社会影响。为了保护未成年女性的健康发展和良好的社会风气,我国于2020年12月26日发布的《预防未成年人犯罪法》第66条、第67条规定,负有照护未成年人职责的人员侵犯未成年人的合法权利的行为应受行政处罚,构成犯罪的应追究刑事责任。2020年10月17日修订的《未成年人保护法》第110条规定,公安机关、人民检察院、人民法院办理未成年人遭受性侵害刑事案件的,应当保护被害人的名誉。

2020年12月26日《刑法修正案(十一)》第26条规定,在《刑法》第236条规定的加重处罚强奸犯罪行为中,又增加了"在公共场所当众奸淫幼女的"和"奸淫不满十周岁的幼女或者造成幼女伤害的"两种加重情节,其目的是加重惩罚性侵幼女的范围和处罚的力度。同时,《刑法修正案(十一)》第27条规定,在《刑法》第236条中增加了照护者实施奸淫已满14周岁不满16周岁未成年女性的行为构成犯罪,应追究其刑事责任,扩大了刑法保护未成年女性的范围。

3. 负有照护职责人员性侵罪的适用

负有照护职责人员性侵罪是《刑法修正案(十一)》第27条在《刑法》第236条中增加的新犯罪,要准确适用就必须弄清该罪的概念、构成特征、法定刑,以及适用时应注意的问题。

(1)负有照护职责人员性侵罪的概念。该罪是指对已满14周岁不满16周岁的未成年女性负有监护、收养、看护、教育、医疗等特殊职责的人员,与该未成年女性发生性关系的行为。

负有照护职责人员性侵罪是侵犯未成年女性人身权利的犯罪行为。未成年女性的合法权利受国家法律的特别保护,因为她们涉世未深,经验不足,不知如何保护自己和控制自己的行为,其对负有照护职责人员具有很强的依附性和信任性。在其女性发育初期,缺乏控制力,虽然同意与其监护人发生性交行为,但不知危害后果的严重性。如果负有照护职责人员对已满14周岁不满16周岁的未成年女性实施了奸淫行为,不单是对该未成年女性人身自由权利的侵犯,很有可能致使该未成年女性重伤、死亡,还可能对妇女的家庭关系、个人名誉、精神状态和社会风气等造成一系列的严重损害。特别是负有照护职责人员的职责是保护、爱护未成年人的成长,其不但没有认真履行职责反而性侵、奸淫未成年女性,这对未成年女性及其子孙后代的健康成长都有很大的危害。在社会主义新时代,这种性侵犯罪行为是对社会有严重危害的行为。从保护未成年健康成长和关心下一代的社会价值观的要求出发,我国《刑法》将负有照护职责人员奸淫已满14周岁不满16周岁的未成年女性的行为规定为犯罪,最低处6个月有期徒刑,最高处10年有期徒刑。

中国古代、近代法律中都有强奸罪的规定,其中有的规定了这种犯罪行为,但没有单独规定"负有照护职责人员性侵罪"的罪名。早在我国汉律中就有"和奸"等奸淫妇女犯罪的规定,并规定处以严厉的刑罚。

《唐律·杂律》中规定有:"凡奸""奸缌麻以上亲及妻""奸从祖母、姑等""奸父祖妾""奴奸良""和奸妇女""监主于监守内奸"等。该法规定,"诸奸者,徒一年;有夫者,徒二年。部曲、杂户、官户奸良人者,各加一等。即奸官私婢者,杖九十;奴奸婢,亦同"。疏议:"奸他人部曲妻、杂户、官户妇女者,杖一百"。从上述规定可见,我国古代封建社会法律中不但惩罚强奸妇女的犯罪行为,也惩罚一般通奸行为,并且根据奸淫者双方所处的地位和等级规定处不同的刑罚。

我国近代1935年《中华民国刑法》第2编分则第16章妨害风化罪中对强奸罪作了规定。该章第225条至第227条对心神丧失或其他相类似之情形的妇女进行奸淫的犯罪行为,对已满14周岁不满16周岁的女性进行奸淫的犯罪行为,对有亲属、监护、教养、救济、公务或业务关系的妇女利用职权而奸淫的犯罪行为,以诈术骗奸妇女的犯罪行为,对直系或三代以内旁系血亲和奸的犯罪行为等都作了具体规定。上述规定无论是在追究犯罪的范围上,还是处罚力度上都重于我国刑法对奸淫妇女罪的规定。

当代世界各国刑法中都有惩治监护者奸淫未成年女性犯罪行为的规定。《日本刑法》第2编第22章猥亵、奸淫及重婚之罪中规定有"劝诱淫行""通奸罪"等犯罪行为。《韩国刑法》第2编分则第32章关于贞操之罪中规定有:"奸淫未成年者""假业务之威力而奸淫"等。第303条规定,"(1)对因业务雇用或其他关系受自己保护或监督之妇女,以诈术或暴力予以奸淫者,处五年以下劳役或二万五千元以下罚金。(2)监护人对依法拘禁之妇女予以奸淫者,处七年以下劳役"。从上述规定可见,亚洲国家刑法对奸淫犯罪的规定,一般都将负有监护职责的人奸淫妇女的行为规定为犯罪,但刑法规定的法定刑较轻,特别是其还规定有"处罚金"。

1997年《俄罗斯联邦刑法》分则第18章侵害性不受侵犯权和个人性自由的犯罪中规定有:"与未满16岁的人实行性交和其他行为"等。

《法国刑法》卷三第2编第1章第4节妨害风化中,第333条规定,尊亲属对于其卑亲属、监护人对被监护人、师长对其学生、被雇用看管未成年人之人对于其看管之未成年人或主人对于其雇用之人,或行为人受他人之帮助而有强暴未满15岁之男女猥亵行为情形者,处10年至20年有期徒刑。上述国家刑法对负有照护职责人员性侵犯罪的规定与我国刑法的规定基本相同。

《加拿大刑法》第4章妨害风化及公共道德与违禁行为中规定有:"奸淫非亲生女或雇用女子"等犯罪行为。上述对负有照护职责人员性侵犯罪的规定与我国刑法规定基本相同。

(2)负有照护职责人员性侵罪的构成特征。根据《刑法》第236条之一和《刑法修正案(十一)》第27条规定,该罪有以下构成特征。

①犯罪主体,是特殊主体。负有照护职责人员,实施奸淫已满14周岁不满16周岁的未成年女性的行为,在一般情况下,负有照护职责的女性人员不能单独构成本罪的主体,但可构成负有照护职责人员性侵罪的共犯。例如负有监护职责的母亲帮助负有监护职责的养父奸淫其养女儿的行为,构成负有照护职责人员性侵罪的共犯。

该罪犯罪主体在主观上是故意实施奸淫已满14周岁不满16周岁未成年女性的行为。

②犯罪行为,必须是不违背已满14周岁不满16周岁未成年女性的意志,在其同意后与其发生性交行为。奸淫行为,是指不违背妇女的意志,妇女同意后与妇女发生性交行为,即通

奸行为。本罪奸淫的对象必须是已满14周岁不满16周岁的被照护的未成年女性。如果违背未成年女性意志与其发生奸淫关系的行为是强奸行为,不是本罪的犯罪行为。本罪的犯罪行为有以下具体表现。

A. 对已满14周岁不满16周岁的未成年女性负有监护职责的人员,与该未成年女性发生性关系的行为,例如,有监护职责的父亲与被监护女儿发生性交的行为。

B. 对已满14周岁不满16周岁的未成年女性负有收养职责的人员,与该未成年女性发生性关系的行为,如养父与养女进行性交行为。

C. 对已满14周岁不满16周岁的未成年女性负有看护职责的人员,与该未成年女性发生性关系的行为,例如,监狱、看守所的男看护者奸淫被收监或者被羁押的未成年女性的行为。

D. 对已满14周岁不满16周岁的未成年女性负有教育职责的人员,与该未成年女性发生性交关系的行为,例如,学校男教师奸淫女学生的行为。

E. 对已满14周岁不满16周岁的未成年女性负有医疗特殊职责的人员,与该未成年女性发生性交关系的行为,例如,男医生对女患者的通奸行为。

F. 对已满14周岁不满16周岁的未成年女性负有其他特殊照护职责的人员,与该未成年女性发生性关系的行为,例如,对未成年进行矫治的人员或进行社区矫正的人员奸淫被矫治、被矫正的未成年女性的行为。

凡具有上述行为之一的,即构成本罪的犯罪行为。

③犯罪结果,是行为犯。只要犯罪主体实施了奸淫已满14周岁不满16周岁的未成年女性的行为之一的,就构成本罪。情节恶劣的,处加重法定刑,最高处10年有期徒刑,例如长期与被照护的已满14周岁不满16周岁女性通奸,给未成年女性身心造成严重损害的。

本罪是故意犯罪,其犯罪有犯罪预备、犯罪未遂、犯罪中止和犯罪既遂的结果。以性器官相接触为犯罪既遂。至于导致的妇女伤亡和其名誉、精神损害等结果,不是构成犯罪的结果,而是适用法定刑的情节和量刑轻重的情节。

(3)负有照护职责人员性侵罪的法定刑。根据《刑法》第236条之一的规定,犯负有照护职责人员性侵罪的法定刑:

①构成本罪的,处3年以下有期徒刑。最低处6个月有期徒刑,一般情况下,最高可处3年有期徒刑。

②犯本罪的,情节恶劣的,处3年以上10年以下有期徒刑。如长期奸淫、对未成年女性性器官造成严重损失和严重精神损害等恶劣情节。

(4)认定负有照护职责人员性侵罪时,应注意以下问题。

①区分罪与非罪的界限。

从犯罪的主体上区分。我国《刑法》第236条之一规定的负有照护职责人员性侵罪的主体是负有照护职责的人员,且在主观上必须有与其照护的已满14周岁不满16周岁的未成年女性发生性交奸淫的目的。如果行为人以猥亵妇女为目的,实施了一些性器官接触行为,如接吻,用手摸乳房、生殖器官等行为的,不构成本罪主体。不负有照护职责的人员与已满14周岁不满16周岁的未成年女性通奸的行为也不构成本罪。

从犯罪行为上区分。负有照护职责人员性侵罪的犯罪行为是与被照护的已满14周岁不满16周岁的未成年女性通奸的行为,侵犯的对象必须是被其照护的人。如果行为人虽然是负有照护职责的人员,但其不是对自己照护的已满14周岁不满16周岁的未成年女性发生性关系,也不构成本罪。

从犯罪结果上区分。负有照护职责人员性侵罪是行为犯,犯罪主体只要实施了与已满14周岁不满16周岁的未成年女性的通奸行为就构成犯罪,包括犯罪预备、犯罪未遂、犯罪中止和犯罪既遂。对于长期通奸,造成未成年女性身心严重损害等结果,不是本罪的构成结果,而是加重处罚的情节。

②注意划清负有照护职责人员性侵罪与强制猥亵、侮辱罪的区别。我国《刑法》第237条规定的强制猥亵、侮辱罪的犯罪是指以暴力、胁迫或者其他方法强制猥亵他人或者侮辱妇女的行为,其与负有照护职责人员性侵罪在犯罪行为上有相似之处,容易混淆。但两罪的主要区别有:一是犯罪主体不同,负有照护职责人员性侵罪的主体是特殊主体,必须是负有照护职责的人,且其目的是奸淫已满14周岁不满16周岁的未成年女性;而强制猥亵、侮辱罪的主体是一般主体,其目的是猥亵他人和侮辱妇女。二是犯罪行为手段和对象不同,负有照护职责人员性侵罪的犯罪手段是在取得已满14周岁不满16周岁未成年女性同意下进行通奸行为;而强制猥亵、侮辱罪的对象除妇女外还有其他人,且是以暴力、胁迫或者其他方法强制猥亵他人或者侮辱妇女的行为。三是法定刑不同,负有照护职责人员性侵罪的法定刑最高处10年有期徒刑;而强制猥亵、侮辱罪的法定刑最高刑是处15年有期徒刑。

③注意负有照护职责人员性侵罪与强奸罪的认定。我国《刑法》第236条之一第2款规定,"有前款行为,同时又构成本法第二百三十六条规定之罪的,依照处罚较重的规定定罪处罚",即犯罪人既犯负有照护职责人员性侵罪,又犯强奸罪的,依照《刑法》规定择一重罪定罪处罚原则,一般应以强奸罪定罪处罚。犯罪人多次与已满14周岁不满16周岁被照护人发生性关系,只要其中有一次是违背被照护未成年女性的意志,实施强奸行为的,就应从重以强奸罪定罪处罚。

④注意准确认定本罪受害对象是已满14周岁不满16周岁的未成年女性。根据2013年10月23日,最高人民法院、最高人民检察院、公安部、司法部《关于依法惩治性侵未成年人犯罪的意见》第19条规定,知道或者应当知道对方是不满14周岁的幼女,而实施奸淫等性侵害行为的,应当认定行为人"明知"对方是幼女。对已满12周岁不满14周岁的被害人,从其身体发育状况、言谈举止、衣着特征、生活作息规律等观察可能是幼女,而实施奸淫等性侵害行为的,应当认定行为人"明知"对方是幼女。第20条规定,以金钱财物等方式引诱幼女与自己发生性关系的,知道或应当知道幼女被他人强迫卖淫而仍与其发生性关系的,均以强奸罪论处。第21条规定,对已满14周岁的未成年女性负有特殊职责的人员,利用其优势地位或者被害人孤立无援的境地,迫使未成年被害人就范,而与其发生性关系的,以强奸罪定罪处罚。

(六)袭警罪

袭警罪,是《刑法修正案(十一)》第31条在《刑法》第277条第5款中补充规定的新犯罪。最高人民法院、最高人民检察院在《关于执行〈中华人民共和国刑法〉确定罪名的补充规定(七)》中确定为该罪名。

1.刑法规定的有关内容的修改

《刑法》条文中有关袭警罪的规定有以下内容。

(1)1979年《刑法》第157条规定,以暴力、威胁的方法阻碍国家工作人员依法执行职务的,或者拒不执行人民法院已经发生法律效力的判决、裁定的,处3年以下有期徒刑、拘役、罚金或者剥夺政治权利。

(2)1997年《刑法》第277条规定,以暴力、威胁方法阻碍国家机关工作人员依法执行职务的,处3年以下有期徒刑、拘役、管制或者罚金。

以暴力、威胁方法阻碍全国人民代表大会和地方各级人民代表大会代表依法执行代表职务的,依照前款的规定处罚。

在自然灾害和突发事件中,以暴力、威胁方法阻碍红十字会工作人员依法履行职责的,依照第1款的规定处罚。

故意阻碍国家安全机关、公安机关依法执行国家安全工作任务,未使用暴力、威胁方法,造成严重后果的,依照第1款的规定处罚。

(3)2015年8月29日《刑法修正案(九)》第21条规定,在《刑法》第277条中增加1款作为第5款:"暴力袭击正在依法执行职务的人民警察的,依照第一款的规定从重处罚"。

(4)2020年12月26日《刑法修正案(十一)》第31条规定,《刑法》第277条第5款修改为:暴力袭击正在依法执行职务的人民警察的,处3年以下有期徒刑、拘役或者管制;使用枪支、管制刀具,或者以驾驶机动车撞击等手段,严重危及其人身安全的,处3年以上7年以下有期徒刑。

上述《刑法修正案(十一)》第31条将《刑法》第277条第5款中的"暴力袭击正在依法执行职务的人民警察的,依照第一款的规定从重处罚",修改为独立的袭警罪,并在罪状中增加了使用枪支、管制刀具,或者以驾驶机动车撞击等犯罪行为和严重危及其人身安全的。法定刑由一个档次法定刑修改为两个档次的法定刑:将第一个档次法定刑"处三年以下有期徒刑、拘役、管制或者罚金"修改为"处三年以下有期徒刑、拘役或者管制",将"罚金"删除;又增加了严重危及其人身安全的,适用第二个加重档次的法定刑,即"处三年以上七年以下有期徒刑",加重了对袭警罪的处罚力度。

2. 刑法规定修改的原因

我国1979年《刑法》和1997年修订《刑法》中都没有单独规定袭警罪,而是将袭警犯罪行为列为妨害公务罪犯罪行为的一种,特别是2015年8月29日《刑法修正案(九)》第21条规定,在《刑法》第277条中增加1款作为第5款:"暴力袭击正在依法执行职务的人民警察的,依照第一款的规定从重处罚",突出了暴力袭警犯罪行为以妨害公务罪定罪从重处罚。但是,近年来,以暴力、威胁的方法阻碍人民警察依法执行职务的犯罪行为在社会上造成恶劣影响。特别是警察的职务是维护社会治安秩序,同违法犯罪行为作斗争,其本身都装备了一定的警棍、枪支、刀具、戒具等,而犯罪分子为抗拒警察的抓捕,往往也使用凶器,以暴力、威胁、抗拒警察依法执行职务,常常使执行职务的人民警察身受伤害,甚至付出生命。这些袭警犯罪行为不但严重危及警察的人身、生命安全,而且会助长违法犯罪分子犯罪的嚣张气焰,造成社会秩序的混乱,使公民的人身、生命安全受到威胁,使社会经济遭受重大损失。因此,《刑法修正案(九)》规定的对袭警犯罪行为依照妨害公务罪从重处罚的力度还不够,还不能对违法犯罪行为有强大的威慑力。所以2020年12月26日《刑法修正案(十一)》将袭警犯罪行为单独规定为独立的犯罪和适用单独的法定刑,最低处3个月以上2年以下管制,最高处3年以上7年以下有期徒刑。

3. 袭警罪的适用

袭警罪是《刑法修正案（十一）》第 31 条在《刑法》第 277 条中增加的新犯罪，要准确适用就必须弄清该罪的概念、构成特征、法定刑，以及适用时应注意的问题。

（1）袭警罪的概念。袭警罪，是指暴力袭击正在依法执行职务的人民警察的行为。

袭警犯罪行为是妨害公务犯罪行为的一种，是以暴力阻碍人民警察依法执行职责的行为。我们要制止违法犯罪行为，维护社会治安秩序，保障公民和法人的合法权利，保卫国家和公民的生命、财产安全。我国《刑法》第 277 条原将袭警犯罪行为规定以妨害公务罪定罪从重处罚。2020 年 12 月 26 日《刑法修正案（十一）》规定将《刑法》第 277 条第 5 款规定的袭警犯罪行为规定为独立的袭警罪，最低处管制，最高处 7 年有期徒刑。

我国近代 1935 年《中华民国刑法》第 2 编分则第 5 章第 135 条，对一般妨害公务罪规定为，对于公务员依法执行公务时，施强暴胁迫者，处 3 年以下有期徒刑、拘役或 30 万元以下罚金。该法中没有单独规定袭警罪，而是将袭警犯罪行为认定为暴力妨碍公务员执行公务的犯罪行为。

中国古代法律中没有单独规定袭警罪和妨害公务罪的罪名，但其中规定的一些具体犯罪行为与现代刑法中规定的袭警犯罪行为相似，如罪人持杖拒捕等犯罪行为，其实质是袭警的犯罪行为。

当代世界各国刑法中都将袭警行为规定为犯罪行为，多数国家刑法中以妨害公务罪定罪处罚，少数国家单独规定为袭警罪或者其他罪名。1997 年实施的《俄罗斯联邦刑法典》分则第 32 章妨碍管理秩序的犯罪中，从第 317 条至第 319 条分别规定有"侵害法律保护机关工作人员的生命""对权力机关代表使用暴力""侮辱权力机关代表"等三种妨害公务的犯罪行为，其中的侵害法律保护机关工作人员的生命的犯罪行为中就包括暴力袭击执法警察的犯罪行为。该法规定对这种妨害公务的犯罪行为，最低处 12 年剥夺自由，最高处终身剥夺自由，或者死刑。上述《俄罗斯联邦刑法典》规定的对以暴力袭击执法警察，危害执法警察生命的犯罪行为处以严厉的刑罚。我国刑法将故意杀害、重伤执法警察的暴力犯罪行为，以故意杀人罪、故意伤害罪定罪处罚。

《日本刑法》第 2 编第 5 章妨害公务执行之罪中第 95 条第 1 项中规定"于公务员执行职务之时，对之施以暴行或胁迫者，处 3 年以下惩役或禁锢"。上述规定的暴力妨害公务的犯罪行为中包括袭警犯罪行为，这与我国 1997 年《刑法》规定基本相同，但在该条第 2 项中还规定"意图使公务员为，或不为职务上一定之行为，或使其辞职，而施以暴行或胁迫"的职务强制行为，也是妨害公务犯罪行为。相比我国刑法中就没有这种犯罪行为的规定，但我国现行刑法中将袭警犯罪行为从妨害公务罪中分离出来，单独规定"袭警罪"，具有现时代性。《泰国刑法》第 2 编第 2 章第 1 节妨害公务罪中第 139 条规定的强暴、胁迫公务员不适当执行职务的犯罪行为与我国刑法规定的袭警犯罪行为相似，其法定刑最低处 6 个月以下有期徒刑或者并科、单科 1000 巴特以下罚金，最高处 4 年有期徒刑。

原《西德刑法》分则第 6 章对于国家权力之反抗中第 113 条规定，"对于执法行为，命令判决、法院裁定或处分之公务员或军人，于其执行该项公务或勤务时，以强暴或胁迫加以反抗，或对之加以攻击，处 2 年以下自由刑或并科罚金；情节重大者，处 6 月以上 5 年以下自由刑"。该法还特别规定"对于勤务行为不法者，不适用本条之处罚规定"。《法国刑法》第三卷

第 4 章第 1 节对公权力之抵抗、不服从及其他消极行为中第 230 条规定,"对执行职务之公务员、军警人员、负责公共事务人员,为强暴、胁迫行为者,处 1 月至 3 年监禁,并科 500 法郎至 3000 法郎罚金;使用暴力致人重伤的,处 10 年至 20 年有期徒刑;致死者,处无期徒刑"。

《美国模范刑法》第 242 章妨害公务罪、脱逃罪中第 242.2 条规定,"逮捕、及其他执行法律之抗拒"等犯罪行为,通常称为袭警犯罪,其模范刑法中对袭击警察犯罪行为的规定与我国刑法规定的袭警犯罪行为相似。《加拿大刑法》第 118 条规定的"抗拒公务员"罪,即"抗拒或者故意破坏公务员或安全官或其合法协助之人执行职务者,为公诉罪,处 2 年有期徒刑,或简易判决罪"。上述国家刑法都将暴力袭警犯罪行为以妨害公务罪定罪处罚,我国刑法将妨害司法犯罪行为和暴力袭警犯罪行为从妨害公务罪中分离出来,单独规定为犯罪,处以较重的刑罚,具有现代立法例的作用。

(2)袭警罪的构成特征。根据《刑法》第 277 条和《刑法修正案(十一)》第 31 条的规定,该罪有以下构成特征。

①犯罪主体,是一般主体。年满 16 周岁以上且实施了暴力袭击正在执行职务的警察的犯罪行为的自然人都可以构成本罪的犯罪主体。

该罪的犯罪主体在主观上是故意实施暴力袭警行为,以达到阻碍、抗击警察依法执行职务的目的。警察依法执行公务,任何人都要服从,不能自认为自己有合法合理的理由而以暴力抗拒不执行。

②犯罪行为,必须是暴力袭击正在依法执行职务的警察的行为。本罪的袭击行为对象是正在依法执行职务的警察,包括公安机关警察、安全机关警察、法院警察(法警)、检察院警察(检警)、监狱警察(狱警)、武装部队警察(武警)、铁路警察(铁警)等执法警察。不包括单位中设立的"保安人员"。具体犯罪行为有:

A. 必须是实施了暴力袭击正在依法执行职务的警察的行为。所谓暴力方法,一般是指对正在依法执行职务的警察实施打击或者强制,如捆绑、殴打、捂口鼻,使警察失去执法能力,有的甚至造成轻伤害的行为。

B. 使用枪支、管制刀具,或者以驾驶机动车撞击等手段,严重危及正在依法执行职务的警察人身安全的行为。

凡具有上述行为之一的,即构成本罪的犯罪行为。

③犯罪结果,是行为犯。只要实施了暴力袭警犯罪行为的,就可以构成本罪。但《刑法》第 277 条第 5 款中规定的"严重危及其人身安全的",不是犯罪构成的结果,而是适用加重法定刑的情节。对于故意造成执法警察重伤结果或者死亡结果的,依照故意伤害罪、故意杀人罪定罪处罚。

(3)袭警罪的法定刑。根据《刑法》第 277 条规定,犯袭警罪的法定刑是:

①构成本罪的,处 3 年以下有期徒刑、拘役或者管制。最低处管制 3 个月以上 2 年以下,最高可处 3 年有期徒刑。

②犯本罪的,使用枪支、管制刀具,或者以驾驶机动车撞击等手段,严重危及其人身安全的,处 3 年以上 7 年以下有期徒刑。最低处 3 年有期徒刑,最高处 7 年有期徒刑。

(4)认定袭警罪时,应注意以下问题。

①区分罪与非罪的界限。

从犯罪的主体上区分。我国《刑法》第 277 条第 5 款规定的袭警罪的犯罪主体,是年满 16 周岁以上的自然人,不满 16 周岁的未成年人和单位不能构成本罪的主体。犯罪主体在主观上是故意对正在执行职务的警察实施暴力,达到阻碍警察执行职务的目的。如果行为人主观上是过失心理状态的,不能构成袭警罪的主体。例如,对混在人群中的便衣警察实施了暴力行为的,不构成本罪的犯罪行为,因为行为人主观上不具有袭警的故意。

从犯罪行为上区分。《刑法》第 277 条规定的袭警罪是对正在执行职务的警察实施暴力行为。对于警察执行职务不规范,有抵触情绪不配合,甚至有些拉扯行为的,不能认定为是袭警犯罪行为。对于不是正在执行职务的警察实施的暴力行为也不构成本罪的犯罪行为,但可根据情形认定为其他犯罪。

从犯罪结果上区分。《刑法》第 277 条规定的袭警罪是行为犯,只要对正在执行职务的警察实施暴力行为,就可以构成犯罪行为。不论行为人认为自己有什么合法合理的理由。依照《刑法》第 13 条规定,虽然实施了轻微暴力,但情节显著轻微危害不大的行为,可以不认为是犯罪。"严重危及执法警察人身安全的"不是犯罪构成的结果要件,而是在构成本罪的前提下,在适用加重法定刑时,必须达到"严重危及执法警察人身安全"的结果,达不到上述结果的行为不能适用加重法定刑。

②注意划清袭警罪与拒不执行判决、裁定罪的区别。我国 1979 年《刑法》第 157 条将"拒不执行人民法院已经发生法律效力的判决、裁定的"行为规定为妨害公务罪定罪处罚。1997 年修订《刑法》将拒不执行判决、裁定罪从妨害公务罪中分离出来,在《刑法》第 313 条中专门规定了拒不执行判决、裁定罪,对有能力执行人民法院判决、裁定而拒不执行的,情节严重的构成犯罪,处 3 年以下有期徒刑、拘役、罚金;情节严重的,处 3 年以下有期徒刑、拘役或者罚金。上述刑法规定的拒不执行判决、裁定罪的犯罪行为是拒不执行判决、裁定的行为,没有规定以暴力抗拒不执行的行为如何定罪处罚。参照最高人民法院、最高人民检察院、公安部《关于依法严肃查处拒不执行判决裁定和暴力抗拒法院执行犯罪行为有关问题》:聚众哄闹、冲击执行现场、围困、扣押、殴打执行人员,致使执行工作无法进行的;毁损、抢夺执行案件材料、执行公务车辆和其他执行器械、执行人员服装以及执行公务证件,造成严重后果的;其他以暴力、威胁方法妨害或者抗拒执行,致使执行工作无法进行的,可依照《刑法》第 277 条的规定,以妨害公务罪论处。

在法院执行判决、裁定时,除执行法官外,可能还有法警参加,被执行人对法警实施暴力的行为,在《刑法》第 277 条中增加袭警罪规定以后,如何适用法律定罪处罚?这是刑法中规定的法规竞合,定罪处罚时一般按特别规定优先一般规定原则。相比较袭警罪是特别规定,而妨害公务罪是一般规定,应按特别规定的袭警罪定罪处罚。

③注意袭警罪与妨害公务罪的区别。我国《刑法》第 277 条第 1 款至第 4 款规定的是妨害公务罪,第 5 款中规定了袭警罪。袭警罪是从妨害公务罪中新分离出来的犯罪。二罪的犯罪构成要件有很多相同之处,应注意区别。

两罪的主要区别有三点:一是犯罪的对象不同,本罪的犯罪对象是正在执行职务的警察;而妨害公务罪的主体是正在执行职务的从事公务的人员。对公、检、法等机关中不具有警察职务的从事公务的人员实施暴力抗拒的犯罪行为的,不能构成袭警罪。二是犯罪行为不同,按照《刑法》第 277 条第 4 款规定,"故意阻碍国家安全机关、公安机关依法执行国家安全工作任务,未使用暴力、威胁方法,造成严重后果的,依照第一款的规定处罚",即以妨害公务罪定罪处罚,法定刑最高处3年有期徒刑;而《刑法》第277条第5款规定袭警罪是使用"暴力袭击正在依法执行职务的警察"的犯罪。三是法定刑不同。《刑法》第277条第1款至第4款规定的妨害公务罪,法定刑最高处3年有期徒刑,最低处3个月管制;而第5款规定的袭警罪,法定刑最低处3个月管制,最高处7年有期徒刑。上述三点不同点将两罪区分开来。

(七)冒名顶替罪

冒名顶替罪是《刑法修正案(十一)》第32条在《刑法》第280条中补充的新犯罪。最高人民法院、最高人民检察院2021年2月26日在《关于执行〈中华人民共和国刑法〉确定罪名的补充规定(七)》中确定为"冒名顶替罪"的罪名。

1. 刑法中有关冒名顶替罪的规定

(1)1997年《刑法》第280条第3款规定的"伪造、变造居民身份证罪"中规定,伪造、变造居民身份证的,处3年以下有期徒刑、拘役、管制或者剥夺政治权利;情节严重的,处3年以上7年以下有期徒刑。

(2)2015年8月29日《刑法修正案(九)》第22条将《刑法》第280条第3款修改为:伪造、变造、买卖居民身份证、护照、社会保障卡、驾驶证等依法可以用于证明身份的证明文件的,处3年以下有期徒刑、拘役、管制或者剥夺政治权利,并处罚金;情节严重的,处3年以上7年以下有期徒刑,并处罚金。

《刑法修正案(九)》同时增加《刑法》第280条之一的规定,在依照国家规定应当提供身份证明的活动中,使用伪造、变造的或者盗用他人的居民身份证、护照、社会保障卡、驾驶证等依法可以用于证明身份的证件,情节严重的,处拘役或者管制,并处或者单处罚金。

有前款行为,同时构成其他犯罪的,依照处罚较重的规定定罪处罚。

(3)2020年12月26日《刑法修正案(十一)》第32条规定,在《刑法》第280条之一后增加一条,作为第280条之二:盗用、冒用他人身份,顶替他人取得的高等学历教育入学资格、公务员录用资格、就业安置待遇的,处3年以下有期徒刑、拘役或者管制,并处罚金。

组织、指使他人实施前款行为的,依照前款的规定从重处罚。

国家工作人员有前两款行为,又构成其他犯罪的,依照数罪并罚的规定处罚。

上述1997年《刑法》和《刑法修正案(九)》《刑法修正案(十一)》是对伪造、变造、买卖、盗窃、使用公民身份证件的犯罪行为及刑事处罚的规定,逐步扩大犯罪行为的范围和对其的惩罚力度。1997年《刑法》只规定"伪造、变造居民身份证的"。《刑法修正案(九)》增加了"使用伪造、变造的或者盗用他人的居民身份证、护照、社会保障卡、驾驶证等依法可以用于证明身份的证件的"。《刑法修正案(十一)》又增加了"盗用、冒用他人身份,顶替他人取得的高等学历教育入学资格、公务员录用资格、就业安置待遇的"。使惩罚有关公民身份证件犯罪行为成为系统。

2. 刑法修改补充的原因

我国1979年《刑法》没有有关身份证件犯罪和冒名顶替罪的规定,在当时,我国还没有实行身份证件制度,重要事项需要身份证明时,由单位出具证明材料或者介绍信,因此,只在《刑法》第167条中规定有伪造、变造、盗窃、抢夺、毁灭国家机关、企业、事业单位、人民团体的公文、证件、印章的犯罪行为。1997年《刑法》第280条第1款、第2款规定的是上述有关公文、证件、印章犯罪行为,在第 3 款中专门规定了伪造、变造居民身份证的犯罪行为。2009 年《刑法修正案(七)》第 7 条在《刑法》第 253 条中补充规定了出售、非法提供公民个人信息,2015 年又改为侵犯公民个人信息。2015 年《刑法修正案(九)》第 23 条中又在《刑法》第 280 条中增加使用虚假身份证件、盗用身份证件罪,即《刑法》第 280 条之一:"在依照国家规定应当提供身份证明的活动中,使用伪造、变造的或者盗用他人的居民身份证、护照、社会保障卡、驾驶证等依法可以用于证明身份的证件,情节严重的,处拘役或者管制,并处或者单处罚金",并且进一步规定"有前款行为,同时构成其他犯罪的,依照处罚较重的规定定罪处罚"。

上述刑法的有关规定是根据我国社会活动、经济活动、人文活动变化的。随着交通、通信的发展,人们的社会活动范围更加广泛,人际交流频繁,人与人及人与单位之间的相互了解,不再单靠通过相处达到相知,而是通过一定的身份证件证明,取得相互信任。因而身份证明证件就至关重要。但是出现一些缺乏诚实信任道德的人,通过伪造、变造、盗窃、买卖、欺骗、抢夺等使用他人身份证件进行招摇撞骗,非法谋取个人的名誉、地位和不义之财的行为。这种违法犯罪行为对我国政治、经济、社会文明是极大的危害。我国立法机关根据社会上已出现的有关案例,及时修改法律,适时惩治有关违法犯罪行为,使在发展经济的同时,确保社会文明健康发展。

3. 冒名顶替罪的适用

冒名顶替罪是《刑法修正案(十一)》第 32 条在《刑法》第 280 条中新增加的犯罪,要准确适用就必须弄清该罪的概念、构成特征、法定刑,以及适用时应注意的问题。

(1)冒名顶替罪的概念。该罪是指盗用、冒用他人身份,顶替他人取得的高等学历教育入学资格、公务员录用资格、就业安置待遇的行为。

以盗用、冒用他人身份,顶替他人取得的高等学历教育入学资格、公务员录用资格、就业安置待遇的,其实质是在依照国家规定应当提供身份证明的活动中,使用伪造、变造的或者盗用他人的居民身份证、护照、社会保障卡、驾驶证等依法可以用于证明身份的证件,而进行欺骗有关部门的行为,行为人本人缺乏诚信道德,对他人也是极大的伤害,影响他人的前途和应得的待遇,会在社会上造成恶劣的影响,有严重的社会危害性。我国《刑法》第 280 条之一针对我国当前社会上出现的一些人不讲诚信,使用伪造、变造的身份证明或者盗用他人的身份证明进行社会活动,以欺骗他人或者单位而非法获取利益的行为规定为犯罪。2020 年《刑法修正案(十一)》增加了第 280 条之二,专门规定"冒名顶替他人取得的高等学历教育入学资格、公务员录用资格、就业安置待遇"的三种行为构成冒名顶替罪,最高处 3 年有期徒刑,并处罚金;最低处 3 个月以上 2 年以下管制,并处罚金。

中国古代、近代刑法中都没有单独规定冒名顶替罪,但冒名顶替的行为是有的,多数作为不道德的欺骗行为处理了,情节严重,造成恶劣影响的,给予行政纪律处分。世界上有些国家刑法中规定有盗窃公民身份证件或个人身份证明文件的犯罪行为,其中包括冒名顶替犯罪行为。例如,1997 年实施的《俄罗斯联邦刑法典》分则第 325 条第 2 款专门规定"盗窃公民身份证或其他个人重要文件"并进行冒名顶替的犯罪行为,其中的"其他个人重要文件"中应包括高等院校录取通知书、身份证、公务员录用资格证书、社保卡等重要证件。再如《法国刑法》第三卷第 4 章第 1 节第 5 款伪造其他行政文件、路条、证书罪中第 153 条规定"伪造、变造执照、证书、证件、卡片、文据、收据、护照、通行证或行政当局为证明权利、身份资格或授予许可而签发其他文件者,处6个月至3年监禁,并科1500法郎至15,000法郎罚金"。该规定中的"伪造、变造身份资格"的文件中就包括伪造、变造身份证、录取通知书、公务员录取资格通知书等文件,并进行冒名顶替的犯罪行为。相比较,我国刑法对冒名顶替罪名的规定,具有现代性、具体性的特点。

(2)冒名顶替罪的构成特征

①犯罪主体,是一般主体。达到法定年龄具有刑事责任能力且实施了冒名顶替犯罪行为的自然人。本罪的主体是年满16周岁以上的人,犯罪主体在主观上是故意实施冒名顶替他人获取的上大学、当公务员、享受就业安置待遇的资格,假冒者和使用者,以及组织者和指使者都可以构成本罪的犯罪主体。单位本身不能构成本罪,如果单位故意帮助冒名顶替者实施顶替犯罪行为的,只能对单位直接负责的主管人员或者其他直接责任人员追究自然人犯本罪的刑事责任。冒用他人的身份,顶替他人取得的高等教育入学资格、公务员录取资格和就业安置待遇的年满16周岁的自然人,也应构成本罪的犯罪主体。

②犯罪行为,必须是实施了冒名顶替犯罪行为。具体包括以下三种犯罪行为。

A. 盗用、冒用他人身份,顶替他人取得的高等学历教育入学资格的行为。无论是他人或者自己以何种方法获得他人的高校录取入学资格,只要冒用他人的高等教育入学资格和依此实施冒名上大学的行为就构成本罪犯罪行为。组织、指使他人盗用、冒用他人取得高等教育入学资格的行为和依此顶替他人上大学的行为,都构成冒名顶替的犯罪行为。

B. 盗用、冒用他人身份,顶替他人取得的公务员录用资格的行为。顶替他人取得的公务员录用资格的行为是本罪犯罪行为。无论他人或者自己以何种方式取得他人的公务员录用资格和冒用他人的身份到录取单位就职就业的行为都构成本罪犯罪行为。至于是否晋升为国家公务员系列不影响本罪犯罪行为的构成。

C. 盗用、冒用他人身份,顶替他人取得的就业安置待遇的行为。无论是他人或者自己以何种方法获得他人的就业安置待遇,只要实施了冒用他人取得就业安置待遇的和冒名享受了就业安置的行为,都构成本罪犯罪行为。就业安置待遇,是指按国家有关政策规定给予有关人员就业安置的特殊待遇,例如,对于病残退役军人安置待遇,对英雄烈士子女就业安置待遇等。

本罪的犯罪行为只限定冒用他人身份上大学、冒用他人身份当公务员和冒用他人身份享受就业安置待遇三种冒名顶替的行为。如果不是上述冒名顶替的行为不能构成本罪犯罪行为,例如,冒充妇女的丈夫与熟睡的妇女发生性交行为,不能构成本罪的犯罪行为。

③犯罪结果,是行为犯。只要实施了冒名顶替的行为,就具备了犯罪结果,就可以构成本罪的犯罪既遂。如果行为人的冒名顶替犯罪行为处在预备阶段是冒名顶替犯罪预备;如果已着手实施冒名顶替犯罪行为,由于行为人意志以外的原因没有得逞的行为是冒名顶替罪的犯罪未遂;如果行为人在犯罪过程中,自动放弃犯罪或者自动有效地防止犯罪结果发生的,是冒名顶替罪的犯罪中止。由于犯罪行为处在犯罪预备、犯罪中止、犯罪未遂、犯罪既遂的不同阶段,其对社会的危害程度不同,刑法规定处刑轻重也有所不同。

(3)冒名顶替罪的法定刑。根据《刑法》第280条之二规定,构成冒名顶替罪的法定刑是:

①构成本罪的,处3年以下有期徒刑、拘役或者管制,并处罚金。

②犯本罪,组织、指使他人实施冒名顶替犯罪行为的,依照前款的规定从重处罚,即在"三年以下有期徒刑、拘役或者管制,并处罚金"的范围内从重处罚,这是法定从重处罚情形。

③国家工作人员有前两款犯罪行为又构成其他犯罪的,依照数罪并罚的规定处罚。例如,国家工作人员索取、收受贿赂,组织、指使他人实施冒名顶替犯罪的行为,除构成冒名顶替罪以外,还构成受贿罪,应将冒名顶替罪与受贿罪分别定罪量刑,进行数罪并罚,决定执行的具体刑罚。

(4)认定冒名顶替罪时,要注意以下问题。

①注意划清罪与非罪的界限。

从犯罪主体上区分。本罪是一般主体,不满16周岁的人和单位不能构成本罪的主体;本罪是故意犯罪,主观上是过失的人也不能构成本罪的主体。

从犯罪行为上区分。本罪是盗用、冒用他人身份顶替他人取得上大学资格、当公务员资格和享受就业安置待遇的三种犯罪行为,除上述三种冒名顶替行为以外的冒名顶替的行为不能构成本罪。

从犯罪结果上区分。本罪是行为犯,只要实施了冒名顶替的三种犯罪行为的,就构成犯罪。但根据《刑法》第13条犯罪定义的规定,犯罪情节显著轻微危害不大的,不认为是犯罪。

②注意冒名顶替罪与使用虚假身份证件、盗用身份证件罪的区别。冒名顶替罪与《刑法》第280条之一规定的使用虚假身份证件、盗用身份证件罪都是有关身份证件方面的犯罪,其犯罪主体和犯罪对象都有相同之处,认定犯罪时应注意加以区分。两罪的主要相似之处是:犯罪行为有重合,本罪的犯罪行为是盗用、冒用他人身份,顶替他人取得的高等学历教育入学资格、公务员录用资格、就业安置待遇的行为,而使用虚假身份证件、盗用身份证件罪的犯罪行为是使用伪造、变造的或者盗用他人的居民身份证、护照、社会保障卡、驾驶证等依法可以用于证明身份的证件的行为。相比较,两罪犯罪行为中都有使用虚假的身份证件和盗用身份证件的行为,容易混淆。

两罪的主要区别是:一是犯罪范围不同,本罪只是顶替他人取得的高等学历教育入学资格、公务员录用资格和就业安置待遇的犯罪行为;而后罪的行为使用的是可以证明身份的所有证件。二是犯罪结果不同,本罪是行为犯,只要实施了冒名顶替的三种犯罪行为就可以构成犯罪;而后罪是结果犯,必须达到情节严重的结果才能构成犯罪。三是法定刑不同,前罪的法定刑最高刑为3年有期徒刑;而后罪的法定刑最高刑为拘役。从上述三点不同之处,将两罪区分开来。

③注意冒名顶替罪与使用虚假身份证件、盗用身份证件罪的认定。冒名顶替罪与《刑法》第280条之一规定的使用虚假身份证件、盗用身份证件罪的犯罪行为有交叉关系,冒名顶替罪的犯罪行为中也有使用虚假身份证件或者盗用身份证件的行为,这种情形在刑法理论上称为"法条竞合",适用法条竞合条款定罪原则是特别规定优先于一般规定、重罪优先轻罪。刑法规定的冒名顶替罪与使用虚假身份证件、盗用身份证件罪相比较,冒名顶替罪是特别规定,法定刑的处罚较重,应认定为冒名顶替罪。因此,《刑法》第280条之一规定"有前款行为,同时构成其他犯罪的,依照处罚较重的规定定罪处罚"。例如,自己伪造驾驶证,并持伪造的驾驶证非法驾驶汽车,造成他人死亡的结果,虽然其有伪造驾驶证犯罪行为和使用伪造驾驶证犯罪行为,但依上述刑法规定,不能认定为使用虚假身份证件罪和伪造身份证件罪、交通肇事

罪,三罪并罚,只能按重罪吸收轻罪,依照较重的交通肇事罪定罪处罚。《刑法》第280条之二中明确规定"国家工作人员有前两款犯罪行为,又构成其他犯罪的,依照数罪并罚的规定处罚"。例如,国家工作人员为组织、指使他人实施冒名顶替犯罪行为,为他人盗窃他人的高等教育入学资格通知的行为,除构成冒名顶替罪以外,还构成盗窃公文、证件罪,应将冒顶替罪与盗窃、公文证件罪,应分别定罪量刑,实行数罪并罚,决定执行的具体刑罚。

(八)高空抛物罪

高空抛物罪是《刑法修正案(十一)》第33条对《刑法》第291条补充增加的犯罪。修订《刑法》原没有规定这种犯罪。2020年12月26日,《刑法修正案(十一)》第33条规定,在《刑法》第291条中补充规定的新犯罪。2021年2月26日,最高人民法院、最高人民检察院《关于执行〈中华人民共和国刑法〉确定罪名的补充规定(七)》中将《刑法》第291条之二规定的犯罪确定为"高空抛物罪"。

1. 刑法规定内容的修改

《刑法》条文中有关高空抛物罪内容的规定有以下内容。

(1)1979年《刑法》第105条规定,放火、决水、爆炸或者以其他危险方法破坏工厂、矿场、油田、港口、河流、水源、仓库、住宅、森林、农场、谷场、牧场、重要管道、公共建筑物或者其他公私财产,危害公共安全,尚未造成严重后果的,处3年以上10年以下有期徒刑。

《刑法》第106条规定,放火、决水、爆炸、投毒或者以其他危险方法致人重伤、死亡或者使公私财产遭受重大损失的,处10年以上有期徒刑、无期徒刑或者死刑。

过失犯前款罪的,处7年以下有期徒刑或者拘役。

(2)1997年《刑法》第114条规定,放火、决水、爆炸以及投毒等以其他危险方法危害公共安全,尚未造成严重后果的,处3年以上10年以下有期徒刑。

《刑法》第115条规定,放火、决水、爆炸、投毒或者以其他危险方法致人重伤、死亡或者使公私财产遭受重大损失的,处10年以上有期徒刑、无期徒刑或者死刑。

过失犯前款罪的,处3年以上7年以下有期徒刑;情节较轻的,处3年以下有期徒刑或者拘役。

(3)2001年12月29日《刑法修正案(三)》第8条规定,在《刑法》第291条后增加一条,作为第291条之一:投放虚假的爆炸性、毒害性、放射性、传染病病原体等物质,或者编造爆炸威胁、生化威胁、放射威胁等恐怖信息,或者明知是编造的恐怖信息而故意传播,严重扰乱社会秩序的,处5年以下有期徒刑、拘役或者管制;造成严重后果的,处5年以上有期徒刑。

(4)2020年12月26日《刑法修正案(十一)》第33条规定,在《刑法》第291条之一后增加一条,作为第291条之二:从建筑物或者其他高空抛掷物品,情节严重的,处1年以下有期徒刑、拘役或者管制,并处或者单处罚金。

有前款行为,同时构成其他犯罪的,依照处罚较重的规定定罪处罚。

上述《刑法》及其《刑法修正案(三)》《刑法修正案(十一)》对《刑法》规定作了如下修改。

(1)增加了新罪名。我国1979年《刑法》和1997年修订《刑法》中,没有专门规定高空抛物罪,只是在概括规定的"以危险方法危害公共安全罪"和"过失以危险方法危害公共安全罪"中包括高空抛物危害公共安全的犯罪行为;2001年12月29日《刑法修正案(三)》第8条在《刑法》第291条之后增加了第291条之一,规定了"投放虚假危险物质罪"和"编造、故意传播虚假恐怖信息罪"两种新犯罪,其中也包括高空投放虚假危险物质犯罪行为;2020年《刑法修正案(十一)》第33条增加规定的第291条之二中又专门将高空抛物犯罪行为规定为"高空抛物罪"。

(2)补充规定了新的罪状和法定刑。《刑法修正(三)》增加的《刑法》第291条之一,对新增加的"投放虚假危险物质罪"和"编造、故意传播恐怖信息罪"的罪状规定为"投放虚假的爆炸性、毒害性、放射性、传染病病原体等物质,或者编造爆炸威胁、生化威胁、放射威胁等恐怖信息,或者明知是编造的恐怖信息而故意传播,严重扰乱社会秩序的"行为;该两种犯罪的法定刑为:只要构成该两种犯罪的,"处5年以下有期徒刑、拘役或者管制";构成该两种犯罪"造成严重后果的,处5年以上有期徒刑"。《刑法修正案(十一)》规定的新罪"高空抛物罪"的罪状是"从建筑物或者其他高空抛掷物品,情节严重的";其法定刑是"处1年以下有期徒刑、拘役或者管制,并处或者单处罚金"。

2.刑法规定修改的原因

我国1979年《刑法》和1997年修订《刑法》中都没有专门规定高空抛物罪,司法实践中对个别的高空抛物,危害或者足以危害公共安全的行为,依照《刑法》规定的以危险方法危害公共安全罪定罪处罚。但以危险方法危害公共安全罪是重罪,对许多高空抛物行为没有达到足以危害公共安全程度的行为得不到应有的刑事处罚,这对防控高空抛物行为十分不利。特别是随着我国城镇高层建筑物密集发展,高空抛物的行为越来越多,对人的生命、财产和社会活动的危害性越来越大,急需用法律规定来预防和制止高空抛物的行为,特别需要用惩罚高空抛物的犯罪行为,来保障人民的生命财产的安全。

我国2020年5月28日发布的《民法典》第1254条规定,"禁止从建筑物中抛掷物品。从建筑物中抛掷物品或者从建筑物上坠落的物品造成他人损害的,由侵权人依法承担侵权责任;经调查难以确定具体侵权人的,除能够证明自己不是侵权人的外,由可能加害的建筑物使用人给予补偿。可能加害的建筑物使用人补偿后,有权向侵权人追偿。物业服务企业等建筑物管理人应当采取必要的安全保障措施防止前款规定情形的发生;未采取必要的安全保障措施的,应当依法承担未履行安全保障义务的侵权责任。发生本条第一款规定的情形的,公安等机关应当依法及时调查,查清责任人"。上述《民法典》对高空抛物行为造成他人损害的民事责任作了具体规定。依据《民法典》的上述规定,2020年12月26日《刑法修正案(十一)》第33条规定在《刑法》中增加第291条之二规定了高空抛物罪,最高处1年有期徒刑,并处罚金;最低处3个月以上2年以下管制,并处或者单处罚金。

在《刑法修正案(十一)(草案)(一审稿)》中曾规定,在《刑法》第114条中补充规定"从高空抛掷物品,危及公共安全的,处拘役或者管制,并处或者单处罚金。有前款行为,致人伤亡或者造成其他严重后果,同时构成其他犯罪的,依照处罚较重的规定定罪处罚"。经全国人大常委会三次会议讨论,最后规定将高空抛物罪行为作为刑法分则第六章妨害社会管理秩序罪中规定为独立的犯罪,明确规定高空抛物罪侵犯的客体是社会管理秩序,而不再是危害公共安全,强调是违反社会管理秩序的犯罪行为,其犯罪是轻罪,处罚规定也较轻。这样与《民法典》规定的高空抛物应负的民事责任相呼应,同时也明确了有关管理部门,如物业部门、公安机关等单位对预防高空抛物行为的法律责任。但对于那些高空抛物犯罪行为,确实发生了危害公共安全、致人伤亡或者其他严重后果的,应依照《刑法》第291条之二专门规定"有前款行为,同时构成其他犯罪的,依照处罚较重的规定定罪处罚",不再以高空抛物罪定罪处罚。

3. 高空抛物罪的适用

高空抛物罪,是《刑法修正案(十一)》第33条对《刑法》第291条补充之后的犯罪。要准确适用,就必须弄清该罪的概念、构成特征,以及适用时应注意的问题。

(1)高空抛物罪的概念。高空抛物罪,是指从建筑物或者其他高空抛掷物品,情节严重的行为。

从建筑物或者其他高空抛掷物品行为和投放虚假危险物质行为的本质都是投抛物品,严重危害公共安全和人身财产安全,具有严重的社会危害性。高空抛物和投放毒害物质的行为会直接造成实际的社会危害结果,而投放虚假危险物质的行为是以危险物质的威力制造恐怖气氛,达到犯罪分子进行恐怖活动的目的。例如,用无人机在高空向机关、团体、企业、事业单位投寄虚假的炭疽病芽孢菌等进行恐怖活动的,是严重扰乱社会公共场所秩序的行为。《刑法修正案(十一)》第33条将高空抛物,情节严重的行为规定为犯罪,最高处1年有期徒刑,并处罚金。

(2)高空抛物罪的构成特征。根据《刑法》第291条之二和《刑法修正案(十一)》第33条的规定,该罪有以下构成特征。

①犯罪主体,该罪的主体是一般主体,年满16周岁以上的具有刑事责任能力且实施了高空抛物行为的自然人都可以构成本罪的犯罪主体。不满16周岁的未成年人和单位不能构成本罪的主体。本罪犯罪主体在主观上必须是故意的心理态度,即明知高空抛物有危险,而故意实施,但对高空抛物造成人身伤害和财产损失的后果,则是过失心态。

②犯罪行为。高空抛物罪的行为必须是实施了从建筑物或者其他高空抛掷物品的行为。物品,一般是指有重量和杀伤破坏力的物质,如铁块、石块、刀具等。抛物行为是指用力将物品由上向下扔出的行为,如抛砖头打对方头部的行为;掷物行为是指用力将物品向前方或者向前上方甩出的行为,如掷铅球的行为。具体表现:

A. 从建筑物的高空处抛掷物品的行为。建筑物的高空处,一般是指二层以上的高处。建筑物的一层和地下层不属于高空处。例如,从多层楼房顶层,二层以上窗口、凉台、脚手架上抛掷砖头、瓦块、锅碗、刀具、花盆等物品的行为。

B. 从其他高空抛掷物品的行为。例如,故意在航空器、高压电线杆、高大树顶等高空处抛掷铁块、树枝等物品的行为。

③犯罪结果,高空抛物罪是结果犯,实施了高空抛掷物品行为达到"情节严重"的,才能构成本罪的犯罪结果。

何为情节严重,有待司法解释。一般是指,多次高空抛物,拒不认罪认罚、致人轻伤以下伤害或多人轻微伤害、造成财产损失千元以上、造成恶劣社会影响或者引起恐惧、人心惶惶等情形的。

(3)高空抛物罪的法定刑。我国《刑法》第291条之二,根据犯罪情节严重程度不同,规定该罪的法定刑是:

①构成本罪的,处1年以下有期徒刑、拘役或者管制,并处或者单处罚金。

最高处1年有期徒刑,并处罚金;最低处3个月以上2年以下管制,并处罚金;或者单处罚金。

②犯本罪,同时构成其他犯罪的,依照处罚较重的规定定罪处罚。本罪是妨害社会管理秩序犯罪中处罚较轻的犯罪,如果高空抛物行为达到足以危害公共安全或者造成重大人身财产损失外又构成其他犯罪的,一般都以危险方法危害公共安全罪、故意伤害罪等重罪定罪处罚,不再认定为本罪。

(4)高空抛物罪适用时,应注意以下问题。

①注意划清罪与非罪的界限。

从犯罪主体上区分。高空抛物罪的主体在主观上是故意的。如果行为人主观上没有该故意,而是由于过失造成高空物品坠落,伤及行人的,不构成本罪,可以过失伤害罪定罪处罚。

从行为上区分。高空抛物罪的犯罪行为是抛掷物品的行为,不是抛掷物品的行为不能构成本罪。例如,建筑施工地脚手架上的砖瓦建筑材料,由于安全措施不到位,风吹坠落伤人或毁坏财物的行为不构成本罪,可依据重大责任事故追究有关人员的法律责任。

从犯罪结果上区分。本罪是结果犯,高空抛物行为必须达到情节严重的才能构成犯罪。达不到情节严重的,不构成本罪。例如,甲某对乙某将车停在其窗口下阻碍通行不满,故意将一包剩饭垃圾从二楼窗口抛在乙某的汽车上,结果只是弄脏汽车,没有造成其他严重后果。经教育,甲某和乙某各自认错,双方达成谅解。该案甲某的行为结果,达不到情节严重的程度,属情节较轻的高空抛物行为,不构成犯罪。

②注意准确认定高空抛物罪一罪与数罪。我国《刑法》第291条之二规定的高空抛物罪是轻罪。该条特别规定,"有前款行为,同时构成其他犯罪的,依照处罚较重的规定定罪处罚",即高空抛物的行为,同时构成高空抛物罪和其他重罪时,依照《刑法》第291条之二第2款规定以重罪定罪处罚,不再以高空抛物罪与重罪数罪并罚。

③注意划清高空抛物罪与投放虚假危险物质罪的区别。高空抛物罪与我国《刑法》第291条之一规定的投放虚假危险物质罪都是投放危险物质的犯罪行为,属于妨害社会管理秩序的犯罪,在犯罪主体和犯罪行为上有相同或者相似之处,在认定时容易混淆,特别是在高空中投放虚假的危险物质的行为,定罪时容易混淆。

二罪的主要区别是投放的地点和对象不同,其社会危害性大小不同,因而法定刑轻重也不同。高空抛物罪犯罪行为的地点是在高空,抛掷的对象是普通物品,其法定刑较轻,最高处1年有期徒刑。而投放虚假危险物质罪投放地点没有限制,一般在有人居住的地方都可以投放,在高空中也可以投放有毒有害危险物质,其投放的对象必须是虚假的危险物质,但尽管是虚假危险物质,其具有严重的社会危害性,刑法规定的法定刑重,最高处15年有期徒刑。因此,在高空抛掷虚假危险物质的行为,应依照《刑法》第291条之二第2款的规定以投放虚假危险物质罪定罪处罚,不再认定为高空抛物罪。

(九)催收非法债务罪

催收非法债务罪是《刑法修正案(十一)》第34条在《刑法》第293条后补充的新犯罪。修订《刑法》原没有规定这种犯罪。2020年12月26日,《刑法修正案(十一)》第34条规定,在《刑法》第293条中补充规定的犯罪。2021年2月26日,最高人民法院、最高人民检察院在《关于执行〈中华人民共和国刑法〉确定罪名的补充规定(七)》中将《刑法》第293条之一规定的犯罪确定为"催收非法债务罪"。

1. 有关催收非法债务罪的刑法规定

(1)1979年《刑法》第160条规定,聚众斗殴、寻衅滋事、侮辱妇女或者进行其他流氓活动,破坏公共秩序,情节恶劣的,处7年以下有期徒刑、拘役或者管制。

流氓集团的首要分子,处7年以上有期徒刑。

(2)1997年《刑法》第293条规定,有下列寻衅滋事行为之一,破坏社会秩序的,处5年以下有期徒刑、拘役或者管制:

①随意殴打他人,情节恶劣的。

②追逐、拦截、辱骂他人,情节恶劣的。

③强拿硬要或者任意损毁、占用公私财物,情节严重的。

④在公共场所起哄闹事,造成公共场秩序严重混乱的。

(3)2011年2月25日《刑法修正案(八)》第42条规定,将《刑法》第293条修改为:有下列寻衅滋事行为之一,破坏社会秩序的,处5年以下有期徒刑、拘役或者管制:

①随意殴打他人,情节恶劣的。

②追逐、拦截、辱骂、恐吓他人,情节恶劣的。

③强拿硬要或者任意损毁、占用公私财物,情节严重的。

④在公共场所起哄闹事,造成公共场所秩序严重混乱的。

纠集他人多次实施前款行为,严重破坏社会秩序的,处5年以上10年以下有期徒刑,可以并处罚金。

(4)2020年12月26日《刑法修正案(十一)》第34条规定,在《刑法》第293条后增加一条,作为第293条之一:有下列情形之一,催收高利放贷等产生的非法债务,情节严重的,处3年以下有期徒刑、拘役或者管制,并处或者单处罚金:

①使用暴力、胁迫方法的。

②限制他人人身自由或者侵入他人住宅的。

③恐吓、跟踪、骚扰他人的。

上述《刑法》及其《刑法修正案(八)》《刑法修正案(十一)》对《刑法》有关催收非法债务犯罪规定作了如下修改。

(1)增加了新罪名。我国1979年《刑法》和1997年修订《刑法》中,都没有专门规定催收非法债务罪的罪名,司法实践中,出现个别的使用暴力、胁迫、恐吓、跟踪、骚扰方法催收非法债务的行为,依照1979年《刑法》第160条规定的流氓罪或者1997年《刑法》第293条规定的寻衅滋事罪定罪处罚。2020年《刑法修正案(十一)》第34条增加的《刑法》第293条之一中又专门将催收非法债务的犯罪行为规定为"催收非法债务罪"的新罪名。

(2)补充规定了新的罪状和法定刑。《刑法修正(十一)》增加规定的《刑法》第293条之一,对新增加的"催收非法债务罪"的罪状规定为使用暴力、胁迫;限制他人人身自由或者侵入他人住宅的;恐吓、跟踪、骚扰他人的方法,催收高利放贷等产生的非法债务的行为,情节严重的;其法定刑是"处3年以下有期徒刑、拘役或者管制,并处或者单处罚金"。

2. 刑法规定修改的原因

我国1979年《刑法》和1997年修订《刑法》中都没有专门规定催收非法债务罪。司法实践中对个别人使用暴力、胁迫、恐吓、跟踪、骚扰方法催收非法债务的行为,依照1979年《刑法》第160条规定的流氓罪或者1997年《刑法》第293条规定的寻衅滋事罪定罪处罚。但是近年来出现因吸毒、赌博、走私、卖淫嫖娼、高利放贷等违法犯罪行为欠债越来越多,催收非法债务行为猖獗,有些地方已成为一种职业,甚至还成立了讨债公司,特别是套路贷催收非法债务的队伍齐全,手段五花八门,既侵犯债务人的合法权利,又严重扰乱了社会秩序,是对社会有严重危害的行为。

我国2020年5月28日发布的《民法典》第680条规定,"禁止高利放贷,借款的利率不得违反国家有关规定"。依据《民法典》的上述规定,催收欠高利放贷债务的行为是催收非法债务行为。2020年12月26日《刑法修正案(十一)》第34条规定在《刑法》中增加第293条之一"催收非法债务罪",最高处3年有期徒刑,并处罚金;最低处3个月以上2年以下管制,并处罚金;或者单处罚金。

3. 催收非法债务罪的适用

催收非法债务罪,是《刑法修正案(十一)》第34条对《刑法》第293条补充之后的新犯罪。要准确适用,就必须弄清该罪的概念、构成特征、以及适用时应注意的问题。

(1)催收非法债务罪的概念。催收非法债务罪是指使用暴力、胁迫,限制他人人身自由或者侵入他人住宅,恐吓、跟踪、骚扰他人的方法,催收高利放贷等产生的非法债务,情节严重的行为。

非法债务,是违法犯罪行为产生的债务,非法债务不受法律保护,应在制止、处理、纠正违法犯罪行为时依法同时处理这些非法债务,法律不允许对非法债务私自进行催收和支付,特别是不允许使用暴力、胁迫的方法;限制他人人身自由或者侵入他人住宅;恐吓、跟踪、骚扰他人等违法手段,催收高利放贷等产生的非法债务,情节严重的行为,构成催收非法债务罪,最高处3年有期徒刑,并处罚金。

(2)催收非法债务罪的构成特征。根据《刑法》第293条之一和《刑法修正案(十一)》第34条的规定,该罪有以下构成特征。

①犯罪主体,该罪的主体是一般主体,年满16周岁以上的具有刑事责任能力且实施了催收非法债务犯罪行为的自然人都可以构成本罪的犯罪主体。不满16周岁的未成年人和单位不能构成本罪的主体。专业讨债单位催收非法债务的,追究其单位直接负责的主管人员和直接责任人员的刑事责任。本罪犯罪主体在主观上必须是故意的心理态度,即明知催收的是非法债务,而故意实施。但对催收合法债务的人和过失心态的人不能构成本罪的犯罪主体。

②犯罪行为,催收非法债务罪的行为必须是实施了催收非法债务的犯罪行为。犯罪行为的对象是非法债务。

非法债务是指由于违法犯罪行为所形成的债务,如吸毒、赌博、走私、嫖娼、高利贷等违法犯罪行为所形成债务,这种债务不受法律保护,也不存在履行的义务和权利,待处理违法犯罪行为时依法同时处理。高利贷是违法行为,高利贷形成的债务是非法债务的一种,催收高利贷是催收非法债务的主要犯罪行为。

何为高利贷,依照2020年12月29日最高人民法院发布的《关于审理民间借贷案件适用法律若干问题的规定》第28条规定,"借贷双方对逾期利率有约定的,从其约定,但是以不超过合同成立时一年期贷款市场报价利率四倍为限"。第29条规定总计超过合同成立时一年期贷款市场报价利率四倍部分,人民法院不予支持,即民间借贷利率总计超过合同成立时1年期限贷款市场报价利率4倍部分,是高利放贷非法债务。

具体催收非法债务的犯罪行为表现:

A.使用暴力、胁迫方法,催收高利放贷等产生的非法债务的行为。放高利贷是违法行为,高利贷形成的债务是非法债务,使用暴力、胁迫的方法催收非法债务的行为是催收非法债务的犯罪行为。

B.限制他人人身自由或者侵入他人住宅,催收高利放贷等产生的非法债务的行为。限制非法债务人及其家属出入居住处,甚至非法拘禁,向非法债务人讨债的行为。

C.使用恐吓、跟踪、骚扰他人的方法,催收高利放贷等产生的非法债务的行为。派专人跟踪非法债务人,甚至在非法债务人吃饭、上厕所、睡觉都进行跟踪、监视。看守、监督的行为是严重侵犯公民人身自由的违法犯罪行为。

③犯罪结果,催收非法债务罪是结果犯,实施了催收非法债务的犯罪行为必须达到"情节严重"的结果,才能构成本罪。何为情节严重,有待司法解释。一般是指:多次催收非法债务、拒不认罪认罚、手段恶劣致人轻伤以下伤害或多人轻微伤害、造成重大财产损失、造成恶劣社会影响或者引起恐惧、威吓使人心惊胆战等情形的结果。

(3)催收非法债务罪的法定刑。我国《刑法》第293条之一规定,犯罪情节严重,构成犯罪的,其法定刑是:

构成催收非法债务罪,处3年以下有期徒刑、拘役或者管制,并处或者单处罚金。最高处3年有期徒刑,并处罚金;最低处3个月以上2年以下管制,并处罚金;或者单处罚金。

(4)催收非法债务罪适用时,应注意以下问题。

①注意划清罪与非罪的界限。

从犯罪主体上区分。催收非法债务罪的主体在主观上是故意催收非法债务,包括讨债组织主观上都是明知催收的是非法债务。如果行为人主观上没有该故意,而是由于不明事实真相,受欺骗过失参与了催收非法债务的行为,没有造成严重后果的,不构成本罪的犯罪主体。

从行为上区分。催收非法债务罪的犯罪行为是使用暴力、胁迫,限制他人人身自由或者侵入他人住宅,恐吓、跟踪、骚扰他人的方法,催收高利放贷等产生的非法债务的行为。如果只是口头催要非法债务,情节轻微的行为,不能构成本罪。

从犯罪结果上区分。本罪是结果犯,催收非法债务罪的犯罪行为必须达到情节严重的结果才能构成犯罪。达不到情节严重的结果,不构成本罪。

②注意准确认定催收非法债务罪犯罪行为的一罪与数罪。我国《刑法》第293条之一规定催收非法债务罪是独立的轻罪。如果使用暴力、胁迫,限制他人人身自由或者侵入他人住宅,恐吓、跟踪、骚扰他人的方法,催收高利放贷等产生的非法债务的行为,同时又构成其他重罪时,应依照《刑法》规定以催收非法债务罪和其他罪分别定罪,数罪并罚。

③注意划清催收非法债务罪与寻衅滋事罪的区别。我国《刑法》第293条之一规定的催收非法债务罪是从寻衅滋事罪中分离出来的新犯罪。其犯罪主体和犯罪行为有相同点或者相似,定罪时容易混淆。

二罪的区别是犯罪行为的范围不同,寻衅滋事罪犯罪行为的范围比较广,而催收非法债务罪的行为只限定了实施催收非法债务的犯罪行为。《刑法》规定单独催收非法债务罪后,这种催收非法债务的犯罪行为不再定为寻衅滋事罪。另外,两罪的法定刑不同。寻衅滋事罪的法定刑较重,有两个档次法定刑,第一个档次法定刑最高处5年有期徒刑,第二个档次法定刑最高处10年有期徒刑;催收非法债务罪,只有一个档次的法定刑,最高处3年有期徒刑。如果行为人的行为同时分别构成催收非法债务罪和寻衅滋事罪,应依《刑法》规定的数罪并罚处罚,即分别定罪量刑,数罪并罚,决定执行的刑罚。

④注意对催收非法高利贷债务的司法解释的运用。2020年12月29日最高人民法院发布的《关于审理民间借贷案件适用法律若干问题的规定》第31条规定,"2020年8月20日之后新受理的一审民间借贷案件,借贷合同成立于2020年8月20日之前,当事人请求适用当时的司法解释计算自合同成立到2020年8月19日的利息部分的,人民法院应予以支持;对于自2020年8月20日到借款返还之日的利息部分,适用起诉时本规定的利率保护标准计算",最高人民法院以前的司法解释中,曾将民间借贷24%的年利率规定为合法的,法院予以保护;借款年利率为24%以上不满36%的,法院不保护也不反对,由借贷双方自愿协商履行;借贷款年利率36%以上的,属于非法的高利贷,法院不予保护,因为上述前解释与现今解释的"以不超过合同成立时一年期贷款市场报价利率四倍为限"不一致,已解除,今后应以新解释为准。

(十)侵害英雄烈士名誉、荣誉罪

侵害英雄烈士名誉、荣誉罪是《刑法修正案(十一)》第35条对《刑法》第299条之一规定的新犯罪。2021年2月26日,最高人民法院、最高人民检察院《关于执行〈中华人民共和国刑法〉确定罪名的补充规定(七)》中将《刑法》第299条之一中规定的新犯罪确定为"侵害英雄烈士名誉、荣誉罪"。

1. 有关侵害英雄烈士名誉、荣誉罪的刑法规定

(1)1979年《刑法》第145条规定,以暴力或者其他方法,包括用"大字报""小字报",公然侮辱他人或者捏造事实诽谤他人,情节严重的,处3年以下有期徒刑、拘役或者剥夺政治权利。

前款罪,告诉的才处理。但是,严重危害社会秩序和国家利益的除外。

(2)1997年《刑法》第246条规定,以暴力或者其他方法公然侮辱他人或者捏造事实诽谤他人,情节严重的,处3年以下有期徒刑、拘役、管制或者剥夺政治权利。

前款罪,告诉的才处理,但是严重危害社会秩序和国家利益的除外。

(3)2020年12月26日《刑法修正案(十一)》第35条规定,在《刑法》第299条后增加一条,作为第299条之一:侮辱、诽谤或者以其他方式侵害英雄烈士的名誉、荣誉,损害社会公共利益,情节严重的,处3年以下有期徒刑、拘役、管制或者剥夺政治权利。

上述1979年《刑法》和1997年修订《刑法》都没有专门规定侵害英雄烈士名誉、荣誉罪,但《刑法》中规定的侮辱罪、诽谤罪中包括了侵害英雄烈士名誉、荣誉的犯罪行为。《刑法修正案(十一)》又在新增加的《刑法》第299条之一中规定了惩治侵害英雄烈士名誉、荣誉,损害社会公共利益的犯罪行为,以宣扬和保护革命英雄烈士的名誉和荣誉,对弘扬正气,继承革命意志有重要意义。

2. 刑法规定修改的原因

我国是社会主义法治国家,国家依法保护公民的人身权利,不仅包括公民的生命财产权利还包括公民的名誉、荣誉等民主权利。我国1979年《刑法》和1997年修订《刑法》规定惩治公然侮辱他人或者捏造事实诽谤他人,损害社会公共利益,情节严重的犯罪行为,将处3年以

下有期徒刑、拘役、管制或者剥夺政治权利;1997年《刑法》第302条还特别规定"盗窃、侮辱尸体的,处三年以下有期徒刑、拘役或者管制"。

为不忘初心,牢记使命,发扬爱国主义精神,保护国家的荣誉和威信,我国1990年6月28日全国人大常委会发布的《关于惩治侮辱中华人民共和国国旗国徽罪的决定》决定在《刑法》中补充规定侮辱国旗、国徽罪;1997年修订《刑法》第299条中规定了惩治侮辱国旗、国徽犯罪。2017年11月4日《刑法修正案(十)》进一步修改规定惩治侮辱国旗、国徽罪同时又增加侮辱国歌罪的犯罪行为。近30年来,我国行政机关和司法机关依法惩治了一些侮辱国旗、国徽、国歌的违法犯罪分子,有力地维护了国家的尊严,为严格执法提供了宝贵的经验。

为弘扬爱国主义精神,继承先烈的革命意志,特别保护革命英雄烈士的名誉、荣誉,《刑法修正案(十一)》又专门在新增加的《刑法》第299条之一中规定,惩治侵害英雄烈士名誉、荣誉的犯罪行为,以慰藉革命英雄烈士的英灵,弘扬正气,继承革命意志,为建设具有中国特色的社会主义国家,实现中华民族伟大复兴的中国梦而努力奋斗。

3. 侵害英雄烈士名誉、荣誉罪的适用

侵害英雄烈士名誉、荣誉罪是《刑法修正案(十一)》第35条和《刑法》第299条之一规定的新犯罪,要准确适用,就必须弄清该罪的概念、构成特征、法定刑,以及适用时应注意的问题。

(1)侵害英雄烈士名誉、荣誉罪的概念。该罪是指侮辱、诽谤或者以其他方式侵害英雄烈士的名誉、荣誉,损害社会公共利益,情节严重的行为。

革命英雄、烈士具有崇高的革命理想和献身精神,他们为中国人民的解放和建立社会主义社会,为国家和人民做出了巨大贡献,甚至牺牲了自己的生命,其事迹可歌可颂,受到广大人民群众衷心的敬佩,是人民群众学习的榜样,其革命精神是中华民族宝贵的精神力量,永远鼓舞着中国人民勇往直前,为中华民族的伟大复兴,实现中国梦而努力奋斗。然而,现在有些人,出于各种自私的目的,故意侮辱、诽谤或者以其他方式侵害英雄烈士的名誉、荣誉,其不仅侵害了英雄烈士本人的名誉权利,也伤害了人民群众对英烈的情感,是严重损害社会公共利益的行为。例如,2021年2月19日网络大v"辣笔小球"恶意诋毁、贬损卫国戍边的英雄官兵的名誉、荣誉,造成了恶劣的社会影响,对国家和社会的公共利益造成严重损害,这是对社会有危害的行为。2020年12月26日《刑法修正案(十一)》将侮辱、诽谤或者以其他方式侵害英雄烈士的名誉、荣誉,损害社会公共利益,情节严重的行为规定为犯罪,最高处3年有期徒刑,最低处管制或者剥夺政治权利。

(2)侵害英雄烈士名誉、荣誉罪的构成特征。根据我国《刑法》第299条之一规定,该罪有以下构成特征。

①犯罪主体,是一般主体,达到法定年龄具有刑事责任能力且实施了侵害英雄烈士名誉、荣誉的自然人。本罪主体是年满16周岁以上的自然人,包括中国人、外国人和无国籍的人。单位法人不能构成本罪的犯罪主体,如果是以单位的名义实施侵害英雄烈士名誉、荣誉的犯罪行为,应追究单位直接负责的主管人员和其他直接责任人员的刑事责任。犯罪主体在主观上是故意的,即是故意侮辱、诽谤或者以其他方式侵害英雄烈士的名誉、荣誉,损害社会公共利益的。如果主观上是过失的或者主观上既无故意也无过失的意外事件,不能构成本罪。

②犯罪行为,必须是故意实施了侮辱、诽谤或者以其他方式侵害英雄烈士的名誉、荣誉,

损害社会公共利益的行为。

侵犯的对象是英雄、烈士的名誉、荣誉。英雄、烈士是中国共产党和中华人民共和国命名的英雄、烈士，以及为中华民族和中国人民作出突出贡献，人民群众公认的民族英雄和为国家牺牲的名人志士。这些英雄烈士的名誉、荣誉在中国人民心目中有着光辉形象，受人民群众尊敬，是人民群众学习的榜样，是人民群众战胜敌人和困难的精神力量。侵害这些英雄烈士的名誉、荣誉的行为不仅是侵犯其人身名誉权利，更重要的是侵犯民族精神、爱国的勇气和力量，是对社会公共利益的损害。本罪具体犯罪行为表现如下。

A.侮辱英雄烈士的名誉、荣誉，损害社会公共利益行为。例如使用暴力贬低英雄、烈士的墓碑、塑像，丑化英雄、烈士的人物形象，抹黑英雄烈士的事迹，将英雄、烈士的相片、墓碑抹黑丑化，砸坏、撕毁、践踏、放在胯下；用文字、图片、大字报、小字报、传单等在网上、网下或者通过书报图像等载体以污秽的语言或编造低级的下流谣言污蔑英雄的形象和名誉等行为。

B.诽谤英雄烈士的名誉、荣誉，损害社会公共利益的行为。例如捏造恶劣事实并进行公开散布，企图诋毁、损害英雄烈士的名誉、荣誉的行为；以编造的颠倒黑白的虚假事实诬蔑英雄烈士的行为。

C.以其他方式侵害英雄烈士的名誉、荣誉，损害社会公共利益行为。即除上述侮辱、诽谤行为外，实施了其他侵害英雄烈士名誉、荣誉的行为，例如盗窃、侮辱、故意毁坏英雄、烈士的尸体、尸骨、骨灰、坟墓、碑牌、纪念场馆的行为。

③犯罪结果，是结果犯，必须是损害英雄烈士名誉、荣誉，达到损害社会公共利益，情节严重的，才能构成本罪的犯罪结果。

"情节严重"是构成犯罪的结果要件，有待司法解释。一般是指故意将损害英雄烈士的名誉、荣誉行为在社会上公开，产生了不良的社会影响，达到了损害社会公共利益的结果的，才构成本罪的结果，达不到损害社会公共利益结果的，不能构成本罪的犯罪结果。

(3)侵害英雄烈士名誉、荣誉罪的法定刑。根据《刑法》第299条之一的规定，该罪的法定刑是：

损害英雄烈士名誉、荣誉达到损害社会公共利益，情节严重的，构成犯罪，"处三年以下有期徒刑、拘役、管制或者剥夺政治权利"，即最高处3年有期徒刑，附加5年以下1年以上的剥夺政治权利，最低处3个月以上2年以下管制，剥夺政治权利，剥夺政治权利期限与管制期限相同。

(4)认定侵害英雄烈士名誉、荣誉罪时，应注意以下问题。

①区分罪与非罪的界限。

从犯罪主体上区分。本罪的主体是年满16周岁以上的自然人，不满16周岁的人和单位法人不能构成本罪。行为人在主观上必须具有侵害英雄烈士名誉、荣誉的故意，才能构成本罪；行为人的过失行为或者主观上既无故意也无过失的意外事件，不能构成本罪。例如，行为人驾车在公路上行驶，发生交通肇事将路旁的烈士墓碑撞坏的过失行为，不构成本罪。外国人和无国籍人在我国领域内或者在我国驻外机构场所实施损害英雄烈士名誉、荣誉的行为，达到危害社会公共利益，情节严重的可以构成本罪。但外国人在我国领域外犯本罪，依照外国法律规定其该国也有管辖权的适用外国法律规定。

从犯罪行为上区分。本罪必须是故意实施了侮辱、诽谤或者以其他方式侵害行为英雄烈士的名誉、荣誉的行为,才能构成本罪。如果侮辱、诽谤一般公民或者英雄烈士亲属,情节严重的,可构成《刑法》第246条规定的侮辱罪、诽谤罪。

从犯罪结果上区分。本罪是结果犯,行为必须达到损害社会公共利益,情节严重的程度才能构成犯罪。这里的"情节严重"是构成犯罪要件的情节结果,没有达到这种结果的,不构成本罪。例如,只是私下跟其朋友询问某烈士的爱情生活,没有达到损害社会公共利益的结果,应属于犯罪行为情节显著轻微危害不大,不认为是犯罪。

②注意划清侵害英雄烈士名誉、荣誉罪与聚众扰乱公共场所秩序、交通秩序罪的界限。《刑法》第291条规定的聚众扰乱公共场所秩序、交通秩序罪,是指聚众扰乱车站、码头、民用航空站、商场、公园、影剧院、展览会、运动场或者其他公共场所秩序,聚众堵塞交通或者破坏交通秩序,抗拒、阻碍国家治安管理工作人员依法执行职务,情节严重的行为。侵害英雄烈士名誉、荣誉罪的犯罪行为,特别是在英雄烈士公墓或者纪念场馆等公共场所侮辱、诽谤英雄烈士名誉、荣誉的行为往往聚众扰乱公共场所秩序、交通秩序。这种犯罪行为是认定为侵犯英雄烈士名誉、荣誉罪,还是认定为聚众扰乱公共场所秩序、交通秩序罪,容易混淆。这种情况在《刑法》没有特别规定的情况下,应当按数罪并罚原则,分别认定为侵害英雄烈士名誉、荣誉罪与聚众扰乱公共场所秩序、交通秩序罪,分别量刑后进行并罚,决定执行的刑罚。

③注意划清侵害英雄烈士名誉、荣誉罪与故意毁坏财物罪的界限。我国《刑法》第275条规定的故意毁坏财物罪,是指故意毁坏公私财物,数额较大或者有其他严重情节的行为,其犯罪行为的对象是公私财物,且犯罪结果必须达到数额较大或者有其他严重情节的结果。本罪侮辱、诽谤英雄烈士的名誉、荣誉的行为,有的也可能造成烈士塑像、墓碑、展览场馆等财产损毁的,因此,二罪有共同点。但二罪的区别是财物价值取向不同,故意毁坏财物罪财物的价值是财产物质价值,以金钱计算,而侵害英雄烈士的名誉、荣誉的价值是精神价值,是以政治影响大小和对社会公共利益侵害的程度衡量。因此,侵害英雄烈士名誉、荣誉是《刑法》特别规定的犯罪,在二罪有重合的情况下,一般应认定为侵犯英雄烈士名誉、荣誉罪,而故意毁坏财物罪被吸收。如果行为人主观上分别有明确的故意毁坏公共财产的目的和故意侵害英雄烈士名誉、荣誉的目的,可以分别定罪,然后数罪并罚。

(十一)组织参与国(境)外赌博罪

组织参与国(境)外赌博罪,是2020年12月26日《刑法修正案(十一)》第36条规定,在《刑法》第303条中补充的新犯罪。2021年2月26日最高人民法院、最高人民检察院《关于执行〈中华人民共和国刑法〉确定罪名的补充规定(七)》中将《刑法》第303条第3款中规定的新犯罪确定为"组织参与国(境)外赌博罪"。

1. 刑法规定内容的修改

(1)1979年《刑法》第168条规定,以营利为目的,聚众赌博或者以赌博为业的,处3年以下有期徒刑、拘役或者管制,可以并处罚金。

(2)1997年《刑法》第303条规定:以营利为目的,聚众赌博、开设赌场或者以赌博为业的,处3年以下有期徒刑、拘役或者管制,并处罚金。

(3)2006年6月29日《刑法修正案(六)》第18条规定,将《刑法》第303条修改为:以营利为目的,聚众赌博或者以赌博为业的,处3年以下有期徒刑、拘役或者管制,并处罚金。

开设赌场的,处3年以下有期徒刑、拘役或者管制,并处罚金;情节严重的,处3年以上10

(4)2020年12月26日《刑法修正案(十一)》第36条规定,将《刑法》第303条修改为:以营利为目的,聚众赌博或者以赌博为业的,处3年以下有期徒刑、拘役或者管制,并处罚金。

开设赌场的,处5年以下有期徒刑、拘役或者管制,并处罚金;情节严重的,处5年以上10年以下有期徒刑,并处罚金。

组织中华人民共和国公民参与国(境)外赌博,数额巨大或者有其他严重情节的,依照前款的规定处罚。

上述2006年6月29日《刑法修正案(六)》将1997年修订《刑法》第303条规定的赌博罪中开设赌场的犯罪行为分离出来,定为独立的"开设赌场罪",并规定增加一个加重档次的法定刑,即"情节严重的,处三年以上十年以下有期徒刑,并处罚金"。2020年12月26日《刑法修正案(十一)》又对《刑法》第303条规定的"开设赌场罪"法定刑作了加重规定,即将第一个档次的最高刑和第二个档次法定最低刑由"三年有期徒刑"改为"五年有期徒刑",加重了对开设赌场罪的处罚力度。同时,《刑法修正案(十一)》还在《刑法》第303条增加的第3款中规定,组织中华人民共和国公民参与国(境)外赌博,数额巨大或者有其他严重情节的,构成"组织参与国(境)外赌博罪",依照前款规定的开设赌场罪的法定刑定罪处罚。

2. 刑法规定修改的原因

我国1979年《刑法》中没有明确规定开设赌场罪和开设赌场犯罪行为,而是在赌博罪中将聚众赌博犯罪行为作为赌博犯罪行为之一。聚众赌博犯罪行为中可以包括开设赌场犯罪行为。1997年修订《刑法》第303条原规定的赌博罪的犯罪行为中包括聚众赌博的行为,开设赌场的行为和以赌博为业的三种赌博犯罪行为。对上述三种赌博行为构成犯罪的都构成赌博罪,处3年以下有期徒刑、拘役或者管制,并处罚金。当时赌博活动猖獗,赌博范围广、数额巨大,特别是开设赌场的犯罪行为是为赌博提供场所条件,甚至利用计算机、赌博机和网络建立赌博网站或者为赌博网站担任代理,接受投注的赌场,使赌博的规模更大,社会危害更加严重。我国当时《刑法》规定的法定刑太轻,没有足够的震慑力,不能有力惩治赌博犯罪分子。公安机关要求修改《刑法》上述规定,加重赌博罪的法定刑。我国《刑法修正案(六)》第18条将开设赌场的犯罪行为规定为独立的犯罪,并增加了加重法定刑,即只要开设赌场的就构成犯罪,处3年以下有期徒刑、拘役或者管制,并处罚金;情节严重的,处3年以上10年以下有期徒刑,并处罚金。《刑法修正案(六)》在《刑法》第303条中增加了一个独立的罪名和一个加重档次的法定刑。2020年《刑法修正案(十一)》根据当前我国国内惩治开设赌场犯罪的力度不断增大的情况下,还有人组织我国公民参与国(境)外赌博活动,其人数逐步增多,范围不断扩大的,严重危害了我国的社会管理秩序的现象。在《刑法》第303条中增加第3款单独规定"组织参与国(境)外赌博罪",其法定刑与"开设赌场罪"的法定刑相同。

3. 组织参与国(境)外赌博罪的适用

组织参与国(境)外赌博罪是《刑法修正案(十一)》第36条规定,对《刑法》第303条第3款补充的犯罪。要准确适用,就必须弄清本罪的概念、构成特征、法定刑,以及适用时应注意的问题。

(1)组织参与国(境)外赌博罪的概念。本罪是指以营利为目的,组织中华人民共和国公民参与国(境)外赌博,数额巨大或者有其他严重情节的行为。

组织参与国(境)外赌博行为与开设赌场犯罪行为相似,其是以营利为目的,组织、帮助其他人参与国(境)外赌博活动,有的是将赌场开在我国(境)外,以逃避我国法律制裁,例如,组织我国公民到新加坡、印度尼西亚、泰国、缅甸等国家参与当地开设的赌场进行赌博活动;有的在国(境)外开设赌场。因为在这些国家开设赌场进行赌博活动不是犯罪行为。但我国公民在我国(境)内、外开设赌场和赌博行为都是违法犯罪行为。虽然当时我国《刑法》中没有明文规定组织我国公民参与国(境)外赌博行为是犯罪行为,但根据最高人民法院、最高人民检察院2005年5月11日《关于办理赌博刑事案件具体应用法律若干问题的解释》第3条规定中华人民共和国公民在我国领域外周边地区聚众赌博、开设赌场,以吸引中华人民共和国公民为主要客源,构成犯罪的,可以依照《刑法》规定追究刑事责任。其第5条第2项还规定,"组织国家工作人员赴境外赌博的"构成犯罪,从重处罚。2020年12月26日《刑法修正案(十一)》第36条将司法解释的上述内容规定为独立的犯罪,并适用与在我国(境)内开设赌场罪的法定刑。

(2)犯罪的构成特征。根据《刑法》第303条第3款和《刑法修正案(十一)》第36条的规定,该罪有以下构成特征。

①犯罪主体,是一般主体,凡是年满16周岁以上的具有刑事责任能力且实施了组织参与国(境)外赌博罪的自然人都可以构成本罪的犯罪主体。犯罪主体在主观上是故意的,并且是以营利为目的,不具有上述目的的行为不构成本罪的犯罪主体。组织者可以是个人,也可是以单位的名义进行,法律没有规定单位可以构成本罪,但应追究单位中直接负责的主管人员和其他直接责任人员的刑事责任。既是组织者又是参与国(境)外赌博者,对组织者应以组织参与国(境)外赌博罪定罪并从重处罚。对于单纯参与国(境)外赌博者,不构成本罪,但可以构成赌博罪。组织国家工作人员赴境外赌博的,从重处罚。

②犯罪行为,必须具有组织中华人民共和国公民参与国(境)外赌博活动的行为。组织中国公民参与国(境)外赌博活动的行为,包括在我国(境)内招集、聚集、登记、办理出入国(境)手续、资金兑换、运送过境和介绍给国(境)外赌场等为赌博者在国(境)外进行赌博提供帮助的行为。组织行为的对象必须是具有中国国籍的公民,组织非中国公民的行为不构成本罪。组织行为,是指组织中国公民到中华人民共和国国境以外的国家赌博的行为,如到缅甸、泰国、马来西亚、印度尼西亚、菲律宾等国(境)内进行赌博的行为。

在我国香港、澳门、台湾等地进行赌博活动是属于在中华人民共和国(境)内赌博行为。但上述地区法律与中华人民共和国法律对赌博行为是否构成犯罪的规定不同,依照最高人民法院、最高人民检察院司法解释的规定,也应依《刑法》第303条第3款规定定罪处罚。

③犯罪结果,是结果犯,必须是组织参与国(境)外赌博行为,达到数额巨大或者有其他严重情节的结果,才能构成本罪的犯罪结果。

这里的数额巨大或者严重情节是构成犯罪的结果要件。何为本罪定罪的"数额巨大或其他严重情节",有待司法解释。这里的"数额巨大",可参照最高人民法院、最高人民检察院2005年5月11日《关于办理赌博刑事案件具体应用法律若干问题的解释》第1条规定以营利为目的,有下列行为之一的,属于《刑法》第303条规定的聚众赌博:组织3人以上赌博,抽头渔利累计达到5000元以上的;组织3人以上赌博,赌资数额累计达到5万元以上的;组织3人以上赌博,参赌人数累计达到20人以上;组织中华人民共和国公民10人以上赴境外赌博,从中收取回扣、中介费的。

这里的"其他严重情节",可参照最高人民法院、最高人民检察院 2005 年 5 月 11 日《关于办理赌博刑事案件具体应用法律若干问题的解释》第 5 条规定,实施赌博犯罪,有下列情形之一的,依照《刑法》第 303 条的规定从重处罚:具有国家工作人员身份的;组织国家工作人员赴境外赌博的;组织未成年人参与赌博,或者开设赌场吸引未成年人参与赌博的。

(3)组织参与国(境)外赌博罪的法定刑。根据《刑法》第 303 条第 3 款的规定,犯本罪的法定刑是依照开设赌场罪的法定刑处罚,具体是:

①构成本罪的,处 5 年以下有期徒刑、拘役或者管制,并处罚金。构成本罪的条件是组织中华人民共和国公民参与国(境)外赌博,"数额巨大或者有其他严重情节的"。达不到上述犯罪结果的不构成犯罪。

这里定罪的"数额巨大"和"严重情节",可参照最高人民法院、最高人民检察院、公安部 2014 年 3 月 26 日《关于办理利用赌博机开设赌场案件适用法律若干问题的意见》第 2 条规定,设置赌博机组织赌博活动,具有下列情形之一的,应当按照《刑法》第 303 条第 2 款规定的开设赌场罪定罪处罚:设置赌博机 10 台以上的;设置赌博机 2 台以上,容留未成年人赌博的;在中小学校附近设置赌博机 2 台以上的;违法所得累计达到 5000 元以上的;赌资数额累计达到 5 万元以上的;参赌人数累计达到 20 人以上的;因设置赌博机被行政处罚后,2 年内再设置赌博机 5 台以上的;因赌博、开设赌场犯罪被刑事处罚后,5 年以内再设置赌博机 5 台以上的;其他应当追究刑事责任的情形。

②犯本罪,情节严重的,处 5 年以上 10 年以下有期徒刑,并处罚金。

这里的"情节严重"是量刑情节,是在上述定罪的"数额巨大和其他严重情节"的基础上"数额特别巨大和其他特别严重情节",才能适用加重法定刑。

这里量刑数额特别巨大,可参照最高人民法院、最高人民检察院、公安部 2010 年 8 月 31 日《关于办理网络赌博犯罪案件适用法律若干问题的意见》第 1 条第 2 款规定,关于网上开设赌场犯罪的定罪量刑标准,具有下列情形之一的,应当认定为《刑法》第 303 条第 2 款规定的"情节严重":抽头渔利数额累计达到 3 万元以上的;赌资数额累计达到 30 万元以上的;参赌人数累计达到 120 人以上的;建立赌博网站后通过提供给他人组织赌博,违法所得数额在 3 万元以上的;参与赌博网站利润分成,违法所得数额在 3 万元以上的;为赌博网站招募下级代理,由下级代理投注的;招揽未成年人参与网络赌博的;其他情节严重的情形。

这里量刑的"其他情节严重",可参照最高人民法院、最高人民检察院 2005 年 5 月 11 日《关于办理赌博刑事案件具体应用法律若干问题的解释》第 5 条规定,实施赌博犯罪,有下列行为之一的,依照《刑法》第 303 条规定从重处罚:①具有国家工作人员身份的;②组织国家工作人员赴境外赌博的;③组织未成年人参与赌博,或者开设赌场吸引未成年人参与赌博的。

这里量刑"其他严重情节",还可参照最高人民法院、最高人民检察院、公安部 2014 年 3 月 26 日《关于办理利用赌博机开设赌场案件适用法律若干问题的意见》第 2 条规定,设置赌博机组织赌博活动,具有下列情形之一的,应当认定为《刑法》第 303 条第 2 款规定的"情节严重":数量或者数额达到第 2 条第 1 项至第 6 项规定的标准 6 倍以上的;因设置赌博机被行政处罚后,2 年以内再设置赌博机 30 台以上的;因赌博、开设赌场犯罪被刑事处罚后,5 年以内再设置赌博机 30 台以上的;其他情节严重的情形。可同时供多人使用的赌博机,台数按照能够独立供一人进行赌博活动的操作其本单元的数量认定。在两个以上地点设置赌博机,赌博机的数量、违法所得、赌资数额、参赌人数等合并计算。

(4)组织参与国(境)外赌博罪适用时,应注意以下问题。

①注意划清罪与非罪的界限。

从犯罪主体上加以区分。组织参与国(境)外赌博罪的主体是一般主体,单位和不满16周岁的自然人不构成本罪。本罪犯罪主体在主观上是故意的,并且必须是以营利为目的。如果不是以组织参与国(境)外赌博从中谋取利益为目的的,不构成本罪,例如,在组织我国公民出国旅游参观外国赌场时,有的旅客实施投小量币试看能否盈利的行为,不能构成组织参与国(境)外赌博犯罪。

从犯罪行为上区分。组织参与国(境)外赌博罪的行为对象是中华人民共和国的公民,组织不具有中华人民共和国公民身份的人参与国(境)外赌博的行为不构成本罪。

从犯罪结果上区分。本罪是结果犯,只有行为人实施组织我国公民参与国(境)外赌博,达到数额巨大或其他严重情节的才能构成本罪,达不到上述结果的行为不能构成本罪。例如,某人为出国赌博,求其好友陪其同行,其可能构成赌博罪,但不构成本罪。

②注意组织参与国(境)外赌博罪与赌博罪和开设赌场罪的区别。组织参与国(境)外赌博罪是从赌博罪和开设赌场罪中分离出来的犯罪,其是原《刑法》规定的赌博罪、开设赌场罪的帮助犯。《刑法修正案(十一)》将其分离出来,规定为独立的犯罪,今后,对组织参与国(境)外赌博犯罪行为不再以赌博罪、开设赌场罪定罪处罚,而应以"组织参与国(境)外赌博罪"定罪处罚。

③注意组织参与国(境)外赌博罪与被组织者应分别定罪处罚。组织参与国(境)外赌博罪是组织我国公民参与国(境)外赌博的行为。组织者和参与国(境)外赌博者共同犯罪,分别定为组织参与国(境)外赌博罪和赌博罪。我国法律规定赌博是违法行为,情节严重的赌博行为构成犯罪要追究刑事责任。在国(境)外,有些国家或地区法律规定赌博、开设赌场不是犯罪行为。因此,有的人错误认为我国公民到这些国(境)外赌博也不是违法行为,可以不负违法犯罪的法律责任。这是一种误解。中华人民共和国公民无论在国(境)内、外都受中华人民共和国法律的保护,也同样都应当遵守中华人民共和国法律的规定,违反中华人民共和国的法律规定是应受到法律制裁的。中华人民共和国的公民在国(境)内赌博是违法犯罪行为,情节严重的要追究刑事责任;同样中华人民共和国公民在国(境)外赌博也是违法犯罪行为,国(境)外依其法律规定不追究其法律责任,但中华人民共和国对其公民在国(境)外赌博犯罪有管辖权,应依法追究其赌博行为的法律责任,包括追究赌博罪、开设赌场罪。对于中华人民共和国公民组织他人在国(境)内赌博或者参与国(境)外赌博行为都是违法犯罪行为,都应当负法律责任。对组织参与国(境)外赌博的组织者,依《刑法》第303条第3款规定以组织参与国(境)外赌博罪定罪处罚,但对于参与国(境)外赌博者,则应依《刑法》第303条第1款规定以赌博罪定罪处罚。如果中华人民共和国公民在我国(境)外开设赌场的行为,依照我国《刑法》第303条第2款规定,应以开设赌场罪定罪处罚。但依照我国《刑法》第10条规定,可以免除处罚或者减轻处罚。

(十二)非法采集人类遗传资源、走私人类遗传资源材料罪

非法采集人类遗传资源、走私人类遗传资源材料罪,是2020年12月26日《刑法修正案

(十一)》第 38 条在《刑法》第 334 条中规定的新犯罪。2021 年 2 月 26 日最高人民法院、最高人民检察院《关于执行〈中华人民共和国刑法〉确定罪名的补充规定(七)》中将《刑法》第 334 条之一规定的犯罪确定为"非法采集人类遗传资源、走私人类遗传资源材料罪"。

1.刑法规定内容的修改

(1)1997 年《刑法》第 334 条规定:非法采集、供应血液或者制作、供应血液制品,不符合国家规定的标准,足以危害人体健康的,处 5 年以下有期徒刑或者拘役,并处罚金;对人体健康造成严重危害的,处 5 年以上 10 年以下有期徒刑,并处罚金;造成特别严重后果的,处 10 年以上有期徒刑或者无期徒刑,并处罚金或者没收财产。

经国家主管部门批准非法采集、供应血液或者制作、供应血液制品的部门,不依照规定进行检测或者违背其他操作规定,造成危害他人身体健康后果的,对单位判处罚金,并对其直接负责的主管人员和其他直接责任人员,处 5 年以下有期徒刑或者拘役。

(2)2020 年 12 月 26 日《刑法修正案(十一)》第 38 条规定,在《刑法》第 334 条后增加一条,作为第 334 条之一:违反国家有关规定,非法采集我国人类遗传资源或者非法运送、邮寄、携带我国人类遗传资源材料出境,危害公众健康或者社会公共利益,情节严重的,处 3 年以下有期徒刑、拘役或者管制,并处或者单处罚金;情节特别严重的,处 3 年以上 7 年以下有期徒刑,并处罚金。

上述《刑法修正案(十一)》在《刑法》第 334 条中增加"非法采集人类遗传资源、走私人类遗传资源材料罪",最低处管制,并处或者单处罚金;最高处 7 年有期徒刑,并处罚金。

2.刑法规定修改的原因

我国 1979 年《刑法》和 1997 年修订《刑法》中都没有规定非法采集人类遗传资源、走私人类遗传资源材料犯罪行为,因为人类遗传研究是新近生物革命时代新兴科学技术,有关非法采集遗传资源的犯罪现象还没有广泛出现。1998 年 10 月 1 日实施的《献血法》第 18 条规定,有下列行为之一的,由县级以上地方人民政府卫生行政部门予以取缔,没收违法所得,可以并处 10 万元以下罚款,构成犯罪的,依法追究刑事责任:(1)非法采集血液;(2)血站、医疗机构出售无偿献血的血液;(3)非法组织他人献血液的。在 1997 年修订《刑法》第 334 条中规定非法采集、供应血液、制作、供应血液制品的犯罪行为。该犯罪行为中非法采集血液的犯罪行为与非法采集人类遗传资源有相似之处,属于同一类犯罪,有可参考之处。当前,在国内外,出现了非法采集人类遗传资源,进行违背人类伦理道德研究、非法生产"克隆人"等危害人类健康和社会公共利益的违法行为。特别是有些人将非法采集的我国公民的遗传资源走私至国外,直接危害国家和中华民族后代的健康发展。2020 年《刑法修正案(十一)》根据当前我国发生的非法改变人类基因的新生儿案例等情况,在《刑法》第 334 条之一中规定了非法采集人类遗传资源、走私人类遗传资源材料的犯罪,最低处管制,并处或者单处罚金;最高处 7 年有期徒刑,并处罚金。

3.非法采集人类遗传资源、走私人类遗传资源材料罪的适用

非法采集人类遗传资源、走私人类遗传资源材料罪是《刑法修正案(十一)》第 38 条在《刑法》第 334 条中新增加的犯罪。要准确适用,就必须弄清本罪的概念、构成特征、法定刑,以及适用时应注意的问题。

(1)非法采集人类遗传资源、走私人类遗传资源材料罪的概念。本罪是指违反国家有关

规定,非法采集我国人类遗传资源或者非法运送、邮寄、携带我国人类遗传资源材料出境,危害公众健康或者社会公共利益,情节严重的行为。

人类遗传资源是研究人类生命产生发展科学不可缺少的重要资源和材料。在我国,由于科学研究的特殊性,对人类遗传资源的采集、收集、出口、出境等必须经过行政审批,取得行政许可后才能进行。1998年国务院办公厅转发了科学技术部卫生部制定的《人类遗传资源管理暂行办法》,是我国第一个全面管理人类遗传资源的规范性文件,对我国人类遗传资源及其材料的管理体制和利用,对我国人类遗传资源开展国际合作及出境活动的审批程序作了明确规定,成为我国人类遗传资源管理的重要依据。根据该办法的有关规定,科学技术部于2015年《人类遗传资源采集、收集、买卖、出口、出境审批行政许可事项服务指南》,统一了全国办理人类遗传资源采集、收集、买卖、出口、出境审批行政许可的条件和程序。科学技术部于1999年正式开展"涉及人类遗传资源的国际合作项目"的行政审批工作。2019年5月28日,国务院发布了《人类遗传资源管理条例》,现已生效实施,包括规定在临床诊疗、采供血(浆)服务、司法鉴定、侦查犯罪、兴奋剂检测和殡葬等社会活动中对人类遗传资源采集、收集、出口、出境活动都要按照国家相关法律法规管理。2020年12月26日《刑法修正案(十一)》第38条规定在《刑法》第334条中增加"非法采集人类遗传资源、走私人类遗传资源材料罪",最低处管制,并处或者单处罚金;最高处7年有期徒刑,并处罚金。

(2)犯罪的构成特征。根据《刑法》第334条之一和《刑法修正案(十一)》第38条的规定,该罪有以下构成特征。

①犯罪主体,是一般主体,凡是年满16周岁以上的具有刑事责任能力且实施了非法采集人类遗传资源、走私人类遗传资源材料犯罪行为的自然人都可以构成本罪的犯罪主体。犯罪主体在主观上是故意违反国家有关规定,非法采集我国人类遗传资源或者走私人类遗传资源材料出境,有的是以营利为目的,放任危害公众健康或者社会公共利益的间接故意。不具有上述故意的行为不构成本罪的犯罪主体。有的是以单位的名义进行的,但法律没有规定单位可以构成本罪,依有关刑事司法解释规定,应追究单位中直接负责的主管人员和其他直接责任人员个人的刑事责任。

②犯罪行为,必须具有违反国家有关规定,非法采集、收集我国人类遗传资源或者非法运送、邮寄、携带我国人类遗传资源材料出境的行为。

违反国家有关规定,主要是违反《人类遗传资源管理条例》的规定,包括违反批准许可规定和有关操作程序的规定。未经批准许可,是指在未取得《人类遗传资源采集、收集、买卖、出口、出境行政许可》,而非法进行人类遗传资源采集、收集、买卖、出口、出境的行为。同时,对于不同采集、收集人类遗传资源的审批程序还有具体的规定,如对于临床诊疗、采供血(浆)服务、司法鉴定、侦查犯罪、兴奋剂检测和殡葬等目的的人类遗传资源采集、收集、出口、出境活动的,还应按照国家和有关部门的相关法律法规管理规定进行审批和监督。具体行为表现有:

A.违反国家有关规定,非法采集、收集我国人类遗传资源的行为。违反国家规定,主要是违反国务院发布的《人类遗传资源管理条例》和有关部委和最高人民法院、最高人民检察院的有关司法解释规定。采集、收集人类遗传资源,包括我国人类的基因、血液、淋巴腺、骨髓等遗传资源和资料。采集是直接从人类身体中获取。收集是将他人采集的人类遗传资源通过收买、骗取、非法占有等方式汇集取得。

B.违反国家有关规定,非法运送、邮寄、携带我国人类遗传资源材料出境的行为。国际合作研究人类遗传资源经过批准出境是合法行为。未经批准非法携带出境是违反国(边)境管理的走私行为。这种走私犯罪行为是法律特别规定的本罪犯罪行为之一,不再认定为一般走私犯罪行为。

③犯罪结果,是结果犯,必须是达到危害公众健康或者社会公共利益,情节严重的结果,才能构成本罪。

这里的"危害公众健康或者社会公共利益"包括采集时直接危害公众健康,也包括对人类后代健康成长的危害。这里的"社会公共利益",是指对人类生存和发展、对民族伦理道德的危害。这里的"情节严重"有待司法解释,主要是受危害的人众多,造成多人死伤和极恶劣的不可挽回的社会影响。

(3)非法采集人类遗传资源、走私人类遗传资源材料罪的法定刑。根据《刑法》第334条之一的规定,犯本罪的有两个档次的法定刑。

①情节严重,构成本罪的,处3年以下有期徒刑、拘役或者管制,并处或者单处罚金。

这里的"情节严重"有待司法解释。可参照2008年9月22日最高人民法院、最高人民检察院《关于办理非法采供血液等刑事案件具体应用法律若干问题的解释》第2条规定,具有下列情形之一的,认定为"不符合国家规定的标准,足以危害人体健康":采集、供应的血液有艾滋病病毒、乙型肝炎病毒、丙型肝炎病毒、梅毒螺旋体等病原微生物的;制作、供应的血液制品含有艾滋病病毒、乙型肝炎病毒、丙型肝炎病毒、梅毒螺旋体等病原微生物,或者将含有上述病原微生物的血液用于制作血液制品的;使用不符合国家规定的药品、诊断试剂、卫生器材或者重复使用一次性采血器材采集血液,造成传染病传播危险的;违反规定对献血者、供血浆者超量、频繁采集血液、血浆,足以危害人体健康的;其他不符合国家有关采集、供应血液或者制作、供应血液制品的规定标准,足以危害人体健康的。

②犯本罪,情节特别严重的,处3年以上7年以下有期徒刑,并处罚金。

这里"情节特别严重的",有待司法解释。可参照2008年9月22日最高人民法院、最高人民检察院《关于办理非法采供血液等刑事案件具体应用法律若干问题的解释》第4条规定,具有下列情形之一的,认定为"造成特别严重后果":因血液传播疫病导致人员死亡或者感染艾滋病病毒的;造成5人以上感染乙型肝炎病毒、丙型肝炎病毒、梅毒螺旋体或其他经血液传播的病原微生物的;造成5人以上重度贫血、造血功能障碍或者其他器官组织损伤导致功能障碍等身体严重危害的;造成其他特别严重后果的。

(4)非法采集人类遗传资源、走私人类遗传资源材料罪适用时,应注意以下问题。

①注意划清罪与非罪的界限。

从犯罪主体上加以区分。非法采集人类遗传资源、走私人类遗传资源材料罪的主体是一般主体,单位和不满16周岁的自然人不构成本罪。本罪犯罪主体在主观上是故意的,可能是直接故意,也可能是间接故意,有的是以营利为目的,有的是其他目的,如为谋取个人名利。

从犯罪行为上区分。非法采集人类遗传资源、走私人类遗传资源材料罪的行为,是违反国家规定采集、收集、走私人类遗传资源材料的行为。依照有关国家规定进行人类遗传资源采集、收集、携带出境的行为,不能构成本罪。

从犯罪结果上区分。本罪是结果犯,只有行为人实施非法采集、收集、走私人类遗传资源、走私人类遗传资源材料达到情节严重结果的,才能构成本罪,达不到上述结果的行为不能构成本罪。

②注意非法采集人类遗传资源、走私人类遗传资源材料罪与走私罪的区别。本罪中非法运送、邮寄、携带我国人类遗传资源材料出境的行为,实质上是走私行为,依照我国《刑法》第151条规定,可以构成走私国家禁止进出口的货物、物品罪。但《刑法修正案(十一)》将"非法运送、邮寄、携带我国人类遗传资源材料出境"的行为分离出来,构成独立的犯罪,属于《刑法》分则中特别规定的犯罪,按照刑法的法律条文竞合时,定罪处罚的原则是特别条文规定优于一般条文规定,非法采集人类遗传资源、走私人类遗传资源材料罪是特别规定,应依其定罪处罚。今后,对非法采集人类遗传资源、走私人类遗传资源材料的行为,只定为本罪,不再认定为"走私国家禁止进出口的货物、物品罪"。

③注意非法采集人类遗传资源、走私人类遗传资源材料罪的一罪与数罪的认定。本罪非法采集人类遗传资源、走私人类遗传资源材料罪是选择罪名。如果行为人既实施了非法采集人类遗传资源的犯罪行为,又实施了走私人类遗传资源材料的犯罪行为,只定为"非法采集人类遗传资源、走私人类遗传资源材料罪"一个罪,按一个罪处罚;如果行为人只实施了非法采集、收集人类遗传资源的行为或者只实施了走私人类遗传资源资料的行为,可以分别认定为"非法采集人类遗传资源罪"或者只认定为"走私人类遗传资源材料罪"。

④注意非法采集人类遗传资源、走私人类遗传资源材料罪与非法采集、供应血液罪的区别。非法采集人类遗传资源、走私人类遗传资源材料犯罪行为中也可以包括非法采集、供应血液资源和走私血液资源材料的行为。但我国《刑法》第334条对非法采集、供应血液犯罪行为作了特别规定。因此,对于非法采集血液的行为要认定为非法采集、供应血液罪,不再认定为本罪。但对于走私血液材料的犯罪行为,由于《刑法》第334条没有规定,应认定为本罪中的走私人类遗传资源材料罪,也不宜再认定为"走私国家禁止进出口的货物、物品罪"。

(十三)非法植入基因编辑、克隆胚胎罪

非法植入基因编辑、克隆胚胎罪是2020年12月26日《刑法修正案(十一)》第39条在《刑法》第336条之一中规定的新犯罪。2021年2月26日最高人民法院、最高人民检察院《关于执行〈中华人民共和国刑法〉确定罪名的补充规定(七)》中将《刑法》第336条之一规定的犯罪确定为"非法植入基因编辑、克隆胚胎罪"。

1. 刑法规定内容的修改规定

(1)1997年《刑法》第336条第2款规定:未取得医生执业资格的人擅自为他人进行节育复通手术、假节育手术、终止妊娠手术或者摘取宫内节育器,情节严重的,处3年以下有期徒刑、拘役或者管制,并处或者单处罚金;严重损害就诊人身体健康的,处3年以上10年以下有期徒刑,并处罚金;造成就诊人死亡的,处10年以上有期徒刑,并处罚金。

(2)2020年12月26日《刑法修正案(十一)》第38条规定,在《刑法》第334条后增加一条,作为第334条之一:违反国家有关规定,非法采集我国人类遗传资源或者非法运送、邮寄、携带我国人类遗传资源材料出境,危害公众健康或者社会公共利益,情节严重的,处3年以下有期徒刑、拘役或者管制,并处或者单处罚金;情节特别严重的,处3年以上7年以下有期徒刑,并处罚金。

(3)2020年12月26日《刑法修正案(十一)》第39条规定,在《刑法》第336条后增加一条,作为第336条之一:将基因编辑、克隆的人类胚胎植入人体或者动物体内,或者将基因编辑、克隆的动物胚胎植入人体内,情节严重的,处3年以下有期徒刑或者拘役,并处罚金;情节特别严重的,处3年以上7年以下有期徒刑,并处罚金。

上述《刑法修正案(十一)》在新增加的《刑法》第334条之一条中规定"非法采集人类遗传资源、走私人类遗传资源材料罪";又在新增加的《刑法》第336条之一条中规定"非法植入基因编辑、克隆胚胎罪",最低处拘役,并处罚金;最高处7年有期徒刑,并处罚金。

2. 刑法规定修改的原因

我国1979年《刑法》和1997年修订《刑法》中都没有规定非法植入基因编辑、克隆胚胎犯罪行为,因为人类生命遗传研究是新近生物革命时代新兴科学技术,有关非法植入基因编辑、克隆胚胎的犯罪现象在当时立法时还没有广泛出现。随着人类生命科学的深入发展,非法采集人类遗传资源、走私人类遗传资源材料,非法植入基因编辑、克隆人类胚胎的行为与生物医学、人类伦理道德和社会公序良俗秩序发生了尖锐冲突,具有一定的社会危害性。例如,2018年11月26日,某科技大学,非经批准将一对基因经过编辑,能天然免疫艾滋病的胚胎植于妇女体内,这在社会上产生了激烈争论。

为了规范有关人类生命的人体基因、遗传资源的采集、收集、研究秩序,我国卫生部(已撤销)1993年公布《人的体细胞治疗及基因治疗临床研究质控要点》、1998年国务院办公厅印发《人类遗传资源管理暂行办法》、1999年国家药品监督管理局(已变更)公布《新生物制品审批办法》(已失效)、2015年《干细胞临床研究管理办法(试行)》、2016年国家卫生和计划生育委员会(已撤销)公布《涉及人的生物医学研究伦理审查办法》、2020年《生物安全法》等一系列规范性管理规定。例如,2018年8月国家卫生健康委员会发布《医疗技术临床应用管理办法》中规定,凡是涉及重大伦理问题的,属于清单范围的医疗技术,必须报请相关政府部门备案或批准;1998年10月1日实施的《献血法》,其中第18条规定,有下列行为之一的,由县级以上地方人民政府卫生行政部门予以取缔,没收违法所得,可以并处10万元以下罚款,构成犯罪的,依法追究刑事责任:(1)非法采集血液;(2)血站、医疗机构出售无偿献血的血液;(3)非法组织他人出卖血液的。

1997年修订《刑法》第334条中规定非法采集、供应血液、制作、供应血液制品的犯罪行为。非法采集血液的犯罪行为与非法采集人类遗传资源和非法植入基因编辑、克隆胚胎犯罪行为有相似之处,属于同一类犯罪,有可参考之处。特别是近期,在国内外,出现了非法采集人类遗传资源,进行违背人类伦理道德,非法研究植入基因编辑、克隆胚胎,生产"克隆人"等行为,是危害人类健康和社会公共利益的违法行为。

我国2020年5月28日发布的《民法典》第153条第2款明确规定"违背公序良俗的民事法律行为无效"。第1008条规定,"为研究新药、医疗器械或者发展新的预防和治疗方法,需要进行临床试验的,应当依法经相关主管部门批准并经伦理委员会审查同意,向受试者或者受试者的监护人告知试验目的、用途和可能产生的风险等详细情况,并经其书面同意,进行临床试验的,不得向受试者收取试验费用"。第1009条规定,"从事与人体基因、人体胚胎等有关的医学和科研活动,应当遵守法律、行政法规和国家有关规定,不碍危害人体健康,不得违背伦理道德,不得损害公共利益"。

2020年《刑法修正案(十一)》根据当前我国发生的非法改变人的基因和国际上生产"克隆人"的行为造成恶劣社会影响的情况,在《刑法》第336条之一中规定惩治非法植入基因编辑、克隆胚胎的犯罪行为,最低处拘役,并处罚金;最高处7年有期徒刑,并处罚金,以惩罚和预防非法植入基因编辑、克隆胚胎犯罪行为。

3. 非法植入基因编辑、克隆胚胎罪的适用

非法植入基因编辑、克隆胚胎罪是《刑法修正案(十一)》第39条在《刑法》第336条之一中新增加的犯罪。要准确适用,就必须弄清本罪的概念、构成特征、法定刑,以及适用时应注意的问题。

(1)非法植入基因编辑、克隆胚胎罪的概念。本罪是指将基因编辑、克隆的人类胚胎植入人体或者动物体内,或者将基因编辑、克隆的动物胚胎植入人体内,情节严重的行为。

非法植入基因编辑、克隆胚胎是研究人类生命产生发展科学不可缺少的重要资源和材料。在我国,由于科学研究的需要,对人类遗传资源的采集、收集、出口、出境等必须经过行政审批,取得行政许可才能进行,同样对将基因编辑、克隆的人类胚胎植入人体或者动物体内,或者将基因编辑、克隆的动物胚胎植入人体内的研究项也应当依法经相关主管部门批准并经伦理委员会审查同意,向受试者或者受试者的监护人告知试验目的、用途和可能产生的风险等详细情况,并经其书面同意才可进行。如果违反有关法律法规的规定,法非法植入基因编辑、克隆胚胎,情节严重的行为,是违反人类伦理道德、公序良俗的行为,是对社会有危害的行为。1998年国务院办公厅《人类遗传资源管理暂行办法》,是我国第一个全面管理人类遗传资源的规范性文件,对我国人类遗传资源及其材料的管理体制作了规定;对利用我国人类遗传资源开展国际合作及出境活动的审批程序作了明确规定,成为我国人类遗传资源管理的重要依据。2019年5月28日,国务院发布了《人类遗传资源管理条例》,现已生效实施。2020年5月28日我国《民法典》第1009条规定:"从事与人体基因、人体胚胎等有关的医学和科研活动,应当遵守法律、行政法规和国家有关规定,不得危害人体健康,不得违背伦理道德,不得损害公共利益。"

根据上述民事行政法律、法规的规定,2020年《刑法修正案(十一)》根据当时我国发生的非法改变人的基因并使新生儿出世和国际上的"克隆人"的出世,造成恶劣的社会影响,扰乱了人类公序良俗的情形,在《刑法》第336条之一中的规定了"非法植入基因编辑、克隆胚胎罪",最低处拘役,并处罚金;最高处7年有期徒刑,并处罚金,以惩罚和预防非法植入基因编辑、克隆胚胎的犯罪行为。

(2)犯罪的构成特征。根据《刑法》第336条之一和《刑法修正案(十一)》第39条的规定,该罪有以下构成特征。

①犯罪主体,是一般主体,凡是年满16周岁以上的具有刑事责任能力且实施了非法植入基因编辑、克隆胚胎犯罪行为的自然人,都可以构成本罪的犯罪主体。犯罪主体在主观上是故意违反国家有关规定,非法植入基因编辑、克隆胚胎的犯罪行为。有的是直接故意,有的是以营利为目的,放任危害公众健康或者社会公共利益的间接故意。不具有上述故意的行为,不构成本罪的犯罪主体。有的是以单位的名义进行的,但法律没有规定单位可以构成本罪,依有关刑事司法解释规定,应追究单位中直接负责的主管人员和其他直接责任人员个人的刑事责任。

②犯罪行为,必须具有非法植入基因编辑、克隆胚胎犯罪的行为。违反国家有关规定,主要是违反《人类遗传资源管理条例》的规定、2018年8月国家卫生健康委员会发布《医疗技术临床应用管理办法》中规定,凡是涉及重大伦理问题的,属于清单范围的医疗技术,必须报请相关政府部门备案或批准,包括违反批准许可规定和有关操作程序的规定。违反《民法典》第1009条规定,"从事与人体基因、人体胚胎等有关的医学和科研活动,应当遵守法律、行政法规和国家有关规定,不得危害人体健康,不得违背伦理道德,不得损害公共利益"。具体行为表现有以下方面。

A.违反国家有关规定,将基因编辑、克隆的人类胚胎植入人体内的行为。植入人体内的人类胚胎的行为有两种:第一种是植入人体内经基因编辑后的人类胚胎的行为,生产出的是人还是什么不确定;第二种是植入人体内的克隆人类胚胎的行为,生产出的是克隆人。

B.违反国家有关规定,将基因编辑、克隆的动物胚胎植入人体内的行为。植入人体内的动物胚胎的行为有两种:第一种是植入人体内的动物基因编辑后的动物胚胎的行为,生产出的是动物还是人不确定;第二种是植入人体内的克隆动物胚胎的行为,生产出的是克隆动物还是什么不确定。

C.违反国家有关规定,将基因编辑、克隆的人类胚胎植入动物体的行为。植入动物体内的人类胚胎的行为有两种:第一种是植入动物体内人类基因编辑后的人类胚胎的行为,生产出的是动物还是人不确定;第二种是植入动物体内的克隆人类胚胎的行为,生产出的是克隆人还是什么不确定。

总之,通过非法植入基因编辑、克隆人类胚胎犯罪的行为,改变人的种类和人的体型。这是违背人类生存发展自然规律的行为,是不符合人类伦理道德和公序良俗的行为,是损害人类公共利益的行为。因此,其是应当受到人类共同惩罚的行为。

③犯罪结果,是结果犯,必须是达到"情节严重的结果"才能构成本罪。这里的"情节严重",是犯罪构成必要要件的情节结果,其有待司法解释,一般是指造成了受害人死伤和严重破坏人类伦理道德,严重危害公序良俗的社会秩序的结果。

(3)非法植入基因编辑、克隆胚胎罪的法定刑。根据《刑法》第336条之一的规定,犯本罪的有两个档次的法定刑。

①情节严重,构成本罪的,处3年以下有期徒刑或者拘役,并处罚金。

这里的"情节严重",是定罪情节,是犯罪构成必要结果要件,有待司法解释。可参照2008年9月22日最高人民法院、最高人民检察院《关于办理非法采供血液等刑事案件具体应用法律若干问题的解释》第2条规定,具有下列情形之一的,认定为"不符合国家规定的标准,足以危害人体健康":采集、供应的血液有艾滋病病毒、乙型肝炎病毒、丙型肝炎病毒、梅毒螺旋体等病原微生物的;制作、供应的血液制品含有艾滋病病毒、乙型肝炎病毒、丙型肝炎病毒、梅毒螺旋体等病原微生物,或者将含有上述病原微生物的血液用于制作血液制品的;使用不符合国家规定的药品、诊断试剂、卫生器材或者重复使用一次性采血器材采集血液,造成传染病传播危险的;违反规定对献血者、供血浆者超量、频繁采集血液、血浆,足以危害人体健康的;其他不符合国家有关采集、供应血液或者制作、供应血液制品的规定标准,足以危害人体健康的。

②构成本罪,情节特别严重的,处3年以上7年以下有期徒刑,并处罚金。

这里"情节特别严重的",是量刑的法定情节,有待司法解释。可参照2008年9月23日最高人民法院、最高人民检察院《关于办理非法采供血液等刑事案件具体应用法律若干问题的解释》第4条规定,具有下列情形之一的,认定为"造成特别严重后果":因血液传播疫病导致人员死亡或者感染艾滋病病毒的;造成5人以上感染乙型肝炎病毒、丙型肝炎病毒、梅毒螺旋体或其他经血液传播的病原微生物的;造成5人以上重度贫血、造血功能障碍或者其他器官组织损伤导致功能障碍等身体严重危害的;造成其他特别严重后果的。

(4)非法植入基因编辑、克隆胚胎罪适用时,应注意以下问题。

①注意划清罪与非罪的界限。

从犯罪主体上加以区分。非法植入基因编辑、克隆胚胎罪的主体是一般主体,多数是有专业研究技能的自然人。单位和不满16周岁的自然人不构成本罪。本罪犯罪主体在主观上是故意的,可能是直接故意,也可能是间接故意,有的是以营利为目的,有的是其他目的,如为谋取个人名利。

从犯罪行为上区分。非法植入基因编辑、克隆胚胎罪的行为,是违反国家规定将基因编辑、克隆的人类胚胎植入人体或者动物体内,或者将基因编辑、克隆的动物胚胎植入人体内,情节严重的行为。依照有关国家规定进行科学研究而进行人类遗传资源采集、收集,进行基因编辑、克隆人类胚胎的行为,都不是犯罪行为。

从犯罪结果上区分。本罪是结果犯,只有行为人实施非法植入基因编辑、克隆人类胚胎行为达到"情节严重结果"的,才能构成本罪,达不到上述结果的行为不能构成本罪。

②注意非法植入基因编辑、克隆胚胎罪与非法进行节育手术罪的区别。本罪中"非法植入克隆人类胚胎的行为",也是非法进行人的生育行为,破坏国家计划生育政策。但两罪的犯罪主体、犯罪目的和犯罪行为手段是不同的。《刑法》第336条第2款规定的非法进行节育手术罪犯罪主体是未取得医生执业资格的人故意破坏国家计划生育政策和法律规定,为他人进行节育复通手术、假节育手术、终止妊娠手术或者摘取宫内节育器,情节严重的行为;而《刑法》第336条之一规定的非法植入基因编辑、克隆胚胎罪是"将基因编辑、克隆的人类胚胎植入人体或者动物体内,或者将基因编辑、克隆的动物胚胎植入人体内,情节严重的行为",其是破坏人类伦理道德和公序良俗的社会秩序的行为。由于两种犯罪主体的犯罪行为手段不同,可将二罪区分开来。

③注意将非法植入基因编辑、克隆胚胎罪与非法采集、供应血液罪的区别。非法植入基因编辑、克隆胚胎犯罪过程中,有的要进行非法采集、收集、供应人类血液的犯罪行为,依照我国《刑法》第334条规定也可以构成非法采集、供应血液罪。但由于行为人的目的是非法植入基因编辑、克隆人类胚胎,因此,二罪是刑法中的犯罪行为牵连关系,按牵连犯定罪量刑原则,应定为非法植入基因编辑、克隆胚胎罪从重处罚。有关的非法采集、供应血液犯罪行为被吸收,一般不再单独定罪。

④注意非法植入基因编辑、克隆胚胎罪的一罪与数个罪的认定。《刑法》第336条之一规定的非法植入基因编辑、克隆胚胎罪是选择罪名。如果行为人既非法实施了植入基因编辑的人类胚胎犯罪行为,也实施了非法植入克隆人类胚胎的犯罪行为,因为这两种行为是同种类犯罪行为,只认定为一罪,即认定为非法植入基因编辑、克隆胚胎罪,依据植入次数多少、后果

严重程度等情节从重处罚。如果行为人只实施了非法实施了植入基因编辑的人类胚胎的犯罪行为或者只实施了非法植入克隆人类胚胎的犯罪行为,可以只认定为"非法植入基因编辑罪",或者只认定为"非法植入克隆胚胎罪"。特别是行为人为了实施非法实施植入基因编辑、克隆人类胚胎的犯罪行为,也实施了非法采集、收集人类血液、人类遗传资源和人类遗传资源材料的犯罪行为,是属于刑法规定的犯罪行为牵连,因其目的是非法实施植入基因编辑、克隆胚胎,一般要认定为本罪,不再认定为数罪,实行并罚。如果《刑法》有特别规定,依照法律特别规定认定。

(十四)非法猎捕、收购、运输、出售陆生野生动物罪

非法猎捕、收购、运输、出售陆生野生动物罪,是2020年12月26日《刑法修正案(十一)》第41条对1997年修订《刑法》第341条补充的第3款规定的非法猎捕、收购、运输、出售珍贵、濒危野生动物以外的陆生野生动物犯罪。2021年2月26日最高人民法院、最高人民检察院《关于执行〈中华人民共和国刑法〉确定罪名的补充规定(七)》确定为本罪名。

1.刑法规定内容的修改

《刑法》条文中有关非法猎捕、收购、运输、出售陆生野生动物罪的规定有以下内容。

(1)1979年《刑法》第130条规定,违反狩猎法规,在禁猎区、禁猎期或者使用禁用的工具、方法进行狩猎,破坏珍禽、珍兽,或者其他野生动物资源,情节严重的,处2年以下有期徒刑、拘役或者罚金。

(2)1997年《刑法》第341条规定,非法猎捕、杀害国家重点保护的珍贵、濒危野生动物的,或者非法收购、运输、出售国家重点保护的珍贵、濒危野生动物及其制品的,处5年以下有期徒刑或者拘役,并处罚金;情节严重的,处5年以上10年以下有期徒刑,并处罚金;情节特别严重的,处10年以上有期徒刑,并处罚金或者没收财产。

违反狩猎法规,在禁猎区、禁猎期或者使用禁用的工具、方法进行狩猎,破坏野生动物资源,情节严重的,处3年以下有期徒刑、拘役、管制或者罚金。

(3)2020年12月26日《刑法修正案(十一)》第41条规定,在《刑法》第341条中增加1款作为第3款:违反野生动物保护管理法规,以食用为目的非法猎捕、收购、运输、出售第1款规定以外的在野外环境自然生长繁殖的陆生野生动物,情节严重的,依照前款的规定处罚。

上述《刑法修正案(十一)》第41条对《刑法》第341条原规定的非法猎捕、杀害珍贵、濒危野生动物罪和非法收购、运输、出售珍贵濒危野生动物、珍贵、濒危野生动物制品罪的罪名改为危害珍贵、濒危野生动物罪的罪名,罪状、法定刑都没有改变;同时又增加第3款规定为非法猎捕、收购、运输、出售陆生野生动物犯罪行为,凡是以食用为目的,非法猎捕珍贵、濒危野生动物以外的陆生野生动物的行为,都可以构成本罪。全面禁止滥食陆生野生动物,扩大了惩治破坏野生动物的犯罪范围。

2.刑法规定修改的原因

我国1979年《刑法》第130条只是笼统规定,违反狩猎法规,在禁猎区、禁猎期或者使用禁用的工具、方法进行狩猎,破坏珍禽、珍兽,或者其他野生动物资源的非法狩猎的犯罪行为,最高处2年有期徒刑,最低处拘役,或者罚金。1997年《刑法》将非法狩猎行为分别规定为三个罪名,即非法猎捕、杀害珍贵濒危野生动物罪,非法收购、运输、出售珍贵濒危野生动物、珍贵、濒危野生动物制品罪和非法狩猎罪,分别适用不同的法定刑。

我国于1988年11月8日颁布了《野生动物保护法》,2018年10月26日进行了修正。《野生动物保护法》第1条规定,为了保护野生动物,拯救珍贵、濒危野生动物,维护生物多样性和生态平衡,推进生态文明建设,制定本法。第2条规定,本法规定"保护的野生动物",是指珍贵、濒危的陆生、水生野生动物和有重要生态、科学、社会价值的陆生野生动物。本法规定的"野生动物及其制品",是指野生动物的整体(含卵、蛋)、部分及其衍生物。珍贵、濒危的水生野生动物以外的其他水生野生动物的保护,适用《渔业法》等有关法律规定。第45条规定,未取得特许猎捕证、未按特许猎捕证规定猎捕,杀害国家重点保护野生动物,或者使用禁用的工具、方法猎捕国家重点保护的野生动物的,由县级以上人民政府野生动物保护主管部门、海洋执法部门或者有关保护区域管理机构按照职责分工没收猎获物、猎捕工具和违法所得,吊销特许猎捕证,并处猎捕物价值二倍以上十倍以下罚款;没有猎获物的,并处1万元以上5万元以下的罚款;构成犯罪的,依法追究刑事责任。

根据2019年至今发生的全世界流行的新型冠状病毒与人类猎捕、买卖、食用野生动物的陋习造成传染病的情况,为防治新型冠状肺炎等传染病广泛传播,2020年2月24日全国人大常委会颁布了《全面禁止非法野生动物交易、革除滥食野生动物陋习、切实保障人民群众生命健康安全的决定》(以下简称《禁止滥食野生动物决定》),其中明确规定,凡《野生动物保护法》和其他有关法律禁止猎捕、交易、运输、食用野生动物的,必须严格禁止。全面禁止食用国家保护的有重要生态、科学、社会价值的陆生野生动物以及其他陆生野生动物,包括人工繁育、人工饲养的陆生野生动物。全面禁止以食用为目的猎捕、交易、运输在野外环境自然生长繁殖的陆生野生动物。当前,在我国有大量野生动物不在国家法律保护名录内(目前我国自然分布的野生脊椎动物有7300多种,列入名录禁止食用的仅有406种重点保护的野生动物,还约有1591种陆生野生动物和昆虫120属的种群,未入保护名录),例如,蝙蝠、鼠类、鸦鹊类等传播疫病高风险物种。滥食这些野味是传播、扩散疫病的一大隐患。《禁止滥食野生动物决定》规定,要加大执法力度,严厉查处违反《禁止滥食野生动物决定》和有关法律法规规定的行为。司法机关要依法履职、公正司法,严厉查处涉及野生动物违法犯罪行为,震慑违法犯罪分子。

根据上述《禁止滥食野生动物决定》,2020年《刑法修正案(十一)》在《刑法》第341条中增加第3款规定"非法猎捕、收购、运输、出售陆生野生动物罪",扩大了惩治范围,只要实施了"违反野生动物保护管理法规,以食用为目的非法猎捕、收购、运输、出售第一款规定以外的在野外环境自然生长繁殖的陆生野生动物,情节严重的,依照前款的规定处罚",最高处3年有期徒刑,最低处管制或者罚金。

3. 非法猎捕、收购、运输、出售陆生野生动物罪的适用

非法猎捕、收购、运输、出售陆生野生动物罪是《刑法修正案(十一)》第41条对《刑法》第341条第3款补充的犯罪,要准确适用就必须弄清该罪的概念、构成特征、法定刑,以及适用时应注意的问题。

(1)非法猎捕、收购、运输、出售陆生野生动物罪的概念。该罪是指违反野生动物保护管理法规,以食用为目的非法猎捕、收购、运输、出售珍贵、濒危野生动物以外的在野外环境自然生长繁殖的陆生野生动物,情节严重的行为。

野生动物是人类的宝贵资源,它对于研究人类的起源、人类的生存和发展,保持生态平衡

和丰富人们的生活都有重要意义。国家对野生动物给予保护,我国法律将非法猎捕、杀害国家重点保护珍贵、濒危野生动物的行为规定为犯罪,最高处 15 年有期徒刑,并处没收财产;以食用为目的非法猎捕、收购、运输、出售珍贵、濒危野生动物以外的在野外环境自然生长繁殖的陆生野生动物,情节严重的行为也规定为犯罪,最高处 3 年有期徒刑,最低处管制或者罚金。

我国 2018 年 10 月 26 日修正的《野生动物保护法》第 1 条明确规定,为了保护野生动物,拯救珍贵、濒危野生动物,维护生物多样性和生态平衡,推进生态文明建设,制定本法。2020 年 2 月 24 日《禁止滥食野生动物决定》明确规定,凡《野生动物保护法》和其他有关法律禁止猎捕、交易、运输、食用野生动物的,必须严格禁止。全面禁止食用国家保护的有重要生态、科学、社会价值的陆生野生动物以及其他陆生野生动物,包括人工繁育、人工饲养的陆生野生动物。全面禁止以食用为目的猎捕、交易、运输在野外环境自然生长繁殖的陆生野生动物。根据上述《禁止滥食野生动物决定》,2020 年《刑法修正案(十一)》在《刑法》第 341 条中增加第 3 款规定"非法猎捕、收购、运输、出售陆生野生动物罪",扩大了惩治范围,只要实施了"违反野生动物保护管理法规,以食用为目的非法猎捕、收购、运输、出售第一款规定以外的在野外环境自然生长繁殖的陆生野生动物,情节严重的,依照前款的规定处罚",最高处 3 年有期徒刑,最低处管制或者罚金。

(2)非法猎捕、收购、运输、出售陆生野生动物罪的构成特征。根据《刑法》第 341 条第 3 款和《刑法修正案(十一)》第 41 条的规定,该罪有以下构成特征。

①犯罪主体,是一般主体。达到法定年龄、具有刑事责任能力,实施了非法猎捕、收购、运输、出售陆生野生动物犯罪行为的自然人和单位。单位犯本罪的主体除单位外,还有单位的直接负责主管人员和其他直接责任人员。犯罪主体在主观上对违反国家《野生动物保护法》规定和非法实施猎捕、收购、运输、出售陆生野生动物的行为和行为所发生的结果,在主观上都是故意的。不满 16 周岁的人,主观上是过失心态的人不构成本罪。

②犯罪行为,必须是实施了非法猎捕、收购、运输、出售陆生野生动物的行为。非法是指违反我国《野生动物保护法》和 2020 年 2 月 24 日《禁止滥食野生动物决定》的规定,《野生动物保护法》和其他有关法律禁止猎捕、交易、运输、食用野生动物的,必须严格禁止。全面禁止食用国家保护的有重要生态、科学、社会价值的陆生野生动物以及其他陆生野生动物,包括人工繁育、人工饲养的陆生野生动物。全面禁止以食用为目的猎捕、交易、运输在野外环境自然生长繁殖的陆生野生动物。具体犯罪行为表现有以下几点。

A.非法猎捕陆生野生动物的行为。非法猎捕陆生野生动物的行为,主要是非法猎捕《国家重点保护野生动物名录》的规定珍贵、濒危野生动物和列入《濒危野生动植物种国际贸易公约》附录一、附录二的野生动物以及驯养繁殖的上述物种以外的陆生野生动物的行为。不包括捕捞水生野生动物的行为。使用的方法有枪杀、毒害和棍棒击打等暴力杀害和使用粘扣、网捞等非致命捕捕等。

B.非法收购陆生野生动物的行为。非法收购,是指以食用或者供他人食用,以营利为目的进行非法收购的买卖行为。其不是直接猎捕,而是收购他人猎捕、运输、出售陆生野生动物的行为。

C.非法运输、出售陆生野生动物的行为,是指以供他人食用为目的,进行运输、出售的行为。

根据最高人民法院 2000 年 11 月 27 日《关于审理破坏野生动物资源刑事案件具体应用法律若干问题的解释》(已失效)第 2 条规定,《刑法》第 341 条第 1 款规定的"收购",包括以营利、自用等为目的的购买行为;"运输",包括采用携带、邮寄、利用他人、使用交通工具等方法进行运输的行为;"出售",包括出卖和以营利为目的的加工利用行为。

故意实施上述行为之一,情节严重的,都可以构成本罪的犯罪行为。但是依照《刑法》第 13 条规定,犯罪行为情节显著轻微危害不大的,不认为是犯罪。

③犯罪结果,是结果犯。必须是非法猎捕、收购、运输、出售陆生野生动物的行为达到"情节严重的结果"才能构成本罪的犯罪结果。"情节严重的结果",有待司法解释。可参照根据最高人民法院 2000 年 11 月 27 日《关于审理破坏野生动物资源刑事案件具体应用法律若干问题的解释》第 6 条规定,有下列行为之一的,是"情节严重":非法狩猎动物 20 只以上的;违反狩猎法规,在禁猎区或者禁猎期使用禁猎的工具、方法狩猎的;具有其他严重情节的。这里"情节严重"是犯罪构成要件的情节结果。

(3)非法猎捕、收购、运输、出售陆生野生动物罪的法定刑。根据《刑法》第 341 条的规定,该罪的法定刑是:

①情节严重,构成犯罪的,处 3 年以下有期徒刑、拘役、管制或者罚金。

根据 2020 年 12 月 26 日《刑法修正案(十一)》第 41 条规定,在《刑法》第 341 条中增加 1 款作为第 3 款:"违反野生动物保护管理法规,以食用为目的非法猎捕、收购、运输、出售第一款规定以外的在野外环境自然生长繁殖的陆生野生动物,情节严重的,依照前款的规定处罚"。这里的"前款的规定"应是第 3 款的前款,即第 2 款规定的非法狩猎罪的法定刑,"处三年以下有期徒刑、拘役、管制或者罚金"。这里的"罚金"应是单处罚金,而不是附加罚金。

②单位犯本罪的,根据《刑法》第 346 条规定,对单位判处罚金,并对其直接负责的主管人员和其他直接责任人员依照单个人犯本罪的处罚规定处罚。

(4)认定非法猎捕、收购、运输、出售陆生野生动物罪时,应注意以下问题。

①注意区分罪与非罪的界限。

第一,根据我国《刑法》第 341 条的规定,非法猎捕、收购、运输、出售陆生野生动物罪的主体对猎捕、收购、运输、出售陆生野生动物在主观上是故意的,并且是以食用为目的,才构成本罪的犯罪主体。如果行为人在主观上不是以食用为目的和过失心态的,不能构成本罪。

第二,非法猎捕、收购、运输、出售陆生野生动物罪的行为对象是陆生野生动物,包括全面禁止食用国家保护的有重要生态、科学、社会价值的陆生野生动物以及其他陆生野生动物及人工繁育、人工饲养的陆生野生动物。不包括水生野生动物,非法捕捞水生野生动物不构成本罪,而是适用我国《渔业法》等有关法律规定处理。人工繁育、人工饲养的野生动物,是指用野生动物直接繁殖的野生动物,或者以野生动物的卵、蛋繁殖的野生动物。食用人工饲养的家畜、家禽等动物的行为不构成本罪。

②注意非法猎捕、收购、运输、出售陆生野生动物罪的认定。我国《刑法》第 341 条规定的破坏野生动物的犯罪行为,依照 2021 年 2 月 26 日最高人民法院、最高人民检察院《关于执行〈中华人民共和国刑法〉确定罪名的补充规定(七)》取消了第 1 款原确定的"非法猎捕、杀害珍贵、濒危野生动物罪和非法收购、运输、出售珍贵、濒危野生动物、珍贵、濒危野生动物制品

罪"后,改为"危害珍贵、濒危野生动物罪"一个罪名;保留了第2款原确定的非法狩猎罪,又规定了《刑法修正案(十一)》对《刑法》第341条第3款补充的罪名为"非法猎捕、收购、运输、出售陆生野生动物罪"。上述是三种不同的犯罪,构成犯罪的要件和追诉标准不同,处罚适用的法定刑也不同,应注意加以区分。

根据《刑法》第341条第1款规定,犯"危害珍贵、濒危野生动物罪"的,处5年以下有期徒刑或者拘役,并处罚金;情节严重的,处5年以上10年以下有期徒刑,并处罚金;情节特别严重的,处10年以上有期徒刑,并处罚金或者没收财产。

根据《刑法》第341条第2款规定,非法狩猎情节严重的,构成"非法狩猎罪",处3年以下有期徒刑、拘役、管制或者罚金。

根据《刑法修正案(十一)》第41条和《刑法》第341条第3款的规定,非法猎捕、收购、运输、出售陆生野生动物,情节严重的,构成"非法猎捕、收购、运输、出售陆生野生动物罪"的,处3年以下有期徒刑、拘役、管制或者罚金。

③注意划清非法猎捕、收购、运输、出售陆生野生动物罪与非法狩猎罪的区别。我国《刑法》第341条第2款规定的非法狩猎罪,是指违反狩猎法规,在禁猎区、禁猎期或者使用禁用的工具、方法进行狩猎,破坏野生动物资源,情节严重的行为,该非法狩猎罪在犯罪主体、犯罪行为、犯罪结果、法定刑与本罪十分相似,容易混淆。两罪的区别有两点:一是违反的法律规定不同,本罪主要是违反《野生动物保护法》和《禁止滥食野生动物决定》的规定;而非法狩猎违反的主要是狩猎法规的规定。二是狩猎行为的对象不同,本罪猎捕的对象是除珍贵、濒危野生动物以外的其他陆生野生动物及人工繁育、人工饲养的陆生野生动物;而非法狩猎罪的对象是珍贵、濒危野生动物以外的其他野生动物。上述两点不同之处将二罪区分开来。

(十五)破坏自然保护地罪

破坏自然保护地罪,是2020年12月26日《刑法修正案(十一)》第42条对1997年修订《刑法》补充规定的第342条之一规定的犯罪。2021年2月26日最高人民法院、最高人民检察院《关于执行〈中华人民共和国刑法〉确定罪名的补充规定(七)》确定为本罪名。

1.刑法规定内容的修改

刑法条文中有关破坏自然保护地罪的规定有以下内容。

(1)1979年《刑法》第174条规定:故意破坏国家保护的珍贵文物、名胜古迹的,处7年以下有期徒刑或者拘役。

(2)1997年《刑法》第342条规定:违反土地管理法规,非法占用耕地改作他用,数量较大,造成耕地大量毁坏的,处5年以下有期徒刑或者拘役,并处或者单处罚金。

(3)2020年12月26日《刑法修正案(十一)》第42条规定,在《刑法》第342条后增加一条,作为第342条之一:违反自然保护地管理法规,在国家公园、国家级自然保护区进行开垦、开发活动或者修建建筑物,造成严重后果或者有其他恶劣情节的,处5年以下有期徒刑或者拘役,并处或者单处罚金。

有前款行为,同时构成其他犯罪的,依照处罚较重的规定定罪处罚。

上述《刑法修正案(十一)》第42条在《刑法》第342条之一中增加破坏自然保护地的新犯罪,最高法定刑为5年有期徒刑,最低处拘役,并处或者单处罚金。

2.刑法规定修改的原因

我国 1979 年《刑法》和 1997 年修订《刑法》中都没有规定破坏自然保护地罪,但在《刑法》中涉及自然保护地的刑事法律规定有:1979 年《刑法》第 174 条,故意破坏国家保护的珍贵文物、名胜古迹的行为和 1997 年《刑法》第 342 条,违反土地管理法规,非法占用耕地改作他用,数量较大,造成耕地大量毁坏的行为。这是因为当时还没有大量划定国家自然保护区,即使有个别破坏国家公园土地的行为,也没有普遍性,所以《刑法》中没有专门对破坏自然保护地犯罪的规定。

随着我国生态文明的不断深入发展和国家社会主义法治建设的健全,国家划定了一大批自然保护区,到目前为止我国已命名 262 个国家生态文明建设示范区,也在逐步完善自然保护区的法律法规。现实社会生活中,也确实有人非法在秦岭等国家自然保护区内修建别墅,在国家公园中开设高级宾馆、会所等破坏自然保护地的事件。

我国 1994 年 12 月 1 日实施的《自然保护区条例》(已失效),其中第 2 条规定"本条例所称自然保护区,是指对有代表性的自然生态系统、珍稀濒危野生动植物物种的天然集中分布区、有特殊意义的自然遗迹等保护对象所在的陆地、陆地水体或者海域,依法划出一定面积予以特殊保护和管理的区域"。第 3 条规定,"凡在中华人民共和国领域和中华人民共和国管辖的其他海域内建设和管理自然保护区,必须遵守本条例"。第 7 条规定,"县级以上人民政府应当加强对自然保护区工作的领导。一切单位和个人都有保护自然保护区内自然环境和自然资源的义务,并有权对破坏、侵占自然保护区的单位和个人进行检举、控告"。第 32 条第 1 款规定,"在自然保护区的核心区和缓冲区内,不得建设任何生产设施。在自然保护区的实验区内,不得建设污染环境、破坏资源或者景观的生产设施;建设其他项目,其污染物排放不得超过国家和地方规定的污染物排放标准。在自然保护区的实验区内已经建成的设施,其污染物排放超过国家和地方规定的排放标准的,应当限期治理;造成损害的,必须采取补救措施"。第 35 条规定,"违反本条例规定,在自然保护区进行砍伐、放牧、狩猎、捕捞、采药、开垦、烧荒、开矿、采石、挖沙等活动的单位和个人,除可以依照有关法律、行政条法规规定给予处罚的以外,由县级以上人民政府有关自然保护区行政主管部门或者其授权的自然保护区管理机构没收违法所得,责令停止违法行为,限期恢复原状或者采取其他补救措施;对自然保护区造成破坏的,可以处以 300 元以上 10000 元以下的罚款"。第 40 条规定,"违反本条例规定,造成自然保护区重大污染或者破坏事故,导致公私财产重大损失或者人身伤亡的严重后果,构成犯罪的,对直接负责的主管人员和其他直接责任人员依法追究刑事责任"。

根据上述条例的规定,2020 年《刑法修正案(十一)》在《刑法》第 342 条之一中增加破坏自然保护地的新犯罪,最高法定刑为 5 年有期徒刑,最低处拘役,并处或者单处罚金。

3.破坏自然保护地罪的适用

破坏自然保护地罪是《刑法修正案(十一)》第 42 条在《刑法》第 342 条之一中补充规定的犯罪,要准确适用就必须弄清该罪的概念、构成特征、法定刑,以及适用时应注意的问题。

(1)破坏自然保护地罪的概念。该罪是指违反自然保护地管理法规,在国家公园、国家级自然保护区进行开垦、开发活动或者修建建筑物,造成严重后果或者有其他恶劣情节的行为。

自然保护地,是指由各级人民政府划定或者确认,对重要的自然生态系统、自然遗迹、自然景观及其所承载的自然资源、生态功能和文化价值实施长期保护的陆域或海域。自然保护地是生态建设的核心载体、中华民族的宝贵财富、美丽中国的重要象征,在维护国家安全中居于首要地位。我国自然保护地包括国家公园、自然保护区及自然公园3种类型。目前我国已建立自然保护地1.18万处,占国土陆域面积的18%、领海面积的4.6%,是全球生物多样性最丰富的国家之一。

国家公园,是指以保护具有国家代表性的自然生态系统为主要目的,实现自然资源保护和合理利用的特定陆域或海域,是我国自然生态系统中最重要、自然景观最独特、自然遗迹最精华、生物多样性最富集的部分,保护范围大、生态过程完整,具有全球价值,国民认同度高。目前已开展三江源、大熊猫、东北虎豹、祁连山、海南热带雨林等10多处国家公园体制试点。

自然保护区,是指保护典型的自然生态系统、珍稀濒危野生动植物种的天然集中分布区、有特殊意义自然遗迹的区域。自然保护区具有较大面积,确保主要保护对象的安全,维护和恢复珍稀濒危野生动植物种群数量及赖以生存的栖息环境。

自然公园,是指保护重要的自然生态系统、自然遗迹和自然景观,具有生态、观赏、文化和科学价值,可持续利用的区域,能确保森林、海洋、湿地、水域、冰川、草原、生物等珍贵自然资源,以及其所承载的景观、地质地貌和文化多样性得到有效保护。森林公园、地质公园、海洋公园、沙漠公园、草原公园等公园都属于自然公园。

2019年6月26日,中共中央办公厅、国务院办公厅印发《关于建立以国家公园为主体的自然保护地体系的指导意见》,该意见要求建立分类科学、布局合理、保护有力、管理有效的以国家公园为主体的自然保护地体系,确保重要自然生态系统、自然遗迹、自景观和生物多样性得到系统性保护,提升生态产品供给能力,维护国家生态安全,为建设美丽中国、实现中华民族永续发展提供支持。同时要求:对违反各类自然保护地法律法规等规定,造成自然保护地生态系统和资源环境受到损害的部门、地方、单位和有关责任人员,按照有关法律法规严肃追究责任,涉嫌犯罪的移送司法机关处理。

(2)破坏自然保护地罪的构成特征。根据《刑法》第342条之一和《刑法修正案(十一)》第42条的规定,该罪的构成特征有以下几点。

①犯罪主体,是一般主体。达到法定年龄、具有刑事责任能力,实施了破坏自然保护地犯罪行为的自然人和单位。单位犯本罪的主体除单位外,还有单位的直接负责主管人员和其他直接责任人员。犯罪主体在主观上对违反自然保护地管理法规和造成严重后果,在主观上都是故意的。不满16周岁的人,主观上是过失心态的人不构成本罪。

②犯罪行为,必须是实施了违反自然保护地管理法规,在国家公园、国家级自然保护区进行开垦、开发活动或者修建建筑物的行为。违反自然保护地管理法律法规是指违反《关于建立以国家公园为主体的自然保护地体系的指导意见》《自然保护区条例》《国家公园管理暂行办法》《国家湿地公园管理办法》《森林公园管理办法》等法律法规中有关自然保护地的规定。具体犯罪行为表现有:

A.违反自然保护地管理法规,在国家公园、国家级自然保护区进行开垦、开发活动的行为。自然保护地内禁止开垦经营,进行科学实验占地必须经批准,按批准的范围进行,未经批准或者不依批准范围进行的行为是违反规定进行开垦、开发行为,情节严重的行为可以构成本罪的犯罪行为。

B.违反自然保护地管理法规,在国家公园、国家级自然保护区修建建筑物,的行为。例如,违反规定在自然保区内修建高级别墅、宾馆、会所的行为。违法批准和违法建筑者的行为都可以构成本罪的犯罪行为。

故意实施上述行为之一,造成严重后果或者有其他恶劣情节的行为,都可以构成本罪的犯罪行为。但是依照《刑法》第13条规定,犯罪行为情节显著轻微危害不大的,不认为是犯罪。

③犯罪结果,是结果犯。必须是造成严重后果或者有其他恶劣情节的行为,才能构成本罪的犯罪结果。"造成严重后果"或者"有其他恶劣情节"的行为,有待司法解释。这里的"造成严重后果"或者"有其他恶劣情节"是犯罪构成结果要件,具有其中之一的,就可以构成本罪的犯罪结果。《刑法》规定的是造成"严重后果",或者有其他"恶劣情节",达不到"严重后果"或者"恶劣情节"的,不能构成犯罪。

(3)破坏自然保护地罪的法定刑。根据《刑法》第342条之一的规定,该罪的法定刑是:

①造成严重后果或者有其他恶劣情节的,构成犯罪,处5以下有期徒刑或者拘役,并处或者单处罚金。并处罚金是指在判处有期徒刑或者拘役的同时判处罚金。单处罚金是指不判处有期徒刑或者拘役,只判处罚金刑。罚金数额,由审判人员根据案件具体情况,考虑对破坏自然保护地损失价值和行为人的经济负担能力确定。

②单位犯本罪,根据《刑法》第346条规定,单位犯本罪的,对单位判处罚金,并对其直接负责的主管人员和其他直接责任人员依照单个人犯本罪的处罚规定处罚。

(4)认定破坏自然保护地罪时,应注意以下问题。

①注意区分罪与非罪的界限。

第一,根据我国《刑法》第342条之一的规定,破坏自然保护地罪的犯罪主体在主观上对违反自然保护地管理法规和造成严重后果在主观上都是故意的。不满16周岁的人,主观上是过失心态的人不构成本罪。

第二,破坏自然保护地罪的行为对象是破坏自然保护地域内的自然资源,包括国家公园、自然保护区和自然公园等自然保护地域内自然资源。破坏的对象不是上述三类自然保护地域的自然资源对象,如破坏农用地的行为不构成本罪。

②注意划清破坏自然保护地罪与非法占用农地罪的界限。我国《刑法》第342条规定的非法占用农地罪的犯罪行为是指违反土地管理法规,非法占用耕地、林地等农用地,改变被占用土地用途,数量较大,造成耕地、林地等农用地大量毁坏的行为,其与本罪的犯罪行为相同或相似,且有交叉行为,容易混淆。二罪的根本区别是犯罪对象不同和违反的法律法规不同。本罪破坏的是自然保护地,违反的是有关自然保护地的法律法规。而非法占用农地罪侵犯的对象是农用地,包括耕地和林地等,违反的是国家土地管理法规。上述不同点将两罪区分开来。

③注意认定破坏自然保护地罪的一个罪与数个罪的规定。我国《刑法》第342条之一第2款规定"有前款行为,同时构成其他犯罪的,依照处罚较重的规定定罪处罚","有前款行为"是指破坏自然保护地犯罪行为。例如,在犯破坏自然保护地罪的同时,又违反狩猎法规,在禁猎区、禁猎期或者使用禁用的工具、方法进行狩猎,破坏野生动物资源,情节严重的行为,构成非法狩猎罪,非法猎捕、收购、运输、出售陆生野生动物罪,贪污罪,受贿罪等犯罪,要"依照处罚较重的规定定罪处罚",不能分别定罪实行数罪并罚,这是刑法的特别规定,应依照特别规

定的重罪定罪处罚。

(十六)非法引进、释放、丢弃外来入侵物种罪

非法引进、释放、丢弃外来入侵物种罪,是2020年12月26日《刑法修正案(十一)》第43条对1997年修订《刑法》补充规定的第344条之一规定的犯罪。2021年2月26日最高人民法院、最高人民检察院《关于执行〈中华人民共和国刑法〉确定罪名的补充规定(七)》确定为本罪名。

1. 刑法规定内容的修改

刑法条文中有关非法引进、释放、丢弃外来入侵物种罪的规定有:

(1)1997年《刑法》第352条规定:非法买卖、运输、携带、持有未经灭活的罂粟等毒品原植物种子或者幼苗,数量较大的,处3年以下有期徒刑、拘役或者管制,并处或者单处罚金。

(2)2020年12月26日《刑法修正案(十一)》第43条规定,在《刑法》第344条后增加1条,作为第344条之一:违反国家规定,非法引进、释放或者丢弃外来入侵物种,情节严重的,处3年以下有期徒刑或者拘役,并处或者单处罚金。

2. 刑法规定修改的原因

我国1979年《刑法》和1997年修订《刑法》中都没有规定非法引进、释放、丢弃外来入侵物种罪,但在1997年《刑法》第352条规定的,"非法买卖、运输、携带、持有未经灭活的罂粟等毒品原植物种子或者幼苗"的犯罪行为与非法引进、释放、丢弃外来入侵物种的犯罪行为有关联。这是因为当时我国对外交往不多,非法引进、释放、丢弃外来入侵物种的行为不具有普遍性,所以在当时的《刑法》中没有专门规定非法引进、释放、丢弃外来入侵物种罪的规定。

随着我国实行对外改革开放,国际科研、贸易和人员交往增多,引进境外物种的行为猛增,其中有的是合法必要的,但有的却是非法的引进。其中非法引进、释放、丢弃外来入侵物种的行为大量增加,一些盲目引进外来物种的行为极易造成可怕的生态灾难,对我国动植物的生育和发展产生了严重危害性。例如,盲目引进外来的水葫芦,造成我国昆明湖灾难性危害。我国先后制定了《野生动物保护法》《动物防疫法》《进出境动植物检疫法》《外来入侵物种管理办法》《生物安全法》《环境保护法》等法律法规对非法引进、释放、丢弃外来入侵物种的犯罪行为作了规定。例如,我国2015年4月24日《动物防疫法》(已失效)第46条规定,"引进乳用动物、种用动物及其精液、胚胎、种蛋的,应当向输入地省、自治区、直辖市动物卫生监督机构申请办理审批手续,并依照本法第四十二条的规定取得检疫证明"。第84条规定,"违反本法规定,构成犯罪的,依法追究刑事责任。违反本法规定,导致动物疫病传播、流行等,给他人人身、财产造成损害的,依法承担民事责任"。

2011年5月27日湖南省《外来物种管理条例》(已失效)第2条规定,外来物种,是指在本省行政区域内无天然分布,来自境外、省外的动物、植物和微生物等物种。第8条规定,外来物种分为三类:一类是指会造成危害的外来物种;二类是指暂时不能确定是否会造成危害的外来物种;三类是指不会造成危害的外来物种。第9条第2款第1项规定,从境外引入外来物种的,应当根据引入目的向省人民政府农业、林业或卫生行政主管部门提出申请,经审核后,由受理机关抄送省外来物种管理机构备案,并报国家有关主管机构申请许可。国家有关主管部门审查批准后呈报机关应当在10个工作日内将审查批准结果抄送省外来物种管理机构。第31条规定,有下列行为之一的,由县级以上人民政府农业、林业或者卫生行政主管部

门按照各自职权责令改正,没收外来物种及其产品和违法所得,并处违法所得一倍以上三倍以下的罚款;没有违法所得或者违法所得不足1万元的,处1万元以上5万元以下的罚款;给他人造成损失的,依法承担赔偿责任;构成犯罪的,依法追究刑事责任:(1)引入或者生产经营一类、二类外来物种的;(2)引入者、生产经营者向野外扩散、放生或者丢弃一类、二类外来物种的;(3)引入者、生产经营者造成一类、二类外来物种逃逸、扩散、外泄或者对前述行为不报告、不采取措施控制和清除的。

根据上述法律、条例、管理办法等法律法规的规定,2020年《刑法修正案(十一)》在《刑法》第344条之一中增加"非法引进、释放、丢弃外来入侵物种罪",最高法定刑为3年有期徒刑,最低处拘役,并处或者单处罚金。

3. 非法引进、释放、丢弃外来入侵物种罪的适用

非法引进、释放、丢弃外来入侵物种罪是《刑法修正案(十一)》第43条在《刑法》第344条之一中补充规定的犯罪,要准确适用就必须弄清该罪的概念、构成特征、法定刑,以及适用时应注意的问题。

(1)非法引进、释放、丢弃外来入侵物种罪的概念。该罪是指违反国家规定,非法引进、释放或者丢弃外来入侵物种,情节严重的行为。

非法引进、释放、丢弃外来入侵物种,是指在我国领域内或者我国各省、市、县行政区域内无天然分布,来自境外、省、市、县域外的入侵动物、植物和微生物等物种。外来物种分为三类:一类是指会造成危害的外来物种;二类是指暂时不能确定是否会造成危害的外来物种;三类是指不会造成危害的外来物种。

违反国家规定,是指违反我国国家和省、市、县有关的法律法规,如《环境保护法》《野生动植物管理法》《动物防疫法》《进出境动植物检疫法》《外来入侵物种管理办法》《生物安全法》等法律法规中规定的从境外引入外来物种的,应当根据引入目的向国务院、省人民政府的农业、林业或卫生行政主管部门提出申请,经审核后,由受理机关抄送外来物种管理机构备案,并报国家有关主管机构申请许可。未经国家有关主管部门审查批准的,是非法引进、释放或者丢弃外来入侵物种的行为,情节严重的,构成犯罪,应追究刑事责任。

(2)非法引进、释放、丢弃外来入侵物种罪的构成特征。根据《刑法》第344条之一和《刑法修正案(十一)》第43条的规定,该罪有以下构成特征。

①犯罪主体,是一般主体。达到法定年龄、具有刑事责任能力,实施了非法引进、释放、丢弃外来入侵物种犯罪行为的自然人和单位。单位犯本罪的主体除单位外,还有单位的直接负责主管人员和其他直接责任人员。犯罪主体对违反有关法律法规规定和情节严重后果,在主观上都是故意的。不满16周岁的人,主观上是过失心态的人不构成本罪。

②犯罪行为,必须是实施了违反法律规定,非法引进、释放、丢弃外来入侵物种犯罪行为。违反法律规定,是指违反《环境保护法》《野生动植物管理法》《动物防疫法》《进出境动植物检疫法》《外来入侵物种管理办法》《生物安全法》等法律法规中有关非法引进、释放、丢弃外来入侵物种的规定。具体犯罪行为表现有以下内容。

第一,违反法律法规规定,非法引进境外或者域外物种的行为。有关法律规定,引进境内、域内没有的外来物种,必须经过主管部方批准。未经批准,无论是用车、船、航空运输行为,还是邮寄、肩挑、身带等将外来入侵物种引进境内、域内的行为,都是本罪的犯罪行为。

第二,违反法律法规规定,非法释放境外或者域外入侵物种的行为。对于已引进境外或者域外的物种,依法应报告给有关部门,进行妥善处理,防止扩散。未经批准私自释放是非法释放外来入侵物种的行为,情节严重的,构成本罪的犯罪行为。

第三,违反法律法规规定,非法丢弃外来入侵物种的行为。对于已引进境外或者域外入侵的物种,依法应报告给有关部门,进行妥善处理,防止扩散。未经批准,私自丢弃的行为,是非法丢弃外来入侵物种的行为,情节严重的,构成本罪的犯罪行为。

具备上述三种行为之一,情节严重的,都可以构成本罪犯罪行为,但依照《刑法》第13条规定,犯罪行为情节显著轻微危害不大的,不认为是犯罪。

③犯罪结果,是结果犯。必须是情节严重的,才能构成本罪的犯罪结果。"情节严重",有待司法解释。这里的"情节严重"是犯罪结果构成要件,达不到"情节严重"的,不能构成本罪的犯罪结果。

(3)非法引进、释放、丢弃外来入侵物种罪的法定刑。根据《刑法》第344条之一的规定,该罪的法定刑是:

①情节严重的,构成犯罪的,处3年以下有期徒刑或者拘役,并处或者单处罚金。并处罚金是指在判处有期徒刑或者拘役时并处罚金。单处罚金是指不判处有期徒刑或者拘役,只判处罚金。罚金数额,由审判人员根据案件具体情况和非法引进、释放、丢弃外来入侵物种行为所造成的实际损失数额和行为人的经济负担能力确定。

②单位犯本罪的,根据《刑法》第346条规定,单位犯本罪的,对单位判处罚金,并对其直接负责的主管人员和其他直接责任人员依照个人犯本罪的处罚规定处罚。

(4)认定非法引进、释放、丢弃外来入侵物种罪时,应注意以下问题。

①注意区分罪与非罪的界限。

第一,根据我国《刑法》第344条之一规定,非法引进、释放、丢弃外来入侵物种罪犯罪主体在主观上对违反法律规定的行为和情节在主观上都是故意的。不满16周岁的人,主观上是过失心态的人不构成本罪。如果过失致非法引进外来入侵物种逃跑的,可依照有关行政法规定给予行政、纪律或者民事处罚。

第二,非法引进、释放、丢弃外来入侵物种犯罪行为的对象是外来入侵物种,如果是经过有关部门批准而实施引进、释放、丢弃外来物种的行为,不构成本罪。

②注意认定非法引进、释放、丢弃外来入侵物种罪的一个罪与数个罪的认定。非法引进、释放、丢弃外来入侵物种罪是选择罪名,如果行为人既实施了非法引进外来物种,又实施了释放和丢弃外来入侵物种的犯罪行为,只定为非法引进、释放、丢弃外来入侵物种罪一个罪,不分别定罪数罪并罚;如果只实施了非法引进、非法释放、非法丢失外来入侵物种行为之一的,可分别认定为:非法引进外来入侵物种罪、非法释放外来入侵物种罪、非法丢弃外来入侵物种罪。

(十七)妨害兴奋剂管理罪

妨害兴奋剂管理罪,是2020年12月26日《刑法修正案(十一)》第44条对1997年修订《刑法》补充规定的第355条之一规定的新犯罪。2021年2月26日最高人民法院、最高人民检察院《关于执行〈中华人民共和国刑法〉确定罪名的补充规定(七)》确定为本罪名。

1. 刑法规定有关内容的修改

《刑法》条文中有关妨害兴奋剂管理罪的规定有以下内容。

(1)我国1997年《刑法》第355条规定：依法从事生产、运输、管理、使用国家管制的麻醉药品、精神药品的人员，违反国家规定，向吸食、注射毒品的人提供国家规定管制的能够使人形成瘾癖的麻醉药品、精神药品的，处3年以下有期徒刑或者拘役，并处罚金；情节严重的，处3年以上7年以下有期徒刑，并处罚金。向走私、贩卖毒品的犯罪分子或者以牟利为目的，向吸食、注射毒品的人提供国家规定管制的能够使人形成瘾癖的麻醉药品、精神药品的，依照本法第347条的规定定罪处罚。

单位犯前款罪的，对单位判处罚金，并对其直接负责的主管人员和其他直接责任人员，依照前款的规定处罚。

(2)2020年12月26日《刑法修正案(十一)》第44条规定，在《刑法》第355条后增加1条，作为第355条之一：引诱、教唆、欺骗运动员使用兴奋剂参加国内、国际重大体育竞赛，或者明知运动员参加上述竞赛而向其提供兴奋剂，情节严重的，处3年以下有期徒刑或者拘役，并处罚金。

组织、强迫运动员使用兴奋剂参加国内、国际重大体育竞赛的，依照前款的规定从重处罚。

2. 刑法规定修改的原因

我国1979年《刑法》和1997年修订《刑法》中都没有规定妨害兴奋剂管理罪，但在1997年《刑法》第355条规定的，"非法提供麻醉药品、精神药品"的犯罪行为与妨害兴奋剂管理犯罪行为相似，属于同类犯罪。这是因为当时我国体育竞赛不多，特别是对外交往不多，因此，运动员参与国内、国际体育竞赛使用兴奋剂的现象不多，国际、国内也都没有法律规定禁止运动员使用兴奋剂参加体育竞赛的规定。至于个别人有妨害兴奋剂管理的行为，因为不具有普遍性，所以在当时的《刑法》中没有专门规定妨害兴奋剂管理罪。

随着我国实行对外改革开放，国际、国内体育竞赛广泛开展，使用兴奋剂参与竞赛，弄虚作假骗取不真实成绩的行为开始泛滥，这种行为既严重扰乱竞赛公平公正秩序，也损害了运动员的身体健康，是严重危害社会秩序的行为。国际、国内都开始制定法律、法规禁止运动员使用兴奋剂参与体育竞赛，违者予以行政处分和民事处罚。

我国1995年8月29日发布、2016年修正的《体育法》第33条规定，体育竞赛实行公平竞争原则。体育竞赛的组织者和运动员、教练员、裁判员应当遵守体育道德，不得弄虚作假、营私舞弊。在体育运动中严禁使用的药物和方法。禁用药物检测机构应当对禁用的药物和方法进行严格检查。第48条规定，在体育运动中使用禁用的药物和方法的，由体育社会团体按照程序规定给予处罚；对国家工作人员中的直接责任人员，依法给予行政处分。

我国国务院2014年1月13日公布、2018年9月18日修订的《反兴奋剂条例》第1条规定，为了防止在体育运动中使用兴奋剂，保护体育运动参加者的身心健康，维护体育竞赛的公平竞争，根据《体育法》和其他有关法律，制定本条例。该条例第3条规定，国家提倡健康、文明的体育运动，加强反兴奋剂的宣传、教育和监督管理，坚持严格禁止、严格检查、严肃处理的反兴奋剂工作方针，禁止使用兴奋剂。任何单位和个人不得向体育运动参加者提供或者变相提供兴奋剂。第6条规定，任何单位和个人发现违反本条例规定的行为的，有权向体育主管部门和其他有关部门举报。第46条规定,运动员违反本条例的,由有关体育社会团体、运动员管理单位、竞赛组织者作出取消参赛资格、取消比赛成绩或者禁赛的处理。运动员因受到前款规定的处理不服的,可以向体育仲裁机构申请仲裁。

另外,国际奥委会也专门规定了《反兴奋剂规定》,严格禁止运动员使用兴奋剂后参与奥林匹克体育运动竞赛,并规定了严格的检查制度和对运动使用兴奋剂后参与竞赛的处罚规定。

由于上述国际、国内的法律、条例等规定,2020年《刑法修正案(十一)》在《刑法》第355条之一中增加"妨害兴奋剂管理罪",最高法定刑为3年有期徒刑,最低处拘役,并处罚金。

3.妨害兴奋剂管理罪的适用

妨害兴奋剂管理罪是《刑法修正案(十一)》第44条在《刑法》第355条中补充规定的新犯罪,要准确适用就必须弄清该罪的概念、构成特征、法定刑,以及适用时应注意的问题。

(1)妨害兴奋剂管理罪的概念,该罪是指引诱、教唆、欺骗运动员使用兴奋剂参加国内、国际重大体育竞赛,或者明知运动员参加上述竞赛而向其提供兴奋剂,情节严重的行为。

妨害兴奋剂管理的犯罪行为,主要是兴剂药品的生产供应、管理人员违反我国《体育法》和《反兴奋剂条例》等有关法律法规中规定的禁止运动员在国际、国内重大体育竞赛活动中使用兴奋剂,骗取不实不公正成绩的行为。2018年9月18日修订的《反兴奋剂条例》第2条规定,本条例所称兴奋剂,是指兴奋剂目录所列的禁用物质等。兴奋剂目录由国务院体育主管部门会同国务院药品监督管理部门、国务院卫生主管部门、国务院商务主管部门和海关总署制定、调整并公布。第24条规定,运动员不得在体育运动中使用兴奋剂。第27条规定,运动员应当接受兴奋剂检查,不得实施影响采样结果的行为。第30条规定,体育健身经营单位及其专业指导人员,不得向体育健身活动参加者提供含有禁用物质的药品、食品。第37条规定,体育主管部门和其他行政机关及其工作人员不履行职责,或者包庇、纵容非法使用、提供兴奋剂,或者有其他违反本条例行为的,对负有责任的主管人员和其他直接责任人员,依法给予行政处分;构成犯罪的,依法追究刑事责任。第39条规定,体育社会团体、运动员管理单位向运动员提供兴奋剂或者组织、强迫、欺骗运动员在体育运动中使用兴奋剂的,由国务院体育主管部门或者省、自治区、直辖市人民政府体育主管部门收缴非法持有的兴奋剂;负有责任的主管人员和其他直接责任人员4年内不得从事体育管理工作和运动员辅助工作;情节严重的,终身不得从事体育管理工作和运动员辅助工作;造成运动员人身损害的,依法承担民事赔偿责任;构成犯罪的,依法追究刑事责任。

(2)妨害兴奋剂管理罪的构成特征。根据《刑法》第355条之一和《刑法修正案(十一)》第44条的规定,该罪的构成特征有以下几点。

①犯罪主体,是一般主体。达到法定年龄、具有刑事责任能力,实施了妨害兴奋剂管理犯罪行为的自然人。刑法没有规定单位本身可以构成本罪的主体,如果以单位的名义实施了妨害兴奋剂管理犯罪行为,依照司法解释规定,可以追究该单位的直接负责主管人员和其他直接责任人员的刑事责任。犯罪主体在主观上对违反有关法律法规规定和实施情节严重的行为,在主观上都是故意的。不满16周岁的人,主观上是过失心态的人不构成本罪。

本罪惩罚的主体是兴奋剂的管理人员,包括兴奋剂的提供者和体育团体、运动员管理单位中的管理人员、辅助人员、教练、陪练等人员。使用兴奋剂的运动员不是兴奋剂的管理人员,而是本罪的受害者,不能构成本罪的犯罪主体。

②犯罪行为,必须是实施了妨害兴奋剂管理的行为。"违反法律规定",主要是违反国家《体育法》和《反兴奋剂条例》中有关的规定。犯罪行为的对象是兴奋剂。"兴奋剂"是一类精神药品物质,品种较多,根据我国《反兴奋剂条例》第 2 条规定,兴奋剂是指兴奋剂目录所列的禁用物质等。兴奋剂目录由国务院体育主管部门会同国务院药品监督管理部门、国务院卫生主管部门、国务院商务主管部门和海关总署制定、调整并公布。本罪犯罪行为表现有三种:一是欺骗运动员使用兴奋剂的行为;二是向运动员提供兴奋剂的行为;三是组织、强迫运动员使用兴奋剂的行为。具体表现为以下几点。

A. 违反法律法规规定,引诱、教唆、欺骗运动员使用兴奋剂参加国内、国际重大体育竞赛的行为。实施引诱、教唆、欺骗运动员使用兴奋剂参加国内、国际重大体育竞赛行为,根据《反兴奋剂条例》第 39 条规定,是指体育社会团体、运动员管理单位的人员在运动员不知法律规定或不明事实真相的情况下,使用引诱、教唆、欺骗手段让运动员使用兴奋剂的行为。

B. 违反法律法规规定,明知运动员参加国内外重大竞赛而向其提供兴奋剂的行为。"向运动员提供兴奋剂的行为",根据《反兴奋剂条例》第 39 条规定,是指体育社会团体、运动员管理单位向参加重大竞赛的运动员提供兴奋剂的行为。例如,体育队医的医生明知某运动员将参加国际重大竞赛,而故意提供含有兴奋剂的药品供其治病服用。

C. 组织、强迫运动员使用兴奋剂参加国内、国际重大体育竞赛的行为。实施"组织、强迫运动员使用兴奋剂行为",一般是体育社会团体、运动员管理单位的工作人员,违背运动员的意志,组织、强迫运动员使用兴奋剂参加国内、国际重大体育竞赛的行为。

上述三种犯罪行为,无论是欺骗运动员使用兴奋剂的行为,还是组织、强迫运动员使用兴奋剂或者向运动员提供兴奋剂的行为,都是体育社会团体、运动员管理单位的工作人员实施的犯罪行为。使用兴奋剂运动的行为,不是妨害兴奋剂管理犯罪行为,而是一般违反兴奋剂的违法违规行为,应予以行政处罚。但刑法中没有规定使用兴奋剂的运动员构成犯罪。

③犯罪结果,是结果犯。必须是情节严重的,才能构成本罪的犯罪结果。"情节严重",有待司法解释。这里的"情节严重"是犯罪结果构成要件,达不到"情节严重"的,不能构成本罪的犯罪结果。

(3)妨害兴奋剂管理罪的法定刑。根据《刑法》第 355 条之一的规定,该罪的法定刑是:

①情节严重的,构成犯罪,处 3 以下有期徒刑或者拘役,并处罚金。并处罚金是指在判处有期徒刑或者拘役,同时判处罚金。罚金数额,由审判人员根据案件具体情况和妨害兴奋剂管理犯罪行为造成的经济损失实际数额结果和行为人的经济负担能力确定。

②犯本罪,且是组织、强迫运动员使用兴奋剂参加国内、国际重大体育竞赛的,依照前款的规定从重处罚,即在"处 3 以下有期徒刑或者拘役,并处罚金"的法定刑幅度内从重处罚。"组织、强迫运动员使用兴奋剂参加国内、国际重大体育竞赛的"是法定从重处罚情节,必须在法定刑内处较重的刑罚。

(4)认定妨害兴奋剂管理罪时,应注意以下问题。

①注意区分罪与非罪的界限。

第一,根据我国《刑法》第 355 条之一的规定,妨害兴奋剂管理罪犯罪主体是体育社会团体、运动员管理单位的人员,其在主观上对违反法律法规规定的行为和情节严重的行为在主观上是故意的。不满 16 周岁的人、被骗使用兴奋剂的运动员和主观上是过失心态的人都不构成本罪。如果过失致运动员身体损害的,可依照有关行政法规定给予行政、纪律或者民事处罚。

第二,妨害兴奋剂管理罪行为对象是兴奋剂,兴奋剂是一种精神药品物质,但还不是毒品,如果提供给运动员的兴奋剂达到毒品的程度,则不构成本罪,而应以其他罪定罪处罚。

②注意认定妨害兴奋剂管理罪的一罪与数个罪的认定。妨害兴奋剂管理罪的犯罪行为是三种行为:一是欺骗运动员使用兴奋剂的行为;二是向运动员提供兴奋剂的行为;三是组织、强迫运动员使用兴奋剂的行为。如果只实施其中一种行为,也可以构成妨害兴奋剂管理罪的一个罪。如果行为人实施了上述二种或三种犯罪行为,也只认定为妨害兴奋剂管理罪的一个罪从重处罚,不能认定为数罪并罚。

③注意使用兴奋剂的参赛运动员,不构成妨害兴奋剂管理罪,但应依照《反兴奋剂条例》第46条的规定,运动员违反本条例的,由有关体育社会团体、运动员管理单位、竞赛组织者作出取消参赛资格、取消比赛成绩或者禁赛的处理。

四、《刑法修正案(十一)》对《刑法》分则中修改的犯罪

根据《刑法修正案(十)》《刑法修正案(十一)》,结合司法实践反映的情况,最高人民法院、最高人民检察院《关于执行〈中华人民共和国刑法〉确定罪名的补充规定(七)》中,共修改10个原罪名;对《刑法》原规定的19种犯罪的罪状和法定刑作了部分修改,但罪名没有改变。

(一)强令、组织他人违章冒险作业罪(取消强令冒险作业罪罪名)

强令、组织他人违章冒险作业罪,是《刑法》第134条第2款规定的犯罪,《刑法修正案(六)》在1997年《刑法》第134条中增加第2款补充规定的强令违章冒险作业犯罪行为。最高人民法院、最高人民检察院《关于执行〈中华人民共和国刑法〉确定罪名的补充规定(三)》对《刑法》第134条第2款规定的犯罪确定为强令违章冒险作业罪的罪名。2020年12月26日《刑法修正案(十一)》在《刑法》第134条第2款中增加组织他人违章冒险作业犯罪行为。2021年2月26日最高人民法院、最高人民检察院《关于执行〈中华人民共和国刑法〉确定罪名的补充规定(七)》中取消了强令违章冒险作业罪,改为强令、组织他人违章冒险作业罪的罪名。

1. 刑法规定内容的修改

刑法条文中有关强令、组织他人违章冒险作业罪的规定有以下内容。

(1)1997年《刑法》第134条规定,工厂、矿山、林场、建筑企业或者其他企业、事业单位的职工,由于不服管理、违反规章制度,或者强令工人违章冒险作业,因而发生重大伤亡事故或者造成其他严重后果的,处3年以下有期徒刑或者拘役;情节特别恶劣的,处3年以上7年以下有期徒刑。

(2)2006年6月29日,全国人大常委会《刑法修正案(六)》第1条规定:将《刑法》第134条修改为:在生产、作业中违反有关安全管理的规定,因而发生重大伤亡事故或者造成其他严重后果的,处3年以下有期徒刑或者拘役;情节特别恶劣的,处3年以上7年以下有期徒刑。

强令他人违章冒险作业,因而发生重大伤亡事故或者造成其他严重后果的,处5年以下有期徒刑或者拘役;情节特别恶劣的,处5年以上有期徒刑。

2. 2020年12月26日《刑法修正案(十一)》将《刑法》第134条第2款修改为:强令他人违章冒险作业,或者明知存在重大事故隐患而不排除,仍冒险组织作业,因而发生重大伤亡事故或者造成其他严重后果的,处 5 年以下有期徒刑或者拘役;情节特别恶劣的,处 5 年以上有期徒刑。

上述《刑法修正案(六)》对《刑法》第 134 条作了如下修改和补充:一是修改了罪状,将原规定的重大责任事故罪的主体由"工厂、矿山、林场、建筑企业或者其他企业、事业单位的职工"改为"生产、作业者",扩大了犯罪主体的范围,使犯罪主体由特殊主体扩大到一般主体。二是将强令他人违章冒险作业行为从重大责任事故罪中分离出来,单独规定为独立的犯罪,规定了更重的法定刑,加重了刑罚的力度,其中第一个法定刑最高刑由 3 年有期徒刑提高为 5 年有期徒刑;第二个法定刑最高刑由 7 年有期徒刑提为 15 年有期徒刑。这样修改,使此罪的惩罚力度加大。

《刑法修正案(十一)》又在《刑法》第 134 条第 2 款中增加规定"明知存在重大事故隐患而不排除,仍冒险组织作业,因而发生了重大伤亡事故或者造成其他严重后果的,处 5 年以下有期徒刑或者拘役;情节特别恶劣的,处 5 年以上有期徒刑",即增加了组织他人违章冒险作业犯罪行为。

我国 1997 年《刑法》第 134 条规定的重大责任事故罪中包括强令违章冒险作业犯罪行为,但处刑较轻;2006 年 6 月 29 日,全国人大常委会在《刑法修正案(六)》第 1 条第 1 款对《刑法》第 134 条的修改中,将强令违章冒险作业行为分离出来作为第 2 款单独规定为独立的犯罪,但其犯罪主体等其他罪状还是引证重大责任事故罪的规定,其法定刑作了加重的修改和补充;2020 年 12 月 26 日《刑法修正案(十一)》第 3 条中又增加了"组织他人违章冒险作业的犯罪行为",其犯罪主体、犯罪结果、法定刑与原规定的强令违章冒险作业罪、重大责任事故罪相同。

3. 刑法规定修改的原因

我国 1979 年《刑法》和 1997 年《刑法》规定的重大责任事故罪中都有强令违章冒险作业的犯罪行为,司法机关依照该条规定惩治了一大批这类犯罪行为。有些全国人大代表、国家安全生产监督管理总局及一些地方执法单位提出:一个时期以来,煤炭、矿山等重大责任事故不断发生,造成人员伤亡和财产损失严重,很多事故之所以发生,是因为雇主或者企业法人无视安全生产规定,强令他人违章冒险作业,一旦发生恶性安全责任事故,依照《刑法》原规定对其处以与一般生产、作业者相同的刑罚,对其处罚较轻,不利于全面制止重大责任事故的发生。因此,全国人大常委会根据制止重大责任事故发生的需要,对强令他人违章冒险作业因而发生重大责任事故的行为,规定为独立犯罪,加重惩治的法定刑,最高可处 15 年有期徒刑。

《刑法修正案(六)》将强令违章作业犯罪行为单独规定为独立犯罪加重处罚力度后,司法机关依法惩治了一批强令他人违章冒险作业的犯罪人。但有些重大安全事故的发生不是强令冒险作业,而是一些业主、承包人、工头用金钱、名誉引诱他人冒险作业,或者为了获取高利润,其明知存在重大事故隐患而不排除,仍冒险组织他人作业,因而发生了重大伤亡事故或者造成其他严重后果的严重危害社会行为,使重大安全事故不断发生。为了确保生产、作业安全,确保公民生命、财产安全,在《刑法》中将组织他人违章冒险作业行为规定为犯罪予以刑事处罚,对预防重大安全事故的发生有重大意义。

4. 强令、组织他人违章冒险作业罪的适用

强令、组织他人违章冒险作业罪是《刑法》新规定的犯罪,要准确适用就必须弄清该罪的

概念、构成特征、法定刑,以及适用时应注意的问题。

(1)强令、组织他人违章冒险作业罪的概念。强令、组织他人违章冒险作业罪,是指在生产、作业中违反有关安全管理规定,强令他人违章冒险作业或者明知存在重大事故隐患而不排除,仍冒险组织他人冒险作业,因而发生重大伤亡事故或者造成其他严重后果的行为。

我国《刑法》原规定的重大责任事故罪中,包括强令违章冒险作业的犯罪行为,近几年来很多事故之所以发生,是因为雇主或者企业法人无视安全生产规定,强令他人违章冒险作业或者明知存在重大事故隐患而不排除,仍冒险组织他人冒险作业,因而发生重大伤亡事故或者造成其他严重后果的,依照《刑法》原规定对其处以与一般生产、作业者相同的刑罚,对其处罚较轻,不利于全面制止重大责任事故的发生。因此,全国人大常委会根据制止重大责任事故发生的需要,对强令他人违章冒险作业或者明知存在重大事故隐患而不排除,仍冒险组织他人冒险作业,因而发生重大伤亡事故或者造成其他严重后果的行为,规定为独立犯罪,最高法定刑15年有期徒刑,达到惩罚过失犯罪的最高处罚力度。

(2)强令、组织他人违章冒险作业罪的构成特征。根据《刑法》第134条第2款和《刑法修正案(六)》《刑法修正案(十一)》的规定,该罪有以下构成特征。

①犯罪主体,是一般主体,凡是年满16周岁以上且具有刑事责任能力的自然人,不满16周岁的人和单位不构成本罪。犯罪主体对违反安全生产有关法律法规规定,强令违章冒险作业或者组织他人违章冒险作业在主观上是故意的;特别是对明知存在重大事故隐患而不排除,仍冒险组织冒险作业在主观上是直接故意的。但对行为造成生产安全事故的结果必须是过失的心理状态。根据最高人民法院、最高人民检察院2015年12月14日《关于办理危害生产安全刑事案件适用法律若干问题的解释》第2条规定:本罪的犯罪主体,"包括对生产、作业负有组织、指挥或者管理职责的负责人、管理人员、实际控制人、投资人等人员"。

②犯罪行为,必须是在生产、作业中违反有关安全管理规定,强令他人违章冒险作业的行为和明知存在重大事故隐患而不排除,仍冒险组织他人冒险作业,因而发生重大伤亡事故或者造成其他严重后果的行为。强令、组织他人违章冒险作业的行为,一般是指生产、作业的管理者,例如,雇主在没有安全措施的情况下,强令工人违章冒险作业的行为或者明知存在重大事故隐患而不排除,仍冒险组织他人违章冒险作业的行为。强令者、组织者对违反安全规定可能是故意的,但对造成重大责任事故的结果则是过失的。强令者明知自己的决定是违反安全生产、作业的规章制度,可能会发生重大安全责任事故的结果,却心存侥幸,自认为不会发生,而强令或者组织他人违章冒险作业。这里的"强令、组织"不能简单地理解为说话态度生硬或者大声命令等外在表现,强令、组织者也不一定必须在生产、作业的现场,而是指强令、组织者发出的指令、信息内容所产生的影响,使生产、作业者不得不违心地继续生产、作业的心理强制程度。比如,操作者如果拒绝,会被扣发工资、辞退等,所以不得不继续冒险生产、作业,这些都属于强令他人违章冒险作业的行为。

根据最高人民法院、最高人民检察院2015年12月14日《关于办理危害生产安全刑事案件适用法律若干问题的解释》第5条规定:明知存在事故隐患、继续作业存在危险,仍然违反有关安全管理的规定,实施下列行为之一的,应当认定为《刑法》第134条第2款规定的强令他人违章冒险作业:①利用组织、指挥、管理职责,强制他人违章作业的;②采取威胁、胁迫、恐吓等手段强制他人违章冒险作业的;③故意掩盖事故隐患,组织他人违章作业的;④其他强令他人违章作业的。

③犯罪结果,必须是发生了重大伤亡事故或者造成其他严重后果的。根据2015年12月14日最高人民法院、最高人民检察院《关于办理危害生产安全刑事案件适用法律若干问题的解释》第6条规定:①造成死亡1人以上,或者重伤3人以上的;②造成直接经济损失100万元以上的;③其他严重后果或者重大安全事故的情形。有些领域中,对强令违章冒险作业造成的人员伤亡和经济损失标准有特别规定的,应按特别规定认定。

(3)强令、组织他人违章冒险作业罪的法定刑。根据《刑法》第134条第2款和《刑法修正案(六)》《刑法修正案(十一)》的规定,该罪的法定刑有以下内容。

①具有上述强令情形之一,构成犯罪的,处5年以下有期徒刑或者拘役。

②犯本罪,情节特别恶劣的,处5年以上有期徒刑。

根据2015年12月14日最高人民法院、最高人民检察院《关于办理危害生产安全刑事案件适用法律若干问题的解释》第7条规定:造成死亡3人以上或者重伤10人以上,负事故主要责任的;造成直接经济损失500万元以上,负事故主要责任的;其他特别严重后果、情节特别恶劣或者后果特别严重的情形。具有上述情形之一的,对相关责任人员,适用上述加重法定刑。

根据2015年12月14日最高人民法院、最高人民检察院《关于办理危害生产安全刑事案件适用法律若干问题的解释》第12条规定:犯本罪具有下列情形之一的,从重处罚:未依法取得安全许可证或者安全许可证过期、被暂扣、吊销、注销后从事生产经营活动的;关闭、破坏必要的安全监控和报警设备的;已经发现了事故隐患,经有关部门或者个人提出后,仍不采取措施的;一年内曾因危害生产安全违法犯罪活动受过行政处罚或者刑事处罚的;采取弄虚作假、行贿等手段,故意逃避、阻挠负有安全监督管理职责部门实施监督检查的;安全事故发生后转移财产意图逃避承担责任的;其他从重处罚的情形。从重处罚是在法定刑之内处较重的刑罚。

实施上述第⑤规定的行为,同时构成《刑法》第389条规定的行贿罪,依照数罪并罚规定处罚。

根据2015年12月14日最高人民法院、最高人民检察院《关于办理危害生产安全刑事案件适用法律若干问题的解释》第13条规定:犯本罪,在安全事故发生后积极组织、参与事故抢救或者积极配合调查、主动赔偿损失的,可以酌情从轻处罚。

根据2015年12月16日最高人民法院、最高人民检察院《关于办理危害生产安全刑事案件适用法律若干问题的解释》第16条规定:犯本罪,适用缓刑的犯罪分子,可以根据犯罪情况,禁止其在缓刑考验期限内从事与安全生产相关联的特定活动;对于被判处刑罚的犯罪分子,可以根据犯罪情况和预防再犯罪的需要,禁止其自刑罚执行完毕之日起或者假释之日起3年至5年内从事与安全生产相关的职业。

(4)本罪适用时应注意以下问题。

①注意划清本罪与非罪的界限。我国修订《刑法》第134条和《刑法修正案(六)》《刑法修正案(十一)》的规定,构成强令、组织他人违章冒险作业罪必须是发生重大伤亡事故或者造成其他严重后果的才构成犯罪,如果没有发生上述危害公共安全结果或者虽然发生了重大责任事故,但没有达到上述程度的,不构成犯罪。

②注意划清本罪与重大安全事故罪、危险物品肇事罪、工程重大安全事故罪等其他责任事故罪的界限。重大责任事故罪、危险物品肇事罪、工程重大安全事故罪等都是重大安全事故方面的犯罪,我国《刑法》第134条和《刑法修正案(六)》《刑法修正案(十一)》强令、组织他人违章冒险作业罪是一种概括性的罪名,凡是另有法律具体规定的,按具体规定的罪名定罪,不再定为强令、组织他人违章冒险作业罪。如发生重大交通事故的,认定为交通肇事罪;如果发生了在《刑法》分则第2章或者其他章中没有再具体规定的罪名的,要认定为本罪。

③注意划清本罪与重大责任事故罪的区别。重大责任事故罪是最高人民法院、最高人检察院根据1997年《刑法》第134条规定确定的罪名,而《刑法修正案(六)》《刑法修正案(十一)》对第134条的罪状进行了修改,特别是限定发生在"生产、作业"活动中的重大安全事故犯罪,将强令、组织他人违章冒险作业的犯罪行为分离出来规定为独立的犯罪。但两罪有共同处,犯罪主体都是一般主体,都是发生在生产、作业中,造成重大伤亡事故或者造成其他严重后果。其区别是犯罪行为不同,重大责任事故罪的犯罪行为是违反有关安全管理规定的犯罪行为;而强令、组织他人违章冒险作业罪的犯罪行为是强令、组织他人违章冒险作业的犯罪行为。另外,两种犯罪的法定刑不同。重大责任事故罪的最高法定刑为7年有期徒刑;强令、组织他人违章冒险作业罪的最高法定刑是15年有期徒刑。

④注意划清本罪与故意杀人罪、故意伤害罪的区别。犯本罪由于强令违章冒险作业发生重大伤亡事故直接造成人员伤亡的,包括在本罪之内,定为本罪。如果发生重大伤亡事故后不抢救而造成人员伤亡的,根据2015年12月14日最高人民法院、最高人民检察院《关于办理危害生产安全刑事案件适用法律若干问题的解释》第10条规定:在安全事故发生后,直接负责的主管人员和其他直接责任人员故意阻挠抢救,导致人员死亡或者重伤,或者为了逃避法律追究,对被害人进行隐藏、遗弃,致使被害人因无法得到救助而死亡或者重度残疾的,分别依照《刑法》第232条、第234条的规定,以故意杀人罪或者故意伤害罪定罪处罚。

⑤根据2015年12月14日最高人民法院、最高人民检察院《关于办理危害生产安全刑事案件适用法律若干问题的解释》第14条规定:国家工作人员违反规定投资入股生产经营,构成本解释规定的有关犯罪的,或者国家工作人员的贪污、受贿犯罪行为与安全事故发生存在关联性的,从重处罚;同时构成贪污、受贿犯罪和危害生产安全犯罪的,依照数罪并罚的规定处罚。

(二)生产、销售、提供假药罪(取消生产、销售假药罪罪名)

生产、销售、提供假药罪,是《刑法》第141条规定的犯罪行为。最高人民法院1997年12月16日《关于执行〈中华人民共和国刑法〉确定罪名的规定》中确定为生产、销售假药罪的罪名。

《刑法修正案(八)》第23条对《刑法》第141条规定的生产、销售假药罪的罪状和量刑情节进行了修改。2020年12月26日《刑法修正案(十一)》在《刑法》第141条中增加提供假药犯罪行为。2021年2月26日最高人民法院、最高人民检察院《关于执行〈中华人民共和国刑法〉确定罪名的补充规定(七)》中取消了生产、销售假药罪,改为生产、销售、提供假药罪。

1.《刑法》条文中有关生产、销售、提供假药罪的规定

(1)1979年《刑法》第164条规定,以营利为目的,制造、贩卖假药危害人民健康的,处2年以下有期徒刑、拘役或者管制,可以并处或者单处罚金;造成严重后果的,处2年以上7年

以下有期徒刑,可以并处罚金。

(2)1997年《刑法》第141条规定,生产、销售假药,足以严重危害人体健康的,处3年以下有期徒刑或者拘役,并处或者单处销售金额百分之五十以上二倍以下罚金;对人体健康造成严重危害的,处3年以上10年以下有期徒刑,并处销售金额百分之五十以上二倍以下罚金;致人死亡或者对人体健康造成特别严重危害的,处10年以上有期徒刑、无期徒刑或者死刑,并处销售金额百分之五十以上二倍以下罚金或者没收财产。

(3)2011年《刑法修正案(八)》第23条规定,将《刑法》第141条第1款修改为:生产、销售假药的,处3年以下有期徒刑或者拘役,并处罚金;对人体健康造成严重危害或者有其他严重情节的,处3年以上10年以下有期徒刑,并处罚金;致人死亡或者有其他特别严重情节的,处10年以上有期徒刑、无期徒刑或者死刑,并处罚金或者没收财产。

(4)2020年12月26日《刑法修正案(十一)》第5条规定,将《刑法》第141条修改为:生产、销售假药的,处3年以下有期徒刑或者拘役,并处罚金;对人体健康造成严重危害或者有其他严重情节的,处3年以上10年以下有期徒刑,并处罚金;致人死亡或者有其他特别严重情节的,处10年以上有期徒刑、无期徒刑或者死刑,并处罚金或者没收财产。

药品使用单位的人员明知是假药而提供给他人使用的,依照前款的规定处罚。

上述《刑法修正案(八)》第23条将1997年《刑法》第141条原规定的"足以严重危害人体健康的"构成要件删去,增加"或者有其他严重情节的""或者有其他特别严重情节的",将"并处或者单处销售金额百分之五十以上二倍以下罚金"改为"并处罚金"。这种修改使本罪原规定必须是"足以危害人体健康的""危险结果",才构成犯罪,变为只要实施了生产、销售假药行为的就可以构成犯罪,将其改为"行为犯",扩大了惩治生产、销售假药罪的范围,加重了惩罚力度。

《刑法修正案(十一)》又在《刑法》第141条中增加第2款"药品使用单位的人员明知是假药而提供给他人使用的,依照前款的规定处罚",即增加了提供假药的犯罪行为。

2. 刑法规定修改的原因

我国1979年《刑法》中没有单独规定生产、销售假药罪,但在《刑法》第164条中规定有制造、贩卖假药罪,最高处7年有期徒刑并处罚金。1993年7月2日全国人大常委会颁布了《关于惩治生产、销售伪劣商品犯罪的决定》(已失效)中第2条规定有生产、销售假药罪。1997年修订《刑法》直接沿用该决定中规定的罪名。

近几年,在市场经济影响下,一些制药商为了谋取非法利益,与医院或者医务人员勾结,大量生产、销售假药、劣药,不但不能给病人治病,还严重危害患者的身体健康,具有严重的危害社会性。为了严惩生产、销售假药危害人们身体健康的犯罪行为,全国人大常委会在《刑法修正案(八)》中,对《刑法》第141条作了修改,由原规定的危险犯,修改为行为犯,并对处刑情节和数额由具体数额修改为概括规定,以便根据形势的需要灵活确定应处的罚金数额。

近年来,一些用药单位,如医院、保健站、卫生所、药店的人员,帮助制造假药者向他人提供假药,虽然其不是制造、销售假药行为,但也同样是对社会有危害的行为。因此,《刑法修正案(十一)》规定在《刑法》第141条中补充规定了提供假药的犯罪行为。

3. 生产、销售、提供假药罪的适用

生产、销售、提供假药罪是《刑法修正案(八)》《刑法修正案(十一)》对《刑法》第141条规定的生产、销售、提供假药罪罪状和量刑情节修改的犯罪,要准确适用就必须弄清该罪的概念、特征、法定刑,以及适用时应注意的问题。

(1)生产、销售、提供假药罪的概念。该罪是指生产、销售、提供假药的行为。

假药,是指依照《药品管理法》的规定属于假药和按假药处理的药品、非药品。药品是治病救人用的,疾病会危及人的身体健康和生命,需要用药品进行急救和医治。生产、销售、提供假药欺骗患者,轻者贻误治疗时机,重者造成患者伤亡,其社会危害严重,应给予严厉的刑事处罚。

我国 1997 年《刑法》将生产、销售假药,足以危害人身健康的行为规定为犯罪,最高可以判处死刑。但是,多年来,生产、销售假药的不断发生,因为法律规定必须是足以危害人体健康的危险结果才构成犯罪,使一些制造、销售假药的行为无法得到惩治。全国人大常委会在《刑法修正案(八)》中,将《刑法》原规定的危险犯,修改为行为犯,扩大了惩治该罪的范围。

近期又出现了一些用药单位的人员将假药提供给他人使用的行为,虽然其不是制造、销售假药行为,但其是帮助制造、销售假药,同样也是严重危害病人生命、身体安全的行为。《刑法修正案(十一)》将提供假药行为规定为犯罪,同制造、销售假药犯罪行为规定在一个条文中适用同一罪名,按相同的法定刑处罚。

(2)生产、销售、提供假药罪的构成特征。根据《刑法》第 141 条和《刑法修正案(八)》《刑法修正案(十一)》的规定,该罪有以下构成特征。

①犯罪主体,是一般主体。达到法定年龄、具有刑事责任能力,实施了制造销售、提供假药犯罪行为的自然人和单位。单位犯本罪的主体是单位和单位直接负责的主管人员和其他直接责任人员;对提供假药犯罪的主体必须是"用药单位的人员"。本罪的犯罪主体主观上是故意的,多数以营利为目的,但不是以营利为目的,也可以构成本罪的主体。

②犯罪行为,必须是实施了生产、销售、提供假药的行为。假药,是指依照《药品管理法》的规定属于假药和按假药处理的药品、非药品。具体是指:药品所含成分的名称与国家药品标准或者省、市、自治区、直辖市药品标准不符合;以非药品冒充药品,或者以他种药品冒充此种药品的;国务院卫生行政部门规定禁止使用的、未取得批准文号生产的、变质不能药用的,以及被污染的不能药用的药品按假药处理的药品。凡是故意生产、销售、提供假药的行为都是犯罪行为。

根据 2014 年 11 月 3 日最高人民法院、最高人民检察院《关于办理危害药品安全刑事案件适用法律若干问题的解释》第 6 条规定:以生产、销售假药、劣药为目的,实施下列行为之一的,应当认为《刑法》第 141 条、第 142 条规定的"生产":合成、精制、提取、储存、加工炮制药品原料的行为;将药品原料、辅料、包装材料制成成品过程中,进行配料、混合、制剂、储存、包装的行为;印制包装材料、标签、说明书的行为。

医疗机构、医疗机构的工作人员明知是假药、劣药而有偿提供给他人使用,或者为出售而购买、储存的行为,应当认定为《刑法》第 141 条、第 142 条规定的"销售"。该解释第 14 条规定,假药、劣药难以确定的,司法机关可以根据地市级以上药品监督管理部门出具的认定意见等相关材料进行认定。必要时,可以委托省级以上药品监督管理部门设置或者确定的药品检验机构进行检验。第 15 条规定,本解释所称生产、销售金额,是指生产、销售假药、劣药所得和可得的全部违法收入。

提供假药行为,是指药品使用单位的人员,明知是假药而提供给他人使用的行为。提供的假药是他人制造的或者是他人出售的,提供者只实施将假药提供给他人使用的行为,就构成本罪的犯罪行为,至于他人是否使用及使用的后果,一般不影响构成本罪的犯罪行为的构成。

③犯罪结果,是行为犯。凡是故意生产、销售、提供假药的行为都可以构成本罪犯罪行为结果。

根据 2014 年 11 月 3 日最高人民法院、最高人民检察院《关于办理危害药品安全刑事案件适用法律若干问题的解释》第 1 条规定:生产、销售假药,具有下列情形之一的,应当酌情从重处罚:生产、销售的假药以孕妇、婴幼儿、儿童或者危险重病人为主要使用对象的;生产、销售的假药属于麻醉药品、精神药品、医疗用毒性药品、放射性药品、避孕药品、血液制品、疫苗的;生产、销售的假药属于注射剂药品、急救药品的;医疗机构、医疗机构工作人员生产、销售假药的;在自然灾害、事故灾难、公共卫生事件、社会安全事件等突发事件期间,生产、销售用于应对突发事件的假药的;两年内曾因危害药品安全违法犯罪活动受过行政处罚或者刑事处罚的;其他应当从重处罚的情形。上述司法解释依照《刑法》第 141 条第 2 款的规定对提供假药的犯罪结果也适用。

(3)生产、销售、提供假药罪的法定刑。根据《刑法》第 141 条的规定,该罪的法定刑有以下内容。

①构成本罪的,处 3 年以下有期徒刑或者拘役,并处罚金。这里包括实施了生产、销售、提供假药的行为"情节轻,情节一般,情节较重情节重和对人体健康造成较轻危害结果"等情形。

根据 2014 年 11 月 3 日最高人民法院、最高人民检察院《关于办理危害药品安全刑事案件适用法律若干问题的解释》第 12 条规定:犯生产、销售假药罪,一般应当依法判处生产、销售金额二倍以上的罚金。共同犯罪的,对各共同犯罪人合计判处罚金应当在生产、销售金额的二倍以上。

②犯本罪的,对人体健康造成严重危害或者有其他严重情节的,处 3 年以上 10 年以下有期徒刑。这里的"对人体健康造成严重危害"和"其他严重情节",根据 2014 年 11 月 3 日最高人民法院、最高人民检察院《关于办理危害药品安全刑事案件适用法律若干问题的解释》第 2 条规定:生产、销售假药,具有下列情形之一的,应当认定为《刑法》第 141 条规定的"对人体健康造成严重危害":造成轻伤或者重伤的;造成轻度残疾或者中度残疾的;造成器官组织损伤导致一般功能障碍或者严重功能障碍的;其他对人体健康造成严重危害的情形。

这里"其他严重情节",根据上述最高人民法院、最高人民检察院司法解释第 3 条规定,生产、销售假药,具有下列情形之一的,应当认定为《刑法》第 141 条规定的"其他严重情节":造成较大突发公共卫生事件的;生产、销售金额 20 万元以上不满 50 万元的;生产、销售金额 10 万元以上不满 20 万元的,并且具有本解释第 1 条规定情形之一的;根据生产、销售的时间、数量、假药种类等,应当认定为其他情节严重的。

③犯本罪的,致人死亡或有其他特别严重情节的,处 10 年以上有期徒刑、无期徒刑或者死刑,并处罚金或者没收财产。这里的"其他特别严重情节的",根据 2014 年 11 月 3 日最高人民法院、最高人民检察院《关于办理危害药品安全刑事案件适用法律若干问题的解释》第 4

条规定:生产、销售假药,具有下列情形之一的,应当认定为《刑法》第141条规定的"其他特别严重情节":致人重度残疾的;造成3人以上重伤、中度残疾或者器官组织损伤导致严重功能障碍的;造成5人以上轻度残疾或者器官组织损伤导致一般功能障碍的;造成10人以上轻伤的;造成重大、特别重大突发公共卫生事件的;生产、销售金额50万元以上的;生产、销售金额20万元以上不满50万元,并且具有本解释第1条规定情形之一的;根据生产、销售的时间、数量、假药种类等,应当认定为情节特别严重的。

该解释第15条规定,本解释所称"生产、销售金额",是指生产、销售假药、劣药所得和可得的全部违法收入。

上述司法解释是对《刑法》第141条第1款规定生产、销售假药犯罪的犯罪处罚的解释。

④单位犯本罪的处罚。根据《刑法》第150条规定,单位犯本罪的,对单位判处罚金,并对其直接负责的主管人员和其他直接责任人员依照各该条的规定处罚。

根据上述司法解释第11条规定,对实施本解释规定之罪的犯罪分子,应当依照《刑法》规定的条件,严格适用缓刑、免予刑事处罚的规定。对于适用缓刑的,应当同时宣告禁止令,禁止犯罪分子在缓刑考验期限内从事药品生产、销售及相关活动。

(4)认定本罪时,应注意以下问题。

①区分罪与非罪的界限。

从犯罪主体上区分。生产、销售、提供假药罪的主体在主观上故意的,主观上是过失的人不构成本罪。不是用药单位的人员,提供小量的民间偏方供他人使用,一般不构成本罪。

从犯罪行为上区分。生产、销售、提供假药罪是行为犯,只要实施了生产、销售、提供假药行为就可以构成犯罪。但依据《刑法》第13条规定,情节显著轻微危害不大的生产、销售、提供假药的行为,不认为是犯罪。根据2014年11月3日最高人民法院、最高人民检察院《关于办理危害药品安全刑事案件适用法律若干问题的解释》第11条规定:销售少量根据民间传统配方私自加工的药品,或者销售少量未经批准进口的国外、境外药品,没有造成他人伤害后果或者延误诊治,情节显著轻微危害不大的,不认为是犯罪。提供小量民间偏方药没有造成他人伤害结果的行为,不能构成本罪犯罪行为。

②注意正确认定量刑的数额和情节。《刑法修正案(八)》除删除"足以严重危害人体健康"外,还增加了量刑的情节:"或者有其他严重情节的""或者有其他特别严重情节的";《刑法修正案(十一)》作了引证性规定:"药品使用单位的人员明知是假药而提供给他人使用的,依照前款的规定处罚。"对此,应严格按2014年11月3日最高人民法院、最高人民检察院《关于办理危害药品安全刑事案件适用法律若干问题的解释》的司法解释规定认定。

③划清本罪与生产、销售、提供劣药罪的界限。本罪与《刑法》第142条规定的生产、销售、提供劣药罪的犯罪主体、犯罪行为都相似,容易混淆。这两种犯罪的主要区别有三点:

一是犯罪标的物不同。本罪生产、销售、提供的标的物是假药,而生产、销售、提供劣药罪的标的物是劣药。根据《药品管理法》规定,劣药是指:药品所含成分的含量与国家药品标准或者省、市、自治区、直辖市药品标准规定不符;超过有效期;其他不符合药品标准规定的。凡是故意生产、销售、提供上述劣药的,致人身体健康严重危害的都是生产、销售、提供劣药犯罪行为。

二是犯罪结果要件不同。本罪是行为犯,只要实施了生产、销售、提供假药行为,就可以构成犯罪;而生产、销售、提供劣药罪是结果犯,必须是对人体健康造成严重危害的结果,才构成犯罪。

三是法定刑不同。本罪的法定起刑点是拘役,并处罚金,最高处无期徒刑或者死刑,并处罚金或者没收财产;而生产、销售劣药罪的起刑点是3年有期徒刑,最高处无期徒刑,没有死刑的规定。由于上述两种犯罪的构成要件有三点不同,可将两种犯罪区分开。

④注意对非法经营药品行为的定罪处罚。根据2014年11月3日最高人民法院、最高人民检察院《关于办理危害药品安全刑事案件适用法律若干问题的解释》第7条规定:违反国家药品管理法律规定,未取得或者使用伪造、变造的药品经营许可证,非法经营药品,情节严重的,依照《刑法》第225条的规定以非法经营罪定罪处罚。

以提供给他人生产、销售药品为目的,违反国家规定,生产、销售不符合药用要求的非药品原料、辅料,情节严重的,依照《刑法》第225条的规定,以非法经营罪定罪处罚。

实施前两款行为,非法经营数额在10万元以上,或者违法所得数额在5万元以上的,应当认定为《刑法》第225条规定的"情节严重";非法经营数额在50万元以上,或者违法所得在25万元以上的,应当认定为《刑法》第225条规定的"情节特别严重"的情形。

实施本条第2款行为,同时又构成生产、销售伪劣产品罪、以危险方法危害公共安全罪等犯罪的,依照处罚较重的规定定罪处罚。

⑤注意本罪共犯的认定。根据2014年11月3日最高人民法院、最高人民检察院《关于办理危害药品安全刑事案件适用法律若干问题的解释》第8条规定,明知他人生产、销售假药、劣药,而有下列行为之一的,以共同犯罪论处:提供资金、货款、账号、发票、许可证的;提供生产、经营场所、设备或者运输、储存、保管、邮寄、网络销售渠道便利条件的;提供生产技术或者原料、辅料、包装材料、标签、说明书的;提供广告宣传等帮助行为的。

⑥注意犯本罪与数罪依照较重规定定罪处罚。根据2014年11月3日最高人民法院、最高人民检察院《关于办理危害药品安全刑事案件适用法律若干问题的解释》第10条规定:实施生产、销售假药、劣药犯罪同时构成生产、销售伪劣产品、侵犯知识产权、非法经营、非法行医、非法采供血等犯罪的,依照处罚较重规定定罪处罚。

(三)生产、销售、提供劣药罪(取消生产、销售劣药罪罪名)

生产、销售、提供劣药罪,是《刑法》第142条规定的犯罪行为。1997年12月16日最高人民法院《关于执行〈中华人民共和国刑法〉确定罪名的规定》中确定为生产、销售劣药罪。

2020年12月26日《刑法修正案(十一)》对《刑法》第142条中规定的数额法定刑改为情节法定刑,并增加提供劣药犯罪行为。2021年2月26日最高人民法院、最高人民检察院《关于执行〈中华人民共和国刑法〉确定罪名的补充规定(七)》中取消了生产、销售劣药罪,改为生产、销售、提供劣药罪。

1.刑法条文中有关生产、销售、提供劣药罪的规定有以下内容。

(1)1993年7月2日全国人大常委会颁布了《关于惩治生产、销售伪劣商品犯罪的决定》中第3条规定有生产、销售劣药罪。

(2)1997年《刑法》第142条规定:"生产、销售劣药,对人体健康造成严重危害的,处三年以上十年以下有期徒刑,并处销售金额百分之五十以上二倍以下罚金;后果特别严重的,处十年以上有期徒刑或者无期徒刑,并处销售金额百分之五十以上二倍以下罚金或者没收财产。"

本条所称劣药,是指依照《药品管理法》的规定属于劣药的药品。

(3)2020年12月26日《刑法修正案(十一)》第6条规定,将《刑法》第142条修改为:"生产、销售劣药,对人体健康造成严重危害的,处三年以上十年以下有期徒刑,并处罚金;后果特别严重的,处十年以上有期徒刑或者无期徒刑,并处罚金或者没收财产"。

药品使用单位的人员明知是劣药而提供给他人使用的,依照前款的规定处罚。

上述《刑法修正案(十一)》第6条将《刑法》第142条原规定的"处销售金额百分之五十以上二倍以下罚金"法定刑删去,改为"并处罚金",并增加"药品使用单位的人员明知是劣药而提供给他人使用的,依照前款的规定处罚"的提供劣药犯罪行为,扩大了惩治生产、销售、提供劣药罪的范围。

2. 刑法规定修改的原因

我国1993年7月2日全国人大常委会颁布了《关于惩治生产、销售伪劣商品犯罪的决定》中第3条规定有生产、销售劣药罪。1997年修订《刑法》直接沿用决定中规定的犯罪。近几年,在市场经济影响下,一些制药商为了谋取非法利益,与医院或者医务人员勾结,大量生产、销售假药、劣药,不但不能给病人治病,还严重危害患者的身体健康,具有严重危害社会性。近年来,一些用药单位,如医院、保健站、卫生所、药店的人员,帮助制造劣药者向他人提供劣药,虽然不是制造、销售劣药行为,但也同样是对社会有危害的行为。因此,《刑法修正案(十一)》在《刑法》第142条中补充规定了"提供劣药犯罪行为"。

3. 生产、销售、提供劣药罪的适用

生产、销售、提供劣药罪是《刑法修正案(十一)》对《刑法》第142条规定的生产、销售、提供劣药罪的罪状和法定数额罚金情节修改为概括罚金情节的犯罪,要准确适用就必须弄清该罪的概念、构成特征、法定刑,以及适用时应注意的问题。

(1)生产、销售、提供劣药罪的概念。该罪是指生产、销售、提供劣药,对人体健康造成严重危害的行为。

劣药,是指依照《药品管理法》的规定,劣药是指药品所含成分的含量与国家药品标准或者省、市、自治区、直辖市药品标准规定不符合;超过有效期的;其他不符合药品标准规定的。凡是故意生产、销售、提供上述劣药的,致人身体健康严重危害的都是生产、销售、提供劣药犯罪行为。

我国1997年《刑法》将生产、销售劣药,严重危害人身健康的行为规定为犯罪,最高可以判处无期徒刑。但是,多年来,生产、销售劣药行为的不断发生,特别是对罪犯"处销售金额百分之五十以上二倍以下罚金"中的销售金额不易查清,处罚金不能准确。近期又出现了一些用药单位的人员将劣药提供给他人使用,其虽不是销售劣药行为,但也是严重危害病人生命、身体安全的行为,由于没有销售金额无法判处罚金刑。《刑法修正案(十一)》将提供劣药行为规定为犯罪,将处定额罚金改为概括规定罚金,同制造、销售劣药犯罪行为规定在一个条文中适用同一罪名,按相同的法定刑处罚。

(2)生产、销售、提供劣药罪的构成特征。根据《刑法》第142条和《刑法修正案(十一)》的规定,该罪的构成特征有以下内容。

①犯罪主体,是一般主体。达到法定年龄、具有刑事责任能力,实施了制造、销售、提供劣药犯罪行为的自然人和单位。单位犯本罪的主体是单位和单位直接负责的主管人员和其他

直接责任人员;对提供劣药犯罪的主体必须是"用药单位的人员"。本罪的犯罪主体主观上是故意的,多数以营利为目的,不是以营利为目的,也可以构成本罪的主体。例如,提供劣药的犯罪主体在主观上必须是明知是劣药而提供给他人使用的,其不是以营利为目的。如果用药单位的人员以营利为目的,明知是劣药而提供给他人使用的行为,应认定为是销售劣药行为。

②犯罪行为,必须是实施了生产、销售、提供劣药的行为。依照《药品管理法》的规定,劣药是指药品所含成分的含量与国家药品标准或者省、市、自治区、直辖市药品标准规定不符合;超过有效期的;其他不符合药品标准规定的。凡是故意生产、销售、提供劣药的行为都是犯罪行为。

制造劣药行为,根据2014年11月3日最高人民法院、最高人民检察院《关于办理危害药品安全刑事案件适用法律若干问题的解释》第6条规定:以生产、销售假药、劣药为目的,实施下列行为之一的,应当认为《刑法》第141条、第142条规定的"生产":合成、精制、提取、储存、加工炮制药品原料的行为;将药品原料、辅料、包装材料制成成品过程中,进行配料、混合、制剂、储存、包装的行为;印制包装材料、标签、说明书的行为。

销售劣药行为,医疗机构、医疗机构的工作人员明知是假药、劣药而有偿提供给他人使用,或者为出售而购买、储存的行为,应当认定为《刑法》第141条、第142条规定的"销售"。该解释第14条规定,假药、劣药难以确定的,司法机关可以根据地市级以上药品监督管理部门出具的认定意见等相关材料进行认定。必要时,可以委托省级以上药品监督管理部门设置或者确定的药品检验机构进行检验。第15条规定,本解释所称生产、销售金额,是指生产、销售假药、劣药所得和可得的全部违法收入。

提供劣药行为,是指药品使用单位的人员,明知是劣药而提供给他人使用的。提供的劣药是他人制造的或者是他人出售的,提供者只实施将假药提供给他人使用行为,就构成本罪的犯罪行为,至于他人是否使用及使用的后果,一般不影响构成本罪的犯罪行为。

③犯罪结果,是结果犯。凡是故意生产、销售、提供劣药,对人体健康造成严重危害的结果都可以构成本罪犯罪结果。

这里"对人体健康造成严重危害的结果",根据2014年11月3日最高人民法院、最高人民检察院《关于办理危害药品安全刑事案件适用法律若干问题的解释》第5条规定:生产、销售劣药,具有本解释第2条规定情形之一的,应当认定为《刑法》第142条规定的对人体健康造成严重危害。本解释第2条规定:生产、销售假药,具有下列情形之一的,应当认定为"对人体健康造成严重危害":造成轻伤或者重伤的;造成轻度残疾或者中度残疾的;造成器官组织损伤导致一般功能障碍或者严重功能障碍的;其他对人体健康造成严重危害的情形。凡具有上述行为之一的,就可以认定生产、销售、提供伪劣药品对人体健康造成严重危害结果,构成本罪的犯罪结果。

(3)生产、销售、提供劣药罪的法定刑。根据《刑法》第142条的规定,该罪的法定刑有以下内容。

①构成本罪的,处3年以上10年以下有期徒刑,并处罚金。这里包括实施了生产、销售劣药,对人体健康造成严重危害的。

②犯本罪,后果特别严重的,处10年以上有期徒刑或者无期徒刑,并处罚金或者没收财产。

这里"后果特别严重的",根据2014年11月3日最高人民法院、最高人民检察院《关于办理危害药品安全刑事案件适用法律若干问题的解释》第5条第2款规定:生产、销售劣药,致人死亡,或者具有本解释第4条第1项至第5项规定情形之一的,应当认定为《刑法》第142条规定的"后果特别严重"。

本解释第4条第1项至第5项规定:致人重度残疾的;造成3人以上重伤、中度残疾或者器官组织损伤导致严重功能障碍的;造成5人以上轻度残疾或者器官组织损伤导致一般功能障碍的;造成10人以上轻伤的;造成重大、特别重大突发公共卫生事件的。具有上述五项情形之一的,就是生产、销售伪劣药品后果特别严重的。

"并处罚金",罚金是附加财产刑之一,在处主刑时附加判处交纳一定数额金钱的刑罚。罚金是对财产性犯罪的惩罚,是对犯罪者的个人财产进行惩罚,基于犯罪工具和犯罪所得不同进行处罚。

根据2014年11月3日最高人民法院、最高人民检察院《关于办理危害药品安全刑事案件适用法律若干问题的解释》第12条规定:犯生产、销售假药罪,一般应当依法判处生产、销售金额二倍以上的罚金。共同犯罪的,对各共同犯罪人合计判处罚金应当在生产、销售金额的二倍以上。

根据2014年11月3日最高人民法院、最高人民检察院《关于办理危害药品安全刑事案件适用法律若干问题的解释》第15条规定:本解释所称"生产、销售金额",是指生产、销售假药、劣药所得和可得的全部违法收入。

这里"应当酌情从重处罚情节",根据2014年11月3日最高人民法院、最高人民检察院《关于办理危害药品安全刑事案件适用法律若干问题的解释》第5条第3款规定:生产、销售劣药,具有本解释第1条规定情形之一的,应当酌情从重处罚。

本解释第1条规定:生产、销售假药,具有下列情形之一的,应当酌情从重处罚:生产、销售的假药以孕妇、婴幼儿、儿童或者危险重病人为主要使用对象的;生产、销售的假药属于麻醉药品、精神药品、医疗用毒性药品、放射性药品、避孕药品、血液制品、疫苗的;生产、销售的假药属于注射剂药品、急救药品的;医疗机构、医疗机构工作人员生产、销售假药的;在自然灾害、事故灾难、公共卫生事件、社会安全事件等突发事件期间,生产、销售用于应对突发事件的假药的;两年内曾因危害药品安全违法犯罪活动受过行政处罚或者刑事处罚的;其他应当从重处罚的情形。

凡具有上述司法解释情形之一的,规定是对生产、销售劣药犯罪适用酌定从重处罚,但依照该司法解释第5条规定对《刑法》第142条规定的犯生产、销售、提供劣药罪的也适用该酌定从重处罚的规定。

③单位犯本罪的处罚。根据《刑法》第150条规定,单位犯本罪的,对单位判处罚金,并对其直接负责的主管人员和其他直接责任人员依照各该条的规定处罚。

根据上述司法解释第11条规定,对实施本解释规定之罪的犯罪分子,应当依照《刑法》规定的条件严格适用缓刑、免予刑事处罚的规定。对于适用缓刑的,应当同时宣告禁止令,禁止犯罪分子在缓刑考验期限内从事药品生产、销售及相关活动。

上述2014年11月3日最高人民法院、最高人民检察院《关于办理危害药品安全刑事案件适用法律若干问题的解释》是对《刑法》第142条第1款规定生产、销售劣药犯罪的犯罪处罚的解释。

(4)认定本罪时,应注意以下问题。

①区分罪与非罪的界限。

从犯罪主体上区分。生产、销售、提供劣药罪的主体在主观上故意的,主观上是过失的人不构成本罪。不是用药单位的人员,提供小量的民间偏方供他人使用,一般不构成本罪。

从犯罪结果上区分。生产、销售、提供劣药罪是结果犯,实施了生产、销售、提供劣药行为,还必须达到"对人体健康造成严重危害的结果"才构成犯罪。但依据2014年11月3日最高人民法院、最高人民检察院《关于办理危害药品安全刑事案件适用法律若干问题的解释》第11条规定:销售少量根据民间传统配方私自加工的药品,或者销售少量未经批准进口的国外、境外药品,没有造成他人伤害后果或者延误诊治,情节显著轻微危害不大的,不认为是犯罪。提供小量民间偏方药没有造成他人严重伤害结果的行为,不能构成本罪的犯罪行为。

②注意正确认定量刑的数额情节。《刑法修正案(十一)》对本罪罚金由法定数额改为概括"罚金",这对确定具体罚金数额增加了困难。对此,应严格按2014年11月3日最高人民法院、最高人民检察院《关于办理危害药品安全刑事案件适用法律若干问题的解释》第12条规定:犯生产、销售假药罪,一般应当依法判处生产、销售金额2倍以上的罚金。共同犯罪的,对各共同犯罪人合计判处罚金应当在生产、销售金额的2倍以上。

③划清本罪与生产、销售、提供假药罪的界限。本罪与《刑法》第141条规定的生产、销售、提供假药罪的犯罪主体、犯罪行为都相似,容易混淆。这两种犯罪的主要区别有三点。

一是犯罪标的物不同。本罪生产、销售、提供的标的物是劣药,而生产、销售、提供假药罪的标的物是假药。根据《药品管理法》规定,假药,是指依照《药品管理法》的规定属于假药和按假药处理的药品、非药品。劣药是指药品所含成分的含量与国家药品标准或者省、市、自治区、直辖市药品标准规定不符合;超过有效期的;其他不符合药品标准规定的。凡是故意生产、销售、提供上述劣药的,致人身体健康严重危害结果的都是生产、销售、提供劣药犯罪行为。

二是犯罪结果要件不同。本罪是结果犯,必须是对人体健康造成严重危害的结果才构成犯罪。生产、销售、提供假药罪,是行为犯,只要实施了生产、销售假药行为,就可以构成犯罪。

三是法定刑不同。生产、销售、提供假药罪的法定起刑点是拘役,并处罚金,最高处无期徒刑或者死刑,并处罚金或者没收财产;而生产、销售、提供劣药罪的起刑点是3年有期徒刑,最高处无期徒刑,没有死刑的规定。由于上述两种犯罪的构成要件有上述三点不同,可将两种犯罪区分开。

④注意对非法经营药品行为的定罪处罚。根据2014年11月3日最高人民法院、最高人民检察院《关于办理危害药品安全刑事案件适用法律若干问题的解释》第7条规定:违反国家药品管理法律规定,未取得或者使用伪造、变造的药品经营许可证,非法经营药品,情节严重的,依照《刑法》第225条的规定以非法经营罪定罪处罚。

以提供给他人生产、销售药品为目的,违反国家规定,生产、销售不符合药用要求的非药品原料、辅料,情节严重的,依照《刑法》第225条的规定以非法经营罪定罪处罚。

实施前两款行为,非法经营数额在10万元以上,或者违法所得数额在5万元以上的,应当认定为《刑法》第225条规定的"情节严重";非法经营数额在50万元以上,或者违法所得在

25万元以上的,应当认定为《刑法》第225条规定的"情节特别严重"。

实施本条第2款行为,同时又构成生产、销售伪劣产品罪、以危险方法危害公共安全罪等犯罪的,依照处罚较重的规定定罪处罚。

⑤注意本罪共犯的认定。根据2014年11月3日最高人民法院、最高人民检察院《关于办理危害药品安全刑事案件适用法律若干问题的解释》第8条规定:明知他人生产、销售假药、劣药,而有下列行为之一的,以共同犯罪论处:提供资金、贷款、账号、发票、许可证的;提供生产、经营场所、设备或者运输、储存、保管、邮寄、网络销售渠道便利条件的;提供生产技术或者原料、辅料、包装材料、标签、说明书的;提供广告宣传等帮助行为的。

⑥注意犯本罪与数罪依照较重规定定罪处罚。根据2014年11月3日最高人民法院、最高人民检察院《关于办理危害药品安全刑事案件适用法律若干问题的解释》第10条规定:实施生产、销售假药、劣药犯罪同时构成生产、销售伪劣产品、侵犯知识产权、非法经营、非法行医、非法采供血等犯罪的,依照处罚较重规定罪处罚。

(四)欺诈发行证券罪(取消欺诈发行股票、债券罪罪名)

欺诈发行证券罪,是《刑法修正案(十一)》对《刑法》第160条规定修改的犯罪。1997年12月16日最高人民法院《关于执行〈中华人民共和国刑法〉确定罪名的规定》中确定为"欺诈发行股票、债券罪"。根据《刑法修正案(十一)》对《刑法》第160条规定修改补充规定,2021年2月26日最高人民法院、最高人民检察院《关于执行〈中华人民共和国刑法〉确定罪名的补充规定(七)》中取消了欺诈发行股票、债券罪,改为"欺诈发行证券罪"的罪名。

1. 刑法条文中有关欺诈发行证券罪的规定有以下几点。

(1)1995年《关于惩治违反〈中华人民共和国公司法〉的犯罪的决定》第3条第1款规定,制作虚假的招股说明书、认股书、公司债券募集办法发行股票或者公司债券,数额巨大、后果严重或者有其他严重情节的,处5年以下有期徒刑或者拘役,可以并处非法募集资金额百分之五以下罚金。

(2)1997年《刑法》第160条规定,在招股说明书、认股书、公司、企业债券募集办法中隐瞒重要事实或者编造重大虚假内容,发行股票或者公司、企业债券,数额巨大、后果严重或者有其他严重情节的,处5年以下有期徒刑或者拘役,并处或者单处非法募集资金金额百分之一以上百分之五以下罚金。

单位犯前款罪的,对单位判处罚金,并对其直接负责的主管人员和其他直接责任人员,处5年以下有期徒刑或者拘役。

(3)《刑法修正案(十一)》第8条规定,将《刑法》第160条修改为:在招股说明书、认股书、公司、企业债券募集办法等发行文件中隐瞒重要事实或者编造重大虚假内容,发行股票或者公司、企业债券,存托凭证或者国务院依法认定的其他证券,数额巨大、后果严重或者有其他严重情节的,处5年以下有期徒刑或者拘役,并处或者单处罚金;数额特别巨大、后果特别严重或者有其他特别严重情节的,处5年以上有期徒刑,并处罚金。

控股股东、实际控制人组织、指使实施前款行为的,处5年以下有期徒刑或者拘役,并处或者单处非法募集资金金额百分之二十以上一倍以下罚金;数额特别巨大、后果特别严重或者有其他特别严重情节的,处5年以上有期徒刑,并处非法募集资金金额百分之二十以上一倍以下罚金。

单位犯前两款罪的,对单位判处非法募集资金金额百分之二十以上一倍以下罚金,并对其直接负责的主管人员和其他直接责任人员,依照第1款的规定处罚。

上述《刑法修正案(十一)》第8条对《刑法》第160条原规定欺诈发行的对象由公司股票、证券,扩大为公司股票或者公司、企业债券、存托凭证或者国务院依法认定的其他证券;并将处销售金额百分之一以上百分之五以下罚金的"法定数额"删去,改为"并处罚金",还增加对"控股股东、实际控制人组织、指使实施欺诈前发行证券犯罪行为的,处5年以下有期徒刑或者拘役,并处或者单处非法募集资金金额百分之二十以上一倍以下罚金;数额特别巨大、后果特别严重或者有其他特别严重情节的,处5年以上有期徒刑,并处非法募集资金金额百分之二十以上一倍以下罚金";同时,对单位犯本罪的原规定"对单位判处罚金",改为"对单位判处非法募集资金金额百分之二十以上一倍以下罚金,并对其直接负责的主管人员和其他直接责任人员,依照第一款的规定处罚"。

2. 刑法规定修改的原因

我国1979年《刑法》没有关于欺诈发行证券犯罪的规定,1993年我国《公司法》(已失效)第207条规定"制作虚假的招股说明书、认股书、公司债券募集办法发行股票或者公司债券的,责令停止发行,退还所募资金及其利息,处以非法募集资金额百分之一以上百分之五以下罚款,构成犯罪的,依法追究刑事责任"。1995年《关于惩治违反〈中华人民共和国公司法〉的犯罪的决定》第3条第1款规定"制作虚假的招股说明书、认股书、公司债券募集办法发行股票或者公司债券,数额巨大、后果严重或者有其他严重情节的,处五年以下有期徒刑或者拘役,可以并处非法募集资金额百分之五以下罚金"。1997年修订《刑法》第160条将上述决定中规定的虚假发行股票、债券犯罪行为的罪状、法定刑作了重大修改,特别是将该罪的犯罪行为具体规定为"隐瞒重要事实或者编造重要事实"的行为,并且扩大了发行对象的范围。最高人民法院《关于执行〈中华人民共和国刑法〉确定罪名的规定》中确定为"欺诈发行股票、债券罪"。

1997年修订《刑法》规定的欺诈发行股票、债券罪,欺诈发行的对象只是股票和债券,而在《刑法》实施30年,公司发展的实际过程中,又出现了公司、企业欺诈发行"存托凭证或者国务院依法认定的其他证券"的行为,同样严重扰乱证券市场秩序,应依法追究刑事责任。特别是近几年来,一些公司的控股股东、实际控制人组织、指使实施欺诈发行证券犯罪行为,数额特别巨大、后果特别严重或者有其他特别严重情节的,严重扰乱了证券市场秩序,也应予严厉的处罚,因此,2020年12月26日《刑法修正案(十一)》根据稳定当前股票证券市场秩序的需要,将欺诈发行股票、证券等证券犯罪行为规定为犯罪,除最高判处其15年有期徒刑外,还要并处非法募集资金金额百分之二十以上一倍以下罚金。2021年2月26日最高人民法院、最高人民检察院《关于执行〈中华人民共和国刑法〉确定罪名的补充规定(七)》中取消了"欺诈发行股票、债券罪",改为"欺诈发行证券罪"。

3. 欺诈发行证券罪的适用

欺诈发行证券罪是《刑法修正案(十一)》对《刑法》第160条规定的欺诈发行证券罪的罪状和法定刑修改的犯罪,要准确适用就必须弄清该罪的概念、特征、法定刑,以及适用时应注意的问题。

(1)欺诈发行证券罪的概念。该罪是指公司、企业在招股说明书、认股书、公司、企业债券募集办法等发行文件中隐瞒重要事实或者编造重大虚假内容,发行股票或者公司、企业债券、存托凭证或者国务院依法认定的其他证券,数额巨大、后果严重或者有其他严重情节的行为。

公司、企业发行股票、债券、存托凭证或者国务院依法认定的其他证券募集资金都应当如实公告和申报,如果隐瞒重要事实或者编造重大虚假内容,是对认购者的欺骗,是对社会有严重危害的行为,应认定为犯罪行为。

我国古代法律中,没有这种犯罪的规定。1935 年《中华民国刑法》也没有设专条规定这种犯罪,但有处罚行使伪造、变造公债票、公司股票或者其他有价证券犯罪行为和欺诈财产犯罪行为的规定。

外国刑法中,一般都没有专条规定这种犯罪行为,而是在单行法规中规定这种犯罪。例如:《韩国商法》中规定有"利用不实文件罪",该法规定"会社的发起人、业务执行员、理事、监事、有关法定代行职务者、经理及其他接受有关会社营业的某种或者特定事项的使用人、外国会社的代表者、受委托募集股份或者社债者,在募集股份或者社债中,利用了对重要事项有不实记载的股份应募书、社债应募书、事业计划书、有关募集股份或社债的广告及其他文件时,处 5 年以下徒刑或 500 万元以下的罚金""出售股份或社债者,利用对重要事实有不实记载的有关出售文件时,处罚与之相同"。原《西德股份公司法》规定,"公司创建人、董事会或监事会成员在建立报告、加股报告或检查报告中伪报或隐瞒重大事实的,属于伪报行为,处 3 年以下的监禁或罚款"。《日本商法》规定,"使用不实文书罪",该法第 490 条规定,"在募集股份或公司债时,使用在重要事项上有不实记载的认股书、公司债应募书、公开说明、股份或公司债的募集广告及其他有关股份或公司债募集的文书时,处 5 年以下徒刑或 200 万日元以下罚金"。"股份或公司债的销售者,使用在重要事项上有不实记载的有关其销售的文件时,处罚与之相同。"上述外国法律对欺诈发行股票、债券等证券犯罪行为的规定与我国现行刑法的规定有相似之处,但没有我国刑法规定的具体、明确且我国《刑法》规定的适用性更强。

(2)欺诈发行证券罪的构成特征。根据《刑法》第 160 条和《刑法修正案(十一)》的规定,该罪有以下构成特征。

①犯罪主体,是一般主体。达到法定年龄、具有刑事责任能力,实施了欺诈发行证券犯罪行为的自然人和单位,主要是公司、企业募集资金的人员。单位犯本罪的主体是单位和单位直接负责的主管人员和其他直接责任人员。本罪的犯罪主体主观上是故意的,多数是以骗取募集资金为目的。公司、企业的控股股东、实际控制人组织、指使实施欺诈发行证券犯罪行为的,依法处较重刑罚。

②犯罪行为,必须是实施了欺诈发行证券的行为。证券是指股票或者公司、企业债券、存托凭证或者国务院依法认定的其他证券。

股票是公司签发的证明股东所持股份的凭证,股票中载有股份数额和购股金额,股东凭股票中的股份数额决定在公司中的地位和获取公司分红利润。

公司企业债券是公司、企业依照法定程序发行的约定在一定期限还本付息的有价证券。

存托凭证,是指公司企业在银行的存款单和委托管理资产的凭证,如公司、企业的注册资金等凭证。

根据我国有关法律规定,正在设立股份有限公司的发起人可以向社会公开募集股份;已成立的股份有限公司为了进一步扩大资本或者筹集资金,可以向社会发行股票或者债券。国有独资公司和两个以上国有企业或者其他两个以上的国有投资主体设立的有限责任公司,为筹集生产经营资金,可以发行公司债券。为了使社会公众了解公司的真实情况,保护社会公众的利益,维护正常的市场经济秩序,公司法及其他有关的法律都规定对公司、企业发布的招股说明书、认股书、公司、企业债券募集办法等文件的内容要求都作了具体规定。

我国1993年《公司法》第84条规定,发起人向社会公开募集股份时,必须向国务院证券管理部门递交募股申请,并报送下列主要文件:批准设立公司的文件;公司章程;经营估算书;发起人姓名或者名称、发起人认购的股份数、出资的种类及验资证明;招股说明书;代收股款银行的名称及地址;承销机构名称及有关的协议。上述文件齐全,内容符合规定的国务院证券管理部门批准向社会发行股票,未经批准的,发起人不得向社会公开募集股份。

1993年《公司法》第87条规定,招股说明书应当附有发起人制定的公司章程,并载明下列事项:发起人认购的股份数;每股的票面金额和发行价格;无记名股票的发行总数;认股人的权利、义务;本次募股的起止期限及逾期未募足时,认股人可撤回所认股的说明。

1993年《公司法》第88条规定,发起人向社会公开募集股份,必须公告招股说明书,并制作认股书。认股书应当载明上述所列事项,由认股人填写所认股数、金额、住所,并签名、盖章。如果发起人制作虚假的招股说明书、认购书,欺骗社会公众,募集资金数额巨大的、后果严重的,或者有其他严重情节的,构成犯罪,应当追究其刑事责任。

1993年《公司法》第166条规定,发行公司债券的申请经批准后,应当公告公司债券募集办法。公司债券募集办法中应当载明下列主要事项:公司名称;债券总额和债券面金额;债券利率;还本付息的期限和方式;债券发行的起止日期;公司净资产额;已发行的尚未到期的公司债券总额;公司债券的承销机构。公司、企业发行债券应如实公告上述法律规定的事项,如果不按上述规定,而是以虚假的公告募集资金,数额巨大、后果严重的,或者有其他严重情节的,构成犯罪,应当追究其刑事责任。

根据上述法律规定,《刑法》第160条规定,欺诈发行证券的犯罪行为,具体表现有两种。

第一种是在招股说明书、认股书、公司、企业债券募集办法等发行文件中隐瞒重要事实的行为。隐瞒事实必须是故意隐瞒真实、重要的事实不向社会公众公布,以欺骗他人认股或者认购债券等证券,如隐瞒公司负债情况和发起人认股数额等。可以是隐瞒部分重要事实,也可以是隐瞒全部重要事实。

第二种是在招股说明书、认股书、公司、企业债券募集办法等发行文件中编造重大虚假内容,发行股票或者公司、企业债券、存托凭证或者国务院依法认定的其他证券的行为。编造重大虚假内容,是根本不存在的事实,是凭空捏造的重大内容,欺骗他人认股或者认购债券等证券的行为。例如,对筹集资金如何使用提出虚假的计划,以误导他人认股或者认购债券等证券的行为。如果隐瞒、编造的不是重要的事实,即对认股或者认购债券等证券没有重大影响的事实,一般不构成犯罪。

③犯罪结果,是结果犯。欺诈发行证券行为,必须达到欺诈数额巨大、后果严重或者有其他严重情节的。具有上述三种结果之一的,就可以构成本罪的犯罪结果。

根据2010年5月7日,最高人民检察院、公安部《关于公安机关管辖的刑事案件立案追诉标准的规定(二)》(已失效)第5条规定欺诈发行股票、债券案(《刑法》第160条),在招股说明书、认股书、公司、企业债券募集办法等发行文件中隐瞒重要事实或者编造重大虚假内容,发行股票或者公司、企业债券涉嫌下列情形之一的,应于立案追诉:发行数额在500万元以上的;伪造、变造国家机关公文、有效证明文件或者相关机关凭证、单据的;利用募集的资金进行违法活动的;转移或者隐瞒募集的资金的;其他后果严重或者有其他严重情节的情形。

凡具有上述情节的,就是欺诈数额巨大、后果严重或者有其他严重情节的,就可以构成犯罪。

(3)欺诈发行证券罪的法定刑。根据《刑法》第160条的规定,该罪的法定刑有以下内容:

①构成本罪的,处5年以下有期徒刑或者拘役,并处或者单处罚金,这里不包括实施欺诈发行证券行为"情节轻,情节一般"的结果。

②犯本罪的,数额特别巨大、后果特别严重或者有其他特别严重情节的,处5年以上有期徒刑,并处罚金。数额特别巨大,应以发行证券面值金额计算。

后果特别严重,是指造成了投资者或其他债权人经济损失,影响债权人、投资人的生产、经营活动等情形。其他特别严重情节,是指除数额和后果以外的其他扰乱金融和社会管理秩序的其他情节。如伪造、变造国家机关公文、有效证明文件或者相关机关凭证、单据的;利用募集的资金进行违法活动的;转移或者隐瞒募集的资金等其他后果特别严重或者有其他特别严重情节的情形。

③控股股东、实际控制人犯本罪的,处5年以下有期徒刑或者拘役,并处或者单处非法募集资金金额百分之二十以上一倍以下罚金;数额特别巨大、后果特别严重或者有其他特别严重情节的,处5年以上有期徒刑,并处非法募集资金金额百分之二十以上一倍以下罚金。

④单位犯前两款罪的,对单位判处非法募集资金金额百分之二十以上一倍以下罚金,并对其直接负责的主管人员和其他直接责任人员,依照第1款的规定处罚,即按一般自然人犯罪主体犯本罪的法定刑处罚,对其并处罚金是抽象规定,而不是上述定额罚金。

(4)欺诈发行证券罪认定时,应注意以下问题。

①区分罪与非罪的界限。

从犯罪主体上区分。欺诈发行证券罪的主体虽是一般主体,但主要是公司、企业的发起人和负责证券募集工作的负责人员,在主观上是故意的,故意的内容是隐瞒重大事实或者编造发行证券有关的重要内容,其目的是发行更多的证券。如果其目的不是发行更多证券,而是非法骗取募集资金占为己有的和过失漏报发行证券所要求的重大事实的行为不构成本罪。

从犯罪结果上区分。欺诈发行证券罪是结果犯,虽然行为人实施了在招股说明书、认股书、公司、企业债券募集办法等发行文件中编造重大虚假内容的行为,但没有实施向社会发行证券的行为,也不会对社会产生危害,因而也不构成犯罪。

②注意正确认定量刑的数额情节。《刑法修正案(十一)》对本罪处罚金有两种不同规定:一是对原规定罚金由"定额罚金"改为概括"罚金",这对确定具体罚金数额增加了困难。对此,应严格按最高人民检察院、公安部《关于公安机关管辖的刑事案件立案追诉标准的规定(二)》第5条规定,欺诈发行股票、债券,在招股说明书、认股书、公司、企业债券募集办法等发行文件中隐瞒重要事实或者编造重大虚假内容,发行股票或者公司、企业债券数额在500万元以上的,应于立案追诉的规定。二是《刑法修正案(十一)》规定对控股股东、实际控制人和

单位犯欺诈发行证券罪的,处主刑时要处附加定额罚金,即"处五年以下有期徒刑或者拘役,并处或者单处非法募集资金金额百分之二十以上一倍以下罚金;数额特别巨大、后果特别严重或者有其他特别严重情节的,处五年以上有期徒刑,并处非法募集资金金额百分之二十以上一倍以下罚金"。

③划清本罪与诈骗罪的界限。本罪与《刑法》第210条规定的诈骗罪的犯罪主体、犯罪结果都有相似之处,容易混淆。这两种犯罪的主要区别是犯罪目的不同。本罪的犯罪目的是欺诈发行证券募集资金,所募集的资金归公司、企业使用。而诈骗罪是以非法占有他人财物为目的,以虚构事实和隐瞒事实真相的方式非法占有他人财物,数额较大的行为。由于二犯罪的犯罪目的和行为不同,可将二罪区分开。

④注意犯本罪行为又非法占有募集资金犯罪行为的定罪处罚。公司、企业工作人员欺诈发行证券,并将募集资金作为个人投资认股或者认购债券的行为,是两种犯罪行为,分别依照刑法规定构成欺诈发行证券罪和职务侵占罪的,应分别定罪,实行数罪并罚。

(五)违规披露、不披露重要信息罪

违规披露、不披露重要信息罪是《刑法修正案(六)》第5条、《刑法修正案(十一)》第9条对《刑法》第161条原规定的提供虚假财会报告罪修改补充的犯罪。最高人民法院、最高人民检察院《关于执行〈中华人民共和国刑法〉确定罪名的补充规定(三)》取消原规定的提供虚假财会报告罪的罪名,改为本罪名。

1.刑法规定内容的修改

刑法条文中有关违规披露、不披露重要信息罪的规定有:

(1)1997年《刑法》第161条规定:"公司向股东和社会公众提供虚假的或者隐瞒重要事实的财务会计报告,严重损害股东或者其他人利益的,对其直接负责的主管人员和其他直接责任人员,处三年以下有期徒刑或者拘役,并处或者单处二万元以上二十万元以下罚金。"

(2)2006年6月29日发布的《刑法修正案(六)》第5条规定,将《刑法》第161条修改为:"依法负有信息披露义务的公司、企业向股东和社会公众提供虚假的或者隐瞒重要事实的财务会计报告,或者对依法应当披露的其他重要信息不按照规定披露,严重损害股东或者其他人利益,或者有其他严重情节的,对其直接负责的主管人员和其他直接责任人员,处三年以下有期徒刑或者拘役,并处或者单处二万元以上二十万元以下罚金。"

(3)2020年12月26日发布的《刑法修正案(十一)》第9条将《刑法》第161条修改为:"依法负有信息披露义务的公司、企业向股东和社会公众提供虚假的或者隐瞒重要事实的财务会计报告,或者对依法应当披露的其他重要信息不按照规定披露,严重损害股东或者其他人利益,或者有其他严重情节的,对其直接负责的主管人员和其他直接责任人员,处五年以下有期徒刑或者拘役,并处或者单处罚金;情节特别严重的,处五年以上十年以下有期徒刑,并处罚金。前款规定的公司、企业的控股股东、实际控制人实施或者组织、指使实施前款行为的,或者隐瞒相关事项导致前款规定的情形发生的,依照前款的规定处罚。犯前款罪的控股股东、实际控制人是单位的,对单位判处罚金,并对其直接负责的主管人员和其他直接责任人员,依照第一款的规定处罚。"

《刑法修正案(六)》对《刑法》第161条作了如下补充:一是增加了犯罪主体。我国《刑法》第161条原只规定提供虚假财会报告罪的主体是"公司"直接负责的主管人员和其他直接责任人员,而《刑法修正案(六)》第 5 条规定的主体是"依法负有信息披露义务的公司、企业"直接负责的主管人员和其他直接责任人员,增加了"企业"直接负责的主管人员和其他直接责任人员。二是增加了罪状的内容,将"对依法应当披露的其他重要信息不按照规定披露"规定为犯罪行为。三是罪名修改为违规披露、不披露重要信息罪。由于增加新的犯罪行为,刑法原规定的提供虚假的或者隐瞒重要事实的财务会计报告的内容不能完全包括不按规定披露重要信息行为的内容。

《刑法修正案(十一)》第 9 条对《刑法》第 161 条规定的犯违规披露、不披露重要信息罪的主体和法定刑作了重要修改。原规定的主体是负有信息披露义务的公司、企业直接负责的主管人员和其他直接责任人员,《刑法修正案(十一)》又增加了公司、企业的控股股东、实际控制人和作为控股股东、实际控制人的单位。《刑法》第 161 条原规定的法定刑只有一个档次,最高处 3 年有期徒刑,后改为第一个档次法定刑最高处 5 年有期徒刑,同时增加了第二个档次加重法定刑,即"情节特别严重的,处五年以上十年以下有期徒刑,并处罚金",且将该罚金规定为概括的"罚金"。

2.刑法规定修改的原因

我国 1997 年《刑法》第 161 条原规定有"提供虚假财会报告罪",司法机关依照该条规定惩治了一大批犯罪分子。根据修改后的《公司法》和《证券法》的规定,公司、企业负有向股东或者社会公众披露有关信息的义务,股东和公众有一定的知情权,如公司的盈利和亏损情况等。但一些公司、企业对依法应当披露的重要信息不按照规定披露,欺骗股东和社会公众,盲目认购股权和出售股权,如果盲目地与该公司进行经济活动,会严重损害股东或者其他人利益,造成恶劣影响。因此,2006 年 6 月 29 日,全国人大常委会根据上述情况,将对依法应当披露的其他重要信息不按照规定披露,严重损害股东或者其他人利益,或者有其他严重情节的行为规定为犯罪,最高处 3 年有期徒刑,并处或者单处 2 万元以上 20 万元以下罚金。多年的司法实践证明,依照《刑法修正案(六)》对《刑法》第 161 条修改后对本罪的处罚仍然很轻,不足以惩治犯该罪的犯罪分子,有些公司的控股股东、实际控制人以单位的名义犯该种犯罪,使该种犯罪还有上升趋势。公司行政管理机关要求对犯违规披露、不披露重要信息罪加重处罚。因此,《刑法修正案(十一)》第 9 条对《刑法》第 161 条规定的犯违规披露、不披露重要信息罪的法定刑作了重要修改,加重处罚力度,最高处 10 年有期徒刑,并处罚金;控股股东、实际控制人是单位的,对单位判处罚金,并对其直接负责的主管人员和其他直接责任人员,依照《刑法》第 161 条第 1 款的规定处罚。

3.违规披露、不披露重要信息罪的适用

违规披露、不披露重要信息罪是《刑法修正案(六)》《刑法修正案(十一)》对《刑法》第 161 条规定修改的犯罪,要准确适用就必须弄清该罪的概念、构成特征、法定刑,以及适用时应注意的问题:

(1)违规披露、不披露重要信息罪的概念。该罪是指依法负有信息披露义务的公司、企业向股东和社会公众提供虚假的或者隐瞒重要事实的财务会计报告,或者对依法应当披露的其他重要信息不按照规定披露,严重损害股东或者其他人利益,或者有其他严重情节的行为。

我国刑法原规定有提供虚假财会报告罪,由于依法应当披露的重要信息故意不披露的现象普遍存在,严重损害股东或者其他人的利益,造成恶劣影响。因此,全国人大常委会在《刑法修正案(六)》《刑法修正案(十一)》中将对依法应当披露的其他重要信息不按照规定披露,严重损害股东或者其他人利益,或者有其他严重情节或情节特别严重的行为规定为犯罪,增加规定公司的控股股东和实际控制人及作为控股股东、实际控制人的单位,可构成本罪的主体,增加了一个加重法定刑,即最高处10年有期徒刑,并处罚金。

(2)犯罪的构成特征。根据《刑法》第161条和《刑法修正案(六)》《刑法修正案(十一)》的规定,该罪的构成特征有:

①犯罪主体,是特殊主体,有3种犯罪主体:一是负有信息披露义务的公司、企业直接负责的主管人员和其他直接责任人员;二是公司、企业的控股股东、实际控制人;三是作为控股股东、实际控制人的单位。犯罪主体在主观上是故意,故意将不应当披露的重要信息披露,或者故意将按照规定应当披露的重要信息不披露。单位犯本罪的主体必须是作为控股股东、实际控制人的单位。

②犯罪行为。主要是两种犯罪行为:

第一,负有信息披露义务的公司、企业直接负责的主管人员和其他直接责任人员,实施向股东和社会公众提供虚假的或者隐瞒重要事实的财务会计报告,或者对依法应当披露的其他重要信息不按照规定披露,严重损害股东或者其他人利益,或者有其他严重情节的行为。

第二,负有信息披露义务的公司、企业的控股股东、实际控制人实施或者组织、指使实施向股东和社会公众提供虚假的或者隐瞒重要事实的财务会计报告,或者对依法应当披露的其他重要信息不按照规定披露,严重损害股东或者其他人利益,或者有其他严重情节的行为,或者隐瞒相关事项导致前述情形发生的行为。

③犯罪结果,是结果犯,必须是严重损害股东或者其他人的利益,或者有其他严重情节的结果。严重损害股东或者其他人的利益,一般是指损害利益在10万元以上,或者造成股东闹事、群体上访等严重后果的。

(3)违规披露、不披露重要信息罪的法定刑。根据《刑法》第161条的规定,违规披露、不披露重要信息罪的法定刑是:

①构成本罪的,处5年以下有期徒刑或者拘役,并处或者单处罚金。

②犯本罪,情节特别严重的,处5年以上10年以下有期徒刑,并处罚金。

③犯本罪的控股股东、实际控制人是单位的,对单位判处罚金,并对其直接负责的主管人员和其他直接责任人员,依照上述规定的法定刑处罚。

(4)本罪适用时应注意以下问题:

①划清本罪与非罪的界限。

从犯罪主体上区分。我国《刑法》第161条规定的违规披露、不披露重要信息罪的主体是特殊主体,必须是负有信息披露义务的公司、企业直接负责的主管人员和其他直接责任人员,以及公司、企业的控股股东、实际控制人及作为控股股东、实际控制人的单位才能构成本罪的犯罪主体。如果不是上述特定身份的人不能构成本罪。例如,一般公民通过窃取手段获取了某公司不应披露的重要信息而出卖给他人的,由于主体不符合法律规定的本罪犯罪主体条件,不能构成本罪。

从犯罪结果上区分。本罪是结果犯,必须存在严重损害股东或者其他人的利益,或者有其他严重情节的结果。如果没有上述结果,或者没有达到情节严重的程度,不构成本罪。例如,2005年10月27日修订的《证券法》第193条第1款规定,"发行人、上市公司或者其他信息披露义务人未按照规定披露信息,或者所披露的信息有虚假记载、误导性陈述或者重大遗漏的,责令改正,给予警告,并处以三十万元以上六十万元以下的罚款。对直接负责的主管人员和其他直接责任人员给予警告,并处以三万元以上三十万元以下的罚款"。上述结果就不是本罪的结果,不构成本罪。如果有比上述结果更严重的情形,可能构成本罪。

②注意本罪是选择罪名。如果负有信息披露义务的公司、企业直接负责的主管人员和其他直接责任人员,既有违规披露重要信息的犯罪行为,也有不按规定披露重要信息的犯罪行为,只定为"违规披露、不披露重要信息罪"一个罪,不能认定为两罪,数罪并罚;如果只是实施了其中一种行为,可分别定为"违规披露重要信息罪"或者"违规不披露重要信息罪"。

(六)非国家工作人员受贿罪

非国家工作人员受贿罪是《刑法修正案(六)》《刑法修正案(十一)》对《刑法》第163条规定的犯罪修改的犯罪。最高人民法院、最高人民检察院《关于执行〈中华人民共和国刑法〉确定罪名的规定》中确定为"公司、企业人员受贿罪",最高人民法院、最高人民检察院《关于执行〈中华人民共和国刑法〉确定罪名的补充规定(三)》改为"非国家工作人员受贿罪"。《刑法修正案(十一)》第10条只是对《刑法》第163条规定的犯罪法定刑进行了修改,对罪名并没有再修改。

1. 刑法规定内容的修改

刑法条文中有关非国家工作人员受贿罪的规定是:

(1)1997年《刑法》第163条规定:公司、企业的工作人员利用职务上的便利,索取他人财物或者非法收受他人财物,为他人谋取利益,数额较大的,处5年以下有期徒刑或者拘役;数额巨大的,处5年以上有期徒刑,可以并处没收财产。

公司、企业的工作人员在经济往来中,违反国家规定,收受各种名义的回扣、手续费,归个人所有的,依照前述规定处罚。

国有公司、企业中从事公务的人员和国有公司、企业委派到非国有公司、企业从事公务的人员有前述行为的,依照本法第385条、第386条的规定定罪处罚。

1997年《刑法》第184条规定:银行或者其他金融机构的工作人员在金融业务活动中索取他人财物或者非法收受他人财物,为他人谋取利益的,或者违反国家规定,收受各种名义的回扣、手续费,归个人所有的,依照本法第163条的规定定罪处罚。

国有金融机构工作人员和国有金融机构委派到非国有金融机构从事公务的人员有前述行为的,依照本法第385条、第386条的规定定罪处罚。

(2)2006年6月29日发布的《刑法修正案(六)》第7条规定,将《刑法》第163条修改为:公司、企业或者其他单位的工作人员利用职务上的便利,索取他人财物或者非法收受他人财物,为他人谋取利益,数额较大的,处5年以下有期徒刑或者拘役;数额巨大的,处5年以上有期徒刑,可以并处没收财产。

公司、企业或者其他单位的工作人员在经济往来中,利用职务上的便利,违反国家规定,收受各种名义的回扣、手续费,归个人所有的,依照前述规定处罚。

国有公司、企业或者其他国有单位中从事公务的人员和国有公司、企业或者其他国有单位委派到非国有公司、企业以及其他单位从事公务的人员有前述行为的,依照本法第385条、

第386条的规定定罪处罚。

(3)2020年12月26日发布的《刑法修正案(十一)》第10条规定,将《刑法》第163条第1款修改为:公司、企业或者其他单位的工作人员,利用职务上的便利,索取他人财物或者非法收受他人财物,为他人谋取利益,数额较大的,处3年以下有期徒刑或者拘役,并处罚金;数额巨大或者有其他严重情节的,处3年以上10年以下有期徒刑,并处罚金;数额特别巨大或者有其他特别严重情节的,处10年以上有期徒刑或者无期徒刑,并处罚金。

《刑法修正案(六)》对《刑法》第163条原规定犯罪主体即"公司、企业的工作人员"进行了修改,增加了"其他单位的工作人员"。《刑法修正案(十一)》将《刑法》第163条原规定的非国家工作人员受贿罪的法定刑,即"数额较大的,处五年以下有期徒刑或者拘役;数额巨大的,处五年以上有期徒刑,可以并处没收财产",修改为"数额较大的,处三年以下有期徒刑或者拘役,并处罚金;数额巨大或者有其他严重情节的,处三年以上十年以下有期徒刑,并处罚金;数额特别巨大或者有其他特别严重情节的,处十年以上有期徒刑或者无期徒刑,并处罚金"。降低了第一个档次法定最高刑,即由5年有期徒刑降到3年有期徒刑,提高了第二个档次法定最高刑,即由15年有期徒刑提高到无期徒刑,并将原规定"可以并处没收财产"改为"并处罚金",对犯本罪的,轻罪处罚更轻,重罪处罚更重。

2.刑法规定修改的原因

我国1997年《刑法》第163条原规定有"公司、企业人员受贿罪",司法机关依照该条规定惩治了一大批犯罪分子。但是,1997年《刑法》只规定了公司、企业人员受贿犯罪,没有规定其他单位工作人员受贿行为构成犯罪。在之后的实践中,我国商业贿赂犯罪突出,一些非国有事业单位、社会组织等单位中的工作人员受贿行为严重,如非国有医院的医务人员收受回扣、非国有体育组织的足球裁判员在足球裁判过程中收受贿赂的行为,社会影响很恶劣,社会危害性严重,而法律没有规定为犯罪。全国人大常委会在《刑法修正案(六)》第7条中补充规定了"其他单位的工作人员"受贿犯罪,即将非国家工作人员利用职务上的便利,索取他人财物或者非法收受他人财物,为他人谋取利益,数额较大的行为规定为犯罪,最高处15年有期徒刑。司法实践中发现《刑法》第163条规定的非国家工作人员受贿罪的法定刑不合理,轻罪处罚较重,重罪处罚较轻,与受贿罪的法定刑不协调。因此,《刑法修正案(十一)》第10条对非国家工作人员受贿罪法定刑作了合理修改,使该罪的不同档次法定刑相衔接,并与受贿罪的法定刑相协调。

3.非国家工作人员受贿罪的适用

非国家工作人员受贿罪是《刑法修正案(六)》《刑法修正案(十一)》对《刑法》第163条规定修改的犯罪,要准确适用就必须弄清该罪的概念、构成特征、法定刑,以及适用时应注意的问题:

(1)非国家工作人员受贿罪的概念。非国家工作人员受贿罪,是指公司、企业或者其他单位的工作人员,利用职务上的便利,索取他人财物或者非法收受他人财物,为他人谋取利益,数额较大的行为。

非国家工作人员受贿罪是从受贿罪中分离出来的犯罪,这种犯罪主要是商业贿赂犯罪的内容。经济交往过程中商业贿赂犯罪较突出,是治理的重点。1997年《刑法》第163条原规定的犯罪主体只是公司、企业人员,根据当时发案情况,《刑法修正案(六)》又补充了其他单位人员受贿的规定,扩大了惩治范围,将所有非国家工作人员受贿的行为都包括在其中。《刑法修正案(十一)》根据司法实践中反映的《刑法》第163条对非国家工作人员受贿罪的法定刑的规定不科学并与受贿罪的法定刑不协调的问题,对其法定刑作了重要修改,使其对重罪处罚更重,对轻罪处罚更轻,并与受贿罪的法定刑相协调。

(2)犯罪的构成特征。根据《刑法》第163条和《刑法修正案(六)》《刑法修正案(十一)》的规定,该罪的构成特征有:

①犯罪主体,是特殊主体,是指非国家工作人员,包括公司、企业、其他单位的工作人员,即公司、企业、其他单位中从事公务的人员,包括在公司、企业、事业单位、机关、团体单位中从事公务的人员,在个体单位中从事公务的人员也可以构成本罪的主体。金融机构中的工作人员,尽管不是从事公务的人员,但只要是在金融活动中受贿,也可以构成本罪的主体。

②犯罪行为,必须具有受贿行为,具体表现为故意利用职务上的便利,进行受贿犯罪行为,包括利用职务之便主动索取他人财物,为他人谋取利益的行为和被动收受他人财物,为他人谋取利益的行为。为他人谋取利益,包括为他人谋取了利益和主观上想为他人谋取利益。如果主观上根本不想为他人谋取利益,则利用职务之便收受他人财物的行为,不构成本罪,可能构成诈骗等犯罪。

③犯罪结果,是结果犯,必须是受贿数额较大的,才构成犯罪。受贿数额巨大或者有其他严重情节、数额特别巨大或者有其他特别严重情节的,处加重法定刑。

根据2016年4月18日起施行的最高人民法院、最高人民检察院《关于办理贪污贿赂刑事案件适用法律若干问题的解释》第11条的规定,《刑法》第163条规定的非国家工作人员受贿罪、第271条规定的职务侵占罪中的"数额较大""数额巨大"的数额起点,按照本解释关于受贿罪、贪污罪相对应的数额标准规定的2倍、5倍执行。

该解释第12条规定,贿赂犯罪中的"财物",包括货币、物品和财产性利益。财产性利益,包括可以折算为货币的物质利益,如房屋装修、债务免除等,以及需要支付货币的其他利益,如会员服务、旅游等。后者的犯罪数额,以实际支付或者应当支付的数额计算。

(3)非国家工作人员受贿罪的法定刑。根据《刑法》第163条和《刑法修正案(六)》《刑法修正案(十一)》的规定,非国家工作人员受贿罪的法定刑是:

①受贿数额较大,构成一般犯罪的,处3年以下有期徒刑或者拘役,并处罚金。数额较大,一般指3万元以上不满40万元的。

根据2022年5月15日实施的最高人民检察院、公安部《关于公安机关管辖的刑事案件立案追诉标准的规定(二)》第10条的规定,公司、企业或者其他单位的工作人员利用职务上的便利,索取他人财物或者非法收受他人财物,为他人谋利,或者在经济往来中利用职务上的便利,违反国家规定收受各种名义的回扣、手续费,归个人所有,数额在3万元以上的,应予立案追诉。

②犯本罪,受贿数额巨大或者有其他严重情节的,处3年以上10年以下有期徒刑,并处罚金。

数额巨大,一般指40万元以上不满600万元。其他严重情节,一般是指有下列情节之一:多次索贿;为他人谋取不正当利益,致使公共财产、国家和人民的利益遭受损失;为他人谋取职务提拔、调整;等等。

③犯本罪,受贿数额特别巨大或者有其他特别严重情节的,处 10 年以上有期徒刑或者无期徒刑,并处罚金。数额特别巨大,一般指 600 万元以上。其他特别严重情节,是指在上述情节严重的基础上,更加严重的情节或者有多项严重情节。

(4)非国家工作人员受贿罪适用时,应注意以下问题:

①区分罪与非罪的界限。

从犯罪主体上区分。本罪的主体是公司、企业、其他单位的工作人员,即单位中有一定职务的非国家工作人员,不是公司、企业、其他单位中有一定职务的工作人员,不能构成本罪。这里的非国家工作人员是特指公司、企业、其他单位的工作人员,不是泛指所有非国家工作人员。下列 3 种人员不能构成本罪的主体:

第一,在单位中没有任何职务,只是从事劳务的人员不能构成本罪。在公司、企业、其他单位中,没有职务、不从事公务的人员也不构成本罪,如单纯从事劳务人员、勤杂人员、服务人员等不构成本罪,因为他们不是从事公务的人员,他们没有职务,不能利用职务之便为他人谋取利益,不能利用职务之便索取、收受他人的财物。

第二,国家机关、国有公司、企业、事业单位、人民团体等国有单位的国家工作人员,有本罪犯罪行为的,不定为本罪,应认定为受贿罪。

第三,受国家机关、国有公司、企业、事业单位、人民团体等国有单位委托在非国有单位中任职从事公务的工作人员,无论其在原国有单位是否任职从事公务,其在非国有单位中有受贿行为的,均不构成本罪,应认定为受贿罪。

另外,依法律和政策规定,索取他人财物,没有为他人谋取利益的行为,也不构成本罪。受贿数额达不到较大的,不构成犯罪。多次受贿未经处理的,累计计算,达到数额较大的也可以构成犯罪,达不到数额较大的不构成犯罪;依照法律规定,接受回扣归单位所有的,不构成犯罪,归单位所有必须记入单位账上,记入个人账上或者单位小金库账上,不能认为是归单位所有;工程技术人员接受政策规定的合理报酬,不构成犯罪,如具有专业职称的工程技术人员有兼职收入,是合法行为,不构成犯罪,但国家工作人员不允许兼职,其兼职所得以受贿论;国有公司、企业的董事、经理不允许经营其任职的同类营业,如果非法经营同类营业,获取利润数额巨大(一般指 10 万元以上),构成犯罪。

②注意非国家工作人员受贿罪与受贿罪的相同点和不同点。两罪的相同点:都是受贿方面的犯罪;都是利用职务之便收受贿赂,为他人谋取利益的行为;都是索贿与收受贿赂的行为。

两罪的不同点:一是主体不同。本罪的主体是公司、企业、其他单位的工作人员,即非国家工作人员;而受贿罪的主体是国家工作人员。二是犯罪行为不同。本罪索贿也必须为他人谋取利益,才构成犯罪;而受贿罪中索取他人财物,不需要为他人谋取利益,也可以构成受贿犯罪。三是犯罪结果不同。本罪必须受贿数额较大(6 万元以上),才构成犯罪;而受贿罪数额在 1 万元以上不满 3 万元,情节较重的,也可以构成犯罪。四是法定刑不同。本罪最高处无期徒刑,并处罚金;而受贿罪最高处死刑,并处没收财产。

另外,具有国家工作人员身份的公司、企业、其他单位的工作人员构成非国家工作人员受贿罪的,要转定为受贿罪,按受贿罪定罪处罚;如果不构成本罪,即使依受贿罪的条件规定可能构成受贿罪,也不能转化为受贿罪,因为法律规定转为受贿罪的前提条件是犯有非国家工作人员受贿罪。例如,受国家机关的委派在公司、企业中从事公务的人员受贿数额没有达到较大,但情节严重的,尽管按《刑法》第385条的规定可以构成受贿罪,但依照《刑法》第163条的规定,其不构成非国家工作人员受贿罪,在这种情况下,不能转定为受贿罪。

(七)骗取贷款、票据承兑、金融票证罪

骗取贷款、票据承兑、金融票证罪是《刑法修正案(六)》第10条补充的《刑法》第175条之一中规定的犯罪。最高人民法院、最高人民检察院《关于执行〈中华人民共和国刑法〉确定罪名的补充规定(三)》中规定为该罪名。《刑法修正案(十一)》第11条,对《刑法》第175条之一规定的犯罪结果作了修改,罪名没有改变。

1. 刑法规定内容的修改

刑法条文中有关骗取贷款、票据承兑、金融票证罪的规定有:

(1)1979年《刑法》第151条规定,盗窃、诈骗、抢夺公私财物数额较大的,处5年以下有期徒刑、拘役或者管制。

(2)1997年《刑法》第266条规定,诈骗公私财物,数额较大的,处3年以下有期徒刑、拘役或者管制,并处或者单处罚金;数额巨大或者有其他严重情节的,处3年以上10年以下有期徒刑,并处罚金;数额特别巨大或者有其他特别严重情节的,处10年以上有期徒刑或者无期徒刑,并处罚金或者没收财产。本法另有规定的,依照规定。

1997年《刑法》第175条规定,以转贷牟利为目的,套取金融机构信贷资金高利转贷他人,违法所得数额较大的,处3年以下有期徒刑或者拘役,并处违法所得1倍以上5倍以下罚金;数额巨大的,处3年以上7年以下有期徒刑,并处违法所得1倍以上5倍以下罚金。单位犯前罪的,对单位判处罚金,并对其直接负责的主管人员和其他直接责任人员,处3年以下有期徒刑或者拘役。

1997年《刑法》第193条规定,有下列情形之一,以非法占有为目的,诈骗银行或者其他金融机构的贷款,数额较大的,处5年以下有期徒刑或者拘役,并处2万元以上20万元以下罚金。数额巨大或者有其他严重情节的,处5年以上10年以下有期徒刑,并处5万元以上50万元以下罚金。数额特别巨大或者有其他特别严重情节的,处10年以上有期徒刑或者无期徒刑,并处5万元以上50万元以下罚金或者没收财产。①编造引进资金、项目等虚假理由的;②使用虚假的经济合同的;③使用虚假的证明文件的;④使用虚假的产权证明作担保或者超出抵押物价值重复担保的;⑤以其他方法诈骗贷款的。

(3)2006年6月29日发布的《刑法修正案(六)》第10条规定,在《刑法》第175条后增加一条,作为第175条之一:"以欺骗手段取得银行或者其他金融机构贷款、票据承兑、信用证、保函等,给银行或者其他金融机构造成重大损失或者有其他严重情节的,处三年以下有期徒刑或者拘役,并处或者单处罚金;给银行或者其他金融机构造成特别重大损失或者有其他特别严重情节的,处三年以上七年以下有期徒刑,并处罚金。单位犯前款罪的,对单位判处罚金,并对其直接负责的主管人员和其他直接责任人员,依照前款的规定处罚。"

(4)2020年12月26日发布的《刑法修正案(十一)》第11条规定,将《刑法》第175条之一第1款修改为:"以欺骗手段取得银行或者其他金融机构贷款、票据承兑、信用证、保函等,给银行或者其他金融机构造成重大损失的,处三年以下有期徒刑或者拘役,并处或者单处罚金;给银行或者其他金融机构造成特别重大损失或者有其他特别严重情节的,处三年以上七年以下有期徒刑,并处罚金。"

单位犯前款罪的,对单位判处罚金,并对其直接负责的主管人员和其他直接责任人员,依照前款的规定处罚。

上述《刑法修正案(六)》《刑法修正案(十一)》对《刑法》补充规定了第175条之一,并删除了骗取贷款、票据承兑、金融票证罪的犯罪结果中"有其他严重情节"的规定。

2.刑法规定修改的原因

我国1979年《刑法》第151条规定有诈骗罪,凡是以非法占有为目的骗取公私财物数额较大的行为都构成诈骗罪。1997年《刑法》除在第266条规定上述一般"诈骗罪"外,在第175条中又规定了套取金融机构信贷资金"高利转贷罪",在第176条中规定了"非法吸收公众存款罪",在第193条中规定了"贷款诈骗罪"等金融诈骗罪。由于一些单位和个人以虚构事实、隐瞒事实真相等欺骗手段,骗取银行或者其他金融机构的贷款、票据承兑、信用证、保函等,给银行或者其他金融机构造成重大损失,严重危害了金融安全。因此,全国人大常委会在《刑法修正案(六)》中增加规定了《刑法》第175条之一,即"骗取贷款、票据承兑、金融票证罪"。《刑法修正案(十一)》又根据司法实践经验,将构成一般"骗取贷款、票据承兑、金融票证罪"的"有其他严重情节"的结果删除,以准确惩罚和震慑这些犯罪,维护金融信贷秩序正常发展。

3.骗取贷款、票据承兑、金融票证罪的适用

骗取贷款、票据承兑、金融票证罪是《刑法修正案(六)》第10条增加的《刑法》第175条之一中规定的和《刑法修正案(十一)》第11条修改的犯罪,要准确适用就必须弄清该罪的概念、构成特征、法定刑,以及适用时应注意的问题。

(1)骗取贷款、票据承兑、金融票证罪的概念。该罪是指以非法使用金融机构的信贷资金为目的,诈骗银行或者其他金融机构的贷款、票据承兑、信用证、保函等,给银行或者其他金融机构造成重大损失的行为。

银行或者其他金融机构的贷款、票据承兑、信用证、保函等都是银行的信贷资金,是用于生产、经营和社会生活需要,有利于社会发展的有偿信贷资金,使用信贷资金是有条件的,符合国家规定贷款条件的,银行等金融机构给予贷款或出具信用证、保函等资信证明;不符合贷款条件的,金融机构不给予贷款或者不出具资信证明。一些不符合贷款条件的单位和个人为取得贷款采取虚构事实和隐瞒事实真相的方法欺骗金融机构而取得金融机构信贷资金的使用权,这种诈骗信贷资金的行为往往给金融机构造成重大损失,或者严重影响其他单位的正常信贷活动,给有关单位造成重大损失,这是对社会有严重危害的行为。我国《刑法》第175条之一将骗取贷款、票据承兑、金融票证的行为规定为犯罪,最低处拘役,并处或者单处罚金;最高处7年有期徒刑,并处罚金。

(2)犯罪构成特征。根据《刑法》第175条之一和《刑法修正案(六)》《刑法修正案(十一)》的规定,该罪的构成特征有:

①犯罪主体,是一般主体,年满16周岁,具有刑事责任能力,并实施了骗取贷款、票据承兑、金融票证行为的自然人或者单位都可以构成本罪的犯罪主体。

犯罪主体在主观上是故意,其目的是骗取信贷资金的使用权利。犯罪主体在主观上有归还信贷资金的意愿,没有占有的目的。

②犯罪行为,必须是以欺骗手段取得银行或者其他金融机构贷款、票据承兑、信用证、保

函等的行为。具体犯罪行为表现是：

第一，以欺骗的手段骗取金融机构贷款的行为，即以虚构事实和隐瞒事实真相的方法欺骗金融机构而骗取贷款的行为。只要骗取了银行贷款就构成犯罪行为，贷款如期归还不影响本罪犯罪行为构成。贷款是借款人向银行借款，到期还本付息的行为。骗取银行贷款到期不还，是给银行造成重大损失的行为。

第二，以欺骗的手段骗取金融机构票据承兑的行为。票据承兑是金融机构内部的票据承兑活动，是金融机构依据票据期限承诺付款的行为。

第三，欺骗的手段骗取金融机构信用证、保函的行为。信用证、保函是金融机构为用户出具的资信证明文件。金融机构出具信用证、保函等资信证明文件是有条件的，符合条件的，银行为用户付款。如果用户以欺骗的手段，骗取金融机构出具的信用证、保函等资信证明，到期用户不能付款的，应由金融机构付款，这就有可能给金融机构造成重大经济损失。因此，刑法规定骗取信用证、保函等资信证明的行为是犯罪行为。

③犯罪结果，是结果犯，必须是给银行或者其他金融机构造成重大损失的结果。何为重大损失，法律没有规定。但这种损失不只是贷款不还的损失，还包括给金融机构造成的贷款秩序混乱，如影响其他用户，使其不能贷款的损失。

根据2022年5月15日发布的最高人民检察院、公安部《关于公安机关管辖的刑事案件立案追诉标准的规定（二）》第22条的规定：[骗取贷款、票据承兑、金融票证案（刑法第一百七十五条之一）]以欺骗手段取得银行或者其他金融机构贷款、票据承兑、信用证、保函等，给银行或者其他金融机构造成直接经济损失数额在五十万元以上的，应予立案追诉。

（3）骗取贷款、票据承兑、金融票证罪的法定刑。根据《刑法》第175条之一的规定，骗取贷款、票据承兑、金融票证罪的法定刑为：

①构成本罪，给银行或者其他金融机构造成重大损失的，处3年以下有期徒刑或者拘役，并处或者单处罚金。

②犯本罪，给银行或者其他金融机构造成特别重大损失或者有其他特别严重情节的，处3年以上7年以下有期徒刑，并处罚金。特别重大损失，一般是指100万元以上的损失。

③单位犯本罪的，对单位判处罚金，并对其直接负责的主管人员和其他直接责任人员，依照自然人犯本罪的规定处罚。

（4）认定骗取贷款、票据承兑、金融票证罪时，应注意划清以下界限：

①区分罪与非罪的界限。

第一，根据我国《刑法》第175条之一的规定，骗取贷款、票据承兑、金融票证罪的主体在主观上必须是故意骗取信贷资金，其目的是取得信贷资金的使用权，但没有非法占有信贷资金的目的，如果不是以骗取信贷资金使用为目的，不构成本罪。行为人对骗取信贷资金不能还本付息的结果，在主观上是过失。如果行为人以非法占有为目的，骗取银行的贷款占为己有不还，不构成本罪，而构成贷款诈骗罪。

第二，骗取贷款、票据承兑、金融票证罪必须是实施了骗取信贷资金而使用的行为，如果是骗取其他财物的行为，不构成本罪。

第三，骗取贷款、票据承兑、金融票证罪必须给银行或者其他金融机构造成重大损失，达不到上述结果的，也不构成本罪。如果没有给金融机构造成重大损失，只是骗取行为有其他严重情节,根据《刑法修正案(十一)》的修改规定不再构成犯罪。

②注意本罪名是选择罪名。如果行为人同时实施了骗取贷款犯罪行为、骗取票据承兑犯罪行为、骗取金融票证犯罪行为,只认定为骗取贷款、票据承兑、金融票证罪,不能分别定罪,实行数罪并罚。如果行为人只实施了其中一种犯罪行为,例如,只实施了骗取贷款犯罪行为,只定为"骗取贷款罪"。

③划清本罪与贷款诈骗罪的界限。本罪是骗取信贷的行为,没有占有信贷资金的目的。而贷款诈骗罪是以贷款的虚假手段,达到非法占有信贷资金的目的。是否具有非法占有目的是区分本罪与贷款诈骗罪的关键。

④划清本罪与高利转贷罪的界限。本罪是骗取信贷的行为,有使用信贷资金的目的,但没有占有信贷资金的目的。而高利转贷罪是用虚假的贷款理由取得金融机构的贷款资金,然后高价转贷他人,从中谋取非法利润。二者虽然都是用虚假的手段骗取贷款,但犯罪目的不同。本罪的目的是取得信贷资金的使用权;而高利转贷罪是利用贷款所得信贷资金放高利贷,从中营利。如果用欺骗的手段骗取信贷资金,又转借给他人,没有牟取高额利润,应认定为本罪;如果高价转贷他人,则应认定为高利转贷罪。

⑤划清本罪与非法吸收公众存款罪的界限。本罪是骗取金融机构信贷资金而使用的行为,没有占有信贷资金的目的。而非法吸收公众存款罪是非法吸收公众的存款,虽然二者都是骗取资金使用权,但所欺骗的对象和资金性质完全不同,从而将两罪区分开来。

(八)非法吸收公众存款罪

非法吸收公众存款罪是《刑法修正案(十一)》第12条,对《刑法》第176条规定修改补充的犯罪。1997年最高人民法院、最高人民检察院《关于执行〈中华人民共和国刑法〉确定罪名的规定》中确定为该罪名。《刑法修正案(十一)》第12条对《刑法》第176条中规定的犯罪的法定刑增加了一个加重法定刑,同时对罚金刑由"定额罚金",修改为概括"罚金",并补充规定了"积极退赃退赔,减少损害结果发生的,可以从轻或者减轻处罚",对罪名没有修改。

1. 刑法规定内容的修改

刑法条文中有关非法吸收公众存款罪的规定有:

(1)1995年,全国人大常委会《关于惩治破坏金融秩序犯罪的决定》第7条规定:非法吸收公众存款或者变相吸收公众存款,扰乱金融秩序的,处3年以下有期徒刑或者拘役,并处或者单处2万元以上20万元以下罚金;数额巨大或者有其他严重情节的,处3年以上10年以下有期徒刑,并处5万元以上50万元以下罚金。单位犯前罪的,对单位判处罚金,并对其直接负责的主管人员和其他直接责任人员,依照前述规定处罚。

(2)1997年《刑法》第176条规定:非法吸收公众存款或者变相吸收公众存款,扰乱金融秩序的,处3年以下有期徒刑或者拘役,并处或者单处2万元以上20万元以下罚金;数额巨大或者有其他严重情节的,处3年以上10年以下有期徒刑,并处5万元以上50万元以下罚金。单位犯前罪的,对单位判处罚金,并对其直接负责的主管人员和其他直接责任人员,依照前述规定处罚。

(3)2020年12月26日发布的《刑法修正案(十一)》第12条规定,将《刑法》第176条修改为:非法吸收公众存款或者变相吸收公众存款,扰乱金融秩序的,处3年以下有期徒刑或者拘役,并处或者单处罚金;数额巨大或者有其他严重情节的,处3年以上10年以下有期徒刑,并处罚金;数额特别巨大或者有其他特别严重情节的,处 10 年以上有期徒刑,并处罚金。单位犯前罪的,对单位判处罚金,并对其直接负责的主管人员和其他直接责任人员,依照前述规定处罚。有前述行为,在提起公诉前积极退赃退赔,减少损害结果发生的,可以从轻或者减轻处罚。

上述《刑法修正案(六)》《刑法修正案(十一)》在《刑法》第 176 条规定的非法吸收公众存款罪的法定刑中增加了特别加重处罚法定刑,并将罚金刑由"定额罚金"修改为概括"罚金",并补充了"积极退赃退赔,减少损害结果发生的,可以从轻或者减轻处罚"。

2. 刑法规定修改的原因

我国 1979 年《刑法》中没有关于非法吸收公众存款罪的规定。随着我国经济特别是民营经济迅速发展,有些企业和个人的资金不足,金融领域中出现了一些非法高利息吸收公众存款的行为,到期不能还本付息,造成群体上访,严重扰乱了我国金融市场秩序和社会秩序。1995 年全国人大常委会及时颁布了《关于惩治破坏金融秩序犯罪的决定》,其中第 7 条规定了非法吸收公众存款的犯罪行为,最高处 10 年有期徒刑,并处 50 万元罚金。1997 年《刑法》将全国人大常委会有关非法吸收公众存款犯罪行为的规定纳入《刑法》第 176 条规定中。全国司法机关依照《刑法》第 176 条规定,惩治了一些非法吸收公众存款的犯罪行为,维护了我国的金融秩序。但也发现由于非法吸收公众存款数额相差很大,对有些数额特别巨大,情节特别严重的犯罪行为,法定最高刑偏低,同时在适用定额罚金时,也不能准确惩罚集资数额不同的犯罪行为。特别是很多非法吸收公众存款的犯罪者不积极退赃退赔所吸收的资金,使非法吸收公众存款的参与者得不到退款,造成严重经济损失。

《刑法修正案(十一)》根据司法实践的需要,在《刑法》规定的非法吸收公众存款罪的法定刑中增加了一个更高档次的法定刑,即非法吸收公众存款数额特别巨大或者情节特别严重的,处 10 年以上有期徒刑,并处罚金;将原规定的"定额罚金"改为概括"罚金",司法机关可依据非法吸收数额灵活决定罚金数额,加重了处罚力度。同时又规定对积极退赃退赔的犯罪者,从轻、减轻处罚,以便减少那些非法吸收公众存款参与者的损失。

3. 非法吸收公众存款罪的适用

非法吸收公众存款罪是《刑法修正案(十一)》第 12 条对《刑法》第 176 条修改补充的犯罪,要准确适用就必须弄清该罪的概念、构成特征、法定刑,以及适用时应注意的问题。

(1)非法吸收公众存款罪的概念。该罪是指非法吸收公众存款或者变相吸收公众存款,扰乱金融秩序的行为。

该罪是破坏我国金融秩序的犯罪行为。我国实行金融垄断制度,社会公众存款贷款业务由经批准的银行经营,未经批准,任何单位和个人都不得从事存款贷款业务。我国银行法规定,只有经中国人民银行批准成立的金融机构才发给经营许可证,在许可证规定的范围内从事金融活动。吸收存款和发放贷款是一种金融活动,必须是持有经营许可证的单位才能进行经营活动。没有经过批准非法吸收公众存款或者变相吸收公众存款是破坏金融秩序的行为,扰乱金融秩序的,法律规定为犯罪,应负刑事责任,最高处 15 年有期徒刑,并处罚金。

中国古代法律和外国刑法中都没有设专条规定该种犯罪。

(2)犯罪构成特征。根据《刑法》第 176 条和《刑法修正案(十一)》的规定,该罪的构成特征有:

①犯罪主体,是一般主体,年满16周岁,具有刑事责任能力,并实施了非法吸收公众存款行为的自然人或者单位都可以构成本罪的犯罪主体。单位主体是指单位本身及单位直接负责的主管人员和其他直接责任人员。

犯罪主体在主观上对非法吸收公众存款犯罪行为是故意,其目的是使用吸收的公众存款。犯罪主体对吸收的公众存款是要还本付息的,没有占有被吸收存款的目的。

②犯罪行为,必须是实施了非法吸收公众存款的行为。具体犯罪行为表现是:

第一,未经批准非法吸收公众存款的行为。根据2022年3月1日施行的最高人民法院《关于审理非法集资刑事案件具体应用法律若干问题的解释》第1条规定:违反国家金融管理法律规定,向社会公众(包括单位和个人)吸收资金的行为,同时具备下列4个条件的,除刑法另有规定的以外,应当认定为《刑法》第176条规定的"非法吸收公众存款或者变相吸收公众存款":一是未经有关部门依法许可或者借用合法经营的形式吸收资金;二是通过网络、媒体、推介会、传单、手机信息等途径向社会公开宣传;三是承诺在一定期限内以货币、实物、股权等方式还本付息或者给付回报;四是向社会公众,即社会不特定对象吸收资金。未向社会公开宣传,在亲友或者单位内部针对特定对象吸收资金的,不属于非法吸收或者变相吸收公众存款。

2014年3月25日施行的最高人民法院、最高人民检察院、公安部《关于办理非法集资刑事案件适用法律若干问题的意见》第2条规定:"向社会公开宣传",包括以各种途径向社会公众传播吸收资金的信息,以及明知吸收资金的信息向社会公众扩散而予以放任等情形。第3条规定了"社会公众"的认定问题,下列情形不属于最高人民法院《关于审理非法集资刑事案件具体应用法律若干问题的解释》第1条第2款规定的"针对特定对象吸收资金"的行为,应当认定为向社会公众吸收资金:一是在向亲友或者单位内部人员吸收资金的过程中,明知亲友或者单位内部人员向不特定对象吸收资金而予以放任;二是以吸收资金为目的,将社会人员吸收为单位内部人员,并向其吸收资金的。

第二,变相吸收公众存款的行为。根据2022年3月1日施行的最高人民法院《关于审理非法集资刑事案件具体应用法律若干问题的解释》第2条规定:实施下列行为之一,符合本解释第1条第1款规定的条件的,应当依照《刑法》第176条的规定,以非法吸收公众存款罪定罪处罚:一是不具有房产销售的真实内容或者不以房产销售为主要目的,以反本销售、售后包租、约定回购、销售房产份额等方式非法吸收资金的;二是以转让林权并代为管护等方式非法吸收资金的;三是以代种植(养殖)、租种植(养殖)、联合种植(养殖)等方式非法吸收资金的;四是不具有销售商品、提供服务的真实内容或者不以销售商品、提供服务为主要目的,以商品回购、寄存代售等方式非法吸收资金的;五是不具有发行股票、债券的真实内容,以虚假转让股权、发售虚构债券等方式非法吸收资金的;六是不具有募集资金的真实内容,以假借境外基金、发售虚构基金等方式非法吸收资金的;七是不具有销售保险的真实内容,以假冒保险公司、伪造保险单据等方式非法吸收资金的;八是网络借贷,以投资入股的、虚拟币交易等方式非法吸收资金的;九是以委托理财的方式非法吸收资金的;十是以提供养老服务、投资养老项目、销售养老产品等方式非法吸收资金的;十一是利用民间"会""社"等组织非法吸收资金的;十二是其他非法吸收资金的行为。

③犯罪结果,是结果犯,必须是非法吸收公众存款或者变相吸收公众存款,扰乱金融秩序

的结果。

根据 2022 年 3 月 1 日施行的最高人民法院《关于审理非法集资刑事案件具体应用法律若干问题的解释》第 3 条规定：非法吸收或者变相吸收公众存款，有下列行为之一的，应当依法追究刑事责任：一是非法吸收公众存款或者变相吸收公众存款，数额在 100 万元以上的；二是非法吸收或者变相吸收公众存款对象 150 人以上的；三是非法吸收或者变相吸收公众存款，给存款人造成直接经济损失数额在 50 万元以上的；

(3) 非法吸收公众存款罪的法定刑。根据《刑法》第 176 条规定，非法吸收公众存款罪的法定刑为：

①构成本罪的，处 3 年以下有期徒刑或者拘役，并处或者单处罚金。

根据 2022 年 5 月 15 日发布的最高人民检察院、公安部《关于公安机关管辖的刑事案件立案标准的规定（二）》第 23 条规定：非法吸收或者变相吸收公共存款，扰乱金融秩序，涉嫌下列情形之一的，应予立案追诉：一是个人非法吸收公众存款或者变相吸收公众存款，数额在 100 万元以上的；二是非法吸收或者变相吸收公众存款对象 150 人以上的；三是非法吸收或者变相吸收公众存款，给存款人造成直接经济损失数额在 50 万元以上的。

非法吸收或者变相吸收公众存款数额在 50 万元以上或者给集资参与人造成直接经济损失 25 万元以上，同时涉嫌下列情形之一的，应予追诉：（一）因非法集资受过刑事追究的；（二）二年以内因非法集资受过行政处罚的；（三）造成恶劣社会影响或者其他情节严重后果的。

②犯本罪，数额巨大或者有其他严重情节的，处 3 年以上 10 年以下有期徒刑，并处罚金。

根据 2022 年 3 月 1 日施行的最高人民法院《关于审理非法集资刑事案件具体应用法律若干问题的解释》第 3 条规定，具有下列行为之一的，属于《刑法》第 176 条规定的"数额巨大或者有其他严重情节"：一是非法吸收公众存款或者变相吸收公众存款，数额在 500 万元以上的；二是非法吸收或者变相吸收公众存款对象 500 人以上的；三是非法吸收或者变相吸收公众存款，给存款人造成直接经济损失数额在 250 万元以上的。

非法吸收或者变相吸收公众存款，给存款人造成直接经济损失在 250 万元以上或者给存款人造成直接经济损失数额在 150 万元以上的，同时具有本解释第 3 条第 2 款第 3 项情节的，应当认定为其他严重情节。

③犯本罪，非法吸收公众存款数额特别巨大或者有其他特别严重情节的，处 10 年以上有期徒刑，并处罚金。

数额特别巨大或者有其他特别严重情节，一般是指在数额巨大或者情节严重的基础上，有一项或者几项更严重的情形。非法吸收或者变相吸收公众存款的数额，以行为人所吸收的资金额计算。案发前后已归还的数额，可以作为量刑情节酌情考虑。

根据 2022 年 3 月 1 日实施的最高人民法院《关于审理非法集资刑事案件具体应用法律若干问题的解释》第 5 条规定：具有下列情形之一的，应当认定为《刑法》第 176 条规定的数额特别巨大或有其他特别严重情节：（一）非法吸收变相吸收公众存款数额在 5000 万元以上的；（二）非法吸收或者变相吸收公众存款对象 5000 人以上的；非法吸收或者变相吸收公众存款，给存款人造成直接经济损失数额在 2500 万元以上的。非法吸收公众存款或者变相吸收公众存款在 2500 万元以上或者给存款人造成直接经济损失数额在 1500 万元以上，同时具有本解释第3条第2款第3项情节的,应认定为其他特别严重情节。

④单位犯本罪的,对单位判处罚金,并对其直接负责的主管人员和其他直接责任人员,依照自然人犯本罪的规定处罚。

(4)认定非法吸收公众存款罪,应注意划清以下界限:

①区分罪与非罪的界限。

第一,根据《刑法修正案(十一)》对我国《刑法》第176条的补充规定,有非法吸收公众存款行为,在提起公诉前积极退赃退赔,减少损害结果发生的,可以从轻或者减轻处罚。

第二,2022年3月1日施行的最高人民法院《关于审理非法集资刑事案件具体应用法律若干问题的解释》第1条规定,未向社会公开宣传,在亲友或者单位内部针对特定对象吸收资金的,不属于非法吸收或者变相吸收公众存款。第6条第2款规定,非法吸收或者变相吸收公众存款,主要用于正常的生产经营活动,能够在提起公诉前清退所吸收资金的,可以免予刑事处罚;情节显著轻微危害不大的,不作为犯罪处理。

②注意本罪共同犯罪的处理问题。2014年3月25日施行的最高人民法院、最高人民检察院、公安部《关于办理非法集资刑事案件适用法律若干问题的意见》第4条规定,为他人向社会公众非法吸收资金提供帮助,从中收取代理费、好处费、返点费、佣金、提成等费用,构成非法集资共同犯罪的,应当依法追究刑事责任。能及时退缴上述费用的,可以从轻处罚;其中情节轻微的,可以免除处罚;情节显著轻微、危害不大的,不作为犯罪处理。

根据2022年3月1日施行的最高人民法院《关于审理非法集资刑事案件具体应用法律若干问题的解释》第12条第2款规定,"明知他人从事欺诈发行证券,非法吸收公众存款,擅自发行股票、公司、企业债券,集资诈骗或者组织、领导传销活动等集资犯罪活动,为其提供广告等宣传的,以相关犯罪的共犯论处"。

③划清本罪与集资诈骗罪,组织、领导传销活动罪的界限。非法吸收公众存款罪、集资诈骗罪和组织、领导传销活动罪的共同点是都是非法集资扰乱金融秩序的犯罪行为。本罪是非法吸收公众存款,还本付息,取得募集资金的使用权,不具有非法占有吸收的公众存款的目的。以非法占有为目的,非法吸收公众存款募集资金的,应依照《刑法》第192条规定的集资诈骗罪定罪处罚。以非法牟利为目的,以发展人头的方法募集资金归个人所有的,应依照《刑法》第224条之一规定的组织、领导传销活动罪定罪处罚。

上述3种犯罪的区别主要有两点:一是犯罪行为表现方式不同,非法吸收公众存款罪的行为方式是吸收存款;集资诈骗罪的行为方式是招募投资;组织、领导传销活动罪的行为方式是发展人头。二是犯罪目的不同,非法吸收公众存款罪的目的是获取公众存款的使用权;集资诈骗罪和组织、领导传销活动罪的目的是非法占有他人财物。

根据2022年3月1日施行的最高人民法院《关于审理非法集资刑事案件具体应用法律若干问题的解释》第7条第2款规定,使用诈骗方法非法集资,具有下列情形之一的,可以认定为"以非法占有为目的":一是集资后不用于生产经营活动或者用于生产经营活动与筹集资金规模明显不成比例,致使集资款不能返还的;二是肆意挥霍集资款,致使集资款不能返还的;三是携带集资款逃匿的;四是将集资款用于违法犯罪活动的;五是抽逃、转移资金,隐匿财产,逃避返还资金的;六是隐匿、销毁账目,或者搞假破产、假倒闭,逃避返还资金的;七是拒不交代资金去向,逃避返还资金的;八是其他可以认定非法占有目的的情形。

集资诈骗罪中的非法占有目的,应当区分情形进行具体认定。行为人部分非法集资行为具有非法占有目的的,对该部分非法集资行为所涉集资款以集资诈骗罪定罪处罚;非法集资共同犯罪中部分行为人具有非法占有目的,其他行为人没有非法占有集资款的共同故意和行为的,对具有非法占有目的的行为人以集资诈骗罪定罪处罚。

④划清本罪与擅自发行股票、公司、企业债券罪的界限。公司、企业单位未经国家有关主管部门批准,向社会不特定对象发行、以转让股权方式变相发行股票或者公司、企业债券,或者向特定对象发行、变相发行股票或者公司、企业债券累计超过200人的行为与非法吸收公众存款犯罪行为相似。但根据最高人民法院《关于审理非法集资刑事案件具体应用法律若干问题的解释》第10条规定,对其应依照《刑法》第179条规定,以擅自发行股票、公司、企业债券罪定罪处罚。

⑤划清本罪与非法经营罪的界限。一些违反国家规定,未经依法核准擅自发行基金份额募集基金行为与本罪非法吸收公众存款行为相似,容易混淆。但根据最高人民法院《关于审理非法集资刑事案件具体应用法律若干问题的解释》第11条规定,对其应依照《刑法》第225条规定,以非法经营罪定罪处罚。

⑥划清本罪与虚假广告罪的界限。广告经营者、广告发布者违反国家规定,利用广告为非法集资活动相关的商品或者服务作虚假宣传,具有下列情形之一的,根据最高人民法院《关于审理非法集资刑事案件具体应用法律若干问题的解释》第12条规定,应依照《刑法》第222条规定,以虚假广告罪定罪处罚:一是违法所得数额在10万元以上的;二是造成严重危害后果或者恶劣社会影响的;三是二年内利用广告作虚假宣传,受过行政处罚二次以上的;四是其他情节严重的情形。明知他人从事欺诈发行证券、非法吸收公众存款、擅自发行股票、公司、企业债券,集资诈骗或者组织、领导传销活动等集资犯罪活动,为其提供广告等宣传的,以相关犯罪的共犯论处。

⑦关于涉案财物的追缴和处置问题。2014年3月25日施行的最高人民法院、最高人民检察院、公安部《关于办理非法集资刑事案件适用法律若干问题的意见》第5条规定,向社会公众非法吸收的资金属于违法所得。以吸收的资金向集资参与人支付的利息、分红等回报,以及向帮助吸收资金人员支付的代理费、好处费、返点费、佣金、提成等费用,应依法追缴。集资参与人本金尚未归还的,所支付的回报可予折抵本金。将非法吸收的资金及其转换财物用于清偿债务或者转让给他人,有下列情形之一的,应当依法追缴:一是他人明知是上述资金及财物而收取的;二是他人无偿取得上述资金及财物的;三是他人以明显低于市场的价格取得上述资金及财物的;四是他人取得上述资金及财物系源于非法债务或者违法犯罪活动的;五是其他依法应当追缴的情形。查封、扣押、冻结的易贬值及保管、养护成本较高的涉案财物,可以在诉讼终结前依照有关规定变卖、拍卖。所得价款由查封、扣押、冻结机关予以保管,待诉讼终结后一并处置。查封、扣押、冻结的涉案财物,一般应在诉讼终结后,返还集资参与人。涉案财物不足全部返还的,按照集资参与人的集资额比例返还。

⑧关于涉及民事案件的处理问题。根据最高人民法院、最高人民检察院、公安部《关于办理非法集资刑事案件适用法律若干问题的意见》第7条规定:对于公安机关、人民检察院、人民法院正在侦查、起诉、审理的非法集资刑事案件,有关单位或者个人就同一事实向人民法院提起民事诉讼或者申请执行涉案财物的,人民法院应当不予受理,并将有关材料移送公安机

关或者检察机关。人民法院在审理民事案件或者执行过程中,发现有非法集资犯罪嫌疑的,应当裁定驳回起诉或者中止执行,并及时将有关材料移送公安机关或者检察机关。公安机关、人民检察院、人民法院在侦查、起诉、审理非法集资刑事案件中,发现与人民法院正在审理的民事案件属同一事实,或者被申请执行的财物属于涉案财物的,应当及时通报相关人民法院。人民法院经审查认为确属涉嫌犯罪的,依照前述规定处理。

(九)操纵证券、期货市场罪

操纵证券、期货市场罪是《刑法修正案(六)》第11条和《刑法修正案(十一)》第13条对《刑法》第182条原规定的操纵证券、期货交易价格罪修改的犯罪。最高人民法院、最高人民检察院《关于执行〈中华人民共和国刑法〉确定罪名的补充规定(三)》规定为该罪名,取消了原操纵证券、期货交易价格罪罪名。

"操纵证券、期货交易价格罪"是《刑法修正案》第6条补充修改的犯罪,在1997年《刑法》第182条原规定的操纵证券交易价格罪中增加了操纵期货价格的内容,罪名也相应地修改为"操纵证券、期货交易价格罪"。1997年最高人民法院、最高人民检察院《关于执行〈中华人民共和国刑法〉确定罪名的规定》中确定为"操纵证券交易价格罪",于2002年3月26日施行的最高人民法院、最高人民检察院《关于执行〈中华人民共和国刑法〉确定罪名的补充规定》中修改为"操纵证券、期货交易价格罪"。2006年6月29日发布的《刑法修正案(六)》第11条对该犯罪又作了修改,将罪状"操纵证券、期货交易价格"修改为"操纵证券、期货市场",因此,2007年11月6日施行的最高人民法院、最高人民检察院《关于执行〈中华人民共和国刑法〉确定罪名的补充规定(三)》确定为"操纵证券、期货市场罪"罪名。2020年12月26日发布的《刑法修正案(十一)》对《刑法》第182条规定的操纵证券、期货市场罪的罪状作了修改和补充,扩大了该罪的适用范围,罪名没有再改变。

1. 刑法规定内容的修改

刑法条文中有关操纵证券、期货市场罪的修改规定是:

(1)1997年《刑法》第182条规定,有下列情形之一,操纵证券交易价格,获取不正当利益或者转嫁风险,情节严重的,处5年以下有期徒刑或者拘役,并处或者单处违法所得1倍以上5倍以下罚金:①单独或者合谋,集中资金优势、持股优势或者利用信息优势联合或者连续买卖,操纵证券交易价格的;②与他人串通,以事先约定的时间、价格和方式相互进行证券交易或者相互买卖并不持有的证券,影响证券交易价格或者证券交易量的;③以自己为交易对象,进行不转移证券所有权的自买自卖,影响证券交易价格或者证券交易量的;④以其他方法操纵证券交易价格的。

单位犯前罪的,对单位判处罚金,并对其直接负责的主管人员和其他直接责任人员,处5年以下有期徒刑或者拘役。

(2)1999年12月25日发布的《刑法修正案》第6条规定,将《刑法》第182条修改为,有下列情形之一,操纵证券、期货交易价格,获取不正当利益或者转嫁风险,情节严重的,处5年以下有期徒刑或者拘役,并处或者单处违法所得1倍以上5倍以下罚金:①单独或者合谋,集中资金优势、持股或者持仓优势或者利用信息优势联合或者连续买卖,操纵证券、期货交易价格的;②与他人串通,以事先约定的时间、价格和方式相互进行证券、期货交易,或者相互买卖并不持有的证券,影响证券、期货交易价格或者证券、期货交易量的;③以自己为交易对象,进行不转移证券所有权的自买自卖,或者以自己为交易对象,自买自卖期货合约,影响证券、期货交易价格或者证券、期货交易量的;④以其他方法操纵证券、期货交易价格的。

单位犯前罪的,对单位判处罚金,并对其直接负责的主管人员和其他直接责任人员,处5年以下有期徒刑或者拘役。

(3)2006年6月29日发布的《刑法修正案(六)》第11条规定,将《刑法》第182条修改为,有下列情形之一,操纵证券、期货市场,情节严重的,处5年以下有期徒刑或者拘役,并处或者单处罚金。情节特别严重的,处5年以上10年以下有期徒刑,并处罚金。①单独或者合谋,集中资金优势、持股或者持仓优势或者利用信息优势联合或者连续买卖,操纵证券、期货交易价格或者证券、期货交易量的;②与他人串通,以事先约定的时间、价格和方式相互进行证券、期货交易,影响证券、期货交易价格或者证券、期货交易量的;③在自己实际控制的账户之间进行证券交易,或者以自己为交易对象,自买自卖期货合约,影响证券、期货交易价格或者证券、期货交易量的;④以其他方法操纵证券、期货市场的。

单位犯前罪的,对单位判处罚金,并对其直接负责的主管人员和其他直接责任人员,依照述的规定处罚。

(4)2020年12月26日发布的《刑法修正案(十一)》第13条将《刑法》第182条第1款修改为,有下列情形之一,操纵证券、期货市场,影响证券、期货交易价格或者证券、期货交易量,情节严重的,处5年以下有期徒刑或者拘役,并处或者单处罚金。情节特别严重的,处5年以上10年以下有期徒刑,并处罚金。①单独或者合谋,集中资金优势、持股或者持仓优势或者利用信息优势联合或者连续买卖的;②与他人串通,以事先约定的时间、价格和方式相互进行证券、期货交易的;③在自己实际控制的账户之间进行证券交易,或者以自己为交易对象,自买自卖期货合约的;④不以成交为目的,频繁或者大量申报买入、卖出证券、期货合约并撤销申报的;⑤利用虚假或者不确定的重大信息,诱导投资者进行证券、期货交易的;⑥对证券、证券发行人、期货交易标的公开作出评价、预测或者投资建议,同时进行反向证券交易或者相关期货交易的;⑦以其他方法操纵证券、期货市场的。

上述刑法规定及《刑法修正案》《刑法修正案(六)》《刑法修正案(十一)》对《刑法》第182条作了如下修改和补充:

(1)修改了罪名。我国1979年《刑法》没有规定"操纵证券、期货交易价格罪",因为当时实行的是计划经济,不允许进行证券、期货交易,社会上不存在操纵证券、期货市场行为,因此,在1979年《刑法》和有关的补充规定中都没有关于这种犯罪的规定。1990年以后开始试行证券发行和证券、期货交易,1998年12月29日全国人大常委会通过了《证券法》,自1999年7月1日起施行。根据我国《证券法》规定,我国1997年《刑法》第182条原规定,将操纵证券交易价格,获取不正当利益或者转嫁风险,情节严重的行为规定为犯罪。最高人民法院1997年发布的《关于执行〈中华人民共和国刑法〉确定罪名的规定》中规定为"操纵证券交易价格罪"的罪名;1999年12月25日,全国人大常委会在《刑法修正案》第6条中将操纵期货交易价格的行为补充规定为犯罪行为,2002年3月26日,最高人民法院、最高人民检察院《关于执行〈中华人民共和国刑法〉确定罪名的补充规定》中将上述罪名修改为"操纵证券、期货交易价格罪"。2005年10月27日全国人大常委会对《证券法》进行修订,为了使刑法规定与《证券法》规定相衔接,2006年6月29日全国人大常委会在《刑法修正案(六)》第11条中将

"操纵证券、期货交易价格"行为改为"操纵证券、期货市场"行为,因此,2007年11月6日施行的最高人民法院、最高人民检察院《关于执行〈中华人民共和国刑法〉确定罪名的补充规定(三)》中奖罪名修改为"操纵证券、期货市场罪"。

(2)修改了罪状。《刑法》第182条原规定的"操纵证券、期货交易价格"的犯罪行为只是影响证券、期货交易价格,没有规定影响证券、期货交易量。《刑法修正案(六)》将《刑法》第182条规定的犯罪行为修改为操纵证券、期货市场的行为,还增加了"在自己实际控制的账户之间进行证券交易"的犯罪行为,取消了获取不正当利益或者转嫁风险的犯罪目的。

(3)修改了法定刑。《刑法》规定的犯操纵证券、期货市场罪的法定刑相比犯操纵证券、期货交易价格罪的法定刑,增加了一个档次的法定刑,即"情节特别严重的,处五年以上十年以下有期徒刑,并处罚金"。同时,对单位犯罪的法定刑由"对单位判处罚金,并对其直接负责的主管人员和其他直接责任人员,处五年以下有期徒刑或者拘役"改为"对单位判处罚金,并对其直接负责的主管人员和其他直接责任人员,依照前款的规定处罚",加重了对单位处罚的力度,最高处10年有期徒刑。

(4)2020年12月26日发布的《刑法修正案(十一)》第13条对《刑法》第182条规定的操纵证券、期货市场罪的犯罪行为补充了3种具体行为:①不以成交为目的,频繁或者大量申报买入、卖出证券、期货合约并撤销申报的;②利用虚假或者不确定的重大信息,诱导投资者进行证券、期货交易的;③对证券、证券发行人、期货交易标的公开作出评价、预测或者投资建议,同时进行反向证券交易或者相关期货交易的。

上述补充规定,扩大了对操纵证券、期货市场罪的惩治范围,但罪名并没有改变。

2.刑法规定修改的原因

《刑法修正案(六)》修改补充规定操纵证券、期货市场罪的主要原因有:

(1)刑法中原规定惩治操纵证券、期货交易价格的内容过窄。我国刑法中原只规定操纵证券、期货交易价格的犯罪行为,没有明确规定操纵证券、期货交易量的犯罪行为。实践中,对操纵证券、期货交易量等情节严重的行为不能依照刑法追究刑事责任,需通过修改、补充刑法规定的方法加以解决。

(2)我国刑法原规定的操纵证券、期货交易价格罪的罪状需要修改,需要增加犯罪行为。司法实践中存在操纵证券、期货交易量的行为和在自己实际控制的账户之间进行证券、期货交易的行为,严重扰乱证券、期货市场秩序,需要由刑法规定为犯罪追究其刑事责任。

(3)我国刑法对操纵证券、期货交易价格罪的法定刑规定太轻,需要加大惩罚力度。我国刑法原对操纵证券、期货交易价格罪规定最高处5年有期徒刑,并处或者单处违法所得1倍以上5倍以下罚金,单位犯本罪的单独规定"对单位判处罚金,并对其直接负责的主管人员和其他直接责任人员,处五年以下有期徒刑或者拘役"。其处刑较轻,不利于惩治该犯罪。《刑法修正案(六)》第11条增加了一个档次法定刑,即情节特别严重的,处5年以上10年以下有期徒刑,并处罚金;同时,对单位犯罪的法定刑由对单位判处罚金,并对其直接负责的主管人员和其他直接责任人员,处5年以下有期徒刑或者拘役改为"对单位判处罚金,并对其直接负责的主管人员和其他直接责任人员,依照前款的规定处罚",加重了对单位犯罪处罚的力度。

(4)随着我国证券市场不断发展,出现了一些新的操纵证券、期货犯罪行为,需要补充到刑法中,追究其刑事责任,确保证券市场秩序稳定、健康发展。《刑法修正案(十一)》增加了3

种具体操纵证券、期货市场犯罪行为,扩大了惩治范围。

3. 操纵证券、期货市场罪的适用

操纵证券、期货市场罪是《刑法修正案(六)》《法定修正案(十一)》对《刑法》第182条规定修改的犯罪,要准确适用就必须弄清本罪的概念、构成特征、法定刑以及适用时应注意的问题。

(1)操纵证券、期货市场罪的概念。该罪是指单位或者个人非法操纵证券、期货市场,情节严重的行为。

该罪惩罚的是在证券、期货市场上欺行霸市,垄断金融市场,妨害自由竞争,扰乱证券、期货市场秩序的犯罪行为。证券、期货市场是市场经济的重要组成部分,证券、期货交易市场必须依法进行买卖,正当竞争,才有活力。有些人为了获取不正当的利益或者转嫁炒股、期货的风险,非法垄断证券、期货交易市场,操纵证券、期货交易价格和交易量,严重破坏证券、期货市场秩序及市场经济。

我国1999年7月1日起施行的,2005年10月27日修订的《证券法》第77条第1款规定:"禁止任何人以下列手段操纵证券市场:(一)单独或者通过合谋,集中资金优势、持股优势或者利用信息优势联合或者连续买卖,操纵证券交易价格或者证券交易量;(二)与他人串通,以事先约定的时间、价格和方式相互进行证券交易,影响证券交易价格或者证券交易量;(三)在自己实际控制的账户之间进行证券交易,影响证券交易价格或者证券交易量;(四)以其他手段操纵证券市场。"

我国2005年10月27日修订的《证券法》第203条规定,违反本法规定,操纵证券市场的,责令依法处理其非法持有的证券,没收违法所得,并处以违法所得1倍以上5倍以下的罚款;没有违法所得或者违法所得不足30万元的,处以30万元以上300万元以下的罚款。单位操纵证券市场的,还应当对直接负责的主管人员和其他直接责任人员给予警告,并处以10万元以上60万元以下的罚款。第231条规定:"违反本法规定,构成犯罪的,依法追究刑事责任。"

我国1999年5月25日通过的,自1999年9月1日起施行的《期货交易管理暂行条例》第46条规定:"任何单位或者个人不得编造、传播有关期货交易的谣言,不得恶意串通、联手买卖或者以其他方式操纵期货交易价格。"第62条规定:操纵期货交易价格,"构成犯罪的,依法追究刑事责任"。

从上述法律法规规定可见,操纵证券、期货交易市场,情节严重的行为,严重侵犯投资者利益,是严重危害社会的犯罪行为。因此,1997年《刑法》第182条,将操纵证券交易价格,扰乱证券交易市场秩序,情节严重的行为规定为犯罪。

《刑法修正案》对《刑法》第182条增加了操纵期货交易价格的犯罪行为,《刑法修正案(六)》进一步修改,将"操纵证券、期货交易价格罪"改为"操纵证券、期货市场罪"。

2020年12月26日发布的《刑法修正案(十一)》将当前证券市场上新出现的3种操纵证券、期货市场行为,(不以成交为目的,频繁或者大量申报买入、卖出证券、期货合约并撤销申报的;利用虚假或者不确定的重大信息,诱导投资者进行证券、期货交易的;对证券、证券发行人、期货交易标的公开作出评价、预测或者投资建议,同时进行反向证券交易或者相关期货交易),补充规定为犯罪,但罪名并没有改变。

(2)犯罪的构成特征。根据《刑法》第182条和《刑法修正案(六)》《刑法修正案(十一)》的规定,该罪的构成特征有:

①犯罪主体,是一般主体,单位和个人都可以构成。个人构成本罪主体必须是年满16周岁的具有刑事责任能力的故意实施了操纵证券、期货市场行为的自然人;不满16周岁的人,不能构成本罪的犯罪主体。单位犯本罪的主体,除了单位本身外,还包括单位直接负责的主管人员和其他直接责任人员。犯罪主体在主观上都是故意,持过失心理态度的个人或者单位不能构成本罪的犯罪主体。

②犯罪行为,必须是实施了操纵证券、期货市场的行为。具体表现有:

第一,单独或者合谋,集中资金优势、持股优势或持仓优势或者利用信息优势联合或者连续买卖,操纵证券、期货交易价格和交易量的行为。

第二,与他人串通,以事先约定的时间、价格和方式相互进行证券、期货交易,影响证券、期货交易价格或者证券、期货交易量的行为。

第三,在自己实际控制的账户之间进行证券交易,或者以自己为交易对象,自买自卖期货合约,影响证券、期货交易价格或者交易量的行为。

第四,不以成交为目的,频繁或者大量申报买入、卖出证券、期货合约并撤销申报的行为。

第五,利用虚假或者不确定的重大信息,诱导投资者进行证券、期货交易的行为。

第六,对证券、证券发行人、期货交易标的公开作出评价、预测或者投资建议,同时进行反向证券交易或者相关期货交易的行为。

第七,以其他方法操纵证券、期货市场的行为。

只要具备上述行为之一,就可以构成本罪的犯罪行为。上述犯罪行为都是故意犯罪行为,过失行为不能构成本罪的犯罪行为。

③犯罪结果,是结果犯,必须是操纵证券、期货市场情节严重的结果,才构成犯罪;达不到情节严重结果的,不构成本罪。

何为"情节严重",刑法没有规定。2022年5月15日发布的最高人民检察院、公安部《关于公安机关管辖的刑事案件立案追诉标准的规定(二)》第34条规定,操纵证券、期货市场,涉嫌下列情形之一的,应予立案追诉:(共12项,只列举3项)。

第一,持有或者实际控制证券的流通股份数达到该证券的实际流通股份总量10%以上,实施《刑法》第182条第1款第1项操纵证券市场行为,连续10个交易日的,累计成交量达到同期该证券总成交量20%以上的。

第二,实施《刑法》第182条第1款第2项、第3项操纵证券市场行为,连续10个交易日的累计成交量达到同期证券总成交量20%以上的。

第三,利用虚假或者不确定的重大信息,诱导投资者进行证券交易,行为人进行相关证券交易成交量在1000万元以上的。

凡是实施了上述行为之一,就具备了本罪的犯罪结果,构成犯罪,应当追究刑事责任。

(3)操纵证券、期货市场罪的法定刑。根据《刑法》第182条的规定,本罪的法定刑是:①构成本罪的,处5年以下有期徒刑或者拘役,并处或者单处罚金。②犯本罪,情节特别严重的,处5年以上10年以下有期徒刑,并处罚金。③单位犯本罪的,对单位判处罚金,并对其直接负责的主管人员和其他直接责任人员,依照自然人犯本罪的处罚规定处罚。

(4)本罪适用时应注意以下问题:

①注意划清罪与非罪的界限。

第一,本罪是结果犯,情节严重的才构成犯罪。情节较轻或者情节一般的行为都不构成本罪。

第二,本罪是故意犯罪,并且必须是故意操纵证券、期货市场的行为才构成犯罪。过失行为不构成本罪。

②注意划清本罪与内幕交易、泄露内幕信息罪的界限。我国《刑法》第180条规定的内幕交易、泄露内幕信息罪是证券、期货交易内幕信息的知情人员或者非法获取证券、期货交易内幕信息的人员,在涉及证券的发行,证券、期货交易或者其他对证券、期货交易价格有重大影响的信息公开前,买入或者卖出该证券,或者从事与该内幕信息有关的期货交易,或者泄露该信息,或者明示、暗示他人从事上述交易活动,情节严重的行为。其与本罪在犯罪主体和犯罪行为上都有重合或者相似之处。当犯罪分子利用其掌握的内幕信息操纵证券、期货市场时,是认定为操纵证券、期货市场罪,还是定为内幕交易、泄露内幕信息罪?笔者认为,上述情况属于法条竞合,应按特别法规定优于普通法规定的原则,认定为本罪。

(十)洗钱罪

洗钱罪是《刑法修正案(三)》《刑法修正案(六)》《刑法修正案(十一)》对《刑法》第191条修改补充的犯罪。我国《刑法》第191条原规定有洗钱罪,《刑法修正案(三)》对洗钱罪的上游犯罪作了补充规定,《刑法修正案(六)》第16条又对洗钱罪的上游犯罪作了补充规定,《刑法修正案(十一)》将《刑法》第191条规定的洗钱罪的罪状中"明知"毒品等犯罪,改为"为掩饰、隐瞒"毒品等犯罪,将"协助洗钱"犯罪行为,改为"自洗钱"犯罪行为和将"定额罚金"改为"概括罚金",但其罪名没有改变。

1. 刑法规定内容的修改

刑法条文中有关洗钱罪的规定是:

(1)1979年《刑法》第172条规定,明知是犯罪所得的赃物而予以窝藏或者代为销售的,处3年以下有期徒刑、拘役或者管制,可以并处或者单处罚金。

(2)1990年12月28日发布的全国人大常委会《关于禁毒的决定》(已失效)第4条规定:包庇走私、贩卖、运输、制造毒品的犯罪分子的,为犯罪分子窝藏、转移、隐瞒毒品或者犯罪所得财物的,掩饰、隐瞒出售毒品获得财物的非法性质和来源的,处7年以下有期徒刑、拘役或者管制,可以并处罚金。

(3)1997年《刑法》第191条规定,明知是毒品犯罪、黑社会性质的组织犯罪、走私犯罪的违法所得及其产生的收益,为掩饰、隐瞒其来源和性质,有下列行为之一的,没收实施以上犯罪的违法所得及其产生的收益,处5年以下有期徒刑或者拘役,并处或者单处洗钱数额5%以上20%以下罚金;情节严重的,处5年以上10年以下有期徒刑,并处洗钱数额5%以上20%以下罚金:①提供资金账户的;②协助将财产转换为现金或者金融票据的;③通过转账或者其他结算方式协助资金转移的;④协助将资金汇往境外的;⑤以其他方法掩饰、隐瞒犯罪的违法所得及其收益的性质和来源的。单位犯前罪的,对单位判处罚金,并对其直接负责的主管人员和其他直接责任人员,处5年以下有期徒刑或者拘役。

(4)2001年12月29日发布的《刑法修正案(三)》第7条规定,将《刑法》第191条修改为,明知是毒品犯罪、黑社会性质的组织犯罪、恐怖活动犯罪、走私犯罪的违法所得及其产生的收益,为掩饰、隐瞒其来源和性质,有下列行为之一的,没收实施以上犯罪的违法所得及其产生的收益,处5年以下有期徒刑或者拘役,并处或者单处洗钱数额5%以上20%以下罚金。情节严重的,处5年以上10年以下有期徒刑,并处洗钱数额5%以上20%以下罚金。①提供资金账户的;②协助将财产转换为现金或者金融票据的;③通过转账或者其他结算方式协助资金转移的;④协助将资金汇往境外的;⑤以其他方法掩饰、隐瞒犯罪的违法所得及其收益的来源和性质的。单位犯前罪的,对单位判处罚金,并对其直接负责的主管人员和其他直接责任人员,处5年以下有期徒刑或者拘役;情节严重的,处5年以上10年以下有期徒刑。

(5)2006年6月29日发布的《刑法修正案(六)》第16条规定,将《刑法》第191条第1款修改为,明知是毒品犯罪、黑社会性质的组织犯罪、恐怖活动犯罪、走私犯罪、贪污贿赂犯罪、破坏金融管理秩序犯罪、金融诈骗犯罪的所得及其产生的收益,为掩饰、隐瞒其来源和性质,有下列行为之一的,没收实施以上犯罪的所得及其产生的收益,处5年以下有期徒刑或者拘役,并处或者单处洗钱数额5%以上20%以下罚金。情节严重的,处5年以上10年以下有期徒刑,并处洗钱数额5%以上20%以下罚金。①提供资金账户的;②协助将财产转换为现金、金融票据、有价证券的;③通过转账或者其他结算方式协助资金转移的;④协助将资金汇往境外的;⑤以其他方法掩饰、隐瞒犯罪所得及其收益的来源和性质的。

(6)2020年12月26日发布的《刑法修正案(十一)》第14条规定,将《刑法》第191条修改为,为掩饰、隐瞒毒品犯罪、黑社会性质的组织犯罪、恐怖活动犯罪、走私犯罪、贪污贿赂犯罪、破坏金融管理秩序犯罪、金融诈骗犯罪的所得及其产生的收益的来源和性质,有下列行为之一的,没收实施以上犯罪的所得及其产生的收益,处5年以下有期徒刑或者拘役,并处或者单处罚金。情节严重的,处5年以上10年以下有期徒刑,并处罚金。①提供资金账户的;②将财产转换为现金、金融票据、有价证券的;③通过转账或者其他支付结算方式转移资金的;④跨境转移资产的;⑤以其他方法掩饰、隐瞒犯罪所得及其收益的来源和性质的。单位犯前罪的,对单位判处罚金,并对其直接负责的主管人员和其他直接责任人员,依照前述规定处罚。

上述刑法规定及《刑法修正案(三)》将恐怖活动作为洗钱罪的上游犯罪。《刑法修正案(六)》第16条对《刑法》第191条规定的上游犯罪又作了补充,将明知是贪污贿赂犯罪、破坏金融管理秩序犯罪、金融诈骗犯罪的所得及其产生的收益,而掩饰、隐瞒其来源和性质的行为也列为洗钱罪的犯罪对象。《刑法修正案(十一)》第14条将《刑法》第191条规定的洗钱罪的罪状中"明知"毒品等犯罪,改为"为掩饰、隐瞒"毒品等犯罪,将"协助洗钱"犯罪行为改为"自洗钱"犯罪行为和将"定额罚金"改为"概括罚金",由司法机关根据洗钱数额大小酌定罚金数额,加大处罚力度,但其罪名没有改变。

2.刑法规定修改的原因

《刑法修正案(六)》第16条补充规定"洗钱罪"的上游犯罪主要原因是适应《联合国反腐败公约》规定的要求。我国1979年《刑法》中没有规定洗钱罪,对于那些明知是犯罪所得的赃物而予以窝藏或者代为销售的行为规定以窝藏赃物罪定罪处罚。1997年修订《刑法》时,已出现掩饰、隐瞒毒品犯罪、黑社会性质的组织犯罪、走私犯罪的违法所得及其产生的收益来源和性质的危害社会的行为,1997年《刑法》将其规定为洗钱罪。1997年修订《刑法》后,一些恐怖组织和实施恐怖活动的个人又以恐怖活动进行犯罪,聚敛钱财作为犯罪的资本,严重破坏经济秩序,特别是一些金融单位或个人故意将资助恐怖组织的资金通过金融机构转归恐怖组织或个人,供其进行恐怖活动,具有严重的社会危害性。为了更有力地惩治恐怖活动,必须依法严厉惩治洗钱犯罪行为,使恐怖活动得不到资金的保障。全国人大常委会在《刑法修正案(三)》中将掩饰、隐瞒恐怖活动犯罪所得及其产生的收益的来源和性质作为洗钱罪的犯罪对象。

我国于2005年10月27日加入《联合国反腐败公约》,该公约第23条规定:"各缔约国均应当至少将其根据本公约确立的各类犯罪列为上游犯罪。"该公约中确立的11种犯罪都包括在我国刑法规定的贪污贿赂罪、破坏金融管理秩序犯罪、金融诈骗犯罪之中。为适应《联合国反腐败公约》的规定,2006年6月29日,我国全国人大常委会在《刑法修正案(六)》第16条中在《刑法》第191条规定的洗钱罪的上游犯罪即毒品犯罪、黑社会性质的组织犯罪、恐怖活动犯罪、走私犯罪的基础上又增加了贪污贿赂罪、破坏金融管理秩序犯罪、金融诈骗犯罪等3类,使《刑法》第191条规定的洗钱罪的上游犯罪共有7类犯罪。

2020年12月26日发布的《刑法修正案(十一)》鉴于当前有的金融机构不是协助上游犯罪进行洗钱犯罪的帮助犯,而是独立进行洗钱活动,将其单独规定为洗钱犯罪。同时对上游犯罪的洗钱行为不再作为上游犯罪后续对赃款赃物的处理,而是独立构成洗钱罪,加重对其处罚力度。

3. 洗钱罪的适用

洗钱罪是《刑法修正案(三)》《刑法修正案(六)》《刑法修正案(十一)》对《刑法》第191条规定的洗钱罪补充、修改的犯罪,要准确适用,就必须弄清犯罪的概念、构成特征、法定刑,以及适用时应注意的问题。

(1)洗钱罪的概念。洗钱罪,是指单位或者自然人为掩饰毒品犯罪、黑社会性质的组织罪、恐怖活动犯罪、走私犯罪、贪污贿赂罪、破坏金融管理秩序犯罪、金融诈骗犯罪的所得及其产生的收益的来源和性质,扰乱金融秩序的行为。

该罪是掩饰、隐瞒犯罪所得及收益的来源和性质,破坏金融秩序的犯罪。洗钱行为就是将赃款变为合法资金,是银行或者其他金融机构及其工作人员和其他单位或者个人及犯罪者为掩饰有关犯罪的所得及其收益的来源和性质,将赃款赃物变成合法财产的犯罪行为。犯罪的违法所得及其收益都是赃款赃物,应当依法没收,上缴国库,而有些单位或者个人,特别是金融机构及其工作人员和有关的犯罪者,故意掩饰、隐瞒有关犯罪所得及其收益的来源和性质,使犯罪分子通过国家金融机构存取违法资金。特别是在司法机关查处经济犯罪时,故意掩饰、隐瞒犯罪所得及其收益的来源和性质,给司法机关办理案件造成很大的困难,往往给国家造成重大经济损失,具有严重的社会危害性。

我国《刑法》第191条将掩饰、隐瞒毒品犯罪、黑社会性质的组织犯罪、恐怖活动犯罪、走私犯罪、贪污贿赂罪、破坏金融管理秩序犯罪、金融诈骗犯罪的违法所得及其产生收益的来源和性质的行为规定为洗钱罪,最高处10年有期徒刑,并处罚金。

(2)犯罪的构成特征。根据《刑法》第191条和《刑法修正案(十一)》第14条的规定,该罪的构成特征有:

①犯罪主体,是一般主体,年满16周岁的具有刑事责任能力的自然人和单位都可以构成

本罪,包括洗钱罪上游犯罪者和犯罪单位。单位犯本罪,除单位本身可以构成犯罪主体外,单位直接负责的主管人员和其他直接责任人员也是犯罪主体。犯罪主体在主观上必须是故意的心理态度,即为掩饰、隐瞒毒品犯罪、黑社会性质组织犯罪、恐怖活动犯罪、走私犯罪、贪污贿赂犯罪、破坏金融管理秩序犯罪、金融诈骗犯罪的违法所得及其产生的收益的来源和性质,而故意实施了洗钱的行为。过失心理态度不能构成本罪。

②犯罪行为,必须是实施了洗钱犯罪行为。具体犯罪行为表现有:提供资金账户的行为;将财产转换为现金、金融票据、有价证券的行为;通过转账或者其他结算方式转移资金的行为;跨境转移资产的行为;以其他方法掩饰、隐瞒犯罪所得及其收益的来源和性质的行为。

具备上述行为之一的,即可以构成本罪的犯罪行为。本罪的犯罪行为都是故意行为,即为掩饰、隐瞒毒品犯罪、黑社会性质的组织犯罪、恐怖活动犯罪、走私犯罪、贪污贿赂犯罪、破坏金融管理秩序犯罪、金融诈骗犯罪所得及其收益的来源和性质,而故意实施了洗钱的行为。过失行为不构成本罪。

参照 2009 年 11 月 11 日施行的最高人民法院《关于审理洗钱等刑事案件具体应用法律若干问题的解释》第 1 条规定,具有下列情形之一的,可以认定被告人明知系犯罪所得及其收益,但有证据证明确实不知道的除外:第一,知道他人从事犯罪活动,协助转换或者转移财物的;第二,没有正当理由,通过非法途径协助转换或者转移财物的;第三,没有正当理由,以明显低于市场的价格收购财物;第四,没有正当理由,协助转换或者转移财物,收取明显高于市场的"手续费"的;第五,没有正当理由,协助他人将巨额现金散存于多个银行账户或者在不同银行账户之间频繁划转的;第六,协助近亲属或者其他关系密切的人转换或者转移与其职业或者财产状况明显不符的财物的;第七,其他可以认定行为人明知的情形。

参照 2009 年 11 月 11 日施行的最高人民法院《关于审理洗钱等刑事案件具体应用法律若干问题的解释》第 2 条规定,具有下列情形之一的,可以认定为《刑法》第 191 条第 1 款第 5 项规定的"以其他方法掩饰、隐瞒犯罪所得及其收益的来源和性质":第一,通过典当、租赁、买卖、投资等方式,协助转移、转换犯罪所得及其收益的;第二,通过与商场、饭店、娱乐场所等现金密集型场所的经营收入相混合的方式,协助转移、转换犯罪所得及其收益的;第三,通过虚构交易、虚设债权债务、虚假担保、虚报收入等方式,协助将犯罪所得及其收益转为"合法"财物的;第四,通过买卖彩票、奖券等方式协助转移犯罪所得及其收益的;第五,通过赌博等方式,协助将犯罪所得及其收益转换为赌博收益的;第六,协助将犯罪所得及其收益携带、运输或者邮寄出入境的;第七,通过前述以外的方式协助转移、转换犯罪所得及其收益的。

③犯罪结果,是行为犯,只要实施了上述洗钱犯罪行为,就破坏了金融管理秩序,具备了本罪的犯罪结果,可以构成本罪,但是情节显著轻微危害不大的不认为是犯罪。

(3)洗钱罪的法定刑。我国刑法根据本罪犯罪情节严重程度不同,规定适用不同的法定刑:

①构成本罪,情节一般的,没收实施洗钱犯罪的所得及其产生的收益,处 5 年以下有期徒刑或者拘役,并处或者单处罚金。

②犯本罪,情节严重的,没收实施洗钱犯罪的所得及其产生的收益,处 5 年以上 10 年以下有期徒刑,并处罚金:

③单位犯本罪,对单位判处罚金,并对其直接负责的主管人员和其他直接责任人员,依照

自然人犯本罪的规定处罚。

(4)本罪适用时,应注意以下问题:

①注意划清罪与非罪的界限。

第一,本罪的上游犯罪必须是为掩饰、隐瞒毒品犯罪、黑社会性质的组织犯罪、恐怖活动犯罪、走私犯罪、贪污贿赂犯罪、破坏金融管理秩序犯罪、金融诈骗犯罪的所得及其产生的收益的来源和性质,才能构成本罪;如果掩饰、隐瞒的不是上述7类犯罪的违法所得及其产生的收益的来源和性质,在我国不构成本罪。

对洗钱罪的犯罪对象各国刑法规定不同,有的国家刑法规定掩饰、隐瞒所有犯罪的违法所得及其产生的收益的来源和性质的行为都可以构成洗钱罪,如1997年《俄罗斯联邦刑法典》第174条规定,"使非法获取的货币资金或其他财产合法化(洗钱)"都可以构成洗钱罪;还有一些国家规定只有掩饰、隐瞒毒品犯罪违法所得及其产生的收益的来源和性质,才构成洗钱罪。相比较,我国刑法规定适中,既便于操作,又突出惩治重点。这里的"洗钱"的对象,是指"犯罪所得及其产生的收益",包括犯罪所得的金钱和物品,即赃款赃物,也包括其他非物质所得,如合同、批准文件、商业秘密等。

第二,本罪是行为犯,只要实施了洗钱行为之一,就构成本罪,没有情节结果和数额结果的限制要求。但是,行为情节显著轻微危害不大的洗钱行为,应依照我国《刑法》第13条规定不认为是犯罪。

第三,本罪是故意犯罪,并且是为掩饰、隐瞒毒品犯罪、黑社会性质的组织犯罪、恐怖活动犯罪、走私犯罪、贪污贿赂犯罪、破坏金融管理秩序犯罪、金融诈骗犯罪的违法所得及其产生的收益来源和性质,而实施的洗钱行为。过失行为不构成本罪。例如,金融机构的工作人员确实不知道是毒品犯罪、黑社会性质的组织犯罪、恐怖活动犯罪、走私犯罪、贪污贿赂犯罪、破坏金融管理秩序犯罪、金融诈骗犯罪的违法所得及其产生的收益而为其办理了存款、转款、提款等金融手续的行为,一般不构成本罪,但可以构成国有公司、企业人员失职罪或者玩忽职守罪等。

②注意准确认定本罪的犯罪主体。我国《刑法》第191条规定洗钱罪的主体是一般主体,单位和个人都可以构成。但对洗钱罪的主体是否包括上游犯罪的行为人,在《刑法修正案(十一)》修改之前,人们有不同意见。第一种意见认为,应包括上游犯罪的行为人,因为法律条文中没有特别规定不包括上游犯罪人;第二种意见认为,不包括上游犯罪人,理由是:第一,条文表述是"提供""协助",是指为第三者洗钱,而不是自己为自己洗钱;第二,为毒品犯罪、黑社会性质的组织犯罪、恐怖活动犯罪、走私犯罪、贪污贿赂犯罪、破坏金融管理秩序犯罪、金融诈骗犯罪的犯罪分子掩饰、隐瞒违法所得及其产生的收益来源和性质,而通过金融机构实施洗钱行为应是前罪的延伸,不应定为独立的罪名。

笔者认为,从法律上看,并没有规定犯毒品犯罪、黑社会性质的组织犯罪、恐怖活动犯罪、走私犯罪、贪污贿赂犯罪、破坏金融管理秩序犯罪、金融诈骗犯罪的犯罪分子不能构成洗钱罪的犯罪主体;从立法的精神上看,主要是惩治犯毒品犯罪、黑社会性质的组织犯罪、恐怖活动犯罪、走私犯罪、贪污贿赂犯罪、破坏金融管理秩序犯罪、金融诈骗犯罪的犯罪分子进行洗钱行为,以逃避法律制裁;从有利于惩治洗钱犯罪活动,将上游犯罪分子列为洗钱罪的犯罪主体也是必要的。因此,《刑法修正案(十一)》对《刑法》第191条作了修改,将上游犯罪分子列入洗钱罪的犯罪主体范围之内,称为"自洗钱"犯罪行为。

③注意准确认定本罪"情节严重"的结果。我国《刑法》第191条规定,只要实施了5种洗钱行为之一,即使没有其他情节结果和数额结果,也构成犯罪。

根据2022年5月15日发布的最高人民检察院、公安部《关于经济犯罪案件追诉标准的规定》第43条规定,涉嫌下列情形之一的,应予追诉:第一,提供资金账户的;第二,将财产转换为现金、金融票据、有价证券的;第三,通过转账或者其他结算方式协助资金转移的;第四,跨境转让资产的;第五,以其他方法掩饰、隐瞒犯罪的违法所得及其收益的来源和性质的。具有上述行为之一的,构成犯罪,应当追究其刑事责任,没收实施以上犯罪的违法所得及其产生的收益。

《刑法》第191条中只规定情节严重的,处5年以上10年以下有期徒刑,并处罚金,但没有具体规定何为"情节严重"。但应在上述司法解释规定的犯罪一般情节的基础上,有一项或多项更加严重情节。

④注意理解本罪的共同犯罪。我国《刑法》第191条规定的洗钱罪是为掩饰、隐瞒毒品犯罪、黑社会性质的组织犯罪、恐怖活动犯罪、走私犯罪、贪污贿赂犯罪、破坏金融管理秩序犯罪、金融诈骗犯罪所得及其收益的来源及性质,通过转账或者其他结算方式协助资金转移的行为。如果洗钱人事先同上述犯罪分子通谋,事后又为上述犯罪分子洗钱,则构成洗钱罪的共同犯罪。

⑤注意划清本罪与窝藏、包庇罪,掩饰、隐瞒犯罪所得、犯罪所得收益罪的界限。我国《刑法》第310条、第312条规定的窝藏、包庇罪,掩饰、隐瞒犯罪所得、犯罪所得收益罪与本罪在犯罪行为、犯罪手段、犯罪结果上都相同,容易相混淆。其根本区别是犯罪对象不同。本罪的犯罪对象是毒品犯罪、黑社会性质的组织犯罪、恐怖组织犯罪、走私犯罪、贪污贿赂犯罪、破坏金融管理秩序犯罪、金融诈骗犯罪所得及其产生的收益,是法律规定的特定对象,不是上述对象的,不能构成本罪;而掩饰、隐瞒犯罪所得、犯罪所得收益罪的犯罪对象是一般犯罪所得及其收益。同时,由于法律规定的犯罪对象的范围不同,侵犯的客体也不相同,本罪侵犯的是经济秩序,而掩饰、隐瞒犯罪所得、犯罪所得收益罪侵犯的客体是社会管理秩序。由于上述犯罪对象和犯罪客体的不同,将上述犯罪区分开来。

另外,上述洗钱罪与窝藏、包庇罪,掩饰、隐瞒犯罪所得、犯罪所得收益罪在法律规定上属于法条竞合关系,法律对洗钱罪的犯罪对象作了特别规定,适用较重的刑罚。因此,按照特别法规定优先于一般法规定的原则,对上述洗钱行为只能认定为"洗钱罪",不能再认定为"窝藏、包庇罪""掩饰、隐瞒犯罪所得、犯罪所得收益罪"。

根据2009年11月11日施行的最高人民法院《关于审理洗钱等刑事案件具体应用法律若干问题的解释》第3条规定,明知是犯罪所得及其产生的收益而予以掩饰、隐瞒,构成《刑法》第312条规定的犯罪(掩饰、隐瞒犯罪所得、犯罪所得收益罪),同时又构成《刑法》第191条(洗钱罪)或者第349条规定的犯罪(包庇毒品犯罪分子罪,窝藏、转移、隐瞒毒品、毒赃罪)的,依照处罚较重的规定定罪处罚。

(十一)集资诈骗罪

集资诈骗罪是《刑法修正案(八)》《刑法修正案(九)》《刑法修正案(十一)》对《刑法》第192条规定修改补充的犯罪。1997年最高人民法院、最高人民检察院《关于执行〈中华人民共和国刑法〉确定罪名的规定》中确定为该罪名。《刑法修正案(八)》第31条对《刑法》第200条规定的单位犯集资诈骗罪定罪处罚规定进行了修改;《刑法修正案(九)》第12条取消了《刑法》第199条规定的内容,并取消了《刑法》第192条规定的犯集资诈骗罪处死刑的规定;《刑法修正案(十一)》第15条对《刑法》第192条规定的集资诈骗罪的法定刑作了重要修改,同时将罚金刑由"定额罚金"修改为概括"罚金",并在该条文中补充规定了单位犯集资诈骗罪的定罪处罚。《刑法修正案(十一)》第16条规定取消了《刑法》第200条中对单位犯集资诈骗罪的处罚规定。

1. 刑法规定内容的修改

刑法条文中有关集资诈骗罪的规定有:

(1)1995年,全国人大常委会《关于惩治破坏金融秩序犯罪的决定》第8条规定,以非法占有为目的,使用诈骗方法非法集资,处3年以下有期徒刑或者拘役,并处2万元以上20万元以下罚金;数额巨大或者有其他严重情节的,处3年以上10年以下有期徒刑,并处5万元以上50万元以下罚金;数额特别巨大或者有其他特别严重情节的,处10年以上有期徒刑、无期徒刑或者死刑,并处没收财产。

(2)1997年《刑法》第192条规定,以非法占有为目的,使用诈骗方法非法集资,数额较大的,处5年以下有期徒刑或者拘役,并处2万元以上20万元以下罚金;数额巨大或者有其他严重情节的,处5年以上10年以下有期徒刑,并处5万元以上50万元以下罚金;数额特别巨大或者有其他特别严重情节的,处10年以上有期徒刑或者无期徒刑,并处5万元以上50万元以下罚金或者没收财产。

《刑法》第199条规定,犯本法第192条、第194条、第195条规定之罪,数额特别巨大并且给国家和人民利益造成特别重大损失的,处无期徒刑或者死刑,并处没收财产。

《刑法》第200条规定,单位犯本法第192条、第194条、第195条规定之罪的,对单位判处罚金,并对其直接负责的主管人员和其他直接责任人员,处5年以下有期徒刑或者拘役;数额巨大或者有其他严重情节的,处5年以上10年以下有期徒刑;数额特别巨大或者有其他特别严重情节的,处10年以上有期徒刑或者无期徒刑。

(3)2011年2月25日发布的《刑法修正案(八)》第30条规定,将《刑法》第199条修改为,犯本法第192条规定之罪,数额特别巨大并且给国家和人民利益造成特别重大损失的,处无期徒刑或者死刑,并处没收财产。

《刑法修正案(八)》第31条将《刑法》第200条修改为,单位犯本法第192条、第194条、第195条规定之罪的,对单位判处罚金,并对其直接负责的主管人员和其他直接责任人员,处5年以下有期徒刑或者拘役,可以并处罚金;数额巨大或者有其他严重情节的,处5年以上10年以下有期徒刑,并处罚金;数额特别巨大或者有其他特别严重情节的,处10年以上有期徒刑或者无期徒刑,并处罚金。

(4)2015年8月29日发布的《刑法修正案(九)》取消了集资诈骗罪等9种犯罪法定刑最高处死刑的规定,同时第12条规定将《刑法》第199条删除。

(5)2020年12月26日发布的《刑法修正案(十一)》第15条将《刑法》第192条修改为:以非法占有为目的,使用诈骗方法非法集资,数额较大的,处3年以上7年以下有期徒刑,并处罚金;数额巨大或者有其他严重情节的,处7年以上有期徒刑或者无期徒刑,并处罚金或者没收财产。单位犯前罪的,对单位判处罚金,并对其直接负责的主管人员和其他直接责任人员,依照前述规定处罚。

《刑法修正案(十一)》第16条将《刑法》第200条修改为:单位犯本法第194条、第195条规定之罪的,对单位判处罚金,并对其直接负责的主管人员和其他直接责任人员,处5年以下有期徒刑或者拘役,可以并处罚金;数额巨大或者有其他严重情节的,处5年以上10年以下有期徒刑,并处罚金;数额特别巨大或者有其他特别严重情节的,处10年以上有期徒刑或者无期徒刑,并处罚金。

《刑法修正案(十一)》对《刑法》第192条规定的集资诈骗罪的法定刑作了修改,将原第一个档次法定刑由"处五年以下有期徒刑或者拘役"改为"处三年以上七年以下有期徒刑";将原第二个档次法定刑"处五年以上十年以下有期徒刑,并处五万元以上五十万元以下处罚金"和原第三个法定刑"处十年以上有期徒刑或者无期徒刑,并处五万元以上五十万元以下罚金或者没收财产"合并修改为现第二个档次法定刑,"处七年以上有期徒刑或者无期徒刑,并处罚金或者没收财产",并将"定额罚金"改为概括"罚金",并单独补充规定单位犯本罪的,"对单位判处罚金,并对其直接负责的主管人员和其他直接责任人员,依照前款的规定处罚",同时取消了《刑法》第200条对单位犯集资诈骗罪的定罪处罚规定。

2. 刑法规定修改的原因

我国1979年《刑法》中没有关于集资诈骗罪的规定,而是将这种犯罪行为归入诈骗罪中。随着我国经济特别是小型民营经济迅速发展,有些企业和个人的资金不足,金融领域中出现了一些高利集资行为,其非法占有集资资金不还,数额巨大,给群众造成严重经济损失,严重扰乱了我国金融市场秩序和社会秩序。1995年全国人大常委会及时颁布了《关于惩治破坏金融秩序犯罪的决定》,其中第8条规定了集资诈骗的犯罪行为,最高处死刑,并处没收财产。1997年修订《刑法》时将上述文件中有关集资诈骗的犯罪行为纳入《刑法》第192条中,最高人民法院司法解释确定为集资诈骗罪的罪名,其同贷款诈骗罪、票据诈骗罪、信用卡诈骗罪、信用证诈骗罪统称为金融诈骗罪。全国司法机关依照《刑法》第192条规定,惩治了一些集资诈骗的犯罪行为,维护了我国的金融秩序。但也发现由于刑法对集资诈骗罪规定的法定刑较轻,且是"定额罚金",对犯罪人的威慑力不足,使集资诈骗犯罪行为不断出现,给人民群众造成严重经济损失。《刑法修正案(十一)》又根据司法实践的需要,对《刑法》第192条规定的集资诈骗罪的法定刑作了重要修改,将原规定最低处拘役改为最低处3年有期徒刑,并处罚金,将原规定处"定额罚金"改为概括"罚金",司法机关可根据骗取集资款多少,灵活决定罚金数额,加大了对犯集资诈骗罪的处罚力度。

3. 集资诈骗罪的适用

集资诈骗罪是《刑法修正案(八)》《刑法修正案(九)》《刑法修正案(十一)》对《刑法》第192条修改补充的犯罪,要准确适用就必须弄清该罪的概念、构成特征、法定刑,以及适用时应注意的问题。

(1)集资诈骗罪的概念。该罪是以非法占有他人财物为目的,使用诈骗方法非法集资,数额较大的行为。

该罪既是破坏我国金融秩序的犯罪行为,也是骗取参与集资者财产的犯罪行为。其目的是非法占有参与集资者的集资款,其行为方式是以非法集资为手段而骗取公私财物。

集资，是把分散的资金集中起来进行某种事业。我国实行金融垄断制度，经过国家有关部门批准可以进行集资，经营发展国家和人民需要的某项事业。例如，单位为解决职工住房问题，开公司、办工厂可以集资兴办利国利民的事业。未经批准，任何单位和个人都不得进行非法集资。以非法占有为目的，以集资为手段骗取他人财物，是对社会有严重危害的行为，数额较大的构成犯罪，最低处3年有期徒刑，并处罚金，最高处无期徒刑，并处罚金或者没收财产。

1935年《中华民国刑法》第339条规定有诈欺罪，即"意图为自己或者第三人不法之所有，以欺诈使人将本人或第三人之物交付者，处五年以下有期徒刑、拘役或并科1000元以下罚金"。该条规定中包括了我国现行刑法中规定的利用集资手段骗取他人财物的集资诈骗犯罪行为。

国外多数国家刑法中没有单独规定集资诈骗罪，而是将这种犯罪行为规定在欺诈罪之中。例如，《日本刑法》第2编第37章诈骗及恐吓之罪中第246条规定的欺诈罪，《韩国刑法》分则第39章规定有诈欺与恐吓罪，《泰国刑法》第二编第12章第3节规定的诈欺罪，原《西德刑法》分则第22章诈欺及背信罪规定中都含有集资诈骗犯罪行为。《俄罗斯联邦刑法典》第165条规定了以欺诈或滥用信用的方法造成财产损失罪，其中包含有集资诈骗犯罪行为，该条规定：①以欺骗或滥用信用的方法使财产所有人或其他占有人受到财产损失而无盗窃罪要件的，处数额为最低劳动报酬200倍以下或被判刑人2个月以下的工资或其他收入的罚金，或处120小时至180小时的强制工作，或处1年以下的劳动改造，或处4个月以下的拘役，或处2年以下的剥夺自由。②上述行为，由有预谋的团伙实施或多次实施的，处数额为最低劳动报酬400倍至800倍或被判刑人4个月至8个月的工资或者其他收入的罚金，或者处3年以下的剥夺自由，并处或不并处数额为劳动报酬50倍以下或被判刑人一个月以下的工资或其他收入的罚金。③本条第1款、第2款规定的行为，为有组织的团伙，或者具有两次以上盗窃、勒索或以欺骗或滥用信用的方法造成财产损失罪前科的人员实施的，处2年以上5年以下的剥夺自由，并处或不并处数额为最低劳动报酬100倍以下或被判刑人1个月以下的工资或其他收入的罚金。上述规定虽然是在刑法中单独确立罪名，但不如我国刑法对集资诈骗罪的规定具体明确，更具有适用性。

(2)集资诈骗罪的构成特征。根据《刑法》第192条和《刑法修正案(十一)》的规定，该罪的构成特征有：

①犯罪主体，是一般主体，年满16周岁的具有刑事责任能力的实施了集资诈骗行为的自然人或者单位都可以构成本罪的犯罪主体。单位主体是单位本身和单位直接负责的主管人员和其他直接责任人员。

犯罪主体在主观上具有非法占有他人财物的目的，故意以集资的方式实施诈骗行为。根据2022年3月1日施行的最高人民法院《关于审理非法集资刑事案件具体应用法律若干问题的解释》第7条第2款规定，使用诈骗方法非法集资，具有下列情形之一的，可以认定为"以非法占有目的"：一是集资后不用于生产经营活动或者用于生产经营活动与筹集资金规模明显不成比例，致使集资款不能返还的；二是肆意挥霍集资款，致使集资款不能返还的；三是携带集资款逃匿的；四是将集资款用于违法犯罪活动的；五是抽逃、转移资金，隐匿财产，逃避返还资金的；六是隐匿、销毁账目，或者搞假破产、假倒闭，逃避返还资金的；七是拒不交代资金去向,逃避返还资金的;八是其他可以认定非法占有目的的情形。

集资诈骗罪中的非法占有目的,应当区分情形进行具体认定。行为人部分非法集资行为具有非法占有目的的,对该部分非法集资行为所涉集资款以集资诈骗罪定罪处罚;非法集资共同犯罪中部分行为人具有非法占有目的,其他行为人没有非法占有集资款的共同故意和行为的,对具有非法占有目的的行为人以集资诈骗罪定罪处罚。

②犯罪行为,必须是实施了集资诈骗行为。具体犯罪行为表现是:

2001年1月21日施行的《全国法院审理金融犯罪案件工作座谈会纪要》第三部分第3条意见规定,"集资诈骗罪和欺诈发行股票、债券罪、非法吸收公众存款罪在客观上均表现为向社会公众非法募集资金,区别的关键在于行为人是否具有非法占有的目的。对于以非法占有为目的而非法集资,或者在非法集资过程中产生了非法占有他人资金的故意,均构成集资诈骗罪"。因此,集资诈骗犯罪与欺诈发行股票、债券罪,非法吸收公众存款罪等犯罪在客观行为上是一致的,凡以非法占有为目的,实施上述以非法募集资金的方式骗取他人财物的行为,都应认定为集资诈骗犯罪。

参照2022年3月1日施行的最高人民法院《关于审理非法集资刑事案件具体应用法律若干问题的解释》第1条规定,违反国家金融管理法律规定,向社会公众(包括单位和个人)吸收资金的行为,同时具备下列4个条件的,除刑法另有规定的以外,应当认定为《刑法》第176条规定的"非法吸收公众存款或者变相吸收公众存款":一是未经有关部门依法批准或者借用合法经营的形式吸收资金;二是通过网络、媒体、推介会、传单、手机信息等途径向社会公开宣传;三是承诺在一定期限内以货币、实物、股权等方式还本付息或者给付回报;四是向社会公众,即社会不特定对象吸收资金。未向社会公开宣传,在亲友或者单位内部针对特定对象吸收资金的,不属于非法吸收或者变相吸收公众存款。

2014年3月25日最高人民法院、最高人民检察院、公安部《关于办理非法集资刑事案件适用法律若干问题的意见》第2条规定:"向社会公开宣传",包括以各种途径向社会公众传播吸收资金的信息,以及明知吸收资金的信息向社会公众扩散而予以放任等情形。第3条规定,下列情形不属于最高人民法院《关于审理非法集资刑事案件具体应用法律若干问题的解释》第1条第2款规定的"针对特定对象吸收资金"的行为,应当认定为向社会公众吸收资金:一是在向亲友或者单位内部人员吸收资金的过程中,明知亲友或者单位内部人员向不特定对象吸收资金而予以放任;二是以吸收资金为目的,将社会人员吸收为单位内部人员,并向其吸收资金的。如果上述行为是以非法占有为目的实施的,就是非法集资的犯罪行为。

参照最高人民法院2022年3月1日施行的《关于审理非法集资刑事案件具体应用法律若干问题的解释》第2条规定,实施下列行为之一,符合本解释第1条第1款规定的条件的,应当依照《刑法》第176条的规定,以非法吸收公众存款罪定罪处罚:一是不具有房产销售的真实内容或者不以房产销售为主要目的,以返本销售、售后包租、约定回购、销售房产份额等方式非法吸收资金的;二是以转让林权并代为管护等方式非法吸收资金的;三是以代种植(养殖)、租种植(养殖)、联合种植(养殖)等方式非法吸收资金的;四是不具有销售商品、提供服务的真实内容或者不以销售商品、提供服务为主要目的,以商品回购、寄存代售等方式非法吸收资金的;五是不具有发行股票、债券的真实内容,以虚假转让股权、发售虚构债券等方式非法吸收资金的;六是不具有募集基金的真实内容,以假借境外基金、发售虚构基金等方式非法吸收资金的;七是不具有销售保险的真实内容,以假冒保险公司、伪造保险单据等方式非法吸收资金的;八是以网络借贷、投资入股、虚拟币交易等的方式非法吸收资金的;九是以委托理财、融资租赁等方式非法吸收资金的;十是以提供"养老服务"、投资"养老项目"、销售"老年产品"等方式非法吸收资金的;十一是利用民间"会""社"等组织非法吸收资金的;十二是其他非法吸收资金的行为。如果以非法占有为目的实施上述行为,就是非法集资的犯罪行为。

③犯罪结果,是结果犯,必须是集资诈骗数额较大的结果。数额较大,根据2022年3月1日施行的最高人民法院《关于审理非法集资刑事案件具体应用法律若干问题的解释》第8条规定,个人进行集资诈骗,数额在10万元以上的,应当认定为"数额较大";数额在100万元以上的,应当认定为"数额巨大";数额在100万元以上的,应当认定为"数额特别巨大"。单位进行集资诈骗,数额在50万元以上的,应当认定为"数额较大";数额在150万元以上的,应当认定为"数额巨大";数额在500万元以上的,应当认定为"数额特别巨大"。

集资诈骗的数额以行为人实际骗取的数额计算,案发前已归还的数额应予扣除。行为人为实施集资诈骗活动而支付的广告费、中介费、手续费、回扣,或者用于行贿、赠与等的费用不予扣除。行为人为实施集资诈骗活动而支付的利息,除本金未归还可予折抵本金外,应当计入诈骗数额。

(3)集资诈骗罪的法定刑。根据《刑法修正案(十一)》第15条规定和《刑法》第192条规定,该罪的法定刑为:

①构成本罪的,处3年以上7年以下有期徒刑,并处罚金。

根据2022年5月15日施行的最高人民检察院、公安部《关于公安机关管辖的刑事案件立案标准的规定(二)》第44条规定,以非法占有为目的,使用诈骗方法非法集资,数额在10万元以上的,应予立案追诉。

②犯本罪,数额巨大或者有其他严重情节的,处7年以上有期徒刑或者无期徒刑,并处罚金或者没收财产。

③单位犯本罪的,对单位判处罚金,并对其直接负责的主管人员和其他直接责任人员,依照前述规定处罚。

(4)认定集资诈骗罪时,应注意划清以下界限:

①区分罪与非罪的界限。

从犯罪目的上区分。集资诈骗罪的犯罪主体在主观上必须是以非法占有他人财物为目的,才能构成本罪;如果不具有非法占有目的,即使以虚假的理由进行非法集资,也不构成本罪,可以非法集资给予行政处罚。

从犯罪行为上区分。本罪是以虚构事实和隐瞒事实真相的方式骗取集资款的行为。如果行为人以合法行为进行公开集资后,又以窃取、骗取等非法行为占有集资款,不构成集资诈骗罪,可构成职务侵占罪、贪污罪等犯罪。

从犯罪结果上区分。集资诈骗罪是结果犯,必须达到诈骗数额较大才构成犯罪。如果达不到数额较大的程度,即使情节严重,也不构成本罪。

②注意本罪共同犯罪处理问题。明知他人进行集资诈骗犯罪行为,而提供帮助,依法构成集资诈骗罪的共犯。最高人民法院2022年3月1日施行的《关于审理非法集资刑事案件具体应用法律若干问题的解释》第12条第2款规定,明知他人从事欺诈发行证券,非法吸收

公众存款,擅自发行股票,公司、企业债券,集资诈骗或者组织、领导传销活动等集资犯罪活动,为其提供广告等宣传的,以相关犯罪的共犯论处。

③划清本罪与非法吸收公众存款罪、骗取贷款罪的界限。本罪与非法吸收公众存款罪、骗取贷款罪的共同点是都是非法集资,扰乱金融秩序的犯罪行为。本罪是以非法占有为目的,使用欺诈的方式进行集资,犯罪行为人对占有的集资款是不想退还的。而非法吸收公众存款罪、骗取贷款罪不具有非法占有的目的,犯罪行为人是想还本付息的,只是有取得募集资金的使用权的目的。

④划清本罪与擅自发行股票、公司、企业债券罪的界限。公司、企业单位未经国家有关主管部门批准,向社会不特定对象发行、以转让股权方式变相发行股票或者公司、企业债券,或者向特定对象发行、变相发行股票或者公司、企业债券累计超过200人的行为与集资诈骗罪的犯罪行为相似。但根据最高人民法院《关于审理非法集资刑事案件具体应用法律若干问题的解释》第10条规定应依照《刑法》第179条规定,以擅自发行股票、公司、企业债券罪定罪处罚。如果行为人是以非法占有为目的,以欺骗的方法实施上述发行股票,公司、企业债券的行为,可以构成集资诈骗犯罪行为。

⑤划清本罪与合同诈骗罪的界限。我国《刑法》第224条规定有合同诈骗罪,其是指以非法占有为目的,在签订、履行合同过程中,骗取对方当事人财物,数额在2万元以上的行为,与本罪集资诈骗罪是法条竞合关系,两罪都属于经济诈骗犯罪,本罪是特别规定,而合同诈骗罪是一般规定。当两罪竞合时,应以本罪定罪处罚。两罪相比较,合同诈骗罪处罚更轻。根据2022年4月6日发布的最高人民检察院、公安部《关于公安机关管辖的刑事案件立案追诉标准的规定(二)》第69条规定:以非法占有为目的,在签订、履行合同过程中,骗取对方当事人财物,数额在2万元以上的,应予立案追诉。

(十二)假冒注册商标罪

假冒注册商标罪是《刑法修正案(十一)》第17条对《刑法》第213条修改补充的犯罪。最高人民法院、最高人民检察院《关于执行〈中华人民共和国刑法〉确定罪名的规定》中确定为该罪名。《刑法修正案(十一)》第17条对《刑法》第213条规定的假冒注册商标罪的罪状和法定刑作了修改补充,罪名没有改变。

1. 刑法规定内容的修改

刑法条文中有关假冒注册商标罪的规定有:

(1)1979年《刑法》第127条规定,违反商标管理法规,工商企业假冒其他企业已注册的商标的,对直接负责人员,处3年以下有期徒刑、拘役或者罚金。

(2)1993年全国人大常委会《关于惩治假冒注册商标犯罪的补充规定》(已失效)第1条将《刑法》第127条规定修改为,未经注册商标所有人许可,在同一种商品上使用与其注册商标相同的商标,违法所得数额较大或者有其他严重情节,处3年以下有期徒刑或拘役,可以并处或者单处罚金;违法所得数额巨大的,处3年以上7年以下有期徒刑,并处罚金。

(3)1997年《刑法》第213条规定,未经注册商标所有人许可,在同一种商品上使用与其注册商标相同的商标,情节严重的,处3年以下有期徒刑或者拘役,并处或者单处罚金;情节特别严重的,处3年以上7年以下有期徒刑,并处罚金。

1997年《刑法》第220条规定,单位犯本法第213条至第219条规定之罪的,对单位判处罚金,并对其直接负责的主管人员和其他直接责任人员,依照各该条的规定处罚。

(4)2020年12月26日发布的《刑法修正案(十一)》第17条规定,将《刑法》第213条修改为:未经注册商标所有人许可,在同一种商品、服务上使用与其注册商标相同的商标,情节严重的,处3年以下有期徒刑,并处或者单处罚金;情节特别严重的,处3年以上10年以下有期徒刑,并处罚金。

《刑法修正案(十一)》第24条规定,将《刑法》第220条修改为:单位犯本法第213条至第219条之一规定之罪的,对单位判处罚金,并对其直接负责的主管人员和其他直接责任人员,依照各该条的规定处罚。

《刑法修正案(十一)》对《刑法》第213条规定的假冒注册商标罪的罪状补充规定了在同一种服务上使用与其注册商标相同的商标的行为,同时将假冒注册商标罪的法定刑由最低处拘役改为最低处6个月有期徒刑。

2.刑法规定修改的原因

我国1979年《刑法》第127条规定有假冒注册商标罪,在当时的司法实践中很少适用,随着我国市场经济的迅速发展,假冒他人注册商标,谋取非法利益的行为越来越多,数额越来越大,假冒、伪劣商品冲击商品市场,严重扰乱市场经济秩序,影响商品质量的提高,人民群众十分不满。1983年我国实施新制定的《商标法》及其实施细则,规范了商标管理秩序。1993年2月全国人大常委会根据我国市场经济发展的需要和履行《与贸易有关的知识产权协议》的国际义务,制定了《关于修改〈中华人民共和国商标法〉的决定》,同时颁布了《关于惩治假冒注册商标犯罪的补充规定》,该规定第1条第1款规定:"未经注册商标所有人许可,在同一种商品上使用与其注册商标相同的商标,违法所得数额较大或者有其他严重情节的,处三年以下有期徒刑或者拘役,可以并处或单处罚金;违法所得数额巨大的,处三年以上七年以下有期徒刑,并处罚金。"1997年修订《刑法》时,将上述规定纳入《刑法》第213条中,内容一致。

1997年《刑法》对1979年《刑法》规定的假冒注册商标罪进行了以下修改:①增加罪状规定。1979年《刑法》对假冒注册商标罪的罪状规定为空白罪状,即"违反商标管理法规",1997年《刑法》修改为叙明罪状,即"未经注册商标所有人许可,在同一种商品上使用与其注册商标相同的商标",使罪状详细、具体。②犯罪主体扩大。1979年《刑法》规定假冒注册商标罪的主体是"工商企业单位",1997年《刑法》扩大为"个人和单位"都可以构成假冒注册商标罪的主体。③增加了一个加重档次法定刑,即"违法所得数额巨大的,处三年以上七年以下有期徒刑,并处罚金",并取消了"有严重情节"作为适用加重处罚的情形。④将1979年《刑法》规定的"同一商品"改为"同种商品",扩大了惩治范围。

《刑法修正案(十一)》对《刑法》第213条规定的假冒注册商标罪的罪状补充规定了在同一种服务上使用与其注册商标相同的商标的行为,扩大了假冒注册商标罪的惩治范围,将假冒服务注册商标行为也规定为犯罪;将假冒注册商标罪的法定刑最低处拘役删除,改为最低处有期徒刑,加大了惩罚的范围和力度。

3.假冒注册商标罪的适用

假冒注册商标罪是《刑法修正案(十一)》第17条对《刑法》第213条修改的犯罪,要准确适用就必须弄清该罪的概念、构成特征、法定刑,以及适用时应注意的问题。

(1)假冒注册商标罪的概念。该罪是指未经注册商标所有人许可,在同一种商品、服务上使用与其注册商标相同的商标,情节严重的行为。

假冒注册商标行为,是违反商标管理法规定,侵犯注册商标权利人利益,危害商品经济高质量快速发展的行为。商标是商品的标记,是商品生产者或者销售者为了维护自己商品质量的信誉,所使用的特殊标记的文字和图案,以区别于其他已经注册的同一种商品或者相类似商品。向国家商标主管部门登记核准并取得注册的商标,称为注册商标,享有商标专用权,由国家统一管理,受国家法律保护。未注册的商标不受国家保护。注册商标,包括商品商标、服务商标、集体商标、证明商标。注册商标专用权属于工业产权的一部分,保护商标专有权对于保证商品质量和维护商品信誉,保护消费者的合法权益,促进市场经济高质量繁荣发展,有着重要意义。使用他人已注册的商标必须经商标权利人同意,未经商标权人许可,在同一种类商品、服务上使用他人注册商标,情节严重的行为,是对商标管理秩序的破坏,对社会有严重危害,我国刑法规定为犯罪,最高处 10 年有期徒刑,并处罚金。

1935 年《中华民国刑法》分则第 19 章妨害农工商罪中第 253 条规定,"意图欺骗他人,而伪造或者已登记之商标、商号者,处 3 年以下有期徒刑或科或并科 3000 元以下罚金"。上述规定与我国现行刑法对假冒注册商标罪的规定基本相同,只是少一个加重处罚的法定刑。

国外,多数国家刑法中规定有假冒注册商标罪。《法国刑法》第 3 卷第 2 章侵害财产罪第 2 节第 5 款规定,违反手工、商业及艺术之规则中第 422 条规定,"有下列行为之一者,处 3 个月至 3 年监禁,并科 500 法郎至 1500 法郎罚金,或处其中之一刑:(1)伪造他人商标或套用他人之商标;(2)未经商标人许可,擅加字样于该商标而使用者,但附属品制造使用他人商标指明其产品之用途者,不罚"。《加拿大刑法》第 8 章关于买卖诈欺之罪中第 365 条规定,"(伪造商标犯罪),意图诈欺公众或特定或非特定之人,而伪造商标者为犯罪行为"。1997 年《俄罗斯联邦刑法典》分则中第 180 条规定有非法使用商标罪。该条规定,多次非法使用他人的商标、服务标志、商品产地名称或与它们类似的同类商品的标记,或已造成巨大损失的,处数额为最低劳动报酬 200 倍至 400 倍或被判刑人 2 个月至 4 个月的工资或其他收入的罚金,或处 180 小时至 240 小时的强制性工作,或处 2 年以下劳动改造。上述外国刑法中关于伪造商标犯罪的规定,包含了我国现行刑法规定的假冒注册商标罪的犯罪行为。

(2)假冒注册商标罪的构成特征。根据《刑法》第 213 条和《刑法修正案(十一)》第 17 条、第 24 条的规定,该罪的构成特征有:

①犯罪主体,是一般主体,年满 16 周岁,具有刑事责任能力,并实施了假冒注册商标犯罪行为的自然人或者单位都可以构成本罪的犯罪主体。

该罪犯罪主体在主观上是故意,其目的是以假冒他人注册商标,谋取非法利益。多数犯罪主体在主观上有假冒他人注册商标谋取利益的目的,但也有的是以毁坏他人商品名誉或者搞垮他人企业为目的。

②犯罪行为,必须是实施了假冒注册商标的行为。具体表现有:第一,未经注册商标所有人许可,在同一种商品、服务上使用与其注册商标相同的商标的行为。第二,将自己伪造、擅自制造的与他人注册商标相同的商标,使用在同类商品、服务上的行为。第三,将收购的伪造、擅自制造的他人注册商标标识使用在同种类假冒商品、服务上的行为。第四,回收注册商标完好的容器、包装及其附着物,使用在同种类假冒商品、服务上的行为。上述行为都是故意行为,具备上述行为之一,就可以构成本罪的犯罪行为。

这里的"相同商标",根据2020年9月14日施行的最高人民法院、最高人民检察院《关于办理侵犯知识产权刑事案件具体应用法律若干问题的解释(三)》第1条规定,是指一是改变注册商标的字体、字母大小写或者文字横竖排列,与注册商标之间基本无差别的;二是改变注册商标的文字、字母、数字之间的间距,与注册商标之间基本无差别的;三是改变注册商标颜色,不影响体现注册商标显著特征的;四是在注册商标上仅增加商品通用名称、型号等缺乏显著特征要素,不影响体现注册商标显著特征的;五是与立体注册商标的三维标志及平面要素基本无差别的;六是其他与注册商标基本无差别,足以对公众产生误导的商标。

这里的"使用",是指将注册商标或者假冒的注册商标用于商品、商品包装或容器以及产品说明书、商品交易文书,或者用于广告宣传、展览以及其他商业活动等的行为。

这里的"同一种商品",是指商品名称相同的商品以及名称不同,但指同一事物的商品。名称,是指国家工商行政管理总局商标局在商标注册工作中对商品使用的名称,通常即《商标注册用商品和服务国际分类》中规定的商品名称。"名称不同,但指同一事物的商品",是指在功能、用途、主要原料、消费对象、销售渠道等方面相同或者基本相同,相关公众一般认为是同一种的商品。认定"同一种商品",应当在权利人注册商标使用商品和行为人实际生产的商品间进行比较。

这里的"非法经营数额",是指行为人在实施侵犯知识产权行为过程中,制造、储存、运输、销售侵权产品的价值。已销售的侵权产品的价值,按照实际销售价格计算。制造、储存、运输和未销售侵权产品的价值,按照标价或者已经查清的侵权产品的实际销售平均价格计算。侵权产品没有实际标价或者无法查清其实际销售价格的,按照被侵权产品的市场中间价格计算。多次实施侵犯知识产权行为,未经行政处理或者刑事处罚的,非法经营数额、违法所得数额或者销售金额累计计算。

③犯罪结果,是结果犯。假冒注册商标,情节严重的,构成犯罪。情节特别严重,是适用加重法定刑的量刑情节。

根据2004年12月22日施行的最高人民法院、最高人民检察院《关于办理侵犯知识产权刑事案件具体应用法律若干问题的解释》第1条第1款规定,具有下列情形之一的,属于《刑法》第213条规定的"情节严重":一是非法经营数额在5万元以上或者违法所得数额在3万元以上的;二是假冒两种以上注册商标,非法经营数额在3万元以上或违法所得数额在2万元以上的;三是其他情节严重的情形。

(3)假冒注册商标罪的法定刑。根据《刑法》第213条的规定,假冒注册商标罪的法定刑为:

①构成本罪的,处3年以下有期徒刑,并处或者单处罚金。

根据2010年5月7日发布的最高人民检察院、公安部《关于公安机关管辖的刑事案件立案追诉标准的规定(二)》第69条规定:涉嫌下列情形之一的,应予立案追诉:一是非法经营数额在5万元以上的或者违法所得数额在3万元以上的;二是假冒两种以上注册商标,非法经营数额在3万元以上或者违法所得数额在2万元以上的;三是其他情节严重的。

②犯本罪,情节特别严重的,处3年以上10年以下有期徒刑,并处罚金。

根据2004年12月22日施行的最高人民法院、最高人民检察院《关于办理侵犯知识产权刑事案件具体应用法律若干问题的解释》第1条第2款规定,具有下列情形之一的,属于《刑法》第213条规定的"情节特别严重":一是非法经营数额在25万元以上或者违法所得数额在15万元以上的;二是假冒两种以上注册商标,非法经营数额在15万元以上或违法所得数额在10万元以上的;三是其他情节特别严重的情形。

③单位犯本罪的,根据《刑法修正案(十一)》第24条和《刑法》第220条规定,对单位判处罚金,并对其直接负责的主管人员和其他直接责任人员,依照自然人犯本罪的处罚规定处罚。

根据2020年9月14日施行的最高人民法院、最高人民检察院《关于办理侵犯知识产权刑事案件具体应用法律若干问题的解释(三)》第8条规定,具有下列情形之一的,可以酌情从重处罚,一般不适用缓刑:一是主要以侵犯知识产权为业的;二是因侵犯知识产权被行政处罚后再次侵犯知识产权构成犯罪的;三是在重大自然灾害、事故灾难、公共卫生事件期间,假冒抢险救灾、防疫物资等商品的注册商标的;四是拒不交出违法所得的。

该解释第9条规定,具有下列情形之一的,可以酌情从轻处罚:一是认罪认罚的;二是取得权利人谅解的;三是具有悔罪表现的;四是以不正当手段获取权利人的商业秘密后尚未披露、使用或者允许他人使用的。

该解释第10条规定:对于侵犯知识产权犯罪的,应当综合考虑犯罪违法所得数额、非法经营数额、给权利人造成的损失数额、侵权假冒物品数量及社会危害性等情节,依法判处罚金。罚金数额一般在违法所得数额的1倍以上5倍以下确定。违法所得数额无法查清的,罚金数额一般按照非法经营数额的5%以上1倍以下确定。违法所得数额和非法经营数额均无法查清,判处3年以下有期徒刑、拘役、管制或者单处罚金的,一般在3万元以上100万元以下确定罚金数额;判处3年以上有期徒刑的,一般在15万元以上500万元以下确定罚金数额。

(4)认定假冒注册商标罪,应注意划清以下界限:

①区分罪与非罪的界限。

从犯罪主观方面上区分。根据我国《刑法》第213条规定,假冒注册商标罪的主体在主观上是故意。如果行为人在主观上是过失,不能构成本罪。

从犯罪行为上区分。假冒注册商标罪的行为必须是故意假冒他人已注册的商标的行为,其犯罪行为对象是他人注册商标。如果是假冒他人非注册商标的行为,不构成本罪。

从犯罪结果上区分。假冒注册商标罪是结果犯,如果实施假冒注册商标行为,没有达到情节严重的结果,不构成本罪。

②注意假冒注册商标罪与销售假冒注册商标的商品罪的认定。根据2004年12月22日施行的最高人民法院、最高人民检察院《关于办理侵犯知识产权刑事案件具体应用法律若干问题的解释》第13条规定,实施《刑法》第213条规定的假冒注册商标犯罪,又销售该假冒注册商标的商品,构成犯罪的,应当依照《刑法》第213条的规定,以假冒注册商标罪定罪处罚。实施《刑法》第213条规定的假冒注册商标犯罪,又销售明知是他人的假冒注册商标的商品,构成犯罪的,应当分别定罪量刑实行数罪并罚。

③注意区分假冒商品商标行为与假冒服务商标行为。《刑法》第213条原规定的假冒注册商标罪的犯罪行为只是假冒注册商品商标,《刑法修正案(十一)》又增加了假冒注册服务商标的犯罪行为,应注意对两种行为加以区分。《商标法》第3条规定:"经商标局核准注册的商标为注册商标,包括商品商标、服务商标和集体商标、证明商标;商标注册人享有商标专用

权,受法律保护。本法所称集体商标,是指以团体、协会或者其他组织名义注册,供该组织成员在商事活动中使用,以表明使用者在该组织中的成员资格的标志。本法所称证明商标,是指由对某种商品或者服务具有监督能力的组织所控制,而由该组织以外的单位或者个人使用于其商品或者服务,用以证明该商品或服务的原产地、原料、制造方法、质量或者其他特定品质的标志……"

假冒注册商标罪假冒的对象只有注册商品商标和注册服务商标。假冒注册集体商标、注册证明商标和未注册的商品商标的行为,不能构成假冒注册商标罪的犯罪行为。假冒注册商品商标的对象是商品,包括生产的商品、销售的商品。假冒注册服务商标的对象是提供特定服务的商标,如"全聚德""同仁堂"等名牌"老字商号"的注册服务商标。

(十三)销售假冒注册商标的商品罪

销售假冒注册商标的商品罪是《刑法修正案(十一)》第18条对《刑法》第214条修改补充的犯罪。最高人民法院《关于执行〈中华人民共和国刑法〉确定罪名的规定》中确定为该罪名。《刑法修正案(十一)》第18条对《刑法》第214条规定的销售假冒注册商标的商品罪的罪状和法定刑作了修改补充,罪名没有改变。

1.刑法规定内容的修改

刑法条文中有关销售假冒注册商标的商品罪的规定有:

(1)1993年全国人大常委会《关于惩治假冒注册商标犯罪的补充规定》(已失效)第1条第2款规定,销售明知是假冒注册商标的商品,违法所得数额较大的,处3年以下有期徒刑或者拘役,可以并处或者单处罚金;违法所得数额巨大的,处3年以上7年以下有期徒刑,并处罚金。

(2)1997年《刑法》第214条规定,销售明知是假冒注册商标的商品,销售金额数额较大的,处3年以下有期徒刑或者拘役,并处或者单处罚金;销售金额数额巨大的,处3年以上7年以下有期徒刑,并处罚金。

1997年《刑法》第220条规定,单位犯本法第213条至第219条规定之罪的,对单位判处罚金,并对其直接负责的主管人员和其他直接责任人员,依照各该条的规定处罚。

(3)2020年12月26日发布的《刑法修正案(十一)》第18条规定,将《刑法》第214条修改为:销售明知是假冒注册商标的商品,违法所得数额较大或者有其他严重情节的,处3年以下有期徒刑,并处或者单处罚金;违法所得数额巨大或者有其他特别严重情节的,处3年以上10年以下有期徒刑,并处罚金。

《刑法修正案(十一)》第24条规定,将《刑法》第220条修改为:单位犯本法第213条至第219条之一规定之罪的,对单位判处罚金,并对其直接负责的主管人员和其他直接责任人员,依照各该条的规定处罚。

《刑法修正案(十一)》对《刑法》第214条规定的销售假冒注册商标的商品罪的罪状补充规定了"有其他严重情节的"和"有其他特别严重情节的"犯罪结果;同时将销售假冒注册商标的商品罪的法定刑最低处拘役删除,改为最低处6个月有期徒刑,将加重处罚档次的法定刑由最高处7年有期徒刑改为最高处10年有期徒刑。

2.刑法规定修改的原因

我国1979年《刑法》中没有规定销售假冒注册商标的商品罪,因为在当时的司法实践中很少有这种犯罪行为,随着我国市场经济的迅速发展,假冒他人注册商标,谋取非法利益的行为越来越多,数额越来越大,销售假冒注册商标的商品的违法行为也猖獗起来,假冒伪劣商品冲击商品市场,严重扰乱市场秩序,影响商品质量的发展提高,人民群众十分不满。1983年我国实施新制定的《商标法》及其实施细则,规范了商标管理秩序。1993年2月全国人大常委会根据我国市场经济发展的需要和履行《与贸易有关的知识产权协议》的国际义务,制定了《关于修改〈中华人民共和国商标法〉的决定》,同时颁布了《关于惩治假冒注册商标犯罪的补充规定》,该规定第1条第1款规定了假冒注册商标罪,第2款规定了销售假冒注册商标的商品罪,其法定刑与假冒注册商标罪相同。1997年修订《刑法》时,将上述规定纳入《刑法》第214条中,与其内容一致。

我国司法机关依照《刑法》第214条的规定惩治了一批销售假冒注册商标的商品犯罪者,从多年的司法实践和当时销售假冒注册商标的商品犯罪猖狂的情况来看,单纯以销售数为根据定罪处罚,将使对那些销售数额达不到较大,但情节严重的行为没有处罚的法律依据。另外,刑法对销售假冒注册商标的商品罪规定的法定刑较轻,对打击销售伪劣产品犯罪行为,维持我国社会主义商品市场秩序力度不够。因此,《刑法修正案(十一)》对《刑法》第214条规定的销售假冒注册商标的商品罪的罪状补充规定了"有其他严重情节的"和"有其他特别严重情节的"犯罪结果;同时将销售假冒注册商标的商品罪的法定刑最低处拘役删除,改为最低处6个月有期徒刑,将加重处罚档次的法定刑由最高处7年有期徒刑改为最高处10年有期徒刑。扩大了对销售假冒注册商标的商品罪的打击范围和惩罚的力度。

3. 销售假冒注册商标的商品罪的适用

销售假冒注册商标的商品罪是《刑法修正案(十一)》第18条,对《刑法》第214条修改的犯罪,要准确适用就必须弄清该罪的概念、特征、法定刑,以及适用时应注意的问题。

(1)销售假冒注册商标的商品罪的概念。该罪是指销售明知是假冒注册商标的商品,违法所得数额较大或者有其他严重情节的行为。

销售假冒注册商标的商品的犯罪行为,是违反商标管理法规定,同假冒注册商标犯罪行为共同侵犯注册商标权利人利益,实现假冒注册商标的意图、目的,行为人为了谋取非法利益,对明知是他人假冒注册商标的商品而故意进行批发、推销、出售的行为使他人假冒注册商标行为的目的得逞,直接危害消费者的利益,是对社会有严重危害的行为,我国刑法规定为犯罪,最低处有期徒刑6个月,并处或者单处罚金;最高处10年有期徒刑,并处罚金。

1935年《中华民国刑法》分则第19章妨害农工商罪中第254条规定,明知是伪造或者仿造之商标、商号之货物而贩卖,或意图贩卖而陈列,或从外国输入者,处2000元以下罚金。中国古代商品经济不发达,在其法律中没有单独规定这种犯罪。

国外,多数国家刑法中规定有销售假冒注册商标的商品罪,但罪名和归类及法定刑各有不同。《法国刑法》第3卷第422条第3项规定,无正当理由,明知产品附有伪造之商标或套用他人之商标而据有之者,或故意售卖或供给该商品或者提供服务者;第4项规定故意提交或供给不符合于登记商标之产品或服务者,有上述两项行为之一的,处3个月至3年监禁,并科500法郎至1500法郎罚金,或处其中之一刑。《加拿大刑法》第8章关于买卖诈欺之罪中第369条销售旧货罪规定,出售或者为出售而陈列、持有曾经使用、修复或者重制而附有他人商标或姓名之货物,或为广告,而对其修复或重制并与原产品情况不符之事实,不为说明者,构成犯罪行为。第368条规定,意图诈骗且有下列行为者,构成犯罪行为:①未经他人同意而毁坏、隐匿或除去其物之商标或姓名者;②制造人、中间商、出卖人或分装人,未经他人同意,以附具他人商标或姓名之瓶罐加装饮料、牛乳、牛乳制品或其他液体商品供出售或流通者。上述外国刑法中对销售假冒注册商标的商品犯罪行为的规定与我国刑法规定基本相同,但没有我国刑法规得明确、具体和处罚重。

(2)假冒注册商标罪的构成特征。根据《刑法》第214条和《刑法修正案(十一)》第18条、第24条的规定,该罪的构成特征有:

①犯罪主体,是一般主体,年满16周岁,具有刑事责任能力,并实施了销售假冒注册商标的商品犯罪行为的自然人或者单位都可以构成本罪的犯罪主体。单位主体是单位本身和单位直接负责的主管人员和其他直接责任人员。

该罪犯罪主体在主观上明知是假冒注册商标的商品而故意销售,其目的是以销售假冒他人注册商标的商品,谋取非法利益。是否明知,不能仅凭行为人的口供认定,而应当根据案件的客观事实进行分析认定。

根据2004年12月22日施行的最高人民法院、最高人民检察院《关于办理侵犯知识产权刑事案件具体应用法律若干问题的解释》第9条规定,《刑法》第214条规定的"销售金额",是指销售假冒注册商标的商品后所得和应得的全部违法收入。具有下列情形之一的,应当认定为属于《刑法》第214条规定的"明知":一是知道自己销售的商品上的注册商标被涂改、调换或者覆盖的;二是因销售假冒注册商标的商品受过行政处罚或者承担过民事责任,又销售同一种假冒注册商标的商品的;三是伪造、涂改商标注册人授权文件或者知道该文件被伪造、涂改的;四是其他知道或者应当知道是假冒注册商标的商品情形。

②犯罪行为,必须是实施了销售假冒注册商标的商品的犯罪行为。具体表现有:第一,批发假冒注册商标的商品的行为;第二,推销假冒注册商标的商品的行为;第三,出售假冒注册商标的商品的行为;第四,兜售假冒注册商标的商品的行为。

上述行为都是故意实施销售假冒注册商标的商品行为,即明知是假冒注册商标的商品而故意销售的行为。具备上述行为之一,就可以构成本罪。

③犯罪结果,是结果犯。销售明知是假冒注册商标的商品,情节严重的行为,构成犯罪。情节特别严重的,处加重档次法定刑。

根据2004年12月22日施行的最高人民法院、最高人民检察院《关于办理侵犯知识产权刑事案件具体应用法律若干问题的解释》第2条规定,销售金额在5万元以上的属于《刑法》第214条规定的"数额较大";销售金额在25万元以上的,属于《刑法》第214条规定的"数额巨大"。

(3)销售假冒注册商标的商品罪的法定刑。根据《刑法》第214条规定,销售假冒注册商标的商品罪的法定刑为:

①构成本罪的,处3年以下有期徒刑,并处或者单处罚金。

②犯本罪,情节特别严重的,处3年以上10年以下有期徒刑,并处罚金。

2004年12月22日施行的最高人民法院、最高人民检察院《关于办理侵犯知识产权刑事案件具体应用法律若干问题的解释》第2条规定,销售明知是假冒注册商标的商品,销售金额在5万元以上的,属于《刑法》第214条规定的"数额较大",应当以销售假冒注册商标的商品罪,处3年以下有期徒刑,并处或者单处罚金;销售金额在25万元以上的,属于《刑法》第214条规定的"数额巨大",应当以销售假冒注册商标的商品罪,判处3年以上10年以下有期徒刑,并处罚金。

该解释第9条规定,《刑法》第214条规定的"销售金额",是指销售假冒注册商标的商品后所得和应得的全部违法收入。

③单位犯本罪的,根据《刑法修正案(十一)》第24条和《刑法》第220条规定,对单位判处罚金,并对其直接负责的主管人员和其他直接责任人员,依照自然人犯本罪的处罚规定处罚。

(4)认定销售假冒注册商标的商品罪时,应注意的问题:

①区分罪与非罪的界限。

从犯罪的主观方面上区分。根据我国《刑法》第214条的规定,销售假冒注册商标的商品罪的主体在主观上是故意,即明知是假冒注册商标的商品而销售谋利。如果行为人在主观上确实不知是假冒注册商标的商品而过失销售,不能构成本罪。

从犯罪行为上区分。销售假冒注册商标的商品罪的犯罪行为,只是销售行为,如果事先与假冒注册商标犯罪行为人预谋,事后为其销售假冒注册商标的商品,不构成销售假冒注册商标的商品罪,只认定为假冒注册商标罪。同样,只是销售假冒的注册商标标识的行为,也不构成本罪,而构成销售非法制造的注册商标标识罪。

从犯罪结果上区分。销售假冒注册商标的商品罪是结果犯,如果实施销售假冒注册商标的商品犯罪行为,没有达到数额较大和情节严重的结果,不构成本罪。

②注意销售假冒注册商标的商品罪与假冒注册商标罪的认定。根据2004年12月22日施行的最高人民法院、最高人民检察院《关于办理侵犯知识产权刑事案件具体应用法律若干问题的解释》第13条规定,实施《刑法》第213条规定的假冒注册商标犯罪,又销售该假冒注册商标的商品,构成犯罪的,应当依照《刑法》第213条的规定,以假冒注册商标罪定罪处罚。实施《刑法》第213条规定的假冒注册商标犯罪,又销售明知是他人的假冒注册商标的商品,构成犯罪的,应实行数罪并罚。

③注意准确认定假冒烟用注册商标的烟草制品的"明知"问题。司法实践中,销售假冒烟用注册商标的香烟较多,如何认定是销售假冒烟用注册商标的香烟。2003年12月23日发布的最高人民法院、最高人民检察院、公安部、国家烟草专卖局《关于办理假冒伪劣烟草制品等刑事案件适用法律问题座谈会纪要》第2条规定,根据《刑法》第214条规定,销售明知是假冒烟用注册商标的烟草制品,销售金额较大的,构成销售假冒注册商标的商品罪。这里"明知",是指知道或应当知道。有下列情形之一的,可以认定为"明知":一是以明显低于市场价格进货的;二是以明显低于市场价格销售的;三是销售假冒烟用注册商标的烟草制品被发现后转移、销毁物证或者提供虚假证明、虚假情况的;四是其他可以认定为明知的情形。

(十四)非法制造、销售非法制造的注册商标标识罪

非法制造、销售非法制造的注册商标标识罪是《刑法修正案(十一)》第19条,对《刑法》第215条修改补充的犯罪。最高人民法院、最高人民检察院《关于执行〈中华人民共和国刑法〉确定罪名的规定》中确定为该罪名。《刑法修正案(十一)》第19条对《刑法》第215条规定的非法制造、销售非法制造的注册商标标识罪的法定刑作了修改补充,罪名没有改变。

1.刑法规定内容的修改

刑法条文中有关非法制造、销售非法制造的注册商标标识罪的规定有：

(1)1993年全国人大常委会《关于惩治假冒注册商标犯罪的补充规定》(已失效)第2条规定,伪造、擅自制造他人注册商标标识或者销售伪造、擅自制造的注册商标标识,违法所得数额较大或者有其他严重情节的,处3年以下有期徒刑或者拘役,可以并处或者单处罚金。

(2)1997年《刑法》第215条规定,伪造、擅自制造他人注册商标标识或者销售伪造、擅自制造的注册商标标识,情节严重的,处3年以下有期徒刑、拘役或者管制,并处或者单处罚金;情节特别严重的,处3年以上7年以下有期徒刑,并处罚金。

1997年《刑法》第220条规定,单位犯本法第213条至第219条规定之罪的,对单位判处罚金,并对其直接负责的主管人员和其他直接责任人员,依照各该条的规定处罚。

(3)2020年12月26日发布的《刑法修正案(十一)》第19条规定,将《刑法》第215条修改为:伪造、擅自制造他人注册商标标识或者销售伪造、擅自制造的注册商标标识,情节严重的,处3年以下有期徒刑,并处或者单处罚金;情节特别严重的,处3年以上10年以下有期徒刑,并处罚金。

《刑法修正案(十一)》第24条规定,将《刑法》第220条修改为:"单位犯本节第二百一十三条至第二百一十九条之一规定之罪的,对单位判处罚金,并对其直接负责的主管人员和其他直接责任人员,依照本节各该条的规定处罚。"

《刑法修正案(十一)》将《刑法》第215条规定的非法制造、销售非法制造的注册商标标识罪的法定刑最低处拘役或者管制删除,改为最低处6个月有期徒刑,将加重处罚档次的法定刑由最高处7年有期徒刑改为最高处10年有期徒刑。

2.刑法规定修改的原因

我国1979年《刑法》中没有规定非法制造、销售非法制造的注册商标标识罪,因为在当时的司法实践中很少有这种犯罪行为,随着我国市场经济的迅速发展,假冒他人注册商标,谋取非法利益的行为越来越多,数额越来越大,销售假冒注册商标的商品的违法行为也猖獗起来,假冒伪劣商品充斥商品市场,非法制造、销售非法制造的注册商标标识行为也随之增多,严重扰乱市场秩序,影响商品质量的发展提高,人民群众十分不满。1983年我国实施新制定的《商标法》及其实施细则,规范了商标管理秩序。1993年2月全国人大常委会根据我国市场经济发展的需要和履行《与贸易有关的知识产权协议》的国际义务,制定了《关于修改〈中华人民共和国商标法〉的决定》,同时颁布了《关于惩治假冒注册商标犯罪的补充规定》,该规定第2条规定了非法制造、销售非法制造的注册商标标识罪,其法定刑与假冒注册商标罪相同。1997年修订《刑法》时,将上述规定纳入《刑法》第215条中,与其内容一致。

我国司法机关依照《刑法》第215条的规定惩治了一些非法制造、销售非法制造的注册商标标识的犯罪者,从多年的司法实践和当时非法制造、销售非法制造的注册商标标识犯罪猖狂的情况来看,《刑法》规定的法定刑较轻,打击非法制造、销售非法制造的注册商标标识犯罪行为的力度不够。因此,《刑法修正案(十一)》对《刑法》第215条规定的非法制造、销售非法制造的注册商标标识罪的法定刑由最低处拘役或者管制改为最低处6个月有期徒刑,将加重处罚档次的法定刑由最高处7年有期徒刑改为最高处10年有期徒刑。加大了对非法制造、销售非法制造的注册商标标识罪惩罚的力度,同时也与假冒注册商标罪、销售假冒注册商标的商品罪的法定刑相一致。

3.非法制造、销售非法制造的注册商标标识罪的适用

非法制造、销售非法制造的注册商标标识罪是《刑法修正案(十一)》第19条对《刑法》第215条修改的犯罪,要准确适用就必须弄清该罪的概念、构成特征、法定刑,以及适用时应注意的问题。

(1)非法制造、销售非法制造的注册商标标识罪的概念。该罪是指伪造、擅自制造他人注册商标标识或者销售伪造、擅自制造的注册商标标识,情节严重的行为。

非法制造、销售非法制造的注册商标标识行为,是违反商标管理法规定,伪造、擅自制造他人注册商标标识或者销售伪造、擅自制造的注册商标标识,情节严重,侵犯注册商标权利人利益,危害商品经济高质量快速发展的行为。商标标识是商标的核心组成部分,它包括文字、字母、图形等或者由它们组合而成的商标图样的物质实体,如商标纸、商标牌、商标织带。为谋取非法利益而伪造、擅自制造他人注册商标标识或者销售伪造、擅自制造的注册商标标识,情节严重的行为直接危害消费者的利益,是对社会有严重危害的行为,我国刑法规定为犯罪,最低处有期徒刑6个月,并处或者单处罚金,最高处10年有期徒刑,并处罚金。

1935年《中华民国刑法》分则第19章妨害农工商罪中规定,伪造或者仿造已登记之商标标识、商号者,处3年以下有期徒刑、拘役或并科或单科3000元以下罚金。中国古代商品经济不发达,在其法律中没有单独规定这种犯罪。

国外,多数国家刑法中将伪造、擅自制造他人注册商标标识或者销售伪造、擅自制造商标标识的行为规定在假冒注册商标犯罪中。《泰国刑法》分则第8章关于贸易之罪中,第273条、第274条对伪造、仿造注册商标作了规定,"伪造他人在泰国国内外注册之商标者,处3年以下有期徒刑或单科或并科6000巴特以下之罚金"。"仿造他人在泰国国内外注册之商标,致使公众信其为真实者,处1年以下有期徒刑或单科或并科2000巴特以下罚金"。《瑞士刑法》分则第2章关于财产之一般犯罪中第153条规定了商品伪造罪、第154条规定了以伪造商品交易罪,有类似我国刑法规定的生产、销售伪造商品罪的规定,其规定的伪造商品也含有伪造他人注册商标标识的犯罪行为。《加拿大刑法》第8章关于买卖诈欺之罪中第364条规定有伪造商标罪,该条规定,"本章伪造商标,是指有下列行为之人:(一)未经商标人之同意,以任何方式制作或者复制商标或制作类似之商标以诈欺者;(二)以任何方式仿造真正之商标者"。上述外国刑法中对伪造注册商标犯罪行为的规定与我国刑法规定相似,但没有我国刑法规定得具体、全面。

(2)非法制造、销售非法制造的注册商标标识罪的构成特征。根据《刑法》第215条和《刑法修正案(十一)》第19条、第24条的规定,该罪的构成特征有:

①犯罪主体,是一般主体,年满16周岁,具有刑事责任能力并实施了非法制造、销售非法制造的注册商标标识行为的自然人或者单位都可以构成本罪的犯罪主体。单位主体是单位本身和单位直接负责的主管人员和其他直接责任人员。

该罪犯罪主体在主观上是通过实施非法制造、销售非法制造的注册商标标识的行为,达到谋取非法利益的目的。谋取非法利益,不能仅凭行为人的口供认定,而应当根据案件的客观事实进行分析认定。

②犯罪行为,必须是实施了非法制造、销售非法制造的注册商标标识的行为。具体表

现有：

第一，伪造他人注册商标标识的行为，即无权制造他人注册商标标识的单位和个人，依照已注册的真商标的颜色、图像、式样，伪造他人注册商标的行为。

第二，擅自制造他人注册商标标识的行为，即有权制造商标标识的单位或者个人未经有关部门同意或者批准而擅自决定多制造、增加制造他人注册商标的行为。伪造、擅自制造行为，统称非法制造他人注册商标标识的行为。

第三，销售非法制造的注册商标标识的行为，即销售伪造、擅自制造的注册商标标识的行为。

上述行为都是故意实施非法制造、销售非法制造的注册商标标识行为，都是违反商标管理法规定，伪造、擅自制造他人注册商标标识或者销售伪造、擅自制造的注册商标标识，谋取非法利益的行为。

③犯罪结果，是结果犯。故意非法制造、销售非法制造的注册商标标识，情节严重的结果。

根据2004年12月22日施行的最高人民法院、最高人民检察院《关于办理侵犯知识产权刑事案件具体应用法律若干问题的解释》第3条第1款规定，伪造、擅自制造他人注册商标标识或者销售伪造、擅自制造的注册商标标识，具有下列情形之一的，属于《刑法》第215条规定的"情节严重"：一是伪造、擅自制造他人注册商标标识或者销售伪造、擅自制造的注册商标标识数量在2万件以上，或者非法经营数额在5万元以上，或者违法所得数额在3万元以上的；二是伪造、擅自制造或者销售伪造、擅自制造两种以上注册商标标识数量在1万件以上，或者非法经营数额在3万元以上，或者违法所得数额在2万元以上的；三是其他情节严重的情形。

该解释第12条规定，本解释所称"非法经营数额"，是指行为人在实施侵犯知识产权行为过程中，制造、储存、运输、销售侵权产品的价值。已销售的侵权产品的价值，按照实际销售的价格计算。制造、储存、运输、未销售的侵权产品的价值，按照标价或者已经查清的侵权产品的实际销售平均价格计算。侵权产品没有标价或者无法查清其实际销售价格的，按照被侵权产品的市场中间价格计算。多次实施侵犯知识产权行为，未经行政处理或者刑事处罚的，非法经营数额、违法所得数额或者销售金额累计计算。

(3)非法制造、销售非法制造的注册商标标识罪的法定刑。根据《刑法》第215条规定，该罪的法定刑为：

①构成本罪的，处3年以下有期徒刑，并处或者单处罚金。

②犯本罪，情节特别严重的，处3年以上10年以下有期徒刑，并处罚金。

根据2004年12月22日施行的最高人民法院、最高人民检察院《关于办理侵犯知识产权刑事案件具体应用法律若干问题的解释》第3条第2款规定，具有下列情形之一的，属于《刑法》第215条规定的"情节特别严重"一是伪造、擅自制造或者销售伪造、擅自制造的注册商标标识数量在10万件以上的，或者非法经营数额在25万元以上，或者违法所得数额在15万元以上的；二是伪造、擅自制造或者销售伪造、擅自制造两种以上注册商标标识数量在5万件以上，或者非法经营数额在15万元以上，或者违法所得数额在10万元以上的；三是其他情节特别严重的情形。

③单位犯本罪的，根据《刑法修正案(十一)》第24条和《刑法》第220条规定，对单位判

处罚金,并对其直接负责的主管人员和其他直接责任人员,依照自然人犯本罪的处罚规定处罚。

(4)认定非法制造、销售非法制造的注册商标标识罪时,应注意的问题:

①区分罪与非罪的界限。

从犯罪主观方面上区分。根据我国《刑法》第215条的规定,非法制造、销售非法制造的注册商标标识罪的主体在主观上是故意,并且以谋利为目的。如果行为人在主观上确实不是以谋利为目的,而过失实施了非法制造、销售非法制造的注册商标标识的行为,不能构成本罪。

从犯罪行为上区分。非法制造、销售非法制造的注册商标标识罪的犯罪行为的对象是注册商标标识,如果非法制造、销售的不是非法制造的注册商标标识,不构成本罪。例如,非法制造、销售的是他人注册商标的,不构成本罪,而构成假冒注册商标罪。

从犯罪结果上区分。非法制造、销售非法制造的注册商标标识罪是结果犯,必须达到"情节严重"的结果,如果实施非法制造、销售非法制造的注册商标标识,达不到情节严重的结果,不能构成本罪,可依据商标法的规定给予行政处罚。

②注意非法制造、销售非法制造的注册商标标识罪与假冒注册商标罪的认定。行为人既实施了假冒注册商标犯罪行为,又实施了销售假冒注册商标标识犯罪行为的,应当依照《刑法》第213条和第215条的规定分别认定为假冒注册商标罪和销售非法制造的注册商标标识罪,进行数罪并罚。

③注意非法制造、销售非法制造的注册商标标识罪是选择罪名,如果行为人同时实施了伪造、擅自制造他人注册商标标识行为和销售伪造、擅自制造的注册商标标识行为,情节严重的,依《刑法》第215条规定,只认定"非法制造、销售非法制造的注册商标标识罪",不分别定罪并罚;如果行为人只实施了伪造他人注册商标标识行为,只认定为"非法制造注册商标标识罪"。

(十五)侵犯著作权罪

侵犯著作权罪是《刑法修正案(十一)》第20条对《刑法》第217条修改补充的犯罪。最高人民法院、最高人民检察院《关于执行〈中华人民共和国刑法〉确定罪名的规定》中确定为该罪名。《刑法修正案(十一)》对《刑法》第217条规定的侵犯著作权罪的罪状和法定刑作了修改补充,罪名没有改变。

1.刑法规定内容的修改

刑法条文中有关侵犯著作权罪的规定有:

(1)1994年7月5日,全国人大常委会《关于惩治侵犯著作权的犯罪的决定》(已失效)第1条规定,以营利为目的,有下列侵犯著作权情形之一,违法所得数额较大或者有其他严重情节的,处3年以下有期徒刑或者拘役,并处或者单处罚金;违法所得数额巨大或者有其他特别严重情节的,处3年以上7年以下有期徒刑,并处罚金:①未经著作权人许可,复制发行其文字作品,音乐、电影、电视、录像作品,计算机软件及其他作品的;②出版他人享有专有出版权的图书的;③未经录音录像制作者许可,复制发行其制作的录音录像的;④制作、出售假冒他人署名的美术作品的。

(2)1997年《刑法》第217条规定,以营利为目的,有下列侵犯著作权情形之一,违法所得数额较大或者有其他严重情节的,处3年以下有期徒刑、拘役,并处或者单处罚金;违法所得数额巨大或者有其他特别严重情节的,处3年以上7年以下有期徒刑,并处罚金:①未经著作权人许可,复制发行其文字作品,音乐、电影、电视、录像作品,计算机软件及其他作品的;②出版他人享有专有出版权的图书的;③未经录音录像制作者许可,复制发行其制作的录音录像的;④制作、出售假冒他人署名的美术作品的。

1997年《刑法》第220条规定,单位犯本法第213条至第219条规定之罪的,对单位判处罚金,并对其直接负责的主管人员和其他直接责任人员,依照各该条的规定处罚。

(3)2020年12月26日发布的《刑法修正案(十一)》第20条规定,将《刑法》第217条修改为,以营利为目的,有下列侵犯著作权或者与著作权有关的权利的情形之一,违法所得数额较大或者有其他严重情节的,处3年以下有期徒刑,并处或者单处罚金;违法所得数额巨大或者有其他特别严重情节的,处3年以上10年以下有期徒刑,并处罚金:①未经著作权人许可,复制发行、通过信息网络向公众传播其文字作品,音乐、美术、视听作品,计算机软件及法律、行政法规规定的其他作品的;②出版他人享有专有出版权的图书的;③未经录音录像制作者许可,复制发行、通过信息网络向公众传播其制作的录音录像的;④未经表演者许可,复制发行录有其表演的录音录像制品,或者通过信息网络向公众传播其表演的;⑤制作、出售假冒他人署名的美术作品的;⑥未经著作权人或者与著作权有关的权利人许可,故意避开或者破坏权利人为其作品、录音录像制品等采取的保护著作权或者与著作权有关的权利的技术措施的。

《刑法修正案(十一)》第24条规定,将《刑法》第220条修改为:"单位犯本节第二百一十三条至第二百一十九条之一规定之罪的,对单位判处罚金,并对其直接负责的主管人员和其他直接责任人员,依照本节各该条的规定处罚。"

《刑法修正案(十一)》对《刑法》第217条规定的侵犯著作权罪的罪状补充了两项有关通过信息网络侵犯著作权的内容和对侵犯著作权罪的法定刑由最低处拘役改为最低处6个月有期徒刑,将加重处罚档次的法定刑由最高处7年有期徒刑改为最高处10年有期徒刑。

2. 刑法规定修改的原因

我国1979年《刑法》中没有规定侵犯著作权罪,因为在当时的司法实践中很少有这种犯罪行为,对于出现的个别侵犯他人著作权行为,一般依照党纪、政纪、民事规定处理。对情节严重的按民事侵权处理,没有追究其刑事责任。随着我国市场经济的迅速发展,为谋取非法利益,未经著作权人许可使用他人的著作权的现象越来越多,数额越来越大,严重侵犯了著作权人的利益。依法保护公民的著作权,对调动广大人民群众创作的积极性,特别是对提高广大知识分子发明创造的积极性,促进智力成果的传播,推动社会文化的发展,具有重要意义。

我国1990年9月7日颁布了《著作权法》,随后又颁布了《计算机软件保护条例》《实施国际著作权条约的规定》《音像制品管理条例》等法律、行政法规。1992年10月,我国加入《保护文学和艺术作品伯尔尼公约》和《世界版权公约》。1994年4月15日,我国参加了乌拉圭回合最后文件中的"知识产权协议"。上述法律、行政法规和国际公约都规定保护国内外公民的著作权不受侵犯,同时也依法惩治侵犯著作权的违法犯罪行为,轻者依照著作权法予以惩罚,严重侵犯著作权的行为构成犯罪,追究行为人刑事责任。

1994年7月5日,全国人大常委会根据国内外有关保护著作权的规定制定了《关于惩治侵犯著作权的犯罪的决定》,该决定第1条规定了侵犯著作权罪,最低处拘役,单处或者并处罚金;最高处7年有期徒刑,并处罚金。1997年修订《刑法》时,将上述规定纳入《刑法》第217条中,与其内容一致。

我国司法机关依照《刑法》第217条的规定惩治了一批侵犯著作权犯罪行为,从多年的司法实践和当时侵犯著作权犯罪猖獗的情况来看,刑法规定的法定刑较轻,打击侵犯著作权犯罪行为的力度不够。因此,《刑法修正案(十一)》在《刑法》第217条规定的侵犯著作权罪状中增加利用信息网络侵犯著作权的行为,将该罪的法定刑由最低处拘役改为最低处6个月有期徒刑;将加重处罚档次的法定刑由最高处7年有期徒刑,并处罚金"改为最高"处10年有期徒刑,并处罚金"。加大了对侵犯著作权罪惩治范围和惩罚的力度,同时也使其与假冒注册商标罪、销售假冒注册商标的商品罪的法定刑相一致。

3.侵犯著作权罪的适用

侵犯著作权罪是《刑法修正案(十一)》第20条对《刑法》第217条修改的犯罪,要准确适用就必须弄清该罪的概念、构成特征、法定刑,以及适用时应注意的问题。

(1)侵犯著作权罪的概念。该罪是指以营利为目的,侵犯著作权或者与著作权有关的权利,违法所得数额较大或者有其他严重情节的行为。

侵犯著作权行为,是违反著作权法规定侵犯著作权或者与著作权有关的权利的行为。根据2020年11月11日修正的《著作权法》的规定,著作权,又称版权,是法律规定对已经创作出来的作品所享有的各项专有权利的总称。著作权人,包括作者,其他享有著作权的自然人、法人或者非法人组织。著作权人的作品,包括以下列形式创作的文学、艺术和科学领域内具有独创性并能以一定形式表现的智力成果,包括:①文字作品;②口述作品;③音乐、戏剧、曲艺、舞蹈、杂技艺术作品;④美术、建筑作品;⑤摄影作品;⑥视听作品;⑦工程设计图、产品设计图、地图、示意图等图形作品和模型作品;⑧计算机软件;⑨符合作品特征的其他智力成果。中国公民、法人或者其他组织的上述作品不论是否发表都依法享有著作权,但依法禁止出版、传播的作品不受法律保护。著作权包括下列人身权和财产权:①发表权,即决定作品是否公之于众的权利;②署名权,即表明作者身份,在作品上署名的权利;③修改权,即修改或者授权他人修改作品的权利;④保护作品完整权,即保护作品不受歪曲、篡改的权利;⑤复制权,即以印刷、复印、拓印、录音、录像、翻录、翻拍数字化等方式将作品制作一份或者多份的权利;⑥发行权,即以出售或者赠与方式向公众提供作品原件或者复制件的权利;⑦出租权,即有偿许可他人临时使用视听作品、计算机软件的原件或者复制件的权利,计算机软件不是出租的主要标的的除外;⑧展览权,即公开陈列美术作品、摄影作品的原件或者复制件的权利;⑨表演权,即公开表演作品,以及用各种手段公开播送作品的表演的权利;⑩放映权,即通过放映机、幻灯机等技术设备公开再现美术、摄影、视听作品等的权利;⑪广播权,即以有线或者无线方式公开传播或者转播作品,以及通过扩音器或者其他传送符号、声音、图像的类似工具向公众传播广播的作品权利,但不包括下述第12项权利;⑫信息网络传播权,即以有线或者无线方式向公众提供,使公众可以在其选定的时间和地点获得作品的权利;⑬摄制权,即以摄制视听作品的方法将作品固定在载体上的权利;⑭改编权,即改变作品,创作出具有独创性的新作品的权利;⑮翻译权,即将作品从一种语言文字转换成另一种语言文字的权利;⑯汇编权,即将作品或者作品的片段通过选择或者编排,汇集成新作品的权利;⑰应当由著作人享有的其他权利。著作权人可以许可他人行使前述第 5 项至第 17 项规定的权利,并依照约定或者《著作权法》有关规定获得报酬。著作权人可以全部或者部分转让前述第 5 项至第 17 项规定的权利,并依照约定或者《著作权法》有关规定获得报酬。《著作权法》同时规定,著作权人行使著作权,不得违反宪法和法律,不得损害公共利益。

《著作权法》还规定,除与人身不可分割的发表权和署名权只能由著作权人行使之外,其他的权利经著作权人授权也可以由他人行使或者享有。著作权人以外的其他人行使或者享有他人特定作品的著作权必须经著作权人许可或者经法定程序继承。未经著作权人许可行使他人的著作权是侵犯他人著作权的行为,违法所得数额较大或者有其他严重情节的是对社会有严重危害的犯罪行为。依法保护公民的著作权,惩罚侵犯著作权的违法犯罪行为,对保护广大人民群众,特别是知识分子发明创造的积极性,促进智力成果的传播,推动社会文化的繁荣发展,具有重要意义。

我国《著作权法》规定违反该法应负法律责任的行为有:①未经著作权人许可,发表其作品的;②未经合作作者许可,将与他人合作创作的作品当作自己单独创作的作品发表的;③没有参加创作,为谋取个人名利,在他人作品上署名的;④歪曲、篡改他人作品的;⑤剽窃他人作品的;⑥未经著作权人许可,以展览、摄制视听作品的方法使用作品,或者以改编、翻译、注释等方式使用作品的,本法另有规定的除外;⑦使用他人作品,应当支付报酬而未支付的;⑧未经视听作品、计算机软件、录音录像制品的著作权人、表演者或者录音像作者许可,出租其作品或者录音录像制品的原件或者复制件的,本法另有规定的除外;⑨未经出版者许可,使用其出版的图书、期刊的版式设计的;⑩未经表演者许可,从现场直播或者公开传送其现场表演,或者录制其表演的;⑪其他侵犯著作权以及与著作权有关的权利的行为。

具有上述侵权行为之一的,应当根据情况,承担停止侵害、消除影响、赔礼道歉、赔偿损失等民事责任。我国著作权法还规定,侵权行为同时损害公共利益的,主管著作的部门可以没收主要用于制作侵权复制品的材料、工具、设备等;构成犯罪的,依法追究刑事责任。

我国 1994 年全国人大常委会《关于惩治侵犯著作权的犯罪的决定》和 1997 年《刑法》第 217 条都规定了惩治侵犯著作权犯罪,2020 年《刑法修正案(十一)》又对《刑法》第 217 条规定的侵犯著作权罪的罪状和法定刑作了修改和补充,增加了惩治利用信息网络侵犯他人著作权的犯罪行为,将侵犯著作权罪的法定刑修改为,最低处有期徒刑 6 个月,并处或者单处罚金;最高处 10 年有期徒刑,并处罚金。

中国古代法律中,没有侵犯著作权犯罪的规定。我国 1979 年《刑法》中也没有侵犯著作权罪的规定。当代世界多数国家刑法中有关于侵犯著作权犯罪行为的规定,由于各国的具体情况和立法习惯不同,对罪名、法定刑以及犯罪归类的规定都有所不同。1997 年《俄罗斯联邦刑法典》第 140 条规定有侵犯著作权利和邻接权。该条规定,"(1)非法利用著作权或邻接权的客体,以及剽窃他人作品,如果这种行为造成巨大损失的,处数额为最低劳动报酬 200 倍至 400 倍或被判刑人 2 个月至 4 个月工资或其他收入的罚金,或处 180 小时至 240 小时的强制性工作,或处 2 年以下的剥夺自由。(2)多次实施,或有预谋的团伙或有组织的团伙实施上述行为的,处数额为最低劳动报酬 400 倍至 800 倍或被判刑人 4 个月至 8 个月工资或其他收入的罚金,或处 4 个月以上 6 个月以下的拘役,或处 5 年以下的剥夺自由"。《西班牙刑法》第 13 集第 4 章第 3 节规定有触犯著作权或工业财产权之罪。该条规定,"故意破坏著作权者,应处以长期监禁,并科以西币1万元至10万元之罚金,并应受其他特别法律规定处罚;以相同情形破坏工业财产者,应处以相同之刑罚;前述两种案件之重犯,应处以短期徒刑"。《巴西刑法》中将侵犯著作权犯罪与侵犯工业产权犯罪处以相同刑罚是其特点。《法国刑法》第2编第2章第2节第5条违反手工、商业及艺术之规则中第425条规定,"违反著作权法规之文字、作曲、图案、图画或其他部分或全部印刷、雕刻、作品之出版者,处伪造轻罪;在法国领域内,翻印或伪造法国或外国发表之著作者,处360法郎至12000法郎罚金"。第426条规定,"违反著作权法,以任何方法翻版、复制、散布精神作品者,亦处伪造罪"。第427条规定,"以第425条及第426条处罚之行为常业者,处3个月至2年监禁,并科800法郎至20000法郎罚金;前项之累犯,除依前项之规定处断外,法院得宣告暂时或永久关闭营业犯或同谋共犯之营业场所"。

上述外国刑法中规定的对侵犯著作权犯罪惩罚的范围没有我国刑法规定得广泛,法定刑也没有我国刑法规定得重。

(2)侵犯著作权罪的构成特征。根据《刑法》第217条和《刑法修正案(十一)》第20条、第24条的规定,该罪的构成特征有:

①犯罪主体,是一般主体。年满16周岁,具有刑事责任能力,并实施了侵犯著作权犯罪行为的自然人或者单位都可以构成本罪的犯罪主体。单位主体是单位本身和单位直接负责的主管人员和其他直接责任人员。

该罪犯罪主体在主观上是以营利为目的,故意实施侵犯著作权的犯罪行为。这里的"以营利为目的",不能仅以行为人的口供认定,而应当根据案件的客观事实进行分析认定。根据2004年12月22日施行的最高人民法院、最高人民检察院《关于办理侵犯知识产权刑事案件具体应用法律若干问题的解释》第11条规定,以刊登收费广告等方式直接或者间接收取费用的情形,属于《刑法》第217条规定的"以营利为目的"。

②犯罪行为,必须是实施了侵犯著作权的行为。具体表现有:

第一,未经著作权人许可,复制发行、通过信息网络向公众传播其文字作品,音乐、美术、视听作品,计算机软件及法律、行政法规规定的其他作品的行为。

第二,出版他人享有专有出版权的图书的行为。

第三,未经录音录像制作者许可,复制发行、通过信息网络向公众传播其制作的录音录像的行为。

第四,未经表演者许可,复制发行录有其表演的录音录像制品,或者通过信息网络向公众传播其表演的行为。

第五,制作、出售假冒他人署名的美术作品的行为。

第六,未经著作权人或者与著作权有关的权利人许可,故意避开或者破坏权利人为其作品、录音录像制品等采取的保护著作权或者与著作权有关的权利的技术措施的行为。

上述"未经著作权人许可",是指没有得到著作权人授权或者伪造、涂改著作权人授权许可文件或者超出授权许可范围的情形。

根据2020年9月14日施行的最高人民法院、最高人民检察院《关于办理侵犯知识产权刑事案件具体应用法律若干问题的解释(三)》第2条规定:在《刑法》第217条规定的作品、录音制品上以通常方式署名的自然人、法人或者非法人组织,应当推定为著作权人或者录音制作者,且该作品、录音制品上存在相应权利,但有相反证明的除外。在涉案作品、录音制品种类众多且权利人分散的案件中,有证据证明涉案复制品系非法出版、复制发行,且出版者、复制发行者不能提供获得著作权人、录音制作者许可的相关证据材料的,可以认定为《刑法》第217条规定的"未经著作权人许可""未经录音制作者许可"。但是有证据证明权利人放弃权利、涉案作品的著作权或录音制品的有关权利不受我国著作权法保护、权利保护期限已经届满的除外。

上述行为都是故意实施的侵犯著作权行为,是违反著作权法规定侵犯著作权或者与著作权有关的权利的行为。

③犯罪结果,是结果犯必须达到违法所得数额较大或者有其他严重情节的结果。

根据2004年12月22日施行的最高人民法院、最高人民检察院《关于办理侵犯知识产权刑事案件具体应用法律若干问题的解释》第5条规定,以营利为目的,实施《刑法》第217条所列侵犯著作权行为之一,违法所得数额在3万元以上的,属于"违法所得数额较大"。具有下列情形之一的,属于"有其他严重情节":一是非法经营数额在5万元以上的;二是未经著作权人许可,复制发行其文字作品、音乐、电影、电视、录像作品,计算机软件及其他作品,复制品数量合计在1000张(份)以上的;三是其他情节严重的情形。

(3)侵犯著作权罪的法定刑。根据《刑法》第217条规定,侵犯著作权罪的法定刑为:

①构成本罪的,处3年以下有期徒刑,并处或者单处罚金。

根据2008年6月25日发布的最高人民检察院、公安部《关于公安机关管辖的刑事案件立案追诉标准的规定(一)》第26条规定,涉嫌下列情形之一的,应予立案追诉:一是违法所得数额3万元以上的;二是非法经营数额5万元以上的;三是未经著作权人许可,复制发行其文字作品、音乐、电影、电视、录像作品,计算机软件及其他作品,复制品数量合计500张(份)以上的;四是未经录音录像制作者许可,复制发行其制作的录音录像制品,复制品数量合计500张(份)以上的;五是其他情节严重的情形。

②犯本罪,违法所得数额巨大或者有其他特别严重情节的,处3年以上10年以下有期徒刑,并处罚金。

根据2004年12月22日施行的最高人民法院、最高人民检察院《关于办理侵犯知识产权刑事案件具体应用法律若干问题的解释》第5条规定,以营利为目的,实施《刑法》第217条所列侵犯著作权行为之一,违法所得数额在15万元以上的,属于"违法所得数额巨大"。具有下列情形之一的,属于"有其他特别严重情节":一是非法经营数额在25万元以上的;二是未经著作权人许可,复制发行其文字作品、音乐、电影、电视、录像作品,计算机软件及其他作品,复制品数量合计在5000张(份)以上的;三是其他情节严重的情形。

③单位犯本罪的,根据《刑法修正案(十一)》第24条和《刑法》第220条规定,对单位判处罚金,并对其直接负责的主管人员和其他直接责任人员,依照自然人犯本罪的处罚规定处罚。

(4)认定侵犯著作权罪时,应注意的问题:

①区分罪与非罪的界限。

从犯罪主观方面区分。我国《刑法》第217条规定,侵犯著作权罪的主体在主观上是故意,并且以营利为目的。如果行为人在主观上确实不是以营利为目的,而过失实施了侵犯著作权的行为,不能构成本罪。例如,为教学目的,未经著作权人许可,在课堂上宣讲他人作品观点的行为,不构成侵犯著作权罪。

从犯罪行为上区分。侵犯著作权罪的犯罪行为侵犯的对象是他人的著作权或者与著作权有关的权利,如果侵犯的不是他人的著作权或者与著作权有关的权利,不构成本罪。例如,侵犯他人注册商标权的行为,不构成本罪,而可能构成假冒注册商标罪等。

从犯罪结果上区分。侵犯著作权罪是结果犯,必须是违法所得数额较大或者有其他严重情节的结果,如果实施了侵犯著作权的行为,但未达到数额较大,也没有情节严重的结果,不能构成本罪,可依据著作权法的规定给予行政处罚。

②侵犯著作权,又销售侵权复制品行为的定罪。根据2004年12月22日施行的最高人民法院、最高人民检察院《关于办理侵犯知识产权刑事案件具体应用法律若干问题的解释》第14条规定,实施《刑法》第217条所列侵犯著作权犯罪,又销售该侵权复制品,构成犯罪的,应当依照《刑法》第217条的规定,以侵犯著作权罪处罚。实施《刑法》第217条规定的侵犯著作权犯罪,又销售明知是他人的侵权复制品,构成犯罪的,应实行数罪并罚。

③注意侵犯著作权罪共犯的认定。根据2004年12月22日施行的最高人民法院、最高人民检察院《关于办理侵犯知识产权刑事案件具体应用法律若干问题的解释》第16条规定,明知他人实施侵犯知识产权犯罪,而为其提供贷款、资金、账号、发票、证明、许可证件,或者提供生产、经营场所或者运输、储存、代理进出口等便利条件、帮助的,以侵犯知识产权犯罪的共犯论处。

④注意掌握著作权法规定的不属于侵犯著作权的行为。我国著作权法明确规定了著作权保护的范围和期限,侵犯不属于著作权法保护范围内和超过期限的作品的行为,不能构成侵犯著作权罪。例如,我国《著作权法》第5条规定,下列作品不在著作权法保护范围内:一是法律、法规,国家机关的决议、决定、命令和其他具有立法、行政、司法性质的文件,及其官方正式译文;二是单纯事实消息;三是历法、通用数表、通用表格和公式。上述作品不是侵犯著作权犯罪行为的对象。再如,我国《著作权法》第23条规定,自然人的作品,其发表权、本法第10条第1款第5项至第17项规定的权利的保护期为作者终生及其死亡后50年,截至作者死亡后第50年的12月31日;如果是合作作品,截止于最后死亡的作者死亡后第50年的12月31日。侵犯上述期限以外作品的行为不是侵犯著作权的行为。

(十六)销售侵权复制品罪

销售侵权复制品罪是《刑法修正案(十一)》第21条对《刑法》第218条修改补充的犯罪。最高人民法院《关于执行〈中华人民共和国刑法〉确定罪名的规定》中确定为该罪名。《刑法修正案(十一)》对《刑法》第218条规定的销售侵权复制品罪的罪状和法定刑作了修改补充,罪名没有改变。

1.刑法规定内容的修改

刑法条文中有关销售侵权复制品罪的规定有:

(1)1994年7月5日,全国人大常委会《关于惩治侵犯著作权的犯罪的决定》(已失效)第2条规定,以营利为目的,销售明知是第1条规定的侵权复制品,违法所得数额较大的,处2年以下有期徒刑、拘役,单处或者并处罚金;违法所得数额巨大的,处2年以上5年以下有期徒刑,并处罚金。

(2)1997年《刑法》第218条规定,以营利为目的,销售明知是本法第217条规定的侵权复制品,违法所得数额巨大的,处3年以下有期徒刑或者拘役,并处或者单处罚金。

1997年《刑法》第220条规定,单位犯本法第213条至第219条规定之罪的,对单位判处罚金,并对其直接负责的主管人员和其他直接责任人员,依照各该条的规定处罚。

(3)2020年12月26日发布的《刑法修正案(十一)》第21条规定,将《刑法》第218条修改为:以营利为目的,销售明知是本法第217条规定的侵权复制品,违法所得数额巨大或者有其他严重情节的,处5年以下有期徒刑,并处或者单处罚金。

《刑法修正案(十一)》第24条规定,将《刑法》第220条修改为:"单位犯本节第二百一十三条至第二百一十九条之一规定之罪的,对单位判处罚金,并对其直接负责的主管人员和其他直接责任人员,依照本节各该条的规定处罚。"

《刑法修正案(十一)》对《刑法》第218条规定的销售侵权复制品罪的罪状补充"或者有其他严重情节的"结果和对销售侵权复制品罪的法定刑由最低处拘役改为最低处6个月有期徒刑;将法定刑由最高处3年有期徒刑改为最高处5年有期徒刑。

2. 刑法规定修改的原因

我国1979年《刑法》中没有规定销售侵权复制品罪,因为在当时的司法实践中很少有这种犯罪行为,对于出现的个别的侵犯他人著作权行为,一般按党纪、政纪、民事规定处理。对情节严重的按民事侵权处理,没有追究其刑事责任。我国1990年9月7日颁布了《著作权法》,随后又颁布了《计算机软件保护条例》《实施国际著作权条约的规定》《音像制品管理条例》等法律、行政法规。1992年10月,我国加入《保护文学和艺术作品伯尔尼公约》和《世界版权公约》。1994年4月15日,我国参加了乌拉圭回合最后文件中的"知识产权协议"。上述法律、行政法规和国际公约中都规定保护国内外公民的著作权不受侵犯,同时也依法惩治侵犯著作权的违法犯罪行为和销售侵权复制品犯罪行为,轻者依照著作权法予以惩罚,严重侵犯著作权的行为和销售侵权复制品行为构成犯罪的,追究行为人刑事责任。

1994年7月5日,全国人大常委会根据国内外有关保护著作权的规定,制定了《关于惩治侵犯著作权的犯罪的决定》,该规定第2条规定了销售侵权复制品罪,最低处拘役,单处或者并处罚金;最高处5年有期徒刑,并处罚金。1997年修订《刑法》时,将上述规定纳入《刑法》第218条中,但内容作了以下修改:(1)将构成犯罪的结果要件由"数额较大"改为"数额巨大";(2)将两个档次的法定刑改为一个档次法定刑,并将法定最高处5年有期徒刑改为处3年有期徒刑,使销售侵权复制品罪的法定刑减轻了一个档次。

我国司法机关依照《刑法》第218条的规定惩治了一批销售侵权复制品犯罪行为,从多年的司法实践和当时销售侵权复制品犯罪行为猖獗的情况来看,《刑法》规定的法定刑较轻,打击销售侵权复制品犯罪行为的力度不够。因此,《刑法修正案(十一)》对《刑法》第218条规定的销售侵权复制品罪的罪状结果要件中增加了"或者有其他严重情节的"结果,将该罪的法定刑由最低处拘役改为最低处6个月有期徒刑,加大了对销售侵权复制品罪的惩治范围和惩罚力度,同时也使其与假冒注册商标罪、销售假冒注册商标的商品罪的法定刑相一致。

3. 销售侵权复制品罪的适用

销售侵权复制品罪是《刑法修正案(十一)》第21条对《刑法》第218条修改的犯罪,要准确适用就必须弄清该罪的概念、构成特征、法定刑,以及适用时应注意的问题。

(1)销售侵权复制品罪的概念。该罪是指以营利为目的,销售明知是侵权复制品,违法所得数额巨大或者有其他严重情节的行为。

销售侵权复制品犯罪行为,是违反著作权法规定,间接侵犯著作权或者与著作权有关的权利的行为。虽然销售侵权复制品行为本身没有直接侵犯他人的著作权,但其销售侵权复制品行为是帮助侵权者实现侵犯他人著作权的目的,是间接侵犯他人著作权和与著作权有关的权益的行为,也是对社会有严重危害的行为。我国刑法将销售侵权复制品,违法所得数额巨大或者有其他严重情节的行为规定为犯罪,最高处5年有期徒刑,并处或者单处罚金。

根据2020年11月11日修正的《著作权法》规定,著作权,又称版权,是法律规定对已经创作出来的作品所享有的各项专有权利的总称。著作权人,包括作者,其他享有著作权的自然人、法人或者非法人组织。著作权人的作品,包括以下列形式创作的文学、艺术和科学领域内具有独创性并能以一定形式表现的智力成果,包括:①文字作品;②口述作品;③音乐、戏剧、曲艺、舞蹈、杂技艺术作品;④美术、建筑作品;⑤摄影作品;⑥视听作品;⑦工程设计图、产品设计图、地图、示意图等图形作品和模型作品;⑧计算机软件;⑨符合作品特征的其他智力成果。中国公民、法人或者非法人组织的上述作品无论是否发表都依法享有著作权,但依法禁止出版、传播的作品不受法律保护。销售上述侵犯著作权的复制品,具有相应侵权行为之一的,应当根据情况,承担停止侵害、消除影响、赔礼道歉、赔偿损失等民事责任。我国《著作权法》还规定,侵权行为同时损害公共利益的,主管著作权的部门可以没收主要用于制作侵权复制品的材料、工具、设备等;依此,对违法销售的侵权复制品也应当没收,销售违法所得数额巨大或者有其他严重情节,构成犯罪的,依法追究刑事责任。

我国1994年全国人大常委会《关于惩治侵犯著作权的犯罪的决定》和1997年《刑法》第218条都规定了惩治销售侵权复制品罪,2020年《刑法修正案(十一)》又对《刑法》第218条规定的销售侵权复制品罪的罪状和法定刑作了修改和补充,增加规定了构成销售侵权复制品罪的一种结果要件即"或者有其他严重情节";将销售侵权复制品罪的法定刑修改为最低处有期徒刑6个月,并处或者单处罚金,最高处5年有期徒刑,并处或者单处罚金。

中国古代法律中没有关于销售侵权复制品罪的规定。我国1979年《刑法》中也没有销售侵权复制品罪的规定。当代世界上一些国家刑法中将销售侵权复制品罪单独规定,也有些国家将该种犯罪行为含括在侵犯著作权罪之中。例如,《法国刑法》第2编第2章第5节中第425条第2款规定,"零售、输出、输入经翻印或仿造之著作者,亦同(同侵犯著作权罪,处360法郎至12,000法郎罚金)"。上述规定与我国刑法规定相比较,我国刑法规定更具体,特别是规定了独立罪名和单独的法定刑,更便于司法准确适用。

(2)销售侵权复制品罪的构成特征。根据《刑法》第218条和《刑法修正案(十一)》第21条、第24条的规定,该罪的构成特征有:

①犯罪主体,是一般主体。年满16周岁,具有刑事责任能力,并实施了销售侵权复制品犯罪行为的自然人或者单位都可以构成本罪的犯罪主体。单位主体是单位本身和单位直接负责的主管人员和其他直接责任人员。

该罪犯罪主体在主观上是以营利为目的,明知是侵权复制品,而故意实施销售侵权复制品犯罪行为。这里的"明知",只是明知其销售的是侵权复制品,其没有参与或者实施侵犯著作权犯罪行为。这里的"以营利为目的",不能仅以行为人的口供认定,而应当根据案件的客观事实进行分析认定。例如,根据 2004 年 12 月 22 日施行的最高人民法院、最高人民检察院《关于办理侵犯知识产权刑事案件具体应用法律若干问题的解释》第 11 条规定,以刊登收费广告等方式直接或者间接收取费用的情形,属于刑法规定的"以营利为目的"。

②犯罪行为,必须是实施了销售侵权复制品的行为。销售明知是《刑法》第 217 条规定的侵权复制品犯罪行为中的复制品的具体表现有:第一,未经著作权人许可,复制发行、通过信息网络向公众传播其文字作品、音乐、美术、视听作品、计算机软件及法律、行政法规规定的其他作品的行为;第二,出版他人享有专有出版权的图书的行为;第三,未经录音录像制作者许可,复制发行、通过信息网络向公众传播其制作的录音录像的行为;第四,未经表演者许可,复制发行录有其表演的录音录像制品,或者通过信息网络向公众传播其表演的行为;第五,制作、出售假冒他人署名的美术作品的行为;第六,未经著作权人或者与著作权有关的权利人许可,故意避开或者破坏权利人为其作品、录音录像制品等采取的保护著作权或者与著作权有关的权利的技术措施的行为。销售上述侵犯著作权犯罪行为产生的复制品,都是销售侵权复制的文字作品、音乐、电影、电视、录像作品、计算机软件及其他作品的行为。销售侵权复制品犯罪行为,具体表现有:批发侵权复制品的行为;推销侵权复制品的行为;出售侵权复制品的行为;兜售侵权复制品的行为。

上述行为都是故意销售侵权复制品行为,即明知是侵权复制品而故意销售的行为。具备上述行为之一,就可以构成本罪的犯罪行为。

根据 2004 年 12 月 22 日施行的最高人民法院、最高人民检察院《关于办理侵犯知识产权刑事案件具体应用法律若干问题的解释》第 11 条第 3 款规定,通过信息网络向公众传播他人文字作品、音乐、电影、电视、录像作品、计算机软件及其他作品的行为,应当视为《刑法》第 217 条规定的"复制发行"。销售上述复制发行的制品的行为,就是销售侵权复制品的行为。

③犯罪结果,是结果犯。必须达到违法所得数额巨大或者有其他严重情节的结果。

根据 2004 年 12 月 22 日施行的最高人民法院、最高人民检察院《关于办理侵犯知识产权刑事案件具体应用法律若干问题的解释》第 6 条规定,以营利为目的,实施了《刑法》第 218 条规定中所列举行为,违法所得数额在 10 万元以上的,属于"违法所得数额巨大"。

(3)销售侵权复制品罪的法定刑。根据《刑法》第 218 条的规定,销售侵权复制品罪的法定刑为:

①构成本罪的,处 5 年以下有期徒刑,并处或者单处罚金。

根据 2008 年 6 月 25 日发布的最高人民检察院、公安部《关于公安机关管辖的刑事案件立案追诉标准的规定(一)》第 27 条规定,涉嫌下列情形之一的,应予立案追诉:一是违法所得数额 10 万元以上的;二是违法所得数额虽未达到上述数额标准,但尚未销售的侵权复制品货值金额达到 30 万元以上的。

根据《刑法修正案(十一)》对《刑法》第 218 条的修改,违法所得未达到上述数额规定,但"有其他严重情节"结果的,也构成本罪,处 5 年以下有期徒刑,并处或者单处罚金。

②单位犯本罪的,根据《刑法修正案(十一)》第 24 条和《刑法》第 220 条规定,对单位判处罚金,并对其直接负责的主管人员和其他直接责任人员,依照自然人犯本罪的处罚规定处罚。

根据 1998 年 12 月 23 日施行的最高人民法院《关于审理非法出版物刑事案件具体应用

法律若干问题的解释》第4条规定,以营利为目的,实施了《刑法》第218条规定的行为,个人违法所得数额在10万元以上,单位违法所得数额在50万元以上的,依照《刑法》第218条的规定,以销售侵权复制品罪定罪处罚。

(4)认定销售侵权复制品罪时,应注意的问题:

①区分罪与非罪的界限。

从犯罪主观方面区分。我国《刑法》第218条规定,销售侵权复制品罪的主体在主观上是故意,并且以营利为目的。如果行为人在主观上确实不是以营利为目的,或者过失实施销售侵权复制品的行为,不能构成本罪。

从犯罪行为上区分。销售侵权复制品罪的犯罪行为销售的对象必须是《刑法》第217条规定的侵犯了他人的著作权或者与著作权有关的权利的犯罪行为所产生的侵权复制品,但行为人没有参与实施侵犯著作权行为;如果行为人实施了侵犯著作权行为,又销售其侵权复制品,或者销售的不是侵权复制品,都不构成本罪。

从犯罪结果上区分。销售侵权复制品罪是结果犯,必须是违法所得数额巨大或者有其他严重情节的结果,如果销售侵权复制品的行为,未达到数额巨大,也没有情节严重的结果,不能构成本罪,可依据著作权法的规定给予行政处罚。

②实施了侵犯著作权犯罪行为,又销售其侵权复制品的定罪。根据2004年12月22日施行的最高人民法院、最高人民检察院《关于办理侵犯知识产权刑事案件具体应用法律若干问题的解释》第14条规定,实施《刑法》第217条所列侵犯著作权犯罪行为,又销售该侵权复制品,构成犯罪的,应当依照《刑法》第217条的规定,以侵犯著作权罪处罚。实施《刑法》第217条规定的侵犯著作权犯罪行为,又销售明知是他人的侵权复制品,构成犯罪的,应实行数罪并罚。

③注意销售侵权复制品罪共犯的认定。根据2004年12月22日施行的最高人民法院、最高人民检察院《关于办理侵犯知识产权刑事案件具体应用法律若干问题的解释》第16条规定,明知他人实施侵犯知识产权犯罪,而为其提供贷款、资金、账号、发票、证明、许可证件,或者提供生产、经营场所或者运输、储存、代理进出口等便利条件、帮助的,以侵犯知识产权犯罪的共犯论处。也就是说,为他人销售侵权复制品而提供上述帮助行为的,可构成销售侵权复制品罪的共犯。

(十七)侵犯商业秘密罪

侵犯商业秘密罪是《刑法修正案(十一)》第22条对《刑法》第219条修改补充的犯罪。最高人民法院、最高人民检察院《关于执行〈中华人民共和国刑法〉确定罪名的规定》中确定为该罪名。《刑法修正案(十一)》对《刑法》第219条规定的侵犯商业秘密罪的罪状和法定刑作了修改补充,罪名没有改变。

1.刑法规定内容的修改

刑法条文中有关侵犯商业秘密罪的规定有:

(1)1997年《刑法》第219条规定,有下列侵犯商业秘密行为之一,给商业秘密的权利人造成重大损失的,处3年以下有期徒刑或者拘役,并处或者单处罚金;造成特别严重后果的,处3年以上7年以下有期徒刑,并处罚金:①以盗窃、利诱、胁迫或者其他不正当手段获取权利人的商业秘密的;②披露、使用或者允许他人使用以前项手段获取的权利人的商业秘密的;

③违反约定或者违反权利人有关保守商业秘密的要求,披露、使用或者允许他人使用其所掌握的商业秘密的。明知或者应知前述所列行为,获取、使用或者披露他人的商业秘密的,以侵犯商业秘密论。本条所称商业秘密,是指不为公众所知悉,能为权利人带来经济利益,具有实用性并经权利人采取保密措施的技术信息和经营信息。本条所称权利人,是指商业秘密的所有人和经商业秘密所有人许可的商业秘密使用人。

1997年《刑法》第220条规定,单位犯本法第213条至第219条规定之罪的,对单位判处罚金,并对其直接负责的主管人员和其他直接责任人员,依照各该条的规定处罚。

(2)2020年12月26日发布的《刑法修正案(十一)》第22条规定,将《刑法》第219条修改为,有下列侵犯商业秘密行为之一,情节严重的,处3年以下有期徒刑,并处或者单处罚金。情节特别严重的,处3年以上10年以下有期徒刑,并处罚金:①以盗窃、贿赂、欺诈、胁迫、电子侵入或者其他不正当手段获取权利人的商业秘密的;②披露、使用或者允许他人使用以前项手段获取的权利人的商业秘密的;③违反保密义务或者违反权利人有关保守商业秘密的要求,披露、使用或者允许他人使用其所掌握的商业秘密的。明知前述所列行为,获取、披露、使用或者允许他人使用该商业秘密的,以侵犯商业秘密论。本条所称权利人,是指商业秘密的所有人和经商业秘密所有人许可的商业秘密使用人。

《刑法修正案(十一)》第24条规定,将《刑法》第220条修改为:单位犯本法第213条至第219条之一规定之罪的,对单位判处罚金,并对其直接负责的主管人员和其他直接责任人员,依照各该条的规定处罚。

《刑法修正案(十一)》对《刑法》第219条规定的侵犯商业秘密罪的罪状补充了以贿赂、欺诈、电子侵入手段获取权利人的商业秘密的行为;将侵犯商业秘密罪的法定刑由最低处拘役改为最低处6个月有期徒刑,对加重处罚档次的法定刑由最高处7年有期徒刑改为最高处10年有期徒刑。

2. 刑法规定修改的原因

我国1979年《刑法》中没有规定侵犯商业秘密罪,因为在当时的司法实践中很少有这种犯罪行为,对于出现的个别侵犯权利人商业秘密的行为,一般按党纪、政纪、民事规定处理。对情节严重的按民事侵权处理,没有追究其刑事责任的法律规定。随着我国商品市场经济的迅速发展,为谋取非法利益,未经权利人许可使用他人的商业秘密的现象越来越多,数额越来越大,给商业秘密的权利人造成重大经济损失,甚至可能导致其在市场竞争中失败或者破产。依法保护商业秘密,对促进智力成果的传播,推动科学技术的发展和经济繁荣发展具有重要意义。

我国1993年9月2日颁布了《反不正当竞争法》,该法第10条和第25条将侵犯商业秘密的行为规定为不正当竞争的违法行为,追究其行政、民事责任,情节严重的依法给予行政处罚或者民事处罚,但没有规定追究侵犯商业秘密行为的刑事责任。1997年《刑法》第219条将侵犯商业秘密,给商业秘密权利人造成重大损失的行为规定为犯罪,最低处拘役,并处或者单处罚金;最高处7年有期徒刑,并处罚金。

我国司法机关依照《刑法》第219条的规定惩治了一批侵犯商业秘密的犯罪行为。由多年的司法实践和当时侵犯商业秘密罪案件较多,且侵犯商业秘密的行为有所增加的情况可见,《刑法》规定的法定刑较轻,对侵犯商业秘密犯罪的打击力度不够。因此,《刑法修正案

(十一)》在《刑法》第219条规定的侵犯商业秘密罪的罪状中增加了以贿赂、欺诈、电子侵入方法获取权利人的商业秘密的犯罪行为,将该罪的法定刑由最低"处拘役,并处或者单处罚金"改为最低"处6个月有期徒刑,并处或者单处罚金";将加重处罚档次的法定刑由最高"处7年有期徒刑,并处罚金"改为"处10年有期徒刑,并处罚金"。加大了对侵犯商业秘密罪的惩治范围和惩罚力度,同时也使其与侵犯著作权罪、假冒注册商标罪、销售假冒注册商标的商品罪等的法定刑相一致。

3. 侵犯商业秘密罪的适用

侵犯商业秘密罪是《刑法修正案(十一)》第22条对《刑法》第219条修改的犯罪,要准确适用就必须弄清该罪的概念、构成特征、法定刑,以及适用时应注意的问题。

(1)侵犯商业秘密罪的概念。该罪是指以不正当手段获取、披露、使用或者允许他人使用权利人的商业秘密,情节严重的行为。

侵犯商业秘密罪是侵犯权利人的商业秘密的犯罪行为。商业秘密权利人,是指商业秘密的所有人和经商业秘密所有人许可使用商业秘密的人。

商业秘密,是一项知识产权,是指不为公众所知悉,能为权利人带来经济利益,具有实用性并经权利人采取保密措施的技术信息和经营信息。在现代经济社会中,技术信息和经营信息都能为权利人产生经济效益,是生产者、经营者拥有的无形资产。随着我国经济体制和科技体制改革不断深入,商业秘密在生产和经营中发挥着越来越重要的作用。权利人的商业秘密一旦被泄露或者窃用,就会给商业秘密权利人造成重大的经济损失,甚至可能导致在竞争中失败或者破产。因此,侵犯商业秘密的行为是对社会有严重危害的行为。

中国古代法律中,没有关于侵犯商业秘密罪的规定。我国1979年《刑法》中也没有关于侵犯商业秘密罪的规定。1935年《中华民国刑法》分则第18章妨害秘密罪中第317条规定,依法令或契约有保守业务知悉或持有工商秘密之义务,而故意泄露之者,处1年以下有期徒刑、拘役或1000元以下罚金。第318条规定,公务员或曾任公务员之人,无故泄露因职务知悉或者持有他人之工商秘密者,处2年以下有期徒刑、拘役或者2000元以下罚金。上述规定与我国现行《刑法》规定相似,但我国现行刑法规定更具体,刑罚更重,更具有时代性。

当今世界多数国家刑法中有关于侵犯商业秘密犯罪行为的规定,由于各国的具体情况和立法习惯不同,对罪名、法定刑以及犯罪归类的规定都有所不同。1997年《俄罗斯联邦刑法典》分则第22章经济活动领域的犯罪中第183条规定有非法获取或泄露构成商业秘密或银行机密的信息罪。该条规定:①以泄露或非法使用为目的,通过盗窃文件、收买或者威胁的方式,以及以其他非法手段收集构成商业秘密或者银行机密的信息的,处数额为最低劳动报酬100倍至200倍或被判刑人1个月至2个月的工资或者其他收入的罚金,或处2年以下的剥夺自由;②出于贪利动机或由于其他个人利害关系,未经构成商业秘密或银行机密的信息的所有人的同意,非法泄露或者使用这些信息,并已造成重大损失的,处数额为最低劳动报酬200倍至500倍或被判刑人2个月至5个月的工资或其他收入的罚金,或处5年以下的剥夺自由,并处或不并处数额为最低劳动报酬50倍以下或被判刑人1个月以下的工资或其他收入的罚金。《罗马尼亚刑法》第8编违反某些经济活动原则之犯罪中第298条有泄露经济秘密罪的规定,该条规定,由于职责需要而得知不得公开的某些文件与情报之人将其泄露的,处2年至7年监禁;其他人犯前罪,无论是怎样得知文件与情报的,均处6个月至5年监禁。《瑞士刑法》分则第5章对隐私及特定职业秘密之侵害中第122条规定有商业或产业秘密之侵害罪。该条规定：①对依法令或官署之委任，从事监督、检查或调查时，获悉或接触之商业或产业上的秘密，加以泄露或者利用者，处6个月以下自由刑或360日数额以下罚金。②意图为自己或者他人谋取财产上利益或者意图加不利于他人而为者，处1年以下自由刑或360日数额以下罚金。此外，第123条规定了"刺探商业或产业上秘密"，第124条规定了"为外国刺探商业或产业上秘密"等。上述外国刑法对侵犯商业秘密罪的规定与我国刑法规定相比较，我国刑法规定有两个突出的特点：一是我国刑法对侵犯商业秘密行为的规定更具体、明确，更符合罪刑法定的原则；二是我国刑法中对侵犯商业秘密罪的法定刑的规定，有有期徒刑、罚金，并且分为两个轻重不同的档次，能够适用轻重不同的犯罪行为。

（2）侵犯商业秘密罪的构成特征。根据《刑法》第219条和《刑法修正案（十一）》第22条、第24条的规定，该罪的构成特征有：

①犯罪主体，是一般主体。年满16周岁，具有刑事责任能力，并实施了侵犯商业秘密犯罪行为的自然人或者单位都可以构成本罪的犯罪主体。单位主体是单位本身和单位直接负责的主管人员和其他直接责任人员。

该罪犯罪主体在主观上是故意实施侵犯权利人的商业秘密犯罪行为，多数是以谋利为目的，但也有个别是以报复为目的，企图给权利人造成经济损失。这里的"谋取非法利益"，不能仅以行为人的口供认定，而应当根据案件的客观事实进行分析认定。

②犯罪行为，必须是实施了以不正当手段获取、披露、使用和允许他人使用权利人的商业秘密的行为。具体表现有：

第一，以盗窃、贿赂、欺诈、胁迫、电子侵入或者其他不正当手段获取权利人的商业秘密的行为。

根据2020年9月14日施行的最高人民法院、最高人民检察院《关于办理侵犯知识产权刑事案件具体应用法律若干问题的解释（三）》第3条规定，采取非法复制、未经授权或者超越授权使用计算机信息系统等方式窃取商业秘密的，应当认定为《刑法》第219条第1款第1项规定的"盗窃"。以贿赂、欺诈、电子侵入等方式获取权利人的商业秘密的，应当认定为《刑法》第219条第1款第1项规定的"其他不正当手段"。

第二，披露、使用或者允许他人使用以前项手段获取的权利人的商业秘密的行为。

第三，违反保密义务或者违反权利人有关保守商业秘密的要求，披露、使用或者允许他人使用其所掌握的商业秘密的行为。

第四，明知前述所列行为，获取、披露、使用或者允许他人使用该商业秘密的，以侵犯商业秘密论。

上述所称权利人，是指商业秘密的所有人和经商业秘密所有人许可的商业秘密使用人。

③犯罪结果，是结果犯。必须是侵犯权利人商业秘密情节严重的结果。

根据2004年12月22日施行的最高人民法院、最高人民检察院《关于办理侵犯知识产权刑事案件具体应用法律若干问题的解释》第7条规定，实施《刑法》第219条所列侵犯商业秘密行为之一，给商业秘密权利人造成损失数额在50万元以上的，属于"给商业秘密的权利人造成重大损失"；给商业秘密权利人造成损失数额在250万元以上的，属于"造成特别严重后果"。

(3)侵犯商业秘密罪的法定刑。根据《刑法》第219条规定,侵犯商业秘密罪的法定刑是:

①构成本罪的,处3年以下有期徒刑,并处或者单处罚金。

根据2020年9月14日施行的最高人民法院、最高人民检察院《关于办理侵犯知识产权刑事案件具体应用法律若干问题的解释(三)》第4条第1款规定,实施《刑法》第219条规定的行为,具有下列情节之一的,应当认定为"给商业秘密的权利人造成重大损失":一是给商业秘密权利人造成损失数额或者因侵犯商业秘密违法所得数额在30万元以上的;二是直接导致商业秘密的权利人因重大经营困难而破产、倒闭的;三是造成商业秘密权利人其他重大损失的。

②犯本罪,情节特别严重的,处3年以上10年以下有期徒刑,并处罚金。

根据2020年9月14日施行的最高人民法院、最高人民检察院《关于办理侵犯知识产权刑事案件具体应用法律若干问题的解释(三)》第4条第2款规定,给商业秘密权利人造成损失数额或者因侵犯商业秘密违法所得数额在250万元以上的,应当认定为《刑法》第219条规定的"造成特别严重后果"。

③单位犯本罪的,根据《刑法修正案(十一)》第24条和《刑法》第220条规定,对单位判处罚金,并对其直接负责的主管人员和其他直接责任人员,依照自然人犯本罪的处罚规定处罚。

根据2020年9月14日施行的最高人民法院、最高人民检察院《关于办理侵犯知识产权刑事案件具体应用法律若干问题的解释(三)》第8条规定,具有下列情形之一的,可以酌情从重处罚,一般不适用缓刑:一是主要以侵犯知识产权为业的;二是因侵犯知识产权被行政处罚后再次侵犯知识产权构成犯罪的;三是在重大自然灾害、事故灾难、公共卫生事件期间,假冒抢险救灾、防疫物资等商品的注册商标的;四是拒不交出违法所得的。

该解释第9条规定,具有下列情形之一的,可以酌情从轻处罚:一是认罪认罚的;二是取得权利人谅解的;三是具有悔罪表现的;四是以不正当手段获取权利人的商业秘密后尚未披露、使用或者允许他人使用的。

该解释第10条规定,对于侵犯知识产权犯罪的,应当综合考虑犯罪违法所得数额、非法经营数额、给权利人造成的损失数额、侵权假冒物品数量及社会危害性等情节,依法判处罚金。罚金数额一般在违法所得数额的1倍以上5倍以下确定。违法所得数额无法查清的,罚金数额一般按照非法经营数额的50%以上1倍以下确定。违法所得数额和非法经营数额均无法查清,判处3年以下有期徒刑、拘役、管制或者单处罚金的,一般在3万元以上100万元以下确定罚金数额;判处3年以上有期徒刑的,一般在15万元以上500万元以下确定罚金数额。

(4)认定侵犯商业秘密罪时,应注意的问题:

①区分罪与非罪的界限。

从犯罪主观方面区分。我国《刑法》第219条规定,侵犯商业秘密罪的主体在主观上是故意,并且绝大多数是以谋利为目的。行为人在主观上是故意实施侵犯权利人商业秘密的行为,绝大多数人是以谋利为目的,但也有个别人是以报复泄私愤,使权利人在经济上受到损失为目的而泄露权利人的商业秘密。如果行为人主观上确实是由于过失而泄露了他人的商业秘密,不能构成本罪。

从犯罪行为上区分。侵犯商业秘密罪的犯罪行为侵犯的对象是权利人的商业秘密,即侵犯了不为公众所知悉,能为权利人带来经济利益,具有实用性并经权利人采取保密措施的技术信息和经营信息。如果行为人侵犯的不是他人的商业秘密,不构成本罪。

从犯罪结果上区分。侵犯商业秘密罪是结果犯,必须是侵犯权利人的商业秘密情节严重的结果,才能构成犯罪。如果行为人实施了侵犯商业秘密行为,但没有产生情节严重的结果,不能构成本罪,可依据工商管理法的规定给予行政处罚。

②注意划清侵犯商业秘密罪与侵犯著作权罪的界限。侵犯商业秘密罪和侵犯著作权罪都是侵犯知识产权的犯罪行为。两罪的根本区别是犯罪对象不同。侵犯商业秘密罪侵犯的对象是采取保密措施的技术信息和经营信息,而侵犯著作权罪侵犯的对象是他人作品的著作权或者与著作权有关的权利。如果行为人实施了《刑法》第217条规定的侵犯著作权犯罪行为构成犯罪,又实施了侵犯他人商业秘密犯罪行为构成犯罪,应实行数罪并罚。如果行为人实施的侵犯著作权犯罪行为的对象同时也是商业秘密罪的对象,两罪的犯罪对象重合,应以侵犯著作权罪定罪,从重处罚。

③注意侵犯商业秘密罪共犯的认定。根据2004年12月22日施行的最高人民法院、最高人民检察院《关于办理侵犯知识产权刑事案件具体应用法律若干问题的解释》第16条规定,明知他人实施侵犯知识产权犯罪,而为其提供贷款、资金、账号、发票、证明、许可证件,或者提供生产、经营场所或者运输、储存、代理进出口等便利条件、帮助的,以侵犯知识产权犯罪的共犯论处。如果明知他人实施侵犯商业秘密犯罪,而实施上述帮助行为,构成侵犯商业秘密罪的共犯。

④注意侵犯商业秘密罪与销售假冒注册商标的商品罪的区别。根据《刑法》第219条第2款规定,明知或者应知是侵犯他人商业秘密的行为,而获取、披露、使用或者允许他人使用商业秘密的,以侵犯商业秘密论。该种侵犯商业秘密犯罪的行为人并没有直接实施侵犯权利人的商业秘密的行为,但其明知他人实施侵犯商业秘密行为,而获取、披露、使用或者允许他人使用商业秘密的行为,依《刑法》第219条规定仍构成侵犯商业秘密犯罪。同样地,对于行为人没有实施假冒注册商标行为,只是明知是假冒注册商标的商品而销售的行为,依《刑法》第214条单独规定为销售假冒注册商标的商品罪,不以假冒注册商标罪论处。注意上述二罪的区别,以便准确定罪处罚。

⑤注意将本罪与损害商业信誉、商品声誉罪相区分。根据《刑法》第221条规定,捏造并散布虚伪事实,损害他人的商业信誉、商品声誉,给他人造成重大损失或者有其他严重情节的犯罪行为构成损害商业信誉、商品声誉罪。明知或者应知是他人商业秘密而获取、披露、使用或者允许他人使用的行为,依《刑法》第219条规定构成侵犯商业秘密犯罪。因此上述《刑法》第221条和第219条规定的是两种不同的犯罪,其根本的区别是侵犯的对象不同,两罪的立案标准和处刑轻重也不相同。根据2022年4月6日发布的最高人民检察院、公安部《关于公安机关管辖的刑事案件立案追诉标准的规定(二)》第66条规定,捏造并散布虚伪事实,损害他人的商业信誉、商品声誉,涉嫌下列情形之一的,应予立案追诉:一是给他人造成直接经济损失数额在50万元以上的;二是虽未达到上述数额标准,但造成公司、企业等单位停业、停产6个月以上,或者破产的;三是其他给他人造成重大损失或者有其他严重情节的情形。

(十八)提供虚假证明文件罪

提供虚假证明文件罪是《刑法修正案(十一)》第25条对《刑法》第229条修改补充的犯罪。最高人民法院、最高人民检察院《关于执行〈中华人民共和国刑法〉确定罪名的补充规定》将《刑法》第229条第1款、第2款规定的犯罪确定为该罪名,将第3款规定的犯罪确定为出具证明文件重大失实罪。《刑法修正案(十一)》对《刑法》第229条第1款、第2款规定的提供虚假证明文件罪的罪状和法定刑作了修改补充,其罪名没有改变。

1.刑法规定内容的修改

刑法条文中有关提供虚假证明文件罪的规定有:

(1)1995年全国人大常委会《关于惩治违犯公司法的犯罪的决定》(已失效)第6条规定,承担资产评估、验资、验证、审计职责的人员故意提供虚假证明文件,情节严重的,处5年以下有期徒刑或者拘役,可以并处20万元以下罚金。

单位犯前罪的,对单位判处违法所得5倍以下罚金,并对直接负责的主管人员和其他直接责任人员,依照前述规定,处5年以下有期徒刑或者拘役。

(2)1997年《刑法》第229条规定,承担资产评估、验资、验证、会计、审计、法律服务等职责的中介组织的人员故意提供虚假证明文件,情节严重的,处5年以下有期徒刑或者拘役,并处罚金。前述规定的人员,索取他人财物或者非法收受他人财物,犯前罪的,处5年以上10年以下有期徒刑,并处罚金。前述规定的人员,严重不负责任,出具的证明文件有重大失实,造成严重后果的,处3年以下有期徒刑或者拘役,并处或者单处罚金。

1997年《刑法》第231条规定,单位犯本法第221条至第230条规定之罪的,对单位判处罚金,并对其直接负责的主管人员和其他直接责任人员,依照各该条的规定处罚。

(3)2020年12月26日发布的《刑法修正案(十一)》第25条规定,将《刑法》第229条修改为,承担资产评估、验资、验证、会计、审计、法律服务、保荐、安全评价、环境影响评价、环境监测等职责的中介组织的人员故意提供虚假证明文件,情节严重的,处5年以下有期徒刑或者拘役,并处罚金。有下列情形之一的,处5年以上10年以下有期徒刑,并处罚金:①提供与证券发行相关的虚假的资产评估、会计、审计、法律服务、保荐等证明文件,情节特别严重的;②提供与重大资产交易相关的虚假的资产评估、会计、审计等证明文件,情节特别严重的;③在涉及公共安全的重大工程、项目中提供虚假的安全评价、环境影响评价等证明文件,致使公共财产、国家和人民利益遭受特别重大损失的。有前述行为,同时索取他人财物或者非法收受他人财物构成犯罪的,依照处罚较重的规定定罪处罚。前述规定的人员,严重不负责任,出具的证明文件有重大失实,造成严重后果的,处3年以下有期徒刑或者拘役,并处或者单处罚金。

《刑法修正案(十一)》对《刑法》第229条规定的提供虚假证明文件罪作了以下3点重要修改补充:一是对犯罪的主体和犯罪行为作了补充,新增加了"承担保荐、安全评价、环境影响评价、环境监测等职责的中介组织的人员",同时增加了其相应的职责评估犯罪行为;二是增加了一个加重档次法定刑,即"处五年以上十年以下有期徒刑,并处罚金",并对处加重法定刑的证券、重大资产交易、公共安全评价等3种情节特别严重结果作了具体规定;三是将原规定的相关人员索取他人财物或者非法收受他人财物构成本罪的,处5年以上10年以下有期徒刑,并处罚金,改为"依照处罚较重的规定定罪处罚"。经此修改,有的可能构成受贿罪或者非国家工作人员受贿罪。

2.刑法规定修改的原因

我国1979年《刑法》中没有规定提供虚假证明文件罪,因为在当时的司法实践中很少有这种犯罪行为,对于出现的个别中介组织的人员提供虚假证明文件的行为,轻者给予行政、纪律处分,情节特别严重的,以玩忽职守罪追究刑事责任。随着我国市场经济的迅速发展,大量经济数据需要由专门的中介组织进行评估,出具评估鉴定意见,特别是司法机关在审理的大量经济案件中都需要中介组织进行评估鉴定,使案件得到公平公正处理。在我国,中介组织有会计师事务所、审计师事务所、司法公证机构、司法鉴定机构、医学鉴定机构、伤残鉴定机构、信息咨询机构、资产评估机构、环境影响评价机构、建筑工程安全鉴定机构等。这些中介组织依其掌握的专门知识所出具的证明文件具有一定的权威性和公正性,是国家行政机关、司法机关或者企业法人处理有关经济活动的重要依据。因此,中介组织及其工作人员应当严格依照法律规定,实事求是地提供证明文件,使有关部门、单位能公正合理地处理有关的经济问题,使国民经济保持良好的秩序,使有关经济纠纷得到公平公正处理。然而,在社会实践中,有的中介组织及其工作人员为谋取非法利益,违反职责规定,故意提供虚假的证明文件或者出具失实的证明文件,使有关部门和单位不能准确决定有关经济活动,造成重大经济损失,引起经济秩序混乱和司法不公,造成冤假错案,这种提供虚假证明文件的行为是对社会有严重危害的行为。

我国1995年2月28日颁布了《关于惩治违反公司法的犯罪的决定》,该法第6条规定,承担资产评估、验资、验证、审计职责的人员故意提供虚假证明文件,情节严重的,构成犯罪,最高处5年有期徒刑,可以并处20万元罚金;最低处拘役,可以并处20万元以下罚金;单位犯前罪的,对单位判处违法所得5倍以下罚金,并对其直接负责的主管人员和其他直接责任人员,处5年以下有期徒刑或者拘役。1997年修订《刑法》时将上述规定纳入《刑法》第229条中。并对其内容作了修改和补充,主要有:(1)犯罪范围增加"承担会计、法律服务等职责的中介组织的人员",使本罪惩治范围扩大;(2)增加规定中介组织的人员索取他人财物或者非法收受他人财物,犯本罪的,处5年以上10年以下有期徒刑,并处罚金,加重了处罚力度;(3)将"可以并处二十万元以下罚金"改为"并处罚金",由司法机关根据案件具体情况决定罚金数额,具有实事求是的灵活性。

我国司法机关依照《刑法》第229条的规定惩治了一些提供虚假证明文件的犯罪行为。但结合多年的司法实践和当时提供虚假证明文件犯罪较多,对社会危害严重的情况来看,《刑法》规定的法定刑较轻,对提供虚假证明文件犯罪的打击力度不够。因此,《刑法修正案(十一)》对《刑法》第229条规定的提供虚假证明文件罪的罪状和法定刑又作了以下3点重要修改和补充:(1)对犯罪的主体和犯罪行为作了补充,新增加了"承担保荐、安全评价、环境影响评价、环境监测等职责的中介组织的人员",同时增加了其相应的职责评估犯罪行为;(2)增加了一个加重档次法定刑,即"处五年以上十年以下有期徒刑,并处罚金",并对处加重法定刑的证券、重大资产交易、公共安全评价等3种情节特别严重结果作了具体规定;(3)将原规定的相关人员索取他人财物或者非法收受他人财物构成犯罪的,处5年以上10年以下有期徒刑,并处罚金,改为"依照处罚较重的规定定罪处罚"。经过此次修改,有可能构成受贿罪或者非国家工作人员受贿罪。上述3点补充修改,加大了对提供虚假证明文件罪的惩治范围和惩罚

3. 提供虚假证明文件罪的适用

提供虚假证明文件罪是《刑法修正案(十一)》第 25 条对《刑法》第 229 条修改的犯罪,要准确适用就必须弄清该罪的概念、构成特征、法定刑,以及适用时应注意的问题。

(1)提供虚假证明文件罪的概念。该罪是指承担资产评估、验资、验证、会计、审计、法律服务、保荐、安全评价、环境影响评价、环境监测等职责的中介组织的人员故意提供虚假证明文件,情节严重的行为。

中介组织及其工作人员提供虚假证明文件的行为是一种违反职责规定的行为,也是违背社会主义核心价值观的不道德行为,其提供了虚假证明文件,很可能给国家、社会和人民群众的生命财产造成重大损失,是对社会有严重危害的行为。我国《刑法》第 229 条将其规定为犯罪,最低处拘役,并处罚金;最高处 10 年有期徒刑,并处罚金。

中国古代法律和我国 1979 年《刑法》中没有关于提供虚假证明文件罪的规定。1935 年《中华民国刑法》分则第 15 章伪造文件、印文罪中第 215 条规定,"从事业务之人员,明知为不实的事项,而登载于其业务,作成文书,足以生损害于公众或他人者,处 3 年以下有期徒刑、拘役或者 500 元以下罚金"。上述规定,虽然不是单独规定中介组织的人员提供虚假证明文件罪,但可以包含这种犯罪行为。国外多数国家刑法中没有单独规定提供虚假证明文件罪,有些国家刑法中将上述犯罪行为归在其他犯罪行为之中。例如,《日本刑法》第 2 编第 17 章伪造文书之罪中第 159 条第 3 项规定,"伪造或者变造有关权利、义务或者事实证明之文书或图书者,处 3 个月以上 5 年以下之惩役"。上述规定虽不专指中介组织的人员提供虚假证明文件,但可包含这种犯罪行为。

(2)提供虚假证明文件罪的构成特征。根据《刑法》第 229 条和《刑法修正案(十一)》第 25 条的规定,该罪的构成特征有:

①提供虚假证明文件罪的主体,是特殊主体,是中介组织的人员和单位,具体包括承担资产评估、验资、验证、会计、审计、法律服务、保荐、安全评价、环境影响评价、环境监测等职责的中介组织的人员及其单位。中介组织的人员必须是具有承担评估、鉴定职责并依职责出具了虚假证明文件行为的工作人员,如资产评估员、注册会计师、伤残鉴定员、仲裁员、公证员、律师等。单位主体必须是有评估、鉴定、审计、仲裁、公证等资格的单位,如会计师鉴定所、仲裁委员会、司法鉴定中心、公证处、环境评估鉴定、监测机构等。单位犯罪的主体有单位本身和单位直接负责的主管人员和其他直接责任人员。

该罪犯罪主体在主观上是故意提供虚假证明文件。只要故意提供了虚假证明文件,就可以构成本罪的犯罪主体,无论其提供的虚假证明文件是否起到证明作用。

②犯罪行为,必须是故意实施了提供虚假证明文件的行为,主要是向委托单位提供了与事实不符的证明文件,如评估资产报告、验资报告、审计报告、医疗事故鉴定意见、人身伤残报告、环境评价报告、审计报告、安全评估报告、保存药品检验报告等的行为。例如,2019 年 8 月 26 日发布的《药品管理法》第 114 条、第 138 条规定,药品检验机构出具虚假检验报告,构成犯罪的,依法追究刑事责任。

③犯罪结果,是结果犯。必须是故意提供虚假证明文件,情节严重的结果。情节严重的结果,一般是指因提供虚假证明文件而给国家、集体、公民个人造成严重的经济损失和恶劣的

社会影响及多次提供虚假证明文件等情节严重的结果。

根据2022年5月15日发布的最高人民检察院、公安部《关于公安机关管辖的刑事案件立案追诉标准的规定（二）》第73条规定，承担资产评估、验资、验证、会计、审计、法律服务、保荐、安全评价、环境影响评价、环境监测等职责的中介组织的人员故意提供虚假证明文件，涉嫌下列情形之一的，应予立案追诉：一是给国家、公众或者其他投资者造成直接经济损失数额在50万元以上的；二是违法所得数额在10万元以上的；三是虚假证明文件虚构数额在100万元以上且占实际数额30%以上的；四是虽未达到上述数额标准，但二年内因提供虚假证明文件受过二次以上行政处罚，又提供虚假证明文件的；五是其他情节严重的情形。

（3）提供虚假证明文件罪的法定刑。根据《刑法》第229条规定，提供虚假证明文件罪的法定刑为：

①构成本罪的，处5年以下有期徒刑或者拘役，并处罚金。

根据2018年11月28日发布的最高人民法院、最高人民检察院《关于办理妨害信用卡管理刑事案件具体应用法律若干问题的解释》第4条第2款规定，承担资产评估、验资、验证、会计、审计、法律服务等职责的中介组织或其人员，为信用卡申请人提供虚假的财产状况、收入、职务等资信证明材料，应当追究刑事责任的，依照《刑法》第229条的规定，分别以提供虚假证明文件罪和出罪证明文件重大失实罪定罪处罚。

②犯本罪，有下列情形之一的，处5年以上10年以下有期徒刑，并处罚金：第一，提供与证券发行相关的虚假的资产评估、会计、审计、法律服务、保荐等证明文件，情节特别严重的。第二，提供与重大资产交易相关的虚假的资产评估、会计、审计等证明文件，情节特别严重的。第三，在涉及公共安全的重大工程、项目中提供虚假的安全评价、环境影响评价等证明文件，致使公共财产、国家和人民利益遭受特别重大损失的。

③单位犯本罪的，对单位判处罚金，并对其直接负责的主管人员和其他直接责任人员，依照自然人犯本罪的规定处罚。

（4）认定提供虚假证明文件罪时，应注意的问题：

①区分罪与非罪的界限。

从犯罪主体上区分。我国《刑法》第229条规定的提供虚假证明文件罪的主体是特殊主体，必须是中介组织的工作人员并且在主观上是故意提供虚假证明文件的才能构成本罪，不具备这种特殊职责的人员或者主观上是过失的人员，不能构成本罪。

从犯罪行为上区分。提供虚假证明文件罪的犯罪行为是故意出具与事实不符的证明文件的行为；如果行为人只是说出自己的意见，并没有提供虚假证明文件的行为，不构成本罪。

从犯罪结果上区分。提供虚假证明文件罪是结果犯，必须是提供虚假证明文件，情节严重的结果，才能构成本罪。如果行为人提供了虚假证明文件，但没有达到情节严重的程度，如提供的虚假证明文件未被有关部门采纳，没有起证明作用，一般不构成犯罪，应由有关部门或者单位给予行政处罚。

②注意划清提供虚假证明文件罪与受贿罪的界限。《刑法》第229条第2款规定，"有前款行为，同时索取他人财物或者非法收受他人财物构成犯罪的，依照处罚较重的规定定罪处罚"。也就是说，中介组织的人员索贿或者受贿，而犯提供虚假证明文件罪，因索贿受贿数额没有达到定罪数额标准不构成受贿罪的，应将索贿受贿行为作为提供虚假证明文件罪从重处

罚的情节;如果索贿受贿构成犯罪,且处罚较重,应以受贿罪或者非国家工作人员受贿罪定罪处罚。这里"依照处罚较重的规定定罪处罚",是指提供虚假证明文件行为和索贿受贿行为都构成犯罪,但不分别定罪,数罪并罚,而是要以处罚较重的罪定罪处罚。

③注意划清提供虚假证明文件罪与出具证明文件重大失实罪的界限。《刑法》第229条第3款规定,"第一款规定的人员,严重不负责任,出具的证明文件有重大失实,造成严重后果的,处三年以下有期徒刑或者拘役,并处或者单处罚金",即指中介组织的工作人员,过失出具的证明文件有重大失实,造成严重后果的行为,最高人民法院、最高人民检察院发布的司法解释将其确定为"出具证明文件重大失实罪"的罪名。出具证明文件重大失实罪与提供虚假证明文件罪的区别主要有两点:一是犯罪行为性质不同,提供虚假证明文件罪是故意犯罪;而出具证明文件重大失实罪是过失犯罪。二是法定刑不同,提供虚假证明文件罪的法定最高刑是"处10年有期徒刑,并处罚金";而出具证明文件重大失实罪的法定最高刑是"处3年有期徒刑,并处或者单处罚金"。两罪相比较,对提供虚假证明文件罪处罚较重。根据2022年4月6日发布的最高人民检察院、公安部《关于公安机关管辖的刑事案件立案追诉标准的规定(二)》第74条规定,承担资产评估、验资、验证、会计、审计、法律服务、保荐、安全评价、环境影响评价、环境监测等职责的中介组织的人员严重不负责任,出具的证明文件有重大失实,涉嫌下列情形之一的,应予立案追诉:一是给国家、公众或者其他投资者造成直接经济损失数额在100万元以上的;二是其他造成严重后果的情形。

④注意掌握司法鉴定人员犯提供虚假证明文件罪的认定。根据2015年4月24日全国人大常委会发布的《关于司法鉴定管理问题的决定》第13条第2款规定,鉴定人故意作虚假鉴定,构成犯罪的,依法追究刑事责任。

(十九)强奸罪

强奸罪是《刑法修正案(十一)》第26条,对《刑法》第236条修改补充的犯罪。最高人民法院、最高人民检察院《关于执行〈中华人民共和国刑法〉确定罪名的规定》中确定为该罪名。《刑法修正案(十一)》对《刑法》第236条规定的强奸罪的罪状作了修改补充,罪名没有改变。

1. 刑法规定内容的修改

刑法条文中有关强奸罪的规定有:

(1)1979年《刑法》第139条规定,以暴力、胁迫或者其他手段强奸妇女的,处3年以上10年以下有期徒刑。奸淫不满14周岁幼女的,以强奸论,从重处罚。犯前罪,情节特别严重的或者致人重伤、死亡的,处10年以上有期徒刑、无期徒刑或者死刑。二人以上犯强奸罪而共同轮奸的,从重处罚。

(2)1997年《刑法》第236条规定,以暴力、胁迫或者其他手段强奸妇女的,处3年以上10年以下有期徒刑。奸淫不满14周岁的幼女的,以强奸论,从重处罚。

强奸妇女、奸淫幼女,有下列情形之一的,处10年以上有期徒刑、无期徒刑或者死刑:①强奸妇女、奸淫幼女情节恶劣的;②强奸妇女、奸淫幼女多人的;③在公共场所当众强奸妇女的;④二人以上轮奸的;⑤致使被害人重伤、死亡或者造成其他严重后果的。

(3)2020年12月26日发布的《刑法修正案(十一)》第26条规定,将《刑法》第236条修改为:以暴力、胁迫或者其他手段强奸妇女的,处3年以上10年以下有期徒刑。奸淫不满14周岁的幼女的,以强奸论,从重处罚。

强奸妇女、奸淫幼女,有下列情形之一的,处 10 年以上有期徒刑、无期徒刑或者死刑:①强奸妇女、奸淫幼女情节恶劣的;②强奸妇女、奸淫幼女多人的;③在公共场所当众强奸妇女、奸淫幼女的;④二人以上轮奸的;⑤奸淫不满 10 周岁的幼女或者造成幼女伤害的;⑥致使被害人重伤、死亡或者造成其他严重后果的。

《刑法修正案(十一)》在《刑法》第 236 条规定的犯强奸罪,处加重档次法定刑的情形中增加了"在公共场所当众奸淫幼女的"和"奸淫不满 10 周岁的幼女或者造成幼女伤害的"两种新情形。

2. 刑法规定修改的原因

我国 1979 年《刑法》第 139 条中规定有强奸罪,但当时刑法条文中没有规定罪名,最高司法机关也没有统一确定罪名,司法实践中习惯上将 1979 年《刑法》第 139 条第 1 款规定的强奸妇女的犯罪行为称为"强奸妇女罪",将第 2 款规定的奸淫幼女的犯罪行为称为"奸淫幼女罪"。1997 年《刑法》第 236 条延用 1979 年《刑法》规定,并作了两点修改:一是将原规定处 10 年以上有期徒刑、无期徒刑或者死刑的情节由统称为"情节特别严重或者致人重伤、死亡的情形修改为列举强奸妇女、奸淫幼女情节恶劣等 5 种具体情形,这种修改使司法人员在适用加重法定刑时有了具体标准;二是对原规定的"二人以上轮奸妇女的,从重处罚",即在法定刑内从重处罚,改为二人以上轮奸的,处加重档次法定刑,最高可处无期徒刑或者死刑,加重了处罚力度。1997 年最高人民法院、最高人民检察院发布的司法解释中将《刑法》第 236 条规定的强奸妇女、奸淫幼女的犯罪行为确定为统一的"强奸罪"罪名。

我国司法机关依据 1997 年《刑法》惩治了一批强奸妇女、奸淫幼女的罪犯,对保护妇女儿童的身心健康发挥了重要作用。但随着经济社会的发展,人民生活水平的提高,未成年人的体力和智力发育增快,我国很多 8 周岁至 10 周岁的未成年人已具有成年人的辨别能力和控制自己行为的能力。特别是改革开放以来,受国外性开放的影响,未成年人性犯罪和侵犯未成年人性犯罪越来越多。为保护未成年人健康成长和祖国的未来发展,我国立法机关非常重视保护未成年人的合法权利,惩罚侵犯未成年人身心健康的犯罪行为。

我国 2020 年 5 月 28 日颁布的《民法典》第 17 条至第 20 条规定,18 周岁以上的自然人为成年人,不满 18 周岁的自然人为未成年人;16 周岁以上的未成年人,以自己的劳动收入为主要生活来源的,视为完全民事行为能力人;8 周岁以上的未成年人为限制民事行为能力人;不满 8 周岁的未成年人为无民事行为能力人。将限制民事行为能力的年龄由原来的 10 周岁降为 8 周岁。随着负民事责任的年龄降低,公民负刑事责任的年龄也相应降低。

2015 年 11 月 1 日施行的《刑法修正案(九)》将《刑法》第 360 条嫖宿不满 14 周岁幼女的行为,构成嫖宿幼女罪的规定取消,将这种犯罪行为归类为《刑法》第 236 条中规定的强奸犯罪行为,以强奸罪定罪处罚,加重了对嫖宿幼女犯罪行为的处罚力度。

2020 年 12 月 26 日发布的《刑法修正案(十一)》第 26 条规定,在《刑法》第 236 条规定的加重处罚强奸犯罪行为中,又增加了"在公共场所当众奸淫幼女的"和"奸淫不满 10 周岁的幼女或者造成幼女伤害的"两种加重情节,最高处无期徒刑或者死刑,其目的是加大惩治性侵未成年人犯罪的范围和加重处罚的力度。

3. 强奸罪的适用

强奸罪是《刑法修正案(十一)》第 26 条对《刑法》第 236 条修改的犯罪,要准确适用就必须弄清该罪的概念、构成特征、法定刑,以及适用时应注意的问题。

(1)强奸罪的概念。该罪是指以暴力、胁迫或者其他手段强奸妇女的行为。强奸罪是侵犯妇女人身权利的犯罪行为。妇女的性自由受国家法律的保护,不经妇女同意任何人不能强行与妇女发生性交关系。如果以暴力或者类似暴力的手段强行与妇女发生性交关系,是对妇女人身自由权利的侵犯,既有可能致使妇女重伤、死亡,还对妇女的家庭关系、个人名誉、精神状态和社会风尚等造成一系列的重大损害。特别是奸淫幼女的行为对幼女及其子孙后代的健康成长都有极大的危害,因为未成年幼女的心理和生殖器官没有发育成熟,奸淫不满14周岁的幼女有可能毁了其本人一生及其全家安宁和其后代的健康发展,是对社会有严重危害的行为。我国刑法将强奸妇女、奸淫幼女的行为规定为犯罪,最低处3年有期徒刑,最高处无期徒刑或者死刑,剥夺政治权利终身。

中国古代、近代法律中都有关于强奸罪的规定,其中有的规定了这种犯罪行为,但没有单独规定"负有照护职责人员性侵罪"的罪名。早在我国汉律中就有"和奸"等奸淫妇女犯罪的规定,并规定处以严厉的刑罚。

《唐律·杂律》中规定有:"凡奸""奸缌麻以上亲及妻""奸从祖母、姑等""奸父祖妾""奴奸良""和奸妇女罪""监主于监守内奸"等。该法规定,"诸奸者,徒一年;有夫者,徒二年。部曲、杂户、官户奸良人者,各加一等。即奸官私卑者,杖九十;奴奸卑,亦同"。疏议:"奸他人部曲妻、杂户、官户妇女者,杖一百。"从上述规定可见,我国古代封建社会法律中不仅惩罚强奸妇女的犯罪行为,也惩罚一般通奸行为,并且根据奸淫双方所处的地位和不同等级规定处不同的刑罚。

我国近代1935年《中华民国刑法》第2编分则第16章妨害风化罪中对强奸罪作了规定。该章第225条至第227条规定了对心神丧失或其他相类似之情形的妇女进行奸淫的犯罪行为,对已满14周岁不满16周岁的妇女进行奸淫的犯罪行为,对有亲属、监护、教养、救济、公务或业务关系的妇女利用职权而奸淫的犯罪行为,以诈术骗奸妇女的犯罪行为,对直系或三代以内旁系血亲相和奸的犯罪行为,等等。上述规定不论是在追究犯罪的范围上,还是处罚力度上都重于我国现行刑法对奸淫妇女罪的规定。

当代世界各国刑法中都有惩治监护者奸淫未成年妇女犯罪行为的规定。《日本刑法》第2编第22章猥亵、奸淫及重婚之罪中规定有"劝诱奸淫罪""通奸罪"等犯罪行为。《韩国刑法》第2编分则第32章关于贞操之罪中规定有"奸淫未成年者""假业务之威力而奸淫"等。其第303条规定,"(1)对因业务雇用或其他关系受自己保护或监督之妇女,以诈术或暴力予以奸淫者,处五年以下劳役或二万五千元以下罚金。(2)监护人对依法拘禁之妇女予以奸淫者,处七年以下劳役"。从上述规定可见,亚洲国家刑法对奸淫犯罪的规定,一般都将负有监护职责的人奸淫妇女的行为规定为犯罪,但刑法规定的法定刑较轻,特别是其还规定有"处罚金"。

1997年《俄罗斯联邦刑法典》分则第18章侵害性不受侵犯权和个人性自由的犯罪中规定有"强奸""性暴力行为""强迫进行性行为""与未满16岁的人实行性交和其他性行为"等。该法典第131条规定,"(强奸):(1)强奸,即对受害人或其他人使用暴力或以使用暴力相威胁或利用受害人孤立无援的状态而与之实行性交的,处3年以上6年以下的剥夺自由。(2)强奸而有下列情形之一的:①多次实施或者是过去实施过性暴力行为的人实施的;②团伙、有预谋的团伙或有组织的团伙实施的;③以杀害或严重损害健康相威胁实施的,以及对受害人或其他人使用特别残酷手段的;④使受害人传染上花柳病的;⑤对明知是未成年的人实施的等,处 4 年以上 10 年以下的剥夺自由。(3)强奸而有下列情形之一的:①过失造成受害人死亡的;②过失造成受害人健康的严重伤害,使受害人传染上艾滋病病毒的或造成其他严重后果的;③明知受害人未满 14 岁而对其实施的,处 8 年以上 15 年以下的剥夺自由"。第 132 条规定,"性暴力行为:(1)对男或女受害人,或其他人使用暴力或以使用暴力相威胁,或利用男或女受害人孤立无援的状态而与之进行同性性交或其他性行为,处 3 年以上 6 年以下的剥夺自由。(2)实施上述行为而有下列情形之一的:①多次实施或以前实施过强奸的人实施的;②团伙、有预谋的团伙或有组织的团伙实施的;③以杀害或严重损害健康相威胁,以及对男或女受害人或其他人使用特别残酷手段的;④使男或女受害人传染上花柳病的;⑤对明知是未成年的人实施的,处 4 年以上 10 年以下的剥夺自由。(3)如果本条第 1 款或第 2 款规定的行为,有下列情形之一的:①过失造成男或女受害人死亡的;②过失造成了男或女受害人健康的严重损害,使他或她传染上艾滋病病毒或造成其他严重后果的;③明知受害人未满 14 岁而对其实施的,处 8 年以上 15 年以下的剥夺自由"。该法典同时将强迫进行性行为,和对未满 16 周岁的未成年人实施性行为也规定为犯罪,并规定了适用的法定刑。上述俄罗斯刑法规定的强奸罪的对象不仅包括妇女,也包括男性,对男性实行暴力性行为也构成强奸罪;其刑法规定的性行为不仅包括奸淫性行为,也包括其他性行为。

欧洲原《西德刑法》分则第 13 章妨害性自由之罪中,第 177 条规定的强奸妇女的行为有:"(1)以强暴或对身体、生命立即危险胁迫妇女与自己或第三人为婚姻外之性行为者,处 2 年以上自由刑;(2)情节轻微者,处 6 个月以上 5 年以下自由刑;(3)因犯罪而轻率致被害人于死者,处 5 年以上自由刑。"《法国刑法》第 3 卷第 3 编第 1 章第 4 节妨害风化中,第 332 条规定,"犯强奸之罪者,处 10 年至 20 年有期徒刑;强奸未满 15 岁之未成年人者,处本刑 10 年至 20 年之最高度刑;对于未满 15 岁之未成年人,犯前款之罪者,处 10 年至 20 年有期徒刑"。第 333 条规定,"尊亲属对于其卑亲属、监护人对被监护人、师长对其学生、被雇佣看管未成年人之人对于其看管之未成年人或主人对于其雇用之人,或行为人受他人之帮助而有以强暴对于未满 15 周岁之男女为猥亵行为情形者,处 10 年至 20 年有期徒刑;犯强奸罪的,处无期徒刑"。上述欧洲国家刑法对强奸罪的规定与我国刑法的规定基本相同,只是法定刑较轻。

北美洲的《美国模范刑法》第 2 编第 213 条性犯罪中,第 213.1 条规定,"强奸及相关联犯罪规定:(1)强奸。与妻以外之女子性交之男子而该当于下列各款情形之一者,即犯强奸罪。A. 行为人以威力或以对任何人之杀人、重大身体伤害、过度痛苦或绑架等紧迫的胁迫,致使女子屈服者;B. 趁女子不知时,借使用或施用药品、致醉之东西,或其他阻止抵抗之手段,显著减损女子对自己行为之理解或控制能力者;C. 女性丧失其意识时;D. 女性未满 10 岁时。强奸罪为第二级重罪,但①实行犯罪时,对任何人加以重大的身体伤害者;②被害人在犯罪行为之际并非自动与行为人结伴,且在此之前,从未对行为人容许性的关系者,属于第一级重罪。性交,包括含口或肛门之交接在内,最低限度以插入为必要,唯不以射精为必要"。该法还对强制性交、变态性交、败坏未成年人之德性及诡计性交等作了规定。《加拿大刑法》第 4 章妨害风化及公共道德与违禁行为规定有"强奸""奸淫未满 14 岁女子""假借婚姻诱奸女子""奸淫非亲生女或雇用女子""奸淫船上女客""鸡奸或兽奸"等犯罪行为。该法第 143 条规定,"男子与非其妻子之妇女发生性交关系而有下列情形者,为强奸罪:(1)未经该妇女之同意;(2)以下列方式获得该妇女之同意:①恐吓或使畏惧身体之伤害;②伪装其夫;③以虚伪或诈欺之行为"。第144条规定,"强奸为公诉罪,处无期徒刑"。第145条规定,"强奸未遂为公诉罪,处10年有期徒刑"。上述北美洲国家刑法对强奸罪的规定比较详细,与我国刑法规定基本相同。

(2)强奸罪的构成特征。根据《刑法》第236条和《刑法修正案(十一)》第26条规定,该罪的构成特征有:

①犯罪主体,是特殊主体,即年满14周岁的具有刑事责任能力,并实施了强奸妇女犯罪行为的男性自然人。根据《刑法》第17条规定,已满14周岁的人,犯强奸罪的,应当负刑事责任。在一般情况下,女性是本罪的侵害对象,特殊情况下,女性也可构成本罪的主体,但不能单独构成,但可构成强奸罪的共犯。单位不能构成本罪的犯罪主体。

该罪的犯罪主体在主观上是故意实施强奸妇女行为,其目的是违背妇女的意志与妇女发生性交。违背妇女的意志,是指明知和应当知道妇女不同意,而采取使妇女不能反抗、不敢反抗、不知反抗的手段与妇女发生性交行为。

②犯罪行为,必须是违背妇女的意志实施了以暴力、胁迫或者其他手段强奸妇女的行为。我国《刑法》规定,强奸犯罪行为的对象是,包括所有女性在内的自然人,具体包括已满18周岁的成年妇女和不满18周岁的未成年妇女。未满14周岁的妇女,一般称为幼女。男子一般不能构成强奸罪的对象。我国《刑法》规定强奸行为,是指强行与妇女发生性交行为,即违背妇女意志使用暴力、胁迫和类似暴力、胁迫的其他手段奸淫妇女的行为,一般以男女性器官相接触为强奸既遂。具体表现有:

第一,以暴力手段使妇女不能反抗,与妇女发生性交关系、奸淫妇女的行为。暴力包括肢体暴力,拳打、脚踢、扭住、捆绑、摔倒、身压、塞口鼻、扒脱衣裤和使用棍棒、绳带等器具等使被害妇女不能反抗而被强行奸淫的行为。

第二,以胁迫手段使妇女不敢反抗,与妇女发生性交关系、强行奸淫妇女的行为。使用暴力和精神威吓,使妇女处于孤独无援的环境中,不得不与其发生性交行为。

第三,以类似暴力、胁迫的其他手段,如用酒灌醉、用药麻醉、在妇女熟睡之时或冒充妇女之丈夫等欺诈手段使妇女不知反抗,与妇女发生性交关系、奸淫妇女的行为。

第四,奸淫不满14周岁的幼女的行为。因幼女身体发育不成熟,其对自己的行为缺乏辨别能力和控制能力,无论幼女是否同意,只要与不满14周岁的幼女发生了性交行为,就认定为强奸妇女犯罪行为。

行为人实施了上述行为之一,就构成强奸妇女犯罪行为。

③犯罪结果,是行为犯。只要行为人违背妇女的意志故意实施了以暴力、胁迫或者其他手段强奸妇女行为,就侵犯了妇女的性自由权利,构成犯罪,凡是男女性器官相接触就构成强奸罪既遂。根据《刑法》第22条、第23条、第24条规定,强奸罪是故意犯罪,其犯罪行为有犯罪预备、犯罪未遂、犯罪中止和犯罪既遂。至于致妇女伤亡和名誉、精神损害等结果,不是构成犯罪的结果要件,而是量刑轻重的情节。

(3)强奸罪的法定刑。根据《刑法》第236条规定,强奸罪的法定刑为:

①构成本罪的,处3年以上10年以下有期徒刑。奸淫不满14周岁的幼女的,从重处罚。

强奸罪是重罪,只要构成犯罪,不管有多少从轻情节,最低都要处3年有期徒刑,一般情况下,法院依法不宣告缓刑和决定假释。

②犯本罪,有下列情形之一的,处10年以上有期徒刑、无期徒刑或者死刑:

第一,强奸妇女、奸淫幼女情节恶劣的。例如,强奸手段残忍,致使妇女严重残疾;将妇女打昏,强奸后扔在阴沟、荒野;将妇女长期关在地下室奸淫;对妇女性器官进行破坏、上锁等。

第二,强奸妇女、奸淫幼女多人的。一般指强奸、奸淫3人以上或者对同一妇女多次拦路强奸,长期霸占强奸等。

第三,在公共场所当众强奸妇女、奸淫幼女的。例如,在城镇马路上、影剧院、公园、游泳池、学校教室、儿童游乐场、单位办公室等多人经常聚集的公众场所实施强奸等。"在公共场所当众奸淫幼女"的加重处罚情节,是《刑法修正案(十一)》增加的情节,凸显刑法对未成年幼女的保护力度。

第四,二人以上轮奸的。包括对同一妇女,多人当面轮流强奸和同一场合分别个人轮奸的情节。

第五,奸淫不满10周岁的幼女或者造成幼女伤害的。该加重处罚情节,是《刑法修正案(十一)》新增加规定的情节,只要有奸淫不满10周岁幼女和给不满14周岁幼女造成伤害两种情形之一,就适用加重法定刑,最高处无期徒刑或者死刑,剥夺政治权利终身。

第六,致使被害人重伤、死亡或者造成其他严重后果的。"致被害妇女死伤",既包括实施强奸行为时直接造成死伤,也包括被害人因被奸污而自杀自残致死伤。"其他严重后果",应包括妇女因被强奸而致其精神损害、家庭分裂和造成社会恐怖气氛等严重后果。犯罪行为人对产生严重伤亡结果是一种过失心态。如果故意杀死、伤害被害妇女,则另以故意杀人罪或者故意伤害罪定罪处罚。

上述规定的强奸罪的法定最高刑是"处无期徒刑或者死刑,剥夺政治权利终身"是非常严厉的处罚。只要有奸淫不满10周岁幼女和给不满14周岁幼女造成伤害两种情形之一,就适用加重法定刑,最高处无期徒刑或者死刑,剥夺政治权利终身,这具有重要现实意义。

(4)认定强奸罪时,应注意的问题:

①区分罪与非罪的界限。

从犯罪主体上区分。我国《刑法》第236条规定的强奸罪的主体是已满14周岁的自然人,且在主观上必须有与妇女发生性交的目的。如果行为人以猥亵妇女为目的,实施了一些性器官接触行为,不构成本罪主体。不满14周岁的未成年人和单位不能构成本罪犯罪主体。

从犯罪行为上区分。强奸罪的犯罪行为是违背妇女的意志故意以暴力、胁迫或者其他手段强奸妇女。过失与妇女性器官相接触的行为,不能构成强奸罪的犯罪行为。如果男女双方自愿发生性交行为,则没有侵犯妇女性自由权利,不构成强奸罪的犯罪行为。强奸罪犯罪行为的对象是妇女,奸淫妇女尸体的行为不构成本罪,可构成侮辱尸体罪。

从犯罪结果上区分。强奸罪是行为犯,只要实施了强行与妇女进行性交的行为,就构成犯罪,包括犯罪预备,犯罪未遂、犯罪中止和犯罪既遂行为。根据2013年10月23日发布的最高人民法院、最高人民检察院、公安部、司法部《关于依法惩治性侵害未成年人犯罪的意见》第27条规定,"已满十四周岁不满十六周岁的人偶尔与幼女发生性关系,情节轻微、未造成严重后果的,不认为是犯罪"。

②注意划清强奸罪与强制猥亵、侮辱罪的界限。我国《刑法》第237条规定的强制猥亵、侮辱罪是指以暴力、胁迫或者其他方法强制猥亵他人或者侮辱妇女的行为,其与强奸罪在犯罪手段、方法上很相似,容易混淆。其主要区别有:一是犯罪目的不同,强奸罪的目的是与妇女发生性交行为;而强制猥亵、侮辱罪的目的是猥亵他人和侮辱妇女。二是犯罪行为对象不同,强奸罪的行为对象是妇女,包括未成年幼女;而强制猥亵的对象除妇女外还有其他人。三是法定刑不同,强奸罪法定刑最高处无期徒刑或者死刑,并处剥夺政治权利终身;而强制猥亵、侮辱罪的法定最高刑是15年有期徒刑。上述3点不同,将上述犯罪区分开来。

③注意强奸罪共犯的认定。我国刑法规定二人以上轮奸的,是共同犯强奸罪,并且从重处罚。但强奸共同犯罪中,不仅包括共同实施轮奸者,还包括强奸犯罪的教唆犯和帮助犯及强奸犯罪团伙成员。共同犯罪中,有些共犯没有直接实施强奸行为,但其是教唆和帮助强奸犯实施强奸行为的共犯,也可以构成强奸罪。

④注意强奸罪与故意杀人罪分别认定。强奸犯罪行为过程中有致人死亡的行为的,其强奸妇女行为是故意犯罪行为,而致人死亡的行为是过失行为,强奸行为吸收过失致人死亡行为,以强奸罪定罪处罚。故意将妇女打死后奸尸的,以故意杀人罪定罪处罚。强奸妇女后,为防止妇女告发,将被害妇女打死的,分别以强奸罪、故意杀人罪定罪量刑,实行数罪并罚。

⑤注意对奸淫未成年人犯强奸罪的特别规定。根据2013年10月23日发布的最高人民法院、最高人民检察院、公安部、司法部《关于依法惩治性侵害未成年人犯罪的意见》第19条规定,知道或者应当知道对方是不满14周岁的幼女,而实施奸淫等性侵害行为的,应当认定行为人"明知"对方是幼女。对已满12周岁不满14周岁的被害人,从其身体发育状况、言谈举止、衣着特征、生活作息规律等观察可能是幼女,而实施奸淫等性侵害行为的,应当认定行为人"明知"对方是幼女。第20条规定,以金钱财物等方式引诱幼女与自己发生性关系的,知道或应当知道幼女被他人强迫卖淫而仍与其发生性关系的,均以强奸罪论处。第21条规定,对已满14周岁的未成年女性负有特殊职责的人员,利用其优势地位或者被害人孤立无援的境地,迫使未成年被害人就范,而与其发生性关系的,以强奸罪定罪处罚。2020年12月26日发布的《刑法修正案(十一)》第26条专门在《刑法》第236条中增加规定"在公共场所当众奸淫幼女的"和"奸淫不满10周岁的幼女或者造成幼女伤害的"两种情形适用加重法定刑,"处十年以上有期徒刑、无期徒刑或者死刑"。

(二十)猥亵儿童罪

猥亵儿童罪是《刑法修正案(九)》第13条、《刑法修正案(十一)》第28条对《刑法》第237条补充、修改的犯罪。1997年最高人民法院、最高人民检察院《关于执行〈中华人民共和国刑法〉确定罪名的规定》中确定为"强制猥亵、侮辱妇女罪""猥亵儿童罪"两个罪名;《刑法修正案(九)》对猥亵、侮辱妇女罪的罪状进行了修改,2015年10月30日发布的最高人民法院、最高人民检察院《关于执行〈中华人民共和国刑法〉确定罪名的补充规定(六)》中确定为"强制猥亵、侮辱罪""猥亵儿童罪"两个罪名;《刑法修正案(十一)》只对猥亵儿童罪的罪状、法定刑作了修改补充,但罪名没有改变。

1.刑法规定内容的修改

刑法条文中有关猥亵儿童罪的规定是:

(1)1979年《刑法》第160条规定:聚众斗殴、寻衅滋事,侮辱妇女或者进行其他流氓活动,破坏公共秩序,情节恶劣的,处 7 年以下有期徒刑、拘役或者管制。流氓集团的首要分子,处 7 年以上有期徒刑。

(2)1997 年《刑法》第 237 条规定,以暴力、胁迫或者其他方法强制猥亵妇女或者侮辱妇女的,处 5 年以下有期徒刑或者拘役。聚众或者在公共场所当众犯前罪的,处 5 年以上有期徒刑。猥亵儿童的,依照前述规定从重处罚。

(3)2015 年 8 月 29 日发布的《刑法修正案(九)》第 13 条规定,将《刑法》第 237 条修改为:以暴力、胁迫或者其他方法强制猥亵他人或者侮辱妇女的,处 5 年以下有期徒刑或者拘役。聚众或者在公共场所当众犯前罪,或者有其他恶劣情节的,处 5 年以上有期徒刑。猥亵儿童的,依照前述规定从重处罚。

(4)2020 年 12 月 26 日发布的《刑法修正案(十一)》第 28 条规定,将《刑法》第 237 条第 3 款修改为,猥亵儿童的,处 5 年以下有期徒刑;有下列情形之一的,处 5 年以上有期徒刑:①猥亵儿童多人或者多次的;②聚众猥亵儿童的,或者在公共场所当众猥亵儿童,情节恶劣的;③造成儿童伤害或者其他严重后果的;④猥亵手段恶劣或者有其他恶劣情节的。

《刑法修正案(九)》对《刑法》第 237 条原规定作了两项修改:①将强制猥亵的对象由"妇女"修改为"他人",即不仅包括强制猥亵妇女,同时也包括强制猥亵男性,犯罪对象扩大了。由于猥亵对象发生变化,原司法解释规定的强制猥亵、侮辱妇女罪的罪名,也应改为"强制猥亵、侮辱罪"的罪名。②在适用较高档次法定刑的情形中增加规定了"有其他恶劣情节的"情形。

《刑法修正案(十一)》第 28 条又对《刑法》第 237 条第 3 款中规定的猥亵儿童罪的罪状、法定刑作了单独规定,并对适用加重档次法定刑,即"五年以上有期徒刑"的 4 种情形作了补充规定。加大了处罚力度,使之更具有适用性。

2. 刑法规定修改的原因

我国 1979 年《刑法》中没有单独规定强制猥亵、侮辱罪和猥亵儿童罪,而是在流氓罪中规定有猥亵、侮辱妇女的犯罪行为,作为流氓罪犯罪行为的一种。1997 年《刑法》取消了流氓罪的规定,将强制猥亵、侮辱妇女行为和猥亵儿童行为单独规定为"强制猥亵、侮辱妇女罪"和"猥亵儿童罪",并规定在《刑法》第 237 条一个条文中,适用同一法定刑,并特别规定猥亵儿童的,从重处罚。2015 年《刑法修正案(九)》将《刑法》第 237 条规定的强制猥亵对象由"妇女"改为"他人",这样修改使强制猥亵的对象扩大到男性,在"处五年以上有期徒刑"较重法定刑的犯罪情节中增加了"有其他恶劣情节"的规定,扩大和加重了对强制猥亵他人犯罪的惩治范围。

为了保障未成年人身心健康发展,培养未成年人良好品行,我国先后颁布并修改了《未成年人保护法》和《预防未成年人犯罪法》,既惩罚对未成年人包括儿童的犯罪行为,也惩罚未成年人的犯罪行为。2020 年 12 月 26 日发布的我国《刑法修正案(十一)》在《刑法》第 236 条中增加规定,对在公共场所奸淫幼女和奸淫不满 10 周岁幼女或造成幼女伤害的犯罪人,处 10 年以上有期徒刑、无期徒刑或者死刑;同时在增加的第 236 条之一中,专门规定负有照护职责人员性侵已满 14 周岁不满 16 周岁未成年妇女的行为构成犯罪,最高处 10 年有期徒刑。《刑法修正案(十一)》又在《刑法》第 237 条第 3 款中对猥亵儿童罪补充规定了罪状和单独的法定刑,只要实施了猥亵儿童的行为,就构成犯罪;同时增加规定,犯猥亵儿童罪,情节恶劣的,处 5 年以上有期徒刑,并对适用该罪的 4 种情形作了列举式规定,加重了对犯猥亵儿童罪的处罚力度。

3. 猥亵儿童罪的适用

猥亵儿童罪是《刑法修正案(十一)》对《刑法》第 237 条修改的犯罪,要准确适用就必须弄清该罪的概念、构成特征、法定刑以及适用时应注意的问题。

(1)猥亵儿童罪的概念。该罪是指猥亵不满 14 周岁儿童的行为。

猥亵儿童的行为属于侵犯儿童人身权利中的性权利和名誉权、人格尊严权的行为。儿童是人类的未来,儿童的身心没有完全发育成熟,缺乏必要的辨别是非性质能力和反抗能力,是人类社会中的弱势群体,极易受到侵犯,属于国家保护的对象。国家法律对儿童的人身权利给予特殊保护,尤其是对儿童的性生育权利和名誉权、人格尊严进行保护,无论男性还是女性,无论其是否同意都不允许非法侵犯,无论强制猥亵还是非强制猥亵儿童的行为都是对社会有严重危害的行为。我国刑法将猥亵儿童的行为规定为犯罪,最低处 6 个月有期徒刑,最高处 15 年有期徒刑。

我国近代 1935 年《中华民国刑法》第 2 编分则第 16 章妨害风化罪中对猥亵儿童罪作了规定。该章第 224 条第 1 款规定了"猥亵罪",第 2 款规定,"对于未满 14 岁之男女为猥亵之行为者,亦同",即"处 7 年以上有期徒刑"。第 226 条规定,"犯本罪,致被害人于死者,处无期徒刑或者 7 年以上有期徒刑。致重伤者,处 7 年以下有期徒刑";"致被害人羞忿自杀或者意图自杀而致重伤者,处 7 年以下有期徒刑"。第 228 条规定,"对于因亲属、监护、教养、救济、公务或业务关系服从自己监督之人,利用权势而奸淫或为猥亵之行为者,处 5 年以下有期徒刑"。第 233 条规定,"引诱未满 16 周岁男女,与他人为猥亵行为或奸淫者,处 5 年以下有期徒刑"。从上述规定可见,1935 年《中华民国刑法》对猥亵儿童犯罪行为规定得比较详细、具体,其法定刑与我国现行刑法规定基本相同。

当代世界各国刑法都在猥亵罪中同时特别规定猥亵儿童犯罪行为。《日本刑法》第 2 编第 22 章第 174 条规定的公然猥亵罪中包括猥亵儿童的犯罪行为。该法第 176 条规定的强制猥亵罪中规定,"对于 13 岁以上之男女以暴行或胁迫而为猥亵行为者,处 6 个月以上 7 年以下之惩役,对于未满 13 岁以上之男女为猥亵行为者,亦同"。第 178 条规定,"(准强制猥亵、强奸)乘人心神丧失或不能抗拒或使之心神丧失或不能抗拒而为猥亵行为或奸淫之者,与前二条例同"。第 179 条规定,"(未遂)前三条之未遂罪,罚之"。从上述规定可见,《日本刑法》不但规定惩治猥亵儿童罪,而且规定惩治强制猥亵儿童、准强制猥亵儿童、猥亵儿童未遂犯罪行为。

《泰国刑法》分则第 9 章第 279 条至第 282 条对猥亵儿童犯罪作了具体规定。该法第 279 条规定,"对于未满 13 岁之人,经其同意或未同意而为猥亵之行为者,处 7 年以下有期徒刑,或科或并科 1.4 万巴特以下之罚金。以强暴、胁迫、利用其不能抗拒之状态或使其误认为他人而犯前项之罪者,处 10 年以下有期徒刑,或科或并科 2 万巴特以下之罚金"。第 280 条规定,"犯第 279 条之罪,致:(1)被害人重伤,处 5 年至 15 年有期徒刑,并科 1 万至 3 万巴特之罚金";(2)"被害人死亡者,处无期徒刑"等。上述亚洲的日本、泰国刑法中都把"不满 13 周岁人定为儿童",而我国刑法规定不满 14 周岁的人为儿童,我国刑法将儿童的年龄提高了 1 岁,使保护范围更为广泛。

1997年《俄罗斯联邦刑法典》分则第18章侵害性不受侵犯权和个人性自由的犯罪中第135条规定有"猥亵行为罪"。该条规定,"不使用暴力而对明知未满14岁的人实施猥亵行为,处数额为最低劳动报酬300倍至500倍或被判刑人3个月至5个月工资或其他收入的罚金,或处2年以下的限制自由刑,或处3年以下的剥夺自由"。俄罗斯刑法中规定的猥亵罪的对象只是儿童,不包括成年妇女。

欧洲原《西德刑法》第13章妨害性自由之罪中第176条规定,"对儿童之猥亵行为"有:(1)与未满14岁之人(儿童)为猥亵行为或诱惑未满14岁之人与其一起为猥亵行为者,处6个月以上10年以下自由刑。情节轻微者,处5年以下自由刑,或并科罚金。(2)使儿童与他人为猥亵行为者,亦同。(3)情节严重者,处1年以上10年以下自由刑。凡有下列情形之一者,原则上为情节重大:①与儿童发生性交行为;②对儿童之身体加以严重摧残。(4)因行为之轻率致儿童死亡者,处5年以上自由刑。(5)意图使自己、儿童或第三人得到性刺激而有下列情形之一者,处3年以下自由刑,或并科罚金:①在儿童面前为猥亵之行为;②命令儿童在自己或他人面前为猥亵之行为;③向儿童视有猥亵内容之图画、模型或开放有此类内容之录音,或相类似之言语。(6)本罪之未遂犯罚之,但第5项第3类之罪不在此限。

北美洲的《美国模范刑法》第2编第213.4条规定的强制猥亵罪中第4项规定,与"对方系未满10岁"者作性的接触,即犯轻罪的强制猥亵罪。《加拿大刑法》第4章妨害风化及公共道德与违禁行为之罪中第169条规定的"猥亵行为"罪中包括猥亵儿童犯罪行为。该条规定,"于下列情形,故意为猥亵行为者,为简易判决罪:(1)于公共场所,一人以上在场者;(2)于任何场所,意图侮辱或触犯他人者"。从上述规定可见,《美国模范刑法》和《加拿大刑法》没有单独规定猥亵儿童罪,而是在猥亵罪中包括了猥亵儿童的犯罪行为。

(2)猥亵儿童罪的构成特征:

①犯罪主体,是一般主体。达到法定年龄、具有刑事责任能力、实施了猥亵不满14周岁儿童行为的自然人,包括男性和女性。本罪法定年龄是16周岁。本罪犯罪主体在主观上是故意,并具有猥亵男女儿童的目的。有的是为寻求性刺激或者精神刺激,也有的是为了泄愤报复等。

②犯罪行为,必须是实施了猥亵儿童的行为。本罪的猥亵行为对象是不满14周岁的男女儿童。猥亵行为,是指为寻求精神刺激和满足性欲,用性交以外的手段实施的淫秽的行为。具体表现是:

第一,对儿童实施淫秽性行为,如对未成年儿童的性器官进行抠摸、舌舔、吸吮、手淫等行为。

第二,对未成年儿童进行性接触行为,如性接吻、搂抱、性器官摩擦的性行为。

第三,教唆未成年儿童实施淫秽行为,如以引诱、欺骗、恫吓、暴力等手段让未成年儿童与自己或与他人实施淫秽行为。

上述猥亵行为,是一种淫秽性行为,多数是以寻求性刺激和性满足为目的,进行猥亵不满14周岁儿童的行为。无论是男性儿童还是女性儿童,无论儿童是否同意,也无论是否强制,只要实施了上述或者类似上述猥亵儿童行为之一,就可以构成猥亵儿童的犯罪行为。

③犯罪结果,行为犯。只要实施了猥亵不满14周岁儿童的犯罪行为,就可以构成犯罪。猥亵儿童手段恶劣或者情节恶劣,是加重处罚情节,要处加重法定刑。

（3）猥亵儿童罪的法定刑。根据《刑法》第237条第3款规定，犯本罪的，有两个档次法定刑。

①构成犯罪的，处5年以下有期徒刑，即最低处6个月有期徒刑，最高处5年有期徒刑。

②犯本罪，有下列情形之一的，处5年以上有期徒刑，即最低处5年有期徒刑，最高处15年有期徒刑：一是猥亵儿童多人或者多次的；二是聚众猥亵儿童的，或者在公共场所当众猥亵儿童，情节恶劣的；三是造成儿童伤害或者其他严重后果的；四是猥亵手段恶劣或者有其他恶劣情节的。

（4）适用猥亵儿童罪时，要注意的问题：

①注意划清罪与非罪的界限。

从犯罪主体上区分。本罪的犯罪主体是年满16周岁的自然人，不满16周岁的人和单位不能构成本罪。本罪是故意犯罪，主观上是过失的人有上述行为的，不能构成本罪。年满16周岁的妇女也可以构成猥亵儿童罪。

从犯罪行为上区分。本罪必须是实施了猥亵不满14周岁的男女儿童的行为。如果使用暴力、胁迫等强制方法猥亵已满14周岁未成年人，不能构成本罪，但可以构成强制猥亵他人犯罪行为。

从结果上区分。尽管本罪是行为犯，但情节显著轻微危害不大的猥亵儿童的行为，依照《刑法》第13条关于犯罪定义的规定，不认为是犯罪，可以给予治安处罚，以维护正常的社会秩序。

②注意准确认定本罪的对象。本罪犯罪行为猥亵的对象是不满14周岁的男女儿童，包括不满14周岁的幼女。而《刑法》第237条第1款中规定的强制猥亵罪的犯罪对象是他人，包括男性和女性，但不再包括不满14周岁的男女儿童。

③注意本罪与强奸罪的区别。本罪中猥亵不满14周岁的女性儿童的行为与强奸罪中奸淫不满14周岁妇女的行为很相似，特别是在奸淫行为前的预备行为中很多手段是相同的，在认定犯罪性质时容易混淆。二罪的根本区别是犯罪目的不同，以猥亵幼女为目的实施的猥亵行为，应认定为猥亵儿童罪；如果以奸淫为目的，实施了一些猥亵儿童的行为，尽管没有达到奸淫的目的，也要认定为奸淫幼女的行为，进而认定为强奸罪，依强奸罪预备、未遂、中止处罚。如果先实施了猥亵儿童行为，后进行了奸淫幼女行为，应以强奸罪定罪处罚。

（二十一）职务侵占罪

职务侵占罪是依据《刑法修正案（十一）》第29条，对《刑法》第271条规定的犯罪进行修改的犯罪。1997年最高人民法院、最高人民检察院《关于执行〈中华人民共和国刑法〉确定罪名的规定》中确定为"职务侵占罪"的罪名。《刑法修正案（十一）》第29条只是对《刑法》第271条规定的法定刑进行了修改，罪名没有改变。

1.刑法规定内容的修改

刑法条文中有关职务侵占罪的规定是：

（1）1995年2月28日施行的全国人大常委会《关于惩治违反公司法的犯罪的决定》（已失效）第10条规定，公司董事、监事或者职工利用职务或者工作上的便利，侵占本公司财物，数额较大的，处5年以下有期徒刑或者拘役；数额巨大的，处5年以上有期徒刑，可以并处没收财产。

第12条规定,国家工作人员犯本决定第9条、第10条、第11条规定之罪的,依照全国人大常委会《关于惩治贪污罪贿赂罪的补充规定》(已失效)的规定处罚。

(2)1997年《刑法》第271条规定,公司、企业或者其他单位的人员,利用职务上的便利,将本单位财物非法占为己有,数额较大的,处5年以下有期徒刑或者拘役;数额巨大的,处5年以上有期徒刑,可以并处没收财产。

国有公司、企业或者其他国有单位中从事公务的人员和国有公司、企业或者其他国有单位委派到非国有公司、企业以及其他单位从事公务的人员有前述行为的,依照本法第382条、第383条的规定定罪处罚。

(3)2020年12月26日发布的《刑法修正案(十一)》第29条规定,将《刑法》第271条第1款修改为:公司、企业或者其他单位的工作人员,利用职务上的便利,将本单位财物非法占为己有,数额较大的,处3年以下有期徒刑或者拘役,并处罚金;数额巨大的,处3年以上10年以下有期徒刑,并处罚金;数额特别巨大的,处10年以上有期徒刑或者无期徒刑,并处罚金。

上述《刑法》第271条对《关于惩治违反公司法的犯罪的决定》第10条中规定的职务侵占犯罪主体由公司企业人员扩大到单位从事公务的人员。《刑法修正案(十一)》将《刑法》第271条原规定的职务侵占罪的法定刑由数额较大的"处五年以下有期徒刑或者拘役","数额巨大的,处五年以上有期徒刑,可以并处没收财产"两个档次法定刑,修改为数额较大的"处三年以下有期徒刑或者拘役,并处罚金","数额巨大的,处三年以上十年以下有期徒刑,并处罚金",数额特别巨大的,"处十年以上有期徒刑或者无期徒刑,并处罚金"三个档次法定刑。降低了第一个档次法定刑最高刑,即由5年有期徒刑降到3年有期徒刑;提高了加重档次法定刑最高刑,即由15年有期徒刑提高到无期徒刑,并将原规定"可以并处没收财产"改为"并处罚金",使对犯本罪轻罪的处罚更轻些,犯重罪的处罚更重些,并与贪污罪、受贿罪的法定刑相协调。

2. 刑法规定修改的原因

我国1979年《刑法》中没有职务侵占罪的规定,这种犯罪行为一般包括在贪污犯罪行为中,1995年全国人大常委会《关于惩治违反公司法的犯罪的决定》第10条规定,公司的董事、监事或者职工利用职务或者工作上的便利,侵占本公司财物,数额较大的,构成"公司、企业人员受贿罪"。司法机关依照该条规定惩治了一批犯罪分子。但是该决定中只规定公司、企业人员侵占本单位财产构成犯罪,没有规定其他单位工作人员侵占本单位财产的行为构成犯罪。1997年修订《刑法》时将公司、企业人员侵占本单位财产改为包括其他单位工作人员侵占本单位财产的行为,其均构成职务侵占罪,扩大了惩治侵犯本单位财产犯罪的范围。近年来,我国刑法对贪污贿赂犯罪的法定刑都作了修改补充,刑法原规定的职务侵占罪的法定刑与贪污罪、受贿罪的法定刑不相协调,并且法定刑最高只规定为15年有期徒刑,有些偏轻。因此,《刑法修正案(十一)》对职务侵占罪的法定刑作了合理修改,使该罪的三个档次法定刑相衔接,并与贪污贿赂犯罪的法定刑相协调。

3. 职务侵占罪的适用

职务侵占罪是《刑法修正案(十一)》对《刑法》第271条规定修改的犯罪,要准确适用就必须弄清该罪的概念、构成特征、法定刑,以及适用时应注意的问题。

(1)职务侵占罪的概念。职务侵占罪,是指公司、企业或者其他单位的工作人员,利用职务上的便利,将本单位财物非法占为己有,数额较大的行为。

职务侵占罪是渎职犯罪的一种,是利用职务上的便利侵犯本单位财产的犯罪行为。我国1979年《刑法》将公司、企业人员利用职务之便侵占本单位财物的犯罪行为包括在贪污犯罪行为中。1995年《关于惩治违反公司法的犯罪的决定》和1997年《刑法》将这种犯罪行为从贪污罪中分离出来,规定为独立的职务侵占罪。职务侵占罪是单位中具有一定职务职责的工作人员(不具有国家工作人员身份的人员),利用职务之便侵占本单位的财产的行为。单位的财产包括全民所有制的公共财产、集体所有制的公共财产,公司、企业的财产和个体所有制的私人财产;也包括中外合资、中外合作、外国独资企业、事业单位的财产。这些财产都受国家法律的保护,是国民经济发展的财产基础和人民群众生活的主要资产来源。单位的职工利用职务之便非法占有这些财产,是对社会有严重危害的行为,应追究其刑事责任。

我国1995年以前的刑法文件中没有职务侵占罪的规定,一般将这种行为认定为贪污罪或者以盗窃罪、诈骗罪等罪追究刑事责任。1995年《关于惩治违反公司法的犯罪的决定》中将公司、企业人员侵犯本单位的财产规定为公司、企业人员侵占罪。1997年《刑法》第271条增加规定了所有单位的工作人员侵犯本单位财产的行为都构成职务侵占罪,最低处拘役,最高处15年有期徒刑。《刑法修正案(十一)》根据司法实践中反映《刑法》第271条对职务侵占罪的法定刑的规定不科学并与贪污罪、受贿罪等罪的法定刑不协调问题,对其法定刑作了重要修改,使其对犯重罪的处罚更重,犯轻罪的处罚更轻,并与国家工作人员犯贪污罪、受贿罪的法定刑相协调。

职务侵占罪是一个比较现代化的罪名,中国古代、近代法律中都没有单独规定这种罪名,而是将这种犯罪行为含括在侵占罪中。我国1935年《中华民国刑法》分则中没有单独规定职务侵占罪,而是在第31章侵占罪中设专条规定了职务侵占犯罪行为。该法第336条规定,"对于公务上或者因公益所持有之物,犯前条第1项之罪(侵占)者,处1年以上7年以下有期徒刑,得并科5000元以下罚金","对于业务上所持有之物,犯前款第1项之罪(侵占)者,处6个月以上5年以下有期徒刑,得并科3000元以下罚金"。"前二项之未遂犯罚之"。这里是把职务侵占犯罪行为作为侵占罪加重处罚的情形。

我国《大明律》中有"监守自盗仓库钱粮"罪的规定。《唐律》中有"监临主守自盗及盗所监临财物"罪的规定。上述规定的犯罪行为都与现代意义上的职务侵占犯罪行为相同。

现今世界上多数国家刑法中没有单独规定职务侵占罪,而是把这种犯罪行为包括在侵占罪或者盗窃罪中,作为从重处罚情节。1997年实施的《俄罗斯联邦刑法典》分则第8编第21章侵犯财产的犯罪中第160条规定有侵占罪,其中第2款规定,对于利用自己职务地位的人员实施的侵占或盗窃犯罪,作为加重处罚情形之一,给予较重的刑罚处罚。

亚洲的《日本刑法》第2编第38章侵占之罪中第253条规定了"业务上侵占"罪,该条规定,"侵占业务上自己所占有之他人之物者,处10年以下之惩役"。上述《日本刑法》规定与我国《刑法》规定的职务侵占罪的犯罪要件基本相同,但其规定的法定刑比我国刑法的规定轻些,并且其法定刑中没有规定处以财产刑。《泰国刑法》分则第2章第2节渎职罪中第147条规定,"有采购、制造、管理或者保管物品职责之公务员,为自己或为他人而非法侵占或者允许他人侵占之者,处无期徒刑或者5年至20年有期徒刑,并科2000至4000巴特之罚金"。《泰国刑法》这条规定的侵占犯罪行为与我国《刑法》规定的贪污犯罪行为相同。该法第12章第

5节侵占罪第354条规定,"犯侵占罪,其具有依法院之命令或者遗嘱而执行或管理他人财产,或具有为公众信托职业或商业之身份者,处5年以下有期徒刑,或科或并科1万元巴特以下之罚金"。《泰国刑法》的这条规定与我国《刑法》规定的职务侵占罪有相似之处。

欧洲的《瑞士刑法》分则第2章第1节第140条第1项规定有侵占罪,其第2项规定的是职务、职业侵占犯罪行为。该项规定,"官署、官吏、监护人、保护人、职业性之财产管理人或执行职业、营业或经官署授权之商业行为,而犯前项之罪(侵占)者,处10年以下重惩役或1个月以上轻惩役"。《意大利刑法》分则第2章对公共行政之罪中第314条损害私人之渎职罪规定,"从事公务的人员侵占非公共财物的犯罪,其最低刑为3年徒刑,最高刑为10年徒刑"。

北美洲的《加拿大刑法》和《美国模范刑法》中都没有单独规定职务侵占罪,而将利用职务侵占公私财物的行为作为盗窃罪的一种犯罪行为。例如,《加拿大刑法》第285条规定的"扣押物保管窃盗"。该条规定,"就安全官或公务员执行职务合法扣押之物受托保管之人,依法律或约定有于一定之时间及所向该官员或有权之他人提出或送交该物之义务,而不遵守其义务为提出或送交之行为者,为盗窃罪"。《加拿大刑法》的上述规定,是将一些职务侵占犯罪行为规定在盗窃犯罪行为之中。还有些国家刑法,例如《法国刑法》中没有规定职务侵占罪。

(2)犯罪的构成特征。根据《刑法》第271条和《刑法修正案(十一)》的规定,该罪的构成特征有:

①犯罪主体,是特殊主体,是指单位的工作人员,包括公司、企业、或者其他单位的工作人员。其他单位中从事公务的人员,包括机关、企业、事业、社会团体等所有合法单位中从事公务的人员,在个体单位,如个人独资公司中从事公务的人员也可以构成本罪的主体。从事公务的人员是指从事公共管理活动的人员,从事公务的人员不一定是公务员,例如,国家机关中的汽车队队长是从事公务的人员,但其不一定是政府公务员,不是公务员的车队队长侵占机关的修车费可以构成本罪的犯罪主体。本罪犯罪主体在主观上是故意的,并且有将本单位的财物占为己有的目的。

②犯罪行为,必须具有利用职务上的便利侵占本单位财物的行为。故意利用职务上的便利,包括利用职权的便利或者从事某种业务工作职责的便利。例如,利用自己主管、经管、经手、使用单位财物的职权和职责的便利条件,将单位的财产占为己有的行为,通常是利用职责上的便利条件通过窃取、侵吞、骗取、私分等方法占有本单位的财物的行为。侵占的对象必须是本单位所有和应有的财物,包括国有财产、集体所有财产、个体所有制单位财产,合资、合伙、独资企业、事业单位的财产。财产的表现形式可以是动产,也可以是不动产,可以是物质的,也可以是非物质的财产性的财产,可以是货币、证券,也可以是知识产权、工业产权、技术专利或者土地使用权等财产或者财产性的非物质财产。

③犯罪结果,是结果犯,必须是非法占有本单位财产数额较大的结果才能构成犯罪。侵占数额达不到较大的结果的,不能构成本罪的犯罪结果。侵占财物较大、巨大、特别巨大的数额,由司法解释规定。侵占数额巨大、特别巨大是处加重法定刑的情节结果。

根据2022年5月15日发布的最高人民检察院、公安部《关于公安机关管辖的刑事案件立案追诉标准的规定(二)》第76条规定:公司、企业或者其他单位的人员,利用职务上的便利,将本单位财物非法占为己有,数额在3万元以上的,应予立案追诉。

(3)职务侵占罪的法定刑。根据《刑法》第271条和《刑法修正案(十一)》的规定,职务侵占罪的法定刑是:

①侵占数额较大,构成本罪的,处3年以下有期徒刑或者拘役,并处罚金。数额较大,一般是指侵占本单位财物3万元以上。

②侵占数额巨大,构成严重犯罪的,处3年以上10年以下有期徒刑,并处罚金。数额巨大,一般是指40万元以上不满600万元。

③侵占数额特别巨大,构成特别严重犯罪的,处10年以上有期徒刑或者无期徒刑,并处罚金。数额特别巨大,一般是指侵占本单位财物600万元以上。

(4)职务侵占罪适用时,应注意以下问题:

①区分罪与非罪的界限。

从犯罪主体上区分。本罪的主体是公司、企业、其他单位的工作人员,即单位中有一定职务的非国家工作人员,不是公司、企业、其他单位中有一定职务的工作人员,不能构成本罪。本罪犯罪主体主观上是故意,并且有非法占有本单位财物的目的。主观上是过失的行为人或者既无故意也无过失的意外事件的行为人都不能构成本罪的犯罪主体。非本单位的工作人员和单位不能构成本罪的犯罪主体。

从犯罪行为上区分。职务侵占罪的犯罪行为是利用职务上的便利侵占本单位财产的行为,如果在本单位中没有任何职务,没有职权或职责,例如,单纯从事劳务人员、勤杂人员、服务人员,其即使实施了占有本单位财物的行为,也不是职务侵占犯罪行为,但可根据其犯罪行为特征认定为盗窃、诈骗等犯罪行为。职务侵占犯罪行为的对象必须是本单位的财物,不是本单位的财物,或者是单位的非财产物品,如侵占单位的荣誉证书等行为,不能构成本罪的犯罪行为。

从犯罪结果上区分。职务侵占罪是结果犯,法律规定必须侵占本单位财产达到数额较大才构成犯罪,达不到数额较大的结果,不构成犯罪。《刑法》第271条中没有规定情节严重为职务侵占罪的定罪情节,因此,职务侵占犯罪情节不是定罪的要件,也不是适用加重法定刑的要件。职务侵占犯罪行为中的情节,不是法定情节,而是酌定情节,由司法人员在法定刑幅度内,在从重或从轻量刑时酌定适用。

②注意区分本罪与贪污罪的。职务侵占罪是从贪污罪中分离出来的犯罪,在犯罪主体、犯罪手段、犯罪对象、犯罪行为和犯罪结果上都有相似之处,容易混淆。二罪的主要区别有3点:一是犯罪主体不同。本罪主体是单位的工作人员;而贪污罪的主体是国家工作人员。二是犯罪行为对象不同。本罪侵占的是本单位的财物;而贪污罪侵占的对象是公共财产,包括国有财产和集体财产及在国有、集体单位保管、使用或者运输中的私人财产。三是法定刑不同。本罪最高处无期徒刑,并处罚金;而贪污罪最高处无期徒刑或者死刑,并处没收财产、剥夺政治权利终身。上述3点不同将二罪区分开来。

我国《刑法》第271条第2款特别规定,"国有公司、企业或者其他国有单位中从事公务的人员和国有公司、企业或者其他国有单位委派到非国有公司、企业以及其他单位从事公务的人员有前款行为的,依照本法第三百八十二条、第三百八十三条的规定定罪处罚",即以贪污罪定罪处罚。

③注意弄清本罪与非国家工作人员受贿罪的相同点和不同点。职务侵占罪与非国家工

作人员受贿罪都是利用职务犯罪,犯罪主体都是非国家工作人员,法定刑也基本相同,应注意加以区分。两罪的根本区别是犯罪行为不同。本罪是利用职务上的便利侵占本单位财产的行为;而非国家工作人员受贿罪是索贿与非法收受他人财物为他人谋利益的行为。上述的不同犯罪行为,将两罪区分开来。

④注意本罪与盗窃罪的区别。本罪与盗窃罪都是侵犯财产的犯罪,犯罪手段中都有以秘密窃取的方法占有他人财物的行为,在认定犯罪性质上容易混淆。两罪的根本区别有3点:一是犯罪主体不同。本罪的犯罪主体是特殊主体,即单位中从事公务的工作人员(非公务员);而盗窃罪的主体是一般主体,年满16周岁的自然人都可以构成盗窃罪的主体。二是犯罪行为的手段和对象不同。本罪是利用职务上的便利进行窃取、骗取、侵吞本单位的财物的行为;而盗窃罪的手段是以秘密窃取的手段非法占有公私财物的行为。三是构成犯罪的数额结果不同。盗窃数额一般在3000元以上就可以构成盗窃罪。而本罪侵占本单位财物3万元以上的,才构成职务侵占罪。

⑤注意对农民小组长等非国家工作人员侵占本单位财产的定罪问题。1999年6月18日通过的最高人民法院《关于村民小组组长利用职务便利非法占有公共财物行为如何定性问题的批复》中规定,对村民小组组长利用职务上的便利,将村民小组集体财产非法占为己有,数额较大的行为,应当依照《刑法》第271条第1款的规定,以职务侵占罪定罪处罚。根据2001年5月22日通过的最高人民法院《关于在国有资本控股、参股的股份有限公司中从事管理工作的人员利用职务便利非法占有本公司财物如何定罪问题的批复》中的规定,在国有资本控股、参股的股份有限公司中从事管理工作的人员,除受国家机关、国有公司、企业、事业单位委派从事公务的以外,不属于国家工作人员。对其利用职务上的便利,将本单位财物非法占为己有,数额较大的行为,应依照《刑法》第271条第1款的规定,以职务侵占罪定罪处罚。

根据2000年4月29日、2009年8月27日修正的全国人大常委会《关于〈中华人民共和国刑法〉第九十三条第二款的解释》的规定,村民委员会等村基层组织人员从事相关公务,利用职务上的便利,非法占有公共财物、挪用公款、索取他人财物或者非法收受他人财物,构成犯罪的,适用《刑法》第382条和第383条贪污罪、第384条挪用公款罪、第385条和第386条受贿罪的规定。

(二十二)挪用资金罪

挪用资金罪,是《刑法修正案》第7条修改补充的犯罪,其对1997年《刑法》第185条、第272条原规定的挪用资金罪罪状进行了补充,罪名和法定刑没有改变,还是依照《刑法》第272条规定的挪用资金罪定罪处罚。2020年12月26日发布的《刑法修正案(十一)》第30条对《刑法》第272条规定的挪用资金罪的法定刑作了修改和补充,同时对犯挪用资金罪的从轻处罚情形作了专门规定。该罪的罪名是1997年最高人民法院、最高人民检察院《关于执行〈中华人民共和国刑法〉确定罪名的规定》对《刑法》第272条规定的犯罪确定的罪名。

1. 刑法规定内容的修改

刑法条文中有关挪用资金罪的修改规定是:

(1)1979年《刑法》第155条规定:国家工作人员利用职务上的便利,贪污公共财物的,处5年以下有期徒刑或者拘役;数额巨大、情节严重的,处5年以上有期徒刑;情节特别严重的,处无期徒刑或者死刑。犯前罪的,并处没收财产,或者判令退赔。受国家机关、企业、事业单位、人民团体委托从事公务的人员犯前罪的,依照前述规定处罚。

(2)1988年1月21日发布的全国人大常委会《关于惩治贪污罪贿赂罪的补充规定》(已失效)第3条规定,国家工作人员、集体经济组织工作人员或者其他经手、管理公共财物的人员,利用职务上的便利,挪用公款归个人使用,进行非法活动的,或者挪用公款数额较大、进行营利活动的,或者挪用公款数额较大、超过3个月未还的,是挪用公款罪,处5年以下有期徒刑或者拘役;情节严重的,处5年以上有期徒刑。挪用公款数额较大不退还的,以贪污论处。挪用救灾、抢险、防汛、优抚、救济款物归个人使用的,从重处罚。挪用公款进行非法活动构成其他罪的,依照数罪并罚的规定处罚。

(3)1995年2月28日发布的全国人大常委会《关于惩治违反公司法的犯罪的决定》(已失效)第11条规定,公司董事、监事或者职工利用职务上的便利,挪用本单位资金归个人使用或者借贷给他人,数额较大、超过3个月未还的,或者虽未超过3个月,但数额较大、进行营利活动的,或者进行非法活动的,处3年以下有期徒刑或者拘役。挪用本单位资金数额较大不退还的,依照本决定第10条规定的侵占罪论处。

(4)1997年《刑法》第185条规定,银行或者其他金融机构的工作人员利用职务上的便利,挪用本单位或者客户资金的,依照本法第372条的规定定罪处罚。

国有金融机构工作人员和国有金融机构委派到非国有金融机构从事公务的人员有前述行为的,依照本法第384条的规定定罪处罚。

(5)1997年《刑法》第272条规定:公司、企业或者其他单位的工作人员,利用职务上的便利,挪用本单位资金归个人使用或者借贷给他人,数额较大、超过3个月未还的,或者虽未超过3个月,但数额较大、进行营利活动的,或者进行非法活动的,处3年以下有期徒刑或者拘役;挪用本单位资金数额巨大的,或者数额较大不退还的,处3年以上10年以下有期徒刑。

国有公司、企业或者其他国有单位中从事公务的人员和国有公司、企业或者其他国有单位委派到非国有公司、企业以及其他单位从事公务的人员有前述行为的,依照本法第384条的规定定罪处罚。

(6)1999年12月25日发布的《刑法修正案》第7条规定:将《刑法》第185条修改为:商业银行、证券交易所、期货交易所、证券公司、期货经纪公司、保险公司或者其他金融机构的工作人员利用职务上的便利,挪用本单位或者客户资金的,依照本法第272条的规定定罪处罚。

国有商业银行、证券交易所、期货交易所、证券公司、期货经纪公司、保险公司或者其他国有金融机构的工作人员和国有商业银行、证券交易所、期货交易所、证券公司、期货经纪公司、保险公司或者其他国有金融机构委派到前述非国有机构从事公务的人员有前述行为的,依照本法第384条的规定定罪处罚。

(7)2020年12月26日发布的《刑法修正案(十一)》第30条规定,将《刑法》第272条修改为:"公司、企业或者其他单位的工作人员,利用职务上的便利,挪用本单位资金归个人使用或者借贷给他人,数额较大、超过三个月未还的,或者虽未超过三个月,但数额较大、进行营利活动的,或者进行非法活动的,处三年以下有期徒刑或者拘役;挪用本单位资金数额巨大的,处三年以上七年以下有期徒刑;数额特别巨大的,处七年以上有期徒刑。国有公司、企业或者其他国有单位中从事公务的人员和国有公司、企业或者其他国有单位委派到非国有公司、企业以及其他单位从事公务的人员有前款行为的,依照本法第三百八十四条的规定定罪处罚。

有第一款行为,在提起公诉前将挪用的资金退还的,可以从轻或者减轻处罚。其中,犯罪较轻的,可以减轻或者免除处罚。"

上述刑法及修正案规定对《刑法》第272条作了如下修改和补充:

(1)增加了新罪名。我国1979年《刑法》没有规定"挪用资金罪",因为当时实行的是计划经济,国民经济以公有制为主,绝大多数财产是全民所有财产和劳动群众集体所有的财产,极少数财产是个人财产,也不允许个人进行经营活动,很少有挪用公款和本单位资金的行为。因此,在1979年《刑法》中没有挪用资金罪的规定。个别国家工作人员利用职务之便挪用公款归个人使用,情节严重的,依照1979年《刑法》第155条规定的贪污罪定罪处罚。改革开放以后,允许个体进行经营活动,一些个体经营户为筹集和扩大自己的经营资金,通过有关单位直接负责的主管人员和其他直接责任人员,由其利用职务之便挪用本单位公款或者本单位的资金归个人使用,或者进行非法活动,或者进行营利活动和用于其他个人合理用途,侵害了有关单位对公款的使用权。为了保障单位对公有财产和单位财产的使用权,防止公共财产的流失,全国人大常委会于1988年《关于惩治贪污罪贿赂罪的补充规定》第3条规定了"挪用公款罪",惩治挪用单位公款的犯罪行为。但没有解决对挪用公司、企业或者其他单位资金归个人使用的严重危害社会行为的定罪处罚问题。我国《公司法》颁布实施以后,于1995年2月28日颁布了全国人大常委会《关于惩治违反公司法的犯罪的决定》。在该决定中规定公司、企业职工挪用本单位资金罪。1997年《刑法》第272条对该决定规定的公司、企业职工挪用本单位资金罪进行了补充修改,将公司、企业或者其他单位的工作人员,利用职务上的便利,挪用本单位资金归个人使用或者借贷给他人,数额较大、超过3个月未还,或者虽然未超过3个月,但数额较大、进行营利活动的,或者进行非法活动的行为规定为犯罪。1997年发布的最高人民法院《关于执行〈中华人民共和国刑法〉确定罪名的规定》中规定为"挪用资金罪"的罪名。1997年《刑法》第185条规定,对于银行或者其他金融机构的工作人员利用职务上的便利,挪用本单位或者客户资金的行为依照《刑法》第272条的规定定罪处罚。1999年12月25日,全国人大常委会在《刑法修正案》第7条中规定将"商业银行、证券交易所、期货交易所、证券公司、期货经纪公司、保险公司或者其他金融机构的工作人员利用职务上的便利,挪用本单位或者客户资金的"行为,依照《刑法》第272条规定的挪用资金罪予以定罪处罚,罪名并没有改变,仍然为"挪用资金罪"。

(2)修改了罪状。1997年《刑法》第272条规定的"挪用资金罪"的犯罪主体和犯罪行为只是公司、企业或者其他单位的工作人员,利用职务上的便利,挪用本单位资金归个人使用或者借贷给他人的行为。《刑法修正案》对《刑法》第272条的犯罪行为补充规定了商业银行、证券交易所、期货交易所、证券公司、期货经纪公司、保险公司或者其他金融机构的工作人员利用职务上的便利,挪用本单位或者客户资金的犯罪行为,在犯罪主体和犯罪行为上都增加了新的具体规定。

《刑法修正案(十一)》对《刑法》第272条又作了如下修改和补充:

(1)对《刑法》第272条规定的挪用资金罪的法定刑作了修改和补充。将挪用资金罪第二个档次的法定刑,由"挪用本单位资金数额巨大的,或者数额较大不退还的,处三年以上十年以下有期徒刑",修改为"挪用本单资金数额巨大的,处三年以上七年以下有期徒刑"。同时增加了第三个档次的法定刑,即"数额特别巨大的,处七年以上有期徒刑"。

(2)增加对犯挪用资金罪从轻处罚的规定,即有挪用本单位资金犯罪行为在提起公诉前将挪用的资金退还的,可以从轻或者减轻处罚。其中,犯罪较轻的,可以减轻或者免除处罚。

2. 刑法有关规定修改的原因

《刑法修正案》《刑法修正案(十一)》补充了规定挪用资金罪的内容,主要原因有:

(1)1979年《刑法》中没有有关惩治挪用资金犯罪行为的规定。我国从1990年开始试点进行期货经营交易活动,由于没有专门的法律、法规规范期货交易行为,期货交易市场曾一度出现盲目发展的势头,虽然经过清理、整顿,取得了一定的成效,但是仍然存在一些不容忽视的问题,其中突出的问题之一是期货交易所、期货经纪公司的工作人员利用职务上的便利,挪用本单位或者客户期货资金,严重扰乱期货交易市场秩序。这种行为严重损害投资者的利益,严重扰乱了社会主义市场金融秩序和市场经济秩序,是对社会有严重危害的行为。1979年制定《刑法》时,中国证监会曾提出在《刑法》第185条中增加期货交易所、期货经纪公司或者其他金融机构的工作人员利用职务上的便利,挪用本单位或者客户期货资金的犯罪行为。由于当时国家尚未制定有关期货交易管理的实体性法律、行政法规,期货犯罪难以准确界定。因此,1997年《刑法》中只笼统规定了银行或者其他金融机构的工作人员利用职务上的便利,挪用本单位或者客户资金的行为为犯罪行为,没有具体规定哪些金融机构的工作人员挪用本单位资金的行为为犯罪行为。特别是没有规定金融机构工作人员利用职务之便挪用本单位或者客户期货资金的行为为犯罪行为,实践中对上述严重违法行为不能依照刑法追究刑事责任,需通过修改刑法规定加以解决。

(2)我国《证券法》《期货交易管理暂行条例》(已失效)规定的犯罪行为需要相应的刑法规定做保障。1998年12月29日,全国人大常委会通过《证券法》,其第193条规定,证券公司、证券登记结算机构及其从业人员,未经客户的委托,买卖、挪用、出借客户账户上的证券或者将客户的证券用于质押的,或者挪用客户账户上的资金的,责令改正,没收违法所得,处以违法所得1倍以上5倍以下的罚款,并责令关闭或者吊销责任人员的从业资格证书。构成犯罪的,依法追究刑事责任。1999年5月25日,国务院常务会议通过并于1999年9月1日起施行《期货交易管理暂行条例》,该条例第6章"罚则"第60条规定:"期货经纪公司有下列欺诈客户行为之一的,责令改正,给予警告,没收违法所得,并处违法所得1倍以上5倍以下的罚款;没有违法所得或者违法所得不满10万元的,处10万元以上50万元以下的罚款;情节严重的,责令停业整顿或者吊销期货经纪业务许可证……(六)挪用客户保证金的……期货经纪公司有前款所列行为之一的,对直接负责的主管人员和其他直接责任人员给予纪律处分,并处1万元以上10万元以下的罚款;构成犯罪的,依法追究刑事责任……"上述《证券法》《期货交易管理暂行条例》规定"构成犯罪的,依法追究刑事责任",必须在刑法中有相应的规定,才能保障上述规定的实施。

(3)国务院提请全国人大常委会修改刑法规定。1999年6月22日,在第九届全国人大常委会第十次会议上,国务院向全国人大常委会提出了《关于惩治期货犯罪的决定(草案)》,其内容之一是提请全国人大常委会在《刑法》第185条中增加规定"商业银行、证券交易所、期货交易所、证券公司、期货经纪公司、保险公司或者其他金融机构的工作人员利用职务上的便利,挪用本单位或者客户资金的行为"为犯罪行为。全国人大法律委员会进行了多次审议并提出了具体修改意见,建议全国人大常委会在《刑法修正案》第7条中对《刑法》第185条进行修改和补充。① 鉴于上述原因,全国人大常委会在《刑法修正案》第7条中特别补充规定了挪用资金罪的具体犯罪主体和犯罪行为。

经过多年的司法实践发现《刑法》第272条对挪用资金罪的法定刑在当前的犯罪的情况下,处刑较轻、法定刑规定的幅度较大,不宜准确适用,故《刑法修正案(十一)》将挪用资金罪的法定最高刑由10年有期徒刑,提高为15年有期徒刑,且根据挪用资金数额较大、数额巨大、数额特别巨大,分别规定了三个档次的法定刑,与刑法规定的有关挪用公款罪、职务侵占罪、贪污贿赂犯罪的法定刑相协调。为保护民营企业的稳定发展,《刑法修正案(十一)》还特别规定了挪用资金犯罪者,在提起公诉前退还被挪用的资金的,对其可以从轻、减轻甚至处罚的法定从轻情节。

3. 挪用资金罪的适用

挪用资金罪,是1997年《刑法》第272条规定的犯罪,《刑法修正案》《刑法修正案(十一)》对其犯罪内容作了具体补充规定。要准确适用,就必须弄清本罪的概念、构成特征、法定刑,以及适用时应注意的问题。

(1)挪用资金罪的概念。本罪是指公司、企业或者其他单位的工作人员,利用职务上的便利,挪用本单位资金归个人使用或者借贷给他人,数额较大、超过3个月未还的,或者虽然未超过3个月,但数额较大、进行营利活动,或者进行非法活动的行为。

这种犯罪是将本单位的资金挪用归个人使用,使本单位失去对资金的使用权利,影响本单位的生产、经营活动,这是对社会有严重危害的犯罪行为。我国1997年《刑法》第185条特别规定,银行或者其他金融机构的工作人员利用职务上的便利,挪用本单位或者客户资金的,依照本法第272条规定的挪用资金罪定罪处罚。《刑法修正案》对《刑法》第185条又补充规定了商业银行、证券交易所、期货交易所、证券公司、期货经纪公司、保险公司或者其他金融机构的工作人员利用职务上的便利,挪用本单位或者客户资金的,依照本法第272条规定的挪用资金罪定罪处罚。

《刑法修正案(十一)》对《刑法》第272条规定的挪用资金罪的法定刑进行了修改,规定最低处拘役,最高处15年有期徒刑,加重了对挪用资金罪的处罚力度。

中国古代、近代法律中都没有单独规定挪用资金罪,甚至在其他犯罪中也没有规定这种犯罪行为。在《唐律》中有"监临主守以官物私自贷,若贷人及贷之人者,无文记,以盗论,有文记者,准盗论","监临主守之官,以官物私自借,若借人及借之人者,笞五十,过十日,坐赃论减二等"。上述《唐律》规定的挪用行为中包括挪用公物的犯罪行为,其类似现行刑法中挪用资金罪的犯罪行为,但是作为盗窃罪的犯罪行为予以刑罚处罚的。

国外多数国家刑法中没有单独规定挪用资金罪的罪名,甚至在其他条款中也没有关于这种犯罪行为的规定。相比较,我国刑法中对挪用资金罪的规定起到现代立法例的作用。

(2)犯罪的构成特征。根据《刑法》第185条、第272条和《刑法修正案》第7条第1款、《刑法修正案(十一)》第30条规定,该罪的构成特征有:

①犯罪主体。本罪的犯罪主体是特殊主体,即单位的工作人员,单位中负有一定职责的工作人员故意实施了挪用本单位资金归个人使用的行为。单位的工作人员,是指公司、企业

---

① 参见《全国人民代表大会常务委员会公报》1999年第6期。

或者其他单位的工作人员,一般是指单位内部的主管、经管或经手使用本单位资金的人员。单位是指《刑法》第30条规定的"公司、企业、事业单位、机关、团体"等单位,非单位的工作人员不构成本罪。

2000年10月9日发布的最高人民检察院《关于挪用尚未注册成立公司资金的行为适用法律问题的批复》中规定,"未注册成立公司"也是单位,挪用其资金是挪用本单位的资金,其工作人员也可以构成挪用资金罪的主体。单位中具有国家工作人员身份从事公务的工作人员有本罪犯罪行为的,不定为本罪,而构成挪用公款罪的犯罪主体。

犯罪主体在主观上都是故意,目的是使用本单位的资金,使用后是要归还的,没有占有的目的。持过失心理的个人,不能构成本罪的犯罪主体。根据1997年《刑法》第185条第1款和1999年12月25日发布的《刑法修正案》第7条第1款的规定,商业银行、证券交易所、期货交易所、证券公司、期货经纪公司、保险公司或者其他金融机构的工作人员,不必须是从事公务的人员,也可以构成本罪的犯罪主体。

②犯罪行为,必须是实施了挪用本单位资金归个人使用的行为。具体表现有:

第一,故意利用职务上的便利,挪用本单位资金的行为。所谓故意利用职务上的便利,就是利用自己主管、经管或者经手使用本单位资金的职权或工作职责之便,擅自将本单位的资金,挪给个人使用。

第二,故意挪用本单位资金归个人使用的行为,挪用的目的是将本单位的资金归个人使用,包括自己或亲友等自然人使用,不具有占有本单位资金的故意。如果确实不知道是本单位的资金,或者确实不知道是归个人使用,不构成本罪。

第三,归个人使用有3种不同使用行为:其一,挪用本单位资金归个人使用或者借贷给他人使用,数额较大、超过3个月未还的行为。必须是数额较大和超过3个月未还,如果达不到数额较大或者达到数额较大,但在3个月内归还,不构成挪用资金罪的犯罪行为,按违反财经纪律处分。其二,挪用本单位资金归个人使用,数额较大、进行营利活动的行为。这种行为不受归还时间限制,但必须是数额较大,进行营利活动。挪用资金进行营利活动达不到数额较大的也不构成本罪的犯罪行为。其三,挪用本单位资金给个人进行非法活动的行为。这种进行非法活动的行为既不受时间限制,也不受数额限制,只要实施了挪用本单位资金的行为,就可以构成本罪的犯罪行为。上述犯罪行为都是故意犯罪行为,过失行为不能构成本罪的犯罪行为。

③犯罪结果,本罪既有结果犯也有行为犯。挪用本单位资金给个人进行营利活动或者其他合法活动的行为,必须达到数额较大才构成犯罪;挪用本单位资金给个人进行非法活动的行为是行为犯,只要实施了上述挪用行为,就具备了犯罪结果,无论挪用本单位资金数额多少和时间长短都可以构成本罪。

根据2022年5月15日发布的最高人民检察院、公安部《关于公安机关管辖的刑事案件立案追诉标准的规定(二)》第77条规定,公司、企业或者其他单位的工作人员,利用职务上的便利,挪用本单位资金归个人使用或者借贷给他人,涉嫌下列情形之一的,应予立案追诉:一是挪用本单位资金数额在5万元以上,超过3个月未还的;二是挪用本单位资金数额在5万元以上,进行营利活动的;三是挪用本单位资金数额在3万元以上,进行非法活动的。具有下列情形之一的,属于本条规定的"归个人使用":一是将本单位资金供本人、亲友或者其他自然人使用的;二是以个人名义将本单位资金供其他单位使用的;三是个人决定以单位名义将本单位资金供其他单位使用,谋取个人利益的。

(3)挪用资金罪的法定刑。根据《刑法修正案(十一)》第30条和《刑法》第272条规定,挪用资金罪的法定刑是:

①挪用本单位资金归个人使用或者借贷给他人,数额较大、超过3个月未还的,或者虽未超过3个月,但数额较大、进行营利活动的,或者进行非法活动,构成犯罪的,处3年以下有期徒刑或者拘役。

②犯本罪,挪用本单位资金数额巨大的,处3年以上7年以下有期徒刑。

挪用资金数额巨大,根据2016年4月18日发布的最高人民法院、最高人民检察院《关于办理贪污贿赂刑事案件适用法律若干问题的解释》第11条第2款规定,《刑法》第272条规定的挪用资金罪中的"数额较大""数额巨大"以及"进行非法活动"情形的数额起点,按照挪用公款额起点,按照本解释关于挪用公款罪"数额较大""情节严重"以及"进行非法活动"的数额标准规定的二倍执行。

③犯本罪,挪用本单位资金数额特别巨大的,处7年以上有期徒刑。

(4)适用挪用资金罪时,应注意的问题:

①注意划清罪与非罪的界限。

第一,本罪的犯罪主体是特殊主体,必须是本单位的工作人员,即主管、经管或者经手使用本单位资金的从事公务的人员才可以构成本罪;单纯从事劳务、服务、勤杂的人员,由于没有从事公务的职务,不可能实施利用其职务之便挪用本单位的资金的行为,因此,不是从事公务的本单位的工作人员不能构成本罪。挪用人在主观上有挪用本单位资金使用的故意,即侵犯了本单位对其资金的使用权,但用后是要归还的,没有占有本单位资金的所有权。如果对挪用的资金不归还,则不能认定为挪用资金的行为,应依照行为人的行为特征,认定为职务侵占罪等其他犯罪。

第二,必须是挪用本单位资金归个人使用才构成本罪,如果挪用的不是本单位的资金,而是他人或者外单位资金或者本单位物品则不构成本罪。《刑法修正案》第7条中规定的"客户资金",是指客户在金融机构中保管的资金,金融机构的工作人员挪用该客户资金的,虽然是个人的资金,但是在金融机构中保管使用的资金,依刑法规定属于单位的资金,其同挪用本单位的资金的性质相同,因此,也构成挪用资金罪。

应特别指出的是:挪用救灾、抢险、防汛、优抚、扶贫、移民、救济款物归个人使用的,是挪用公共财物,不是挪用本单位的资金,不能构成挪用资金罪,如果单位的工作人员受国有单位委托具有管理救灾、抢险、防汛、优抚、扶贫、移民、救济款物职责,利用受托职责便利挪用归个人使用的,应认定为挪用公款罪从重处罚。

第三,本罪是故意犯罪,并且必须具有挪用本单位资金归个人使用的目的;过失行为不构成犯罪。

第四,挪用本单位资金给个人进行非法活动是行为犯,一般来说,只要实施了上述行为就具备了本罪的犯罪结果,可以构成犯罪。但是还应根据《刑法》第13条犯罪定义规定的"情节显著轻微危害不大的,不认为是犯罪"综合认定。根据最高人民法院、最高人民检察院司法解释规定,挪用本单位资金进行非法活动,数额在3万元以上的才构成犯罪,挪用本单位资金不满上述数额标准的,属于情节显著轻微,危害不大,不构成本罪。

②注意准确认定本罪的挪用资金归个人使用。我国《刑法》第272条中规定有"挪用本单位资金归个人使用或者借贷给他人"。其中的"借贷给他人",应包括借给他人和贷给他人。借给他人是不收利息,到期还本金。贷给他人是要收本息的,但这种收本息的行为,法律规定与归个人正当使用相同对待,也必须是数额较大、超过3个月未还的才构成犯罪,不能按进行营利活动论处。关于如何理解"归个人使用",挪用资金给私人公司、企业使用也是给单位使用,按照我国《刑法》第30条关于单位犯罪的规定,私有公司、私有企业也是单位,也可以构成单位犯罪。2002年4月28日发布的全国人大常委会《关于〈中华人民共和国刑法〉第三百八十四条第一款的解释》对"挪用公款归个人使用"作了立法解释,规定有下列情形之一的,属于"挪用公款归个人使用":第一,将公款供本人、亲友或者其他自然人使用的;第二,以个人名义将公款供其他单位使用的;第三,个人决定以单位名义将公款供其他单位使用,谋取个人利益的。尽管上述立法解释不是对《刑法》第272条规定的"挪用资金归个人使用"的解释,但可参考上述规定,理解挪用本单位资金"归个人使用"并不包括单纯归单位使用。挪用本单位资金归私有公司、私有企业使用,也不构成挪用资金罪,除非是挪用本单位资金以个人的名义供其他单位使用,或者以单位的名义供其他单位使用,谋取个人利益的行为,才能构成挪用资金罪。

③注意划清本罪中的挪用资金与借款、贷款的界限。本罪挪用资金的行为是利用职务上的便利,擅自挪用本单位资金归个人使用的行为,侵犯的是单位对资金的使用权。借款,是按借款规定,履行借款手续向本单位借款的行为,借款不付利息,到期只还本金。贷款,是按照贷款规定向银行等单位或个人贷款,贷款到期应依法归还本金和利息。挪用本单位资金的行为侵犯的是本单位对自己资金的使用权利,尽管到期归还本金和利息,但其是违法行为,可以构成犯罪行为。依法借款、贷款是在单位同意的情况下借款、贷款的行为,不存在侵犯单位对资金的使用权利问题,因此,依法借款、贷款行为是合法行为,不能构成犯罪行为。当然,以虚假的手段以借为掩护,实际上利用职务之便违法借款、贷款的行为,是违法行为,可以构成犯罪行为。因此,以借贷为名,实际上是利用职务之便挪用本单位资金的行为,符合挪用资金罪的构成要件的,应认定为挪用资金罪。

④划清挪用本单位资金行为与挪用本单位物品行为的界限。我国《刑法》第272条规定的挪用资金的犯罪行为挪用的是本单位的"资金"即金钱,不包括"物品"。参照2000年3月6日发布的最高人民检察院《关于国家工作人员挪用非特定公物能否定罪的请示的批复》中的解释,《刑法》第384条规定的挪用公款罪中未包括挪用非特定公物归个人使用的行为,对该行为不以挪用公款罪论处,依此,可以理解为,挪用本单位非特定物品归个人使用的行为,也不以挪用资金罪论处。

⑤划清本罪与职务侵占罪的界限。职务侵占罪也是单位的工作人员利用职务上的便利侵占本单位的财物的犯罪行为,与本罪挪用本单位资金的犯罪主体相同,犯罪行为相似,在定罪时,容易混淆。二罪的根本区别是:第一,犯罪行为不同。本罪是利用职务上的便利挪用本单位资金的行为;职务侵占罪是利用职务上的便利非法占有本单位财物的行为。第二,犯罪对象和客体不同。本罪侵犯的对象是本单位的资金,侵犯的客体是本单位对资金的使用权;职务侵占罪侵犯的对象是本单位的财物,包括钱款和物品,客体是本单位财物的所有权。第

三,犯罪的目的不同。本罪的目的是使用本单位的资金,使用后资金要归还给本单位,没有占有的目的;职务侵占罪的目的是非法占有本单位财物。上述不同点将两种犯罪区分开来。

⑥划清本罪与挪用公款罪的界限。我国《刑法》第384条规定的挪用公款罪是国家工作人员利用职务上的便利挪用公款归个人使用的犯罪行为与本罪挪用本单位资金归个人使用的犯罪行为很相似,特别是国家工作人员利用职务上的便利实施挪用本单位资金犯罪行为的,要按挪用公款罪定罪处罚,容易混淆。二罪的主要区别是:第一,犯罪主体不同。挪用公款罪的主体是国家工作人员;本罪的主体是单位的工作人员,即不具有国家工作人员身份的单位工作人员。第二,犯罪对象不同。挪用公款罪的对象是公款,本罪的对象是本单位的资金。第三,定罪情节与法定刑不同。挪用公款罪将挪用数额多少和情节轻重都作为定罪的要件加以规定,其法定刑最高为无期徒刑;挪用资金罪中刑法规定只是以挪用资金数额作为定罪的要件,没有规定定罪的情节要件,挪用资金的情节只能作为在法定刑幅度内适用轻重刑罚的酌定情节。上述不同点将两种犯罪区分开来。

特别是《刑法修正案(十一)》特别增加对犯挪用资金罪者从轻处罚的规定,即第30条第3款规定,"有第一款行为,在提起公诉前将挪用的资金退还的,可以从轻或者减轻处罚。其中,犯罪较轻的,可以减轻或者免除处罚"。总之,刑法对挪用资金罪的处罚规定比对挪用公款罪的处罚规定轻得多。

(二十三)开设赌场罪

《刑法修正案(六)》第18条第2款将《刑法》第303条原规定的赌博罪中的开设赌场行为规定为独立的犯罪,2007年11月6日施行的最高人民法院、最高人民检察院《关于执行〈中华人民共和国刑法〉确定罪名的补充规定(三)》规定为开设赌场罪。2020年12月26日发布的《刑法修正案(十一)》第36条对《刑法》第303条第2款规定的开设赌场罪的法定刑作了修改,将第一个档次法定刑最高处3年有期徒刑改为最高处5年有期徒刑,将第二个档次法定刑最低处3年有期徒刑改为最低处5年有期徒刑,加重了处罚力度。罪状、罪名和法定刑最高处10年有期徒刑没有改变。

1.刑法规定内容的修改

(1)1979年《刑法》第168条规定,以营利为目的,聚众赌博或者以赌博为业的,处3年以下有期徒刑、拘役或者管制,可以并处罚金。

(2)1997年《刑法》第303条规定,以营利为目的,聚众赌博、开设赌场或者以赌博为业的,处3年以下有期徒刑、拘役或者管制,并处罚金。

(3)2006年6月29日发布的《刑法修正案(六)》第18条规定,将《刑法》第303条修改为:以营利为目的,聚众赌博或者以赌博为业的,处3年以下有期徒刑、拘役或者管制,并处罚金。开设赌场的,处3年以下有期徒刑、拘役或者管制,并处罚金;情节严重的,处3年以上10年以下有期徒刑,并处罚金。

(4)2020年12月26日发布的《刑法修正案(十一)》第36条规定,将《刑法》第303条修改为:以营利为目的,聚众赌博或者以赌博为业的,处3年以下有期徒刑、拘役或者管制,并处罚金。开设赌场的,处5年以下有期徒刑、拘役或者管制,并处罚金;情节严重的,处5年以上10年以下有期徒刑,并处罚金。组织中华人民共和国公民参与国(境)外赌博,数额巨大或者有其他严重情节的,依照前述规定处罚。

2006年6月29日发布的《刑法修正案(六)》将1997年《刑法》第303条规定的赌博罪中开设赌场的犯罪行为分离出来,定为独立的"开设赌场罪",并规定增加一个加重档次的法定刑,即"情节严重的,处三年以上十年以下有期徒刑,并处罚金"。2020年12月26日发布的《刑法修正案(十一)》又对《刑法》第303条规定的"开设赌场罪"法定刑作了加重规定,即将第一个档次的最高刑和第二个档次最低刑由3年有期徒刑改为5年有期徒刑,加重了对开设赌场罪的处罚力度。

同时,《刑法修正案(十一)》还增加规定,组织中华人民共和国公民参与国(境)外赌博,数额巨大或者有其他严重情节的构成新罪,即"组织参与国(境)外赌博罪",依照刑法规定的开设赌场罪的法定刑处罚。

2. 刑法规定修改的原因

我国1979年《刑法》中没有明确规定开设赌场罪和开设赌场犯罪行为,而是在赌博罪中将聚众赌博犯罪行为作为赌博犯罪行为之一。聚众赌博犯罪行为中包括开设赌场犯罪行为。1997年《刑法》第303条原规定的赌博罪的犯罪行为中包括聚众赌博的行为,开设赌场的行为和以赌博为业3种赌博犯罪行为。上述3种赌博行为构成犯罪的都构成赌博罪,处3年以下有期徒刑、拘役或者管制,并处罚金。公安机关根据我国当时赌博活动猖獗,赌博范围广、数额巨大,特别是开设赌场的犯罪行为是为赌博提供场所条件,甚至利用计算机网络建立赌博网站或者为赌博网站担任代理,接受投注,使赌博的规模更大,社会危害更加严重的情况,认为我国《刑法》规定的上述法定刑太轻,没有足够的震慑力,不能有力惩治赌博犯罪分子,要求修改刑法上述规定,加重对赌博罪的法定刑。我国《刑法修正案(六)》第18条将开设赌场的犯罪行为规定为独立的犯罪,并规定了加重法定刑,即只要开设赌场就构成犯罪,处3年以下有期徒刑、拘役或者管制,并处罚金;情节严重的,处3年以上10年以下有期徒刑,并处罚金。因此,《刑法修正案(六)》在《刑法》第303条中增加了一个独立的罪名和一个加重档次的法定刑。2020年《刑法修正案(十一)》根据我国国内惩治开设赌场犯罪的力度不断增大,而又有人组织我国公民偷越国(境)外,参与国外赌博活动,且人数多、范围广,严重危害了我国的社会管理秩序的情况,在《刑法》第303条中又单独规定新犯罪,即"组织参与国(境)外赌博罪",对其处与"开设赌场罪"相同的法定刑。

3. 开设赌场罪的适用

开设赌场罪是《刑法修正案(六)》第18条第2款和《刑法修正案(十一)》第36条对《刑法》第303条第2款补充修改的犯罪。要准确适用,就必须弄清本罪的概念、构成特征、法定刑,以及适用时应注意的问题。

(1) 开设赌场罪的概念。本罪是指以营利为目的,开设赌场的行为。

开设赌场就是为聚众赌博犯罪创造条件,其聚集多人、多次进行赌博违法犯罪活动,对社会秩序的危害程度更严重。我国《刑法》第303条第2款将开设赌场的行为规定为犯罪,一般最高处5年有期徒刑,并处罚金;情节严重的,最高处10年有期徒刑,并处罚金。

根据2014年3月26日发布的最高人民法院、最高人民检察院、公安部《关于办理利用赌博机开设赌场案件适用法律若干问题的意见》第1条规定,设置具有退币、退分、退钢珠赌博功能的电子游戏设施设备,并以现金、有价证券等贵重款物为奖品,或者以回购奖品方式给予他人现金、有价证券等贵重款物组织赌博活动的,应当认定为《刑法》第303条第2款规定的

"开设赌场"犯罪行为。

（2）犯罪的构成特征。根据《刑法》第303条和《刑法修正案（六）》第18条、《刑法修正案（十一）》第36条规定，该罪的构成特征有：

①犯罪主体，是一般主体，凡是年满16周岁的具有刑事责任能力并实施了开设赌场行为的自然人都可以构成开设赌场罪的犯罪主体。犯罪主体在主观上是故意，并且是以营利为目的，以娱乐为目的开设棋牌室的行为不构成犯罪。

②犯罪行为，必须有具体的开设赌场的行为，有的在自己家中，也有的在宾馆、饭店或者出租车内及偏僻山沟和网站开设赌场，召集多人进行赌博，从中谋利。

③犯罪结果，是行为犯，只要以营利为目的，故意实施了开设赌场行为就可以构成犯罪。

（3）开设赌场罪的法定刑。根据《刑法》第303条第2款的规定，本罪的法定刑是：

①构成本罪的，处5年以下有期徒刑、拘役或者管制，并处罚金。

根据2014年3月26日发布的最高人民法院、最高人民检察院、公安部《关于办理利用赌博机开设赌场案件适用法律若干问题的意见》第2条规定，设置赌博机组织赌博活动，具有下列情形之一的，应当按照《刑法》第303条第2款规定的开设赌场罪定罪处罚：一是设置赌博机10台以上的；二是设置赌博机2台以上，容留未成年人赌博的；三是在中小学校附近设置赌博机2台以上的；四是违法所得累计达到5000元以上的；五是赌资数额累计达到5万元以上的；六是参赌人数累计达到20人以上的；七是因设置赌博机被行政处罚后，2年内再设置赌博机5台以上的；八是因赌博、开设赌场犯罪被刑事处罚后，5年以内再设置赌博机5台以上的；九是其他应当追究刑事责任的情形。

②犯本罪，情节严重的，处5年以上10年以下有期徒刑，并处罚金。

根据2005年5月13日施行的最高人民法院、最高人民检察院《关于办理赌博刑事案件具体应用法律若干问题的解释》第5条规定，实施赌博犯罪，有下列情形之一的，依照《刑法》第303条规定从重处罚：第一，具有国家工作人员身份的；第二，组织国家工作人员赴境外赌博的；第三，组织未成年人参与赌博，或者开设赌场吸引未成年人参与赌博的。

根据2014年3月26日发布的最高人民法院、最高人民检察院、公安部《关于办理利用赌博机开设赌场案件适用法律若干问题的意见》第2条规定，设置赌博机组织赌博活动，具有下列情形之一的，应当认定为《刑法》第303条第2款规定的"情节严重"：一是数量或者数额达到本意见第2条第1项至第6项规定的标准6倍以上的；二是因设置赌博机被行政处罚后，两年以内再设置赌博机30台以上的；三是因赌博、开设赌场犯罪被刑事处罚后，5年以内再设置赌博机30台以上的；四是其他情节严重的情形。可同时供多人使用的赌博机，台数按照能够独立供一人进行赌博活动的操作基本单元的数量认定。在两个以上地点设置赌博机，赌博机的数量、违法所得、赌资数额、参赌人数等合并计算。

（4）开设赌场罪适用时应注意以下问题：

①注意划清罪与非罪的界限。

从开设赌场的主体上区分。开设赌场罪的主体是一般主体，单位和不满16周岁的自然人不构成本罪。本罪犯罪主体在主观上是故意，并且必须是以营利为目的开设赌场聚众赌博，从中谋取利益。

从犯罪行为上区分。本罪是行为犯，只要实施了开设赌场行为就可以构成犯罪，但是情节显著轻微危害不大的,依照《刑法》第13条关于犯罪定义的规定,不认为是犯罪。根据2005年5月13日施行的最高人民法院、最高人民检察院《关于办理赌博刑事案件具体应用法律若干问题的解释》第9条的规定,不以营利为目的,进行带有少量财物输赢的娱乐活动,以及提供棋牌室等娱乐场所,只收取正常的场所和服务费用的经营行为等,不以赌博论处。

②注意准确认定开设赌场犯罪行为。根据2005年5月13日施行的最高人民法院、最高人民检察院《关于办理赌博刑事案件具体应用法律若干问题的解释》第2条、第3条的规定,开设赌场犯罪行为有:第一,以营利为目的,在计算机网络上建立赌博网站,或者为赌博网站担任代理,接受投注的,属于《刑法》第303条规定的开设赌场。第二,中华人民共和国公民在我国领域外周边地区聚众赌博、开设赌场,以吸引中华人民共和国公民为主要客源,构成犯罪的,应依照刑法规定追究刑事责任。

③注意开设赌场罪共犯的认定。根据2014年3月26日发布的最高人民法院、最高人民检察院、公安部《关于办理利用赌博机开设赌场案件适用法律若干问题的意见》第3条规定,明知他人利用赌博机开设赌场,具有下列情形之一的,以开设赌场罪的共犯论处:第一,提供赌博机、资金、场地、技术支持、资金结算服务的;第二,受雇参与赌场经营管理并分成的;第三,为开设赌场者组织客源、收取回扣、手续费的;第四,参与赌场管理并领取高额固定工资的;第五,提供其他直接帮助的。

④注意赌资的认定。根据2014年3月26日发布的最高人民法院、最高人民检察院、公安部《关于办理利用赌博机开设赌场案件适用法律若干问题的意见》第5条规定,本意见所称赌资包括当场查获的用于赌博的款物、代币、有价证券、赌博积分等实际代表的金额,在赌博机上投注或赢取的点数实际代表的金额。

⑤注意国家工作人员包庇、放纵开设赌场犯罪的处罚。根据2014年3月26日发布的最高人民法院、最高人民检察院、公安部《关于办理利用赌博机开设赌场案件适用法律若干问题的意见》第8条规定,负有查禁赌博活动职责的国家机关工作人员徇私枉法,包庇、放纵开设赌场违法犯罪活动,或者为违法犯罪分子通风报信、提供便利、帮助犯罪分子逃避处罚,构成犯罪的,依法追究刑事责任。国家机关工作人员参与利用赌博机开设赌场犯罪的,从重处罚。

(二十四)妨害传染病防治罪

妨害传染病防治罪是《刑法修正案(十一)》第37条对《刑法》第330条规定的罪状进行补充的犯罪。1997年发布的最高人民法院、最高人民检察院《关于执行〈中华人民共和国刑法〉确定罪名的规定》确定为妨害传染病防治罪的罪名。2020年12月26日发布的《刑法修正案(十一)》第37条对《刑法》第330条规定的妨害传染病防治罪的罪状作了修改,增加一项,补充修改了两项犯罪行为,加重了对该罪的惩罚力度,罪名和法定刑没有改变。

1. 刑法规定内容的修改

(1)1979年《刑法》第178条规定,违反国境卫生检疫规定,引起检疫传染病传播,或者有引起检疫传染病传播严重危险的,处3年以下有期徒刑或者拘役,可以并处或者单处罚金。

(2)1997年《刑法》第330条规定,违反传染病防治法的规定,有下列情形之一,引起甲类传染病传播或者有传播严重危险的,处3年以下有期徒刑或者拘役;后果特别严重的,处3年以上7年以下有期徒刑:①供水单位供应的饮用水不符合国家规定的卫生标准的;②拒绝按照卫生防疫机构提出的卫生要求,对传染病病原体污染的污水、污物、粪便进行消毒处理的;

③准许或者纵容传染病病人、病原携带者和疑似传染病病人从事国务院卫生行政部门规定禁止从事的易使该传染病扩散的工作的;④拒绝执行卫生防疫机构依照传染病防治法提出的预防、控制措施的。单位犯前罪的,对单位判处罚金,并对其直接负责的主管人员和其他直接责任人员,依照前述规定处罚。甲类传染病的范围,依照《传染病防治法》和国务院有关规定确定。

(3)2020年12月26日发布的《刑法修正案(十一)》第37条规定,将《刑法》第330条第1款修改为,违反传染病防治法的规定,有下列情形之一,引起甲类传染病以及依法确定采取甲类传染病预防、控制措施的传染病传播或者有传播严重危险的,处3年以下有期徒刑或者拘役。后果特别严重的,处3年以上7年以下有期徒刑。①供水单位供应的饮用水不符合国家规定的卫生标准的;②拒绝按照疾病预防控制机构提出的卫生要求,对传染病病原体污染的污水、污物、场所和物品进行消毒处理的;③准许或者纵容传染病病人、病原携带者和疑似传染病病人从事国务院卫生行政部门规定禁止从事的易使该传染病扩散的工作的;④出售、运输疫区中被传染病病原体污染或者可能被传染病病原体污染的物品,未进行消毒处理的;⑤拒绝执行县级以上人民政府、疾病预防控制机构依照传染病防治法提出的预防、控制措施的。

2020年12月26日发布的《刑法修正案(十一)》在1997年《刑法》第330条规定的妨害传染病防治罪的犯罪行为中又增加了引起"依法确定采取甲类传染病预防、控制措施的传染病传播或者有传播严重危险的"、"出售、运输疫区中被传染病病原体污染或者可能被传染病病原体污染的物品,未进行消毒处理的"和"拒绝执行县级以上人民政府、疾病预防控制机构依照传染病防治法提出的预防、控制措施的"犯罪行为。

2. 刑法规定修改的原因

我国1979年《刑法》中没有规定妨害传染病防治罪,而是在第178条中特别规定了"违反国境卫生检疫规定,引起检疫传染病的传播,或者有引起检疫传染病传播严重危险"的犯罪行为。1989年2月21日,我国颁布了《传染病防治法》,其第37条对违反传染病防治规定引起或者可能引起甲类传染病传播或者有传播严重危险的行为,依照刑法追究刑事责任。

1997年《刑法》第330条原规定的妨害传染病防治罪中列举规定了4种妨害传染病防治的犯罪行为。我国司法机关依据1997年《刑法》第330条规定惩治了一些妨害传染病防治的犯罪行为,特别是在2003年非典型肺炎和2019年新冠肺炎防控过程中,发现1997年《刑法》第330条规定的范围是"甲类传染病",而新出现的非典型肺炎和新冠肺炎在《传染病防治法》中没有规定;对出售、运输疫区中被传染病病原体污染或者可能被传染病病原体污染的物品,未进行消毒处理的行为和拒绝执行县级以上人民政府、疾病预防控制机构依照传染病防治法提出的预防、控制措施的行为等没有规定。根据防疫实践的需要,2020年《刑法修正案(十一)》在《刑法》第330条中补充规定了上述急需的内容,这对更有效地预防、控制传染病传播或传播危险有重要意义。

3. 妨害传染病防治罪的适用

妨害传染病防治罪是《刑法修正案(十一)》第37条对《刑法》第330条规定补充修改的犯罪。要准确适用,就必须弄清本罪的概念、构成特征、法定刑,以及适用时应注意的问题。

(1)妨害传染病防治罪的概念。该罪是指违反传染病防治法的规定,引起甲类传染病以及依法确定采取甲类传染病预防、控制措施的传染病传播,或者有传播严重危险的行为。

传染病是危害人类身体健康和生命安全的重要危害疾病。传染病通过媒介传播、蔓延,是严重危害人畜生命健康的流行性疫病,其发病范围广,速度快,危害结果严重。国家制定专门法律规定,由专门机构、专门人员依照法定的程序进行预防、控制,确保人民群众生命安全、身体健康、财产安全。

我国 2013 年 6 月 29 日修订的《传染病防治法》规定,现有 40 种传染病,传染病分为甲类、乙类和丙类。甲类传染病,2 种是指鼠疫、霍乱;乙类传染病,27 种是指病毒性肝炎、细菌性、阿米巴性痢疾、伤寒、副伤寒、艾滋病、淋病、梅毒、脊髓灰质炎、麻疹、百日咳、白喉、流行性脑脊髓膜炎、猩红热、流行性出血热、狂犬病、钩端螺旋体病、布鲁氏菌病、炭疽、流行性、地方性斑疹伤寒、流行性乙型脑炎、黑热病、疟疾、登革热、新型冠状病毒感染和炭疽中的肺炭疽;丙类传染病,11 种是指肺结核、血吸虫病、丝虫病、包虫病、麻风病、流行性感冒、流行性腮腺炎、风疹、新生儿破伤风、急性出血性结膜炎,以及除霍乱、痢疾、伤寒和副伤寒以外的感染性腹泻病。国务院可以根据情况增加或减少甲类传染病种,并予公布;国务院卫生行政部门可以根据情况,增加或者减少乙类、丙类传染病种,并予公布。甲类传染病都是传染速度快、感染面积广,对人、畜伤亡大的传染病,一旦发现应当及时报告。各级医务人员、检疫人员是急性传染病的法定报告人;广大社会群众发现急性传染病时也有义务报告。有甲类传染病发生或流行时,县、区以上各级人民政府可以决定疫区的封锁和解除,对封锁区内的居民进行检疫,并同时急报国务院卫生行政部门。

按照《国际卫生条例》的规定,世界卫生组织将鼠疫、霍乱和黄热病 3 种烈性传染病列为国际检疫传染病,一经发现,必须及时向世界卫生组织通报。但我国境内没有黄热病,因此,我国传染病防治法只将鼠疫、霍乱列为甲类传染病。我国传染病防治法还规定,因诊断需要,当地卫生医疗部门可以从病人身体或尸体上获取检疫材料;必须解剖尸体时,应取得死者家属同意,报本地卫生行政部门备案。违反传染病防治法规定,妨害传染病防治,引起甲类传染病传播或者有传播危险的行为,是对社会有严重危害的行为,我国《刑法》第 330 条将其规定为犯罪,最低处拘役,最高处 7 年有期徒刑。

1935 年《中华民国刑法》分则第 11 章公共危险罪中第 192 条规定,"违背关于预防传染病所公布之检查或进口之法令者,处 2 年以下有期徒刑、拘役或 1000 元以下罚金。暴露有传染病之尸体或以其他方法散布病菌,致生公共危险者,亦同"。上述规定与我国现行刑法规定相比较有 3 个特点:一是将有关妨害传染病防治方面的犯罪归类在危害公共安全罪一类犯罪中,既有故意犯罪,也有过失犯罪;二是犯罪行为内容广泛、抽象,可以含括许多具体犯罪行为;三是法定刑较轻,最高才处 2 年有期徒刑。

当今世界上多数国家刑法中明确规定了妨害传染病防治罪。1997 年实施的《俄罗斯联邦刑法典》分则第 25 章危害居民健康和公共道德的犯罪中第 236 条规定有"违反卫生流行病学规则罪"。该条规定:①违反卫生流行病学规则,过失造成多人患病或中毒的,处数额为最低劳动报酬 100 倍至 200 倍或被判刑人 1 个月至 2 个月的工资或其他收入的罚金,或处 3 年以下剥夺担任一定职务或从事某种活动的权利,或处 3 年以下的限制自由,或处 2 年以下的剥夺自由。②上述行为为过失致人死亡的,处 5 年以下限制自由或相同期限的剥夺自由。上述《俄罗斯联邦刑法典》的规定与我国刑法规定的妨害传染病防治罪的基本内容相同,只是其增加了致多人中毒的规定。

欧洲的《奥地利刑法》分则第 7 章公共危险之可罚性行为中第 178 条规定有"故意以传染病危害于人罪",第 159 条规定有"依传染病对人所为过失危害行为罪"。该两条规定的内容与我国刑法规定的妨害传染病防治罪相似。其规定"散布传染病于人,依该疾病之性质、系属有通报或通知义务之疾病者,处 3 年以下自由刑或 350 日额以下罚金"。"因过失而为第 178 条犯罪行为者,处 1 年以下自由刑或 360 日额以下罚金"。上述奥地利刑法规定与我国刑法规定相比较,有以下不同点:(1)我国刑法将妨害传染病防治罪归类在危害公共卫生罪中,而奥地利刑法将其归类在危害公共安全罪中;(2)我国刑法将妨害传染病防治罪规定为过失犯罪加以处罚,而奥地利刑法既规定了故意散布传染病的犯罪行为,也规定了过失散布传染病的犯罪行为;(3)我国刑法规定引起甲类传染病传播或有传播严重危险的犯罪行为,才构成犯罪;而奥地利刑法规定,只要有故意或者过失散布传染病危害于人的行为,就可以构成犯罪,不受传染病种类的限制;(4)法定刑不同,我国刑法对妨害传染病防治罪规定的法定刑最低处拘役,最高处 7 年有期徒刑;而奥地利刑法规定,故意犯本罪的,最高处 3 年剥夺自由刑,过失犯本罪最高处 1 年剥夺自由刑,法定刑比我国刑法规定轻得多。

《瑞士刑法》分则第 8 章违反公共卫生之重罪与轻罪中第 231 条规定有"散布疫病罪",第 232 条规定有"散布瘟疫罪"。第 231 条规定,"故意散布对人类有传染危险之疾病者,处 1 个月以上 5 年以下轻惩役。行为人基于卑鄙之意识而为前提行为者,处 5 年以下重惩役。过失犯第一项之罪者,处轻惩役或罚金"。第 232 条规定,"故意散布家畜瘟疫者,处轻惩役。行为人基于卑鄙之意识而为前提行为,并引起重大损害者,处 5 年以下重惩役。过失犯第一项罪者,处轻惩役或罚金"。

《西班牙刑法》分则第 5 集第 2 章公共危险罪第 2 节违反公共卫生罪中第 345 条规定,"违反卫生法规定,挖掘或迁移尸体者,应科以西币 5000 元至 5 万元之罚金"。上述规定与我国刑法的规定相比较,我国刑法规定得更具体、详细,便于司法操作,为其他国家提供了新的立法例。

(2)妨害传染病防治罪的构成特征。根据《刑法》第 330 条和《刑法修正案(十一)》第 37 条规定,该罪的构成特征有:

①犯罪主体,是一般主体,凡是年满 16 周岁以上的具有刑事责任能力且实施了妨害传染病防治行为的自然人和单位,都可以构成本罪的犯罪主体。犯罪主体在主观上对实施妨害传染病防治行为可能是故意,但对产生传染病传播或有传播严重危险的结果是过失的心态,是过失犯罪。如果行为人主观上对妨害传染病防治的行为和行为结果都是故意,则不构成本罪,可以构成以危险方法危害公共安全罪。

②犯罪行为,必须具有妨害传染病防治,引起甲类传染病以及依法确定采取甲类传染病预防、控制措施的传染病的传播或者有传播严重危险的行为。其中的引起"依法确定采取甲类传染病预防、控制措施的传染病传播或者有传播严重危险"是《刑法修正案(十一)》根据我国《传染病防治法》的有关规定,并结合我国将"新冠肺炎"归类为乙类传染病,但依法确定采取甲类传染病预防、控制措施进行防控的实际情况,将其上升为刑法规定。根据我国《传染病防治法》的规定,本罪所指传染病病人、疑似传染病病人,是指根据国务院卫生行政部门发布的《〈中华人民共和国传染病防治法〉规定管理的传染病诊断标准(试行)》,符合传染病病人

和疑似传染病病人诊断标准的人;病原携带者,是指感染病原体无临床症状,但能排出病原体的人。具体妨害传染病防治的行为有:第一,供水单位供应的饮用水不符合国家规定的卫生标准的行为。第二,拒绝按照疾病预防控制机构提出的卫生要求,对传染病病原体污染的污水、污物、场所和物品进行消毒处理的行为。第三,准许或者纵容传染病病人、病原携带者和疑似传染病病人从事国务院卫生行政部门规定禁止从事的易使该传染病扩散的工作的行为。第四,出售、运输疫区中被传染病病原体污染或者可能被传染病病原体污染的物品,未进行消毒处理的行为。第五,拒绝执行县级以上人民政府、疾病预防控制机构依照传染病防治法提出的预防、控制措施的行为。

具备上述行为之一,引起甲类传染病以及依法确定采取甲类传染病预防、控制措施的传染病传播或者有传播严重危险的,可以构成本罪。其中第4项、第5项犯罪行为是《刑法修正案(十一)》根据近几年防控非典型肺炎和新冠肺炎两种乙类传染病的经验而规定的,很有现实作用。

③犯罪结果,是结果犯。必须是达到引起甲类传染病以及依法确定采取甲类传染病预防、控制措施的传染病传播或者有传播严重危险的结果,才能构成本罪的犯罪结果。上述结果分3种:一是引起甲类传染病传播的结果,是指实际上甲类传染病已传播的结果。二是引起甲类传染病有传播严重危险的结果,是指甲类传染病虽然未实际传播,但具有严重传播现实危险的结果。三是引起依法确定采取甲类传染病预防、控制措施的传染病传播或者有传播严重危险的结果。其是指虽然这种传染病不是甲类传染病,但依据有关法律规定是采取甲类传染病预防、控制措施的传染病,例如,新冠肺炎传染病。虽然国家认定其是乙类传染病,但因其是依法采用甲类传染病预防、控制措施的传染病,如果妨害新冠肺炎防治的行为,造成其实际传播或者有严重传播危险,也是本罪的犯罪结果。

(3)妨害传染病防治罪的法定刑。根据《刑法》第330条的规定,本罪的法定刑是:

①构成犯罪的,处3年以下有期徒刑或者拘役。

根据2008年6月25日发布的最高人民检察院、公安部《关于公安机关管辖的刑事案件立案追诉标准的规定(一)》第49条规定,涉嫌下列情形之一的,应予立案追诉:一是供水单位供应的饮用水不符合国家规定的卫生标准的行为。二是拒绝按照疾病预防控制机构提出的卫生要求,对传染病病原体污染的污水、污物、粪便进行消毒处理的行为。三是准许或者纵容传染病病人、病原携带者和疑似传染病病人从事国务院卫生行政部门规定禁止从事的易使该传染病扩散的工作的行为。四是拒绝执行疾病预防控制机构依照传染病防治法提出的预防、控制措施的行为。

另外,还应包括《刑法修正案(十一)》补充规定的"出售、运输疫区中被传染病病原体污染或者可能被传染病病原体污染的物品,未进行消毒处理的"行为和"拒绝执行县级以上人民政府依照传染病防治法提出的预防、控制措施的"行为。

凡具备上述情形之一的,都可以构成妨害传染病防治罪,应处3年以下有期徒刑或者拘役。

②犯本罪,后果特别严重的,处3年以上7年以下有期徒刑。

这里的"后果特别严重",司法实践中一般是指,具有下列情形之一:一是造成甲类传染病在某些地区乃至全国有严重传播危险的;二是造成甲类传染病在某些地区普遍暴发,大流行的;三是造成甲类传染病传播并致大量人员伤残或者死亡的;四是造成其他特别恶劣影响和特别严重后果的。

③单位犯本罪的,对单位判处罚金,并对其直接负责的主管人员和其他直接责任人员,依照自然人犯本罪的规定处罚。

(4)妨害传染病防治罪适用时,应注意以下问题:

①注意划清罪与非罪的界限。

从犯罪主体上区分。妨害传染病防治罪的主体是一般主体,达到法定年龄、具有刑事责任能力、实施了妨害传染病防治行为的自然人和单位都可以构成本罪的犯罪主体。不满16周岁的自然人不构成本罪。本罪犯罪主体在主观上对造成甲类传染病传播或者有传播严重危险的结果是过失心态,但对实施妨害传染病防治行为在主观上有可能是故意。

从犯罪行为上区分。本罪行为人必须实施妨害传染病防治的5种行为之一,才构成犯罪。除了上述5种行为之外的行为,不能构成本罪,因为《刑法》第330条规定的犯罪行为中没有规定"其他行为"也可以构成本罪的犯罪行为。另外,妨害传染病防治罪的犯罪行为必须是妨害甲类传染病或者以甲类传染病采取预防、控制措施的传染病(如新冠肺炎传染病)传播或者有传播严重危险的行为。如果妨害的不是甲类传染病或者以甲类传染病采取预防、控制措施的传染病,而是其他传染病,不能构成本罪。

从犯罪结果上区分。本罪是结果犯,必须造成甲类传染病或者以甲类传染病采取预防、控制措施的乙类传染病传播或者有传播严重危险的结果。达不到上述结果的行为不能构成本罪。

②注意准确认定妨害传染病防治罪与以危险方法危害公共安全罪。妨害传染病防治罪在主观上对造成甲类传染病或者以甲类传染病预防、控制的乙类传染病传播或者有传播严重危险结果是不希望也不放任发生的过失心理状态,是一种过失犯罪。如果行为人在主观上对上述犯罪行为和犯罪结果都是希望发生或者放任发生,而造成危害公共安全的结果,应依《刑法》第114条、第115条规定的以危险方法危害公共安全罪或者过失以危险方法危害公共安全罪定罪处罚。例如,行为人出于报复社会、发泄不满等动机,故意违反传染病预防、控制措施,使鼠疫传染病菌种扩散、传播的行为,不构成妨害传染病防治罪,而应以以危险方法危害公共安全罪定罪处罚。

③注意妨害传染病防治罪是一种有实际严重危险的犯罪。妨害传染病防治罪的犯罪结果中的"有传播严重危险"是一种现实存在的严重危险结果,而不是"足以传播严重危险结果"。"足以传播严重危险结果"是一种危险犯,其是可能产生严重危害结果,但还没有发生现实的严重危险结果。因此,"传播严重危险结果"与"足以传播严重危险结果"是危险程度不同的结果,"传播严重危险结果"是现实危险结果,重于"足以传播严重危险结果",其定罪量刑轻重有所区别。

(二十五)污染环境罪

污染环境罪是《刑法修正案(八)》第46条和《刑法修正案(十一)》第40条对1997年《刑法》第338条原规定的重大环境污染事故罪的罪状修改的犯罪。1997年发布的最高人民法院、最高人民检察院《关于执行〈中华人民共和国刑法〉确定罪名的规定》确定为"重大环境污染事故罪"的罪名。2011年4月27日发布的最高人民法院、最高人民检察院《关于执行〈中华人民共和国刑法〉确定罪名的补充规定(五)》中取消了"重大环境污染事故罪"的罪名,改为"污染环境罪"的罪名。2020年12月26日发布的《刑法修正案(十一)》第40条对《刑法》第338条规定的污染环境罪的罪状和法定刑又作了补充规定,增加一个加重档次的法定刑,即对有4项特别严重情形之一的,处7年以上有期徒刑,并处罚金,加大了对污染环境犯罪的处罚力度,但罪名没有改变。

1. 刑法规定内容的修改

刑法条文中有关污染环境罪的规定有:

(1)1979年《刑法》第114条规定:工厂、矿山、林场、建筑企业或者其他企业、事业单位的职工,由于不服管理、违反规章制度,或者强令工人违章冒险作业,因而发生重大伤亡事故,造成严重后果的,处3年以下有期徒刑或者拘役;情节特别恶劣的,处3年以上7年以下有期徒刑。

(2)1997年《刑法》第338条规定:违反国家规定,向土地、水体、大气排放、倾倒或者处置有放射性的废物、含传染病病原体的废物、有毒物质或者其他危险废物,造成重大环境污染事故,致使公私财产遭受重大损失或者人身伤亡的严重后果的,处3年以下有期徒刑或者拘役,并处或者单处罚金;后果特别严重的,处3年以上7年以下有期徒刑,并处罚金。

(3)2011年《刑法修正案(八)》第46条将《刑法》第338条规定修改为:违反国家规定,排放、倾倒或者处置有放射性的废物、含传染病病原体的废物、有毒物质或者其他有害物质,严重污染环境的,处3年以下有期徒刑或者拘役,并处或者单处罚金;后果特别严重的,处3年以上7年以下有期徒刑,并处罚金。

(4)2020年12月26日发布的《刑法修正案(十一)》第40条规定将《刑法》第338条修改为,违反国家规定,排放、倾倒或者处置有放射性的废物、含传染病病原体的废物、有毒物质或者其他有害物质,严重污染环境的,处3年以下有期徒刑或者拘役,并处或者单处罚金。情节严重的,处3年以上7年以下有期徒刑,并处罚金。有下列情形之一的,处7年以上有期徒刑,并处罚金:①在饮用水水源保护区、自然保护地核心保护区等依法确定的重点保护区域排放、倾倒、处置有放射性的废物、含传染病病原体的废物、有毒物质,情节特别严重的;②向国家确定的重要江河、湖泊水域排放、倾倒、处置有放射性的废物、含传染病病原体的废物、有毒物质,情节特别严重的;③致使大量永久基本农田基本功能丧失或者遭受永久性破坏的;④致使多人重伤、严重疾病,或者致人严重残疾、死亡的。

有前述行为,同时构成其他犯罪的,依照处罚较重的规定定罪处罚。

上述《刑法修正案(八)》第46条对《刑法》第338条原规定的重大环境污染事故罪的罪状进行了以下修改和补充:一是删除原规定的"向土地、水体、大气"排放、倾倒或者处置危险物的限制条件。二是将"其他危险废物"修改为"其他有害物质"。三是将"造成重大环境污染事故,致使公私财产遭受重大损失或者人身伤亡的严重后果的",修改为"严重污染环境的"。上述删去必须"造成重大环境污染事故,致使公私财产遭受重大损失或者人身伤亡的严重后果"才构成犯罪的限制条件,并改为只要严重污染环境就可以构成犯罪,扩大了本罪的适用范围。

上述《刑法修正案(十一)》第40条对《刑法》第338条原规定的污染环境罪的罪状和法定刑又进行了以下修改和补充:增加一个加重档次的法定刑,即对有4项情形之一的,处7

以上有期徒刑,并处罚金,加大了对污染环境犯罪的处罚力度。

2.刑法规定修改的原因

我国1979年《刑法》没有单独规定污染环境罪,而是将严重污染环境的犯罪行为作为重大责任事故罪的犯罪行为之一,最低处拘役,最高处7年有期徒刑。1997年《刑法》将污染环境,造成重大环境污染事故的犯罪行为规定为独立的犯罪,最高人民法院的司法解释确定为重大环境污染事故罪的罪名,最低处拘役,并处或者单处罚金,最高处7年有期徒刑,并处罚金。多年的司法实践经验,发现1997年《刑法》原规定的重大环境污染事故罪的构成条件过严,大量严重污染环境的行为不能入罪给予刑罚处罚,使环境污染越来越严重。污染环境的行为相当严重,给人们的生命财产造成巨大损失,但刑法规定的两个档次法定刑都比较轻,不足以震慑严重危害环境的犯罪分子。为了严惩污染环境的犯罪行为,《刑法修正案(八)》对本罪的罪状进行了修改,扩大了惩治范围,只要实施了严重污染环境的行为,就可以构成犯罪。《刑法修正案(十一)》又增加了一个加重档次的法定刑,对特定的4项严重污染环境犯罪行为,最高可处15年有期徒刑。

3.污染环境罪的适用

污染环境罪,是《刑法修正案(八)》第46条、《刑法修正案(十一)》第40条对《刑法》第338条原规定的重大环境污染事故罪修改补充的犯罪,要准确适用就必须弄清该罪的概念、构成特征、法定刑,以及适用时应注意的问题。

(1)污染环境罪的概念。污染环境罪是指违反国家规定,排放、倾倒或者处置有放射性的废物、含传染病病原体的废物、有毒物质或者其他有害物质,严重污染环境的行为。

环境是人类生存的条件,排放、倾倒或者处置有毒、有害物质,严重污染环境,对人的生命财产将造成重大损害,这是对社会有严重危害的行为。我国从1982年起先后颁布了《海洋环境保护法》《食品卫生法》(已失效)《药品管理法》《国境卫生检疫法》《大气污染防治法》《传染病防治法》《环境保护法》《进出境动植物检疫法》《固体废物污染环境防治法》《放射性污染法》等一系列法律其中都规定,违反本法,造成公私财产重大损失结果或者致人伤亡结果等的,对直接责任人员追究刑事责任。我国现行刑法规定,构成污染环境罪的,最低处拘役,并处或者单处罚金;最高处15年有期徒刑,并处罚金。

中国古代、近代法律中都没有单独规定污染环境罪,国外很多国家刑法中也没有单独规定这种犯罪。有些国家刑法中将污染环境犯罪行为归类在责任事故罪中。例如,1997年实施的《俄罗斯联邦刑法典》分则第26章"生态犯罪"中规定了"违反危害生态的物质和废弃物的处理规定罪、污染大气罪、污染海洋罪、毁坏土地罪"等,上述规定较我国刑法规定更具体些。

(2)污染环境罪的构成特征。根据《刑法》第338条和《刑法修正案(十一)》第40条规定,该罪的构成特征有:

①犯罪主体,是一般主体,包括达到法定年龄、具有刑事责任能力,实施了污染环境犯罪行为的自然人和单位。单位犯本罪的主体除单位以外,还有单位直接负责的主管人员和其他直接责任人员。犯罪主体在主观上违反国家规定排放、倾倒或者处置有害物质可能是故意,但对严重污染环境的结果都是过失。不满16周岁的人不构成本罪。

②犯罪行为,必须是实施了污染环境的犯罪行为。具体表现有:

第一,违反国家规定,排放、倾倒或者处置有害物质的行为。违反国家规定,是指违反全国人大、人大常委会和国务院颁布的法律和法规的有关规定。

第二,实施了排放、倾倒或者处置有放射性的废物、含传染病病原体的废物、有毒物质或者其他有害物质,严重污染环境的行为。

上述违反国家规定既可能是故意的行为,也可能是过失的行为,但对污染环境结果都是过失的行为。

③犯罪结果,是结果犯。必须造成严重污染环境的结果,才能构成本罪的犯罪结果。情节严重的,处加重法定刑;对有4项特定严重情形之一的,处再次加重法定刑。

根据2017年7月1日施行的最高人民法院、最高人民检察院《关于办理环境污染刑事案件适用法律若干问题的解释》第1条规定,实施《刑法》第338条规定的行为,有下列情形之一的,应认定为"严重污染环境":一是在饮用水水源一级保护区、自然保护区核心区排放、倾倒、处置有放射性的废物、含传染病病原体的废物、有毒物质的;二是非法排放、倾倒、处置危险废物3吨以上的;三是排放、倾倒、处置含铅、汞、镉、铬、铊、锑的污染物,超过国家或者地方排放标准3倍以上的;四是排放、倾倒、处置含镍、铜、锌、银、钒、锰、钴的污染物,超过国家或地方污染排放标准10倍以上的;五是通过暗管、渗井、渗坑、裂隙、溶洞、灌注等逃监管的方式排放、倾倒、处置;六是两年内曾因违反国家规定,排放、倾倒、处置放射性的废物、含传染病病原体的废物、有毒物质受过两次以上行政处罚,又实施前列行为的;七是重点排污单位篡改伪造自动监测数据或者干扰自动监测设施,排放化学需氧量、氨氮、二氧化硫、氮氧化物等污染物质的;八是违法减少、防治污染设施运行支出100万元以上的;九是致使公私财产损失30万元以上的;十是造成生态环境严重损害的;十一是致使乡镇以上集中式饮用水水源取水中断12小时以上的;十二是使基本农田、防护林地、特种用途林地5亩以上,其他农用地10亩以上,其他土地20亩以上基本功能丧失或者遭受永久性破坏的;十三是致使森林或者其他林木死亡50立方米以上,或者幼树死亡2500株以上的;十四是致使疏散、转移群众5000人以上;十五是致使30人以上中毒;十六是致使3人以上轻伤、轻度残疾或者器官组织损伤导致一般功能障碍的;十七是致使1人以上重伤、中度残疾或者器官组织损伤导致严重功能障碍的;十八是其他严重污染环境的情形。

该解释第3条规定,实施《刑法》第338条、第339条规定的行为,有下列情形之一的,应认定为"后果特别严重":一是致使县级以上城区集中式饮用水水源取水中断12小时以上的;二是非法排放、倾倒、处置危险废物百吨以上的;三是使基本农田、防护林地、特种用途林地15亩以上,其他农用地30亩以上,其他土地60亩以上基本功能丧失或者遭受永久性破坏的;四是致使森林或者其他林木死亡150立方米以上,或者幼树死亡7500株以上的;五是致使公私财产损失100万元以上的;六是造成生态环境特别严重损害的;七是致使疏散、转移群众15,000人以上;八是致使100人以上中毒;九是致使10人以上轻伤、轻度残疾或者器官组织损伤导致一般功能障碍的;十是致使3人以上重伤、中度残疾或者器官组织损伤导致严重功能障碍的;十一是致使1人以上重伤、中度残疾或者器官组织损伤导致严重功能障碍,并致使5人以上轻伤、轻度残疾或者器官组织损伤导致一般功能障碍的;十二是致使1人以上死亡或者重度残疾的;十三是其他后果特别严重的情形。

该解释第4条第2款规定,实施阻挠环境监督检查或者突发环境事件调查的行为,构成妨害公务罪的,以污染环境罪与妨害公务罪数罪并罚。

(3)污染环境罪的法定刑。根据《刑法》第338条的规定,该罪有4个档次法定刑,分别是:

①构成本罪,严重污染环境的,处3年以下有期徒刑或者拘役,并处或者单处罚金。

"严重污染环境",是构成犯罪的结果要件。根据上述2017年7月1日施行的最高人民法院、最高人民检察院《关于办理环境污染刑事案件适用法律若干问题的解释》第1条规定,实施《刑法》第338条规定的行为,有下列情形之一的,应认定为"严重污染环境",可以构成犯罪,应立案追究刑事责任。

②犯本罪,情节严重的,处3年以上7年以下有期徒刑,并处罚金。

"情节严重",是加重处罚量刑情节。根据2017年1月1日施行的最高人民法院、最高人民检察院《关于办理环境污染刑事案件适用法律若干问题的解释》第3条规定,实施《刑法》第338条规定的行为适用加重法定刑的情形。

③犯本罪,根据《刑法修正案(十一)》第40条规定,有下列情形之一的,处7年以上有期徒刑,并处罚金:一是在饮用水水源保护区、自然保护地的核心保护区等依法确定的重点保护区域排放、倾倒、处置有放射性的废物、含传染病病原体的废物、有毒物质,情节特别严重的;二是向国家确定的重要江河、湖泊水域排放、倾倒、处置有放射性的废物、含传染病病原体的废物、有毒物质,情节特别严重的;三是致使大量永久基本农田基本功能丧失或者遭受永久性破坏的;四是致使多人重伤、严重疾病,或者致人严重残疾、死亡的。

④单位犯本罪的,对单位判处罚金,并对其直接负责的主管人员和其他直接责任人员依照个人犯本罪的处罚规定处罚。

根据2017年1月1日施行的最高人民法院、最高人民检察院《关于办理环境污染刑事案件适用法律若干问题的解释》第4条规定,实施《刑法》第338条、第339条规定的行为,有下列情形之一的,应当酌情从重处罚:一是阻挠环境监督检查或者突发环境事件调查的尚不构成妨害公务等犯罪的;二是在医院、学校、居民区等人口集中地区及其附近,违反国家规定排放、倾倒、处置有放射性的废物、含传染病病原体的废物、有毒物质或者其他有害物质的;三是在重污染天气预警期间,突然环境事件处罚期间或者被责令在限期整改期间,违反国家规定排放、倾倒、处置有放射性的废物、含传染病病原体的废物、有毒物质或者其他有害物质的。

根据该解释第5条规定,实施《刑法》第338条、第339条规定的行为,但及时采取措施,防止损失扩大、消除污染,积极赔偿损失的,可以酌情从宽处罚。

(4)认定污染环境罪时,应注意的问题:

①注意区分罪与非罪的界限。

从犯罪主体上区分。根据我国《刑法》第338条的规定,污染环境罪的主体对造成严重污染环境的结果在主观上是过失,如果犯罪主体在主观上故意造成严重污染环境结果,不构成本罪,而构成其他犯罪,如危害公共安全罪中的具体犯罪等。

从犯罪行为上区分。污染环境罪的犯罪行为必须是排放、倾倒、处置有毒、有害物质的行为,才构成犯罪;如果排放、倾倒、处置的不是有毒、有害物质或者排放的有毒、有害物质被控制住,没有造成严重污染环境的结果,不构成犯罪。

根据2017年1月1日施行的最高人民法院、最高人民检察院《关于办理环境污染刑事案件适用法律若干问题的解释》第10条规定,下列物质应当认定为"有毒物质":一是危险废物,包括列入《国家危险废物名录》的废物,以及根据国家规定的危险废物鉴别标准和鉴别方法认定的具有危险特性的废物;二是剧毒化学品,列入重点环境管理危险化学品名录的化学品,以及含有上述化学品的物质;三是含有铅、汞、镉、铬等重金属的物质;四是《关于持久性有机污染物的斯德哥尔摩公约》附件所列物质;五是其他具有毒性,可能污染环境的物质。

从犯罪结果上区分。污染环境罪是结果犯,必须造成严重污染环境结果,才构成犯罪;如果污染环境没有达到严重程度,不构成犯罪,由生态环境机关给予行政处罚。

②注意污染环境罪共犯的认定。根据2017年1月1日施行的最高人民法院、最高人民检察院《关于办理环境污染刑事案件适用法律若干问题的解释》第7条规定,行为人明知他人无危险废物经营许可证,向其提供或者委托其收集、贮存、利用、处置危险废物,严重污染环境的,以污染环境罪的共同犯罪论处。

③注意划清污染环境罪与危险物品肇事罪的界限。污染环境罪与危害公共安全罪中的危险物品肇事罪都是过失犯罪,即过失造成严重环境污染,过失造成人员、财产重大损失。二罪的主要区别是:第一,犯罪主体不同,本罪是一般主体;而危险物品肇事罪的主体是生产、储存、运输、使用危险物品的人员。第二,犯罪行为不同,本罪的犯罪行为是违反国家规定,排放、倾倒或者处置有害物质的行为;而危险物品肇事罪的犯罪行为是在生产、储存、运输、使用危险物品过程中违反操作规定的行为。由于上述两点不同,将两罪区分开来。

④注意污染环境罪与其他相关犯罪的定罪处罚。《刑法》第338条第2款规定,有污染环境犯罪行为,同时构成其他犯罪的,依照处罚较重的规定定罪处罚,即依照重罪规定定罪处罚,不实行数罪并罚。

根据2017年1月1日施行的最高人民法院、最高人民检察院《关于办理环境污染刑事案件适用法律若干问题的解释》第8条规定,违反国家规定,排放、倾倒、处置含有毒性放射性、传染病病原体等物质的污染物,同时构成污染环境罪、非法处置进口的固体废物罪、投放危险物质罪等犯罪的,依照处罚较重的规定处罚。

(二十六)危害珍贵、濒危野生动物罪

危害珍贵、濒危野生动物罪是《刑法修正案(十一)》第41条对1997年《刑法》第341条原规定的非法猎捕、杀害珍贵、濒危野生动物罪和非法收购、运输、出售珍贵、濒危野生动物、珍贵、濒危野生动物制品罪的犯罪行为和罪名修改的犯罪。1997年发布的最高人民法院、最高人民检察院《关于执行〈中华人民共和国刑法〉确定罪名的规定》确定为"非法猎捕、杀害珍贵、濒危野生动物罪和非法收购、运输、出售珍贵、濒危野生动物、珍贵、濒危野生动物制品罪"的罪名;2020年《刑法修正案(十一)》对《刑法》第341条规定的罪状修改后,2021年2月26日发布的最高人民法院、最高人民检察院《关于执行〈中华人民共和国刑法〉确定罪名的补充规定(七)》取消了"非法猎捕、杀害珍贵、濒危野生动物罪和非法收购、运输、出售珍贵、濒危野生动物、珍贵、濒危野生动物制品罪"的罪名,改为"危害珍贵、濒危野生动物罪"的罪名,法定刑没有改变。

1. 刑法规定内容的修改

刑法条文中有关危害珍贵、濒危野生动物罪的规定有:

(1)1979年《刑法》第130条规定,违反狩猎法规,在禁猎区、禁猎期或者使用禁用的工具、方法进行狩猎,破坏珍禽、珍兽或者其他野生动物资源,情节严重的,处2年以下有期徒刑、拘役或者罚金。

(2)1997年《刑法》第341条规定,非法猎捕、杀害国家重点保护的珍贵、濒危野生动物的,或者非法收购、运输、出售国家重点保护的珍贵、濒危野生动物及其制品的,处5年以下有期徒刑或者拘役,并处罚金;情节严重的,处5年以上10年以下有期徒刑,并处罚金;情节特别严重的,处10年以上有期徒刑,并处罚金或者没收财产。

违反狩猎法规,在禁猎区、禁猎期或者使用禁用的工具、方法进行狩猎,破坏野生动物资源,情节严重的,处3年以下有期徒刑、拘役、管制或者罚金。

(3)2020年12月26日发布的《刑法修正案(十一)》第41条规定,在《刑法》第341条中增加1款作为第3款:违反野生动物保护管理法规,以食用为目的非法猎捕、收购、运输、出售第1款规定以外的在野外环境自然生长繁殖的陆生野生动物,情节严重的,依照前述规定处罚。

上述《刑法修正案(十一)》第41条对《刑法》第341条原规定的非法猎捕、杀害珍贵、濒危野生动物罪和非法收购、运输、出售珍贵、濒危野生动物、珍贵、濒危野生动物制品罪的罪名改为危害珍贵、濒危野生动物罪的罪名,罪状没有改变,同时又增加第3款规定为非法猎捕、收购、运输、出售陆生野生动物犯罪行为,凡是以食用为目的,非法猎捕珍贵、濒危野生动物以外的陆生野生动物的行为,都可以构成犯罪,扩大了惩治危害野生动物的犯罪范围。

2.刑法规定修改的原因

我国1979年《刑法》第130条只是笼统规定,违反狩猎法规,在禁猎区、禁猎期或者使用禁用的工具、方法进行狩猎,破坏珍禽、珍兽或者其他野生动物资源的非法狩猎犯罪行为,最高处2年有期徒刑,最低处拘役或者罚金。1997年《刑法》将非法狩猎行为分别规定为3个罪名,即非法猎捕、杀害珍贵、濒危野生动物罪,非法收购、运输、出售珍贵、濒危野生动物、珍贵、濒危野生动物制品罪和非法狩猎罪,分别适用不同的法定刑。

我国于1988年11月8日颁布了《野生动物保护法》,并于2018年10月26日进行了修改。《野生动物保护法》第1条规定,"为了保护野生动物,拯救珍贵、濒危野生动物,维护生物多样性和生态平衡,推进生态文明建设,制定本法"。第2条规定,本法规定"保护的野生动物",是指珍贵、濒危的陆生、水生野生动物和有重要生态、科学、社会价值的陆生野生动物。"野生动物及其制品",是指野生动物的整体(含卵、蛋)、部分及其衍生物。珍贵、濒危的水生野生动物以外的其他水生野生动物的保护,适用《渔业法》等有关法律的规定。第45条规定,未取得特许猎捕证、未按特许猎捕证规定猎捕、杀害国家重点保护野生动物,或者使用禁用的工具、方法猎捕国家重点保护野生动物的,由县级以上人民政府野生动物保护主管部门、海洋执法部门或者有关保护区域管理机构按照职责分工没收猎获物、猎捕工具和违法所得,吊销特许猎捕证,并处猎获物价值2倍以上10倍以下罚款;没收猎获物的,并处1万元以上5万元以下的罚款;构成犯罪的,依法追究刑事责任。

3.危害珍贵、濒危野生动物罪的适用

危害珍贵、濒危野生动物罪,是《刑法修正案(十一)》第41条对《刑法》第341条原规定的犯罪修改补充的犯罪,要准确适用就必须弄清该罪的概念、构成特征、法定刑,以及适用时应注意的问题。

(1)危害珍贵、濒危野生动物罪的概念。该罪是指非法猎捕、杀害国家重点保护的珍贵、濒危野生动物,或者非法收购、运输、出售国家重点保护的珍贵、濒危野生动物及其制品的行为。

野生动物是保贵的资源,它对于研究人类的起源、人类的生存和发展,保持生态平衡和丰富人们的生活都有重要意义。国家对野生动物,特别是珍贵、濒危野生动物进行重点特别保护。非法猎捕、杀害珍贵、濒危野生动物和其他野生动物的行为为犯罪行为,最高处15年有期徒刑,并处没收财产。

我国1988年11月8日颁布的《野生动物保护法》第16条明确规定,禁止猎捕、杀害国家重点野生动物。因科学研究、驯养繁殖、展览或者其他特殊情况,需要捕捉、捕捞国家一级保护野生动物的,必须向国务院野生动物行政主管部门申请特许猎捕证;猎捕国家二级保护野生动物的,必须向省、自治区、直辖市政府野生动物行政主管部门申请特许猎捕证。无证猎捕,即为非法。1988年11月8日颁布的《野生动物保护法》第1条明确规定,为保护、拯救珍贵、濒危野生动物,保护、发展和合理利用野生动物资源,维护生态平衡,制定本法。1988年11月8日全国人大常委会颁布了《关于惩治捕杀国家重点保护的珍贵、濒危野生动物犯罪的补充规定》(已失效),其中规定,"非法捕杀国家重点保护的珍贵、濒危野生动物的,处七年以下有期徒刑或者拘役,可以并处或者单处罚金;非法出售倒卖、走私的,按投机倒把罪、走私罪处罚"。1997年《刑法》对其进行了修改:①增加了新的犯罪,即非法收购、运输、出售珍贵、濒危野生动物及其制品犯罪;②删除了该补充规定中的非法出售、倒卖、走私珍贵、濒危野生动物的,按投机倒把罪、走私罪处刑的规定;③调整了法定刑,将法定刑由一个档次的法定刑调整为3个档次法定刑,最高法定刑由7年有期徒刑提高到15年有期徒刑;④增加了单位可以构成本罪。

中国古代、近代的刑法中都没有单独规定这种犯罪的罪名,但在历代皇帝的诏令中,都有保护珍贵动物的法令。例如,元朝成宗,元贞二年五月,禁民间捕鹭鹰鹞;仁宗,至大四年五月,禁民捕驾鹅;英宗,至治二年三月,禁捕天鹅,违者藉其家;等等。

国外多数国家的刑法中没有单独规定这种犯罪。1997年《俄罗斯联邦刑法典》第26章第259条规定有"毁灭列入《俄罗斯联邦红皮书》的生物关键性栖生地罚"罪。该条规定"毁灭列入《俄罗斯联邦红皮书》的生物关键性栖生地,导致这些生物种群灭绝的,处3年以下的限制自由或相同期限的剥夺自由"。上述规定与我国现行刑法规定相似,但其规定构成犯罪的条件没有我国刑法规定得严格。我国刑法规定只要为食用目的,实施了非法捕杀陆生野生动物的行为就可以构成犯罪,而俄罗斯刑法中规定必须有导致这些种群灭绝的结果,才构成犯罪。另外,我国刑法中规定的法定刑也比较重,最高处15年有期徒刑;而《俄罗斯联邦刑法典》规定的法定最高刑为3年的剥夺自由。相比较我国刑法的规定更适应我国的现实情况。

(2)危害珍贵、濒危野生动物罪的构成特征。根据《刑法》第341条和《刑法修正案(十一)》第41条规定,该罪的构成特征有:

①犯罪主体,是一般主体,包括达到法定年龄、具有刑事责任能力,实施了危害珍贵、濒危野生动物犯罪行为的自然人和单位。单位犯本罪的主体除单位以外,还有单位直接负责的主管人员和其他直接责任人员。

犯罪主体在主观上必须有违反国家野生动物保护法规定非法猎捕、杀害国家重点保护的珍贵、濒危野生动物,或者非法收购、运输、出售国家重点保护的珍贵、濒危野生动物及其制品的故意。对违反野生动物保护法规定和危害珍贵、濒危野生动物的结果,在主观上都是故意。不满 16 周岁且主观上是过失的自然人不构成本罪。

②犯罪行为,必须是实施了非法猎捕、杀害国家重点保护的珍贵、濒危野生动物的行为,或者非法收购、运输、出售国家重点保护的珍贵、濒危野生动物及其制品的行为。

根据 2022 年 4 月 9 日施行的最高人民法院、最高人民检察院《关于办理破坏野生动物资源刑事案件适用法律若干问题的解释》第 4 条规定,《刑法》第 341 条第 1 款规定的"国家重点保护的珍贵、濒危野生动物"包括列入《国家重点保护野生动物名录》的野生动物和经国务院野生动物保护主管部门核准按照国家重点保护的野生动物管理的野生动物。

具体犯罪行为表现有:

第一,非法猎捕、杀害国家重点保护的珍贵、濒危野生动物的行为。

只要是非法捕杀《国家重点保护野生动物名录》规定的 389 种珍贵、濒危野生动物和列入《濒危野生动植物种国际贸易公约》附录一、附录二的野生动物以及驯养繁殖上述物种的行为,就可以构成本罪的犯罪行为。无论是使用枪杀、毒害还是棍棒击打等暴力杀害,还是使用黏粘、网扣等非致命方式捕捉,也无论猎捕、杀害多少,都可以构成本罪的犯罪行为。

第二,非法收购、运输、出售国家重点保护的珍贵、濒危野生动物的行为。

不是直接猎捕、杀害,而是收购、运输、出售他人猎捕、杀害的珍贵、濒危野生动物及其尸体的整体或部分的行为,如象牙、虎骨、珍贵鸟蛋等,无论数量和次数多少,都可以构成本罪犯罪行为。

根据 2022 年 4 月 9 日施行的最高人民法院、最高人民检察院《关于办理破坏野生动物资源刑事案件适用法律若干问题的解释》第 5 条规定:《刑法》第 341 条第 1 款规定的"收购",包括以营利、自用等为目的的购买行为;"运输",包括采用携带、邮寄、利用他人、使用交通工具等方法进行运送的行为;"出售",包括出卖和以营利为目的的加工利用行为。《刑法》第 341 条第 3 款规定的"收购""运输""出售",是指以食用为目的,实施前述行为。

第三,非法收购、运输、出售国家重点保护的珍贵、濒危野生动物制品的行为。

珍贵、濒危野生动物制品,是指加工后的珍贵、濒危野生动物的制品,例如象牙塔、虎皮大衣、蛇皮包等艺术品和生活用品。非法收购、运输、出售国家重点保护的珍贵、濒危野生动物制品,可以构成本罪犯罪行为。

故意实施上述行为之一的,无论数额、次数多少和时间、地点有何不同,都可以构成本罪的犯罪行为。但是依照《刑法》第 13 条规定,犯罪行为情节显著轻微危害不大的,不认为是犯罪。

③犯罪结果,是行为犯。只要故意实施了非法猎捕、杀害国家重点保护的珍贵、濒危野生动物的行为,或者非法收购、运输、出售国家重点保护的珍贵、濒危野生动物及其制品的行为,都可以构成本罪的犯罪结果。

根据 2008 年 6 月 25 日颁布施行的最高人民检察院、公安部《关于公安机关管辖的刑事案件立案追诉标准的规定(一)》第 64 条规定,非法猎捕、杀害国家重点保护的珍贵、濒危野生动物的,应予立案追诉;"珍贵、濒危野生动物",包括列入《国家重点保护野生动物名录》的国家一级、二级保护野生动物、列入《濒危野生动植物种国际贸易公约》附录一、附录二的野生动物以及驯养繁殖的上述物种。

(3)危害珍贵、濒危野生动物罪的法定刑。根据《刑法》第341条的规定,该罪有4个档次法定刑,分别是:

①构成犯罪,实施了危害珍贵、濒危野生动物犯罪行为的,处5年以下有期徒刑或者拘役,并处罚金。

根据2022年4月9日施行的最高人民法院、最高人民检察院《关于办理破坏野生动物资源刑事案件适用法律若干问题的解释》第6条规定:非法猎捕、杀害国家重点保护的珍贵、濒危野生动物,或者非法收购、运输、出售珍贵、濒危野生动物及其制品,价值2万元以上不满20万元的,应当依照《刑法》第341条第1款的规定,以危害珍贵、濒危野生动物罪处5年以下有期徒刑或者拘役,并处罚金。

②犯本罪,情节严重的,处5年以上10年以下有期徒刑,并处罚金。

根据2022年4月9日施行的最高人民法院、最高人民检察院《关于办理破坏野生动物资源刑事案件适用法律若干问题的解释》第6条规定:非法猎捕、杀害国家重点保护的珍贵、濒危野生动物,或者非法收购、运输、出售珍贵、濒危野生动物及其制品,价值20万元以上不满200万元的,应认定为"情节严重",处5年以上10年以下有期徒刑,并处罚金。

③犯本罪,情节特别严重的,处10年以上有期徒刑,并处罚金或者没收财产。

根据2022年4月9日施行的最高人民法院、最高人民检察院《关于办理破坏野生动物资源刑事案件适用法律若干问题的解释》第6条规定:非法猎捕、杀害国家重点保护的珍贵、濒危野生动物,或者非法收购、运输、出售珍贵、濒危野生动物及其制品,价值200万元以上的,应当认定为"情节特别严重",处10年以上有期徒刑,并处罚金或者没收财产。

④单位犯本罪的,根据《刑法》第346条规定,对单位判处罚金,并对其直接负责的主管人员和其他直接责任人员依照个人犯本罪的处罚规定处罚。

根据2022年4月9日施行的最高人民法院、最高人民检察院《关于办理破坏野生动物资源刑事案件适用法律若干问题的解释》第6条第2款规定:实施前述行为,具有下列情形之一的,从重处罚:一是属于犯罪集团的首要分子的;二是为逃避监管,使用特种交通工具实施的;三是严重影响野生动物科研工作的;四是2年以内曾因破坏野生动物资源受过行政处罚的。

(4)认定危害珍贵、濒危野生动物罪时,应注意的问题:

①注意区分罪与非罪的界限。

从犯罪主观方面区分。根据我国《刑法》第341条的规定,危害珍贵、濒危野生动物罪的主体对危害珍贵、濒危野生动物在主观上是故意,如果犯罪主体在主观上是过失,不构成本罪。

从犯罪行为上区分。危害珍贵、濒危野生动物罪是行为犯,只要实施了危害珍贵、濒危野生动物的行为,就可以构成犯罪。但情节显著轻微危害不大的,不认为是犯罪。

②注意危害珍贵、濒危野生动物罪的认定。根据《刑法》第341条第2款规定,非法狩猎,情节严重,构成犯罪的,处3年以下有期徒刑、拘役、管制或者罚金。根据《刑法修正案(十一)》第41条和《刑法》第341条第3款规定,非法猎捕、收购、运输、出售陆生野生动物,情节严重,构成犯罪的,处3年以下有期徒刑、拘役、管制或者罚金。上述二罪的犯罪对象和法定刑不同,将两罪区分开来。

③注意划清危害珍贵、濒危野生动物罪与非法狩猎罪的区别。我国《刑法》第341条第2

款规定的非法狩猎罪,是指违反狩猎法规,在禁猎区、禁猎期或者使用禁用的工具、方法进行狩猎,破坏野生动物资源,情节严重的行为。非法狩猎罪在犯罪主体和犯罪行为上与本罪相同,容易混淆。两罪的区别有4点:一是违反的法律规定不同,本罪主要是违反《野生动物保护法》的规定;而非法狩猎罪违反的主要是狩猎法规。二是狩猎行为的对象不同,本罪猎捕、杀害的对象是国家一级、二级珍贵、濒危野生动物;而非法狩猎罪的对象是珍贵、濒危野生动物以外的其他野生动物。三是犯罪结果不同,本罪是行为犯,只要实施了危害珍贵、濒危野生动物的行为就可以构成犯罪;而非法狩猎罪是结果犯,非法狩猎行为必须达到情节严重的结果才可以构成犯罪。四是法定刑不同,本罪法定最高刑为15年有期徒刑,并处罚金或者没收财产;而非法狩猎罪的法定最高刑是3年有期徒刑。上述4点不同之处将二罪区分开来。

根据2022年4月9日施行的最高人民法院、最高人民检察院《关于办理破坏野生动物资源刑事案件适用法律若干问题的解释》第8条规定,违反野生动物保护管理法规,以食用为目的,非法猎捕、收购、运输、出售《刑法》第341条第1款规定以外的在野外环境自然生长繁殖的陆生野生动物,具有下列情形之一的,应当认定为《刑法》第341条第3款规定的"情节严重",以非法猎捕、收购、运输、出售陆生野生动物罪定罪处罚:一是非法猎捕、收购、运输、出售有重要生态、科学、社会价值的陆生野生动物或者地方重点保护陆生野生动物价值1万元以上的;二是非法猎捕、收购、运输、出售前项规定以外的其他陆生野生动物价值5万元以上的;三是其他情节严重的情形。实施前述行为,同时构成非法狩猎罪的,应当依照《刑法》第341条第3款的规定,以非法猎捕陆生野生动物罪定罪处罚。

(二十七)危害国家重点保护植物罪

危害国家重点保护植物罪,是取消非法采伐、毁坏国家重点保护植物罪,非法收购、运输、加工、出售国家重点保护植物、国家重点保护植物制品罪罪名后确定的新罪名。非法采伐、毁坏国家重点保护植物罪和非法收购、运输、加工、出售国家重点保护植物、国家重点保护植物制品罪是《刑法修正案(四)》第6条规定对《刑法》第344条原规定的非法采伐、毁坏珍贵树木罪修改的罪名。1997年《刑法》第344条专门规定了非法采伐、毁坏珍贵树木的犯罪行为,1997年最高人民法院、最高人民检察院《关于执行〈中华人民共和国刑法〉确定罪名的规定》将《刑法》第344条规定的犯罪确定为"非法采伐、毁坏珍贵树木罪"。2002年12月28日发布的《刑法修正案(四)》第6条在《刑法》第344条原规定的基础上增加规定了非法采伐、毁坏国家重点保护的其他植物或者非法收购、运输、加工、出售珍贵树木或国家重点保护的其他植物及其制品的犯罪行为。2003年8月15日,最高人民法院、最高人民检察院发布的《关于执行〈中华人民共和国刑法〉确定罪名的补充规定(二)》中将《刑法》第344条规定的犯罪确定为"非法采伐、毁坏国家重点保护植物罪"和"非法收购、运输、加工、出售国家重点保护植物、国家重点保护植物制品罪"两个罪名,并取消了原规定的"非法采伐、毁坏珍贵树木罪"的罪名。

2020年12月26日发布的《刑法修正案(十一)》在《刑法》第344条后增加第344条之一,规定了"非法引进、释放、丢弃外来入侵物种罪"。2021年2月26日发布的最高人民法院、最高人民检察院《关于执行〈中华人民共和国刑法〉确定罪名的补充规定(七)》取消了"非法采伐、毁坏国家重点保护植物罪"和"非法收购、运输、加工、出售国家重点保护植物、国重点保护植物制品罪"两罪名,改为"危害国家重点保护植物罪"一个罪名,罪状和法定刑没有改变。

1. 刑法规定内容的修改

刑法条文中有关危害国家重点保护植物罪的规定有：

(1)1979年《刑法》第128条规定,违反保护森林法规,盗伐、滥伐森林或者其他林木,情节严重的,处3年以下有期徒刑或者拘役,可以并处或者单处罚金。

(2)1997年《刑法》第344条规定,违反森林法的规定,非法采伐、毁坏珍贵树木的,处3年以下有期徒刑、拘役或者管制,并处罚金;情节严重的,处3年以上7年以下有期徒刑,并处罚金。

1997年《刑法》第346条规定:"单位犯本节第三百三十八条至第三百四十五条规定之罪的,对单位判处罚金,并对其直接负责的主管人员和其他直接责任人员,依照本节各该条的规定处罚。"

(3)2002年12月28日发布的《刑法修正案(四)》第6条规定,将《刑法》第344条修改为:"违反国家规定,非法采伐、毁坏珍贵树木或者国家重点保护的其他植物的,或者非法收购、运输、加工、出售珍贵树木或者国家重点保护的其他植物及其制品的,处三年以下有期徒刑、拘役或者管制,并处罚金;情节严重的,处三年以上七年以下有期徒刑,并处罚金。"

上述刑法规定及《刑法修正案(四)》对《刑法》第344条作了如下修改和补充:

(1)修改和增加了罪名。我国1979年《刑法》没有专门规定"危害国家重点保护植物罪"和"非法采伐、毁坏国家重点保护植物罪""非法收购、运输、加工、出售国家重点保护植物、国家重点保护植物制品罪"。实践中将上述严重危害社会的行为,一般按盗伐林木、滥伐林木罪定罪处罚。1997年修订《刑法》时,专门在《刑法》第344条中增加规定了"违反森林法的规定,非法采伐、毁坏珍贵树木的"犯罪行为,并将其从盗伐、滥伐林木罪中分离出来,单独规定为犯罪。1997年最高人民法院《关于执行〈中华人民共和国刑法〉确定罪名的规定》中确定为"非法采伐、毁坏珍贵树木罪"的罪名。之后,毁坏珍贵野生植物的情况较为严重,乱采滥伐,使国家保护的野生植物遭受严重的破坏,有的野生植物面临绝种的危险。2002年12月28日发布的《刑法修正案(四)》第6条在《刑法》第344条中补充增加了非法采伐、毁坏国家重点保护的其他植物或者非法收购、运输、加工、出售珍贵树木或者国家重点保护的其他植物及其制品的犯罪行为。2003年8月15日,最高人民法院、最高人民检察院发布的《关于执行〈中华人民共和国刑法〉确定罪名的补充规定(二)》中将这种犯罪规定为"非法采伐、毁坏国家重点保护植物罪"和"非法收购、运输、加工、出售国家重点保护植物、国家重点保护植物制品罪"两个罪名,其中"非法采伐、毁坏国家重点保护植物罪"是原"非法采伐、毁坏珍贵树木罪"的修改罪名;而"非法收购、运输、加工、出售国家重点保护植物、国家重点保护植物制品罪"是新增加的罪名。

(2)补充规定了新的犯罪行为。1997年《刑法》第344条原只规定了非法采伐、毁坏珍贵树木的犯罪行为,《刑法修正案(四)》第6条又补充规定了两种犯罪行为:①违反国家规定,非法采伐、毁坏国家重点保护的其他植物的犯罪行为,是补充非法采伐、毁坏珍贵树木的犯罪行为;②违反国家规定,非法收购、运输、加工、出售珍贵树木或者国家重点保护的其他植物及其制品的犯罪行为,是新增加规定的犯罪行为。《刑法修正案(十一)》中对《刑法》第344条规定的妨害国家重点保护植物罪的罪状、法定刑没有改变,但罪名改为"危害国家重点保护植物罪"。

2. 刑法规定修改的原因

我国 1979 年《刑法》没有规定危害国家重点保护植物罪,只是在《刑法》第 128 条笼统规定盗伐、滥伐森林或者其他林木的犯罪行为,没有具体规定非法采伐、毁坏国家重点保护植物和非法收购、运输、加工、出售国家重点保护植物、国家重点保护植物制品的犯罪行为。1997 年《刑法》第 344 条专门补充规定了非法采伐、毁坏珍贵树木的犯罪行为。1997 年最高人民法院《关于执行〈中华人民共和国刑法〉确定罪名的规定》将《刑法》第 344 条原规定的犯罪确定为"非法采伐、毁坏珍贵树木罪"。后又出现了一些故意采伐、毁坏除珍贵树木以外的国家重点保护的其他珍贵植物的行为,破坏国家对珍贵植物的保护。国家立法机关根据上述情况又制定了一系列保护珍贵植物的法律、法规。2002 年 12 月 28 日发布的《刑法修正案(四)》第 6 条,在《刑法》第 344 条规定的基础上增加规定了非法采伐、毁坏国家重点保护的其他植物或者非法收购、运输、加工、出售珍贵树木或国家重点保护的其他植物及其制品的犯罪行为。2003 年 8 月 15 日,最高人民法院、最高人民检察院发布的《关于执行〈中华人民共和国刑法〉确定罪名的补充规定(二)》中将《刑法》第 344 条和《刑法修正案(四)》第 6 条规定的犯罪确定为"非法采伐、毁坏国家重点保护植物罪"和"非法收购、运输、加工、出售国家重点保护植物、国家重点保护植物制品罪"两个罪名,并取消了原规定的"非法采伐、毁坏珍贵树木罪"的罪名。

《刑法修正案(四)》第 6 条修改补充规定"非法采伐、毁坏国家重点保护植物罪"和"非法收购、运输、加工、出售国家重点保护植物、国家重点保护植物制品罪"的主要原因有:

(1)危害国家重点保护植物罪的社会危害性越来越严重。根据国家关于野生植物保护的相关规定,除珍贵树木外,还有许多珍贵野生植物具有重要经济价值和文化研究价值,受国家法律的重点保护。毁坏珍贵野生植物的情况较为严重,乱采滥伐,使国家保护的野生植物遭受严重的破坏,有的野生植物面临绝种的危险。因此,需要通过刑法规定惩治违反国家规定,非法采伐、毁坏珍贵树木或者国家重点保护的其他植物的犯罪行为,同时也必须严厉惩治非法收购、运输、加工、出售珍贵树木或者国家重点保护的其他植物及其制品的行为,如此才能有效地保护国家重点保护的珍贵植物不被非法采伐或者毁坏。

(2)我国 1997 年《刑法》原没有规定危害国家重点保护植物罪。1997 年《刑法》第 344 条虽然规定了"非法采伐、毁坏珍贵树木罪",依照上述规定能惩治一些采伐、毁坏珍贵树木的犯罪行为,但不能准确惩治非法采伐、毁坏国家重点保护的珍贵植物的行为。我国 1997 年 1 月 1 日起施行的《野生植物保护条例》第 9 条规定:"国家保护野生植物及其生长环境。禁止任何单位和个人非法采集野生植物或者破坏其生长环境。"第 23 条规定:"未取得采集证或者未按照采集证的规定采集国家重点保护野生植物的,由野生植物行政主管部门没收所采集的野生植物和违法所得,可以并处违法所得 10 倍以下的罚款;有采集证的,并可以吊销采集证。"第 24 条规定:"违反本条例规定,出售、收购国家重点保护野生植物的,由工商行政管理部门或者野生植物行政主管部门按照职责分工没收野生植物和违法所得,可以并处违法所得 10 倍以下的罚款。"第 28 条规定:"违反本条例规定,构成犯罪的,依法追究刑事责任。"上述法律规定必须在刑法中有相应的规定,才能保障其准确实施。

(3)全国人大常委会法制工作委员会提请全国人大常委会修改刑法规定。2002 年 12 月 23 日,在第九届全国人大常委会第三十一次会议上,全国人大常委会法制工作委员会向全国人大常委会提出的《刑法修正案(四)(草案)》中建议全国人大常委会将《刑法》第344条修改为:"违反国家规定,非法采伐、毁坏珍贵树木或者国家重点保护的其他植物的,或者非法收购、运输、加工、出售珍贵树木或者国家重点保护的其他植物及其制品的,处3年以下有期徒刑、拘役或者管制,并处罚金;情节严重的,处3年以上7年以下有期徒刑,并处罚金。"[1]全国人大法律委员会对全国人大常委会法制工作委员会提出的《刑法修正案(四)(草案)》进行了审议,委员们认为对刑法有关条文进行修改补充是必要的,该草案也是可行的,同时提出了一些修改意见。[2]

鉴于上述原因,全国人大常委会在《刑法修正案(四)》第6条中补充修改了"非法采伐、毁坏国家重点保护植物罪"和增加了"非法收购、运输、加工、出售国家重点保护植物、国家重点保护植物制品罪"。2021年2月6日,最高人民法院、最高人民检察院发布的《关于执行〈中华人民共和国刑法〉确定罪名的补充规定(七)》将《刑法》第341条规定的"非法猎捕、杀害珍贵、濒危野生动物罪"和"非法收购、运输、出售珍贵、濒危野生动物、珍贵、濒危野生动物制品罪"罪名改为"危害珍贵、濒危野生动物罪"罪名,相应地也将《刑法》第344条规定的"非法采伐、毁坏国家重点保护植物罪"和"非法收购、运输、加工、出售国家重点保护植物、国家重点保护植物制品罪"罪名改为"危害国家重点保护植物罪"罪名。

3.危害国家重点保护植物罪的适用

危害国家重点保护植物罪是《刑法修正案(四)》第6条对《刑法》第344条补充修改的犯罪。要准确适用,就必须弄清该罪的概念、构成特征,以及适用时应注意的问题。

(1)危害国家重点保护植物罪的概念。该罪是指单位或者个人违反国家法规,非法采伐、毁坏珍贵树木或者国家重点保护的其他植物的行为和非法收购、运输、加工、出售珍贵树木或者国家重点保护的其他植物及其制品的行为。

珍贵野生植物具有重要经济价值和文化研究价值,受国家法律的重点保护。毁坏珍贵野生植物的情况较为严重,乱采滥伐,或者非法收购、运输、加工、出售珍贵野生植物制品,谋取巨额非法经济利润,使国家保护的野生植物遭受严重的破坏,有的野生植物面临绝种的危险,这是对社会有严重危害的行为。我国1997年《刑法》第344条原规定了惩治非法采伐、毁坏珍贵树木的犯罪行为。2002年12月28日发布的《刑法修正案(四)》第6条又补充了惩治非法采伐、毁坏国家重点保护的其他野生植物的犯罪行为和非法收购、运输、加工、出售国家重点保护植物、国家重点保护植物制品的犯罪行为。2021年2月26日,最高人民法院、最高人民检察院发布的《关于执行〈中华人民共和国刑法〉确定罪名的补充规定(七)》中将《刑法》第344条和《刑法修正案(四)》第6条规定的犯罪确定为"危害国家重点保护植物罪",最低处管制,最高处7年有期徒刑。

(2)危害国家重点保护植物罪的特征。根据《刑法》第344条和《刑法修正案(四)》第6条的规定,该罪的构成特征有:

①犯罪主体,是一般主体,凡年满16周岁的具有刑事责任能力的自然人和依法成立的单位都可以构成本罪的犯罪主体。犯罪主体在主观上是故意的心理态度,即行为人在主观上明

---

[1]《全国人民代表大会常务委员会公报》2003年第1期。
[2] 参见《全国人民代表大会常务委员会公报》2003年第1期。

知是珍贵树木或者国家重点保护的其他植物及其制品,而故意非法采伐、毁坏或者非法收购、运输、加工、出售的,才构成犯罪。持过失心理态度的不构成本罪的犯罪主体,例如,行为人以盗伐普通林木为目的,确实不知道其盗伐的是珍贵树木而采伐了的,不构成本罪,可依照盗伐林木罪定罪处罚。

②犯罪行为,必须是非法采伐、毁坏国家重点保护植物的行为,具体行为表现有:

第一,违反国家规定,非法采伐珍贵树木或者国家重点保护的其他植物的犯罪行为,包括采伐、采集、挖掘、移走等行为。

第二,违反国家规定,非法毁坏珍贵树木或者国家重点保护的其他植物的犯罪行为,包括烧毁、炸毁等使珍贵树木或者国家重点保护的其他植物失去应有价值的行为。

第三,非法收购珍贵树木或者国家重点保护的其他植物及其制品的行为。

第四,非法运输珍贵树木或者国家重点保护的其他植物及其制品的行为。

第五,非法加工珍贵树木或者国家重点保护的其他植物及其制品的行为。

第六,非法出售珍贵树木或者国家重点保护的其他植物及其制品的行为。

本罪的犯罪行为都是故意行为,即明知是珍贵树木或国家重点保护的其他植物及其制品,还进行非法采伐、毁坏或者非法收购、运输、加工、出售的行为。过失行为不构成本罪。

这里所称珍贵树木,根据2000年12月11日,最高人民法院施行的《关于审理破坏森林资源刑事案件具体应用法律若干问题的解释》第1条的规定,包括由省级以上林业主管部门或者其他部门确定的具有重大历史纪念意义、科学研究价值或者年代久远的古树名木,国家禁止、限制出口的珍贵树木以及列入《国家重点保护野生植物名录》的树木。

所称国家重点保护的其他植物,是指除珍贵树木以外的列入《国家重点保护野生植物名录》的植物和国家规定的有重要研究价值的植物。不是国家重点保护的植物不构成本罪。

③犯罪结果,是行为犯。《刑法》第344条和《刑法修正案(四)》第6条规定,只要违反国家规定,实施了非法采伐、毁坏珍贵树木或者国家重点保护的其他植物,或者非法收购、运输、加工、出售珍贵树木或者国家重点保护的其他植物及其制品的行为,就具备了本罪的犯罪结果。

(3)危害国家重点保护植物罪的法定刑。《刑法》第344条根据犯罪的情节分别规定了不同的法定刑:

①构成本罪的,处3年以下有期徒刑、拘役或者管制,并处罚金。但是,根据《刑法》第13条关于犯罪定义的规定,情节显著轻微危害不大的,不认为是犯罪。

②犯本罪,情节严重的,处3年以上7年以下有期徒刑,并处罚金。

对于何为"情节严重的"结果,我国刑法没有具体规定。2000年12月11日施行的最高人民法院《关于审理破坏森林资源刑事案件具体应用法律若干问题的解释》第2条规定,具有下列情形之一的,属于非法采伐、毁坏珍贵树木行为"情节严重":一是非法采伐珍贵树木2株以上或者毁坏珍贵树木致使珍贵树木死亡3株以上的;二是非法采伐珍贵树木2立方米以上的;三是为首组织、策划、指挥非法采伐或者毁坏珍贵树木的;四是其他情节严重的情形。具备上述情节之一的,应适用加重法定刑。对于犯非法收购、运输、加工、出售国家重点保护植物、国家重点保护植物制品罪情节特别严重的认定,可以参照上述司法解释。

③单位犯本罪的,根据《刑法》第346条规定,对单位判处罚金,并对其直接负责的主管人

员和其他直接责任人员,依照《刑法》第344条规定的法定刑处罚。

(4)危害国家重点保护植物罪适用时,应注意以下问题:

①注意划清罪与非罪的界限。

从犯罪对象上区分。本罪的犯罪对象是特殊对象,必须是珍贵树木或者国家重点保护的其他植物。国家重点保护的其他植物,不一定都是珍贵树木,国家重点保护的植物中不是珍贵树木的,也可以构成本罪的犯罪对象;如果采伐、毁坏的不是珍贵树木或者不是国家重点保护的其他植物,不构成本罪。

从犯罪行为上区分。本罪是行为犯,只要实施了本罪的犯罪行为就可以构成犯罪,但情节显著轻微危害不大的不认为是犯罪。

从犯罪主体主观方面区分。本罪是故意犯罪,过失行为不构成本罪。例如,行为人确实不知是国家重点保护的珍贵树木,加工成家具制品进行非法收购、运输、加工、出售的行为,一般也不构成本罪。

②注意准确认定本罪的一罪与数罪。我国《刑法》第344条规定的"非法采伐、毁坏国家重点保护植物的犯罪行为"和"非法收购、运输、加工、出售国家重点保护植物、国家重点保护植物制品犯罪行为",都是危害国家重点保护植物罪的犯罪行为,虽然在2003年8月15日,最高人民法院、最高人民检察院发布的《关于执行〈中华人民共和国刑法〉确定罪名的补充规定(二)》中确定为"非法采伐、毁坏国家重点保护植物罪"和"非法收购、运输、加工、出售国家重点保护植物、国家重点保护植物制品罪"两个罪名,但在2021年3月1日以后应依照最高人民法院、最高人民检察院《关于执行〈中华人民共和国刑法〉确定罪名的补充规定(七)》确定的"危害国家重点保护植物罪"一个罪名认定。

③注意划清本罪与盗伐林木罪、滥伐林木罪的界限。《刑法》第345条规定的盗伐林木罪、滥伐林木罪在犯罪主体、犯罪行为等方面都与本罪相同或者相似,认定时容易混淆。其根本区别是:一是犯罪对象不同。本罪犯罪行为的对象是珍贵树木或者国家重点保护的其他植物及其制品;盗伐林木罪和滥伐林木罪的犯罪对象都是普通林木。二是犯罪行为不同。本罪的犯罪行为除有非法采伐珍贵树木或者国家重点保护的其他植物的行为外,还有毁坏国家重点保护植物的行为;而盗伐林木罪、滥伐林木罪的犯罪行为只是盗伐、滥伐林木的行为,没有毁坏林木的行为。当本罪的行为与盗伐、滥伐林木的行为发生竞合时,应根据刑法特别规定优先适用原则,依照本罪定罪处罚。根据上述两点不同,可以将上述犯罪区分开来。

(二十八)食品、药品监管渎职罪

食品、药品监管渎职罪是2020年12月26日发布的《刑法修正案(十一)》第45条,在《刑法》第408条之一规定的食品监管渎职犯罪中修改补充的犯罪。2021年2月26日,最高人民法院、最高人民检察院发布的《关于执行〈中华人民共和国刑法〉确定罪名的补充规定(七)》中取消了"食品监管渎职罪"的罪名,改为"食品、药品监管渎职罪"的罪名。

1.刑法规定内容的修改

刑法条文中有关食品、药品监管渎职罪的规定有:

(1)1979年《刑法》第187条规定,国家工作人员由于玩忽职守,致使公共财产、国家和人民的利益遭受重大损失的,处5年以下有期徒刑或者拘役。

(2)1997年《刑法》第397条规定,国家机关工作人员滥用职权或者玩忽职守,致使公共财产、国家和人民利益遭受重大损失的,处3年以下有期徒刑或者拘役;情节特别严重的,处3年以上7年以下有期徒刑。本法另有规定的,依照规定。

国家机关工作人员徇私舞弊,犯前罪的,处5年以下有期徒刑或者拘役;情节特别严重的,处5年以上10年以下有期徒刑。本法另有规定的,依照规定。

(3)2011年2月25日发布的《刑法修正案(八)》第49条规定,在1997年《刑法》第408条之后增加一条作为第408条之一:负有食品安全监督管理职责的国家机关工作人员,滥用职权或者玩忽职守,导致发生重大食品安全事故或者造成其他严重后果的,处5年以下有期徒刑或者拘役;造成特别严重后果的,处5年以上10年以下有期徒刑。徇私舞弊犯前罪的,从重处罚。

(4)2020年12月26日发布的《刑法修正案(十一)》第45条规定,将《刑法》第408条之一第1款修改为,负有食品药品安全监督管理职责的国家机关工作人员,滥用职权或者玩忽职守,有下列情形之一,造成严重后果或者有其他严重情节的,处5年以下有期徒刑或者拘役。造成特别严重后果或者有其他特别严重情节的,处5年以上10年以下有期徒刑。①瞒报、谎报食品安全事故、药品安全事件的;②对发现的严重食品药品安全违法行为未按规定查处的;③在药品和特殊食品审批审评过程中,对不符合条件的申请准予许可的;④依法应当移交司法机关追究刑事责任不移交的;⑤有其他滥用职权或者玩忽职守行为的。

上述《刑法修正案(八)》在1997年《刑法》第408条后增加的第408条之一中规定了"食品监管渎职罪"的新犯罪。《刑法修正案(十一)》又在《刑法》第408条之一规定的食品监管渎职罪中增加了药品监管渎职犯罪行为,罪名改为"食品、药品监管渎职罪",但法定刑并没有改变。

2. 刑法规定修改的原因

我国1979年《刑法》和1997年《刑法》都没有单独规定食品、药品监管渎职罪,但在1979年《刑法》第187条中概括规定有国家工作人员玩忽职守犯罪,1997年《刑法》第397条中规定有国家机关工作人员滥用职权或者玩忽职守犯罪,能依法惩治国家工作人员和国家机关工作人员食品、药品监管渎职犯罪行为,但规定得不具体,适用时不准确,因而在当时的《刑法》中特别规定"本法另有规定的,依照规定",以便于增强适用刑法的准确性和广度。

在商品经济谋利意识的影响下,我国一些生产、经营单位或者个人生产、销售不符合安全标准食品、药品违法谋利,而国家机关中部分负有食品、药品安全监管职责的工作人员滥用职权或者玩忽职守,不尽职责,使其生产、销售不符合安全标准的食品、药品谋利的行为得逞,谋得了巨额利润,但给人们的生命财产造成重大损失。例如,石家庄某企业生产、销售有毒奶粉事件,河南某企业生产含有瘦肉精猪肉事件,上海某企业生产、销售有色馒头,长春某药物制品所不按规程生产、销售狂犬疫苗的行为等都与一些国家机关监督管理人员滥用职权或者玩忽职守有直接关系。因此,在严厉惩治生产、销售者之外,还要严厉惩治监督管理者滥用职权或者玩忽职守的渎职犯罪行为。2020年12月26日发布的《刑法修正案(十一)》在《刑法》第408条之一中增加了药品监管渎职犯罪行为,对犯罪行为作了5项列举式规定,罪名改为"食品、药品监管渎职罪",法定刑没有改变,只是增加了惩治药品监管渎职犯罪行为。

3. 食品、药品监管渎职罪的适用

食品、药品监管渎职罪是《刑法修正案(八)》第49条和《刑法修正案(十一)》第45条在《刑法》第408条之一中新增加的犯罪,要准确适用就必须弄清该罪的概念、构成特征、法定刑,以及适用时应注意的问题。

(1)食品、药品监管渎职罪的概念。该罪是指负有食品、药品安全监督管理职责的国家机关工作人员,滥用职权或者玩忽职守,造成严重后果或者有其他严重情节的行为。

生产、销售不符合安全标准食品、药品的行为是对人们的生命、健康不负责任和造成损害的行为,是对社会有严重危害的行为。负有监管职责的国家机关工作人员滥用职权或者玩忽职守,不尽职责,不监督管理或者不认真监督管理,对生产、销售不符合安全标准的食品、药品的行为不但不制止,反而包庇、纵容,给人们的生命、健康造成重大损失的行为,是社会危害性更大的行为。我国刑法将食品、药品监管渎职行为规定为犯罪,最高处10年有期徒刑。

(2)食品、药品监管渎职罪的构成特征:

①犯罪主体,是特殊主体,必须是负有食品、药品安全监管职责的国家机关工作人员。本罪犯罪主体对滥用职权是故意,对玩忽职守行为既可能是故意也可能是过失,但无论是滥用职权还是玩忽职守行为,行为人对造成严重后果或者有其他严重情节的结果都是一种不希望发生的过失心理状态。

②犯罪行为,必须是滥用职权或者玩忽职守,造成严重后果或者有其他严重情节的行为,即超越职权或者不按职责规定和程序规定胡作非为,不履行或者不认真履行自己职责的行为。具体表现有:

第一,瞒报、谎报食品安全事故、药品安全事件的行为。负有食品、药品安全监督管理职责的国家机关工作人员对已发生的食品安全事故或者药品安全事件有依法及时如实报告的义务。如果瞒报、不报、谎报食品安全事故和药品安全事件,必将扩大对人的生命财产造成的损害结果,是对社会有严重危害的行为。

第二,对发现的严重食品药品安全违法行为未按规定查处的行为。对已发现的食品、药品安全违法行为,应及时处理,吸取教训,改进工作,确保食品、药品安全。如果对已发生的违法行为包庇或者玩忽职守不做处理,可能造成恶劣的社会影响,加大其社会危害性。

第三,在药品和特殊食品审批审评过程中,对不符合条件的申请准予许可的行为。负有审批审评食品、药品安全监督管理职责的国家机关工作人员对不符合规定条件的申请予以批准的行为,是埋下隐患,足以严重危害社会的行为。

第四,依法应当移交司法机关追究刑事责任不移交的行为。负有食品、药品安全监督管理职责的国家机关工作人员应当移交司法机关追究刑事责任的行为是包庇、纵容犯罪行为,具有严重社会危害性。

第五,其他滥用职权或者玩忽职守的行为。凡与上述行为相似的行为,尽管刑法没有具体规定,依此规定也可以构成本罪的犯罪行为。

负有食品、药品安全监督管理职责的国家机关工作人员具有上述5种行为之一,即具有造成严重后果或者有其他严重情节的行为,就可以构成本罪的犯罪行为。

③犯罪结果,是结果犯。必须是造成严重后果或者有其他严重情节的结果,一般是指由于食品、药品监管渎职行为导致发生食品安全事故或者造成重大经济损失和人身伤亡事件的

结果。依照我国食品、药品安全法规定,食品安全事故和药品安全事件,必须经有资格部门认定。

(3)食品、药品监管渎职罪的法定刑。根据《刑法》第408条之一的规定,本罪的法定刑是:

①构成本罪的,处5年以下有期徒刑或者拘役。适用第一个较轻档次法定刑。

②犯本罪,造成特别严重后果或者有其他特别严重情节的,处5年以上10年以下有期徒刑。适用第二个较重档次法定刑。

③徇私舞弊犯本罪的,从重处罚。徇私舞弊是徇私情,徇私利。例如,吃、拿、卡、要谋私利后,徇私枉法为他人谋利益;因私情,对食品、药品违法犯罪行为不进行监督或者放宽监督力度;为个人私利,发现违法犯罪问题,而进行包庇、掩饰、不依法处理、不报告的行为;等等。

所称造成严重后果,参照2006年7月26日施行的最高人民检察院《关于渎职侵权犯罪案件立案标准的规定》,即滥用职权涉嫌下列情况之一的,应当立案:一是造成死亡1人以上,或者重伤2人以上,或者重伤1人、轻伤3人以上,或者轻伤5人以上;二是导致10人以上严重中毒的;三是造成个人财产直接经济损失10万元以上,或者直接经济损失不满10万元,但间接经济损失50万元以上的;四是造成公共财产或者法人、其他经济组织财产直接经济损失20万元以上,或者直接经济损失不满20万元,但间接经济损失100万元以上的;五是虽未达到3、4两项数额标准,但3、4两项合计直接经济损失20万元以上,或者合计直接经济损失不满20万元,但合计间接经济损失100万元以上的;六是造成公司、企业等单位停业、停产6个月以上,或者破产的;七是弄虚作假,不报、缓报、谎报或者授意、指使、强令他人不报、缓报、谎报情况,导致重特大事故危害结果继续、扩大,或者致使抢救、调查、处理工作延误的;八是严重损害国家声誉,或者造成恶劣社会影响的;九是其他致使公共财产、国家和人民利益遭受重大损失的情形。

玩忽职守涉嫌下列情形之一的,应予立案:一是造成死亡1人以上,或者重伤3人以上,或者重伤2人、轻伤4人以上,或者重伤1人、轻伤7人以上,或者轻伤10人以上的;二是导致20人以上严重中毒的;三是造成个人财产直接经济损失15万元以上,或者直接经济损失不满15万元,但间接经济损失75万元以上的;四是造成公共财产或者法人、其他经济组织财产直接经济损失30万元以上,或者直接经济损失不满30万元,但间接经济损失150万元以上的;五是虽未达到3、4两项的数额标准,但3、4两项合计直接经济损失30万元以上,或者合计直接经济损失不满30万元,但合计间接经济损失150万元以上的;六是造成公司、企业等单位停业、停产1年以上,或者破产的;七是海关、外汇管理部门的工作人员严重不负责任,造成100万美元以上外汇被骗购或者逃汇1000万美元以上的;八是严重损害国家声誉,或者造成恶劣社会影响的;九是其他致使公共财产、国家和人民利益遭受重大损失的情形。

如果负有食品安全监管职责的国家机关工作人员具备上述情形之一,应当立案侦查。如果具有比上述情况更严重情形之一,则属于特别严重后果,应在5年以上10年以下有期徒刑的法定刑幅度内处刑。

以上是对食品监管渎职犯罪的司法解释,对于药品监管渎职犯罪也可参照适用。

(4)认定食品、药品监管渎职罪时,要注意的问题:

①注意划清罪与非罪的界限。

从犯罪主体上区分,本罪是渎职犯罪,只有国家机关工作人员才能构成,非国家机关工作人员不能构成本罪。

从犯罪行为和犯罪结果上区分,国家机关工作人员滥用职权或者玩忽职守行为只有达到最高人民检察院司法解释规定的立案标准,才构成犯罪,达不到立案标准的,不构成本罪,但可给予行政、纪律处分。

②注意划清本罪从重处罚的特别情节规定。《刑法》第 408 条之一第 2 款特别规定:"徇私舞弊犯前款罪的,从重处罚。"这是法定从重处罚情节,必须从重处罚。徇私舞弊是徇私情、徇私利的行为。因徇私舞弊而犯食品、药品监管渎职罪的,应在《刑法》第 408 条之一规定的第一个档次或者第二个档次法定刑量刑幅度内从重处罚。

③划清本罪与滥用职权罪、玩忽职守罪的界限。我国《刑法》第 397 条规定的滥用职权罪、玩忽职守罪是概括规定,凡是《刑法》分则第 9 章"渎职罪"中没有具体规定的滥用职权和玩忽职守的犯罪行为都依照《刑法》第 397 条规定的滥用职权罪、玩忽职守罪定罪处罚。有具体规定的,依照《刑法》第 397 条规定的"本法另有规定的,依照规定"处罚,即依刑法中有关条款规定定为具体滥用职权罪、玩忽职守罪。本罪是《刑法》第 408 条之一特别规定的负有食品、药品监管职责的国家机关工作人员滥用职权、玩忽职守犯罪行为,应依该条规定的食品、药品监管渎职罪定罪处罚。

④注意本罪的一罪与数罪的认定。我国《刑法》第 408 条之一规定的"食品、药品监管渎职罪"是选择罪名,如果行为人既实施了食品监管渎职犯罪行为,也实施了药品监管渎职犯罪行为,只认定为"食品、药品监管渎职罪"一罪。如果行为人只实施了食品监管渎职犯罪行为或者只实施了药品监管渎职犯罪行为,可只认定为"食品监管渎职罪",或者只认定为"药品监管渎职罪"。

根据 2022 年 1 月 1 日起施行的最高人民法院、最高人民检察院《关于办理危害食品安全刑事案件适用法律若干问题的解释》第 20 条规定,负有食品安全监督管理职责的国家机关工作人员,滥用职权或者玩忽职守,构成食品监管渎职罪,同时构成徇私舞弊不移交刑事案件罪、商检徇私舞弊罪、动植物检疫徇私舞弊罪、放纵制售伪劣商品犯罪行为罪等其他渎职犯罪的,依照处罚较重的规定处罚。负有食品安全监督管理职责的国家机关工作人员滥用职权或者玩忽职守,不构成食品监管渎职罪,但构成前述其他渎职犯罪的,依照该其他犯罪定罪处罚。负有食品安全监督管理职责的国家机关工作人员与其他人共谋,利用职务行为帮助他人实施危害食品安全犯罪行为,同时构成渎职犯罪和危害食品安全犯罪共犯的,依照处罚较重的规定定罪从重处罚。

上述最高人民法院、最高人民检察院对食品监管渎职罪的司法解释,对于药品监管渎职罪也可以参照适用。

(二十九)为境外窃取、刺探、收买、非法提供军事秘密罪

2020 年 12 月 26 日发布的《刑法修正案(十一)》第 46 条对《刑法》第 431 条规定的"为境外窃取、刺探、收买、非法提供军事秘密罪"的法定刑进行了修改补充,罪状和罪名没有改变。

1. 刑法有关内容的修改

刑法条文中有关为境外窃取、刺探、收买、非法提供军事秘密罪的规定有:

(1)1979 年《刑法》第 97 条规定,进行下列间谍或者资敌行为之一的,处 10 年以上有期徒刑或者无期徒刑,情节较轻的,处 3 年以上 10 年以下有期徒刑:①为敌人窃取、刺探、提供

情报的;②供给敌人武器军火或者其他军用物资的;③参加特务、间谍组织或者接受敌人派遣任务的。

1979年《刑法》第186条规定,国家工作人员违反国家保密法规,泄露国家重要机密,情节严重的,处7年以下有期徒刑、拘役或者剥夺政治权利。非国家工作人员犯前罪的,依照前述规定酌情处罚。

(2)1997年《刑法》第111条规定,为境外的机构、组织、人员窃取、刺探、收买、非法提供国家秘密或者情报的,处5年以上10年以下有期徒刑;情节特别严重的,处10年以上有期徒刑或者无期徒刑;情节较轻的,处5年以下有期徒刑、拘役、管制或者剥夺政治权利。1997年《刑法》第431条规定,以窃取、刺探、收买方法,非法获取军事秘密的,处5年以下有期徒刑;情节严重的,处5年以上10年以下有期徒刑;情节特别严重的,处10年以上有期徒刑。为境外的机构、组织、人员窃取、刺探、收买、非法提供军事秘密的,处10年以上有期徒刑、无期徒刑或者死刑。

1997年《刑法》第432条规定,违反保守国家秘密法规,故意或者过失泄露军事秘密,情节严重的,处5年以下有期徒刑或者拘役;情节特别严重的,处5年以上10年以下有期徒刑。战时犯前罪的,处5年以上10年以下有期徒刑;情节特别严重的,处10年以上有期徒刑或者无期徒刑。

(3)2020年12月26日发布的《刑法修正案(十一)》第46条规定,将《刑法》第431条第2款规定修改为:为境外的机构、组织、人员窃取、刺探、收买、非法提供军事秘密的,处5年以上10年以下有期徒刑;情节严重的,处10年以上有期徒刑、无期徒刑或者死刑。

上述《刑法修正案(十一)》第46条规定,对1997年《刑法》第431条第2款规定的"为境外窃取、刺探、收买、非法提供军事秘密罪"的法定刑作了调整,增加了一个较轻档次的法定刑,即构成犯罪的,"处五年以上十年以下有期徒刑",情节严重的,才适用原规定的"处十年以上有期徒刑、无期徒刑或者死刑",使该罪的法定刑更科学、协调,能准确惩罚轻重不同的犯罪。

2.刑法规定修改的原因

我国1979年《刑法》没有单独规定为境外窃取、刺探、收买、非法提供军事秘密罪,但1979年《刑法》在第97条规定的反革命罪中间谍犯罪行为中的"为敌人窃取、刺探、提供情报"和第186条规定的"国家工作人员泄露国家重要机密"的犯罪行为中能包括一些"为境外窃取、刺探、收买、非法提供军事秘密"的犯罪行为,但其规定得不具体、不明确,适用刑罚不精确。1997年《刑法》将"军人违反职责罪"作为《刑法》分则第10章纳入《刑法》中,在《刑法》第431条中单独规定了"为境外窃取、刺探、收买、非法提供军事秘密罪"。其犯罪主体只是军人,法定刑是10年以上有期徒刑、无期徒刑或者死刑,是单一的法定刑。军事法院多年的司法实践经验证明,为境外窃取、刺探、收买、非法提供军事秘密的犯罪行为很复杂,有单个人犯罪,也有共同犯罪,有犯罪预备、犯罪未遂、犯罪中止、犯罪既遂的行为,有主犯、从犯、胁从犯和教唆犯,犯罪结果也有轻微、较重、严重、特别严重等不同,如果不区分犯罪轻重,全都处10年以上有期徒刑、无期徒刑或者死刑的严厉处罚,不能体现刑罚与犯罪行为相适应的刑罚原则。

2020年12月26日发布的《刑法修正案(十一)》第46条规定,将《刑法》第431条第2款规定的"为境外窃取、刺探、收买、非法提供军事秘密罪"的单一法定刑修改为二个轻重不同的法定刑,即构成犯罪的,"处五年以上十年以下有期徒刑",情节严重的,才"处十年以上有期徒刑、无期徒刑或者死刑",使该罪的法定刑更科学、协调,能准确惩罚轻重不同的犯罪行为。

3. 为境外窃取、刺探、收买、非法提供军事秘密罪的适用

为境外窃取、刺探、收买、非法提供军事秘密罪是《刑法修正案(十一)》第46条对《刑法》第431条规定的犯罪修改的犯罪,要准确适用就必须弄清该罪的概念、特征、法定刑,以及适用时应注意的问题。

(1)为境外窃取、刺探、收买、非法提供军事秘密罪的概念。该罪是指为境外的机构、组织、人员窃取、刺探、收买、非法提供军事秘密的行为。

为境外窃取、刺探、收买、非法提供军事秘密的行为是侵犯国家军事利益和军事安全的犯罪行为。军事秘密是国家秘密的重要组成部分,保守国家军事秘密是国家军事利益和国家安全的重要保障,泄露国家秘密和国家军事秘密是对国家军队和国家安全的重要破坏,特别是为境外窃取、刺探、收买、非法提供我国军事秘密的行为必将对国家军事利益和国家安全造成不可估量的损害。我国《刑法》第431条将为境外窃取、刺探、收买、非法提供军事秘密的行为规定为犯罪,对犯罪的军人最低处5年有期徒刑,最高处无期徒刑或者死刑。

我国1979年《刑法》中没有单独规定为境外窃取、刺探、收买、非法提供军事秘密罪,实践中,一般将这种行为依照泄露国家机密犯罪追究刑事责任。1981年全国人大常委会发布的《惩治军人违反职责罪暂行条例》(已失效)第4条第3款规定,为敌人或者外国人窃取、刺探、提供军事机密的,处10年以上有期徒刑、无期徒刑或者死刑,但其只是作为泄露军事机密犯罪行为的一种,没有规定为独立的犯罪。1988年9月5日,全国人大常委会在《关于惩治泄露国家秘密犯罪的补充规定》(已失效)中补充规定,为境外的机构、组织、人员窃取、刺探、收买、非法提供军事秘密的,处5年以上10年以下有期徒刑;情节较轻的,处5年以下有期徒刑、拘役或者剥夺政治权利;情节特别严重的,处10年以上有期徒刑、无期徒刑或者死刑,并处剥夺政治权利。上述规定能包括军人为境外窃取、刺探、收买、非法提供军事秘密的行为。

1997年《刑法》将上述行为,依侵犯客体的不同,分别规定了8种犯罪,即《刑法》分则第1章"危害国家安全罪"中第111条规定的"为境外窃取、刺探、收买、非法提供国家秘密、情报罪";《刑法》分则第6章"妨害社会管理秩序罪"中第282条规定的"非法获取国家秘密罪";《刑法》分则第9章"渎职罪"中第398条规定的"故意泄露国家秘密罪""过失泄露国家秘密罪";《刑法》分则第10章"军人违反职责罪"中第431条规定的"非法获取军事秘密罪""为境外窃取、刺探、收买、非法提供军事秘密罪",第432条规定的"故意泄露军事秘密罪""过失泄露军事秘密罪"。上述8种犯罪行为都是侵犯国家保密制度的犯罪行为,由于犯罪行为的表现形式和侵犯秘密对象范围不同及侵犯的客体不同,刑法分别规定为不同的犯罪,处以不同的刑罚。

1935年《中华民国刑法》中有泄露国家机密犯罪的规定,但没有具体规定为"为境外窃取、刺探、收买、非法提供军事秘密罪"的罪名。

国际上有关国家刑法中很少见到"为境外窃取、刺探、收买、非法提供军事秘密罪"的规定,多数国家刑法中将这种犯罪规定在泄露机密罪、间谍罪、资敌罪、叛国罪等犯罪中。相比较我国刑法规定得更详细、具体,便于司法机关准确定罪量刑。

(2)为境外窃取、刺探、收买、非法提供军事秘密罪的构成特征:

①犯罪主体,是特殊主体,必须是军人。本罪所称军人,根据《刑法修正案(十一)》第47条规定,是指中国人民解放军的现役军官、文职干部、士兵及具有军籍的学员和中国人民武装警察部队的现役警官、文职干部、士兵及具有军籍的学员以及文职人员、执行军事任务的预备役人员和其他人员。

上述军人实施为境外窃取、刺探、收买、非法提供军事秘密行为在主观上是故意,多数是以谋利为目的,也有的是受间谍、特务组织的指派实施上述为境外窃取、刺探、收买、非法提供军事秘密行为。非上述军人不能构成本罪。

②犯罪行为,必须是实施为境外的机构、组织、人员窃取、刺探、收买、非法提供军事秘密的行为。犯罪的对象是军事秘密。

所称军事秘密,是指在一定时间内限制一定范围的人知悉,并不能公开的有关国防和军队安全与利益的事项。军事秘密分为3级,即秘密、机密、绝密。是否是军事秘密,一般应由军事保密委员会鉴定。

所称境外机构、组织、人员,是指中华人民共和国国境以外的国家的或者我国域外地区的机关、组织、社会团体、个人。本罪具体行为表现是:

第一,为境外的机构、组织、人员窃取军事秘密的行为。所谓窃取军事秘密行为,是指以秘密手段,在军事秘密保管、持有人不知情的情况下非法占有其军事秘密的行为,包括破锁入门窃取、绺窃、偷听、偷拍他人军事秘密的行为等。

第二,为境外的机构、组织、人员刺探军事秘密的行为。所谓刺探军事秘密行为,是指侦探、询问、窃听、摘录、骗取他人军事秘密的行为。

第三,为境外的机构、组织、人员收买军事秘密的行为。所谓收买军事秘密,是指以金钱收购、以物换取他人军事秘密的行为。

第四,为境外的机构、组织、人员非法提供军事秘密的行为。所谓提供军事秘密,是指将自己保管或持有的军事秘密有偿或无偿送给他人的行为。

上述窃取、刺探、收买、非法提供军事秘密的行为与非法获取军事秘密的行为相同,都是故意行为,但本罪的犯罪行为目的是将其获取的军事秘密提供给境外的机构、组织、人员。具有上述4项行为之一的,就可以构成本罪犯罪行为。

③犯罪结果,是行为犯。只要实施了为境外的机构、组织、人员窃取、刺探、收买、非法提供军事秘密的行为,就具备了本罪的犯罪结果,不论行为人的目的是否实现,都可以构成本罪的犯罪结果。

(3)为境外窃取、刺探、收买、非法提供军事秘密罪的法定刑。根据《刑法》第431条规定,本罪的法定刑是:

①构成本罪的,处5年以上10年以下有期徒刑。只要实施了为境外窃取、刺探、收买、非法提供军事秘密的行为,就可以构成本罪,适用本法定刑。

2013年3月28日施行的最高人民检察院、解放军总政治部《军人违反职责罪案件立案标准的规定》第13条规定,凡涉嫌为境外窃取、刺探、收买、非法提供军事秘密的,应予立案。

②犯本罪,情节严重的,处10年以上有期徒刑、无期徒刑或者死刑。

这里"情节严重",是适用加重法定刑的法定情节,何为"情节严重"有待司法解释释明,一般是指为境外多次、大量窃取、刺探、收买、非法提供重要军事秘密的行为,或者致使国家军事利益和国防安全受到严重损害的结果。

(4)认定为境外窃取、刺探、收买、非法提供军事秘密罪时,要注意的问题:

①注意划清罪与非罪的界限。

从犯罪主体上区分,本罪是军人渎职犯罪,只有具备《刑法》第450条规定的中国人民解放军军人资格的人员才能构成本罪,非军人不能构成本罪。

从犯罪行为和犯罪结果上区分,本罪是行为犯,只要故意实施了为境外窃取、刺探、收买、非法提供军事秘密犯罪行为,就可以构成犯罪。但根据我国《刑法》第13条关于犯罪定义的规定,犯罪行为情节显著轻微危害不大的,不认为是犯罪。

②注意划清本罪与非法获取军事秘密罪、故意泄露军事秘密罪的区别。我国《刑法》第431条第1款规定的非法获取军事秘密罪,第432条规定的故意泄露军事秘密罪和本罪的犯罪行为都是侵犯军事秘密,犯罪行为手段也相同或相似,认定时容易混淆。三罪的根本区别是犯罪主观目的不同,本罪是为境外的机构、组织、人员非法提供军事秘密,而非法获取军事秘密罪、故意泄露军事秘密罪都不具有上述目的。如果军人非法获取军事秘密、故意泄露军事秘密的目的是为境外的机构、组织、人员非法提供军事秘密,应以本罪定罪处罚。

③注意划清本罪与为境外窃取、刺探、收买、非法提供国家秘密、情报罪的界限。我国《刑法》第111条规定的为境外窃取、刺探、收买、非法提供国家秘密、情报罪与本罪在犯罪目的和犯罪行为上都相同或者相似,认定犯罪时容易混淆。两罪的区别有3点:一是犯罪主体不同,本罪的犯罪主体是军人;而为境外窃取、刺探、收买、非法提供国家秘密、情报罪的主体是一般主体,不包括军人。二是犯罪对象不同,本罪的犯罪对象是军事秘密;而为境外窃取、刺探、收买、非法提供国家秘密、情报罪的对象是国家秘密或者情报。三是法定刑不同,本罪的法定刑是最低处5年有期徒刑,最高处无期徒刑或者死刑;而为境外窃取、刺探、收买、非法提供国家秘密、情报罪的法定刑是最低处管制或者剥夺政治权利,最高处无期徒刑。上述3点不同,将上述两罪区分开来。

④注意本罪主体适用范围的修改规定。本罪的主体是军人。2020年12月26日发布的《刑法修正案(十一)》第47条规定,将《刑法》第450条修改为:"本章适用于中国人民解放军的现役军官、文职干部、士兵及具有军籍的学员和中国人民武装警察部队的现役警官、文职干部、士兵及具有军籍的学员以及文职人员、执行军事任务的预备役人员和其他人员"。我国军队体制改革时,将中国人民解放军分为"现役人员"和"文职人员",文职人员是军人的一部分,文职人员犯《刑法》分则第10章"军人违反职责罪"中的犯罪的,应适用该章规定,军人有本章第431条规定的为境外窃取、刺探、收买、非法提供军事秘密的行为的适用修改后的《刑法》分则第10章第450条规定,以本罪定罪处罚。

第十六章 中华人民共和国刑法修正案(十二)

《中华人民共和国刑法修正案(十二)》(以下简称《刑法修正案(十二)》)于2023年12月29日第十四届全国人民代表大会常务委员会第7次会议通过,并于当日国家主席公布,自2024年3月1日起施行。

一、《刑法修正案(十二)》概述

《刑法修正案(十二)》第8条规定,本修正案自2024年3月1日起施行。《刑法修正案(十二)》对刑法的修改和补充规定的犯罪都是从2024年3月1日起具有法律效力,司法机关要依照修改、补充的规定定罪处罚,对于2023年2月31日以前的行为,应按刑法总则规定的溯及力原则,刑法原规定处罚较轻或者没有规定的,按原刑法规定定罪量刑或者不认为是犯罪;刑法原规定处罚较重,按新修改、补充规定定罪处罚。

2023年7月25日全国人大常委会法制工作委员会向全国人大常委会提请《中华人民共和国刑法修正案(十二)(草案)》,提出对刑法原规定的7种犯罪的罪状和法定刑进行适时修改补充的必要性时指出:刑法是国家基本法律,在中国特色社会主义法律体系中居于基础性、保障性地位,对于打击犯罪、维护国家安全、社会稳定和保护人民群众生命财产安全具有重要意义。自1997年全面修订刑法,形成一部统一的比较完备的刑法典以来,我国主要通过修正案的方式对刑法作出修改完善。总体看,现行刑法适应我国经济社会发展情况,以修正案方式对刑法作出修改完善,能够及时贯彻落实党中央决策部署和适应预防、惩治犯罪的新情况新需要,较好地维护了刑法的稳定性和适应性。这次的修正案是第十二个修正案,主要是就行贿和民营企业内部人员腐败相关犯罪规定作进一步完善。

一是,贯彻落实习近平总书记重要指示批示精神和党中央决策部署的要求。习近平总书记就惩治行贿犯罪问题多次作出重要指示批示。党的十九大、二十大提出"坚持受贿行贿一起查",党的二十届中央纪委二次全会提出"进一步健全完善惩治行贿的法律法规"。系统治理行贿犯罪问题,需要进一步发挥刑法在一体推进不敢腐、不能腐、不想腐体制机制中的重要作用。同时,近年来民营企业内部人员腐败情况增多,惩治民营企业内部人员腐败犯罪,也需要进一步完善刑法规定。

二是,适应反腐败斗争新形势的需要。实践中同期判处的行贿案件与受贿案件数量相比严重失衡,行贿人未被追究刑事责任的比例过高,对行贿惩处偏弱的问题仍然存在,不利于切断行受贿犯罪因果链,需要从刑法上进一步明确规定,对一些严重行贿情形加大刑事追责力度。

三是,进一步加强对民营企业平等保护,保护民营企业产权和企业家权益的需要。党中央始终高度重视民营企业发展工作,强调"两个毫不动摇"、"两个健康",要求依法保护民营企业产权和企业家权益,从制度和法律上把对国企民企平等对待的要求落下来。刑法对国有公司、企业相关腐败犯罪作了规定,不适用于一般的民营企业。这次修改刑法,增加民营企业内部人员故意背信损害企业利益的相关犯罪,将进一步加强平等保护,为民营企业有效预防、惩治内部腐败犯罪提供法律手段,积极回应企业家关切。

二、《刑法修正案(十二)》的修改特点

全国人大常委会法工委会的报告中指出,《刑法修正案(十二)》的主要特点:

一是结合扎实开展学习贯彻习近平新时代中国特色社会主义思想主题教育,系统梳理和深刻领会习近平总书记有关反腐败和依法保护民营企业的系列重要论述,贯彻落实党的二十大精神和二十届中央纪委二次全会精神,不断提升自觉运用党的创新理论指导刑事立法工作的能力。

二是贯彻全过程人民民主重大理念,按照党中央关于大兴调查研究的要求,就本次修改刑法的两个问题深入调查研究,广泛听取各方面意见,特别是充分听取不同规模、类型的企业和企业家、企业管理人员意见,调取分析有关执法办案数据等。

三是与中央纪委国家监委、中央政法委、中央依法治国办、最高人民法院、最高人民检察院、公安部、司法部以及国务院其他有关部门、全国工商联等反复共同研究,在取得共识的基础上,形成了《中华人民共和国刑法修正案(十二)(草案)》。

这次刑法修改的基本考虑:一是坚决贯彻落实党中央决策部署,将党中央决策部署转化为法律制度。紧紧围绕党中央反腐败和依法保护民营企业的大政方针,更加注重统筹发挥好刑法的规范保障、引领推动作用。二是坚持问题导向,聚焦实践中的突出问题,增强修法针对性。三是坚持系统观念、法治思维,精准把握惩治对象和行为。

三、《刑法修正案(十二)》修改的主要内容

《刑法修正案(十二)》共修改补充了《刑法》第 7 条有关犯罪的规定,主要有两个方面的内容。

(一)加大对行贿犯罪的惩治力度。一是修改完善《刑法》第三百九十条行贿罪的处罚规定。行贿罪的最高刑是无期徒刑,在法定刑上体现了严厉惩治。这次修改主要是将党中央确定要重点查处的行贿行为在立法上进一步加强惩治,增加一款规定:对多次行贿、向多人行贿,国家工作人员行贿等七类情形从重处罚。同时,调整行贿罪的起刑点和刑罚第个一档次与受贿罪相衔接。二是贯彻落实从严惩治行贿犯罪的精神,做好衔接,加大对单位受贿、对单位行贿犯罪行为的惩处力度。将《刑法》第三百八十七条单位受贿罪的刑罚由原来最高判处五年有期徒刑的一档刑罚,修改为"处三年以下有期徒刑或者拘役"和"情节特别严重的,处三年以上十年以下有期徒刑"两档刑罚;在《刑法》第三百九十一条对单位行贿罪中,增加一档"情节严重的,处三年以上七年以下有期徒刑,并处罚金"的刑罚。三是调整、提高刑法第三百九十三条单位行贿罪的刑罚。实践中单位行贿案件较多,与个人行贿相比法定刑相差悬殊。一些行贿人以单位名义行贿,规避处罚,导致案件处理不平衡,惩处力度不足。将单位行贿罪刑罚由原来最高判处五年有期徒刑的一档刑罚,修改为"处三年以下有期徒刑或者拘役,并处罚金;情节特别严重的,处三年以上十年以下有期徒刑,并处罚金"两档刑罚。

(二)增加惩治民营企业内部人员腐败相关犯罪。《刑法》第一百六十五条、第一百六十六条和第一百六十九条分别规定了国有公司、企业相关人员非法经营同类营业罪、为亲友非法牟利罪和徇私舞弊低价折股、出售公司、企业资产罪，这次修改在上述三个条文中各增加一款，将对"国有公司、企业的董事、经理"改为"国有公司、企业的董事、监事、高级管理人员"适用的犯罪扩展到民营企业，民营企业内部人员具有上述相应行为，故意损害民营企业利益，造成重大损失的，也要追究刑事责任，进一步加大对民营企业产权和企业家权益保护力度，加强对民营企业平等保护。

在调研、讨论、修改和征求意见过程中，一些全国人大代表、政协委员、有关方面还提出了其他一些修改刑法的建议。有的各方面认识还不一致，如有的代表认为"对行贿罪从重处罚的第七项'将违法所得用于行贿的内容'建议删除"；也有的代表建议"应进一步细化完善行贿罪中的'不当得利'的有关规定等，对这些意见有的在下一步刑法修改中进一步研究论证，待条件成熟时再适时修改刑法相关规定"；有的可以在法律适用中进行法律解释作出明确规定。

四、《刑法修正案（十二）》对《刑法》分则的修改和补充

《刑法修正案（十二）》共修改补充了七种犯罪的罪状和法定刑，具体释解如下：

（一）非法经营同类营业罪

非法经营同类营业罪是从非法经营罪分离出来的一种犯罪，我国1997年《刑法》在取消原投机倒把罪后在《刑法》第225条中规定了非法经营罪，同时在《刑法》第165条中规定了非法经营同类营业罪的新犯罪名称。《刑法修正案（十二）》第1条对《刑法》第165条规定非法经营同类营业罪的主体作了扩展修改，将对"国有公司、企业"的相关人员适用的犯罪扩展到民营企业。1997年12月9日最高人民法院、1997年12月25日最高人民检察院《关于执行中华人民共和国刑法确定罪名的规定》中规定为本罪名。

1. 刑法规定内容的修改

刑法条文中有关非法经营同类业务罪的规定有：

（1）1997年《刑法》第165条规定：国有公司、企业的董事、经理利用职务便利，自己经营或者为他人经营与其所任职公司、企业同类的营业，获取非法利益，数额巨大的，处三年以下有期徒刑或者拘役，并处或者单处罚金；数额特别巨大的，处三年以上七年以下有期徒刑，并处罚金。

（2）2023年12月29日《刑法修正案（十二）》第1条对《刑法》第165条规定修改为"国有公司、企业的董事、监事、高级管理人员，利用职务便利，自己经营或者为他人经营与其所任职公司、企业同类的营业，获取非法利益，数额巨大的，处三年以下有期徒刑或者拘役，并处或者单处罚金；数额特别巨大的，处三年以上七年以下有期徒刑，并处罚金。

其他公司、企业的董事、监事、高级管理人员违反法律、行政法规规定，实施前款行为，致使公司、企业利益遭受重大损失的，依照前款的规定处罚。"

上述《刑法修正案（十二）》将《刑法》第165条原规定作了两项修改和补充：一是将"国有公司、企业的董事、经理"修改为"国有公司、企业的董事、监事、高级管理人员"；二是在《刑法》第165条中增加第二款规定"其他公司、企业的董事、监事、高级管理人员违反法律、行政法规规定，实施前款行为，致使公司、企业利益遭受重大损失的，依照前款的规定处罚。"将对

"国有公司、企业"等相关人员适用的犯罪扩展到民营企业。

2. 刑法规定修改的原因

2023年7月发布的《中共中央、国务院关于促进民营经济发展壮大的意见》第四条规定，强化民营经济发展法治保障，健全对各类所有制经济平等保护的环境，为民营经济发展营造良好稳定的预期。其中第（十一）要求构建民营企业源头防范和治理腐败的体制机制。出台司法解释，依法加大对民营企业工作人员职务侵占、挪用资金、受贿等腐败行为的惩处力度。健全涉案财物追缴处置机制。深化涉案企业合规改革，推动民营企业合规守法经营。强化民营企业腐败源头治理，引导民营企业建立严格的审计监督体系和财会制度。充分发挥民营企业党组织作用，推动企业加强法治教育，营造诚信、廉洁的企业文化氛围。建立多元主体参与的民营企业腐败治理机制。推动建设法治民营企业、清廉民营企业。

为进一步加强对民营企业平等保护，保护民营企业产权和企业家权益的需要。从制度和法律上把对国企民企平等对待的要求落实下来。我国刑法原对国有公司、企业相关腐败犯罪作了规定，但不适用于一般的民营企业。这次《刑法修正案（十二）》增加规定，民营企业内部人员故意背信损害企业利益的相关犯罪，将进一步加强平等保护，为民营企业有效预防、惩治内部腐败犯罪提供法律手段，积极回应企业家关切。

鉴于上述原因，全国人大常委会通过立法的方法，在《刑法修正案（十二）》第1条中增加第二款规定，"其他公司、企业的董事、监事、高级管理人员有前款犯罪的，依照前款的规定处罚。"

3. 非法经营同类业务罪的适用

非法经营同业务罪是刑法规定的和《刑法修正案（十二）》补充增加规定的犯罪，要准确定罪处罚，就必须弄清非法经营同类业务罪的概念、特征，以及适用时应注意的问题。

（1）非法经营同类业务罪的概念。该罪是指公司、企业的董事、监事、高级管理人员，利用职务便利，自己经营或者为他人经营与其所任职公司、企业同类的营业，获取非法利益，数额巨大和致使公司、企业利益遭受重大损失的行为。

该罪是公司、企业的主要负责人和高级管理人员从事同类第二职业谋取非法利益的犯罪。我国有些公司、企业的董事、监事、高级管理人员不是全心全意履行自己的职责将本公司、本企业的生产、经营好，而是利用其担任公司、企业的重要职务之便，又额外为自己或者其亲友经营与其所任职公司、企业同类的经营业务。白天在公司、企业中联系的盈利业务，晚上就交其非法经营的公司、企业去经营，使公司、企业亏损、破产，而其兼营的公司、企业业务兴旺，其本人从中获取巨大的利益，致使公司、企业的资产流失。这是一种对社会有严重危害的行为。修订刑法将这种非法经营同类营业的行为规定为犯罪，最高处7年有期徒刑，并处罚金。

非法经营同类营业罪的罪名，是刑法第165条和《刑法修正案（十二）》第1条规定的犯罪的罪名。中国古近代、现代法律中都没有这种犯罪的规定。这是我国在由计划经济向市场经济转化时期出现的一种新的犯罪行为，其核心是将国有公司、企业和其他公司、企业的财产或者经济利益流失到私人或者其他单位中去。在国外，有的国家在刑法中规定的背信罪，可以包括了上述犯罪，也有的国家单项刑事法律中规有公务员从事第二职业谋取利益罪，虽然与我国刑法中规定的非法经营同类营业罪有相似之处，但还不完全相同。例如，俄罗斯联邦刑法典第289条规定有"非法参与经营活动罪"。该条规定，"公职人员违反法律的禁止性规定，组建从事经营活动的组织或者亲自或者通过委托人参与该类组织的管理。如果这些行为与此类组织提供优惠和优先权或提供其他形式的庇护有关的,处 5 年以下剥夺担任一定职务或从事某种活动的权利,并处数为最低劳动报酬 100 倍,或被判刑人 1 个月至 2 个月工资或其收入的罚金;或处 180 小时至 240 小时的强制性工作,或处 3 个月以上 6 个月以下的拘役,或处 2 年以下的剥夺自由"。上述俄罗斯刑法规定与我国刑法规定的非法经营同类营业罪有相同之处。

(2)非法经营同类业务罪的构成特征:

①犯罪主体,是特殊主体,只有具有公司、企业的董事、监事、高级管理人员的职务职责身份的人才可以构成,包括国有公司、企业的董事、监事、高级管理人员和其他公司、企业的董事、监事、高级管理人员。犯罪主体在主观上是故意的,并且以营利为目的,包括为自己经营或者为亲友等其他人经营与其所任职公司、企业同类的营业,获取巨大非法利益为己或者亲友等他人所有。

②该罪的犯罪行为必须是利用职务之便,为自己经营或者为他人他人经营与其所任职公司、企业同类的营业的行为。如果经营的是非同类营业的行为不构成本罪。

③该罪的犯罪结果,是结果犯。必须获取非法利益,达到数额巨大和致使公司、企业利益遭受重大损失的结果。没有达到上述结果的,不构成犯罪,属一般违法行为,可给予行政、纪律处分。我国刑法根据获取非法利益的多少和损失严重的程度大小分别规定了不同的处罚标准。

(3)非法经营同类业务罪的法定刑。

①非法经营同类业务,获取非法利益数巨大和致公司、企业重大损失的,构成犯罪,处三年以下有期徒刑或者拘役,并处或者单处罚金。获取非法利益数巨大,一般指 5 万元以上不满 10 万元以上的。公司、企业损失重大,应根据公司经营规模而具体认定。

②构成本罪的,获取非法利益数额特别巨大、致使公司、企业损失特别重大的,处三年以上七年以下有期徒刑,并处罚金。数额特别巨大、损失特别重大的,一般指获取非法利益在 20 万元以上的,公司、企业损失特别重大,一般是指致使公司、企业重大亏损、停产破产等情况。

(4)适用非法经营同类业务罪时应注意的问题:

①注意划清罪与非罪的界限。

从犯罪主体上区分。本罪主体是公司、企业的董事、监事、高级管理人员,包括:国有公司、企业的董事、监事、高级管理人员和其他公司、企业的董事、监事、高级管理人员,不具有该职权职责的公司、企业一般工作人员或者单位、社会组织的单位和工作人员不能构成本罪。有些民营公司、企业不设董事、监事职位和名称,而称为负责人或实际控制人,但其实际履行公司、企业高级管理人员职权职责的,也应构成本罪的主体。该罪的主体在主观上是故意的,即故意非法经营同类业务,谋取不非法利益的目的。主观上是过失行为不能构成本罪,如过失向自己的亲友经营管理的单位采购不合格商品的行为等。

从犯罪行为上区分。本罪须是利用职务之便,经营与其所任职公司、企业同类的营业的行为,才可以构成犯罪。如果其经营的是与其所任职务不同类营业的行为,不构成本罪。

从犯罪结果上区分。犯本罪必须获取非法利益数额巨大和致使公司、企业遭受重大损失的结果。没有达到上述结果的不构成本罪。获取非法利益数额特别巨大和使公司、企业遭受特别重大损失的,是适用加重法定刑的情节结果。

②注意区分本罪与非法经营罪的界限。本罪是从非法经营罪分离出来的一种,其具有非法经营罪的本职特征。但其与非法经营罪的区别有两点:一是违反国家法律法规不同。本罪违反的是公司、企业法中有关任职规定,而非法经营罪,违反的是国家工商管理法律、法规;二是犯罪行为侵犯的具体客体不同,本罪侵犯的是公司、企业董事、监事、高级管理人员职责的廉洁性和公司、企业的财产和利益,而非法经营罪侵犯的是商业管理秩序。上述两点将两罪区分开。如果公司、企业的董事、监事、高级管理人员非法经的同类营业是违反国家规定,没有办理营业执照的非法经营或者没有特别经营许可证件的非法经营,还可以构成非法经营罪,数罪并罚。

③注意区分非法经营同类营业罪与为亲友非法牟利罪的界限。本罪与为亲友非法牟利罪是同类犯罪,都是职务犯罪,侵犯公司、企业或者事业单位的财产和利益数额巨大的行为。两罪的区别有两点,一是犯罪的主体范围不同。本罪的主体只是公司、企业的董事、监事、高级管理人员;而为亲友非法牟利罪的主体是将公司、企业的董事、监事、高级管理人员扩展到一般工作人员和事业单位的工作人员;二是牟利的行为方式不同,本罪是利用职务便利,自己经营或者为他人经营与其所任职公司、企业同类的营业,获取非法利益数额巨大的行为;而为亲友非法牟利罪的行为是将本单位的盈利业务交由自己的亲友进行经营的,或者以明显高于市场的价格向自己的亲友经营管理的单位采购商品、接受服务或者以明显低于市场的价格向自己的亲友经营管理的单位销售商品、提供服务的,或者从自己的亲友经营管理的单位采购、接受不合格商品、服务的行为等。上述两点不同将二罪区分开。

(二)为亲友非法牟利罪

为亲友非法牟利罪是我国1997年刑法第166条中规定的犯罪,《刑法修正案(十二)》第2条将该罪的主体和犯罪行为作了扩展修改补充。1997年12月9日最高人民法院、1997年12月25日最高人民检察院《关于执行中华人民共和国刑法确定罪名的规定》中规定为本罪名。

1.刑法规定内容的修改

刑法条文中有关为亲友非法牟利罪的规定有:

(1)1997年《刑法》第166条规定:国有公司、企业、事业单位的工作人员,利用职务便利,有下列情形之一,使国家利益遭受重大损失的,处三年以下有期徒刑或者拘役,并处或者单处罚金;致使国家利益遭受特别重大损失的,处三年以上七年以下有期徒刑,并处罚金:(一)将本单位的盈利业务交由自己的亲友进行经营的;(二)以明显高于市场的价格向自己的亲友经营管理的单位采购商品或者以明显低于市场的价格向自己的亲友经营管理的单位销售商品的;(三)向自己的亲友经营管理的单位采购不合格商品的。

(2)2023年12月29日《刑法修正案(十二)》第2条将《刑法》第166条修改为,国有公司、企业、事业单位的工作人员,利用职务便利,有下列情形之一,致使国家利益遭受重大损失的,处三年以下有期徒刑或者拘役,并处或者单处罚金;致使国家利益遭受特别重大损失的,处三年以上七年以下有期徒刑,并处罚金:

(一)将本单位的盈利业务交由自己的亲友进行经营的;

(二)以明显高于市场的价格从自己的亲友经营管理的单位采购商品、接受服务或者以明显低于市场的价格向自己的亲友经营管理的单位销售商品、提供服务的；

（三）从自己的亲友经营管理的单位采购、接受不合格商品、服务的。

其他公司、企业的工作人员违反法律、行政法规规定，实施前款行为，致使公司、企业利益遭受重大损失的，依照前款的规定处罚。

上述《刑法修正案（十二）》对《刑法》第166条规定作了两项修改和补充：一是将犯罪行为作了补充修改。即将该条第（二）项中"以明显高于市场的价格向自己的亲友经营管理的单位采购商品"中的"向"字改为"从"字，并增加"接受服务"和"提供服务"的犯罪行为；将该条第（三）项中将"向自己的亲友经营管理的单位采购不合格商品的"的"向"字改为"从"字，使该行为的规定更准确。二是在《刑法》第一百六十六条中增加一款作为第二款，即"其他公司、企业的工作人员违反法律、行政法规规定，实施前款行为，致使公司、企业利益遭受重大损失的，依照前款的规定处罚"。将原只对"国有公司、企业"相关人员适用的犯罪扩展到民营企业。

2. 刑法规定修改的原因

2023年7月发布的《中共中央、国务院关于促进民营经济发展壮大的意见》第四条要求，强化民营经济发展法治保障，推动民营企业合规守法经营，强化民营企业腐败源头治理，营造诚信廉洁的企业文化氛围。为进一步加强对民营企业平等保护，保护民营企业产权和企业家权益的需要。从制度和法律上把对国企和民企平等对待的要求落实下来。我国刑法原对国有公司、企业相关腐败犯罪作了规定，但不适用于一般的民营企业。这次《刑法修正案（十二）》增加规定，民营企业内部人员故意背信损害企业利益的相关犯罪，将进一步加强对民营企业平等保护，为民营企业有效预防、惩治内部腐败犯罪提供法律手段，积极回应企业家关切。《刑法》原第166条对国有公司、企业、事业单位的工作人员，利用职务便利，为亲见友牟利罪作了规定，但其不适用于一般的民营企业的工作人员。《刑法修正案（十二）》将对"国有公司、企业、事业单位"的工作人员适用的犯罪扩展到民营企业的工作人员，将进一步加强平等保护一切公司、企业的财产和利益，为惩治其内部腐败犯罪提供法律依据。

鉴于上述原因，全国人大常委会通过立法的方法，在《刑法修正案（十二）》第2条中增加第二款规定，"其他公司、企业相关人员有前款行为的，依照前款的规定处罚"。

3. 为亲友非法牟利罪的适用

为亲友非法牟利罪是刑法规定的，《刑法修正案（十二）》补充增加规定的犯罪，要准确定罪处罚，就必须弄清为亲友非法牟利罪的概念、特征、法定刑，以及适用时应注意的问题。

（1）为亲友非法牟利罪的概念。该罪是指有公司、企业、事业单位和其他公司、企业的工作人员利用职务便利，为亲友非法牟利益，使国家、公司、企业和国有事业单位的利益遭受重大损失的行为。

在社会主义市场经济体制下，国有公司、企业、事业单位及其他公司、企业并存，且实行自由竞争，有些公司、企业、事业单位及其他公司、企业的工作人员利用职务便利，为亲友非法牟利益，使本单位和国家利益遭受重大损失。这是对国家、对社会主义市场经济有严重危害的行为。我国刑法将这种损害国家、公司、企业、国有事业单位利益而为亲友牟利益的行为规定为犯罪，最高可处7年有期徒。

我国古代、近代法律中都没有这种犯罪的规定。我国1979年《刑法》也没有这种犯罪的规定。国外有些国家刑法将这种行为规定为渎职罪或者背信罪。泰国刑法分则第 2 章关于国家行政之犯罪第 2 节渎职罪中第 152 条规定,"管理或监督公务职责之公务员,利用其职务图利自己或者他人者,处 1 年至 10 年有期徒刑,并科 2000 至 2 万巴特之罚金"。上述规定与我国刑法规定为亲友非法牟利罪相似,但其是作为渎职罪加以规定,法定刑也不相同。

(2)为亲友非法牟利罪的构成特征:

①犯罪主体,是特殊主体,只有国有公司、企业、事业单位及其他公司、企业的工作人员身份的自然人才可以构成该罪主体;不具有上述工作职务的一般自然人和单位不能构成本罪的主体,例如,公司、企业中单纯从事劳动的工人和非国有事业单位的工作人员也不能构成本罪的犯罪主体。该罪的犯罪主体在主观上是故意的,并且是以为亲友牟利为目的。主观上是过失的不能构成本罪的犯罪主体。

②该罪的犯罪行为必须是利用职务之便,为亲友非法牟利益的行为。所谓亲友,是与犯罪主体经常有来往的亲戚和朋友,亲戚有三代以内的近亲,如兄弟、姐妹、叔伯、姑姨等和五代以内的远亲,如曾孙等;朋友是指经常往来的同学、战友、同事等。非法牟利,是违反法律、法规的规定为亲友非法牟利益的行为,其具体行为表现有:(一)将本单位的盈利业务交由自己的亲友进行经营的;(二)以明显高于市场的价格从自己的亲友经营管理的单位采购商品、接受服务或者以明显低于市场的价格向自己的亲友经营管理的单位销售商品、提供服务的;(三)从自己的亲友经营管理的单位采购、接受不合格商品、服务务的行为。具备上述行为之一的,就具备为亲友牟利的犯罪行为。

③该罪的犯罪结果,是结果犯。必须是实施为亲友非法牟利的行为,致使国家、公司、企业和国有事业单位的利益遭受重大损失的结果。

(3)为亲友非法牟利罪的法定刑。

①为亲友非法牟利,致使国家、公司、企业和国有事业单位的利益遭受重大损失,构成犯罪的,处三年以下有期徒刑或者拘役,并处或者单处罚金。遭受重大损失,一般指 5 万元以上不满 10 万元的。

②构成本罪的,致使国家、公司、企业和国有事业单位的利益遭受特别重大损失的,处三年以上七年以下有期徒刑,并处罚金。特别重大损失,一般指 20 万元以上的。

(4)适用为亲友非法牟利罪时,应注意的问题:

①注意划清罪与非罪的界限。

从犯罪主体上区分。本罪主体是国有公司、企业、事业单位的工作人员和其他公司、企业的工作人员。不具有上述职责,单纯从事劳动工人或者单位、组织不能构成本罪,非国有的事业单位的工作人员也不能构成本罪,如民办事业单位的学校、医院等单位的工作人员不能构成本罪的主体。该罪的主体在主观上是故意的,即具有故意为亲友非法牟利的目的,主观上是过失的,不能构成本罪。

从犯罪行为上区分。本罪必须是利用职务之便,故意实施了上述三种为亲友非法牟利的行为之一的,才可以构成犯罪。如果其故意为亲友非法牟的不是上述三种牟利益行为,而是其他牟取其他利益的行为,也不构成本罪。

从犯罪结果上区分。犯本罪必须是致使国家、公司、企业和国有事业单位的利益遭受重大损失结果的,才构成犯罪;没有达到重大损失的结果的,不能构成本罪。遭受特别重大损失结果的,不是本罪的结果,而是对本罪适用加重法定刑的情节。

②注意区分本罪与徇私舞弊低价折股、出售公司、企业资产罪的界限。本罪与徇私舞弊低价折股、出售公司、企业资产罪都是公司、企业的直接负责的主管人员利用职务之便侵犯公司、企业财产和利益的犯罪。二罪的区别有两点:一是犯罪主体不完全相同。本罪的犯罪主体是公司企业的工作人员和国有事业单位的工作人员,而徇私舞弊低价折股、出售公司、企业资产罪的主体是公司、企业或者其上级主管部门直接负责的主管人员,这其中的公司、企业的主管人员对上述两种犯罪的主体都可能构成。二是犯罪行为不同,本罪限定为亲友非法牟利的三种行为,而徇私舞弊低价折股、出售公司、企业资产罪又限定徇私徇私舞弊低价折股和出售国有资产的两种行为。上述两种不同点将二罪区分开。

(三)徇私舞弊低价折股、出售公司、企业资产罪

徇私舞弊低价折股、出售国有资产罪是我国1997年《刑法》第169条规定的犯罪,《刑法修正案(十二)》第3条将该罪的主体作了扩展修改。1997年12月9日最高人民法院、1997年12月25日最高人民检察院《关于执行中华人民共和国刑法确定罪名的规定》中规定为徇私舞弊低价折股、出售国有资产罪名。2024年1月30日改为本罪名。

1. 刑法规定内容的修改

刑法条文中有关徇私舞弊低价折股、出售公司、企业资产罪的规定有:

①1997年《刑法》第169条规定:国有公司、企业或者其上级主管部门直接负责的主管人员,徇私舞弊,将国有资产低价折股或者低价出售,致使国家利益遭受重大损失的,处3年以下有期徒刑或者拘役;致使国家利益遭受特别重大损失的,处3年以上7年以下有期徒刑。

②2023年12月29日《刑法修正案(十二)》第3条规定,在《刑法》第169条修改为:"国有公司、企业或者其上级主管部门直接负责的主管人员,徇私舞弊,致使将国有资产低价折股或者低价出售,致使国家利益遭受重大损失的,处三年以下有期徒刑或者拘役;国家利益遭受特别重大损失的,处三年以上七年以下有期徒刑。

"其他公司、企业直接负责的主管人员,徇私舞弊,将公司、企业资产低价折股或者低价出售,致使公司、企业利益遭受重大损失的,依照前款的规定处罚。"

上述《刑法修正案(十二)》在《刑法》第169条中增加第2款,将对国有公司、企业等相关人员徇私舞弊,将公司、企业的资产低价折股或者出售的犯罪行为的处罚扩展到民营企业直接负责的主管人员。

2. 刑法规定修改的原因

2023年7月发布的《中共中央、国务院关于促进民营经济发展壮大的意见》第4条要求,强化民营经济发展法治保障,推动民营企业合规守法经营,强化民营企业腐败源头治理,加大惩治民营企业内部人员腐败相关犯罪。我国《刑法》原第165条、第166条和第169条分别规定了国有公司、企业相关人员非法经营同类营业罪、为亲友非法牟利罪和徇私舞弊低价折股、出售公司、企业资产罪,这次修改在上述三个条文中各增加一款,将对"国有公司、企业"等相关相关人员适用的犯罪扩展到民营企业,民营企业内部人员具有上述相应行为,故意损害民营企业利益,造成重大损失的,也要追究刑事责任,进一步加大对民营企业产权和企业家权益保护力度,加强对民营企业平等保护。增加惩治民营企业内部人员腐败相关犯罪。

《刑法》原第169条对国有公司、企业或者其上级主管部门直接负责的主管人员,徇私舞

弊,将国有资产低价折股或者低价出售,致使国家利益遭受重大损失的行为规定为犯罪,予以刑罚处罚。但其不适用于其他公司、企业直接负责的主管人员有前款行为。《刑法修正案(十二)》将对国有公司、企业等相关人员适用的犯罪扩展到民营企业,必将进一步加强平等保护一切公司、企业的财产和利益,为惩治其内部腐败犯罪提供法律依据。

鉴于上述原因,全国人大常委会通过立法的方法,在《刑法修正案(十二)》第3条中增加第二款规定,"其他公司、企业直接负责的主管人员,徇私舞弊,将公司、企业资产低价折股或者低价出售,致使公司、企业利益遭受重大损失的,依照前款的规定处罚。"

3. 徇私舞弊低价折股、出售公司、企业资产罪的适用

徇私舞弊低价折股、出售公司、企业资产罪是刑法规定的,《刑法修正案(十二)》补充增加犯罪主体的规定,要准确定罪处罚,就必须弄清徇私舞弊低价折股、出售公司、企业资产罪的概念、特征、法定刑,以及适用时应注意的问题。

(1)徇私舞弊低价折股、出售公司、企业资产罪的概念。该罪是国有公司、企业或者其上级主管部门直接负责的主管人员,徇私舞弊,将国有公司、企业的资产低价折股或者低价出售,致使国家、公司、企业的财产和利益遭受重大损失的行为和其他公司、企业直接负责的主管人员,徇私舞弊,将公司、企业资产低价折股或者低价出售,致使公司、企业利益遭受重大损失的行为。

徇私舞弊低价折股、出售公司、企业财产的行为,是国有公司、企业和其他公司、企业资产流失的行为,当前有些公司、企业的直接负责人利用职务便利,为亲友或者他人牟取非法利益,将公司、企业的财产低价折股或者低价出售,致使国家、公司、企业的财产流失,致使国家、公司、企业的利益遭受重大损失;当前有些民营公司、企业直接负责的主管人员,也存在徇私舞弊,将公司、企业资产低价折股或者低价出售,致使公司、企业利益遭受重大损失的行为。上述行为损失数额往往是很大的,情节很严重,影响也极其恶劣。这是对国家、对社会主义市场经济有严重危害的行为。我国刑法将这种损害国家、公司、企业财产和利益的行为规定为犯罪,最高可处7年有期徒刑。

我国古代、近代法律中都没有这种犯罪的规定。我国1979年《刑法》也没有这种犯罪的规定。司法实践,将公司、企业的财产低价折股或者低价出售,致使国家、公司、企业的利益遭受重大损失的行为,多数以玩忽职守或者滥用职权等犯罪追究刑事责任。国外刑法中也很少有这种犯罪的规定。

(2)徇私舞弊低价折股、出售公司、企业资产罪的构成特征

①犯罪主体,是特殊主体,只有国有公司、企业或者其上级主管部门直接负责的主管人员和其他公司、企业直接负责的主管人员才可以构成,不具有上述职责的一般自然人和单位不能构成本罪的主体,例如,公司、企业中一般工作人员和单纯从事劳动的工人也不能构成本罪的犯罪主体。该罪的犯罪主体在主观上是故意的,并且是以徇私情徇私利为目的。主观上是过失的不能构成本罪的犯罪主体。

②该罪的犯罪行为必须是利用职务之便,徇私舞弊低价折股、出售国有资产的行为。所谓徇私舞弊就是徇私情徇私利,为自己牟利或者为亲戚朋友牟利。其具体行为表现,有两种:第一种行为是徇私舞弊,将公司、企业的资产低价折股,致使国家、公司、企业的利益遭受重大损失的行为。第二种行为是徇私舞弊,将公司、企业的资产低价出售,致使国家、公司、企业的

利益遭受重大损失的行为。具备上述两种行为之一的,就可以构成犯罪行为。

③该罪是结果犯。必须是徇私舞弊,致使国家、公司、企业的利益遭受重大损失的结果。国有公司的相关人员的犯罪行为结果是致使国家利益遭受重大损失;其他公司、企业直负责的主管人员的上述犯罪行为结果是致使公司、企业利益遭受重大损失。

(3)徇私舞弊低价折股、出售公司、企业资产罪的法定刑。

①徇私舞弊低价折股、出售国有资产,致使国家的利益遭受重大损失和其他公司、企业利益遭受重大损失的,构成犯罪的,处三年以下有期徒刑或者拘役,并处或者单处罚金。致使国家、公司、企业利益遭受重大损失,一般指5万元以上不满10万元的。

②构成本罪的,致使国家、公司、企业利益遭受特别重大损失的,处三年以上七年以下有期徒刑,并处罚金。特别重大损失,一般指20万元以上的。

(4)适用徇私舞弊低价折股、出售公司、企业资产罪时,应注意的问题:

①注意划清罪与非罪的界限。

从犯罪主体上区分。本罪主体是公司、企业直接负责的主管人员和其上级主管部门的直接负责的主管人员,因为他们有处理公司、企业财产的权利,能实施徇私舞弊低价折股、出售公司、企业的财产;而公司、企业的一般工作人员无权处理公司、企业的财产,不能构成本罪的主体。该罪的犯罪主体在主观上是故意的,并且是以徇私情私利为目的,没有徇私情徇私利目的,也不能构成本罪的主体。主观上是过失的不能构成本罪的犯罪主体。

从犯罪行为上区分。本罪必须是利用职务之便,徇私舞弊低价折股、出售公司、企业资产的两种犯罪行为,才可以构成犯罪。如果其徇私舞弊,非法实施的不是低价折股、低价出售公司、企业财产的行为也不构成本罪。

从犯罪结果上区分。犯本罪必须是致使国家、公司、企业的利益遭受重大损失的结果,才构成犯罪;没有达到上述结果的,不构成本罪。致使国家、公司、企业利益遭受特别重大损失的结果,不是构成本罪的结果要件,而是适用加重法定刑的情节。

②注意区分本罪与为亲友非法牟利罪区别。本罪与为亲友非法牟利罪都是公司、企业的直接负责的主管人员,利用职务之便侵犯公司、企业财产和利益的犯罪。二罪的区别有两点:一是犯罪主体不完全相同,本罪的犯罪主体是公司、企业或者其上级主管部门直接负责的主管人员,这其中的公司、企业的主管人员对上述两种犯罪主体都能构成;而为亲友非法牟利罪的主体是公司、企业的工作人员和国有事业单位的工作人员,其主体的范围更广泛些。二是犯罪行为不同,本罪限定为徇私舞弊将公司、企业的财产低价折股、出售国有资产和低价折股和出售公司、企业财产的犯罪行为;而为亲友非法牟利罪的犯罪行为则限定为三种利用职务之便为亲友牟利的行为。上述两种不同点将二罪区分开。

③注意区分本罪与背信损害上市公司利益罪的区别。我国刑法第369条之一规定有背信损害上市公司利益罪,该罪与本罪有相似之处,容易混淆。两罪的相同点,都是背信损害公司、企业的财产和利益。二罪的区别有三点:一是犯罪主体不同,本罪的主体是有公司、企业或者其上级主管部门直接负责的主管人员;而背信损害上市公司利益罪的主体是上市公司的董事、监事、高级管理人员,其范围较前罪相对小些。二是犯罪行为不同,本罪的犯罪行为是徇私舞弊,将公司、企业的资产低价折股或者低价出售,致使国家、公司、企业的利益遭受重大损失的两种行为;而背信损害上市公司利益罪的犯罪行为是违背对公司的忠实义务,利用职

务便利,操纵上市公司从事无偿向其他单位或者个人提供资金、商品、服务或者其他资产等六种行为,致使上市公司的财产和利益遭受重大损失的犯罪行为。三是对单位处罚不同,本罪单位不构成犯罪;而上市公司的控股股东或者实际控制人是单位的,单位可以构成背信损害上市公司利益罪,对单位判处罚金,并对其直接负责的主管人员和其他直接责任人员,依照个人犯本罪的规定处罚。上述三点不同将两罪区分开。

④注意本罪罪名的认定和适用。本罪,最高人民法院、最高人民检察院确定的罪名是"徇私舞弊低价折股、出售公司、企业资产罪",该罪名是概括罪名,适用时如果罪名中所有的行为都存在,只适用概括罪名,不再分别认定为多罪名,不能数罪并罚。如果只有罪名中的某一种行为符合,没有其他行为,适用时可以选择其中相应之一作为独立罪名。适用本条规定的犯罪如果是国有公司、企业直接负责的主管人员徇私舞弊实施了将国有资产低价折股和低价出售两种行为,应认定为犯徇私舞弊低价折股、出售公司、企业资产罪的罪名;如果只实施了徇私舞弊低价折股犯罪行为,可以认定为徇私舞弊低价折股的罪名;如果只实施了徇私舞弊低价出售国有资产的犯罪行为,可以认定为徇私舞弊低价出售国有资产的罪名。

(四)单位受贿罪

单位受贿罪是《刑法修正案(十二)》第4条对刑法第387条规定的单位受贿罪的法定刑补充修改的犯罪。1997年12月9日最高人民法院、1997年12月25日最高人民检察院《关于执行中华人民共和国刑法确定罪名的规定》中规定为本罪名。

1.刑法规定内容的修改

刑法条文中有关单位受贿罪的规定有:

(1)1997年《刑法》第387条规定,"国家机关、国有公司、企业、事业单位、人民团体,索取、非法收受他人财物,为他人谋取利益,情节严重的,对单位判处罚金,并对其直接负责的主管人员和其他直接责任人员,处五年以下有期徒刑或者拘役。

前款所列单位,在经济往来中,在帐外暗中收受各种名义的回扣、手续费的,以受贿论,依照前款的规定处罚"。

(2)2023年12月29日《刑法修正案(十二)》第4条规定,将《刑法》第三百八十七条修改为:国家机关、国有公司、企业、事业单位、人民团体,索取、非法收受他人财物,为他人谋取利益,情节严重的,对单位判处罚金,并对其直接负责的主管人员和其他直接责任人员,处三年以下有期徒刑或者拘役;情节特别严重的,处三年以上十年以下有期徒刑。

前款所列单位,在经济往来中,在帐外暗中收受各种名义的回扣、手续费的,以受贿论,依照前款的规定处罚。

上述《刑法修正案(十二)》对《刑法》第387条规定的单位受贿罪的法定刑修改为:处三年以下有期徒刑或者拘役;情节特别严重的,处三年以上十年以下有期徒刑。将刑法原规定的一档法定刑修改为两档法定刑罚。

2.刑法规定修改的原因

单位受贿罪是1997年《刑法》新增加的犯罪,我国1979年《刑法》没有这种犯罪的规定。1988年全国人大常委会《关于惩治贪污罪贿赂罪的补充规定》第6条中增加规定了"全民所有制企业事业单位、机关、团体索取、收受他人财物,为他人谋取利益,情节严重的,判处罚金,并对直接负责的主管人员和其他直接责任人员,处5年以下有期徒刑或者拘役。1997年修订刑法时根据我国当时"商业贿赂犯罪"和国有单位受贿的特点,对"补充规定"规定的单位受贿罪作了重要修改:一是对单位受贿罪的主体修改为:"国家机关、国有公司、企业、事业单位、人民团体",即犯罪主体全部改为"国有单位";二是增加了第二款规定"前款所列单位,在经济往来中,在帐外暗中收受各种名义的回扣、手续费的,以受贿论,依照前款的规定处罚"。2023年《刑法修正案(十二)》为贯彻落实从严惩治贿赂犯罪的精神,做好衔接,加大对单位受贿、对单位行贿犯罪行为的惩处力度。将刑法第三百八十七条单位受贿罪的刑罚由原来最高判处五年有期徒刑的一个档次刑罚,修改为"处三年以下有期徒刑或者拘役"和"处三年以上十年以下有期徒刑"两个档次刑罚;在刑法第三百九十一条对单位行贿罪中,增加一档"情节严重的,处三年以上七年以下有期徒刑,并处罚金"的刑罚,使单位受贿罪与对单位行贿罪的法定刑相适应。

3. 单位受贿罪的适用

单位受贿罪是《刑法修正案(十二)》对《刑法》第387条规定的单位受贿罪法定刑补充修改的犯罪,要准确适用就必须弄清该罪的概念、构成特征、法定刑,以及适用时应注意的问题。

(1)单位受贿罪的概念。该罪是指国家机关、国有公司、企业、事业单位、人民团体,索取、非法收受他人财物,为他人谋取利益,情节严重的行为。国家机关、国有公司、企业、事业单位、人民团体,在经济往来中,在帐外暗中收受各种名义的回扣、手续费的,以单位受贿论。

在市场经济条件下,单位都有一定的经济独立权,特别是国有单位既有政治权力,也有经济计划和国有财产处理权力。一些单位和个人为了谋取不正当利益,往往以单位的名义向国有单位行贿,其行贿的数额大、隐蔽性强,给国家和人民造成重大损失,其社会危害性是很严重的。单位受贿比个人受贿的社会危害性更严重,其主要表现是:一是单位受贿的数额一般都很大,往往是几万、几十万,甚至几百万元;二是单位受贿后,行贿人谋的利益往往给国家和人民的利益造成严重的损害;三是隐蔽性大,以单位的名义收受贿赂不被人们注意,打着只要为集体咋干咋有理的旗号,破坏国家法律、法规的执行。我国刑法设专条规定了单位受贿罪,对单位判处罚金,对单位的直接负责的主管人员和其他直接责任人员,最高处10年有期徒刑,并处罚金。

(2)单位受贿罪的构成特征。根据《刑法》第387条规定,该罪的构成特征是:

①犯罪主体,是特殊主体,只有国有单位,即国家机关、国有公司、企业、事业单位、人民团体才能构成。本罪的主体除单位本身外,还有单位的直接负责的主管人员和其他直接责任人员。犯罪主体在主观上是故意索取或者收受他人财物的目的。

②犯罪行为,必须是以单位的名义实施了单位受贿行为。具体行为表现有:

a. 以单位的名义索取他人财物,为他人谋利益的行为,索取有明索行为,即以单位的名义向他人强要,或者以单位的名义对他人敲诈勒索财物的行为,如不给财物就不给办事等索贿行为;也有暗索行为,即言明"办事要花钱""单位职工收入少""职工工资低"等,或者不给贿赂,长期拖着不办事等。索取的财物,包括钱、物等物质利益和财产性的利益,不包括非物质利益。单位索贿犯罪行为,也必需具有为他人谋利益的行为,至少有为他人谋利益的意图。谋的利益可以是非法利益,也可以是合法利益。如果根本没有为他人谋利益的目的或者意图而以单位的名义索贿的行为,不能构成单位受贿罪,对单位直接负责的主管人员可认定为敲诈勒索行为。

b. 非法收受他人财物,为他人谋利益的行为。非法收受他人财物,有的是主动收受也有的是被动收受;可以在为他人谋利以前收受,也可以在为他人谋取利益以后收受。谋的利益可以是不正当利益,也可以是正当利益;可以是物质利益,也可以是非物质利益。

所谓不正当利益,是指谋取违反法律、法规、国家政策和国务院各部门规章规定的利益,以及谋取违反法律、法规、国家政策以及国务院各部门规章规定的帮助或便条件。

c. 违反国家规定,在经济往来中,在账外以单位的名义暗中收受各种名目的回扣、手续费,情节严重的行为。

③犯罪结果,本罪是结果犯,单位索取和收受他人财物为他人谋利的行为和收受回扣、手续费的行为都必须达到情节严重的结果,才能构成犯罪。

根据 2000 年 12 月 16 日,最高人民检察院《关于受贿罪立案标准》规定,涉嫌下列情形之一的,应予立案:

a. 单位受贿数额在 10 万元以上的;

b. 单位受贿数额不满 10 万元,但具有下列情形的之一的:(一)故意刁难、要挟有关单位、个人,造成恶劣影响的;(二)强行索取财物的;(三)致使国家或者社会利益遭受重大损失的。

(3)单位受贿罪的法定刑。根据刑法第 387 条规定,单位受贿罪的法定刑是:

①构成单位受贿罪的,对单位判处罚金,情节特别严重的从重处罚。

②构成单位受贿罪的,对单位直接负责的主管人员和其他直接责任人员,处三年以下有期徒刑或者拘役。

③构成单位受贿罪,情节特别严重的,对单位直接负责的主管人员和其他直接责任人员,处三年以上十年以下有期徒刑。

何谓情节特别严重,有待司法解释,可参照上述 2000 年 12 月 16 日最高人民检察院《关于受贿罪立案标准》规定中有一项或几项更加严重的情节。

④因单位受贿取得的违法所得归个人所有的,依照本法第 385 条、第 386 条的规定的受贿罪定罪处罚。

(4)认定单位受贿罪时,应注意的问题:

①划清罪与非罪的界限。

从犯罪主体上区分。本罪主体是国家机关、国有公司、企业、事业单位、人民团体等国有单位,自然人不能构成本罪主体,不具有国有单位资格的单位、组织也不能构成本罪。本罪主体在主观上是故意的,且必须是索取、收受不正当的利益,如果是取得正当的或者合法利益,是单位应得财物而收受的行为,不构成犯罪。例如,国有单位依照国家规定收受回扣、手续费等归单位所有的,不构成犯罪;国有单位收取应上缴国库的财物,可能使用一些强制手段的行为也不构成本罪。过失行为不能构成本罪。

从犯罪结果上区分。单位受贿行为必须是情节严重的结果才构成犯罪,如果达不到情节严重的结果不能构成犯罪,但应给予纪律、行政处分,并没收违法所得。

②注意划清单位受贿罪与受贿的界限。单位受贿罪是从受贿罪中分离出来的犯罪,其具有受贿方面犯罪的本质特征。二罪的根本区别是犯罪主体不同。单位受贿罪的主体是国有单位及其直接负责的主管人员和其他直接责任人员;而受贿罪的主体是国家工作人员,都是自然人,不包括单位。

③注意划清单位受贿罪与单位行贿罪的界限。单位受贿罪是国有单位索取、收受他人财物为他人牟取利益的行为,而单位行贿罪是单位为谋取不正当利益给予国家工作人员财物的行贿行为,二罪的根本区别有二点:一是犯罪的主体不同。单位受贿罪的主体是国有单位,不包括非国有单位和自然人,而单位行贿罪的主体是单位,不包括自然人;二是犯罪行为不同,国有单位受贿犯罪行为是索取收他人财物,为他人谋取利益,而单位行贿罪的犯罪行为是为谋取不正当利,给予国家工作人财物的行为。

④划清单位受贿罪与非国家工作人员受贿罪的区别。单位受贿罪是国有单位受贿,犯罪主体是国有单位,而非国家工作人员受贿罪是个人受贿,犯罪主体是公司、企业或者其他单位的工作人员(不具有国家工作人员身份)。二罪的根本区别是接受贿赂的主体不同,前者接受贿赂是国有单位,后者接受贿赂的是非国家工作人员。国有公司、企业或者其他国有单位中从事公务的人员和国有公司、企业或者其他国有单位委派到非国有公司、企业以及其他单位从事公务的人员的受贿犯罪行为的,依照本法第385条、第386条的规定定罪处罚。

⑤划清单位受贿罪与单位接受捐赠、接受赞助行为的界限。单位受贿罪是国有单位以单位的权力与行贿人进行权钱交易,行贿、受贿双方都有谋取利益的目的,因而是非法的,情节严重的构成犯罪。国有单位接受捐赠、赞助是无贷价的接受,不存在为他人谋利益的目的。根据我国法律、政策规定,捐赠、赞助的项目,例如,残疾人的福利基金、希望工程、防汛救灾、抢险、扶贫等捐助;兴办社会福利事业的单位接受有关单位和个人捐赠的款物等都是无偿的赠予,这是对社会有益的行为,是合法行为,不能构成犯罪。如果是以接受捐赠为名,实际上是国有单位利用职权为他人谋利益的行为,则是国有单位受贿的行为,达到情节严重的程度,构成犯罪。

(五)行贿罪

行贿罪是《刑法修正案(九)》第45条和《刑法修正案(十二)》第5条对《刑法》第390条规定的行贿罪的法定刑补充修改的犯罪。1997年12月9日最高人民法院、1997年12月25日最高人民检察院《关于执行中华人民共和国刑法确定罪名的规定》中规定为本罪名。

1. 刑法规定内容的修改

刑法条文中有关行贿罪的规定有:

(1)1979年《刑法》第185条第三款规定,向国家工作人员行贿或者介绍贿赂的,处三年以下有期徒刑或者拘役。

(2)1997年《刑法》第389条规定,为谋取不正当利益,给予国家工作人员以财物的,是行贿罪。

在经济往来中,违反国家规定,给予国家工作人员以财物,数额较大的,或者违反国家规定,给予国家工作人员以各种名义的回扣、手续费的,以行贿论处。

因被勒索给予国家工作人员以财物,没有获得不正当利益的,不是行贿。

1997年《刑法》第390条规定,对犯行贿罪的,处五年以下有期徒刑或者拘役;因行贿谋取不正当利益,情节严重的,或者使国家利益遭受重大损失的,处五年以上十年以下有期徒刑;情节特别严重的,处十年以上有期徒刑或者无期徒刑,可以并处没收财产。

行贿人在被追诉前主动交待行贿行为的,可以减轻处罚或者免除处罚。

(3)2015年8月29日《刑法修正案(九)》第45条规定,将《刑法》第三百九十条修改为:

对犯行贿罪的,处五年以下有期徒刑或者拘役,并处罚金;因行贿谋取不正当利益,情节严重的,或者使国家利益遭受重大损失的,处五年以上十年以下有期徒刑,并处罚金;情节特别严重的,或者使国家利益遭受特别重大损失的,处十年以上有期徒刑或者无期徒刑,并处罚金或者没收财产。

行贿人在被追诉前主动交待行贿行为的,可以从轻或者减轻处罚。其中,犯罪较轻的,对侦破重大案件起关键作用的,或者有重大立功表现的,可以减轻或者免除处罚。

(4)2023年12月29日《刑法修正案》第5条规定,将《刑法》第三百九十条修改为:"对犯行贿罪的,处三年以下有期徒刑或者拘役,并处罚金;因行贿谋取不正当利益,情节严重的,或者使国家利益遭受重大损失的,处三年以上十年以下有期徒刑,并处罚金;情节特别严重的,或者使国家利益遭受特别重大损失的,处十年以上有期徒刑或者无期徒刑,并处罚金或者没收财产。

有下列情形之一的,依照前款的规定从重处罚:

(一)多次行贿或者向多人行贿的;

(二)国家工作人员行贿的;

(三)在国家重点工程、重大项目中行贿的;

(四)为谋取职务、职级晋升、调整行贿的;

(五)对监察、行政法、司法工作人员行贿的;

(六)在生态环保、财政金融、安全生产、食品药品、防灾救灾、社会保障、教育、医疗等领域行贿,实施违法犯罪活动的;

(七)将违法所得用于行贿的。

行贿人在被追诉前主动交待行贿行为的,可以从轻或者减轻处罚。其中,犯罪较轻的,对调查突破、侦破重大案件起关键作用的,或者有重大立功表现的,可以减轻或者免除处罚。

上述1997年《刑法》对1979年《刑法》规定的受贿罪作了重大修改,不但增设专条规定了行贿罪的概念、特征还设专条规定行贿罪的法定刑及处罚原则,还将"在经济往来中,违反国家规定,给予国家工作人员以财物,数额较大的,或者违反国家规定,给予国家工作人员以各种名义的回扣、手续费的,以行贿论处"和"因被勒索给予国家工作人员以财物,没有获得不正当利益的,不是行贿"作了规定。对行贿罪的最高法定刑由原规定"处三年以下有期徒刑或者拘役",提高为"处十年以上有期徒刑或者无期徒刑,可以并处没收财产",加大了对行贿罪的惩处力度。

《刑法修正案(九)》将《刑法》第390条规定的行贿罪的三个法定刑中都增加了"并处罚金",同时增加规定,因行贿犯罪"使国家利益遭受特别重大损失的,处十年以上有期徒刑或者无期徒刑,并处罚金或者没收财产"的量刑情节。

《刑法修正案(十二)》又将《刑法》第390条规定的行贿罪的三个法定刑中都增加了修改。第一款为:对犯行贿罪的,处三年以下有期徒刑或者拘役,并处罚金;因行贿谋取不正当利益,情节严重的,或者使国家利益遭受重大损失的,处三年以上十年以下有期徒刑,并处罚金;情节特别严重的,或者使国家利益遭受特别重大损失的,处十年以上有期徒刑或者无期徒刑,并处罚金或者没收财产。增设第二款:有下列情形之一的,依照前款的规定从重处罚:(一)多次行贿或者向多人行贿的;(二)国家工作人员行贿的;(三)在国家重点工程、重大项目中行贿的;(四)为谋取职务、职级晋升、调整行贿的;(五)对监察、行政法、司法工作人员行贿的;(六)在生态环保、财政金融、安全生产、食品药品、防灾救灾、社会保障、教育、医疗等领域行贿,实施违法犯罪活动的;(七)将违法所得用于行贿的。

将第二款改为第三款修改为,行为人在被追诉前主动交待行贿行为的,可以从轻或者减轻处罚。其中,犯罪较轻的,对调查突破、侦破重大案件起关键作用的,或者有重大立功表现的,可以减轻或者免除处罚。

2.刑法规定修改的原因

行贿罪是受贿罪的对应犯罪,一般情况下有受贿罪时就有行贿行为,古今中外刑法中都规定有行贿、受贿犯罪行为,但罪名不同,我国《唐律》中规定为"有事以财行求罪""坐赃罪"等,有些国家法律中称为"行贿罪"或者"斡旋行贿罪"等。

我国1952年4月28日颁布的《惩治贪污条例》中将行贿犯罪行为规定按贪污罪处罚。我国1979年《刑法》将行贿罪规定在渎职罪中,该《刑法》第185在规定受贿罪后又规定"向国家工作人员行贿或者介绍贿赂的,处3年以下有期徒刑或者拘役"。1979年《刑法》实施以后,司法实践中认为对行贿犯罪处刑太轻。1988年全国人大常委会《关于惩治贪污罪贿赂罪的补充规定》第7条规定,"为谋取不正当利益,给予国家工作人员、集体经济组织工作人员或者其他从事公务的人员以财物的,是行贿罪。在经济往来中,违反国家规定,给予国家工作人员、集体经济组织工作人员或者其他从事公务的人员以财物,数额较大的,或者违反国家规定,给予国家工作人员、集体经济组织工作人员或者其他从事公务的人员以各种名义的回扣、手续费的,以行贿论处"。"因被勒索给予国家工作人员、集体经济组织工作人员或者其他从事公务的人员以财物,没有获得不正当利益的,不是行贿"。第8条规定,"对犯行贿罪的,处五年以下有期徒刑或者拘役;因行贿谋取不正当利益,情节严重的,或者使国家利益、集体利益遭受重大损失的,处五年以上十年以下有期徒刑;情节特别严重的,处十年以上有期徒刑或者无期徒刑,并处没收财产"。"行贿人在被追诉前主动交待行贿行为的,可以减轻处罚或者免除处罚"。"因为行贿进行违法活动,构成其他犯罪,依照数数并罚处罚。"上述《补充规定》对行贿罪的规定比1979年《刑法》规定更详细、具体,并提高了行贿罪的法定刑。

1997年修订《刑法》对补充规定又作了三点重要修改:(1)将行贿罪的主体只限定为自然人,不包括单位,对单位行贿的行为单独规定为单位行贿罪。(2)行贿罪的对象作了限制性规定,只是对国家工作人员行贿,不再包括"集体经济组织工作人员或者其他从事公务的人员"(3)增加了一个更高档次的法定刑,即"情节特别严重的,处十年以上有期徒刑或者无期徒刑,可以并处没收财产"。同时删去了"因为行贿进行违法活动,构成其他犯罪,依照数数并罚处罚"的规定。使惩治行贿罪的法律规定更加完善。

然而,当前司法实践中存在对行贿惩处偏轻的情况,从有关数据看,同期行贿受贿案件查处数量差距较大,从这些年法院一审新收案件数量看,行贿罪与受贿罪案件数的比例大概在1:3,有的年份达到1:4或者更大比例,一个受贿案件对应的行贿人通常为多人,未被追究刑事责任的行贿人(次)比例会更高。这种过于宽大不追究行贿人的情况不利于切断贿赂犯罪因果链和系统治理行贿犯罪问题,需要进一步发挥刑法在一体推进不敢腐、不能腐、不想腐体制中的重要作用,遵照党的十九大、二十大强调的"坚持受贿行贿一起查"的指示,《刑法修正案(十二)》在《刑法修正案(九)》修改行贿犯罪的基础之上对行贿犯罪又一次重大修改,对一些严重行贿行为加大刑事处罚力度。

3. 行贿罪的适用

行贿罪是《刑法修正案(九)》第45条和《刑法修正案(十二)》第5条对《刑法》第390条规定的行贿罪法定刑修改补充的犯罪,要准确适用就必须弄清该罪的概念、构成特征、法定刑,以及适用时应注意的问题。

(1)行贿罪的概念。该罪是指为谋取不正当利益,给予国家工作人员以财物的行为。在经济往来中,违反国家规定,给予国家工作人员以财物,数额较大的,或者违反国家规定,给予国家工作人员以各种名义的回扣、手续费的,以行贿论处。

行贿罪不是职务犯罪,其是受贿罪的对应犯罪,行贿人为谋取不正当利益,主动向国家工作人员行贿,以期望国家工作人员利用职务之便为其谋取不正当利益,是贿赂犯罪意图的发起者,是以给予财物的方法腐蚀国家工作人员的思想,让国家工作人员违反国法律规定,为其谋取不正当的利益。行贿人不择手段"围猎"党员干部是当前腐败增量仍有发生的重要原因,其主观恶性深,社会危害性严重,是政治生态的一个重要"污染源",对行贿行为决不能放纵。我国刑法将行贿行为规定为犯罪,最高处无期徒刑,并处罚金或者没收财产。这种严厉惩处行贿罪对从源头上遏制贿赂犯罪有重要意义。

(2)行贿罪的构成特征。根据《刑法》第389条规定,该罪的构成特征是:

①犯罪主体,是一般主体,达到法定年龄具有刑事责任能力实施了行贿犯罪行为的自然人。本罪法定年龄是年满16周岁以上的自然人。中国公民、外国人、无国籍人、国家工作人员都可以构成本罪的犯罪主体。单位行贿不构成本罪,但根据行贿对象分别可以构成独立的有关行贿犯罪。

②犯罪行为,必须是实施了行贿行为。具体表现有:

a. 为谋取不正当利益,给予国家工作人员以财物的行为。行贿的对象必须是国家工作人员。给予国家工作人员的财物,包括钱、物等物质利益和财产性的利益,不包括非物质利益。给予国家工作人员财物的目的是为了谋取不正当利益。

所谓不正当利益,是指谋取违反法律、法规、国家政策和国务院各部门规章规定的利益,以及谋取违反法律、法规、国家政策和国务院各部门规章规定的帮助或方便条件。如果被勒索而行贿,获得了不正当利益,构成行贿罪;被勒索而行贿,没有获得不正当利益的行为,不构成行贿犯罪行为。

根据2016年4月18日最高人民法院、最高人民检察院《关于办理贪污贿赂刑事案件适用法律若干问题的解释》第12条规定,贿赂犯罪中的"财物",包括货币、物品和财产性利益。财产性利益,包括可以折算为货币的物质利益如房屋装修、债务免除等,以及需要支付货币的其他利益如会员服务、旅游等。后者的犯罪数额,以实际支付或者应当支付的数额计算。

上述解释第13条规定,具有下列情形之一的,应当认定为"为他人谋取利益",构成犯罪的,应当依照刑法关于受贿犯罪的规定定罪处罚:(一)实际或者承诺为他人谋取利益的;(二)明知他人有具体请托事项的;(三)履职时未被请托,但事后基于该履职事由收受他人财物的。国家工作人员索取、收受具有上下级关系的下属或者具有行政管理关系的被管理人员的财物价值三万元以上,可能影响职权行使的,视为承诺为他人谋取利益。

b. 在经济往来中,违反国家规定,给予国家工作人员以财物,数额较大的行为。这种行为不需要为他人谋取不正当利益为条件。即使是为谋取正当利益而给予国家工作人员以财物数额较大的,也可以构成行贿罪的犯罪行为。

c. 在经济往来中,违反国家规定,给予国家工作人员以各种名义的回扣、手续费的行为。在经济往来中,如果按照国家规定给予购货单位回扣、手续费的行为是合法行为,如果违反规定,给予国家工作人员个人回扣、手续费,归个人所有,数额较大的,则是行贿行为。

③犯罪结果,在一般情况下,给予国家工作人员以财物的行贿罪是行为犯,只要实施了行贿行为就可以构成犯罪,而刑法特别规定在经济往来中,给予国家工作人员以财物的行贿罪是结果犯,只有行贿数额较大的才构成犯罪,何为数额较大,依据司法解释规定。具有下列情形之一的,也可以构成行贿犯罪行为:a. 为谋取非法利益而行贿的;b. 向三人以上行贿的,可以构成行贿罪;c. 向党政领导、司法工作人员、行政执法人员行贿的;d. 致使国家或者社会利益遭受重大损失的。

(3)行贿罪的法定刑。根据《刑法》第390条规定,行贿罪的法定刑是:

①构成行贿罪的,处三年以下有期徒刑或者拘役,并处罚金。

根据2016年4月18日最高人民法院、最高人民检察院《关于办理贪污贿赂刑事案件适用法律若干问题的解释》第7条规定,为谋取不正当利益,向国家工作人员行贿,数额在三万元以上的,应当依照刑法第三百九十条的规定以行贿罪追究刑事责任。

行贿数额在一万元以上不满三万元,具有下列情形之一的,应当依照刑法第三百九十条的规定以行贿罪追究刑事责任:(一)向三人以上行贿的;(二)将违法所得用于行贿的;(三)通过行贿谋取职务提拔、调整的;(四)向负有食品、药品、安全生产、环境保护等监督管理职责的国家工作人员行贿,实施非法活动的;(五)向司法工作人员行贿,影响司法公正的;(六)造成经济损失数额在五十万元以上不满一百万元的。

②犯行贿罪,情节严重的,或者使国家利益遭受重大损失的,处三年以上十年以下有期徒刑,并处罚金。

根据2016年4月18日最高人民法院、最高人民检察院《关于办理贪污贿赂刑事案件适用法律若干问题的解释》第8条规定,犯行贿罪,具有下列情形之一的,应当认定为刑法第三百九十条第一款规定的"情节严重":(一)行贿数额在一百万元以上不满五百万元的;(二)行贿数额在五十万元以上不满一百万元,并具有本解释第七条第二款第一项至第五项规定的情形之一的;(三)其他严重的情节。

为谋取不正当利益,向国家工作人员行贿,造成经济损失数额在一百万元以上不满五百万元的,应当认定为刑法第三百九十条第一款规定的"使国家利益遭受重大损失"。

③犯行贿罪,情节特别严重的,或者使国家利益遭受特别重大损失的,处十年以上有期徒刑或者无期徒刑,并处罚金或者没收财产。

有下列情形之一的,依照前款的规定从重处罚:(一)多次行贿或者向多人行贿的;(二)国家工作人员行贿的;(三)在国家重点工程、重大项目中行贿的;(四)为谋取职务、职级晋升、调整行贿的;(五)对监察、行政法、司法工作人员行贿的;(六)在生态环保、财政金融、安全生产、食品药品、防灾救灾、社会保障、教育、医疗等领域行贿,实施违法犯罪活动的;(七)将违法所得用于行贿的。

这里应特别注意的是,在适用上述七项从重处罚情形中第(六)项时,必须是为"实施违法犯罪活动"行贿的,如果不是实施违法活动而向上述领域行贿的不能从重处罚。

行贿人在被追诉前主动交待行贿行为的,可以从轻或者减轻处罚。其中,犯罪较轻的,对调查突破、侦破重大案件起关键作用的,或者有重大立功表现的,可以减轻或者免除处罚。

根据2016年4月18日最高人民法院、最高人民检察院《关于办理贪污贿赂刑事案件适用法律若干问题的解释》第9条规定,犯行贿罪,具有下列情形之一的,应当认定为刑法第三百九十条第一款规定的"情节特别严重":(一)行贿数额在五百万元以上的;(二)行贿数额在二百五十万元以上不满五百万元,并具有本解释第七条第二款第一项至第五项规定的情形之一的;(三)其他特别严重的情节。

"为谋取不正当利益,向国家工作人员行贿,造成经济损失数额在五百万元以上的,应当认定为《刑法》第三百九十条第一款规定的"使国家利益遭受特别重大损失"。

④犯本罪,犯罪较轻的,可以减轻或者免除处罚。

行贿人在被追诉前主动交待行贿行为的,可以从轻或者减轻处罚。其中,犯罪较轻的,对调查突破、侦破重大案件起关键作用的,或者有重大立功表现的,可以减轻或者免除处罚。

根据2016年4月18日最高人民法院、最高人民检察院《关于办理贪污贿赂刑事案件适用法律若干问题的解释》第14条规定,"根据行贿犯罪的事实、情节,可能被判处三年有期徒刑以下刑罚的,可以认定为《刑法》第三百九十条第二款规定的"犯罪较轻"。

"根据犯罪的事实、情节,已经或者可能被判处十年有期徒刑以上刑罚的,或者案件在本省、自治区、直辖市或者全国范围内有较大影响的,可以认定为《刑法》第三百九十条第三款规定的"重大案件"。具有下列情形之一的,可以认定为《刑法》第三百九十条第三款规定的"对调查突破、侦破重大案件起关键作用:(一)主动交待办案机关未掌握的重大案件线索的;(二)主动交待的犯罪线索不属于重大案件的线索,但该线索对于重大案件侦破有重要作用的;(三)主动交待行贿事实,对于重大案件的证据收集有重要作用的;(四)主动交待行贿事实,对于重大案件的追逃、追赃有重要作用的"。

(4)认定行贿罪时,应注意的问题:

①划清罪与非罪的界限。

从犯罪主体上区分。本罪主体是一般体,单位不能构成本罪。本罪主体在主观上是故意的,且必须是为谋取不正当的利益,如果是为取得正当或者合法利益,而给予国家工作人员以财物的行为,不构成本罪。

从犯罪行为上区分。本罪必须是实施了向国家工作人员行贿的行为,向非国家工作人员和单位行贿的行为不构成本罪。本罪必须是给予国家工作人员以财物的行为,给予非财物利益的行为不构成本罪。

从犯罪结果上区分。本罪在非经济往来活动中,向国家工作人员行贿是行为犯,只要实施了行为,即使是没有谋取到非法利益也构成犯罪。但是情节轻微危害不大的,不认为是犯罪。但在经济往来中,给予国家工作人员个人回扣、手续费的行贿行为,则必须是数额较大的行贿行为,是结果犯,达不到数额较大的,不能构成犯罪。

②注意行贿罪与受贿的不同认定条件。行贿罪是受贿罪的对应犯罪。但认定时应分别认定,不是所有的受贿罪都有行贿罪,有些受贿罪没有对应的行贿罪。例如,为取得正当利益

向国家工作人员行贿,行贿人不构成犯罪,而受贿人则构成受贿罪。再如,被勒索而行贿,没有获得不正当利益,行贿人不构成犯罪,而索贿人则构成受贿罪。对犯行贿罪定罪量刑的数额标准与受贿罪定罪量刑的数额标准不是同一标准。例如,行贿罪的"数额较大"与受贿罪的"数额较大"的具体数额是不同的数额的。

③注意对行贿罪从宽处罚的适用。司法实践中,为了调查、侦查突破受贿罪而对行贿犯罪人往往采取网开一面,只要行贿人在起诉前交待了行贿行为,一般从宽处理,或者不认定为犯罪或者免除刑罚。为保证司法统一和准确惩治行贿犯罪,《刑法修正案(九)》第45条第2款作了专门规定,"行贿人在被追诉前主动交待行贿行为的,可以从轻或者减轻处罚。其中,犯罪较轻的,对侦破重大案件起关键作用的,或者有重大立功表现的,可以减轻或者免除处罚。"《刑法修正案(十二)》第5条第3款又作了专门修改规定为:"行贿人在被追诉前主动交待行贿行为的,可以从轻或者减轻处罚。其中,犯罪较轻的,对调查突破、侦破其他重大案件起关键作用的,或者有重大立功表现的,可以减轻或者免除处罚"。

司法机关应严格执行对行贿罪的从宽处罚条件的规定,不能无条件的从宽,妥善把握查处行贿的法律、政策尺度,扭转有的执法办案人员重受贿轻行贿的观念,对法律规定重点查处的行贿案件应立案的坚决予以立案,该处理的坚决作出处理。

④注意划清行贿罪与对单位行贿罪、单位行贿罪、对非国家工作人员行贿罪、对外国公职人员、国际公共组织官员行贿罪的界限。上述犯罪都是行贿方面的犯罪,认定时容易混淆。上述行贿犯罪的根本区别是行贿主体和行贿对象不同。除单位行贿罪的主体是单位外,而其他行贿罪、对单位行贿罪、对非国家工作人员行贿罪、对外国公职人员、国际公共组织官员行贿罪的主体都是一般主体。上述犯罪的对象分别是:行贿罪的对象是国家工作人员,对单位行贿罪的对象是国有单位,即:国家机关、国有公司、企业、事业单位、人民团体。单位行贿罪的对象是国家工作人员。对非国家工作人员行贿罪的对象是非国有单位的工作人员,即:公司、企业或者其他单位的工作人员。对外国公职人员、国际公共组织官员行贿罪的对象是外国公职人员、国际公共组织官员。由于行贿的主体和对象不同将上述行贿方面的5个具体犯罪区别开来。

(六)对单位行贿罪

对单位行贿罪是《刑法修正案(九)》第47条和《刑法修正案(十二)》第6条对《刑法》第391条规定的对单位行贿罪的法定刑补充修改的犯罪。1997年12月9日最高人民法院、1997年12月25日最高人民检察院《关于执行中华人民共和国刑法确定罪名的规定》中规定为本罪名。

1. 刑法规定内容的修改

刑法条文中有关对单位行贿罪的规定有:

(1)1997年《刑法》第391条规定,"为谋取不正当利益,给予国家机关、国有公司、企业、事业单位、人民团体以财物的,或者在经济往来中,违反国家规定,给予各种名义的回扣、手续费的,处三年以下有期徒刑或者拘役"。

"单位犯前款罪的,对单位判处罚金,并对其直接负责的主管人员和其他直接责任人员,依照前款的规定处罚"。

(2)2015年8月29日《刑法修正案(九)》第47条规定,将《刑法》第三百九十一条第一款修改为:"为谋取不正当利益,给予国家机关、国有公司、企业、事业单位、人民团体以财物的,或者在经济往来中,违反国家规定,给予各种名义的回扣、手续费的,处三年以下有期徒刑或者拘役,并处罚金。"

上述《刑法修正案(九)》将对《刑法》第391条规定的对单位行贿罪的法定刑中增加了"并处罚金"的规定。

(3)2023年12月29日《刑法修正案(十二)》第6条规定,将《刑法》第三百九十一条修改为:为谋取不正当利益,给予国家机关、国有公司、企业、事业单位、人民团体以财物的,或者在经济往来中,违反国家规定,给予各种名义的回扣、手续费的,处三年以下有期徒刑或者拘役,并处罚金;情节严重的,处三年以上七年以下有期徒刑,并处罚金。

单位犯前款罪的,对单位判处罚金,并对其直接负责的主管人员和其他直接责任人员,依照前款的规定处罚。

上述《刑法修正案(十二)》对《刑法》第391条第一款增加"情节严重的,处三年以上七年以下有期徒刑,并处罚金"的规定。

2. 刑法规定修改的原因

对单位行贿罪是1997年《刑法》新增加的犯罪,我国1979年《刑法》和1988年全国人大常委会《关于惩治贪污罪贿赂罪的补充规定》中都没有这种犯罪的规定。1997年修订刑法时根据我国当时公有制与私有制经济并存,私有单位或者个人为了谋取不正当利益而对国有单位行贿严重的情况下,刑法设专条将其规定为独立的罪名,适用独立的法定刑。但该法规定,对单位行贿罪"处三年以下有期徒刑或者拘役",其中没有规定财产刑,不能有效地惩治对单位行贿的犯罪个人或者单位。2015年《刑法修正案(九)》在对单位行贿罪的法定刑中,增加"并处罚金",从经济上给予惩罚,挽回由于其对单位行贿给国家造成的财产损失。

2023年《刑法修正案(十二)》根据当前对单位行贿犯罪严重的实际情况和贯彻落实中央从严惩治行贿犯罪的精神,做好法律衔接,加大了对单位行贿犯罪行为的惩处力度。

3. 对单位行贿罪的适用

对单位行贿罪是《刑法修正案(九)》和《刑法修正案(十二)》对《刑法》第391条规定的对单位行贿罪法定刑修改补充的犯罪,要准确适用就必须弄清该罪的概念、构成特征、法定刑,以及适用时应注意的问题。

(1)对单位行贿罪的概念。该罪是指为谋取不正当利益,给予国家机关、国有公司、企业、事业单位、人民团体以财物的,或者在经济往来中,违反国家规定,给予各种名义的回扣、手续费的行为。

在市场经济条件下,有些单位和个人在市场竞争中采取行贿的手段谋取非法利益。由于国家法律对国家工作人员受贿罪规定了严厉的刑罚处罚,很多国家工作人员拒绝受贿,而有些单位或者个人转向对单位行贿,使受贿单位以单位的名义为行贿人谋取不正当利益,其社会危害性比对个人行贿更严重。为了准确惩治对单位行贿犯罪行为,我国刑法设专条规定了对单位行贿罪,最高处七年有期徒刑,并处罚金。

(2)对单位行贿罪的构成特征。根据《刑法》第391条规定,该罪的构成特征是:

①犯罪主体,是一般主体,达到法定年龄具有刑事责任能力实施了对单位行贿犯罪行为的自然人和单位。本罪法定年龄是年满16周岁以上的自然人。单位犯本罪的主体除单位本

身外,还有单位的直接负责的主管人员和其他直接责任人员。犯罪主体在主观上是故意的,并且有谋取不正当利益的目的。

②犯罪行为,必须是实施了对单位行贿行为。具体行为表现有:

a.为谋取不正当利益,给予国家机关、国有公司、企业、事业单位、人民团体以财物的行为。行贿的对象必须是国有单位。给予国有单位的财物,包括钱、物等物质利益和财产性的利益,不包括非物质利益。给予国有单位财物的目的是为了谋取不正当利益。

所谓不正当利益,是指谋取违反法律、法规、国家政策和国务院各部门规章规定的利益,以及谋取违反法律、法规、国家政策和国务院各部门规章规定的帮助或方便条件。

参照2016年4月18日最高人民法院、最高人民检察院《关于办理贪污贿赂刑事案件适用法律若干问题的解释》第12条规定,贿赂犯罪中的"财物",包括货币、物品和财产性利益。财产性利益,包括可以折算为货币的物质利益如房屋装修、债务免除等,以及需要支付货币的其他利益如会员服务、旅游等。后者的犯罪数额,以实际支付或者应当支付的数额计算。

上述解释第13条规定,具有下列情形之一的,应当认定为"为他人谋取利益",构成犯罪的,应当依照刑法关于受贿犯罪的规定定罪处罚:(一)实际或者承诺为他人谋取利益的;(二)明知他人有具体请托事项的;(三)履职时未被请托,但事后基于该履职事由收受他人财物的。国家工作人员索取、收受具有上下级关系的下属或者具有行政管理关系的被管理人员的财物价值三万元以上,可能影响职权行使的,视为承诺为他人谋取利益。

b.在经济往来中,违反国家规定,给予国家机关、国有公司、企业、事业单位、人民团体各种名义的回扣、手续费的行为,这种行为不需要为他人谋取利益为条件。

③犯罪结果,是行为犯,只要实施了对单位行贿行为就可以构成犯罪。根据司法解释是指个人向单位行贿数额在10万元以上、单位行贿数额在20万元以上的。

(3)对单位行贿罪的法定刑。根据《刑法》第391条规定,对单位行贿罪的法定刑是:

①构成对单位行贿罪的,处三年以下有期徒刑或者拘役,并处罚金。

根据2000年12月1日,最高人民检察院《关于行贿罪立案标准》规定,涉嫌下列情形之一的应予立案:(一)个人行贿数额在10万元以上、单位行贿数额在20万元以上的;(二)个人行贿数额不满10万元、单位行贿数额在10万元以上不满20万元,但具有下列情形的之一的:(1)为谋取非法利益而行贿的;(2)向三个以上单位行贿的;(3)向党政机关、司法机关、行政机关行贿的;(4)致使国家或者社会利益遭受重大损失的。

②构成对单位行贿罪,情节严重的,处三年以上七年以下有期徒刑,并处罚金。"

何为"情节严重"有待司法解释,可参照上述2000年12月1日,最高人民检察院《关于行贿罪立案标准》规定中有一项或者几项更加严重的情节,即:涉嫌下列情形之一的应予立案:(一)个人行贿数额在10万元以上、单位行贿数额在20万元以上的;(二)个人行贿数额不满10万元、单位行贿数额在10万元以上不满20万元,但具有下列情形的之一的:(1)为谋取非法利益而行贿的;(2)向三个以上单位行贿的;(3)向党政机关、司法机关、行政机关行贿的;(4)致使国家或者社会利益遭受重大损失的。

③单位犯本罪的,对单位判处罚金,并对其直接负责的主管人员和其他直接责任人员,依照前款的规定处罚。

(4)认定对单位行贿罪时,应注意的问题:

①划清罪与非罪的界限。

从犯罪主体上区分。本罪主体是自然人和单位。不满16周岁以上的人不能构成本罪主体,不具有单位资格的组织对单位行贿的,追究其负责的自然人的刑事责任。本罪主体在主观上是故意的,且必须是为谋取不正当的利益的目的,如果是为取得正当或者合法利益,而给予国有单位以财物的行为,不构成犯罪。过失行为不能构成本罪。

从犯罪行为上区分。本罪必须是实施了对国有单位行贿的行为,向非国有单位行贿的行为不构成犯罪,例如向非国有公司、企业、事业单位行贿的行为不构成犯罪。

从犯罪结果上区分。本罪是行为犯,对单位行贿情节显著轻微危害不大的,依照《刑法》第13条犯罪定义的规定,不认为是犯罪。本罪是给予国有单位财物的才构成犯罪,给予国有单位非财物或非财产利益的行为不构成本罪。

②注意划清对单位行贿罪与行贿的界限。对单位行贿罪和行贿罪都是行贿方面的犯罪,二罪的犯罪主体和犯罪行为相似。二罪的根区别是行贿对象不同,对单位行贿罪的行贿对象是国有单位;而行贿罪的行贿对象是国家工作人员。另外,对二罪的处罚轻重不同,对单位行贿罪,最高处七年有期徒刑、并处罚金;而行贿罪最高处无期徒刑,并罚金或者处没收财产。

③注意划清对单位行贿罪与单位行贿罪的界限。对单位行贿罪是对国有单位行贿,而单位行贿罪是单位向国家工作人员行贿。二罪的根本区别是行贿的主体和行贿的对象不同。对单位行贿罪的主体是一般主体,包括单位和自然人;而单位行贿罪的主体只能是单位,不包括自然人。对单位行贿罪行贿的对象是国有单位,不包括自然人和非国有单位;而单位行贿罪行贿的对象是国家工作人员,不包括非国家工作人员和单位。由于二罪的主体和对象不同将二罪区分开来。非国有单位对国有单位行贿,构成对单位行贿罪。非国有单位对国家工作人员行贿的,构成单位行贿罪。单位或者个人对非国有单位行贿的行为不构成犯罪。

④划清对单位行贿罪与对非国家工作人员行贿罪的区别。对单位行贿罪是单位或者个人对国有单位行贿,即向国家机关、国有公司、企业、事业单位、人民团体行贿;而对非国家工作人员行贿是单位或者个人对公司、企业或者其他单位的工作人员行为。二罪的根本区别是接受贿赂的人不同,前者接受贿赂的是国有单位,后者接受贿赂的对象是非国家工作人员,即公司、企业或者其他单位的工作人员,其不具有国家工作人员身份。

(七)单位行贿罪

单位行贿罪是《刑法修正案(九)》第49条和《刑法修正案(十二)》第7条对《刑法》第393条规定的单位行贿罪的法定刑补充修改的犯罪。1997年12月9日最高人民法院、1997年12月25日最高人民检察院《关于执行中华人民共和国刑法确定罪名的规定》中规定为本罪名。

1. 刑法规定内容的修改

刑法条文中有关单位行贿罪的规定有:

(1)1997年《刑法》第393条规定,单位为谋取不正当利益而行贿,或者违反国家规定,给予国家工作人员以回扣、手续费,情节严重的,对单位判处罚金,并对其直接负责的主管人员和其他直接责任人员,处五年以下有期徒刑或者拘役。因行贿取得的违法所得归个人所有的,依照本法第三百八十九条、第三百九十条的规定定罪处罚。

(2)2015年8月29日《刑法修正案(九)》第49条规定,将《刑法》第三百九十三条修改为:"单位为谋取不正当利益而行贿,或者违反国家规定,给予国家工作人员以回扣、手续费,情节严重的,对单位判处罚金,并对其直接负责的主管人员和其他直接责任人员,处五年以下有期徒刑或者拘役,并处罚金。因行贿取得的违法所得归个人所有的,依照本法第三百八十九条、第三百九十条的规定定罪处罚。"

上述《刑法修正案(九)》对《刑法》第393条规定的单位行贿罪的法定刑中补充增加了"并处罚金"的规定。

(3)2023年12月29日《刑法修正案(十二)》第7条对《刑法》第三百九十三条修改为:"单位为谋取不正当利益而行贿,或者违反国家规定,给予国家工作人员以回扣、手续费,情节严重的,对单位判处罚金,并对其直接负责的主管人员和其他直接责任人员,处三年以下有期徒刑或者拘役,并处罚金;情节特别严重的,处三年以上十年以下有期徒刑,并处罚金。因行贿取得的违法所得归个人所有的,依照本法第三百八十九条、第三百九十条的规定定罪处罚。"

上述《刑法修正案(十二)》对《刑法》第393条第一款规定的"处五年以下有期徒刑或者拘役,并处罚金"修改为"处三年以下有期徒刑或者拘役,并处罚金;情节特别严重的,处三年以上十年以下有期徒刑,并处罚金",加大了处罚力度。

2.刑法规定修改的原因

单位行贿罪是1997年《刑法》新增加的犯罪,我国1979年《刑法》没有这种犯罪的规定。1988年全国人大常委会《关于惩治贪污罪贿赂罪的补充规定》中增加规定了"企业事业单位、机关、团体为谋取不正当利益而行贿或者违反国家规定,给予国家工作人员、集体经济组织工作人员或者其他从事公务的人员以回扣、手续费,情节严重的,判处罚金,并对直接负责的主管人员和其他直接责任人员,处5年以下有期徒刑或者拘役。因行贿取得的违法所得归私人所有的,依照本规定第8条(行贿罪)的处罚规定处罚"。1997年修订刑法时根据我国当时公有制与私有制经济并存,私有单位或者个人为了谋取不正当利益而对国家工作人员行贿情节严重的情况下,对"补充规定"规定的单位行贿罪作了重要修改:一是对单位行贿罪的主体扩大,将特定的单位,即:"企业事业单位、机关、团体",改为一般"单位",即所有的单位都可以构成单位犯罪的主体;二是缩小了行贿的对象,将"给予国家工作人员、集体经济组织工作人员或者其他从事公务的人员以回扣、手续费的"改为"给予国家工作人员以回扣、手续费的",使行贿的对象缩小到只有国家工作人员,这样改的目的是更准确的惩治单位行贿罪。但刑法规定,单位的直接负责的主管人员和其他直接责任人员构成"单位行贿罪的,处五年以下有期徒刑或者拘役"中没有规定财产刑,不能有效地惩治有关犯罪人员。2015年《刑法修正案(九)》在单位行贿罪的法定刑中,增加"并处罚金",以便从经济上给予惩罚,挽回由于其行贿给国家造成的财产损失。

2023年《刑法修正案(十二)》根据实践中,单位行贿案件较多,与个人行贿相比法定刑相差悬殊。一些行贿人以单位名义行贿,规避处罚,导致案件处理不平衡,惩处力度不足。为贯彻落实从严惩治行贿犯罪的精神,做好衔接,加大对单位行贿犯罪行为的惩处力度,提高了《刑法》第三百九十三条单位行贿罪的法定刑,将单位行贿罪刑罚由原来最高判处五年有期徒刑的一个档次法定刑罚,修改为处"处三年以下有期徒刑或者拘役,并处罚金"和"三年以上十年以下有期徒刑,并处罚金"两个档次法定刑罚。

3.单位行贿罪的适用

单位行贿罪是《刑法修正案(九)》和《刑法修正案(十二)》对《刑法》第393条规定的单位行贿罪法定刑补充修改的犯罪,要准确适用就必须弄清该罪的概念、构成特征、法定刑,以及适用时应注意的问题。

(1)单位行贿罪的概念。该罪是指单位为谋取不正当利益而行贿,或者违反国家规定,给予国家工作人员以回扣、手续费,情节严重的行为。

在市场经济条件下,单位,即:公司、企业、事业单位、机关、团体都有一定的经济独立权,单位在经营或者其他活动中为了谋取不正当利益,往往以单位的名义向国家工作人员行贿,其行贿的数额大、隐蔽性强,给国家和人民造成重大损失,其社会危害性是很严重的。我国刑法设专条规定了单位行贿罪,对单位判处罚金,对单位的直接负责的主管人员和其他直接责任人员,最高处十年有期徒刑,并处罚金。

(2)单位行贿罪的构成特征。根据《刑法》第393条规定,该罪的构成特征是:

①犯罪主体,是单位,单位是指刑法第30条规定的公司、企业、事业单位、机关、团体,即是依法成立的能以单位的名义行使权利和履行义务的组织。本罪的主体除单位本身外,还有单位的直接负责的主管人员和其他直接责任人员。犯罪主体在主观上是故意的,并且有谋取不正当利益的目的。

②犯罪行为,必须是单位实施了单位行贿行为。具体行为表现有:

a.为谋取不正当利益,以单位的名义给予国家工作人员以财物的行为。单位行贿的对象必须是国家工作人员。给予国家工作人员的财物,包括钱、物等物质利益和财产性的利益,不包括非物质利益。给予国家工作人员财物的目的是为了谋取不正当利益。

所谓不正当利益,是指谋取违反法律、法规、国家政策和国务院各部门规章规定的利益,以及谋取违反法律、法规、国家政策和国务院各部门规章规定的帮助或方便条件。

b.违反国家规定,以单位的名义给予国家工作人员回扣、手续费,情节严重的行为,这种行为不需要为他人谋取利益为条件。

③犯罪结果,给予国家工作人员以财物的行为和给予国家工作人员回扣、手续费的行为都必须达到情节严重的结果,才能构成犯罪。

根据2000年12月16日,最高人民检察院《关于行贿罪立案标准》规定,涉嫌下列情形之一的,应予立案:

a.单位行贿数额在20万元以上的;

b.单位为谋取不正当利益而行贿,数额在10万元以上不满20万元,但具有下列情形的之一的:(一)为谋取非法利益而行贿的;(二)向三人以上行贿的,;(三)向党政领导、司法工作人员、行政执法人员行贿的;(四)致使国家或者社会利益遭受重大损失的。

(3)单位行贿罪的法定刑。根据《刑法》第393条规定,单位行贿罪的法定刑是:

①构成单位行贿罪的,对单位判处罚金,情节特别严重的从重处罚。

②构成单位行贿罪的,对单位直接负责的主管人员和其他直接责任人员,处三年以下有期徒刑或者拘役,并处罚金。

③构成单位行贿罪,情节特别严重的,处三年以上十年以下有期徒刑,并处罚金。

何谓情节特别严重,有待司法解释,可参照上述 2000 年 12 月 16 日,最高人民检察院《关于行贿罪立案标准》规定中之一项或几项更加严重的情节,即涉嫌下列情形之一的:

a.单位行贿数额在 20 万元以上的;

b.单位为谋取不正当利益而行贿,数额在 10 万元以上不满 20 万元,但具有下列情形的之一的:(一)为谋取非法利益而行贿的;(二)向三人以上行贿的;(三)向党政领导、司法工作人员、行政执法人员行贿的;(四)致使国家或者社会利益遭受重大损失的。

④因单位行贿取得的违法所得归个人所有的,依照本法第 389 条、第 390 条的规定的行贿罪定罪处罚。

(4)认定单位行贿罪时,应注意的问题:

①划清罪与非罪的界限。

从犯罪主体上区分。本罪主体是单位。自然人不能构成本罪主体,不具有单位资格的组织也不能构成本罪。本罪主体在主观上是故意的,且必须是为谋取不正当的利益的目的,如果是为取得正当或者合法利益,单位给予国家工作人员财物的行为,不构成犯罪。例如,以单位的名义给国家工作人员送礼物的行为,是单方赠予行为,不存在权钱交易的内容,不存在谋取不正当利益的目的,因而不构成犯罪行为。当然,以单位送礼为名,实际上是为谋取不正当利益而进行行贿行为的,则应当认定为单位行贿罪。过失行为不能构成本罪。

从犯罪行为上区分。本罪必须是单位对国家工作人员实施行贿行为,如果是单位对非国家工作人员行贿不构成本罪,但可以构成对非国家工作人员行贿罪。单位对非国有单位行贿的行为不构成犯罪。如果是国家工作人员向某单位提供了技术服务、经济项目服务、法律咨询服务等劳动,单位根据政策和国家法律规定,给予国家工作人员一定的劳动报酬或者奖励的行为是合法行为,不能构成单位行贿罪。

从犯罪结果上区分。单位给予国家工作人员财物和给予回扣、手续费等财产性利益的行为都必须是情节严重的才构成犯罪,如果达不到情节严重的结果不能构成犯罪。单位给予国家工作人员的财物,包括金钱财物利益及财产性的利益,如果给予国家工作人员的是非财物利益的,也不构成犯罪。

②注意划清单位行贿罪与行贿的界限。单位行贿罪是从行贿罪中分离出来的犯罪,其具有行贿方面犯罪的本质特征。二罪的根本区别是犯罪主体不同。单位行贿罪的主体是单位及其直接负责的主管人员和其他直接责任人员;而行贿罪的主体是自然人,不包括单位。如果以单位的名义向国家工作人员行贿,而为个人谋取不正当利益,则应定为行贿罪,而不再定为单位行贿罪。

③注意划清单位行贿罪与对单位行贿罪的界限。单位行贿罪和对单位行贿罪都是从行贿方面犯罪分离出来的犯罪,都有行贿罪的本质特征。二罪的根本区别是行贿的主体和行贿对象不同。对单位行贿罪的主体是一般主体,包括单位和自然人,其行贿的对象是国有单位;而单位行贿罪的主体只能是单位,不包括自然人,其行贿的对象是国家工作人员。由于二罪的主体和对象不同将二罪区分开来。另外单位行贿罪是结果犯,必须是情节严重的才构成犯罪,而行贿罪是行为犯,只要实施了行贿行为就可以构成犯罪。非国有单位对国有单位行贿,构成对单位行贿罪。非国有单位对国家工作人员行贿的,构成单位行贿罪。

④划清单位行贿罪与对非国家工作人员行贿罪的区别。单位行贿罪是单位对国家工作

人员行贿；而对非国家工作人员行贿是单位或者个人对公司、企业或者其他单位的工作人员（不具有国家工作人员身份）行贿。二罪的根本区别是接受贿赂的人不同，前者接受贿赂的是国家工作人员，后者接受贿赂的是非国家工作人员，即公司、企业或者其他单位的工作人员。单位向非国家工作人员行贿的，不构成单位行贿罪，而构成对非国家工作人员行贿罪。

第三编　刑法的立法解释

　　刑法立法解释,是《刑法》颁布实施以后,全国人大常委会因《刑法》的条文规定需要进一步明确具体含义或者《刑法》制定后出现新的情况,需要明确适用法律依据所作的解释。刑法立法解释应从《刑法》颁布之日起开始生效,与《刑法》具有同等同时的效力,其效力高于司法解释和执法解释。根据我国《宪法》第67条的规定,我国刑法由全国人大制定和修改。在全国人大闭会期间,全国人大常委会有权对刑法部分内容进行补充和修改,但是其对刑法的补充和修改不得同刑法规定的基本原则相抵触。2015年3月15日修正的《立法法》第45条规定:"法律解释权属于全国人民代表大会常务委员会。法律有以下情况之一的,由全国人民代表大会常务委员会解释:(一)法律的规定需要进一步明确具体含义的;(二)法律制定后出现新的情况,需要明确适用法律依据的。"第50条规定:"全国人民代表大会常务委员会的法律解释同法律具有同等效力。"1981年6月10日,全国人大常委会在《关于加强法律解释工作的决议》第1条中规定:"凡关于法律、法令条文本身需要进一步明确界限或作补充规定的,由全国人民代表大会常务委员会进行解释或用法令加以规定。"第2条规定:"凡属于法院审判工作中具体应用法律、法令的问题,由最高人民法院进行解释。凡属于检察院检察工作中具体应用法律、法令的问题,由最高人民检察院进行解释。最高人民法院和最高人民检察院的解释如果有原则性的分歧,报请全国人民代表大会常务委员会解释或者决定。"第3条规定:"不属于审判和检察工作中的其他法律、法令如何具体应用的问题,由国务院及主管部门进行解释。"[①]该决议说明,在我国,刑法解释权属于全国人大常委会的职权。该决议第1条中全国人大常委会对刑法所作的解释称为立法解释,即立法机关对刑法所作的解释。该决议第2条中全国人大常委会授权最高司法机关对刑法有关具体应用问题所作的解释为司法解释。第3条是全国人大常委会授权最高国家行政机关及主管部门所作的执法解释。全国人大常委会通过该决议授权最高人民法院、最高人民检察院、国务院及其主管部门对刑法具体应用问题进行司法解释和执法解释,但其没有立法解释权。如果司法解释和执法解释与立法解释相冲突,应服从立法解释。1997年10月1日我国《刑法》实施以后,全国人大常委会根据我国政治、经济和社会治安形势发展的需要,从2000年4月29日第一次作了《关于〈中华人民共和国刑法〉第九十三条第二款的解释》的立法解释后,先后共作了9个立法解释。这些立法解释进一步明确了《刑法》有关条文规定的具体含义,统一了刑事司法和刑事法律研究的分歧意见,促进了刑法科学的发展。

[①] 王怀安等主编:《中华人民共和国法律全书》,吉林人民出版社1989年版,第86页。

第十七章　关于《中华人民共和国刑法》第九十三条第二款的解释

全国人大常委会《关于〈中华人民共和国刑法〉第九十三条第二款的解释》于2000年4月29日第九届全国人大常委会第十五次会议通过,并于当日公告。我国1997年《刑法》第93条将国家工作人员规定为国家机关中从事公务的人员。国有公司、企业、事业单位、人民团体中从事公务的人员和国家机关、国有公司、企业、事业单位委派到非国有公司、企业、事业单位、社会团体从事公务的人员,以及其他依照法律从事公务的人员。在1997年《刑法》两年多的司法实践中,对农村基层组织人员是否因管理村公共事务和协助政府管理公共事务属于"其他依照法律从事公务的人员",司法机关、法学教学研究部门有不同认识,严重影响了对此类案件的正确处理,最高人民法院、最高人民检察院建议全国人大常委会对此作出解释。在1999年12月17日第九届全国人大常委会第十三次会议上,全国人大常委会法制工作委员会受委员长会议的委托作了《关于〈中华人民共和国刑法〉第九十三条第二款的解释(草案)》的说明报告,建议全国人大常委会对《刑法》第93条第2款作出法律解释。全国人大法律委员会分别于2000年4月25日、27日两次向全国人大常委会作了《关于〈中华人民共和国刑法〉第九十三条第二款的解释(草案)》审议结果的报告,并认为:"有的常委委员提出,将村民委员会等农村基层组织人员以国家工作人员论与其现有的身份、享受的待遇和权利不符。需要说明的是,根据刑法的规定,本解释(草案)并不是将村委会等农村基层组织人员作为国家工作人员,而是当其协助政府从事行政管理工作时,利用职务非法占有公共财物、挪用公款、索取他人财物或者非法收受他人财物构成犯罪的,在对其处理时以国家工作人员论,适用刑法关于国家工作人员犯罪的处罚规定";"在审议中,有的委员对将村民委员会等村基层组织人员协助政府从事行政管理工作,以国家工作人员论,仍有不同意见。这个问题已在这次常委会上所作的审议结果报告中作了说明。法律委员会再次进行了研究,认为本解释草案符合《刑法》第93条第2款的立法本意,作出这一解释后,有利于司法机关正确适用法律,依法惩治村委会等村基层组织人员从事公务时利用职务便利非法占有公共财物、挪用公款、索取他人财物或者非法收受他人财物的犯罪"。[1] 2000年4月29日,全国人大常委会讨论了村民委员会等村基层组织人员在从事哪些工作时,属于《刑法》第93条第2款规定的"其他依照法律从事公务的人员",并作了解释,具体如下。

一、刑法规定及其法律解释的内容

刑法条文中有关国家工作人员范围的规定是:

---

[1] 《全国人民代表大会常务委员会公报》2000年第3期。

1. 1979年《刑法》第83条规定:"本法所说的国家工作人员是指一切国家机关、企业、事业单位和其他依照法律从事公务的人员。"

2. 1982年3月8日,全国人大常委会发布的《关于严惩严重破坏经济的罪犯的决定》(已失效)第1条,本决定所称国家工作人员,包括在国家各级权力机关、各级行政机关、各级司法机关、军队、国营企业、国家事业机构中工作的人员,以及其他各种依照法律从事公务的人员。

3. 1997年《刑法》第93条规定:"本法所称国家工作人员,是指国家机关中从事公务的人员。国有公司、企业、事业单位、人民团体中从事公务的人员和国家机关、国有公司、企业、事业单位委派到非国有公司、企业、事业单位、社会团体从事公务的人员,以及其他依照法律从事公务的人员,以国家工作人员论"。

4. 2000年4月29日,全国人大常委会《关于〈中华人民共和国刑法〉第九十三条第二款的解释》规定:"村民委员会等村基层组织人员协助人民政府从事下列行政管理工作,属于《刑法》第九十三条第二款规定的;'其他依照法律从事公务的人员':(一)救灾、抢险、防汛、优抚、扶贫、移民、救济款物的管理;(二)社会捐助公益事业款物的管理;(三)国有土地的经营和管理;(四)土地征收、征用补偿费用的管理;(五)代征、代缴税款;(六)有关计划生育、户籍、征兵工作;(七)协助人民政府从事的其他行政管理工作。村民委员会等村基层组织人员从事前款规定的公务,利用职务上的便利,非法占有公共财物、挪用公款、索取他人财物或者非法收受他人财物,构成犯罪的,适用刑法第三百八十二条和第三百八十三条贪污罪、第三百八十四条挪用公款罪、第三百八十五条和第三百八十六条受贿罪的规定。"

上述刑法规定及法律解释对《刑法》第93条第2款作了如下解释:

1. 村民委员会等村基层组织人员协助人民政府从事行政管理工作时,以国家工作人员论。我国1979年制定《刑法》时将农村生产队作为集体经济组织,在集体经济组织中从事集体公务时,也是依法从事公务的人员,以国家工作人员论。1997年《刑法》第93条规定的国家工作人员不包括单纯在集体单位从事集体公务的人员。这样一来,农村村民委员会等基层组织人员在农村集体经济组织中从事公务时就不能直接成为国家工作人员,但是对于他们协助政府从事一些行政管理工作时,可否认定为《刑法》第93条第2款规定的"其他依照法律从事公务的人员",人们在认识上有分歧意见。2000年4月29日,全国人大常委会在《关于〈中华人民共和国刑法〉第九十三条第二款的解释》中明确解释为:村民委员会等村基层组织人员协助人民政府从事规定的行政管理工作,属于《刑法》第93条第2款规定的"其他依照法律从事公务的人员";村民委员会等村基层组织人员从事规定的公务,利用职务上的便利,非法占有公共财物、挪用公款、索取他人财物或者非法收受他人财物,构成犯罪的,适用《刑法》第382条和第383条贪污罪、第384条挪用公款罪、第385条和第386条受贿罪的规定。

2. 村民委员会等村基层组织人员协助人民政府从事下列具体行政管理工作,以国家工作人员论:(1)救灾、抢险、防汛、优抚、扶贫、移民、救济款物的管理;(2)社会捐助公益事业款物的管理;(3)国有土地的经营和管理;(4)土地征收、征用补偿费用的管理;(5)代征、代缴税款;(6)有关计划生育、户籍、征兵工作;(7)协助人民政府从事的其他行政管理工作。前几项是列举式协助政府从事行政管理工作,最后一项是兜底式规定,即除前几项行政管理工作以外,村民委员会等村基层组织人员协助政府从事其他行政管理工作的,都以国家工作人员论。

二、对刑法规定解释的原因

全国人大常委会作出《关于〈中华人民共和国刑法〉第九十三条第二款的解释》的主要原因有：

1. 1997年《刑法》第93条对国家工作人员范围作了新规定。我国1979年《刑法》第83条规定的国家工作人员的范围将在农村集体经济组织中从事公务的人员包括其中，多年来，对农村集体经济组织中从事公务的人员以国家工作人员论，其可以构成贪污罪、挪用公款罪、受贿罪。1997年《刑法》第93条修改了国家工作人员范围规定，将集体经济组织中从事公务的人员排除在国家工作人员范围之外，不能直接构成贪污罪、挪用公款罪、受贿罪等，而现实中，广大农村基层组织人员又担负着协助国家政府从事许多行政管理工作的职责，如协助税务机关收税，协助土地管理部门对土地征用补偿费进行管理等。在协助政府从事这些行政管理工作时，其也可以利用从事行政管理工作的职务之便贪污、挪用国有财产及索贿受贿，其行为和性质与国家工作人员贪污、挪用公款、受贿犯罪行为完全相同，应当依照国家工作人员犯贪污罪、挪用公款罪、受贿罪的法律规定惩处。而司法实践中，司法机关对村基层组织人员可否适用《刑法》第93条第2款规定的"其他依照法律从事公务的人员"有不同认识，因而使有关案件得不到及时准确的处理。根据1981年全国人大常委会《关于加强法律解释工作的决议》第1条的规定："凡关于法律、法令条文本身需要进一步明确界限或作补充规定的，由全国人民代表大会常务委员会进行解释或用法令加以规定。"[①]因此，应当由全国人大常委会对村民委员会等农村基层组织人员是否适用《刑法》第93条第2款规定作出解释，予以明确。

2. 最高人民法院、最高人民检察院请求全国人大常委会作出立法解释。1997年《刑法》实施的两年多中，司法实践中发生许多农村基层组织人员经济犯罪案件，基层司法机关纷纷要求最高人民法院、最高人民检察院作出司法解释，但由于理论界、司法机关对该问题有不同认识，无法作出统一认识的司法解释。1981年全国人大常委会《关于加强法律解释工作的决议》第2条规定："凡属于法院审判工作中具体应用法律、法令的问题，由最高人民法院进行解释。凡属于检察院检察工作中具体应用法律、法令的问题，由最高人民检察院进行解释。最高人民法院和最高人民检察院的解释如果有原则性的分歧，报请全国人民代表大会常务委员会解释或决定。"[②]根据上述规定，最高人民法院、最高人民检察院分别书面报告，请求全国人大常委会作出立法解释。

3. 全国人大常委会法制工作委员会提请全国人大常委会修改刑法规定。1999年12月17日，在第九届全国人大常委会第十三次会议上，全国人大常委会法制工作委员会向全国人大常委会作了《关于〈中华人民共和国刑法〉第九十三条第二款的解释（草案）》的报告，建议全国人大常委会对《刑法》第93条第2款作出解释："农村村民委员会等基层组织依法或受政府委托从事村公共事务的管理工作属于依法从事公务，应以国家工作人员论。如果在从事公务时利用职务之便，非法占有公共财物，挪用公款或者收受贿赂，应当依照刑法关于国家工作人员贪污罪、挪用公款罪、受贿罪追究刑事责任，而不应适用刑法关于侵占罪、挪用资金罪和

---

① 王怀安等主编：《中华人民共和国法律全书》，吉林人民出版社1989年版，第86页。
② 王怀安等主编：《中华人民共和国法律全书》，吉林人民出版社1989年版，第86页。

业务受贿罪的规定。"①

全国人大法律委员会分别于2000年4月25日、27日两次向全国人大常委会作了《关于〈中华人民共和国刑法〉第九十三条第二款的解释（草案）》审议结果的报告。全国人大法律委员会认为该解释草案对于解决农村基层组织人员职务犯罪的法律适用问题，具有重要意义，基本可行。同时，提出以下修改意见：(1)有的部门指出，国务院正在进行农村税费改革的试点工作，乡统筹的收费将以税收的形式代替，草案的提法应与农村税费改革相适应。因此，全国人大法律委员会建议将该解释草案第2款第5项规定的"代征、代缴税收、收缴乡统筹"修改为"代征、代缴税款"。(2)该解释草案第2款第8项规定了"其他受乡、民族乡、镇的人民政府委托，协助其从事的行政管理工作和村公共事务管理的工作"。有些部门和地方提出，村委会等农村基层组织人员协助人民政府从事的行政管理工作具有政府行政管理性质，属于依法从事公务的范围，而村委会等村基层组织自行管理村公共事务的工作属于村民自治范围的事务，不宜纳入依法从事公务的范围。因此，全国人大法律委员会建议删去该项中"村公共事务管理的工作"的内容。(3)有的常委委员提出，《刑法》第93条第2款规定的"其他依照法律从事公务的人员"的主体不仅是村民委员会等村基层组织人员，还有其他人员，对其也应作出解释。需要说明的是，目前司法机关反映的比较突出、亟须解决的是村委会等农村基层组织人员在协助人民政府从事哪些工作时属于"其他依照法律从事公务的人员"的问题，因此，本解释只对此作出规定，并不对"其他依照法律从事公务的人员"的全部范围作出规定。对于其他主体的范围，有的法律已有明确规定，有的在实践中没有问题，有的在今后还需进一步研究。② (4)该解释草案第2款第3项规定了"土地的经营、管理和宅基地的管理"。有的委员提出，根据《土地管理法》的规定，农民集体所有的土地包括宅基地，依法属于村农民集体所有的，由村集体经济组织或者村民委员会经营、管理。这种经营、管理活动属于村民自治范围的事务，不宜纳入依法从事公务的范围。只有当村民委员会协助政府对国有土地进行经营和管理时，才是依法从事公务。因此，全国人大法律委员会建议将该项修改为"国有土地的经营和管理"。

鉴于上述原因，全国人大常委会在《关于〈中华人民共和国刑法〉第九十三条第二款的解释》中规定村民委员会等村基层组织人员协助人民政府从事行政管理工作时，属于《刑法》第93条第2款规定的"其他依照法律从事公务的人员"。

三、本解释的适用

全国人大常委会《关于〈中华人民共和国刑法〉第九十三条第二款的解释》在适用时应注意以下问题：

1.注意准确理解"从事公务"。《刑法》第93条规定的国家工作人员都是从事公务的人员。如何准确理解从事公务的人员，法学界有不同认识。笔者认为，公务就是公共事务的监督、管理职务活动。公务可分为集体公务、国家公务、社会公务。国家工作人员从事的公务是国家公务，是对国家事务的监督、管理活动，正如《全国法院审理经济犯罪案件工作座谈会纪要》第1条中认为："从事公务，是指代表国家机关、国有公司、企业、事业单位、人民团体等履

---

① 《全国人民代表大会常务委员会公报》2000年第3期。
② 参见《全国人民代表大会常务委员会公报》2000年第3期。

行组织、领导、监督、管理等职责。公务主要表现为与职权相联系的公共事务以及监督、管理国有财产的职务活动。如国家机关工作人员依法履行职责,国有公司的董事、经理、监事、会计、出纳人员等管理、监督国有财产等活动,属于从事公务。那些不具备职权内容的劳务活动、技术服务工作,如售货员、售票员等所从事的工作,一般不认为是公务。"①

2.注意准确理解其他依照法律从事公务的人员。《刑法》第93条第2款规定的"其他依照法律从事公务的人员",应当具备以下3个条件:(1)必须是《刑法》第93条第1款规定的"国家机关中从事公务的人员"和第2款前半部分规定的"国有公司、企业、事业单位、人民团体中从事公务的人员和国家机关、国有公司、企业、事业单位委派到非国有公司、企业、事业单位、社会团体从事公务的人员"以外的从事公务的人员,即在特定的情况下从事国家公务的人员;(2)必须依照法律规定从事公务,即其从事公务活动具有法律依据,例如,侦查机关聘请有专门知识的人作司法鉴定,其就是依照刑事诉讼法律规定"从事公务的人员";(3)必须是从事国家公务,以国家工作人员论的人员从事公务必须是从事国家公务,不是从事国家公务的不能以国家工作人员论。《全国法院审理经济犯罪案件工作座谈会纪要》中认为"其他依照法律从事公务的人员",具体应包括:(1)依法履行职责的各级人民代表大会代表;(2)依法履行审判职责的人民陪审员;(3)协助乡镇人民政府、街道办事处从事行政管理工作的村民委员会、居民委员会等农村和城市基层组织人员;(4)其他由法律授权从事公务的人员。②

3.注意准确理解以国家工作人员论的人员。《刑法》第93条第2款规定的"以国家工作人员论的人员"的人员是准国家工作人员,除包括其他依照法律从事公务的人员外,还有两种人员:(1)国有公司、企业、事业单位、人民团体中从事公务的人员;(2)国家机关、国有公司、企业、事业单位委派到非国有公司、企业、事业单位、社会团体从事公务的人员。

所谓委派,即委任、派遣,一般委派者与被委派者要有一定的隶属关系才有权委派,没有隶属关系就没有权利委派;即使委派了,被委派者也不一定接受其委派。但无论被委派者先前的身份如何,只要其接受委派就有隶属关系。正如《全国法院审理经济犯罪案件工作座谈会纪要》中认为,无论被委派的人身份如何,只要是接受国家机关、国有公司、企业、事业单位委派,代表国家机关、国有公司、企业、事业单位在非国有公司、企业、事业单位、社会团体中从事组织、领导、监督、管理等工作,都可以认定为国家机关、国有公司、企业、事业单位委派到非国有公司、企业、事业单位、社会团体从事公务的人员。如国家机关、国有公司、企业、事业单位委派到国有控股或者参股的股份有限公司从事组织、领导、监督、管理等工作的人员,应当以国家工作人员论。国有公司、企业改制为股份有限公司后,原国有公司、企业的工作人员和股份有限公司新任命的人员中,除代表国有投资主体行使监督、管理职权的人外,不以国家工作人员论。③

4.注意准确理解"国家工作人员"的范围。《刑法》第93条第1款规定,"国家机关中从事公务的人员"是国家工作人员。哪些机关是国家机关,刑法没有具体规定,目前也没有司法解释。法学界有共识的是,国家机关包括各级国家权力机关、行政机关、司法机关和军事机

---

① 《中华人民共和国最高人民法院公报》2003年第6期。
② 参见《中华人民共和国最高人民法院公报》2003年第6期。
③ 参见《中华人民共和国最高人民法院公报》2003年第6期。

关,在上述机关中从事国家公务活动的人员是国家工作人员。《全国法院审理经济犯罪案件工作座谈会纪要》认为,根据有关立法解释的规定,在依照法律、法规规定行使国家行政管理职权的组织中从事公务的人员,或者在受国家机关委托代表国家行使职权的组织中从事公务的人员,或者虽未列入国家机关人员编制但在国家机关中从事公务的人员,视为国家机关工作人员。在乡(镇)以上中国共产党机关、人民政协机关中从事公务的人员,司法实践中也应当视为国家机关工作人员。①

---

① 参见《中华人民共和国最高人民法院公报》2003年第6期。

第十八章　关于《中华人民共和国刑法》第二百二十八条、第三百四十二条、第四百一十条的解释

全国人大常委会《关于〈中华人民共和国刑法〉第二百二十八条、第三百四十二条、第四百一十条的解释》于2001年8月31日第九届全国人大常委会第二十三次会议通过，并于当日公告。我国1997年《刑法》第228条规定了"非法转让、倒卖土地使用权罪"，第342条规定了"非法占用耕地罪"，第410条规定了"非法批准、征用、占用土地罪"和"非法低价出让国有土地使用权罪"。上述刑法规定对惩治破坏森林、土地资源的犯罪行为，保护森林、土地资源发挥了重要的作用。但随着形势的发展，工矿用地急剧增加，又出现了一些地方、单位或者个人以各种名义毁林开垦、非法占用林地并改作他用的情况，对森林资源和土地资源造成了极大的破坏，而1997年《刑法》中没有规定相应犯罪惩罚这种毁林开垦和非法占用林地改作他用的违法犯罪行为，又不允许类推比照其他相类似犯罪追究这种行为的刑事责任。为了有效地制止毁林开垦和乱占滥用林地的违法行为，切实保护森林、土地资源，1998年8月5日，国务院发出《关于保护森林资源制止毁林开垦和乱占林地的通知》，其中提出对毁林开垦数量巨大、情节严重，构成犯罪的，要依法追究有关人员的刑事责任。由于1997年《刑法》没有明确规定这种犯罪，国务院上述通知的规定也不能落实。另外，毁林开垦和非法占用林地改作他用的行为，多是经一些部门或者地方领导非法审核批准的，这种行为与1997年《刑法》第410条规定的非法批准征用、占用土地的行为基本上是相同的。为了惩治毁林开垦和乱占滥用林地的犯罪，切实保护森林资源，国务院原法制办公室代表国务院于2001年6月26日在第九届全国人大常委会第二十二次会议上作了《关于〈中华人民共和国刑法〉第二百二十八条、第三百四十二条、第四百一十条修正案（草案）》的说明报告，建议全国人大常委会对《刑法》第342条、第410条作修改。全国人大法律委员会分别于2001年8月27日、29日两次向全国人大常委会作了《关于〈中华人民共和国刑法〉第三百四十二条、第四百一十条修正案（草案）》审议结果的报告，并认为为了惩治破坏森林资源的犯罪，保护生态环境，对刑法有关条文作相应修改和明确法律的含义是必要的。同时，对草案提出以下修改意见，主要有：(1)对《刑法》第342条规定的内容补充增加"林地等农用地"；(2)对《刑法》第228条、第342条、第410条规定的含义作出立法解释。[①] 2001年8月31日，全国人大常委会讨论了《刑法修正案（二）（草案）》和《关于〈刑法〉第二百二十八条、第三百四十二条、第四百一十条规定的"违反土地管理

[①] 参见《全国人民代表大会常务委员会公报》2001年第6期。

法规"和第四百一十条规定的"非法批准征收、征用、占用土地"的含义解释(草案)》问题,通过了《刑法修正案(二)》,将《刑法》第342条修改为"违反土地管理法规,非法占用耕地、林地等农用地,改变被占用土地用途,数量较大,造成耕地、林地等农用地大量毁坏的,处五年以下有期徒刑或者拘役,并处或者单处罚金",并于当日公布施行;同时,作出了《关于〈中华人民共和国刑法〉第二百二十八条、第三百四十二条、第四百一十条的解释》,并于当日公布。

一、刑法规定及其法律解释的内容

刑法条文中有关破坏土地资源犯罪的规定是:

1. 1997年《刑法》第228条规定:"以牟利为目的,违反土地管理法规,非法转让、倒卖土地使用权,情节严重的,处三年以下有期徒刑或者拘役,并处或者单处非法转让、倒卖土地使用权价额百分之五以上百分之二十以下罚金;情节特别严重的,处三年以上七年以下有期徒刑,并处非法转让、倒卖土地使用权价额百分之五以上百分之二十以下罚金。"

2. 1997年《刑法》第342条规定:违反土地管理法规,非法占用耕地、林地等农用地(增加"林地等农用地"),改变被占用土地用途(增加"改变被占用土地用途",取消"改作他用"),数量较大,造成耕地、林地等农用地(增加"林地等农用地")大量毁坏的,处5年以下有期徒刑或者拘役,并处或者单处罚金。

3. 1997年《刑法》第410条规定:"国家机关工作人员徇私舞弊,违反土地管理法规,滥用职权,非法批准征收、征用、占用土地,或者非法低价出让国有土地使用权,情节严重的,处三年以下有期徒刑或者拘役;致使国家或者集体利益遭受特别重大损失的,处三年以上七年以下有期徒刑。"

4. 2009年8月27日修改后的全国人大常委会《关于〈中华人民共和国刑法〉第二百二十八条、第三百四十二条、第四百一十条的解释》规定:"刑法第二百二十八条、第三百四十二条、第四百一十条规定的'违反土地管理法规',是指违反土地管理法、森林法、草原法等法律以及有关行政法规中关于土地管理的规定。刑法第四百一十条规定的"非法批准征收、征用、占用土地",是指非法批准征收、征用、占用耕地、林地等农用地以及其他土地。"

上述刑法规定及法律解释对《刑法》第228条、第342条、第410条规定作了如下解释:

1. 将《刑法》第342条规定的"耕地"扩大为"耕地、林地等农用地"。我国1979年制定《刑法》时,土地属于国家和集体所有,不允许买卖、转让和非法占有。司法实践中几乎没有发生这类违法犯罪行为。因此,刑法没有规定破坏土地资源方面的犯罪行为。1997年《刑法》第228条、第342条、第410条分别对有关土地的非法转让、倒卖,非法占用耕地改作他用,非法批准征用、占用土地及非法低价出让国有土地使用权等犯罪行为作了规定。后又出现非法占用林地等农用地,严重破坏森林资源和土地资源的行为。2001年8月31日,全国人大常委会在《刑法修正案(二)》中明确规定将《刑法》第342条规定的"耕地"扩大为"耕地、林地等农用地",包括耕地、林地、草地、养殖水面等农用地,使刑法保护的对象有所扩大。

2. 将《刑法》第228条、第342条、第410条规定的"土地"解释为"农用地以及其他土地"。1997年《刑法》第228条规定的违反土地管理法规,非法转让、倒卖土地使用权,情节严重的行为,第342条规定的违反土地管理法规,非法占用耕地改作他用,数量较大,造成耕地大量毁坏的行为,第410条规定的违反土地管理法规,滥用职权,非法批准征用、占用土地,或者非法低价出让国有土地使用权,情节严重的行为,都是犯罪行为,这里的"违反土地管理法"是否包括森林法、草原法,虽然在我国土地管理法中已作了明确规定,但司法实践中仍然有争论。2001年8月31日,全国人大常委会在《关于〈中华人民共和国刑法〉第二百二十八条、第三百四十二条、第四百一十条的解释》中明确规定,"违反土地管理法规",是指违反《土地管理法》《森林法》《草原法》等法律以及有关行政法规中关于土地管理的规定。"非法批准征收、征用、占用土地",是指非法批准征收、征用、占用耕地、林地等农用地以及其他土地。这样就进一步统一了认识,使土地管理法规统管有关土地资源方面的犯罪行为,特别是将"有关行政法规中关于土地管理的规定"也作为违反土地管理法规的内容,比土地管理法的内容的范围更广泛。

二、对刑法规定解释的原因

全国人大常委会作出《关于〈中华人民共和国刑法〉第二百二十八条、第三百四十二条、第四百一十条的解释》的主要原因有:

1.非法占用林地等农用地改作他用的行为对森林资源造成了极大的破坏。我国1979年制定《刑法》时,司法实践中几乎没有发生违法占用林地等农用地改作他用的犯罪行为。因此,《刑法》也没有规定破坏土地资源方面的犯罪行为。我国1997年《刑法》第342条规定了非法占用耕地的犯罪行为,但没有规定非法占用林地等农用地的犯罪行为。国务院建议在《刑法》第342条后增加一款作为第2款,规定:"违反森林管理法规,开垦林地,非法占用林地并改作他用,数量较大,造成森林或者其他林木严重毁坏的,处五年以下有期徒刑或者拘役,并处或者单处罚金。"全国人大法律委员会在审议时,一些委员和最高人民法院等部门提出,草案规定的造成森林或者其他林木严重毁坏的行为,根据《刑法》第344条、第345条和有关司法解释的规定,是可以追究刑事责任的。原国务院法制办、原国家林业局提出,修改第342条的目的是保护林地,包括宜林地。为了保护森林资源,对于非法占用林地,造成林地大量毁坏的行为,应当规定为犯罪。此外,还有一些委员提出,非法占用草地改作他用,造成草地大量毁坏的行为,危害也很严重,这次修改应一并考虑解决。因此,全国人大法律委员会建议将《刑法修正案(二)(草案)》第1条修改为:"违反土地管理法规,非法占用耕、林地等农用地改变占用土地用途,数量较大,造成耕地、林地等农用地大量毁坏的,处五年以下有期徒刑或者拘役,并处或者单处罚金。"根据土地管理法的规定,农用地包括耕地、林地、草地、养殖水面等,这样修改,既可以对大量毁坏林地的行为追究刑事责任,而且对实践中出现的非法占用并大量毁坏草地、养殖水面等其他农用地,严重破坏生态环境构成犯罪的行为,也能予以追究。至于非法占用林地,造成林木严重毁坏的,应当适用1997年《刑法》第344条非法采伐、毁坏珍贵树木罪和第345条盗伐林木罪、滥伐林木罪的规定追究刑事责任,可不再另行规定。[①]

2.《刑法》第228条、第342条、第410条规定的"违反土地管理法规"的含义应进一步明确。国务院提出的《刑法修正案(二)(草案)》第2条,要求在《刑法》第410条中增加违反"森林管理法规"和"非法审核批准开垦林地、占用林地并改作他用"的规定。全国人大法律委员会一些委员和部门提出,根据土地管理法的规定,《刑法》第410条规定的土地已经包括林地、草地等土地在内,可以不作修改。国务院法制办、国家林业局提出,由于对《刑法》第410条规

---

① 参见《全国人民代表大会常务委员会公报》2001年第6期。

定的"土地管理法规"和"非法批准征收、征用、占用土地"的含义理解不一致,实践中对一些非法批准征收、征用、占用林地构成犯罪的行为没有适用《刑法》第410条追究刑事责任。为了解决实践中存在的问题,建议全国人大常委会通过法律解释,对《刑法》第410条中的相关规定进一步明确含义。根据以上意见,全国人大法律委员会认为,《刑法》第410条的规定已包括了非法批准征收、征用、占用林地的情况,可以根据立法法的有关规定,采用法律解释的方式对该条的含义进一步予以明确,以利于对这类犯罪的打击。同时,考虑到除《刑法》第410条外,《刑法》第228条、第342条也规定了"违反土地管理法规",其含义与《刑法》第410条是相同的,也应一并明确。因此,全国人大法律委员会建议对《刑法》的上述规定作如下解释:《刑法》第228条、第342条、第410条规定的"违反土地管理法规",是指违反《土地管理法》《森林法》《草原法》等法律以及有关行政法规中关于土地管理的规定。《刑法》第410条规定的"非法批准征收、征用、占用土地",是指非法批准征收、征用、占用耕地、林地等农用地以及其他土地。

3. 国务院提请全国人大常委会修改刑法规定。2001年8月31日,在第九届全国人大常委会第二十三次会议上,国务院法制办公室代表国务院向全国人大常委会作了《关于〈中华人民共和国刑法〉第三百四十二条、第四百一十条修正案(草案)》的报告,建议全国人大常委会对《刑法》第342条、第410条作出解释。[①]

全国人大法律委员会分别于2001年8月27日、29日两次向全国人大常委会作了《关于〈中华人民共和国刑法〉第三百四十二条、第四百一十条修正(草案)》审议结果的报告,并认为"为了惩治破坏森林资源的犯罪,保护生态环境,对刑法有关条文作相应修改和明确法律的含义是必要的"。有的常委委员和地方建议加重对破坏森林资源犯罪的处罚,提高刑法对有关犯罪的刑期,全国人大法律委员会考虑到这一问题涉及与刑事法规定的其他犯罪在处刑上的平衡,需要通盘研究,因此,建议这次不作修改。还有的委员建议将草案中"数量较大"和"造成耕地、林地大量毁坏的"规定具体量化,以利于执法。全国人大法律委员会认为,草案关于数量的规定涉及罪与非罪的界限,能够具体规定的应当尽量作出具体规定。鉴于这类案件情况比较复杂,破坏耕地、林地等农用地的情况不同,各地的情况也不同,而且情况还会不断变化,由最高人民法院根据司法实践作出司法解释,更能够适应打击犯罪的需要。全国人大法律委员会提出《刑法修正案(二)(草案)》和全国人大常委会《关于〈中华人民共和国刑法〉第二百二十八条、第三百四十二条、第四百一十条的解释(草案)》,建议全国人大常委会审议通过。

鉴于上述原因,全国人大常委会在《关于〈中华人民共和国刑法〉第二百二十八条、第三百四十二条、第四百一十条的解释》中对"违反土地管理法规"和"非法批准征收、征用、占用土地"的含义作了进一步明确的解释。

三、本解释的适用

全国人大常委会《关于〈中华人民共和国刑法〉第二百二十八条、第三百四十二条、第四百一十条的解释》在适用时应注意的问题:

[①] 参见《全国人民代表大会常务委员会公报》2000年第3期。

1.应注意区分一罪与数罪的界限。根据《刑法修正案(二)》对《刑法》第342条的修改补充和全国人大常委会《关于〈中华人民共和国刑法〉第二百二十八条、第三百四十二条、第四百一十条的解释》,对于非法占用林地,又造成林木严重毁坏的行为是定一罪还是数罪应进行研究。一般说来,在法律没有特别规定的情况下,行为人为非法占用林地并改作他用,必然毁坏林地上的林木,应按处理牵连犯的原则从一重处罚,定为重罪并从重处罚。而对于非法占用林地,又毁坏林地上林木的行为,立法机关在《刑法修正案(二)》审议结果报告中明确说明:"至于非法占用林地,造成林木严重毁坏的,应当适用《刑法》第344条非法采伐、毁坏珍贵树木或者国家重点保护植物犯罪和第345条盗伐林木、滥伐林木犯罪的规定追究刑事责任。"[1]这说明对非法占用林地改作他用,又造成林木严重毁坏的行为,应认定为数罪且并罚。如果行为人毁坏的是一般林木,则应分别定为非法占用农用地罪和盗伐林木罪或者滥伐林木罪,数罪并罚;如果毁坏的是珍贵树木或者国家重点保护的其他植物,应分别定为非法占用农用地罪和危害国家重点保护植物罪,数罪并罚。

2.注意准确认定非法转让、倒卖土地使用权,情节严重、情节特别严重的行为。全国人大常委会《关于〈中华人民共和国刑法〉第二百二十八条、第三百四十二条、第四百一十条的解释》将《刑法》第228条中规定的"违反土地管理法规"解释为"违反土地管理法、森林法、草原法等法律以及有关行政法规中关于土地管理的规定"。

只要是违反《土地管理法》和有关行政法规中关于土地管理的规定,以牟利为目的,非法转让、倒卖土地使用权,情节严重的行为,就构成犯罪。这里的土地使用权,包括转让、倒卖耕地、林地等农用地和其他土地使用权等一切土地使用权。

这里的"情节严重"是区分罪与非罪的界限。根据2022年5月15日施行的最高人民检察院、公安部《关于公安机关管辖的刑事案件立案追诉标准的规定(二)》第72条规定,以牟利为目的,违反土地管理法规,非法转让、倒卖土地使用权,涉嫌下列情形之一的,应予立案追诉:(1)非法转让、倒卖永久基本农田5亩以上的;(2)非法转让、倒卖永久基本农田以外的耕地10亩以上的;(3)非法转让、倒卖其他土地20亩以上的;(4)违法所得数额在50万元以上的;(5)虽未达到上述数额标准,但因非法转让、倒卖土地使用权受过行政处罚,又非法转让、倒卖土地的;(6)其他情节严重的情形。

根据2000年6月19日发布的最高人民法院《关于审理破坏土地资源刑事案件具体应用法律若干问题的解释》第1条的规定,具有下列情形之一的,属于非法转让、倒卖土地使用权"情节严重":(1)非法转让、倒卖基本农田5亩以上的;(2)非法转让、倒卖基本农田以外的耕地10亩以上的;(3)非法转让、倒卖其他土地20亩以上的;(4)非法获利50万元以上的;(5)非法转让、倒卖土地接近上述数量标准并具有其他恶劣情节的,如曾因非法转让、倒卖土地使用权受过行政处罚或者造成严重后果等。具备上述情形之一的,应属于情节严重,再具备以牟利为目的条件,就可以构成犯罪,最低处拘役,最高处3年有期徒刑。

根据2000年6月19日发布的最高人民法院《关于审理破坏土地资源刑事案件具体应用法律若干问题的解释》第2条的规定,实施本解释第1条规定的行为,具有下列情形之一的,属于非法转让、倒卖土地使用权"情节特别严重":(1)非法转让、倒卖基本农田10亩以上的;

---

[1] 《全国人民代表大会常务委员会公报》2001年第6期。

(2)非法转让、倒卖基本农田以外的耕地20亩以上的;(3)非法转让、倒卖其他土地40亩以上的;(4)非法获利100万元以上的;(5)非法转让、倒卖土地接近上述数量标准并具有其他恶劣情节,如造成严重后果等。

3.注意准确认定非法占用农用地数量较大,造成农用地大量毁坏的行为。《刑法》第342条规定,非法占用农用地"数量较大",造成农用地"大量毁坏"的行为,才构成犯罪。

何为"数量较大""大量毁坏",刑法没有具体规定,根据2000年6月19日发布的最高人民法院《关于审理破坏土地资源刑事案件具体应用法律若干问题的解释》第3条的规定,违反土地管理法规,非法占用耕地改作他用,数量较大,造成耕地大量毁坏的,依照《刑法》第342条的规定,以非法占用耕地罪定罪处罚:(1)非法占用耕地"数量较大",是指非法占用基本农田5亩以上或者非法占用基本农田以外的耕地10亩以上。(2)非法占用耕地"造成耕地大量毁坏",是指行为人非法占用耕地建窑、建坟、建房、挖沙、采石、采矿、取土、堆放固体废弃物或者进行其他非农业建设,造成基本农田5亩以上或者基本农田以外的耕地10亩以上种植条件严重毁坏或者严重污染。

4.注意准确认定国家机关工作人员非法批准征收、征用、占用土地"情节严重"的行为和"特别重大损失"。《刑法》第410条规定,国家机关工作人员非法批准征收、征用、占用土地,情节严重的才构成犯罪,使国家或者集体的利益遭受特别重大损失的,适用加重法定刑。

何为"情节严重",根据2000年6月19日发布的最高人民法院《关于审理破坏土地资源刑事案件具体应用法律若干问题的解释》第4条的规定,具有下列情形之一的,属于非法批准征用、占用土地"情节严重":(1)非法批准征用、占用基本农田10亩以上的;(2)非法批准征用、占用基本农田以外的耕地30亩以上的;(3)非法批准征用、占用其他土地50亩以上的;(4)虽未达到上述数量标准,但非法批准征用、占用土地造成直接经济损失30万元以上,或者造成耕地大量毁坏等恶劣情节的。具备上述情形之一的,属于情节严重,可以构成犯罪,最低处拘役,最高处3年有期徒刑。

何为"特别重大损失",根据2000年6月19日发布的最高人民法院《关于审理破坏土地资源刑事案件具体应用法律若干问题的解释》第5条的规定,具有下列情形之一的,属于非法批准征用、占用土地"致使国家或者集体利益遭受特别重大损失":(1)非法批准征用、占用基本农田20亩以上的;(2)非法批准征用、占用基本农田以外的耕地60亩以上的;(3)非法批准征用、占用其他土地100亩以上的;(4)非法批准征用、占用土地,造成基本农田5亩以上,其他耕地10亩以上严重毁坏的;(5)非法批准征用、占用土地造成直接经济损失50万元以上等恶劣情节。具有上述情形之一的,属于致使国家或者集体利益遭受特别重大损失,适用加重法定刑,最低处3年有期徒刑,最高处7年有期徒刑。

5.注意准确认定国家机关工作人员非法低价出让国有土地使用权"情节严重"的行为和"特别重大损失"。《刑法》第410条规定,国家机关工作人员非法低价出让国有土地使用权,情节严重的行为,才构成犯罪;致使国家或者集体的利益遭受特别重大损失的,适用加重法定刑。

何为"情节严重",根据2000年6月19日发布的最高人民法院《关于审理破坏土地资源刑事案件具体应用法律若干问题的解释》第6条的规定,具有下列情形之一的,属于"情节严重",依照《刑法》第410条的规定,以非法低价出让国有土地使用权罪定罪处罚:(1)出让国有土地使用权面积在30亩以上,并且出让价额低于国家规定的最低价额标准的60%的;(2)造成国有土地资产流失价额在30万元以上的。具有上述情形之一的,属于情节严重,最低处拘役,最高处3年有期徒刑。

何为"特别重大损失",根据2000年6月19日发布的最高人民法院《关于审理破坏土地资源刑事案件具体应用法律若干问题的解释》第7条的规定,具有下列情形之一的,属于非法低价出让国有土地使用权,"致使国家或者集体利益遭受特别重大损失":(1)非法低价出让国有土地使用权面积在60亩以上,并且出让价额低于国家规定的最低价额标准的40%的;(2)造成国有土地资产流失价额在50万元以上的。具有上述情形之一的,属于致使国家或者集体利益遭受特别重大损失,适用加重法定刑,最低处3年有期徒刑,最高处7年有期徒刑。

6.注意准确认定单位犯罪和多次破坏土地资源犯罪的数量、数额问题。根据2000年6月19日发布的最高人民法院《关于审理破坏土地资源刑事案件具体应用法律若干问题的解释》第8条的规定,单位犯非法转让、倒卖土地使用权罪,非法占用耕地罪(现为非法占用农用地罪)的定罪量刑标准,依照本解释第1条、第2条、第3条的规定执行。

根据2000年6月19日发布的最高人民法院《关于审理破坏土地资源刑事案件具体应用法律若干问题的解释》第9条的规定,多次实施本解释规定的行为依法应当追诉的,或者一年内多次实施本解释规定的行为未经处理的,按照累计的数量、数额处罚。

第十九章　关于《中华人民共和国刑法》第二百九十四条第一款的解释

全国人大常委会《关于〈中华人民共和国刑法〉第二百九十四条第一款的解释》于2002年4月28日，第九届全国人大常委会第二十七次会议通过，并于当日公告。

我国1997年《刑法》第294条第1款规定了"组织、领导、参加黑社会性质组织罪"，其是根据当时我国社会上产生一些类似黑社会性质的组织，他们有组织、有领导地进行暴力违法犯罪活动，称霸一方，为非作恶，欺压、残害群众，严重破坏社会秩序和经济秩序实际情况规定的犯罪。

1997年《刑法》实施以后，司法实践中遇到了如何准确认定"黑社会性质组织"问题。最高人民法院根据司法实践中的需要，于2000年12月5日发布的《关于审理黑社会性质组织犯罪的案件具体应用法律若干问题的解释》第1条中，对黑社会性质组织进行了解释。黑社会性质组织有以下4个特征：(1)组织结构比较紧密，人数较多，有比较明确的组织者、领导者，骨干成员基本固定，有较为严格的组织纪律；(2)通过违法犯罪活动或者其他手段获取经济利益，具有一定的经济实力；(3)通过贿赂、威胁等手段，引诱、逼迫国家工作人员参加黑社会性质组织活动，或者为其提供非法保护；(4)在一定区域或者行业范围内，以暴力、威胁、滋扰等手段，大肆进行敲诈勒索、欺行霸市、聚众斗殴、寻衅滋事、故意伤害等违法犯罪活动，严重破坏经济、社会生活秩序。司法实践中，对黑社会性质组织的第三个特征，即有国家工作人员参与或者为犯罪活动提供非法保护，有不同认识。最高人民检察院于2001年11月向全国人大常委会提出对《刑法》第294条第1款规定的"黑社会性质的组织"的含义作出法律解释的要求。2002年4月24日，全国人大常委会法制工作委员会在第九届全国人大常委会第二十七次会议上向全国人大常委会作了《关于〈中华人民共和国刑法〉第二百九十四条第一款的解释(草案)》的说明报告。2002年4月28日全国人大常委会讨论了"黑社会性质的组织"的含义问题，作了对《刑法》第294条第1款规定的"黑社会性质组织"含义的立法解释，并于当日公布。2011年2月25日第十一届全国人大常委会第十九次会议通过的，2011年5月1日实施的《刑法修正案(八)》第43条将该法律解释的"黑社会性质组织的特征"纳入《刑法》第294条中，上升为法律。①

一、刑法规定及其法律解释的内容

刑法条文中有关黑社会性质组织犯罪的规定是：

---

① 参见本书第十二章《刑法修正案(八)》第十五部分。

1. 1997年《刑法》第294条规定："组织、领导和积极参加以暴力、威胁或者其他手段,有组织地进行违法犯罪活动,称霸一方,为非作恶,欺压、残害群众,严重破坏经济、社会生活秩序的黑社会性质的组织的,处三年以上十年以下有期徒刑;其他参加的,处三年以下有期徒刑、拘役、管制或者剥夺政治权利。境外的黑社会组织的人员到中华人民共和国境内发展组织成员的,处三年以上十年以下有期徒刑。犯前两款罪又有其他犯罪行为的,依照数罪并罚的规定处罚。国家机关工作人员包庇黑社会性质的组织,或者纵容黑社会性质的组织进行违法犯罪活动的,处三年以下有期徒刑、拘役或者剥夺政治权利;情节严重的,处三年以上十年以下有期徒刑。"

2. 2002年4月28日,全国人大常委会《关于〈中华人民共和国刑法〉第二百九十四条第一款的解释》规定如下:"刑法第二百九十四条第一款规定的'黑社会性质的组织'应当同时具备以下特征:(一)形成较稳定的犯罪组织,人数较多,有明确的组织者、领导者,骨干成员基本固定;(二)有组织地通过违法犯罪活动或者其他手段获取经济利益,具有一定的经济实力,以支持该组织的活动;(三)以暴力、威胁或者其他手段,有组织地多次进行违法犯罪活动,为非作恶,欺压、残害群众;(四)通过实施违法犯罪活动,或者利用国家工作人员的包庇或者纵容,称霸一方,在一定区域或者行业内,形成非法控制或者重大影响,严重破坏经济、社会生活秩序。"

上述刑法规定及其法律解释对《刑法》第294条第1款作了如下解释:

1.《刑法》第294条第1款规定了组织、领导、参加黑社会性质组织罪。我国1979年制定《刑法》时,在我国领域内没有出现黑社会性质的犯罪行为。因此,刑法没有规定黑社会性质方面的犯罪,但有关于犯罪集团犯罪的规定,如反革命集团、流氓集团等方面的犯罪或者一些特务、间谍组织等有组织的犯罪。1997年修订《刑法》时,开始出现一些黑社会性质组织犯罪行为,但还没有像有些国家一样出现黑社会组织,如新西兰的猛虎组织,意大利的黑手党等黑社会组织,因此,在1997年《刑法》第294条中规定了组织、领导、参加黑社会性质组织的犯罪。1997年,最高人民法院、最高人民检察院《关于执行〈中华人民共和国刑法〉确定罪名的规定》确定为"组织、领导、参加黑社会性质组织罪"的罪名。

2. 对《刑法》第294条第1款规定的"黑社会性质的组织"的含义作了解释。1997年《刑法》第294条对"黑社会性质的组织"的含义没有明确规定,司法实践中有不同认识,虽然最高人民法院已作了司法解释,但司法机关仍然有不同的认识。全国人大常委会在《关于〈中华人民共和国刑法〉第二百九十四条第一款的解释》中明确规定了"黑社会性质的组织"应当同时具备的4个特征特别是强调黑社会性质组织不一定都有国家工作人员参与保护,没有国家工作人员包庇或纵容,通过实施违法犯罪活动,也可以出现独霸一方的组织,在具备其他条件的情况下,也可以认定为黑社会性质的组织,构成有关黑社会性质组织方面的犯罪。

二、对刑法规定解释的原因

全国人大常委会作出《关于〈中华人民共和国刑法〉第二百九十四条第一款的解释》的主要原因有以下几个方面:

1.《刑法》第294条第1款规定的"黑社会性质的组织"的含义需要进行解释。我国1979年制定《刑法》时,司法实践中没有发生黑社会性质组织方面的犯罪行为。因此,刑法也没有规定黑社会性质组织方面的犯罪。我国1997年《刑法》第294条规定了黑社会性质方面的犯罪。第1款规定了组织、领导、参加黑社会性质组织的犯罪行为,即"组织、领导和积极参加以暴力、威胁或者其他手段,有组织地进行违法犯罪活动,称霸一方,为非作恶,欺压、残害群众,严重破坏经济、社会生活秩序的黑社会性质的组织的"行为。1997年最高人民法院《关于执行〈中华人民共和国刑法〉确定罪名的规定》中确定为"组织、领导、参加黑社会性质组织罪"的罪名。黑社会性质组织是一个比较新的犯罪种类,黑社会性质组织犯罪活动的特征尽管在《刑法》第294条中作了较详细的规定,但在司法实践中认定时仍然有不明确之处,基层司法机关纷纷要求最高司法机关作出司法解释。

2. 对《刑法》第294条规定的"黑社会性质的组织"含义的解释是适应"打黑除恶"专项斗争的需要。从2000年下半年开始,在全国范围内开展了"关于严厉打击黑恶势力和整顿规范市场经济秩序"的专项斗争,在"打黑除恶"专项斗争中,必须划清黑社会性质组织与犯罪集团的界限,划清罪与非罪的界限。为了适应"打黑"斗争的需要,全国人大常委会法制工作委员会对《刑法》第294条规定的"黑社会性质的组织"含义问题听取了最高人民检察院的意见,又与中央政法委员会、最高人民检察院、最高人民法院、公安部及法律专家多次进行研究。一致认为,为了正确适用法律,应当清楚界定黑社会性质的组织与一般犯罪集团的区别。犯罪集团一般具有人数较多,有明显的首要分子,重要成员固定或者基本固定,经常纠集在一起进行一种或数种严重刑事犯罪活动等特征。黑社会性质组织不仅具备以上特征,通常还具有一定的经济实力,并在一定的区域范围内或者行业内形成控制和影响,称霸一方,严重破坏经济、社会秩序。另外,有的部门和法律专家认为,应将国家工作人员参与犯罪活动或者提供非法保护作为黑社会性质的组织的特征。从"打黑除恶"专项斗争的实践情况看,这个特征是划分黑社会性质的组织和流氓恶势力犯罪团伙的主要界限。如果没有这一界限,可能会造成认定的黑社会性质的组织过多的情况,使定案不准,扩大打击面。还可能会造成"打黑"斗争中发现这样的组织,只满足于打击浮在面上的犯罪分子,不再深挖幕后的国家工作人员,不利于铲除支持黑社会性质的组织基础和消除"官匪勾结"的腐败现象。全国人大法律委员会认为,通过解释划清黑社会性质组织与犯罪集团的界限,不影响"打黑"斗争的力度,依照刑法规定,对于不属于黑社会性质组织的其他犯罪集团,只要他们实施了犯罪行为,都可以依照刑法的规定予以严厉打击,判处重刑,甚至死刑。有的部门则认为,依照最高人民法院对刑法规定的扩大解释办案,必将影响"打黑"斗争的力度,在查办黑社会性质的组织犯罪案件时,确实有些已查明有国家工作人员参加或者提供非法保护,但也有案件没有这种情况,建议法律解释必须适应"打黑除恶"斗争的需要。①

3. 全国人大常委会法制工作委员会提请全国人大常委会对《刑法》第294条规定的"黑社会性质的组织"进行解释。2002年4月24日,在第九届全国人大常委会第二十七次会议上,全国人大常委会法制工作委员会受委员长会议的委托向全国人大常委会作了《关于〈中华人民共和国刑法〉第二百九十四条第一款的解释(草案)》的说明报告。经研究认为,在一般情况下,犯罪分子要在一定区域或者行业内,形成非法控制或者重大影响,如果没有国家工作人员的包庇或者纵容是难以实现的,但也不能排除在尚未取得国家工作人员的包庇或者纵容的情况下,通过有组织地实施多次犯罪活动形成黑社会性质组织的情形。为有利于司法机关正

---

① 参见《全国人民代表大会常务委员会公报》2002年第3期。

确适用法律,打击黑社会性质组织的犯罪活动,建议全国人大常委会对《刑法》第294条第1款规定的"黑社会性质的组织"的含义作出如下解释,即《刑法》第294条第1款规定的"黑社会性质的组织"应当同时具备以下特征:(1)形成较稳定的犯罪组织,有明确的组织者、领导者,骨干成员基本固定,人数较多;(2)有组织地通过违法犯罪活动或者其他手段获取经济利益,具有一定的经济实力,以支持该组织的活动;(3)以暴力、威胁或者其他手段,有组织地多次进行违法犯罪活动,为非作恶,欺压、残害群众;(4)通过实施违法犯罪活动,或者利用国家工作人员的包庇或者纵容,称霸一方,在一定区域或者行业内,形成非法控制或者重大影响,严重破坏经济、社会生活秩序。① 对不具备黑社会性质的组织特征的犯罪集团和犯罪团伙的犯罪,仍然应当依照刑法规定予以严厉打击,对主犯应当按其所参与的或者组织、指挥的全部犯罪处罚;对首要分子,按照集团所犯的全部罪行处罚。

全国人大法律委员会于2002年4月28日向全国人大常委会作了《关于〈中华人民共和国刑法〉第二百九十四条第一款的解释(草案)》审议结果的报告,认为为了正确执行刑法关于组织、领导、参加黑社会性质组织的犯罪,有必要对《刑法》第294条第1款的规定进行法律解释。其认为该解释草案基本是可行的,同时提出以下修改意见:将该解释草案第1项中的"人数较多"移至该项规定的"形成较稳定的犯罪组织"之后,较为适合。因此,全国人大法律委员会建议,将该项修改为"形成较稳定的犯罪组织,人数较多,有明确的组织者、领导者,骨干成员基本固定"。

鉴于上述原因,全国人大常委会在《关于〈中华人民共和国刑法〉第二百九十四条第一款的解释》中对"黑社会性质的组织"的含义作了进一步明确的解释。

三、本解释的适用

全国人大常委会《关于〈中华人民共和国刑法〉第二百九十四条第一款的解释》适用时应注意的问题:

1.应注意对黑社会性质组织的准确认定。根据全国人大常委会《关于〈中华人民共和国刑法〉第二百九十四条第一款的解释》,黑社会性质组织应同时具备以下4个特征:(1)组织性;(2)经济性;(3)违法犯罪性;(4)区域性。具备上述4个基本特征就可以构成黑社会性质的组织,但要构成犯罪还必须具备犯罪构成的其他条件。实践中,最容易混淆的是构成黑社会性质的组织是否必须有国家工作人员参与或者支持,提供庇护。一般来说,没有国家工作人员的包庇纵容,黑社会性质的组织很难形成,即使暂时形成也很难存在下去。但也不排除在特定情况下,通过有组织地多次实施犯罪活动,暂时形成黑社会性质组织的情形。因此,全国人大常委会的法律解释没有将有国家工作人员参与或者纵容、包庇作为黑社会性质的组织的必要构成条件,有没有这一条件都可以构成黑社会性质组织。但在办案过程中,应特别注意深查在背后支持、纵容黑社会性质组织的国家工作人员,追查"黑恶"势力的"保护伞",在一般情况下,黑社会性质组织长期在一定区域内独霸一方、欺压群众、为非作恶是不可能存在下去的。这是因为,人民政府各级基层组织和司法机关会依法惩治他们的违法犯罪活动。

2.注意准确认定黑社会性质组织与普通犯罪集团。全国人大常委会《关于〈中华人民共

---

① 参见《全国人民代表大会常务委员会公报》2000年第3期。

和国刑法〉第二百九十四条第一款的解释》只是对黑社会性质组织的特征作了明确规定。在认定时应弄清黑社会性质组织与犯罪集团、恐怖组织、邪教组织、间谍组织的区别。一般来说，有组织的犯罪是一种比较广泛的概念，只要是3人以上为了犯罪组成"组织"，在该犯罪组织的领导、指挥下进行犯罪活动，就是有组织的犯罪。有组织的犯罪是犯罪集团犯罪中的一部分，有组织的犯罪的特征：一是有组织，即3人以上、有组织名称、领导与被领导关系；二是为犯罪组织起来组织，有的组织、领导、参加犯罪组织就是犯罪，有的必须在犯罪组织领导、策划、指挥下进行违法犯罪活动才构成犯罪。有组织的犯罪与一般共同犯罪的区别是犯罪主体是3人以上，且是有组织地进行犯罪。有组织的犯罪与聚众犯罪、结伙犯罪、一般共同犯罪的区别是有无组织。在犯罪组织的领导、策划、指挥下实施的犯罪是有组织的犯罪；如果没有组成犯罪组织而聚众、结伙犯罪都不是有组织的犯罪。黑社会性质组织的犯罪、恐怖组织的犯罪、邪教组织的犯罪、间谍组织的犯罪等都是有组织的犯罪，他们的共同特点是在犯罪组织的策划、领导、指挥下实施的有组织的共同犯罪。黑社会性质组织、恐怖组织、邪教组织、间谍组织都是犯罪集团中的一部分，犯罪集团中有些不是有组织的犯罪，称为普通犯罪集团。以特别犯罪为目的而组织起来的犯罪集团是有组织犯罪。组织、领导、参加普通犯罪集团的，不能单独构成犯罪，只是对那些在犯罪集团组织、策划、实施的犯罪行为定罪处罚。从上述黑社会性质组织犯罪与其他犯罪的关系可见，黑社会性质组织犯罪是社会危害性比较严重的一类犯罪。

黑社会性质组织犯罪与其他犯罪的关系如图19-1所示：

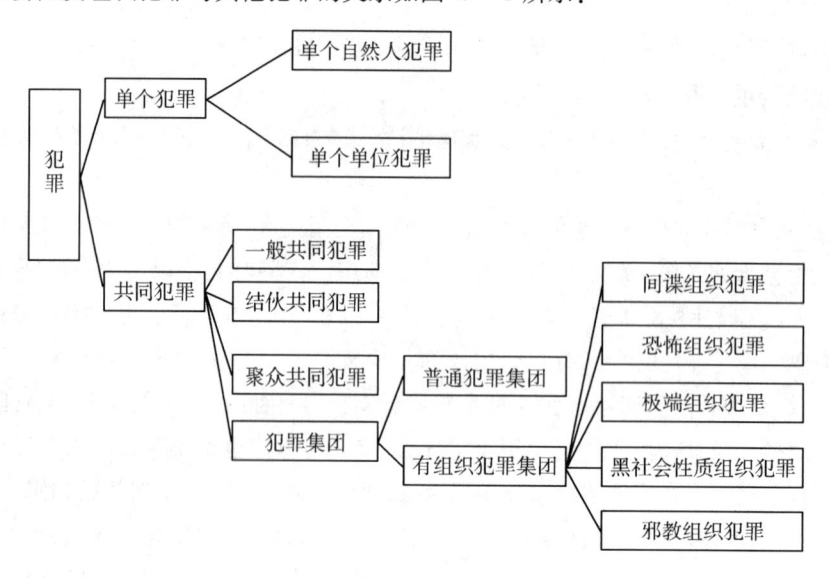

图19-1 犯罪的分类

3. 注意划清黑社会性质组织与恐怖组织、邪教组织的界限。我国《刑法》第120条规定的恐怖组织和第300条规定的邪教组织与黑社会性质组织，在组织、犯罪行为、对社会的危害性等方面都有相同或者类似之处，司法实践中容易混淆，并且可能出现法条竞合关系。三者的根本区别是组织犯罪组织的目的不同。组织黑社会性质组织的目的是独霸一方，获取政治、经济利益；而邪教组织的目的是通过邪教组织破坏国家法律、行政法规的实施，蒙骗他人，骗财骗奸等;恐怖组织的目的是进行恐怖犯罪活动,危害公共安全。由于上述组织犯罪组织的目的不同,其犯罪组织的性质不同,不同性质将上述组织区分开来。如果上述行为发生法条竞合,应按重罪定罪处罚。例如,犯罪人组织、领导、参加的组织既是恐怖组织,又是黑社会组织,应定为恐怖组织犯罪。

第二十章　关于《中华人民共和国刑法》第三百八十四条第一款的解释

全国人大常委会《关于〈中华人民共和国刑法〉第三百八十四条第一款的解释》于2002年4月28日,第九届全国人大常委会第二十七次会议通过,并于当日公布。

我国1997年《刑法》第384条第1款规定:"国家工作人员利用职务上的便利,挪用公款归个人使用,进行非法活动的,或者挪用公款数额较大、进行营利活动的,或者挪用公款数额较大、超过三个月未还的,是挪用公款罪……"其中挪用公款"归个人使用",是挪用公款罪的构成要件之一。但其在司法实践中很容易与单位之间拆借公款相混淆。特别是在国有单位、集体单位和个体单位并存的情况下,对于将公款借给私人单位使用,是否属于挪用公款归个人使用,人们有不同意见。

2001年11月,最高人民检察院向全国人大常委会提出对《刑法》第384条第1款规定的"挪用公款归个人使用"的含义作法律解释的要求。2002年4月24日,全国人大常委会法制工作委员会在第九届全国人大常委会第二十七次会议上向全国人大常委会作了《关于〈中华人民共和国刑法〉第三百八十四条第一款的解释(草案)》的说明报告。2002年4月28日,全国人大常委会讨论了《刑法》第384条第1款规定的国家工作人员利用职务上的便利,挪用公款"归个人使用"的含义问题,作了立法解释,并于当日公布。

一、刑法规定及其法律解释的内容

刑法中有关挪用公款罪的规定是:

1. 1979年《刑法》第155条规定:"国家工作人员利用职务上的便利,贪污公共财物的,处五年以下有期徒刑或者拘役;数额巨大、情节严重的,处五年以上有期徒刑;情节特别严重的,处无期徒刑或者死刑。犯前款罪的,并处没收财产,或者判令退赔。受国家机关、企业、事业单位、人民团体委托从事公务的人员犯第一款罪的,依照前两款的规定处罚。"

2. 1988年1月21日,全国人大常委会《关于惩治贪污罪贿赂罪的补充规定》第3条规定:"国家工作人员、集体经济组织工作人员或者其他经手、管理公共财物的人员,利用职务上的便利,挪用公款归个人使用,进行非法活动的,或者挪用公款数额较大、进行营利活动的,或者挪用公款数额较大、超过3个月未还的,是挪用公款罪,处5年以下有期徒刑或者拘役;情节严重的,处五年以上有期徒刑。挪用公款数额较大不退还的,以贪污论处。挪用救灾、抢险、防汛、优抚、救济款物归个人使用的,从重处罚。挪用公款进行非法活动构成其他罪的,依照数罪并罚的规定处罚。"

3. 1995年2月28日,全国人大常委会《关于惩治违反公司法的犯罪的决定》第11条规定:"公司董事、监事或者职工利用职务上的便利,挪用本单位资金归个人使用或者借贷给他人,数额较大、超过三个月未还的,或者虽未超过三个月,但数额较大、进行营利活动的,或者进行非法活动的,处三年以下有期徒刑或者拘役。挪用本单位资金数额较大不退还的,依照本决定第十条规定的侵占罪论处。"

1995年2月28日,全国人大常委会《关于惩治违反公司法的犯罪的决定》第12条规定:"国家工作人员犯本决定第九条、第十条、第十一条规定之罪的,依照《关于惩治贪污罪贿赂罪的补充规定》的规定处罚。"

1995年2月28日,全国人大常委会《关于惩治违反公司法的犯罪的决定》第14条规定:"有限责任公司、股份有限公司以外的企业职工有本决定第九条、第十条、第十一条规定的犯罪行为的,适用本决定。"

4. 1997年《刑法》第384条规定:"国家工作人员利用职务上的便利,挪用公款归个人使用,进行非法活动的,或者挪用公款数额较大、进行营利活动的,或者挪用公款数额较大、超过三个月未还的,是挪用公款罪,处五年以下有期徒刑或者拘役;情节严重的,处五年以上有期徒刑。挪用公款数额巨大不退还的,处十年以上有期徒刑或者无期徒刑。挪用用于救灾、抢险、防汛、优抚、扶贫、移民、救济款物归个人使用的,从重处罚。"

5. 1997年《刑法》第272条规定:"公司、企业或者其他单位的工作人员,利用职务上的便利,挪用本单位资金归个人使用或者借贷给他人,数额较大、超过三个月未还的,或者虽未超过三个月,但数额较大、进行营利活动的,或者进行非法活动的,处三年以下有期徒刑或者拘役;挪用本单位资金数额巨大的,或者数额较大不退还的,处三年以上十年以下有期徒刑。国有公司、企业或者其他国有单位中从事公务的人员和国有公司、企业或者其他国有单位委派到非国有公司、企业以及其他单位从事公务的人员有前款行为的,依照本法第三百八十四条的规定定罪处罚。"

1997年《刑法》第273条规定:"挪用用于救灾、抢险、防汛、优抚、扶贫、移民、救济款物,情节严重,致使国家和人民群众利益遭受重大损害的,对直接责任人员,处三年以下有期徒刑或者拘役;情节特别严重的,处三年以上七年以下有期徒刑。"

6. 2002年4月28日,全国人大常委会《关于〈中华人民共和国刑法〉第三百八十四条第一款的解释》规定如下:"全国人民代表大会常务委员会讨论了刑法第三百八十四条第一款规定的国家工作人员利用职务上的便利,挪用公款'归个人使用'的含义问题,解释如下:有下列情形之一的,属于挪用公款'归个人使用':(一)将公款供本人、亲友或者其他自然人使用的;(二)以个人名义将公款供其他单位使用的;(三)个人决定以单位名义将公款供其他单位使用,谋取个人利益的。"

上述刑法规定及其法律解释对《刑法》第384条第1款作了如下解释:

1.《刑法》第384条第1款规定的"挪用公款归个人使用"是新的规定。其规定,国家工作人员利用职务上的便利,挪用公款归个人使用,进行非法活动的,或者挪用公款数额较大、进行营利活动的,或者挪用公款数额较大、超过3个月未还的,是挪用公款罪。这里"挪用公款归个人使用"是法律的新规定,是构成挪用公款罪的必要要件,即挪用公款归个人使用的构成挪用公款罪,挪用公款归单位使用的不能构成挪用公款罪。这里"归个人使用"与"归单位使用"是两个相对应的概念。在市场经济条件下,有国有单位、集体单位、个体单位,还有没有性质的单位,如股份有限公司、有限责任公司、联营公司等,这些单位的共同特点是经国家主管部门批准或者登记成立的公司、企业、事业单位、机关、团体。挪用公款归私人单位使用,按法律规定的本意不应构成挪用公款罪。但在司法实践中,有的部门认为,一些私营单位,与个人没有什么区别,将公款供私营单位使用与挪用公款归个人使用很相似。因此,有的司法机关就将挪用公款给私营单位使用认定为挪用公款归个人使用,可以构成挪用公款罪。最高人民法院的司法解释也解释为,挪用公款归私营独资企业、私营合伙企业等使用,或者为谋取个人利益,以个人名义将公款借给其他单位使用的,属于挪用公款归个人使用。而刑法学界普遍认为,最高人民法院的上述司法解释与刑法规定相悖,从严格执法的要求来看,根据刑法规定挪用公款归单位使用的,不应构成挪用公款罪。另外,司法实践中,司法机关对国家工作人员将公款借给其他单位使用,是否要以以个人名义或者自己从中牟利作为犯罪界限,认识不一致。所以,最高人民检察院向全国人大常委会提出对"挪用公款归个人使用"含义的解释要求。

2. 对《刑法》第384条第1款规定的"挪用公款归个人使用"的含义作了解释。1997年《刑法》第384条规定的"挪用公款归个人使用"的含义在司法实践中有不同认识,虽然最高人民法院已作了司法解释,但司法机关仍然有不同的认识。全国人大常委会在《关于〈中华人民共和国刑法〉第三百八十四条第一款的解释》中明确规定:"有下列情形之一的,属于挪用公款'归个人使用':(一)将公款供本人、亲友或者其他自然人使用的;(二)以个人名义将公款供其他单位使用的;(三)个人决定以单位名义将公款供其他单位使用,谋取个人利益的。"特别是强调以个人的名义将公款供其他单位使用的和个人决定以单位名义将公款供其他单位使用,谋取个人利益的,属于挪用公款归个人使用。如果集体研究以单位名义将公款供其他单位使用,尽管个人牟取利益,也不属于挪用公款归个人使用。

二、对刑法规定解释的原因

全国人大常委会作出《关于〈中华人民共和国刑法〉第三百八十四条第一款的解释》的主要原因有以下几个方面:

1.《刑法》第384条第1款规定的"挪用公款归个人使用"的含义需要进行解释。我国1979年制定《刑法》时,没有规定挪用公款归个人使用的犯罪行为,司法实践中将挪用公款归个人使用不归还的行为依照1979年《刑法》第155条规定的贪污罪定罪处罚,称为"挪用型贪污罪"。1988年全国人大常委会《关于惩治贪污罪贿赂罪的补充规定》中增加规定了挪用公款罪。该补充规定第3条规定,国家工作人员、集体经济组织工作人员或者其他经手、管理公共财物的人员,利用职务上的便利,挪用公款归个人使用,进行非法活动的,或者挪用公款数额较大、进行营利活动的,或者挪用公款数额较大、超过3个月未还的,是挪用公款罪。该规定使挪用公款归个人使用的犯罪行为成为独立的罪名,但还保留了"挪用公款数额较大不退还的,以贪污论处"的规定。1995年2月28日,全国人大常委会《关于惩治违反公司法的犯罪的决定》中又补充规定了公司、企业职工挪用本单位资金罪,该决定第11条规定,"公司董事、监事或者职工利用职务上的便利,挪用本单位资金归个人使用或者借贷给他人,数额较大、超过三个月未还的,或者虽未超过三个月,但数额较大、进行营利活动的,或者进行非法活动的",是公司、企业职工挪用本单位资金罪。但还保留"挪用本单位资金数额较大不退还的,依照本决定第十条规定的侵占罪论处"的规定。1997年修订《刑法》时,对全国人大常委会《关于惩治贪污罪贿赂罪的补充规定》《关于惩治违反公司法的犯罪的决定》中规定的挪用公款犯罪进行修改和补充,并纳入《刑法》,分别在3个条文中加以规定。《刑法》第384条规定了"国家工作人员利用职务上的便利,挪用公款归个人使用"的犯罪行为;《刑法》第272条规定了"公司、企业或者其他单位的工作人员,利用职务上的便利,挪用本单位资金归个人使用或者借贷给他人"的犯罪行为;《刑法》第273条规定了"挪用用于救灾、抢险、防汛、优抚、扶贫、移民、救济款物,情节严重,致使国家和人民群众利益遭受重大损害"的犯罪行为。1997年,最高人民法院《关于执行〈中华人民共和国刑法〉确定罪名的规定》分别确定为"挪用公款罪""挪用资金罪""挪用特定款物罪"3个不同的罪名。上述挪用型犯罪,除挪用特定款物罪是挪用特定款物归单位使用外,其余的挪用公款罪和挪用资金罪两种犯罪都是挪用资金归个人使用。实践中对"归个人使用"有不同认识。例如,挪用公款给私营单位或者非法人单位使用是不是"归个人使用";以个人的名义将公款借给单位使用是不是"归个人使用";以个人名义挪用公款归单位使用,个人从中谋取利益的,是不是"归个人使用";等等。这些认识意见分歧,影响准确追究犯罪人的刑事责任。1998年5月9日施行的最高人民法院《关于审理挪用公款案件具体应用法律若干问题的解释》第1条规定:"刑法第三百八十四条规定的'挪用公款归个人使用',包括挪用者本人使用或者给他人使用。挪用公款给私有公司、私有企业使用的,属于挪用公款归个人使用。"2001年9月18日通过的最高人民法院《关于如何认定挪用公款归个人使用有关问题的解释》规定,国家工作人员利用职务上的便利,以个人名义将公款借给其他自然人或者不具有法人资格的私营独资企业、私营合伙企业等使用,或者为谋取个人利益,以个人名义将公款借给其他单位使用的,属于挪用公款归个人使用。

2. 全国人大常委会法制工作委员会提请全国人大常委会对《刑法》第384条规定的挪用公款"归个人使用"进行解释。2002年4月24日,在第九届全国人大常委会第二十七次会议上,全国人大常委会法制工作委员会受委员长会议的委托向全国人大常委会作了《关于〈中华人民共和国刑法〉第三百八十四条第一款的解释(草案)》的说明报告:经研究认为,刑法规定的国家工作人员利用职务上的便利,挪用公款归个人使用,实质上是将公款非法置于个人的支配之下公款私用,将公款供本人、亲友或者其他自然人使用,或者以个人名义将公款供其他单位使用。对于以单位名义将公款借给其他单位使用的,应当区别情况处理。其属于单位之间的拆借行为,一般不应按照挪用公款犯罪处理。但是,由个人决定以单位名义将公款借给其他单位使用,自己谋取利益的,实际上也是挪用公款归私人使用的一种表现形式,应当属于刑法规定的挪用公款"归个人使用"。应进一步明确《刑法》第384条有关规定的含义,有力打击挪用公款的犯罪活动,建议全国人大常委会对《刑法》第384条第1款规定的"归个人使用"的含义作出如下解释:"有下列情形之一的,属于挪用'公款归个人使用':(一)将公款供本人、亲友或者其他自然人使用的;(二)以个人名义将公款供其他单位使用的;(三)个人决定以单位名义将公款供其他单位使用,谋取个人利益的。"[①]

全国人大法律委员会于2002年4月28日,向全国人大常委会作了《关于〈中华人民共和国刑法〉第三百八十四条第一款的解释(草案)》审议结果的报告,认为为了正确执行刑法关于挪用公款犯罪的规定,有必要对《刑法》第384条第1款的规定进行法律解释。其认为该解释草案基本是可行的,同时提出以下修改意见:有的委员提出,对于单位集体决定将公款供其

[①]《全国人民代表大会常务委员会公报》2002年第3期。

他单位使用,个人从中谋取利益的,也应当规定为挪用公款"归个人使用"。全国人大法律委员会研究认为,单位集体研究决定将公款供其他单位使用,国家工作人员利用职务上的便利,从中谋取利益的,是一种受贿行为,应当依照刑法关于受贿罪的规定追究刑事责任。因此,全国人大法律委员会建议,对该解释草案第3项的规定不作修改。[①]

鉴于上述原因,全国人大常委会在《关于〈中华人民共和国刑法〉第三百八十四条第一款的解释》中对挪用公款"归个人使用"的含义作了进一步明确的解释。

三、本解释的适用

全国人大常委会《关于〈中华人民共和国刑法〉第三百八十四条第一款的解释》在适用时应注意的问题:

1. 应注意区分挪用公款归个人使用与挪用公款归单位使用的界限。根据《刑法》第384条和全国人大常委会《关于〈中华人民共和国刑法〉第三百八十四条第一款的解释》,挪用公款归个人使用的,可以构成挪用公款罪。挪用公款归单位使用,在一般情况下不能构成挪用公款罪。只有在以下两种情况下,才可以构成挪用公款罪:(1)以个人的名义将公款供其他单位使用的,可以构成挪用公款罪。这是因为,以个人名义而不是以单位的名义供其他单位使用,实质上是挪用公款归挪用者本人使用,符合《刑法》第384条第1款规定的"挪用公款归个人使用"的特征。因此,可以构成挪用公款罪。(2)个人决定以单位的名义将公款供其他单位使用,谋取个人利益的,可以构成挪用公款罪。这是因为,个人决定以单位的名义将公款供其他单位使用,个人从中谋利益,实质上是挪用公款归个人使用,符合《刑法》第384条第1款规定的"挪用公款归个人使用"的特征。如果是单位集体研究,将单位的公款供其他单位使用,则既不符合挪用公款罪"擅自挪用"的特征,也不符合"归个人使用"的特征,不能构成挪用公款罪。这里的"个人"与"单位"是相对应的概念。个人,是指自然人,一个自然人或者几个自然人。单位,是指依法成立的组织,根据我国《刑法》第30条的规定,单位是指公司、企业、事业单位、机关、团体。只要是单位,不论其有性质还是没有性质,也不论其性质是国有、集体还是个体都是挪用公款归单位使用,一般不构成挪用公款罪,只有在挪用公款以个人名义归单位使用或者个人决定以单位的名义挪用公款归单位使用,谋取个人利益两种情况下,才可以构成挪用公款罪。

2. 注意区分挪用公款归个人使用与借用公款归个人使用的界限。《刑法》第384条第1款和全国人大常委会《关于〈中华人民共和国刑法〉第三百八十四条第一款的解释》规定"挪用公款归个人使用"可以构成挪用公款罪。"借用公款归个人使用"不能构成挪用公款罪。挪用公款行为,是擅自利用职务之便利挪用公款供个人使用的行为,是违法犯罪行为。借用公款,是依借款规定或者经单位集体研究决定将公款借给个人使用的行为,是合法行为。二者有原则区别,不能在"公款归个人使用"的情况下,不分是挪用还是借用,一律认定为"挪用公款归个人使用的行为"。

3. 注意准确认定挪用公款供其他单位使用。根据全国人大常委会《关于〈中华人民共和国刑法〉第三百八十四条第一款的解释》的规定,"以个人名义将公款供其他单位使用的"和

---

① 参见《全国人民代表大会常务委员会公报》2002年第3期。

"个人决定以单位名义将公款供其他单位使用,谋取个人利益的",属于挪用公款"归个人使用"。《全国法院审理经济犯罪案件工作座谈会纪要》中指出:认定是否属于"以个人名义"不能只看形式,要从实质上把握。对于行为人逃避财务监管,或者与使用人约定以个人名义进行,或者借款、还款都以个人名义进行,将公款给其他单位使用的,应认定为"以个人名义"。"个人决定"既包括行为人在职权范围内决定,也包括超越职权范围决定。"谋取个人利益",既包括行为人与使用人事先约定谋取个人利益实际尚未获取的情况,也包括虽未事先约定但实际已获取了个人利益的情况。其中的"个人利益",既包括不正当利益,也包括正当利益;既包括财产性利益,也包括非财产性利益,但这种非财产性利益应当是具体的实际利益,如升学、就业等。[①]

4. 注意弄清《关于〈中华人民共和国刑法〉第三百八十四条第一款的解释》对《刑法》第272条规定的适用。《刑法》第272条规定的是"公司、企业或者其他单位的工作人员,利用职务上的便利,挪用本单位资金归个人使用或者借贷给他人"的行为,其中也有挪用本单位资金"归个人使用"。全国人大常委会《关于〈中华人民共和国刑法〉第三百八十四条第一款的解释》虽然不是对《刑法》第272条规定的"归个人使用"的解释,不能直接引用该解释办案。但其帮助人们和司法机关准确理解《刑法》第272条规定的挪用本单位资金"归个人使用"的真实含义,其与《刑法》第384条第1款规定的"归个人使用"的含义应该是一致的,也应参照上述解释理解挪用本单位资金"归个人使用"的含义,以便准确办理挪用本单位资金案件。

5. 注意准确理解《关于〈中华人民共和国刑法〉第三百八十四条第一款的解释》的效力问题。刑法立法解释的效力应当与刑法规定的效力相同,并且同时有效力。我国1997年《刑法》第452条规定,"本法自1997年10月1日起施行",即从该日起刑法规定生效,具有法律效力。虽然《关于〈中华人民共和国刑法〉第三百八十四条第一款的解释》是2002年4月28日公布的,但其效力可以溯及1997年10月1日。1997年10月1日以后发生的挪用公款"归个人使用"的行为,凡是没有处理过的,都应当依照该解释办理。对于已经处理过的这类案件,凡符合上述立法解释规定的,应当维持。但是,由于处理时,有些关于《刑法》第384条第1款规定的挪用公款"归个人使用"的司法解释与现行立法解释相冲突,司法机关按当时司法解释处理的案件,不符合现行立法解释的要求,如果按原司法解释处理对犯罪嫌疑人、被告人有利,也应维持原处理意见。如果依照原司法解释处理的案件,按现行立法解释规定对被告人不利,例如,在2002年4月28日以前,某国家工作人员挪用公款以单位的名义供给某私营公司使用,司法机关依当时司法解释予以追究刑事责任,按理应由司法机关依现行立法解释予以纠正,因为立法解释的效力大于司法解释。但司法实践中,司法机关一般参照2001年12月17日施行的最高人民法院、最高人民检察院《关于适用刑事司法解释时间效力问题的规定》进行处理。该司法解释规定:(1)司法解释是最高人民法院对审判工作中具体应用法律问题和最高人民检察院对检察工作中具体应用法律问题所作的具有法律效力的解释,自发布或者规定之日起施行,效力适用于法律的施行期间。(2)对于司法解释实施前发生的行为,行为时没有相关司法解释,司法解释施行后尚未处理或者正在处理的案件,依照司法解释的规定办理。(3)对于新的司法解释实施前发生的行为,行为时已有相关司法解释,依照行为时的

---

① 参见《中华人民共和国最高人民法院公报》2003年第6期。

司法解释办理,但适用新的司法解释对犯罪嫌疑人、被告人有利的,适用新的司法解释。(4)对于在司法解释施行前已办结的案件,按照当时的法律和司法解释,认定事实和适用法律没有错误的,不再变动。上述解释只是关于司法解释效力问题的规定,至于是否适用于立法解释以及立法解释与司法解释之间的效力问题,有待立法机关作出解释规定。

6. 注意准确认定单位决定将公款给个人使用行为。以个人的名义,将公款供个人使用的,是挪用公款罪。《全国法院审理经济犯罪案件工作座谈会纪要》中指出:"经单位领导集体研究决定将公款给个人使用,或者单位负责人为了单位的利益,决定将公款给个人使用的,不以挪用公款罪定罪处罚。上述行为致使单位遭受重大损失,构成其他犯罪的,依照刑法的有关规定对责任人员定罪处罚。"[①]

[①] 《中华人民共和国最高人民法院公报》2003 年第 6 期。

第二十一章　关于《中华人民共和国刑法》第三百一十三条的解释

全国人大常委会《关于〈中华人民共和国刑法〉第三百一十三条的解释》于2002年8月29日,第九届全国人大常委会第二十九次会议通过,并于当日公告。

我国1997年《刑法》第313条规定了"对人民法院的判决、裁定有能力执行而拒不执行,情节严重的"犯罪行为。1997年最高人民法院《关于执行〈中华人民共和国刑法〉确定罪名的规定》确定为"拒不执行判决、裁定罪"的罪名。《刑法》第313条规定的"人民法院的判决、裁定",一般是指人民法院依法作出的已生效的判决、裁定。但在市场经济条件下,欠债不还的现象尤为突出,有些债务人有能力还债而赖账不还,甚至经人民法院判决、裁定,仍采取转移财产等方式拒不履行人民法院判决、裁定所确定的义务,严重妨害了司法秩序,损害了债权人的合法权益,扰乱社会主义市场经济秩序的健康发展。

司法实践中,一些单位和部门对《刑法》第313条规定的人民法院的"裁定"是否包括人民法院为依法执行支付令、生效的调解书、仲裁决定、公证债权文书等所作的"裁定",有不同认识,影响对拒不执行人民法院这些裁定的行为,追究其刑事责任。2002年8月23日,全国人大常委会法制工作委员会在第九届全国人大常委会第二十九次会议上向全国人大常委会作了《关于〈中华人民共和国刑法〉第三百一十三条的解释(草案)》的说明报告。2002年8月29日,全国人大常委会讨论了《刑法》第313条规定的"对人民法院的判决、裁定有能力执行而拒不执行,情节严重"的含义问题,作了立法解释,并于当日公布。

一、刑法规定及其法律解释的内容

刑法条文中有关拒不执行判决、裁定罪的规定是:

1. 1979年《刑法》第157条规定:"以暴力、威胁方法阻碍国家工作人员依法执行职务的,或者拒不执行人民法院已经发生法律效力的判决、裁定的,处三年以下有期徒刑、拘役、罚金或者剥夺政治权利。"

2. 1997年《刑法》第313条规定:"对人民法院的判决、裁定有能力执行而拒不执行,情节严重的,处三年以下有期徒刑、拘役或者罚金。"

3. 2002年8月29日,全国人大常委会《关于〈中华人民共和国刑法〉第三百一十三条的解释》规定如下:"刑法第三百一十三条规定的'人民法院的判决、裁定',是指人民法院依法作出的具有执行内容并已发生法律效力的判决、裁定。人民法院为依法执行支付令、生效的调解书、仲裁裁决、公证债权文书等所作的裁定属于该条规定的裁定。下列情形属于刑法第三百一十三条规定的'有能力执行而拒不执行,情节严重'的情形:(一)被执行人隐藏、转移、故意毁损财产或者无偿转让财产、以明显不合理的低价转让财产,致使判决、裁定无法执行的;(二)担保人或者被执行人隐藏、转移、故意毁损或者转让已向人民法院提供担保的财产,致使判决、裁定无法执行的;(三)协助执行义务人接到人民法院协助执行通知书后,拒不协助执行,致使判决、裁定无法执行的;(四)被执行人、担保人、协助执行义务人与国家机关工作人员通谋,利用国家机关工作人员的职权妨害执行,致使判决、裁定无法执行的;(五)其他有能力执行而拒不执行,情节严重的情形。国家机关工作人员有上述第四项行为的,以拒不执行判决、裁定罪的共犯追究刑事责任。国家机关工作人员收受贿赂或者滥用职权,有上述第四项行为的,同时又构成刑法第三百八十五条、第三百九十七条规定之罪的,依照处罚较重的规定定罪处罚。"

上述刑法规定及其法律解释对《刑法》第313条规定作了如下解释:

1. 对《刑法》第313条规定的"裁定"的含义作了解释。《刑法》第313条规定:"对人民法院的判决、裁定有能力执行而拒不执行,情节严重的"构成犯罪。该条规定的人民法院的"裁定"包括人民法院在刑事、民事、行政审判过程中直接作出的"裁定",对这一点没有疑义,而对于是否包括人民法院为依法执行支付令、生效的调解书、仲裁裁决、公证债权文书等所作的"裁定",司法实践中有不同意见,影响法院依法追究拒不执行上述"裁定"行为人的刑事责任。2002年8月29日,全国人大常委会《关于〈中华人民共和国刑法〉第三百一十三条的解释》中明确规定,《刑法》第313条规定的"人民法院的判决、裁定",是指人民法院依法作出的具有执行内容并已发生法律效力的判决、裁定。人民法院为依法执行支付令、生效的调解书、仲裁裁决、公证债权文书等所作的裁定属于该条规定的裁定。这种明确规定,消除了疑义,便于司法机关准确执行该刑法条文规定。

2. 对《刑法》第313条规定的"有能力执行而拒不执行,情节严重"的含义作了解释。1997年《刑法》第313条规定的"有能力执行而拒不执行,情节严重"是一种笼统的规定,司法机关在适用时,有很大的裁量余地,但不便于准确适用刑法规定。特别是对什么情况属于"有能力执行而拒不执行",什么情况属于"情节严重"等有不同认识。

2002年8月29日,全国人大常委会《关于〈中华人民共和国刑法〉第三百一十三条的解释》中明确规定:下列情形,属于《刑法》第313条规定的"有能力执行而拒不执行,情节严重"的情形:(1)被执行人隐藏、转移、故意毁损财产或者无偿转让财产、以明显不合理的低价转让财产,致使判决、裁定无法执行的;(2)担保人或者被执行人隐藏、转移、故意毁损或者转让已向人民法院提供担保的财产,致使判决、裁定无法执行的;(3)协助执行义务人接到人民法院协助执行通知书后,拒不协助执行,致使判决、裁定无法执行的;(4)被执行人、担保人、协助执行义务人与国家机关工作人员通谋,利用国家机关工作人员的职权妨害执行,致使判决、裁定无法执行的;(5)其他有能力执行而拒不执行,情节严重的情形。通过这样的列举式解释,明确规定了有能力执行而拒不执行,情节严重,致使判决、裁定无法执行的情形,更便于司法机关依法追究拒不执行人民法院判决、裁定的犯罪行为。

二、对刑法规定解释的原因

全国人大常委会作出《关于〈中华人民共和国刑法〉第三百一十三条的解释》的主要原因有:

1.《刑法》第313条规定的"裁定"的含义在新的形势下需要进行解释。我国1979年制定《刑法》时,就有拒不执行人民法院已生效的民事、刑事判决、裁定的行为,1979年《刑法》在第

157条中规定了拒不执行判决、裁定罪。

1997年修订《刑法》时,根据多年司法实践经验和拒不执行人民法院判决、裁定的复杂情况,将拒不执行人民法院判决、裁定罪的构成条件在刑法规定上加以严格控制,将"有能力执行而拒不执行,情节严重"作为犯罪构成的必要要件,被追究拒不执行人民法院判决、裁定犯罪的人数减少。这样一来,在我国经济生活中就出现了欠债不还和人民法院判决、裁定执行难的问题。特别是在市场经济条件下,人民法院依法执行支付令、生效的调解书、仲裁裁决、公证债权文书等执行工作越来越多,其所作的执行"裁定"是否属于《刑法》第313条规定的"裁定"需要法律加以明确规定。同时,对于有些国家机关工作人员搞部门和地方保护主义,利用职权严重干扰人民法院的执行工作,致使人民法院的判决、裁定不能执行的行为,也应当明确法律责任。全国人大常委会法制工作委员会根据2000年《立法法》第44条的规定,邀请最高人民法院、最高人民检察院、公安部等有关部门和专家学者对《刑法》第313条规定的含义进行了研究,提出对《刑法》第313条规定的"裁定"和"有能力执行而拒不执行,情节严重"的内涵作法律解释。

2. 全国人大常委会法制工作委员会提请全国人大常委会对《刑法》第313条规定的含义进行解释。2002年8月23日,在第九届全国人大常委会第二十七次会议上,全国人大常委会法制工作委员会受委员长会议的委托向全国人大常委会作了《关于〈中华人民共和国刑法〉第三百一十三条的解释(草案)》的说明报告。报告认为:《刑法》第313条规定的"人民法院的判决、裁定",是指人民法院依法作出的具有执行内容并已发生法律效力的判决、裁定。人民法院为依法执行支付令、生效的调解书、仲裁裁决、公证债权文书等所作的裁定属于该条规定的裁定。下列情形属于《刑法》第313条规定的"有能力执行而拒不执行,情节严重"的情形:(1)被执行人隐藏、转移、故意毁损财产或者无偿转让财产、以明显不合理的低价转让财产,致使判决、裁定无法执行的;(2)担保人或者被执行人隐藏、转移、故意毁损或者转让已向人民法院提供担保的财产,致使判决、裁定无法执行的;(3)协助执行义务人接到人民法院协助执行通知书后,拒不协助执行,致使判决、裁定无法执行的;(4)被执行人、担保人、协助执行义务人与国家机关工作人员通谋,利用国家机关工作人员的职权妨害执行,致使判决、裁定无法执行的;(5)其他有能力执行而拒不执行,情节严重的情形。

国家机关工作人员有上述第4项行为的,以拒不执行判决、裁定罪的共犯追究刑事责任。国家机关工作人员收受贿赂或者滥用职权,有上述第4项行为,同时又构成《刑法》第385条、第397条规定之罪的,依照处罚较重的规定定罪处罚。①

全国人大法律委员会于2002年8月29日,向全国人大常委会作了《关于〈中华人民共和国刑法〉第三百一十三条的解释(草案)》审议结果的报告,认为为了正确执行《刑法》第313条关于拒不执行判决、裁定罪的规定,对该条规定的含义作出解释是必要的。其认为该解释草案基本是可行的,同时提出以下修改意见:(1)有的部门提出,该解释草案第4项规定的"被执行人与国家机关工作人员通谋,利用国家机关工作人员的职权妨害执行,致使判决、裁定无法执行"的情形中,还应包括担保人和协助执行义务人实施上述行为的情形。因此,全国人大法律委员会建议将该项修改为:"被执行人、担保人、协助执行义务人与国家机关工作人员通

---

① 参见《全国人民代表大会常务委员会公报》2002年第5期。

谋,利用国家机关工作人员的职权妨害执行,致使判决、裁定无法执行的"。(2)有的委员和部门提出,国家机关工作人员滥用职权有第4项行为,同时构成刑法规定的滥用职权罪的,也应当依照处罚较重的规定追究刑事责任。因此,全国人大法律委员会建议将该项修改为:国家机关工作人员有上述第4项行为的,以拒不执行判决、裁定罪的共犯追究刑事责任。国家机关工作人员收受贿赂或者滥用职权,有上述第4项行为,同时又构成《刑法》第385条、第397条规定之罪的,依照处罚较重的规定定罪处罚。(3)有的委员提出,目前执行难的问题情况比较复杂,有的是法院判决不公正,有的是法院本身搞地方保护,有的是法院工作人员在执行中拖延执行、徇私枉法,建议对此作出相应规定。全国人大法律委员会认为,法院工作人员在审判活动中枉法裁判的,可依照《刑法》第399条规定的徇私枉法罪定罪处罚。同时该解释草案对国家机关工作人员与被执行人通谋,利用职权妨害执行工作的行为作了规定,如果法院工作人员有上述行为,应当适用该规定追究相应责任。对于法院工作人员在执行工作中故意拖延执行或者枉法执行的刑事责任问题,全国人大常委会法制工作委员会和有关部门进行研究,拟对《刑法》第399条第2款作出相应的修改补充。也有的委员提出,该解释草案第5项规定的"其他有能力执行而拒不执行,情节严重的情形"不够清楚,建议删去。如果以后出现其他具体情形,可由全国人大常委会再作解释。全国人大法律委员会研究认为,该解释草案规定的前4项情形主要是为解决欠债不还问题,针对在财产方面拒不执行人民法院判决、裁定的情形作出的解释。拒不执行人民法院判决、裁定的情形除涉及财产外,还包括拒不执行人民法院判决、裁定中应当履行的其他一些行为,如果删去第5项解释,对这些行为就难以追究法律责任。因此,建议保留该项规定。还有的委员提出,有些金融机构工作人员帮助被执行人转移、隐匿财产,拒不执行法院作出的判决、裁定,应将这种行为增加规定为犯罪。全国人大法律委员会认为,该解释草案第3项关于"协助执行义务人接到人民法院协助执行通知书后,拒不协助执行,致使判决、裁定无法执行"的规定,已经包括了金融机构工作人员的上述行为。因此,不需要再增加规定。①

鉴于上述原因,全国人大常委会在《关于〈中华人民共和国刑法〉第三百一十三条的解释》中对人民法院的"裁定"和"有能力执行而拒不执行,情节严重"的含义作了明确的解释。

三、本解释的适用

全国人大常委会《关于〈中华人民共和国刑法〉第三百一十三条的解释》在适用时应注意的问题:

1. 应注意区分罪与非罪的界限。根据《刑法》第313条和全国人大常委会《关于〈中华人民共和国刑法〉第三百一十三条的解释》,拒不执行判决、裁定罪适用于"有能力执行而拒不执行,情节严重"的情形。有下列情形之一的,都不构成犯罪:(1)行为人确实暂时没有能力执行人民法院的生效判决、裁定的,应当为被执行人创造条件执行,但不构成犯罪。(2)行为人拒不执行人民法院判决、裁定必须致使判决、裁定无法执行才构成犯罪,如果被执行人隐藏、转移、故意毁损被执行标的财产,但还有其他财产可执行,或者行为人又主动地执行了人民法院的判决、裁定,也不构成犯罪。(3)除了财产判决以外的其他有能力执行而拒不执行的

---

① 参见《全国人民代表大会常务委员会公报》2002年第5期。

情形,也必须达到情节严重,致使判决、裁定无法执行的程度,才构成犯罪。例如,与国家机关工作人员通谋,利用国家机关工作人员的职权妨害执行,致使判决、裁定无法执行的,才构成犯罪。判决、裁定执行了的,一般不构成犯罪。(4)有充分证据证明法院判决、裁定无法执行,被执行人确实无办法执行的,也不构成犯罪。被执行人认为法院判决、裁定有错的,应当通过审判监督程序解决,被执行人有能力执行而拒不执行,情节严重,致使判决、裁定不能执行的,应依法追究其刑事责任。适用时,应特别注意,我国《刑法修正案(九)》对《刑法》第313条规定的拒不执行判决、裁定罪进行修改,增加了"情节严重的""情节特别严重的"法定情形;同时增加规定了单位可以构成本罪。

2. 注意区分一罪与数罪的界限。《刑法》第313条和全国人大常委会《关于〈中华人民共和国刑法〉第三百一十三条的解释》规定,国家机关工作人员与被执行人、担保人、协助执行义务人通谋,利用国家机关工作人员职权妨害执行,致使判决、裁定无法执行的,以拒不执行判决、裁定罪的共犯追究刑事责任。如果国家机关工作人员收受贿赂或者滥用职权,又构成《刑法》第385条规定的受贿罪或者《刑法》第397条规定的滥用职权罪的,按数罪构成理论,可以定为数罪,按数罪并罚处罚。但全国人大常委会《关于〈中华人民共和国刑法〉第三百一十三条的解释》规定"依照处罚较重的规定定罪处罚",这是数罪按一重罪处罚的法律特别规定。在司法适用时应按立法解释的规定执行。

3. 注意划清拒不执行判决、裁定罪与执行判决、裁定失职罪和执行判决、裁定滥用职权罪的界限。全国人大常委会《关于〈中华人民共和国刑法〉第三百一十三条的解释》中规定国家机关工作人员与被执行人、担保人、协助执行义务人通谋的,以拒不执行判决、裁定罪共犯追究刑事责任,这里的国家机关工作人员,不再包括判决、裁定执行人员。根据《刑法修正案(四)》第8条第3款的规定,判决、裁定执行人员有"在执行判决、裁定活动中,严重不负责任或者滥用职权,不依法采取诉讼保全措施、不履行法定执行职责,或者违法采取诉讼保全措施、强制执行措施,致使当事人或者其他人的利益遭受重大损失的"的行为的,构成"执行判决、裁定失职罪"或者"执行判决、裁定滥用职权罪",处5年以下有期徒刑或者拘役;致使当事人或者其他人的利益遭受特别重大损失的,处5年以上10年以下有期徒刑。司法工作人员收受贿赂,有上述行为,同时又构成《刑法》第385条规定之罪的,依照处罚较重的规定定罪处罚,不能以拒不执行判决、裁定罪的共犯追究刑事责任,也不能定为滥用职权罪。因为《刑法》第399条第3款是《刑法修正案(四)》的特别规定,按特别规定优先适用原则或者重法优先适用原则,都应当以执行判决、裁定滥用职权罪或者执行判决、裁定失职罪定罪处罚。

第二十二章　关于《中华人民共和国刑法》第九章渎职罪主体适用问题的解释

全国人大常委会《关于〈中华人民共和国刑法〉第九章渎职罪主体适用问题的解释》,于2002年12月28日第九届全国人大常委会第三十一次会议通过,并于当日公告。

我国1997年《刑法》分则第9章渎职罪的主体由国家工作人员修改为国家机关工作人员。当时主要考虑到国家机关工作人员行使国家公共权力,这些人员如果玩忽职守、滥用职权或者徇私舞弊,会造成恶劣社会影响,社会危害较大,为了使国家机关工作人员正确行使权力,有必要对国家机关工作人员的渎职犯罪行为单独作出规定,处以较重的刑罚。对于国有公司、企业、事业单位、人民团体等国家工作人员的渎职犯罪分别规定在其他有关章节中,处以较轻的刑罚。根据我国刑法规定,国家机关工作人员是指在国家机构中从事公务的人员。《刑法》颁布以后,我国国家机关进行了机构改革,对于哪些机构是国家机关,特别是一些原是国家机关而调整为企业、事业单位,但仍然行使某些国家行政管理职能的单位还是不是国家机关,在其中从事公务的人员还是不是国家机关工作人员等问题需要界定清楚,否则,将严重影响司法机关依法追究有关人员的刑事责任。因此,最高人民法院、最高人民检察院建议全国人大常委会对《刑法》第9章渎职罪主体适用问题作出明确解释。

2002年12月23日,全国人大常委会法制工作委员会在第九届全国人大常委会第三十一次会议上向全国人大常委会作了《关于〈中华人民共和国刑法〉第九章渎职罪主体适用问题的解释(草案)》的说明报告。2002年12月28日,全国人大常委会讨论了《刑法》第9章渎职罪主体的适用问题,并作了立法解释,于当日公布。

一、刑法规定及其法律解释的内容

刑法中有关渎职罪的规定是:

1. 1979年《刑法》分则第8章渎职罪中首个条文,即第185条规定:"国家工作人员利用职务上的便利,收受贿赂的,处五年以下有期徒刑或者拘役。赃款、赃物没收,公款、公物追还。"

1979年《刑法》分则第8章渎职罪中最后一个条文,即第192条规定:"国家工作人员犯本章之罪,情节轻微的,可以由主管部门酌情予以行政处分。"

2. 1997年《刑法》分则第9章渎职罪中首个条文,即第397条规定:"国家机关工作人员滥用职权或者玩忽职守,致使公共财产、国家和人民利益遭受重大损失的,处三年以下有期徒刑或者拘役;情节特别严重的,处三年以上七年以下有期徒刑。本法另有规定的,依照规定。

国家机关工作人员徇私舞弊,犯前款罪的,处五年以下有期徒刑或者拘役;情节特别严重的,处五年以上十年以下有期徒刑。本法另有规定的,依照规定。"

1997年《刑法》分则第9章渎职罪中最后一个条文,即第419条规定:"国家机关工作人员严重不负责任,造成珍贵文物损毁或者流失,后果严重的,处三年以下有期徒刑或者拘役。"

3. 2002年12月28日,全国人大常委会《关于〈中华人民共和国刑法〉第九章渎职罪主体适用问题的解释》规定:"在依照法律、法规规定行使国家行政管理职权的组织中从事公务的人员,或者在受国家机关委托代表国家机关行使职权的组织中从事公务的人员,或者虽未列入国家机关人员编制但在国家机关中从事公务的人员,在代表国家机关行使职权时,有渎职行为,构成犯罪的,依照刑法关于渎职罪的规定追究刑事责任。"

上述刑法规定及其法律解释对《刑法》第9章渎职主体适用问题作了如下解释:

1. 将渎职罪的主体由"国家工作人员"改为"国家机关工作人员"。我国1979年《刑法》分则第8章规定的渎职罪是类罪名,其犯罪主体是国家工作人员,根据该法第83条的规定,国家工作人员是指一切国家机关、企业、事业单位和其他依照法律从事公务的人员。1979年《刑法》规定的国家工作人员的范围比较广泛,只要是从事公务的人员都是国家工作人员,因此,渎职罪的主体范围也是比较广泛的。1997年《刑法》分则第9章渎职罪的主体改为国家机关工作人员,即只有在国家机关中从事公务的人员才构成渎职罪的主体,而国有公司、企业、事业单位、人民团体中从事公务的人员不是国家机关工作人员,不能构成渎职罪的主体。1997年《刑法》分则第9章规定的渎职罪主体范围较小,有些国家工作人员的渎职犯罪行为不能以渎职罪追究刑事责任。

2. 补充规定了"在依照法律、法规规定行使国家行政管理职权的组织中从事公务的人员"可以构成渎职罪的主体。有些组织虽然不是国家机关,但依照法律、法规规定行使国家行政管理职权。例如,根据证券法的规定,国务院证券监督管理机构对全国证券市场实行集中统一监督管理;根据保险法规定,国务院保险监督管理机构负责对全国保险业实施监督管理。上述国务院两个监督管理机构都不是国家机关,但其所行使的是国家行政管理职权。在上述依照法律、法规规定行使国家行政管理职权的组织中从事公务的人员,当其代表国家机关行使职权时,有渎职行为的,按照2002年12月28日,全国人大常委会《关于〈中华人民共和国刑法〉第九章渎职罪主体适用问题的解释》的规定,"依照刑法关于渎职罪的规定追究刑事责任",即视为国家机关工作人员,构成渎职罪的主体。

3. 补充规定了"在受国家机关委托代表国家机关行使职权的组织中从事公务的人员"可以构成渎职罪的主体。有些国家机关根据工作需要,会将自己行使的职权依法委托给其他组织行使。例如,国家文物保护单位,受国家委托行使保护管理国家重点保护文物的职权。虽然这些组织不是国家机关,但其中代表国家机关行使职权的人员,有渎职行为的,按照2002年12月28日全国人大常委会《关于〈中华人民共和国刑法〉第九章渎职罪主体适用问题的解释》的规定,"构成犯罪的,依照刑法关于渎职罪的规定追究刑事责任"。也就是将这些代表国家机关从事公务的人员,视为国家机关工作人员,构成渎职罪的主体。

4. 补充规定了"虽未列入国家机关人员编制,但在国家机关中从事公务的人员"可以构成渎职罪的主体。有些国家机关根据工作需要,聘用了一部分国家机关人员以外的人员代表国家机关行使职权。例如,国家劳动改造机关聘用不在编的负责监管罪犯改造的人员。按照

2002年12月28日全国人大常委会《关于〈中华人民共和国刑法〉第九章渎职罪主体适用问题的解释》的规定,"虽未列入国家机关人员编制但在国家机关中从事公务的人员,在代表国家机关行使职权时,有渎职行为,构成犯罪的,依照刑法关于渎职罪的规定追究刑事责任"。也就是说未列入国家机关人员编制的人员代表国家机关行使职权时,视为国家机关工作人员,可以构成渎职罪的主体。

二、对刑法规定解释的原因

全国人大常委会作出《关于〈中华人民共和国刑法〉第九章渎职罪主体适用问题的解释》的主要原因有以下几个方面:

1.《刑法》分则第9章渎职罪主体的含义在新的形势下需要进行补充解释。我国1979年《刑法》分则第8章规定的渎职罪的主体是国家工作人员,主体范围较宽泛,即凡是依法从事公务的人员都可以构成渎职罪的主体。1997年修订《刑法》时,为了严厉惩治国家机关工作人员渎职犯罪行为将《刑法》分则第9章渎职罪的主体规定为"国家机关工作人员",即在国家机关中从事公务的人员才能构成渎职罪的主体,将在国有公司、企业、事业单位、人民团体中从事公务人员的渎职犯罪分别规定在其他类犯罪中,处以相对较轻的刑罚。

根据宪法规定,国家机关包括国家权力机关、行政机关、审判机关、检察机关、军事机关。只有在上述机关中从事公务的人员才是国家机关工作人员。如果严格按上述国家机关工作人员范围认定渎职罪,《刑法》分则第9章规定的一些具体犯罪很少有犯罪者。例如,《刑法》第409条规定的传染病防治失职罪,失职造成传染病传播或者流行的多数不是国家机关工作人员,而是传染病防疫机构和医疗部门;再如,《刑法》第419条规定的失职造成珍贵文物毁损、流失罪,失职造成珍贵文物毁损、流失的多数不是国家机关工作人员,而是文物保护单位和文物保管单位的工作人员。这样对于大量失职造成传染病传播或者流行和珍贵文物毁损、流失的渎职人员,不能按渎职罪追究刑事责任。特别是之后,司法实践中遇到一些新情况:一是法律授权规定某些非国家机关的组织,在某些领域行使国家行政管理职权。例如,根据证券法的规定,国务院证券监督管理机构依法对全国证券市场实行集中统一监督管理。根据保险法规定,国务院保险监督管理机构负责对保险业实施监督管理。而这些行政管理权力过去法律规定由国家机关中国人民银行行使,现由事业单位行使。二是在国家机构改革中,有的地方将原来的一些国家机关调整为企业、事业单位,但仍然保留某些国家行政管理职能。例如,原纺织工业部改为纺织工业集团公司,但仍行使原纺织工业部的行政管理职权。三是有些国家机关将自己行使的职权依法委托给一些组织行使。例如,国家将卫生防疫的行政管理工作,委托给各级卫生防疫机构和进出口动植物检疫机构人员行使。四是实践中有的国家机关根据工作需要聘用了一部分国家机关人员以外的人员从事公务。上述这些人员虽然在形式上未列入国家机关人员编制,但实际上是在国家机关中工作或者行使国家机关工作人员的权力。例如,人民法院依法聘任的人民陪审员,虽然不是国家编制内国家机关工作人员,但行使国家审判人员的职权。对于上述新出现的情况,有些部门认为,这些人员在行使国家权力时,玩忽职守、滥用职权、徇私舞弊构成犯罪的,也应按照国家机关工作人员渎职犯罪的规定处罚。最高人民法院、最高人民检察院建议全国人大常委会对此作出明确解释。全国人大常委会法制工作委员会根据2000年《立法法》第44条的规定,邀请最高人民法院、最高人民检察院、公安部、国务院法制办等有关部门和专家学者对《刑法》分则第9章规定的渎职罪主体的适用问题进行了研究,提出了法律解释的建议。

2. 全国人大常委会法制工作委员会提请全国人大常委会对《刑法》第9章渎职罪主体适用问题作出解释。2002年12月23日,在第九届全国人大常委会第三十一次会议上,全国人大常委会法制工作委员会向全国人大常委会作了《关于〈中华人民共和国刑法〉第九章渎职罪主体适用问题的解释(草案)》的说明报告。报告建议,对《刑法》分则第9章渎职罪主体适用的问题作如下解释:"在依照法律、法规规定行使国家行政管理职权的组织中从事公务的人员,或者在受国家机关委托代表国家机关行使职权的组织中从事公务的人员,或者虽未列入国家机关人员编制但在国家机关中从事公务的人员,在代表国家机关行使职权时,有渎职行为,构成犯罪的,依照刑法关于渎职罪的规定追究刑事责任。"[1]

全国人大法律委员会于2002年8月26日,向全国人大常委会作了《关于〈中华人民共和国刑法〉第九章渎职罪主体适用问题的解释(草案)》审议结果的书面报告。全国人大法律委员会认为,这个解释草案是可行的,建议全国人大常委会审议通过。[2]

鉴于上述原因,全国人大常委会在《关于〈中华人民共和国刑法〉第九章渎职罪主体适用问题的解释》中对《刑法》分则第9章渎职罪主体适用问题作了明确的解释。

三、本解释的适用

全国人大常委会《关于〈中华人民共和国刑法〉第九章渎职罪主体适用问题的解释》在适用时应注意的问题:

1. 应注意准确认定国家机关工作人员的范围。根据《刑法》分则第9章和全国人大常委会《关于〈中华人民共和国刑法〉第九章渎职罪主体适用问题的解释》,国家机关工作人员,一般是指在国家机关中从事公务的工作人员。《全国法院审理经济犯罪案件工作座谈会纪要》中指出,刑法中所称的国家机关工作人员,是指在国家机关中从事公务的人员,包括在各级国家权力机关、行政机关、司法机关和军事机关中从事公务的人员。根据全国人大常委会的立法解释的规定,在依照法律、法规规定行使国家行政管理职权的组织中从事公务的人员,或者在受国家机关委托代表国家机关行使职权的组织中从事公务的人员,或者虽未列入国家机关人员编制但在国家机关中从事公务的人员,视为国家机关工作人员。在乡(镇)以上中国共产党机关、人民政协机关中从事公务的人员,司法实践中也应当视为国家机关工作人员。[3]

2. 注意准确认定依法律、法规规定行使国家行政管理职权的组织中从事公务的人员。上述组织的特点是:(1)必须是依法成立的组织,有人员编制、组织机构、单位地点和名称,有上下级的隶属关系等。(2)必须有明确的法律、法规规定由该组织行使国家行政管理职权。仅依某单位决定或者某领导指示成立的组织,不是上述组织。(3)必须是行使国家行政管理职权的组织。如果行使的不是国家行政管理职权,而是其他职权,如党群职权、军事职权、某项研究职权等,都不是上述组织。根据法律规定,下列组织应属于行使国家行政管理职权的组织:国务院证券监督管理机构、国务院保险监督管理机构、国家专利局、保安公司、国家商检机构、动植物检疫机构、卫生防疫机构、国家博物馆、文物保护单位等。在上述组织中从事公务

---

[1] 《全国人民代表大会常务委员会公报》2003年第1期。
[2] 《全国人民代表大会常务委员会公报》2003年第1期。
[3] 参见《中华人民共和国最高人民法院公报》2003年第6期。

的人员,应当视为国家机关工作人员。

3. 注意认清国家机关工作人员与国家工作人员的关系。按照我国《刑法》第 93 条第 1 款的规定,"本法所称国家工作人员,是指国家机关中从事公务的人员",即凡在国家机关中从事公务的人员都是国家工作人员。按照全国人大常委会《关于〈中华人民共和国刑法〉第九章渎职罪主体适用问题的解释》的规定,"在依照法律、法规规定行使国家行政管理职权的组织中从事公务的人员,或者在受国家机关委托代表国家机关行使职权的组织中从事公务的人员,或者虽未列入国家机关人员编制但在国家机关中从事公务的人员,在代表国家机关行使职权时,有渎职行为,构成犯罪的,依照刑法关于渎职罪的规定追究刑事责任"。这些人员都可以认定为构成渎职罪主体的国家机关工作人员,可以认定为国家工作人员,也可以构成《刑法》分则第 8 章贪污贿赂罪的主体或构成贪污贿赂罪具体犯罪主体,还也可以构成其他必须以国家机关工作人员为主体的犯罪,例如,《刑法》第 109 条规定的叛逃罪,第 251 条规定的非法剥夺公民宗教信仰自由罪和侵犯少数民族风俗习惯罪,第 254 条规定的报复陷害罪等具体犯罪主体。

第二十三章　关于《中华人民共和国刑法》有关信用卡规定的解释

全国人大常委会《关于〈中华人民共和国刑法〉有关信用卡规定的解释》,于2004年12月29日第十届全国人大常委会第十三次会议通过,并于当日公告。

我国1997年《刑法》分则第3章破坏社会主义市场经济秩序罪中第177条规定伪造信用卡的行为构成伪造、变造金融票证罪,第196条规定了信用卡诈骗罪。在司法实践中,由于对信用卡的内容有不同认识,给司法机关认定上述两种犯罪带来困难,需要立法机关作出解释,以便统一认识,准确适用刑法,公正地惩罚信用卡方面的犯罪。因此,最高人民法院、最高人民检察院建议全国人大常委会对刑法规定的信用卡的内容作出明确解释。

2004年12月25日,全国人大常委会法制工作委员会在第十届全国人大常委会第十三次会议上向全国人大常委会作了《关于〈中华人民共和国刑法〉有关信用卡规定的解释(草案)》的说明。2004年12月29日,全国人大常委会讨论了刑法规定的"信用卡"的含义问题,并作了立法解释,于当日公布。2009年12月16日,最高人民法院、最高人民检察院实施了《关于办理妨害信用卡管理刑事案件具体应用法律若干问题的解释》,对信用卡的有关问题作了司法解释。

一、刑法规定及其法律解释的内容

刑法中有关信用卡犯罪的规定是:

1. 1997年《刑法》第177条第1款规定:"有下列情形之一,伪造、变造金融票证的,处五年以下有期徒刑或者拘役,并处或者单处二万元以上二十万元以下罚金;情节严重的,处五年以上十年以下有期徒刑,并处五万元以上五十万元以下罚金;情节特别严重的,处十年以上有期徒刑或者无期徒刑,并处五万元以上五十万元以下罚金或者没收财产:(一)伪造、变造汇票、本票、支票的;(二)伪造、变造委托收款凭证、汇款凭证、银行存单等其他银行结算凭证的;(三)伪造、变造信用证或者附随的单据、文件的;(四)伪造信用卡的。"

2. 1997年《刑法》第196条规定:"有下列情形之一,进行信用卡诈骗活动,数额较大的,处五年以下有期徒刑或者拘役,并处二万元以上二十万元以下罚金;数额巨大或者有其他严重情节的,处五年以上十年以下有期徒刑,并处五万元以上五十万元以下罚金;数额特别巨大或者有其他特别严重情节的,处十年以上有期徒刑或者无期徒刑,并处五万元以上五十万元以下罚金或者没收财产:(一)使用伪造的信用卡的;(二)使用作废的信用卡的;(三)冒用他人信用卡的;(四)恶意透支。前款所称恶意透支,是指持卡人以非法占有为目的,超过规定限额或者规定期限透支,并且经发卡银行催收后仍不归还的行为。盗窃信用卡并使用的,依照本法第二百六十四条的规定定罪处罚。"

3. 2005年2月28日发布的《刑法修正案（五）》第1条规定，在《刑法》第177条后增加一条，作为第177条之一："有下列情形之一，妨害信用卡管理的，处三年以下有期徒刑或者拘役，并处或者单处一万元以上十万元以下罚金；数量巨大或者有其他严重情节的，处三年以上十年以下有期徒刑，并处二万元以上二十万元以下罚金：（一）明知是伪造的信用卡而持有、运输的，或者明知是伪造的空白信用卡而持有、运输，数量较大的；（二）非法持有他人信用卡，数量较大的；（三）使用虚假的身份证明骗领信用卡的；（四）出售、购买、为他人提供伪造的信用卡或者以虚假的身份证明骗领的信用卡的。窃取、收买或者非法提供他人信用卡信息资料的，依照前款规定处罚。银行或者其他金融机构的工作人员利用职务上的便利，犯第二款罪的，从重处罚。"

4. 2005年2月28日发布的《刑法修正案（五）》第2条规定，将《刑法》第196条修改为："有下列情形之一，进行信用卡诈骗活动，数额较大的，处五年以下有期徒刑或者拘役，并处二万元以上二十万元以下罚金；数额巨大或者有其他严重情节的，处五年以上十年以下有期徒刑，并处五万元以上五十万元以下罚金；数额特别巨大或者有其他特别严重情节的，处十年以上有期徒刑或者无期徒刑，并处五万元以上五十万元以下罚金或者没收财产：（一）使用伪造的信用卡，或者使用以虚假的身份证明骗领的信用卡的；（二）使用作废的信用卡的；（三）冒用他人信用卡的；（四）恶意透支的。前款所称恶意透支，是指持卡人以非法占有为目的，超过规定限额或者规定期限透支，并且经发卡银行催收后仍不归还的行为。盗窃信用卡并使用的，依照本法第二百六十四条的规定定罪处罚。"

5. 2004年12月29日，全国人大常委会《关于〈中华人民共和国刑法〉有关信用卡规定的解释》中规定："全国人民代表大会常务委员会根据司法实践中遇到的情况，讨论了刑法规定的'信用卡'的含义问题，解释如下：刑法规定的'信用卡'，是指由商业银行或者其他金融机构发行的具有消费支付、信用贷款、转账结算、存取现金等全部功能或者部分功能的电子支付卡。"

上述刑法规定及其法律解释对《刑法》有关信用卡的规定作了如下解释。

我国《刑法》第177条规定的伪造、变造金融票证罪，第196条规定的信用卡诈骗罪，以及《刑法修正案（五）》新增的第177条之一规定的妨害信用卡管理罪中都涉及信用卡，但对什么是信用卡，其内容都包括哪些，刑法没有作出明确规定。全国人大常委会根据司法机关的要求，于2004年12月29日作出《关于〈中华人民共和国刑法〉有关信用卡规定的解释》，明确了刑法规定的"信用卡"是指由商业银行或者其他金融机构发行的具有消费支付、信用贷款、转账结算、存取现金等全部功能或者部分功能的电子支付卡。这样就统一了信用卡的含义，为统一司法提供了法律依据。

二、对刑法规定解释的原因

全国人大常委会作出《关于〈中华人民共和国刑法〉有关信用卡规定的解释》的主要原因有以下几个方面：

1. 刑法没有明确规定信用卡的含义。我国《刑法》第177条规定的伪造、变造金融票证罪，第196条规定的信用卡诈骗罪，以及《刑法修正案（五）》新增的第177条之一规定的妨害信用卡管理罪中都涉及信用卡，但对什么是信用卡，其内容都包括哪些，刑法没有作出明确规定，司法实践中对信用卡的含义的理解有分歧意见。

2.《银行卡业务管理办法》规定的信用卡的范围太窄。对银行卡等电子支付卡的分类,一般是根据1999年1月5日颁布的中国人民银行《银行卡业务管理办法》的规定确定银行卡的性质。该办法规定,银行卡分为信用卡和借记卡两大类。一类是信用卡,是指具备透支功能的银行卡。银行将信用卡按是否向发卡银行交存备用金又分为贷记卡和准贷记卡。贷记卡,是发卡银行给予持卡人一定的信用额度,持卡人可在信用额度内先消费,后还款的信用卡;准贷记卡,是持卡人须先按发卡银行要求交存一定金额的备用金,当备用金账户余额不足支付时,可在发卡银行规定的信用额度内透支的信用卡。另一类是借记卡,是指不具备透支功能的银行卡。银行将借记卡按功能不同又分为转账卡(含储蓄卡)、专用卡、储值卡。转账卡(含储蓄卡),是实时扣账的借记卡,具有转账结算、存取现金和消费功能;专用卡,是具有专门用途、在特定区域使用的借记卡,具有转账结算、存取现金功能,专门用途是指在百货、餐饮、饭店、娱乐行业以外的用途;储值卡,是发卡银行根据持卡人要求将其资金转至卡内储存,交易时直接从卡内扣款的预付钱包式的借记卡。根据《银行卡业务管理办法》的规定,借记卡不是信用卡,不能依照刑法规定惩治有关借记卡方面的犯罪行为。

3.司法机关处理有关信用卡犯罪时有分歧意见。在司法实践中,有的严格依照《银行卡业务管理办法》规定的信用卡的范围,适用《刑法》第177条、第196条规定的有关信用卡的犯罪行为,对于不能透支的借记卡方面的犯罪不适用刑法规定,不构成犯罪;有的将借记卡方面的犯罪也作为信用卡方面的犯罪,追究刑事责任;也有的将利用借记卡诈骗的行为,认定为一般诈骗罪。由于司法实践中出现了严重的认识分歧,不能统一司法,因此,司法机关要求立法机关对信用卡的含义作出刑事立法解释。

鉴于上述原因,全国人大法律委员会于2004年12月25日向全国人大常委会作了《关于〈中华人民共和国刑法〉有关信用卡规定的解释(草案)》的说明,2004年12月29日,第十届全国人大常委会第十三次会议通过了《关于〈中华人民共和国刑法〉有关信用卡规定的解释》。该解释规定:"刑法规定的'信用卡',是指由商业银行或者其他金融机构发行的具有消费支付、信用贷款、转账结算、存取现金等全部功能或者部分功能的电子支付卡。"也就是说,银行等金融机构所发行的电子支付卡,都属于刑法规定的信用卡。

三、本解释的适用

全国人大常委会《关于〈中华人民共和国刑法〉有关信用卡规定的解释》在适用时应注意的问题:

1.应注意准确认定信用卡的范围。根据全国人大常委会《关于〈中华人民共和国刑法〉有关信用卡规定的解释》规定,只要是金融机构发行的具备消费支付、信用贷款、转账结算、存取现金等全部或者部分功能的电子支付卡都是信用卡。信用卡有以下特征:(1)发卡主体必须是金融机构。金融机构是指商业银行或者其他金融机构,既包括国内的金融机构,也包括在国外的我国金融机构。非金融机构发行的电子支付卡。例如,商场、医院、学校、机关、企业、事业单位内部发行的电子支付卡,不是刑法规定的信用卡。(2)具有电子支付功能。刑法规定的信用卡是具有消费支付、信用贷款、转账结算、存取现金等全部功能或者部分功能的电子支付卡。所谓全部功能,是指具有消费支付、信用贷款、转账结算、存取现金等全部电子支付功能;所谓部分功能,是指具有消费支付、信用贷款、转账结算、存取现金等功能的一项或者几项。具备了上述两个特征的电子支付卡就是刑法规定的信用卡。

2. 注意划清信用卡犯罪与非信用卡犯罪。全国人大常委会《关于〈中华人民共和国刑法〉有关信用卡规定的解释》中已明确了信用卡的范围，即金融机构发行的有透支功能的信用卡和无透支功能的借记卡都是信用卡，涉及上述信用卡的犯罪都适用刑法规定。不具有信用卡特征的电子支付卡，涉嫌犯罪的，不能适用刑法有关信用卡犯罪的规定，而要按照有关规定处理。例如，利用伪造的学校食堂发行的用于就餐的电子支付卡进行诈骗活动，构成犯罪的，不能认定为信用卡诈骗罪，而要认定为诈骗罪。

3. 注意刑法有关信用卡规定的适用时效问题。我国现行《刑法》是1997年10月1日生效实施的，其中规定的有关信用卡的犯罪同时生效。《刑法修正案（五）》是2005年2月28日颁布实施的，其中规定的妨害信用卡管理罪，窃取、收买、非法提供信用卡信息罪自其颁布之日生效，而全国人大常委会《关于〈中华人民共和国刑法〉有关信用卡规定的解释》是2004年12月29日颁布实施的，但该解释从1997年10月1日起就具有法律效力。在1997年10月1日至2004年12月29日之间，司法机关处理的有关信用卡的犯罪，如果不符合该解释规定，原则上应依照该解释的规定予以纠正。2005年2月28日发布的《刑法修正案（五）》规定的妨害信用卡管理罪，窃取、收买、非法提供信用卡信息罪，只能追究其生效之后即2005年2月28日以后的犯罪行为。对其生效以前的行为应按《刑法》第12条有关溯及力的规定处理。

4. 《刑法》第177条规定伪造信用卡以伪造金融票证罪定罪处罚。根据2009年12月3日发布的最高人民法院、最高人民检察院《关于办理妨害信用卡管理刑事案件具体应用法律若干问题的解释》的规定，所谓伪造信用卡，是指复制他人信用卡、将他人信用卡信息资料写入磁条介质、芯片或者以其他方法伪造信用卡的行为。伪造信用卡1张以上或者伪造空白信用卡10张以上的，应当认定为《刑法》第177条第1款第4项规定的"伪造信用卡"，以伪造金融票证罪定罪处罚。伪造信用卡情节严重，是指有下列情形之一：（1）伪造信用卡5张以上不满25张的；（2）伪造的信用卡内存款余额、透支额度单独或者合计数额在20万元以上不满100万元的；（3）伪造空白信用卡50张以上不满250张的；（4）其他情节严重的情形。伪造信用卡情节特别严重，是指有下列情形之一：（1）伪造信用卡25张以上的；（2）伪造的信用卡内存款余额、透支额度单独或者合计数额在100万元以上的；（3）伪造空白信用卡250张以上的；（4）其他情节特别严重的情形。这里的"信用卡内存款余额、透支额度"，以信用卡被伪造后发卡银行记录的最高存款余额、可透支额度计算。

5. 《刑法》第177条之一规定的非法持有、运输伪造的信用卡的定罪处罚。根据2009年12月3日发布的最高人民法院、最高人民检察院《关于办理妨害信用卡管理刑事案件具体应用法律若干问题的解释》的规定，明知是伪造的空白信用卡而持有、运输10张以上不满100张的，应当认定为《刑法》第177条之一第1款第1项规定的"数量较大"；非法持有他人信用卡5张以上不满50张的，应当认定为《刑法》第177条之一第1款第2项规定的"数量较大"。有下列情形之一的，应当认定为《刑法》第177条之一第1款规定的"数量巨大"：（1）明知是伪造的信用卡而持有、运输10张以上的；（2）明知是伪造的空白信用卡而持有、运输100张以上的；（3）非法持有他人信用卡50张以上的；（4）使用虚假的身份证明骗领信用卡10张以上的；（5）出售、购买、为他人提供伪造的信用卡或者以虚假的身份证明骗领的信用卡10张以上的。

违背他人意愿，使用其居民身份证、军官证、士兵证、港澳居民往来内地通行证、台湾居民来往大陆通行证、护照等身份证明申领信用卡的，或者使用伪造、变造的身份证明申领信用卡的,应当认定为《刑法》第 177 条之一第 1 款第 3 项规定的"使用虚假的身份证明骗领信用卡。"

窃取、收买、非法提供他人信用卡信息资料,足以伪造可进行交易的信用卡,或者足以使他人以信用卡持卡人名义进行交易,涉及信用卡 1 张以上不满 5 张的,依照《刑法》第 177 条之一第 2 款的规定,以窃取、收买、非法提供信用卡信息罪定罪处罚;涉及信用卡 5 张以上的,应当认定为《刑法》第 177 条之一第 1 款规定的"数量巨大"。

6.《刑法》第 196 条规定的信用卡诈骗罪的定罪处罚。根据 2009 年 12 月 3 日发布的最高人民法院、最高人民检察院《关于办理妨害信用卡管理刑事案件具体应用法律若干问题的解释》的规定,使用伪造的信用卡、以虚假的身份证明骗领的信用卡、作废的信用卡或者冒用他人信用卡,进行信用卡诈骗活动,数额在 5000 元以上不满 5 万元的,应当认定为《刑法》第 196 条规定的"数额较大";数额在 5 万元以上不满 50 万元的,应当认定为《刑法》第 196 条规定的"数额巨大";数额在 50 万元以上的,应当认定为《刑法》第 196 条规定的"数额特别巨大"。上述《刑法》第 196 条第 1 款第 3 项所称"冒用他人信用卡",包括以下情形:(1)拾得他人信用卡并使用的;(2)骗取他人信用卡并使用的;(3)窃取、收买、骗取或者以其他非法方式获取他人信用卡信息资料,并通过互联网、通讯终端等使用的;(4)其他冒用他人信用卡的情形。

持卡人以非法占有为目的,使用销售终端机具(POS 机)等方法,以虚构交易、虚开价格、现金退货等方式恶意透支,应当依照《刑法》第 196 条规定追究刑事责任的,以信用卡诈骗罪定罪处罚。

《刑法》第 196 条规定的"恶意透支",是指持卡人以非法占有为目的,超过规定限额或者规定期限透支,并且经发卡银行两次有效催收后超过 3 个月仍不归还。有下列情形之一的,应当认定为"以非法占有为目的":(1)明知没有还款能力而大量透支,无法归还的;(2)使用虚假资信证明申领信用卡后透支,无法归还的;(3)透支后通过逃匿、改变联系方式等手段,逃避银行催收的;(4)抽逃、转移资金,隐匿财产,逃避还款的;(5)使用透支的资金进行犯罪活动的;(6)其他非法占有资金,拒不归还的情形。

恶意透支,数额在 5 万元以上不满 50 万元的,应当认定为《刑法》第 196 条规定的"数额较大";数额在 50 万元以上不满 500 万元的,应当认定为《刑法》第 196 条规定的"数额巨大";数额在 500 万元以上的,应当认定为《刑法》第 196 条规定的"数额特别巨大"。这里恶意透支的数额,是指公安机关刑事立案时尚未归还的实际透支的本金数额,不包括利息、复利、滞纳金、手续费等发卡银行收取的费用。

7.利用信用卡实施《刑法》第 225 条规定的非法经营罪的定罪处罚。根据 2009 年 12 月 3 日发布的最高人民法院、最高人民检察院《关于办理妨害信用卡管理刑事案件具体应用法律若干问题的解释》规定,违反国家规定,使用销售点终端机具(POS 机)等方法,以虚构交易、虚开价格、现金退货等方式向信用卡持卡人直接支付现金,情节严重的,应当依据《刑法》第 225 条规定追究刑事责任,以非法经营罪定罪处罚。

实施前述行为,数额在 100 万元以上的,或者造成金融机构资金 20 万元以上逾期未还的,或者造成金融机构经济损失 10 万元以上的,应当认定为《刑法》第 225 条规定的"情节严重";数额在 500 万元以上的,或者造成金融机构资金 100 万元以上逾期未还的,或者造成金融机构经济损失 50 万元以上的,应当认定为《刑法》第 225 条规定的"情节特别严重"。

第二十四章　关于《中华人民共和国刑法》有关文物的规定适用于具有科学价值的古脊椎动物化石、古人类化石的解释

全国人民代表大会常务委员会《关于〈中华人民共和国刑法〉有关文物的规定适用于具有科学价值的古脊椎动物化石、古人类化石的解释》于2005年12月29日第十届全国人大常委会第十九次会议通过，并于当日公告。

我国《文物保护法》第2条第3款规定，"具有科学价值的古脊椎动物化石和古人类化石同文物一样受国家保护"；我国加入的有关国际公约对文物的定义，也包括化石在内。我国1979年《刑法》分则第6章第173条规定了盗运珍贵文物出口罪，第174条规定了故意破坏国家保护的珍贵文物罪、故意破坏国家保护的名胜古迹罪，我国1997年《刑法》分则第6章第4节规定了妨害文物管理罪，其中第328条第2款规定了盗掘古人类化石、古脊椎动物化石罪。之后我国一些地方出现了走私、盗窃、损毁、倒卖、非法转让具有科学价值的古脊椎动物化石、古人类化石的严重违法行为。针对这种现象，全国人大常委会于2005年12月29日作出法律解释规定，刑法有关文物的规定，适用于具有科学价值的古脊椎动物化石、古人类化石，依照刑法惩治有关古脊椎动物化石、古人类化石的违法犯罪行为。

一、刑法规定及其法律解释的内容

刑法中有关具有科学价值的古脊椎动物化石、古人类化石犯罪的规定是：

1. 1979年《刑法》第173条规定："违反保护文物法规，盗运珍贵文物出口的，处三年以上十年以下有期徒刑，可以并处罚金；情节严重的，处十年以上有期徒刑或者无期徒刑，可以并处没收财产。"

1979年《刑法》第174条规定："故意破坏国家保护的珍贵文物、名胜古迹的，处七年以下有期徒刑或者拘役。"

2. 1997年《刑法》第151条规定："走私武器、弹药、核材料或者伪造的货币的，处七年以上有期徒刑，并处罚金或者没收财产；情节较轻的，处三年以上七年以下有期徒刑，并处罚金。走私国家禁止出口的文物、黄金、白银和其他贵重金属或者国家禁止进出口的珍贵动物及其制品的，处五年以上有期徒刑，并处罚金；情节较轻的，处五年以下有期徒刑，并处罚金。走私国家禁止进出口的珍稀植物及其制品的，处五年以下有期徒刑，并处或者单处罚金；情节严重的，处五年以上有期徒刑，并处罚金。犯第一款、第二款罪，情节特别严重的，处无期徒刑或者死刑，并处没收财产。单位犯本条规定之罪的，对单位判处罚金，并对其直接负责的主管人员

和其他直接责任人员,依照本条各款的规定处罚。"

1997年《刑法》第264条规定:"盗窃公私财物,数额较大或者多次盗窃的,处三年以下有期徒刑、拘役或者管制,并处或者单处罚金;数额巨大或者有其他严重情节的,处三年以上十年以下有期徒刑,并处罚金;数额特别巨大或者有其他特别严重情节的,处十年以上有期徒刑或者无期徒刑,并处罚金或者没收财产;有下列情形之一的,处无期徒刑或者死刑,并处没收财产:(一)盗窃金融机构,数额特别巨大的;(二)盗窃珍贵文物,情节严重的。"

1997年《刑法》第324条规定:"故意损毁国家保护的珍贵文物或者被确定为全国重点文物保护单位、省级文物保护单位的文物的,处三年以下有期徒刑或者拘役,并处或者单处罚金;情节严重的,处三年以上十年以下有期徒刑,并处罚金。故意损毁国家保护的名胜古迹,情节严重的,处五年以下有期徒刑或者拘役,并处或者单处罚金。过失损毁国家保护的珍贵文物或者被确定为全国重点文物保护单位、省级文物保护单位的文物,造成严重后果的,处三年以下有期徒刑或者拘役。"

1997年《刑法》第325条规定:"违反文物保护法规,将收藏的国家禁止出口的珍贵文物私自出售或者私自赠送给外国人的,处五年以下有期徒刑或者拘役,可以并处罚金。单位犯前款罪的,对单位判处罚金,并对其直接负责的主管人员和其他直接责任人员,依照前款的规定处罚。"

1997年《刑法》第326条规定:"以牟利为目的,倒卖国家禁止经营的文物,情节严重的,处五年以下有期徒刑或者拘役,并处罚金;情节特别严重的,处五年以上十年以下有期徒刑,并处罚金。单位犯前款罪的,对单位判处罚金,并对其直接负责的主管人员和其他直接责任人员,依照前款的规定处罚。"

1997年《刑法》第327条规定:"违反文物保护法规,国有博物馆、图书馆等单位将国家保护的文物藏品出售或者私自送给非国有单位或者个人的,对单位判处罚金,并对其直接负责的主管人员和其他直接责任人员,处三年以下有期徒刑或者拘役。"

1997年《刑法》第328条规定:盗掘具有历史、艺术、科学价值的古文化遗址、古墓葬的,处3年以上10年以下有期徒刑,并处罚金;情节较轻的,处3年以下有期徒刑、拘役或者管制,并处罚金。有下列情形之一的,处10年以上有期徒刑、无期徒刑或者死刑[2011年《刑法修正案(八)》取消了死刑],并处罚金或者没收财产:(1)盗掘确定为全国重点文物保护单位和省级文物保护单位的古文化遗址、古墓葬的;(2)盗掘古文化遗址、古墓葬集团的首要分子;(3)多次盗掘古文化遗址、古墓葬的;(4)盗掘古文化遗址、古墓葬,并盗窃珍贵文物或者造成珍贵文物严重破坏的。盗掘国家保护的具有科学价值的古人类化石和古脊椎动物化石的,依照前述规定处罚。

3. 2005年12月29日,全国人大常委会《关于〈中华人民共和国刑法〉有关文物的规定适用于具有科学价值的古脊椎动物化石、古人类化石的解释》规定,刑法有关文物的规定,适用于具有科学价值的古脊椎动物化石、古人类化石。

上述刑法规定及其法律解释对《刑法》有关具有科学价值的古脊椎动物化石、古人类化石的犯罪规定作了如下解释:

1. 走私、盗窃、损毁、倒卖或者非法转让具有科学价值的古脊椎动物化石、古人类化石的行为适用刑法有关文物犯罪的规定,依照刑法有关规定定罪处罚。

2.刑法有关文物的规定,适用于具有科学价值的古脊椎动物化石、古人类化石,即有关文物的犯罪中包括对具有科学价值的古脊椎动物化石、古人类化石的犯罪。

二、对刑法规定解释的原因

全国人大常委会作出《关于〈中华人民共和国刑法〉有关文物的规定适用于具有科学价值的古脊椎动物化石、古人类化石的解释》的主要原因有:

1.刑法没有明确规定文物包括具有科学价值的古脊椎动物化石、古人类化石。我国《刑法》第328条只规定"盗掘国家保护的具有科学价值的古人类化石和古脊椎动物化石"的行为构成犯罪,没有规定具有科学价值的古人类化石和古脊椎动物化石是文物,按有关文物犯罪定罪处罚。

2.有关法律和专家也没有将具有科学价值的古脊椎动物化石、古人类化石认定为文物。从科学的归类上看,化石确实不是文物。文物是与人类活动或文明相关的物,而化石是古生物的遗体遗迹所形成的物,具有生物进化研究的科学价值。在行政管理上,文物与古生物化石也分属不同的主管部门管理,文物由国家文物局主管,古生物化石主要由国土资源部主管。2003年6月,国家文物局、原国土资源部曾联合发文,就古生物化石保护工作明确了各自的职责和分工:古猿、古人类化石及与人类活动有关的第四纪古脊椎动物化石的保护,由国家文物局负责;其他古生物化石的保护、管理由国土资源部负责。在法律规定上,化石亦未被明确归为文物。例如,现行《文物保护法》在列举了受国家保护的5类文物后,另起一款规定"具有科学价值的古脊椎动物化石和古人类化石同文物一样受国家保护"。该条款明确了化石和文物是不同的,特别是《文物保护法实施细则》在附则中明确规定古脊椎动物化石和古人类化石的保护办法另行制定。这就完全排除了该细则对化石保护的适用。原国土资源部制定的《古生物化石管理办法》更注重规范化石的挖掘开采,而对倒卖、走私化石等情形都未在法律责任中作出规定。该办法对化石的出境只有一条正面的规定,即因科学研究、教学、科普展览等,需将古生物化石运送出境的,由原国土资源部发放出境证明,但没有规定未取得许可证明走私化石的法律责任。因此,对走私、盗窃、损毁、倒卖或者非法转让具有科学价值的古脊椎动物化石、古人类化石的行为,是否构成犯罪,法律没有明确规定。

3.走私、盗窃、损毁、倒卖或者非法转让具有科学价值的古脊椎动物化石、古人类化石的情况严重,具有很严重的社会危害性。中科院南京地质古生物所专家刘陆军介绍,我国海关查获许多古生物化石走私案件,有些案件涉案化石数量惊人。仅2002年至2004年3年间,海关查获走私古生物化石2000件以上的案件就达3起之多。同时我国发现了多个具有重要科学价值的古生物化石群,如辽宁的热河生物群、贵州的关岭生物群等。然而,一些不法分子将大量珍贵古生物化石走私出境,使大量原产于中国的珍贵古生物化石流失海外。

4.司法机关在处理走私、盗窃、损毁、倒卖或者非法转让具有科学价值的古脊椎动物化石、古人类化石的犯罪行为时有分歧意见。我国一些地方存在走私、盗窃、损毁、倒卖、非法转让具有科学价值的古脊椎动物化石、古人类化石的严重违法行为。但在司法实践中,司法机关对这些行为是否应当适用刑法有关文物犯罪的规定存在不同认识。全国人大常委会法工委会同有关方面认真研究了这一问题后认为:《文物保护法》明确规定"具有科学价值的古脊椎动物化石和古人类化石同文物一样受国家保护";我国加入的有关国际公约对文物的定义,也包括化石在内。鉴于此,全国人大常委会根据立法法的规定,对走私、盗窃、损毁、倒卖、非法转让具有科学价值的古脊椎动物化石、古人类化石的行为适用刑法有关规定,拟作出如下解释:刑法有关文物的规定,适用于具有科学价值的古脊椎动物化石、古人类化石。

鉴于上述原因,全国人大法律委员会于 2005 年 12 月 24 日,向全国人大常委会作了《关于〈中华人民共和国刑法〉有关文物的规定适用于具有科学价值的古脊椎动物化石、古人类化石的解释(草案)》的说明,2005 年 12 月 29 日,第十届全国人大常委会第十九次会议通过了《关于〈中华人民共和国刑法〉有关文物的规定适用于具有科学价值的古脊椎动物化石、古人类化石的解释》。

三、本解释的适用

全国人大常委会《关于〈中华人民共和国刑法〉有关文物的规定适用于具有科学价值的古脊椎动物化石、古人类化石的解释》在适用时应注意的问题:

1. 走私具有科学价值的古脊椎动物化石、古人类化石的法律适用。根据全国人大常委会的解释和《刑法》第 151 条第 2 款的规定,走私国家禁止出口的具有科学价值的古脊椎动物化石、古人类化石的,定为走私文物罪,处 5 年以上 10 年以下有期徒刑,并处罚金;情节特别严重的,处 10 年以上有期徒刑或者无期徒刑,并处没收财产;情节较轻的,处 5 年以下有期徒刑,并处罚金。单位犯本罪的,对单位判处罚金,并对其直接负责的主管人员和其他直接责任人员,依照前述规定处罚。

根据 2016 年 1 月 1 日起施行的最高人民法院、最高人民检察院《关于办理妨害文物管理等刑事案件适用法律若干问题的解释》第 1 条规定,走私国家禁止出口的二级文物的,应当依照《刑法》第 151 条第 2 款的规定,以走私文物罪处 5 年以上 10 年以下有期徒刑,并处罚金;走私国家禁止出口的一级文物的,应当认定为《刑法》第 151 条第 2 款规定的"情节特别严重";走私国家禁止出口的三级文物的,应当认定为《刑法》第 151 条第 2 款规定的"情节较轻"。走私国家禁止出口的文物,无法确定文物等级,或者按照文物等级定罪量刑明显过轻或者过重的,可以按照走私的文物价值定罪量刑。走私的文物价值在 20 万元以上不满 100 万元的,应当依照《刑法》第 151 条第 2 款的规定,以走私文物罪,处 5 年以上 10 年以下有期徒刑,并处罚金;文物价值在 100 万元以上的,应当认定为《刑法》第 151 条第 2 款规定的"情节特别严重";文物价值在 5 万元以上不满 20 万元的,应当认定为《刑法》第 151 条第 2 款规定的"情节较轻"。

2. 盗窃具有科学价值的古脊椎动物化石、古人类化石的法律适用。根据全国人大常委会的解释和《刑法》第 264 条的规定,盗窃具有科学价值的古脊椎动物化石、古人类化石,数额较大或者多次盗窃、入户盗窃、携带凶器盗窃、扒窃的,定为盗窃罪,处 3 年以下有期徒刑、拘役或者管制,并处或者单处罚金;数额巨大或者有其他严重情节的,处 3 年以上 10 年以下有期徒刑,并处罚金;数额特别巨大或者有其他特别严重情节的,处 10 年以上有期徒刑或者无期徒刑,并处罚金或者没收财产。

根据 2016 年 1 月 1 日起施行的最高人民法院、最高人民检察院《关于办理妨害文物管理等刑事案件适用法律若干问题的解释》第 2 条规定,盗窃一般文物、三级文物、二级以上文物的,应当分别认定为《刑法》第 264 条规定的"数额较大""数额巨大""数额特别巨大"。盗窃文物,无法确定文物等级,或者按照文物等级定罪量刑明显过轻或者过重的,按照盗窃的文物价值定罪量刑。

3. 损毁具有科学价值的古脊椎动物化石、古人类化石的法律适用。根据全国人大常委会的解释和《刑法》第324条的规定，故意损毁国家保护的具有科学价值的古脊椎动物化石、古人类化石的，构成故意损毁文物罪，处3年以下有期徒刑或者拘役，并处或者单处罚金；情节严重的，处3年以上10年以下有期徒刑，并处罚金。过失损毁具有科学价值的古脊椎动物化石、古人类化石，造成严重后果的，定为过失损毁文物罪，处3年以下有期徒刑或者拘役。

根据2016年1月1日起施行的最高人民法院、最高人民检察院《关于办理妨害文物管理等刑事案件适用法律若干问题的解释》第8条规定，《刑法》第328条第1款规定的"古文化遗址、古墓葬"包括水下古文化遗址、古墓葬。"古文化遗址、古墓葬"不以公布为不可移动文物的古文化遗址、古墓葬为限。实施盗掘行为，已损害古文化遗址、古墓葬的历史、艺术、科学价值的，应当认定为盗掘古文化遗址、古墓葬罪的既遂。采用破坏性手段盗窃古文化遗址、古墓葬以外的古建筑、石窟寺、石刻、壁画、近代现代重要史迹和代表性建筑等其他不可移动文物的，依照《刑法》第264条的规定，以盗窃罪追究刑事责任。第9条规定，明知是盗窃文物、盗掘古文化遗址、古墓葬等犯罪所获取的三级以上文物，而予以窝藏、转移、收购、加工、代为销售或者以其他方法掩饰、隐瞒的，依照《刑法》第312条的规定，以掩饰、隐瞒犯罪所得罪追究刑事责任。实施前述行为，事先通谋的，以共同犯罪论处。第10条规定，国家机关工作人员严重不负责任，造成珍贵文物损毁或者流失，具有下列情形之一的，应当认定为《刑法》第419条规定的"后果严重"：(1)导致二级以上文物或者5件以上三级文物损毁或者流失的；(2)导致全国重点文物保护单位、省级文物保护单位的本体严重损毁或者灭失的；(3)其他后果严重的情形。

4. 倒卖具有科学价值的古脊椎动物化石、古人类化石的法律适用。根据全国人大常委会的解释和《刑法》第326条的规定，以牟利为目的，倒卖具有科学价值的古脊椎动物化石、古人类化石，情节严重的，定为倒卖文物罪，处5年以下有期徒刑或者拘役，并处罚金；情节特别严重的，处5年以上10年以下有期徒刑，并处罚金。单位犯本罪的，对单位判处罚金，并对其直接负责的主管人员和其他直接责任人员，依照前述规定处罚。

根据2016年1月1日起施行的最高人民法院、最高人民检察院《关于办理妨害文物管理等刑事案件适用法律若干问题的解释》第6条规定，出售或者为出售而收购、运输、储存《文物保护法》规定的"国家禁止买卖的文物"的，应当认定为《刑法》第326条规定的"倒卖国家禁止经营的文物"。倒卖国家禁止经营的文物，具有下列情形之一的，应当认定为《刑法》第326条规定的"情节严重"：(1)倒卖三级文物的；(2)交易数额在5万元以上的；(3)其他情节严重的情形。实施前述行为，具有下列情形之一的，应当认定为《刑法》第326条规定的"情节特别严重"：(1)倒卖二级以上文物的；(2)倒卖三级文物5件以上的；(3)交易数额在25万元以上的；(4)其他情节特别严重的情形。

5. 非法转让具有科学价值的古脊椎动物化石、古人类化石的法律适用。根据全国人大的解释和《刑法》第325条的规定，违反文物保护法规，将具有科学价值的古脊椎动物化石、古人类化石私自出售或者私自赠送给外国人的，定为非法向外国人出售、赠送珍贵文物罪，处5年以下有期徒刑或者拘役，可以并处罚金。单位犯本罪的，对单位判处罚金，并对其直接负责的主管人员和其他直接责任人员,依照前述规定处罚。

6. 非法出售或者私自赠与具有科学价值的古脊椎动物化石、古人类化石的法律适用。根据全国人大常委会的解释和《刑法》第327条规定,违反文物保护法规,国有博物馆、图书馆等单位将国家保护的具有科学价值的古脊椎动物化石、古人类化石出售或者私自送给非国有单位或者个人的,定为非法出售、私赠文物藏品罪,对单位判处罚金,并对其直接负责的主管人员和其他直接责任人员,处3年以下有期徒刑或者拘役。

根据2016年1月1日起施行的最高人民法院、最高人民检察院《关于办理妨害文物管理等刑事案件适用法律若干问题的解释》第7条规定,国有博物馆、图书馆以及其他国有单位,违反文物保护法规,将收藏或者管理的国家保护的文物藏品出售或者私自送给非国有单位或者个人的,依照《刑法》第327条的规定,以非法出售、私赠文物藏品罪追究刑事责任。

7. 注意准确认定与故意损毁文物罪。根据2016年1月1日起施行的最高人民法院、最高人民检察院《关于办理妨害文物管理等刑事案件适用法律若干问题的解释》第3条规定,全国重点文物保护单位、省级文物保护单位的本体,应当认定为《刑法》第324条第1款规定的"被确定为全国重点文物保护单位、省级文物保护单位的文物"。故意损毁国家保护的珍贵文物或者被确定为全国重点文物保护单位、省级文物保护单位的文物,具有下列情形之一的,应当认定为《刑法》第324条第1款规定的"情节严重":(1)造成5件以上三级文物损毁的;(2)造成二级以上文物损毁的;(3)致使全国重点文物保护单位、省级文物保护单位的本体严重损毁或者灭失的;(4)多次损毁或者损毁多处全国重点文物保护单位、省级文物保护单位的本体的;(5)其他情节严重的情形。实施前述行为,拒不执行国家行政主管部门作出的停止侵害文物的行政决定或者命令的,酌情从重处罚。

8. 注意准确认定与故意损毁名胜古迹罪。根据2016年1月1日起施行的最高人民法院、最高人民检察院《关于办理妨害文物管理等刑事案件适用法律若干问题的解释》第4条规定,风景名胜区的核心景区以及未被确定为全国重点文物保护单位、省级文物保护单位的古文化遗址、古墓葬、古建筑、石窟寺、石刻、壁画、近代现代重要史迹和代表性建筑等不可移动文物的本体,应当认定为《刑法》第324条第2款规定的"国家保护的名胜古迹"。故意损毁国家保护的名胜古迹,具有下列情形之一的,应当认定为《刑法》第324条第2款规定的"情节严重":(1)致使名胜古迹严重损毁或者灭失的;(2)多次损毁或者损毁多处名胜古迹的;(3)其他情节严重的情形。实施前述行为,拒不执行国家行政主管部门作出的停止侵害文物的行政决定或者命令的,酌情从重处罚。故意损毁风景名胜区内被确定为全国重点文物保护单位、省级文物保护单位的文物的,依照《刑法》第324条第1款和本解释第3条的规定定罪量刑。

9. 注意国家工作人员犯罪和单位犯有关妨害文物管理罪的认定。根据2016年1月1日起施行的最高人民法院、最高人民检察院《关于办理妨害文物管理等刑事案件适用法律若干问题的解释》第10条规定,国家机关工作人员严重不负责任,造成珍贵文物损毁或者流失,具有下列情形之一的,应当认定为《刑法》第419条规定的"后果严重":(1)导致二级以上文物或者5件以上三级文物损毁或者流失的;(2)导致全国重点文物保护单位、省级文物保护单位的本体严重损毁或者灭失的;(3)其他后果严重的情形。

该解释第11条规定,单位实施走私文物、倒卖文物等行为,构成犯罪的,依照本解释规定的相应自然人犯罪的定罪量刑标准,对直接负责的主管人员和其他直接责任人员定罪处罚,并对单位判处罚金。公司、企业、事业单位、机关、团体等单位实施盗窃文物,故意损毁文物、名胜古迹,过失损毁文物,盗掘古文化遗址、古墓葬等行为的,依照本解释规定的相应定罪量刑标准,追究组织者、策划者、实施者的刑事责任。

第二十五章　关于《中华人民共和国刑法》有关出口退税、抵扣税款的其他发票规定的解释

全国人大常委会《关于〈中华人民共和国刑法〉有关出口退税、抵扣税款的其他发票规定的解释》于2005年12月29日第十届全国人大常委会第十九次会议通过,并于当日公告实施。

为了加快社会主义市场经济的发展,加大外贸出口,换取外汇,我国实行国际惯例的出口退税制度,对已出口的商品,出口单位持出口证明文件可以退回生产经营者已缴的产品税和消费税。但有些单位和个人与税务人员相勾结,弄虚作假,以虚假的增值税发票或者其他出口退税、抵扣税款的发票,骗取国家已收税款。我国《刑法》分则第3章第6节危害税收征管罪中将利用增值税发票和其他用于出口退税、抵扣税款的发票骗取国家税款的行为规定为犯罪,同时将虚开增值税专用发票,用于骗取出口退税、抵扣税款发票和非法制造、出售非法制造的用于骗取出口退税、抵扣税款发票的行为也都单独规定为犯罪。司法实践中,增值税发票的含义是明确的,但对于刑法规定的用于出口退税、抵扣税款的其他发票含义则有不同的理解,一般认为,用于出口退税、抵扣税款的其他发票,是指除增值税专用发票外的废旧物资收购发票、运输发票、农业发票等少数几种普通发票,对于其他用于出口退税、抵扣税款的支付凭证是否属于"其他用于出口退税、抵扣税款的发票",则有相反的意见。例如,在国家实现对增值税专用发票的全面监控以后,犯罪分子把犯罪目标转向利用海关代征进口增值税专用缴款书骗取出口退税或者抵扣税款。在司法处理时,对"增值税专用缴款书"是否适用其他用于出口退税、抵扣税款发票,则有不同意见。自2000年以来,全国各地利用海关代征进口增值税专用缴款书骗取出口退税、抵扣税款案件激增,骗取税款数额巨大,危害十分严重,办案部门对于利用增值税专用发票这类完税凭证骗取税款的犯罪行为应当依法追究刑事责任的意见是一致的,但对于利用海关代征进口增值税专用缴款书骗取税款的行为是否属于刑法所规定的利用出口退税、抵扣税款的其他发票骗税犯罪行为出现了不同认识。一种意见认为,发票是指在购销商品、提供或者接受服务以及从事其他经营活动过程中,开具、收取的收付款凭证,但法律已明确规定必须是"发票",而"增值税缴款书"不是发票,不能类推将其作为用于出口退税、抵扣税款的其他发票进行定罪处罚。另一种意见认为,进口货物的增值税由海关代为征收,其所开具的海关代征进口增值税专用缴款书虽然不属于发票的范畴,但由于其实质上具有同增值税专用发票一样的出口退税、抵扣税款的功能,应视为属于用于出口退税、抵扣税款的其他发票的范围。对利用海关代征进口增值税专用缴款书骗取出口退税、抵扣税

款的行为,应当按照刑法的规定定罪处罚。有鉴于此,最高人民法院和有关部门建议全国人大常委会对此作出解释,予以明确含义。

2005年12月29日,第十届全国人大常委会第十九次会议通过了《关于〈中华人民共和国刑法〉有关出口退税、抵扣税款的其他发票规定的解释》,其具体解释为:刑法规定的"出口退税、抵扣税款的其他发票",是指除增值税专用发票以外的,具有出口退税、抵扣税款功能的收付款凭证或者完税凭证。全国人大常委会的解释统一了认识,扩大了出口退税、抵扣税款的其他发票的范围,将凡是"具有出口退税、抵扣税款功能的收付款凭证或者完税凭证"都归入"出口退税、抵扣税款的其他发票"的范围内。这样的扩大解释,有利于司法机关依法惩治利用增值税专用发票,出口退税、抵扣税款的其他发票骗取国家税款的犯罪行为。

一、刑法规定及其法律解释的内容

刑法中有关出口退税、抵扣税款的其他发票犯罪的规定是:

1.1995年全国人大常委会《关于惩治虚开、伪造和非法出售增值税专用发票犯罪的决定》第5条规定:虚开用于骗取出口退税、抵扣税款的其他发票的,依照本决定第1条的规定(虚开增值税专用发票)处罚。虚开用于骗取出口退税、抵扣税款的其他发票,是指有为他人虚开、为自己虚开、让他人为自己虚开、介绍他人虚开用于骗取出口退税、抵扣税款的其他发票行为之一的。

第6条规定:伪造、擅自制造或者出售伪造、擅自制造的可以用于骗取出口退税、抵扣税款的其他发票的,处3年以下有期徒刑或者拘役,并处2万元以上20万元以下罚金;数量巨大的,处3年以上7年以下有期徒刑,并处5万元以上50万元以下罚金;数量特别巨大的,处7年以上有期徒刑,并处没收财产。非法出售可以用于骗取出口退税、抵扣税款的其他发票的,依照前述规定处罚。

2.1997年《刑法》第205条规定:虚开增值税专用发票或者虚开用于骗取出口退税、抵扣税款的其他发票的,处3年以下有期徒刑或者拘役,并处2万元以上20万元以下罚金;虚开的税款数额较大或者有其他严重情节的,处3年以上10年以下有期徒刑,并处5万元以上50万元以下罚金;虚开的税款数额巨大或者有其他特别严重情节的,处10年以上有期徒刑或者无期徒刑,并处5万元以上50万元以下罚金或者没收财产。有前述行为骗取国家税款,数额特别巨大,情节特别严重,给国家利益造成特别重大损失的,处无期徒刑或者死刑,并处没收财产。

单位犯本条规定之罪的,对单位判处罚金,并对其直接负责的主管人员和其他直接责任人员,处3年以下有期徒刑或者拘役;虚开的税款数额较大或者有其他严重情节的,处3年以上10年以下有期徒刑;虚开的税款数额巨大或者有其他特别严重情节的,处10年以上有期徒刑或者无期徒刑。

虚开增值税专用发票或者虚开用于骗取出口退税、抵扣税款的其他发票,是指有为他人虚开、为自己虚开、让他人为自己虚开、介绍他人虚开行为之一的。

1997年《刑法》第209条规定:伪造、擅自制造或者出售伪造、擅自制造的可以用于骗取出口退税、抵扣税款的其他发票的,处3年以下有期徒刑、拘役或者管制,并处2万元以上20万元以下罚金;数量巨大的,处3年以上7年以下有期徒刑,并处5万元以上50万元以下罚金;数量特别巨大的,处7年以上有期徒刑,并处5万元以上50万元以下罚金或者没收财产。

非法出售可以用于骗取出口退税、抵扣税款的其他发票的,依照前述规定处罚。

1997年《刑法》第210条规定:盗窃增值税专用发票或者可以用于骗取出口退税、抵扣税款的其他发票的,依照本法第264条的规定(盗窃罪)定罪处罚。使用欺骗手段骗取增值税专用发票或者可以用于骗取出口退税、抵扣税款的其他发票的,依照本法第266条的规定(诈骗罪)定罪处罚。

1997年《刑法》第211条规定:单位犯本法第209条规定之罪的,对单位判处罚金,并对其直接负责的主管人员和其他直接责任人员,依照该条的规定处罚。

3. 2005年12月29日,全国人大常委会《关于〈中华人民共和国刑法〉有关出口退税、抵扣税款的其他发票规定的解释》规定:"刑法规定的'出口退税、抵扣税款的其他发票',是指除增值税专用发票以外的,具有出口退税、抵扣税款功能的收付款凭证或者完税凭证。"

上述刑法规定及其法律解释对《刑法》规定的用于出口退税、抵扣税款的其他发票作了扩大解释,即出口退税、抵扣税款的其他发票,是指除增值税专用发票外,具有出口退税、抵扣税款功能的收付款凭证或者完税凭证。

二、对刑法规定解释的原因

全国人大常委会作出《关于〈中华人民共和国刑法〉有关出口退税、抵扣税款的其他发票规定的解释》的主要原因有:

1. 刑法对用于出口退税、抵扣税款的其他发票规定得太笼统。我国《刑法》分则第3章第6节中,对虚开、伪造、盗窃、骗取增值税专用发票或者可用于骗取出口退税、抵扣税款的其他发票的犯罪作了规定,但其中笼统规定了"用于出口退税、抵扣税款的其他发票"。有关税务机关将废旧物资收购发票、运输发票和农业发票作为可以用于出口退税、抵扣税款的其他发票,至于是否还包括其他发票则没有法律、法规规定作为依据。

2. 司法实践中出现了适用法律的意见分歧。近年来,一些地方出现了利用伪造的海关代征进口增值税专用缴款书骗取出口退税、抵扣税款的案件,司法机关和有关部门对于海关代征进口增值税专用缴款书这类完税凭证,是否属于刑法所规定的出口退税、抵扣税款的其他发票,有不同认识。司法机关审理案件时需要对刑法规定的出口退税、抵扣税款的其他发票的含义作明确解释,以便统一认识,正确适用刑法的规定。

3. 司法机关建议全国人大常委会作出解释,明确刑法规定的出口退税、抵扣税款的其他发票的含义。司法机关向全国人大常委会提出对出口退税、抵扣税款的其他发票作出法律规定或者立法解释的建议。全国人大常委会法制工作委员会会同有关方面,经对刑法有关规定的含义进行认真研究,认为刑法所规定的"出口退税、抵扣税款的其他发票",是指除增值税专用发票以外的其他具有出口退税、抵扣税款功能的收付款凭证或者完税凭证,包括作为完税凭证的海关代征进口增值税专用缴款书等凭证。据此,建议全国人大常委会对刑法有关"出口退税、抵扣税款的其他发票"的规定作出解释。

鉴于上述原因,2005年12月24日,全国人大常委会法制工作委员会在第十届全国人大常委会第十九次会议上提出了《关于〈中华人民共和国刑法〉有关出口退税、抵扣税款的其他发票规定的解释(草案)》和对其的说明。经第十届全国人大常委会审议,于2005年12月29日通过并公布施行。

三、本解释的适用

全国人大常委会《关于〈中华人民共和国刑法〉有关出口退税、抵扣税款的其他发票规定的解释》,在适用时应注意以下问题:

1. 全国人大常委会的解释只适用于出口退税、抵扣税款的其他发票。全国人大常委会的解释只是将"出口退税、抵扣税款的其他发票"的范围扩大解释为"具有出口退税、抵扣税款功能的收付款凭证或者完税凭证",而不是说,所有的具有收付款功能的凭证都属于其他发票。虽然发票也是一种收付款凭证,但发票和收付款凭证是两种不同的概念,不能混淆,不能将所有的具有收付款功能的凭证都扩大解释为其他发票。因此,全国人大常委会关于出口退税、抵扣税款的其他发票的解释,只适用于我国《刑法》分则第3章第6节中规定的出口退税、抵扣税款的其他发票。

2. 全国人大常委会的解释适用的犯罪。全国人大常委会关于出口退税、抵扣税款的其他发票的解释,具体适用于我国《刑法》分则第3章第6节第205条规定的虚开用于骗取出口退税、抵扣税款发票罪;第209条规定的非法制造、出售非法制造的用于骗取出口退税、抵扣税款发票罪,非法出售用于骗取出口退税、抵扣税款发票罪;第210条规定的盗窃、骗取可以用于骗取出口退税、抵扣税款的其他发票的盗窃罪、诈骗罪。上述5种犯罪中有关出口退税、抵扣税款的其他发票适用上述全国人大常委会的解释。根据《刑法》第205条、第211条规定,单位虚开、非法制造、出售非法制造的或者非法出售以及盗窃、诈骗具有出口退税、抵扣税款功能的收付款凭证或者完税凭证等,也可以构成上述犯罪。